Der Staatshaushalt

und

die Finanzen Preussens

Unter Benutzung amtlicher Quellen

bearbeitet von

O. Schwarz,
Geheimer Ober-Finanzrath
u. vortragender Rath im Finanzministerium.

und

Dr. jur. G. Strutz,
Geheimer Ober-Finanzrath
u. vortragender Rath im Finanzministerium.

Band II.

Die Zuschussverwaltungen.

Berlin, 1904.

J. Guttentag, Verlagsbuchhandlung,

G. m. b. H.

Der Staatshaushalt
und
die Finanzen Preussens.

Band II.

Die Zuschussverwaltungen.

Lieferung 9.

VIII. Buch: **Finanz-Ministerium.** IX. Buch: **Justizverwaltung.**

Von

Dr. jur. G. Strutz,
Geheimer Ober-Finanzrath und vortragender Rath im Finanzministerium.

Berlin, 1904.
J. Guttentag, Verlagsbuchhandlung,
G. m. b. H.

Vorwort.

Selbst in dem Etat eines Staates wie Preussen, in dem die Ueberschüsse abwerfenden Betriebsverwaltungen eine ungleich grössere Rolle spielen als in anderen Staaten, nehmen naturgemäss die Zuschussverwaltungen einen breitern Raum ein, wie die Ueberschussverwaltungen. Die Darstellung der letzteren konnte daher in diesem Werke erheblich früher vollendet werden als die der ersteren, und es blieb mir dadurch die Möglichkeit, dem Wunsche des Herrn Geheimrath Schwarz und der Verlagsbuchhandlung entsprechend noch die Bearbeitung der vorliegenden Lieferung des II. Bandes zu übernehmen.

Wenn in dieser Lieferung das Finanz-Ministerium und die Justizverwaltung behandelt sind, so mag diese Zusammenstellung vielleicht auf den ersten Blick überraschen: mancher würde vielleicht eher das Finanz-Ministerium und das Ministerium des Innern in einer Lieferung zusammengefasst zu finden erwarten. Indess einmal glaubte ich Herrn Geheimrath Schwarz, der die grosse Mehrzahl der Bücher des II. Bandes bearbeitet hat, die Wahl überlassen zu müssen, welche Bücher er seiner Feder vorbehalten wollte. Sodann sprachen auch sachliche Erwägungen für die gewählte Anordnung. Nach der Art der Ausgaben, die im Etat des Finanz-Ministeriums erscheinen, war in der Behandlung dieses Etats der gegebene Ort für eine — natürlich nur summarische — Darstellung der Organisation der allgemeinen Verwaltung und der allgemeinen Beamtenverhältnisse. Es erschien daher wohl am Platze, in derselben Lieferung auch die Organisation des andern Hauptzweiges der vollziehenden Gewalt, der Justizverwaltung und die von den allgemeinen Beamtenverhältnissen in vielen Beziehungen abweichenden Verhältnisse der richterlichen Beamten zur Darstellung zu bringen, wofür natürlich der gegebene Platz die Justizverwaltung war.

Schmerzlicher noch als bei Bearbeitung früherer Lieferungen habe ich es bei dieser empfunden, dass der Umfang, den unser Werk ohnehin nothgedrungen, sollte es seiner Aufgabe gerecht werden, eine Art Kommentar zum Staatshaushaltsetat zu bilden, angenommen hat, und die von dem Verlage betonte Nothwendigkeit, das Manuskript bis zum 1. Oktober v. J. abzuschliessen, mich genöthigt hat, vielfach prinzipielle Erörterungen, zu denen reichliche Anregung geboten war, zu unterdrücken und mich im Wesentlichen auf die Angabe der Thatsachen zu beschränken. Indess haben wir es ja von vornherein als die vornehmlichste Aufgabe unserer Arbeit betrachtet, nicht sowohl subjektive Kritik zu üben, als vielmehr die objektive Entwicklung und Gestaltung des Staatshaushalts und der Finanzen Preussens zur Darstellung zu bringen, und diese Selbstbeschränkung hat ja auch bisher die Zustimmung der Kritik gefunden.

Ich übergebe daher diese Lieferung der Oeffentlichkeit mit dem Wunsche, dass sie eine gleich günstige Aufnahme finden möge, wie ihre Vorgängerinnen. Sie stellt den Abschluss einer fünfjährigen, neben unsern, in der ganzen Zeit nicht verminderten Amtsobliegenheiten nur mit Anspannung aller Kräfte bewältigten Arbeit dar.

Ein Bedürfniss ist es mir, an dieser Stelle meinen Dank auszusprechen Sr. Excellenz dem Herrn Finanzminister Freiherrn v. Rheinbaben für das Interesse, das er an unserer Arbeit genommen sowie Sr. Excellenz dem Herrn Justizminister Dr. Schönstedt für die Geneigtheit, mit der er Anordnungen traf, die mir jederzeit bereitwillige Auskunft im Justizministerium sicherten, und ebenso den Herren zu danken, deren Dienste ich wiederholt in Anspruch nehmen musste, insbesondere den Herren Wirkl. Geh. Oberfinanzrath Belian, Geh. Oberjustizrat Fritze, Geh. Rechnungsrat Müller, Vorsteher der Geheimen

Kalkulatur im Justizministerium, Rechnungsrath Kurzinna und Rechnungsrath Hendrich im Finanzministerium. Nicht mindern Dank schulde ich den Bureaudirektoren des Abgeordnetenhauses und des Herrenhauses, den Herren Rechnungsrath Plate und Reissig und dem Bibliothekar des Abgeordnetenhauses, Herrn Professor Dr. Wolfstieg, die mir die Bearbeitung auch dieser Lieferung durch Zuverfügungstellung älterer Etats und der Literatur erleichtert haben.

Berlin, im Januar 1904.

Dr. Strutz.

Inhaltsverzeichniss.

Achtes Buch.

Finanz-Ministerium.

Neuntes Buch.

Die Justizverwaltung.

I. Hauptabschnitt.

II. Hauptabschnitt.

III. Hauptabschnitt.

[1]) Siehe Berichtigungen

Berichtigungen.

Es ist zu lesen: auf S. 1590 Z. 19 und im Kopf von S. 1851 statt „§ 34“ „**§ 34 a**“.
„ „ „ „ „ S. 1868 Z. 7 und im Kopf von S. 1869 und 1871 statt „§ 79“ „**§ 79 a**“.
„ „ „ „ „ S. 1836 Z. 5 sind die Worte „Strafe der“ zu streichen.

Achtes Buch.

Finanz-Ministerium.

Vorbemerkungen.

§ 1. Ein „Etat des Finanz-Ministeriums" mit dem heutigen Inhalt und in der heutigen Gestalt ist erst ziemlich neuen Datums. Anfänglich erschienen unter dieser Bezeichnung nur Ausgaben, aber auch nicht nur diejenigen des heutigen Etats des Finanz-Ministeriums, sondern auch solche, die nach der jetzigen Etatseintheilung auf den der „Allgemeinen Finanzverwaltung" gehören. Die gegenüberstehenden Einnahmen aber standen auf einem besonderen, dem Etat von den Einnahmen der allgemeinen Kassenverwaltung.

Das Ober-Rechnungskammer-Gesetz v. 27. März 1872 bedingte für 1873 eine vollständige Umgestaltung des ganzen Etatsschemas. Der § 19 dieses Gesetzes enthielt die Anordnung, dass in die zur Vorlegung an den Landtag gelangenden Spezialetats bei den Besoldungsfonds die Stellenzahl und die Gehaltssätze aufzunehmen sind. Demgemäss wurden die detaillirten Pläne über die Verwendung der Besoldungsfonds, welche bis dahin nur in besonderen Beilagen zu den Etats enthalten waren, überall in die Etats selbst eingefügt. Ferner bestimmte der allegirte § 19, dass Etatsüberschreitungen im Sinne des Art. 104 der Verfassungsurkunde alle Mehrausgaben sind, welche gegen die einzelnen Kapitel und Titel des Staatshaushaltsetats oder gegen die von der Landesvertretung genehmigten Titel der Spezialetats stattgefunden haben, und dass unter dem Titel eines Spezialetats im Sinne dieses Gesetzes jede Position zu verstehen ist, welche einer selbständigen Beschlussfassung der Landesvertretung unterlegen hat und als Gegenstand einer solchen im Etat erkennbar gemacht worden ist. Im Sinne dieser Bestimmung wurden nunmehr alle Summen, welche nach ihrem Verwendungszweck für sich abgeschlossene, besondere Fonds bilden, als besondere Titel in Ansatz gebracht. Demnach führen erst seitdem alle zum Gegenstand der Bewilligung im Einzelnen zu machenden Positionen die Bezeichnung „Titel", und die einzelnen Titel sind sämmtlich in den Etats selbst aufgeführt, während bis dahin für viele in den Etats nur summarisch aufgeführte Fonds die Detailansätze in besonderen Beilagen enthalten waren. Die Beilagen dieser Art kamen daher nun in Wegfall, und die jetzt nach den einzelnen Etats angefügten Beilagen haben lediglich die Bedeutung von zur Motivirung und Erläuterung der Etatsansätze dienenden Mittheilungen.

Gleichzeitig wurden auch die besonderen Etats für die Hohenzollernschen Lande und das Jadegebiet beseitigt.

Mit den durch das Gesetz gebotenen Aenderungen des Etats wurden andere auf eine übersichtlichere und einfachere Gestaltung abzielende verbunden. Dabei verschwand der „Etat des Finanz-Ministeriums“ als solcher und wurde ersetzt durch denjenigen der allgemeinen Finanzverwaltung, der nun auch die Einnahmen der allgemeinen Kassenverwaltung enthielt. Er entsprach daher inhaltlich den heutigen Etats der allgemeinen Finanzverwaltung und des Finanzministeriums. Erst im Jahre 1880/81 wurde aus diesem der heutige Etat des Finanzministeriums ausgesondert. In der Darstellung dieses Buches werden nun aus der Zeit vor 1880/81 nur diejenigen Einnahmen und Ausgaben des Etats des Finanz-Ministeriums vor 1873, dagegen auch diejenigen Einnahmen und Ausgaben des Etats der allgemeinen Finanzverwaltung von 1873—1879/80 berücksichtigt werden, die nach der heutigen Eintheilung auf den Etat des Finanz-Ministeriums gehören. Die übrigen finden bei der „Allgemeinen Finanzverwaltung“ Erwähnung.

§ 2. Aus dem I. Bande dieses Werkes hat der Leser ersehen, dass die sämmtlichen Ueberschussverwaltungen Preussens nicht auf dem Etat desjenigen Ministeriums, von dem sie ressortiren, erscheinen, sondern für sie eigene Etats gebildet sind. Auf dem Etat des Finanz-Ministeriums finden wir daher auch weder die direkten und indirekten Steuern, noch die Einnahmen und Ausgaben der Lotterieverwaltung, der Münzverwaltung und der Seehandlung. Noch erheblicher sind die Einnahmen, deren Dienst vom Finanzminister ressortirt, die aber auf dem Etat der allgemeinen Finanzverwaltung erscheinen. Alles, was an Einnahmen beim Finanzministerium etatisirt wird, sind diejenigen der Wittwen- und Waisenverpflegungsanstalten, Miethseinnahmen aus fiskalischen Dienstgebäuden u. dergl., aussergerichtliche Geld- und Ordnungsstrafen, erstattete Kosten aus den Verwaltungsstreitverfahren, Verwaltungskosten-Beiträge, herrenlose Verlassenschaften und die Einnahmen der Berliner Thiergartenverwaltung, Alles in Allem (1903) noch nicht 2,005 Mill. M.

Andererseits freilich finden wir auch die (1903) ca. 705 Millionen Ausgaben der allgemeinen Finanz- und der Staatsschuldenverwaltung auf den besonderen Etats dieser Verwaltungen. Indess ist dafür der Etat des Finanz-Ministeriums mit Ausgaben belastet, die nach ihrem Charakter nur zum kleinsten Teile seinem Ressort zur Last fallen. Denn einige 60 Proz. seines Ausgabe-Ordinariums entfallen auf Wartegelder, Pensionen und Unterstützungen der Civilbeamten aller Ressorts, ungefähr 8 Proz. auf das ebenfalls für alle Ressorts zu leistende Portoaversum. Sodann finden sich hier, und nicht, wie man vermuthen sollte, auf dem Etat des Ministeriums des Innern die Ausgaben für die Provinzial- und Bezirksbehörden der allgemeinen Landesverwaltung, während diejenigen für die Kreisbehörden derselben, wie oben dargestellt, auf dem letztgedachten stehen. Hierauf entfallen weitere rd. 18 Proz. des Ordinariums. So ist gerade im Etat des Finanz-Ministeriums das Verhältniss der Einnahmen zu den Ausgaben ungünstiger als in denen aller anderen Ministerien mit Ausnahme der im preussischen Etat finanziell nicht ins Gewicht fallenden der auswärtigen Angelegenheiten und des Krieges: 1903 standen 114½ Mill. dauernden Ausgaben nur 2 Millionen Einnahmen gegenüber, während, wenn die Einnahmen und Ausgaben der Steuerverwaltung, der Lotterie, Seehandlung, Münz-, Staatsschulden- und allgemeinen Finanzverwaltung hier erschienen, sich das Verhältniss wie rd. 942 zu 774 Millionen und, wenn ihm die Ausgaben für die Beamten anderer Ressorts u. s. w. abgenommen würden, noch günstiger auf der Einnahmeseite stellen würde.

Dieser Inhalt des Etats des Finanz-Ministeriums veranlasst uns, zumal von den relativ geringfügigen Einnahmen mehr als ⅓ korrespondirenden Ausgaben gegenübersteht und daher zweckmässig im Zusammenhange mit diesen besprochen wird, von der in anderen Büchern dieses Werkes beobachteten Anordnung abzuweichen und uns den Ausgaben vor den Einnahmen zuzuwenden.

Sodann aber scheint uns mit Rücksicht darauf, dass auf dem Etat des Finanz-Ministeriums die Ausgaben für die meisten Behörden der allgemeinen Landesverwaltung und für die Warte- und Ruhegehälter sowie die Reliktenversorgung der Beamten aller Ressorts stehen, hier der geeignete Platz, für einen Abriss nicht nur der Organisation und Zuständigkeit des Finanz-Ministeriums, sondern auch der Organisation der allgemeinen Landesverwaltung und für eine Skizze der allgemeinen Rechtsverhältnisse der Beamten zu sein.

Das vorliegende Buch wird also 3 Hauptabschnitte umfassen, nämlich:

I. Die Organisation des Finanz-Ministeriums und der allgemeinen Landesverwaltung.

II. Allgemeine Beamtenverhältnisse.

III. Die Ausgaben und Einnahmen auf dem Etat des Finanz-Ministeriums.

I. Hauptabschnitt.

Die Organisation des Finanz-Ministeriums und der allgemeinen Landesverwaltung.[1])

I. Abschnitt.

Die Verwaltungsorganisation bis zur jüngsten Reform der allgemeinen Landesverwaltung.

I. Kapitel.

Die Verwaltungsorganisation vor den Stein-Hardenbergischen Reformen.

§ 3. Die Ausbildung eines landesherrlichen Behördenorganismus hängt aufs Engste zusammen mit der im VIII. Buche des I. Bandes (§§ 4—10) skizzirten Entwickelung des Steuerwesens. So lange die Stände die Verwaltung der Steuern in den Händen hatten, war für landesherrliche Civilbehörden in den Provinzen kein Raum.

In den Zeiten der Blüthe ständischer Herrschaft waren auch des Landesherrn unmittelbare Berather nur die Vertreter dieser Stände. Hier aber, in der Centralinstanz, gelang im Brandenburgischen Staate die erste Reform, die Ersetzung des ständischen Beirathes durch ein Kollegium kurfürstlicher Beamter, den Geheimen Rath, im Jahre 1604.

Ursprünglich lediglich ein Beirath des Kurfürsten, der an dessen Votum nicht im mindesten gebunden war, entwickelte sich der Geheime Rath oder Geheime Staatsrath alsbald mehr und mehr zu einer beschliessenden, alle Ressorts umfassenden, obersten Verwaltungsbehörde. Daneben fungirte er aber als höchster Gerichtshof, bis im Jahre 1658 diese Obliegenheit dem Geheimen Justizrath übertragen wurde. Schon einige Jahre vorher war ihm die Domänenverwaltung abgenommen und die Militärverwaltung in die Hände des „General-Kriegskommissariats“ gelegt worden (vergl. § 40 des I. Buches des

[1]) Vergl. die Darstellungen in den verschiedenen Hand- und Lehrbüchern des Staats- und Verwaltungsrechts, ferner Frhr. v. Stengel „Organisation der Preussischen Verwaltung“, Bornhak „Geschichte des Preussischen Verwaltungsrechts“, desselben „Preussische Staats- und Rechtsgeschichte“ u. a. m.

I. Bandes). Andererseits erfuhr die ursprünglich auf die Mark beschränkte territoriale Zuständigkeit des Geheimen Raths seit dem Grossen Kurfürsten eine Ausdehnung auf die übrigen Landestheile.

Die Zunahme der Geschäfte erforderte die Bildung besonderer Departements, deren die Geheimraths-Ordnung vom 4. Dez. 1651 19 aufzählt, deren Zuständigkeit theils nach Territorien, theils nach Materien abgegrenzt war. Den Vorsitz im Geheimen Rath behielt sich der Kurfürst selbst vor; doch wurde zu seinem Stellvertreter ein „Oberpräsident" bestellt, dem zeitweise wiederum ein „Präsident" als Stellvertreter beigegeben wurde. Die Mitglieder wurden seit der Abtrennung der obersten Domänenbehörde und des Geheimen Justizraths zur Unterscheidung von den den Titel Geheime Räthe beibehaltenden Mitgliedern dieser Behörden als „Wirkliche Geheime Räthe" bezeichnet.

Die Departementseintheilung von 1651 hatte noch dem Geheimen Rath den Charakter einer einheitlichen Behörde gewahrt, indem die Mitglieder der Departements nur die Stellung der Referenten im Geheimen Rath hatten.

Allmählich wuchsen sich aber die Departements zu selbständigen Centralbehörden aus, wobei es naturgemäss war, dass an die Stelle der Provinzial- mehr und mehr Realdepartements traten. Die wichtigsten derselben waren das Kabinets- oder Ministerium des Auswärtigen, das Justizdepartement und das von König Friedrich Wilhelm I. geschaffene „General-Ober-Finanz-, Kriegs- und Domänen-Direktorium" (vergl. Band I Buch I § 40). Dieses, dem neben den Finanz- auch die Polizeisachen zugewiesen waren, bestand wiederum aus Provinzial- und Realdepartements, deren Zahl und Kompetenz mehrfach wechselte.

Ausgeschlossen von seiner Zuständigkeit war Schlesien, dessen Verwaltung ein in Breslau residirender Provinzialminister führte. Koordinirt war ihm das 1787 geschaffene Oberkriegskollegium. Dagegen entwickelte sich eine ursprünglich nur zur formellen Besorgung der unmittelbar durch den König selbst zu entscheidenden Angelegenheiten bestimmte Behörde allmählich gewissermassen zu einer Oberinstanz über den Centralbehörden, das Kabinet, nachdem es Sitte geworden war, dass die den Departements vorstehenden Minister nur schriftlich mit dem Könige verkehrten und nur die Geheimen Kabinetsräthe persönlichen Vortrag beim Könige halten.

§ 4. Die ältesten Provinzialbehörden des Brandenburgisch-Preussischen Staates trugen zwar bereits den Namen „Regierungen". Aber sie hatten von Hause aus ständischen Charakter, und obwohl sie diesen nicht mehr abstreiften, verloren sie doch mit dem Erstarken der Fürstenmacht mehr und mehr von ihrer Zuständigkeit, sodass sie im Verlaufe des 17. Jahrhunderts schliesslich in der Hauptsache Gerichte mittlerer Instanz wurden. In die Zuständigkeiten auf dem Gebiete der Verwaltung theilten sich die Amtskammern und die Kriegskommissariate. Friedrich Wilhelm I. verschmolz (1723) diese beiden Behörden zu einer, den Kriegs- und Domänenkammern, deren für das ganze Staatsgebiet mit Ausschluss des eine besondere Verfassung behaltenden Gelderns 9 errichtet wurden und die in 2 Abtheilungen, die Domänen- und die Kriegsabtheilung zerfielen. Die Kammern bestanden aus einem Präsidenten, 2 Direktoren und der erforderlichen Zahl von Räthen; den Nachwuchs bildeten die Auskultatoren.

Unter Friedrich Wilhelms I. beiden Nachfolgern blieb diese Kammereinrichtung bestehen. Nur wurden für die neuen Landestheile neue Kriegs- und Domänenkammern errichtet, für Schlesien 2, in Breslau und Glogau, deren gemeinsamer Präsident der Oberpräsident und Minister für Schlesien war, für Ostfriesland eine, für Ansbach und Bayreuth 2, für Südpreussen 3; ferner wurde die Zuständigkeit der Kammern von der der Provinzialgerichte, der Regierungen, schärfer geschieden und auch die Abgrenzung der Bezirke in Einzelheiten geändert; übrigens wurde die Einrichtung gemeinsamer Chef- oder Oberpräsidenten auch bei einzelnen der nichtschlesischen Kammern getroffen. Für einzelne Theile besonders grosser Kammerbezirke wurden unter der Kammer stehende „Kammerdeputationen“ gebildet.

Wenn auch die Grenze zwischen den Zuständigkeiten der Provinzial-Verwaltungsbehörden, den Kriegs- und Domänenkammern und der Provinzialgerichte, der Regierungen, im Laufe dieser Zeit schärfer gezogen wurde, so verblieben doch den Kammern ein gut Theil Justizsachen, die Kammer-Justizsachen. Es waren das aber nicht Verwaltungsstreitsachen im heutigen Sinne, sondern Civilstreitsachen, die die Rechte des Fiskus oder polizeiliche Gesetze berührten. Ihre Erledigung wurde 1782 in die Hand besonderer „Kammerjustiz-Deputationen“ gelegt, welche aus Mitgliedern der Kammer, häufig unter Zuziehung solcher der Regierungen bestanden. Als höhere Instanz fungirte in diesen Sachen ein dem Generaldirektorium unterstehendes „Ober-Revisionskollegium.“

§ 5. Die den Kammern nachgeordneten Kreis- und Lokalbehörden behielten den ständisch-grundherrlichen Charakter bei. In den keiner Grundherrschaft unterworfenen „Immediatstädten“ bildeten die Magistrate die kommunale, polizeiliche und richterliche Obrigkeit. In dem das platte Land und die Mediatstädte umfassenden Kreise waren die Verwaltungsfunktionen zwischen dem aus den Rittergutsbesitzern, Vertretern der Städte, Stiftungen u. s. w. gebildeten Kreistage, dem von ihm aus der Zahl der adligen Rittergutsbesitzer gewählten, vom Landesherrn bestellten Landrathe und den ebenfalls vom Kreistage aus der Zahl der adligen Rittergutsbesitzer gewählten und vom Generaldirektorium bestätigten Kreisdeputirten, welche einzelne Funktionen der Kreistage ausübten und den Landrath zu unterstützen hatten, getheilt, während Ortspolizei und Gerichtsbarkeit erster Instanz ein Zubehör der Grundherrschaft war.

II. Kapitel.

Die Stein-Hardenbergischen Reformen.

§ 6. In den Stürmen der Jahre 1806/7 bewährte sich auch die bisherige Behördenorganisation nicht, und die Reduzirung des Staatsgebiets auf die Hälfte seines bisherigen Umfangs musste auch eine zwingende äussere Veranlassung zu einer Reform abgeben. Stein und Hardenberg führten dieselbe in mehreren Etappen seit dem Jahre 1808 durch, und zwar mit dem Erfolge, dass noch heute die Verwaltungsorganisation auf dieser Basis fusst.

In der Centralinstanz wurde das schwerfällige, kollegialisch organisirte General-Direktorium mit seiner Mischung von Real- und Provinzialsystem in der Zuständigkeit durch fünf für das ganze Staatsgebiet innerhalb eines bestimmten Geschäftskreises zuständige Ministerien mit je einem Minister als allein verantwortlichen Chef (Publikandum v. 16. Dez. 1808) ersetzt: die Ministerien des Innern, der Finanzen, der auswärtigen Angelegenheiten, des Krieges und der Justiz. Die einzelnen Ministerien zerfielen in Sektionen, das uns hier beschäftigende der Finanzen in deren drei: für Bank-, Kassen-, Seehandlungs- und Lotteriewesen, für Domänen und Forsten und für direkte und indirekte Steuern. Die oberste Leitung der ganzen Staatsverwaltung sollte in den Händen des Staatsrathes unter unmittelbarer Aufsicht des Königs liegen. Doch wurde 1808 die Organisation des Staatsraths vorbehalten, und als der Staatsrath endlich auf Grund der Verordn. v. 20. März 1817 ins Leben trat, erschien er nur noch als eine berathende Behörde für die Krone.

Schon durch Verordn. v. 27. Okt. 1810 (G.-S. S. 3) erfuhr die Verfassung der obersten Staatsbehörden wieder verschiedene Aenderungen. Das Kabinet wurde wieder hergestellt; dasselbe sollte bestehen aus dem Staatskanzler, der die Aufsicht und Kontrole über alle Verwaltungszweige führen sollte, dessen Stelle aber nach dem Ableben Hardenbergs (1822) nicht wieder besetzt wurde, aus dem Geheimen Kabinetsrath und Militärpersonen für die Militärsachen. Das Finanz-Ministerium sollte fortan in zwei Hauptabteilungen zerfallen, in eine für die Einkünfte des Staates und eine für die Generalkassen und Geldinstitute des Staates; die erste Hauptabtheilung zerfiel in zwei Unterabtheilungen, für Domänen, Forsten und Jagden und für direkte und indirekte Abgaben, die zweite Hauptabtheilung in drei

Sektionen für Generalkassen, Generalbuchhaltung und Etatswesen, für Bank, Lotterie, Münze, Kreditwesen der Provinzen u. s. w. und für Seehandlung, Staatschulden und Salzwesen. Jede Unterabtheilung stand unter einem Direktor, jede Hauptabtheilung hatte einen dieser übergeordneten Chef. An die Stelle dieser Eintheilung trat nach Königlichem Befehl v. 27. April 1812 (G.-S. S. 45) eine solche in drei Departements, indem die Geldinstitute des Staates, das Staatsschuldenwesen, Lotterie, Münze, Salzadministration und das Kreditwesen der kommunalen und ständischen Verbände von der zweiten Hauptabtheilung abgezweigt und einem besonderen „Finanz-Kollegium“ übertragen wurden, dessen Mitglieder nicht, wie die vortragenden Räthe der anderen Abtheilungen, nur berathende, sondern beschliessende Stimme hatten. Bereits die K.-O. v. 26. Nov. 1813 (G.-S. S. 129) beseitigte aber dieses Finanz-Kollegium wieder und ebenso die „Hauptabtheilungen“, sodass nun nur die früheren Unterabtheilungen bestehen blieben. Unmittelbar darauf (K.-.O. v. 13. Dez. 1813 — G.-S. 1814 S. 3) wurden dem Finanz-Ministerium das Salz-, Berg- und Hüttenwesen, im nächsten Jahre (K.-O. v. 3. Juni 1814 — G.-S. S. 41) auch die Fabrik-, Bau-, Kommunikations- und Handelssachen zugewiesen.

Eine bedeutende Einschränkung erfuhr die Zuständigkeit des Finanzministers, als durch Verordn. v. 3. Nov. 1817 (G.-S. S. 289) ein eigenes Ministerium des Schatzes und für das Staatskreditwesen errichtet und diesem die Verwaltung der ausserordentlichen Einnahmen und Ausgaben des Staates, der Staatsschulden, der Seehandlung, des Salzmonopols, der Lotterie und der Münze übertragen wurde. Doch hatte dieses Ministerium nur ein ephemeres Dasein, da es schon durch K.-O. v. 16. Mai 1823 (G.-S. S. 109) wieder mit dem Finanzministerium vereinigt wurde. Dagegen schieden nach K.-O. v. 2. Dez. 1817 (G.-S. S. 304) die Handels-, Gewerbe- und Bausachen durch Errichtung eines besonderen Ministeriums für Handel und Gewerbe aus der Zuständigkeit des Finanz-Ministers aus, und von dem Ressort des Schatzministers gingen die ihm schon durch Verordn. v. 17. Jan. 1820 abgenommene Verwaltung der Seehandlung und des Staatsschuldenwesens nicht auf das Finanz-Ministerium über, sondern verblieben besonderen Behörden. Abermals erweitert wurde dessen Zuständigkeit, als die K.-O. v. 8. Juni 1821 (G.-S. S. 151) unter Auflassung des Handelsministeriums dessen Angelegenheiten unter das Finanz- und das Ministerium des Innern vertheilte: das Finanz-Ministerium erhielt die Kommunikationsabgaben mit Ausschluss der Chausseegelder sowie das Kalenderdebit- und Stempelwesen.

Neben den gedachten Bestimmungen über die Errichtung des Schatzministeriums traf die Verordn. v. 3. Nov. 1817 in weiterer Ausführung einer K.-O. v. 3. Juni 1814 (G.-S. S. 40) Vorschriften über Einrichtung und Zuständigkeit des Staatsministeriums, d. i. der Gesammtheit der Minister. Eine andere Verordnung von demselben Tage verfügte die Einrichtung einer dem Staatskanzler unterstehenden „Generalkontrole der Finanzen für das gesammte Etats-, Kassen- und Rechnungswesen und für die Staatsbuchhalterei", welche über Ordnung und Sparsamkeit im Staatshaushalt wachen sollte, aber, wie gleich hier bemerkt sein mag, durch K.-O. v. 29. Nov. 1826 (G.-S. S. 45) wieder aufgehoben und durch die 1844 (K.-O. v. 19. Juli 1844 — G.-S. S. 265) unter Ueberweisung ihrer Funktionen dorthin, wohin sie naturgemäss gehören, in das Finanz-Ministerium ebenfalls wieder beseitigte selbstständige Staatsbuchhalterei ersetzt wurde.

§ 7. Als oberste Provinzialverwaltungsbehörde setzte das Publikandum v. 16. Dez. 1808 den Oberpräsidenten ein, während an die Stelle der Kriegs- und Domänenkammern die Regierungen, an die der bisherigen Regierungen Oberlandesgerichte traten.

Anfänglich wurden nur 3 Oberpräsidien errichtet, für Ostpreussen, Litthauen und Westpreussen, für die Mark und Pommern und für Schlesien. Auch die Zuständigkeit der Oberpräsidenten war zuerst eine sehr beschränkte: sie sollten keine neue Instanz bilden, sondern als ständige Kommissarien der Minister eine ausführende, kontrollirende und konsultirende Thätigkeit ausüben (Instruktion vom 23. Dezbr. 1808). Die bereits erwähnte Verordn. v. 30. April 1815 verfügte die Errichtung eines Oberpräsidiums für jede der 10 Provinzen, in welche sie das Staatsgebiet theilte (Preussen, Westpreussen, Brandenburg, Pommern, Schlesien, Posen, Sachsen, Westfalen, Cleve-Berg und Grossherzogthum Niederrhein), und erweiterte, wenn auch unter Festhaltung des Prinzips, dass der Oberpräsident keine Zwischeninstanz zwischen Ministerien und Regierung bilde, doch dessen Zuständigkeit; insbesondere wurden seiner unmittelbaren Kompetenz unterstellt die ständischen und über den einzelnen Regierungsbezirk hinausreichenden Sicherheits- und Militärangelegenheiten sowie der Vorsitz im Konsistorium für Kirchen- und Schulsachen und im Medizinalkollegium. Ausserdem aber war er Präsident der Regierung an seinem Amtssitze. Abermalige Erweiterung erfuhr seine Kompetenz durch die Instruktion für die Oberpräsidenten v. 23. Okt. 1817 (G.-S. S. 230), die aber schon 1825 durch eine neue, v. 31. Dez. 1825 (G.-S. 1826 S. 1) ersetzt wurde, welche noch heute die Grundlage bildet.

Nach der Instruktion von 1825 umfasst der Wirkungskreis des Oberpräsidenten I. die eigene Verwaltung aller sich über den Bereich einer Regierung hinaus erstreckenden Angelegenheiten; II. Oberaufsicht über Regierungen, Provinzialsteuerdirektion und Generalkommission sowie Vorsitz im Konsistorium, Provinzial-, Schul- und Medizinalkollegium; III. Stellvertretung der obersten Staatsbehörden in besonderem Auftrage und bei ausserordentlicher Veranlassung, insbesondere bei Konflikten zwischen nachgeordneten Behörden, für Anordnungen bei ausserordentlichen Ereignissen, Gefahr im Verzuge und Kriegsgefahr, in Kommunalangelegenheiten, bei Apotheken- und Schauspielkonzessionen, Bewilligung von Märkten und Kollekten. Der Oberpräsident ist dem Staatsministerium und jedem Minister für dessen Wirkungskreis untergeordnet und verbleibt in der Regel Präsident der Regierung in seinem Amtssitz, kann aber die Geschäfte des Spezialpräsidiums der Letzteren einem Regierungs-Vicepräsidenten übertragen. Seine Vertretung führt ein auf seinen Vorschlag vom Staatsministerium bestellter Substitut; nach der Kabinetsordre betr. Abänderung der Organisation der Provinzialbehörden v. 31. Dez. 1815 wird die Vertretung des Oberpräsidenten als solchen und als Präsident der Regierung einem Regierungs-Vicepräsidenten übertragen.

§ 8. Die 1808 errichteten Bezirksregierungen hatten ihren Sitz in Königsberg, Gumbinnen, Marienwerder, Stettin, Breslau und Glogau, seit 1809 in Liegnitz, Potsdam und Küstrin, seit 1809 in Soldin und dann Königsberg in der Neumark; Berlin bildete unter dem Polizeipräsidium in polizeilichen Angelegenheiten einen besonderen, direkt dem Ministerium des Innern unterstellten Verwaltungsbezirk. Die Regierungen sollten 5 Deputationen haben, für Polizeiwesen, Kultus und öffentlichen Unterricht, Finanz- und Kassenwesen und für Accise-, Zoll- und Salzangelegenheiten; gewisse Sachen waren durch das Plenum zu entscheiden. Die Entscheidung hier wie in den Deputationen erfolgte kollegialisch. An der Spitze der Regierung stand der Präsident, an derjenigen der Deputationen standen Direktoren, die Mitglieder hiessen Regierungsräthe, unter denen sich als technische befanden Konsistorial- und Schulräthe, der Oberforstmeister, Landstallmeister, Medizinalrath, Postdirektor, Bauräthe, Wasserbauinspektoren, Oberaccise- und Zollräthe und der Torfinspektor. Den Regierungen wurden unter Vorsitz von Regierungsmitgliedern verschiedene technische Deputationen beigeordnet. Die nähere Regelung des Geschäftsganges u. s. w. der Regierungen erfolgte durch eine Instruktion v. 26. Dez. 1808.

Die mehrerwähnte Verordn. v. 30. April 1815 sah 25 Regierungen vor (Königsberg, Gumbinnen, Danzig, Marienwerder, Berlin, Potsdam, Frankfurt a./O., Stettin, Köslin, Breslau, Reichenbach in Schlesien, Liegnitz, Oppeln, Posen, Bromberg, Merseburg, Magdeburg, Erfurt, Münster, Minden, Hamm, Düsseldorf, Cleve, Cöln und Coblenz) und ersetzte die 5 Deputationen durch 2 Hauptabtheilungen, deren eine die von den Ministern des Auswärtigen, Innern, Kriegs und der Polizei[1]), deren andere die vom Finanzminister ressortirenden Angelegenheiten zu bearbeiten hatte; Kirchen- und Schulsachen, mit Ausnahme der unmittelbar von der Ministerialinstanz ressortirenden Universitäten, gingen an das Konsistorium über; bei den Regierungen ausserhalb des Amtssitzes des Letzteren bestand eine aus Geistlichen und Schulmännern unter Vorsitz eines Regierungsmitgliedes eine Kirchen- und Schulkommission als Organ des Konsistoriums.

Auf der Grundlage der Verordn. v. 30. April 1815 erging demnächst eine neue Regierungs-Instruktion v. 23. Okt. 1817 (G.-S. S. 248), welche in modifizirter Gestalt noch jetzt in Kraft ist. Hier

[1]) Das Ministerium der Polizei war 1812 vom Ministerium des Innern abgezweigt und bestand bis 1819.

wird u. a. die Grenze zwischen der Kompetenz des Konsistoriums und der einen integrirenden Bestandtheil der ersten Abtheilung bildenden Kirchen- und Schulkommission näher bezeichnet: der letzteren verbleibt im Allgemeinen das Elementarschulwesen und die Externa der evangelischen Kirchenangelegenheiten. Das Kollegialsystem wird bis auf das Präsidium ausgedehnt, das aus dem Präsidenten und den Direktoren besteht.

§ 9. Auch hinsichtlich Einrichtung und Zuständigkeit der Regierungen bedurfte es in den nächsten Jahren noch mehrfacher Aenderungen, bis man zu einem Beharrungszustande gelangte.

Was zunächst die Bezirkseintheilung betraf, so blieb die 1815 als Provisorium betrachtete Regierungskommission in Stralsund als besondere Regierung bestehen. Die Regierung in Berlin wurde 1822 wieder aufgehoben und das Polizeipräsidium wieder hergestellt. Aufgehoben wurden auch 1820 die Regierung in Reichenbach und 1821 diejenige in Cleve, während diejenige in Hamm nach Arnsberg verlegt, neue Regierungen aber (1818) in Aachen und Trier errichtet wurden. Ausserdem traten mehrfache Verschiebungen in der Abgrenzung der Bezirke ein. Auch die Provinzialeintheilung blieb nicht nur von solchen nicht verschont, sondern es wurden in den 20er Jahren auch die beiden rheinischen Provinzen zu der einen „Rheinprovinz“ und, wie gleich hier bemerkt sein mag, 1829 Preussen und Westpreussen zu einer Provinz Preussen vereinigt.

In der Einrichtung der Regierungen brachte die Kabinetsordre v. 31. Dez. 1825 betr. eine Abänderung in der bisherigen Organisation der Provinzial-Verwaltungsbehörden (G.-S. 1826 S. 5) einschneidende Aenderungen. Die Stellung des Präsidenten wurde dadurch gestärkt, dass er an die Stelle des wegfallenden kollegialischen Präsidiums trat. Statt der bisherigen 2 wurden, zumal für grössere Regierungen, 4 Abtheilungen vorgesehen, die vierte, für indirekte Steuern, allerdings nur da, wo nicht, was demnächst in allen Provinzen ausser Brandenburg der Fall war, Provinzial-Steuerdirektionen bestanden (vergl. Bd. I Buch IX S. 1352 f.). Die erste, die Abtheilung des Innern, behielt die Kompetenz der bisherigen I. Hauptabtheilung mit Ausschluss der auf die zweite, für Kirchenverwaltung und Schulwesen, übergehenden externen Kirchen- und Schulsachen — die internen Kirchensachen behielten die Konsistorien, für die internen Schulsachen wurden gleichzeitig Provinzial-Schulkollegien errichtet (vergl. Bd. II Buch I S. 46 u. 273) — und erhielt von der bisherigen II. Hauptabtheilung das Gewerbe-, Baupolizei-, sowie Chausseegeldwesen. Die dritte Abtheilung war für die Verwaltung der direkten Steuern, Domänen und Forsten zuständig. Kassen-, Etats- und Rechnungsangelegenheiten waren von dem Kassenrath selbständig unter dem Präsidenten zu bearbeiten. Die Dirigenten der Abtheilungen erhielten nun die Bezeichnung „Ober-Regierungsräthe“, von denen einer auch zum ständigen Vertreter des Präsidenten bestimmt wird; in der dritten Abtheilung wurde der Oberforstmeister Mitdirigent (vergl. Bd. I Buch II S. 206 ff.). Gewisse wichtige Angelegenheiten wurden wie bisher der Plenarversammlung vorbehalten, in welcher die Abtheilungsdirigenten einschliesslich des Oberforstmeisters und Regierungsräthe volles Votum hatten, die technischen Mitglieder in Angelegenheiten ihres Geschäftskreises, die Assessoren nur in den von ihnen selbst bearbeiteten Sachen stimmberechtigt waren. Auch die Prozinzialsteuerdirektoren und auf Einladung des Präsidenten können Landräthe den Plenarsitzungen mit Stimmrecht beiwohnen. Die Subalternbeamten zerfallen fortan in 2 Klassen, „Regierungssekretäre“ und „Assistenten“; die zum Mundiren bestimmten Beamten erhalten die Bezeichnung „Kanzlisten“. Soweit nicht diese Kabinetsordre und die Instruktion für die Oberpräsidenten von gleichem Datum andere Bestimmungen enthielt, wurde die Regierungsinstruktion v. 23. Okt. 1817 ausdrücklich aufrecht erhalten.

§ 10. Die in dem „Edikt wegen Errichtung der Kreisdirektorien und der Gendarmerie“ v. 30. Juli 1812 (G.-S. S. 141) ausgesprochene Beseitigung der kreisständischen Verfassung und Ersetzung der Landräthe durch ohne ständische Mitwirkung vom König ernannte Kreisdirektoren kam nicht zur Ausführung, und die Verordnung wegen verbesserter Einrichtung der Provinzialbehörden vom 30. April 1815 behielt die Landräthe, deren jeder Kreis einen haben sollte, bei; der Landrath war Organ der I. Abtheilung der Regierung. Die Kreiseintheilung sollte revidirt und allgemein durchgeführt werden, ansehnliche Städte sollten eigene Kreise bilden, in denen der Polizeidirigent die Stelle des Landraths vertreten sollte. Nähere Bestimmungen waren vorbehalten. Solche wurden zwar von den Ministerien des Innern und der Finanzen in einer „Instruktion für die Landräthe und die ihnen untergeordneten Kreisoffizianten“ v. 31. Dez. 1816 aufgestellt; sie blieben aber, da sie niemals die Königliche Unterschrift erhielten, nur Entwurf, wenn sie auch im Jahre 1822 den Landräthen als Instruktion hinsichtlich der Formen des Geschäftsgangs und der Verwaltung mitgetheilt wurden. Die demnächst in den 20er Jahren für die einzelnen Provinzen erlassenen Kreisordnungen hielten ausser in Posen die ständische Mitwirkung bei Besetzung der Landrathsämter und zwar durch Präsentation von drei Kandidaten, aus denen der König einen ernannte, aufrecht, aber ohne hierin einen einheitlichen Rechtszustand zu schaffen: selbst innerhalb derselben Provinz stand das Präsentationsrecht in dem einen Kreise dem Kreistage, in dem anderen nur den Rittergutsbesitzern zu. Die Nominirbarkeit zum Landrath setzte Grundbesitz und Befähigung zum höheren Justiz- oder Verwaltungsdienst oder Bestehen einer besonderen Prüfung voraus. Der Kreistag bestand jetzt ausser aus den sämmtlichen Rittergutsbesitzern auch aus Deputirten der Stadt- und Landgemeinden. Auch das Institut der Kreisdeputirten, in der Regel zwei, welche vom Kreistag aus der Zahl der Rittergutsbesitzer in der östlichen, der „notabeln ländlichen Grundbesitzer" in den beiden westlichen Provinzen gewählt und von der Regierung bestätigt wurden, blieb bestehen.

Hier war also das Fazit der Reformperiode ein dürftiges, verschuldet durch den Widerstand des feudalen Grundbesitzes, den vielleicht ein Stein gebrochen hätte, zu dessen Brechung aber die Energie eines Hardenberg und seiner Mitarbeiter nicht ausreichte.

III. Kapitel.

Die weitere Entwicklung bis zu der allgemeinen Verwaltungsreform in den 70er und 80er Jahren des 19. Jahrhunderts.

§ 11. Der Bau der allgemeinen Landesverwaltung, den Stein und Hardenberg mit ihren Gehülfen in den Jahren 1808 bis 1825 aufgeführt hatten, stand fast ein halbes Jahrhundert ohne mehr als Aus- und Umbauten einzelner Theile zu erfahren. Selbst der Uebergang zum Verfassungsstaate gab keine Veranlassung, ihn durch einen Neubau zu ersetzen.

In der Centralinstanz wurde in der Zwischenzeit die Zahl der Ministerien vermehrt und hierdurch sowie durch Uebertragung einzelner Materien von einem auf das andere deren Zuständigkeit verändert. Hierauf ist indess an dieser Stelle nicht einzugehen, da dessen in den anderen Büchern des Werkes gedacht ist. Erinnert sei hier nur daran, dass durch Erlass v. 17. April 1848 (G.-S. S. 109) die Handels-, Gewerbe- und Bausachen und das Berg-, Hütten- und Salinenwesen definitiv aus dem Bereiche des Finanz-Ministeriums ausschieden, dasselbe dagegen die Domänen- und Forstverwaltung vom Hausministerium zurückerhielt und ihm die Seehandlung untergeordnet wurde (vgl. Bd. I S. 74, 205, 303). Schon im Jahre 1838 (Allerh. Befehl v. 17. Januar — G.-S. S. 11) hatte es bei Auflösung des 1830 errichteten „Minisieriums des Innern für die Gewerbe-Angelegenheiten" von diesem — neben den erwähnten Bausachen — die Angelegenheiten der allgemeinen Wittwenverpflegungsanstalt übernommen. Das Finanz-Ministerium zerfiel nunmehr in drei und seit der Trennung der Abtheilung für direkte von derjenigen für indirekte Steuern im Jahre 1867 (vgl. Bd. I S. 1238) in vier Abtheilungen, für Etats- und Kassenwesen, für Domänen und Forsten, für indirekte und für direkte Steuern.

§ 12. Der Aufbau der den Ministerien nachgeordneten Behörden der allgemeinen Landesverwaltung, Oberpräsidenten, Regierungen und Landräthe, blieb bestehen, wenn sich auch die Zahl derselben — auch abgesehen von den schon im § 9 gedachten Aenderungen der 20er Jahre — änderte. Die Vereinigung der Hohenzollernschen Fürstenthümer gab Anlass, aus diesen einen besonderen Regierungsbezirk „Hohenzollernsche Lande“ zu bilden, dessen Regierung, mit dem Sitz in Sigmaringen, mit Rücksicht auf den geringen, räumlich und nach der Einwohnerzahl hinter dem vieler landräthlicher Kreise zurückbleibenden Umfang des Bezirks nicht in Abtheilungen gegliedert und mit Rücksicht auf die isolirte Lage des Bezirks keinem der Oberpräsidenten, sondern den Ministern unmittelbar untergeordnet wurde, indem ihr auch die Zuständigkeit des Oberpräsidenten, der Provinzialsteuerdirektion und Generalkommission beigelegt wurde; nur in Militärsachen wurden die Hohenzollernschen Lande dem Oberpräsidenten der Rheinprovinz unterstellt, und Konsistorium, Provinzialschulkollegium, Medizinalkollegium und Oberbergamt dieser Provinz fungiren auch für Hohenzollern. Der Regierungspräsident wurde auch mit den Obliegenheiten des Oberregierungsraths beauftragt, für Behinderungsfälle ein Mitglied der Regierung von den Ministern des Innern und der Finanzen mit seiner Vertretung betraut und für Meinungsverschiedenheiten zwischen Präsident und Justitiar in Prozess- und Rechtssachen der indirekten Steuerverwaltung die Entscheidung des Finanz-Ministers vorgeschrieben. Die Stelle der Landräthe versehen in den Hohenzollernschen Landen vom Könige ernannte Beamte, welche die herkömmliche Bezeichnung „Oberamtmann“ behielten und deren zunächst zwei vorgesehen wurden (Verordn. v. 7. Jan. 1852 — G.-S. S. 35).

Durch Erlass v. 18. Jan. 1854 (G.-S. S. 47) wurde die Zahl der Oberamtsbezirke auf sieben erhöht, später (1861) aber wieder auf vier vermindert.

Aus den 1866 erworbenen Landestheilen wurden bekanntlich die Provinzen Schleswig-Holstein, Hannover und Hessen-Nassau gebildet, deren jede einem Oberpräsidenten, für die erstgenannte mit dem Amtssitz in Kiel, seit 1879 in Schleswig, unterstellt wurde; die Befugnisse waren die gleichen wie in den alten Provinzen, wie denn auch die Instruktion von 1825 auch für diese Oberpräsidenten gilt.

Regierungen wurden nur in Schleswig-Holstein — bis 1868 zwei, in Kiel und Schleswig, seitdem nur eine in Schleswig — und Hessen-Nassau — in Cassel und Wiesbaden eingerichtet. Dagegen wurden in Hannover die übernommenen sechs Landdrosteien in Hannover, Hildesheim, Lüneburg, Stade, Osnabrück und Aurich beibehalten, die in der Hannoverschen Zeit besonderen Behörden (Obersteuerkollegium, Verwaltung der Domänen und Forsten) übertragene Verwaltung der direkten Steuern, Domänen und Forsten einer für die ganze Provinz zuständigen „Finanzdirektion“ in Hannover überwiesen, während die indirekte Steuerverwaltung von dem „Oberzollkollegium“ auf eine Provinzialsteuerdirektion überging. Die Geschäfte der Kirchen- und Schulabtheilungen der altländischen Regierungen verblieben in Hannover den Konsistorien (vgl. Bd. II S. 50. ff.), sodass die Landdrosteien im Wesentlichen nur die Geschäfte der Abtheilung des Innern hatten und daher auch nicht in Abtheilungen zerlegt waren. Sie bestanden aus den Landdrosten, Regierungsräthen, von denen der älteste den Landdrosten zu vertreten hatte, Regierungsassessoren und dem erforderlichen Bureau- und Unterbeamtenpersonal. Die Finanzdirektion, mit einem Präsidenten an der Spitze, zerfiel dagegen in die drei Abtheilungen für direkte Steuern, für Domänen und für Forsten; für ihre Geschäftsführung war die Regierungsinstruktion von 1817 mit ihren Abänderungen sinngemäss massgebend.

Auch das Institut der Landräthe wurde auf Schleswig-Holstein und Hessen-Nassau ausgedehnt, die Einführung eines Präsentationsrechts der Kreisvertretung aber noch vorbehalten. In Hannover wurden die — von Könige zu ernennenden — Amtshauptmänner beibehalten, von deren Zuständigkeit aber die „selbständigen“ Städte eximirt blieben. Für gewisse Angelegenheiten, insbesondere die Militär- und Steuersachen, wurden durch Zusammenlegung von Aemtern und selbständigen Städten (37) Kreise gebildet, an deren Spitze mit den — im Uebrigen dem Amtshauptmann zustehenden — Funktionen des Landraths ein vom Minister des Innern mit Königlicher Genehmigung zu bestimmender Amtshauptmann mit dem Titel „Kreishauptmann“ trat. (Verordn. v. 12. Sept. 1867 — G.-S. S. 1497.) Für die ortsobrigkeitlichen und polizeilichen Geschäfte, soweit sie nicht den Gemeindebehörden zustanden, sowie als Organe der Landräthe wurden in Schleswig-Holstein besondere Distriktsbeamte, die „Herdesvögte“ in Schleswig, die „Kirchspielvögte“ in Holstein, beibehalten. Ebenso blieben im vormaligen Herzogthum Nassau und Hessen-Homburgischen Amte Homburg die Amtmänner als Organe des Landraths und nächste Aufsichtsinstanz über die den Gemeinden zustehende Ortspolizei bestehen, während in Hannover auch die Ortspolizei im Wesentlichen dem Amtshauptmann oblag, dem vom Minister des Innern nach Bedarf Hülfsbeamte zugeordnet wurden.

Analog wie in den alten Provinzen wurden auch in den neuen die Kreise zu ständischen Verbänden erklärt. In Schleswig-Holstein bestand die Kreisversammlung aus den Besitzern grösserer Güter und Vertretern der Städte, Flecken und Landgemeinden, jedoch mit der Massgabe, dass die Besitzer der grösseren Güter über nicht mehr als $^1/_3$, in einzelnen Kreisen $^1/_2$ der Stimmen verfügen durften. In Hannover blieben zwar die vorgefundenen, aus den Gemeindevorstehern und den Besitzern bezw. Vertretern grösserer Güter gebildeten Amtsversammlungen bestehen. Gleichwohl wurde auch der Kreis zu einem ständischen Verbande gemacht, dessen Vertretung, der Kreistag, analog wie in Schleswig-Holstein zusammengesetzt war. Im Regierungsbezirk Wiesbaden mit Ausnahme des Kreises Biedenkopf und des Landkreises Frankfurt a. M. bestand der Kreistag aus den durch je 6 gewählte Mitglieder gebildeten Bezirksräthen der Aemter und den Besitzern grösserer Güter von bestimmter Höhe der Grundsteuer, unter Umständen auch aus grösseren Industriellen, im Regierungsbezirk Kassel aus den Besitzern der grösseren Güter von gewissem Mindest-Grundsteuerreinertrage und Vertretern der Städte uud Landgemeinden, auch hier aber unter Beschränkung der grösseren Grundbesitzer auf einen bestimmten Theil der Stimmenzahl. Das Institut der Kreisdeputirten fand in den neuen Provinzen nicht Eingang.

§ 13. In der Behördenorganisation der alten Provinzen traten in der Zeit von Mitte der 20er bis Anfangs der 70er Jahre Veränderungen nur insofern ein, als 1836 zur Verwaltung der Ortspolizei auf dem platten Lande und in den nicht mit der Städteordnung beliehenen Städten Posens besondere Königliche Beamte, die Polizeidistriktskommissarien eingesetzt wurden, welche auch als Organe des Landraths zu fungiren und gewisse sonst den Ortsvorständen obliegende Geschäfte wahrzunehmen hatten, und in Westfalen in den Amtmännern, welche den aus einer oder mehreren Gemeinden bestehenden Aemtern vorstanden, in der Rheinprovinz in den Bürgermeistern der das Analogon zu den westfälischen Aemtern bildenden Landbürgermeistereien ehrenamtlich oder Berufsbeamte zwischen Landrath und Gemeindevorstand eingeschoben wurden, welche die Kommunal- und Polizeiverwaltung des Amtes bezw. der Bürgermeisterei führen und die Verwaltung der Gemeindevorsteher beaufsichtigen.

Die Verfassungsurkunde v. 31. Jan. 1850 verlangte zwar in den Art. 42 und 105 tiefgreifendere Reformen. Indess die gutsherrliche Polizei blieb thatsächlich bestehen (vgl. Bd. I S. 76f.) und Art. 105 der Verfassungsurkunde wurde schon durch Ges. v. 24. Mai 1853 (G.-S. S. 228) wieder aufgehoben. Dagegen legte § 2 des Gesetzes über die Polizeiverwaltung v. 11. März 1850 (G.-S. S. 265) dem Minister des Innern ausdrücklich das Recht bei, in Gemeinden, in denen sich eine Bezirksregierung, ein Land-, Stadt- oder Kreisgericht befindet sowie in Festungen und in Gemeinden mit mehr als 10000 Einwohnern, „zeitweise aus dringenden Gründen“ auch in anderen Gemeinden die örtliche Polizeiverwaltung dem Gemeindevorstand — Orte mit gutsherrlicher Polizei kamen naturgemäss nicht in Frage — zu entziehen und besonderen Staatsbeamten zu übertragen, während die Städteordnungen von 1808 und 1831 dieses Recht des Staates an derartige Einschränkungen nicht geknüpft hatten.

Tiefgreifender, wenn auch nicht in Veränderungen in der Behördenorganisation zum Ausdruck gelangend, war die Bestimmung der Verfassung, welche zur Gültigkeit eines jeden Regierungsaktes des Königs die Gegenzeichnung eines hierdurch die Verantwortlichkeit übernehmenden Ministers erfordert (Art. 44). Die einzige organisatorische Aenderung, welche die Verfassung zwar auch nicht aussprach, die man aber aus ihr folgerte, war die Beseitigung des Staatsraths. Indess kam man schon zwei Jahre später von der Ansicht, dass dieser als mit der Repräsentativ-Verfassung unvereinbar durch diese stillschweigend beseitigt sei, mit Recht zurück, und im Jahre 1854 wurde er thatsächlich wieder eröffnet.

Den in den Zuständigkeiten im Einzelnen während des Zeitraums bis 1872 eingetretenen Veränderungen nachzugehen liegt ausserhalb des Rahmens dieses Werkes; nur auf den oben Bd. II S. 47f erwähnten Uebergang der Externa der kirchlichen Verwaltung mit gewissen Ausnahmen von den Regierungen auf die Konsistorien sei hier nochmals hingewiesen.

II. Abschnitt.

Die Verwaltungsorganisation seit Erlass der Kreisordnung v. 13. Dezember 1872.

§ 14. In den Verfassungskämpfen der 40er Jahre hatten sich Anschauungen zum Siege durchgerungen, die zwar erleuchtete Geister, wie ein Stein, einerseits zwar noch unklarer, andererseits aber mit weiserer Mässigung, als derjenigen, mit der sie später im Sturm und Drang jener Jahre oft vertreten wurden, schon im Anfange des Jahrhunderts gehegt hatten, für deren praktische Durchführung damals aber Zeit und Menschen in Preussen noch nicht reif waren. Das durch die Verfassung zur Theilnahme an der Gesetzgebung berufene Volk verlangte eine solche Teilnahme auch an der Verwaltung und fühlte sich der bureaukratischen Bevormundung entwachsen, der Staat fühlte sich mehr und mehr ausser Stande, die einzelnen Landestheile lediglich durch sein Berufsbeamtenthum ohne thatkräftige und thatlustige Mitwirkung der Bevölkerung der in seinem eigensten Interesse gebotenen wirthschaftlichen Entwicklung entgegenzuführen, das rascher pulsirende öffentliche und wirthschaftliche Leben verlangte rasche Entschlüsse, thatkräftiges Eingreifen, die Empfindung eigener Verantwortung in höherem Masse, als die kollegialischen Behörden, wie sie im ersten Drittel des Jahrhunderts organisirt waren, zu prästiren geeignet waren. Der erste Versuch, die Fesseln, welche die Verfassung der Kommunalverbände der Entfaltung der in dem gereifteren Volke entwickelten Fähigkeiten anlegte, zu lösen und diese Verfassung dem Wortlaute und Geiste der Verfassungsurkunde anzupassen, war ein voller Misserfolg, in erster Linie desshalb, weil er nach der Schablone unternommen war und die Widerstandskraft derjenigen Elemente, deren Vorrechte fallen sollten, sich als stärker erwies, wie der Gesetzgeber geglaubt hatte: die Gemeinde-, Kreis-, Bezirks- und Provinzialordnung v. 11. März 1850 wurden, ehe sie überhaupt in Wirksamkeit getreten waren, wieder aufgehoben. Wohl gelang es demnächst, die Gemeindeverfassungen in mehr oder minder befriedigender Weise zu reformiren. Aber die gleichartigen Versuche auf dem Gebiete der Kreis- und Provinzialverfassung scheiterten wieder und wieder (1853/54, 1860, 1862/3, 1869 und 1871/72), theils an den verfahrenen parlamentarischen Zuständen, theils an einer zu radikalen Haltung des Abgeordnetenhauses, theils an einer zu reaktionären des Herrenhauses, dessen Mehrheit ja den Klassen angehörte, die durch Beseitigung oder Schmälerung ihrer ständischen Vorrechte die Kosten der Reform tragen sollten, und denen man die Zähigkeit ihres Widerstandes, nachdem mit ihren andern Vorrechten in der Vergangenheit theilweise übel umgesprungen war, nicht gar so sehr verübeln konnte. Erst nachdem die Uebermacht dieser Elemente im Herrenhause durch einen Pairsschub gebrochen war, kam die Kreisordnung für die östlichen Provinzen — für Posen blieb wegen der Nationalitätsverhältnisse ihre Einführung Königlicher Verordnung vorbehalten — v. 13. Dez. 1872 (G.-S. S. 661) zu Stande. Es folgten als weitere Glieder der Reformgesetzgebung die Provinzialordnung für die östlichen Provinzen — ausser Posen — v. 29. Juni 1875 (G.-S. S. 335), das Verwaltungsgerichtsgesetz v. 3. Juli 1875 (G.-S. S. 375), das Zuständigkeitsgesetz v. 26. Juli 1876 (G.-S. S. 297), das Organisationsgesetz v. 26. Juli 1880 (G.-S. S. 291) sowie, der Selbstverwaltung der Kreise und Provinzen die materielle Grundlage bietend, die Dotationsgesetze v. 30. April 1873 (G.-S. S. 187) und 8. Juli 1875 (G.-S. S. 497).

§ 15. Die Grundgedanken dieser Reformgesetzgebung waren die Selbstverwaltung in doppeltem Sinne, als Besorgung bisher staatlicher Angelegenheiten durch kommunale Körperschaften und als Heranziehung des Laienelementes im Ehrenamt zu der Verwaltung, wozu es der Beseitigung der gutsherrlichen Polizei und der ständischen Vorrechte in den Vertretungen der kommunalen Körper bedurfte, ferner die Schaffung eines demjenigen auf dem Gebiete des bürgerlichen und des Strafrechts entsprechenden Rechtsschutzes auf dem Gebiete der Verwaltung und die Zurückdrängung des Kollegialsystems zu Gunsten der Verwaltung durch allein verantwortliche Einzelbeamte.

Den Ausgangspunkt der Reform bildet der Kreis. Die Kreisordnung hob die gutsherrliche Polizei auf und übertrug die Ortspolizei auf dem platten Lande — in den Städten wurde der bestehende Zustand aufrecht erhalten — im Ehrenamt fungirenden Amtsvorstehern, welche auf Grund von Vorschlägen des Kreistags vom Oberpräsidenten auf Zeit ernannt werden, und denen für gewisse Angelegenheiten ein aus Vertretern der zum Amtsbezirk gehörigen Gemeinden und Gutsbezirke gebildeter Amtsausschuss zur Seite gestellt wird. Landrath und Kreisdeputirte werden beibehalten, auch dem Kreistag das Recht gewahrt, aus der Zahl der Grundbesitzer und Amtsvorsteher des Kreises geeignete Personen zur Ernennung zum Landrath dem Könige in Vorschlag zu bringen. Der Landrath ist gleichzeitig Organ der Staatsregierung für die allgemeine Landesverwaltung und als Vorsitzender des Kreistages und des Kreisausschusses Leiter der Kommunalverwaltung des Kreises. Das Virilstimmrecht der Rittergutsbesitzer auf dem Kreistage wird beseitigt: der Letztere besteht fortan aus gewählten Abgeordneten der drei Wahlverbände der grösseren ländlichen Grundbesitzer, der Landgemeinden und der Städte; die Vertheilung der Abgeordneten auf diese drei Wahlverbände ist von Gesetz derartig geregelt, dass niemals einer derselben die Mehrheit der Abgeordneten stellt. Der Kreisausschuss besteht aus dem Landrath und 6 vom Kreistag gewählten Mitgliedern und versieht nicht nur Geschäfte des Kreiskommunalverbandes, sondern auch eine Reihe wichtiger Obliegenheiten in der allgemeinen Landesverwaltung, inbesondere in Armen-, Wege-, Wasser-, Feld-, Gewerbe-, Feuer- und Baupolizeisachen und in der Aufsicht über die Kommunalverwaltung der Amtsbezirke, Landgemeinden und Gutsbezirke, soweit diese Aufsicht nicht dem Landrath als Vorsitzendem des Kreisausschusses allein obliegt. Als Vorsitzender des Kreisausschusses wird der Landrath, während ihn im Uebrigen der ihm beigegebene staatliche Büreaubeamte, der Kreissekretär, vertritt, nicht von diesem, sondern von einem Mitglied des Kreisausschusses vertreten.

Von den zur Zuständigkeit des Kreisausschusses gehörigen Angelegenheiten sind gewisse im Gesetz als „streitige Verwaltungssachen“ bezeichnete bei denen es sich um öffentlich- oder privatrechtliche Rechte und Pflichten handelt, in einem kontradiktorischen, richterlichen Verfahren mit öffentlicher, mündlicher Verhandlung zu erledigen. Gegen die Entscheidung des Kreisausschusses in solchen Angelegenheiten findet Berufung an das für jeden Regierungsbezirk nach Vorgang der bisherigen, nunmehr in demselben aufgehenden Deputation für das Heimathwesen gebildete Verwaltungsgericht statt, welches endgültig entscheidet, soweit es sich nicht um Armenstreitsachen handelt. Das Verwaltungsgericht besteht aus einem richterlichen Beamten, einem Verwaltungsbeamten und 3 Laienmitgliedern; die beiden Beamten fungiren im Nebenamt auf Grund königlicher Ernennung, die Laienmitglieder werden von der Provinzialvertretung gewählt. Den Vorsitzenden und dessen Stellvertreter ernennt der König aus der Zahl der Mitglieder; jedoch kann der Regierungspräsident, und in dessen Behinderung der Dirigent der I. Abtheilung jederzeit den Vorsitz mit vollem Stimmrecht übernehmen, in welchem Falle das Mitglied aus der Zahl der Verwaltungsbeamten nur berathende Stimme behält.

Städte mit mehr als 25 000 Einwohnern sind befugt, aus dem Kreise auszuscheiden und einen besonderen Stadtkreis zu bilden.

§ 16. Vollständiger noch als die Kreisordnung brach die Provinzialordnung v. 29. Juni 1875 mit dem ständischen Prinzip, indem sie die Provinzialvertretung, den Provinziallandtag aus von den Kreisvertretungen gewählten Abgeordneten bildete. Die Doppelstellung des Kreisausschusses als kommunale und als Landesverwaltungsbehörde ist für die Provinz, übrigens entgegen dem Vorschlage der Staatsregierung, zwischen zwei Behörden getheilt, den Provinzialausschuss für die Angelegenheiten des Provinzialverbandes und den Provinzialrath für die allgemeine Landesverwaltung. Der hier allein interessirende Provinzialrath besteht aus dem Oberpräsidenten oder dessen Stellvertreter als Vorsitzendem, einem vom Minister des Innern nebenamtlich ernannten höheren Verwaltungsbeamten mit Richterqualifikation und 5 vom Provinzialausschuss aus seiner Mitte gewählten Mitgliedern. Seine Zuständigkeit ist auch auf dem Gebiete der allgemeinen Landesverwaltung ungleich beschränkter als die des Kreisausschusses: in der Hauptsache umfasst sie Angelegenheiten der Aufsicht über die Kommunalverwaltung der Kreise und Gemeinden in höherer Instanz und Bildung der Amtsbezirke. In ganz analoger Weise wurde zur Mitwirkung in den gleichartigen Geschäften für den Regierungsbezirk der Bezirksrath gebildet. Provinzial- wie Bezirksrath sind nur Beschluss-, nicht Verwaltungsgerichtsbehörden, der Provinzialrath ist Beschwerdeinstanz gegen Beschlüsse des Bezirksraths. Für die laufenden Geschäfte der kommunalen Provinzialverwaltung wird ein Landesdirektor als Beamter der Provinz bestellt, der Oberpräsident ist nur staatliche Aufsichtsbehörde über die kommunale Provinzialverwaltung, nicht Leiter derselben.

§ 17. Das Verwaltungsgerichtsgesetz v. 3. Juli 1875 behielt als Verwaltungsgericht I. Instanz den Kreisausschuss bei, ebenso als II. Instanz das bisherige Verwaltungsgericht als „Bezirksverwaltungsgericht“; jedoch wird der Regierungspräsident, dem aber das Recht der Berufung und Revision gegen die Entscheidungen des Bezirksverwaltungsgerichts verbleibt, und der Dirigent der I. Abtheilung nunmehr von der Mitwirkung in diesem ausgeschlossen und der Vorsitz dem einen, vom König zum „Direktor des Bezirksverwaltungsgerichts“ ernannten Mitgliede übertragen. Neugeschaffen wird als Verwaltungsgericht höchster Instanz das Oberverwaltungsgericht in Berlin, bestehend aus dem Präsidenten, den in den Senaten, in die es auf Beschluss des Staatsministeriums eingetheilt werden kann, den Vorsitz führenden Senatspräsidenten und der erforderlichen Zahl von Räthen (vgl. oben Bd. II Buch IV §§ 51 ff.). Alle Mitglieder, von denen die eine Hälfte zum Richteramte, die andere zum höheren Verwaltungsdienste befähigt sein muss, werden auf Vorschlag des Staatsministeriums vom Könige auf Lebenszeit ernannt und sind mit der vollen richterlichen Unabhängigkeit ausgestattet. Die Senate entscheiden in der Besetzung mit wenigstens 5 Mitgliedern, das Plenum unter Theilnahme von mindestens $^2/_3$ aller Mitglieder. Das Bezirksverwaltungsgericht ist Berufungsinstanz gegen die in staatlichen Verwaltungssachen ergangenen Urtheile des Kreisausschusses, das Oberverwaltungsgericht Berufungsinstanz gegen erstinstanzliche und Revisionsinstanz gegen zweitinstanzliche Urteile des Bezirksverwaltungsgerichts; die Revision ist nur wegen Nichtanwendung oder unrichtiger Anwendung des bestehenden Rechts und wegen wesentlicher Mängel des Verfahrens zulässig.

Während die Kreis- und Provinzialordnung nur für die östlichen Provinzen mit Ausschluss von Posen erlassen wurden, erging das Verwaltungsgerichtsgesetz für die ganze Monarchie mit der Massgabe, dass sein Inkrafttreten für die westlichen und neuen Provinzen bis nach Einsetzung von Kreisausschüssen einem durch königliche Verordnung zu bestimmenden Zeitpunkte vorbehalten blieb. Dagegen trat es für die Hohenzollernschen Lande, wo durch die Amts- und Landesordnung v. 2. April 1873 (G.-S. S. 145) eine der östlichen Kreis- und Provinzialordnung analoge Regelung erfolgt war — an die Stelle des Landrathes trat der Oberamtmann, an die des Kreisausschusses der Amtsauschuss, an die des Kreistages die Amtsversammlung, an die des Provinziallandtages der Kommunallandtag, an die des Provinzialauschusses der Landesausschuss; die Institute des Amtsvorstehers und Provinzialrathes fanden keinen Eingang — am 1. Okt. 1875 in Kraft.

§ 18. Die Regelung der sachlichen Zuständigkeit der durch die Kreis- und Provinzialordnung und das Verwaltungsgerichtsgesetz geschaffenen Behörden war zum grossen Theil besonderen Gesetzen vorbehalten. Auch gebrach es noch in den Stadtkreisen an der dem Kreisausschuss entsprechenden Behörde. Diese Lücken zu schliessen, waren die Entwürfe eines Zuständigkeitsgesetzes und einer neuen Städteordnung bestimmt, welche die Regierung Anfang 1876 dem Landtage vorlegte, von denen aber nur derjenige des Zuständigkeitsgesetzes unterm 26. Juli 1876 Gesetz wurde.

Das Zuständigkeitsgesetz schafft als dem Kreisausschuss entsprechende Behörde der allgemeinen Landesverwaltung in Stadtkreisen den aus dem Bürgermeister oder dessen gesetzlichen Vertreter als Vorsitzendem und 4 vom Magistrat aus seiner Mitte, wo aber ein Magistrat nicht besteht, von den Stadtverordneten aus der Bürgerschaft gewählten Mitgliedern bestehenden Stadtausschuss, regelt das Beschwerdeverfahren gegen Beschlüsse der Verwaltungsbeschlussbehörden (Kreis- und Stadtausschuss, Bezirksrath und Provinzialrath), die Rechtsmittel gegen polizeiliche Verfügungen und die polizeilichen Zwangsbefugnisse, in dem weitaus umfassendsten Theile — in 125 von 175 Paragraphen — aber die sachliche Zuständigkeit der Verwaltungsbehörden und Verwaltungsgerichtsbehörden, allerdings mit Ausschluss der städtischen Kommunalangelegenheiten, bezüglich deren der, wie erwähnt, nicht Gesetz gewordene Entwurf der Städteordnung die erforderlichen Bestimmungen vorschlug. Die Regelung der Zuständigkeit erfolgte nach drei Richtungen: Sonderung der „streitigen Verwaltungsachen" von den „Beschlusssachen", Vertheilung der Zuständigkeit in ersteren auf die Verwaltungsgerichtsbehörden und Vertheilung der Zuständigkeit in Beschlussachen auf die Beschlussbehörden. Auch das Zuständigkeitsgesetz beschränkte sich auf die Provinzen Preussen, Brandenburg, Pommern, Schlesien und Sachsen. Bezüglich des Oberverwaltungsgerichts sprach das Gesetz das Verbot der Ernennung von Mitgliedern im Nebenamte aus.

§ 19. Auf diese Weise waren die Bestimmungen über die Organisation der allgemeinen Landesverwaltung nachgerade in einer ganzen Anzahl von Gesetzen in äusserst unübersichtlicher Weise verzettelt. Dieser Umstand und das sich herausstellende Bedürfniss weiterer Aenderungen in der Organisation waren die Veranlassung zum Erlasse des Gesetzes über die Organisation der allgemeinen Landesverwaltung v. 26. Juli 1880 (G.-S. S. 291). Die wichtigste Neuerung, die dasselbe brachte, war die Beseitigung der Regierungsabtheilung des Innern, an deren Stelle der Regierungspräsident trat; die ihm beigegebenen Räthe — darunter ein Oberregierungsrath, der ihn in der Regel zu vertreten hat — und Hülfsarbeiter haben die Geschäfte lediglich nach seinen Anweisungen und unter seiner Verantwortlichkeit zu bearbeiten, behalten aber das bisherige Stimmrecht bei Plenarberathungen der Regierung. Auch an die Spitze der Regierungen am Amtssitz der Oberpräsidenten treten nun Präsidenten, die Oberpräsidenten sind nicht mehr Präsidenten dieser Regierungen, und als Vertreter wird dem Oberpräsidenten ein Oberpräsidialrath beigegeben; dieser, wie die sonstigen dem Oberpräsidenten beigegebenen Räthe und Hülfsarbeiter und die von ihm etwa herangezogenen Mitglieder der an seinem Amtssitz befindlichen Regierung bearbeiten die Geschäfte nach seinen Anweisungen. Bei den Regierungen in Stralsund und Sigmaringen, bei denen Abtheilungen nicht bestanden, verblieb es hierbei mit der Massgabe, dass die sachlich zur Zuständigkeit der anderwärts bis dahin bestehenden Abtheilungen des Innern gehörigen Angelegenheiten auf den Präsidenten übergingen, während in Danzig, Erfurt, Münster, Minden, Arnsberg, Coblenz, Cöln, Aachen und Trier, wo bisher die Abtheilung des Innern auch die Kirchen- und Schulsachen bearbeitete, nun für diese besondere Kirchen- und Schulabtheilungen gebildet wurden. Wegen der Aufhebung der seit den 30er, 40er und 50er Jahren bei einzelnen

Regierungen bestehenden landwirthschaftlichen Abtheilungen und Spruchkollegien darf auf die Ausführungen im § 82 des II. Buches dieses Bandes (S. 636) verwiesen werden. Ausser durch Uebertragung der Geschäfte der bisherigen Abtheilung des Innern wurde die Stellung des Regierungspräsidenten auch dadurch verstärkt, dass ihm das Recht beigelegt wurde, Beschlüsse der Regierung und ihrer Abtheilungen ausser Kraft zu setzen und entweder bei Eilbedürftigkeit durch seine Anordnungen zu ersetzen oder höhere Entscheidung einzuholen; auch kann er in eilbedürftigen Sachen von vornherein an Stelle des Kollegiums verfügen. Die Zusammensetzung der Beschluss- und Verwaltungsgerichtsbehörden bleibt unberührt; nur ist für das ernannte Mitglied des Provinzial- und des Bezirksraths Richterqualifikation nicht mehr erforderlich. Eine besondere Behördenorganisation erhält die als eigener Verwaltungsbezirk aus der Provinz Brandenburg ausscheidende Stadt Berlin: Oberpräsident, Provinzialschulkollegium, Medizinalkollegium, Generalkommission und Rentenbank für Brandenburg fungiren auch für Berlin; der Oberpräsident tritt hier auch an die Stelle des Provinzialraths, soweit dieser in erster Instanz zuständig ist; im Uebrigen übt die Obliegenheit des Provinzialraths der zuständige Minister aus; an die Stelle des Regierungspräsidenten tritt als Kommunalaufsichtsbehörde ebenfalls der Oberpräsident, im Uebrigen, soweit nicht im Einzelnen ein Anderes bestimmt wird, der Polizeipräsident, der auch die Obliegenheiten der Regierungsabtheilung für Kirchen- und Schulwesen erhält (wegen der Verwaltung der direkten Steuern vgl. Bd. I S. 1240). Weitere Vorschriften des Organisationsgesetzes regeln unter Aufhebung der gleichartigen des Zuständigkeitsgesetzes das Verfahren in Beschlusssachen, die Rechtsmittel gegen polizeiliche Verfügungen, die Zwangsbefugnisse und das Polizeiverordnungsrecht. Endlich wird die zur Dispositionsstellung der durch die Umbildung der Behörden entbehrlich werdenden Beamten in derselben Weise geregelt, wie dies später durch Ges. v. 4. Juni 1894 in der Eisenbahnverwaltung geschah (vgl. Bd. I S. 992).

Das Organisationsgesetz wurde für den ganzen Umfang der Monarchie erlassen und daher auch durch dasselbe die Ersetzung der Landdrosteien und der Finanzdirektion in Hannover durch Regierungen in Hannover, Hildesheim, Lüneburg, Stade, Osnabrück und Aurich angeordnet, wobei es Königlicher Verordnung vorbehalten blieb, welche dieser Regierungen nach dem Vorbild derjenigen in Stralsund, d. h. ohne Abtheilungen, einzurichten seien. Doch wurde das Inkrafttreten des Gesetzes für Posen, die westlichen und neuen Provinzen bis zum Erlass von neuen Kreis- und Provinzialordnungen für diese Provinzen suspendirt.

Gleichzeitig mit demjenigen des Organisationsgesetzes wurden dem Landtage Entwürfe eines neuen Zuständigkeitsgesetzes und von Novellen zum Verwaltungsgerichtsgesetze und zur Kreisordnung vorgelegt. Das neue Zuständigkeitsgesetz und die Novelle zur Kreisordnung kamen jedoch in derselben Session nicht zu Stande, weshalb ein Theil der Beschlüsse des ersten Entwurfs in das Organisationsgesetz und die Novelle zum Verwaltungsgerichtsgesetze herübergenommen wurde. Die Novelle zum Verwaltungsgerichtsgesetz v. 2. Aug. 1880 (G.-S. S. 315), auf Grund deren das ganze Gesetz neu publizirt wurde, änderte das Ges. v. 3. Juli 1875 nur in Einzelheiten ab, über die wir in der vorliegenden allgemeinen Orientirung über die Grundlage der Verwaltungsorganisation, welche durch jene Aenderungen nicht berührt wurden, hinweggehen können.

§ 20. Auch in der nächsten Session wurde dem Landtage wiederum der Entwurf eines neuen Zuständigkeitsgesetzes vorgelegt, aber wieder erfolglos. Dagegen kam eine Novelle zur Kreisordnung v. 19. März 1881 (G.-S. S. 155) und eine solche zur Provinzialordnung v. 22. März 1881 (G.-S. S. 176) zu Stande, worauf beide Gesetze in ihrer nunmehrigen Fassung unter gleichem Datum wie die Novellen neu publizirt wurden (G.-S. S. 179 und 233). Von den Aenderungen, die durch die Novelle zur Kreisordnung eintraten, ist hier hervorzuheben die nähere Umschreibung des Kreises der für Besetzung des Landrathsamtes vom Kreistage zu präsentirenden Personen: dieselben müssen seit mindestens einem Jahre dem Kreise durch Grundbesitz oder Wohnsitz angehören und „geeignet zur Bekleidung der Stelle eines Landraths“ sein; letzteres sind nur diejenigen Personen, die 1. die Befähigung zum höheren Verwaltungs- oder Justizdienst erlangt haben, oder 2. dem Kreise seit mindestens einem Jahre durch Grundbesitz oder Wohnsitz angehören und zugleich mindestens während eines vierjährigen Zeitraumes entweder a) als Referendare im Vorbereitungsdienste bei den Gerichten und Verwaltungsbehörden, oder b) in Selbstverwaltungsämtern des betreffenden Kreises oder der Provinz — jedoch nicht lediglich als Stellvertreter oder Mitglieder von Kreiskommissionen — thätig gewesen sind; auf diesen vierjährigen Zeitraum kann eine Beschäftigung bei höheren Verwaltungsbehörden bis zur Dauer von zwei Jahren angerechnet werden. Personen, die hiernach nicht „geeignet“ sind, können also auch nicht vom König zu Landräthen ernannt werden.

Im Uebrigen bezweckte die Novelle zur Kreisordnung, die bisher im Zuständigkeitsgesetz und in der Provinzialordnung verstreuten Bestimmungen über die Angelegenheiten der Kreise, Amtsverbände und Landgemeinden in die Kreisordnung systematisch einzufügen und letztere auch im Uebrigen in Einklang mit seit ihrem Erlass ergangenen, sie abändernden Vorschriften zu bringen. Einen entsprechenden Zweck verfolgt die übrigens wenig umfangreiche Novelle zur Provinzialordnung. Eines näheren Eingehens auf beide Novellen bedarf es daher für die Zwecke dieses Werkes nicht.

§ 21. Nach einem erfolglosen Versuch, zunächst die für die östlichen Provinzen geschaffene Verwaltungsorganisation auf Hannover auszudehnen, ging die Regierung dazu über, zuerst die Mängel zu beseitigen, welche sich in dieser Organisation bereits gezeigt hatten und vorzugsweise in der Häufung der Behörden und den dadurch bedingten verwickelten Zuständigkeiten bestanden. Die Art und Weise aber, in der sie dies mit den am 19. Dez. 1882 vorgelegten Entwürfen einer Novelle zum Organisationsgesetz, einer solchen zum Verwaltungsgerichtsgesetz und eines neuen Zuständigkeitsgesetzes versuchte, war wenig glücklich; denn in der vorgeschlagenen Verschmelzung der streitigen Verwaltungs- und der Beschlusssachen lag eine reaktionäre Verkümmerung des mühsam erreichten Rechtsschutzes auf dem Gebiete der Verwaltung. Die Staatsregierung fand denn auch zu diesem Vorschlage nicht die Zustimmung des Landtages, der sich mit Recht auf den Standpunkt stellte, dass die Vereinfachung des Behördenorganismus noch nicht jene rückschrittliche Massregel bedinge.

Der Landtag fasste die 3 Entwürfe in 2 zusammen, indem er die beiden erstgenannten zu dem „Gesetz über die allgemeine Landesverwaltung“ vereinigte, welches am 30. Juli 1883 die Königliche Vollziehung erhielt (G.-S. S. 195) und nicht nur eine Novelle zum Organisationsgesetze ist, sondern die Materie erschöpfend und, mit demselben Vorbehalt für die westlichen und neuen Provinzen und Posen wie dieses, für den ganzen Staat regelt. Die wichtigste Neuerung ist die Verschmelzung des Bezirksverwaltungsgerichts und des Bezirksraths zu dem Bezirksausschuss, der nun sowohl Verwaltungsgericht als auch Beschlussbehörde ist. Er besteht aus dem Regierungspräsidenten als Vorsitzendem, 2 vom Könige auf Lebenszeit ernannten und 4 in derselben Weise wie zum bisherigen Bezirksrath gewählten Mitgliedern; von den ernannten Mitgliedern, von denen das eine zum Richteramt, das andere zu höheren Verwaltungsämtern befähigt sein muss, und die daneben wohl bei der Regierung, an deren Plenarberathungen sie wie Regierungsmitglieder theilnehmen, nicht aber beim Regierungspräsidenten beschäftigt werden können, wird das eine zum Stellvertreter des Regierungspräsidenten im Vorsitz mit dem Titel — eine Reminiscenz an das Bezirksverwaltungsgericht — „Verwaltungsgerichtsdirektor“ ernannt. Zur sonstigen Stellvertretung des Regierungspräsidenten und zur Vertretung jedes der beiden ernannten Mitglieder ernennt der König nebenamtlich richterliche oder höhere Verwaltungsbeamte. Der Bezirksausschuss kann in Abtheilungen zerlegt werden; doch gehört dann der Vorsitzende allen Abtheilungen an. Für den Stadtkreis Berlin wird ein besonderer Bezirksausschuss gebildet, in dem an die Stelle des Regierungspräsidenten ein vom König ernannter Präsident im Nebenamt, der aber im Hauptamt nicht dem Polizeipräsidium angehören darf, tritt; die zu wählenden Mitglieder werden von den städtischen Kollegien in gemeinschaftlicher

Sitzung gewählt. In Beschlusssachen ist die Zuständigkeit des Berliner Bezirksausschusses ungleich beschränkter als die der andern Bezirksausschüsse; insbesondere hat er nicht bei der Kommunalaufsicht mitzuwirken.

Aus den Vorschriften über das Verwaltungsstreitverfahren sei hervorgehoben, dass die Verwaltungsgerichtsbehörde, wenn keine der Parteien die Anberaumung der mündlichen Verhandlung ausdrücklich verlangt, ohne solche durch Bescheid entscheiden kann, in welchem Falle die Erhebung des sonst zu zahlenden Kostenpauschquantums wegfällt; gegen den Bescheid des Gerichts I. Instanz ist wahlweise der Antragauf mündliche Verhandlung oder die Berufung, gegen denjenigen der II. oder III. Instanz nur der erstere Antrag zulässig.

Von den Bestimmungen des Verwaltungsgerichtsgesetzes sind infolge der Einarbeitung der auf das Verfahren bezüglichen Vorschriften nur noch die auf die Zusammensetzung und Stellung des Oberverwaltungsgerichts bezüglichen in Kraft geblieben.

Das neue Zuständigkeitsgesetz v. 1. Aug. 1883 (G.-S. S. 237) entzieht einige Angelegenheiten dem Verwaltungsstreitverfahren und überweist sie dem Beschlussverfahren. Wichtiger ist, dass die bisher den Beschlussbehörden übertragene Kommunalaufsicht den Einzelbeamten (Landrath, Regierungspräsident, Oberpräsident) überweist und dem Kreisausschusse, Bezirksausschusse und Provinzialrath nur eine Mitwirkung an derselben in bestimmten Fällen belässt. Sodann sind die Zuständigkeiten in städtischen Gemeindeangelegenheiten und in Wegesachen, deren Regelung die bisherige Gesetzgebung den geplanten neuen Städte- und Wegeordnungen vorbehalten hatte, aufgenommen, ebenso diejenigen in Angelegenheiten der Provinzen, Kreise und Amtsverbände, um die sonst wegen der durch das Landesverwaltungsgesetz bedingten Aenderungen unvermeidlichen abermaligen Novellen zur Kreis- und Provinzialordnung zu erübrigen. In der Abgrenzung der Zuständigkeiten der einzelnen Instanzen im Beschlussverfahren sind Dezentralisationen vom Provinzialrath auf den Bezirksausschuss und von diesem auf den Kreisausschuss eingetreten. Ebenso ist im Streitverfahren das Oberverwaltungsgericht entlastet. Endlich ist dort, wo bisher die Verwaltungsbehörde als Kläger vor der Verwaltungsgerichtsbehörde erschien, diese Rolle den Betheiligten zugewiesen, indem diese gegen eine vorangegangene Verfügung der Verwaltungsbehörde zu klagen haben.

§ 22. Das Landesverwaltungsgesetz v. 30. Juli 1883 und das Zuständigkeitsgesetz v. 1. Aug. 1883 bilden heute die Grundlage der allgemeinen Landesverwaltung in der ganzen Monarchie, nachdem sie in den westlichen und neuen Provinzen durch die Kreisordnungen für Hannover v. 6. Mai 1884, für Hessen-Nassau v. 7. Juni 1885, für Westfalen v. 31. Juli 1886, für die Rheinprovinz v. 30. Mai

1887 und für Schleswig-Holstein v. 26. Mai 1888, in Posen durch Gesetz v. 19. Mai 1889 (G.-S. S. 108) und auf Helgoland durch G. v. 18. Febr. 1891 (G.-S. S. 11), in Posen mit gewissen Massgaben, eingeführt sind.

Da Posen noch keine Kreisordnung nach dem Muster der in den übrigen Provinzen geltenden besitzt, so sind vom Zuständigkeitsgesetze die von den Angelegenheiten der Kreise und Amtsverbände handelnden Titel II und III hier nicht in Kraft getreten. Ferner bedürfen die gewählten Mitglieder des Provinzialraths und Bezirksausschusses und ihre Stellvertreter der Bestätigung, die für die erstere Behörde vom Minister des Innern, für die letztere vom Oberpräsidenten ertheilt wird. Ein Präsentationsrecht des Kreistages bei Besetzung des Landrathsamts findet nach wie vor nicht statt. Die Mitglieder des Kreisausschusses werden auf Grund von Vorschlagslisten des Kreistages vom Oberpräsidenten auf 6 Jahre ernannt. Für die Verwaltung der Kommunalangelegenheiten der Provinz ist ein Provinzialausschuss und ein Landesdirektor bestellt. Nicht nur bedarf der Letztere, wie in den anderen Provinzen, königlicher Bestätigung, sondern auch die Mitglieder des Provinzialausschusses bedürfen einer solchen des Ministers des Innern. Die Einrichtung der Distrikskommissare besteht fort.

Die Kreisordnungen für die westlichen und neuen Provinzen weichen von denjenigen für die östlichen, was die Verwaltungsorganisation anlangt, hauptsächlich darin ab, dass die Einrichtung der Amtsvorsteher nur in Schleswig-Holstein eingeführt ist; für Hannover ist die Einführung einer auf Antrag des Provinziallandtages zu erlassenden Königlichen Verordnung vorbehalten, bis zum Erlass einer solchen aber die Ortspolizeiverwaltung auf dem Lande und die Aufsicht über dieselbe in den nicht selbständigen Städten dem Landrath unter Delegation gewisser Befugnisse auf den Gemeinde-(Guts-)Vorsteher übertragen; für Theile im Gesetz namhaft gemachter Kreise kann sie besonderen Staatsbeamten, „Hülfsbeamten des Landraths“, übertragen werden. In Westfalen sind die Amtmänner, in der Rheinprovinz die Landbürgermeister beibehalten, während in Hessen-Nassau die örtliche Polizeiverwaltung den Ortsbürgermeistern zusteht.

Die Provinzialordnung für die östlichen Provinzen v. 29. Juni 1875 ist mit gewissen, in den Einführungsgesetzen normirten Massgaben in den westlichen und neuen Provinzen eingeführt und in der durch das Einführungsgesetz gegebenen Fassung als Provinzialordnung für die betreffende Provinz mit dem Datum des Einführungsgesetzes publizirt. Von diesen Massgaben braucht hier nur hervorgehoben zu werden, dass in Hannover an die Stelle des Landesdirektors ein kollegialisches, aus dem Landesdirektor und 2 Schatzräthen bestehendes Landesdirektorium getreten ist und in Hessen-Nassau die beiden Bezirksverbände der beiden Regierungsbezirke mit je einem Kommunallandtag, Landesausschuss und Landesdirektor bestehen geblieben sind; für gewisse Angelegenheiten, wie die vom Provinziallandtag zu vollziehenden Wahlen, Begutachtung von Gesetzentwürfen u. a. m., treten die beiden Kommunallandtage zu einem Provinziallandtage zusammen; durch Kgl. Verordn. v. 16. Dez. 1887 ist auch die durch das Einführungsgesetz zur Provinzialordnung einer solchen vorbehaltene Einrichtung eines Provinzialausschusses und Landesdirektors für den Provinzialverband erfolgt.

Die nach Erlass des Landesverwaltungs- und des Zuständigkeitsgesetzes ergangenen Gesetze haben zwar namentlich das letztere und die Kreisordnungen in mehrfacher Hinsicht thatsächlich abgeändert, aber in Materien, deren Erwähnung sich in einer kurzen Skizze der Verwaltungsorganisation, wie wir sie hier nur geben wollen und im Rahmen dieses Werkes nur geben können, erübrigt. In der Organisation der Regierungen sind Aenderungen insofern eingetreten, als Stralsund und Osnabrück Abtheilungen für direkte Steuern, Domänen und Forsten, Osnabrück demnächst durch Verordn. v. 2. Sept. 1894 auch eine Kirchen- und Schulabtheilung, Aurich eine Abtheilung für direkte Steuern und Domänen erhalten haben (vergl. Bd. 7 S. 74), die Abtheilungen einzelner Regierungen für direkte Steuern, Domänen und Forsten getheilt sind, in Arnsberg ein besonderer Dirigent der Kirchen- und Schulabtheilung angestellt ist und einzelnen Regierungspräsidenten ein zweiter Oberregierungsrath beigegeben ist (vergl. hierüber im Abschnitt über die Ausgaben für die Provinzialbehörden der allgemeinen Landesverwaltung).

Welche Aenderungen in der Organisation und Zuständigkeit der bei der Reform im ersten Viertel des 19. Jahrhunderts geschaffenen Ministerien im Laufe der Zeit eingetreten sind, ist, soweit es sich nicht um das Finanzministerium handelt, in den den betreffenden Ministerien und den ihnen unterstellten Betriebsverwaltungen gewidmeten Büchern dieses Werkes ausgeführt. Was aber das Finanz-Ministerium anlangt, so ist der Ueberweisung der Domänen- und Forstverwaltung im Jahre 1878 und der Theilung der direkten und indirekten Steuerverwaltung im Jahre 1867 auch schon auf S. 74 f. und 1238 des I. Bandes gedacht. In Folge dieser Massnahme besteht das Finanz-Ministerium jetzt aus 3 Abtheilungen, nämlich der I. für das Etats- und Kassenwesen, der II. für direkte und der III. für indirekte Steuern.

II. Hauptabschnitt.

Die unmittelbaren Staatsbeamten, insbesondere diejenigen des Finanz-Ministeriums und der allgemeinen Landesverwaltung.

I. Abschnitt.

Gattungen, Vorbildung. Anstellung und Disciplin der Beamten.

I. Kapitel.

Gattungen, Titel und Rang der Beamten.

§ 23. Das durch Art. 98 der Verfassungsurkunde verheissene Gesetz über die Rechtsverhältnisse der nicht zum Richterstande gehörigen Staatsbeamten ist noch nicht ergangen, und sind die Grundsätze über Klassifikation, Vorbildung, Anstellung, Rechte und Pflichten der Beamten in einer Unzahl verschiedener Gesetze, Kabinetsordres und Ministerialerlasse verstreut, zum Theil auch gar nicht expressis verbis ausgesprochen, oder, wie diejenigen der Besoldung, nur durch den Etat geordnet.

Zu den unmittelbaren Staatsbeamten, mit denen wir es hier zu thun haben, gehören alle diejenigen, welche unmittelbar im Dienste des Staates stehen und ihr Diensteinkommen — Besoldung, Emolumente, denen gleichstehen unmittelbar eingezogene taxmässige Gebühren, die sonst zu einer Staatskasse fliessen würden — aus einer preussischen Staatskasse erhalten, oder „nach erfolgter Bestallung und Verpflichtung, in Erwartung einer erledigtwerdenden Besoldung dem Staate unmittelbare aktuelle Dienste leisten", oder denen die Eigenschaft besonders beigelegt ist (A. L.-R.-G. II. Tit. 10 § 69, Verordn. v. 8. Sept. 1804 § 12 — v. Kamptz Annalen 1830 S. 181). Sie sind entweder richterliche oder nichtrichterliche. Je nachdem sie eine etatsmässige Stelle, d. h. eine derjenigen Stellen, deren Zahl und Besoldung im Etat ausdrücklich bestimmt ist, dergestalt innehaben, dass sie nicht bloss deren kommissarische Verwalter, sondern deren dauernde, wenn auch auf Probe angestellte Inhaber sind, oder entweder gar keine oder doch nur aus den Etatstiteln „andere persönliche Ausgaben“ Kompetenzen, also nur Remunerationen, nicht „Besoldungen“ beziehen, sind sie etatsmässige oder ausseretatsmässige Beamte. Nach ihren Dienstverrichtungen unterscheidet man höhere und Subalternbeamte (im weiteren Sinne): die höheren Beamten üben in dem Ressort der Behörde, bei dem sie angestellt sind, eine berathende oder entscheidende Thätigkeit aus, während die Subalternbeamten nur ausführen, was und wie ihnen vorgeschrieben ist. Die Subalternbeamten im weiteren Sinne wurden früher eingeteilt in Subalternbeamten im engeren Sinne und in Unterbeamte. Letztere sind zu mechanischen Dienstleistungen bestimmt, erstere entweder zum Bureaudienst, welcher umfasst die Mitwirkung bei Aufstellung der dienstlichen Schreiben und Verfügungen (Expeditionsdienst), das Rechnungs- und Kassenwesen (Kalkulatur- und Kassendienst) und das Verzeichnen, Ordnen und Aufbewahren der dienstlichen Schriftsücke (Journal- und Registraturdienst), oder zur Besorgung des mechanischen Schreibwerks (Kanzleidienst)[1]). Neuerdings stellt man in Preussen den höheren Beamten die mittleren, d. h. die Subalternbeamten im engeren Sinne mit Ausschluss derjenigen des Kanzleidienstes, die Kanzlei- und die Unterbeamten gegenüber. Doch sind einzelne Beamtenkategorien, die nach ihren Dienstobliegenheiten zu den mittleren gehören, wegen der Wichtigkeit und Verantwortlichkeit ihrer Stellung unter die höheren aufgenommen und ebenso Unterbeamte unter die mittleren[2]). Auch gehören zu den mittleren Beamten solche, die, wie gewisse Lehrerklassen, nicht im Bureaudienst thätig sind, sondern eine beschliessende und berathende Thätigkeit, wenn auch in engem Bereich, ausüben. Welcher Kategorie ein Beamter zugerechnet wird, ersieht man daher mit Sicherheit erst aus dem ihm zustehenden Wohnungsgeldzuschusse (vergl. unten in dem über die Wohnungsgeldzuschüsse handelnden Paragraphen des Abschnitts über die Dienstbezüge der Beamten), da auch die Eintheilung der Besoldungstitel des Etats dies nicht erkennen lässt.

§ 24. Die Rangordnung der höheren und Subalternbeamten wurde bei der Verwaltungsreform durch eine Verordn. v. 7. Febr. 1817 (G.-S. S. 61) geregelt. Natürlich hat diese im Laufe der seitdem verflossenen 86 Jahre mannigfaltige Ergänzungen erfahren, aber nur durch Versetzung von Beamtenkategorien aus einer in die andere Klasse und durch Einreichung neu entstandener Kategorien; die Klasseneintheilung ist bestehen geblieben.

---

[1]) Vergl. Stengel, Wörterbuch des Verwaltungsrechts Art. „Beamte“ und „Subalternbeamte“, die Lehrbücher des Preuss. Staatsrechts, Herrfurth Etats-, Kassen- u. Rechnungswesen, 3. Aufl. Bd. II.

[2]) Vgl. auch oben Bd. II, Buch V, § 195.

Die höchsten Beamten sind die Staatsminister; ihnen gebührt für die Dauer ihres Amtes das Prädikat „Excellenz“, nach ihrem Ausscheiden aus dem Amte nur, wenn ihnen, was die Regel bildet, Titel und Rang eines Staatsministers belassen oder ihnen vor Uebernahme oder nach Niederlegung des Ministerpostens der Charakter eines „Wirklichen Geheimen Rathes mit dem Prädikat Excellenz“ verliehen ist. Dieser letztere Titel wird nur als Charakter an kürzere Zeit im Amte gewesene Minister, an Oberpräsidenten und ältere Räthe I. Klasse, ausserdem aber namentlich in neuerer Zeit auch an nicht im unmittelbaren Staatsdienst stehende Personen verliehen. Nur mit seiner Verleihung, somit mit keinem Civilamt ist das Prädikat „Excellenz“ bleibend verbunden. Die Oberpräsidenten führen, wenn sie nicht „Wirkliche Geheime Räthe“ sind, jenes Prädikat auch nur für die Dauer ihres Amtes, rangiren also hinter den Wirklichen Geheimen Räthen und vor den Räthen I. Klasse.

Alle nicht das Excellenzprädikat führenden höheren Beamten sind in fünf Rangklassen eingetheilt mit der Massgabe, dass gewisse Beamte vor den übrigen ihrer Klasse, aber hinter denen der nächst höheren rangiren, also gewissermassen eine Zwischenklasse bilden; doch erhalten sie dann die nach dem Range abgestuften Bezüge nur nach dem Satze derjenigen Klasse, vor der sie rangiren, wie auch Beamte, denen persönlich ein höherer Rang als der ihres Amtes verliehen ist, nur die dem letzteren entsprechenden Sätze erhalten, weshalb es z. B. keine besonderen Wohnungsgeld- u. s. w.-Sätze für Wirkliche Geheime Räthe giebt.

Zu der I. Rangklasse gehören: die Unterstaatssekretäre und Direktoren der Ministerien, die Präsidenten der Oberrechnungskammer, des Oberverwaltungsgerichts, der Hauptverwaltung der Staatsschulden, der Seehandlung und des Evangolischen Oberkirchenraths, der Geheime Kabinetsrath und der Oberlandstallmeister, diese alle vermöge ihres Amtes, ferner die mit dem Charakter als Wirklicher Geheimer Ober-Bau-, Berg-, Finanz-, Justiz-, Medizinal- und Regierungs-, Wirklicher Geheimer Legations- oder Wirklicher Ober-Konsistorialrath beliehenen Beamten, wie insbesondere ältere Senatspräsidenten des Oberverwaltungsgerichts und Oberlandesgerichtspräsidenten, vortragende Räthe, Regierungspräsidenten, Provinzialsteuerdirektoren, Berghauptleute, Konsistorialpräsidenten u. s. w., sowie die mit dem Range der Räthe I Klasse beliehenen Wirklichen Geheimen Kriegsräthe und Landforstmeister.

Den Rang der Räthe II. Klasse besitzen als Stellenrang die die Amtsbezeichnung Geheimer Ober-Bau-, Berg-, Finanz-, Justiz-, Medizinal- oder Regierungsrath, Wirklicher Geheime Kriegsrath, Geheimer Legationsrath oder Landforstmeister führenden vortragenden Räthe der Ministerien, der Oberrechnungskammer, des Civilkabinets, die Geheimen Ober-Finanzräthe als Mitglieder der Hauptverwaltung der Staatsschulden oder der Seehandlung oder als Provinzialsteuerdirektoren, die Direktoren der Oberrechnungskammer, die Senatspräsidenten und Räthe des Oberverwaltungsgerichts, die Senatspräsidenten mit dem Vorrang vor allen übrigen Räten II. Klasse, Berghauptleute, Eisenbahndirektions-, Oberlandesgerichts- und Regierungspräsidenten, der Polizeipräsident von Berlin, die Präsidenten des Oberlandeskulturgerichts, des Statistischen Bureaus, die Generaldirektoren der Museen und der Staatsarchive, der ältere Theil der Oberkonsistorialräthe und Mitglieder des Evangelischen Oberkirchenraths, ein Theil der Konsistorialpräsidenten, ferner der mit dem Titel Präsident ausgestattete Direktor der Preussischen Central-Genosssenschaftskasse und der Präsident der

Ansiedlungskommission. Den Charakter als Geheimer Ober-Justizrath mit dem Range der Räthe II. Klasse erhalten ältere Senatspräsidenten der Oberlandesgerichte, Landgerichtspräsidenten und Oberstaatsanwälte; auch sonst kommt die besondere Verleihung der II. Rangklasse vor.

Der III. Klasse gehören an die die Bezeichnung Geheimer Bau-, Berg-, Finanz-, Justiz-, Kriegs-, Medizinal-, Regierungs-, Seehandlungsrath, Wirklicher Legationsrath, Oberforstmeister führenden Räthe der Ministerien, der Oberrechnungskammer, Hauptverwaltung der Staatsschulden und Seehandlung, die Oberpräsidialräthe, die Senatspräsidenten der Oberlandesgerichte, die Präsidenten der Landgerichte und des Amtsgerichts I in Berlin, die Oberstaatsanwälte, die Präsidenten der Generalkommissionen und der Klosterkammer in Hannover, die Dirigenten der Ministerial-, Militär- und Baukommission und der Direktion für die Verwaltung der direkten Steuern in Berlin, der Münzdirektor, der Vorsitzende der Bergwerksdirektion in Saarbrücken, die Oberlandeskulturgerichtsräthe, die Provinzialsteuerdirektoren als „Geheime Finanzräthe“, der Vicepräsident des Provinzialschulkollegiums in Berlin, die Universitätskuratoren, der Generaldirektor der Königlichen Bibliothek in Berlin, der II. Direktor der Staatsarchive, der Direktor der Bernsteinwerke, die nicht zur II. Rangklasse gehörenden Oberkonsistorialräthe des Oberkirchenraths und Konsistorialpräsidenten. Die regelmässig erfolgende Verleihung des Charakters als Geheimer Justiz-, Regierungs-, Medizinal- u. s. w. - Rath an Beamte der IV. Rangklasse, wie ältere Richter, Landräthe, Regierungsräthe, Schuldirektoren, Universitätsprofessoren u. s. w. bedingt eine Rangerhöhung nicht.

Dagegen rangiren zwischen III. und IV Klasse vermöge ihres Amtes die Oberregierungsräthe, Oberforstmeister, Verwaltungsgerichtsdirektoren, Oberbauräthe der Eisenbahndirektionen und die Polizeipräsidenten in Breslau, Cöln, Frankfurt a. M. Hannover, Königsberg, und Magdeburg, die Landstallmeister und die Bevollmächtigten zur Kontrole der Reichssteuern.

Die IV. Klasse umfasst alle übrigen, den Rathstitel führenden höheren Beamten, die Polizeidirektoren als Leiter Königlicher Polizeidirektionen, auch, wenn sie den Titel Präsident haben, die Landgerichtsdirektoren, Ersten Staatsanwälte, die Direktoren und ältere Professoren gewisser höherer Lehranstalten, Archive und Sammlungen, die ordentlichen Professoren der Hochschulen, die Bankdirektoren bei der Central - Genossenschaftskasse, die Eisenbahndirektoren, Forstmeister, Geheimen Staatsarchivare, Gestütsdirektoren, Lotteriedirektoren, Landesgeologen, den Münzmeister und Obermünzwardein, die Oberamtmänner in den Hohenzollernschen Landen, den Polizeioberst in Berlin und die Werksdirektoren bei den Bernsteinwerken.

In der V. Klasse, nach der Verordn. v. 1817 der Klasse der „Assessoren“, rangiren die übrigen höheren Beamten, neben den Assessoren der verschiedenen Verwaltungszweige und anderen Beamten, deren Amt akademisches Studium und Ablegung der Staatsprüfungen zur Voraussetzung hat, wie Land- und Amtsrichtern, Staatsanwälten, Bergwerks-, Hütten- und Salinendirektoren und -Inspektoren, Bergrevierbamten, Bau- und Maschineninspektoren, Oberförstern, ausserordentlichen Hochschulprofessoren und den Direktoren gewisser höherer Schulen, Oberlehrern, Archivaren, Bibliothekaren u. a. m., auch gewisse aus der mittleren Beamtenlaufbahn hervorgegangene Beamte, wie die sogar vor den Assessoren rangirenden Landrentmeister, die Kataster-, Kreisschul-, Kriminal-, Polizei-, Obersteuer-, Bank-, Versicherungs-, Wohnungsinspektoren, Departementsthierärzte.

Theils aus den höheren, theils aus den mittleren und Kanzleibeamten, theils endlich aus Nichtbeamten rekrutiren sich die sog. „Titularräthe“, deren zwei Klassen unterschieden werden: die I. Klasse bilden die nicht in der Stellung vortragender Räthe befindlichen, sondern nur titulirten Legationsräthe, Geheimen Hof-, Justiz-, Kanzlei-, Kriegs-, Medizinal-, Polizei-, Regierungs-, Rechnungs-, Sanitäts-, Kommerzien- und Kommissionsräthe, die II. Klasse die gleichen Bezeichnungen ohne den Zusatz „Geheim“ führenden Personen, die Domänen- und Amtsräthe. Von diesen Titulaturen werden diejenigen der „Geheimen“ und der einfachen Sanitäts-, Kommerzien- und Kommissionsräthe nur an nicht im unmittelbaren Staatsdienst stehende Personen, diejenigen der Geheimen und sonstigen Hof-, Kanzlei-, Polizei- und Rechnungsräte nur an Beamte der mittleren (bezw. Kanzlei-), die der Geheimen und sonstigen Justiz- und Regierungsräthe nur an solche der höheren Laufbahn verliehen. Die Titularräthe I. Klasse rangiren, wenn sie bei Ministerialbehörden angestellt sind, zwischen den Oberregierungsräthen und den Räthen IV. Klasse, sonst mit letzteren, die Titularräthe II. Klasse hinter den Räthen IV. Klasse, aber vor denen V. Klasse.

Die „Subalternen", d. h. die mittleren und Kanzleibeamten, bilden vier Klassen, deren erste mit der fünften der höheren Beamten gleichen Rang hat: I. mittlere Beamte und Kanzleivorsteher der Ministerien, II. Referendarien, III. Subalterne, d. i. mittlere Beamte, der den Ministerien unmittelbar oder mittelbar nachgeordneten Behörden und Kanzleibeamte der Ministerien, IV. Kanzleibeamte der den Ministerien nachgeordneten Behörden.

Das Rangverhältniss der Civilbeamten, gegenüber den Offizieren und Hofchargen ist nur, soweit sie bei Hof erscheinen, durch das „Hof-Rangreglement" dahin geordnet, dass rangiren der Ministerpräsident mit den General-Feldmarschällen und dem Oberstkämmerer, die Staatsminister mit den Generälen der Infanterie, Kavallerie und Artillerie, die Wirklichen Geheimen Räthe mit den Generalleutnants und vor den das Excellenz-Prädikat führenden Oberhofchargen, die Oberpräsidenten vor, die Räthe I. Klasse mit den Generalmajors und Oberhofchargen ohne Excellenz-Prädikat, die Räthe II. Klasse mit den Obersten und vor den Hofchargen und Kammerherren, die Räthe III. Klasse nach letzteren und mit den Oberstleutnants, die Räthe IV. Klasse mit den Majors. Doch reicht die Courfähigkeit der Beamten, soweit sie durch die Dienststellung bedingt wird, nur bis zur II. Rangklasse einschliesslich, eine sich von der früheren auschliesslichen Rekrutirung des Offizierkorps aus dem Adel herschreibenden Anomalie gegenüber dem Militär.

Das Titel- und Rangwesen im Beamtenstande wird vielfach, insbesondere freilich von politisch radikalen Seiten und von solchen, die selbst in dieser Beziehung bereits viel oder besonders wenig erreicht haben, als etwas völlig Bedeutungsloses, als „Zopf" und dergleichen bezeichnet. Mit Unrecht! Wie nun einmal die Menschen veranlagt sind, kann weder die Monarchie noch eine straffe Ordnung der Staatsverwaltung noch die Civilverwaltung im Interesse ihres Ansehens gegenüber dem Militär hierauf verzichten. Ja, so paradox das klingen mag, der Staat ist hieran auch finanziell lebhaft interessirt. Nicht mit Unrecht sagt man, der Staat bezahle seine Beamten zur Hälfte mit Geld, zur Hälfte mit Ehre. Der Staat kann seine höheren Beamten nicht so besolden, wie etwa grosse gewerbliche Unternehmungen und reiche Magnaten, und schon weil er das nicht kann, muss er, um den Abfluss der tüchtigsten Kräfte in besser bezahlte, oft auch andere dienstliche oder ausserdienstliche Vorzüge bietende Privatstellungen hintanzuhalten, darauf sehen, dass seinen Beamten ein Aequivalent für die geringere Besoldung geboten wird, das ihm keine finanziellen Opfer auferlegt, und dazu sind, indem sie eine bevorzugte Stellung in der Gesellschaft verschaffen, Titel und Rang geeignet. Je weniger man dem Beamten in dieser Hinsicht giebt, um so höher wird man ihn besolden müssen.

Gerade von diesen Gesichtspunkten aus ist aber die Regelung durch die Verordnung von 1817 nicht glücklich gewesen. Die Verordnung wollte die Amtstitel dem „Wirkungskreis" anpassen, Unbestimmtheiten beseitigen und „eine allgemeine Uebereinstimmung aller Behörden in den Amts- und Charakter-Bezeichnungen" herstellen. Wie wenig das gelungen ist, wird der Leser nach dem vorstehenden Ueberblick sich selbst sagen. Es ist eine Unzahl verschiedener Titel geschaffen, in denen sich der Laie unmöglich zurechtfinden kann, die Titel haben zum Theil eine Länge, die sie im Verkehr unaussprechbar macht, der Titel in der im Verkehr üblichen und bei der Langathmigkeit nothwendigen Kürzung bezeichnet Beamte der verschiedensten Rangklassen: der „Geheime Rath" kann ein Rath I. oder IV. Klasse sein, der „Präsident" ein solcher I. oder IV. Klasse. Beim Militär sind diese Verhältnisse ungleich befriedigender geordnet: hier trennt man den den Rang bezeichnenden Titel von der Bezeichnung der Dienststellung und gelangt so zu wenigen — für jede Rangstufe einen, nur in der Hauptmannscharge zwei —, den Rang klipp und klar bezeichnenden, Jedermann geläufigen Titulaturen. Auf ähnlichem Wege dürfte auch beim Civil ein befriedigenderer und übersichtlicherer Zustand herzustellen sein.

Wir glauben, dass es eine schwierige, aber nicht unlösbare Aufgabe ist, für jede der, um die Zwischenstufen zu vermeiden, vielleicht um zwei zu vermehrenden Rangklassen, in den höheren Rangklassen eine, in den unteren nur ganz wenige von allen Beamten derselben zu führende Titulaturen zu finden, zu der dann die Bezeichnung der Amtsfunktion hinzuträte, z. B. in der I. Klasse „Geheimer Staatsrath und Direktor (Abtheilungsvorstand) im Ministerium“, in der II. „Staatsrath und vortragender Rath im Ministerium“, „Staatsrath und Präsident der Regierung in . . .“, „Staatsrath und Präsident des Oberlandesgerichts“ in der jetzigen Zwischenklasse zwischen III und IV „Oberregierungsrath und Dirigent des Polizeipräsidiums“, in der IV. „Regierungsrath und Mitglied der und der Behörde“, „Regierungsrath und Dirigent der Polizeidirektion“, „Gerichtsrath am Oberlandes-, Land-, Amtsgericht u. s. w.).

Unbewusste Anfänge in dieser Richtung haben wir schon in den Chefs mancher Behörden, denen neben der blossen Funktionsbezeichnung „Dirigent“ ein seinen Rang kennzeichnender Titel gegeben ist, und in den Regierungsräthen und Oberregierungsräthen bei allen möglichen anderen Behörden als Regierungen. Eine Vorbedingung für eine Reform dürfte freilich die Beseitigung des Geheimrathstitels in den unteren Rangstufen sein, für den sich aber ein die Eitelkeit befriedigender Ersatz schon finden liesse: warum sollte man nicht, wie man heut schon Geheimen Rechnungsräthen den Charakter als Geheimer Regierungsrath giebt, statt des Charakters als Geheimer Rechnungsrath den als „Regierungsrath“, Regierungs- und Landräthen statt des „Geheimen Regierungsrath“ den Charakter als „Oberregierungsrath“ verliehen?

Dagegen scheint uns die Einreihung der verschiedenen Beamtenkategorien in die einzelnen Rangklassen, will man letztere nicht um mehrere vermehren, im allgemeinen das Richtige zu treffen und der Vorwurf, dass die Beamten eines Ressorts gegen die des anderen zurückgesetzt seien, was Rang und Gehalt anlangt, etwa von Einzelheiten abgesehen, heute nicht mehr berechtigt. In Erwägung könnte vielleicht gezogen werden, nachdem der Oberpräsident das Excellenzprädikat erhalten hat, den Oberlandsgerichtspräsidenten in den Stellenrang der Räthe I. Klasse zu versetzen, ferner den Präsidenten des Oberverwaltungsgerichts und der Oberrechnungskammer wie den Oberpräsidenten das Excellenzprädikat, den Senatspräsidenten des Oberverwaltungsgerichts und Direktoren der Oberrechnungskammer den Rang der Räthe I. Klasse, den Landgerichtsdirektoren und Provinzialschulräthen einen Vorrang vor den Räten IV. Klasse zu geben, aus den Oberregierungsräthen aber die Vertreter der Präsidenten im Range und Titel hervorzuheben. Sehr wünschenswerth wäre es im Interesse sowohl der Central- als auch der Provinzialverwaltung und auch bei der Bedeutung der Stellung gerechtfertigt wäre es, den Oberpräsidialrath in Rang und Gehalt mit den vortragenden Räthen der Ministerien aufrücken zu lassen, da dann ein Austausch zwischen beiden Stellungen möglich wäre. Dagegen scheint uns das Verlangen, alle Richter I. Instanz den Regierungs- und Landräthen, alle Mitglieder der Oberlandesgerichte den Oberregierungsräthen, die Oberlehrer den Richtern I. Instanz gleichzustellen, wenn man Anstellungsalter, den räumlichen und sachlichen Amtsbereich und das Maass eigener Verantwortung in Betracht zieht, nicht berechtigt.

Wesentlich anders liegt die Frage bezüglich des Verhältnisses zwischen Militär- und Civilbeamten; ob es z. B. der Bedeutung der Stellung des Oberpräsidenten entspricht, ihn nach dem Divisionskommandeur, derjenigen des Regierungspräsidenten eines grossen Bezirks und des Oberlandesgerichtspräsidenten, ihn nur mit dem Oberst rangiren zu lassen, kann man wohl in Zweifel ziehen. Freilich ist es, abgesehen etwa von der Verleihung eines höheren Ranges an den Oberpräsidenten und den Oberlandesgerichtspräsidenten, schwer, derartige Inkongruenzen auszugleichen; bezüglich der Regierungspräsidenten könnte in Betracht kommen, ihnen analog wie den vortragenden Räthen einen verschiedenen Rang (I. und II. Klasse) oder denen grösserer Bezirke früher als jetzt und als Stellenrang den der I Klasse zu geben.

II. Kapitel.

Vorbildung und Anstellung der Beamten.

§ 25. Die Vorbildung ist für einzelne Aemter durch Gesetz, für andere nur durch Verwaltungsanordnungen vorgeschrieben, und für einige bestehen Vorschriften überhaupt nicht, sodass bezüglich ihrer Besetzung der König völlig freie Hand hat.

Die Verfassungs-Urkunde bestimmt nur im Art. 4 „Die öffentlichen Aemter sind, unter Einhaltung der von den Gesetzen festgestellten Bedingungen, für alle dazu Befähigten gleich zugänglich" und im Art. 90 „Zu einem Richteramte darf nur der berufen werden, welcher sich zu demselben nach Vorschrift der Gesetze befähigt hat."

Was nun die höheren Beamten im eigentlichen Sinne, d. h. diejenigen, die eine beschliessende oder berathende Thätigkeit ausüben und nicht nur durch Aufrücken aus einer mittleren Stellung in den Rang eines höheren Beamten gelangt sind, anbetrifft, so bestehen über ihre Vorbildung keinerlei gesetzliche oder administrative Vorschriften hinsichtlich der Minister, Unterstaatssekretäre, Direktoren und vortragenden Räthe der Ministerien, der Oberpräsidenten und Regierungspräsidenten.[1])

Dass der König in der Auswahl seiner Minister nicht durch irgend welche Vorschriften über die formelle Befähigung derselben beschränkt werden kann, ist bei der ganzen staatsrechtlichen Stellung der Minister selbstverständlich. Auch für die Auswahl zu den übrigen vorgenannten hohen Aemtern fallen neben den blossen durch Prüfungen dargelegten Kenntnissen andere Eigenschaften besonders schwer ins Gewicht, und die Berufung in diese Aemter erfolgt normalerweise immer nur auf Grund eines durch sine mehr oder weniger längere hervorragende öffentliche Thätigkeit erbrachten Befähigungsnachweises, der höher als der durch eine Prüfung geführte einzuschätzen ist.

Von diesen Beamten abgesehen, ist nur die Vorbildung für den höheren Justiz- und Verwaltungsdienst, soweit es sich nicht um die höheren sog. technischen Beamten handelt, gesetzlich geregelt, diejenige für den höheren Justizdienst durch Ges. v. 6. Mai 1869 (G.-S. S. 656), diejenige für den höheren Verwaltungsdienst durch Ges. v. 11. März 1879 (G.-S. S. 169). Die Befähigung für den höheren Justizdienst ist erforderlich für alle Berufsrichter einschliesslich der Präsidenten bei den ordentlichen Gerichten, Staatsanwälte und Rechtsanwälte, ferner, wie oben (§ 17) erwähnt, für einen Theil der Mitglieder des Oberverwaltungsgerichts und ein ernanntes Mitglied des Bezirksausschusses sowie für die zur Bearbeitung von Prozesssachen, von Angelegenheiten,

---

[1]) Ob die für die „Anstellung der Mitglieder" der Provinzialsteuerdirektion und Eisenbahndirektion geltenden Bestimmungen des Gesetzes über die Vorbildung zum höheren Verwaltungsdienst und der Verwaltungsordnung für die Staatseisenbahnen sich auch auf den Provinzialsteuerdirecktor und den Direktionspräsidenten beziehen sollen, ist nach deren Fassung zweifelhaft, aber wohl zu bejahen. Thatsächlich ist wenigstens u. W. bisher stets in diesem Sinne verfahren worden.

durch welche Rechtsverbindlichkeiten übernommen werden, und zur Erstattung von Rechtsgutachten bei allen Central-, Provinzial- und Bezirksbehörden angestellten rechtskundigen Beamten, die sogenannten „Justitiarien", während das Gesetz von 1879 die Befähigung zum höheren Verwaltungsdienst fordert für die Abtheilungsdirigenten und Mitglieder der Regierungen und die dem Oberpräsidenten und Regierungspräsidenten zugeordneten höheren Verwaltungsbeamten mit Ausnahme der Justitiarien und technischen Beamten (Forst-, Schul-, Bau-. Gewerbe- und Medizinalräthe) und für diejenigen Mitglieder des Oberverwaltungsgerichts, und Bezirksausschusses, für welche sie die Organisationsgesetze fordern; doch können die Minister der Finanzen und des Innern Personen, welche die Befähigung zum höheren Justizdienst erlangt haben und mindestens drei Jahre entweder als Justitiar oder bei einer Auseinandersetzungsbehörde als Spezialkommissar oder im Kollegium beschäftigt waren, oder die Stelle eines Landrathes, eines Oberamtmannes in den Hohenzollernschen Landen, eines Kreis- oder Amtshauptmannes, eines Amtmannes in Hessen-Nassau, eines Kirchspiel- oder Hardesvogtes in Schleswig-Holstein verwaltet haben, für befähigt für den höheren Verwaltungsdienst erklären. (Wegen der Landräthe s. § 23 d. VI. Buchs dieses Bandes und §§ 15, 22 dieses Buches, wegen der Mitglieder der Provinzialsteuerdirektionen Bd. I S. 1355, wegen der Auseinandersetzungsbehörden Bd. II S. 638 ff., wegen der schultechnischen Räthe und Schulaufsichtsbeamten Bd. II S. 274, 329, 332, wegen der Medizinalbeamten daselbst S. 495 bis 497, wegen der forsttechnischen Bd. I S. 212 f., wegen der bautechnischen Bd. II S. 1171 ff., wegen der Gewerberäthe, wegen der höheren Beamten der Bergverwaltung Bd. I S. 307 und 308.)

Beide Gesetze, dasjenige v. 6. Mai 1869 und dasjenige v. 11. März 1879, stimmen darin überein, mindestens dreijähriges Universitätsstudium, vierjährigen Vorbereitungsdienst und Ablegung zweier Prüfungen, der ersten nach vollendetem Studium, der zweiten nach vollendetem Vorbereitungsdienst zu fordern: nach Bestehen der ersten erfolgt die Ernennung zum „Referendar" durch den Oberlandesgerichtspräsidenten, nach bestandener zweiter Prüfung diejenige zum Gerichtsassessor durch den Justiz-, zum Regierungsassessor durch die Minister der Finanzen und des Innnern. Das Studium muss nach dem Gesetz von 1869 die Rechte, nach dem Gesetz von 1879 ausserdem die Staatswissenschaften umfassen. Im Vorbereitungsdienst trennen sich die Justiz- und Verwaltungslaufbahn auch erst nach zwei Jahren: der bei der Justiz verbleibende Referendar wird weiter bei Gerichten, Staatsanwaltschaft, Rechtsanwalt und Notar beschäftigt, der zur Verwaltung übertretende muss, nachdem er von einem Regierungspräsidenten zum Regierungsreferendar ernannt ist, bei Landrath, Regierung und Bezirksausschuss und kann beim Vorstand einer Stadtgemeinde beschäftigt werden. Die zweite — grosse Staats- — Prüfung, welche wie die erste schriftlich und mündlich ist, legen die Gerichtsreferendarien vor einer aus Mitgliedern des Justizministeriums und Richtern, die Regierungsreferendarien vor einer aus Mitgliedern anderer Ministerien (der Finanzen, des Innern, der geistlichen Angelegenheiten und für Landwirthschaft) und des Oberverwaltungsgerichts bestehenden Kommission in Berlin ab.

Das Deutsche Gerichtsverfassungsges. v. 27. Jan. 1877 / 12. Mai 1898 (R.-G.-Bl. 1998 S. 371) verlangt für den Vorbereitsdienst der Gerichtsreferendarien als Mindestdauer nur drei Jahre und gestattet den Bundesstaaten, zu bestimmen, dass von dem Vorbereitungsdienst ein Theil bis zu einem Jahre bei Verwaltungsbehörden zu absolviren ist; von dieser Befugniss ist in Preussen somit kein Gebrauch gemacht.

Vor Erlass des Gesetzes von 1869 waren behufs Erlangung der Befähigung zum Richteramt drei Prüfungen abzulegen, zum Auskultator, Referendar und Assessor. Doch wichen die Bestimmungen für den Appellationsgerichtsbezirk Cöln zum Theil von denen für die übrige Monarchie ab.

Die Vorbildung zum höheren Verwaltungsdienst war früher durch dass Allerhöchst genehmigte Regulativ v. 27. Febr 1846 (G.-S. S. 199) geregelt; dasselbe verlangte zur Ernennung zum Regierungsreferendar erfolgreich absolvirtes Auskultatoriat und Bestehen einer besonderen Prüfung in Staatswissenschaften, wurde also mit Erlass des das Auskultatoriat beseitigenden Gesetzes von 1869 unanwendbar. Schon im Jahre vorher war aber die Annahme von Regierungsreferendarien eingestellt, und ergänzte sich die Verwaltung seitdem bis zum Erlass des Gesetzes von 1879 aus Gerichtsassessoren.

§ 26. Einen ganz anderen Charakter wie die im Interesse der Sicherung einer angemessenen Vorbildung der höheren Justiz- und Verwaltungsbeamten ergangenen Gesetze tragen die das freie Ermessen der Anstellungsbehörde einschränkenden gesetzlichen Bestimmungen über Besetzung der Stellen im mittleren und unteren Staatsdienst. Denn sie sind nicht im Interesse der Staatsverwaltung, sondern lediglich im Interesse der Armee und Marine ergangen, um dieser den Ersatz des Unteroffizierkorps zu sichern und die Militärpensionslast herabzumindern. Nach den Militärpensionsgesetzen (Gesetze v. 27. Juni 1871, 4. April 1874 und 22. Mai 1893 — R.-G.-Bl. S. 275, 25 und 171) erhalten Unteroffiziere und Gemeine des Soldatenstandes bei guter Führung von der Militärbehörde einen „Civilversorgungsschein", wenn sie durch Dienstbeschädigung oder nach 8jähriger Dienstzeit invalide werden, und zwar Ganzinvaliden neben, Halbinvaliden nach ihrer Wahl anstatt der Pension und auch nur nach 12jähriger Dienstzeit. Unteroffiziere erhalten ihn auch ohne Invalidität nach 12jährigem aktiven Dienst und können ihn erhalten nach 9jährigen Militär- und 3jährigem Dienst in der Gendarmerie oder Schutzmannschaft. Unteroffiziere und Mannschaften des Beurlaubtenstandes erhalten ihn nur bei Invalidität in Folge von Dienstbeschädigung. Den Inhabern des Civilversorgungsscheines, den „Militäranwärtern" sind durch Reichsgesetz die Stellen der Subaltern- und Unterbeamten im Reichs-, Staats- und Kommunaldienst „nach Massgabe der von dem Bundesrath festzustellenden Grundsätze" vorzugsweise vorbehalten. Nach diesen Grundsätzen sind ausschliesslich mit Militäranwärtern zu besetzen die Stellen im Kanzleidienst aller Behörden mit Ausnahme derjenigen des Ressorts der auswärtigen Angelegenheiten und sämmtliche Stellen, deren Obliegenheiten im Wesentlichen in mechanischen Dienstleistungen bestehen und keine technischen Kenntnisse erfordern mit Ausnahme dieser Stellen bei Gesandtschaften und Konsulaten, mindestens zur Hälfte bei allen Behörden mit Ausnahme der Centralbehörden, Gesandtschaften und Konsulate die Stellen der Subalternbeamten im Bureaudienst (Journal- Registratur-, Expeditions-, Kalkulatur-, Kassendienst u. dergl.) mit Ausschluss der eine besondere wissenschaftliche oder technische Vorbildung erfordernden. Hiervon darf nur abgewichen werden, wenn zur Uebernahme befähigte und bereite Militäranwärter nicht vorhanden sind.

In beschränktem Umfange kann der Landesherr Personen, die nicht Militäranwärter sind, diesen durch Verleihung der Anstellungsberechtigung gleichstellen und können den Militäranwärtern vorbehaltene Stellen mit anderen Personen, wie für andere Aemter unbrauchbar oder entbehrlich gewordenen Beamten u. s. w., besetzt werden. Auch sind die den Militäranwärtern vorbehaltenen und einige andere Stellen auch mit Aussicht auf Anstellung im Civildienst verabschiedeten Offizieren zugänglich.

Welche Stellen bei den Ueberschussverwaltungen den Offizieren und Militäranwärtern vorbehalten oder doch zugänglich sind, ist im I. Bande (S. 93, 213 f., 508, 531, 556, 814 f., 1365) angegeben. Im Uebrigen sind den Militäranwärtern insbesondere vorbehalten ausschliesslich die Stellen der Boten, Portiers und dergleichen — mit Ausschluss derjenigen bei Gesandtschaften — der Kanalinspektoren, Brückenmeister, Strommeister, Materialienverwalter und ähnlichen Beamten im Bereiche der Bauverwaltung, der Hafenmeister — mit einigen Ausnahmen — und Lootsen — für Anwärter von der Marine — im Bereiche des Ministeriums für Handel und Gewerbe, der Gerichtsschreibergehülfen, der Gerichtsvollzieher, Gefängnissinspektoren und diesen nachgeordneten Gefängnissbeamten, der Telegraphisten, Wachtmeister und Schutzmänner der Königlichen Polizeiverwaltungen mit Ausnahme derjenigen im Kriminaldienst, der Deichvögte, Dünenmeister und ähnlichen Beamten der Meliorations- und Deichverwaltung, der Kassen-, Bureau- und Unterbeamten bei der Zeughausverwaltung und dem Potsdamschen grossen Militär-Waisenhause, mindestens zur Hälfte die Stellen der Bureaubeamten bei den verschiedenen Behörden mit den oben angegebenen Ausnahmen hinsichtlich der Centralbehörden u. s. w., zu $^3/_5$ die Stellen der Futter- und Sattelmeister bei den Gestüten, zu $^3/_4$ diejenigen der Bureau- und Kassenbeamten der Universitäten — mit Ausnahme der Rendanten und Quästoren — und der Oekonomie- und Stationsbeamten der Charité und des Instituts für Infektionskrankheiten. Zum Theil vorzugsweise mit Offizieren zu besetzen sind die Stellen der Kanzleisekretäre der General-Ordenskommission, der Bureaubeamten der Ansiedelungskommission, der Redaktions-Hülfsarbeiter beim Reichs- u. Staatsanzeiger, der Gefängnissinspektoren — auch Direktorenstellen können bewährten Bewerbern aus dem Offiziersstande verliehen werden —, der Distriktskommissarien in Posen und eines Theiles der für Militäranwärter bestimmten Bureaubeamtenstellen, in ihrer Gesammtheit die Stellen der Bade- und Brunnenkommissarien, Grenzkommissarien, der Universitäts-Reit-, Fecht- und Turnlehrer, Bibliothekssekretäre, Bureauvorsteher beim geodätischen Institut und eine Reihe von Rendanten-, Sekretär-, Inspektoren- und ähnlichen Stellen bei Akademien und Schulen sowie bei militärischen Instituten. Stellen, die den Militäranwärtern nur zu einem Theil vorbehalten sind, werden in der dem Antheilsverhältniss entsprechenden Reihenfolge mit solchen und mit Civilanwärtern besetzt. Die Militäranwärter haben sich um die Stellen bei den „Anstellungsbehörden“, d. i. den für die Besetzung zuständigen Behörden zu bewerben und ihre Qualifikation, insbesondere auch durch Ablegung der auch für andere Bewerber etwa vorgeschriebenen Prüfungen darzuthun, ebenso Offiziere; auch kann die Zulassung zu den Prüfungen und die Annahme der Bewerbung von einer informatorischen Beschäftigung von in der Regel höchstens 3monatlicher Dauer abhängig gemacht werden. Qualifizirt befundene Bewerber werden „Stellenanwärter“. Stellenanwärter haben ihre Meldung alljährlich zu wiederholen. Vakante Stellen, für welche Stellenanwärter nicht notirt sind, werden in der „Vakanzenliste“ bekannt gemacht; erst wenn innerhalb 5 Wochen nach der Anmeldung zu dieser Liste Bewerbungen nicht eingehen, erlangt die Anstellungsbehörde freie Hand in der Besetzung Bei der Besetzung kann Stellenanwärtern des betreffenden Bundesstaates vor denen aus anderen Bundesstaaten der Vorzug gegeben werden. Die Anstellung des einberufenen Stellenanwärters kann zunächst für eine Probezeit von längstens einem Jahr erfolgen oder von einer Probedienstleistung abhängig gemacht werden; bei Anstellung auf Probe wird das volle

Stelleneinkommen, bei Probedienstleistung nur eine fortlaufende Remuneration von mindestens $^{3}/_{4}$ des Stelleneinkommens gewährt.

§ 27. Soweit die Besetzung nicht durch Militäranwärter zu erfolgen hat, gehen die mittleren Beamten aus den Civilsupernumerarien hervor, deren Annahme in durch die Ministerien bestimmter Zahl durch die betreffende Provinzialbehörde erfolgt und voraussetzt Erfüllung der allgemeinen Militärverbindlichkeiten, Fähigkeit, sich drei Jahre zu unterhalten und entweder Reifezeugniss einer 6klassigen höheren Lehranstalt oder Bestehen der nach Abschluss des Besuches der Untersekunda einer neunklassigen höhern Lehranstalt abzulegenden Prüfung (vergl. Buch I S. 221 ff. dieses Bandes). Behufs Erlangung der Befähigung zur Anstellung im Bureau- und Kassendienst haben sowohl die Civil- als auch die Militär-Supernumerarien, nach einem mehrjährigen unentgeltlichen Vorbereitungsdienst eine Prüfung abzulegen, von der befreit sind nur Referendarien, die einen 2jährigen Vorbereitungsdienst als solche absovirt haben.

Vorbereitungsdienst und Prüfungen sind für die einzelnen Verwaltungszweige durch Anordnungen der Ressortminister geregelt. Der Vorbereitungsdienst beträgt bei den meisten Verwaltungen mindestens 3, für Militäranwärter mindestens 2 Jahre, bei der Justiz für Gerichsschreiber $2^{1}/_{2}$ Jahre, für Gerichtsschreibergehülfen (nur Militäranwärter) 9, für Gerichtsvollzieher (ebenfalls nur Militäranwärter) 6 Monate. Die Prüfungen werden vor Kommissionen abgelegt, die aus höheren und im Kassen- und Rechnungswesen erfahrenen mittleren Beamten zusammengesetzt sind und für die einzelne Verwaltung beziehentlich am Sitz des Oberpräsidenten, Oberbergamts, der Eissnbahndirektion u. s. w., für die direkte Steuerverwaltung am Sitz einzelner, je nach Bedarf alljährlich bestimmter Regierungen, für die Prüfung der Polizeianwärter am Sitz solcher Regierungspräsidenten, dem Königliche Polizeiverwaltungen unterstellt sind, für die Gerichtsschreiberprüfung bei den Oberlandesgerichten und dem Landgericht Hechingen, für die Gerichtsschreibergehülfen und Gerichtsvollzieher bei den Landgerichten bestehen. Die Prüfung kann einmal wiederholt werden und muss von Civilanwärtern spätestens 5 Jahre nach Beginn des Vorbereitungsdienstes abgelegt sein, widrigenfalls Entlassung erfolgt.

§ 28. Die Ernennung der Beamten erfolgt durch den König oder in seinem Auftrage durch die oberen Behörden. Der König selbst vollzieht alle Ernennungen — einschliesslich Charakterverleihungen — von der vierten Rathsklasse (einschliesslich) aufwärts und zu Titularräthen, ferner sämmtlicher Richter und Staatsanwälte, sämmtlicher ernannten Mitglieder der Bezirksausschüsse, der Universitätsprofessoren und Direktoren höherer Schulen, endlich auch der Rendanten der Hauptkassen (Verordn. über die veränderte Verfassung aller obersten Staatsbehörden v. 27. Okt. 1810 — G.-S. S. 3 — Verfassungsurkunde Art. 87, Ausführungsges. z. Gerichtsverfassungsgesetz v. 24. April 1878 — G.-S. S. 230 — §§ 7, 60, Landesverwaltungsgesetz § 28). Im Allgemeinen werden von den nicht vom König zu ernennenden Beamten ernannt die höheren der V. Rangklasse von den Ressortministern, die mittleren und unteren Beamten von den Chefs der Provinzialbehörden, bei der Justiverwaltung unter Mitwirkung des Oberstaatsanwalts bezw. bei Justizgefängnissen durch den Letzteren unter Mitwirkung des Ersteren.

Für die vom König zu vollziehenden Ernennungen gehen die Vorschläge von den Ressortministern aus, für die Stellen vom Range der Oberregierungsräthe aufwärts mit Ausnahme derjenigen der vortragenden Räthe der Ministerien aber vom Staatsministerium.

Die Ernennung auch der mittleren und Unterbeamten erfordert Genehmigung des Ressortchefs, wenn es sich um Reichsausländer handelt, welche erst durch Naturalisation ie preussische Staatsangehörigkeit erworben haben.

Die früher nach Ges. v. 25. März 1873 (G.-S. S. 125) für gewisse Beamte, die Kassen, Gelder oder geldwerthe Gegenstände zu verwalten, aufzubewahren oder zu transportiren haben, bestehende Verpflichtung zur Bestellung von Amtskautionen ist ausser für die Gerichtsvollzieher aufgehoben durch Ges. v. 7. März 1898 (G.-S. S. 19).

III. Kapitel.

Pflichten und Disciplin der Beamten.

§ 29. Die Ernennung erfolgt entweder für eine in derselben bezeichnete bestimmte Behörde oder ohne eine solche Designirung, die dann bei den vom Könige vollzogenen Ernennungen durch die Ressortminister, bei den von Beamten vollzogenen durch diese vermöge besonderer Verfügung erfolgt. Ersteres geschieht, abgesehen von Fällen, wo schon die Amtsbezeichnung die Verwendung bei einer individuell bestimmten Behörde bedingt (z. B. Lotteriedirektoren), namentlich bezüglich der Mitglieder der Centralbehörden, der Chefs von Behörden, der Mitglieder der Bezirksausschüsse, der auf Vorschlag der Kreisvertretung — nicht der nach Verzicht des Kreistags auf sein Vorschlagsrecht — ernannten Landräthe und der Universitätsprofessoren. Indess auch in dem ersteren Fall hat die Ernennung für ein individuell bestimmtes Amt nicht die Bedeutung, dass der Beamte einen Rechtsanspruch darauf habe, abgesehen von der im Wege der Disciplinarbestrafung oder Zwangspensionirung erfolgenden Entfernung, gegen seinen Willen aus diesem Amte nicht entfernt zu werden. Vielmehr müssen sich alle Beamten mit einigen Ausnahmen die Versetzung in ein anderes Amt von nicht geringerem Range und etatsmässigem Diensteinkommen, wenn auch ohne die bisherige Gelegenheit zu Nebenämtern, mit Vergütung der Umzugskosten gefallen lassen. Von dieser Verpflichtung ausgenommen sind nur die auf Grund ihrer Ansässigkeit und auf Vorschlag des Kreistags für einen bestimmten Kreis ernannten Landräthe, sonst nur die dem Disciplinargesetz für die richterliche Beamten unterworfenen Beamten, nämlich die Richter und die Mitglieder des Oberverwaltungsgerichts, der Bezirksausschüsse, des Oberlandeskulturgerichts und der Generalkommissionen.

Die Richter können ausserhalb des Disciplinarverfahrens gegen ihren Willen versetzt werden nur bei Veränderungen in der Organisation der Gerichte oder der Abgrenzung ihrer Sprengel und, wenn sie in ein nahes Schwägerschaftsverhältniss zu einem anderen Richter desselben Gerichts treten, im Uebrigen nur im dringenden Interesse der Rechtspflege und in den beiden letzteren Fällen nur auf Grund eines Beschlusses des grossen Disciplinarsenats des Kammergerichts (Ges. betr. die Dienstvergehen der Richter u. s. w. v. 7. Mai 1851 — G.-S. S. 218 — §§ 51—55, Gerichtsverfassungsges. § 8). Dieselben Bestimmungen gelten für die Mitglieder des Oberlandeskulturgerichts und der Generalkommission sowie mit der Massgabe, dass an die Stelle des Disciplinarsenats des Kammergerichts der des Oberverwaltungsgerichts tritt, für die Mitglieder der Bezirksausschüsse, nicht auch für den Regierungspräsidenten als Vorsitzenden, während eine unfreiwillige Versetzung von Mitgliedern des Oberverwaltungsgerichts überhaupt nicht stattfindet.

Nicht nur einer Versetzung wider Willen, sondern sogar einer durch Königliche Verordnung auszusprechenden einstweiligen Versetzung in den Ruhestand gegen Gewährung von Wartegeld unterliegen die sog. politischen Beamten, das sind Unterstaatssekretäre, Ministerialdirektoren, Oberpräsidenten, Regierungspräsidenten, Militärintendanten, Staatsanwälte, Vorsteher Königlicher Polizeibehörden, Landräthe und diplomatische Vertreter, in den neuen Provinzen auch Oberregierungsräthe, Oberforstmeister, Provinzialsteuerdirektoren, Berghauptleute, Eisenbahndirektions-Präsidenten, Gestütsdirektoren und Direktoren höherer Lehranstalten (Disziplinarges. für die nicht richterlichen Beamten v. 21. Juli 1852 — G.-S. S. 465 — § 87, Verordn. v. 23. Sept. 1867 — G.-S. S. 1613 — Art. VI). Das Wartegeld beträgt von Diensteinkommen von 3600 M. oder mehr die Hälfte, von niedrigeren einen progressiv nach unten steigenden, bei 450 M. den vollen Betrag erreichenden Theil desselben. Wartegeldempfänger sind bei Wiederbesetzung für sie geeigneter Stellen vorzugsweise zu berücksichtigen.

§ 30. Die Beamten geloben durch den beim ersten Eintritt in den Staatsdienst zu leistenden Diensteid Treue und Gehorsam gegen den König, gewissenhafte Erfüllung ihrer Dienstobliegenheiten und gewissenhafte Beobachtung der Verfassung. Sie sind verbunden, ihre volle uneingeschränkte Thätigkeit dem Amte zu widmen und bedürfen daher zur Uebernahme von Nebenämtern und mit fortlaufenden Remunerationen verbundenen Nebenbeschäftigungen der Genehmigung ihrer Vorgesetzten (Kab.-O. v. 13. Juli 1839 — G.-S. S. 235), die nach dem infolge der Erfahrungen in der Gründerära Anfangs der 70er Jahre erlassenen Ges. v. 10. Juni 1874 (G.-S. S. 244) zum Eintritt in das Gründungskomitee, den Vorstand, Aufsichts- oder Verwaltungsrath einer Aktien-, Kommandit- oder Bergwerksgesellschaft, sofern mit der Mitgliedschaft Vermögensvortheile verbunden sind, an aktive, vollbesoldete Staatsbeamte in keinem Falle ertheilt werden darf. Ebenso bedürfen die Beamten, wenn sie sich in ausserdienstlichen Angelegenheiten von ihrem Amtssitz entfernen, der Ertheilung von Urlaub seitens der Vorgesetzten ausser zum Eintritt in den Reichs- oder Landtag, für militärische Dienstleistungen oder bei Berufung als Schöffe oder Geschworen. Bei Beurlaubung über 1½ Monate hinaus wird für die über diese Dauer hinausgehende Zeit nur das halbe, bei Urlaub über 6 Monate für den 6 Monate überschreitenden Zeitraum überhaupt kein Gehalt gezahlt, es sei denn Krankheit oder Wiederherstellung der Gesundheit die Veranlassung (Kab.-O. v. 15. Juni 1863 — M.-Bl. d. i.V. S. 1347). Bei unentschuldigter Ueberschreitung des Urlaubs tritt Entziehung des Diensteinkommens für die entsprechende Zeit ein.

Verletzung der Amtspflichten sowohl als auch ein der Achtung, des Ansehens oder Vertrauens, welches sein Beruf erfordert, unwürdig machendes Verhalten in oder ausser dem Amte zieht für den Beamten, unbeschadet etwaiger krimineller Strafbarkeit, disciplinare Ahndung nach Massgabe der Disciplinargesetze für die nichtrichterlichen Beamten v. 21. Juli 1852 (G.-S. S. 465) und für die richterlichen v. 7. Mai 1861 (G.-S. S. 218) und der diese abändernden und ergänzenden Novellen nach sich. Die Disciplinarstrafen bestehen in Warnung, Verweis, Geldbusse bis auf Höhe des einmonatlichen Diensteinkommens, bei unbesoldeten nichtrichterlichen Beamten bis zu 90 M., in Versetzung in ein anderes Amt mit gleichem Range, aber mit Verminderung des Diensteinkommens und Verlust der Umzugskosten oder mit einem von beiden Nachtheilen, gegenüber Richtern auch unter Auferlegung einer Geldstrafe bis zu 1/3 des Jahresgehalts an Stelle der Verminderung des Diensteinkommens, endlich in Dienstentlassung unter Verlust des Titels und des Pensionsanspruchs; doch kann ein Theil der Pension auf gewisse Zeit oder auf Lebensdauer als Unterstützung belassen werden. Gegen Unterbeamte ist auch Arreststrafe bis zu 8 Tagen zulässig, gegen Richter bei geringen Dienstvergehen Mahnung an die Amtspflichten. Zu Warnungen und Verweisen gegen nichtrichterliche Beamten ist jeder Dienstvorgesetzte befugt, zur Verhängung von Geld- und Arreststrafen gegen solche der Ressortminister bis zum Höchstbetrage, die Provinzialbehörden bis zu 90 M., gegen besoldete Beamte aber nicht über das einmonatliche Diensteinkommen hinaus, und bis zu 8 Tagen, die Vorsteher der ihnen nachgeordneten Behörden bis zu 9 M. und 3 Tagen; gegen diese Ordnungsstrafverfügungen findet nur Beschwerde im Aufsichtswege statt. Dagegen kann gegen richterliche Beamte und auch nur mit Ausschluss der Präsidenten der Oberlandesgerichte der Vorgesetzte nur die „Mahnung“ aussprechen, d. h. auf die Amtspflichten aufmerksam machen, eine Disciplinarstrafe aber nur auf Grund förmlichen Disciplinarverfahrens mit Voruntersuchung, Eröffnungsbeschluss und kontrediktorischer mündlicher, aber nicht öffentlicher Verhandlung unter Zuziehung eines Staatsanwalts durch das Disciplinargericht verhängt werden, während gegen nichtrichterliche Beamte dieses Verfahren nur einzutreten hat, wenn es auf Strafversetzung oder Dienstentlassung gerichtet ist.

Das erkennende Disciplinargericht I. Instanz ist für richterliche Beamte mit Ausnahme der Präsidenten und Senatspräsidenten der Oberlandesgerichte der Disciplinarsenat des Oberlandesgerichts, der in der Besetzung von 7 Mitgliedern unter Vorsitz des Oberlandesgerichtspräsidenten oder des ältesten Senatspräsidenten, beim Kammergericht stets unter Vorsitz des Letzteren, entscheidet; zu den Mitgliedern gehört der älteste und, wenn dieser den Vorsitz führt, der nächstälteste Senatspräsident. Nichtrichterliche Beamte, deren Ernennung vom König oder den Ministern vollzogen, genehmigt oder bestätigt ist, haben, soweit nicht bezüglich gewisser nicht vom König ernannter Beamten das Staatsministerium eine Delegation auf Provinzialbehörden ausgesprochen hat, ihren Disciplinargerichtsstand I. Instanz vor dem Disciplinarhof in Berlin, andere vor dem Plenum der betreffenden Provinzialbehörde (Regierung u. s. w.), bei der sie angestellt oder der sie unterstellt sind. Jedoch gelten hier folgende Massgaben: Mitglieder des Oberverwaltungsgerichts unterliegen einem Disciplinarverfahren nur wegen Verurtheilung zu einer entehrenden Strafe oder zu einer Freiheitsstrafe von längerer als einjähriger Dauer, in welchem Falle der aus dem

Präsidenten, [den beiden ältesten Senatspräsidenten und 7 Räthen bestehende Disciplinarsenat dieses Gerichtshofs inappellabel auf Amtsentsetzung erkennen kann. Für Mitglieder der Bezirksausschüsse, die im Uebrigen dem richterlichen Disciplinargesetz unterliegen, bildet ebenfalls dieser Disciplinarsenat die in I. und letzter Instanz erkennende Behörde, für Mitglieder des Oberlandeskulturgerichts und der Generalkommissionen das Oberlandeskulturgericht, für Präsidenten und Senatspräsidenten der Oberlandesgerichte, für den Präsidenten des Oberlandeskulturgerichts und für Mitglieder der Oberrechnungskammer der grosse Disciplinarsenat des Kammergerichts, für mittlere und untere Beamte der Justizverwaltung derjenige Senat des Oberlandesgerichts, in dem der Präsident den Vorsitz führt. Der Disciplinarhof besteht aus einen Präsidenten und 10 Mitgliedern, von denen mindestens 4 dem Kammergericht angehören müssen; Präsident und Mitglieder werden vom König auf 3 Jahre ernannt. Der Disciplinarhof entscheidet in der Besetzung von wenigstens 7 Mitgliedern — einschliesslich des Präsidenten —, von denen mindestens zwei Mitglieder des Kammergerichts sein müssen. Gegen Entscheidungen des Disciplinarhofs, der Senate — nicht der Discipliarsenate — der Oberlandesgerichte und der Provinzialbehörden, findet Berufung an das Staatsministerium, gegen solche der Disciplinarsenate der Oberlandesgerichte (auch des Kammergerichts) an den grossen Disciplinarsenat des Kammergerichts statt. Letzterer entscheidet in der Besetzung von 15 Mitgliedern, unter denen sich der Präsident oder der älteste Senatspräsident als Vorsitzender und die 5 ältesten bezw., wenn der älteste den Vorsitz führt, die 5 nächstältesten Senatspräsidenten befinden müssen. Die Berufungsfrist beträgt 4 Wochen. Das Staatsministerium entscheidet auf Grund des Vertrages eines, wenn aber in I. Instanz der Disciplinarhof entschieden hat, zweier Referenten, von denen einer dem Justizministerium angehören muss; hat in I. Instanz eine Provinzialbehörde entschieden, so holt das Staatsministerium zunächst das Gutachten des Disziplinarhofes ein. Eine jede rechtskräftige Disziplinarentscheidung, welche auf Dienstentlassung lautet, bedarf der Bestätigung durch den König, wenn der Beamte von ihm ernannt war. Dies git jedoch nicht hinsichtlich der richterlichen Beamten. Ein Begnadigungsrecht steht dem König unbeschränkt zu.

Keine Disciplinarstrafe ist, seitdem die „zeitweise Entfernung aus den Dienstverrichtungen auf wenigstens drei Monate und höchstens ein Jahr“ nach dem Richter-Disciplinargesetz durch das dasselbe abändernde Ges. v. 26. März 1856 aufgehoben ist, die zeitweise Entfernung aus dem Amt. Die Suspension vom Amte ist nur eine einstweilige Verfügung, um Beamte, deren Ansehen durch gerichtliche oder disciplinare Untersuchung schon erschüttert ist, bis zu deren Abschluss vom Amte fernzuhalten; sie tritt kraft Gesetzes, und zwar für richterliche wie für nicht richterliche Beamte, ein, wenn gegen den Beamten im Strafverfahren die Verhaftung beschlossen ist oder ein gerichtlicher oder disciplinares, noch nicht rechtskräftiges Erkenntniss vorliegt, das auf Dienstentlassung lautet oder den Verlust des Amtes kraft Gesetzes nach sich zieht. In diesen Fällen dauert die Suspension bis 10 Tage nach Aufhebung der Haft oder des die Suspension bedingenden Erkenntnisses, wenn letzteres aber auf Freiheitsstrafe lautet, bis nach deren Verbüssung. Ausserdem kann gegen nicht richterliche Beamte die zur Einleitung der Disciplinaruntersuchung ermächtigte Behörde, gegen Richter das zuständige Disciplinargericht die Suspension verfügen bei Einleitung oder im Laufe einer gerichtlichen oder Disciplinaruntersuchung. Der suspendirte Beamte behält während der Suspension die Hälfte seines Diensteinkommens. Erfolgt demnächst rechtskräftige Dienstentlassung, so wird ihm von der anderen Hälfte nichts, erfolgt Freisprechung, so wird ihm die volle Hälfte, erfolgt Verurtheilung zu Warnung, Verweis oder Geldstrafe, so wird der nicht zu den Untersuchungskosten bezw. der Geldstrafe verwendete Theil nachgezahlt, und zwar ohne Kürzung der Stellvertretungskosten (Disciplinarges. v. 7. Mai 1851 §§ 44–50 und v. 21. Juli 1852 §§ 48—54).

§ 31. Nicht Gegenstand des Disciplinarverfahrens, sondern eines besonderen, diesem voraufgehenden oder neben ihm herlaufenden Verfahrens bildet die Feststellung der Defekte bei öffentlichen Kassen oder anderen öffentlichen Verwaltungen (Allerh. Verordn. v. 24. Jan. 1844 — G.-S. S. 52). Ueber die Höhe des Defekts, Person des Ersatzpflichtigen und Grund der Ersatzpflicht fasst die unmittelbar vorgesetzte Behörde einen motivirten, sofern diese Behörde nicht eine Central- oder Provinzialbehörde ist, von dieser bezw. jener zu genehmigenden Beschluss ab. Lautet der Beschluss gegen den Beamten auf unmittelbare Ersatzpflicht, so kann der Beamte ihn innerhalb Jahresfrist im Rechtswege anfechten. Diese unmittelbare Ersatzpflicht kann ausgesprochen werden bei Vorsatz gegen jeden schuldigen Beamten, bei groben Versehen gegen den Verwalter der Kasse u. s. w. auf Höhe des ganzen Defekts, gegen andere an der Verwaltung bezw. an der Aufbewahrung oder dem Transport der Gelder nur betheiligte Beamte nur auf Höhe des in ihren Gewahrsam gelangten Betrages. Gegen solche Beamte der letzteren Art, die die defektirten Gelder nicht im Gewahrsam hatten, aber an ihrer Verwaltung u. s w. derart betheiligt waren, dass der Defekt ohne ihr grobes Verschulden nicht entstehen konnte, kann Beschlagnahme ihres Gehaltes oder Vermögens behufs Sicherstellung des im Wege Rechtens auszuführenden Anspruches auf Deckung des von den unmittelbar haftbaren Beamten nicht beizutreibenden Betrages ausgesprochen werden.

II. Abschnitt.

Die Dienstbezüge der aktiven Beamten.

I. Kapitel.

Die fortlaufenden Bezüge.

§ 32. Die etatsmässigen Beamten beziehen ein vierteljährlich im Voraus zahlbares (Ges. v. 6. Febr. 1881 — G.-S. S. 17 § 1) fortlaufendes Gehalt (Besoldung im engeren Sinne) und in gleicher Weise zahlbaren Wohnungsgeldzuschuss, soweit sie nicht an dessen Stelle eine Dienstwohnung haben oder Miethsentschädigung erhalten. Die ausseretatsmässigen Beamten empfangen, solange sie nicht ohne Entgelt beschäftigt werden, fixirte Remunerationen (auch als „Diäten“ bezeichnet); ihre Festsetzung erfolgt entweder auf das Jahr oder den Monat, oder auch für den Tag, ihre Zahlung indessen gegen monatliche Quittungen, und zwar pränumerando, wenn die Empfänger zu denjenigen dauernd beschäftigten Beamten gehören, auf deren Arbeitskraft bei Bemessung des Personalbedarfs der betreffenden Behörde oder Stelle in der Art gerechnet ist, dass die ihnen zu gewährenden Remunerationen bei Aufstellung des bezüglichen Etats vorgesehen worden sind und daher aus dem im letzteren dazu ausgesetzten Fonds bestritten werden; sonst erfolgt die Zahlung postnumerando. Auch wenn der Satz dieser Diäten tageweise bestimmt ist, unterscheiden sie sich doch von den in den Etats unter den sächlichen Ausgaben neben Reisekosten aufgeführten „Tagegeldern“ oder „Diäten“ grundsätzlich: jene sind Vergütungen für die Arbeitsleistung und werden ohne Nachweis der an den einzelnen Tagen geleisteten Arbeit gezahlt; dagegen sind die letztgenannten Tagegelder oder Diäten Vergütungen für den besonderen Aufwand während des auswärtigen Aufenthaltes behufs Ausführung im Einzelnen bestimmter Dienstgeschäfte und werden nur gegen Nachweis der Reise- und Arbeitstage gezahlt. Andererseits unterscheiden sich die fortlaufenden Remunerationen von den Gehältern der etatsmässigen Beamten dadurch, dass die Stellen der etatsmässigen Beamten nach Zahl und Besoldung im Staatshaushaltsetat, also gesetzlich festgelegt sind, während für die Remunerirung der ausseretatsmässigen Beamten im Etat nur die Gesammtbeträge ausgeworfen werden, deren Verwendung in das Ermessen der zuständigen Behörde gestellt ist, wenn auch hierüber dem Landtag Auskunft gegeben wird. Eine Ausnahme besteht im Interesse der richterlichen Unabhängigkeit nur insofern, als nach § 4 des Ausführungsgesetzes zum Gerichtsverfassungsges. v. 24. April 1878 Gerichtsassessoren für die Verwaltung einer Amtrichterstelle, die Wahrnehmung der Stellung eines Hülfsrichters oder eines Hülfsarbeiters bei der Staatsanwaltschaft, welche Funktionen sie auf Anordnung des Justizministers zu übernehmen verpflichtet sind, „eine Entschädigung nach allgemein festzustellenden Grundsätzen sowie Ersatz der Reisekosten nach Massgabe der Verordn. v. 15. April 1876“ (jetzt Ges. v. 21. Juni 1897) zu gewähren ist. Von den ausserordentlichen Remunerationen unterscheiden sich die wenn auch nur auf begrenzte Zeit gewährten fortlaufenden durch diese ihre Periodizität.

Der Rechtsweg steht nicht nur den etatsmässigen Beamten wegen ihrer Besoldung, sondern allen Beamten über alle „vermögensrechtlichen Ansprüche aus ihrem Dienstverhältniss“ zu (Ges betr. Erweit. des Rechtsweges v. 24. Mai 1861 — G.-S. S. 241). Ein solcher Anspruch wird aber gegeben erst durch die ausdrückliche Verleihung des Diensteinkommens seitens der zuständigen Behörde. Insbesondere besteht kein Rechtsanspruch auf die durch den Etat genehmigten Gehaltszulagen. Eine Ausnahme machen wiederum im Interesse ihrer Unabhängigkeit die Richter: sie haben nach § 9 des Ausführungsgesetzes zum Gerichtsverfassungsgesetze ein klagbares Recht auf die etatsmässigen Gehälter und Gehaltszulagen „innerhalb des Besoldungsetats nach der durch das Dienstalter bestimmten Reihenfolge. Neu ernannte, oder in einen anderen Besoldungsetat versetzte Richter treten nach dem Dienstalter in die Reihenfolge ein. Die für die Bestimmung des Dienstalters massgebenden Grundsätze werden durch Königliche Verordnung festgesetzt. Die Verordnung kann nur durch Gesetz abgeändert werden. Die Verleihung einer Gehaltszulage bleibt ausgesetzt, so lange ein Displinarverfahren oder wegen eines Verbrechens oder Vergehens ein Hauptverfahren oder eine Voruntersuchung schwebt. Führt das Verfahren zum Verlust des Amtes, so findet eine Nachzahlung des zurückbehaltenen Mehrgehaltes nicht statt“. Die hier vorbehaltene Königliche Verordnung ist unterm 16. April 1879 ergangen (G.-S. S. 318), die jetzt ersetzt ist durch Ges. v. 31. Mai 1897 (G.-S. S. 157). Vergl. hierüber unten im nächsten Buch.

Die einmal verliehenen Gehaltszulagen sind dagegen auch bei nicht richterlichen Beamten nicht widerruflich.

Der gerichtlichen Klage des Beamten, auch des richterlichen, muss aber, sofern es sich nicht um eine Festsetzung der Oberrechnungskammer handelt, die Entscheidung des Verwaltungschefs vorangehen und muss alsdann die Klage binnen 6 Monaten nach Bekanntmachung der Entscheidung des Verwaltungschefs bezw. der Festsetzung der Oberrechnungskammer angebracht werden; sie ist gegen die Provinzialbehörde des betreffenden Ressorts, in Ermangelung einer solchen und im Bereiche der Justizverwaltung gegen den Regierungspräsidenten zu richten. Zuständig ist stets, ohne Rücksicht auf die Höhe des Anspruchs, das Landgericht.

§ 33. Die Gehälter der etatsmässigen Staatsbeamten sind entweder „Einzelgehälter" oder „aufsteigende Gehälter": erstere bleiben sich gleich, gleichgültig, wie lange der betreffende Beamte die Stelle bekleidet, letztere steigen nach einem gewissen Grundsatze von einem Mindestgehalt, das in der Regel der Beamte beim Eintritt in die Stelle erhält, in gewissen Stufen bis zu einem Höchstgehalt; das Aufrücken kann entweder nach dem absoluten Dienstalter erfolgen oder nach dem relativen, d. h. dergestalt, dass ein Aufrücken nur nach Massgabe des Ausscheidens dienstälterer Beamten derselben Kategorie stattfindet.

§ 34. Wie sich die Besoldungen der einzelnen Kategorien der Staatsbeamten im Laufe der Zeit entwickelt haben, ist dargestellt bezw. wird dargestellt werden bei Besprechung der die Besoldungsfonds der einzelnen Kategorien enthaltenden Etatstitel. Hier soll nur eine Darstellung der von einheitlichen Gesichtspunkten geleiteten, die gesammte Beamtenschaft oder doch grosse Gruppen von Beamtenkategorien verschiedener Ressorts umfassenden Aktionen auf diesem Gebiete gegeben werden. Nur hinsichtlich der Beamten auf dem Etat des Finanz-Ministeriums wird schon hier das Detail gegeben.

Im Anschlusse an die Verwaltungsreform im ersten Viertel des 19. Jahrhunderts erfolgte in den Jahren 1825—1827 auch eine allgemeine Regulirung der Gehälter der Staatsbeamten. Die damals festgestellten Normalsätze blieben im Grossen und Ganzen unverändert bis in die Mitte der 50er Jahre.

Von den jetzt aus Fonds des Finanz-Ministeriums besoldeten Beamten erhielten nach dem Etat für 1849 in Mark beim Finanz-Ministerium der Minister 30 000, Direktoren 12 000 und 13 500, vortragende Räthe 6000—9000, Bureauvorsteher 6000, Archivvorsteher 6000, von den Expedienten und Kalkulatoren einer 5400, die übrigen 2100—4500, in der Etatsabtheilung 2400—5950, Registratoren und Journalisten 1500—4500, Archivregistratoren 2250—2850, Kanzleidirektor 3300, Kanzlisten 1650—2700, Botenmeister 1350, Kanzleidiener 720—1140, Hausdiener und Nachtwächter 540 und 600, bei der Generalstaatskasse Rendant 7500, Oberbuchhalter 6000, Buchhalter und Kassirer 2250—4500, Kassensekretäre 1500—2700, Kassendiener 900 und 1080, bei den Provinzialbehörden Oberpräsidenten 18 000, Regierungspräsidenten 7500—10 500, Ober-Regierungsräthe 4500—6600, Regierungsräthe 2400—4800, Kassenbeamte 1500—4200, Bureaubeamte 1200—3300, Kanzlisten 1050—1800, Unterbeamte 540—900.

Bis zum Jahre 1857 hatte sich hiergegen Folgendes geändert: es betrugen die Besoldungen der Ministerialdirektoren durchgängig 12 000 M., während im Uebrigen erhielten beim Ministerium die vortragenden Räthe 6000—8400, die sämtlichen Bureaubeamten einschliesslich der Registratoren 1800—4500, in der Etatsabtheilung die Expedienten und Kalkulatoren 2400—4500, einer 5400, der Archivvorsteher und der Kanzleidirektor 3600, der Oberbuchhalter der Generalstaatskasse 5400, Buchhalter und Kassensekretär 1500—4500, die beiden Archivregistratoren 2850 und 2400, bei den Provinzialbehörden die Regierungsräthe und die nun mit ihnen im Gehalt rangirenden und daneben nur Zulagen als Vertreter der Präsidenten und als Abtheilungsdirektoren beziehenden Regierungsräthe 3000—4800, Bureaubeamte 1200—3000, Kanzlisten 1200—1800, Hauptkassenrendanten 3000, 3900 und 4200, Oberbuchhalter, Kassirer und Buchhalter 1650—3000, Kassenassistenten 1200—1500, Kassen- und Kanzleidiener 600—900 M. Bei den damals noch auf dem Etat der landwirthschaftlichen Verwaltung stehenden Rentenbanken erhielten die Provinzialrentmeister 3000—3900, die Subalternbeamten zuerst 1200—2400, seit 1855 1200—2700, die Kassenboten und Diener anfangs 450—750, seit 1853 600—750, dann 600—900, seit 1856 750—900 M.

Schon in den 50er Jahren hatte sich das Bedürfniss einer durchgreifenden Erhöhung fühlbar gemacht, und es wurden in den Jahren 1858—1868, mit den Unterbeamten beginnend, nach und nach sämmtliche Kategorien von Beamten aufgebessert. Zu dem gedachten Zweck wurden 1858—1859 für die Unterbeamten der Lokal- und Provinzialbehörden 1 959 450 M., 1859 für die Unterbeamten bei den Centralbehörden, die Subalternbeamten der Lokal- und Provinzialbehörden und die Richter I. Instanz 3 398 835 M., 1861—1862 für die Subalternbeamten der Centralbehörden und die höheren Beamten der Provinzialbehörden 853 095 M., 1864 für die Mitglieder der Centralbehörden 163 650 M., 1868 für die Minister und anderen höchsten Staatsbeamten 144 300 M. durch die Staatshaushaltsetats zur Verfügung gestellt.

Auf dem Etat des Finanz-Ministeriums erfuhren Aufbesserungen 1858 die Kassen- und Kanzleidiener der Provinzialbehörden auf 750—900 M. i. D.[1]) 825 M., 1859 die Kanzleidiener des Ministeriums auf 900—1200 i. D. 1050, die Hausdiener desselben auf 750 M. Bei den Provinzialbehörden wurden diejenigen Regierungspräsidenten, die bisher 9900 M. bezogen hatten, auf 10 500 M. erhöht, die Bureaubeamten in 2 Klassen mit 1800—3000 (in Berlin 3600) i. D. 2400 (in Berlin 2700) und 1500—1650 i. D. 1575 M. getheilt, die Kanzlisten auf 1350—1950 i. D. 1650 M. erhöht, woneben die Kanzleivorsteher Funktionszulagen von 300 (einer 150) M. erhielten. Die Hauptkassenrendanten erhielten durchgängig mit einer Ausnahme (3000) 4200 M., die Oberbuchhalter, Buchhalter und Kassirer 1800 bis 3000 M., die Kassen-Assistenten 1500 M. Bei den Rentenbanken erhielten die Provinzialrentmeister 3000—4200 i. D. 3600 M., die Rendanten 2400—3000 i. D. 2700 M., während die Buchhalter und Kontrolleure 1860 auf 1800—2700 i. D. 2250 M., die Sekretäre auf 1200—2400 i. D. 1800 M. gesetzt wurden. 1861 wurden die Provinzialrentmeister auf 3600—4200 i. D. 3900 M., die Rendanten auf 2700—3000 i. D. 2850 M. gebracht. Derselbe Etat beseitigte die bisher zum Schaden der Subalternen der Steuerabtheiluug des Ministeriums bestehende differenzielleBehandlung dieser Beamten der beiden Abtheilungen, schied bei der Generalstaatskasse die Buchhalter mit 2100—4500 M. von den Kassensekretären mit 1500—2700 M., erhöhte bei den Provinzialbehörden das Höchstgehalt der Ober-Regierungs- und Regierungsräthe um 600, also auf 5400 M., brachte bei den Rentenbanken alle Rendanten auf 3000 M. und vereinigte die Buchhalter, Kontrolleure und Sekretäre derselben zu einer Gehaltsklasse von 1500—2700 i. D. 2100 M. Im Jahre 1863 wurden in den Ministerien die Expedienten und Kalkulatoren auf 2400—4800 M., die Registratoren und Journalisten auf 2100—4500 M. gebracht. Das folgende Jahr brachte eine Erhöhung der Gehälter der vortragenden Räthe auf 6600—9000 M., der bisher noch mit 7500 M. besoldeten Regierungspräsidenten und -Vicepräsidenten auf 8400 M. Der Etat für 1867 sah, was schon 1866 von der Regierung gefordert war, die Gleichstellung der Registratoren des Ministeriums und der Buchhalter der Generalstaatskasse mit den Expedienten des Ministeriums sowie eine Gehaltserhöhung von 3000 auf 3300 M. für den

[1]) = im Durchschnitt.

zweiten Kassirer der Generalstaatskasse und von 1800 auf 2100 M. für den zweiten Registrator des Ministerialarchivs vor. In demselben Etat wurden die Mittel ausgeworfen zur Erhöhung der Gehälter der Minister auf 36 000 M., der Unterstaatssekretäre und Ministerialdirektoren auf 13 500 M. und der Oberpräsidenten auf 21 000 M.

Noch bevor die Aufbesserungen des Jahrzehntes 1858—1868 zum Abschluss gekommen waren, stellte sich aber heraus, dass bei der fortdauernden Steigerung der Preise aller Lebensbedürfnisse auch die erhöhten Besoldungen nicht mehr ausreichend waren. Es wurde deshalb schon 1867 von Neuem mit einer Gehaltserhöhung begonnen, indem 1867/68 die Unterbeamten mit einem Aufwand von 3 895 182 M. sodann in den Jahren 1868 und 1869 die Subalternbeamten bei den Lokalbehörden mit einem solchen von 249 356 M. und 1870 die bei den Provinzialbehörden beschäftigten Bureauhülfsarbeiter mit einem solchen von 372 645 M. aufgebessert wurden.

Der Etat des Finanz-Ministeriums wies für etatsmässige Beamten nur folgende Aufbesserungen auf: 1867 beim Ministerium Botenmeister 1500, Kanzlei- und Kassendiener 1050—1360 i. D. 1200 M., Hausdiener 900 und bei den Provinzialbehörden sowie den Rentenbanken Kanzlei- und Kassendienern 900—1050 i. D. 975 M.

§ 34. Der rasche Aufschwung von Industrie und Handel nach dem französischen Kriege bedingte ausserordentliche Preissteigerungen für die verschiedensten Bedürfnisse des täglichen Lebens. Da andererseits die glückliche Beendigung des Krieges die Mittel bot, wurde 1872 an die dringend nothwendig gewordene umfassende Besoldungsaufbesserung gegangen. Dieselbe betrug für die höheren Beamten und die Subalternbeamten bei den Provinzialbehörden durchschnittlich etwa 16½ Proz. ihres bisherigens Einkommens, für die Subalternbeamten bei den Kreis- und Lokalbehörden und die Unterbeamten etwa 12 Proz., da diese Kategorien erst 1867/69 um etwa 14½ Proz. ihrer bis dahin bezogenen Gehälter aufgebessert waren, gegen die Zeit vor 1867/69 sich also für sie die Aufbesserung auf mehr als 28 Proz. stellte. Die hierdurch bedingte Mehrbelastung des Etats belief sich auf rund 14,5535 Millionen Mark. Die Aufbesserung umfasste alle Kategorien der unmittelbaren Staatsbeamten mit Ausnahme der Minister und Oberpräsidenten.

Es erhielten nunmehr bei den Centralbehörden die Unterstaatssekretäre und Ministerialdirektoren 15 000, vortragende Räthe, im Finanzministerium einschliesslich des Generalinspektors des Katasters, 7500—9900 i. D. 8700, Vorsteher des Centralbureaus 5400, Oberbuchhalter und Kassirer der Generalstaatskasse 6000, 6000 und 4800, Expedienten, Kalkulatoren, Registratoren, Buchhalter und sonstige Bureaubeamte 3000—5400 i. D. 4200, Kanzleidirektoren 4200, Kanzlei- und Kassensekretäre 1800—3300 i. D. 2550, Botenmeister 1350—1650 i. D. 1500, Kanzlei- und Kassendiener 1200—1500 i. D. 1350, Hausdiener 1050, bei den Provinzialbehörden Regierungspräsidenten 11 400, in Stralsund jedoch nur 8400, in der Provinz Hannover der Präsident der Finanzdirektion 10 500, die Regierungsvicepräsidenten und hannnoverschen Landdrosten 9300, die Oberregierungs- und Regierungsräthe 4200—6000 i. D. 5100, Bureaubeamte I. Klasse (Sekretäre) 2100—3600 (in Berlin 4200) i. D. 2850 (in Berlin 3150), II. Klasse (Sekretariats-Assistenten) 1800—1950 i. D. 1875, Kanzlisten 1650—2250 i. D. 1950, die Kanzleivorsteher hierzu 300 M. Funktionszulage, von den Kassenbeamten Hauptkassenrendanten 4800, in Stralsund 4200, in Sigmaringen 3900, Kassirer 3600, in Stralsund 3300, in Sigmaringen 2100—3600 i. D. 2850, Oberbuchhalter und Buchhalter dasselbe wie Sekretäre, Kassenassistenten 1800, Kassendiener und Boten 960—1200 i. D. 1080, Botenmeister hierzu 150 M. Funktionszulage, bei den Rentenbanken die Provinzialrentmeister 4200—4800 i. D. 4500, Rendanten 3600, die Bureau- und Unterbeamten dasselbe wie die gleichartigen anderer Provinzialbehörden, bei den Kreisbehörden die Landräthe 3600—4800 i. D. 4200 statt der bisherigen Einzelgehälter von 3600 M., Kreissekretäre 2100—3300 i. D. 2700 statt bisher 1800—2400 i. D. 2100 M. Wegen der Besoldungen der Justizbeamten vgl. im nächsten Buch, wegen der nicht, wie die Beamten der Ministerien, die Oberregierungs- und Räthe, Bureaubeamten, Kanzlisten, Boten, durch alle Verwaltungen gleich besoldeten Beamten hinsichtlich der Betriebsverwaltungen und Steuerverwaltungen, der Kultus-, landwirthschaftlichen, Bau-, Handels- und Gewerbe- und innern Verwaltung die entsprechenden Bücher des Werkes.

Schon das nächste Jahr brachte wiederum eine grosszügige, den Etat mit 13,29 Millionen Mark oder etwa 15 Proz. der vor 1872 für Beamtenbesoldungen aufzuwendenden Summe belastende Verbesserung der Dienstbezüge in Gestalt der Wohnungsgeldzuschüsse. Hierauf wird später zurückzukommen sein. Im Uebrigen verging nunmehr geraume Zeit, in der nun bald bei dieser bald bei jener Beamtenkategorie Aufbesserungen vorgenommen wurden. Eine Ausnahme machte nur die Justizverwaltung, der die Reichsjustizreform zwingende Veranlassung zu einer Besoldungsreform bot. Dieselbe wird im nächsten, dieser Verwaltung gewidmeten Buche ihren Platz finden.

Auf dem Etat des Finanz-Ministeriums bezw der allgemeinen Finanzverwaltung, solange ersterer einen Theil des letzteren bildete, vollzogen sich in den Besoldungsverhältnissen folgende Aenderungen: Beim Ministerium wurde 1886/87 ein ständiger katastertechnischer Hülfsarbeiter mit 6000 M. angestellt und 1891/92 dessen Gehalt auf 6600 M. erhöht. Die Vorsteher der Centralbureaus der Centralbehörden erhielten 1882/83 eine Funktionszulage von 1200 M., die 1891/92 mit dem Gehalt vereinigt wurde, das damit ebenfalls auf 6600 M. stieg. Eine Bureaubeamtenstelle wurde 1878/79 in die eines Vorstehers des Abrechnungsbureaus für die Reichssteuern mit einem Einzelgehalt von 6000 M umgewandelt. In gleicher Weise wurde 1882/83 die ebenso dotirte Stelle eines Vorstehers der Hauptbuchhalterei geschaffen. Der Kanzleidirektor wurde 1875 den Bureaubeamten, der Hausdiener 1876 den Kanzleidienern gleichgestellt, und 1886/87 ein etatsmässiger Nachtwächter mit 1350 M. angestellt. Bei der Generalstaatskasse wurde 1880/81 anstatt des mit 4800 M. besoldeten zweiten Kassirers ein Kassirer-Assistent mit 3000, seit 1882/83 mit 3300 und seit 1889/90 mit 3000—5400 i. D. 4200 M. angestellt. Bei den Provinzialbehörden wurden die Oberpräsidialräthe und Verwaltungsgerichtsdirektoren den Oberregierungsräthen gleichgestellt, die Oberpräsidialräthe aber 1888/89 auf das Einzelgehalt von 7500 M. erhöht. Von den Regierungspräsidentenstellen wurde 1887/88 diejenige in Stralsund auf 9300 M. erhöht, diejenige in Sigmaringen von 11 400 auf 9300 M. herabgesetzt, während von den 1885/86 errichteten Stellen in der Provinz Hannover diejenigen in Osnabrück und Aurich mit diesem, die übrigen mit dem Normalgehalt von 11 400 M. ausgestattet wurden. Der bis dahin mit den Oberregierungsräthen rangirende Dirigent der Ministerial-, Militär- und Baukommission erhielt 1878/79 das Minimalgehalt der vortragenden Räthe. Wegen des Dirigenten der Verwaltung der direkten Steuern vgl. Bd. I S. 1246; wegen der Beamten der Thiergartenverwaltung unten in den dieser gewidmeten Ausführungen.

§ 35. In grossem Stile wurde eine neue Besoldungsaufbesserung 1891/92 begonnen. Wiederum wurde mit den Unterbeamten der Anfang gemacht: die in dem Nachtrag zum Staatshaushaltsetat für

1890/91 für Aufbesserung der Dienstbezüge der Beamten ausgeworfenen 15 Millionen M. kamen in der Hauptsache ihnen zu gute.

Bei den Centralbehörden erhielten nun sämmtliche Botenmeister, Diener und Wächter 1200–1800 i. D. 1500, bei den Provinzialbehörden 1000–1500 i. D. 1250 M.

Leider gestattete die Lage der Staatsfinanzen in den nächsten Jahren nicht, ähnliche Summen zur Verfügung zu stellen, um das Begonnene in kurzer Frist zu Ende zu führen. 1891/92 wurden zwar noch die Kanzleibeamten, Kassensekretäre und Zeichner mit einem Aufwande von 437750 M. aufgebessert, indem unter Gleichstellung dieser Beamtenkategorien untereinander vier Gehaltsklassen gebildet wurden, die erste 1800–3800 i. D. 2800 M. für die Centralbehörden, die zweite 1800—2800 i. D. 2300 M. für das Oberlandeskulturgericht, die dritte 1650–2700 i. D. 2175 M. für die Provinzialbehörden einschliesslich der Rentenbanken, die vierte 1500—2200 i. D. 1850 M. für die jenen nachgeordneten Behörden. Dann aber gerieth die Aktion völlig ins Stocken. Indess suchte man die Beamten sicherer zu stellen durch die bereits in den vorangegangenen Büchern erwähnte Regelung der Gehälter nach Dienstaltersstufen, wodurch ihr Aufrücken im Gehalt unabhängig von dem Abgang älterer Beamten der gleichen Kategorie gemacht und nur noch an das eigene Dienstalter geknüpft wurde. Diese bei der Eisenbahnverwaltung übrigens bereits bestehende (vgl. Bd. I S. 839) Maassregel wurde zuerst 1892/93 für die Unterbeamten, 1893/94 für die mittleren und Kanzleibeamten und 1894/95 für die höheren Beamten getroffen. Nur wenige Beamtenkategorien wurden hiervon aus besonderen Gründen ausgeschlossen, von unteren Beamten die Gendarmerie, die unteren Werksbeamten der Bergwerksverwaltung, Wärter der Forstverwaltung und Leggediener, von mittleren insbesondere die Grubenmarkscheider, oberen und mittleren Werksbeamten der Bergverwaltung, von höheren die Richter und Staatsanwälte, Räthe der Generalkommissionen und Hochschullehrer; für die Leiter und Lehrer der höheren Lehranstalten und Seminare sowie die Kreisschulinspektoren war die neue Regelung nach besonderen Grundsätzen bereits am 1. April 1892 zur Einführung gelangt (vgl. Bd. II S. 256). Die Zeitdauer des Verbleibens in jeder Gehaltsstufe wurde fast ausnahmslos auf drei Jahre, dagegen die Zahl dieser Gehaltsstufen sehr verschieden festgesetzt. Bei den Unterbeamten bildeten, abgesehen von der Eisenbahnverwaltung, acht Stufen, also ein Zeitraum von 21 Jahren, bis zur Erreichung des Höchstgehaltes die Regel; nur für einige Kategorien wurden kürzere Zeiträume von 18 (Grenz- und Unteraufseher, Schiffer auf Zollschiffen, Fischmeister), 16 (Stackmeister, nur 3 Gehaltsstufen) 15 (Schiffsführer, Maschinisten u. s. w. der Bauverwaltung, Schutzmänner in den Provinzen), 12 (Schutzmannschaft in Berlin und Charlottenburg, Lootsen, Brückenwärter u. s. w. der Bauverwaltung, Pförtner, Gefängnissaufseherinnen, Buschwärter u. s. w.) Jahren, längere ausserhalb der

Eisenbahnverwaltung überhaupt nicht festgesetzt. Von den Kanzlei- und ihnen gleichgestellten Beamten erreichten das Höchstgehalt schon in 18 Jahren diejenigen des Oberlandeskulturgerichts und der lokalen Bergbehörden, erst in 23 Jahren diejenigen der Land- und Amtsgerichte sowie der Polizeiverwaltungen in den Provinzen, alle übrigen in 21 Jahren. Dagegen wurde das Höchstgehalt gewährt bei den höheren Beamten in der 1. Klasse (7500—9900 M.) nach 12, in der 2. und 3. Klasse (6600 bezw. 6000—7800 M.) nach 9, in der 4. (5400 bis 6000 M.) nach 6, in der 5. (4200-6000 M.) nach 15, in der 6. (3600-6000) theils nach 12, theils nach 18, in der 7. (3900-5700) nach 12, in der 8. (3600—4800) theils nach 12, theils nach 15, in der 9. (3600-4200) nach 6, in der 10. (3000-4500), 11. (3000—4200), 12. (3000 bis 4000) nach 15, in der 13. (2400-4500) theils nach 21, theils nach 15, in der 14. (3000—3900) nach 12, in der 15. (2400-4200) theils nach 15, theils nach 9, in der 16. (3000—3600) nach 9, in der 17. (1800 bis 4500) nach 24, in der 18. und 19. (2400 3600 und 2700-3300) nach 12 und in der 20. und 21. (1500—2100 bezw. bis 1800) nach 6 Jahren. Bei den mittleren Beamten, deren aufsteigende Gehälter 54 Klassen aufwiesen, bildeten dagegen wieder 21 Jahre die Regel, von der abwichen mit 20 Jahren ein Theil von Klasse 28 (2100-3000 M.), mit 18 Jahren die Klassen 6 (3000—4200 M.) 9 (2700—4200), 10 (2400 bis 4200), 13 (2400-3900), 14 (2700--3600), ein Theil von 19 (2100—3600), 25 (2100—3300), ein Theil von 28, 29 (1950—3000), 31 z. Th. (1500 bis 3000), 33 (1800—2700), 34 (1800 2600), 36 z. Th. (1500-2700), 43 (1500 bis 2250), 47 (1500-2100), 51 (1200—2000) und 54 (800—1200), mit 15 die Klassen 3 (3600-4800 M.), 5 (3000-4500), ein Theil von 20 (2400—3300), 22 (2400-3200), 18-40 (1800—2400, 1650—2400, 1500 bis 2500 und 1600—2400), mit 16 die Klasse 26 (2100-3200), mit 12 die Klassen 7 (3200—4000), ein Theil von 11 (3000—3600), 15 (2800—3500), 19 z. Th. (2100-3600) und 53 (1200 1800), mit 9 die Klassen 1 (4200 bis 4800 M.), 4 (3600 4200 M.), ein Theil von 11, 16 (2800-3400), 18 (2700--3300), 23 (2550—3000), 28 z. Th. (2100—3000), 30 z. Th. (1800 bis 3000), 35 (1800--2550), 41 (1800-2600), 48 (1600—2000) und 52 (1400—1800), mit 6 Jahren die Klassen 21 (2700-3000), 32 (2100 bis 2400), 42 (1800—2100), 50 (1500—1800), mit 3 Jahren 44 (1500—1950) und mit 24 die Klassen 17 (1800—4200), 94 (1800—3600), 27 (1800 bis 3400), ein Theil von 46 (1400-2200), mit 26 ein Theil von Klasse 36 (1500—2700), mit 23 Klasse 45 (1500—2200); die beiden letzten Zeiträume kommen nur bei der Eisenbahnverwaltung vor.

Mit einem wenn auch zunächst geringen Mehraufwand für den Staat waren auch diese Massnahmen verbunden. Dasselbe gilt von der im Etatsjahr 1896/97 durchgeführten Vereinigung der Bureaubeamtenstellen I. (Sekretäre) und II. Klasse (Assistenten) zu einer Besoldungsklasse, wodurch die bisherige Abhängigkeit des Aufrückens aus der II. in die I. Klasse von Vakanzen beseitigt wurde; als Anfangsgehalt der neuen Klasse wurde das der bisherigen II., als Höchstgehalt das Höchstgehalt der bisherigen I. Klasse festgehalten, die Aufrückungszeit zu letzterem wurde auf 21 Jahre normirt.

Gleichzeitig wurde auch für einzelne Beamtenkategorien die Aufrückungszeit etwas verringert. Der durch diese Massnahmen bedingte Mehrbedarf stellte sich im Etat für 1896/97 auf 445 725 M.

§ 36. Nach vier Defizitjahren hatte das Jahr 1895/96 zuerst wieder einen Ueberschuss im Staatshaushalt ergeben, und nunmehr wurde auch alsbald die wegen der Finanzlage unterbrochene allgemeine Besoldungsaufbesserung wieder aufgenommen. Der Zeitpunkt war so günstig wie möglich gewählt: hätte man nur noch kurze Zeit gezögert, so wäre die Gehaltsaufbesserung in die letzte Session vor den Neuwahlen zum Abgeordnetenhause gerathen oder in die Wahlbewegung geworfen worden, vor Allem aber in eine Zeit glänzender Staatsfinanzlage und allgemein stark anziehender Kosten der Lebenshaltung gefallen, und sie würde dann vielleicht viel reichlicher ausgefallen sein, so reichlich, dass der Staat heute, wo es mit den fetten Jahren einmal wieder vorbei ist, recht schwer daran zu tragen hätte. Bedeutete doch ohnehin schon die am 1. April 1897 in Kraft getretene allgemeine Besoldungsaufbesserung der mittleren und höheren Beamten um durchschnittlich 10 Proz. eine Mehrbelastung des Etats um 20 361 095 M. Hierzu kamen 1899 behufs abermaliger Aufbesserung der bereits 1890/91 um ca. 13 Proz. aufgebesserten Unterbeamten um ca. 7 Proz. und einzelner Kategorien mittlerer Beamten, wie insbesondere der Zugführer, Lokomotivführer, Wiesenbaumeister u. a. m., weitere 9 800 000 M. (neben 2½ Mill. M. für Theuerungszulagen), sodass Alles in Allem für Beamte, Geistliche und Lehrer seit 1890/91 nur zur Verbesserung ihrer Bezüge über 90 Mill. M. jährlich wiederkehrende Mehrausgaben aufgewendet sind.

Die Besoldungsaufbesserung von 1897/98 hielt, von wenigen Ausnahmen abgesehen, an den bisherigen Mindestgehältern und der Regel nach auch an den bisherigen Aufrückungsfristen fest, sodass die Aufbesserung in Form höherer Dienstalterszulagen erfolgt ist. Dagegen wurden 1899 bei den Unterbeamten grösstentheils schon die Anfangsgehälter erhöht und die Aufrückungsfristen verkürzt. Ausgeschlossen von der Erhöhung wurden Gehälter über 12 000 M.; nur die Unterstaatssekretäre, welche bei den Reichsämtern sogar 20 000 M. beziehen, wurden von 15 000 auf 18 000 M. gesetzt. Den Oberpräsidenten und Regierungspräsidenten wurden nicht pensionsfähige Stellen-(Repräsentations-)Zulagen, erstern von 3000 M., letzteren von durchschnittlich 2000 M. in Abstufungen von 3000, 2000 und 1000 M. gewährt.

Regierung und Landtag haben wiederholt mit aller Bestimmtheit erklärt, dass mit den Aktionen von 1897 und 1899 die Besoldungsaufbesserungen auf absehbare Zeit abgeschlossen seien. Wie lange es möglich sein wird, an diesem Standpunkte festzuhalten, zumal wenn die derzeitigen Theuerungsverhältnisse lange anhalten oder sich noch verschärfen sollten, steht freilich dahin. Gegenwärtig dürfte freilich die Finanzlage auch dem zuwendungsgeneigtesten Minister oder Volksvertreter den Gedanken an neue Besoldungserhöhungen vergehen lassen. Wenn es aber später einmal zu einer abermaligen Neuregulirung kommt — und für die Ewigkeit hält die gegenwärtige nicht vor — so wird man ernstlich zu erwägen haben, ob sie nicht auf dem Wege des Ausbaues der jetzigen Wohnungsgeldzuschüsse zu erfolgen haben wird, um die örtlichen Preisverschiedenheiten auszugleichen. Dann, aber auch erst dann, wird auch der Zeitpunkt gekommen sein, die sogen. Kommunalsteuerprivilegien der Beamten anderweit zu ordnen.

§ 37. Die nunmehr somit abgeschlossene Gehaltsregulirung hat zwar die Einzelgehälter nicht völlig beseitigt, aber noch mehr als bisher, in der Hauptsache auf Vorsteher von Behörden, auf einige Kategorien von Kassen-, technischen und solchen Beamte, denen erst in vorgerückteren Jahren die betreffende Stelle verliehen zu werden pflegt, beschränkt. Insgesammt sind es noch bei höheren und mittleren Beamten 46 Klassen von Einzelgehältern, in deren jeder nur einige wenige Beamte vorhanden sind.

Einzelgehälter beziehen[1]), und zwar 36 000 M. die Staatsminister, 21 000 M. die Oberpräsidenten, die Chefpräsidenten der Oberrechnungskammer und des Evangelischen Ober-Kirchenrathes, 20 000 M. der Geheime Kabinetsrath (Chef des Civilkabinets) und der Chefpräsident des Oberverwaltungsgerichts, 18 000 M. die Unterstaatssekretäre und Gesandten, 15 000 M. die Ministerialdirektoren, der Oberlandstallmeister, die Präsidenten der Seehandlung und der Hauptverwaltung der Staatsschulden, 14 000 M. die Oberlandesgerichts-Präsidenten, 12 000 M. die Direktoren der Oberrechnungskammer, Senatspräsidenten des Oberverwaltungsgerichts, der Präsident des Oberlandeskulturgerichts, der Direktor (Präsident) der Central-Genossenschaftskasse, die Regierungspräsidenten und der Berliner Polizeipräsident, der Präsident des Konsistoriums in Berlin, der Generaldirektor der Museen und der Direktor des Instituts für Infektionskrankheiten, 11 000 M. Provinzialsteuerdirektoren, Berghauptleute, Präsidenten der Eisenbahndirektionen, des Landgerichts I in Berlin und des Landeskonsistoriums in Hannover, der Generaldirektor der Kgl. Bibliothek in Berlin und der Direktor des astrophysikalischen Observatoriums bei Potsdam, 10 500 M. die Direktoren der Porzellanmanufaktur und die Direktoren (Präsidenten) der Konsistorien in den alten Provinzen und in Schleswig-Holstein, 10 000 M. der Vorsitzende der Bergwerksdirektion in Saarbrücken, der Erste Direktor der geologischen Landesanstalt und Bergakademie in Berlin, die Präsidenten der Ansiedelungskommission und der Generalkommissionen sowie die Generalsuperintendenten der alten Provinzen und Schleswig-Holsteins, 9900 M. der Staatskommissar bei der Berliner Börse, 9000 M. der Direktor der Staatsarchive[2]), der Direktor des Konsistoriums in Wiesbaden und die Universitätskuratoren in Greifswald, Halle, Göttingen und Marburg, 8500 M. der zweite Direktor der Staatsarchive, der Polizeipräsident in Frankfurt a./M., der Direktor des Provinzialkonsistoriums in Hannover, bis 8500 M. der Kommandant des Berliner Zeughauses, 8400 M. der Direktor der Bernsteinwerke, 8300 M. der Direktor der Forstakademie in Eberswalde, 8100 M. die Direktoren der Konsistorien in Stade und Aurich, 8000 M. der Generalsuperintendent in Wiesbaden und der Direktor der Sternwarte in Kiel, 7500 M. die Direktoren der Forstakademie in Münden und der landwirthschaftlichen Akademie in Poppelsdorf, der Vorsitzende der (Bergwerks-)Centralverwaltung in Zabrze, der Erste Sekretär beim Historischen Institut in Rom und der Rendant der Generalstaatskasse, 7200 M. die Rendanten der Seehandlung und Staatsschuldenverwaltung, der Dirigent der Kontrole der Staatspapiere,

---

1) Beamte, die sämmtlich, oder von denen einzelne im Etat des Finanz-Ministeriums erscheinen, sind durch den Druck hervorgehoben.

2) Vgl. indess Bd. II Buch VII § 340 (S. 1523).

die Vorsteher der Centralbureaus der Centralbehörden und des Landtages, die Generalsuperintendenten in Cassel und der Provinz Hannover, der Verwaltungsdirektor der Charité und neuerdings der Seehandlungsrath bei der Seehandlung sowie der Verwaltungsdirektor der Porzellanmanufaktur, 6600 M. der Assessor und Buchhalterei-Dirigent der Seehandlung, ständige technische Hülfsarbeiter in den Ministerien, Vorsteher des Abrechnungsbureau für die Reichssteuern, Vorsteher der Hauptbuchhalterei und Bureauvorsteher der Etats- und Kassenabtheilung im Finanz-Ministerium, Oberbuchhalter und Kassirer der Generalstaatskasse, Bureauvorsteher im Kultusministerium, Vorsteher und erster Lehrer bei der Hochschule für Musik, 6300 M. der Direktor der thierärztl. Hochschule in Hannover, 6000 M. Kontrolleur der Seehandlung, Kalkulaturvorsteher und Oberbuchhalter bei der Staatschuldenverwaltung, Redakteur des Reichs- und Staatsanzeigers, Direktoren der Strafgefängnisse Plötzensee und Tegel und der Strafanstalt Moabit, Direktoren einiger Kunst- und hygienischen Institute sowie des Berliner Zeughauses, 5400 M. der zweite Kabinetssekretär, der Expeditionsvorsteher beim Reichs- und Staatsanzeiger, Direktor der Zeichenakademie in Hanau, Veterinärphysikus in Schleswig, Rendant und Quästor der Universität Berlin, 5000 M. einige Direktoren u. s. w. bei Hochschulen, 4800 M. Rendant beim Reichs- und Staatsanzeiger, Chemiker und Modellmeister der Porzellanmanufaktur, seit 1903 auch der Direktor des Berliner Thiergartens, 4200 M. Plankammer-Vorsteher bei der Ministerial-, Militär- und Baukommission, Rendanten der Rentenbanken, Malereivorsteher der Porzellanmanufaktur, Direktor des Instituts für Kirchenmusik und einige Bureau- und Kassenbeamten bei Hochschulen, wissenschaftlichen und Kunstinstituten, 3900 M. (künftig wegfallend) Kustos des botanischen Museums in Berlin, 3600 M. Bibliothekar der Landesbibliothek in Wiesbaden, ärztlicher Direktor der Charité, 3300 M. Badeinspektor und Badekassenrendant auf Norderney, Gewerbeinspektions-Assistenten, Baggerinspektor, Ingenieur beim Strafgefängniss in Plötzensee, Direktor des Alterthumsmuseums in Kiel und Lehrer an einigen Hochschulen, 3000 M. einige Beamte der Porzellanmanufaktur, Prosektoren und ein Präparator bei Universitäten, praktischer Arzt der Gestütsverwaltung, 2850 M. Rendant und Quästor der Universität Breslau, 2700 M. Badeinspektor in Naundorf, Maschinenmeister des Berliner Packhofs, Oberinnen der Strafanstalten und einige Beamte bei Hochschulen, wissenschaftlichen und Kunstinstituten, 2550 M. ein Museumsvorsteher in Wiesbaden, 2400 M. geistlicher Rath im Kultusministerium, einige Beamte der Domänenverwaltung sowie bei wissenschaftlichen und Kunstinstituten, 2250 M. Rendant der Universität Königsberg, 2100 und 1800 M. einige Beamte der Domänen- und Kultusverwaltung, 1350 M. Brunnen-Magazinverwalter in Ehrenbreitstein, 1200 M. Schullehrer auf Gestüten, Gesanglehrer beim Musikinstitut der Berliner Hof- und Domkirche, 1150, 1000 und 900 M. Schullehrer auf Gestüten, 600 M. Stromoberlootsen und Universitätsquästor in Göttingen. Bei einigen dieser Beamten bildet das vorstehend genannte Gehalt nur eine Ergänzung des im Uebrigen aus Gebühren bestehenden Diensteinkommens und sind auch diese Gebühren bis zu einem gewissen Betrage pensionsfähig, so bei den Rendanten der Universitäten und einzelnen Inspektoren der domänenfiskalischen Bäder und Mineralbrunnen.

Von Unterbeamten haben Einzelgehälter die Hausinspektoren des Landtages (2100 M.), Wehrmeister, Fischmeister auf Helgoland (1800 M.), Dünenmeister (bis 1800 M.) und -Aufseher (bis 1500 M.), Oberwärter und Oberwärterinnen bei der psychiatrischen und Nervenklinik in Halle (1500 und 1450 M.), Oberpedelle und Pedelle bei Universitäten (1125, 600, 750 M. neben Gebühren) und der Zeichenakademie in Hanau (1000 M.), vollbeschäftigte Wald-, Torf- u. s. w. Wärter und Holzaufseher der Forstverwaltung und des Studienfonds in Münster (6000 bis 1000 M.), endlich Stromlootsen (450 M. neben Gebühren).

§ 38. Die aufsteigenden Gehälter der höheren und mittleren Beamten zerfallen[1]) in 100 oder, da es eine Klasse 46a und

[1]) Nach einer amtlichen Zusammenstellung von 1899.

46b, 100a und 100b giebt, eigentlich in 102 Klassen, deren nach der Zahl der Beamten wichtigste sind 2. vortragende Räthe der Centralbehörden, Direktionsmitglieder der Seehandlung, Räthe des Oberverwaltungsgerichts, Vicepräsident des Provinzialschulkollegiums in Berlin 7500—11 000 (Dienstalterszulagen 3 à 900 und 1 à 800) M., 9. Oberlandesgerichtsräthe, Landgerichtsdirektoren und Erste Staatsanwälte (ausser beim Landgericht I in Berlin) 5400 – 7200 (3 à 600) M., 12. Ober- und Regierungsräthe der verschiedenen Verwaltungen einschliesslich der entsprechenden technischen Mitglieder der Regierungen und anderer Provinzialbehörden, der Verwaltungsgerichtsdirektoren, der Mitglieder der Provinzialsteuerdirektionen, Oberbergräthe und ihnen gleichstehende Beamte der Bergverwaltung, Konsistorialräthe 4290 – 7200 (5 à 600) M., 22. Landräthe und Oberamtmänner in den Hohenzollernschen Landen 3600—6600 (5 à 600) M., 23. Staatsanwälte, Land- und Amtsrichter 3000 — 6600 M. (in Abstufungen von 600 M. vgl. im nächsten Buch), 27. Bergrevierbeamte und Vorstände der Inspektionen bei der Eisenbahnverwaltung 3600 – 6300 (2 à 600, 3 à 500) M., 34. Bureaubeamte der Centralbehörden und Kreisschulinspektoren 3000—6000 (6 à 500) M., 35. Bau-, Maschinen- und Gewerbeinspektoren und Versicherungsrevisoren 3600 – 5700 (1 à 600, 3 à 500) M., 38. Oberförster und Spezial - (Oekonomie -) Kommissare 2700 – 5700 (2 à 500, 5 à 400, Spezialkommissare 5 à 600) M., 39. ordentliche Professoren an Hochschulen im Durchschnitt 5500 M., 40. Hauptkassenrendanten 4800—5400 (2 à 300) M., 41. Provinzialrentmeister, Rechnungsrevisoren bei den Oberlandesgerichten und Justiz - Hauptkassenrendanten sowie einige andere mittlere Beamte, 46a. definitiv angestellte wissenschaftliche Lehrer an höheren Lehranstalten 2700 bis 5100 (8 à 300) M., 60. Rentmeister, Seminaroberlehrer und einige andere Beamte 3000—4500 (Rentmeister 3 à 300 und 3 à 200, Seminaroberlehrer 3 à 400, 1 à 300) M., 62. Katasterkontroleure und -Sekretäre, Vermessungsbeamte anderer Verwaltungen, Distriktskommissarien 2400—4500 (3 à 400, 3 à 300, Distriktskommissarien 7 à 300) M., 63. Betriebsinspektoren der Bergverwaltung, Hauptkassenkassirer u. a. m. 3000 – 4200 (4 à 300) M., 68. Bureaubeamte der Mittelbehörden einschliesslich derjenigen der Hochschulen, der Gerichtsschreiber und Sekretäre bei Oberlandesgerichten und Oberstaatsanwaltschaften sowie der Amtsanwälte und der Kreissekretäre 1800—4200 (3 à 400, 4 à 300) M., 74. Kassen- und Rechnungsbeamte, Gerichtsschreiber und Staatsanwaltschaftssekretäre bei Land- und Amtsgerichten, Faktoren und Schichtmeister der Bergverwaltung 1500 – 3800 (2 à 400, 5 à 300) M., 83. Gerichtsvollzieher 1800—3000 M., 89. Gerichtsschreibergehülfen und Assistenten bei Land- und Amtsgerichten und Staatsanwaltschaften u. a. m. 1500—2700 (6 à 200) M., 93. Lokomotivfürer, Maschinisten u. a. m. 1200—2200 (5 à 200) M., 97. Förster, Zugführer und Steuerleute 1200—1800 (3 à 100, 4 à 75, Zugführer und Steuerleute 6 à 100)

Mark, endlich Leiter neunklassiger höher Lehranstalten je nach der Einwohnerzahl und Servisklasse in den Klassen 8 (6000—7200), 10 (5100—7200) und 16 (4800—6900 M.)

Die übrigen aufsteigenden Gehaltsklassen der höheren und mittleren Beamten sind folgende 1. 9000—12 700 M. Ministerresidenten, 3. 7500—8300 (3 à 600) M. Oberpräsidialräthe, Dirigenten der Ministerial-, Militär- und Baukommission und der Direktion für die Verwaltung der direkten Steuern in Berlin, Oberlandeskulturgerichtsräthe, 4. bis 9100 i. D. 7250 M. gewisse Direktoren von Kunstsammlungen, 5. 6600—7000 (3 à 700) M. Landstallmeister, 6. 6000—8000 (2 à 700, 1 à 600) M. Polizeipräsidenten ausser Berlin und Frankfurt a. M., Polizeioberst, Brigadiers der Gendarmerie, 7. 5700—7500 (3 à 600) M. Provinzialschulräthe, 11. 4800—7200 (4 à 500, 1 à 400) M. Archivvorsteher und andere Vorstandsbeamte bei verchiedenen wissenschaftlichen Instituten, 13. 3600—7200 (6 à 600) M. Geheime Staatsarchivare und Mitglieder des Statistischen Bureaus, 14. 6000 bis 7000 (2 à 500) M.) Direktor der mechanisch-technischen Versuchsanstalt der technischen Hochschule in Berlin, 15. höchstens 7000 i. D. 6500 M. ordentliche Lehrer der Düsseldorfer Kunstakademie, 17. 4100—6900 (7 à 400) M. Professoren der Forstakademie, 18. 5400 bis 6600 (3 à 400 M.) Lotteriedirektoren und ebenso wie Klasse 19 4200—6600 (4 à 500, 1 à 400) M. Direktoren verschiedener Fachschulen und einige andere, 20. 4000—6600 (2 à 700, 2 à 600) M. Kataster-, und Vermessungs-, Oberzoll- und Obersteuerinspektoren, 21. 3800—6600, 24. höchstens 6500 und 25. durchschnittlich 6500 M. Dozenten bezw. Direktoren bei Lehranstalten der Berg- und landwirthschaftlichen Verwaltung, 26. 4800 bis 6300 (5 à 300) und 30. 4500—6000 (5 à 300) M. Leiter der Lehranstalten mit weniger als neunjährigem Kursus je nach Einwohnerzahl und Servisklasse, 28. Durchschnitt 6000 M. Vorsteher der akademischen Meisterateliers in Berlin, 29. 4800—6000 (3 à 400) M. Direktoren der Taubstummen- und der Blindenanstalt in Berlin bezw. Steglitz, 31. 4200—6000 (2 à 500, 2 à 400) M. Vorstände der Rechnungsbureaus der Eisenbahnverwaltung. 32. 4000 bis 6000 (5 à 400) M. Seminardirektoren, 33. 3600—6000 (4 à 500, 1 à 400) M. Direktoren der Gefängnisse — ausser Plötzensee und Tegel — und Strafanstalten, Dirigenten der Landgestüte, 36. höchstens 5700 i. D. 4650 M. Lehrer an gewissen technischen Fachschulen, 37. 3300—5700 in Abstufungen von 1200 M. Adjutanten und Distriktsoffiziere der Gendarmerie, 42. 3600—5400 M. Oberbergamts-Markscheider (3 à 400, 2 à 300) und vereinzelte Lehrer (2 à 500, 2 à 400 M.), 43. 3000—5400 M. Kanzleivorstand der Gesandtschaft in Hamburg, 44. 2700—5400 (6 à 400, 1 à 300) M. Hypothekenbewahrer in der Rheinprovinz, 45. bis 4500 i. D. 3950 M Aichungsinspektoren, 46b. 2700—5100 M. Archivare und ebenso wie 47. 4000—5000 (2 à 500) und 48. bis 5000 i. D. 4200 M., einige Beamte bei wissenschaftlichen und Kunstanstalten, 49. 3600—5000 2 à 500, 1 à 400) M. Polizeihauptleute, Kriminalinspektoren und zwei andere Beamte der Polizeiverwaltung in Berlin und Umgegend, 50. 3000—5000 M. Rendanten des Hauptstempelmagazins, der Hauptzoll- und Hauptsteuerämter, Packhofsvorsteher und Oberrevisoren sowie Oberlandeskulturgerichtssekretäre (5 à 400), Polizeiräthe (2 à 400, 4 à 300 M.), 51. 2700—5000 (3 à 600, 1 à 500) M. Spezialkommissare mit juristischer Vorbildung, 52. bis 5000 i. D. 3800 M., ebenso wie 55. bis 4800 i. D. 3700, 57. bis 4800 i. D. 3450, 58. 2000—4800 (7 à 400), 65 bis 4200 i. D. 3300, 71. 2400—4000 M. 73. i. D. 3600 M., 76. 2400—3600, 81. i. D. 3250 M., 87. i. D. 2750 M. und 90. i. D. 2400 M. gewisse Lehrer und Beamten bei wissenschaftlichen und Kunstinstituten, 53. 3600—4800 M. mit verschieden abgestuften Dienstalterszulagen Rendant und Kassirer der Steuerkasse in Berlin, Kontroleur der Generallotteriekasse, Kassirer und Materialienverwalter der Münze, Direktoren II. Klasse bei den fiskalischen Montanbetrieben, Vorsteher und Oberbuchhalter beim Einziehungsamt des Amtsgerichts I in Berlin, Rendant beim Amtsgericht Breslau, vollbeschäftigte Departementsthierärzte, 54. 3000—4800 (6 à 300) M. Bezirkspolizeikommissare, 56. 2400—4800 M. Geistliche bei Gefängnissen und Strafanstalten (4 à 600), ständige Mitarbeiter bei gewissen wissenschaftlichen Instituten (6 à 400 M.), 59. 3600—4500 (3 à 300) M. Rentmeister beim Studienfonds in Münster, 61. 2700—4500 M. Legationskanzlisten (pensionsfähiges Gehalt, das wirkliche ist höher), Polizeiinspektoren in den Provinzen ausser in den Berliner Vororten (3 à 600), 64. 2700—4200 M. mit verschieden bemessenen Alterszulagen Kontroleure und Revisionsinspektoren der indirekten Steuerverwaltung, Hafeninspektoren, Lootsenkommandeure, Polizeileutnants und Kriminalkommissare in Berlin und Umgebung, Oberfischmeister, 66. 2400—4200 M. mit verschiedenen Alterszulagen, Grubenmarkscheider, einige Beamtenkategorien der Eisenbahnverwaltung (Stationsvorsteher I. Klasse u. s. w.), Beamte des stenographischen Bureaus des Abgeordnetenhauses, ständige Hülfsarbeiter im Bureau für Hauptnivellements der Bauverwaltung und einige Lehrer an Hochschulen u. s. w., 67. 2100—4200 (3 à 400, 3 à 300) M. Regierungsbausekretäre, Oberbauwarte, Geometer des ostfriesischen Moorwesens, Landmesser bei der Ruhrschifffahrts- und Hafenverwaltung, technische Eisenbahnsekretäre und Werkstättenvorsteher, 69. (künftig wegfallend) bis 4200 M. überzählige Beamte bei den Regierungen, 70. 2700 bis 4000 (1 à 500, 2 à 400) M. Grenzkommissarien, 72. 2100—3800 M. Strafanstaltsinspektoren (5 à 300, 1 à 200), Lehrer des pomologischen Instituts in Proskau, ordentliche Lehrer bei Seminaren und einigen anderen Anstalten (1 à 300, 6 à 200 M.), Stationsbeamte bei der Charité und dem Institut für Infektionskrankheiten (5 à 300, 1 à 200 M.), 73 1800—3800 (2 à 400, 4 à 300) M. Inspektoren und Rendanten bei Gefängnissen, 77. 2000—3600 M. mit verschiedenen Altersstufen Zoll- und Steuereinnehmer I. Klasse bei grösseren Aemtern, Obergärtner des Berliner Thiergartens, Beschussmeister der Beschussanstalt in Suhl, Polizeiassessoren, Polizeigefängniss-Inspektoren und Polizeikommissare in den Provinzen, Garteninspektoren, 78. 1800—3600 (4 à 300, 3 à 200) M. einige Kassenbeamte bei Universitäten und (9 à 200) Zeichen-, in Berlin auch andere nichtwissenschaftliche Lehrer höherer Lehranstalten, 79. 2000—3400 (2 à 300, 4 à 200) M. obere Werks- und Revieraufsichtsbeamten der Bergverwaltung, 80. 1500—3300 (6 à 300) M. verwaltende Beamte der Nebenbetriebsanstalten der Forstverwaltung, Assistenten sowie Einnehmer I. Klasse der kleineren Zoll- und Steuerämter der indirekten Steuerverwaltung, Bausekretäre, Kassen- und Bureaubeamte der Aichungsämter, 84. 1600—3000 (6 à 200, 1 à 150) M. Wiesenbaumeister, Meliorationstechniker und Moorvögte, 85. 1500—3000 M. in verschiedener Abstufung der Alterszulagen Eisenbahnbetriebssekretäre, Hafenmeister, Spezialkommissionssekretäre, Lehrer an den Bergschulen und nicht wissenschaftliche Lehrer an höheren Lehranstalten in den Provinzen, 86. 1800—2800 (5 à 200) M. obere Werksbeamte II. Klasse und ein Theil der Revieraufsichtsbeamten der Bergverwaltung, 88. 1800—2700 (6 à 150) M. Maschinen-, Baggermeister und andere Beamte der Bauverwaltung, einige Beamte der Polizeiverwaltung in Berlin und Umgegend, 89. 1500—2700 M. mit verschieden abgestuften Alterszulagen, bei den meisten Beamten 6 à 200 M., Bureauassistenten der verschiedenen Verwaltungen und einige andere Beamtenkategorien der Eisenbahn-, Forst-, Handels- und Gewerbe-, Berg- (mittlere Werksbeamte I. Klasse), Justiz- (Gefängnissinspektions-Assistenten, Lehrer bei den Gefängnissen), und innern Verwaltung (Sekretäre und Lehrer bei den Strafanstalten), 91. 1600—2400 (4 à 200) M. Seeoberlootsen und Lootsenamtsassistenten, 92. 1500—2400 (3 à 200, 2 à 150) M. einige Lehrer und Lehrerinnen, 93. 1200—2200 (5 à 200) M. neben den Lokomotivführern Lehrerinnen bei Seminaren, Strafanstalten und Gerichtsgefängnissen, 94. 1500—2000 M. in verschiedenen Altersstufen Maschinisten und Assistenten auf Zollschiffen, Einnehmer II. Klasse und Zoll- und Steueramtsassistenten der indirekten Steuerverwaltung, einige Meister, Aufseher u. s. w. der Bauverwaltung und Revierförster in Kloster- und Stiftungsforsten, 95. 1200—2000 (1 à 200, 4 à 150) M. mittlere Werksbeamte II. Klasse der Montanverwaltung, 96. 1400—1800 (2 à 150, 1 à 100) M. einige Beamte der Bau- und Handels- und Gewerbeverwaltung, 98. 1200—1600 (1 à 100, 6 à 50) M. Deichvögte, 99. 800—1400 (6 à 100) M. Leggemeister, 100a. und 100b. Lehrer am Seminar für orientalische Sprachen und Geistliche bei der Charité, für welche der Etat nur den Gesammtbetrag der Besoldungen vorsieht, die Bemessung für den Einzelnen der Regierung überlassend

Die Kanzleibeamten, Zeichner und ihnen gleichgestellten Beamten bilden nur vier Klassen mit 1800—3800 (6 à 300, 1 à 200), 1800—2800 (2 à 200, 4 à 150), 1650 bis 2700 (7 à 150) und 1500—2200 (2 à 150, 4 à 100) M. Gehalt, je nachdem sie angestellt 1. bei den Centralbehörden, 2. bei dem Oberlandeskulturgericht, 3. bei den Mittelbehörden einschliesslich der Steuerveranlagungsbehörden I. Instanz, der Kreiskasse in Frankfurt a. M., der Hochschulen, Museen, Bibliotheken, Charité und einigen anderen wissenschaftlichen Instituten oder 4. bei den Unterbehörden einschliesslich der Land- und Amtsgerichte.

Die Unterbeamten bilden 14 Klassen, von denen aber die 1. 1500–2400 (2 à 150, 3 à 100) M. künftig mit Ausscheiden der bisherigen Stelleninhaber wegfällt. In die 2. Klasse (1500 - 2100) gehören neben einigen Gerichtsdienern, Kastellanen und Gefangenaufsehern, deren Stellen nach ihrem Ausscheiden in solche von 900—1500 M. umgewandelt werden, nur die Schleusenmeister (Alterszulagen 4 à 150 M.), in die 3. (1600—2100 M. 5 Zulagen à 100 M.) nur die Abtheilungswachtmeister der Schutzmannschaft in Berlin und Umgegend, in die 4. (1500 - 2000 M. nur die Oberwachtmeister der Landgendarmerie, in die 5. (1500—1800 M., 3 à 80, 1 à 60 M.) Brunnen- Bade-, Maschinenmeister, Maschinisten und Kastellane der Domänenverwaltung, Polizeiwachtmeister und eine Reihe von Unterbeamten bei wissenschaftlichen und Kunstinstituten, zur 6. (1200—1800 M., die meisten Beamten mit Alterszulagen von 2 à 100 und 5 à 80 M.) die Botenmeister und sonstigen Unterbeamten der Centralbehörden, Torf- u. s w. Meister der Forstverwaltung, eine Reihe von Unterbeamten der Eisenbahn- (Telegraphisten, Lade- u. s. w. Meister u. a. m.) und Bauverwaltung (Bauaufseher, Meister u. a m.), Maschinenmeister beim Berliner Thiergarten, Lootsen, Oberaufseher, Hausväter, Werk- und sonstige Meister bei Gefängnissen und Strafanstalten, Botenmeister, Kastellane und Oberheizer bei der Polizeiverwaltung in Berlin und Umgegend und einige Unterbeamte im Ressort des Kriegsministeriums (insbesondere Zeugwarte), in die 7. (1200—1600 M) in verschiedenen Abstufungen die Grenz- und Steueraufseher, Schutzmänner, Gendarmen und andere untere Polizeibeamte, einige Unterbeamte der Domänen-, Lotterie-, Münz-, Bau- (u. a. Strom- und andere Meister, Strom- und Kanalaufseher), Eisenbahn- (Packmeister, Fahrkartenausgeber, Haltestellenaufseher, Weichensteller I. Klasse, Maschinenwärter), Thiergarten- (Gärtner, Maschinenheizer, Zimmermann, mit Alterszulagen von 1 à 100 und 7 à 50 M.), Landwirthschafts- (Boten des Oberlandeskulturgerichts, Fisch- und Strommeister) und der Casseler Museumsverwaltung, in die 8. (1000—1500 M. Alterszulagen verschieden) die Boten, Diener, Kastellane und dergleichen der Mittelbehörden (Alterszulagen 2 à 100, 5 à 60 M.) einschliesslich der Hochschulen, wissenschaftlichen und Kunstinstitute sowie der Oberlandesgerichte (Alterszulagen 2 à 90, 4 à 80 M.), einige andere Unterbeamte der Domänen-, Berg- (besonders untere Werksbeamte I. Klasse), Eisenbahn- (u. a. Heizer) und Bauverwaltung (u. a Steuermänner, Brückengeldeinnehmer), in die 9. (900—1500 M., Alterszulagen verschieden) eine Anzahl Meister, Aufseher und Gärtner der Domänen- und Bauverwaltung, Boten der Kreis- und Steuerveranlagungsbehörden, untere Werksbeamte II. Klasse der Bergverwaltung, Unterbeamte der Aichungsämter, Gerichtsdiener, Kastellane, Maschinisten und Heizer der Land- und Amtsgerichte, Gefängniss- und Strafanstaltsaufseher, -Oberaufseherinnen, -Lehrerinnen, -Hausmütter und -Werkmeisterinnen (6 Alterszulagen à 100 M.), in die 10. (900–1400 M. mit verschiedenen Alterzulagen) nur drei Kategorien bei der Eisenbahnverwaltung, in die 11. (900–1200 M., verschieden abgestufte Alterszulagen) insbesondere die Schuldiener, Schaffner, Bremser, ferner Wärter, Aufseher, Diener der Domänen- und der Bauverwaltung, in die 12. (700—1000 M., Alterszulagen verschieden) Gefängniss- und Strafanstaltsaufseherinnen (4 Alterszulagen je 75 M.), Polizeidiener in den Provinzen, Bahnwärter, Nachtwächter, Brunnenwärter, Brückenaufseher, in die 13. (500–700, 4 à 50 M.) nur Buschwärter und Pflanzungsaufseher der Bauverwaltung, in die 14. (180—300, 2 à 60 M.) nur Staakmeister.

Von dem Aufrücken nach Dienstalterszulagen ausgenommen bleiben neben einigen anderen Beamten im Ressort der Kultusverwaltung insbesondere die Land- und Amtsrichter und Staatsanwälte sowie die Professoren an den Universitäten. Für die gedachten Beamten der Justizverwaltung ist nach dem Gesetz, betr. die Regelung der Richtergehälter v. 31. Mai 1897 (G.-S. S. 157) ein die gesammte Monarchie umfassender gemeinschaftlicher Besoldungsetat gebildet mit der Durchschnittsbesoldung von 4800 M., innerhalb dessen das Aufrücken in Abstufungen von 600 M. nach dem Dienstalter als Assessor stattfindet. Sowohl die Land- und Amtsrichter als auch die in Dienstaltersstufen aufrückenden Richter, nicht auch die Staatsanwälte, haben nach wie vor einen Rechtsanspruch auf das Aufrücken im Gehalt. Wegen der Universitätsprofessoren vgl. oben Bd. II S. 149 ff. Analog wie bei diesen ist die Regelung der Gehälter der Dozenten bei anderen Hochschulen. Weitere Ausnahmen bestehen bei der Gendarmerie (vgl. oben Bd. II S. 1406 ff.), für die wenigen Beamten im diplomatischen Dienst Preussens, für die Lehrer an Schulen im Bereiche der Handels- und Gewerbeverwaltung und Aichungsinspektoren (vgl. oben Bd. II Buch IV im III. Abschnitt des III. Hauptabschnitts), für die Lehrer bei den Kunst- und Kunstgewerbeschulen (vgl. oben Bd. II S. 440 ff.), bei der Zeichenakademie in Hanau (vgl. oben Bd. II S. 1095), bei Beamten an Museen (vgl. Bd. II S. 445 ff.). Wegen der Gerichtsvollzieher vgl. das nächste Buch.

§ 39. Die bereits im § 34 erwähnten Wohnungsgeldzuschüsse sind durch Ges. v. 12. Mai 1873 (G.-S. S. 209) vom 1. Januar 1873 ab eingeführt. Sie werden allen etatsmässige Stellen bekleidenden unmittelbaren Staatsbeamten, soweit sie nicht im Besitze von Dienstwohnungen sind oder statt solcher Miethsentschädigungen beziehen, gewährt und mit dem Gehalt gezahlt. Sie sind nach dem Range des Beamten und der Servisklasse des Ortes, an welchem die Behörde, an der der Beamte angestellt ist, ihren Sitz hat, abgestuft. Die Serviseintheilung der Orte ist für die Zwecke der Militärverwaltung durch Reichsgesetz, jetzt durch die Gesetze v. 26. Juli 1897 (R.-G.-Bl. S. 619) und 7. Juli 1902 (R.-G.-Bl. S. 239) geregelt. Der Wohnungsgeldzuschuss beträgt jährlich (Mark):

	in den Orten der Servisklasse:					
für	A	I.	II.	III.	IV.	V.
I. Beamte der 1. Rangklasse . . .	1 500	1 200	900	720	600	600
II. Beamte der 2. u. 3. Rangklasse .	1 200	900	720	600	540	540
III. Beamte der 4. u. 5. Rangklasse .	900	660	540	480	420	360
IV. Beamte, welche zwischen den Beamten der 5. Rangklasse und den Subalternen der Provinzialbehörden rangiren, Subalternbeamte II. Klasse bei den Centralbehörden, Subalternbeamte bei den Provinzial- u Lokalbehörden	540	432	360	300	216	180
V. Unterbeamte	240	180	114	108	72	60

Die V. Servisklasse ist jetzt weggefallen und sind die bisher ihr zugehörigen Orte in die IV. eingerückt. In die Servisklasse A gehören von preussischen Städten nur Berlin, Altona und Frankfurt a. M. Bei der Pensionirung wird der Durchschnittssatz des Wohnungsgeldzuschusses der Klassen I—IV, früher I—V, in Ansatz gebracht (Ges. v. 15. April 1903, G.-S. S. 121).

Dienstwohnungen haben insbesondere die Chefs von Behörden, zahlreiche Mittel- und Unterbeamte der Eisenbahn-, Berg-, Hütten- und Salinenverwaltung, Oberförster und Forstschutzbeamte sowie andere Beamte an Orten, wo angemessene Miethswohnungen nicht zu erhalten sind, wie Grenzaufseher u. s. w., natürlich auch die Hausdiener, Kastellane und dergleichen.

Von den Beamten auf dem Etat des Finanzministeriums haben Dienstwohnungen: der Minister, Unterstaatssekretär, 1 Ministerialdirektor, der Vorsteher des Centralbureaus, der Botenmeister und 5 Diener des Ministeriums, die Oberpräsidenten, Regierungspräsidenten, 3 Regierungssekretäre und 97 Unterbeamte.

Es wird ein Unterschied zwischen „freien Dienstwohnungen" und „Dienstwohnungen" gemacht. Erstere sind mit dem Amte nothwendig verbunden, und wird an ihrer Stelle, wenn sie in natura nicht gewährt werden können, Mietsentschädigung gewährt; letztere können jederzeit gegen Gewährung des Wohnungsgeldzuschusses entzogen werden. Freie Dienstwohnungen in diesem Sinne haben nur die Minister, Ober- und Regierungspräsidenten, der Chefpräsident der Oberrechnungskammer, die Oberlandesgerichtspräsidenten, Direktoren, Inspektoren und einige andere Beamte der Gefängniss- und Strafanstalten, die Polizeipräsidenten und -Direktoren, die Oberförster und Förster sowie einige Unterbeamte. Die an Stelle der freien Dienstwohnung zu gewährende Mietsentschädigung ist etatsmässig festgesetzt für Oberlandesgerichtspräsidenten und Regierungspräsidenten auf 3000 M. in Servisklasse A, 2400 M. in I, 2100 M. in II und 1800 M. in III. Kann, wie dies neuerlich der Fall ist, einzelnen Ministern eine Dienstwohnung in fiskalischen Gebäuden nicht beschafft werden, so wird vom Staate eine solche angemiethet. Einzelne der freien Dienstwohnungen hoher Beamten sind mit dem für Repräsentationszwecke erforderlichen Hausrath ausgestattet.

Wegen der einzelnen Beamten gewährten Dienstländereien und sonstigen Naturalemolumente sowie wegen der Stellen- und Ortszulagen ist bei Besprechung der Verhältnisse der betreffenden Beamtenkategorie das Erforderliche bemerkt.

II. Kapitel.

Die nicht periodischen Bezüge.

§ 40. Die nicht periodisch wiederkehrenden Dienstbezüge sind theils Emolumente für die Dienstleistungen des Beamten, theils nur Ersatz besonderer Aufwendungen desselben. Zur ersten Gattung gehören die ausserordentlichen Remunerationen, Gratifikationen und Unterstützungen. Bezüglich dieser wird auf die Ausführungen im I. Buche des I. Bandes (S. 97 ff.) verwiesen. Zu den Entschädigungen für besondere Aufwendungen der Beamten gehören neben den bei den einzelnen Verwaltungen, bei denen solche vorkommen, besprochenen Dienstaufwandsentschädigungen die Tagegelder und Reisekosten und die Umzugskosten.

Die bei Dienstreisen den Beamten zu gewährenden Tagegelder und Reisekosten wurden durch das Regulativ v. 26. Febr. 1816 (G.-S. S. 113) geregelt. Nach demselben betrugen die Tagegelder für höhere Beamte 6, 5, 4 und 2 Thlr., für Subalternbeamte 2—1 Thlr., für Unterbeamte 16—12 Groschen. An Fuhrkosten wurden je nach der Rangstellung die für Extrapost mit vier, drei oder zwei Pferden oder für gewöhnliche Post aufzuwendenden zuzüglich gewisser Beträge für Wagenmiethe, Poststations- und Trinkgelder. Durch Verordn. v. 28. Juni 1825 (G.-S. S. 163) wurden die Tagegelder im Anschluss an das Rangreglement von 1817 anderweitig geregelt: es erhielten höhere Beamte, je nachdem sie zur I., II., III. oder IV. und V. Rangklasse gehören, 4, 3½, 3 oder 2 Thlr., Subalterne 1⅓ Thlr., Unterbeamte ⅔ Thlr. Bezüglich der Fuhrkosten wurden den bisherigen ähnliche Bestimmungen getroffen. Später wurden die Fuhrkosten für Beamte, die nicht mit Extrapost zu reisen berechtigt sind, mit ½ Thlr. für die Meile pauschalirt. Da die bisherigen Bestimmungen nur Reisen mit der Post im Auge hatten, so bedurfte es neuer nach Einführung der Eisenbahnen. Sie ergingen durch Allerh. Erl. v. 10. Juni 1848 (G.-S. S. 15). Nach demselben wurden nun für alle Reisen Pauschalsätze festgesetzt, und zwar für solche auf Eisenbahnen und Dampfschiffen für höhere Beamte 10 Sgr. pro Meile und 20 Sgr. für Zu- und Abgang, für Subalterne 7½ Sgr. pro Meile und 15 Sgr. Zn- und Abgang, für Unterbeamte beziehentlich 5 und 10 Sgr. Für Reisen auf Landwegen waren den höhern, Subaltern und Unterbeamten beziehentlich 1½, 1 und ½ Thlr. für die Meile zu vergüten. Gleichzeitig wurden die Tagegelder von 2 und 1½ Thlr. um ½, diejenigen von 1⅓, 1 und ⅔ Thlr. um je ⅓ Thlr., diejenigen von 15 und 10 Sgr. um je 5 Sgr. erhöht.

Die Sätze der Verordnungen von 1825 und 1848 blieben bestehen bis zu dem am 1. April 1873 in Kraft getretene Ges. v. 24. März 1873 (G.-S. S. 122). Dieses unterscheidet 7 Klassen von Beamten: I. aktive Staatsminister, II. Beamte der ersten, III. der zweiten und dritten, IV. der vierten und fünften Rangklasse, V. sonstige, bisher zu dem Diätensatze von 1⅔ bezw. 2 Thl. berechtigte Beamte, VI. Subalternbeamte der Provinzial-, Kreis- und Lokalbehörden und andere Beamte gleichen Ranges, VII. Beamte geringern Ranges und Unterbeamte und setzt für diese sieben Kategorien die Tagegelder auf 10, 6, 5, 4, 3, 2 und 1 Thlr. fest. Die Reisekosten betragen bei Reisen per Bahn oder Dampfschiff per Meile für die Kategorien I—V 10 Sgr., für diejenigen unter VI 7½ Sgr., für die unter VII 5 Sgr. neben beziehentlich 1 Thlr., 20 und 10 Sgr. für jeden Zu- und Abgang. Bei Reisen auf Landwegen werden gewährt den Kategorien I—IV 1½ Thlr., V und VI 1 Thlr., VII 20 Sgr. für die Meile. Für einzelne Beamtenklassen waren bisher schon und wurden auch im Anschluss an dieses Gesetz und auf Grund ausdrücklicher, in demselben ertheilter Ermächtigung abweichende Bestimmungen durch Königliche Verordnung, für die Reisen rheinischer Gerichtsbeamten in Civilprozessen durch Ges. v. 17. Juni 1873 (G.-S. S. 369) getroffen.

So setzte eine Verordn. v. 24. Dez. 1873 (G.-S. 1874 S. 2) für gerichtliche Geschäfte die Tagegelder des Richters auf 3, des Gerichtsschreibers auf 1½ Thlr. fest und ermässigte die Reisekosten bei Landweg für den Richter auf 1⅓, für den Gerichtsschreiber auf ⅔ Thlr.

Durch Ges. v. 28. Juni 1875 (G.-S. S. 370) wurde zwischen die Provinzialsubalternen und die Unterbeamten eine besondere Kategorie „Andere Beamte, welche nicht zu den Unterbeamten zu zählen sind" mit einem Tagegeldsatz von 4,5 M. eingeschoben und Königlicher Verordnung die durch die Münz- und Massreform bedingte Umgestaltung, auch eine Erhöhung der Sätze bis auf die für Reichsbeamten geltenden überlassen. Diese Verordnung erging unterm 15. April 1876 (G.-S. S. 107). Nach derselben sind erhöht die Diätensätze für die erste Rangklasse auf 24, für die zweite und dritte auf 18 M. Die Reisekosten aber sind auf 13, 10 und 7 Pfg. pro Bahn- oder Dampfschiffskilometer neben Zu- und Abgang und auf 60, 40 und 30 Pfg. pro Kilometer Landweg festgesetzt.

Die, wie man zugeben muss, übermässige Höhe der Bahnkilometersätze einerseits, die nicht mehr zureichenden Tagegeldersätze anderseits gaben auf Drängen des Landtags gelegentlich der Besoldungsaufbesserung Veranlassung zu der Neuregelung durch das Ges. v. 21. Juni 1897 (G.-S. S. 193). Nach diesem Gesetz betragen die Tagegelder für I. aktive Staatsminister 35, II. Beamte der ersten Rangklasse 28, III. Beamte der zweiten und dritten Rangklasse 22, IV. Beamte der vierten und fünften Rangklasse 15, V. Beamte, welche nicht zu obigen Klassen gehören, soweit sie bisher zu dem Tagegeldersatze von 9 M. berechtigt waren, 12, VI. Subalternbeamte der Provinzial-, Kreis- und Lokalbehörden und andere Beamte gleichen Ranges 8, VII. andere Beamte, welche nicht zu den Unterbeamten zu zählen sind 6, VIII. Unterbeamte 4 M.

Erstreckt sich eine Dienstreise auf zwei Tage und wird sie innerhalb 24 Stunden beendet, so ist nur das 1½fache der vorstehenden Sätze zu liquidiren. Wird die Dienstreise an einem und demselben Tage angetreten und beendet, so tritt eine Ermässigung der Taegegelder bei I auf 27, bei II auf 21, bei III auf 17, bei IV auf 12, bei V auf 9, bei VI auf 6, bei VII auf 4,50 und bei VIII auf 3 M. ein. Erfordert eine Dienstreise einen aussergewöhnlichen Kostenaufwand, so kann der Tagegeldersatz von dem Verwaltungschef angemessen erhöht werden. Auch werden, wenn erweislich höhere Reisekosten aufgevendet werden mussten, diese vergütet. Etatsmässig angestellte Beamte, welche vorübergehend ausserhalb ihres Wohnortes bei einer Behörde beschäftigt werden, erhalten für die Dauer dieser Beschäftigung neben ihrer Besoldung Tagegelder. Nicht etatsmässig angestellte Beamte haben im gleichen Falle auf Tagegelder nur für die Dauer der Hin- und Rückreise Anspruch. Für die Dauer der Beschäftigung werden die denselben zu gewährenden Tagegelder durch die vorgesetzte Behörde bestimmt.

An Reisekosten einschliesslich der Kosten der Gepäckbeförderung erhalten: I. bei Dienstreisen, welche auf Eisenbahnen (einschl der

Kleinbahnen) oder Dampfschiffen gemacht werden können: 1. die unter I—IV bezeichneten Beamten für das Kilometer 9 Pf. und für jeden Zu- und Abgang 3 M. Hat einer dieser Beamten einen Diener auf die Reise mitgenommen, so kann er für denselben 5 Pf. für das Kilometer beanspruchen; 2. die unter V und VI genannten Beamten für das Kilometer 7 Pf. und für jeden Zu- und Abgang 2 M.; 3. die unter VII und VIII genannten Beamten für das Kilometer 5 Pf. und für jeden Zu- und Abgang 1 M. II. Bei Dienstreisen, welche nicht auf Eisenbahnen, Kleinbahnen oder Dampfschiffen zurückgelegt werden können: 1. die unter I bis IV genannten Beamten 60 Pf. für das Kilometer, 2. die unter V und VI genannten Beamten 40 Pf. für das Kilometer, 3. die unter VII und VIII genannten Beamten 30 Pf. für das Kilometer.

Für Geschäfte am Wohnorte des Beamten werden weder Tagegelder noch Reisekosten gezahlt; dasselbe gilt von Geschäften ausserhalb des Wohnortes in geringerer Entfernung als 2 Kilometer von demselben. War der Beamte durch aussergewöhnliche Umstände genöthigt, sich eines Fuhrwerks zu bedienen, oder waren sonstige nothwendige Unkosten, wie Brücken- oder Fährgeld, aufzuwenden, so sind die Auslagen zu erstatten. Soweit Beamte nach Massgabe der für das betreffende Ressort bestehenden Bestimmungen Dienstreisen mit unentgeltlich gestellten Verkehrsmitteln ausführen, haben sie an Reisekosten nur die bestimmungsmässigen Entschädigungen für Zu- und Abgang zu beanspruchen. Für Beamte, welche durch die Art ihrer Dienstgeschäfte zu häufigen Dienstreisen innerhalb bestimmter Amtsbezirke oder zu regelmässig wiederkehrenden Dienstreisen zwischen bestimmten Orten genöthigt werden, können an Stelle der nach dem Gesetz zu berechnenden Vergütungen nach Bestimmung des Verwaltungschefs und des Finanzministers Bauschvergütungen festgesetzt werden. Die für die Beamten einzelner Dienstzweige ergangenen besonderen Bestimmungen und der Vorbehalt ihrer Abänderung durch Königliche Verordnung sind unter dem Vorbehalt, dass die im Gesetze normirten Sätze nicht überschritten werden dürfen, aufrecht erhalten. Vgl. hierüber das Nähere bei Besprechung der einzelnen Dienstzweige.

§ 41. Eine Regelung der den Beamten bei Versetzungen zu gewährenden **Umzugskosten** erfolgte zuerst durch die in der Gesetzsammlung nicht publizirte Kab.-O. v. 8. März 1826. Schon sie unterscheidet zwischen allgemeinen und Transport- und Reisekosten und zwischen Beamten mit und solchen ohne Familie, welche letzern nur die Hälfte der normalmässigen Sätze erhalten. Sie unterscheidet ferner zwischen I. Präsidenten, II. Vicepräsidenten, III. Räthen, IV. Bureauvorstehern, V. Subalternen. Es erhalten

die Beamten zu	auf allgemeine Kosten Thlr.	Transport- und Reisekosten für je 10 Meilen Thlr.
I	200	30
II	120	18
III	80	12
IV	60	9
V	30	4

Keine Umzugskosten werden bei Versetzungen auf eigenen Antrag des Beamten sowie dann gewährt, wenn mit der Versetzung eine nach ihrem Jahresbetrage die Versetzungskosten mindestens erreichende Einkommensverbesserung verbunden ist; ist letztere geringer, so können die Versetzungskosten zur Hälfte gewährt werden.

Da die Erfahrung gelehrt hatte, dass die Bestimmungen der Verordn. vom 8. März 1826 und der auf sie bezüglichen späteren Erlasse unzureichend waren, erging unterm 26. März 1855 ein neuer Allerhöchster Erlass (G.-S. S. 190). Nach demselben erhielten Umzugskosten nur die etatsmässig angestellten Beamten, auch sie aber nicht, wenn die Versetzung lediglich auf ihren Antrag erfolgte oder mit einer Einkommensverbesserung verbunden war, deren halbjähriger Betrag die Unkostenvergütung deckte. Die Vergütung zerfiel in eine solche auf allgemeine Kosten und auf Transportkosten; beide Theile waren nach dem Range des Beamten abgestuft und wurden Beamten ohne Familie nur zur Hälfte gewährt. Sie betrugen in Thalern

	für	auf allgemeine Kosten	auf Transportkosten für je 5 Meilen
I.	Beamte der ersten Rangklasse	600	30
II.	Beamte der zweiten Rangklasse	350	24
III.	Beamte der dritten Rangklasse	250	18
IV.	Oberregierungsräthe und ihnen gleichstehende Beamte	180	15
V.	Beamte der vierten Rangklasse	130	12
VI.	Beamte der fünften Rangklasse	80	9
VII.	Beamte zwischen der fünften Rangklasse und den Provinzialsubalternen	70	8
VIII.	Provinzialsubalterne erster Klasse	60	7
IX.	Provinzialsubalterne zweiter Klasse	50	6
X.	Unterbediente	25	4

stets jedoch abzüglich der Hälfte der mit der Versetzung verbundenen jährlichen Einkommensverbesserung.

Neben den Umzugskosten wurden dem Beamten für seine Person die tarifmässigen Reisekosten und Tagegelder gewährt.

Auf denselben Grundlagen ist das jetzt geltende Ges. v. 24. Febr. 1877 (G.-S. S. 15) aufgebaut. Nach demselben erhalten, auch wenn die Versetzung auf ihren Antrag erfolgt, Beamte ohne Familie jedoch, wie bisher, nur zur Hälfte

		allgemeine Kosten M.	Transportkosten für je 10 km M.
I.	Beamte der ersten Rangklasse . . .	1800	24
II.	Beamte der zweiten und dritten Rangklasse	1000	20
III.	Beamte der vierten Rangklasse . . .	500	10
IV.	Beamte der fünften Rangklasse . . .	300	8

	allgemeine Kosten M.	Transportkosten für je 10 km M.
V. Beamte, welche nicht zu den obigen Klassen gehören, soweit sie gesetzlich zu einem Tagegeldersatze von 9 M. berechtigt sind	240	7
VI. Subalternbeamte der Provinzial-, Kreis- und Lokalbehörden und andere Beamte gleichen Ranges, welche nicht zu den Beamten der fünften Klasse gehören .	180	6
VII. Andere Beamte, welche nicht zu den Unterbeamten zu zählen sind	150	5
VIII. Unterbeamte	100	4

Die nicht etatsmässig angestellten Beamten erhalten bei Versetzungen nur Tagegelder und Reisekosten. Jedoch sind den im höheren Staatsdienste ausseretatsmässig beschäftigten Assessoren und Räthen Umzugskosten alsdann zu gewähren, wenn sie vor der Versetzung bereits gegen eine fixirte Remuneration dauernd beschäftigt waren.

Die zu Umzugskosten berechtigten Beamten erhalten ausser denselben für ihre Person Tagegelder und Reisekosten. Auch ist diesen Beamten der Miethszins zu vergüten, welchen dieselben für die Wohnung an ihrem bisherigen Aufenthaltsorte auf die Zeit von dem Verlassen des letzteren bis zu dem Zeitpunkte haben aufwenden müssen, mit welchem die Auflösung des Miethsverhältnisses möglich war. Diese Vergütung darf längstens für einen neunmonatlichen Zeitraum gewährt werden. Hat der Beamte im eigenen Hause gewohnt, so kann demselben eine Entschädigung bis höchstens zum halbjährigen Betrage des ortsüblichen Miethswerths der innegehabten Wohnung gewährt werden.

Von den Vergütungssätzen kommt derjenige in Anwendung, welchen die Stellung bedingt, aus welcher — nicht in welche — der Beamte versetzt wird, während die persönlichen Tagegelder und Reisekosten nach dem Dienstrange der Stelle, in welche die Versetzung erfolgt, vergütet werden. Personen, welche, ohne vorher im Staatsdienste gestanden zu haben, in denselben übernommen werden, kann eine durch den Verwaltungschef im Einvernehmen mit dem Finanzminister festzusetzende Vergütung für Umzugskosten gewährt werden. Die besonderen Vorschriften, welche für einzelne Dienstzweige bezüglich der den Beamten aus der Staatskasse zu gewährenden Umzugskosten ergangen sind, bleiben vorläufig in Kraft. Sie können in den durch die im Gesetz normirten Sätze gezogenen Grenzen durch Königliche Verordnung abgeändert werden.

III. Abschnitt.

Fürsorge des Staates für seine Beamten nach deren Dienstaustritt.

I. Kapitel.

Ruhegehalt.

§ 42. Die Versorgung solcher Beamten, die wegen Schwäche ihrer geistigen oder körperlichen Fähigkeiten nicht länger im Dienst bleiben können, erfolgte früher nach Art einer Zwangsversicherung, indem zwar der Staat ein bestimmtes Ruhegehalt gewährte, aber zur theilweisen Bestreitung dieser Ausgabe Zwangsbeiträge von den aktiven Beamten erhob. Nach dem Pensions-Reglement v. 30. April 1825 (v. Kamptz Annalen Bd. XVI S. 843 ff.) wurden allen Civilbeamten mit Ausnahme der nur vorübergehend oder nebenamtlich angenommenen und der Geistlichen und Lehrer aller Art als Beitrag zum Pensionsfonds mit der Höhe der Besoldung progressiv steigende, fortlaufende Abzüge von der letzteren gemacht, und ausserdem wurde zu dem gleichen Zwecke bei jeder Neuanstellung und Gehaltserhöhung $^1/_{12}$ des Jahresbetrages der Besoldung bezw. Gehaltszulage zurückbehalten.

Die laufenden Beiträge betrugen von Besoldungen bis 400 Thlr. 1, von solchen von mehr als 400 bis 1000 Thlr. $1^1/_2$ Proz.; höhere Gehälter entrichteten von den ersten 1000 Thlr. $1^1/_2$, für die zweiten 2, für die dritten und vierten 3, für die fünften und sechsten 4 und von der 6000 Thlr. übersteigenden Summe 5 Proz., in keinem Falle aber im Ganzen mehr als 500 Thlr. jährlich.

Dafür gewährte der Staat den gedachten Beamten, wenn sie nach einer bestimmten Dienstzeit, in der Regel mindestens 15 Jahren, nach pflichtmässiger Amtsführung durch physisches Unvermögen und körperliche Gebrechlichkeit oder durch Schwächung der Geisteskräfte und der intellektuellen Thätigkeit dienstunfähig geworden, eine lebenslängliche Pension, welche betrug bei einer Dienstzeit von 15—20 Jahren $^2/_8$, bei einer solchen von 20—30 Jahren $^3/_8$, bei einer solchen von 30—40 Jahren $^4/_8$, bei einer solchen von 40—50 Jahren $^5/_8$ und bei mehr als 50jähriger Dienstzeit $^6/_8$ des Diensteinkommens, mindestens aber 60—96 Thlr. für Beamte, deren Dienstleistungen nur in gemeinen Arbeiten und mechanischen Verrichtungen bestanden, und 120 Thlr. für höhere Stellen. Die anfänglich zugelassene Erhöhung um höchstens $^1/_8$ der Besoldung (Gnadenachtel) wurde schon durch Kab.-O. v. 19. Okt. 1835 beseitigt. Die Pensionirung konnte sowohl auf Antrag, als auch gegen den Willen des Beamten erfolgen, ohne dass letzterer einen anderen Rechtsschutz als die Anrufung des Staatsministeriums hatte.

Das Pensions-Reglement erfuhr im Laufe der Zeit eine Reihe von Abänderungen und Ergänzungen. Insbesondere bestimmte die Kab.-O. v. 4. Aug. 1843, dass fortan die Pensionen nach dem zurückgelegten 20sten bis zum 50sten Dienstjahre von 5 zu 5 Jahren um $^1/_{16}$ des Diensteinkommens steigen sollten. Die Disciplinargesetze für die richterlichen und die nichtrichterlichen Beamten v. 7. Mai 1851 und 21. Juli 1852 regelten die unfreiwillige Versetzung in den Ruhestand dahin, dass sie nur zulässig ist, wenn der Beamte durch Blindheit, Taubheit oder ein sonstiges körperliches Gebrechen oder wegen Schwäche seiner körperlichen oder geistigen Kräfte zur Erfüllung seiner Amtspflichten dauernd unfähig ist; erhebt der Beamte gegen die Eröffnung des Vorgesetzten, dass der Fall seiner Versetzung in den Ruhestand vorliege, binnen 6 Wochen Widerspruch, so ist hierüber bei Richtern in den Formen des förmlichen Disciplinarverfahrens zu entscheiden; bezüglich anderer Beamter entscheidet, wenn sie vom König ernannt sind, dieser auf Antrag des Staatsministeriums, sonst der Ressortminister, gegen dessen Entscheidung Rekurs an das Staatsministerium stattfindet.

Sodann eröffnete das Gesetz wegen Erweiterung des Rechtsweges v. 24. Mai 1861 dem Beamten wegen seiner Pensionsansprüche den Rechtsweg in demselben Umfange wie wegen seiner Gehaltsansprüche und endlich wurden vom 1. Jan. 1868 ab die Pensionsbeiträge der Beamten völlig aufgehoben.

§ 43. Eine vollständige Neuregelung erfuhr das Pensionswesen durch das sich auch auf die Lehrer und Beamten an höheren Unterrichtsanstanstalten mit Ausnahme der Universitäten, sowie auf die Gendarmerie mit Ausschluss ihrer Offiziere erstreckende Pensionsgesetz v. 27. März 1872 (G.-S. S. 268). Nach demselben erhält jeder unmittelbare Staatsbeamte, welcher sein Diensteinkommen aus der Staatskasse bezieht, aus derselben eine lebenslängliche Pension, wenn er nach einer Dienstzeit von wenigstens 10 Jahren in Folge eines körperlichen Gebrechens oder wegen Schwäche seiner körperlichen oder geistigen Kräfte zu der Erfüllung seiner Amtspflichten dauernd unfähig ist und deshalb in den Ruhestand versetzt wird. Ist die Dienstunfähigkeit die Folge einer Krankheit, Verwundung oder sonstigen Beschädigung, welche der Beamte bei Ausübung des Dienstes oder aus Veranlassung desselben ohne eigene Verschuldung sich zugezogen hat, so tritt die Pensionsberechtigung auch bei kürzerer als zehnjähriger Dienstzeit ein. Bei Staatsministern, welche aus dem Staatsdienste ausscheiden, ist eingetretene Dienstunfähigkeit nicht Vorbedingung des Anspruchs auf Pension.

Der unter dem Vorbehalte des Widerrufes oder der Kündigung angestellte Beamte hat einen Anspruch auf Pension nach Massgabe dieses Gesetzes nur dann, wenn er eine in den Besoldungsetats aufgeführte Stelle bekleidet. Es kann diesen Beamten jedoch, wenn sie eine solche Stelle nicht bekleiden, bei ihrer Versetzung in den Ruhestand eine Pension bis auf Höhe der durch dieses Gesetz bestimmten Sätze bewilligt werden. Wird ausser dem oben bezeichneten Falle ein Beamter vor Vollendung des zehnten Dienstjahres dienstunfähig, und deshalb in den Ruhestand versetzt, so kann ihm bei vorhandener Bedürftigkeit mit Königlicher Genehmigung eine Pension entweder auf bestimmte Zeit oder lebenslänglich bewilligt werden.

Die Pension beträgt, wenn die Versetzung in den Ruhestand nach vollendetem zehnten, jedoch vor vollendetem elften Dienstjahre eintritt, $^{20}/_{80}$ und steigt von da ab mit jedem weiter zurückgelegten vollen Dienstjahre um $^{1}/_{80}$ des Diensteinkommens. Ueber den Betrag von $^{60}/_{80}$ dieses Einkommens hinaus findet eine Steigerung nicht statt. In dem Falle der Pensionirung wegen Krankheit u. s. w. vor vollendetem zehnten Dienstjahre beträgt die Pension $^{20}/_{80}$ bezw. höchstens $^{60}/_{80}$ des Diensteinkommens. Wenn das Diensteinkommen eines Beamten insgesammt mehr als 12000 M. beträgt, wird von dem überschiessenden Betrage nur die Hälfte in Anrechnung gebracht.

Das mit Nebenämtern oder Nebengeschäften verbundene Einkommen begründet nur dann einen Anspruch auf Pension, wenn eine etatsmässige Stelle als Nebenamt bleibend verliehen ist. Die Dienstzeit wird vom Tage der Ableistung des Diensteides gerechnet. Kann jedoch ein Beamter nachweisen, dass seine Vereidigung erst nach dem Zeitpunkte seines Eintrittes in den Staatsdienst stattgefunden hat, so wird die Dienstzeit von diesem Zeitpunkt an gerechnet. Der Civildienstzeit wird die Zeit des aktiven Militärdienstes hinzugerechnet. Die Dienstzeit, welche vor den Beginn des 18. Lebensjahres fällt, bleibt ausser Berechnung. Nur die in die Dauer eines Krieges fallende und bei einem mobilen oder Ersatztruppentheile abgeleisteie Militärzeit kommt ohne Rücksicht auf das Lebensalter zur Anrechnung. Für jeden Feldzug, den der Beamte mitgemacht, wird seiner Dienstzeit 1 Jahr hinzugerechnet.

Zum Erweise der Dienstunfähigkeit eines seine Versetzung in den Ruhestand nachsuchenden Beamten ist die Erklärung der demselben unmittelbar vorgesetzten Dienstbehörde erforderlich, dass sie nach pflichtmässigem Ermessen den Beamten für unfähig halte, seine Amtspflichten zu erfüllen. Inwieweit noch andere Beweismittel zu erfordern, oder der Erklärung der unmittelbar vorgesetzten Behörde entgegen für ausreichend zu erachten sind, hängt von dem Ermessen der über die Versetzung in den Ruhestand entscheidenden Behörde ab.

Die Bestimmung darüber, ob und zu welchem Zeitpunkte dem Antrage eines Beamten auf Versetzung in den Ruhestand stattzugeben ist, erfolgt durch den Departementschef. Bei denjenigen Beamten, welche durch den König zu ihren Aemtern ernannt worden sind, ist die Genehmigung des Königs zur Versetzung in den Ruhestand erforderlich. Die Verrsetzung in den Ruhestand tritt, sofern nicht auf den Antrag oder mit ausdrücklicher Zustimmung des Beamten ein früherer Zeitpunkt festgesetzt wird, mit dem Ablauf des Vierteljahres ein, welches auf den Monat folgt, in welchem dem Beamten die Entscheidung über seine Versetzung in den Ruhestand und die Höhe der ihm etwa zustehenden Pension bekannt gemacht worden ist. Die Pensionen werden monatlich im Voraus gezahlt.

Wegen der unfreiwilligen Pensionirungen verbleibt es bei den Bestimmungen der Disciplinargesetze.

Die Vorschriften des Pensionsges. v. 1872 erfuhren bedeutsame Aenderungen im Interesse der Beamten durch das Ges. v. 31. März 1882, nach dem nunmehr die Pensionen für jedes Dienstjahr nicht mehr um $^1/_{80}$, sondern um $^1/_{60}$ aufsteigen und Beamte, welche das 65. Lebensjahr vollendet haben, auch ohne Nachweis der Dienstunfähigkeit ihre Pensionirung beanspruchen, freilich auch gegen ihren Willen in den Ruhestand versetzt werden können. Dagegen bleibt fortan die vor Beginn des 21., nicht mehr des 18. Lebensjahres zurückgelegte Dienstzeit ausser Berechnung. Minder einschneidend sind die Aenderungen durch die Ges. v. 30. April 1884 (G.-S. S. 126), 20. März 1890 (G.-S. S. 45) und 25. April 1896 (G.-S. S. 87).

Das Ges. v. 30. April 1884 betrifft nur die Berechnung der ihrer Natur steigenden und fallenden Dienstemolumente, die Delegation der Entscheidung über die Penionirung der von den Ministern nachgeordneten Behörden ernannten Beamten und die Voraussetzung der Klage, das Ges. v. 20. März 1890, die Anrechnung von Zeiten, die in anderem Dienst als dem des Preussischen Staates zugebracht sind, und das Ges. v. 25. April 1896, die Pensionirung von Lehrern und Beamten an nicht vom Staate allein zu unterhaltenden Unterrichtsanstalten.

II. Kapitel.

Reliktenversorgung.

§ 44. Die Versorgung der Hinterbliebenen verstorbener Beamten ist aus einer reinen, nicht auf die Beamten beschränkten Rentenversichersicherungsanstalt hervorgegangen. Die durch Königliches Patent und Reglement v. 28. Dez. 1875 gestiftete Allgemeine Wittwen-Verpflegungsanstalt war ursprünglich eine für jeden beliebigen Theilnehmer ohne Unterschied des Standes offen stehende Sozietät zu dem Zwecke, den Frauen der Theilnehmer, wenn sie Wittwen werden, oder auch anderen unverheiratheten oder verwittweten Personen weiblichen Geschlechts nach dem Tode eines bestimmten Dritten, als des fingirten Ehemannes, gewisse lebenslängliche Pensionen zu versichern. Die Beiträge richteten sich nach dem Altersverhältniss des Versichernden und der Versicherten zur Zeit des Eintritts in die Anstalt und nach der Höhe der versicherten Pension; sie waren entweder fortlaufend halbjährlich oder durch Deponirung und Ueberlassung des Zinsgenusses eines entsprechenden Kapitals bis zur Zahlung der Pension zu entrichten. Die Betheiligung des Staates beschränkte sich auf einen zinsfreien Kapitalvorschuss von 10 000 Thlr. und einen Verwaltungskostenzuschuss von 7400 Thlr. sowie auf eine unbeschränkte Garantie der Hauptbank und der Kurmärkischen Landschaft. Sehr bald zeigte sich ein Missverhältniss zwischen den Beiträgen und den zu gewährenden Pensionen, durch welches das Bestehen der Anstalt gefährdet war. Man suchte bald durch dieses, bald durch jenes kleine

Mittel zu helfen, aber ohne durchgreifenden Erfolg. Namentlich die Kriegszeiten von 1806/07 wurden verhängnissvoll, so zwar, dass die Anstalt 1807 ihre Zahlungen grösstentheils einstellen musste. Erst nach dem Freiheitskriege war der Staat in der Lage, durch Vorschüsse dem Institut wieder aufzuhelfen. Wirksamer war es zwar, dass durch Kab.-O. v. 17. Juli 1816 und 3. Sept. 1817 (G.-S. S. 214 und 301) den Staatsbeamten, deren Gehalt mindestens 250 Thlr. betrug, der Beitritt mittelbar insofern zur Pflicht gemacht wurde, als ihnen anderenfalls der Heirathskonsens verweigert werden sollte. Als Minimum der zu versichernden Wittwenpension wurde ihnen 1824 $^1/_5$ des Gehaltes vorgeschrieben. Aber nach kurzer Zeit gerieth die Anstalt in neue Schwierigkeiten, sodass im Jahre 1830 ihr Defizit auf etwa 9 Mill. Thlr. berechnet wurde. Nach längeren Berathungen wurde daher unter Aufrechterhaltung aller bisher übernommenen Verpflichtungen vom 1. April 1831 ab die Aufnahme neuer Mitglieder auf die nach den obengedachten Kabinetsordres beitrittspflichtigen Civilbeamten beschränkt (Kab.-O. v. 27. Febr. 1831 — G.-S. S. 3), indem man sich sagte, dass bei den unzureichenden Beitragsleistungen sich das Defizit mit jedem neuen Mitglied vergrössere, für die Wittwen seiner Beamten aber der Staat doch schliesslich in der einen oder der anderen Weise sorgen müsse. Noch in demselben Jahre (Kab.-O. v. 24. Oktbr. 1831) übernahm der Staat die Verwaltung des Aktivvermögens der Anstalt von 2 684 000 Thlr. Gold gegen die Verpflichtung, sofern dessen Revenüen hinter 130 106 $^2/_3$ Thlr. zurückblieben, das Erforderliche zuzuschiessen. Später, durch Kab.-O. v. 6. Juli 1838 (G.-S. S. 378), wurde der Beitritt auch den nicht beitrittspflichtigen, pensionsberechtigten Staatsbeamten und den unbesoldeten Assessoren gestattet; doch durften Beamte mit nicht mehr als 250 Thlr. Gehalt höchstens 50 Thlr., unbesoldete Assessoren höchstens 100 Thlr. Wittwenpension versichern. Später wurde den Beamten die Wahl der Versicherung bei der gedachten Anstalt oder bei der Berliner allgemeinen Wittwenpensions- und Unterstützungskasse gelassen.

Nach einigen minder wichtigen Anordnungen erging sodann das Ges. v. 17. Mai 1856 (G.-S. S. 477). Dasselbe stellte für die Beiträge einen nach dem Alter des Mannes und der Frau z. Z. des Beitritts und der Höhe der versicherten Wittwenpension abgestuften Tarif auf, nach dem sich der Jahresbeitrag auf etwa 10—57 Proz. der Wittwenpension, am höchsten natürlich bei hohem Beitrittsalter des Mannes und niedrigem der Frau, stellte. Das bisher in Gestalt eines Zuschlages von 5 Proz. zu den Beiträgen zu entrichtende Antrittsgeld, die „Retardatszinsen" bei später als 1 Jahr nach Eingehung der Ehe erfolgendem Eintritt und die Einbehaltung der erstjährigen Pension (Karenzjahr) wurden aufgehoben. Die volle Pension war nur zu gewähren, wenn für 3 Jahre Beiträge gezahlt waren, bei

Tod des Ehemannes nach 2 Jahren nur $^2/_3$, nach 1 Jahr nur $^1/_3$, bei Tod innerhalb des Aufnahmejahres gar nichts.

§ 45. Nach der Einverleibung von Hannover, Kurhessen, Nassau, Schleswig-Holstein und Frankfurt a. M. wurden durch die Verordn. v. 23. Sept. 1867 betreffend die allgemeine Regelung der Staatsdienerverhältnisse in den neu erworbenen Landestheilen (G.-S. S. 1619) die Bestimmungen über die Mitgliedschaft bei der Allgemeinen Wittwen-Verpflegungs-Anstalt auf die neuen Landestheile ausgedehnt. Die in einzelnen der letzteren bestehenden Beamten-Wittwen- und Waisenkassen, nämlich in Hannover die durch Ges. v. 8. Mai 1838 gegründete Wittwenkasse für die Königliche Hof- und Civildienerschaft, in Kurhessen die durch Statut v. 20. Nov. 1823 reorganisirte Wittwen- und Waisenanstalt für die Civildiener der acht Rangklassen und die durch Verordn. v. 29. März 1827 gegründete Civil-Wittwen- und Waisengesellschaft, in Nassau die durch Edikt v. 23. Dez. 1820 gegründete Central-Wittwen- und Waisenversorgungsanstalt für die zu einer Pension nicht berechtigten Civil- und Hofdiener und die durch § 10 des Ges. v. 2. Juni 1860 gegründete Wittwen- und Waisenkasse der höheren Civilstaatsdiener und in Hessen-Homburg die durch Verordn. v. 31. Okt. 1837 errichtete Allgemeine Versorgungsanstalt für Wittwen und Waisen landgräflicher Diener, wurden durch Verordn. v. 15. Sept. 1867 (G.-S. S. 1646) für die Aufnahme neuer Mitglieder geschlossen. Die Verwaltung dieser Kassen ging nach Ges. v. 6. März 1868 (G.-S. S. 195) auf den Staat über, der die Beiträge einzieht und die Pensionen leistet; das Vermögen fiel seiner Verfügung anheim. Da eine Verpflichtung des Staates, für den durch eigene Einnahmen der Anstalt nicht gedeckten Bedarf aufzukommen, nur bei der Nassauischen Kasse für höhere Civilstaatsdiener und bei der Homburgischen Kasse bestand, so ging der Preussische Staat durch jenes Gesetz über seine rechtlichen Verpflichtungen hinaus. Die je nach dem Bedarf der Kasse schwankenden Beiträge zur Kurhessischen Wittwen- und Waisengesellschaft wurden auf 4 Prozent des Diensteinkommens fixirt.

In Frankfurt a. M. fand Preussen eine durch Ges. v. 6. Okt. 1863 gegründete Pensionsanstalt für Wittwen und Waisen von Staatsdienern und eine durch Ges. v. 9. Dez. 1864 gegründete Wittwen- und Waisenkasse der Polizeimannschaft vor. Durch das Ges. v. 5. März 1869 (G.-S. S. 379) betr. die Auseinandersetzung zwischen Staat und Stadt in Frankfurt a. M. und den Rezess v. 26. Febr. 1869 wurde die erstere für den Zutritt neuer Mitglieder geschlossen; die Rechte und Verpflichtungen gegenüber den bisherigen Mitgliedern gingen hinsichtlich einzelner Beamtenkategorien auf den Staat, hinsichtlich anderer auf die Stadt über. Die andere Kasse wurde durch Ges. v. 23. Dez. 1869 (G.-S. S. 1202) aufgelöst; aus ihrem Vermögen wurden zunächst die kapitalisirten Ansprüche der Waisen befriedigt, der Rest unter die anspruchsberechtigten Wittwen vertheilt.

Die Hannoversche Wittwenkasse war eine Anstalt, der alle Civilbeamten, deren Diensteinkommen mindestens 200 Thlr. betrug, mit einigen Ausnahmen beizutreten wie berechtigt so verpflichtet waren. Die Wittwenpension betrug $^1/_5$ des 1500 Thlr. nicht übersteigenden Diensteinkommens, von dem 1500 Thlr. übersteigenden Betrage des letzteren aber $^1/_{10}$ und niemals mehr als 500 Thlr., der jährliche Beitrag je nach dem Beitrittsalter 3—5 Proz. des 3500 Thlr. nicht übersteigenden Diensteinkommens mit Zuschlägen, wenn die Frau 10 oder mehr Jahre jünger als der Mann war. Der Staat hatte ein Kapital von 400 000 Thlr. eingeschossen, eine Zuschusspflicht aber nicht übernommen.

Die Kurhessische Civil-Wittwen- und Waisenanstalt gewährte Pension principaliter nur der Wittwe und nur wenn eine solche nicht vorhanden war oder sich wieder verheirathete, aber auch dann nur bei Bedürftigkeit, auch den Waisen bis zum vollendeten 21. Lebensjahr, jener in Höhe des sechsfachen Jahresbeitrages, jeder Waise bis zu $^1/_2$ der Wittwenpension. Der Beitrag ist nach dem Range in fünf Abtheilungen abgestuft; neben demselben war ein ordentliches Eintrittsgeld in Höhe des fünffachen Jahresbeitrages und unter gewissen Umständen, insbesondere bei hohem Eintrittsalter oder erheblich höherem Alter des Mannes als der Frau, ein ausserordentliches Eintrittsgeld zu entrichten. Die Beamten der acht Rangklassen waren zum Eintritt verpflichtet. Für andere Beamte bestand mit Beitrittszwang die Civil-Wittwen- und Waisengesellschaft, der aber auch Anwälte, Aerzte und Lehrer beitreten konnten. Die Beiträge richteten sich nach dem Bedarf, durften aber nicht mehr als 4 und nicht weniger als 2 Proz. des Diensteinkommens betragen; wegen grosser Altersunterschiede trat ein ausserordentlicher Beitrag hinzu. Die Wittwe und die noch nicht 20 Jahre alten Waisen erhielten eine jährliche Pension von 16 Proz. des Diensteinkommens, niemals aber von mehr als 160 Thlr.

Der Nassauischen Central-Wittwen- und Waisen-Versorgungsanstalt mussten die nicht pensionsberechtigten Beamten beitreten; sie hatten Jahresbeiträge von $1^1/_2$ Proz. des Diensteinkommens zu entrichten. Die Pension richtet sich nach den Jahreseinkünften der Anstalt, durfte aber nicht mehr als die Hälfte des Gehaltes des Verstorbenen betragen. Für die pensionsberechtigten höheren Beamten war die Wittwen- und Waisenkasse, ebenfalls mit Beitrittszwang, bestimmt; die Beiträge beliefen sich auf jährlich 3 Proz. des Gehaltes und 10 Proz. bei der ersten Anstellung und jeder Besoldungsaufbesserung. Die Pension der Relikten war dieselbe wie die des Beamten selbst.

Der Hessen-Homburgische Versorgungsanstalt für Wittwen und Waisen landgräflicher Diener mussten mit einigen Ausnahmen alle Beamten und Offiziere beitreten. Sie zahlten ein Antrittsgeld von — je nach dem Eintrittsalter — $12^1/_2$ bis 25 und Jahresbeiträge von 2 Proz. des Diensteinkommens. Die Pension der Wittwen und ihrer Kinder betrug 25 Proz. des letzteren.

Die Frankfurter Pensionsanstalt für Wittwen und Waisen von Staatsdienern umfasste die Senatoren, Richter, sonstige Staatsdiener und Lehrer, die beitrittspflichtig waren und Jahresbeiträge von 3 Proz. des Gehaltes zahlten, wofür die Wittwen Pensionen von 25 Proz. desselben, höchstens aber 750 fl., die mutterlosen Waisen aber eine jede $^1/_4$ der Wittwenpension erhielten. Die Beiträge zur Wittwen- und Waisenkasse der Polizeimannschaft betrugen je nach der Beamtenkategorie 1 fl. 15 kr. bis 2 fl. 30 kr. monatlich Die „Unterstützung" der Wittwen belief sich entsprechend auf 10—20 fl. monatlich, die mutterloser Waisen, wenn nur eine vorhanden ist, auf 50, wenn zwei vorhanden sind, auf 75, wenn drei oder mehr, auf 100 Proz. der Wittwenunterstützung.

§ 46. Ein grundsätzlich anderer Weg der Reliktenversorgung wurde mit dem Ges., betr. die Fürsorge für die Wittwen und Waisen der unmittelbaren Staatsbeamten, v. 20. Mai 1882 (G.-S. S. 298) beschritten, wenn auch der versicherungsähnliche Charakter insofern noch nicht völlig aufgegeben wurde, als die Beamten die Fürsorge für ihre Frauen und Kinder noch mit laufenden, durch Abzug vom Gehalt erhobenen Zwangsbeiträgen erkaufen mussten. Die Beitragspflicht und demgemäss die Reliktenfürsorge erstreckt sich auf alle aktiven, unter das Pensionsgesetz fallenden, ferner auf die pensionirten unmittelbaren Staatsbeamten; ausgenommen sind nur nebenamtlich angestellte und einige auf Grund besonderer Vorschriften gelegentlich der Neuordnung der Verhältnisse in den neuen Landestheilen pensionirte sowie auf Grund älterer besonderer Zusicherungen eine Pension beziehende Beamte. Die Wittwen- und Waisengeldbeiträge betrugen jährlich 3 Proz. des pensionsfähigen Diensteinkommens bezw. des Wartegeldes oder der Pension; jedoch ist der 9000 M. des pensionsfähigen Dienseinkommens oder Wartegeldes und 5000 M. der Pension übersteigende Betrag nicht beitragspflichtig.

Die Verpflichtung zur Entrichtung der Wittwen- und Waisengeldbeiträge erlischt: 1. mit dem Tode des Beamten; 2. wenn der Beamte ohne Pension aus dem Dienste scheidet oder mit Belassung eines Theils derselben aus dem Dienste entlassen wird; 3. wenn der Beamte in den Ruhestand versetzt und ihm (auf Grund des § 7 des Pensionsges. v. 27. März 1872) eine Pension auf bestimmte Zeit bewilligt ist; 4. für den Beamten, welcher weder verheirathet ist, noch unverheirathete eheliche oder durch nachgefolgte Ehe legitimirte Kinder unter 18 Jahren besitzt, mit dem Zeitpunkte der Versetzung in den Ruhestand; 5. für den pensionirten Beamten mit dem Ablauf desjenigen Monats, in welchem die unter Ziffer 4 bezeichnete Voraussetzung zutrifft. Durch eine nach der Pensionirung geschlossene Ehe oder durch das Vorhandensein von Kindern aus einer solchen wird das Erlöschen der Verpflichtung nicht gehindert. Die zur Zeit des Inkrafttretens des Gesetzes pensionirten Beamten, welche weder verheirathet waren, noch unverheirathete oder durch nachgefolgte Ehe legitimirte Kinder unter 18 Jahren besassen, waren von Entrichtung der Wittwen- und Waisengeldbeiträge befreit.

Das Wittwengeld besteht in dem dritten Theile derjenigen Pension, zu welcher der Verstorbene berechtigt ist oder berechtigt gewesen sein würde, wenn er am Todestage in den Ruhestand versetzt wäre. — Das Wittwengeld soll jedoch mindestens 160 M. betragen und 1600 M. nicht übersteigen.

Das Waisengeld beträgt: 1. für Kinder, deren Mutter lebt und zur Zeit des Todes des Beamten zum Bezuge von Wittwengeld berechtigt war, $^1/_5$ des Wittwengeldes für jedes Kind; 2. für Kinder, deren Mutter nicht mehr lebt oder zur Zeit des Todes des Beamten zum Bezuge von Wittwengeld nicht berechtigt war, $^1/_3$ des Wittwengeldes für jedes Kind.

Wittwen- und Waisengeld dürfen weder einzeln noch zusammen den Betrag der Pension übersteigen, zu welcher der Verstorbene berechtigt gewesen ist oder berechtigt gewesen sein würde, wenn er am Todestage in den Ruhestand versetzt wäre. Bei dem Ausscheiden eines Wittwen- und Waisengeldberechtigten erhöht sich das Wittwen- oder Waisengeld der verbleibenden Berechtigten von dem nächstfolgenden Monat an insoweit, als sie sich noch nicht im vollen Genuss der ihnen gebührenden Beträge befinden.

War die Wittwe mehr als 15 Jahre jünger als der Verstorbene, so wird das Wittwengeld für jedes angefangene Jahr des Altersunterschiedes über 15 bis einschliesslich 25 Jahre um $^1/_{20}$ gekürzt. — Auf den Betrag des Waisengeldes sind diese Kürzungen des Wittwengeldes ohne Einfluss.

Keinen Anspruch auf Wittwengeld hat die Wittwe, wenn die Ehe mit dem verstorbenen Beamten innerhalb dreier Monate vor seinem Ableben geschlossen und die Eheschliessung zu dem Zwecke erfolgt ist, um der Wittwe den Bezug des Wittwengeldes zu verschaffen; ferner haben keinen Anspruch auf Wittwen- und Waisengeld die Wittwe und die hinterbliebenen Kinder eines pensionirten Beamten aus einer Ehe, welche erst nach der Versetzung des Beamten in den Ruhestand geschlossen ist.

Die Zahlung des Wittwen- und Waisengeldes beginnt mit dem Ablauf des Gnadenquartals oder des Gnadenmonats.

Das Gnadenquartal, d. i. die volle Besoldung des Verstorbenen für das auf den Sterbemonat folgende Vierteljahr erhielten nach der Kab.-O. v. 27. April 1816 (G.-S. S. 134) nur die Hinterbliebenen der Mitglieder und Subalternen der Kollegien; diejenigen anderer Beamten erhielten der Regel nach nur einen Gnadenmonat. Nach dem Ges. v. 6. Febr. 1881, betr. die Zahlung der Beamtengehälter u. s. w. (G.-S. S. 17) wird das Gnadenquartal den Hinterbliebenen aller unmittelbaren Staatsbeamten, die eine etatsmässige Stelle bekleideten, gewährt. Hat ein verstorbener Beamter eine Wittwe oder eheliche Nachkommen nicht hinterlassen, so kann mit Genehmigung des Verwaltungschefs das Gnadenquartal auch solchen Personen, welche die Kosten der letzten Krankheit und der Beerdigung bestritten haben, für den Fall gewährt werden, dass der Nachlass zu deren Deckung nicht ausreicht. Die Bestimmungen finden auch auf die zur Disposition stehenden Beamten und Wartegeldempfänger, sowie auf deren Hinterbliebene Anwendung.

Hinterlässt ein Pensionär eine Wittwe oder eheliche Nachkommen, so wird die Pension noch für den auf den Sterbemonat folgenden Monat gezahlt (Gnadenmonat). An wen die Zahlung erfolgt, bestimmt die Provinzialbehörde, auf deren Etat die Pension übernommen war. Die Zahlung der Pension für den auf den Sterbemonat folgenden Monat kann auf Verfügung dieser Behörde auch dann stattfinden, wenn der Verstorbene Eltern, Geschwister, Geschwisterkinder oder Pflegekinder, deren Ernährer er gewesen ist, in Bedürftigkeit hinterlässt, oder wenn der Nachlass nicht ausreicht, um die Kosten der letzten Krankheit und der Beerdigung zu decken.

Der Beitritt zu der allgemeinen Wittwenverpflegungsanstalt wurde nunmehr den zur Entrichtung von Wittwen- und Waisengeldbeiträgen verpflichteten Beamten sowie den Beamten des Deutschen Reichs nicht ferner gestattet. Diejenigen zur Entrichtung von Wittwen- und Waisengeldbeiträgen verpflichteten Beamten, welche bereits bei Verkündigung des Ges. v. 20 Mai 1882 Mitglieder einer Militäroder Staatsbeamtenwittwenkasse oder einer sonstigen Veranstaltung des Staates zur Versorgung der Hinterbliebenen von Beamten waren, blieben, wenn sie binnen drei Monaten nach dem Inkrafttreten dieses Gesetzes durch eine schriftliche Erklärung für ihre etwaigen künftigen Hinterbliebenen auf das in dem Gesetze bestimmte Wittwen- und Waisengeld verzichteten, von Entrichtung der Wittwen- und Waisengeldbeiträge befreit. Andernfalls waren sie berechtigt, aus der Landesanstalt auszuscheiden.

Auch die Wittwen- und Waisengeldbeiträge wurden, wie schon 20 Jahre früher die Pensionsbeiträge, durch das Ges. v. 28. März 1888 (G.-S. S. 48) vom 1. April 1888 ab aufgehoben.

Dabei wurde gestattet, die nach dem Ges. v. 20. Mai 1882 wegen Mitgliedschaft bei einer anderen Hinterbliebenenversorgungsanstalt ausgesprochenen Verzichte auf Wittwen-

und Waisengeld bis zum 30. Juni 1888 gegen ratenweise Nachzahlung der Beiträge zu widerrufen. Mitgliedern einer solchen Anstalt, welche den Verzicht widerriefen und gleichzeitig aus der Anstalt ausschieden, waren die an letztere seit der Verzichtleistung entrichteten Beiträge auf diese Nachzahlungen anzurechnen.

Schliesslich ist durch das Ges. v. 1. Juni 1897 (G.-S. S. 169) das Wittwengeld von 33⅓ auf 40 Proz. der Pension und, hinsichtlich des Minimalbetrages, erhöht sowie im absoluten Maximalbetrage nach dem Stellenrange des Verstorbenen abgestuft worden, so zwar, dass es, vorbehaltlich der Beschränkung der Summe der Wittwen- und Waisengelder auf 100 Proz. der Pension, mindestens 216 M. betragen und für Wittwen der Staatsminister und der Beamten der 1. Rangklasse 3000 M., für Wittwen der 2. und 3. Rangklasse 2500 M., im übrigen 2000 M. nicht übersteigen soll. Auch wird nunmehr, wenn eine Kürzung einzutreten hatte, weil die Wittwe mehr als 15 Jahre jünger als der Verstorbene war, nach fünfjähriger Ehe für jedes angefangene Jahr ihrer weiteren Dauer dem gekürzten Betrage $^1/_{20}$ des berechneten Wittwengeldes so lange hizugesetzt, bis der volle Betrag wieder erreicht ist.

§ 47. Die Verwaltung der Allgemeinen Wittwen-Verpflegungs-Anstalt, deren Geschäfte natürlich durch die in den vorangegangenen Paragraphen dargestellte Entwicklung auf einen relativ sehr geringen Umfang vermindert sind, erfolgt durch eine Generaldirektion, die jetzt nur aus einem Direktor und einem Bureaubeamten besteht. Beide Stellen werden nebenamtlich, die erste von einem vortragenden Rathe, die letztere von einem Bureaubeamten des Finanz-Ministeriums wahrgenommen. Der Direktor bezieht hierfür und für die Geschäfte der allgemeinen Wittwen-Pensions- und Unterstützungskasse jährlich 1200, der Bureaubeamte 500 M.

III. Kapitel.

Fürsorge für Beamte in Folge von Betriebsunfällen.

§ 48. Die bereits in § 46 des I. Buches des I. Bandes (S. 91 f.) dargestellte Fürsorge für Beamte in Folge von Betriebsunfällen ist seit Erscheinen jenes Theiles dieses Werkes neu geregelt durch das Ges. v. 2. Juni 1902 (G.-S. S. 153). Dasselbe weicht in folgenden wesentlichen Punkten von demjenigen v. 18. Juni 1887 ab:

Wenn der verletzte Beamte in Folge des Unfalles nicht nur völlig dienst- und erwerbsunfähig, sondern auch derart hülflos geworden ist, dass er ohne fremde Wartung und Pflege nicht bestehen kann, so ist für die Dauer dieses Zustandes die Pension bis zu 100 Prozent des Diensteinkommens zu erhöhen.

Auch bei theilweiser Erwerbsunfähigkeit kann für die Dauer thatsächlicher und unverschuldeter Arbeitslosigkeit die Pension bis auf 66⅔ Proz. des Diensteinkommens erhöht werden. Der Mindestbetrag des Sterbegeldes ist auf 50 M. erhöht, Mindest- und Höchstbetrag der Wittwenrente auf 216 und 3000, der Waisenrente auf 160 und 1600 M. Aszendentenrente ist auch dann zu gewähren, wenn der Lebensunterhalt der Aszendenten auch nur „überwiegend“ von dem Verstorbenen bestritten wurde. Unter gleichen Voraussetzungen und in gleicher Höhe wie den Aszendenten wird nun auch elternlosen Enkeln eine Rente gewährt; bei Konkurrenz rangiren die Enkelrenten an letzter Stelle. Die Fürsorge ist auf die Folgen von Unfällen bei häuslichen und anderen Diensten, zu denen der Beamte von seinen Vorgesetzten herangezogen wird. An Stelle des Diensteinkommens tritt bei Bemessung der Renten u. s. w. der 300fache Betrag des festgesetzten ortsüblichen Tagelohnes gewöhnlicher erwachsener Tagearbeiter, sofern dieser Betrag höher ist, wenn letzterer aber hinter dem Jahresarbeitsverdienst zurückbleibt, den im letzten Jahre vor dem Unfall Personen bezogen, welche mit gleichartigen Arbeiten in demselben oder benachbarten gleichartigen Betrieben beschäftigt waren, dieser Jahresarbeitsverdienst; der 1500 M. übersteigende Betrag kommt nur zu $^1/_3$ zur Anrechnung. War das Diensteinkommen schon in Folge eines früheren versicherungspflichtigen Unfalles geringer als vor letzterem, so ist das vor diesem bezogene zu Grunde zu legen. Der Anspruch auf die Hinterbliebenenbezüge kann auch abgelehnt werden, wenn ein Disziplinar- oder gerichtliches Verfahren mit dem Ziele auf Amtsentsetzung wegen Todes, Abwesenheit oder anderer in der Person des Beamten liegender Gründe nicht bis zum Urtheil durchgeführt werden kann.

III. Hauptabschnitt.

Die Ausgaben und Einnahmen auf dem Etat des Finanz-Ministeriums.

I. Abschnitt.

Dauernde Ausgaben für das Ministerium.

(Staatshaushaltsetat Kapitel 57.)

§ 49. Von den 7 Kapiteln des Ausgabeordinariums, welche der Etat des Finanz-Ministeriums beansprucht, enthält das erste — 57 — die Ausgaben für das Ministerium selbst einschliesslich der Generalstaatskasse. Seine Eintheilung entspricht derjenigen der anderen Ministerien: an erster Stelle stehen in 6 Titeln die Besoldungen (Tit. 1: Minister, 2: Unterstaatssekretär, 3: Direktoren und vortragende Räthe, 4: mittlere Beamte, 5: Kanzlei- und Kassensekretäre, 6: Unterbeamte), dann folgen (Tit. 7) Wohnungsgeldzuschüsse und in 4 Titeln (8: Hülfsarbeiter, 9—9b: Remunerationen und Unterstützungen) „Andere persönliche Ausgaben", sodass die persönlichen Ausgaben also insgesammt die Tit. 1—9b einnehmen. Die „Sächlichen und vermischten Ausgaben" sind in 4 Titel untergebracht, von denen Tit. 10 (Bureaubedürfnisse u. s. w.), 11 (Diäten, Fuhr- und Versetzungskosten) und 13 (Unterhaltung des Dienstgebäudes u. s. w.) auch bei anderen Ministerien wiederkehren, während Tit. 12 (Belohnungen behufs Entdeckung von Münzverbrechen) diesem Etat eigenthümlich ist.

§ 50. Von den Besoldungstiteln hängen die beiden ersten — Minister und Unterstaatssekretär — in der Höhe ihrer Dotation (jetzt 36 000 bezw. 18 000 M.; vgl. Anl. CVII A) lediglich von der im vorigen Hauptabschnitt dargestellten Entwickelung der Besoldungen ab, da aus jedem von beiden nur je ein Beamter besoldet wurde und wird.

An der Spitze des Finanz-Ministeriums standen folgende Minister: 1808—1810: Frhr. v. Stein zum Altenstein; 1810—1813: der Staatskanzler Fürst v. Hardenberg; 1813—1817: Graf v. Bülow; 1817—1825: v. Klewitz; 1825 bis Juni 1830: v. Motz; Aug. 1830 bis Nov. 1834: Maassen; Jan. 1835 bis April 1842: Graf v. Alvensleben; Mai 1842 bis Mai 1844: v. Bodelschwingh; Mai 1844 bis Aug. 1846: v. Flottwell; Sept. 1846 bis März 1848: v. Dresberg; März bis Sept. 1848: Hansemann; Sept. bis Nov. 1848: v. Bonin; 8. Nov. 1848 bis 23. Febr. 1849: als Verweser Kühne; März 1849 bis Juli 1851 v. Rabe; 22. Juli 1851 bis Okt. 1858: v. Bodelschwingh; Nov. 1858 bis März 1862: Frhr. v.

Patow; März bis Okt. 1862: v. d. Heydt; Okt. 1862 bis Juni 1866: v. Bodelschwingh; Juni 1866 bis Okt. 1869: v. d. Heydt; Okt. 1869 bis März 1878: Camphausen; März 1878 bis Juli 1879: Hobrecht; Juli 1879 bis Juni 1882: Bitter; Juni 1882 bis Juni 1890: v. Scholz; 23. Juni 1890 bis 5. Mai 1901: v. Miquel, an dessen Stelle am 5. Mai 1901 Frhr. v. Rheinbaben getreten ist.

Der Posten des Unterstaatssekretärs besteht erst seit 1880/81, wo die eine Direktorstelle in die eines solchen umgewandelt wurde, indem der Unterstaatssekretär die Leitung der Etats- und Kassenabtheilung beibehielt. Einen besonderen Direktor erhielt diese Abtheilung erst wieder durch einen Nachtragsetat für 1899.

Die Dotation der Tit. 3—6 hat nicht nur unter dem Einfluss der im vorigen Hauptabschnitt dargestellten Besoldungspolitik, sondern auch unter dem der verschiedenen Zahl der etatsmässigen Stellen gestanden und zwar war dieser letztere Einfluss nicht stets ein ausgabesteigernder, weil, wie früher erwähnt ist, das Ressort des Finanz-Ministeriums lange Zeit auch die ihm jetzt nicht mehr zugehörige Domänen- und Forstverwaltung umfasste.

Die Zahl der Direktoren stimmte, von dem im ersten Absatz dieses Paragraphen berührten Zeitraume von 1880/81 bis 1899 abgssehen, mit der Zahl der Abtheilungen des Ministeriumsüberein, betrug also, während die Domänen- und Forstverwaltung vom Finanz-Ministerium ressortirte, d. i. bis zum Jahre 1878 einschliesslich zuerst 4, dann, seit der Theilung der beiden Steuerabtheilungen im Jahre 1867, 5, 1879/80 3, 1880/81 bis 1898/99 2, seitdem wieder 3. Doch wurden die Beamten der Domänen- und Forstabtheilung erst seit 1867 auf dem Etat des Finanz-Ministeriums, vorher auf dem besonderen Etat der Centralverwaltung der Domänen und Forsten geführt. Seit 1903 fungirt noch der älteste vortragende Rath der Abtheilung für Etats- und Kassenwesen gegen eine pensionsfähige Zulage von 1000 M. als Dirigent.

Vortragende Räthe waren nach dem Etat von 1849 14 vorhanden, welche Zahl anfangs der 50er Jahre auf 12 vermindert, aber schon 1855 auf 13, 1859 auf 14 erhöht wurde. Im Etat für 1867 wurden bei Theilung der Steuerabtheilungen 2 neue Stellen errichtet, sodass einschliesslich der 11 der Domänen- und Forstabtheilung 27 vorhanden waren. Mit Rücksicht auf die Erweiterung des Staatsgebietes kamen 1868 4 neue hinzu, und 1872 wurde der bisherige Vermessungsinspektor als „Generalinspektor des Katasters" unter die vortragenden Räthe eingereiht. 1872 wurde zwar eine Stelle wieder eingezogen, doch erwies sich schon 1876 ihre Wiederherstellung als erforderlich.

Nach der Abgabe der Domänen- und Forstverwaltung verblieben im Finanz-Ministerium 21 vortragende Räthe einschliesslich des Generalinspektors des Katasters. Schon 1881/82 wurde die Zahl wegen der Geschäfte der direkten Steuerverwaltung auf 22 erhöht.

Im Etat für 1886/87 trat ein ständiger Hülfsarbeiter für Katasterangelegenheiten, 1889/90 und 1892/93 ein weiterer vortragender Rath hinzu. Die Steuerreform brachte es mit sich, dass 1894/95 die Stelle des katastertechnischen Hülfsarbeiters in die eines vortragenden Rathes umgewandelt und ausserdem eine neue, 26. vortragende Rathsstelle geschaffen wurde. Gleichzeitig wurde ein ständiger, bautechnischer Hülfsarbeiter angestellt, dessen Stelle aber schon 1896/97 in die eines vortragenden Rathes umgewandelt wurde. Abermals um einen vermehrt wurde die Zahl der vortragenden Räthe durch den nächsten Etat, und 1902 kam ein weiterer hinzu. Von den somit vorhandenen 29 Räthen sind beschäftigt in der Etats- und Kassenabtheilung 13, in denjenigen für direkte Steuern 8 und für indirekte Steuern je 8.

Acht vortragende Räthe haben Nebenämter mit den in Klammern beigefügten Remunerationen, und zwar als Vorgesetzter der Lotterieverwaltung (1500 M.), als Justitiar derselben (900 M.), als Direktor der allgemeinen Wittwen-Verpflegungsanstalt und der allgemeinen Wittwen-Pensions- und Unterstützungskasse (1200 M.), als Mitglied der Hauptverwaltung der Staatsschulden (1500 M.), als Mitglied der Prüfungskommission für höhere Verwaltungsbeamte (1200 M), als Mitglied der Oberprüfungskommission für Landmesser (400 M.), als Mitglied des Disziplinarhofes (600 M.) und als Redakteur des Centralblattes der Abgaben- etc Gesetzgebung und Verwaltung (ca. 4000 M.)

Der Gesammtaufwand für Besoldung des Unterstaatssekretärs, der Direktoren und Räthe war, wie die Anlage CVIIA zeigt, 1903 mit 318000 M., nur 32400 M. geringer als 1874, und nur etwa 30000 M. niedriger als 1878/79, wo 5 Direktoren, 32 Räthe und 2 Hülfsarbeiter zu besolden waren. Unter Ausscheidung der letzteren und der Direktoren stellte er sich 1878/79 für einen vortragenden Rath auf 8700, 1902 nur auf 8669 M., da ungewöhnlich zahlreiche Räthe mit geringem Dienstalter vorhanden waren, 1903 nach Ausscheidung der 1000 M. Dirigentenzulage auf 8758 M. Betrüge 1903 das Durchschnittsdienstalter auch nur 7 Jahre, so wären im Tit. 3 315700 M. erforderlich.

§ 51. Für mittlere Beamte forderte der Etat für 1902 im Tit. 4 bereits eine nur um etwa 15000 M. oder 3 Proz. hinter dem Bedarf der letzten Jahre vor Ausscheiden der Domänen- und Forstverwaltung zurückbleibende Summe und 115000 M. oder fast $^1/_3$ mehr als im Jahre 1879/80, dem ersten nach der gedachten Maassnahme. Damals, im Jahre 1879/80, empfingen aus diesem Titel ihre Besoldung je ein Vorsteher des Centralbureaus, Rendant der Generalstaatskasse, Oberbuchhalter derselben, Vorsteher des Abrechnungsbureaus für die Reichssteuern und Kanzleidirektor, 2 Kassirer der Generalstaatskasse und 80 Expedienten, Kalkulatoren, Registratoren, Journalisten und Buchhalter, zusammen also 87 Beamte. Im nächsten Jahre wurde eine weitere Expedientenstelle errichtet, dagegen die zweite Kassirerstelle in die eines Kassirer-Assistenten umgewandelt. Weitere Vermehrungen fanden statt 1881/82 um 1 Expedienten, 1888/89 und 1889/90 in Folge der Reform der Branntwein- und Zuckersteuer um deren je drei. Dagegen bedeutete der Zugang von weiteren zwei im Etat für 1890/91 nur scheinbar eine Vermehrung des Beamtenpersonals. Bis dahin erschienen nämlich im Etat des Finanz-Ministeriums nur die vom Staate zu leistenden Zuschüsse an die allgemeine Wittwen-Verpflegungs-Anstalt, die eine besondere Kassenverwaltung hatte; jetzt wurde diese besondere Verwaltung aufgelöst, die Bruttoeinnahme und -Ausgabe in den Etat eingestellt, und es wurden die jener Verwaltung dienenden Bureaubeamten unter die des Finanz-Ministeriums eingereiht. Im Jahre 1894/95 trat ein weiterer Expedient hinzu. Eine Bureaubeamtenstelle ist 1882/83 in die eines Vorstehers der Hauptbuchhalterei, eine weitere 1892/93 in die eines Bureauvorstehers bei der Etats- und Kassenabtheilung, die des Kassirer-Assistenten 1900 in die eines Buchhalters umgewandelt worden. So waren denn 1902 vorhanden — mit den in Klammern angegebenen Besoldungen – je 1 Vorsteher des Centralbureaus (7200 M.), des Abrechnungsbureaus für die Reichssteuern (6600), der Hauptbuchhalterei (6600) und des Bureaus der Etats- und Kassenabtheilung (6600), je 1 Rendant (7500), Oberbuchhalter (6600) und Kassirer der Generalstaatskasse (6600), 87 Expedienten, Kalkulatoren, Registratoren, Journalisten und Buchhalter* und 1 Kanzleidirektor (3000—6000 M.), zusammen 95 Beamte, auf die im Durchschnitt eine Besoldung von 5002 M. entfiel gegen 4148 M. im Jahre 1879/80. Im Jahre 1903 ist der Bedarf des Tit. 4 in Folge des Dienstalters der Beamten 8500 M. geringer als 1902.

* Ausser ihrer Besoldung beziehen aus Nebenämtern 4 Bureaubeamte und der Kanzleidirektor als Ziehungskommissare bezw. Protokollführer bei den Lotterieziehungen je bis zu 522 und 5 Bureaubeamte für gleiche Geschäfte je bis zu 504 M., 1 Bureaubeamter für Geschäfte bei der Berliner allgemeiner Wittwen-Pensions- und Unterstützungskasse 500 M. und 1 Buchhalter für Verwaltung einer Kirchenkasse 900 M., ausserdem 1 Buchhalter für Geschäfte bei der Königlichen Kronkasse und der Königlichen Kronfideikommisskasse aus Tit. 8 300 M.

Vor dem Uebergang der Domänen- und Forstverwaltung auf das Landwirthschafts-Ministerium wies der Etat für 1878/79 auf 112 mittlere Beamte, nämlich ausser den auch 1879/80 vorhandenen Einzelbeamten, wie Bureauvorstehern u. s. w., 105 Expedienten, Kalkulatoren u. s. w. und Beamte des Forsteinrichtungsbureaus. Gegen 1867, wo die Beamten der Domänen- und Forstabtheilungen zuerst auf dem Etat des Finanz-Ministeriums erschienen, war das ein Mehr von 28 Beamten; denn damals waren vorhanden 2 Beamte des Centralbureaus, 1 Rendant, 1 Oberbuchhalter, 2 Kassirer und 7 Buchhalter der Generalstaatskasse, 72 Expedienten u. s. w., 1 Vorsteher und 2 Registratoren des Ministerialarchivs, 1 Beamter der Forstplankammer, 1 Vorsteher und 6 Buchhalter der Hauptbuchhalterei. Die Vermehrungen erfolgten hauptsächlich in Folge des Zutritts der neuen Provinzen im Jahre 1868, nämlich um 12 Bureaubeamten- und Buchhalter-, 1 Vermessungsinspektor-, 1 bautechnische Hülfsarbeiter-, 1 Kassirer- und 3 Beamtenstellen in der nun Forsteinrichtungsbureau genannten früheren Forstplankammer. Im nächsten Jahre gingen allerdings die Beamten des Ministerialarchivs auf die Staatsarchive über. Indess 1871 wurden 2, 1873 3, 1875 2 neue Bureaubeamten- bezw. Buchhalterstellen errichtet, in dem letzteren Jahre auch der Kanzleidirektor aus dem Besoldungstitel für Kanzleibeamte hierher übernommen. Andererseits wurde aus dem Vermessungsinspektor 1872 ein Generalinspektor des Katasters in der Kategorie der vortragenden Räthe, und als bautechnischer Hülfsarbeiter wurde seit 1875 ein Regierungs- und Baurath, als Vorsteher des Forsteinrichtungsbureaus 1878/79 ein Forstmeister angestellt und deren Besoldung bei den vortragenden Räthen nachgewiesen. Endlich ermöglichte der Uebergang von Geschäften auf die Reichshauptkasse 1876 die Einziehung von 4 Buchhalterstellen und 1878/79 diejenige der Kassirer-Assistentenstelle, während neu angestellt wurde nur 1877/78 ein Expedient.

Von den 1867 vorhandenen Beamten entfielen auf das Centralbureau, die Hauptbuchhalterei, Generalstaatskasse und die Abtheilungen für Etats- und Kassenwesen und für Steuern sowie auf das Archiv 74, während 1849 in diesen Geschäftszweigen beschäftigt waren 61, sodass also in der Zwischenzeit ein Zuwachs von 13 Beamten stattgefunden hatte. In der Hauptsache bestand dieser Zuwachs in den 6 Stellen bei der erst 1868 errichteten Hauptbuchhalterei und in von anderen Etats übertragenen Stellen wie den 1859 von der Rendantur des Staatsschatzes übernommenen des Kontroleurs und eines Kassirers der Generalstaatskasse.

§ 52. Keinerlei Veränderung gegen 1879/80 hat bis 1903 die Zahl der Kanzlei- und Kassensekretäre (23) erfahren, und auch den im letzteren Jahre vorhandenen 24 Unterbeamten (1 Botenmeister, 21 Kanzlei- und Kassendiener, 2 Hausdiener) ist seitdem nur — seit 1886/87 — 1 Hausnachtwächter hinzugetreten, dessen Obliegenheiten früher diätarisch versehen wurden. Im letzten Jahre, wo die Domänen und Forsten vom Finanz-Ministerium verwaltet wurden, waren 9 Kanzlei- und Kassensekretäre, 4 Kanzlei- und Kassen- und 1 Hausdiener mehr vorhanden, während 1867 die Zahl der Ersteren nur 19, die der Botenmeister 2, die der Kanzlei- und Kassendiener 24, die der Hausdiener 3 betrug. Im Jahre 1868 wurde eine Botenmeisterstelle eingezogen, dagen wurden 4 neue für Kanzleisekretäre und 2 für Kanzlei- und Kassendiener errichtet, im nächsten Jahre aber eine Dienerstelle auf das Staatsarchiv übertragen. Der Etat für 1874 sah sodann 9 weitere Stellen für Kanzleisekretäre, der nächste wieder eine 26. Dienerstelle vor, die aber 1876 schon wieder in Fortfall kam.

Der Etat für 1849 enthielt die Stellen von 16 Kanzlisten und Kassensekretären, 16 Kanzlei- und Kassendienern und 2 Hausdienern. Die Vermehrung bis 1867 betrug also 3 Kanzlei- und Kassensekretäre und 8 Kanzlei- und Kassendiener und 1 Hausdiener. Diese Vermehrung ist fast vollständig durch die etatsrechtliche Vereinigung der

Centralverwaltung der Domänen und Forsten mit dem Finanz-Ministerium bewirkt, die hinsichtlich der Kanzlei schon 1861, im Uebrigen, wie erwähnt, 1867 erfolgte.

Der Geldbedarf stellte sich, wie die Anlage CVIIA ersehen lässt, 1874 für die Kanzlei- und Kassensekretäre einschliesslich des Kanzleidirektors (Tit. 5) auf 85 800 M., für die Unterbeamten (Tit. 6) auf 38 550 M. 1879/79 war jener auf 81 600 M. zurückgegangen, weil die Besoldung des Kanzleidirektors 1875 auf Tit. 4 übertragen wurde, der Tit. 6 dagegen 39 450 M. gestiegen. Durch die Abtrennung der Domänen- und Forstverwaltung verminderte sich der Bedarf in Tit. 5 auf 58 650 M., in Tit. 6 auf 32 700 M. Seitdem hat er, dort ausschliesslich, hier fast ausschliesslich in Folge der Besoldungsreformen, bis 1902 dort um etwa 5000 M., hier um etwa 6000 M. zugenommen; 1903 ist gegen 1902 dort ein Minderbedarf von 2000 M., hier ein Mehrbedarf von 440 M. nach Maassgabe des Dienstalters der Beamten zu verzeichnen. Auf den Kopf entfallen 1903 in Tit. 5 2651 und in Tit. 6 1564 M. gegen 2550 bezw. 1363 M. im Jahre 1879/80.

Aus Nebenämtern beziehen 1903 2 Kanzleisekretäre und 1 Kanzleidiener für Geschäfte bei der Berliner allgemeinen Wittwen-Pensions- und Unterstützungskasse 60, 40 und 150 M., 1 Kassendiener für Geschäfte bei der Krankenkasse aus Tit. 8 90 M.

§ 53. Einschliesslich der Wohnungsgeldzuschüsse (Tit. 7), welche von 165 960 M. im Jahre 1874, wo sie übrigens aus einem für alle Ressorts gemeinsamen Fonds bestritten wurden, und 163 320 M. im Jahre 1877/78 in Folge Ausscheidens der Domänen- und Forstverwaltung auf 117 300 M. 1879/80 sanken, seitdem aber durch Stellenvermehrungen auf 139 400 M. gestiegen sind, beträgt der Bedarf an Besoldungen 1903 rd. 1,06 Mill. M. gegen 0,835 im Jahre 1879/80, 1,17 1877/78, 0,829 1869 und 0,435 Mill. M. 1849.

Er ist also seit 1849 um reichlich 100 Proz. gestiegen, während die Beamtenzahl sich nur im Verhältniss von 115 : 177 vermehrt hat.

Der Aufwand für Wohnungsgeldzuschüsse würde erheblich höher sein, wenn nicht der Minister freie Dienstwohnung, der Unterstaatssekretär, 1 Direktor, der Vorsteher des Centralbureaus, der Botenmeister und 5 Diener Dienstwohnungen hätten.

§ 54. Von den sonstigen persönlichen Ausgaben werden die ausserordentlichen Remunerationen und Unterstützungen jetzt in den Tit. 9, 9a und 9b nachgewiesen. Hinsichtlich der für sie massgebenden Grundsätze kann auf § 49 des I. Buches des I. Bandes (S. 97 ff.) verwiesen werden. Die für diese Zwecke ausgeworfene Summe ist mit (5200 + 3500 + 1500 =) 10 200 M. vom Ausscheiden der Domänen- und Forstverwaltung bis 1902 trotz der Beamtenvermehrungen unverändert geblieben, während sie vorher 13 500 M. betrug; 1903 ist der Betrag in Tit. 9 um 96 M. erhöht worden.

Erheblicher ist die Ausgabe im Tit. 8 zur Remunerirung von Hülfsarbeitern. Aus diesem Titel werden gezahlt die neben der Besoldung der von ihnen etwa bekleideten etatsmässigen Stelle in

Gestalt von Pauschquanten oder der vollen gesetzlichen Tagegelder gewährten Remunerationen an nicht ständige (kommissarische) Hülfsarbeiter, wie sie bei vorübergehendem Bedürfniss oder mit der Anwartschaft auf eine offene etatsmässige Stelle — es ist ein nur ausnahmsweise, wenn der Einzuberufende sich bereits in einer ranggleichen Stellung, z. B. als Oberpräsidialrath, befindet oder früher als Hülfsarbeiter im Ministerium beschäftigt war, verlassener Grundsatz, der definitiven Berufung in eine Stelle im Ministerium eine mehrmonatliche kommissarische Beschäftigung vorangehen zu lassen — einberufen werden. Ständige Hülfsarbeiter erhalten keine Remunerationen, sondern je nach ihrer Art in Tit. 3, 4, 5 oder 6 zu verrechnende Besoldung, da ihre Stellen etatsmässige sind. Ausser der Remunerirung kommissarischer Hülfsarbeiter werden aus Tit. 8 einige nicht pensionsfähige Remunerrationen an etatsmässige Beamte für Nebenbeschäftigungen bestritten, z. B. 600 M. für den als Direktor der allgemeinen Wittwen-Verpflegungsanstalt fungirenden vortragenden Rath, (100+90=) 190 M. an einen Buchhalter und einen Diener der Generalstaatskasse für Geschäfte der Krankenkasse und der Königl. Familienfideikommiskasse und 150 M. Stellenzulage für den Botenmeister. Die erstgedachte bis einschliesslich 1890/91 um 300 M. höhere Remuneration ging früher bei der im § 51 erwähnten Aufhebung der besonderen Kassenverwaltung der genannten Anstalt über, diejenige für den Botenmeister kam 1891/92 in Folge der Gehaltsregulirung durch den Nachtragsetat für 1890/91, wo sie aus einem gemeinsamen Fonds bestritten wurde, hinzu. Die Zahlungen für Geschäfte der Kron- etc. Kassen erfolgten bis 1896/97 direkt aus diesen; 1897/98 wurden sie dagegen hier in Ausgabe und dafür unter „Beiträge zu den Verwaltungskosten“ ein entsprechender Betrag in Einnahme gestellt; sie betrugen damals 2490, 1898/99 990, seit 1899 390 M. Dagegen standen im Tit. 8 bis 1891/92, wo sie in dem entsprechend erhöhten Gehalt aufgingen, hier auch 1200 M. Funktionszulage für den Vorsteher des Centralbureaus.

Die Dotation des Tit. 8 ist, wie die Anl. CVII A erweist, und zwar erst durch Abzweigung der Domänen- und Forstverwaltung, dann in Folge Vermehrung der etatsmässigen Stellen und 1896/97 durch Uebertragung der Schreiblöhne auf den Titel „Bureaubedürfnisse“ von 51 825 M. im Jahre 1874 auf 42 390 M. in den letzten Jahren herabgegangen, während die gesammten „anderen persönlichen Ausgaben“ früher betragen hatten 1849 6900, 1859 16 800 und 1869 42 000 M. Die starke Zunahme in den 60er Jahren ist vorzugsweise auf das Hinzukommen der Ausgaben für die Centralverwaltung der Domänen und Forsten und die Geschäftsvermehrung in Folge Erweiterung des Staatsgebietes zurückzuführen.

§ 55. Der hauptsächlichlichste Titel der sächlichen Ausgaben, der für Bureaubedürfnisse aller Art, wie im vorigen Paragraphen erwähnt, einschliesslich der Schreib- und sonstigen Löhne, für öffentliche Abgaben und Lasten, nicht aversionirte Porti-, Fracht- und Telegrammgebühren bestimmte jetzige 8. Titel hat, wie Anl. CVII A erweist, eine nur wenig schwankende Dotation beansprucht, seit Uebernahme der Schreiblöhne (1896/97) bis 1902 jährlich ca. 130 000 M.; ungefähr die gleiche Höhe hatte er 1883/84 bis 1893/94, während 1894/95 die Portoaversionirung seine Verminderung um 7000 M. zuliess. Die starke Erhöhung von 110200 auf 130000 M. im Jahre 1883/84 erfolgte, weil sich in den 3 Durchschnittsjahren 1879/80—1881/82 ein solcher Bedarf herausgestellt hatte, man somit in der bei Ausscheiden der Domänen- und Forstverwaltung vorgenommenen Herabsetzung zu weit gegangen war. Für 1903 sind 9200 M. mehr als 1902 eingestellt, welche für Heizung u. s. w. des bisher von der Direktion für die Verwaltung der direkten Steuern, nun aber grösstentheils vom Ministerium benutzten Dienstgebäudes „Hinter dem Giesshause No. 1“ vom Etat der direkten Steuern übernommen sind.

Der Verdoppelung des Tit. 11 „Diäten, Fuhr- und Versetzungkosten“ auf die seitdem beibehaltene Summe von 12 000 M. lag ebenfalls die Erkenntniss zu Grunde, dass man bei Abtrennung der Domänen- und Forstverwaltung den verbleibenden Bedarf unterschätzt hatte.

Auch für Unterhaltung des Dienstgebäudes, Gartens und des Mobiliars in der Dienstwohnung des Ministers waren im Tit. 13 seit 1885/86—1902 gleichmässig 11 000 M. ausgesetzt. Der frühere Mehrbetrag von 1000 M. wurde 1885/86 auf den Bureaubedürfnissfonds übertragen. Die Erhöhung von 9000 auf 12 000 M. war wegen gesteigerten Bedürfnisses 1875 erfolgt. Früher in den 50er u. 60er Jahren waren 6000 bis 7680 M. gefordert worden. 1903 sind 15 450 M. ausgebracht infolge der bei Tit. 10 erwähnten Erweiterung des Ministeriums sowie der Uebernahme der bisher aus Fonds der indirekten Steuer unterhaltenen Dienstwohnung nebst Garten für den Unterstaatssekretär und einen Direktor.

Der Fonds „zu Belohnungen behufs Entdeckung von Münzverbrechen und sonstigen, diesem Zwecke dienenden Ausgaben“ (Tit. 12) wurde 1859 in der seitdem beibehaltenen Höhe von 1500 M. vom Etat des Staatsschatzes übernommen.

Der Gesammtbetrag der sächlichen Ausgaben ist aus analogen Gründen, wie sie in den vorangegangenen Paragraphen dargelegt sind, in den 60er Jahren in dem aus der Anlage ersichtlichen starken Maasse gestiegen.

II. Abschnitt.

Dauernde Ausgaben für die Provinzialbehörden der allgemeinen Landesverwaltung.

(Staatshaushaltsetat Kap. 58.)

I. Kapitel.

Persönliche Ausgaben.

(Staatshaushaltsetat Kap. 58 Tit. 1—9.)

A. Besoldungen und Wohnungsgeldzuschüsse.

§ 56. In dem Kap. 58 des Staatshaushaltsetats finden sich jetzt unter der Bezeichnung „Ober-Präsidenten, Regierungs-Präsidenten und Regierungen, einschliesslich der Ministerial-, Militär- und Baukommission in Berlin, sowie Bezirksausschüsse" die Ausgaben für die Provinzialbehörden der allgemeinen Landesverwaltung mit Ausnahme des Polizeipräsidiums in Berlin, das gleichzeitig Provinzial- und Ortsbehörde ist und im Etat des Ministeriums des Innern geführt wird.

Die persönlichen Ausgaben zerfallen in Besoldungen, Wohnungsgeldzuschüsse und andere persönliche Ausgaben. Die Besoldungen werden in je einem Titel für die höheren, die mittleren, die Kanzlei- und die Unterbeamten nachgewiesen. In allen 4 Titeln hat im Laufe der Zeit eine gewaltige Steigerung der Ausgaben stattgefunden, die sowohl durch die im vorigen Hauptabschnitt dargestellten Massnahmen der Besoldungspolitik als durch die Vermehrung der Beamtenzahl bedingt war.

Was die Beamtenvermehrungen anlangt, so giebt hierüber die Tabells auf S. 1628 einen Ueberblick.

Die Zahl der Oberpräsidenten entspricht natürlich derjenigen der Provinzen; sie betrug also bis zum Hinzukommen der 3 neuen Provinzen 8, dann 11 und seit der Theilung der Provinz Preussen (1878) 12; der für 1849 aufgeführte neunte Oberpräsident war der Generalgouverneur von Neuvorpommern und Rügen, dessen Stelle demnächst in die des Regierungspräsidenten umgewandelt wurde.

Ebenso entsprach früher die Zahl der Regierungspräsidenten und der — bis 1872 mit diesen gemeinsam nachgewiesenen — Regierungs-Vicepräsidenten und entspricht jetzt nach Beseitigung der Letzteren die Zahl der Ersteren derjenigen der Regierungsbezirke mit der Massgabe, dass der Regierungspräsident der Hohenzollernschen Lande bis 1872 auf deren Sonderetat geführt wurde. Die Gesammtzahl betrug daher 1849 25, nach Erwerb der letzterwähnten Lande 26, nach Hinzukommen von 3 in Schleswig-Holstein und Hessen-Nassau 29. Von diesen 29 waren 10, seit Thei-

Beamte	Es betrug die Zahl der nebenstehenden Beamten im Jahre																			
	1849	1859	1867	1868	1874	1879/80	1881/82	1884/85	1885/86	1890/91	1893/94	1895/96	1896/97	1897/98	1898/99	1899	1900	1901	1902	1903
Oberpräsidenten	9	8	8	11	11	12	12	wie 1881/82	12	12	wie 1890/91	wie 1890/91	dieselbe Zahl wie 1895/96							
Regierungspräsidenten	25	25	25	28	19	18	24		30	35										
Regierungsvicepräsidenten		³) +1	³) +1	³) +1	10	11	5		5	—										
Präsident der Finanzdirektion	—	—	—	1	1	1	1		—	—										
Dirigent der Ministerial-, Militär- und Baukommission		—	—	—	—	1	1		1	1										
Dirigent der Direktion für die Verwaltung der direkten Steuern	—	—	—	—	1	1	1		1	1		—								
Oberpräsidialräthe	—	—	—	—	—	—				12		12								
Oberregierungsräthe	57	268	270	331	392	373	371	386	417	415		403	401	412	418	428	446	459	495	494
Regierungsräthe	213	¹) +3	¹) +2	¹) +2	+	+	+	+	+	+		+	+	+	+	+	+	+	+	+
			³) +3	³) +3	³) 3	³) 3	³) 3	³) 3	³) 3	³) 3		³) 14	³) 16	³) 17	³) 18	³) 20	³) 24	³) 27	³) 31	³) 33
Verwaltungsgerichtsdirektoren	—	—	—	—	—	—	—													
Wohnungsinspektoren	—	—	—	—	—	—	—	—	—	—		—	—	—	—	—	—	—	1	1
Hauptkassenrendanten	207	26	26	36	33	33	33	wie 1881/82	36	36		dieselbe Zahl wie 1890/91								
		¹) +1	¹) +1	¹) +1																
Kassirer	*)	260	161	202	33	33	33		36	36										
Oberbuchhalter, Buchhalter			¹) +2	—	180	180	215		203	212	219	221	277	268	265	264	270	272	272	273
		¹) +2																		
Plankammervorsteher	—	—	—	—	—	—	—	—	—	1	1	1	1	1	1	1	wie 1899		1	1
Sekretäre	534	524	508	626	481	482	494	502	531	572	584	583	1037	1048	1358	1360			1440	1495
Bureausekretariatsassistenten		¹) +6	¹) +5		240	243	249	253	267	286	458	477								
Kassenassistenten	siehe oben	26	27	38	38	38	56	56	52	55	59	62	—	—	—	—			—	—
		¹) +1	¹) +1																	
Kassirerassistenten	—	—	—	—	—	—	4	4	4	4	4	6	7	7	7	7			7	7
Kanzlisten	139	154	154	189	309	299	299	295	315	322	363	363	399	400	400	401			416	408
		¹) +1	¹) +1																	
Unterbeamte	223	223	221	271	278	280	280	286	302	303	319	328	328	329	342	343	348	349	354	364
		¹) +2	¹) +2																	

*) Einschliesslich Kassenassistenten. — ¹) In den Hohenzollernschen Landen. — ²) Ausschliesslich der neuen Provinzen. — ³) Bei Polizeipräsidium bezw. Direktion für die Verwaltung der direkten Steuer.

lung der Provinz Preussen 11 Vicepräsidenten. In Folge des Organisations-Ges. v. 26. Juli 1880 (vergl. oben § 19) wurden die Vicepräsidentenstellen in Königsberg, Danzig, Potsdam, Stettin, Breslau und Magdeburg 1881/82 in Präsidentenstellen umgewandelt, und durch Ersetzung der — auf dem Etat des Ministeriums des Innern stehenden — 6 Landdrosteien in Hannover durch Regierungen traten vom 1. Juli 1885 ab 6 Regierungspräsidenten hinzu, während die Stelle des Präsidenten der Finanzdirektion in Hannover wegfiel.

Die Oberpräsidialräthe erscheinen als besondere Gehaltsklasse erst seit 1888/89, während sie vorher mit den Oberregierungs- und Regierungsräthen vereinigt waren. Da nach dem Organisations- bezw. jetzt dem Landesverwaltungsgesetz jedem Oberpräsidenten nur ein Oberpräsidialrath beigegeben ist, so betrug ihre Zahl zuerst (1881/82) 6 und beträgt, seitdem die Einrichtung auf alle Provinzen ausgedehnt ist (vgl. oben § 22) 12.

Die Oberregierungsräthe wurden nur bis 1854 besonders nachgewiesen. Seitdem bilden sie eine Gehaltsklasse mit den Regierungsräthen und haben vor diesen nur die Zulagen von je 900 M. als Vertreter des Regierungspräsidenten und als Abtheilungsdirigenten voraus. Ebenso werden mit den Regierungsräthen die Verwaltungsgerichtsdirektoren nachgewiesen.

Die Zahl der Beamten dieser Klasse ist, wie die Tabelle zeigt, fast fortgesetzt gestiegen. Die erste grosse Vermehrung erfolgte in Folge der Erweiterung der Monarchie: im Etat für 1868 erscheinen einschliesslich von drei Stellen beim Berliner Polizeipräsidium, die zwar im Etat des Finanz-Ministeriums mitgezählt, deren Gehälter aber hier in Abzug gebracht werden, und einschliesslich zweier für Hohenzollern 336 gegen 275 im Vorjahre, obwohl hier die auf dem Etat des Ministeriums des Innern stehenden Räthe bei den hannoverschen Landdrosteien noch nicht berücksichtigt sind. Von den 395 Stellen des Etats für 1874 waren 10 überzählige, deren Salarirung bis dahin aus dem Fonds zur Remunerirung von Hülfsarbeitern erfolgt war; das Plus an etatsmässigen Stellen gegen 1868 von 49 war fast ausschliesslich (46 Stellen) erst 1874 errichtet worden. Zu diesem Plus trat noch die in demselben Jahre aus der Zahl der Oberregierungs- und Regierungsräthe herausgehobene Stelle des Dirigenten der Direktion für die Verwaltung der direkten Steuern. Ebenso wurde 1878/79 die Stelle des Dirigenten der Ministerial-, Militär- und Baukommission herausgehoben. Dadurch, durch Wegfall überzähliger und Einziehung von 15 etatsmässigen Stellen (1878/79) sank die Zahl der Stellen der Regierungs- und Oberregierungsräthe bis auf 376 im Jahre 1879/80, und im Jahre 1881/82 wurde eine Stelle auf die landwirthschaftliche Verwaltung übertragen, während die Zahl der überzähligen auf 6 gesunken war und 1883/84 auf 5 zurückging. Dagegen traten 1884/85 hinzu 16 Verwaltungsgerichtsdirektoren, und im nächsten Jahre bedingte die Verwaltungsreorganisation in Hannover einen Zugang von 45 Stellen gegen Wegfall von 13 Stellen bei der Finanzdirektion und eines überzähligen Rathes. Bei Beurtheilung der Zahl von 418 Stellen, welche 1890/91 aufweist, ist der Wegfall von 3 überzähligen Räthen und das Ausscheiden von 12 Oberpräsidialräthen zu berücksichtigen, sodass sich thatsächlich gegen 1885/86 ein Mehr von 13 etatsmässigen Stellen ergiebt. Weitere Vermehrungen erfolgten dadurch, dass 1895/96 10 Regierungsrathsstellen bei den Regierungen und eine bei der Berliner Direktion für die Verwaltung der direkten Steuern in solche für Oberregierungsräthe umgewandelt wurden (vgl. Bd. I S. 74 u. 1241), trat eine solche nicht ein -- im Etat für 1897/98 um 12, 1898/99 um 8 unter Wegfall der letzen überzähligen Stelle, 1899 um 12, 1900 um 22, 1901 um 16 und 1902 um 40, von diesen 21 behufs Bestellung von Regierungsräthen zu Vorsitzenden der „Schiedsgerichte für Arbeiterversicherung" im Hauptamt. Es waren daher 1902 vorhanden 526 Stellen, wovon indess 15 bei der vorgedachten Berliner Direktion und 16 beim dortigen Polizeipräsidium, da die Inhaber Mitglieder der allgemeinen Verwaltung sind, hier nur gezählt werden, während ihre Besoldung aus Fonds der Verwaltung der direkten Steuern bezw. des Ministeriums des Innern erfolgt. Unter den 526 Beamten sind, nachdem 1898/99 in Düsseldorf, 1900 in Königsberg, Potsdam, Breslau, Oppeln, Schleswig und Arnsberg, 1901 in Gumbinnen und 1902 in Posen dem Regierungspräsidenten ein zweiter Oberregierungsrath beigegeben sowie im letzteren Jahre beim Berliner Polizeipräsidium bei der I. Abtheilung ein zweiter Oberregierungsrath angestellt — die vier Abtheilungsdirigenten, die 1902 zu solchen ernannt sind, sind hier im Tit. 1 nicht mitgezählt — ist, 102 Oberregierungsräthe und 36 Verwaltungsgerichtsdirektoren. 1903 ist die Finanzabtheilung der Regierung in Posen getheilt und deshalb die Stelle eines Oberregierungsraths hinzugekommen. Indess gehören von den somit 527 Stellen jetzt 17 der Berliner Steuerdirektion an. Ausser den gedachten Beamten wird seit 1902 aus demselben Titel 1 Wohnungsinspektor besoldet, der dem Regierungspräsidenten in Düsseldorf wegen der im dortigen Bezirk besonders schwierigen Wohnungsverhältnisse als Organ des Präsidenten behufs Ermittelung, Kontrole und Maassnahmen zur Verbesserung der örtlichen Wohnungsverhältnisse beigegeben ist und ein Gehalt von 3600—7200 M. wie die Bauinspektoren bezieht.

§ 57. Von den mittleren Beamten entsprechen die Hauptkassen-Rendanten und Kassirer der Zahl der Regierungsbezirke, mit der Maassgabe, dass ausser in jedem dieser auch in Berlin bei der Ministerial-, Militär- und Baukommission eine den Regierungshauptkassen analoge Kasseneinrichtung besteht. Nur während in Hannover die Landdrosteien bestanden, war dir Zahl der Hauptkassen um mehr als eine grösser als die der Regierungsbezirke, weil der Etat des Finanz-Ministeriums für 1868 für die gedachte Provinz, für deren Landdrosteien die Mittel beim Ministerium des Innern ausgebracht waren, 5 Bezirkshauptkassen vorsah, von denen indess nur 3 wirklich eingerichtet wurden.

An Oberbuchhaltern und Buchhaltern waren, als sie zuerst, seit 1873, im Etat von den Kassirern getrennt wurden, 180 vorhanden. Diese Zahl wurde aus Anlass der Hinterlegungs-Ordn. v. 14. März 1879 und der Ausführung des Justizetats durch die Regierungs- bezw. Bezirkshauptkassen 1880/81 auf 197 und 1881/82 auf 215 erhöht. Im nächsten Jahre stieg sie auf 216, um dann aber 1885/86 in Folge Einrichtung eigener Kassen der Justizverwaltung trotz der gleichzeitigen Ersetzung der 3 hannoverschen Bezirks- durch 6 Regierungshauptkassen auf 203 zurückzugehen. Die abermalige Vermehrung auf 206 im Etat für 1887/88 und 209 in demjenigen 1888/89 war insofern von nur formaler Bedeutung, als im ersteren Jahre die Verwaltung der Hannoverschen Hof- und Civildiener-Wittwenkasse, 1888/89 die der Kurhessischen Wittwen- und Waisenanstalt und Wittwen- und Waisengesellschaft der Regierungshauptkasse in Hannover bezw. Cassel, 1888/89 auch die Kassengeschäfte der Generalkommissionen in Breslau, Merseburg und Münster den dortigen Regierungshauptkassen übertragen und damit die entsprechenden Beamtenstellen von Kap. 60 Tit. 4, 5 und 7 und Kap. 101 Tit. 2 hierher übernommen wurden. Ebenso traten 1890/91 in Folge der mehrerwähnten Auflösung der besonderen Kassenverwaltung der allgemeinen Wittwen-Verpflegungs-Anstalt 2 Buchhalter hinzu, während weitere 2 durch örtliche Geschäftsvermehrung erforderlich wurden. Auch in den nächsten Jahren machte Zunahme der eigenen Geschäfte sowie derjenigen für die Militärverwaltung — als Korpszahlungsstellen — die Errichtung einiger neuer Stellen nöthig. Mit dem Etatsjahre 1896/97 erfolgte sodann die oft erwähnte Vereinigung der Bureaubeamtenstellen I. und II. Klasse. Damit verschwanden die Kassen-Assistenten, deren Zahl, wie die Tabelle auf S. 1628 erweist, allmählich von 27 auf 62 gestiegen war. Geschäftsvereinfachungen ermöglichten es indess, obwohl die Geschäfte der Korpszahlungsstellen 2 neue Stellen erforderten, nicht die ganze Zahl, sondern nur 46, bei den Buchhaltern in Zugang zu bringen, und in den nächsten Jahren konnten wegen Geschäftsvereinfachungen noch weitere Buchhalter- in Sekretärstellen umgewandelt werden. Erst 1900 trat in Folge Errichtung einer neuen Korpszahlungsstelle für das XVIII. Armeekorps und Zunahme der Dienstgeschäfte in Berlin, Münster, Wiesbaden und Sigmaringen das Bedürfniss für 6 neue Stellen hervor, und 1901 wurden bei Auflösung der Breslauer Institutenkasse 2 Beamte derselben hierher übernommen, 1903 in Folge Uebertragung der Kassengeschäfte des Berliner Domänenrentamts auf die Ministerial-, Militär- und Baukommission eine neue Stelle errichtet, sodass sich die Zahl nun auf 273 beläuft. Hiervon sind jedoch nunmehr seit 1896/97 als eine besondere Besoldungsklasse die Oberbuchhalter, an Zahl 33, ausgeschieden. Nicht zu den beseitigten Assistenten gehören die Kassirer-Assistenten, die nicht die Funktionen von Buchhaltern, sondern die der Unterstützung des Kassirers bei grossen Hauptkassen haben. Die ersten drei wurden 1880/81 aus den oben für die gleichzeitige Vermehrung der Buchhalterstellen angegebenen Gründen angestellt; 1881/82 folgte ein vierter, 1896/97 ein fünfter und sechster und im nächsten Jahre ein siebenter.

Die weitaus zahlreichste, übrigens jetzt mit den Buchhaltern eine Gehaltsklasse bildende Beamtenschaft der allgemeinen Verwaltung sind die Sekretariatsbeamten. Wie die Buchhaltereibeamten zerfielen sie früher, was öfters erwähnt, nach der Kab.-O. v. 31. Dez. 1825 in zwei Klassen, in Sekretäre und Sekretariats-Assistenten. Zwischen beiden Kategorien wurde bis vor wenigen Jahren das Zahlenverhältniss von 2:1 festgehalten, dergestalt, dass ca. $^2/_3$ der etatsmässigen Stellen Sekretär- und $^1/_3$ Assistentenstellen waren. Ebenso war 1874 als Regel aufgestellt worden, dass von den gesammten Bureaubeamten $^2/_3$ in etatsmässigen — Sekretär- und Assistenten- — Stellen sich befinden, $^1/_3$ diätarisch beschäftigt sein sollten. Die Durchführung dieser Grundsätze bedingte 1874 mit einem Schlage die Errichtung von 45 Sekretär- und 20 Assistentenstellen, während der Zuwachs bis dahin bei beiden Kategorien zusammen seit 1868 nur 30 und 1868 in Folge Erweiterung der Monarchie 118 betragen, vor 1867 aber sogar gegen den Zustand bei Beginn des konstitutionellen Regimes eine geringe Verminderung der Stellen stattgefunden hatte. Neben geringfügigen Stellenvermehrungen in den nächsten Jahren fand eine erheblichere, auf 494 Sekretäre und 249 Assistenten durch den Etat für 1881/82 wegen der Hinterlegungsgeschäfte statt, obwohl die Aufhebung der landwirthschaftlichen Abtheilungen bei den Regierungen (vgl. oben § 19) für die allgemeine Verwaltung eine Ersparniss von 2 Sekretären und 1 Assistenten bedeutete. Ein weiterer Zuwachs fand um 2 Sekretäre und 1 Assistenten 1882/83 und — lediglich für das Rechnungsbureau der Wiesbadener Regierung zur Prüfung der Gemeinde- u. s. w. Rechnungen — 1884/85 um 6 Beamte I. und 3 II. Klasse statt. Die starke aus der Tabelle auf S. 1628 ersichtliche Vermehrung um 29 bezw. 14 Beamte im Jahre 1885/86 war durch die Verwaltungsreform in Hannover bedingt und wurde für den Staatshaushalt ziemlich aufgewogen durch die wegfallenden Stellen bei den hannoverschen Landdrosteien und Provinzial-Konsistorien. Dagegen brachte der Etat für 1890/91 eine effektive Mehrbelastung mit 39 Sekretär- und 18 Assistentenstellen — auf 533 und 268 war die Zahl schon vorher gestiegen — wegen Vermehrung der Geschäfte „ungeachtet“ der Einführung der Selbstverwaltung, und schon im nächsten Jahre mussten, um das Verhältniss von $^2/_3$ zu $^1/_3$ zwischen etatsmässigen und diätarischen Bureaubeamten herzustellen, abermals 8 und 4 neue Stellen errichtet werden. Eine grundsätzliche

Abkehr von dem bisherigen System erfolgte dann 1893/94, indem, um die diätarische Dienstzeit der Civil- und Militäranwärter der Regel nach auf nicht viel mehr als 4 bezw. 3—4 Jahre zu beschränken, der Grundsatz, ein festes Verhältniss zwischen der Zahl der etatsmässigen und nichtetatsmässigen Beamten und zwischen den Bureaubeamten I. und II. Klasse innezuhalten, durchbrochen wurde: allein auf dem Etat des Finanz-Ministeriums wurden 167 neue Assistentenstellen ausgebracht, deren Gesammtzahl hier auf 458 stieg, während die vorjährige Zahl der Sekretäre mit 584 unverändert blieb. Allerdings verminderte sich die Zahl der Assistenten im nächsten Jahre um 22, aber nur, weil an deren Stelle auf dem Etat der Verwaltung der direkten Steuern etatsmässige Steuersekretärstellen errichtet wurden, und schon 1895/96 kamen, und zwar, abgesehen von einer Stelle, weil die Geschäfte die Einberufung von 67 weiteren diätarischen Hülfsarbeitern erfordert hatten und man annähernd das Verhältniss von $^4/_5$ zu $^1/_5$ zwischen etatsmässigen und ausseretatsmässigen Beamten festhalten wollte, 41 neue Assistentenstellen in Zugang. Wenn dann bei Vereinigung der Stellen I. und II. Klasse 1896/97 im Ganzen nur 1037 im Etat erscheinen, so war der Abgang nur darin begründet, dass Stellen von Assistenten, die bei Landräthen beschäftigt waren, in solche von Kreissekretären umgewandelt wurden, die Kreissekretäre aber, anders wie die damals bei Landräthen beschäftigten Sekretariats-Assistenten, aus Fonds des Ministeriums des Innern besoldet werden. Von dem nächstjährigen Plus von 11 Stellen entfielen 2 auf die am 1. April 1896 beim Oberpräsidium in Hannover neu eingerichtete Weserstrombauverwaltung und 8 auf den Uebergang entbehrlicher Kassenbeamten in den Bureaudienst. Der Etat für 1898/99 brachte dann, wie die Tabelle zeigt, die grösste jemals dagewesene Stellenvermehrung, auf 1358, wiederum um zwischen etatsmässigen und ausseretatsmässigen Beamten das Verhältniss von 4 : 1 herzustellen. Nachdem 1899 für die Verwaltung des Dortmund-Emskanals 2 neue Stellen bewilligt waren, traten endlich 1902 deren 80 hinzu, jedoch nur 50 hiervon wegen vermehrter Dienstgeschäfte, die übrigen 30 — bei der Berliner Direktion für die Verwaltung der direkten Steuern — durch Uebertragung vom Etat der direkten Steuern. Im Etat für 1903 erscheinen weitere 55 Stellen mehr, von denen 5 von dem letztgenannten Etat übernommen sind.

Der in der Tabelle aufgeführte „Plankammer-Vorsteher“ ist bei der Ministerial-, Militär-, und Baukommission angestellt und im Etat für 1888/89 aus der Zahl der Sekretäre mit dem Maximalgehalt dieser als Einheitsgehalt herausgehoben worden.

§ 58. Gegenüber der Zahl zu Anfang des Konstitutionalismus noch etwas stärker als die Sekretariats- haben sich die Kanzleibeamten vermehrt, und ihre hauptsächlichste Vermehrung fällt in einen früheren Zeitraum, wenn auch die spätere Entwicklung nahe

Berührungspunkte aufweist. Von 1849—1859 war ihre Zahl von 139 auf 155 gestiegen, und nach der Einverleibung der neuen Provinzen ging sie auf 189, später auf 194, in die Höhe. Neben diesen etatsmässigen Kanzleibeamten waren aber 1873 198 Kanzleidiätarien vorhanden. Es wurden daher 1874, um zwischen diesen und jenen das Verhältniss von $^1/_4$ zu $^3/_4$ herzustellen, 100 neue Stellen eingerichtet; ausserdem erschienen nun hier 15 überzählige Kanzlisten, deren Besoldung bisher aus dem Hülfsarbeiterfonds erfolgt war. Diese überzähligen Stellen wurden demnächst allmählich eingezogen, sodass 1884/85 nur noch eine vorhanden und daher die Gesammtzahl auf 295 gesunken war. Die Verwaltungsreform in Hannover bedingte indess 1885/86 eine Erhöhung der Normalzahl um 20, und 1890/91 wurde sie aus gleichen Gründen, wie die der Bureaubeamten um 8 — der überzählige Kanzlist war inzwischen weggefallen — erhöht. Ebenso hatte die Errichtung von 32 neuen Stellen im Etat für 1893/94 — die Zahl war 1891/92 auf 326 und 1892/93 auf 331 gestiegen — denselben Zweck, etatsmässige Anstellung der Diätarien nach vierjähriger Dienstzeit, wie die gleichzeitige Massregel bei den Bureaubeamten. Als es sich als angängig erwies, das Kanzleipersonal in etwas höherem Maasse zu den Bureaugeschäften heranzuziehen, wurde als Norm aufgestellt, $^2/_3$ der gewöhnlichen Schreibarbeiten durch standige Kanzleibeamte und $^1/_3$ durch Lohnschreiber fertigen zu lassen; das ständige Personal aber sollte zu $^4/_5$ aus etatsmässigen Kanzlisten bestehen. Um sich diesem Verhältniss zu nähern, wurden 1896/97 36 neue Stellen errichtet. Seitdem ist die Zahl nur 1897/98 und 1899 für die Weserstrombauverwaltung und die Verwaltung des Dortmund-Emskanals um je eine und 1902 wegen allgemeiner Geschäftsvermehrung um 15, also auf 416 gestiegen, während 1903 8 Stellen auf den Etat der direkten Steuern übertragen sind.

§ 59. Die Zahl der etatsmässigen Unterbeamten hat sich, wie die Tabelle auf S. 1628 zeigt, gegen 1849 nur um etwa 60 Proz., seit der Erweiterung des Staatsgebiets aber nur um reichlich 30 und seit dem Hinzutreten der hannoverschen Regierungen nur um ca. 17 Proz. gesteigert. Ausser bei dem Zugang für die neuen Provinzen 1868 und der Verwaltungsreform in Hannover haben einigermaassen grössere Vermehrungen nur zwischen 1890/91 und 1893/94, von — einschliesslich der überzähligen — 303 auf 319, 1895/96, von 318 — der überzählige war weggefallen — auf 328, und 1898/99 auf 342, stattgefunden, im Uebrigen immer nur um einige wenige Stellen, sodass 1903 deren vorhanden waren 364. Die Vermehrungen waren, abgesehen von denen aus Anlass des Hinzutretens neuer Behörden 1868 und 1885/86 durch die laufende Vermehrung der Geschäfte bedingt.

§ 60. Zur Besoldung der in den §§ 56—59 behandelten Beamten dienen die Titel 1—4 des Etatskapitals 58. Indess enthielten und enthalten diese Titel jene Besoldungen weder ausschliesslich noch vollständig. Im Tit. 1 — höhere Beamte – stehen ausser dem eigentlichen Gehalt die mehrerwähnten Stellvertretungs- und Dirigentenzulagen von je 900 M. für die Oberregierungsräthe, Verwaltungsgerichtsdirektoren und, solange sie ihnen im Gehalt gleichstanden, die Oberpräsidialräthe. Andererseits werden, wie erwähnt, zwar die Stellen bei der Direktion für die Verwaltung der direkten Steuern und dem Polizeipräsidium in Berlin hier mitgezählt, die auf diese fallenden Besoldungen und vorgedachte Zulagen aber, da sie im Etat der direkten Steuern und des Ministeriums des Innern erscheinen, hier abgesetzt. Es geschieht dies, da die gedachten Räthe, wie früher erwähnt, Mitglieder der allgemeinen Verwaltung sind, und deshalb übertragen sich auch die Stellen und Gehälter der Oberregierungs-, Regierungsräthe und Verwaltungsgerichtsdirektoren zwischen Kap. 58 Tit. 1, Kap. 6 Tit. 1 (direkte Steuern) und Kap. 91 Tit. 1 (Ministerium des Innern) des Etats.

Eine gleiche Uebertragung findet bezüglich der Stellen und Gehälter der Sekretäre und Buchhalter zwischen den Etats des Finanz-Ministeriums und der direkten Steuern (Kap. 6 Tit. 1 und 4) statt; doch werden die auf letzterem stehenden Beamten im Kap. 58 Tit. 2 nicht mitgezählt. Dagegen standen in diesem Titel früher seit 1874, bis wohin sie aus dem Hülfsarbeiterfonds gedeckt wurden, die Besoldungen einer Anzahl überzähliger Beamten, die im Etat nach ihrer Art nicht spezialisirt waren und deshalb in die Tabelle auf S. 1628 nicht aufgenommen sind. Der letzte dieser überzähligen Beamten, deren 1874 hierher 35 übernommen wurden, ist erst im Etat für 1902 verschwunden. Dagegen wird noch jetzt ein Sekretär in Sigmaringen nicht voll aus diesem Titel besoldet, sondern mit einem Theilbetrage von 360 M. aus Fonds der Archivverwaltung. Die von der Militärverwaltung erstatteten Besoldungen für die Korpszahlungsstellen werden hier voll ausgebracht und unter „Beiträgen zu den Verwaltungskosten“ in Einnahme gestellt. Bei Tit. 3 — Kanzleibeamten —, nicht aber bei Tit. 4 — Unterbeamte — findet eine entsprechende Uebertragung wie bei Tit. 2 statt.

Wie sich der in den Tit. 1–4 nachgewiesene Besoldungsbedarf im Laufe der Zeit entwickelt hat, zeigt die Anlage CVII B und ein Vergleich dieser mit der Tabelle auf S. 1628 lässt erkennen, ob diese Entwicklung mehr durch Stellenvermehrungen oder durch Gehaltserhöhungen bedingt war. Im Tit. 1 sehen wir nach 1874 — die heutige Etatseintheilung findet sich zuerst 1873 — zunächst einen geringen Rückgang von 2,67 auf 2,59 Mill. M. 1879/80, der aus der Verminderung der Rathsstellen resultirt. Auch die spätere Steigerung bis auf etwas mehr als 3 Millionen in den ersten 90er Jahren und der demnächstige geringe Rückgang sind den Aenderungen der Stellenzahl zuzuschreiben, während das Mehr 1898/99 überwiegend die Folge der neuen Gehaltsregulirung war, die letzten Ausgabesteigerungen bis auf 3 736 800 M. im Jahre 1902 und 3 749 100 M. 1903 hingegen lediglich durch die Vermehrungen und das höhere Dienstalter der Beamten sich ergaben.

Im Tit. 2 sank der Bedarf zwischen 1874 und 1879/80 um eine Kleinigkeit, von 2,79 auf 2,76 Millionen, obwohl nach der Tabelle eine geringe Vermehrung der Beamten eintrat; der Grund lag in dem Ausscheiden von 20 der, wie oben erwähnt, in der Tabelle nicht berücksichtigten überzähligen Beamten. Von nun an bis zum Jahre 1898/99 aber folgt auch hier die Ausgabesteigerung der Stellenvermehrung unter Mitwirkung des Systems der Dienstalterszulagen und 1894/95 der Anrechnung der in Folge Mangels von Vakanzen 5 Jahre übersteigenden diätarischen Dienstzeit, und auch der Sprung von 1897/98 (3,921 Mill.) zu 1898/99 (4,957 Mill.) hat, anders wie bei Tit. 1, zu mehr als der Hälfte in letzterer seinen Grund, da ihr ein Plus von 554 400 M. zuzuschreiben ist. Das Anwachsen des Fonds in den letzten Jahren bis auf 5 293 540 M. für 1902 und 5 463 340 M. für 1903 ist dann wieder in erster Linie das Ergebniss der Vermehrung der Beamten, in zweiter dasjenige ihres höheren Dienstalters.

Wie die Zahl der Kanzlisten nach der Tabelle nach 1884/85 eine geringere war als 1874 und 1879/80, so finden wir auch in der Anlage bei Tit. 3 einen bis 1883/83 anhaltenden Rückgang, der seinen Tiefpunkt sogar erst 1884/85 mit 583 050 gegen 602 434 M. im Etat für 1874 erreichte. Die dann einsetzende Steigerung bis auf rd. 0,719 Mill. M. 1891/92 ist zur reichlichen Hälfte der in diesem Jahre eingetretenen Aufbesserung der Gehälter der Kanzleibeamten, im Uebrigen Stellenvermehrungen zuzuschreiben, während das zwei Jahre darauf zu verzeichnende Mehr von etwa 54 000 M. ausschliesslich für neue Stellen erforderlich war. Im nächsten Jahre bedingte das Dienstalter der Beamten, namentlich aber die oben erwähnte Anrechnung eines Theiles der Diätarienzeit auf das Dienstalter den Mehrbedarf. Die späteren Mehrforderungen, die den Fonds bis auf 888 750 M. 1902 emporgeführt haben, sind zum grössten Theile auf die Errichtung neuer Stellen, zum geringeren auf höheres Dienstalter zurückzuführen, da von der Besoldungsaufbesserung der letzten 90er Jahre die Kanzleibeamten nicht berührt wurden. Das gelegentliche geringe Zurückbleiben des Bedarfs gegen das jeweilige Vorjahr war dagegen ausschliesslich durch das Dienstalter bedingt. Höheres Dienstalter ist schliesslich der Grund, dass trotz Abgang von 8 Stellen der Bedarf sich 1903 nur um 5100 M. niedriger als 1902 stellt.

Allein der Bedarf für die Unterbeamten (Tit. 4) weist nach der Anlage schon von 1874 (306 516 M.) bis 1879/80 (307 737 M.) eine geringfügige Steigerung auf, wie auch die gedachte Tabelle eine geringe Vermehrung der aus ihm besoldeten Beamten, und auch weiterhin steigt er mit der Beamtenzahl, 1891/92 aber ganz überwiegend — es wurde nur eine Hauswächterstelle neu eingerichtet — in Folge der durch Nachtragsetat für 1890/91 erfolgten Besoldungsaufbesserung der Unterbeamten. Von den späteren Erhöhungen und geringen Verminderungen des Bedarfs gilt dem bei Tit. 3 Bemerkten Entsprechendes; nur hatte die Anrechnungsfähigkeit eines Theiles der diätarischen Dienstzeit bei den Unterbeamten einen Mehrbedarf 1894/95 nicht zur Folge und sank in diesem Jahre das Erforderniss auch durch Wegfall einer Stelle. Mit 463 650 M. beanspruchen die Gehälter der Unterbeamten ungefähr 50 Proz. mehr als im Jahre 1874, während die gleichzeitige Steigerung beträgt bei den höheren Beamten nur etwa 40, bei den mittleren etwa 90 und bei den Kanzleibeamten etwa 48 Proz., die Stellenvermehrung aber sich belaufen hat bei den höheren und Kanzleibeamten auf etwa $^1/_3$, bei den mittleren auf etwa $^7/_{10}$ und bei den unteren auf noch nicht $^1/_4$.

Der gesammte Besoldungsbedarf (Tit. 1—4) hatte bereits nach der Besoldungsreform von 1897 mit 9 598 736 M. mehr als das Doppelte des Jahres 1869 (4 700 625 M.) erreicht, wobei indess zu berücksichtigen ist, dass damals noch die Ausgaben für die allgemeine Verwaltung in Hannover, abgesehen vom Oberpräsidium und der Finanzverwaltung, auf dem Etat des Ministeriums des Innern standen. Von 1859—1869 betrug die Steigerung reichlich 1 Mill. M., von 1849 bis 1859 noch nicht 130 000 M. Im Etat für 1902 war der Bedarf um weitere nahezu 800 000 M., auf 10 374 420 M. gestiegen. Hiervon entfielen etwa 36 Proz. auf die höheren, 52 auf die mittleren, 8 auf die Kanzlei- und 4 auf die Unterbeamten, gegen beziehentlich ungefähr 42, 43, 10 und 5 Proz. im Jahre 1874. Der Antheil der mittleren Beamten war also auf Kosten aller 3 anderen Beamtenkategorien stark gestiegen. Der Mehrbedarf für 1903 stellt sich auf 185 320 M.

§ 61. Dem Besoldungsaufwand im weiteren Sinne zuzurechnen sind die **Wohnungsgeldzuschüsse** (Tit. 5). Sie sind in Folge der Beamtenvermehrungen seit ihrer Einführung, wie die Anlage CVII B zeigt, um ca. 50 Proz., von rd. 0,82 auf 1,27 Mill. M. gestiegen. Da alle Oberpräsidenten und fast alle Regierungspräsidenten freie Dienstwohnungen, 3 Sekretäre und 97 Unterbeamte Dienstwohnungen haben, die Miethsentschädigungen für Regierungspräsidenten aber seit 1881/82 aus Tit. 10 bestritten werden (vergl. § 67), so ist dieser Bedarf erheblich geringer als der wahre Aufwand des Staates für das Wohnbedürfniss der Beamten.

In der Anl. CVII B findet sich für 1883/84 ein Posten von 332 342 M. „Dispositionsgehälter und Wartegelder“ aufgeführt. Sie waren für die auf Grund der §§ 83, 85 und 87 des Organisationsges. v. 26. Juli 1880 zur Disposition gestellten Beamten bestimmt und erschienen hier, zuerst mit 400 000 M., von 1881/82—1884/85, worauf sie auf den allgemeinen Fonds für Dispositionsgehälter übergingen. Die Zurdispositionsstellung war damals unter gleichen Bedingungen erfolgt, wie sie auf S. 992 des I. Bandes für Beamte der Eisenbahnverwaltung angegeben sind.

Wegen der Rechnungskommissionen und Depositenkassen vergl. unten § 66.

§ 62. Aus Nebenämtern beziehen nach dem Etat für 1903 von höheren Beamten 2 Oberpräsidenten als Universitätskuratoren je 2400 M.; der Dirigent der Ministerial-, Militär- u. Baukommission als Präsident des Bezirksausschusses in Berlin 1500 M.; 1 Oberpräsidialrath u. 1 Regierungsrath als Universitätskuratorialräthe je 1500 M.; 2 Oberregierungsräthe u. 12 Regierungsräthe als Treuhänder, Stellvertreter von Treuhändern, Staatskommissarien etc. bei Banken, ständischen Instituten und Vereinen etc. 200—3000 M.; 2 Oberregierungsräthe und 2 Regierungsräthe als Direktoren bezw. Mitglieder von Rentenbanken je 900 M. bezw. 750 M. und 600 M.; 2 Oberregierungsräthe und 4 Regierungsräthe für Geschäfte bei Familien- etc. Stiftungen 200 bis 1800 M.; 1 Oberregierungsrath und 18 Regierungsräthe als Justitiarien bei Ober-Post- und Telegraphendirektionen bezw. bei der Direktion der Bernsteinwerke und bei der Elbstrombauverwaltung 500—1400 M.; 1 Regierungsrath als Direktor der Hof- und Civildiener-Wittwenkasse in Hannover 400 M.; 7 Regierungsräthe als Justitiarien und Verwaltungsräthe bei Provinzialschulkollegien je 1200 M.; 1 Oberpräsidialrath für Geschäfte bei der Verwaltung des Vermögens des Herzogs von Cumberland 1200 M.; 1 Oberregierungsrath als Staatskommissarius für die Verwaltung des Vermögens der aufgelösten Philippiner Kongregation in Gostyn 1600 M.; 1 Regierungsrath als Universitätsrichter 1500 M.; 1 Regierungsrath als Staatskommissar und Direktor einer Meliorationsgenossenschaft 1800 M.; 1 Regierungsrath als kommissarisches Konsistorialmitglied 900 M.; 5 Regierungsräthe als Vorsitzende von Einkommensteuer-Veranlagungskommissionen 800—1800 M.; 19 Oberregierungsräthe und 25 Regierungsräthe als Vorsitzende und stellvertretende Vorsitzende von Einkommensteuer-Berufungskommissionen 100—1200 M.; 24 Beamte als Vorsitzende und stellvertretende Vorsitzende bei Seeämtern bezw. als Vorsitzende und stellvertretende Vorsitzende von Schiedsgerichten zur Durchführung der Arbeiterversicherung dem Betrage nach nicht feststehende Remunerationen.

Von den mittleren Beamten erhalten; 55 Bureau- und 26 Kassenbeamte für Geschäfte bei ständischen Instituten und Versicherungsgesellschaften, sowie bei verschiedenen anderen Anstalten, Kassen und Vereinen etc. 30—1500 M.; 1 Bureaubeamter für Geschäfte bei der Amtsblattverwaltung 240 M.; 1 Bureaubeamter für die Geschäfte eines Sekretärs bei einem Gymnasium 300 M.; 5 Bureaubeamte und 1 Kassenbeamter für Geschäfte bei Gymnasialkassen 375—750 M.; 19 Bureau- und 4 Kassenbeamte für Geschäfte bei verschiedenen Stiftungen etc. 50—750 M.; 7 Bureaubeamte und 1 Kassenbeamter als Verwalter fiskalischer Grundstücke etc. 600 M., 500 M., 450 M., 250 M., 250 M., 250 M., 150 M. und 100 M.; 6 Bureaubeamte als Rechnungsführer etc. bei Aichungsämtern 45—750 M.; 3 Bureaubeamte für Geschäfte bei Medizinalkollegien bezw. 150 M., 150 M. und 360 M.; 21 Bureaubeamte als Kassenrevisoren von Kreiskassen 80—150 M.; 1 Bureaubeamter für Rechnungsgeschäfte bei der Verwaltung der zur Allerhöchsten Benutzung vorbehaltenen Besitzungen in Kassel und Wilhelmshöhe 400 M.

Endlich beziehen 2 Kanzlisten für Geschäfte bei einem Medizinalkollegium und als Rechnungsführer bei der Gewerbehalle in Kassel bezw. 120 M. und 100 M.; 1 Bote als Schlosskastellan 180 M.; 7 Kassendiener und 1 Bote für Geschäfte bei verschiedenen Kassen und Vereinen 15—200 M.; 7 Boten für Beaufsichtigung und Reinhaltung der Königlichen Gemächer im Schlosse zu Stettin, bezw. für Geschäfte bei der Centralstelle des Vereins zur Förderung der Landwirtschaft und des Gewerbes in den Hohenzollernschen Landen, bei der anatomischen Anstalt in Hannover, bei Medizinalkollegien, bei Arbeiterversicherungsschiedsgerichten, sowie für die Wartung der Schleuse an dem grossen Gottorfer Damme und für Pegelbeobachtungen daselbst bezw. 150 M., 125 M., 150 M., 144 M., 200 M., 30 M. und 108 M.; 2 Boten als Dolmetscher der polnischen Sprache jeder 60 M.

B. Andere persönliche Ausgaben.

§ 63. Da die allgemeine Verwaltung sich ihren Nachwuchs an höheren Beamten, abgesehen von den Justitiarien und technischen Beamten, selbst heranzieht, so kann sie sich der Verpflichtung nicht wohl entschlagen, diejenigen, die die Staatsprüfung als Regierungsassessor bestanden haben, auf ihr Verlangen selbst dann bei den von ihr ressortirenden Behörden zu beschäftigen, wenn ein Bedürfniss hierfür vom Standpunkte der Geschäftslage bei den Behörden nicht vorliegt. Daraus folgt nun freilich noch nicht die Verpflichtung, solchen Assessoren, die über das vorhandene Bedürfniss hinaus beschäftigt werden, hierfür eine Entschädigung zu gewähren. Andererseits sind die Regierungen von jeher, anders wie die Gerichte, bezüglich deren die Verfassung und die Reichsgesetze enge Schranken ziehen, zum grossen Theile mit ausseretatsmässigen Mitgliedern besetzt gewesen, und durch die Beschäftigung überzähliger Assessoren werden die etatsmässigen und die nach der Geschäftslage nothwendigen ausseretatsmässigen Beamten thatsächlich entlastet. Es geht daher nicht an, hinsichtlich der **Renumerirung der ausseretatsmässigen höheren Beamten** zu unterscheiden, ob sie zur Bewältigung der Geschäfte nöthig sind oder nicht, sondern die vorhandenen müssen in dieser Beziehung, auch ohne gesetzliche Nöthigung, thatsächlich nach gleichmässigen Grundsätzen behandelt werden, was natürlich nicht ausschliesst, aus besonderen Gründen Beamte von der Beförderung oder Renumerirung auszuschliessen. Es kommt hinzu, dass die allgemeine Verwaltung, die die Referendare der Justizverwaltung entnimmt, solche Aussichten bieten muss, dass sich eine genügende Anzahl geeigneter Referendare zum Uebertritt zur Verwaltung entschliessen, und dazu gehört, dass die bei der Verwaltung soviel spätere, dann allerdings gleich in der IV. Rangklasse und mit höherem Gehalt erfolgende etatsmässige Anstellung gegenüber derjenigen als Richter dadurch ausgeglichen wird, dass während eines entsprechenden Zeitraumes der ausseretatsmässigen Beschäftigung der Besoldung ähnliche fortlaufende Renumerationen gewährt werden. Der Gefahr, dass entweder die Aussichten für die jungen Verwaltungsbeamten durch übermässigen Andrang zu sehr beeinträchtigt werden oder der Staatshaushaltsetat über den Bedarf mit Remunerationen belastet wird, muss durch die Beschränkung in der Annahme der Regierungsreferendare vorgebeugt werden. Deshalb ist für jede Regierung eine Maximalzahl von solchen von den Ministern festgesetzt. Dieselbe beträgt z. Z. für die ganze Monarchie 135, während sie früher erheblich höher war. Dadurch, dass die zulässige Zahl der Regierungsreferendarien nicht rechtzeitig auf das nothwendige Maass beschränkt worden ist, hat sich indess eine derartige Ueberfüllung der Verwaltung mit Assessoren ergeben, dass die Chancen immer schlechtere geworden sind, so zwar, dass in der letzten Zeit die Maximalzahl von Regierungsreferendarien nicht erreicht wurde — Ende 1901 waren deren nur 117 vorhanden — und es äusserst schwer hielt, Juristen für die Justitiarienstellen zu gewinnen, weil eben der Justizdienst im Gegensatz zu früheren Zeiten jetzt bessere Aussichten eröffnet, zumal in Anbetracht dessen, dass dem Gerichtsassessor eine grössere Auswahl von Berufen offen steht als dem Regierungsassessor. Die nicht rechtzeitig verhütete Ueberfüllung der höheren Verwaltungslaufbahn führte dahin, dass die frühere (seit 1873) etatsmässige Festlegung (durch einen Vermerk zu dem jetzigen Tit. 6 des Kap. 38) eines Minimal-, Maximal- und Durchschnittsbetrages der Remunerationen — 1873: 2100—3600, i. D. 2850 M., 1875—1876: 2100—4200 i. D. 3150 M., seitdem 2400—4200 i. D. 3300 M. — schon im Jahre 1883/84 aufgegeben wurde, „um den Fonds auch bei dem bevorstehenden grösseren Zuwachs an Regierungsassessoren nicht vorzeitig unzureichend zu machen". Es wurde nunmehr der Minimalsatz im Verwaltungswege auf 1500 M. bemessen, und auf diese Weise gelang es noch ein paar Jahre, den Assessoren sogleich nach dem Staatsexamen fixirte Remunerationen zu gewähren. Dann war aber auch das nicht mehr möglich, und die Zeiträume, die die Assessoren unentgeltlich zu arbeiten hatten, wurden immer länger, die Aussichten für die jungen Verwaltungsbeamten immer ungünstiger. Um die vorerwähnten Gefahren für die Rekrutirung der höheren Verwaltungsbeamten zu verhüten, erschien es daher geboten, den Assessoren bestimmte Aussichten für das Aufrücken in Rang und Besoldung zu eröffnen. Es wurde zu diesem Zwecke — neben Schaffung neuer etatsmässiger Stellen — dazu übergegangen, einerseits die Assessoren nach einem bestimmten Dienstalter zu ausseretatsmässigen Regierungsräthen zu befördern, andererseits Eintritt und Aufrücken in der Remunerirung nach Dienstaltersstufen zu regeln, indess ohne die Skala durch den Etat festzulegen. Zunächst erfolgte die Ordnung v. 1. April 1900 in der Weise, dass die Assessoren nach zweijähriger unentgeltlicher Beschäftigung 1500 M. erhielten und dann alljährlich um 300 M. bis auf 4200 M. stiegen, also nach 11 Jahren hinter dem Mindesteinkommen der etatsmässigen Regierungsräthe nur um den Wohnungsgeldzuschuss zurückblieben. Schon vom 1. April 1901 ab wurde aber die Aufrückungszeit zu dem Höchstsatze von 4200 M. um ein Jahr verkürzt, indem die Zulagen nach vier-, fünf- und sechsjähriger Dienstzeit auf je 400 M. bemessen wurden, und vom April 1902 ab ist der nach 2 Jahren zu gewährende Mindestsatz von 1500 auf 1800 M. erhöht, sodass sich nun folgende Skala ergiebt: bei Dienstalter von 2 Jahren 1800 M., nach dem 3., 4. und 5. Dienstjahr je 400, nach dem 6., 7., 8. und 9. je 300 M. mehr, also nach 9 Jahren 4200 M.

Durch diese Massnahme hat der sogenannte „Assessorenfonds" Tit. 6 des Kap. 58, der übrigens diese Bezeichnung genau genommen ebenso zu Unrecht trägt, wie in seiner offiziellen Bezeichnung die Paranthese „Assessoren" hinter „ausseretatsmässigen Mitglieder" irreführend ist, weil ja auch ausseretatsmässige Regierungsräthe aus ihm remunerirt werden, einen ganz anderen Charakter als früher erhalten: früher waren die aus ihm zu gewährenden, nicht festgelegten Remunerationen nach seiner Dotation, jetzt ist seine

Dotation nach den aus ihm zu gewährenden festgelegten Remunerationen zu bemessen.

Während ferner früher nichts entgegenstand, Ersparnisse des Fonds zu einmaligen ausserordentlichen Remunerationen an unbesoldete Assessoren zu verwenden, müssen jetzt auf ihn dieselben Grundsätze, wie auf die Besoldungstitel Anwendung finden, d. h. es dürfen ausserordentliche Remunerationen nur noch aus Ersparnissen durch Vakanzen und nur an die zur Verwaltung der vakanten Stelle herangezogenen Assessoren gewährt werden.

Natürlich prägen sich auch in den aus Anlage CVII B ersichtlichen Ziffern der Dotirung des Fonds die veränderten Grundsätze und die sich verschlechternden Aussichten der jüngeren Verwaltungsbeamten aus: von 1874—1903 hat sich der Fonds verdoppelt (1,196 gegen 0,608 Mill. M.), obwohl die Anfangsremunerationen 1874 höher als jetzt waren; der Besoldungsfonds für die etatsmässigen höheren Beamten aber ist nur um ca. 40 Proz. gestiegen, obwohl die Gehälter namhaft erhöht sind, und während jener Fonds nach 1874 zunächst erheblich herabgesetzt wurde, dann von 1885/86, wo die hannoverschen Regierungen hinzukamen, bis zum Jahre 1892/93 unverändert 557 000 M. betrug, ist er seitdem, 1893/94—1899, fünf Mal um je 100 000 oder ca. 100 000 M. erhöht worden, und die Verminderung um 8000 M. im Jahre 1900 rührte nur daher, dass, wie oben erwähnt, der Fonds jetzt nach Analogie der Besoldungstitel behandelt werden muss und daher die bisher aus ihm geleisteten Unterstützungen an ausseretatsmässige Regierungsmitglieder nun aus Tit. 8b zu bestreiten sind; 1903 aber sind 3000 M. Durchschnittsremuneration eines Assessors beim Breslauer Polizeipräsidium auf den Etat des Innern übertragen. Die Erweiterungen seiner Zweckbestimmung sind im Uebrigen zumeist ohne wesentlichen direkten Einfluss auf die Dotirung des Titels gewesen. Wenn früher in dem Titel die Hülfsarbeiter bei den Oberpräsidien — abgesehen von denen in Hannover, solange dort Landdrosteien bestanden, deren ausseretatsmässige Mitglieder aus Mitteln der inneren Verwaltung remunerirt wurden — nicht genannt waren, so lag das einfach daran, dass, solange die Oberpräsidenten Präsidenten der Regierung an ihrem Amtssitz waren, bei ihnen ausseretatsmässige Regierungsmitglieder beschäftigt wurden. Das Hinzutreten der Remuneration des Präsidenten, eines ernannten Mitgliedes und der Stellvertreter des Präsidenten und der ernannten Mitglieder des Bezirksausschusses in Berlin 1884/85 bedingte nur einen Mehraufwand von 3300 M. Dass seit 1891/92 nicht nur jüngere, noch unbesoldete, sondern, um sie länger in dieser Beschäftigung belassen zu können, auch besoldete Assessoren den Landrathsämtern beigegeben und auch diese aus dem vorliegenden Titel remunerirt werden, hat zu dessen Erhöhung keinen Anlass gegeben, da es sich ja nur um eine anderweite Beschäftigung der schon vorher aus diesem Titel zu remunerirenden, früher eben, sobald sie zur Remunerirung heran waren, von den Landrathsämtern an die Regierung zurückberufenen Assessoren handelte.

Nur nach dem Inkrafttreten der Steuergesetze v. 24. Juni 1891 wurden 1893/94 die Remunerationen der den Landräthen für Steuersachen zugewiesenen Assessoren, um diese auch in anderen Sachen beschäftigen zu können, mit 45000 M. vom Etat der direkten Steuern übernommen; für die Direktion für die Verwaltung der direkten Steuern und die Ministerial-, Militär- und Baukommission war der Fonds von vornherein mitbestimmt. In dem Zeitraum 1849—1869 wurde der Assessorenfonds von 75000 auf 276300 M. gesteigert, allein 1855 von 75000 auf 165000 M., weil er sich längst als unzureichend erwiesen hatte und man bei der Länge des Assessorats (9 Jahre) den Durchschnittssatz der Diäten von 1200 auf 1800 M. erhöhen musste.

Ganz unerheblich, nur 400 bezw. 500 M., ist die Belastung des Titels mit der Remuneration eines Regierungsraths als Direktor der Hof- und Civildiener-Wittwenkasse in Hannover und eines als Justitiar der Elbstrombauverwaltung, der diese früher mit 300 M. bis zum Erlass des Gesetzes über den Staatshaushalt aus den Ersparnissen des Tit 1 empfing, dann 2 Jahre gar nichts erhielt und deshalb jetzt zunächst 500 M. erhält; einem Nachfolger werden die Geschäfte als Theil seines Hauptamts ohne besondere Vergütung übertragen werden.

Auch von den aus Tit. 6 remunerirten ausseretatsmässigen Regierungsmitgliedern beziehen eine Anzahl Einnahmen aus Nebenämtern, nämlich 1903: 1 Regierungsassessor als Mitglied einer Provinzialhülfskasse 450 M., 1 Regierungsassessor als zweites Mitglied einer Rentenbank 750 M., 1 Regierungsassessor für Geschäfte bei der Verwaltung eines Hospital-, Legat und Stiftungsfonds 600 M., 3 Regierungsassessoren als Justitiarien bei Oberpost- und Telegraphendirektionen 900—1100 M., 1 Regierungsassessor als Justitiar bezw. für Wahrnehmung einer weltlichen Rathsstelle bei einem Konsistorium 900 M., 2 Regierungsassessoren als Vorsitzende von Einkommensteuer-Veranlagungskommissionen je 800 M., 1 Regierungsrath und 10 Regierungsassessoren als stellvertretende Vorsitzende von Einkommensteuer-Berufskommissionen 400—800 M., 1 Regierungsrath und 18 Regierungsassessoren als Vorsitzende und stellvertretende Vorsitzende von Schiedsgerichten zur Durchführung der Arbeiterversicherung dem Betrage nach nicht feststehende Remunerationen.

§ 64. Anders wie im Tit. 6 sind im Tit. 7 „Zur **Remunerirung von Hülfsarbeitern im Bureau-, Kassen-, Kanzlei- und Unterbeamtendienst**“ wenigstens für die Bureau-, Kassen- und Kanzleidiätarien die Maximalsätze der Diäten durch einen Etatsvermerk festgelegt. Von 1873 bis einschl. 1891/92, für Kanzleidiätarien bis einschliesslich 1900 war dies auch hinsichtlich der Durchschnittssätze der Fall, während die Festsetzung der Anfangsbeträge stets der Verwaltung überlassen blieb. Bis 1869 war der Höchstsatz 1080 M. Demnächst wurden die Maximal- und Durchschnittssätze für Bureau-, Kassen- und Kanzleidiätare gleichmässig 1870 auf 1200 und 1050, 1873 auf 1500 und 1350, 1874 auf 1650 und 1500 M. bemessen. Durch Nachtragsetat für 1890/91 wurden sie für Bureau- und Kassendiätare auf 1800 und 1650 M. erhöht, sodass jetzt auch hier die Höchstsätze von 1800 bei diesen und 1650 M. bei den Kanzleibeamten den Anfangsgehältern der entsprechenden etatsmässigen Beamtenklasse gleich sind. Die Anfangssätze sind von den Ministern auf 1100 M. für Civil- und 1350 M. für Militäranwärter — auch auf die ausseretatsmässigen Beamten erstrecken sich die Vorschriften über die Anstellung von Militäranwärtern — bestimmt, und auch das Aufrücken ist seit 1894 von ihnen für die Bureau- und Kassendiätarien einheitlich für die Monarchie geregelt: es erhalten die Civilanwärter nach einjähriger Diätarienzeit 1300, nach zweijahriger 1500, nach dreijähriger 1650, nach vierjähriger 1800, die Militäranwärter beziehentlich 1500, 1600, 1700 und 1800 M. Die sich ja nur aus Militäranwärtern rekrutirenden Kanzleidiätare erhalten seit 1. April 1900 übereinstimmend 1350 M. Anfangsdiäten, und steigen alljährlich um 75 M. bis auf 1650 M.

Die Dienstzeit zählt für die Civilanwärter vom Ablauf des dreijährigen Vorbereitungsdienstes, für die Militäranwärter von ihrer definitiven Annahme für den Bureau- oder Kassendienst an; nur den vor dem 1. April 1899 angenommenen Militäranwärtern wird noch unter gewissen Voraussetzungen Probedienstzeit angerechnet. Während aber früher die Bewilligung der Anfangsdiäten und der Diätenzulagen ohne ministerielle Genehmigung davon abhängig war, dass der der betreffenden Behörde überwiesene Theilbetrag des Tit. 7 hierzu ausreichte, ist seit 1896/97 diese Voraussetzung fortgefallen.

Die Sätze für die Remunerirung diätarischer Unterbeamten sind nicht generell bestimmt. Ausserordentliche Remunerationen dürfen jetzt auch aus diesem Titel nur unter den früher erwähnten Voraussetzungen des § 23 des Ges. über den Staatshaushalt v. 11. Mai 1898 gewährt werden.

Im Gegensatz zu dem Tit. 6 ist es, wie die Anlage CVIIB zeigt, gelungen, den Tit. 7 in derselben Höhe von rund 1 Mill. M. zu halten, die er schon 1874 hatte, allerdings erst wieder seit 1893/94. Vorher zeigte auch er eine durch Mehrbedarf an Arbeitskräften verursachte Neigung zum Anwachsen, und zwar mussten die Erhöhungen ziemlich zusammenfallen mit solchen bei den Besoldungsfonds für etatsmässige mittlere, Kanzlei- oder Unterbeamte, da ja, wie früher erwähnt, ein gewisses Zahlenverhältniss zwischen etatsmässigen und diätarischen Beamten festgehalten wird, also mit Vermehrungen der ersteren auch solche der letzteren verbunden waren. So stieg der Titel bis auf nahezu 1¼ Millionen 1892/93. Als jener Grundsatz, wie oben im § 57 erwähnt, 1893/94 durch einseitige starke Vermehrung etatsmässiger Stellen durchbrochen wurde, sank der Tit. 7 mit einem Schlage um rund 270 000 M. Für alle Verwaltungen zusammen trat damals eine Diätenersparniss von rund 5,625 gegen eine Mehrausgabe an Besoldungen von 7,325 Millionen ein. Ein Mal, 1895/96, stieg der Titel dann noch über 1 Million; es geschah dies wieder gleichzeitig mit namhafter Vermehrung der etatsmässigen Stellen. Die Verminderung des Fonds auf ca. 900 000 M. vom nächsten Jahre ab war dagegen lediglich eine Folge der mehrwähnten allgemeinen Uebertragung der Löhne der im Unterbeamtendienst, aber nicht im Beamtenverhältniss befindlichen Personen und der Lohnschreiber sowie der Vergütungen etatsmässiger und diätarischer Kanzlisten für über das vorgeschriebene Kanzleipensum geleistete Schreibarbeiten auf die Bureaubedürfnissfonds. Erst im Etat für 1902 erreichte der Titel, der in der Zwischenzeit, Anfangs 1898/99, durch Uebertragung der bisher aus ihm bestrittenen Stellenzulagen von 300 bezw. 150 M. an die mit den Kanzleivorstandsgeschäften beauftragten Kanzlei-, und von 150 M. an, die mit den Botenmeistergeschäften beauftragten Unterbeamten auf den neuen Tit. 7a bis auf 890 720 M. gesunken, dann aber wegen vermehrten Bedürfnisses wieder etwas gestiegen war, durch eine Verstärkung um mehr als 100 000 M. wieder vorübergehend 1 Mill. M., um der vermehrten Arbeitslast zu genügen.

Auch vor 1884 war dieser Fonds längst nicht in solchem Masse wie der Assessorenfonds gestiegen, 1849–1859 um etwa $1/3$, von 0,3 auf 0,4 Millionen und 1859–1869, in welche Zeit ja die Erweiterung des Staatsgebietes fällt, um etwa 45 Proz., auf 0,59 Millionen.

Auch von den aus diesem Titel remunerirten Beamten haben einige wenige Einnahmen aus Nebenbeschäftigungen, nämlich nach dem Etat für 1903: 4 Bureaudiätare für die Sekretariatsgeschäfte bei dem Hohenzollernschen Schiedsgericht für die Arbeiterversicherung bezw. für Wahrnehmung der Kalkulaturgeschäfte bei einer Handels- und Gewerbeschule für Mädchen, für die Sekretariats- und Rechnungsführergeschäfte bei einer Apothekerkammer sowie als Protokollführer bei dem Ehrengerichte einer Aerztekammer und bei einer Apothekerkammer bezw. 400 M., 120 M. und 300 M., bezw. die für jeden Sitzungstag des Ehrengerichts und der Apothekerkammer ausgesetzte Vergütung.

§ 65. Der Tit. 7a „Zu nichtpensionsfähigen Stellenzulagen“ ist, wie im vorigen Paragraphen erwähnt, erst 1898/99 gebildet, und zwar um die durch die Besoldungsreform von 1897 eingeführten, oben erwähnten nicht pensionsfähigen Stellenzulagen an die Oberpräsidenten (12 à 3000 = 36 000 M.), Regierungspräsidenten (35 à 3000, 2000 oder 1000 i. D. 2000 = 70 000 M.) unterzubringen. Ausserdem wurden ihm die im vorigen Paragraphen erwähnten Kanzleivorsteher- und Botenmeisterzulagen mit 5250 M. und 1900 für Stellenzulagen bis zu 200 M. an Unterbeamte in besonders theueren Orten auf Grund der 1899 erfolgten Erweiterung des Systems der Stellenzulagen aus dem damals hierfür gebildeten gemeinschaftlichen Fonds aller Verwaltungen 6600 M. überwiesen, sodass der Titel jetzt mit 127 900 M. dotirt war.

Bezüglich der jetzigen Dreitheilung und Bestimmung der Fonds zu **ausserordentlichen Remunerationen und Unterstützungen** (Tit. 8a und 8b) kann auf früher Gesagtes verwiesen werden, insbesondere auf S. 97 ff. des I. Bandes. Der früher in einer Summe hierfür ausgebrachte Betrag, der schon in den 50er und 60er Jahren 90 000 M. überstieg und nach den Gebietserweiterungen von 1866 sich 1869 auf 127 200 M. stellte, hat sich dann auf 156 000 M. und nach dem Hinzukommen der hannoverschen Regierungen auf 161 500 M. erhöht. Wegen der inzwischen stattgehabten Personalvermehrungen erfuhr er 1891/92 eine Verstärkung um 10 500 M., und 1897/98 wurden vom Dispositionsfonds der Oberpräsidenten 27 000 und von demjenigen der Regierungspräsidenten 22 800 M. als der dreijährige Durchschnitt der bisher von diesen Beamten an mittlere, Kanzlei- und Unterbeamte gewährten ausserordentlichen Remunerationen und Unterstützungen hierher übertragen. Die sich somit ergebende Summe von 221 800 M. wurde im nächsten Jahr mit 97 900 M. zu „Remunerationen und Unterstützungen für Kanzlei- und Unterbeamte“ (Tit. 8), mit 62 600 M. zu Remunerationen für mittlere Beamte (Tit. 8a) und mit 61 300 M. zu Unterstützungen für höhere und mittlere Beamte bestimmt. Der letztere Betrag wurde 1900 um 8000 M., welche, wie oben im § 63 erwähnt, vom Tit. 6 abgenommen wurden und 1901 um vom Tit. 8 übertragene 4500 M. verstärkt.

Der letzte Titel der persönlichen Ausgaben findet sich in gleicher Höhe (3000 M.) von jeher in dem Etat. Doch ist seine Bestimmung erweitert worden: früher nur zu Zulagen für Verwaltungsbeamte deutscher Abkunft in der Provinz, welche die polnische Sprache erlernen resp. derselben mündlich und schriftlich mächtig sind, dienend, ist er nach Inaugurirung einer energischeren Polenpolitik 1897/98 auch zur Bestreitung der Kosten eines polnischen Unterrichtskursus für Subalternbeamte deutscher Abkunft bei Verwaltungsbehörden in der Provinz Posen, 1900 auch zu Remunerationen an Subalternbeamte für erfolgreiche Theilnahme an diesem Kursus bestimmt worden.

§ 66. Wie die Anlage CVII B zeigt, ist in dem kurzen Zeitraum von 1869 bis 1874 beinahe eine Verdoppelung der „anderen persönlichen Ausgaben“ eingetreten, während von 1874 bis 1902 die Zunahme nur etwa 50 Proz. betrug. Der Grund dieser auffallenden Erscheinung liegt vorzugsweise in den im § 64 erwähnten wiederholten Aufbesserungen der Diäten der Bureau-, Kassen- und Kanzleidiätare: diese Massnahmen beanspruchten einen Mehraufwand von ca. 600 000 M., wovon allerdings ein Theil durch Ersparnisse und durch Uebertragung der Besoldungen überzähliger Beamter von den Hilfsarbeiter- auf die Besoldungsfonds ausgeglichen wurde. Aber in demselben Zeitraum stieg auch der Assessorenfonds um mehr als 300 000 M.

Gegenüber dem Jahre 1859 bedeutete die Summe der anderen persönlichen Ausgaben 1869 eine Steigerung um einige 40 Proz., und zwischen 1849 und 1859 war die prozentuale Zunahme fast die gleiche. Die Ausgabesteigerung der 60er Jahre resultirte insbesondere aus den Besoldungserhöhungen und den Beamtenvermehrungen infolge Erweiterung des Staatsgebiets.

Im Interesse der Vergleichbarkeit haben wir für die Jahre 1869 bis 1879/80 die in der Anlage verzeichneten Ausgaben für Depositenkassen und Rechnungskommissionen ausser Betracht gelassen. Die für die Hinterlegung von Geld zuständigen besonderen Depositenkassen waren 1861 in Cöln und 1869 in Kassel errichtet worden; nach Erlass der Hinterlegungsordnung v. 14. März 1879 fielen sie infolge Uebertragung ihrer Geschäfte auf die Regierungs-Hauptkassen fort. Rechnungskommissionen waren 1867 als ein vorübergehendes Institut zur Prüfung und Dechargirung der Staatshaushaltsrechnungen der neuen Landestheile bis Ende 1866 je eine für Hannover, Hessen, Nassau und Schleswig-Holstein errichtet worden. Dieselben beendeten 1870 ihre Geschäfte und verschwanden damit 1871 aus dem Etat. Mit Rücksicht auf das heut geringe Interesse und die geringe Höhe der Ausgaben für die Depositenkassen und Rechnungskommissionen sind sie in der Anlage nur in je einer Summe ohne Trennung in persönliche und sächliche Ausgaben nachgewiesen; überwiegend bestanden sie in Besoldungen und fortlaufenden Remunerationen.

II. Kapitel.

Sächliche und sonstige Ausgaben.

(Staatshaushaltsetat Kap. 58 Tit. 10 bis 16.)

§ 67. Die „sächlichen Ausgaben" für die Mittelbehörden der allgemeinen Verwaltung werden, da die bauliche Unterhaltung der Dienstgebäude aus Fonds der Bauverwaltung erfolgt, nur eingetheilt in die im Tit. 10 des Kap. 58 untergebrachten Bureaubedürfnisse in dem an früheren Stellen dargelegten weiten Sinne nebst öffentlichen Abgaben und Lasten, nicht aversionirten Porto- und sonstigen Gebührenbeträgen und in die den Tit. 11 bildenden Diäten, Fuhr- und Versetzungskosten. Ausserdem sind aber seit 1881/82 aus dem Tit. 10 auch die Miethsentschädigungen an Regierungspräsidenten, die keine Dienstwohnung haben, zu decken.

Die Dotation des Titels **„Bureaubedürfnisse"** weist, wie die Anlage CVIIB zeigt, im Laufe der Zeit wiederholte auffallende Sprünge nach oben und unten auf. Bis Ende der 60er Jahre war ihre Entwickelung eine durchaus ruhige. Es muss sogar auffallen, dass 1869 nur eine Ausgabe von 577 500 M.[1]) einer solchen von 569 790 M. 1859 gegenübersteht; die Erklärung liegt aber darin, dass bis 1864 der Fonds so überreichlich ausgestattet war, dass er in diesem Jahre um mehr als 100 000 M. gekürzt werden konnte. Nach 1869 aber fand nach kleineren Verstärkungen 1874 eine solche um mehr als 150 000 M. statt, weil der Fonds in den letzten Jahren mit ihrer allgemeinen Preissteigerung völlig unzureichend geworden war. Schon bis zum Jahre 1878/79 hatte sich wieder dasselbe herausgestellt, sodass er um weitere 50 000 M., auf 800 000 M., verstärkt wurde. Dagegen war die Erhöhung auf 820 000 M. im Jahre 1880/81 keine effektive Neubelastung des Etats; bis dahin wurden nämlich Porto- und Frachtgebühren aus einem allen Verwaltungen gemeinsamen Fonds im jetzigen Kap. 63 bestritten; damals wurde dieser auf die verschiedenen Verwaltungen vertheilt. Aber der laufende Bedarf nahm weiter zu, zumal 1885/86 die Hannoverschen Regierungen hinzukamen, sodass der Fonds erhöht werden musste 1883/84 um 30 000, 1885/86 um 114 500 und 1886/87 um 31 600 M. Auch im Jahre 1887/88 fand eine abermalige geringe Erhöhung, um 3300 M., statt, indess nur in Folge der schon erwähnten Auflösung der besonderen Kassenverwaltung der Hof- und Civildiener-Wittwenkasse in Hannover und einer geringfügigen Uebertragung vom Domänenetat. Die der erwähnten gleiche

[1]) In der Anlage befindet sich ein Druckfehler.

Massnahme hinsichtlich der beiden Kurhessischen Wittwen- und Waisenkassen und die andere Organisation der Katasterbureaus (vgl. Band I S. 1231) bedingte 1888/89 einen weiteren Zugang von 10 700 M. 1889/90 wurden wegen der beabsichtigten Errichtung einer neuen Regierung in Kiel 22 500 M. mehr in den Etat eingestellt, die aber, nachdem der Landtag die Theilung Schleswig-Holsteins abgelehnt hatte, im nächsten Jahre wieder abgesetzt wurden. Nun kam aber 1894/95 die mehrerwähnte Portoaversionirung, für die im Kap. 63 ein allgemeiner Fonds eingestellt wurde; in Folge dessen trat hier ein Abgang von 465 000 M. ein. Wie dieser somit keine wirkliche Ersparniss bedeutete, so der Mehrbedarf von 190 500 M. für 1896/97 keine effektive Mehrbelastung der Staatskasse; denn er bestand in den, wie mehrfach erwähnt, vom Tit. 7 hierher übertragenen Schreib- und Arbeitslöhnen. Dagegen musste schon 1898/99 ein Mehrbetrag von 250 000 M. eingestellt werden, um den Etatsansatz auf die Höhe des 1896/97 wirklich verbrauchten Betrages zu bringen. Ebenso entsprach die Erhöhung auf 1 865 000 M. im Jahre 1900 nur dem gestiegenen Bedürfniss, und der Abgang von 2200 M. im nächsten Jahre war nur auf die Bauverwaltung übertragene Löhnung.

Die **Diäten, Fuhr- und Versetzungskosten** (Tit. 11), über deren Höhe oben die §§ 40, 41 Aufschluss geben, und von denen bis einschliesslich 1872 die Diäten und Fuhrkosten nur in den Beilagen, nicht im Etat des Finanz-Ministeriums selbst von dem Bureaubedürfnissfonds getrennt waren, die Versetzungskosten aber unter „sonstigen Ausgaben“ standen, haben in dem ersten Jahrzehnt nach 1849 eine geringe Verringerung, von rd. 500 000 auf rd. 480 000 M. erfahren und beliefen sich 1867 — ausschliesslich der neuen Provinzen — sogar nur auf rd. 470 000 M. In Folge der Erweiterung des Staatsgebiets wurden aber 1868 627 000 M. ausgeworfen. Dieser Betrag stieg demnächst bis auf 637 800 M., 1873 aber in Folge des Tagegelder- und Reisekosten-Ges. v. 24. März 1873 mit einem Schlage um 172 200 auf 810 000 M. Doch hatte man damit die Wirkungen dieses Gesetzes etwas überschätzt, weshalb der Ansatz 1876 um 14 000 M. ermässigt wurde. Im nächsten Jahre wurde er um weitere 69 000 M. herabgesetzt, aber nur indem die Umzugs- und Versetzungskosten für Beamte aus den Ressorts des Innern und der Kultusverwaltung mit 54 000 und 15 000 M. auf deren Etat übertragen wurden. Die nächsten Jahre brachten dann zunächst kleine Steigerungen, 1881/82 aber auf Grund der sich sogar auf 1 169 585 M. stellenden dreijährigen Fraktur eine solche um 254 300 auf 1 000 000 M. 1885/86, als im Durchschnitt von 1881/82 bis 1883/84 1 327 922 M. verbraucht und überdies die Bezirksausschüsse und die hannoverschen Regierungen hinzugetreten waren, auf 1 069 000 M. und 1886/87 auf 1 094 100 M. Die Regierung hatte vergeblich schon füf 1884/85 eine Erhöhung auf 1 275 000 M. gefordert. Dass mit der Summe von wenig mehr als 1 Mill. M. nicht auszukommen war, lag eigentlich auf der Hand, und Knausern an Dienstreisen ist, wenn man dem Regieren vom „grünen Tisch" entgegenwirken, die Beamten in Fühlung mit dem praktischen Leben und seinen Bedürfnissen halten will, so ziemlich das Verkehrteste, was geschehen kann, wobei freilich Voraussetzung eine zweckmässige Verwendung des Fonds ist, derart, dass er nicht überwiegend von den Chefs der Behörden und bei den Regierungen den technischen Räthen verbraucht und dadurch den übrigen Mitgliedern der Behörde die Gelegenheit, sich im Bezirke umzusehen, verschränkt wird. Thatsächlich hat man sich an die bewilligte Höhe so wenig gehalten, dass im Durchschnitt von 1891/92 bis 1893/94 nicht weniger als beinahe 2013000 M. jährlich verausgabt wurden, davon allein für Dienstreisen der Thierärzte in veterinärpolizeilichen Angelegenheiten fast 600000 M.! Es war daher hohe Zeit, dass man endlich 1895/96 die vom Abgeordnetenhause 1885 begangene Kurzsichtigkeit wieder gut machte und den Fonds nun auf 2 Mill. M. erhöhte, und es ist ein Beweis weitsichtiger Finanzpolitik, dass auch später immer reichlichere Mittel zur Verfügung gestellt wurden, obgleich von der neuen Regelung der Tagegelder und Reisekosten eine Ersparniss im Einzelnen erwartet wurde: 1898/99 wurde der 1897/98 durch Uebertragung vom Kultusetat auf 2006200 M. gestiegene Fonds um ½ Million, 1901 um 493800, also auf 3 Mill. M. verstärkt.

Dass aus der neuen Regelung der Reisekosten und Tagegelder nach dem Ges. v. 12. Okt. 1897 gerade bei den Provinzial- und Bezirksbehörden wesentliche Ersparnisse nicht resultiren würden, hätte man übrigens voraussehen können; denn bei den — abgesehen von den Oberpräsidien — immerhin durchschnittlich nicht gar zu weiten Reisen der Beamten dieser Behörden fällt die Ersparniss an Kilometergeldern gegenüber der Erhöhung der Tagegelder nicht so ins Gewicht wie bei Reisen von Beamten der Centralbehörden (vgl. Bd. I § 139 S. 856).

§ 68. Unter den „Sonstigen Ausgaben" des Kap. 58 (Tit. 12—16) überwiegen jetzt dis **Dispositionsfonds.** Das Wesen derselben besteht darin, dass sie ohne bestimmte Angabe der Verwendungszwecke zur Verfügung der Verwaltung gestellt werden. Dagegen ist auch von ihrer Verwendung gemäss § 47 des Gesetzes über den Staatshaushalt dem Landtag Kenntniss zu geben, soweit er hierauf nicht verzichtet oder, was bei den hier in Rede stehenden Fonds nicht zutrifft, die Rechnung über den Fonds von der Revision durch die Oberrechnungskammer ausgeschlossen ist. Früher, bis einschliesslich 1862 war die Bezeichnung „Dispositionsfonds" in einem weiteren Sinne gebräuchlich, indem im Etat selbst auch die Fonds zur Remunerirung von Hülfsarbeitern, zu ausserordentlichen Remunerationen und Unterstützungen als Dispositionsfonds bezeichnet wurden, obwohl ihre Zweckbestimmung in den dem beigefügten Nachweisungen festgelegt war. Ein Dispositionsfonds im heutigen engeren Sinne wurde damals nur für die Oberpräsidenten (Tit. 12) ausgebracht, und zwar anfänglich in Höhe von 28 500 M., schon seit Anfang der 50er Jahre aber nur noch von 27 000 M. Als die Zahl der Oberpräsidenten um die der neuen Provinzen vermehrt wurde, vermehrte man ihn auf 36 000 M. — die Staatsregierung hatte 40 500 M. gefordert — und bei der Theilung der Provinz Preussen 1878/79 auf 39 000 M. Dieser Betrag wurde beibehalten, bis 1897/98 der hiervon durchschnittlich zu Remunerationen und Unterstützungen an Beamte verwendete Betrag von 27 000 M. auf den hierzu bestimmten Fonds (jetzt Tit. 8 bis 8b) übertragen wurde.

Für die Regierungspräsidenten wurde ein Dispositionsfonds im heutigen Sinne zuerst 1867 ausgebracht (Tit. 13). Bis dahin hatten den Regierungspräsidenten die sog. Ordnungsstrafkassen, in welche die Ordnungsstrafen der Beamten flossen, für kleine Unterstützungen an bedürftige Beamte und zu anderen kleinen Ausgaben zur Verfügung gestanden; jetzt wurden jene Ordnungsstrafen im Etat der allgemeinen Kassenverwaltung unter „Strafgeldern" in Einnahme gestellt und dafür ein Dispositionsfonds in gleicher Höhe, 30 000 M., ausgebracht. Der Fonds wurde mit Rücksicht auf das Hinzukommen der hannoverschen Regierungspräsidenten 1885/86 — weil diese erst am 1. Juli 1885 hinzutraten — um 3600 M. und 1886/87 um 4800 M. erhöht, 1897/98 aber aus demselben Grunde, wie der Dispositionsfonds der Oberpräsidenten, auf 12 000 M. ermässigt.

Bilden diese beiden Dispositionsfonds somit nur relativ geringfügige Summen, so entfallen jetzt nahezu $^3/_4$ der gesammten „Sonstigen Ausgaben" auf einen dritten Dispositionsfonds, denjenigen der Oberpräsidenten zur Förderung und Befestigung des Deutschthums in den Provinzen Posen, Ost- und Westpreussen sowie im Regierungsbezirk Oppeln und in den nördlichen Kreisen der Provinz Schleswig-Holstein (Tit. 12a). Dieser Fonds wurde zuerst 1898/99 für Posen, Westpreussen und den Regierungsbezirk Oppeln mit 400 000 M. ausgebracht, um die Mittel zur Durchführung der zur Förderung und Befestigung des Deutschthums in diesen Landestheilen geeigneten Massnahmen zu bieten. Er ist also eins der Mittel der seit einigen Jahren von der preussischen Regierung nach der erfolglosen Versöhnungspolitik wieder eingeschlagenen kraftvolleren Ostmarkenpolitik und somit im Gegensatz zu den beiden früher genannten Dispositionsfonds ein eminent politischer. Schon im nächsten Jahre wurde er unter Verstärkung um 20 000 M. auch für die nördlichen Kreise Schleswigs bestimmt, um auch dort der Stärkung des Deutschthums gegenüber dem vordringenden Dänenthum zu dienen. Die demnächstigen Erhöhungen auf 600 000 M. (1900) und 1 000 000 M. (1902) sind ein Gradmesser für die wachsende Energie der Staatsregierung in der Abwehr des Polonismus. Seit 1902 ist der Fonds auch für Ostpreussen bestimmt, da auch dort die grosspolnische Agitation einzudringen sucht. Es ist nicht nur auf die folgenden Jahre übertragbar, sondern es fliessen ihm auch die Rückeinnahmen und Zinsen, z. B. Rückzahlungen und Zinsen auf Darlehen, die aus ihm gewährt werden, Erstattungen von Stipendien für Studirende bei Nichterfüllung der reversmässig eingegangenen Verpflichtungen, wieder zu.

Von nur geringer Höhe ist der in Tit. 14 ausgebrachte, 1881/82 mit 21 000 M. von dem Hauptextraordinarium Kap. 63 Tit. 4 abgezweigte Fonds zu Repräsentationskostenzuschüssen für die als Königliche Kommissarien bei den Provinzial- und Kommunallandtagen fungirenden Ober- oder Regierungspräsidenten. Als in Folge Einführung der Provinzialordnung in Hessen-Nassau zu den beiden dortigen Kommunallandtagen ein Provinziallandtag hinzukam, erfuhr mit Rücksicht hierauf der Fonds 1887/88 eine Verstärkung um 1500 M. und für 1903 ist eine solche auf 24 600 M. erfolgt, weil die Repräsentationskosten der Königlichen Kommissarien bei den Provinziallandtagen von Brandenburg, Sachsen und der Rheinprovinz dadurch besonders hohe seien, dass diese Landtage nicht am Sitz des Oberpräsidenten zusammentreten, der Oberpräsident also seinen Repräsentationspflichten ausserhalb seines Wohnortes genügen muss.

Thatsächlich müssen auch andere Königliche Kommissarien ihren Repräsentationspflichten gegenüber den Provinzial- bezw. Kommunallandtages zwar nicht ausserhalb ihres Wohnortes, aber doch ausserhalb ihres Haushalts genügen, und in letzterem Moment liegt doch die besondere Kostspieligkeit, so dass es zweifelhaft sein kann, ob der angeführte Grund durchschlagend ist. Jedenfalls sind die Preise allgemein so gestiegen, dass es dieses Grundes zur Rechtfertigung einer Erhöhung des vor 20 Jahren in seiner — abgesehen von der für einen neuen Zweck bestimmten Erhöhung 1887/88 — bisherigen Höhe ausgebrachten Fonds nicht bedurft hätte.

Auch der für Prozess- und sonstige gerichtliche Kosten bestimmte Tit. 15 braucht mit Rücksicht auf die dem Fiskus und den staatlichen Behörden zustehenden Befreiungen von Gerichtskosten (vgl. Bd. I § 68) nur verhältnissmässig gering dotirt zu sein. Wie die Anlage CVII B zeigt, hat sich seine Ausstattung von 1849 bis Anfangs der 70er Jahre in erst langsam, dann scharf absteigender Linie bewegt, und vor dem Hinzutreten der neuen Provinzen war er noch erheblich niedriger als 1874 dotirt; diese rückläufige Bewegung gründete sich auf die üblichen Frakturberechnungen auf Grund der wirklichen Ausgaben. Seit 1876 aber erwies sich der Fonds Jahr aus Jahr ein als völlig unzureichend; gleichwohl wurde bis 1891/92 gezögert, ehe er auf eine dem wirklichen Bedarf angemessene Höhe, 32 200 gegen bisher 18 300 M., gebracht wurde. Später wurde nicht so lange gesäumt, dem wirklichen Bedürfnisse zu entsprechen: 1898/99 wurde der Titel auf 37 200, 1900 auf den jetzigen Betrag von 46 000 M. erhöht.

Der letzte, 16. Titel des Kap. 58 ist der übliche Sammeltitel „Zu unvorhergesehenen und vermischten Ausgaben.“ Daneben dient er aber auch zum Ausgleich der Schlusssummen des Staatshaushalteetats; in Folge dessen weicht seine definitive Festsetzung öfter als die anderer Titel von dem Etatsentwurf ab und weist auch seine Dotation nur hierdurch zu erklärende grosse Verschiedenheiten auf; so schlug der Etatsentwurf für 1900 nur 252 266 M. vor; da aber an anderer Stelle vom Landtag 220 000 M. gestrichen wurden, so wurde dieser Betrag hier, um nicht die Schlusssumme des Etats zu ändern, was mit erheblichen Schwierigkeiten und Unzuträglichkeiten verbunden ist, hinzugesetzt. Dasselbe wiederholte sich 1901 mit einer Summe von 104 150 M. Hiervon abgesehen beruht die aus Anl. CVIIB ersichtliche Bewegung des Titels auf den Istausgaben der jeweiligen Vorjahre.

§ 69. Rückblick auf die Ausgaben für die allgemeine Verwaltung. Die gesammten im Kap. 58 nachgewiesenen Ausgaben für Behörden der allgemeinen Verwaltung haben sich nach der Anlage CVIIB von 1849 (rd. 5 Mill. M.) bis Anfangs der 70er Jahre und von da bis jetzt nochmals verdoppelt, gegen 1849 also vervierfacht. Bei den Besoldungen — einschliesslich der Wohnungsgeldzuschüsse — ist die Zunahme geringer gewesen, nur etwa im Verhältniss von 1 : 3, bei den sächlichen etwas stärker, nicht ganz 1 : 5, bei den „Anderen persönlichen Ausgaben“ nicht ganz 2 : 11; bei den sonstigen Ausgaben aber belief sie sich auf 1 : 10.

Von der Gesammtausgabe des Kap. 58 entfallen heute etwa auf die Besoldungen und Wohnungsgeldzuschüsse 57,4, auf andere persönliche Ausgaben 12,4, auf sächliche 23,6 und auf sonstige Ausgaben 6,6 Proz.

III. Abschnitt.

Dauernde Ausgaben für die Rentenbanken.

(Staatshaushaltsetat Kap. 59.)

§ 70. Obwohl sich in den Organismus der landwirthschaftlichen Verwaltung einfügend, sind doch die von den Ministern für Landwirthschaft und der Finanzen ressortirenden Rentenbanken im Jahre 1860 von dem Etat der landwirthschaftlichen auf den des Finanz-Ministeriums übertragen worden. Wegen Errichtung und Zweck, Schliessung und Wiedereröffnung der Rentenbanken ist auf die Darstellung der landwirthschaftlichen Verwaltung (Bd. II S. 602 f. d. W.) zu verweisen. Ihre Organisation wurde durch Erl. v. 24. Juni 1850

(G.-S. S. 341) geregelt. Demnach bildet die „Direktion der Rentenbank“ eine kollegialische Behörde, bestehend aus dem Direktor, einem, wie jener zum höheren Verwaltungsdienst befähigten Mitgliede, das auch als Justitiar fungirt, und dem Provinzialrentmeister, dem Buch-, Kassen- und Rechnungsführung untersteht. Der Direktor und das zweite Mitglied werden von den beiden Ressortministern nebenamtlich bestellt und erhalten daher nur Remuneration; nur der Provinzialrentmeister, das Subaltern- und Unterbeamtenpersonal fungiren im Hauptamt. Als vorgesetzte Behörde der Rentenbanken wurde eine „Centralkommission für die Angelegenheiten der Rentenbanken“ gebildet, die aus einem Vorsitzenden und Räthen der beiden Ressortministerien bestand, aber 1859 unter Ueberweisung ihrer Zuständigkeit unmittelbar an die beiden Minister aufgelöst wurde. Die Einrichtung der Rentenbanken wurde auf die neuen Provinzen ausgedehnt, ohne dass indess neue Rentenbanken errichtet wurden: für Hannover wurde die Rentenbank für Sachsen in Magdeburg, für Schleswig-Holstein diejenige für Pommern in Stettin und für Hessen - Nassau diejenige für Westfalen und das rechtsrheinische Rheinland in Münster zuständig. Es bestehen daher nach wie vor 7 Rentenbanken, in Königsberg, Berlin, Stettin, Posen, Breslau, Magdeburg und Münster. Neben den je 3 Mitgliedern der Direktion und dem Rendanten jeder Rentenbank sind 1903 bei den Rentenbanken beschäftigt: 71 Buchhalter, Kontroleure und Sekretäre, 11 Kanzlisten, 9 Kassendiener und Boten. Abgesehen von der früheren Theilung der Bureaubeamten in solche I. und II. Klasse und der Uebertragung einer 12. Kanzlistenstelle auf Kap. 58 im Jahre 1896/97 ist diese Beamtenzahl schon seit 1893/94 vorhanden; damals wurden aus denselben Gründen wie bei der allgemeinen Verwaltung die etatsmässigen Bureau- und Kanzleibeamtenstellen vermehrt, jene um 11, diese um 4. Bereits 1891/92 hatte zur Herstellung des normalen Zahlenverhältnisses zwischen etatsmässigen und diätarischen Bureaubeamten eine Vermehrung der Stellen dieser Beamten um vier stattgefunden, ebenso 1889/90, wo auch zwei neue Kanzlistenstellen errichtet wurden, um 3. Die bis dahin vorhandene Zahl von 53 Bureaubeamten, war im Jahre 1882/83 durch Errichtung von 8 neuen Stellen, wiederum wegen des Zahlenverhältnisses zu den Diätarien, erreicht worden, während zwischen 1882/83 und 1889/90 je 2 Kanzlisten und Unterbeamtenstellen hinzukamen. Im Jahre 1874 waren vorgesehen für Bureaubeamte 32, für Diener und Boten 7 Stellen, während die ersten 4 etatsmässigen Kanzlistenstellen 1877/78 errichtet wurden. Die Erweiterung der Monarchie in Folge der Ereignisse von 1866 hatte eine erhebliche Vermehrung des Beamtenpersonals nicht gebracht: 1867 waren vorhanden 26 Bureau- und 7 Unterbeamte, 1873 auch nur deren 27 bezw. 7; erst 1874 wurden, weil die Diätarien an Zahl zu stark zugenommen hatten, 5 weitere etatsmässige Stellen für Bureaubeamte errichtet. Als die Rentenbanken 1860 auf den Etat des Finanz-Ministeriums kamen, war die Zahl ihrer Beamten bereits die gleiche, wie noch im Jahre 1867.

Ueber die Höhe der Besoldungen der im Hauptamt fungirenden Beamten der Rentenbanken ist oben im I. Kapitel des II. Abschnitts des II. Hauptabschnitts das Erforderliche ausgeführt. Im Etat nehmen diese Besoldungen nur einen, den 1. Titel des Kap. 59 ein. Bis zum Jahre 18(?)2 einschliesslich standen hier auch die Remunerationen der nebenamtlich fungirenden Direktoren und Mitglieder. Nach Abzweigung derselben betrug der Bedarf des Tit. 1 — vgl. Anlage CVII B — im Jahre 1874 rd. 143 000 M.; bis Mitte der 80er Jahre hatte er sich in Folge der Stellenvermehrungen um etwa 50 Proz. gesteigert, und nach den weiteren Zugängen etatsmässiger Stellen, der Vereinigung der beiden Klassen von Bureaubeamten, der Einführung der Dienstalterszulagen und den Aufbesserungen der Kanzlei- und Unterbeamten war er 1897/98 bis auf mehr als 290 000 M. gestiegen, worauf ihn die Besoldungsaufbesserung dieses Jahres auf nahezu 325 000 M. anschwellen liess. Der Mehr- und Minderbedarf der letzten Jahre ist auf das Dienstalter der Beamten zurückzuführen. Für 1903 sind 340 530 M. vorgesehen.

Die im Tit. 2 nachgewiesene Summe der Wohnungsgeldzuschüsse ist natürlich ebenfalls durch die Stellenvermehrungen, in geringem Masse auch durch Uebertragung von Stellen von einer Rentenbank auf eine andere in einem Ort von höherer oder niederer Servisklasse beeinflusst worden. Für 1903 sind 45 276 M. erforderlich gegen rund 37 000–39 000 Anfangs der 90er und 29 000–35 000 M. in den 80er Jahren. Dienstwohnungen haben z. Z. 5 Beamte.

§ 71. Unter den „anderen persönlichen Ausgaben" haben sich diejenigen für Remunerirung der Direktoren und Mitglieder, seitdem sie einen besonderen (3.) Titel bilden, fast gar nicht geändert: sie belaufen sich heut auf 10 950 M. gegen 10 050 M. im Jahre 1874. Schon 1877/78—1885/86 hatte der Fonds die heutige Höhe, weil in diesen Jahren eine besondere Rentenbank für Lauenburg in Ratzeburg bestand, deren Geschäfte im Nebenamt versehen wurden. Dass er dann 1899 wieder von 10 050 auf 10 950 M. erhöht wurde, hatte seinen Grund in Erhöhung der Remunerationen der Direktionsmitglieder in Königsberg, Posen und Stettin wegen Zunahme der Geschäfte. Die Remunerationen bewegen sich zwischen 600 und 900 M.

Der Tit. 4, der überwiegend zu der sich nach den im § 64 dargestellten Grundsätzen richtenden Remunerirung von Hülfsarbeitern im Subaltern- und Unterbeamtendienst dient, steht, wie die Anlage CVII B zeigt, insofern in Wechselbeziehung zu dem Besoldungstit. 1, als in Jahren, wo dieser eine namhafte Verstärkung erfahren hat, jener in der Regel einen erheblichen Minderbedarf aufweist. Der Grund liegt nach dem im § 70 Gesagten auf der Hand: die Verstärkungen des Tit. 1 rührten zumeist davon her, dass das normale Zahlenverhältniss zwischen etatsmässigen und diätarischen Beamten zu Ungunsten der ersteren gestört war und nun durch Vermehrung der etatsmässigen Stellen wieder hergestellt wurde; das aber bewirkte einen Minderbedarf an Hülfsarbeitern. Auf diese Weise erklärt sich insbesondere der Minderaufwand im Tit. 3 in den Jahren 1882/83 (75 000 gegen 85 000 M.), 1883/84 (74 500 M.), 1885/86 (74500 gegen 76000 M.), 1889/90 (67 000 gegen 74500 M.), 1893/94 (50850 gegen 75 000 M.); in den Jahren 1882/83 und 1883/84 würde der Minderbedarf noch 2000 bezw. 3300 M. grösser gewesen sein, wenn nicht für das erstere Jahr extraordinäre Arbeitshülfe wegen Ausreichung neuer Zinsscheinbogen, 1883/84 aber eine neue Kanzleidiätarienstelle in Münster und 1800 M. Schreiblöhne erforderlich gewesen wären. Dagegen beruhte der 1896/97 eingetretene Rückgang auf der Uebertragung der Schreib- u. s. w. Löhne auf Tit. 7. Umgekehrt folgt aus der erwähnten Entwicklung des Besoldungstitels, dass den mit Ausgabesteigerungen bei diesen zusammenhängenden Ausgabeverminderungen bei Tit. 4 bei letzterem Jahre mit anwachsendem Bedarf vorausgegangen sein mussten. Am stärksten war die Steigerung Anfangs der 70er Jahre — 1869 rund 28 000, 1874 rund 46 000 M. —, wo das Hinzutreten der Geschäfte in den neuen Provinzen, die Ges. v. 27. April 1872 betr. die Ablösung der Abgaben an Kirchen u. s. w. (vgl. oben Bd. II S. 603) und v. 3. Jan. 1873 über Ablösung der Reallasten in Schleswig-Holstein sowie Erhöhungen der Remunerirung der Diätarien zusammenwirkten. Später fanden wegen Zunahme der Geschäfte namhaftere Verstärkungen des Fonds statt 1875 (von 46 050 auf 51 200 M.), 1876 (auf 57 000 M.) 1878/79 (von 57 000 auf 60 000 M.), 1879/80 (um 18 000 auf 78 000 M.), 1881/82 (um 7000 auf 85 000 M.), 1884/85 (von 74 500 auf 76 000 M.); 1891/92 aber kamen für 7 neue Bureaudiätarienstellen 11 550 M., in Folge Erhöhung der Diätensätze der Bureaudiätarien 3750 M. und an Stellenzulagen bis zu 400 M., für etatsmässige Subalternbeamte in Berlin 900 M. hinzu; da aber andererseits die etatsmässigen Stellen vermehrt wurden, verringerte sich der Mehrbedarf um 5000 M. Endlich wurden 1900 von dem einheitlichen Fonds des Vorjahres zu Stellenzulagen bis zu 200 M. an Unterbeamte 300 M. übernommen. Das Endergebniss der Entwicklung des Tit. 4 ist 1903 ein Bedarf von 41 100 M. gegen einige 70 000 bis einige 80 000 M. in den 80er und ersten 90er Jahren, vorzugsweise eine Folge des günstigeren Verhältnisses zwischen der Zahl der etatsmässigen und derjenigen der diätarischen Beamten. Bis einschliesslich 1862 waren die Ausgaben für Remunerirung der Hülfsarbeiter als „extraordinäre Bureauhülfe“ mit den Bureaukosten unter den sächlichen Ausgaben vereinigt.

Völlig weggefallen sind, wie die Anlage CVII B erweist, seit 1903 die schon 1895/96 von 156 430 M. auf 6 000 M. verminderten, früher zeitweise noch erheblich höheren Ausgaben an Hebegebühren für die Einziehung der Renten und Ablösungskapitalien (Tit. 5). Dieselben waren an die Gemeinden und an diejenigen Kreiskassen-Rendanten, Steuereinnehmer und Steuerempfänger, die nicht mit festem Gehalt angestellt waren, zu zahlen. Mit der Ausdehnung der Fixirung der gedachten Beamten (vgl. Bd. I S. 1250 f. d. W.) verschwanden die diesen zu gewährenden Hebegebühren mehr und mehr, und als auf Grund des Gesetzes wegen Aufhebung direkter Staatssteuern v. 14. Juli 1893 vom 1. April 1895 ab den Gemeinden die unentgeltliche Erhebung und Abführung auferlegt wurde (vgl. Bd. I S. 1173 f. d. W.), auch die an sie gewährten Gebühren; nur für die Hohenzollern'schen Lande, wo das Ges. v. 14. Juli 1893 noch keine Geltung hatte, war noch ein Betrag von 6000 M. auszubringen, der aber jetzt ebenfalls weggefallen ist, weil nun nach Ausdehnung der Steuerreform auf diese Landestheile auch dort die Gemeinden die gleiche Verpflichtung haben. Das bis Ende der 80er Jahre zu beobachtende Steigen des Bedarfs — den Höhepunkt bezeichnet 1887/88 mit 186 550 M. — hatte seinen Grund in der Zunahme der Rentenzahlungen, zumal nach den oben erwähnten Gesetzen v. 27. April 1872 und 3. Januar 1873, und auch in einer 1873 erfolgten Erhöhung der Gebührensätze in Rheinland und Westfalen. Bis zu ihrer Aufhebung im Jahre 1890/91 waren übrigens aus diesem Titel auch die, im Gesammtbetrage übrigens geringfügigen — es wurden 1890/91 nur 100 M. abgesetzt — Gebühren der Katasterbeamten für Rentenertheilungen zu zahlen (vgl. Bd. I S. 1231 ff. d. W.).

Hinsichtlich der Fonds zu ausserordentlichen Remunerationen und Unterstützungen (Tit. 6, 6a und 6b) kann auf das in früheren Büchern und im vorigen Abschnitt dieses Hauptabschnitts Bemerkte, insbesondere auf S. 97 ff. des I. Bandes verwiesen werden. Da höhere Beamte bei den Rentenbanken im Hauptamt nicht angestellt sind, ist natürlich für sie hier auch kein Unterstützungsfonds ausgebracht. Dagegen können aus Tit. 6a auch in Angelegenheiten der Rentenbanken beschäftigte Rentenmeister ausserordentliche Remunerationen erhalten; hinsichtlich des Tit. 6b besteht eine gleiche Ermächtigung nicht. Die Gesammthöhe der drei Titel 6, 6a und 6b (1 700 + 12 300 + 4 000 = 18 000 M.) ist seit 1873 unverändert geblieben. Vorher standen hier nur 5 850 M., dagegen 12 150 M., welche für ausserordentliche Remunerationen der Hebeorgane bestimmt waren, mit anderen Posten zusammen in dem einen Titel der sächlichen Ausgaben. Vor 1862 war der Betrag höher, 10 500 M.; doch wurden 1862 hiervon 4 650 M. zur Besserstellung der Direktionsmitglieder und Rendanten verwandt.

§ 72. Von den **sächlichen und vermischten Ausgaben** enthalten Tit. 7 die Bureaubedürfnisse in dem öfter erörterten Sinne, daneben Miethen für Geschäftslokale, Ausgaben für Unterhaltung gemietheter, bis 1885/86, wo hierfür der besondere Tit. 9 eingerichtet wurde, auch fiskalischer Geschäftslokale, nicht aversionirte Porto- und sonstige Gebühren, Portovergütung an die Reichsbank für die Einzahlungen der Spezialkassen der Reichsbanknebenstellen im Giroverkehr, endlich „sonstige Ausgaben", die bei anderen, grösseren Verwaltungen in der Regel einen eigenen Schluss- und Sammeltitel bilden, Tit. 8: Diäten, Fuhr- und Versetzungskosten, Tit. 9, wie erwähnt, Unterhaltungskosten für Geschäftslokale in fiskalischen Gebäuden. Nur der Tit. 7 ist von einigermassen erheblicherer Höhe. Bei Betrachtung derselben in Anlage CVII B fällt es auf, dass sie zweimal, 1890/91 und 1898/99, für je ein Jahr auf das Doppelte des Betrages des jeweiligen Vorjahres emporschnellt; die Ursache war die Herstellung neuer Couponbogen für die Rentenbriefe; ebenso wurden 1882/83 für den gleichen Zweck 42 950 M. ausgebracht, um die sich der Titel im nächsten Jahre wieder verringerte. Von diesen in gewissen Perioden wiederkehrenden Ausgaben abgesehen, hat sich die Dotation des Titels seit 1879/80 nur wenig geändert: damals betrug sie 55 001, heut (1903) beträgt sie 58 150 M. In der Zwischenzeit hat sie freilich seit 1880/81, wo von dem aufgelösten gemeinsamen Portofonds Kap. 64 Tit. 3 des Etats für 1879/80 10 000 M. für Porto und Frachtgebühren hierher übergingen, mehrere Jahre einige 60 000, seit 1888/89, wo die bisher eingemiethete Rentenbank in Breslau im fiskalischen Oberpräsidialgebäude mit untergebracht wurde, immerhin noch ca. 60 000 M. betragen, bis die Portoaversionirung 1894/95 den Bedarf um 11 900 M. reduzirte. 1896/97 wurden dann 10 050 M. Schreib- und sonstige Löhne von Tit. 4 hierher übertragen. 1878/79 war nur der völlig unzureichende Betrag von rd. 47 000 M. ausgebracht, der aber immerhin schon gegen 18:4 ein durch Zunahme der Geschäfte und Preissteigerungen verursachtes Mehr von 12 300 M. bedeutete, während für 1868 gar nur 27 900 M. ausgeworfen waren.

Der Diäten-, Fuhr- und Versetzungskosten-Fonds ist seit 1879/80 stabil auf 1 500 M. verblieben; vorher war er auf Grund des wirklich sich ergebenden Bedürfnisses ruckweise von 450 M. im Jahre 1874 auf 1 000 M. 1875 und 1510 M. 1878/79 erhöht worden.

Ziemlich stark geschwankt haben, wie die Anlage CVII B zeigt, die Unterhaltungskosten für Geschäftslokale in fiskalischen Gebäuden (Tit. 9), da sowohl die Unterbringung der Rentenbanken in fiskalischen oder gemietheten Gebäuden als auch das Bau- und Reparaturbedürfniss gewechselt hat; für 1903 sind 1715 M. ausgeworfen.

§ 73. Einen wesentlich anderen Charakter als die sämmtlichen anderen Ausgaben für die Rentenbanken tragen die im letzten, 10. Titel, nachgewiesenen, da sie nicht, wie jene, Verwaltungskosten sind und richtiger in den Etat der allgemeinen Finanzverwaltung gehörten. Als nämlich im Jahre 1850 die Rentenbanken errichtet wurden bestanden für die gleichen Zwecke derartige Institute bereits in zwei ehemals zu geistlichen Territorien gehörigen Theilen der Monarchie, für die Kreise Paderborn, Büren, Warburg und Höxter und für die Eichsfeldkreise Heiligenstadt, Mühlhausen und Worbis die Paderborner bzw. die Eichsfeldische Tilgungskasse zur Erleichterung der Ablösung der Reallasten, jene auf Grund eines durch Kab.-O. v. 20. Septemb. 1836 bestätigten Reglements v. 8. August 1836 (G.-S. S. 235), diese auf Grund eines solchen vom 9. April 1845, bestätigt durch Kab.-O. v. 18. April 1845 (G.-S. S. 410). Zur Tilgung der von ihnen ausgegebenen Schuldverschreibungen zahlte der Staat jährlich 1 Proz. des Kapitalbetrages derselben. Das Rentenbankgesetz hielt diese Kassen mit gewissen Modifikationen der Reglements aufrecht, ermächtigte aber die Minister der Finanzen und der Landwirtschaft, die Funktionen der Kassen den Rentenbanken zu überweisen. Letzteres geschah bezüglich der Eichsfeldischen am 1. Oktober 1855 und bezüglich der Paderborner im nächsten Jahre. Infolgedessen gingen, was nicht nöthig gewesen wäre, jene vom Staate gezahlten Tilgungsprozente 1856 bzw. 1857 vom Etat des Finanzministeriums, wo sie richtig unter den Passivis der General-Staatskasse gestanden hatten, auf den Etat der Rentenbanken, der damals noch zu dem des landwirthschaftlichen Ministeriums gehörte, über, und mit den Rentenbanken kamen sie dann wieder, nur an anderer, unrichtiger Stelle, auf den Etat des Finanz-Ministeriums. Die Tilgung der Schuldverschreibungen der Paderborner Tilgungskasse wurde 1881/82 beendet, sodass der Tit. 10, der durch diese fortschreitende Tilgung bereits von mehr als 95 000 bis auf 67 677 M. zurückgegangen war, nun nur noch mit 34 377 M. für die Eichsfelder Kasse belastet blieb, welcher Betrag sich jetzt (seit 1894/95) infolge theilweiser Tilgung der Schuldverschreibungen auf 28 191 M. vermindert hat.

IV. Abschnitt.

Die Ausgaben und Einnahmen der Verwaltung des Thiergartens bei Berlin.

I. Kapitel.

Die Ausgaben für die Thiergartenverwaltung.

(Staatshaushaltsetat Kap. 61.)

§ 74. Wenn wir jetzt bereits auf die Verwaltung des Berliner Thiergartens übergehen, so weichen wir damit von der Reihenfolge des Etats ab. Denn im Etat des Finanz-Ministeriums sind die Ausgaben für die Thiergartenverwaltung (Kap. 61) zwischen die auf die Rentenbanken folgenden Wittwen- und Waisen-Verpflegungsanstalten (Kap. 60) und die Wartegelder, Pensionen und Unterstützungen etc. (Kap. 62) geschoben. Wir weichen hiervon um deswillen ab, weil einmal die Thiergartenverwaltung eine vom Finanzminister ressortirende Spezialverwaltung ist, die Wittwen- und Waisen-Verpflegungsanstalten dagegen Beamten aller Verwaltungszweige dienen, weil ferner die Thiergartenverwaltung eine einer der in den Kap. 58 und 59 dotirten Provinzialbehörden, der Ministerial-, Militär- und Baukommission, nachgeordnete Lokalbehörde ist, und weil endlich die Wittwen- und Waisen-Verpflegungsanstalten in engem Konnex mit den im Kap. 62 ausgebrachten Wittwen- und Waisengeldern stehen.

Der Thiergarten bei Berlin, im Westen dieser Stadt vom Brandenburger Thor bis zur Nachbarstadt Charlottenburg sich erstreckend, war ursprünglich ein eingegatterter Wildpark der Kurfürsten, bis ihn Friedrich I. zum Park umwandelte, worauf er unter Friedrich Wilhelm III. durch Lenné eine Neugestaltung erfuhr und dem Publikum geöffnet wurde Neuerdings hat er auf Initiative der Krone eine abermalige Umgestaltung erfahren, indem der überwiegende Baumwuchs, namentlich das Luft und Licht beeinträchtigende und geeigneten Unterschlupf für allerhand Gesindel bietende allzu üppig wuchernde Unterholz mehr eingeschränkt worden ist, wodurch insbesondere grössere und besser gedeihende Rasenflachen gewonnen sind, sodass der Thiergarten heute mehr den Charakter eines englischen Parkes hat. Mit seinen ca. 225 ha, wovon 22 ha, die frühere Fasanerie, später dem Zoologischen Garten zur Benutzung überlassen sind, ist er der grösste öffentliche Park Berlins und dadurch von grösster sanitärer Bedeutung für die Stadt, „die Lunge Berlins", und das, was für Wien der freilich ungleich grössere Prater, für Paris das Bois de Boulogne, für Budapest das Stadtwäldchen, für Stockholm der Djurgarden, für Dresden der Grosse Garten, für München der Englische Garten ist.

Staatsrechtlich bildet er einen Theil des Domänenbesitzes des Staates und wurde früher auch etatsrechtlich als solcher behandelt. Als aber die Domänenverwaltung durch Erlass v. 7. August 1878 auf den Landwirthschafts-Minister überging, wurde die Thiergartenverwaltung, der übrigens auch die Gartenanlagen auf anderen fiskalischen öffentlichen Plätzen Berlins unterstehen, hiervon ausgenommen.

Man kann zweifelhaft sein, ob die Zuständigkeit des Finanz-Ministers vor derjenigen des Landwirthschafts-Ministers den Vorzug verdient: für erstere spricht, dass auch der übrige fiskalische Grundbesitz in Berlin von der jenem unterstellten Ministerial-, Militär- und Baukommission ressortirt, und dass der Thiergarten seinem Charakter nach nicht, wie die Domänen und Forsten, zur Erzielung von Ueberschüssen bestimmt ist, für letztere, dass auch andere fiskalische Park- und Gartenverwaltungen dem Landwirthschafts-Ministerium unterstellt sind und dieses in seinen technischen Räthen schliesslich doch sachverständigere Organe für die Beaufsichtigung besitzt, als im Allgemeinen das Finanz-Ministerium

§ 75. Bei der kleinen Verwaltung, deren Ausgaben vor dem Jahre 1882/83 in einen Titel zusammengefasst waren, sind jetzt 1 Direktor, 2 Obergärtner, 1 Maschinenmeister, 1 Förster, 4 Gärtner, 1 Maschinenheizer und 1 Zimmermann als etatsmässige Beamte thätig. Hiervon gehören der Direktor, früher „Inspektor“, und die beiden Obergärtner zu den mittleren, die übrigen zu den Unterbeamten. Bis zum Jahre 1881/82 einschliesslich war die Zahl der Unterbeamten um 1 grösser.

Die Besoldungen anlangend, so bildeten die 3 mittleren Beamten früher eine Gehaltsklasse mit 2100 - 3000 i. D. 2500, später 2550 M.; doch bezog der Inspektor stets das Höchstgehalt von 3000 M., und 1893/94 wurde dieser Zustand im Etat zum Ausdruck gebracht, indem für ihn jener Betrag als Einheitsgehalt angesetzt wurde Bei der Besoldungsaufbesserung von 1897 erhielten der Direktor 3600 M., die Obergärtner von 2000 bis auf 3600 M. in Stufen von 2300, 2600, 2900, 3200 und 3400 M. aufsteigende Gehälter, und der Etat für 1903 verlangt für den Direktor die auffallend starke Aufbesserung um 33$^1/_3$ Proz., also auf 4800 M., weil die Auslichtungen, die Schaffung neuer Anlagen, die Umgestaltung der Siegesallee und des Königsplatzes „sein Arbeitsfeld in erheblichster Weise erweitert“ habe, sodass das bisherige Gehalt „der Bedeutung der Stelle“ nicht mehr entsprochen habe. Die Unterbeamten gehörten früher sämmtlich der Gehaltsklasse 1050 -1350 i. D. 1200 M. an; ebenso erhielten sie bei der Besoldungsaufbesserung der Unterbeamten durch den Nachtragsetat für 1890/91 sämmtlich 1100—1500 i. D. 1300 M.; erst bei der neuen Aufbesserung von 1899 rückten der Maschinenmeister und der Förster in die Klasse der Ministerial-Unterbeamten (1200—1800 M.) ein; nur erhielten sie andere Dienstalterszulagen (3 à 100 und 4 à 75 statt 2 à 100 und 5 à 80 M.). Die übrigen Unterbeamten verblieben in ihrer nun aber 1200 - 1600 M. (Alterszulagen 1 à 100, 6 à 50 M.) beziehenden Klasse.

Der Besoldungsaufwand, der in dem Tit. 1 zusammengefasst ist, hat sich, wie Anlage CVII C zeigt, von 1883/84, wo er 1200 M.

niedriger wie 1879/80 war, da wie erwähnt eine Unterbeamtenstelle weggefallen war, bis 1903 um ein reichliches Drittel, von 17 100 bis auf 23 600 M. gesteigert, und zwar lediglich durch die Besoldungsaufbesserungen bezw. das Dienstaltersstufensystem.

Wohnungsgeldzuschüsse werden gar nicht benöthigt, da seit 1889/90 sämmtliche Beamte sich im Besitze von Dienstwohnungen befinden.

Aus einem Nebenamt, und zwar für Beaufsichtigung des Betriebes der Heizungs- und Lüftungsanlagen der staatlichen höheren Lehranstalten in Berlin und Charlottenburg bezieht der Maschinenmeister jährlich 825 M.

Die anderen persönlichen Ausgaben bestehen in ausserordentlichen Remunerationen und Unterstützungen, die hier nachgewiesen und für alle Beamten in einem Titel (2) mit dem stets gleich gebliebenen Betrage von 1000 M. ausgebracht werden, und in Stellenzulagen bis je 200 M. für den Maschinenmeister und die 4 Gärtner, wofür 1891/92 von dem gemeinsamen Fonds zu Stellenzulagen im Nachtragsetat für 1890/91 die seither beibehaltene Summe von 700 M. hierher übertragen wurde; bis einschliesslich 1896/97 bildete sie einen Bestandtheil des Tit. 2, seitdem den besonderen Tit. 2a.

§ 76. Von den sächlichen Verwaltungs- und Betriebskosten sind 2 Titel von einer selbst innerhalb eines so kleinen Etats wie desjenigen der Thiergartenverwaltung ganz untergeordneten Bedeutung. Die Dienstaufwandsentschädigungen (Tit. 3) betragen nur 660 M., wovon 600 M. als Dienstaufwandsentschädigung an den Direktor und je 30 M. als Schreibmaterialienvergütung an diesen und den ersten Obergärtner gezahlt werden. In dieser Höhe wird der Titel seit 1884/85 ausgebracht, während er vorher mit 840 M. dotirt war.

Die Abgaben und Lasten (Tit. 4) beanspruchen jetzt 580 M. und bestehen in der Hauptsache aus Gemeindegrundsteuer von den Dienstgrundstücken, Kanalisationsbeiträgen und sonstigen Gemeindeabgaben. Sie rühren daher ganz überwiegend erst aus der Zeit nach Inkrafttreten des Kommunalabgabenges. v. 14. Juli 1893 her, vor dessen Erlass die Dienstgrundstücke steuerfrei waren (vgl. Bd. I, S. 1184 d. W.). Daher stieg denn auch der Bedarf 1896/97 — für 1895/96 hatte es an einem Anhalt für die Schätzung bei der Etatsaufstellung gefehlt und hatte man daher den früheren Ansatz noch beibehalten — von 10 auf 500 M. Seitdem ist der Titel nach Massgabe des wirklichen Bedarfs 1899 um 60 und 1902 um weitere 20 M. erhöht worden. Bis einschliesslich 1888/89 hatte der Titel die sich dann als entbehrlich herausstellende Dotation von 80 M.

Ungefähr 90 Proz. der gesammten Ausgaben der Thiergartenverwaltung entfallen auf die in Tit. 5 nachgewiesenen **Betriebskosten.**

In der Hauptsache, nach dem Etat für 1902 mit 200 000 M, entfallen sie auf Unterhaltung der Garten- und Baumanlagen, Baumschulen, Fuss- und Reitwege — die Fahrwege sind von der Gemeinde zu unterhalten — nebst Einfassungen in dem grossen Thiergarten, den Anlagen auf dem Opernplatz und im Lustgarten zu Berlin, auf Bewachung der Anlagen, Reinigung und Räumung der Thiergartengewässer, Besprengung der Thiergartenwege und Unterhaltung der Geräthschaften Der Rest besteht — die eingeklammerten Zahlen sind der Voranschlag für 1902 — in Kosten der Thiergartenwasserleitung auf dem Hippodrom (18 000), von Anlagen und Verbesserungen nach Bestimmung des Finanz-Ministeriums (8000), in Zuschuss an die Stadt Berlin zu den Kosten der Wasserlieferung für die Springbrunnen und Sprenghähne im Lustgarten (6000), in Unterhaltungskosten der Gebäude und zugehörigen Hoflagen, Brunnen und Bewässerungen (5500), sowie der Brücken, Schleusen, Verschalungen und Rinnen (1200), in Kosten der Reinigung der Statuen sowie zum Schutze derselben gegen Witterungseinflüsse (300) und endlich in sonstigen Betriebskosten und vermischten Ausgaben (1000 M)

Die Betriebskosten sind, wie die Anlage CVII C zeigt, in den letzten 10 Jahren in auffallendem Masse gestiegen: bis 1894/95 hatten sie sich konstant auf rd. 124 000 M. gehalten, 1895/95 stiegen sie um 6000, 1897/98 um 10 000, 1898/99 um 4000, 1900 um 8000, 1901 um 21 100, 1902 aber gar um 66 470 M. auf 240 000 M. Die 1895/96 hinzutretenden 6000 M. waren der bisher von der Bauverwaltung getragene Zuschuss zu den Kosten der Wasserversorgung der Springbrunnen und Sprenghähne im Lustgarten. Die Erhöhung 1897/98 war durch neugeschaffene Verschönerungsanlagen und dadurch bedingt, dass der von der Stadt Berlin bisher gewährte Zuschuss von 30 000 M. zur Verschönerung des Thiergartens seit 1894 von ihr auf Jahre hinaus für Regulirung und Entwässerung der Chausseen im Thiergarten festgelegt war, diejenige des nächsten Jahres dadurch, dass ein Theil der Thiergartenbaumschule als Bauplatz für die Akademie der bildenden Künste verwendet und dadurch die eigene Anzucht der Gehölze beschränkt wurde, was den Ankauf eines Theiles des Bedarfes nöthig machte. In den Steigerungen 1900, 1901 und 1902 endlich zeigte sich die durch Anziehen der Arbeitslöhne verstärkte finanzielle Wirkung der — jetzt beendeten — Ausholzungen, die natürlich mehr Arbeitskräfte, aber auch, da an die Stelle eines Theiles der Holzungen Rasenflächen getreten sind, erhöhte laufende Unterhaltungskosten erfordern; dazu kamen die Schmuckanlagen bei den Denkmälern der Siegesallee. Vorubergehend standen freilich, wie im nächsten Kapitel zu zeigen sein wird, vermehrte Einnahmen der Ausgabesteigerung gegenüber.

II. Kapitel.

Die Einnahmen aus der Verwaltung des Thiergartens.

(Staatshaushaltsetat Kap. 27 Tit. 13.)

§ 77. Wenn auch bei dem Charakter des Thiergartens als eines öffentlichen Parks von einer Verwaltung desselben mit dem Hauptzwecke der Erzielung von Einnahmen nicht die Rede sein kann, so sind doch die letzteren keineswegs unbedeutend. In der Hauptsache bestehen sie aus Pächten für einzelne Parzellen und für die Nutzung seiner Gewässer zur Fischerei, als Eisbahn, zur Eisentnahme und zur Bootschifffahrt, aus Miethen für Gebäude, aus Holznutzungen, aus Abgaben der den Thiergarten durchschneidenden Strassenbahnen, aus Stättegeldern, Rekognitionszinsen und sonstigen Abgaben für die Erlaubniss zur Aufstellung von Baulichkeiten und sonstige Benutzung des fiskalischen Terrains.

Für 1902 waren vorgesehen: Pacht vom Kronfideikommiss für einige Parzellen bei dem früher Krollschen Etablissement, jetzigen „Neuen Königlichen Operntheater" 20 000, Pacht für den sogenannten „Sportplatz des Westens" („Westeisbahn") am Bahnhof „Zoologischer Garten" 25 000, Pacht für verschiedene andere Parzellen etc. 7270, Fischerei- und Eispacht 15 000, Pacht für Ausübung der Bootschifffahrt 6250, Jagdpacht 8,5, Miethe für eine Villa 14 000, Erlös aus Holz 3400, aus Pflanzen, Gehölzen und Gras 166, Obstpacht 30, Stättegeld 2685, von den Strassenbahngesellschaften für Benutzung fiskalischen Geländes als Beitrag zu den Verschönerungskosten 6000, für Erlaubniss zur Aufstellung von Wärterhäuschen dieser Bahnen und von Trinkhallen, Bedürfnissanstalten u. dergl. 705,5, sonstige Rekognitionszinsen 82, von den Beamten für Feuerungsmaterial und Wasserentnahme 196,9, verschiedene Einnahmen 105,4 M.

Der Gesammtbetrag der Einnahmen, die in Tit. 13 des Kap. 27 des Etats „Einnahmen des Finanz-Ministeriums" erscheinen, ist, wie die Anlage CVII C erweist, in noch stärkerem Verhältniss wie die Ausgaben gestiegen, von 38 000 M. im Etat für 1879/80 bis auf 133 350 M. 1901, worauf er freilich bis auf 106 200 M. für 1903 zurückgegangen ist. Ueberwiegend haben zu der Steigerung der Einnahmen die Mehrerlöse bei der Verpachtung von Grundstücken und von Nutzungen der Gewässer beigetragen, weshalb denn die Steigerung, je nachdem Neupachtungen stattfanden, vielfach eine ziemlich sprungweise war. Die Holzerlöse haben nur in den letzten Jahren durch die Ausholzungen einen erheblicheren Einfluss ausgeübt: für 1901 waren 27 500, für 1902 nur noch 3400 M. vorgesehen. Die Pachteinnahmen haben nur einmal, 1897/98 einen erheblichen Rückschlag, 17 600 M. erfahren, vorzugsweise dadurch, dass bisher verpachtete Flächen an der Hasenhaide verkauft wurden, und zwar sehr günstig, für 1 900 000 M.

Immerhin steht seit 1879/80 einer Vermehrung der Ausgaben um nicht ganz 100 Proz. eine solche der Einnahmen um fast 180 Proz. gegenüber. Eine erhebliche Verminderung der letzteren würde freilich eintreten, wenn das jetzt für 25 000 M. verpachtete Gelände am Bahnhof Zoologischer Garten als Baugelände für fiskalische Bauten in Anspruch genommen würde. Uebrigens entspricht jene Pacht von 25 000 M. nicht entfernt dem Werthe des Terrains (290 ar) als Baugelände.

Die Einnahmen der Thiergartenverwaltung könnten ungleich höher sein, wenn der Grund und Boden des Zoologischen Gartens diesem nicht unentgeltlich zur Benutzung überlassen worden wäre. Als es sich im Jahre 1841 (Kab.-O. v. 8 Sept.) darum handelte, dieses Unternehmen zu begründen, waren dessen Aussichten so zweifelhaft, dass es wohl gerechtfertigt war, es durch unentgeltiche Ueberlassung des Terrains zu unterstützen. Seitdem hat sich das Unternehmen aber in ungeahnter Weise entwickelt und geradezu einen anderen Charakter angenommen In den letzten Jahren sind die kostspieligsten Bauten und sonstigen Anlagen in dem Garten ausgeführt. Das hat zu fortwährenden Erhöhungen der Abonnementspreise genöthigt, und so ist heute der Zoologische Garten weniger ein Bildungsinstitut und eine Erholungsstätte für Erwachsene und Kinder aus solchen Kreisen, die mittlere Einkommen beziehen, als vielmehr ein Vergnügungsetablissement vornehmen Stiles für die wohlhabendsten Klassen Dass der Staat für ein solches den Grund und Boden unentgeltlich hergiebt, können wir weder als ein öffentliches Bedürfniss noch als in der Billigkeit liegend bezeichnen Leider ist durch die Kab -O v S. Sept. 1841 der Gesellschaft für die Dauer ihres Bestehens die unentgeltliche Benutzung des Grund und Bodens zugesichert

---

V. Abschnitt.

Ausgaben für inaktive Beamte und andere ehemals im Staatsdienst beschäftigte Personen wie für deren Hinterbliebenen unter Berücksichtigung der gegenüberstehenden Einnahmen.

(Staatshaushaltsetat Ausgabe Kap. 62 Tit 9 und Kap 60, Einnahme Kap 27 Tit. 1—8.)

§ 78. Aus der Darstellung in den übrigen Büchern dieses Werkes wie auch aus den vorangegangenen Abschnitten dieses Buches ergiebt sich, dass die Aufwendungen für die in aktiven Dienststellungen befindlichen Beamten in dem Etat derjenigen Verwaltungen erscheinen, der die Beamten angehören. Dagegen sind die Aufwendung für die inaktiven — einschliesslich der auf Wartegeld gesetzten — Beamten und für die Hinterbliebenen der Beamten mit einigen Ausnahmen im Etat des Finanz-Ministeriums für alle Verwaltungen zusammengefasst. Sie nehmen hier das Kap. 62 „Wartegelder, Pensionen und Unterstützungen etc.“ mit Ausnahme des Tit. 8 und des im Etat für 1903 zuerst auftretenden Tit. 10 und das Kap. 60 „Wittwen- und Waisen-Verpflegungsanstalten“ ein. In enger Wechselbeziehung zu den in letzterem Kapitel untergebrachten Ausgaben stehen, wie die Darstellung ergeben wird, die Einnahmen Kap. 27 Tit. 1—8 „Wittwen- und Waisen-Verpflegungsanstalten“. Letztere sind daher im Anschluss an die Ausgaben des Kap. 60 zu behandeln. Auch die Ausgaben Kap. 62 Tit. 8 „Zu einmaligen Unterstützungen für Personen, welche, ohne die Eigenschaft von Beamten zu haben, im Staatsdienste beschäftigt werden oder beschäftigt gewesen sind, sowie die Hinterbliebenen solcher Personen“ sollen mit Rücksicht auf die Gruppirung in dem Etat hier behandelt werden, obwohl es vielleicht an sich richtiger wäre, sie bei den „Allgemeinen Fonds“ zu berücksichtigen. Dagegen gehören die in Kap. 62 Tit. 10 ausgebrachten Erziehungsbeihülfen an höhere Beamte in Posen u. s. w. unbedingt in das Kapitel 63, da sie in engster Verbindung mit den „widerruflichen, nicht pensionsfähigen Gehaltszulagen an Beamte in den gedachten Landestheilen“ im Tit. 5 desselben stehen, und werden sie daher dort besprochen.

I. Kapitel.

Wartegelder und Dispositionsgehälter.

(Staatshaushaltsetat Kap. 62 Tit. 1 und 2.)

§ 79. An erster Stelle erscheinen in dem Kap. 62 die Wartegelder, welche an solche Beamte zu zahlen sind, die auf Grund der Vorschriften in § 87 des Disciplinarges. v. 21. Juli 1852 oder bei Umbildung von Behörden in den einstweiligen Ruhestand versetzt worden sind (vgl. oben § 29). Von diesen Wartegeldern, die, wie oben ausgeführt, in einem Theile der Besoldung bestehen, sind zu unterscheiden die Dispositionsgehälter, welche auf Grund einzelner Gesetze bei Organisationsveränderungen an entbehrlich werdende Beamte für eine gewisse Zeit noch in voller Höhe des bisherigen Gehaltes und Wohnungsgeldzuschusses gezahlt worden sind (vgl. oben Bd. I S. 992 und § 61 dieses Buches). Diese Dispositionsgehälter hat der Etat des Finanz-Ministeriums nur soweit getragen, als sie an Beamte, die bisher ihre Besoldung aus ihm empfingen, oder an solche gezahlt wurden, die aus Anlass der Reform der allgemeinen Landesverwaltung durch die Ges. v. 26. Juli 1880 und 30. Juli 1883 zur Disposition gestellt wurden, im Uebrigen der Etat der betreffenden Verwaltung.

Dagegen werden die Wartegelder für Beamte aller Verwaltungen, sofern die Versetzung in den einstweiligan Ruhestand auf Grund des Disciplinargesetzes erfolgt, aus dem Kap. 62 Tit. 1 bestritten, und nur solche auf Grund von Gesetzen der vorgedachten Art pflegen bei dem Etat der betreffenden Verwaltung ausgebracht zu werden. Während daher der Tit. 1 „Wartegelder“ in jedem Etatsjahre auftritt, erfordert der Tit. 2 **„Dispositionsgehälter“** eine Dotirung keineswegs in jedem Etat und gehört seinem vollen Betrage nach zu den „künftig wegfallenden“ Ausgaben. Wie die Anlage CVII B zeigt, fällt er bereits seit 1895/96 alljährlich aus, und dasselbe war vor dem Jahre 1885/86 der Fall. Allerdings waren schon vorher, seit 1881/82, Dispositionsgehälter für die aus Anlass des Organisationsges. v. 26. Juli 1880 zur Disposition gestellten Beamten an anderer Stelle im Etat des Finanz-Ministeriums ausgebracht worden. Im Etat für 1885/86 wurden diese Dispositionsgehälter von noch 301 002 M. mit 229 502,19 M. welche auf Grund des § 147 ff. des Landesverwaltungsges. v. 30. Juli 1883 (vgl. oben § 21) hinzukamen im Tit. 2, damals 1a des Kap. 62 vereinigt. Im nächsten Jahre fielen jene 301 002 M. fort, weil die auf Grund des Organisationsgesetzes v. 1880 zur Disposition gestellten Beamten nunmehr nach Ablauf des 5jährigen Zeitraums in den definitiven Ruhestand traten. Dagegen bedingte die Einführung des Landesverwaltungsgesetzes in Hessen-Nassau einen Zugang, und ebenso war für Beamte in Hannover mehr auszubringen, da das Vorjahr für sie die Dispositionsgehälter nur für 3/4 Jahre erfordert hatte, übrigens dort auch noch einige weitere Beamte zur Disposition gestellt wurden. Deshalb belief sich der Minderbedarf nicht auf jene 301 002, sondern nur auf 198642 M. Da auch in Hessen-Nassau das Landesverwaltungsgesetz nicht mit Beginn des Etatsjahres, sondern am 1. Juli eingeführt wurde, war in den für 1886/87 ausgebrachten 331 862 M. der Bedarf für dortige Beamte, abgesehen von schon am 1. April 1886 zur Disposition gestellten Beamten der unteren Verwaltungsbehörden, nur für 3/4 Jahre enthalten; er musste sich also 1887/88 um etwa 1/4 steigern. Das Inkrafttreten der gedachten Reform in Westfalen am 1. Juli 1887, in der Rheinprovinz am 1. Juli 1888 und in Schleswig-Holstein am 1. Juli 1889 bedingte 1887/88 und in den nächsten Jahren weitere Mehrausgaben, sodass der Bedarf 1889/90 520 328 M. und 1890/91 einen nahezu gleich hohen Betrag erreichte. Von da an beginnt er schnell zu sinken, da die 5jährige Zeitdauer, für die das Dispositionsgehalt von dem Landesverwaltungsgesetz gewährt war, in Hannover am 1. Juli 1890, in Hessen-Nassau am 1. Juli 1891, in Westfalen am 1. Juli 1892, in der Rheinprovinz am 1. Juli 1893 und in Schleswig-Holstein am 1. Juli 1894 ablief. Allerdings traten mit der Einführung des Ges. v. 30. Juli 1883 in Posen am 1. April 1890 einige Dispositionsgehälter hinzu; ihr Betrag wog aber die für die anderen Provinzen wegfallenden Summen nicht entfernt auf. Mit Schluss des Etatsjahres 1894/95 fielen auch die letzten Dispositionsgehälter durch Ablauf des Quinquenniums fort.

In der Anlage erscheint indess bereits für 1869 eine Summe von 450 000 M. an Dispositionsgehältern. Dieser schon 1870 wieder verschwindende Fonds diente zu solchen an Beamte, die bei der Organisation der Verwaltung in den 1866 annektirten Provinzen entbehrlich wurden, daneben aber auch zu Gehaltsausgleichungen, wo das bisherige Gehalt des im Dienst belassenen Beamten das nach den preussischen Grundsätzen normalmässige überstieg, indem nun der Mehrbetrag aus diesem Fonds gedeckt wurde.

§ 80. Sind Dispositionsgehälter heute überhaupt nicht mehr zu zahlen, so erreicht auch der Bedarf an **Wartegeldern** (Tit. 1) gegenwärtig verhältnissmässig keine erhebliche Höhe: für 1903 wird 158 822 M. ausgeworfen, d. i. nur 25 000 M. mehr wie Ende der 50er Jahre und noch nicht der dritte Theil des Bedarfs Ende der 60er, in den 70er und ersten 80er Jahren. Bis zum Jahre 1866 waren nur Summen von weniger als 200 000 M. erforderlich gewesen. Dann aber wurden in den neuen Provinzen, in denen ja die Zahl der Beamtenkategorien, die der Versetzbarkeit in den einstweiligen Ruhestand unterliegen, grösser als in den alten ist, zahlreiche übernommene Beamte auf Wartegeld gesetzt. Wenn nun auch durch Absterben, Wiederanstellung und Pensionirung von Wartegeldempfängern ein Abgang stattfand, so brachte doch die Aufhebung der Mahl- und Schlachtsteuer am 1. Jan. 1875 mit einem Schlage einen Zuwachs von 375 000 M., und der Kulturkampf trug auch dazu bei, die Wartegeldempfänger zu vermehren. So wurden denn für 1875 nicht weniger als 848 811 M. gefordert. Schon im nächsten Jahre verminderte sich indess der Bedarf um fast 224 000 M., weil die aus Anlass der Aufhebung der Mahl- und Schlachtsteuer entbehrlich gewordenen Beamten zum grössten Theil wieder angestellt oder pensionirt waren. In der Folgezeit bedingten namentlich die Aufhebung der landwirthschaftlichen Akademie in Eldena und der Münze in Hannover nicht unerhebliche Mehrausgaben, sodass 1879/80 wieder annähernd dieselbe Summe wie 10 Jahre zuvor nöthig war. Von 1880/81 an aber datirt ein nur noch 1883/84 namentlich durch Versetzung einer Anzahl von Beamten der landwirthschaftlichen, Justiz- und Unterrichtsverwaltung in den einstweiligen Ruhestand und 1886/87 durch diejenige einer grösseren Anzahl von Lehrern an nun in andere Lehranstalten umgewandelten Gewerbeschulen unterbrochener Rückgang des Bedarfs bis auf 150 774 M. im Jahre 1899. Erst 1900 trat, als in Folge ihrer Haltung gegenüber der Kanalvorlage 2 Regierungspräsidenten und 18 Landräthe, deren einzelne zu den tüchtigsten Beamten gehörten, auf Wartegeld gesetzt wurden, die Nothwendigkeit ein, den Fonds auf rd. 201 000 M. zu verstärken. Bekanntlich wurde ein Theil dieser Beamten sehr bald, theilweise unter zwar wohlverdienter, aber nach der Massregel von 1899 einen eigenartigen Eindruck machender Beförderung, wieder angestellt. Es waren daher in den nächsten Jahren nur noch 180 430, 163 319 und 158 822 M. auszubringen.

II. Kapitel.

Pensionsfonds und solche Unterstützungsfonds, welche ganz oder theilweise für ehemalige Beamte oder doch im Staatsdienst beschäftigte Personen bestimmt sind.

(Staatshaushaltsetat Kap. 62 Tit. 3, 4, 6 bis 8.)

§ 81. Anders wie der Wartegelderfonds weist der **Civilbeamten-Pensionsfonds** (Kap. 62 Tit. 3), aus welchem die gesetzlichen Ruhegehälter der Beamten aller Verwaltungen, seit 1892/93[1]) auch diejenigen der Gendarmerie, die bis dahin auf dem Etat des Ministeriums des Innern standen (vgl. oben §§ 178, 188a des VI. Buches), gezahlt werden, ein enormes Anwachsen auf, sodass er heut weitaus der höchste Titel aller Staatsverwaltungsausgaben ist und fast 10 Proz. dieser Ausgaben ausmacht. Wie die Anlage CVII B zeigt, hat er sich von 1859 bis Ende der 80er Jahre etwa alle 14 bis 15 Jahre verdoppelt, während von 1849 bis 1859 die Steigerung etwa 67 Proz. betrug, das Doppelte der Sollausgabe des Jahres 1888/89 aber bereits 1899 nahezu erreicht war und in den seitdem verstrichenen wenigen Jahren ein neuer Zuwachs von 9½ Mill. oder mehr als 22 Proz. zu verzeichnen ist.

Unter den Gründen für dieses gewaltige Anwachsen der Pensionslast steht in erster Linie die in fast allen Zweigen des Staatsdienstes zu konstatirende starke Vermehrung des Beamtenpersonals. Vor allen andern ist hier die Eisenbahnverwaltung zu nennen, bezüglich deren auf die Ausführungen im VII. Buch des I. Bandes, insbesondere auf die §§ 127—129 und 216 zu verweisen ist: ist doch der auf sie entfallende Antheil an dem Pensionsfonds von 935 200 M. im Jahre 1880/81 auf 16 220 056 M. 1901 gestiegen, und allein von 1893/94 bis 1901 hat die Steigerung reichlich 100 Proz. betragen. In zweiter Linie stehen die Besoldungsaufbesserungen, die auch für die nächste Zeit noch selbst bei gleichbleibender Zahl der Pensionäre eine Steigerung der Ausgaben in sichere Aussicht stellen; denn für die absterbenden vor der letzten allgemeinen Gehaltsaufbesserung pensionirten Beamten treten andere ein, deren Pensionen nach den erhöhten Gehältern zu bemessen sind. Dazu kommen noch besondere ausgabesteigernde Umstände verschiedener Art. Die Uebernahme der Pensionen der Gendarmerie vom Etat des Ministeriums des Innern 1892/93 bedeutete damals eine neue Belastung des Titels mit ca. 1,6 Mill. Ferner führten die im vorigen Paragraphen und in früheren Büchern des Werkes erwähnten Organisationsveränderungen zu ungewöhnlich zahlreichen Versetzungen in den Ruhestand: zunächst wurden bei Durchführung der Organisation Beamte, die sonst noch im Dienst geblieben wären, pensionirt, und nach Ablauf der 5jährigen Zurdispositionsstellung

---

1) Im § 178 und § 188 des VII. Buches befindet sich ein Druckfehler.

traten die zur Disposition gestellten Beamten sämmtlich mit dem Höchstbetrag der gesetzlichen Pension hinzu. Endlich blieb natürlich auch die im § 43 dargestellte Entwicklung der Pensionsgesetzgebung nicht ohne Einfluss, wenn derselbe sich auch nicht sogleich, sondern erst allmählich geltend machte. Die offenbar neuerdings inaugurirte Verjüngung der Beamtenschaft stellt neue Mehrbelastungen in Aussicht. Uebrigens bleibt bei Würdigung des Anwachsens des Pensionsfonds zu berücksichtigen, dass letzterer heut seinem vollen Betrage nach eine Nettobelastung der Staatskasse darstellt, während ihr früher Pensionsbeiträge der Beamten, 1849 rd. 336 000 M., zuflossen (vgl. oben a. a. O.).

Bis einschliesslich 1849 hatte man sich mit einem Pensionsfonds von 3 Mill. Mark beholfen, was aber schon 1849 nur noch möglich gewesen war, indem 450 000 M. auf den Pensions-Aussterbefonds übernommen wurden. Gleichwohl war der Fonds unzureichend, sodass viele neue Pensionen einstweilen aus Besoldungsfonds gedeckt wurden. Mannigfache, durch die Umgestaltung des Staatsorganismus infolge des Ueberganges zum konstitutionellen Regime bedingte Reformen, namentlich bei der Justiz- und Postverwaltung, machten vermehrte Pensionirungen nöthig, sodass der Fonds 1850 um 600 000 M. verstärkt werden musste. Im nächsten Jahre verwies man umgekehrt 803 301 M. von dem Pensions-Aussterbefonds auf den Civilbeamten-Pensionsfonds, weil sie ihrem Charakter nach nicht auf jenen gehörten. Doch verschmolz man diese Summe nicht mit den 3 600 000 M., bei denen man es beliess, obgleich 6000 M. Pensionen für Chausseebaubeamte vom Etat des Handels- und 7800 M. zu Pensionen für Lehrer und Beamte an vom Staat allein unterhaltenen höheren Unterrichtsanstalten von dem des Kultusministeriums übernommen wurden, sondern unterschied sie als „künftig wegfallend“ von dem eigentlichen Pensionsfonds. Dem letzteren verblieb auch die Eigenschaft eines unüberschreitbaren Fonds: reichte er nicht aus, so wurden die deshalb von ihm nicht zu übernehmenden Pensionen aus der Besoldung der erledigten Stellen bestritten, die deshalb solange unbesetzt bleiben mussten, bis der Pensionsfonds die betreffende Pension übernahm. Dieser Zustand zeitigte bald die grössten Unzuträglichkeiten: die Hoffnung, dass die Pensionirungen abnehmen würden, trog, es kamen als pensionsberechtigte Beamte die Steuerempfänger in den westlichen Provinzen und die Beamten der Staatseisenbahnen und Telegraphenverwaltung hinzu, und so hatte man schon 1852 ein Deficit von 706 065 M., das aus Besoldungen gedeckt werden musste. Obwohl man klar sah, dass der Pensionsfonds allmählich auf mindestens $5^1/_4$ Mill. M. erhöht werden müsse, begnügte man sich 1853 mit einer Erhöhung von 600 000 M. in der sicheren Aussicht, dass hiernächst wieder ein dem Besoldungsfonds zur Last fallendes Defizit eintreten werde. Gleichwohl wurde, während die künftig wegfallenden Pensionen sich verminderten, an der Dotirung des limitirten Theiles des Pensionsfonds mit 4 800 000 M. bis 1863 festgehalten, wo eine Erhöhung auf 5 175 000 M. unumgänglich war. Im nächsten Jahre brach man dann endlich mit der Behandlung des Fonds als eines limitirten, sodass von nun an alle Pensionen ihm sofort zur Last fielen, andererseits die Aussonderung eines Theiles, zuletzt 270 000 M., für Pensionen, über die bei eintretender Erledigung nicht wieder verfügt wurde, beseitigt war. Der einheitliche Fonds wurde nun auf 5 700 000 M. bemessen. Schon 1865 wurde er um 90 000 M. erhöht, ausserdem aber von den nun auf den Marineetat übergehenden Marinepensionen befreit, was einer weiteren Erhöhung um rund 38 500 M. gleichkam. 1866 mussten dann 6 240 000 und 1867 — für die alten Landestheile — 6 300 000 M. neben 2 554 296 M. für die neuen Provinzen ausgebracht werden. Nach der Gründung des Norddeutschen Bundes gingen zwar die Pensionen im Bereiche der Post- und Telegraphenverwaltung mit rd. 529 000 M. auf den Bundesetat über. Gleichwohl erheischten die Verhältnisse der neuen Landestheile, wo natürlich der Uebergang in die neuen Verhältnisse die Versetzung vieler Beamten in den Ruhestand bedingte, für 1868 einen Bedarf von 9 150 000 M., und für 1869 wurden weitere 600 000 M. mehr eingestellt. 1870 wurde der Voranschlag auf 10,2, 1871 auf 10,65 Mill. bemessen. Bei dem letzteren Ansatz verblieb es dann 1872 und 1873; die wirklichen Ausgaben der Vorjahre hätten nach den üblichen Grundsätzen der Veranschlagung sogar eine etwas niedrigere Summe gerechtfertigt, wenn man nicht mit den Wirkungen der Besoldungsaufbesserung und des neuen Pensionsgesetzes hätte rechnen müssen, auch 1873 von dem bisherigen Etat der Hohenzollern'schen Lande rd. 19 000 M. hinzugekommen wären. Schon 1874 mussten dann auch 11,1 Mill. eingestellt werden, zumal rd. 90 000 M. Pensionen für Chausseeaufseher und Wärter vom Etat der Bauverwaltung übernommen wurden. In der Folgezeit legte man zunächst in der Regel dem Etatsanschlag die Istausgabe des drittletzten und die vermuthliche Istausgabe des letzten Vorjahres zu Grunde, indem der letzteren der Jahresdurchschnitt der Ausgabesteigerung des letzten gegen das drittletzte Vorjahr zugeschlagen wurde. Hinzu traten dann Mehrausgaben auf Grund besonderer Veranlassung, so 1877/78 infolge Einverleibung Lauenburgs 12 582 M. Nur 1880/81 behielt man lediglich den Ansatz des Vorjahres (14 Mill. M.) bei. Seit 1881/82 wurde dann ein anderes Verfahren eingeschlagen, indem die Istausgabe des vorletzten Vorjahres, d. i. des letzten, für das sie bei der Etatsaufstellung feststand, seit 1884/85 aber der Stand der Pensionen im Herbst des Vorjahres, d. i. des Zeitpunktes der Etatsaufstellung zu Grunde gelegt wurde. Endlich im Etat für 1889/90 kehrte man zu dem eine ausreichendere Dotirung gewährleistenden früheren Verfahren zurück; nur stellte man das fünftletzte mit dem vorletzten Vorjahr in Vergleich, da ja die Ergebnisse des letzten zur Zeit der Etatsaufstellung nur schätzungsweise zu ermitteln waren.

Beispielsweise stellte sich die Rechnung für 1889/90 folgendermassen: Istausgabe 1887/88: 21 527 365 M. gegen 18 830 859 M. 1884/85. Mithin in den 3 Jahren 1884/85 bis 1887/88 Steigerung von 2 696 506 M., also im Jahresdurchschnitt 898 835 M. Die Istausgabe 1887/88 von 21 527 365 M zuzüglich der für 1888/89 und 1889/90 zu erwartenden Steigerung von 2 mal 898 835 M. ergiebt 23 325 035 M. und abgerundet einen Etatsansatz von 23 325 000 M.

In dieser Weise wird noch jetzt verfahren. Doch wurde und wird, wenn aussergewöhnliche Umstände eine besondere Ausgabevermehrung erwarten lassen, hierauf durch angemessene Erhöhung desselben Rücksicht genommen und umgekehrt, wenn die Steigerung der Vorjahre von solchen nicht wiederkehrenden Umständen beeinflusst war, ein entsprechender Abschlag gemacht. So wurde für 1883/84, als die auf Grund des § 99 des Ausführungsgesetzes zum Gerichtsverfassungsgesetz auf 3 Jahre zur Disposition gestellten Richter und Staatsanwälte in den dauernden Ruhestand getreten waren, mit Rücksicht hierauf ein Mehrbetrag von 1,7 Mill. M. eingestellt. Ebenso wurden die Mehrbelastungen durch Pensionirung der in gleicher Weise zur Disposition gestellten Beamten anderer Verwaltungen und durch Uebernahme der Gendarmerie-Pensionen berücksichtigt, wie dann 1899 wegen der Besoldungserhöhungen rd. 2 Mill. M., 1900 mit Rücksicht auf die Pensionirung der zur Disposition gestellten Rentmeister u. s. w. rd. 1 Mill. und 1902 wegen derjenigen solcher Richter ebenfalls 1 Mill. mehr eingestellt wurden. Andererseits hätte sich für 1903 nach der oben gekennzeichneten Berechnungsart ein Bedarf von 53 163 324 M. ergeben; mit Rücksicht auf die besonderen Umstände, die die bisherigen Ausgabesteigerungen mitbedingt hatten, werden aber nur 52 Mill. M. gefordert. Da nun gerade in den letzten 5 Jahren solche ungewöhnlichen Umstände mehr als früher zusammentrafen, so finden wir in diesem Zeitraum auch ein ganz ungewöhnliches Anschwellen des Pensionsfonds, von 37,3 Mill. 1897/98 auf 40½, 42½, 44½, 46½ und 50½ Mill. in den Jahren 1898/99 bis 1902, der gegenüber die 52 Mill. des Etats für 1903 schon ein Abflauen bedeuten.

§ 82. Seiner Bezeichnung nach ein Pensionsfonds, in Wahrheit aber zum grössten Theil zu anderen Zwecken als zu Pensionen im eigentlichen Sinne, d. h. zu Ruhegehältern für in den Ruhestand versetzte Staatsdiener bestimmt ist der **Pensions-Aussterbefonds** (Kap. 62 Tit. 4). Ueber seine Entstehung und Aufgabe sprechen sich die Erläuterungen zum Etat für 1849 folgendermassen aus:

„Dieser Fonds ist bei Gelegenheit der verbesserten Einrichtung des Etatswesens durch Einführung der Normal-Etats und der Reorganisation der Behörden vom Jahre 1826 ab in der Art gebildet worden, dass die betreffenden Pensionsbeträge aus dem bis dahin zur Anwendung gekommenen allgemeinen Pensionsetat ausgeschieden und abgesondert etatsmässig verzeichnet und verrechnet wurden. Er ist zur Verrechnung derjenigen Pensionen und Wartegelder bestimmt, welche bei ihrer Erledigung durch Abgang der Empfänger erlöschen und an die allgemeinen Staatsfonds zurückfallen sollen, während die Heimfälle bei den fortdauernden Pensionsfonds zur anderweitigen Verwendung als Pensionen gelangen. Hiernach kommen bei dem Pensions-Aussterbefonds zur Verrechnung: Zunächst die Pensionen und

Kompetenzen, welche in Gemässheit von Staatsverträgen und in Anerkennung der fremden Gesetzgebungen in den neu oder wieder erworbenen Provinzen über das Pensionswesen hinsichtlich der darin vorgefundenen Beamten und ihrer Angehörigen auf die Preussische Staatskasse zu übernehmen waren, und wenn die vertragsmässigen und gesetzlichen Fälle noch jetzt erst eintreten, übernommen werden müssen. Hierher gehören die Pensionen und persönlichen Entschädigungen nach den Bestimmungen des Reichs-Deputations-Hauptschlusses vom Jahre 1803, der Wiener Verträge, der besonderen Staatsverträge mit Sachsen, Nassau, dem Grossherzogthum Hessen, mit Russland wegen Posen, mit den Staaten, welche Theile des ehemaligen Königreichs Westfalen besitzen etc. Dergleichen Zahlungen erfolgen an Mitglieder der infolge des Reichs-Deputations-Hauptschlusses aufgehobenen Stifter und Klöster, an ehemalige Civilbeamte und Militärpersonen, sowie an deren Wittwen und Waisen in den Grenzen der vertragsmässigen oder — fremd — gesetzlichen Bestimmungen, auch an Wittwen und Waisen, wo eine ausdrückliche Bestimmung der Staatsverträge nicht eigentlich vorhanden ist, wo aber den in den betreffenden Provinzen vorgefundenen Beamten durch die fremden Gesetzgebungen und durch die Zahlung von Beiträgen das Recht auf eine bestimmte Pensionsgewährung an ihre Hinterbliebenen erworben war und nach der diesseitigen Besitznahme anerkannt worden ist.

Sodann befinden sich auf den Etats für den Pensions-Aussterbefonds:

die Kompetenzen, Entschädigungen und Pensionen, welche an Mitglieder der aufgehobenen Klöster und Stifter und an deren Beamte zu zahlen sind;

die Pensionen solcher Beamten, deren Gehälter in den Etats als aussterbend geführt wurden, die also mit dem Inhaber weggefallen sind; ferner

die Wartegelder an Beamte und Gendarmen, einschliesslich der Gendarmerie-Offiziere, welche bei der Reorganisation der Behörden und der Gendarmerie entbehrlich geworden sind.

Ausserdem finden sich auf den Etats des Pensions-Aussterbefonds eine Anzahl Pensionen für Personen beider Geschlechter, welche aus Gnadenbewilligungen Sr. Majestät des Königs herrühren, theilweise aus einer Zeit, wo ein eigentlicher Gnaden-Pensionsfonds entweder gar nicht oder doch nur mit sehr geringen Mitteln existirte, oder auch die geeigneten Mittel nicht darbot. Es sind dies Pensionen, welche entweder nicht, wenigstens nicht in unmittelbarem Staatsdienst verdient sind, oder auf welche doch ein Anspruch aus allgemeinen Verordnungen sich nicht herleiten lässt, und bei deren Bewilligung Gründe allgemeiner Verdienstlichkeit und Bedürftigkeit Berücksichtigung gefunden haben.

Hierher gehören auch diejenigen Unterstützungen, welche nach Allerhöchster Bestimmung den gering pensionirten alten und dürftigen Exkonventualen beiderlei Geschlechts in der Rheinprovinz und in der Provinz Westfalen bis zum Maximum von überhaupt 5000 Thlr. in jährlichen Beträgen von 20 bis 50 Thlr. auf Vorschlag der Regierungen gezahlt worden. Endlich war bei Ausscheidung des Aussterbefonds aus dem allgemeinen Pensionsfonds schon im Jahre 1825 bestimmt worden, dass der Mehrbetrag der Pensionen des laufenden Dienstes des derzeit auf 800 000 Thlr. beschränkten allgemeinen Civil-Pensionsfonds, dem Aussterbefonds zu überweisen sei, indem dieser Mehrbetrag als künftig fortfallend betrachtet wurde."

Diese letztere Bestimmung, an der auch nach Erhöhung des Pensionsfonds auf 3 Mill. M. festgehalten wurde, verhinderte, dass der Aussterbefonds in dem Masse, wie es sonst in Anbetracht des Umstandes, dass die aus ihm zu bestreitende Pension mit dem Abgang des Inhabers in der Regel erlischt und nur bei den stiftischen Pensionen der altländischen Provinzen eine beschränkte Nachfolge der Anwärter stattfand, hätte der Fall sein müssen. Immerhin war er von 7,2 Mill. M. im Jahre 1826 auf 3,1 Mill. 1848 zurückgegangen. Da wurden, wie im vorigen Paragraphen erwähnt, 1849 von dem Civilbeamten-Pensionsfonds 450 000 M. auf ihn abgewälzt, sodass er nur rd. 3,76 Mill. M. erreichte.

Hiervon entfielen auf I. Pensionen für emeritirte Beamte 1 965 902, für hülfsbedürftige Wittwen und Waisen 472 470, aus Gnadenbewilligungen 104 170, für Geistliche und Schulbediente 52 735, auf Grund des Reichs-Deputations-Hauptschlusses 161 676, als Entgelt für aufgehobene Nutzungen für geistliche Personen 297 563 und für weltliche 190 650, Stiftspensionen 92 434, fremdherrliche Militärpensionen 197 049 M.; II. Unterstützungen für Frauen und Kinder armer Forstbeamten 13 135 und als Erziehungsgelder für siebente Söhne 400; III. Wartegelder für Civilbeamte 159 994 und für Gendarmen 26 512; IV. Gehaltszuschüsse 10 519 und V. Unterstützungen für hülfsbedürftige, gering pensionirte Klostergeistliche links der Weser 15 000 M.

Nachdem dann aber im Etat für 1851, wie im vorigen Paragraphen erwähnt, umgekehrt 803 301 M. auf den allgemeinen Pensionsfonds und die Wartegelder mit rd. 216 000 M. auf einen besonderen Fonds übernommen waren, trat die normale Entwicklung eines Aussterbefonds, d. h. eine fortgesetzte Verminderung ein, sodass 1859 nur noch 1 254 000 M., 1866 nur noch 570 000 M. erforderlich waren. Diese Entwicklung erlitt indess eine Unterbrechung, als aus den neuen Landestheilen zahlreiche neue Ausgaben hinzutraten, die nach ihrem Charakter auf den Aussterbefonds zu übernehmen waren. Es gingen auf ihn über die bei der Besitznahme jener Landestheile bereits in Hebung gewesenen Pensionen, Wartegelder, Entschädigungen und unwiderruflichen Kompetenzen; ferner wurden ihm überwiesen weitere Zahlungen auf Grund von Rechtstiteln, welche durch die neue Gesetzgebung geändert wurden, indess mit Beschränkung auf die früher aus denselben bereits erworbenen Ansprüche noch fortwirkten, wie insbesondere alle auf Grund der früheren Gesetzgebung noch zu bewilligenden Wittwenpensionen, welche nicht von den besonderen Wittwenkassen zu übernehmen waren. Wie die Anlage CVII B zeigt, war der Fonds dadurch 1869 wieder auf 1,47, 1870 aber war er auf 1,65 Mill. gestiegen. Unter dem Mehrbedarf befanden sich allein rd. 1/4 Mill. an Militärpensionen und Unterstützungen für frühere Angehörige der Dänischen und ehemaligen Schleswig-Holsteinischen Armee, welche theils durch den Wiener Frieden den Herzogthümern Schleswig und Holstein auferlegt, theils seit 1864 vom Deutschen Bunde bezw. der Preussischen und Oesterreichischen Regierung bewilligt von der Militärverwaltung des Norddeutschen Bundes aber nicht zu übernehmen waren, da ein Zusammenhang jener Armeen mit derjenigen des letzteren nicht anzuerkennen war, und rd. 210 000 M. Pensionszahlungen, welche nach dem Vertrage über die Vermögensverhältnisse des Königs von Hannover v. 29. Sept. 1867 zu leisten waren. Von 1872 trat wieder ein fortgesetzter Rückgang ein, obgleich 1873 die Zahlungen für die Hohenzollern'schen Lande von dem bisherigen Spezialetat für letztere hinzutraten. 1895/96 war der Aussterbefonds bis auf 685 000 M. zusammengeschmolzen. Da wurden ihm 1896/97 50 279 M. an Pensionen für ehemalige städtische Nachtwachtbeamte und an Versorgungsgeldern für Hinterbliebene solcher Beamten in den Städten mit Königlicher Polizeiverwaltung überwiesen, welche bisher bei dem vom 1. April 1896 ab in Fortfall kommenden Pauschquantum zur Bestreitung der Kosten des Nachtwachtwesens in Berlin bezw. bei dem gleichen Pauschquantum für die Königlichen Polizeiverwaltungen in den Provinzen (Kap. 91 Tit. 16 und Kap. 92 Tit. 11 a) verrechnet worden waren. Infolgedessen stieg der Bedarf auf 720 000 M.; doch war bereits 1898 99 mit 690 000 M. wieder ziemlich der Stand von 1895/96 erreicht, und seitdem ist der Bedarf bis auf 560 000 M. für 1903 zurückgegangen.

Am 1. Sept. 1902 waren zu zahlen: I. Pensionen für emeritirte Beamte 11 749,72, für hülfsbedürftige Wittwen uud Waisen 489 709,75, aus Gnadenbewilligungen 9766,64 M ; II. Wartegelder für Gendarmen 3300; Gehaltszuschüsse 180; Besoldungen der Mitglieder des aufgehobenen Gerichtshofes für kirchliche Angelegenheiten 1500; Pensionen etc. für die oben erwähnten Nachtwachtbeamten und deren Hinterbliebene 56 438 M. Die Heimfälle in der Zeit vom 1 Sept. 1902 bis 1 April 1904 sind veranschlagt auf 12 644,11 M., sodass obige 560 000 M. verblieben.

§ 83. Wie der Pensions-Aussterbefonds, so dient auch der **Gnadenpensionsfonds** (Tit. 7) nur theilweise zu, wie seine Bezeichnung besagt, gnadenweise, nicht auf Grund eines Rechtsanspruchs gewährten Pensionen an Staatsbeamte.

Er ist bestimmt zu laufenden Bewilligungen a) für Personen, welche zwar im unmittelbaren Staatsdienste sich befunden, aber Pensionen nicht erdient haben, oder, wiewohl sie nicht unmittelbare Staatsdiener im eigentlichen Sinne waren, doch für den öffentlichen Dienst oder die allgemeinen Interessen im Bereiche der Staatsverwaltung dauernd thätig gewesen und zugleich bedürftig sind, b) für Hinterbliebene — wozu nur Wittwen und Kinder zu rechnen sind — solcher Personen sowie von Beamten in solchen Fällen, wo spezielle Unterstützungsfonds, auf welche zurückgegangen werden könnte, nicht vorhanden oder zeitweise unzulänglich sind. Der Gnadenpensionsfonds hat mithin eine ausschliesslich subsidiäre Natur. Er besteht für sämmtliche Ressorts und wird überwiegend für Wittwen und unversorgte Töchter verwendet, darf aber neben dem gesetzlichen Wittwen- und Waisengeld nur ganz ausnahmsweise in Anspruch genommen werden. Völlig unzulässig ist es, aus ihm Zuschüsse zu einer gesetzlich verdienten Pension zu leisten. Die Bewilligung erfolgt durch den König auf Vorschlag des Ressort- und des Finanz-Ministers.

Die Dotirung des Fonds betrug bis 1855 150 000 M.; dann wurde er 1856 und 1865 um je 15 000, 1867 um 30 000 M., nach Hinzukommen der Ausgaben für die neuen Landestheile aber um 90 000 M. auf 300 000 M. erhöht, welcher Betrag seitdem beibehalten ist.

§ 84. Dadurch, dass die Bewilligung nicht auf ausgeschiedene Staatsbeamte und Relikten von Beamten beschränkt ist, dass sie durch einen Allerhöchsten Gnadenakt erfolgt und stets in fortlaufenden Bezügen besteht, sowie durch seine Bestimmung für alle Ressorts unterscheidet sich der Gnadenpensionsfonds von dem Fonds Kap. 62 Tit. 6 zu **Unterstützungen für ausgeschiedene Beamte, sowie zu Pensionen und Unterstützungen für Wittwen und Waisen von Beamten.** Denn aus diesem Titel können nur ausgeschiedene Beamte und Beamtenrelikten bedacht werden, und zwar, da die anderen Verwaltungen gleiche Fonds haben, nur die Beamten und die Hinterbliebenen der Beamten des Ressorts des Finanz-Ministeriums und der von ihm theils auschliesslich theils mit ressortirenden Behörden, nämlich der Generallotteriedirektion, der Münze, der Hauptverwaltung der Staatsschulden, der Oberpräsidien, Regierungen, Ministerial-, Militär- und Baukommission und Rentenbanken.

Die aus ihm gewährten Unterstützungen können ferner fortlaufende oder einmalige sein.

Im Einzelnen können aus dem Fonds Tit. 6 gewährt werden:

I. An pensionirte Beamte einmalige Unterstützungen, dagegen fortlaufende nur a) zur Ausgleichung der Differenz ihrer Pension mit derjenigen, die festzusetzen gewesen wäre, wenn im Zeitpunkte der Pensionirung das Pensionsges. v. 27. März 1872 und die Besoldungsverbesserungen der Jahre 1872 und 1873 einschliesslich des Wohnungsgeldzuschusses schon bestanden hätten, b) im Uebrigen nur bei einer in Folge von besonders ungünstigen Umständen eingetretener dauernder Noth und nur mit Allerhöchster Ermächtigung und für die Dauer der Nothlage; II. Erziehungsgelder und sonstige Beihülfen zur Ausbildung von Beamtenwaisen; III. einmalige und laufende Unterstützungen für unversorgte, hülfsbedürftige Beamtentöchter und ausnahmsweise auch für Beamtensöhne, welchen durch Gebrechen die Erreichung der Erwerbsfähigkeit verschlossen ist; IV. einmalige und laufende Unterstützungen für hülfsbedüftige Beamtenwittwen in Fällen, wo Wittwengelder oder Wittwenpensionen nicht ausreichen. Als regelmässige Höchstbeträge werden festgehalten für laufende Unterstützungen der Wittwen von vortragenden Räthen und Regierungspräsidenten 1200 M., von höheren Beamten der IV. Rangklasse 900 M., von Bureaubeamten 700 und 600 M., von Kanzleibeamten 400 und 360 M., von Diätarien 232 M. und von Unterbeamten 180 M. Erwachsene Kinder höherer Beamten erhalten der Regle nach nicht mehr als 420 M. laufende Unterstützung, solche anderer Beamten nicht mehr als 180, 150 und 120 M. Bei nicht erwachsenen Kindern soll nicht über das gesetzliche Waisengeld hinausgegangen werden. Einmalige Unterstützungen sollen in der Regel nicht überschreiten für höhere Beamte 400, für Subalternbeamte der Centralbehörden 200, anderer Behörden 150, für Kanzleibeamte 120 bezw. 100 M., für Unterbeamte 75 M. Dieselben Sätze gelten für ihre Wittwen, sofern sie Wittwengeld beziehen. Erwachsene Töchter von höheren Beamten erhalten an ausserordentlichen Unterstützungen beim Mangel laufender Unterstützungen 120-150, Töchter von Kanzleibeamten 75—100, Töchter von Unterbeamten 30 M.

Die Stelle dieses Fonds nahmen früher ein nur zu Pensionen für Beamtenwittwen und -Waisen aus allen Ressorts bestimmter und ein solcher zu Unterstützungen für Beamten und Beamtenwittwen im Ressort des Finanz-Ministeriums ein. Im Etat für 1849 war jener mit 210000, dieser mit 6000 M. dotirt. Diese 6000 M. wurden 1863 mit 5250 M. auf die „anderen persönlichen Ausgaben" der Centralverwaltung des Finanz-Ministeriums und mit 750 M. auf diejenigen der ja damals zu letzterem gehörigen Centralverwaltung der Domänen und Forsten übernommen. Der inzwischen allmählich auf 222600 M. angewachsene Wittwen- und Waisenpensionsfonds aber wurde im nächsten Jahre auf die einzelnen Verwaltungen vertheilt und nunmehr auch zu einmaligen Unterstützungen für pensionirte Beamte bestimmt; der Antheil des Finanz-Ministeriums wurde auf 126 000 M. bemessen. Dazu kamen 1867 von dem aufgelösten Etat der Centralverwaltung der Domänen und Forsten 18 900 M. Mit Rücksicht auf die neuen Landestheile wurde der Titel dann 1868 auf 186 000 M. erhöht. Demnächst wurden 1870 1500 M. für das Bureau des Staatsministeriums und 1873 10 000 M. für die Domänen- und Forstverwaltung abgezweigt, wogegen in diesem Jahre 600 M. von dem bisher bei der Rendantur des Staatsschatzes verwalteten, zu gleichen Zwecken bestimmten Pensionsersparnissfonds hinzutraten. Namhafte Verstärkungen, auf 217 200 und 240 000 M. erfuhr aber der Titel 1874 und 1875, vorzugsweise zu dem Zwecke, um pensionirten Beamten auch laufende Unterstützungen gewähren zu können. Als dann die Centralverwaltung der Domänen und Forsten auf das Landwirthschaftsministerium überging, wurden 1880/81 für sie 8000 M. abgezweigt, während die weitere Herabsetzung auf den noch jetzt beibehaltenen Betrag von 222 000 M. 1887/88 mit Rücksicht auf die bessere Reliktenversorgung nach dem Ges. v. 20. Mai 1882 vorgenommen wurde.

§ 85. Lediglich für Nichtbeamte bestimmt ist der Tit. 8 „zu einmaligen Unterstützungen für Personen, welche, ohne die Eigenschaft von Beamten zu haben, im Staatsdienste beschäftigt werden oder beschäftigt gewesen sind, sowie für Hinterbliebene solcher Personen." Gleichartige Fonds haben wir bereits bei anderen Verwaltungen gefunden; der hier in Rede stehende ist nicht nur für die auf dem Etat des Finanz-Ministeriums stehenden, sondern auch für diejenigen Verwaltungen bestimmt, die einen derartigen eigenen Fonds nicht haben. Auf diesen Umstand ist die Herabsetzung des Titels von 6000 M., mit denen er bei seiner Schaffung als besonderer Fonds mit der Bestimmung für Nichtbeamte (1883) ausgestattet wurde, auf 4000 M. (1883/84) zurückzuführen, indem damals 2000 M. zu einem eigenen gleichartigen Fonds der Domänenverwaltung abgezweigt wurden. 1901 wurde er, da er sich erklärlicher Weise als unzureichend erwiesen hatte, zwar verdoppelt, aber schon im nächsten Jahre auf 6000 M. herabgesetzt, da für das Kultusministerium ein eigener Fonds von 2000 M. geschaffen wurde.

§ 86. In der Anlage CVII erscheinen für einige frühere Jahre noch zwei jetzt längst weggefallene Titel des jetzigen Kap. 62, nämlich für 1849 „Leibrenten" 53 160 M. und für 1874–1883/84 3000 M. „Unterstützungen für bedürftige pensionirte Klostergeistliche". Jene Leibrenten bestanden 1849 in drei Posten von 51 000, 1800 und 360 M. und beruhten auf Zusicherungen des Königs. Schon 1850 waren sie bis auf 1800 M., die auf den Pensions-Aussterbefonds übernommen wurden, weggefallen. Umgekehrt wurden die Unterstützungen für Klostergeistliche 1873 aus dem letztgenannten Fonds als eigener Titel ausgesondert; nachdem seit 1876 Ausgaben aus diesem Titel nicht mehr zu leisten gewesen waren, wurde er 1886/87 in Wegfall gebracht.

III. Kapitel.

Ausgaben und Einnahmen aus Anlass der Reliktenfürsorge.

(Staatshaushaltsetat Kap. 62 Tit. 5, 5a und 9 und Kap. 60 der Ausgabe, Kap. 27 Tit. 1—8 der Einnahme.)

§ 87. Wie oben in den §§ 44ff. näher dargelegt ist, erfolgt jetzt die regelmässige Fürsorge für die Wittwen und Waisen von Beamten durch die Gewährung von Wittwen- und Waisengeld nach den Gesetzen v. 20. Mai 1882, 28. März 1888 und 1. Juni 1897, während die besonderen Wittwen- und Waisen-Versorgungsanstalten für den Beitritt neuer Mitglieder geschlossen sind.

Die **gesetzlichen Wittwen- und Waisengelder** und die ihnen gegenüberstehenden Einnahmen an Wittwen- und Waisengeldbeiträgen wurden anfänglich, jene, soweit sie an Hinterbliebene von aktiven Beamten und Wartegeldempfängern, diese soweit sie von aktiven Beamten zu zahlen waren, für jede Verwaltung in deren Etat eingestellt, während die Wittwen- und Waisengelder an Hinterbliebene von pensionirten Beamten und die Beiträge solcher und auf Wartegeld gesetzter Beamten, da die Pensionen und Wartegelder im Etat des Finanz-Ministeriums vereinigt waren, auch für alle Verwaltungen hier erschienen. Infolgedessen mussten im Etat des Finanz-Ministeriums diese Ausgaben und Einnahmen in je zwei Titeln (Ausgabe Kap. 62 Tit. 5a und 5b, Einnahme Kap. 27 Tit. 8a und 8b) nachgewiesen werden. Erst nachdem auf Grund des Gesetzes v. 28. März 1888 die Wittwen- und Waisengeldbeiträge seit 1888/89 weggefallen waren, wurden 1889/90 die gesammten Wittwen- und Waisengelder für sämmtliche Verwaltungen im Etat des Finanz-Ministeriums (Kap. 62 Tit. 5a) in Ansatz gebracht.

Bei dieser Vertheilung der gedachten Ausgaben und Einnahmen erschienen natürlich im Etat des Einanz-Ministeriums weit höhere Beträge für Hinterbliebene pensionirter als für solche aktiver und auf Wartegeld gesetzter Beamten — in der Anlage CVII B — stellt die zuerst aufgeführte Summe jene, die mit + hinzugefügte diese dar — und ebenso lag die Sache bei den gegenüberstehenden Einnahmen. Solange es an ausreichenden Unterlagen fehlte, erfolgte die Veranschlagung der Ausgaben nach Massgabe eines gewissen, auf Grund technischer Gutachten vorgenommenen Verhältnisses (1883/84 400 : 1 des beitragspflichtigen Einkommens der aktiven und 80 : 1 der pensionierten Beamten, 1884/85 250 : 1 bezw. 50 : 1), diejenige der Einnahme nach dem z. Z. der Etatsaufstellung ermittelten beitragspflichtigen Einkommen der Beamten. Hiernach ergaben sich für 1883/84 eine Ausgabe von 150 100 M. für Hinterbliebene von Pensionären und von 21 300 M. für solche von aktiven Beamten und Wartegeldempfängern, 1884/85 Ausgaben von 213 900 und 35 500 M., während an entsprechenden Einnahmen veranschlagt waren 1883/84 360 300 und 255 000, 1884/85 330 000 und 257 000 M. Jene Art der Veranschlagung der Ausgaben erwies sich aber namentlich bei den Hinterbliebenen pensionirter Beamten als viel zu niedrig; denn 1883/84 waren zu zahlen 328 000 M. Im Etat für 1885/86 wurden daher für diese 700 000, im Tit. 5b 65 100 M. in Ansatz gebracht. Von 1886/87 wurden dann in beiden Titeln die Wittwen- und Waisengelder in der Weise veranschlagt, dass der letzten bei der Etatsaufstellung vorliegenden Istausgabe, d. i. derjenigen des vorletzten Jahres vor demjenigen, für das die Etatsaufstellung erfolgt, das $1\frac{1}{2}$fache der Differenz dieser zu der vorhergehenden Istausgabe hinzugerechnet wurde. So kam man 1886/87 bis 1888/89 zu Ansätzen von 1,0555, 1,3215 und 1,6344 Millionen in Tit. 5a und 91 800, 110 600 und 129 200 M. in Tit. 5b. Die Wittwen- und Waisengeldbeiträge aber erschienen 1885/86 bis 1887/88 in Tit. 8a mit 260 000, 254 000 und 254 906, in Tit. 8b mit 350 000, 380 000 und 400 000 M.

Auch als 1889/90 die sämmtlichen Wittwen- und Waisengelder für alle Verwaltungen in einem Titel ausgebracht wurden, blieb man bei der bisherigen Veranschlagung, die für 1889/90 einen Bedarf von 4,95 Mill. ergab. Im nächsten Etat ging man dann zu derselben Art der Veranschlagung, wie bei den Pensionen (vgl. oben § 81) über und kam damit zu einem Ansatz von $6\frac{1}{2}$ Mill. für 1890/91 und von $7\frac{1}{5}$ für 1891/92. Für 1892/93 behielt man letztern bei und setzte nur 165 000 M. für die Landgendarmerie zu, deren Wittwen- und Waisengelder ebenso wie ihre Pensionen bisher noch dem Etat des Innern zur Last geblieben waren. Von 1893/94 ab wurde dann wieder dasselbe Veranschlagungsverfahren wie bei den Pensionen in Anwendung gebracht. Doch bedingte die Erhöhung der Wittwen- und Waisengelder durch das Gesetz vom 1. Juni 1897 1898/99 und 1899 zu dem auf jene Weise berechneten Bedarf einen Zuschlag von rund 580 000 und 2 029 000 M., sodass sich Sollausgaben herausstellten für 1893/94 bis 1902 von 8,6, 9,7, 10,7, 11,65, 12,3, 13,5, 15,5, 17, 18,2 und 19,2 Mill. Den letzten Ansatz hat man für 1903 beibehalten, obwohl die übliche Frakturrechnung 19 732 467 M. ergab; offenbar hat man es hier mit einer durch die Knappheit der Staatsfinanzen bedingten Massregel zu thun, von der abzuwarten ist, inwieweit sie mit der Wirklichkeit übereinstimmen wird. Seit 1892/93 sind somit die Ausgaben an Wittwen- und Waisengeldern um beinahe 12 Mill. Mark oder ca. 160 Proz. gestiegen, eine Folge der Vermehrung der Beamten, der Erhöhung der Gehälter und der Wittwen- und Waisengelder. Allerdings blieb 1892/93 der Voranschlag um ca. 600 000 M. hinter der Wirklichkeit zurück, während er sie 1901 um fast 1 Mill. überstieg, sodass man vielleicht für die nächste Zukunft auf ein langsameres Tempo des Anwachsens dieses Titels rechnen darf.

Aber nicht nur die Steigerung des Bedarfs in Tit. 5a ist zum guten Theil auf die Erhöhung der Wittwen- und Waisengelder zurückzuführen, sondern das Ges. v. 1. Juni 1897 hat auch die Veranlassung gegeben, die Staatskasse 1897/98 und 1898/99 mit einem Fonds von $^1/_2$, seitdem, da dieser Betrag sich als nicht ausreichend erwies, von $^3/_4$ Mill. M. zur Unterstützung für Wittwen und Waisen von vor dem 1. April 1897 verstorbenen Beamten (Tit. 9) zu belasten. Die durch jenes Gesetz verfügte Erhöhung der Wittwen- und Waisengelder greift nämlich nicht Platz für Wittwen und Waisen von Beamten, welche vor dem 1. April 1897 verstorben sind. Um in Fällen besonderer Bedürftigkeit diesen Relikten helfen und in ihnen so das Gefühl der Benachtheiligung gegenüber den später ihres Ernährers beraubten zu mildern, ist der gedachte Fonds geschaffen worden.

§ 88. Da die verschiedenen besonderen **Wittwen- und Waisen-Versorgungsanstalten,** wie erwähnt, sämmtlich für den Beitritt von Staatsbeamten seit geraumer Zeit geschlossen sind, so befinden sich ihre Ausgaben und Einnahmen naturgemäss in beständigem Rückgang.

Weitaus am erheblichsten sind diejenigen der Allgemeinen Wittwen-Verpflegungsanstalt zu Berlin (vgl. oben § 44). Bis einschliesslich 1889/90 bestand, wie früher erwähnt, für sie eine besondere Kasseneinrichtung und erschien im Staatshaushaltsetat nur der zur Balanzirung ihrer eigenen Einnahmen und Ausgaben vom Staate zu leistende Zuschuss. Dieser Zuschuss belief sich im Etat für 1849 (vgl. Anlage CVII D) auf rd. 1,3 Mill., 1859 aber bereits auf rd. 2 Mill., und in der Zwischenzeit war er zeitweise noch etwas höher gewesen. Wenn auch zu dieser Steigerung um reichlich 50 Proz. das Ges. v. 17. Mai 1856 (vgl. oben § 44) beigetragen hatte, so fiel sie doch zum wesentlichen Theile schon in die ersten 50er Jahre: 1850 wurden 390 321 M. Rente von früher vom Staat eingezogenen Kapitalien und Grundstücken, welche 1849 als Einnahme der Anstalt und unter den „Passivis der Generalstaatskasse“ in Ausgabe erschienen, hier wie dort gestrichen, sodass sich der Zuschuss zur Wittwenanstalt entsprechend erhöhte und bereits auf 1 737 020 M. stellte. In den 60er Jahren war die Steigerung des Zuschusses eine geringere, zumal die Beamtenvermehrungen aus Anlass der Gebietserweiterungen und das den Beamten des Norddeutschen Bundes, soweit sie Preussische Staatsangehörige waren, den Beitritt gestattende Ges. v. 6. März 1868 der Anstalt zunächst ungleich mehr zahlende Mitglieder zuführten, als die Lasten steigerten. So ergab sich zwischen 1859 und 1869 zwar eine Zunahme der Wittwenpensionen von 3 755 700 auf 4 344 000; aber der Mehrbedarf fand zum grösseren Theile seine Deckung in der gleichzeitigen Erhöhung der Einnahmen an Beiträgen von 1 792 500 auf 2 173 500 M., sodass letztere 1869 volle 50 Proz. der Pensionen deckten gegen nur 47 im Jahre 1859. In den nächsten Jahren besserte sich das Verhältniss noch weiter, wozu wesentlich beitragen mochte, dass in den neuen Provinzen mehr und mehr Beamte, die den vorpreussischen Wittwenkassen angehörten, ausschieden und durch Mitglieder der allgemeinen Wittwen-Verpflegungsanstalt ersetzt wurden. So ging der Zuschuss allmählich auf rd. 2.21 Mill. 1874, 1,78 Mill. 1879/80 und 1,71 Mill. 1881/82 zurück, und von den Ausgaben der Anstalt sollten in diesem Jahre fast 70 Proz. in den eigenen Einnahmen Deckung finden gegen noch nicht 50 in dem Jahre 1869.

Ein völliger Umschwung in der finanziellen Lage des Instituts musste eintreten, als durch das Reliktengesetz v. 20. Mai 1882 die Anstalt für den Beitritt von Staats- und Reichsbeamten geschlossen und den ihr schon angehörigen der Austritt gestattet wurde: von 1882/83 zu 1883/84 steigt der Staatszuschuss von 1,77 auf 3,72 Mill. und es kann 1883/84 nur noch auf Deckung von rd. 32 Proz. der Ausgaben durch eigene Einnahmen gerechnet werden. Allerdings erwies sich die Veranschlagung des Einnahmeausfalls durch Ausscheiden von Mitgliedern als zu hoch, sodass der Staatszuschuss von 1885/86 ab wieder etwas ermässigt werden konnte. Immerhin wurden auch in den folgenden Jahren 3,6 bis 3,5 Mill. M. erfordert. Erst im Etat für 1889/90 ging der Zuschuss auf 3 136 000 M. zurück, hauptsächlich infolge der anderweiten Regelung der Fürsorge für Pfarrwitten und -Waisen (vgl. Bd. II S. 79 d. W.) und des Ausscheidens von Mitgliedern auf Grund der Gesetze über Erlass der Wittwen- und Waisengeldbeiträge (vgl. oben § 46). Im nächsten Jahre verschwand dann, wie erwähnt, die besondere Kassenverwaltung der Anstalt, und nunmehr erschienen im Etat statt des Staatszuschusses die vollen Einnahmen und Ausgaben; jedoch bestehen letztere, soweit sie im Kap. 60 Tit. 1 aufgeführt sind, nur noch in den „Pensionen und sonstigen reglementsmässigen Ausgaben“, wie Erstattungen von Eintrittsgeldern, während die Verwaltungskosten, wie wir früher gesehen haben, mit denen des Ministeriums verrechnet werden. Die Entwicklung der Einnahmen und Ausgaben ist fortan, wie die Anlage CVII D zeigt, die für eine für den Beitritt neuer Mitglieder geschlossene Versorgungsanstalt naturgemässe: hier wie dort finden wir ein allmähliches aber ständiges und bei den Einnahmen schnelleres Sinken, sodass die Einnahmen von 1890/91 bis 1903 von 1 175 815 auf 550 000 M., die Ausgaben von 4 328 103 auf 3 666 000 M. zurückgegangen sind, wobei der Voranschlag auf den Ergebnissen des letzten Hebungs- bezw. Zahlungstermines beruht.

§ 89. Auch für die 1866 in den neuen Landestheilen vorgefundenen Kassen zur Versorgung der Beamtenrelikten (vgl. oben § 45) wurden zuerst nur die Staatszuschüsse bezw. die Ueberschüsse in den Etat eingestellt. Schon 1873 aber wurde mit diesem Verfahren, das mit den Gesetzen v. 6. März 1868 und 20. April 1869, nach denen die Pensionen, welche aus den gedachten Kassen zu entrichten sein würden, fortan aus der Staatskasse gezahlt und dagegen die Beiträge der Mitglieder zu derselben eingezogen werden sollen, nicht im Einklang stand, gebrochen und nunmehr die Brutto-Einnahme und -Ausgabe jeder Kasse in den Etat eingestellt. Die Einnahmen bestanden und bestehen in den Beiträgen der Mitglieder und sonstigen statutenmässigen Einnahmen. Die Ausgaben umfassten bei den meisten Kassen nur die Pensionen und Restitutionen, d. h. Rückzahlungen von Eintrittsgeldern. Nur für die drei grösseren Kassen, die Hannoversche und die beiden Kurhessischen, kamen daneben Verwaltungskosten in Ansatz. Später wurden diese auf das Kap. 58 übernommen, und zwar für die Kasse in Hannover 1887/88, für die beiden in Kassel vom nächsten Etatsjahre ab.

Die Einnahmen sämmtlicher ja zugeschlossenen Kassen sind, wie die Anlage CVIID zeigt, fortgesetzt gesunken und zum Theil schon bis auf einen geringen Rest verschwunden. Für 1903 weisen 7 dieser Kassen nur noch Einnahmen von weniger als 10000 M. auf, nämlich die Kasse der Wittwen- und Waisenanstalt für die vormals Kurhessischen Civilbeamten der 8 Rangklassen (Kap. 27 Tit. 2) 4300, diejenige der Civil-Wittwen- und Waisengeselllchaft in Kassel (Tit. 3) 8000, die Wittwen- und Waisenkasse ehemals Nassauischer höherer Civilbeamten (Tit. 4) 4500, diejenige ehemals Nassauischer niederer Civilbeamten (Tit. 5) 3600, die Kasse der Wittwen- und Waisenversorgungsanstalt ehemals Landgräflich hessischer Beamten (Tit. 7) und diejenige der vormaligen Pensionsanstalt für Wittwen und Waisen von Staatsdienern in Frankfurt a. M. (Tit. 8) je 1600 M., während die entsprechenden Einnahmen veranschlagt waren 1874 auf beziehentlich 39120, 99420, 28260, 19350, 6660 und 14730 M., 1869 aber für die 5 zuerst genannten Kassen[1]) auf 51090, 135300, 24300, 22260 und 7920 M. Nur die Hof- und Civildiener-Wittwenkasse in Hannover (Tit. 1a) weist noch heute eine Einnahme von 66000 M. auf. Auch diese Summe stellt aber nur knapp $^1/_6$ derjenigen von 1874 (460380 M.) und 1869 (450510 M.) dar. Wenn hier somit trotz Schliessung der Kasse die Einnahmen 1874 um ca. 10000 M. höher als 1869 waren, so rührte das daher, dass die Gewährung der Wohnungsgeldzuschüsse an die ja noch in grosser Zahl im Preussischen Staatsdienst befindlichen Mitglieder 1873 eine Mehreinnahme an Beiträgen von rd. 60600 M. bedingte.

Auch die Ausgaben an Pensionen und Restitutionen sind ja gesunken, aber zumeist natürlich in viel geringerem Verhältniss als die Einnahmen, da ja die Schliessung einer Kasse der in Rede stehenden Art für den Beitritt neuer Mitglieder sofort den Zugang neuer Einnahmen hindert, nicht dagegen sogleich denjenigen neuer Ausgaben, weil für die Mitglieder, die ihr ohne die Schliessung bei-

[1]) Für die Frankfurter ist in den Anlagen zum Etat der Zuschuss durch Gegenüberstellung der eigenen Einnahmen und Ausgaben nicht erläutert.

getreten sein würden, regelmässig erst später neue Pensionen zu gewähren gewesen sein würden. So finden wir in der Anlage bis weit in die 80er Jahre, ja in Hannover bis in die 90er Jahre hinein sogar noch eine Erhöhung der Ausgaben, und die spätere Verminderung derselben ist auch bei den drei grösseren Kassen, wo Zufälligkeiten weniger als bei kleinen in die Wagschale fallen, eine im Verhältniss zum Sinken der Einnahmen nur geringe gewesen.

Die Hannoversche Hof- und Civildiener-Wittwenkasse (Ausgabe Kap. 60 Tit 3) weist noch 1903 eine Ausgabe an Pensionen und Restitutionen auf von 775 000 M. gegen 900 000 – 1 000 000 M. in den 80er und 90er Jahren, 802 050 M. 1874 und 671 400 M. 1869, die Wittwen- und Waisenanstalt der Kurhessischen Civilbeamten der 8 Rangklassen (Tit. 4 a. a. O.) 80 000 M. gegen 100 000—116 000 M. in den 90er Jahren, 120 000—131 000 M. in den 70er und 80er Jahren und 120 870 M. 1869, die Kasseler Wittwen- und Waisengesellschaft (Tit. 5 a. a. O.) 110 000 M. gegen bis zu 176 800 M. in den 90er, nahezu 200 000 M. in den 80er und 70er Jahren und rd. 150 000 M. 1869. Dagegen sind zurückgegangen die Kasse der Nassauischen höheren Beamten (Tit. 6 a. a. O.) von 15 870 M. 1869 und 12 450 M. 1874 auf 1500 M., die der niederen (Tit. 7) von beziehentlich 63 422 und 40 800 M. auf 3000 M., die der Hessen-Homburgischen Beamten (Tit. 9) von beziehentlich 23 320 und 18 630 M. auf 1300 M. und die der Frankfurter von 9030 M. 1874 auf 1200 M.

Die Verwaltungskosten konnten natürlich mit der fortschreitenden Abwicklung der Geschäfte verringert werden, sodass sie noch betrugen in Hannover im Etat für 1886/87 20 100 gegen 24 675 M.[1]) 1874, bei der Kurhessischen Kasse für die 8 Rangklassen 1886/87 3520 gegen 4200 M. 1874; nur bei der anderen Kurhessischen Kasse war zwar gegen die unmittelbaren Vorjahre, nicht aber gegen 1874 eine Verminderung (1886/87: 4290, 1883/84: 4420, 1874: 3840 M.) eingetreten, weil 1875 Wohnungsgeldzuschüsse für die verwaltenden Beamten hinzugekommen waren, die hier nicht, wie bei den beiden anderen Kassen bis 1887/88 durch Minderausgaben ausgeglichen waren.

§ 90. In dem Ausgabekapitel 60 und dem Einnahmekapitel 27 finden sich noch je zwei Posten, die einen den im vorigen Paragraphen besprochenen verwandten, aber doch auch wieder eigenartigen Charakter tragen.

Während die in § 89 behandelten nur für Relikten von Beamten bestimmt sind, dient die Ausgabe Kap. 60 Tit 8, der die Einnahme Kap. 27 Tit. 5 gegenübersteht, zur Versorgung der Wittwen und Waisen ehemals Nassauischer Unteroffiziere und gehört eigentlich kaum auf den Etat des Finanz-Ministeriums. Es hat hier-

---

[1]) Die in der Anlage angegebene Zahl 24 765 beruht auf einen Druckfehler.

mit die Bewandniss, dass in Nassau durch Edikt v. 23. März 1833 eine Wittwen- und Waisenkasse für die Relikten der Angehörigen des Unteroffizierstandes begründet war.

Nach Einverleibung Nassaus wurde diese Kasse wie die Beamten-Wittwen- und Waisenkassen behandelt (Ges. v. 20. April 1869 — G.-S. S. 623). Ihre Einnahmen und Ausgaben waren schon damals nur unbedeutend und haben sich seitdem weiter verringert, von 1874 bis 1903 jene von 3330 auf 250 M., diese von 4410 auf 100 M.

Weit erheblicher ist noch jetzt die Ausgabe des Tit. 2 „Vertragsmässiger Zuschuss für die Provinz Schleswig-Holstein zur allgemeinen Wittwenkasse zu Kopenhagen.“ Es handelt sich hier um eine sich auf den Friedensschluss zwischen Preussen und Oesterreich einerseits und Dänemark andererseits nach dem Kriege von 1864 gründende Verpflichtung. In Kopenhagen besteht nämlich eine für den Beitritt neuer Mitglieder bereits 1845 geschlossene allgemeine Wittwenkasse, der, wie die übrigen dänischen so auch die Beamten in den Herzogthümern Schleswig und Holstein angehörten. Als nun die Herzogthümer an Preussen und Oesterreich abgetreten wurden, wurde ihnen durch Art. XV des Wiener Friedens und Art. XIV des Schlussprotokolls der internationalen Finanzkommission in Kopenhagen v. 17. April 1866 ein entsprechender, ein für allemal auf 37 Prozent berechneter Antheil an dem zu der Kasse zu leistenden Staatszuschuss auferlegt, der mit dem Uebergang der Herzogthümer in den alleinigen Besitz Preussens eine alleinige Last dieses Staates wurde. Die hiernach alljährlich von Preussen auf Grund eines Anschlages der dänischen Regierung zu leistende Zahlung hat sich, da die Kasse wie gesagt bereits seit 58 Jahren geschlossen ist, ständig von 352 320 M. 1867 bis auf 19 000 M. 1903 vermindert, wie die Anlage CVII D im Einzelnen nachweist.

VI. Abschnitt.

Sonstige dauernde Ausgaben und Einnahmen auf dem Etat des Finanz-Ministeriums.

(Staatshaushaltsetat Ausgabe Kap. 63 und 62 Tit. 10, Einnahme Kap. 27 Tit. 9–14.)

I. Kapitel.

Dauernde Ausgaben.

(Staatshaushaltsetat Kap. 63 und 62 Tit. 10.)

§ 91. Als letztes Kapitel des Ausgabeetats des Finanz-Ministeriums erscheinen **„Allgemeine Fonds“.** Diese Bezeichnung ist in hohem Grade nichtssagend. Denn soll sie bezeichnen, dass die betreffenden Ausgaben nicht nur für eine einzelne Verwaltung bestimmt sind, so träfe sie ebensogut bei den Pensions- und anderen Fonds zu. Will sie aber kenntlich machen, dass es sich um Fonds handele, die keinem individuell bestimmten Zwecke dienen, so träfe sie, wie die folgende Darstellung zeigen wird, weder auf den gegenwärtigen noch auf den früheren Inhalt des Kap. 63 zu.

Im Uebrigen lassen sich unter den Ausgaben, die wir in diesem Kapitel im Laufe der Zeit finden, zwei Arten unterscheiden: solche, die alljährlich oder doch eine längere Reihe von Jahren an dieser Stelle wiederkehren, und solche, die zwar für die Staatskasse dauernder Art sind, aber im Etat des Finanz-Ministeriums nur ein Jahr oder höchstens einige wenige Jahre als selbständige Titel erscheinen, um dann, sei es ungetheilt, sei es unter Vertheilung auf andere Etats, theilweise auch in andere Kapitel des Etats des Finanz-Ministeriums überzugehen. Zu diesen letzten Ausgaben gehören in erster Linie diejenigen für Besoldungsaufbesserungen allgemeiner Art: sie wurden, wie mehrfach erwähnt, erstmalig in einer Summe für alle betheiligten Verwaltungen beim Finanz-Ministerium ausgebracht, was schon aus Rücksichten auf die parlamentarische Behandlung geboten war, da über ihre Bewilligung oder Nichtbewilligung nur bei einer Etatsstelle beschlossen werden konnte und diese Auskunft über die finanzielle Tragweite der Massregel geben musste.

An derartigen Ausgaben finden sich auf dem Etat des Finanz-Ministeriums[1]) für

	M.		M.		M.
1861 . .	675 000	1869 . .	649 356	1890/91 . .	15 000 000 [1])
1863 . .	150 000	1870 . .	372 645 [2])	1897/98 . .	19 569 295
1867 . .	3 090 600	1872 . .	4 839 373	1899 . . .	12 332 000 [3])
1868 . .	1 800 000				

Auch die Wohnungsgeldzuschüsse wurden, obwohl sie nicht durch den Etat, sondern durch besonderes Gesetz genehmigt wurden, für 1873 und 1874 mit je 13 290 000 M. beim Finanz-Ministerium ausgebracht

---

[1]) In der Anlage CVII F sind einzelne Posten versehentlich weggeblieben.

[2]) Für Bureau-Hülfsarbeiter. [3]) Einschliesslich Stellenzulagen.

Ebenso erschienen die Diäten für die Mitglieder der Volksvertretung zuerst, im Jahre 1849, auf dem Etat des Finanz-Ministeriums (30 000 M.), um im nächsten Jahre auf die „Dotationen“ überzugehen.

Waren alle diese Ausgaben zwar ihrer Natur nach ständig wiederkehrende, aber auf dem Etat des Finanz-Ministeriums nur ephemere Uebergangserscheinungen, so bildeten andererseits zeitlich begrenzte, solange sie aber bestanden, eine ständige Belastung dieses Etats die Ausgaben zur Verbesserung des Diensteinkommens derjenigen in den Provinzen Schleswig-Holstein, Hannover und Hessen-Nassau vorhandenen Beamten, welche bei der Umgestaltung der Behörden disponibel geblieben sind und im Staatsdienste ausseretatsmässig beschäftigt werden. Diese Ausgaben wurden anlässlich der Besoldungsaufbesserung von 1872 zuerst in den Etat für 1873 mit 48 000 M. eingestellt, um jenen Beamten ebenfalls eine Aufbesserung bis zu derjenigen Höhe der Besoldung, die sie als etatsmässige Beamte beziehen würden, zu verschaffen. Infolge Absterbens derartiger Beamten konnte die Ausgabe 1880/81 auf 40 000, 1884/85 auf 25 000, 1886/87 auf 20 000, 1887/88 auf 16 000, 1888/89 auf 12 000, 1894/95 auf 6000, 1900 auf 2000 M. herabgesetzt werden und 1902 ganz in Wegfall kommen.

§ 92. Aeusserlich mit den im vorigen Paragraphen besprochenen allgemeinen Besoldungsaufbesserungen verwandt sind die im Etat für 1903 erstmalig geforderten 1 350 000 M. zu „widerruflichen nicht pensionsfähigen **Gehaltszulagen** an die **in** der Provinz **Posen und** den gemischtsprachigen Kreisen der Provinz **Westpreussen** angestellten mittleren, Kanzlei- und Unterbeamten, sowie zu widerruflichen **Pensionszulagen** für die **in diesen Landestheilen** angestellt gewesenen und dort verbleibenden Beamten dieser Kategorie (Kap. 61 Tit. 5). Die Verwandtschaft ist aber nur eine äusserliche. Denn es handelt sich um eine Massnahme der Ostmarkenpolitik. Die dem Etat beigefügte Denkschrift besagt zur Begründung der Forderung Folgendes:

„Die Gewährung von Gehaltszulagen an die mittleren, Kanzlei- und Unterbeamten in den ehemals polnischen Landestheilen gehört zu den von der Staatsregieeung in der vorjährigen Landtagssession in Aussicht gestellten, auf Stärkung des Deutschthums und Zurückdrängung der deutsch- und staatsfeindlichen polnischen Agitation gerichteten politischen Massnahmen. Der Beamtenstand in den ehemals polnischen Landestheilen hat neben seinen dort vielfach besonders schwierigen Berufspflichten die wichtige Aufgabe, als Träger deutschen Geistes und deutscher Kultur die staatlichen Interessen zu fördern und der einheimischen deutschen Bevölkerung in ihrer durch die Feindseligkeit der polnischen Agitation zur Zeit besonders erschwerten Lage in wirthschaftlicher, sozialer uud politischer Hinsicht einen Rückhalt zu gewähren. Es muss unumwunden anerkannt werden, dass die Beamten in ihrer überwiegenden Mehrzahl auch heute schon diese Aufgabe mit grosser Pflichttreue und unter Hintansetzung persönlicher Interessen gerecht werden. Indess erwachsen ihnen gerade aus dieser Pflichterfüllung vielfach Anfeindungen und materielle Nachtheile, und es ist auch sonst der Aufenthalt in den ehemals polnischen Landestheilen häufig mit Erschwernissen verknüpft, die anderwärts nicht hervortreten, so dass den Beamten eine Anstellung in jenen Landestheilen im Allgemeinen weniger begehrenswerth erscheint. Die Folge davon ist, dass namentlich diejenigen Beamten, welche von auswärts dorthin versetzt werden, vielfach schon nach kurzer Dienstzeit den Wunsch äussern, in ihre Heimath zurückversetzt zu werden, während es aus den oben angeführten Gründen gerade dringend erwünscht ist, dass diese Beamten in jenen Landestheilen heimisch werden und dort dauernd verbleiben. Die in Aussicht genommenen Zulagen sollen nun einerseits den Beamten einen Ausgleich für die ihnen bei erhöhten Anforderungen erwachsenden Erschwerungen des Lebens und eine Belohnung für treues Ausharren unter diesen schwierigen Verhältnissen gewähren und sie sollen andererseits es ermöglichen, einen zur Erfüllung jener Aufgaben besonders qualifizirten Beamtenstand in jenen Landestheilen festzuhalten und durch Zuführung geeigneter Elemente aus anderen Gegenden zu verstärken. In Betreff der Gestaltung der Zulagen im Einzelnen ist zunächst zu bemerken, dass bei der Mannigfaltigkeit und Verschiedenartigkeit der Verhältnisse eine völlig befriedigende, allen Bedürfnissen und allen besonderen Umständen gerecht werdende Lösung dieser Aufgabe überhaupt nicht möglich erscheint. Man wird sich begnügen müssen, die nach Lage der Verhältnisse im Allgemeinen zweckmässigste Regelung zu treffen, ohne zu verkennen, dass dieselbe in der Anwendung auf den Einzelfall nicht immer einwandsfrei erscheinen kann. Aus diesem Grunde ist davon abgesehen worden, einzelne Beamtenkategorien oder einzelne Orte und Gegenden von der Gewährung der Zulagen auszunehmen oder letztere je nach der Oertlichkeit oder der dienstlichen Thätigkeit der Beamten unterschiedlich zu bemessen, trotzdem ohne Weiteres zugegeben ist, dass für manche Orte und manche Dienstzweige die Gründe für die Gewährung der Zulagen überhaupt nicht oder in minderem Masse zutreffen. Die Zulagen sollen vielmehr nach gleichmässigen Grundsätzen allen in den ehemals polnischen Landestheilen angestellten mittleren, Kanzlei- und Unterbeamten gewährt werden. Ausgenommen von der Massregel wird indess derjenige Theil des Regierungsbezirks Danzig, der bei fast durchweg deutscher Bevölkerung keine schwierigeren Verhältnisse bietet, als irgend ein anderer Theil des Staatsgebietes. Es entspricht dem oben dargelegten Zweck der Zulage, dass sie nur dann und solange gewährt wird, als der Beamte in den mit der Zulage bedachten Landestheilen verbleibt und die ihm aus seiner Anstellung daselbst erwachsenden Pflichten gewissenhaft erfüllt. Die Zulage muss daher widerruflich sein. Es empfiehlt sich ferner, die Zulage von dem Ablauf einer gewissen Zeit (5 Jahre), welche genügt, sich ein Urtheil über die Bewährung der Beamten zu bilden, abhängig zu machen. Anlangend die Bemessung der Zulage, so ist in Aussicht genommen, 10 Prozent des von dem Beamten jeweilig bezogenen etatsmässigen Gehalts (ausschl. Wohnungsgeldzuschuss) zu gewähren. Die Zulage wird daher mit dem Aufrücken im Gehalt allmählich steigen und hierdurch den Beamten ein erhöhter Anreiz geboten werden, in den fraglichen Landestheilen zu verbleiben. Dieser Anreiz soll noch dadurch gesteigert werden, dass den in den Ruhestand getretenen Beamten, wenn und solange sie in jenen Landesteilen ihren Wohnsitz behalten, eine der bezogenen Zulage entsprechende Zulage zur Pension gewährt wird. Diejenigen Beamten, welche sich im Genusse einer Dienstwohnung befinden, sollen keine Zulage erhalten. Es beruht dies auf der Erwägung, dass die von der Staatsregierung schon seit einer Reihe von Jahren betriebene Beschaffung von Dienstwohnungen in den ehemals polnischen Landestheilen eine Massnahme ist, welche den Beamten mindestens die gleichen Vortheile gewährt wie die jetzt geplanten Zulagen, dass auch die Absicht besteht, mit dieser Massnahme, soweit ein Bedürfniss vorliegt, noch ferner fortzufahren, und dass es nicht gerechtfertigt sein würde, ein und demselben Beamten beide Vergünstigungen — Dienstwohnung und Zulage — nebeneinander zu gewähren. Folgerichtig muss aber die Zulage neben der Dienstwohnung in denjenigen Fällen gewährt werden, wo die letztere rechtlich oder herkömmlich einen Theil des regelmässigen Diensteinkommens bildet.

Die Grundsätze, welche für die Gewährung der Zulagen massgebend sein sollen, sind hiernach folgende: 1. Etatsmässig angestellte mittlere, Kanzlei- und Unterbeamte, welche in der Provinz Posen oder in der Provinz Westpreussen mit Ausschluss der Kreise Danzig Stadt und Niederung, Elbing Stadt und Land und Marienburg fünf Jahre lang ununterbrochen dienstlich thätig gewesen sind, erhalten für die fernere Dauer ihrer amtlichen Thätigkeit in diesen Landestheilen eine widerrufliche, nicht pensionsfähige Zulage von 10 Prozent ihres jeweiligen Gehalts (ausschliesslich Wohnungsgeldzuschuss). Für die Kreis- und Grenzthierärzte beträgt die Zulage bis zur anderweiten Gehaltsregulirung dieser Beamten jährlich 300 M. 2. Die unter 1 bezeichnete 5jährige Wartezeit wird nach vollen Kalenderquartalen berechnet, die Zulage vierteljährlich gezahlt. Auf die Wartezeit kommt die Zeit der diätarischen Beschäftigung, nicht aber die Vorbereitungszeit in Anrechnung. — Unterbrechungen der diätarischen Beschäftigung in den mit der Zulage bedachten Landestheilen, welche durch vorübergehende Beschäftigung in den von der Zulage ausgeschlossenen Theilen der Provinz Westpreussen bis zur Dauer eines Jahres herbeigeführt werden, kommen auf die

Wartezeit zur Anrechnung. Im Uebrigen bleibt vorbehalten, zur Vermeidung von Härten bei vorübergehenden Unterbrechungen der Dienstzeit in den mit der Zulage bedachten Landestheilen die vor der Unterbrechung zurückgelegte Dienstzeit in Anrechnung zu bringen. 3. Die Zulage ruht, wenn und solange der Beamte sich im Genusse einer Dienstwohnung befindet. Diese Bestimmung findet keine Anwendung, wenn den Beamten ein Anspruch auf freie Dienstwohnung zusteht oder wenn die Gewährung von Dienstwohnungen an sämmtliche Beamten der Beamtenkategorie, der der Beamte angehört, auch in den übrigen Landestheilen herkömmlich ist. 4. Die Zulage wird nur bei treuer Pflichterfüllung und völlig befriedigendem dienstlichen und ausserdienstlichen Verhalten gewährt und bei Fortfall dieser Voraussetzungen entzogen. 5. Diejenigen Beamten, welche zur Zeit ihrer Versetzung in den Ruhestand sich im Genusse der Zulage befunden haben, oder für welche der Bezug der Zulage nach der Bestimmung unter Nr. 3 geruht hat, erhalten, solange sie ihren Wohnsitz in den unter I beschriebenen Landestheilen nehmen, eine widerrufliche Zulage zur Pension, welche so berechnet wird, als ob die Gehaltszulage einen Theil des pensionsfähigen Diensteinkommens gebildet hätte.

Der Bedarf an Gehaltszulagen ist auf Grund näherer Ermittelungen auf rund 1 300 000 M. veranschlagt. Der Bedarf an Zulagen zu den Pensionen ist nach Erfahrungssätzen und unter Berücksichtigung des Umstandes, dass ein Theil der Beamten nach der Pensionirung in andere Landestheile verziehen wird, im Beharrungszustand auf mindestens 10 Prozent der Gehaltszulagen zu veranschlagen. Einstweilen sind dafür 50 000 M ausgeworfen. Da der Bedarf für beide Arten von Zulagen sich nicht im Voraus ziffernmässig ganz genau feststellen lässt, auch im Laufe des Etatsjahrs eine Steigerung erfahren kann, so muss eine Ueberschreitung des betreffenden Etatsfonds im Bedarfsfalle vorbehalten bleiben."

Mit Recht hebt die Staatsregierung in dieser Denkschrift hervor, dass das hier von den erhöhten Pflichten der Beamten in den ehemals polnischen Landestheilen Gesagte in besonderem Masse für die höheren Beamten zutreffe. Auch müsse anerkannt werden, dass die höheren Beamten, wenn sie auch wegen ihrer einflussreicheren und sozial höheren Stellung unmittelbaren nationalen Feindseligkeiten weniger ausgesetzt sind als die mittleren und Unterbeamten, doch auch vielfach, namentlich in kleinen Orten, unter der allgemeinen Ungunst der Verhältnisse zu leiden haben, so dass die Ausübung ihres Berufes mit persönlichen Opfern aller Art und mit dem Verzicht auf mancherlei Annehmlichkeiten, die das Leben anderwärts bietet, verknüpft ist. Wo derartige Verhältnisse obwalten, begegnet die Gewinnung geeigneter Beamten vielfach Schwierigkeiten; auch haben die Beamten dort in der Regel den erklärlichen Wunsch, vom Orte ihrer Thätigkeit möglichst bald versetzt zu werden, während das dienstliche Interesse es naturgemäss erheischt, für derartige Stellen besonders tüchtige Beamte zu gewinnen und in ihren Stellungen längere Zeit festzuhalten. Gleichwohl schlägt die Regierung nicht vor, die allgemeinen Gehaltszulagen auch auf die höheren Beamten oder doch auf einzelne Kategorien derselben, bei denen jene Voraussetzungen zutreffen, auszudehnen. Denn zunächst erscheine es zweifelhaft, ob es der Stellung der höheren Beamten entsprechen würde, wenn ihnen für die an sie gestellten erhöhten Anforderungen und für die ihnen aus ihrer dienstlichen Stellung erwachsenden Opfer ein Entgelt in Form einer Gehaltszulage geboten würde. Sodann aber fällt ins Gewicht, dass den höheren Beamten die unmittelbare Ausübung staatlicher Hoheitsrechte obliegt, und dass die Gewährung einer auf politischen Gründen beruhenden Gehaltszulage leicht zu Angriffen von gegnerischer Seite, als ob durch die Zulage die Objektivität der Beamten beeinflusst würde, und als ob letztere sich bei der Durchführung staatlicher Massnahmen von materiellen Interessen leiten liessen, gemissbraucht werden könnte. Derartigen, wenn auch unbegründeten Angriffen vorzubeugen, liege sowohl im Interesse der Beamten als im allgemeinen Staatsinteresse. Endlich komme in Betracht, dass die Gewährung widerruflicher Gehaltszulagen an die Richter nach gesetzlicher Vorschrift unzulässig sein würde, und dass es bedenklich wäre, anderen höheren Beamten Gehaltszulagen zu gewähren, von denen die Richter ausgeschlossen bleiben müssten.

Dagegen erscheint es der Staatsregierung unbedenklich und aus dienstlichen Rücksichten gerechtfertigt, durch andere Massnahmen den dringendsten Uebelständen abzuhelfen, welche den höheren Beamten, namentlich in den kleinen Orten, das Ausharren in ihrer Stellung erschweren. Diese Uebelstände beruhen einerseits im Mangel geeigneter Wohnungen, anderseits in der Schwierigkeit der Kindererziehung beim Fehlen höherer Lehranstalten am Orte. In ersterer Beziehung hat die Staatsregierung schon seit einer Reihe von Jahren Bedacht darauf genommen, durch Errichtung von Dienstwohnungen Abhülfe zu schaffen. In letzterer Hinsicht soll der unter Kap. 62 Tit. 10 eingestellte Fonds von 150 000 M. zur Gewährung von *Erziehungsbeihülfen an höhere Beamte in der Provinz Posen und den gemischtsprachigen Kreisen der Provinz Westpreussen* Abhülfe gewähren. Denn gerade für die Erziehung der Kinder erwachsen den Beamten, zumal, wenn sie genöthigt sind, die Kinder auf auswärtige Schulen zu schicken, besonders hohe Aufwendungen, und es wird daher den Beamten eine sehr werthvolle Beihülfe zu Theil, wenn ihnen im Bedarfsfalle nach der bezeichneten Richtung hin eine Unterstützung gewährt werden kann. Die Betheiligung der Richter an diesen Beihülfen ist nach Lage der gesetzlichen Bestimmungen zulässig, ein Umstand, der für die Wahl dieser Art von Zuwendungen mitbestimmend war.

§ 93. An erster Stelle, im Tit. 1 des Kap. 63, steht jetzt unter den „allgemeinen Fonds“ der **„Dispositionsfonds zu Gnadenbewilligungen aller Art“.** Derselbe steht zur Disposition des Königs und diente nach den Erläuterungen zum Etat für 1849 „namentlich dazu, Kunst und Wissenschaft, soweit dem Ministerium der geistlichen etc. Angelegenheiten die Mittel dazu nicht zu Gebote stehen, zu fördern, armen Gemeinden bei der Erbauung von Kirchen und Schulgebäuden Beihülfe zu gewähren, verarmten oder verunglückten Personen, die nicht hülflos gelassen werden können, vorübergehend eine Unterstützung angedeihen zu lassen." Dieser sog. „Allerhöchste Dispositionsfonds" war damals auf 900 000 M., 300 000 M. weniger als 1848, bemessen, wurde aber 1852 auf 1 050 000 M., 1854 auf 1 200 000 M. und nach der Erweiterung des Staatsgebietes auf 1 500 000 M. erhöht. Wenn diese letztere Dotation bis heutigen Tages beibehalten ist, so war dies nur möglich dadurch, dass er durch Ausstattung der einzelnen Verwaltungen mit besonderen Fonds zu den gedachten Zwecken und Erhöhung bestehender Unterstützungsfonds erleichtert wurde (vgl. insbesondere Bd. II Buch I §§ 436—438, 544, 544a).[1])

§ 94. Keine besonders erhebliche Summe beansprucht heute die **Ablösung von Passivrenten und anderen Verpflichtungen** (Tit. 2). Im Etat für 1849 wurden hierfür noch 300 000 M. erfordert, von 1850 ab, da die Ablösung vorgeschritten war bezw. es der Regel nach in der Hand der Regierung liegt, wann sie die Ablösung vornehmen will, endlich wiederholt extraordinäre Fonds zu derartigen Zwecken bewilligt wurden, nur noch 150 000 M. Nachdem aber diese bewilligten extraordinären Fonds verbraucht waren, wurde der Titel im Jahre 1880/81 auf 200 000 M. verstärkt, aber schon 1882/83 auf 100 000 M., den noch jetzt im Etat erscheinenden Betrag ermässigt. Der Fonds gehört zu denen, deren Bestände aus einem Jahr in das andere übertragen werden können.

§ 95. Den weitaus höchsten Betrag unter den „allgemeinen Fonds" beansprucht heute die an die Reichspostverwaltung zu zahlende **Vergütung für aversionirte Porto- und Gebührenbeträge** (Tit. 3).

Im Bereiche der vormaligen Preussischen Staatspost bestand für Sendungen in Staatsdienstangelegenheiten, sofern sie nicht im Interesse einer Privatperson, nicht Königlichen Behörde u. s. w. erfolgten, Portofreiheit (vgl. das Regulativ v. 3. Febr. 1862 im Ministerialbl. des Innern S. 65 ff.). Auch als die Post am 1. Jan. 1868 auf den Norddeutschen Bund überging verblieb es zunächst hierbei. Erst das Bundesges. v. 5. Juni 1869 betr. die Portofreiheit im Gebiete des Norddeutschen Bundes (B.-G.-Bl. S. 141) hob vom 1. Jan. 1870 ab die Portofreiheiten in Staatsdienstangelegenheiten auf. Nunmehr wurden auf Grund einer Berechnung des Generalpostamts zur Bestreitung der Porti- und sonstigen Frachtgebühren für dienstliche Sendungen im Bereiche aller Civilverwaltungen mit Ausschluss der Justizverwaltung, die einen eigenen Fonds erhielt, in die allgemeinen Fonds des Finanz-Ministeriums zunächst 1870 bis 1872 alljährlich 2 158 695 M. eingestellt. Da diese Summe sich aber als viel zu hoch erwies, wurde sie 1873 auf 1 350 000 M. und 1876 auf 1 279 000 M. ermässigt. Schon 1877/78 musste aber eine Verstärkung auf 1 307 000, 1878/79 auf 1 323 000,

[1]) Vgl. auch Bd. III. Anhang I (in §§ 32 und 42 des Ges. v. 11. Mai 1898).

1879/80 auf 1 361 000 M. erfolgen. Sodann wurde der Fonds 1880/81 auf die einzelnen Verwaltungen vertheilt und verschwand damit aus den allgemeinen Fonds.

Die Kontrole und rechnungsmässige Behandlung der einzelnen Portoausgaben bei den Staatsbehörden verursachte jedoch vor wie nach derartige geschäftliche Weiterungen, dass schon im Jahre 1871 der Versuch gemacht wurde, gemäss § 11 a. a. O. mit der Reichspostverwaltung ein Abkommen wegen Aversionirung der Porto- etc. Beträge herbeizuführen. Der Versuch scheiterte indess, weil über die Höhe des Aversums eine Einigung nicht zu erzielen war.

Nachdem sodann durch den Etat für 1889/90 zur Beseitigung der umständlichen Kontrolmassregeln über die Verwendung des Portos einer ganzen Reihe von Kategorien einzeln stehender Beamten (den Landräthen, Bauinspektoren, Katasterkontroleuren, Rentmeistern etc.) Pauschsummen zur Bestreitung der Portoausgaben überwiesen waren, wurden, dem stets wieder hervorgetretenen Bedürfnisse und wiederholten Wünschen der Landesvertretung entsprechend, die Verhandlungen mit der Reichspostverwaltung wegen Aversionirung der Portobeträge wieder aufgenommen, und nunmehr führten sie zu einer Vereinbarung dahin, dass vom 1. April 1894 ab für alle von den Staatsbehörden einschliesslich der einzeln stehenden Beamten nach Orten innerhalb des Deutschen Reichs frankirt abzuschickenden Postsendungen eine Aversionalsumme von 6 000 000 M. in monatlichen Raten postnumerando an die Reichspostkasse zu zahlen war. Nach Ablauf von 3 Jahren wurde eine Revision der Höhe der Pauschsumme nach Massgabe der darüber mit der Reichspostverwaltung zu treffenden Vereinbarungen vorbehalten.

Eingeschlossen in die Aversionirung sind auch die von den Gerichtsvollziehern von Amtswegen zu bewirkenden Zustellungen, für welche das Porto etc. von den genannten Beamten gegenwärtig aus der ihnen aus Kap. 74 Tit. 8 des Etats mit 2 100 000 M. zu zahlenden, nunmehr entsprechend gekürzten Entschädigung für die von Amtswegen angeordneten Amtshandlungen zu bestreiten ist. Im Uebrigen war eine Aenderung in den Vorschriften, in welchen Fällen Sendungen unfrankirt abzuschicken, Packete mit der Eisenbahn als Frachtgut zu befördern und Sendungen an Empfänger im Orts- oder Landbestellbezirk der Aufgabepostanstalt durch die Beamten der absendenden Behörde abzutragen sind, aus Anlass der Aversionirung nicht beabsichtigt.

Ausgeschlossen von der Aversionirung blieben auf Grund der desfallsigen Normativ-Bestimmungen des Reichspostamts: 1. das Porto für Sendungen nach dem Auslande, 2. das Porto für Sendungen, welche bei den Behörden unfrankirt eingehen, 3. die Gebühr für Bestellungder von anderen Postorten eingehenden Briefe mit Werthangabe, Packete mit oder ohne Werthangabe, Einschreibpackete und Postanweisungen nebst den dazu gehörigen Geldbeträgen, 4. Eilbestellgeld, 5. die Nebengebühr für die von dem Landbriefträger eingesammelten, zur Weitersendung mit der Post bestimmten Gegenstände, wenn die Sendung selbst, auf welche überhaupt diese Gebühr Anwendung findet, unfrankirt abgesandt werden soll, 6. die Postanweisungsgebühr für die Uebermittelung der auf Postauftragssendungen eingezogenen und dem Auftraggeber zu übersendenden Beträge.

Der Berechnung der Aversionalsumme war, von der Justizverwaltung abgesehen, die durchschnittliche Ausgabe der drei Jahre 1889/92 zu Grunde gelegt. Zu dem Zweck wurden die in den Kassenrechnungen nachgewiesenen Ausgaben an Portokosten und sonstigen Frachtgebühren ermittelt und davon die der Aversionirung nicht unterliegenden Portobeträge für Sendungen nach dem Auslande, Bestellgelder etc. ausgesondert. Im Uebrigen wurden noch die Portoausgaben derjenigen Polizeiverwaltungen, deren sächliche Ausgaben bisher von den Gemeinden getragen wurden und erst seit dem 1. April 1893 der Staatskasse zur Last fielen, mit dem bisherigen Aufwande der Gemeinden berücksichtigt Die danach für die Aversionirung ermittelte Ausgabe betrug für 1889/90 1 849 319,34 M., für 1890/91 1 898 369,90 M., für 1891/92 1 918 429,74 M, zusammen 5 666 118,98 M., mithin im Durchschnitt 1 888 706,33 M. Im Bereiche der Justizverwaltung liess sich eine dreijährige Durchschnittsberechnung nicht aufstellen. Abgesehen davon, dass die rechnungsmässige Istausgabe die von den Gerichtsvollziehern für Zustellungen von Amtswegen verauslagten Porti nicht enthält, wäre bei dem ausserordentlichen Umfange des Postverkehrs innerhalb dieser Verwaltung eine nachträgliche Aussonderung der der Aversionirung nicht unterliegenden Porto- etc. Beträge aus geschäftlichen Rücksichten nicht durchführbar gewesen. Es wurde deshalb eine probeweise Ermittelung der künftig zu aversionirenden Portoausgaben in den Monaten April, Mai und Juni 1892 und demnächst noch eine Wiederholung der Erhebungen im Monat Oktober vorgenommen. Nach dem Ergebniss der angestellten Ermittelungen berechnete sich der Jahresbedarf an zu aversionirendem Porto auf 3 780 466,32 M., wovon 981 206,28 M. auf amtliche Zustellungen der Gerichtsvollzieher entfallen, welche, wie oben bemerkt, aus der den Gerichtsvollziehern aus Kap. 74 Tit. 8 des Etats zu zahlenden Entschädigung zu bestreiten sind. Hiernach würde die der Reichspostverwaltung zu gewährende Aversionalsumme für die Justizverwaltung 3 780 466 M., für die übrigen Verwaltungen 1 888 706 M., zusammen 5 669 172 M., rd. 5 670 000 M, betragen haben. Die Reichspostverwaltung forderte indess, dieselbe auf 6 000 000 M., also um rd 330 000 M. höher, festzusetzen, was zugestanden wurde, weil die Portokosten nach den bisherigen Erfahrungen alljährlich steigen, ausserdem auch die den einzeln stehenden Beamten seit dem Jahre 1889/90 bewilligten, in der Aversionirung mit enthaltenen Portopauschquanten vielfach nicht mehr dem wirklichen Aufwande entsprachen.

Die bei den bisherigen Portokostenfonds entbehrlich werdenden Beträge wurden natürlich in dem Staatshaushaltsetat für 1. April 1894/95 zur Absetzung gebracht. Dieselben beliefen sich auf 5 449 099 M., blieben also hinter dem ermittelten Jahresbedarf von rd. 5 670 000 M. um etwa 221 000 M. zurück. Die Differenz hatte hauptsächlich darin ihren Grund, dass der Portokostenfonds der Justizverwaltung alljährlich erheblich überschritten worden war, während nicht auch diese Mehrausgabe, sondern nur der etatsmässig zur Verfügung stehende Betrag bei der Absetzung berücksichtigt werden konnte. Ferner konnten auch die aus extraordinären Baufonds bestrittenen Portokosten im Etat nicht in Abgang gestellt werden. Endlich wurde in einzelnen Fällen wegen Geringfügigkeit der betreffenden Beträge und um runde Schlusssummen zu behalten, von der Absetzung abgesehen.

Im Einzelnen gelangten zur Absetzung:

Bezeichnung der Verwaltungen bezw. Behörden, Beamten etc.	Kap. des Etats	Tit. des Etats	Betrag M.
Domänenverwaltung.			
1. Rentmeister, welche mit der Erhebung von Domänengefällen beauftragt sind	1	5	140
2. Fiskal. Vertreter zur Wahrnehmung von Domanialinteressen	1	6	36
3. Domänenrentmeister etc. . .	1	9	2 59
Forstverwaltung.			
4. Oberförster	2	11	58 66
5. Vollbeschäftigte Forstkassenrendanten	2	12a	12 78
6. Beamte b. Nebenbetr.-Anst.	2	14	11
7. Forstakademien etc.	3	8	59

Bezeichnung der Verwaltungen bezw. Behörden, Beamten etc.	Kap. des Etats	Tit. des Etats	Betrag M.
Verw. der direkten Steuern.			
8. Direktion f. d. Verwalt. der direkten Steuern in Berlin, Kreiskasse i. Frankf. a. M., sow. Einkommst. - Veranlgskomm. u. Gewerbest.-Aussch., i. welch. Landräthe bzw. Oberbürgerm. od. sonst Kommunalbeamte den Vorsitz nicht führen	6	20	21 601
9. Kat.-Kontrol. u. Bezirksgeom.	6	21	61 390
0. Rentmeister	6	22	85 697
erw. der indirekt. Steuern.			
1. Hauptstempelmagazin	7	4	1 800
2. Provinzialsteuerdirektion	8	8	39 150
3. Hauptzoll- und Hauptsteuerämter einschl. der unteren Hebestellen etc.	9	10	236 400
4. Hauptzoll- und Hauptsteueramt. f. Send. anlässl. d. Stat. d. Warenverkehrs m. d. Ausl.	10	8	800
5. **Lotterieverwaltung**	11	8	50
6. **Seehandlungsinstitut**	12	8	58
Münzverwaltung.			
7. Münze in Berlin	13	5	60
8. Probiranst. i. Frankfurt a. M.	13a	5	10
erg-, Hütten- u. Salinenverw.			
. Bergwerke	14	6	13 579
	14	9	550
. Hütten	15	6	4 970
. Salzwerke	16	6	3 835
. Badeanstalten	17	3	356
. Oberbergämter	20	10	16 780
	22	3	30
. Bergtechnische Lehranstalt.	21	9	70
	21	10	600
Eisenbahnverwaltung.			
. Für Rechnung des Staats verwaltete Eisenbahnen	23	10	69 700
. Minist.-Abth. f. d. Eisenbhn.-wesen (5600 M.) u. Eisenbhn.-kommissariat i. Berlin (400 M.)	32	15	6 000
. **Staatsschuldenverwaltung**	39	8	10 200
. **Herrenhaus**	40	6	1 000
. **Haus der Abgeordneten**	41	7	1 500
Bureau des Staatsminist.	44	10	85
. **Staatsarchive**	45	8	734
. **General-Ordenskomm.**	46	6	950
. **Oberrechnungskammer**	84	10	3 300
Deutsch. Reichs- u. Preuss. Staatsanzeiger	53	8	7 200
Ansiedelungskommission f. Westpreussen und Posen	54a	8	4 400
nisterium der auswärtigen Angelegenheiten.			
Ministerium	55	3	2 050
Gesandtschaften	56	3	750

Bezeichnung der Verwaltungen bezw. Behörden, Beamten etc.	Kap. des Etats	Tit. des Etats	Betrag M.
Finanz-Ministerium.			
38. Ministerium	57	10	7 000
39. Oberpräsidien u. Regierungen	58	10	465 000
40. Rentenbanken	59	7	11 900
Bauverwaltung.			
41. Ministerium	64	12	2 600
42. Bauinspektoren	65	13	40 400
Handels- u. Gewerbeverwaltg.			
43. Ministerium	67	11	3 610
44. Musterbleiche in Solingen	68	12	125
45. Staatliche Aichungsämter	68	15	735
46. Staatl. Navigat.-, Baugewerk- und Maschinenbauschulen	69	4	814
47. Zeichenakademie in Hanau	69	8	130
48. Provinzial-Kunst- und Handwerksschulen zu Königsberg und Danzig	69	9	18
49. Porzellanmanufaktur	69a	4	930
50. Institut für Glasmalerei	69b	2	130
Justizverwaltung.			
51. Gerichtsvollz. f. die v. Amtswegen zu bewirk. Zustellungen	74	8	1 000 000
52. Ministerium, Justiz-Prüfungskommiss., Oberlandesgerichte, Land- und Amtsgerichte etc.	79	—	2 574 000
Ministerium des Innern.			
53. Ministerium	83	11	2 871
54. Statistisches Bureau	84	8	9 800
55. Oberverwaltungsgericht	85	7	3 000
56. Verwaltung der Regierungs-Amtsblätter	88	—	1 823
57. Landräthl. Behörd. u. Aemter	90	8	388 871
58. Polizeiverwaltung in Berlin.	91	10	14 786
59. Polizeiverw. in den Provinz.	92	9	27 145
60. Grenzkommissare	92	11	363
61. Polizei-Distrikskommissare in der Provinz Posen	93	4	41 236
62. Offiziere, Korpsstab u. Oekonomiekommiss. d. Landgendarm.	94	6	28 162
63. Strafanstaltsverwaltung	96	7	13 876
Landwirthsch. Verwaltung.			
64. Ministerium	99	9	5 730
65. Oberlandeskulturgericht	100	8	405
66. Generalkommissionen	101	12	19 800
	101	12a	46 080
67. Landwirthsch. Lehranstalten	102	12	11
	102	14	818
68. Thierärztliche Hochschulen	103	10	160
69. Meliorationsbaubeamte	106	6	1 700
Gestütverwaltung.			
70. Hauptgestüt	108	11	500
71. Landgestüt	108	17	2 769
Ministerium der geistlichen etc. Angelegenheiten.			
72. Ministerium	109	12	6 350

Bezeichnung der Verwaltungen bezw. Behörden, Beamten etc.	Kap. des Etats	Tit. des Etats	Betrag M.
73. Evangel. Oberkirchenrath . .	111	8	600
74. Evangelische Konsistorien. .	112	7	18 870
75. Provinzialschulkollegien . . .	117	6	10 070
76. Universität in Königsberg .	119	1	580
77. „ „ Berlin	119	2	2 600
78. „ „ Greifswald . .	119	3	610
79. „ „ Breslau. . . .	119	4	1 360
80. „ „ Halle	119	5	620
81. „ „ Kiel.	119	6	620
82. „ „ Göttingen . .	119	7	1 250
83. „ „ Marburg . . .	119	8	830
84. „ „ Bonn	119	9	620
85. Akademie in Münster	119	10	280
86. Lyceum Hosianum i. Braunsbg.	119	11	20
87. Staatl. höhere Lehranstalten	120	2	5 160
88. Schullehrer- u Lehrerinnen-Seminare	121	8	3 320
89. Präparandenanstalten	121	14	570
90. Turnlehrerbildgsanst. i. Berlin	121	21	20
91. Taubstummenanst. i. Berlin u. Blindenanstalt in Steglitz . .	121	45	250
92. Kunstmuseen in Berlin . . .	122	6	540
93. Kunstgewerbemuseum	122	6h	450
94. Nationalgalerie in Berlin . .	122	11	90
95. Königl. Bibliothek in Berlin	122	16	670
96. Geodätisches Inst. b. Potsdam	122	20	220
97 Meteorolog. Inst. zu Berlin	122	20f	2 220
98. Astrophysikalisches Observatorium bei Potsdam . . .	122	21d	130
99. Sonstige Kunst- u. wissenschaftliche Anstalten	122	30	280
100. Akademie d. Künste i. Berlin und die mit derselben verbundenen Institute	122	37	480
101. Kunstakad. z. Königsbg. i. Pr.	122	39	10
102. Kunstakademie z. Düsseldorf	122	40	40
103. Kunstakademie zu Kassel .	122	41	10
104. Kunstschule zu Berlin . . .	122	42	20
105. Kunst- und Gewerbeschule zu Breslau	122	43	20
106. Akademie d. Wissenschaften	122	44	180
107. Technische Hochschulen . .	123	11	730
108. Mechan.-techn. Versuchsanst. u. Prüfungsstation für Baumaterialien b. d. technischen Hochschule zu Berlin	123	12	390
109. Charité zu Berlin	125	7	140
Summe . . .			5 449 09[illegible]

Naturgemäss konnte dieses Aversum von 6 Mill. M. im Etat nur in einer Summe ausgebracht werden, und seine natürliche Stelle war im Etat des Finanz-Ministeriums bei den „allgemeinen Fonds“ (Tit. 3).

Als das erste Abkommen mit der Postverwaltung am 1. April 1897 ablief, verlangte diese eine Erhöhung um $1^1/_2$ Mill., und vom 1. April 1900 musste ihr eine weitere um 1,3 Mill. zugestanden werden. Im Etat erschienen daher seit 1897/98 $7^1/_2$ Mill., und zwar auch noch für 1900; das Mehr von 1,3 Mill. wurde für 1900 als Mehrausgabe verrechnet; erst 1901 erfolgte die Erhöhung des Etatsansatzes auf 8,8 Mill. Am 1. April 1903 läuft das Abkommen wiederum ab, und abermals muss eine Erhöhung des Aversums erfolgen. Für 1903 wurden daher 9,7 Mill. gefordert, während für die spätere Zeit das Ergebniss einer in der Zeit vom 1. Januar bis 31. Dezember 1903 stattfindenden Portozählung mittels Zählmarken zu Grunde gelegt werden soll. Für Herstellung dieser Zählmarken werden im Extraordinarium des Finanz-Ministeriums (Kap. 3 Tit. 6) 30 000 M. gefordert, wobei mit einem Bedarf von 100 Mill. Stück Marken gerechnet ist.

Man wird es vom Standpunkt ihres Ressorts der Postverwaltung nicht verargen können, dass sie, wie die Entwicklung der Bauschsumme zeigt, sorgfältig darauf hält, ihre Leistungen für den Preussischen Staat voll vergütet zu erhalten. Aber es illustrirt das doch das Ungerechtfertigte der heutigen Privilegien der Post gegenüber den Staatsbahnen (vgl. Bd. I S. 799 f. d. W.). Was der Reichspostverwaltung recht ist, ist der Staatseisenbahnverwaltung billig. Lässt sich jene für alles, was sie für die Einzelstaaten leistet, bezahlen, so müsste sie vernünftigerweise auch verpflichtet sein, diesen zu bezahlen, was ihr von ihnen geleistet wird.

§ 96. Einen Fonds von ganz untergeordneter Höhe haben die Arbeiterversicherungsgesetze nöthig gemacht. Derselbe, Kap. 63 Tit. 3a: „Ausgaben auf Grund der Kranken- und Unfallversicherungsgesetze sowie des Invalidenversicherungsgesetzes“, gehört indess insofern eigentlich nicht unter die „allgemeinen Fonds“, als er nicht, wie diese, für alle oder doch verschiedene Ressorts, sondern nur für die auf dem Etat des Finanz-Ministeriums erscheinenden Behörden bestimmt ist. Da bei diesen Behörden versicherungspflichtige Personen immerhin nur in verhältnissmässig geringer Zahl beschäftigt wurden, so wurde der Titel bei seiner Einrichtung 1891/92 nur mit 4300 M. ausgestattet. Aber schon 1893/94 wurde er auf 4900 M. und dann weiter 1895/96 auf 5600, 1896/97 auf 5900, 1898/99 auf 6200, 1901 auf 7200 und 1902 auf 8600 M. erhöht.

§ 97. Zwischen den im vorigen Paragraphen besprochenen Tit. 3a und das im nächsten zu besprechende Haupt-Extraordinarium ist zuerst im Etat noch ein Tit. 3b für 1903; „Zur Gewährung von Vergütungen an Beamte für die Theilnahme an Unterrichtskursen behufs Ausbildung in der russischen Sprache oder für sonstige Vervollkommnung in dieser Sprache“ eingeschoben und mit 10 000 M. dotirt. Derselbe soll dazu dienen, Beamten, die an den seit dem Jahre 1901 stattfindenden Unterrichtskursen der in der Titelbezeichnung gedachten Art, deren Kosten aus Kap. 120 Tit. 10a des Etats des Ministeriums der geistlichen u. s. w. Angelegenheiten bestritten werden, theilnehmen, soweit erforderlich, Beihülfen zur Bestreitung der ihnen erwachsenden Unkosten zu gewähren und auch solchen Beamten, die sich durch zeitweiligen Aufenthalt in Russland oder auf andere Weise im praktischen Gebrauch dsr russischen Sprache vervollkommnen wollen, in einzelnen Fällen mit einer besonderen Zuwendung zu Hülfe zu kommen.

§ 98. Im Gegensatz zu dem im vorigen Paragraphen besprochenen Tit. 3b besteht der Tit. 4: „Unvorhergesehene Ausgaben“, das sog. **Haupt-Extraordinarium** der General-Staatskasse“, bereits länger, als wir überhaupt in Preussen von Parlamenten genehmigte Etats haben, und das ist bei seiner Bestimmung erklärlich. Die Erläuterungen zum Etat für 1849 sprechen sich hierüber folgendermassen aus:

„Dieser Ansatz ist . . . . zur Deckung derjenigen im Etatsjahre zu leistenden Ausgaben bestimmt, für welche auf den Etats der einzelnen Verwaltungen die Mittel nicht vorgesehen sind. Ein solcher Fonds ist nöthig, weil es nach der Natur der Dinge nicht möglich ist, alle Vorkommenheiten, welche eintreten können und eine Zahlung bedingen, zur Berechnung zu ziehen, es andererseits aber nicht rathsam sein würde, die zu vermischten Ausgaben bestimmten Fonds der einzelnen Verwaltungen mit Rücksicht auf alle Eventualitäten um einen gewissen Betrag zu erhöhen, der in den meisten Fällen zu hoch oder zu niedrig gegriffen sein würde, überdies aber manche Ausgaben der in Rede stehenden Art nicht eine einzelne Verwaltung, sondern die Staatskasse im Allgemeinen angehen. Es steht daher dieser Fonds unter der Verwaltung des Finanz-Ministeriums, und es kann darüber in jedem einzelnen Falle (Zahlungen abgerechnet, welche auf Grund gerichtlicher Entscheidungen zu leisten sind) nur mit Genehmigung Sr. Majestät des Königs verfügt werden."

Wie die anderer ähnlicher Fonds zeigt seine Ausstattung eine ausnehmende Beständigkeit, ein Beweis für die sorgfältige Etatsaufstellung; denn je sorgfältiger und vorausschauender diese ist, um so weniger treten Fälle ein, für welche spezielle Mittel nicht vorgesehen sind. Nachdem man ihn unter Verstärkung der Mittel der einzelnen Etats 1850 von 2 100 000 auf 825 000 M. reduzirt, ihn dann aber 1851 auf 900 000 M. hatte verstärken müssen, wurde er erst nach den Gebietserweiterungen von 1866 im Jahre 1868 um 300 000 auf 1 200 000 M. erhöht, und bei dieser Ausstattung ist es bis zum heutigen Tage geblieben. Im Jahre 1879/80 wurden sogar für dieses eine Jahr durch Nachtragsetat 9000 M. abgesetzt.

Welcher Art die Ausgaben des Haupt-Extraordinariums sind, dafür mögen die Jahre 1901 und 1900 als Beispiel dienen. In ersterem Jahre sind aus ihnen gezahlt:

1.	für Reparaturen und Wiederherstellung durch Brand etc. beschädigter oder zerstörter fiskalischer Gebäude	202 151,52 M.
2.	für Wiederherstellung durch Sturmfluthen beschädigter wasserbaufiskalischer Bauanlagen an der Ostseeküste	41 544,59 „
3.	an Entschädigungen an Private, zu deren Leistung der Fiskus gerichtlich verurtheilt war	15 628,76 „
	zusammen . .	259 324,77 M.

Im Jahre 1900 waren folgende Zahlungen geleistet:

1.	Beihülfen aus Anlass von Hochwasserschäden aus dem Jahre 1897 in Schlesien und Brandenburg	5 163,— M.
2.	wie oben unter No. 1	1 441,— „
3.	wie oben unter No. 2	225 350,79 „
4.	für Ankauf wissenschaftlicher Werke	857,50 „
5.	wie oben unter No. 3	34 791,96 „
	zusammen . .	267 604,25 M.

II. Kapitel.

Verschiedene Einnahmen.

(Staatshaushaltsetat Einnahme Kap. 27 Tit. 9—12 und 14.[1])

§ 99. Wie oben in § 1 hervorgehoben, standen die jetzt die Ueberschrift „Verschiedene Einnahmen" tragenden Einnahmen des Finanz-Ministeriums, soweit sie damals schon bestanden, bis zum Jahre 1873 in dem Etat von den „verschiedenen Einnahmen bei der Allgemeinen Kassenverwaltung". Sie sind sammt und sonders, wie die Anlage CVII E zeigt, von keiner grossen Bedeutung.

An erster Stelle (Tit. 9) stehen die Geld- und Ordnungsstrafen. Wenn an solchen nur etwas mehr als ¼ Mill. M. ausgeworfen sind,

[1]) Wegen Tit. 13 „Aus der Verwaltung des Thiergartens bei Berlin" vgl. oben § 77.

so darf das nicht befremden. Denn es werden, wie es die Titelbezeichnung vermuthen lassen kann, hier keineswegs die überhaupt im Staate aufkommenden Geld- und Ordnungsstrafen vereinnahmt, sondern mehrere andere Verwaltungen, vor Allem die Justiz-, direkte und indirekte Steuerverwaltung, vereinnahmen die in ihrem Bereiche aufkommenden Geldstrafen auf ihren Spezialetats, und hinsichtlich der Ordnungsstrafen ist dies sogar die Regel. Wir haben es also hier im Wesentlichen nur mit den Strafgeldern im Bereiche der allgemeinen Landesverwaltung zu thun. Früher lag die Sache allerdings insofern etwas anders, als bis 1851 auch die von den Gerichten festgesetzten Geldstrafen hier verrechnet wurden. Als diese 1852 auf den Etat der Justizverwaltung übergingen, sank bei der allgemeinen Kassenverwaltung die Einnahme um mehr als 102 000 M. Daher rührt vorzugsweise der aus der Anlage ersichtliche Minderansatz für 1859 gegenüber 1849. Später verdoppelte sich, insbesondere durch die Erweiterung des Staatsgebiets, die Einnahme gegenüber 1859, und das Jahr 1879/80 weist abermals mit seinen 223 900 M. ein Mehr von 100 Prozent gegenüber 1874 auf. Man war allmählich zu diesem Ansatz auf Grund der Ergebnisse der jeweils massgebenden drei Vorjahre gelangt. Aber die auf ihnen aufgebaute Durchschnittsrechnung wurde von der Wirklichkeit so wenig erreicht, dass schon von 1880/81 ab bis 1886/87 eine fortgesetzte Reduzirung des Anschlags bis auf wenig mehr als 130 000 M. erfolgen musste. Erst 1887/88 stieg die Einnahme mit einem Schlage wieder um 56 150 M., aber nur dadurch, dass 56 242 M. vom Etat des Ministeriums des Innern übernommen wurden. In der Folgezeit waren dann die Schwankungen, die sich auf dreijährige Durchschnittsergebnisse gründen, nicht mehr so erheblich: wir finden in der Anlage den niedrigsten Ansatz 1895/96 mit 201 500, den höchsten 1902 mit 266 300 M. und von einem Jahre zum andern als grössten Sprung 1889/90 ein Mehr von 36 300 M., im übrigen niemals eine 20 000 M. erreichende Differenz.

§ 100. Von noch geringerer Höhe sind die Kosten-Einnahmen des Oberverwaltungsgerichts und der Bezirksausschüsse (Tit. 9a). Nach Einführung der Selbstverwaltung und des Verwaltungsstreitverfahrens wurden diese Einnahmen zuerst beim Ministerium des Innern verrechnet. Erst nach Erlass des Landesverwaltungsgesetzes v. 30. Juli 1883 gingen 1884/85 die Einnahmen der Bezirksausschüsse, deren Ausgaben ja auch auf dem Etat des Finanz-Ministeriums stehen, auf letztere über. Die nur sehr unerheblichen des Oberverwaltungsgerichts folgten 1893/94, während die Ausgaben desselben auf dem Etat des Ministeriums des Innern verblieben sind. Bis zu diesem Zeitpunkt hatten sich die Kosteneinnahmen der Bezirksausschüsse im Soll von rd. 60 000 M. 1884/85 und nur 51 000—52 000 und 45 000 M. in den nächsten Jahren bis auf 70 000 M. gehoben, hauptsächlich infolge der Einführung des Landesverwaltungsgesetzes in den westlichen und neuen Provinzen. Einschliesslich derjenigen des Oberverwaltungsgerichts sind die Einnahmen dann ständig von 75 000 bis 155 000 M. in den Etats für 1900 bis 1903 angewachsen. Zu erheblichem Theile haben hierzu die Bestellung des Oberverwaltungsgerichts als Beschwerdeinstanz in Einkommen-, Ergänzungs- und Gewerbesteuersachen beigetragen. Dieser Umstand erklärt es auch, dass der auf dem Durchschnitt der 3 Vorjahre beruhende Voranschlag die höchsten Mehrbeträge, 20 000 und 15 000 M., 1897/98 und 1898/99, aufwies und 1900 bis 1903 stabil blieb; denn die Zahl der Steuerbeschwerden war in den ersten Jahren nach der Reform am höchsten und befindet sich jetzt erfreulicherweise in ständigem Rückgang.

Die gesetzliche Basis für die in Rede stehenden Einnahmen bilden die §§ 102—109 und 124 des Landesverwaltungsgesetzes. In den erstern wird hinsichtlich der Kosten des Verwaltungsstreitverfahrens Folgendes bestimmt:

„§ 102. Das Verwaltungsstreitverfahren ist stempelfrei.

§ 103. Dem unterliegenden Theile sind die Kosten und die baaren Auslagen des Verfahrens, sowie die erforderlichen baaren Auslagen des obsiegenden Theils zur Last zu legen. Die Gebühren eines Rechtsanwalts des obsiegenden Theils hat der unterliegende Theil nur insoweit zu erstatten, als dieselben für Wahrnehmung der mündlichen Verhandlung vor dem Bezirksausschusse oder dem Oberverwaltungsgerichte zu zahlen sind. An baaren Auslagen für die persönliche Wahrnehmung der mündlichen Verhandlung vor dem Bezirksausschusse und dem Oberverwaltungsgerichte kann die obsiegende Partei nicht mehr in Anspruch nehmen, als die gesetzlichen Gebühren eines sie vertretenden Rechtsanwalts betragen haben würden, es sei denn, dass ihr persönliches Erscheinen von dem Gerichte angeordnet war. Im Endurtheile ist der Werth des Streitobjektes festzusetzen. Die Gebühren der Rechtsanwälte bestimmen sich nach den für dieselben bei den ordentlichen Gerichten geltenden Vorschriften.

§ 104. Die Kosten und baaren Auslagen bleiben dem obsiegenden Theile zur Last, soweit sie durch sein eigenes Verschulden entstanden sind.

§ 105. Die Entscheidung über den Kostenpunkt (§§ 103, 104) kann nur gleichzeitig mit der Entscheidung in der Hauptsache durch Berufung oder Revision angefochten werden.

§ 106. An Kosten kommt ein Pauschquantum zur Hebung, welches im Höchstbetrage bei dem Kreisausschusse und bei dem Bezirksausschusse 60 M., bei dem Oberverwaltungsgerichte 150 M nicht übersteigen darf. Für die Gebühren der Zeugen und Sachverständigen gelten die in Civilprozessen zur Anwendung kommenden Vorschriften, für die Berechnung des Pauschquantums kann von den Ministern der Finanzen und des Innern ein Tarif aufgestellt werden.

§ 107 Die Erhebung des Pauschquantums findet nicht statt: 1. wenn der unterliegende Theil eine öffentliche Behörde ist, insoweit die angefochtene Verfügung oder Entscheidung derselben nicht lediglich die Wahrung der Haushaltsinteressen eines von der Behörde vertretenen Kommunalverbandes zum Gegenstande hatte; die baaren Auslagen des Verfahrens und des obsiegenden Theils fallen demjenigen zur Last, der nach gesetzlicher Bestimmung die Amtsunkosten der Behörde zu tragen hat; 2. wenn die Entscheidung ohne vorgängige mündliche Verhandlung erfolgt ist; 3. bei dem Kreisausschusse in den Fällen der §§ 60 bis 62 des Gesetzes vom 8. März 1871, betr. die Ausführung des Bundesgesetzes über den Unterstützungswohnsitz (G.-S. S 130); 4. bei dem Bezirksausschusse und bei dem Oberverwaltungsgerichte, soweit die Berufung oder die Revision von dem Vorsitzenden des Kreisausschusses bezw. des Bezirksausschusses eingelegt worden war; 5. von denjenigen Personen, mit Ausnahme jedoch der Gemeinden in den die Verwaltung der Armenpflege betreffenden Angelegenheiten, denen nach den Reichs- oder Landesgesetzen Gebührenfreiheit in bürgerlichen Rechtsstreitigkeiten zusteht.

§ 108. Die Kosten und baaren Auslagen des Verfahrens werden für jede Instanz von dem Gerichte festgesetzt, bei dem die Sache selbst anhängig gewesen ist. Die von der obsiegenden Partei zur Erstattung seitens des unterliegenden Theils liquidirten Auslagen werden für alle Instanzen von demjenigen Gericht festgesetzt, bei dem die Sache in erster Instanz anhängig gewesen ist. Gegen den Festsetzungsbeschluss des Kreisausschusses findet innerhalb zwei Wochen die Beschwerde an den Bezirksausschuss, gegen den in erster Instanz ergangenen Festsetzungsbeschluss des Bezirksausschusses findet innerhalb gleicher Frist die Beschwerde an das Oberverwaltungsgericht statt.

§ 109. Dem unterliegenden Theile kann im Falle des bescheinigten Unvermögens nach Massgabe der Bestimmungen des § 30 des Ausführungsgesetzes zum Deutschen Gerichtskostengesetze vom 10. März 1879 (G.-S. S. 145)[1]) oder wenn sonst ein besonderer Anlass dazu vorliegt, gänzliche oder teilweise Kostenfreiheit bezw. Stundung bewilligt werden. Gegen den das Gesuch ablehnenden Beschluss des Kreisausschusses findet innerhalb zwei Wochen die Beschwerde an den Bezirksausschuss, gegen den in erster Instanz ergangenen ablehnenden Beschluss des Bezirksausschusses innerhalb zwei Wochen die Beschwerde an das Oberverwaltungsgericht statt."

Hinsichtlich des Beschlussverfahrens bestimmt § 124 a. a. O.:

„In dem Beschlussverfahren wird ein Kostenpauschquantum nicht erhoben, ebensowenig haben die Betheiligten ein Recht, den Ersatz ihrer baaren Auslagen zu fordern. Jedoch können die durch Anträge und unbegründete Einwendungen erwachsenden Gebühren für Zeugen und Sachverständige demjenigen zur Last gelegt werden, welcher den Antrag gestellt bezw. den Einwand erhoben hat. Die sonstigen Kosten und baaren Auslagen des Verfahrens fallen demjenigen zur Last, der nach gesetzlicher Bestimmung die Amtsunkosten der Behörde zu tragen hat. Bei den Vorschriften der Gewerbeordnung behält es sein Bewenden."

Wegen der Kosten in Staatssteuersachen finden dieselben Bestimmungen wie bei dem Verwaltungsstreitverfahren Anwendung mit der Massgabe, dass ein Pauschquantum auch dann zur Hebung gelangt, wenn die Entscheidung ohne vorgängige mündliche Verhandlung erfolgt, und dass Ersatz von Anwaltsgebühren nie stattfindet (Einkommensteuerges. § 49, Ergänzungssteuerges. § 36 Abs. 4, Gewerbesteuerges. § 37 Abs. 3).

§ 101. Das Recht des Staates auf herrenlose Erbschaften, woraus die Einnahmen im Kap. 27 Tit. 10 erscheinen, gründete sich bisher im Prinzip auf die auch dem gemeinen Recht entsprechenden Vorschriften im Allgemeinen Landrecht Th. II Tit. 16 §§ 4 und 16–29. Danach fällt dem Fiskus zu jeder Nachlass, dessen Erblasser Niemand hinterlassen hat, „dem aus rechtsgültigen Willenserklärungen oder vermöge der Gesetze ein Erbrecht auf sein Vermögen zusteht". Dasselbe gilt, wenn der ernannte Erbe nicht Erbe sein kann oder will, oder seines Erbrechtes als dessen unwürdig verlustig wird, sofern „Niemand vorhanden ist, welcher nach der Verfügung des Erblassers oder nach Vorschrift der Gesetze an seine Stelle treten könnte". Jetzt ist durch das Bürgerliche Gesetzbuch aus dem Regal des Staates ein Erbrecht geworden. Denn jenes legt nicht nur wie das Allgemeine Landrecht (§ 25 a. a. O.) dem Fiskus „alle Rechte und Pflichten eines gemeinen

[1]) Jetzt § 27 des Preussischen Gerichtskostenges. v. 25. Juni 1895.

Erben" bei, sondern bestimmt geradezu im § 1936: „Ist zur Zeit des Erbfalls weder ein Verwandter noch ein Ehegatte des Erblassers vorhanden, so ist der Fiskus des Bundesstaats, dem der Erblasser zur Zeit des Todes angehört hat, gesetzlicher Erbe. Hat der Erblasser mehreren Bundesstaaten angehört, so ist der Fiskus eines jeden dieser Staaten zu gleichem Antheile zur Erbfolge berufen. — War der Erblasser ein Deutscher, der keinem Bundesstaat angehörte, so ist der Reichsfiskus gesetzlicher Erbe."

Ueber die Rechtsverhältnisse des Fiskus als Erbe enthalten sodann die §§ 1942, 1964—1966, 2011, 2104 und 2149 des Bürgerlichen Gesetzbuchs folgende Vorschriften:

§ 1942. Die Erbschaft geht auf den berufenen Erben unbeschadet des Rechtes über, sie auszuschlagen (Anfall der Erbschaft).

Der Fiskus kann die ihm als gesetzlichem Erben angefallene Erbschaft nicht ausschlagen.

§ 1964. Wird der Erbe nicht innerhalb einer den Umständen entsprechenden Frist ermittelt, so hat das Nachlassgericht festzustellen, dass ein anderer Erbe als der Fiskus nicht vorhanden ist

Die Feststellung begründet die Vermuthung, dass der Fiskus gesetzlicher Erbe sèi.

§ 1965. Der Feststellung hat eine öffentliche Aufforderung zur Anmeldung der Erbrechte unter Bestimmung einer Anmeldungsfrist vorauszugehen; die Art der Bekanntmachung und die Dauer der Anmeldungsfrist bestimmen sich nach den für das Aufgebotsverfahren geltenden Vorschriften. Die Aufforderung darf unterbleiben, wenn die Kosten dem Bestande des Nachlasses gegenüber unverhältnissmässig gross sind.

Ein Erbrecht bleibt unberücksichtigt, wenn nicht dem Nachlassgerichte binnen drei Monaten nach dem Ablaufe der Anmeldungsfrit nachgewiesen wird, dass das Erbrecht besteht oder dass es gegen den Fiskus im Wege der Klage geltend gemacht ist. Ist eine öffentliche Aufforderung nicht ergangen, so beginnt die dreimonatige Frist mit der gerichtlichen Aufforderung, das Erbrecht oder die Erhebung der Klage nachzuweisen

§ 1966. Von dem Fiskus als gesetzlichem Erben und gegen den Fiskus als gesetzlichen Erben kann ein Recht erst geltend gemacht werden, nachdem von dem Nachlassgerichte festgestellt worden ist, dass ein anderer Erbe nicht vorhanden ist.

§ 2011. Dem Fiskus als gesetzlichem Erben kann eine Inventarfrist nicht bestimmt werden. Der Fiskus ist den Nachlassgläubigern gegenüber verpflichtet, über den Bestand des Nachlasses Auskunft zu ertheilen.

§ 2104. Hat der Erblasser angeordnet, dass der Erbe nur bis zu dem Eintritt eines bestimmten Zeitpunktes oder Ereignisses Erbe sein soll, ohne zu bestimmen, wer alsdann die Erbschaft erhalten soll, so ist anzunehmen, dass als Nacherben diejenigen eingesetzt sind, welche die gesetzlichen Erben des Erblassers sein würden, wenn er zur Zeit des Eintritts des Zeitpunkts oder des Ereignisses gestorben wäre. Der Fiskus gehört nicht zu den gesetzlichen Erben im Sinne dieser Vorschrift.

§ 2149. Hat der Erblasser bestimmt, dass dem eingesetzten Erben ein Erbschaftsgegenstand nicht zufallen soll, so gilt der Gegenstand als den gesetzlichen Erben vermacht. Der Fiskus gehört nicht zu den gesetzlichen Erben im Sinne dieser Vorschrift.

Bildeten und bilden die obigen Bestimmungen die allgemeine Rechtsbasis des fiskalischen Anfallsrechts, so hängt dessen finanzielle Bedeutung davon ab, unter welchen Voraussetzungen das Erbrecht das Vorhandensein eines dem Fiskus vorgehenden Erben anerkennt, also von seinen Voraussetzungen für die Testirfähigkeit und für die Gültigkeit letztwilliger Verfügungen, vor Allem aber, da das fiskalische

Recht hauptsächlich bei Todesfällen ohne Hinterlassung letztwilliger Verfügungen in Frage zu kommen pflegt, davon, wieweit das Intestaterbrecht ausgedehnt ist, und in dieser Beziehung ist durch das Bürgerliche Recht eine Aenderung herbeigeführt, deren Wirkung der Etat für 1900 auf einen Ausfall von 50 Proz. der bisherigen Einnahme des Staates veranschlagte: die vermögensrechtlichen Ansprüche der unehelichen Kinder gegenüber dem Vater und den Verwandten der Mutter sind wesentlich erweitert; insbesondere steht ihnen gegenüber dem Vater und dessen Nachlass Anspruch auf Gewährung des gesammten Lebensbedarfs bis zum vollendeten 16. Lebensjahre, unter Umständen auch noch länger zu, und zwar nach dem Stande der Mutter, nicht mehr nur nach den Lebensbedürfnissen des „Bauer- oder gemeinen Bürgerstandes", zu; reicht der Nachlass hierzu nicht aus, so muss mindestens das Pflichttheil ehelicher Kinder gewährt werden, während das Landrecht bei Vorhandensein ehelicher Kinder die unehelichen lediglich auf die Nutzungen des Nachlasses beschränkte, von der Substanz aber ausschloss. Sodann haben die unehelichen Kinder jetzt nicht nur der Mutter, sondern auch deren Verwandten gegenüber das Erbrecht ehelicher Kinder (vgl. B. G. B. §§ 1705 ff.)

Es liegt im Uebrigen auf der Hand, dass mit der zunehmenden Volksbildung die Sitte der Errichtung letztwilliger Verfügungen sich immer mehr verbreitet, dass die Verbreitung der Kenntnis eines Todesfalls bei den entfernten Verwandten mit den verbesserten Verkehrsverhältnissen zunimmt, und dass aus demselben Grunde das Aufgebot unbekannter Erben öfter als früher zu deren Ermittlung führt. Aus diesen Gründen und da erheblichere Nachlässe seltener als kleine ohne letztwillige Verfügung hinterlassen werden, sich auch für jene mehr als für letztere die gesetzlichen Erben melden, ist es nicht verwunderlich, dass die Einnahme des Staates aus herrenlosen Erbschaften nicht entsprechend der Vermehrung der Bevölkerung und des Volkswohlstandes steigt, und dass sie überhaupt ziemlich unerheblich ist. Die ganze Einnahme ist aber auch im höchsten Grade von unberechenbaren Zufälligkeiten abhängig, und selbst wenn, wie dies in Preussen geschieht, bei der Veranschlagung auf Grund der Ergebnisse der Vorjahre in letzteren vorgekommene ungewöhnlich hohe Anfälle ausgeschieden werden, muss die Wirklichkeit von dem Voranschlag sehr häufig weit abweichen. Wie die Anlage CVII E zeigt, ist der Voranschlag selten erheblich über 100 000 M. gestiegen, andererseits bis 1899 in den letzten Jahrzehnten selten unter 70 000 M. gesunken, während er seit 1900 nur 50 000 M. beträgt.

§ 102. Im Gegensatz zu Tit. 10 weist der Tit. 11 „Beiträge zu den Verwaltungskosten" im Laufe der Zeit, wie die Anlage CVII E zeigt, ein starkes Wachsthum auf. Mehr als $^2/_3$ dieser für 1903 auf 152 300 M. veranschlagten Einnahme, nämlich 117 150 M., entfallen auf die Kosten der Kriegszahlungsstellen. Es fungiren nämlich die Regierungshauptkassen auch als Zahlstellen im Bereiche der einzelnen Armeekorps; die Militärverwaltung erstattet die Besoldungen und Wohnungsgeldzuschüsse der zur Besorgung dieser Geschäfte bestimmten Kassenbeamten und zahlt ausserdem einen angemessenen Beitrag zu den sächlichen Kosten der Regierungshauptkassen. Als diese Einrichtung zuerst getroffen wurde, beliefen sich die Einnahmen nach dem Etat für 1870 auf 51 600 M., sodass sie seitdem um mehr als 125 Proz. gestiegen ist. Zu dieser Steigerung haben die Vermehrung der Armeekorps, die Zunahme der Geschäfte bei den einzelnen Zahlstellen und die Besoldungsaufbesserungen zusammengewirkt. Bis zum Jahre 1883/84, wo er auf den besonderen Etat des Geheimen Civilkabinets (Kap. 25d Tit. 1) übertragen wurde, gelangte hier auch ein Beitrag des Deutschen Reiches von 6300 M. zu den Verwaltungskosten des Geheimen Civil-Kabinetts für Besorgung der bei diesem vorkommenden Sekretariatsgeschäften in Reichsangelegenheiten zur Verrechnung. Völlig weggefallen sind seit 1876 infolge Ueberganges der Geschäfte der Reichshauptkasse auf die Reichsbank die bis dahin für Besorgung dieser Geschäfte durch die Generalstaatskasse vom Reiche gezahlte Vergütung von zuletzt 21 990 M., wodurch sich die 1875 bereits nahezu 140 000 M. betragende Einnahme unter Berücksichtigung von Mehreinnahmen auf nicht ganz 119 000 M. verringerte. Hinzugetreten sind dagegen 1897/98 8850 M. für Besorgung der Geschäfte der Königlichen Kronkasse und der Königlichen Familienfideikommisskasse. Diese Geschäfte waren bisher von Kassenbeamten im Bereiche des Finanz-Ministeriums nebenamtlich gegen ihnen direkt zufliessende Remunerationen besorgt worden. Nunmehr wurden sie ihnen als zu ihrem Hauptamt gehörig übertragen; die ihnen gewährten Remunerationen wurden als Verwaltungskostenbeitrag zur Staatskasse eingezogen, aus dieser aber werden sie den Beamten, die sie früher erhielten, soweit und solange diese noch im Dienst sind, weiter gewährt. In derselben Weise wird seit 1899 mit 200 M., die bis dahin der Rendant der General-Staatskasse für die Rendanturgeschäfte des Hof- und Staatshandbuch-Fonds erhielt, verfahren. Einen weiteren Zuwachs erfuhr der Titel 1901 durch die Verwaltungskosenbeiträge derjenigen Fonds, welche bisher von der damals aufgelösten Institutenkasse in Breslau verwaltet wurden.

Wie sich aus einer Vergleichung der Gesammteinnahme mit den vorstehend einzeln hervorgehobenen Posten ergiebt, ist der auf andere entfallende Gesammtbetrag kein sehr erheblicher. Er setzt sich aus einer grossen Anzahl Einzelbeträgen zusammen, die von zahlreichen Stiftungen, Fonds u. s. w. für Verwaltung durch staatliche Beamte an die Staatskasse abzuführen sind. Solange die ganze Einnahme nur aus den Beiträgen solcher Fonds u. s. w. bestand, war sie, wie die Anlage zeigt, unbedeutend, in den 40er, 50er und ersten 60er Jahren einige 20 000 bis einige 30 000 M., dann nach Erweiterung des Staatsgebiets einige 40 000 M. Erst der oben erwähnte Beitrag der Militärverwaltung liess sie auf mehr als 100 000 M. steigen. In der zweiten Hälfte der 80er und in den ersten 90er Jahren wurden allerdings von den auf die durchschnittlichen Isteinnahmen unter Berücksichtigung des Ab- und Zuganges einzelner Posten gegründeten Voranschlägen 100 000 M. in der Regel nicht mehr erreicht. Die Steigerung um volle 50 Proz., von ca. 100 000 auf mehr als 150 000 M., gehört erst den letzten 9 Jahren an, in welche die Besoldungsaufbesserungen, Vermehrung der Armeekorps, starke Vermehrung der Geschäfte der Korpszahlstellen, der Zugang der Einnahme von der Kron- und Familienfideikommisskasse und durch die Auflösung der Breslauer Institutenkasse fallen.

§ 103. Der Tit 12 besteht jetzt nur aus einer einzigen singulären, auf einem Staatsvertrage beruhenden Zahlung des Staates Sachsen-Weimar. In dem Staatsvertrage vom 22. Sept. 1815 (G.-S. S. 45) war Preussen eine von Weimar zu zahlende Entschädigung für die grundherrlichen Einkünfte der Ortschaft Bischofsroda und Probstei-Zella zugeführt. Dieselbe wurde in einem weiteren Staatsvertrage vom 10. Aug. 1831 (G.-S. S. 175) auf jährlich 2500 Thlr. festgesetzt, und in diesen 2500 Thlrn. = 7500 M. besteht die Einnahme des Tit. 12. Früher befanden sich auf diesem Titel, der damals die allgemeinere Bezeichnung „Vertragsmässige Entschädigungen von fremden Regierungen" trug, noch andere Einnahmeposten, sodass der Titel bis einschliesslich 1876 eine Einnahme von erst 22 050, dann 23 100 23 858,60 und 23 879,65 M. aufwies. Unter diesen Summen bildete den Hauptbestandtheil ein Beitrag von Sachsen-Coburg-Gotha zu der Entschädigung, welche Preussen nach den Verträgen vom 11. Febr. und 10. Aug. 1831 (G.-S. S. 45 und 175) für die Verlegung des von Weimar auf Gothaisches Gebiet erhobenen sog. „Thüringer Geleits" auf Weimarsches Gebiet zu leisten hatte. Diesen Beitrag glaubte man nach Errichtung des Norddeutschen Bundes und des Deutschen Reiches nicht ferner fordern zu können und wurde er daher seit 1877/78 nicht mehr eingefordert. Von den auf dem Titel verbleibenden 9329,65 M. verschwanden 1881/82 1050 und 1896/97 779,65 M. infolge Ablösung.

§ 104. Der letzte und seiner Höhe nach bedeutendste Titel (14) der verschiedenen Einnahmen des Finanz-Ministeriums trägt die Bezeichnung: „Miethen für Wohnungen in Dienstgebäuden, Entschädigung für Brennmaterial, Beiträge zu den Kosten für Heizung, Gas- und Wasserverbrauch und Schornsteinreinigung, sonstige Einnahmen und zur Ausgleichung der Schlusssummmen des Staatshaushaltsetats." Er besteht also aus drei sich wesentlich von einander unterscheidenden Bestandtheilen. Die Miethen für Wohnungen in Dienstgebäuden, Entschädigungen, welche Beamte, die in fiskalischen Gebäuden wohnen, für die Entnahme von Brennmaterial aus den fiskalischen Beständen, für Mitbenutzung der Centralheizung, Gas- und Wasserleitungen und die Schornsteinreinigung in den von ihnen bewohnten Dienstgebäuden zu entrichten haben, sind im Einzelnen festgelegt und daher in besonderem Grade „feststehende". Umgekehrt hängen die „sonstigen Einnahmen", für die besondere Titel nicht bestehen, in besonderem Masse von unvorhergesehenen Zufällen ab. Ihren Hauptbestandtheil bilden die

Zinsen von vorübergehend entbehrlichen und deshalb zinsbar angelegten Staatsgeldern. Dazu kommen auch die früher im Einnahme-Extraordinarium nachgewiesenen einmaligen und ausserordentlichen Einnahmen. Soweit der Titel endlich zur Ausgleichung der Schlusssummen des Staatshaushaltsetats dient, besitzt er nur formelle Bedeutung und ist er in seiner Höhe durch die Gestaltung des übrigen Etats bedingt. Infolge dieser Zusammensetzung trägt er einen in hohem Grade schwankenden Charakter. So betrug er (vgl. die Anlage CVII E) in den Jahren 1901 bis 1903 465 526, 1 453 160 und 638 450 M., weil 1902 ein einmaliger Beitrag der Stadt Posen von 1 Mill. M. zu den Kosten des Erwerbes und der Erschliessung des Umwallungsgeländes in Posen eingestellt war. In den drei vorangehenden Jahren 1898/99 bis 1900 hatte er dagegen nur zwischen 504 259 und 536 462 M. geschwankt, obwohl 1899 ein einmaliger Beitrag der Stadt Posen von 100 000 M. zu den Kosten der dortigen Kaiser-Wilhelms-Bibliothek eingestellt war, weil zufällig in den beiden anderen Jahren mehr zur Ausgleichung der Etatsschlusssumme einzustellen war. Auch die Schwankungen in dem Zeitraum von 1883/84 bis 1898/99 sind vorzugsweise auf die schwankenden Zinseinnahmen und die gedachte Ausgleichsfunktion des Titels zurückzuführen. Dagegen wurden allerdings 1883/84 rd. 100 000 M. verschiedener Einnahmen auf verschiedene andere Etats übertragen, davon 92 650 M. Ueberschuss des Depositums für den Gewinn aus der Verwaltung des Depositalfonds der Hauptverwaltung der Staatsschulden auf deren Etat. Aehnliche Schwankungen wie in den letzten Jahrzehnten kamen auch früher vor. Sozusagen das Rückgrat des Titels bilden die Zinsen für die zeitweilig bei der Seehandlung gegen $1^1/_2$ Proz. Zinsen angelegten Lotteriegelder. Denn der Betrag derselben hat zu keinem Zeitpunkt der letzten Jahre weniger als 14 Mill. M. betragen, steigt aber zeitweise bis auf mehr als 24 Mill. M., sodass die Zinseinnahme jährlich gegen 280 000 M. und mehr beträgt, also die ganzen Verwaltungskosten der Lotterie, bei der sie eigentlich in Einnahme erscheinen müssten, weit übersteigt. Die Miethen und dergleichen spielten dagegen bis 1902 eine verhältnissmässig geringe Rolle, da nur die Einnahmen aus Dienstgebäuden im Bereiche des Finanz-Ministeriums zum Ansatz gelangten. Erst 1903 ist der erhebliche Betrag von 120 792 M. an Miethen für die Garnison-Einrichtungen in Wreschen und Schrimm hinzugetreten (vgl. unten im nächsten Paragraphen). Bis einschliesslich 1879/80 wurden die Einnahmen an Miethe u. s. w. übrigens, wie auch in der Anlage ersichtlich gemacht ist, getrennt in einem besonderen Titel nachgewiesen, ein Verfahren, das u. E. im Interesse der Durchsichtigkeit des Etats bei dem total verschiedenen Charakter der oben unterschiedenen, jetzt im Tit. 24 vereinigten Kategorien von Einnahmen den Vorzug vor dem jetzigen verdient.

Die Zinseinnahmen der ehemaligen Haupt-Depositenkasse in Kassel und der Depositenkasse in Cöln (vgl. oben § 66), welche auf dem damals den heutigen Inhalt desjenigen des Finanz-Ministeriums mit umfassenden Etat der allgemeinen Finanzverwaltung (vgl. oben § 1) erschienen, gehören ihrem Charakter nach der letzteren an und werden daher hier nicht berücksichtigt.

VII. Abschnitt.

Die einmaligen und ausserordentlichen Ausgaben des Finanz-Ministeriums.

§ 105. Wie ein grosser Theil der dauernden, so sind auch die einmaligen und ausserordentlichen Ausgaben auf dem Etat des Finanz-Ministeriums (Kap. 3 des Extraordinariums) durchaus nicht nur für Zwecke dieses Ressorts bestimmt, sondern auch theils für solche, an denen die Gesammtheit der Ressorts interessirt ist, theils für solche, die ausserhalb des Rahmens der einzelnen Verwaltungszweige liegen.

In den letzten 30 Jahren wurde das Extraordinarium des Finanz-Ministeriums namentlich für Umbauten, bauliche Erneuerungen und Verbesserungen bei den im Staatseigenthum befindlichen, aber der Hofverwaltung zur Benutzung überlassenen Hoftheatern in Berlin (Schauspielhaus und Opernhaus), Hannover und Kassel und in der jüngsten Zeit für Massnahmen in der Stadt Posen im Interesse der Ostmarkenpolitik in Anspruch genommen.

Für die Hoftheater wurden im Einzelnen ausgebracht, und zwar für das

Etatsjahr	Schauspielhaus in Berlin M.	Opernhaus in Berlin M.	Hoftheater in Hannover M.	Hoftheater in Kassel M.
1883/84	135 000	—	—	—
1884/85	153 000	10 600	—	—
1886/87	2 200	—	—	—
1887/88	—	1 700	—	—
	800			
1888/89	180 000		—	84 000
	300 000	—		
1890/91	—	5 500	—	—
1891/92	5 500	2 500	—	—
1892/93	520 000	360 000	—	—
1894/95	38 600	—	410 747	116 000
1895/96	55 000		387 000	15 600
1896/97	6 450	136 800	—	16 200
1898/99	—	—	116 175	—
1899	11 540	—	16 000	—
1900	6 400	—	—	—
1901	2 354	9 100	60 489	—
1902	3 757	—	—	—
	4 091			
1893	16 000		—	—

Die grössten dieser Posten betrafen bauliche Herstellungen im Interesse der grösseren Feuersicherheit der vier Theater.

Für Posen wurden bewilligt, um die kulturellen Verhältnisse der Provinz zu heben, zur Errichtung einer grösseren Bibliothek, der „Kaiser Wilhelms-Bibliothek", und zum Neubau und zur Erweiterung des Provinzialmuseums 1899 752 400 M., denen der im vorigen Paragraphen erwähnte Zuschuss der Stadt Posen von 100 000 M. in Einnahme gegenüberstand, 1900 580 000 M., 1901 510 000 M. und 1902 209 000 M. Aus denselben Gründen leistete der Staat aus dem Extraordinarium für 1901 zu den auf 1 320 000 M. veranschlagten Kosten des Neubaues eines Stadttheaters in Posen einen Zuschuss von 880 000 M. Ferner übernahm er den Erwerb des Geländes der aufgegebenen inneren Festungsumwallung Posens und stellte hierzu 1902 4 und 1903 3 Mill. M. ein, während die Stadt den im vorigen Paragraphen erwähnten Zuschuss von 1 Mill. M. leistete. Die Gesammtkosten sollen sich auf 17¼ Mill. M. belaufen, nämlich Kaufpreis an den Reichsmilitärfiskus 11¼, für Erschliessung des Geländes (Einebnung und Herstellung von Strassen und Plätzen) 6 Mill. M. Es wird indess erwartet, die aufgewendeten Ausgaben durch Veräusserung des Geländes zu Bauplätzen später reichlich wieder einzubringen. Endlich fordert der Etat für 1903 für Vorarbeitskosten zur Herstellung eines Königlichen Residenzschlosses in Posen 50 000 M. Diese Forderung und insbesondere der Umstand, dass die Baukosten der Staatskasse und nicht der Privatschatulle zur Last fallen sollen, wird folgendermassen begründet:

„Im politischen Interesse ist es dringend erwünscht, ein regelmässiges Verweilen Ihrer Majestäten in dieser Provinz und ihrer Hauptstadt zu ermöglichen. Denn es kann keinem Zweifel unterliegen, dass hierdurch die Bevölkerung in ihrem patriotischen Empfinden wesentlich gestärkt und eine innigere Verbindung dieses Landestheiles mit der Gesammtmonarchie und dem gemeinsamen Deutschen Vaterlande hergestellt werden würde. Auch gegenüber den dieser Verbindung widerstrebenden Bevölkerungselementen würde das Kaiserschloss als äusseres Zeichen der unwiderruflichen Zusammengehörigkeit der Provinz Posen mit dem Preussischen Staate und dem Deutschen Reiche einen wirksamen Eindruck nicht verfehlen. Durch den Erwerb des Umwallungsgeländes seitens des Preussischen Staates wird sich die Gelegenheit bieten, ein für den Bau geeignetes Grundstück zur Verfügung zu stellen. Da der Bau aus politischen Gründen im staatlichen Interesse erfolgen soll, so werden auch die Baukosten aus der Staatskasse zu bestreiten sein. Eine alsbaldige Entscheidung über die Ausführung des Baues ist erforderlich, da die Gestaltung des z. Zt. in der Bearbeitung befindlichen Bebauungsplanes für das Umwallungsgelände hiervon abhängt. Da ein Bauentwurf noch nicht vorliegt, so wird zunächst nur ein Betrag für Vorarbeitungskosten gefordert, welcher zur Bestreitung der Kosten für die Untersuchung des als Bauplatz zu wählenden Geländes und für die Ausarbeitung des Bauprojektes bestimmt ist."

Ebenfalls in den eigenartigen Verhältnissen in der Provinz Posen ist es begründet, dass der Staat die Kosten für die Verlegung von Garnisonen nach Wreschen und Schrimm auf sich genommen und hierfür in den Etat von 1903 2 984 158 M. eingestellt hat. Denn im politischen Interesse Preussens musste die Verlegung mit grösster Beschleunigung durchgeführt werden. Dadurch entfiel die Möglichkeit, in der sonst üblichen Weise mit den betheiligten Gemeinden Vereinbarungen wegen Herstellung der erforderlichen Garnisoneinrichtungen zu treffen. In Rücksicht hierauf erschien es gerechtfertigt, dass der Preussische Staat seine Hand zur Regelung der durch Herstellung dieser Einrichtungen entstandenen Kosten bot. Diese Regelung ist unbeschadet des Grundsatzes, dass die Kosten von Garnisonverlegungen dem Reiche auch dann zur Last fallen, wenn die Verlegung aus Gründen erfolgt, die nicht auf rein militärischem Gebiete liegen, unter den besonderen Umständen des Falles dahin vereinbart, dass der Preussische Staat die Kosten für die Herstellung der Garnisoneinrichtungen, welche in anderen Fällen von den Gemeinden gegen Vereinbarung einer seitens des Reiches zu zahlenden Miethe übernommen werden, aus seinen Mitteln bestreitet und hierfür in Form einer Miethe eine angemessene Schadloshaltung erhält. Die Kosten jener Einrichtungen betragen insgesammt 2 984 158 M.; die unter Kap. 27 Tit. 14 in Einnahme gestellte Miethe beträgt 120 792 M. jährlich.

Grössere Mittel beanspruchte das Extraordinarium ferner in den letzten Jahren für den Ankauf des der Krone gehörigen Theiles von 144¹/₄ ar des sogen. Akademieviertels in Berlin, d. i. einer von den Linden, der Charlotten-, Dorotheen- und Universitätsstrasse begrenzten, 184 ar grossen Fläche, auf der der Neubau der Königlichen Universität und der Akademien der Wissenschaften und Künste errichtet werden soll. Für diesen Ankauf wurden 1900 7,3 Mill. M. und 1901, da der Landtag mit der beabsichtigten Anrechnung des zum sogen. Krollschen Etablissement gehörigen Sommergartens auf den Kaufpreis nicht einverstanden war, eine weitere Million gefordert. Der Gesammtkaufpreis betrug 11 254 000 M., wovon 2 954 000 M. durch Uebereignung der fiskalischen Grundstücke Behrenstrasse 41 und 42, die bisher für die Bibliothek benutzt werden, an die Krone gedeckt werden.

Für andere bauliche und gleichartige Zwecke warf das Extraordinarium der letzten 30 Jahre bis 1903 nur aus 1877/78 zum Ankauf eines Dienstwohngebäudes für den Regierungspräsidenten in Danzig 125 643 M., 1897/98 zu baulichen Herstellungen auf dem für das Katasteramt, die Kreiskasse und die Probiranstalt in Frankfurt a. M. im Wege des Tausches erworbenen Grundstücke 27 000 M. und für Zwecke der Zeughausverwaltung in Berlin 50000 M., 1898/99 zum Ankauf eines Grundstückes für die Hauptverwaltung der Staatsschulden 750 000 M., 1901 zur Umgestaltung der Anlagen im Thiergarten vor dem Brandenburger Thor in Berlin 311 000 M., zur Umgestaltung der Gartenanlagen auf dem Königsplatz in Berlin 18 000 M. und als Zuschuss zur Ausgabe der Thiergartenverwaltung 50 000 M. für Aufstellung niedriger eiserner Gitter zum Schutze der Rasenflächen im Thiergarten.

Im Uebrigen dienten die Ausgaben des Extraordinariums des Finanz-Ministeriums, seitdem der Etat desselben von dem der allgemeinen Finanzverwaltung getrennt ist, d. i. seit 1880/81, zur Erstattung von Abgaben u. s. w. in der Provinz Schleswig-Holstein, 1883/84 mit 2100 M., zur Erstattung von Ablösungskapitalien, Amortisationsrenten u. s. w. in derselben Provinz, 1883/84 mit 20 100 M., 1884/85 mit 40 500 M., 1885/86 mit 51 600 M. und 1886/87 mit 5000 M., zur Unterstützung der wegen Zurückführung der Gerichtskostenerhebung auf die Justizverwaltung (vgl. Bd. I S. 1318 u. 1362 d. W.) und der anderweiten Organisation des Vollziehungswesens (vgl. Bd. I S. 1251 d. W.[1]) im Wege der Kündigung entlassenen Beamten der direkten und indirekten Steuerverwaltung 1885/86 mit 100 000 M., zur Gewährnng von Vergütungen an von den Ober- und Regierungspräsidenten auszuwählende höhere Verwaltungsbeamte für die Theilnahme an wissenschaftlichen, landwirthschaftlichen und ähnlichen Kursen 1902 und 1903 mit je 10 000 M. und zur Herstellung der oben im § 95 erwähnten Portozählmarken 1903 mit 30 000 M.

Mit der Erstattung von Abgaben u. s. w. in Schleswig-Holstein hatte es folgende Bewandniss: Nach der Verordnung betreffend Einführung der preussischen direkten Steuern in Schleswig-Holstein v. 28. April 1867 (G.-S. S. 543) sollten alle Abgaben und Leistungen für solche besondere Staatszwecke, deren Kosten nach den für die altländischen Provinzen bestehenden gesetzlichen Bestimmungen aus allgemeinen Staatsmitteln bestritten werden, nach näherer Feststellung im Wege Königlicher Verordnung in Wegfall gebracht werden. Die Feststellung zog sich solange hin, dass diese Verordnung erst am 7. April 1877 (G.-S. S. 129) erlassen werden konnte. Da aber der innere Grund für die Beseitigung der Abgaben bereits mit Inkrafttreten der Verordn. v 28. April 1867 eingetreten war, so wurden die in der Zwischenzeit erhobenen Abgaben zurückerstattet! Zu diesem Zwecke waren schon in das Extraordinarium der allgemeinen Finanzverwaltung bei den allgemeinen Fonds für 1878/79 160 000 M. eingestellt worden. Hinsichtlich einzelner Abgaben und Leistungen erfolgte die Feststellung aber erst durch Verordn. v. 27. Juni 1881 (G.-S. S. 305); um auch diese, soweit sie nach dem 1. Sept 1867 erfordert worden waren, erstatten zu können, wurden 1882/83 30 000 M. und 1883/84 2100 M. in das Extraordinarium eingestellt. Die erstatteten Ablösungskapitalien und Amortisationsrenten aber waren zur Ablösung solcher „stehender Gefälle", die, weil steuerartiger Natur, bei der Aussonderung (vgl. Bd. I S. 1133 d. W.) hätten aufgehoben werden müssen, gezahlte, deren Erstattung daher in der Billigkeit lag.

Das gesammte Extraordinarium des Etats der Finanz-Ministeriums bezifferte sich seit der Abtrennung vom Etat der allgemeinen Finanzverwaltung auf Mark:

1880/81	—	1888/89	564 000	1896/97	159 450
1881/82	—	1889/90	—	1897/98	770 000
1882/83	30 000	1890/91	5 500	1898/99	866 175
1883/84	157 200	1891/92	8 000	1899	779 940
1884/85	204 100	1892/93	500 000	1900	7 886 400
1885/86	151 600	1893/94	—	1901	2 772 943
1886/87	2 200	1894/95	565 347	1902	4 294 848
1887/88	2 500	1895/96	457 600	1903	6 090 158

Eines Zurückgehens auf den noch weiter zurückliegenden Zeitraum, in dem die beiden Etats vereinigt waren, wird es bei dem

[1]) Auf S. 1251 des I. Bandes in Zeile 5 von unten ist zu lesen „1884/85" statt „1894/95".

Charakter der „einmaligen und ausserordentlichen" Ausgaben heute umsoweniger bedürfen, als diese auf dem Etat der allgemeinen Finanzverwaltung bezw. des Finanz-Ministeriums einen weit buntscheckigeren und zufälligeren Charakter tragen, deshalb nicht so wie die Extraordinarien bestimmter Verwaltungen wichtig für die Beurtheilung der Bethätigung des Staates auf einem bestimmten Gebiete sind und aus ihrem Verhältnisse zum Ordinarium weniger allgemeine Schlüsse als dort gezogen werden können.

Anhang.

Die Ausgaben und Einnahmen der Prüfungskommission für höhere Verwaltungsbeamte, des Disciplinarhofes und des Gerichtshofes zur Entscheidung der Kompetenzkonflikte.

§ 106. In dem oben im I. und II. Hauptabschnitt dieses Buches gegebenen Abriss der Verwaltungsorganisation und des Beamtenrechts haben wir als Organe für die Feststellung der Anstellungsfähigkeit und die unfreiwillige Entfernung der Beamten aus ihrem Amte die Prüfungskommission für höhere Verwaltungsbeamte und den Disciplinarhof für nicht richterliche Beamte kennen gelernt. Die Besprechung der ganz unerheblichen, durch diese beiden Behörden verursachten Ausgaben und Einnahmen findet daher hier ihren geeigneten Platz. Wenn wir hiermit auch diejenige der Ausgaben — Einnahmen sind nicht vorhanden — des Gerichtshofes zur Entscheidung der Kompetenzkonflikte verbinden, so geschieht das nicht nur deshalb, weil sie mit jenen in einem Spezialetat vereinigt sind, sondern weil sie für eine Behörde entstehen, die berufen ist, in Zweifelsfällen die Grenzlinien zwischen der Zuständigkeit der in diesem Buche behandelten allgemeinen Verwaltung und der im nächsten Buche zu behandelnden Justizverwaltung festzustellen.

§ 107. Die **Prüfungskommission für höhere Verwaltungsbeamte** hatte ihre Vorgängerin in der „Ober-Examinationskommission zur Prüfung für die höheren Verwaltungsämter“. Dieselbe bestand nach dem durch Kab.-O. v. 27. Febr. 1846 genehmigten Regulativ v. 14. Febr. 1846 (G.-S. S. 199) aus einem vom König ernannten Vorsitzenden und 4 Mitgliedern, von denen je eins von den Ministern der geistlichen Angelegenheiten, des Innern und der Finanzen aus den Ministerialräthen, das vierte von den Disciplinarministern gemeinschaftlich ebenfalls aus den Ministerialräthen oder aus den Mitgliedern des Obertribunals oder rheinischen Revisionshofes auszuwählen waren.

Die Prüfung war eine schriftliche und mündliche. Die erstere umfasste 3 Arbeiten, je eine über einen staatswissenschaftlichen, polizeilichen und finanziellen Gegenstand und musste innerhalb eines Jahres absolvirt sein; mindestens eine Arbeit war von dem Prüfling eigenhändig zu schreiben. Sind die Arbeiten misslungen, so beschliesst die Examinationskommission darüber, ob und inwieweit dem Prüfling neue Aufgaben zu stellen seien. Die nach genügendem Ausfall der schriftlichen Arbeiten anzuberaumende mündliche Prüfung, zu der nicht mehr als 3 Kandidaten zuzulassen sind, soll „die ganze Individualität des Kandidaten, mithin nicht blos den Umfang und das Mass seiner theoretischen Kenntnisse, sondern auch seine natürlichen Anlagen, den Grad seiner Urtheilskraft, seiner praktischen Gewandheit, sowie die Gründlichkeit und Tiefe seiner wissenschaftlichen Auffassung des Erlernten, möglichst vollständig erforschen". Auch ist von dem Prüfling ein Vortrag über eine geeignete Sache zu halten. Wird die Prüfung nicht bestanden, so kann sie, sofern die Kommission den Kandidaten nur für zur Zeit noch nicht genügend vorbereitet und nicht für „unfähig" erklärt hat, nach weiterer mindestens 6 monatlicher Vorbereitung einmal wiederholt werden. Die Prüfung war die Vorbedingung für die Anstellung als nicht technisches Mitglied einer Regierung, Provinzial-Steuerdirektion und Konsistoriums, Provinzial-Schulkollegiums oder einer Generalkommission, anfänglich auch für die Anstellung als Oberforstbeamter bei der Regierung; die Forstreferendarien hatten damals vor ihrer Ernennung hierzu die damalige technische Oberförsterprüfung abzulegen und das Studium auf der Forstakademie zu absolviren und wurden dann als Forstreferendarien wie die Regierungsreferendarien, aber unter besonderer Berücksichtigung ihrer Beziehung zum Forstfach beschäftigt. Später wurde die Forstkarrière von der Verwaltungskarrière völlig getrennt.

Jeder Kandidat, der sich der Prüfung vor der Ober-Examinationskommission unterzog, hatte eine Prüfungsgebühr von 60 M. zu entrichten. Aus diesen Prüfungsgebühren bestanden die gesammten Einnahmen der Ober-Examinationskommission, die aber zuerst zur antheiligen Deckung der Ausgaben verwendet, dann unter den Einnahmen der allgemeinen Kassenverwaltung, später unter denen der allgemeinen Finanzverwaltung nachgewiesen wurden und nur wenige Hundert Thaler im Jahre betrugen.

Die 4 Mitglieder, nicht auch der Vorsitzende, erhielten jährliche Remunerationen von je 600 M., ein Bureaubeamter für die schriftlichen Arbeiten eine solche von 300 M., und für sächliche Ausgaben wurden alljährlich 210 M. ausgebracht. So finden wir denn im ganzen Verlaufe der Zeit seit 1851 — vorher wurden die durch die Prüfungsgebühren nicht gedeckten Ausgaben aus dem Haupt-Extraordinarium (vgl. oben § 98) bestritten — im Kap. 37 des Etats eine jährliche Ausgabe von (4 × 600 =) 2400 + 300 + 210 = 2910 M., während die Einnahme am höchsten 1867 auf 2160, 1851 aber auf 840, 1869 auf 1800, 1874 auf 600 M. und 1879/80 noch auf 60 M. veranschlagt war. Dieser Rückgang der Einnahmen erklärt sich aus der oben im § 63 besprochenen Einstellung der Annahme von Regierungsreferendarien.

§ 108. Das auf Grund des Ges. v. 11. März 1879, betreffend die Befähigung für den höheren Verwaltungsdienst (vgl. oben § 25) vom Staatsministerium erlassene Regulativ vom 30. Nov. 1883 knüpfte, was die Organisation der zur Abnahme der grossen Staatsprüfung für den höheren Verwaltungsdienst eingesetzten „Prüfungskommission für höhere Verwaltungsbeamte" anlangt, an die frühere Ober-Examinationskommission an: auch jene sollte aus einem vom König ernannten Präsidenten und 4 Mitgliedern bestehen; doch wurden schon wenige Jahre nach Erlass des Gesetzes neben diesen 4 Stellvertreter bestellt. Der Kreis der zu ernennenden wurde nicht auf die vortragenden Räthe der Ministerien beschränkt, auch die Ernennung der Mitglieder und Stellvertreter dem Staatsministerium auf Vorschlag der Minister des Innern und der Finanzen übertragen. Durch Staatsministerialerl. v. 3. Juli 1891 (M.-Bl. d. i. V. S. 164) ist diese Organisation dahin geändert, dass an die Stelle von 4 Mitgliedern und 4 Stellvertretern 8 Mitglieder getreten sind, von denen zur Zeit im Hauptamt sind 2 Senatspräsidenten des Oberverwaltungsgerichts, je eins vortragender Rath im Ministerium des Innern, im Landwirthschafts-, im Finanz- und im Ministerium der geistlichen Angelegenheiten, eins Präsident des Oberlandeskulturgerichts und eins pensionirter vortragender Rath im Ministerium des Innern.[1])

Nach dem gedachten Regulativ sind nur zwei Prüfungsarbeiten über Aufgaben aus dem Staats- und Verwaltungsrecht bezw. aus der Volks- und Staatswirthschaftslehre in einem Zeitraum von je 6 Wochen, der aus erheblichen Gründen bis zu 2 Monaten erstreckt werden kann, anzufertigen. Bei Fristversäumniss wurde früher allgemein ein neues Thema gegeben. Nach dem Staatsministerialerl. v. 16. Juni 1887 (M.-Bl. d. i. V. S. 136) geschieht dies nur noch bei Vorhandensein erheblicher Hinderungsgründe, sonst gilt die Arbeit als ungenügend. Sind beide Arbeiten ungenügend, so gilt die Prüfung als nicht bestanden; ist nur eine ungenügend, so wird, jedoch nur einmal, eine neue Aufgabe gestellt. Zu der mündlichen Prüfung, der nur die Minister, Ministerialdirektoren und vortragenden Räthe der Ministerien, nicht mehr, wie früher, auch die Chefs von Provinzialbehörden beiwohnen dürfen, können bis zu 6, bis 1887 nur konnten bis zu 5 Kandidaten vorgeladen werden. Die Prüfung kann ein Mal wiederholt werden nach einer nochmaligen mindestens 6monatlichen vorbereitenden Beschäftigung; ein Ausschluss von der Wiederholung wegen „Unfähigkeit" findet nicht mehr statt. Für den Fall der zu wiederholenden Prüfung kann die nochmalige Anfertigung der schriftlichen Arbeiten oder einer derselben erlassen werden. Der Prozentsatz der Regierungsreferendarien, welche die Prüfung nicht bestanden, hat seit 1884 zwischen 26,7 (im Jahre 1887) und 8,33 (1893) geschwankt, aber nur 2 mal weniger als 10, 8 mal 10 bis 20 und 8 mal mehr als 20 betragen. Die Zahl der Prüflinge ist in den letzten Jahren fortgesetzt gesunken: die Zahl der bestandenen betrug, trotzdem der Prozentsatz der durchgefallenen seit 1889 ein im Durchschnitt erheblich geringerer als vorher war, 1901 nur 56 gegen 57, 99, 86, 93, 88, 81, 106, 107, 88, 117, 127, 102, 111, 98, 83, 79, 65 und 50 in den Vorjahren bis zurück zum Jahre 1883.

Auch der Satz der die einzige Einnahme bildenden Prüfungsgebühren ist mit 60 M. von früher her beibehalten und ebenso bezogen anfänglich die 4 Mitglieder der Prüfungskommission eine Remuneration von je 600 M; 1884/85 wurde die Remuneration auf 800, 1891/92 auf 1200 M. erhöht. Der Präsident erhält anfänglich nur dieselbe Remuneration wie die Mitglieder; erst seit 1891/92 erhält er 2400 M. Die stellvertretenden Mitglieder empfingen nur unfixirte Remunerationen je nach der Zahl der Prüfungen, an denen sie theilnahmen, bis sie 1891/92 ebenfalls Mitglieder wurden. Die Bureaugeschäfte wurden von einem Bureaubeamten des Ministeriums des Innern gegen eine Remuneration besorgt, welche 1876 von 600 auf 1200 M. erhöht wurde.

---

[1]) Inzwischen verstorben.

So hat sich denn der Etat der Prüfungskommission 1880/81, 1885/86, 1900 und 1903 folgendermassen gestaltet:

	Etatsjahr 1880/81	1885/86	1900	1903
Einnahme (Kap. 25 f.).	M.	M.	M.	M.
Prüfungsgebühren	300	7 200	7 200	4 680
Ausgabe (Kap. 49).				
Tit. 1. Remunerationen für den Präsidenten und die Mitglieder	2 400	4 000	12 000	12 000
„ 2. Ausserordentliche Remunerationen, sowie zur Remunerirung der stellvertretenden Mitglieder	—	3 000	—	—
„ 3. Remuneration für Wahrnehmung der Büreaugeschäfte, sowie zu kleinen Ausgaben einschl. der nicht aversionirten Postporto und Gebührenbeträge u. s w. und an Remuneration für die Kanzleidienergeschäfte	510	900	1 600	1 600
Summe Kap. 49	2 910	7 900	13 600	13 600

In der hieraus ersichtlichen Entwickelung der Einnahmen spiegelt sich der Umfang der Geschäfte der Kommission: 1880/81, als die Einrichtung noch neu war, wurde auf 50 Prüflinge, 1885/86 wie 1900 auf 120, 1903 nur noch auf 78 gerechnet.

§ 109. Aufgaben und Zusammensetzung des **Disciplinarhofes** für die nicht richterlichen Beamten sind oben im § 30 besprochen. Es erübrigt daher hier nur, seine finanzielle Bedeutung ins Auge zu fassen. Eigene Einnahmen des Disciplinarhofes erscheinen im Etat nicht. Auf die Verfügung von blossen Ordnungsstrafen ist ja das förmliche Disciplinarverfahren von vornherein nie gerichtet; kommt es doch statt der von der Anklagebehörde beabsichtigten Dienstentlassung nur zur Verhängung einer Ordnungsstrafe durch den Disciplinarhof, so wird sie mit den von den Dienstvorgesetzten verhängten verrechnet. Die von dem Beamten zu erstattenden Kosten des Verfahrens aber werden aus dem während seiner Suspension einbehaltenen Theils seines Diensteinkommens gedeckt, bilden also keine besondere Einnahme des Staates.

Die Ausgaben (Kap. 50 des Etats) sind in einem Titel zusammengefasst und setzen sich zusammen aus der Remuneration des Präsidenten und der 10 Mitglieder, aus den Remunerationen für Hülfsarbeiter mit Richterqualität, aus Remunerationen des erforderlichen Subaltern- und Unterbeamten-Personals, aus Kopialien, aus Ausgaben für Schreibmaterialien und sonstigen sächlichen Ausgaben einschliesslich der Kosten für den Aktentransport. Die Remunerationen des Präsidenten und der Mitglieder werden erst seit 1876, seitdem aber unverändert mit je 600 M. jährlich gewährt. Diejenigen für Hülfsarbeiter mit Richterqualität waren bis einschliesslich 1861 für deren zwei mit je 2190 M. (2 Thlr. für den Tag) ausgebracht; 1862 wurde eine Hülfsarbeiterstelle in Wegfall gebracht, 1876 die Remuneration der verbleibenden auf 2160 herabgesetzt, 1882/83 aber auf 2520 M. erhöht. Seit 1895/96 werden für einen zeitweise heranzuziehenden zweiten Hülfsarbeiter 1200 M. eingestellt. Die Ausgaben für das Subaltern- und Unterbeamten-Personal werden seit 1853 — vorher wurden die Ausgaben des Disciplinarhofes aus dem Haupt-Extraordinarium bestritten — stets mit 900 M., für Kopialien ebenfalls unverändert 390 M. eingestellt. Die sonstigen sächlichen Ausgaben wurden bis 1875 auf 240 M. und werden seitdem auf 360 M. veranschlagt. So ergab sich für den Disciplinarhof eine Sollausgabe von

im Jahre	1853	1869	1885/86	1900	1903
M.	5910	3720	10 770	11 970	11 970.

§ 110. Ein **Gerichtshof zur Entscheidung der Kompetenzkonflikte** wurde zuerst durch das Ges. v. 8. April 1847 (G.-S. S. 170) über das Verfahren bei Kompetenzkonflikten zwischen den Gerichten und Verwaltungsbehörden errichtet, um die Unzuträglichkeiten zu beseitigen, welche sich daraus ergeben hatten, dass eine Kab.-O. v. 30. Juni 1828 (G.-S. S. 86) die Entscheidung der Kompetenzkonflikte dem Könige unmittelbar oder dem von ihm im Einzelfall speziell zu beauftragenden höchsten Gerichtshofe vorbehielt. Der 1847 errichtete Gerichtshof bestand aus dem Präsidenten, dem Staatssekretär und 9 vom König ernannten Mitgliedern des Staatsraths, von welchen 5 Justiz- und 4 Verwaltungsbeamte sein mussten. Er entschied sowohl über positive Kompetenzkonflikte, d. h. wenn Gerichte und Verwaltungsbehörden sich beide für zuständig erklärt haben, als auch über negative, d. h. wenn das Gericht sich für unzuständig und die Verwaltungsbehörde für zuständig, die letztere aber sich für unzuständig und das Gericht für zuständig erachtet. Ausserdem wurde ihm durch Ges. v. 13. Febr. 1854 (G.-S. S. 86) betreffend die Konflikte bei gerichtlichen Verfolgungen wegen Amts- und Diensthandlungen die Entscheidung der Konflikte übertragen, welche in Fällen, wo gegen einen Civil- oder Militärbeamten wegen einer in Ausübung oder in Veranlassung der Ausübung seines Amtes vorgenommenen Handlung oder wegen Unterlassung einer Amtshandlung ein Civil- oder Strafprozess eingeleitet ist, von der vorgesetzten Central- oder Provinzialbehörde des Beamten erhoben werden, weil sie glaubt, dass dem Beamten eine zur gerichtlichen Verfolgung geeignete Ueberschreitung seiner Amtsbefugnisse oder Unterlassung einer ihm obliegenden Amtshandlung nicht zur Last falle.

Dieser ältere Gerichtshof zur Entscheidung der Kompetenzkonflikte erfüllte aber nicht diejenigen Erfordernisse, welche später bei der Reichsjustizreform 1877 aufgestellt wurden. Denn das Gerichtsverfassungsges. v. 27. Jan. 1877 bestimmte im § 17:

„Die Gerichte entscheiden über die Zulässigkeit des Rechtswegs. Die Landesgesetzgebung kann jedoch die Entscheidung von Streitigkeiten zwischen den Gerichten und den

Verwaltungsbehörden oder Verwaltungsgerichten über die Zulässigkeit des Rechtswegs besonderen Behörden nach Massgabe der folgenden Bestimmungen übertragen: 1. Die Mitglieder werden für die Dauer des zur Zeit ihrer Ernennung von ihnen bekleideten Amts oder, falls sie zu dieser Zeit ein Amt nicht bekleiden, auf Lebenszeit ernannt. Eine Enthebung vom Amte kann nur unter denselben Voraussetzungen wie bei den Mitgliedern des Reichsgerichts stattfinden. 2. Mindestens die Hälfte der Mitglieder muss dem Reichsgerichte oder dem obersten Landesgerichte oder einem Oberlandesgerichte angehören. Bei Entscheidungen dürfen Mitglieder nur in der gesetzlich bestimmten Anzahl mitwirken. Diese Anzahl muss eine ungerade sein und mindestens fünf betragen. 3. Das Verfahren ist gesetzlich zu regeln. Die Entscheidung erfolgt in öffentlicher Sitzung nach Ladung der Parteien. 4. Sofern die Zulässigkeit des Rechtswegs durch rechtskräftiges Urtheil des Gerichts feststeht, ohne dass zuvor auf die Entscheidung der besonderen Behörde angetragen war, bleibt die Entscheidung des Gerichts massgebend."

Infolgedessen erging auf Grund der im § 17 Abs. 2 des Einführungsgesetzes zum Gerichtsverfassungsgesetze, wo nachgelassen ist, dass „für diejenigen Bundesstaaten, in denen die im § 17 des Gerichtsverfassungsgesesetzes bezeichneten Behörden bestehen und nach Massgabe der Vorschriften im § 17 No. 1 bis 4 eine Veränderung ihrer Einrichtung und des Verfahrens bedürfen, die Veränderung, sofern sie nicht bis zum Inkrafttreten dieses Gesetzes landesgesetzlich getroffen ist, durch landesherrliche Verordnung eingeführt werden" kann, die Verordnung, betr. die Kompetenzkonflikte zwischen den Gerichten und den Verwaltungsbehörden v. 1. Aug. 1879 (G.-S. S. 573). Nach derselben besteht fortan der Gerichtshof zur Entscheidung der Kompetenzkonflikte aus 11 mindestens 35 Jahre alten Mitgliedern, von denen 6 dem Kammergericht angehören, die anderen 5 für den höheren Verwaltungsdienst oder zum Richteramt befähigt sein müssen. Die sämmtlichen Mitglieder und unter ihnen der Vorsitzende werden vom König auf den Vorschlag des Staatsministeriums ernannt. Der Gerichtshof entscheidet in der Besetzung von 7 Mitgliedern und ist zuständig, sowohl wenn die Verwaltungsbehörden den Rechtsweg in einem bei den Gerichten anhängigen bürgerlichen Rechtsstreite für unzulässig erachten und deshalb der Kompetenzkonflikt erhoben wird (positiver Kompetenzkonflikt), als auch wenn in einer Sache einerseits die Gerichte und andererseits die Verwaltungsbehörden oder Verwaltungsgerichte ihre Unzuständigkeit endgültig ausgesprochen haben, weil von den Gerichten die Verwaltungsbehörden oder Verwaltungsgerichte und von diesen die Gerichte für zuständig erachtet sind (negativer Kompetenzkonflikt).

Die Mitglieder werden für die Dauer des zur Zeit ihrer Ernennung von ihnen bekleideten Amtes oder, falls sie zu dieser Zeit ein Amt nicht bekleiden, auf Lebenszeit ernannt. Eine Enthebung vom Amte kann nur unter denselben Voraussetzungen wie bei den Mitgliedern des Reichsgerichts stattfinden, d. h. bei Verurtheilung zu einer Strafe wegen einer entehrenden Handlung oder zu einer Freiheitsstrafe von längerer als einjähriger Dauer, ferner im Wege der Zwangspensionirung wegen körperlicher Gebrechen oder Schwäche der körperlichen oder geistigen Kräfte, also nicht wegen bei anderen Beamten disciplinariter zu ahnendem Verhaltens. Die Geschäftsordnung, insbesondere die Befugnisse des Vorsitzenden und die Reihenfolge, in welcher die Mitglieder an den einzelnen Sitzungen theilzunehmen haben, werden durch ein Regulativ geordnet. welches der Gerichtshof zu entwerfen und dem Staatsministerium zur Bestätigung einzureichen hat. Der positive Kompetenzkonflikt kann nicht erhoben werden, wenn die Zulässigkeit des Rechtswegs in der Sache durch rechtskräftiges Urtheil des Gerichts feststeht. Zur Erhebung des Kompetenzkonflikts ist nur die Central- und die Provinzialverwaltungsbehörde befugt. Dieselben können den Kompetenzkonflikt auch dann erheben, wenn die Zuständigkeit zur Entscheidung der Sache für die Verwaltungsgerichte in Anspruch genommen wird. Die Erhebung des Kompetenzkonflikts erfolgt bei dem Gerichte, bei welchem die Sache anhängig ist, durch die schriftliche Erklärung der Verwaltungsbehörde, dass der Rechtsweg für unzulässig erachtet werde. Das Prozessverfahren wird durch die Erhebung des Kompetenzkonflikts für die Dauer des denselben betreffenden Verfahrens unterbrochen. Durch die nach dem Schlusse einer mündlichen Verhandlung eintretende Unterbrechung wird auch die Verkündung einer Entscheidung gehindert. Nach Eingang der Schriftsätze der Parteien oder, wenn Schriftsätze nicht eingegangen sind, nach Ablauf der hierfür bestimmten Frist von 1 Monat sendet das Gericht die Akten mittels gutachtlichen Berichts an das Oberlandesgericht, welches ihn unter Beifügung seines Gutachtens dem Justizminister überreicht. Der Justizminister sendet die Akten und die Gutachten der Gerichte an den Gerichtshof zur Entscheidung der Kompetenzkonflikte und setzt davon den betheiligten Verwaltungschef in Kenntniss. Die Provinzialverwaltungsbehörden haben an den betheiligten Verwaltungschef Anzeige von der Erhebung des Kompetenzkonflikts zu erstatten und unter Vorlegung der Erklärungen der Parteien gutachtlich zu berichten. Der Verwaltungschef kann dem Gerichtshof eine schriftliche Erklärung über den Kompetenzkonflikt mittheilen. Er ist befugt, den Kompetenzkonflikt zurückzunehmen. In diesem Falle werden die Akten von dem Gerichtshof an den Justizminister und von diesem an das Gericht, bei welchem die Sache anhängig war, zurückgesandt. Das Gericht hat den Parteien die Zurücknahme des Kompetenzkonflikts von Amtswegen anzuzeigen. Die Entscheidung des Gerichtshofes über den Kompetenzkonflikt erfolgt auf Grund mündlicher Verhandlung in öffentlicher Sitzung. Die Parteien sind zu dem Termin von Amts wegen zu laden und der betheiligte Verwaltungschef, der einen Beamten zu dem Termin abordnen kann, von demselben zu benachrichtigen. Das Erscheinen der Parteien oder eines Vertreters ist nicht erforderlich. Sie müssen sich, wenn sie in dem Termin verhandeln wollen, durch einen Rechtsanwalt vertreten lassen. Diese Vorschrift findet auf öffentliche Behörden und auf Personen, welche zum Richteramt befähigt sind, keine Anwendung. Eine Ausfertigung des Urtheils ist dem Verwaltungschef, eine andere mit den gerichtlichen Akten dem Justizminister mitzutheilen. Der Justizminister übersendet die Ausfertigung des Urtheils mit den Akten an das Gericht, bei welchem die Sache anhängig war. Das Gericht hat den Parteien das Urtheil von Amts wegen zustellen zu lassen. Ist der Rechtsweg für unzulässig erkannt, so werden Gerichtskosten nicht erhoben und die bereits erhobenen zurückgezahlt; eine Erstattung der den Parteien erwachsenen Kosten findet nicht statt. Ist zur Zeit der Erhebung des Kompetenzkonflikts ein in dem Rechtsstreit erlassenes Urtheil vorläufig vollstreckbar, so hat das Gericht, bei welchem die Sache anhängig ist, die einstweilige Einstellung der Zwangsvollssreckung von Amts wegen anzuordnen. Gegen diese Entscheidung findet kein Rechtsmittel statt. Wird der Rechtsweg für zulässig erkannt oder der Kompetenzkonflikt zurückgenommen, so ist die Entscheidung von Amts wegen wieder aufzuheben. Das durch die Erhebung eines Kompetenzkonflikts veranlasste Verfahren ist gebühren- und stempelfrei. Baare Auslagen werden nicht in Ansatz gebracht. Eine Erstattung der den Parteien erwachsenen Kosten findet nicht statt. Ueber negative Kompetenzkonflikte entscheidet der Gerichtshof auf Antrag einer bei der Sache betheiligten Partei, welcher bei dem in erster Instanz mit der Sache befassten Gericht anzubringen ist. Für das Verfahren gelten entsprechende Vorschriften, wie für den positiven Kompetenzkonflikt.

Neuerdings haben die Bestimmungen der Verordn. v. 1. Aug. 1879 einige Modifikationen erfahren durch das Ges. v. 22. Mai 1902 (G.-S. S. 145). Die Zulässigkeit der Erhebung des positiven

Kompetenzkonflikts ist durch dieses ausgeschlossen worden, wenn ein mit der Revision anfechtbares Urtheil des Gerichts ergangen ist, der negative, wenn das Reichsgericht die Unzuständigkeit der Gerichte ausgesprochen hat. Selbst wenn die Verwaltungsbehörden oder Verwaltungsgerichte sich vor der die Unzuständigkeit der Gerichte aussprechenden Entscheidung für unzuständig erklärt haben, weil sie den Rechtsweg für zulässig erachteten, haben sie ihre Entscheidung nachträglich im Sinne der des Reichsgerichts zu ändern.

Die Entscheidung über die Konflikte im Sinne des Ges. v. 13. Febr. 1854 ist durch § 11 Abs. 2 No. 2 des Einführungsgesetzes zum Gerichtsverfassungsgesetz, welcher besagt: „Unberührt bleiben die landesgesetzlichen Vorschriften, durch welche die Verfolgung der Beamten entweder im Falle des Verlangens einer vorgesetzten Behörde oder unbedingt an die Vorentscheidung einer besonderen Behörde gebunden ist, mit der Massgabe: 1. dass die Vorentscheidung auf die Feststellung beschränkt ist, ob der Beamte sich einer Ueberschreitung seiner Amtsbefugnisse oder der Unterlassung einer ihm obliegenden Amtshandlung schuldig gemacht habe; 2. dass in den Bundesstaaten, in welchen ein oberster Verwaltungsgerichtshof besteht, die Vorentscheidung diesem, in den anderen Bundesstaaten dem Reichsgerichte zusteht" — auf das Oberverwaltungsgericht übergegangen.

§ 111. Wie sich aus dem im vorigen Paragraphen über die Nichterhebung von Kosten u. s. w. Bemerkten ergiebt, entstehen Einnahmen bei dem Gerichtshofe zur Entscheidung der Kompetenzkonflikte nicht. Die Mitglieder erhielten anfänglich auch keine Vergütung, und die geringen sonstigen Ausgaben wurden aus dem Haupt-Extraordinarium bestritten. Erst 1858 wurde den 10 Mitgliedern, nicht auch dem vorsitzenden Präsidenten des Staatsraths eine Remuneration von jährlich 600 M. gewährt; gleichzeitig wurden auch die sonstigen Ausgaben, 900 M., zur Remunerirung eines Bureaubeamten, der dafür auch Schreibmaterialien und dergleichen zu beschaffen hatte, und 150 M. für Botendienst, in den besonderen Etat des Gerichtshofes eingestellt. Die somit 6000 + 900 + 150 = 6950 M. betragende Gesammtausgabe blieb unverändert, bis seit 1867 für Botendienste 300 M. ausgebracht wurden. Nach der Reform des Gerichtshofes 1879 war die Remuneration von 600 M. an 11 Mitglieder zu gewähren, und sie hörte auf, eine eigentliche Remuneration zu sein, weil sie vermöge der unabhängigen Stellung, die der Gerichtshof nun durch die Gesetzgebung erhalten hatte, pensionsfähiges Diensteinkommen wurde; allerdings dauerte es noch bis 1886/87, bis dies im Etat in der Weise äusserlich zum Ausdruck kam, dass diese Bezüge als „Besoldungen", nicht mehr als Remunerationen bezeichnet und in einem besonderen Titel (1) des dem Gerichtshof gewidmeten Etatskap. 51 ausgebracht wurden. Die Formvorschriften der Verordn. v. 1. Aug. 1879 bedingten auch eine Vermehrung der Bureaugeschäfte. Infolgedessen wurden seit 1881/82 im Tit. 2 — neben den 300 M. für Botendienst — ausgebracht zur Remunerirung eines Gerichtsschreibers 500 M. und von 2 Beamten für Journal-, Registratur- und Kanzleidienst je 450 M., aus denen sie die Bureaubedürfnisse an Schreibmaterialien u. s. w. zu bestreiten hatten. Von dieser Verpflichtung wurden sie 1881/82 entbunden und 100 M. für Bureaubedürfnisse an Schreibmaterialien, Porto u. s. w. in den Etat eingestellt. Andere Aenderungen sind in dem Etat, der seit 1886/87 in 3 Titel getheilt ist, seitdem nicht mehr vorgekommen; derselbe umfasste bezw. umfasst also:

	1903 M.	1900 M.	1885/86 M.	1869 M.	1858 M.
Tit. 1. Besoldungen der Mitglieder . .	6600	6600	6600	6000	6000
„ 2. Remunerirung des Gerichtsschreibers, zweier Subalternbeamten und für Botendienst .	1700	1700	1700	1200 (Tit. 2 und 3)	1050 (Tit. 2 und 3)
„ 3. Bureaubedürfnisse	100	100	100		
Gesammtausgabe . .	8400	8400	8400	7200	6950

Neuntes Buch.

Die Justizverwaltung.

I. Hauptabschnitt.

Die Organisation der Justizverwaltung.[1]

I. Abschnitt.

Die Organisation im absoluten Staat.

I. Kapitel.

Bis zum Zusammenbruch des Staates (1806/1807).

§ 1. Hatten auch seine Landesherren sich wie nur diejenigen irgend eines anderen Staates bestrebt, die bessernde Hand anzulegen, so krankte doch auch im Brandenburgisch-Preussischen Staate die Justizverfassung bis ins 19. Jahrhundert hinein an dem Mangel einer scharfen Scheidung von Justiz und Verwaltung, an dem Fehlen voller richterlicher Unabhängigkeit, an Folgen der früheren Vermischung von staatlichen Hoheits- und Vermögensrechten, an der verschiedenen materiellen und formellen Rechtsstellung der Stände, an dem Aufbau des Staates aus einem im Innern noch nicht assimilirten Konglomerat einzelner Landesherrschaften und von anderen Staaten erworbener Gebietstheile.

Im Urzustande der deutschen Territorialstaaten war von einer inneren Verwaltung im engeren Sinne noch kaum die Rede: die Bethätigung des Landesherrn beschränkte sich im Wesentlichen auf die äusseren Angelegenheiten, das Kriegswesen und im Innern, zumal so lange das Dominium ohne Zuhülfenahme von Steuern die Ausgaben deckte, auf die Justizverwaltung im heutigen Sinne, während die eigentliche Rechtsprechung in der Hand aus dem Volke gewählter Richter lag.

Zu den Aufgaben der Justizverwaltung, der Berufung des Gerichts, Vollstreckung seiner Urtheile u. s. w. treten allmählich andere der

[1] Litteratur insbesondere Stölzel, „Brandenburg-Preussens Rechtsverwaltung und Verfassung", Berlin 1888; Starke, „Darstellung der bestehenden Gerichtsverfassung im Preussischen Staate", Berlin 1839; Rönne, „Preussisches Staatsrecht" 3. Aufl Bd. II S. 280 ff.; Bornhak, „Geschichte des Preussischen Verwaltungsrechts", Berlin 1884; derselbe „Preussische Staats- und Rechtsgeschichte", Berlin 1903.

inneren Verwaltung. Sie alle aber werden zunächst noch in dem Begriff der „Gerichtsbarkeit“ zusammengefasst, sodass diese nach und nach auch umfasst, „was wir heute gesetzgebende, exekutive und administrative Gewalt nennen; ja sie ist überhaupt der Mittelpunkt aller staatlichen Gewalt, die Grundlage aller obrigkeitlichen Stellung, für die ältere Zeit von derselben Bedeutung, wie für die neuere die Landeshoheit“.[1]) Was sie aber noch nicht umfasst, ist die Rechtsprechung, die Urtheilsfindung.

Mit dem Erstarken der Fürstenmacht beginnen aber die Landesherren auch in die Rechtsprechung einzugreifen. Zunächst charakterisirt sich ihr Eingreifen als Schiedsspruch im Gegensatz zu dem Urtheil „im Wege Rechtens“ durch das ordentliche Gericht. An Stelle des eigenen Schiedsspruches des Landesherrn tritt dann derjenige durch von ihm hierzu „Verordnete“, die der Fürst naturgemäss aus seinen für andere Geschäfte bestellten Dienern entnimmt. Noch aber bestehen zunächst die Rechtspflege durch die ordentlichen Gerichte, die „von Rechtes wegen“ entscheiden, und diejenige durch die landesherrlichen Beamten, die „von Amtes wegen“ urtheilen, und — in wichtigen Fällen — durch den Landesherrn selbst nebeneinander. Nachgerade erkennen die Parteien, dass sie schneller und billiger zu einer Entscheidung bei den landesherrlichen Beamten als bei den ordentlichen Gerichten gelangen, und der Landesherr thut im Interesse seiner Machtfülle das Seine, um die Rechtsprechung mehr und mehr in seine Hand zu bekommen. So verschwinden allmählich die alten Volksgerichte und landesherrliche, abhängige Beamte entscheiden an ihrer Stelle „von Rechtswegen“.

Allmählich dehnt der Staat oder richtiger der Landesherr seine Bethätigung auf weitere Gebiete des sich entwickelnden öffentlichen Lebens aus, und damit entsteht die Nothwendigkeit des Ausbaues eines Behördenorganismus, in dem für die einzelnen Richtungen seiner Bethätigung besondere Behörden geschaffen werden. Nun scheiden sich auch allmählich die zur Rechtsprechung berufenen Gerichte von den Verwaltungsbehörden. Aber die Scheidung der Zuständigkeit ist keine klare, einwandsfreie; die Gerichte bleiben auch in gewissen Verwaltungssachen zuständig, und gewisse Zweige der Rechtsprechung werden den Verwaltungsbehörden übertragen. Und eine Unabhängigkeit im heutigen Sinne ist den Gerichten noch in keiner Weise gesichert: der Landesherr behält hier in diesem, dort in jenem Umfange sich die persönliche Entscheidung über Rechtshändel und Strafsachen, oder das Recht, die Richter für den einzelnen Fall auszuwählen, vor.

Zu dem Zeitpunkte, in dem man wenigstens zu einer rudimentären Scheidung von Rechtspflege und Verwaltung kam, liessen sich die Folgen der Vermischung von staatlichen Hoheits- und Vermögens-

---

[1]) Stölzel Bd. I S. 26 a. a. O.

rechten, der alten privatrechtlichen Anschauung vom Staate nicht mit einem Schlage beseitigen. Denn jene Anschauungen hatten dahin geführt, dass die Landesherren die Gerichtsbarkeit im älteren Sinne, also ihre Hoheitsrechte einschliesslich der Gerichtshoheit innerhalb kleinerer oder grösserer Bezirke an Privatpersonen, namentlich den angesessenen Adel, an Städte, Klöster u. s. w. veräusserten; es entwickelten sich daher neben den landesherrlichen Gerichte dieser mit der Gerichtsbarkeit beliehenen Grundherren u. s. w., die späteren „Patrimonialgerichte".

Zu diesen territorialen Verschiedenheiten des Gerichtsstandes treten infolge der Sonderrechte der Stände solche für diese: über die Geistlichkeit, ja vielfach auch über Laien, nimmt die Kirche die Gerichtsbarkeit in Anspruch, der Adel wird von den für Bürger- und Bauernstand zuständigen Dorf-, Stadt- und Landgerichten eximirt und erhält seinen Gerichtsstand vor dem landesherrlichen Hofgericht, der Soldat vor dem militärischen Gericht, der akademische Lehrer und Student und „Universitätsverwandte", deren Begriff vielfach ein sehr ausgedehnter war, vor dem akademischen Senat.

Zu diesen die Gerichtsorganisation verwirrenden Umständen treten nun in Brandenburg-Preussen die Buntscheckigkeiten in den einzelnen Landestheilen. Die einzelnen Gebiete waren zu sehr verschiedenen Zeiten erworben und zeigten in ihren ganzen Verhältnissen, in Schichtung, Lebensgewohnheiten und Anschauung der Bevölkerung, in wirthschaftlicher und kultureller Entwickelung, im Umfange der landesherrlichen und ständischen Gerechtsame, ein ungemein verschiedenes Gepräge, Gründe genug, auch auf dem Gebiete der Rechtsordnung, Rechtspflege und Rechtsverfassung nicht mit rauher Hand unifizirend durchzugreifen.

§ 2. Allerdings waren die Hohenzollern, unterstützt insbesondere von tüchtigern „Kanzlern", wie Sesselmann, Diestelmeier, Cocceji, Carmer, fortgesetzt und mit mehr oder weniger Erfolg bemüht, Rechtspflege und Rechtsordnung in ihren Landen zu heben. So schuf, von den materiellen Reformen abgesehen, Joachim I. Nestor aus dem seit Alters bestehenden Hof- und Kammergericht das Kammergericht als Gericht I. Instanz für die Eximirten und den Kurfürsten selbst und als Gericht II. Instanz, neben das nach seinem Tode ein besonderes Kammergericht für die Neumark trat, während für die Altmark als Obergericht das „Quartalgericht" in Stendal als ständige Deputation des kurmärkischen Kammergerichts eingesetzt wurde. An die Stelle der über diesen drei Gerichten stehenden Kabinetsjustiz des Kurfürsten bezw. des von ihm beauftragten Geheimen Rathes trat unter dem Grossen Kurfürsten der Geheime Justizrath, bei dem auch die Mitglieder des Herrscherhauses ihren Gerichtsstand hatten, dessen Entscheidungen aber bis auf König Friedrich Wilhelm I. der landesherrlichen Bestätigung bedurften. Friedrich I. errichtete, nachdem er ein, wenn auch beschränktes privilegium de non appellando erlangt hatte, als obersten Gerichtshof für die rheinisch-westfälischen Landestheile, Halberstadt, Magdeburg, Pommern, Lauenburg und Bütow ein Oberappellationsgericht in Berlin, dessen Funktionen zunächst aber dem Geheimen Justizrathe übertragen wurden, für die Lande der Oranischen Erbschaft, Mörs und Lingen sowie für Tecklenburg aber 1709 ein besonderes, das sogen. „Orange-Tribunal", während für Preussen bereits der Grosse Kurfürst ein besonderes Appellationsgericht eingesetzt hatte und für Ravensberg von ihm ein Appellationsgericht in Berlin bestellt war. König Friedrich Wilhelm I. war insbesondere bestrebt, eine einwandsfreie Scheidung der Kompetenz der Gerichte und Verwaltungsbehörden herbeizuführen und trennte insofern auch die Justizverwaltung von der Rechtsprechung, als er Cocceji zum „Chef de justice", Justizminister ernannte, während bisher die Präsidenten der obersten Gerichtshöfe das Referat in Justizsachen im Geheimen Rathe gehabt hatten. Freilich blieb die Trennung der Rechtspflege von der Justizverwaltung insofern noch eine ganz unvollkommene, als der Chef de justice in jedem Justizkollegium, in dem er erschien, den Vorsitz übernehmen konnte. In der Organisation der höchsten Gerichtshöfe führte Friedrich Wilhelm I. insofern Vereinfachungen durch, als er das Orange-Tribunal mit dem Oberappellationsgericht vereinigte, das nun auch höchster Gerichtshof für die französisch-rechtlichen Gebiete wurde, was bisher das Orange-Tribunal gewesen war. Auch Preussen wurde jetzt in eine gewisse Abhängigkeit vom Berliner Oberappellationsgericht gebracht; eine völlige Sonderstellung nahm dagegen Geldern ein. In der Mittelinstanz wurden von Friedrich Wilhelm I. ebenfalls Vereinfachungen vorgenommen, während er andererseits den Bedürfnissen des Handelsstandes durch Errichtung eines besonderen Handelsgerichts für Preussen, des Kommerz- und Admiralitätskollegiums in Königsberg, und durch Verlegung des von dem Grossen Kurfürsten errichteten Pommerschen Kommerziengerichts nach Stettin Rechnung trug. Auf dem Gebiete des materiellen Rechtes entstanden unter ihm 1721 ein verbessertes Landrecht für Preussen, für die anderen Provinzen 1717 eine Kriminalordnung und 1718 eine Vormundschaftsordnung.

Die Bedeutung der Regierung Friedrich des Grossen lag auf dem Gebiete der Rechtspflege in der Erlangung eines unbeschränkten privilegium de non appellando (1746), wodurch die Brandenburgisch-Preussische Rechtspflege von dem Reichskammergericht völlig unabhängig wurde, in der Beseitigung der Aktenversendung an Universitäten und Schöppenstühle, d. i. der Verlegung der Urtheilsfindung in schwierigen Sachen an juristische Fakultäten der Universitäten oder besonders angesehene Gerichtshöfe, in einer von Cocceji durchgeführten Revision der Gerichte mit dem Ziele der Beseitigung unfähiger oder überflüssiger Richter und einer Beschleunigung der Prozesse, sodann aber in einer Neugestaltung des Civilprozesses: dem in der Anlage verfehlten „Codex Fridericianus pommeranicus“ und „marchicus“ aus den 40er Jahren des 18. Jahrhunderts folgte 1781 das von Carmer geschaffene „Corpus juris Fridericianum, erstes Buch, von der Prozessordnung“, das ein mündliches Verfahren ohne Advokaten schuf. Dagegen kam die von Friedrich begonnene Reform des materiellen Rechts, das Allgemeine Landrecht, bekanntlich erst unter seinem Nachfolger zum Abschluss. Unter diesem wurde auch das Corpus juris Fridericianum I. Buch einer Umarbeitung unterzogen und in der neuen Gestalt 1795 als „Allgemeine Gerichtsordnung für die Preussischen Staaten“ eingeführt.

§ 3. Alle diese Reformen Friedrich Wilhelms I., Friedrichs II. und Friedrich Wilhelms II. hatten die Gerichtsorganisation in den Hauptsachen unberührt gelassen, sodass sie auch nach Erlass der Allgemeinen Gerichtsordnung ungleich weniger als das materielle und Prozessrecht den veränderten Anschauungen und Zeitverhältnissen entsprach und noch immer mehr oder minder ausgeprägt die im Eingang dieser Darstellung gezeichneten Charakterzüge trug. Die ordentlichen Gerichte unterster Instanz sind in den Immediatstädten, d. i. denjenigen Städten, die unter keiner mit Gerichtsbarkeit ausgestatteten Grundherrschaft stehen, der Magistrat, der die Gerichtsbarkeit durch eine Deputation (Stadtgericht u. s. w.) oder durch einen oder mehrere Beamte mit richterlicher Qualifikation (Justiz-Bürgermeister u. s. w.) ausübt, neben dem aber an einzelnen Orten für gewisse Bezirke noch besondere Gerichte, wie Schloss-, Hof-, Burg-, Dom-, Stiftsgerichte bestehen, in den Mediatstädten und für das platte Land aber die Patrimonialgerichte des Grundherrn und, wo dies der Domänenfiskus ist, das Domänen-Justizamt bezw. in Ostpreussen für mehrere Domänenämter der Domänen-Justiz-Aemter-Kreis. Diese Untergerichte sind aber in der Regel zuständig nur für die nicht eximirten Einwohner und Grundstücke und besitzen auch jenen gegenüber in Strafsachen nur eine beschränkte Gerichtsbarkeit. Im Einzelnen weist nicht nur die Organisation, sondern auch die Zuständigkeit und nicht nur in den verschiedenen Provinzen, sondern auch innerhalb derselben Provinz mannigfache Verschiedenheiten auf. Insbesondere sind, namentlich in den westlichen Landestheilen, einige Untergerichte auch für die Eximirten in gewissem, wieder sehr verschiedenem Umfange zuständig, so die Landgerichte im Herzogthum Cleve und in der Grafschaft Mark, das Grossgericht in Soest, die standesherrlichen Gerichte in Preussen (Erbhauptämter) und Schlesien (Mediat-Regierungen), die Stadtgerichte in Frankfurt a./O. und Landsberg a./W., die Landvogteigerichte zu Heilsberg und Lauenburg; ja einzelne Untergerichte, wie die pommerschen Burggerichte und der Stettiner Magistrat, bilden sogar die Appellationsinstanz für andere Untergerichte.

§ 4. Ueber den Untergerichten stehen die Obergerichte (Landes-Justiz-Kollegien). Sie sind in erster Instanz zuständig, soweit dies nicht die Untergerichte sind, also insbesondere für Eximirte und in Strafsachen, ausserdem auch in Ehescheidungssachen, soweit nicht die katholischen geistlichen Gerichte zuständig sind. Ferner sind ihnen die Lehns- und ausserhalb Schlesiens die Landeshoheits-, meist auch die evangelischen Kirchensachen überwiesen. Wie ihre Zuständigkeit ist auch ihre Benennung und Organisation äusserst verschieden. Die meisten heissen Regierungen, dasjenige für die Kurmark ist das Kammergericht; andere wieder heissen Obergericht, Justiz-Kollegium, Hofgericht u. s. w.

„Regierungen" bestehen für die Neumark in Cüstrin und Sonnenburg, für Cleve nnd Mark in Cleve, für Halberstadt und Hohenstein in Halberstadt, für Tecklenburg und Lingen in Lingen, für Magdeburg, Mansfeld und einen Theil des Zaucher Kreises in Magdeburg, für Mörs in Mörs, für Minden und Ravensberg in Minden, für Ostfriesland und das Harburger Land in Aurich, für Pommern in Stettin, für Ostpreussen in Königsberg, für Westpreussen in Marienwerder, für Südpreussen in Posen und Petrikau, später in Kalisch und Warschau, für Schlesien („Oberamts-Regierungen") in Breslau, Glogau und Brieg. Neben den Regierungen für Pommern, Ost- und Westpreussen bestehen die „Hofgerichte" in Cöslin, Insterburg und Bromberg. Für die Altmark ist das „Obergericht" in Stendal, für Geldern das „Justiz-Kollegium" in Geldern, für das Stift Quedlinburg die „Stiftshauptmänner" in Quedlinburg zuständig.

Die grösseren Obergerichte zerfallen in 2 Senate, deren erster („Instruktions-Senat") in erster Instanz entscheidet, während der zweite („Appellations-Senat", in Königsberg „Tribunal" genannt) die Appellationsinstanz für die erstinstanzlichen Entscheidungen des ersten bildet, die Appellationen gegen Entscheidungen der Untergerichte theils von diesem, theils von jenem entschieden werden. Wo ein zweiter Senat nicht besteht, bildet die Appellinstanz gegen die erstinstanzlichen Entscheidungen des Obergerichts ein anderes Obergericht. Ausser in Stendal, Cöslin und Lingen bestehen bei den Obergerichten für Straf- und Vormundschaftssachen besondere Kriminal- und Pupillen-Kollegien, und wo das Obergericht gleichzeitig das evangelische Konsistorium bildet, sind ihm für diese Geschäfte besondere Konsistorialräthe zugetheilt, sodass bei einzelnen Obergerichten neben den Präsidenten Gerichtsräthe, Kriminalräthe, Pupillenräthe und Konsistorialräthe vorhanden sind. In einzelnen Provinzen haben die Obergerichte besondere Organe in den Kreis-Justizräthen (in Preussen „Kreis-Justiz-Kommissionen") und Inquisitoriaten.

Die Inquisitoriate, die zuerst in Schlesien vorkommen, sind nur zur Führung von Untersuchungen und zur Strafvollstreckung zuständig, die Kreis-Justizräthe hauptsächlich in Sachen der freiwilligen Gerichtsbarkeit. Die zur Wahrung der Hoheitsrechte des Landesherrn und der fiskalischen Rechte bestellten „Fiskale", deren schon die Kammergerichtsordnung von 1516 erwähnt, und deren Stellung namentlich unter Friedrich Wilhelm I. näher geregelt wurde, sind schon bei Erlass der allgemeinen Gerichtsordnung, die sie zwar noch kennt, thatsächlich verschwunden.

§ 5. Unter den Obergerichten beansprucht als das einzige, das sich, wenn auch in veränderter Gestalt, bis heute erhalten hat, besonderes Interesse das Berliner Kammergericht. Sein Name findet sich zuerst 1468; doch glaubt Stölzel[1]) annehmen zu sollen, dass es damals nicht erst errichtet wurde, sondern schon bestand und nur eine neue Funktion, die Verfolgung von Münzvergehen auf Antrag eines „Fiskals" erhielt. Gerade das Kammergericht verkörperte die persönliche Gerichtsbarkeit des Herrschers; denn es war seiner Entstehung nach das Hofgericht am Sitz desselben, also dasjenige, dem der Herrscher persönlich vorsass oder vorzusitzen in der Lage war. Dadurch hat es im Laufe der Zeit seine die übrigen Gerichte überragende Stellung erlangt. Bereits unter Albrecht Achilles finden wir die Zuständigkeit des Kammergerichts als der höchsten Instanz noch in anderen als Fiskalsachen auf das ganze Kurfürstenthum ausgedehnt; besetzt war es mit vom Kurfürsten beauftragten Kurfürstlichen Räthen. Eine festere Gestalt nach dem Vorbild des Reichsgerichts sollte es durch die Kammergerichtsordnung Joachims I. von 1516 erhalten, die jedoch nach Stölzel[2]) Entwurf geblieben sein soll: nach ihr sollte die Mehrheit der Mitglieder des Kammergerichts von den Ständen gewählt oder die Minderheit aus Kurfürstlichen Räthen bestehen; den Vorsitz führt der Kurfürst oder ein von ihm beauftragtes Mitglied. Erst Joachim II. vereinbarte 1540 mit den Ständen eine neue Kammergerichtsordnung, die zwar an dem Gedanken der Mitwirkung ständischer Räthe festhielt, aber diesen Gedanken, indem sie vor jedem Prozess einen „Güteversuch" der Kurfürstlichen Räthe verlangte und diese zur „Supplikationsinstanz" für die auf Beschwerde gegen Kammergerichtsurtheile an den „Hof", d. i. zur landesherrlichen Kognition gelangenden Sachen bestellte, verflüchtigte. Unter demselben Herrscher wird der Vorsitz im Kammergericht zu einer ständigen Obliegenheit des Kanzlers und dem Kanzler und den Räthen die Heranziehung der Rechtslehrer der Frankfurter Universität zur Entscheidung der spruchreifen Sachen zur Pflicht gemacht. Immer aber blieben die Kammergerichtsräthe auch „Hofräthe", d. h. Mitglieder der zur Berathung des Kurfürsten auch in den reinen Verwaltungsangelegenheiten bestimmten Rathsstube. Erst durch die neue Geheime Rathsordnung von 1613 wurde die Trennung des Kammergerichts vom Geheimen Rath vollzogen: die Kammergerichtsräthe hörten auf, auch Hofräthe zu sein, und nur der zur Vertretung des Kanzlers im Vorsitz im Kammergericht berufene „Vizekanzler" gehörte auch dem Geheimen Rathe an. Noch aber blieb die Strafjustiz dem Kammergerichte vorenthalten und ein Reservatrecht des Kurfürsten, und von dem Erforderniss des Universitätsstudiums für alle Kammergerichtsräthe war noch keine Rede. In ersterer Beziehung trat eine Aenderung 1617, in letzterer 1643 ein, indem 1617 die anscheinend schon vorher bestehende Uebung, dass das Kammergericht auch in den meisten peinlichen Strafsachen die Entscheidung traf, sanktionirt, 1643 von den Ständen die Besetzung des Kammergerichts lediglich mit gelehrten Richtern je zur Hälfte aus dem Adel und aus dem Bürgerstande gefordert und ihnen zugestanden wurde. Im Laufe der Zeit entwickelte sich indess das Geheime Rathskollegium zu einer in der Rechtspflege mit dem Kammergericht konkurrirenden Behörde, und erst Ende der 50er Jahre des 17. Jahrhunderts kam eine einigermassen festere Abgrenzung der Zuständigkeiten zu Stande. Dagegen bedeutete es einen Rückschritt, dass 1658 der Grosse Kurfürst die „Appellation an Uns", wenn sie nicht offenbar frivol sei oder wenn sie nicht ein Objekt unter 100 Gulden betreffe, als Rechtsmittel gegen die Entscheidungen des Kammergerichts ausdrücklich zuliess, ohne zu bestimmen, wer über dasselbe zu entscheiden habe; naturgemäss gerieth die Entscheidung in die Hände des Geheimen Raths. Der Vorsitz im Kammergericht war, seitdem der Kanzler aus dem Syndikus des Geheimen Raths und Vorsteher seiner Expedition und Kanzlei dessen Vorsitzender geworden, definitiv auf den Vizekanzler übergegangen. Als dann freilich 1658 die neue Würde des „Oberpräsidenten" geschaffen war, wurde dieser, wie aller anderen Behörden so auch des Kammergerichts oberster Chef. Da er aber thatsächlich den Vorsitz nicht führen konnte, wurde hierfür ein besonderer „Direktor" bestellt. Er bildete auch mit 3 der adligen Kammergerichtsräthe das „Geheime Justizraths-Kollegium", welches über die an den Kurfürsten gelangten Appellationen entschied und Gerichtshof für gewisse besonders privilegirte Personen, wie die Mitglieder des Kurfürstlichen Hauses, war.

---

[1]) Bd. I S. 85.

[2]) Bd. I S. 136.

Völlig verlassen war übrigens zum Schaden des Bürgerstandes der Grundsatz, dass die Hälfte der Kammergerichtsräthe ihm angehören solle: Ende des 17. Jahrhunderts waren von 17 Räthen nur 5 bürgerlich. In der Folgezeit wurde vielfach an der Organisation und Zuständigkeit des Kammergerichts geändert, ohne dauernd befriedigende Resultate zu erzielen. So sollte nach der Kammergerichtsordnung von 1709 das Kammergericht aus einem Präsidenten und je 5 adligen und bürgerlichen Räthen bestehen und Appellation gegen seine Urtheile nicht an den Geheimen Justizrath, der in Streitigkeiten zwischen Grundherrschaft und Unterthanen gegen die Universität Frankfurt und deren Glieder zuständig blieb, sondern an eine Juristenfakultät stattfinden. Cocceji theilte 1738 das Kammergericht in 3 Senate, und nach Beseitigung der Aktenversendung wurde es dem Oberappellationsgericht unterstellt. Bald darauf, 1748, wurde letzteres wieder aufgehoben und seine Zuständigkeit einem vierten Senate des Kammergerichts, dem „Tribunal", übertragen; 1749 wurde auch der Geheime Justizrath aufgehoben, 1750 das Ravensberger Appellationsgericht mit dem Kammergericht vereinigt. Aber 1782 wurde der vierte Senat vom Kammergericht als „Obertribunal" wieder abgetrennt, die Zuständigkeit des ersten Senats, Bagatellsachen gegen Eximirte und Strafsachen zwischen einem besonderen „Hausvogteigericht" und der „Kriminaldeputation" des Kammergerichts getheilt; der verbleibende zweite und dritte Senat bildeten nur unter dem bisherigen Namen „Kammergericht" das Obergericht für die Mark, bei dem der nunmehrige erste Senat Instruktions-, der nunmehrige zweite Appellationssenat war; die Geschäfte des Geheimen Justizraths, d. i. die Rechtssachen der Mitglieder des Königshauses, versieht ebenfalls der Instruktionssenat.

§ 6. Als höchsten, drittinstanzlichen Gerichtshof finden wir bei Erlass der Allgemeinen Gerichtsordnung für alle Landestheile, wie erwähnt, das Obertribunal oder Geheime Obertribunal; doch gelangten gewisse geringfügigere Sachen, insbesondere aus Schlesien solche über Objekte von nicht mehr als 200 Thlr. und aus Ost- und Westpreussen solche über niedrigere Objekte in der höchsten Instanz überhaupt nicht oder doch dann nicht, wenn die Parteien es nicht ausdrücklich verlangten, an das Obertribunal, sondern an ein anderes Obergericht der Provinz.

§ 7. Ungemein zahlreich sind auch z. Z. des Erlasses der Allgemeinen Gerichtsordnung noch die besonderen Gerichte, theils für gewisse Klassen von Personen, theils für gewisse Gattungen von Sachen. Als besondere Gerichte für gewisse Klassen von Personen sind insbesondere zu nennen die Militärgerichte, deren Zuständigkeit sich auch auf Ehefrauen, Kinder und Gesinde der Militärpersonen in Straf- und Civilsachen, öfters auch auf einzelne Grundstücke in Festungen erstreckt, die erwähnten akademischen Senate, die Französischen und Pfälzer Koloniegerichte, deren Gerichtsbarkeit die Angehörigen dieser Kolonien und deren Grundeigenthum unterliegen, und deren vorgesetzte Instanz ein besonderes Französisches Obergericht in Berlin ist, während die dritte Instanz das Obertribunal ist, die katholischen Gymnasien in Schlesien, welche die unter Zuziehung eines Justizbeamten ausgeübte Civiljustiz über ihre Angehörigen haben, die jüdischen Rabbiner und Aeltesten, die indess nur Rechtsstreitigkeiten ihrer Glaubensgenossen, welche sich auf die besonderen religiösen Gesetze und Gebräuche beziehen, und nur vorbehaltlich des ordentlichen Rechtsweges, entscheiden dürfen.

Zahlreicher sind die besonderen Gerichte für gewisse Gattungen von Sachen (Fora specialia causae). So sind die Justizdeputationen der Kriegs- und Domänenkammern für Rechtssachen des direkten Steuerwesens, der Landespolizei, Kommunal- und Gewerbeangelegenheiten, die Behörden der indirekten Steuerverwaltung (Regiegericht und Oberregiegericht und Provinzialzolldirektionen) für Accise- und Zollkontraventionen, das Medizinalkollegium und das Oberkollegium medicum für Kontraventionen gegen die Medizinalpolizei, die Bergbehörden für bergrechtliche, das Kommerz- und Admiralitätskollegium in Königsberg mit den Wettgerichten daselbst, in Tilsit, Ragnit und Insterburg, dem See- und Hafengericht in Pillau und dem Schifffahrts- und Handlungsgericht in Memel, das Kommerz- und Admiralitätskollegium in Danzig mit dem dortigen Wett- und Handlungsgericht und dem Wettgericht in Elbing, das Seegericht und Wettgericht in Stettin und das Seegericht in Kolberg für Handels- und Schifffahrtssachen, die Fabrikengerichte in Berlin, Potsdam und Königsberg für Streitigkeiten zwischen Fabrikherren und Arbeitern und für Vergehen gegen Fabrikpolizeigesetze zuständig. Das Generalpostamt entscheidet über Postkontraventionen, das Oberlotteriegericht über Lotteriestreitigkeiten und -Vergehen, das Oberhofbauamtsgericht über Streitigkeiten zwischen Hofbauamt und den Handwerkern u. s. w., die katholischen geistlichen Gerichte, die besonders in Schlesien und Preussen bestehen, insbesondere über „causas vere ecclиasticas vel spirituales" und Ehesachen und die Kreis- und Haupturbarienkommissionen in Schlesien über Regulirung der Urbarien über die Verhältnisse der Gutsherrschaften und Unterthanen. Ausserdem haben die Justizdeputationen der Kriegs- und Domänenkammern, die Behörden der indirekten Steuerverwaltung, die Medizinalkollegien, die Bergbehörden, das Generalpostamt, das Oberlotteriegericht, Oberhofbauamtsgericht, Münz-, Porzellanmanufakturgericht die Kognition über Amts-, theilweise auch über andere Vergehen ihrer Beamten und Arbeiter. Die Appellationen gegen Entscheidungen dieser besonderen Gerichte gehen zumeist an das Oberrevisionskollegium, die Revision an die Oberrevisionsdeputation oder das Obertribunal.

§ 8. Das Verfahren in Civil- wie in Strafprozessen beruht auf der Untersuchungs- oder Instruktionsmaxime, die im Civilprozess die Allgemeine Gerichtsordnung an die Stelle der gemeinrechtlichen Verhandlungs- und Eventualmaxime gesetzt hat: der Richter hat von Amtswegen die Wahrheit zu erforschen. Im Civilprozess folgt auf die schriftliche oder protokollarische Klage und Klagebeantwortung Verhandlung der Parteien vor dem Richter zu Protokoll, das von ihnen zu unterschreiben ist; ein weiterer Schriftwechsel findet nicht statt. Sodann verfasst der Richter, der aber in allen Stadien des Verfahrens auf ein gütliches Uebereinkommen der Parteien hinwirken muss, eine zusammenhängende Darstellung des Thatbestandes und der Streitpunkte, „status causae et controversiae", welche die Parteien berichtigen können und zu genehmigen haben. Hieran schliesst sich die durch blosse prozessleitende Verfügung des Richters angeordnete Beweisaufnahme; Beweismittel sind Zugeständniss, Urkunden, Zeugen, Augenschein, der von den Parteien sich gegenseitig und der vom Richter auferlegte „nothwendige" Eid.

Nach erfolgter Beweisaufnahme sind die Parteien mit ihren Schlussanträgen zu hören, und in wichtigen Sachen haben sie in der Regel noch das Recht zu schriftlichen Ausführungen.

Die Entscheidung selbst erfolgt nun, wenn das Gericht mit mehreren Richtern besetzt ist, stets durch einen anderen als den „instruirenden" Richter, in der Regel durch ein Kollegium. Appellation ist, wenn das Urtheil von einem einzelnen Richter gefällt ist, bei Objekten von mehr als 20 Thlr., sonst bei solchen von mehr als 50 Thlr. zulässig. Die Appellationsfrist beträgt sechs Wochen. Die Verhandlung zweiter Instanz bewegt sich im Allgemeinen in gleichen Formen wie die der ersten und findet gegen Untergerichtsentscheidungen vor dem Obergericht, gegen solche des Obergerichtes vor einem anderen Senate desselben Obergerichtes oder vor einem anderen Obergerichte statt. Anrufung der drittten Instanz (Revision) ist, und zwar ebenfalls mit sechswöchentlicher Frist, unbeschränkt nur wegen Familien-, Standes-, Ehren- und ähnlicher Rechte, wegen Vermögensrechten nur bei einer summa revisionis von mehr als 500 Thlr. oder unschätzbarem Werthe zulässig. Die Instruktion der Revision erfolgt durch das Obergericht, die Entscheidung durch das Obertribunal. Ausserordentliche Rechtsmittel gegen durch diese ordentlichen nicht angreifbare Urtheile sind der Rekurs, die Nichtigkeitsbeschwerde und die Restitutionsklage. Für gewisse Angelegenheiten, wie z. B. Wechsel-, Arrest-, Handels-, Vormundschafts-, Prodigalitäts-, Ehe-, Besitz-, Pacht-, Konfiskations-, Subhastations-, Konkursprozesse u. s. w. ist ein abweichend geordnetes, zumeist vereinfachtes Verfahren vorgeschrieben. Auch die Vollstreckung erfolgt auf Antrag der Parteien nach Anordnung des Gerichts durch die bei ihm angestellten Gerichtsvollzieher (Exekutoren).

Für die Strafsachen im heutigen Sinne besteht ein dreifaches Verfahren. Der

Injurienprozess ist durch die Allgemeine Gerichtsordnung ähnlich wie das Civilverfahren geordnet. Der „fiskalische“ Prozess findet keineswegs nur, wie aus seinem Namen geschlossen werden könnte, bei Defraudationen öffentlicher Gefälle statt, sondern auch bei Widersetzlichkeiten gegen die Obrigkeit, bei schweren wörtlichen und thätlichen Injurien von Personen mittleren und höheren Standes, sofern der Beleidigte auf dieses Verfahren anträgt, ferner bei allen nur mit Geld- oder neben dieser mit höchstens 6monatlicher Gefängnissstrafe bedrohten Verbrechen ausser Diebstahl und bei Vergehen öffentlicher Beamter, sofern die Strafe an sich nicht die Dienstentsetzung übersteigt oder doch ausser dieser keine Leibesstrafe angedroht ist. Die fiskalische Untersuchung unterscheidet sich von derjenigen in Kriminalsachen durch ein vereinfachtes Verfahren, durch eine Mitwirkung der klägerischen Partei, insbesondere der fiskalischen Behörde und, abgesehen von Gefälledefraudationen, durch eine abweichende Organisation der Rechtsmittel: hat die klägerische Partei gegen das erste Erkenntniss das Rechtsmittel eingelegt und wird das erste Erkenntniss infolgedessen zu Ungunsten des Angeschuldigten abgeändert, so steht diesem nur noch eine weitere Instanz offen. Der eigentliche Kriminalprozess beruhte Ende des 18. Jahrhunderts noch auf der verschiedentlich abgeänderten Kriminalordnung von 1717; doch wurde dann bald als Resultat langjähriger Vorarbeiten eine neue Kriminalordnung 1805 Allerhöchst sanktionirt und 1806 publizirt. Nach dieser besteht der Grundsatz der Offizialverfolgung kriminell strafbarer Verbrechen durch das Gericht; das Institut der Staatsanwaltschaft ist ihr noch unbekannt. Ueber alle Verhandlungen der Untersuchung muss ein vom Beschuldigten zu unterzeichnendes Protokoll aufgenommen werden, und an der Verhandlung müssen ausser dem Richtereingeprüfter und vereideter Protokollführer oder statt dessen zwei Gerichtsbeisitzer theilnehmen. Einleitung der Untersuchung darf nur bei genügendem Verdacht, Verhaftung nur bei Fluchtverdacht erfolgen; nur Diebe, Betrüger und ähnliche Verbrecher werden in der Regel verhaftet, andere Verbrecher nur, wenn die muthmassliche Strafe einjährige Einsperrung überschreitet. Der Beschuldigte muss über die Sache und seine Personalien vernommen werden Die Art der Beweisführung ist unbeschränkt; zwei vereidete einwandsfreie Zeugen geben vollen Beweis. Mangels Geständnisses kann auf Todesstrafe nur mit Zweidrittelmehrheit erkannt werden. Bei erheblichen, aber nicht vollständigen Beweisen wird auf eine „ausserordentliche“, d. i. mildere als die ordentliche Strafe erkannt, bei Nichtaufklärung des Herganges, aber Bestehenbleiben von Verdachtsgründen auf „vorläufige Freisprechung“, die eine spätere Wiedereröffnung der Untersuchung gestattet. Vor der Aburtheilung müssen mit dem Beschuldigten die Ergebnisse der Untersuchung nochmals durchgegangen und müssen ihm über alle erheblichen Umstände besondere Fragen, deren Beantwortung wörtlich ins Protokoll aufzunehmen ist, gestellt werden. Der Beschuldigte kann einen Vertheidiger wählen; bei muthmasslich mindestens 10jähriger Freiheitsstrafe muss ihm ein solcher gestellt werden. Bei der Abstimmung über die Strafe entscheidet im Zweifel das mildere Votum. Todesurtheile und Urtheile wegen Majestätsverbrechen bedürfen der Bestätigung des Königs, Urtheile in anderen schweren Straffällen, namentlich bei lebenslänglichem Gefängniss, der Einsendung an den Justizminister. Gegen das Urtheil erster Instanz hat der Angeschuldigte das Rechtsmittel der „weiteren Vertheidigung“, deren Ergebniss er nur, wenn er direkte Beweismittel für seine Unschuld anzubringen hat, durch die „Restitution“ anfechten kann. Da eine Anklagebehörde noch nicht besteht, so kann das erste Urtheil zu Ungunsten des Angeschuldigten nicht angefochten werden; nur bei Kriminaluntersuchungen gegen Beamte hat der Ressortchef des Beamten ein Rechtsmittel gegen seiner Ansicht nach zu milde Urtheile; führt dieses zu einer Verschärfung des ersten Urtheils, so hat der Beamte das Rechtsmittel der weiteren Vertheidigung. In anderen Fällen darf das zweite Urtheil nie härter als das erste ausfallen. Bei gewissen Verbrechen (Hoch- und Landesverrath, Duell, Bankerott und bei Verbrechen, die mit Vermögenskonfiskation, Verlust der Würden und Ehrenrechte bedroht sind) kann ein Kontumazialverfahren stattfinden. Nur die leichteren Vergehen werden von den Untergerichten, alle schwereren von den Obergerichten, auf Grund der von den Inquisitoriaten, Kreisjustizräthen, oder Untergerichten geführten Untersuchungen, oder dem zuständigen besonderen Gerichte abgeurtheilt.

Das Verfahren in Sachen der freiwilligen Gerichtsbarkeit ist durch das Landrecht (Geschäfte auf dem Gebiete des Familienrechtes, letztwillige Verfügungen!), die Allgemeine Gerichtsordnung (allgemeine Regale, Siegelungen, Taxen, Inventarien, letztwillige Verfügungen), die Deposital-, Hypotheken- und Vormundschaftsordnungen geregelt. In gewissem Umfange fand hier eine Mitwirkung der in Schlesien, Brandenburg, Pommern und Preussen bestehenden „Dorfgerichte", die aus dem Schulzen, mindestens 2 Schöffen oder „Gerichtsmännern" und einem Gerichtsschreiber zusammengesetzten Gemeindevorstände statt.

§ 9. Als höchste Aufsichts- und Verwaltungsbehörde im Justizressort finden wir das Justiz-Ministerium, dessen Ursprung, wie oben erwähnt, in der Ernennung Cocceji's zum Ministre-Chef de justice durch Friedrich Wilhelm I. liegt. Im Jahre 1747 erhielt Cocceji den Titel eines „Grosskanzlers", der auch auf seine Nachfolger als Chefs der Justizverwaltung überging. Seiner Entstehung durch Abzweigung von dem Geheimen Rath entsprechend war die Verfassung des Justiz-Ministeriums eine kollegiale: der Grosskanzler war nur der Vorsitzende des „Justiz-Staatsraths", eines Kollegiums von mehreren Mitgliedern des Geheimen Raths, die den Titel „Etatsminister" erhielten. So gab es 1786 vier Justizminister, den Grosskanzler (Carmer) und drei „Etatsminister". Die Ressortvertheilung zwischen dem Grosskanzler und den Justizministern war theils eine territoriale, theils eine nach Materien; der Einzelne bearbeitete die Berichte und Anfragen der Gerichte, die Eingaben der Parteien und dergleichen aus bestimmten Provinzen und daneben gewisse Spezialmaterien für alle Provinzen. Zu letzteren gehörten damals auch die Lehns-, Universitäts-, Stifts-, Kirchen- und Schulsachen. Die Spezialmaterien bearbeitet der einzelne Minister völlig ohne Zuziehung der anderen, die nach Provinzen vertheilten Gegenstände wurden zur Wahrung der Einheitlichkeit der Entscheidung im „Justiz-Staatsrath" vorgetragen. Jedoch wurde 1787 eine gleiche kollegialische Behandlung auch für die Spezialmaterien vorgeschrieben, und um diese zu ermöglichen, wurden 4 „vortragende Räthe" mit dem Charakter als „Geheime Ober-Justizräthe" angestellt; dieselben wurden dem Obertribunal und der „Gesetz-Kommission" entnommen.

Die „Gesetz-Kommission" war 1781 zur Entscheidung bei den Gerichtshöfen vorkommender streitiger Rechtsfragen, zur Prüfung aller neuen Gesetze und zur Ausarbeitung von Gesetzesvorlagen errichtet und bestand unter dem Chef-Präsidium des Grosskanzlers aus einer Justiz- und einer Finanz-Deputation.

Neben dem „Justiz-Staatsrath" und der „Gesetz-Kommission" bestand seit 1755 für das gesammte Staatsgebiet die „Immmediat-Justiz-Examinations-Kommission". Ihre Aufgabe war die schriftliche und mündliche Prüfung aller derer, welche die Stelle eines Mitgliedes eines Obergerichts, einer Mediatregierung oder eines grösseren Untergerichts erlangen wollten; das Bestehen einer gleichartigen Prüfung „bei einem Kollegium" war schon 1737 zur Vorbedingung für die Bekleidung einer solchen Stellung gemacht worden. Die Kommission bestand anfänglich nur aus Mitgliedern der höchsten Gerichtshöfe, später des Obertribunals, dann auch aus vortragenden Räthen des Justiz-Ministeriums.

§ 10. Abgesehen von den schon im § 8 erwähnten Veränderungen durch die neue Kriminalordnung traten bis zu den Ereignissen von 1806/07 solche in der Justizorganisation vorzugsweise durch die Erweiterungen des Staatsgebietes um Neu-Ostpreussen, Ansbach und Baireuth, Herford, Hildesheim, Goslar, das Eichsfeld, Mühlhausen, Nordhausen, Erfurt, Paderborn, Münster, Essen, Werden und Elten ein, und da man in diesen neuen Landestheilen vielfach von denen der älteren abweichende Einrichtungen bestehen liess oder schuf, so wurde die Organisation immer verworrener. Es wurden als Landesjustizkollegien 6 neue Regierungen (in Balystock, Plock, Ansbach, Baireuth, Heiligenstadt und Münster) und 2 „Regierungs-Deputationen" in Hildesheim und Paderborn errichtet. Die Zuständigkeit dieser neuen Obergerichte war aber eine weitere als die der älteren; insbesondere hatten sie auch die Rechtspflege der Kammer-Justiz-Deputationen und der Medizinalkollegien der anderen Landestheile. Auch die Inquisitoriate und Kreis-Justiz-Kommisionen erhielten in Neu-Ostpreussen eine weitere Zuständigkeit wie in Ost- und Westpreussen. An die Stelle der lokalen Patrimonialgerichte aber wurden in Neu-Ostpreussen „Kreisgerichte", in jedem Kreise 2, gesetzt, deren Besetzung, abgesehen von der erstmaligen, die sich der Staat vorbehielt, und Unterhaltung durch die vereinigten Inhaber der Patrimonialgerichtsbarkeit erfolgte.

Im Grossen und Ganzen bedeuten die in den neuen Landestheilen getroffenen Einrichtungen einen Fortschritt gegen die altländischen Zustände. Aber auch diese erfuhren mehrfache, wenn auch bescheidene Verbesserungen. In Westpreussen wurde die niedere Gerichtsbarkeit in kleinen Städten und auf Domänen bei „Land- und Stadtgerichten" vereinigt. Die Zuständigkeit einiger besonderer Gerichte wurde eingeschränkt oder deren Einrichtung verbessert. Freilich entstanden in dem Bernstein-Gericht in Danzig und der Schifffahrts-Kommission in Swinemünde auch neue Sondergerichte. Wichtiger waren Erweiterungen in der Zuständigkeit und Selbstständigkeit der Gerichte: in Ostpreussen und Litthauen erhielten die Obergerichte einen Theil der Geschäfte der Kammern und ihrer Justiz-Deputationen; insbesondere wurde aber die Zulässigkeit der Rechtsmittel nach der Höhe des Objekts anderweit geregelt, die Revision bei Objekten unter 500 Thlr. und in einigen anderen (Sponsalien-, Ehe-, Schwägerungs-, Bau- und Servituten-) Sachen dem Obertribunal abgenommen und den Landes-Justizkollegien übertragen, die Ehesachen der Nichteximirten von den Ober- an die Untergerichte verwiesen und die Anfragen der Gerichte an die Gesetz-Kommission in rechtshängigen Sachen untersagt. Bei dem Justiz-Staatsrath endlich vollzog sich 1800 eine Dezentralisation, indem der Vortrag im Kolleg auf die Generalien und die von dem betreffenden Ressortminister für erheblich erachteten Sachen beschränkt, die meisten Sachen also nur von diesem mit seinem vortragenden Rathe erledigt wurden.

II. Kapitel.

Vom Zusammenbruch des Staates bis zum konstitutionellen Staat.

§ 11. Die Ereignisse der Jahre 1806/07 wurden wie auf dem Gebiete der Verwaltung so auch auf dem der Gerichtsverfassung der Ausgangspunkt durchgreifender Umgestaltungen, deren Hauptbedeutung in der schärferen Trennung der Justiz von der Verwaltung und in der Beseitigung der meisten Sondergerichte lag. Die Verordnung wegen verbesserter Einrichtung der Provinzialbehörden vom 26. Dezember 1808 überwies nun allgemein die bisher durch die Landespolizei- und Finanzbehörden geübte Rechtspflege den ordentlichen Gerichten, und es wurden daher die Kammer-Justiz-Deputationen, das Ober-Revisions-Kollegium, die Ober-Revisions-Deputation sowie die anderen besonderen Spruchbehörden zweiter und dritter Instanz, die Gerichtsbarkeitsbehörden der indirekten Steuer-, Gestüts-, Lotterie- und Bergbehörden, des General-Postamts, die Mitwirkung der Kammern bei Bestellung und Beaufsichtigung der Domänen-Justizbeamten, die Französischen und Pfälzer Koloniegerichte, die Gerichtsbarkeit der jüdischen Rabbiner und Aeltesten beseitigt. Die Militärgerichtsbarkeit wurde für Civil-, Steuer- und Polizei-Strafsachen aufgehoben, die akademische Gerichtsbarkeit wesentlich eingeschränkt, die Zuständigkeitsgrenzen zwischen Justiz und Verwaltung bei Vergehen gegen die Finanzgesetze, Hoheitsrechte und Landespolizei-Verordnungen geordnet und der privilegirte Gerichtsstand des Fiskus in Civilsachen beseitigt. Andererseits gingen die Verwaltungsangelegenheiten, wie namentlich die evangelischen Konsistorialsachen, auf die Verwaltung über.

Von den Handels- und Schifffahrtsgerichten blieben nur das Königsberger Kommerz- und Admiralitäts-Kollegium und die Swinemünder Schifffahrts-Kommission in veränderter Gestalt bestehen. An die Stelle der aufgehobenen in Stettin und Memel traten Merkantil-Deputationen bei den dortigen Stadtgerichten; in den höheren Instanzen aber fand eine Mitwirkung kaufmännischer Mitglieder nicht statt.

Die Landes-Justizkollegien verloren nunmehr, wie schon im vorigen Buche erwähnt, die Bezeichnung „Regierungen" und ihre sonstigen verschiedenen Namen und erhielten sämmtlich, mit Ausnahme des seinen Namsn behaltenden Berliner Kammergerichts die Bezeichnung „Oberlandesgerichte". Nur zum Theil gelang dagegen die Beseitigung der Patrimonialgerichtsbarkeit. In den Immediatstädten wurde zwar bei Einführung der Stein'schen Städteordnung die Rechtspflege den Magistraten abgenommen und besonderen staatlichen, aber von den Gemeinden zu unterhaltenden Stadtgerichten übertragen. Dagegen wurde die Beseitigung der Patrimonialgerichtsbarkeit in den Mediatstädten und die Vereinigung der Domänen-Justizämter mit den benachbarten Stadtgerichten zu Land- und Stadtgerichten nur theilweise durchgeführt. Endlich trat an die Spitze des Justiz-Ministeriums nur ein einziger Justiz-Minister.

§ 12. War somit vor den Freiheitskriegen in den Hauptpunkten einigermassen Uebereinstimmung der Gerichtsverfassung in der Monarchie erzielt, so wurde diese wieder gründlich zerstört durch die Erweiterung des Staatsgebiets nach dem Wiener Kongress. Denn nur theilweise wurde in den neuen Gebieten die Gerichtsverfassung derjenigen des bisherigen Staatsgebiets angepasst, und wo dies geschah, bedeutete es theilweise einen Rückschritt gegen den bisherigen Zustand.

In den wiedergewonnenen rechtsrheinischen und den dazwischenliegenden neuen Gebieten hatte die Westfälische Herrschaft eine Gerichtsverfassung nach französischem Muster unter Aufhebung der Exemtionen und Patrimonialgerichte geschaffen; 1815 wurden die ostelbischen Einrichtungen eingeführt und dabei sogar die Exemtionen und die Patrimonialgerichtsbarkeit der privaten Grundherren für Civilsachen wieder hergestellt, letztere allerdings mit der Einschränkung, dass entweder Vereinigung mehrerer Gerichtsherren zu Kreisgerichten oder Anschluss an das Stadt- und Landgericht oder Bildung eines kollegialischen Patrimonialgerichts verlangt wurde, zu letzterem sich aber wenige Gerichtsherren entschlossen. Bei den grösseren Stadt- und Landgerichten wurden zur schnellen Erledigung unbedeutender oder besonders schleuniger Prozesse besondere „Bagatelldeputationen", bei einzelnen auch besondere Vormundschafts-, Kriminal-, Handlungs- und Schifffahrtsdeputationen gebildet.

In den vormals Sächsischen Landestheilen, von denen der grösste Theil mit einigen vormals Westfälischen, Weimarischen und Schwarzburgischen Gebieten zu dem Oberlandesgerichtsbezirk Naumburg vereinigt, ein anderer (Niederlausitz, die Kreise Kottbus und Hoyerswerda) zu dem Frankfurter, ein dritter (die übrige Oberlausitz) zu dem Glogauer, kleine Distrikte auch zu dem Magdeburger Oberlandesgericht und dem Kammergericht geschlagen wurden, blieb zunächst die vorgefundene Gerichtsverfassung mit Exemtionen, Patrimonial- und städtischer Gerichtsbarkeit bestehen. Im Jahre 1820 wurde aber die Patrimonialgerichtsbarkeit auf Civilsachen beschränkt, die der Städte aufgehoben und für die Königliche Civilgerichtsbarkeit über Nichteximirte Landgerichte und — für minder wichtige Sachen — Gerichtsämter, für Untersuchungen Inquisitoriate eingerichtet. Indess traten in den 30er Jahren an die Stelle dieser Landgerichte und Gerichtsämter wie in den alten Landestheilen „Stadt- und Landgerichte".

In den zu Westpreussen geschlagenen Theilen des Herzogthums Warschau wurden die Exemtionen, nicht aber — ausser im Landbezirk der Stadt Danzig für die adeligen Gutsherren — die Patrimonialgerichtsbarkeit wieder hergestellt, die Organisation der Gerichte aber der des übrigen Bezirkes des Oberlandesgerichtes Marienwerder angepasst. Dagegen wurde in der Provinz Posen weder der eximirte Gerichtsstand, noch die Patrimonialgerichtsbarkeit wieder ins Leben gerufen. Als unterste Gerichte werden „Friedensgerichte" eingerichtet, die in minder wichtigen Civilsachen entscheiden, in anderen einen Sühneversuch zu machen haben, auch die freiwillige Gerichtsbarkeit in gewissem Umfange verwalten. Die ihnen vorgesetzten Landgerichte bilden die zweite Instanz für die Entscheidungen der Friedensgerichte und theilweise auch gegenseitig für ihre Entscheidungen, im Uebrigen die Gerichte erster Instanz. Für Kriminal- und fiskalische Untersuchungen werden Inquisitoriate eingerichtet. Höchste Instanz ist das Oberappellationsgericht in Posen; dasselbe besteht aus 3 Abtheilungen, deren erste die dritte Instanz in Civil-, deren zweite die zweite Instanz in schweren Strafsachen ist, während der dritten die Justizverwaltung obliegt. Auch in dem Verfahren finden mancherlei Abweichungen von der Allgemeinen Gerichtsordnung statt.

In dem vormals Schwedischen Neuvorpommern wird die vorgefundene Gerichtsverfassung, die Exemtionen, eine weitgehende Gerichtsbarkeit der Städte, dagegen keine Patrimonialgerichtsbarkeit auf dem Lande kannte, mit einigen Modifikationen beibehalten. Als Untergericht für das platte Land fungiren 4 Kreisgerichte. In den Städten Stralsund, Greifswald, Wolgast und Barth übt die Stadt die Gerichtsbarkeit erster Instanz durch Kammer-, Nieder- und Waisengerichte, die zweiter Instanz durch den Magistrat, während in den übrigen Städten der Magistrat nur Gericht erster Instanz ist. Höchste Gerichte sind das Oberappellations-, das Hofgericht und das Konsistorium in Greifswald. Das Hofgericht ist das Gericht I. Instanz für die meisten Eximirten, die II. und III. Instanz für gewisse Entscheidungen der Kreis- und städtischen Gerichte, das Oberappellationsgericht erste Instanz für seine Mitglieder und deren Hausstand sowie in einigen anderen Fällen, es kann aber auch unter gewissen Voraussetzungen jede andere Sache an sich ziehen; zweite Instanz ist es für Entscheidungen des Hofgerichtes, des Konsistoriums und der Sondergerichte (akademisches Gericht in Greifswald, Pommersche und Rügensche Brandassekurationsgesellschaft für Versicherungssachen, Regierung für Separationssachen), sowie in erheblicheren Sachen der Kreis- und städtischen Gerichte, dritte und — in Strafsachen — vierte gegenüber wichtigeren Entscheidungen der zu Entscheidungen in zweiter oder dritter Instanz befugten Gerichte. Ausserdem ist es Justizverwaltungs- und Aufsichtsbehörde. Erst 1833 wurde gegen gewisse Urtheile des Oberappellationsgerichts Revision an das Obertribunal zugelassen. Das Konsistorium war Gericht erster Instanz insbesondere in Ehe-, Verlöbniss-, Schwängerungssachen, in Rechtsstreitigkeiten über Dienstbezüge der Geistlichen, Lehrer und sonstigen

Kirchen- und Schulbedienten, in Rechtssachen der Kirchen, Schulen und milden Stiftungen und über seine Mitglieder und deren Familien.

In dem Herzogthum Westfalen, dem Fürstenthum Siegen, den Aemtern Burbach und Neuenkirchen und den Grafschaften Wittgenstein-Wittgenstein und Wittgenstein-Berleburg, dem Bezirk des Oberlandesgerichtes in Arnsberg, wurde zwar durch Patent v. 21. Juni 1825 die altländische Gerichtsverfassung eingeführt; aber die darin verheissene Neuorganisation der landesherrlichen Untergerichte, der „Justizämter" blieb aus. Auch hier bestanden Exemtionen und in in geringer Zahl auch Patrimonial-, endlich zwei standesherrliche Gerichte der beiden Fürsten Wittgenstein.

Von der Rheinprovinz erhielten die beiden schon früher zu Preussen gehörig gewesenen Kreise Rees und Duisburg die Gerichtsverfassung der ehemals Preussischen, dann Königlich Westfälischen Landestheile. In dem rechtsrheinischen Theile des Regierungsbezirks Koblenz, bestehend aus ehemals Kurkölnischen, Kurtrierschen, Nassau-Weilburgischen, Saynschen, Solmsschen, Wiedschen und Hatzfeldschen Besitzungen und der vormaligen Reichsstadt Wetzlar, blieb im Wesentlichen die vorgefundene Gerichtsverfassung bestehen. Auch sie kannte Exemtionen, dagegen ausser der standesherrlichen keine Privatgerichtsbarkeit. Die Standesherren übten die Gerichtsbarkeit sowohl durch Untergerichte als auch durch ein Obergericht, die Regierung in Neuwied. Landesherrliche Untergerichte waren das Stadtgericht in Wetzlar und die Justizämter, landesherrliches Obergericht der Justizsenat in Ehrenbreitstein, der 1820 nach Koblenz verlegt und in einen besonderen Justizsenat des dortigen Landgerichtes umgewandelt wurde; soweit er, wie in Rechtssachen der Eximirten und in Kriminalsachen, in erster Instanz entschied, ging die Appellation zuerst an den Appellationsgerichtshof in Cöln, seit Anfang der 30er Jahre an das Oberlandesgericht in Arnsberg. In dritter und letzter Instanz war, auch für die standesherrlichen Gebiete, der Revisionshof in Berlin zuständig. Für die freiwillige Gerichtsbarkeit bestanden unter den Justizämtern Schöffengerichte, Landschreibereien, in einzelnen standesherrlichen Gebieten, jedoch nur behufs Mitwirkung unter Leitung des Untergerichts, Kirchspielsgerichte, Ortsschultheissen und Ortsgeschworenen.

In der übrigen Rheinprovinz wurde wie das Französische Recht so auch die Französische Justizverwaltung beibehalten. Diese kennt weder exemte Gerichtsstände noch eine Patrimonialgerichtsbarkeit und hatte fast die ganze freiwillige Gerichtsbarkeit den Gerichten abgenommen und den Notaren übertragen. Die ordentlichen Gerichte sind nach einigen von der Preussischen Regierung vorgenommenen Umgestaltungen für Civilsachen die Friedensgerichte, die Landgerichte, ein Appellationshof und ein Revisions- und Kassationshof. Die aus einem Richter und einem Gerichtsschreiber bestehenden Friedensgerichte sind für minder erhebliche Sachen, für die geringfügigsten ohne Zulassung einer Appellation zuständig; auch muss in den meisten Fällen der Anstellung einer Civilklage ein Sühneversuch vor ihnen vorangehen. Die Landgerichte, die früheren Tribunale erster Instanz, zerfallen in „Kammern" und sind mit einem Präsidenten, Kammerpräsidenten und Räthen besetzt; sie entscheiden als Appellationsinstanz über Urtheile der Friedensgerichte und, soweit diese nicht zuständig sind, in erster Instanz. Für Handels- und Schifffahrtssachen bestehen indess in erster Instanz besondere Handelsgerichte, deren Mitglieder dem Handelsstande entnommen werden. Der Appellationshof in Cöln zerfällt in 4 Senate und besteht aus einem Präsidenten, 3 Senatspräsidenten und Räthen. Er bildet die Appellationsinstanz gegen Urtheile der Landgerichte, Handelsgerichte und später der durch die Rheinschifffahrtsakte errichteten Rheinzollgerichte — zu solchen waren gewisse ordentliche Untergerichte bestellt. — Höchste Instanz ist seit 1819 der mit einem Präsidenten und Räthen besetzte Revisions- und Kassationshof in Berlin. Ueber leichte Strafsachen, die „einfachen Polizeiübertretungen" oder „Frevel" urtheilen die Friedensgerichte, über schwerere, die „Vergehen", die mit mindestens 3 Richtern besetzten Kammern der Landgerichte als Zuchtpolizeigerichte, über die schwersten, die „peinlichen Verbrechen", die „Assisengerichte", die aus 5 Richtern und 12, über die Schuldfrage, nicht aber über die Höhe der Strafe entscheidenden Geschworenen bestehen. Die Eintheilung in Frevel, Vergehen und Verbrechen geht von der Höhe der angedrohten Strafen aus. Gegen die Strafurtheile der Friedensgerichte findet Appellation an das Zuchtpolizeigericht, in einigen Fällen nur der Kassationsrekurs statt, gegen die erstinstanzliche des Zuchtpolizeigerichtes Appellation an eine andere, mit 5 Richtern besetzte Kammer desselben Landgerichtes. Gegen Erkenntnisse des Assisenhofes ist nur das Kassationsgesuch wegen Mängel des Verfahrens oder unrichtiger Anwendung des Gesetzes zulässig; es geht an den Kassationshof, der, wenn er ihm stattgiebt, bei Mängeln des Verfahrens die Sache vor ein anderes Assisengericht verweist, bei unrichtiger Anwendung des Gesetzes aber selbst entscheidet.

Wie wir sehen werden, ist diese rheinische Gerichtsorganisation theilweise vorbildlich für die spätere der übrigen Landestheile gewesen. Dasselbe gilt von der Einrichtung der Staatswaltschaft. Ihre, des Französischen ministère public oder der „gens du roi" Aufgabe war die Ermittelung der Strafthaten, Erhebung und Vertretung der Anklage und Vollstreckung der Straferkenntnisse, ferner die Vertretung des öffentlichen Interesses in gewissen Civil- (z. B. Ehe-), Vormundschafts- und Disciplinarsachen, Vertretung des Staates bei seinen Prozessen, endlich aber auch gewisse Funktionen der Justizverwaltung, Wahrnehmung des Interesses von Ehefrauen, Mündeln und Minderjährigen in gewissen Fällen, Revision der Personenstandsregister. Das öffentliche Ministerium besteht beim Landgericht aus einem Oberprokurator und einem oder zwei Hülfsarbeitern, die Prokuratoren heissen, beim Appellationshofe aus dem Generalprokurator und mehreren Generaladvokaten und Prokuratoren, von denen jene vorzugsweise zum Auftreten in den mündlichen Verhandlungen, diese für die schriftliche Bearbeitung bestimmt sind, und beim Kassationshofe aus einem Generalprokurator und einem Generaladvokaten. Bei den Friedensgerichten versehen die Funktionen des öffentlichen Ministeriums die Polizeikommissarien, Bürgermeister oder deren Adjunkte. Besorgung der Ladungen, Zustellungen und Exekutionen, aber auch der Aufwartung bei dem Gerichte ist Aufgabe der bei jedem Gerichte angestellten Gerichtsvollzieher (huissiers).

Wie die Organisation der Justizbehörden, so beruht auch das Verfahren derselben im Gebiete des Französischen Rechtes auf von denen in der ganzen übrigen Monarchie völlig verschiedenen Grundsätzen. Das civilprozessuale Verfahren beruht auf dem Grundsatze des Prozessbetriebs durch die Parteien. Nur bei den Friedensgerichten findet eine stärkere Offizialthätigkeit der Richter statt und verhandeln die Parteien ohne Anwälte oder Advokaten; hier ist das Verfahren ganz summarisch. Beim Landgericht besteht Anwaltszwang, und das Gericht tritt erst in Thätigkeit, nachdem die Parteien ohne seine Mitwirkung Klage, Klagebeantwortung und Replik gewechselt haben oder die Fristen für die beiden letzteren fruchtlos abgelaufen sind. Erst dann findet eine mündliche Verhandlung statt, in der regalmässig sogleich erkannt wird; in verwickelten Sachen kann aber das Gericht schriftlichen Vortrag durch einen Referenten, dem die Parteien ihre Akten und Urkunden einzureichen haben, in sehr verwickelten Sachen einen Schriftwechsel unter Bestellung eines Referenten, nach dessen Referat in der Sitzung die Anwälte nicht mehr zum Wort verstattet werden, anordnen. Analog ist das Verfahren vor dem Appellationshof. Beim Kassationshof beginnt das Verfahren mit Einreichung des Kassationsgesuchs („Gravatorialschrift"), worauf der Präsident dem Imploranten die Ladung der Gegenpartei unter Mittheilung der Gravatorialschrift aufgiebt; die Ladung muss bei Verlust des Rechtsmittels binnen bestimmter Frist geschehen. Hierauf kann der Gegner binnen bestimmter Frist mit einer Exceptionsschrift antworten. Demnächst oder nach Ablauf der Exceptionsfrist findet die Verhandlung statt; dieselbe besteht aus dem Referat — ohne Votum — des Referenten, den Vorträgen der Parteien, die statt dessen auf die gewechselten Schriftsätze sich beziehen können, Aeusserung des öffentlichen Ministeriums über Zulässigkeit und Begründetsein des Kassationsgesuches und — in derselben oder einer späteren Sitzung — Urtheilsverkündigung. Auch in Strafsachen ist vor den Friedensgerichten das Verfahren ein mehr summarisches; seine Einleitung ist bedingt durch die Erhebung der Klage durch das öffentliche Ministerium oder den Verletzten. Beim Zuchtpolizeigericht kann in der Regel nur das öffentliche Ministerium die Klage erheben. In einfachen Sachen kann hierauf der Untersuchungsrichter des Zuchtpolizeigerichts den Angeschuldigten und die Zeugen sofort vor das Gericht zur Hauptverhandlung laden; in der Regel findet aber erst eine Voruntersuchung durch diesen Richter und auf Grund der Ergebnisse derselben eine Beschlussfassung der hierzu bestellten „Rathskammer" des Landgerichts darüber statt, ob das Hauptverfahren vor dem Zuchtpolizeigericht zu eröffnen oder das Verfahren einzustellen oder, weil nur eine Kontravention vorliege, die Sache an das Friedensgericht zu verweisen oder sie endlich, weil sie kriminell sei, an den Generalprokurator behufs Erwirkung der weiteren Bestimmung des Anklagesenats des Appellationshofes zu verweisen sei. Die Hauptverhandlung vor dem Zuchtpolizeigericht st mündlich: der Staatsanwalt entwickelt die Anschuldigung, der Angeschuldigte wird vernommen, die Zeugen werden gehört und zum Beweise dienende Protokolle und Urkunden werden verlesen, darauf Vertheidigung des Angeschuldigten persönlich oder durch einen erwählten Vertheidiger, Resumé und Antrag des Staatsanwalts, Replik des Angeschuldigten oder Vertheidigers, Findung und Verkündung des Urtheils. In kriminellen Sachen ist die Voruntersuchung durch den Untersuchungsrichter des Landgerichts Vorschrift; nach Abschluss derselben beschliesst die Rathskammer, und zwar, wenn auch nur ein Mitglied der Ansicht ist, dass ein Kriminalverbrechen vorliege und der Angeschuldigte desselben hinreichend verdächtig sei, einen Haftbefehl gegen diesen, der aber erst vollzogen wird, wenn der vom Generalprokurator binnen 10 Tagen anzurufende Anklagesenat des Appellationshofes auf seinen Vortrag und schriftlichen Antrag das Anklageurtheil gefällt hat. Auf Grund des Anklageurtheils fertigt der Generalprokurator eine Anklageschrift, die dem Angeklagten zugestellt wird. Letzterer wird vom Präsidenten des Assisenhofes oder von einem von ihm delegirten Richter vernommen und ihm, wenn er nicht selbst einen wählen will, von Amts wegen ein Vertheidiger bestellt. Der Generalprokurator und der Angeklagte lassen ihre Zeugen zur Hauptverhandlung vor den Assisen laden. Die letztere beginnt mit Ausloosung und Vereidigung von 12 der geladenen 30 bis 36 Geschworenen. Es folgen Verlesung des Anklageurtheils und der Anklageschrift, Vernehmung des Angeklagten, die Beweisaufnahme, Vortrag des Staatsanwalts, Vertheidigung des Angeklagten, Resumé des Präsidenten an die Geschworenen und Vorlegung der von ihnen zu beantwortenden schriftlichen Fragen, Berathung der Geschworenen, Verlesung ihres Spruchs durch ihren Obmann. Lautet der Spruch auf nichtschuldig, so wird der Angeklagte sofort in Freiheit gesetzt. Andernfalls erkennt der Gerichtshof nach Anhörung des Staatsanwalts und des Angeklagten oder seines Vertheidigers über das Strafmass. Gegen Freisprechung kann der Staatsanwalt nur wegen „Nullitäten" des Verfahrens Kassation beantragen. Lautet der Spruch der Geschworenen auf schuldig, aber nur mit 7 gegen 5 Stimmen, so fällt die Entscheidung über die Schuldfrage dem Gerichtshofe anheim, und ist letzterer der Ansicht, dass sich die Assisen gänzlich geirrt haben, so kann er die Sache an eine andere Jury der nächsten Tagung verweisen. Gegen das Urtheil des Assisenhofes ist nur das Kassationsgesuch wegen gewisser Formfehler oder unrichtiger Anwendung des Gesetzes binnen 3 Tagen zulässig. Ist das Gesuch begründet, so kassirt der Kassationshof bei Formfehlern, die vor dem Spruch der Geschworenen vorgefallen sind, das ganze Verfahren, bei anderen Kassationsgründen erkennt er selbst über die Hauptsache. Wird der Kassationsrekurs zurückgewiesen, so wird das Urtheil binnen 24 Stunden nach Eingang des Urtheils des Kassationshofes vollstreckt, wenn aber Rekurs nicht eingelegt ist, 24 Stunden nach Ablauf der Rekursfrist. Das Verfahren vor dem Kassationshof entspricht dem in Civilsachen. Eine Bestätigung des Todesurtheils durch den Landesherrn kannte das Französische Recht nicht; doch nahm der König schon 1816 auch für die Rheinprovinz als einen Ausfluss seines Begnadigungsrechts das Recht in Anspruch, die Vollstreckung eines solchen Urtheils von seiner Bestätigung abhängig zu machen.

§ 13. Zweifellos besassen die Französisch-Rheinische Gerichtsverfassung und ihr Prozess grosse Vorzüge vor denen aller anderen Landestheile. Gleichwohl verstrich noch lange, lange Zeit, bis es in diesen Landestheilen zu einer jener Organisation nachgebildeten Reform kam. Indess so ganz unfruchtbar waren doch auch die ersten Jahrzehnte nach Wiederherstellung des Friedens nicht für die Verbesserung der Justizverfassung und des Civil- und Strafprozesses. Insbesondere wurden durch die für das Geltungsgebiet der Allgemeinen Gerichtsordnung mit Ausschluss von Posen erlassene Verordn. v. 1. Juni 1833 (G.-S. S. 37) für gewisse geringfügige oder eilbedürftige Sachen vereinfachte Prozessformen eingeführt oder erweitert, der bereits durch die Allgemeine Gerichtsordnung geschaffene Mandatsprozess, ein Verfahren nach Art des heutigen Mahnverfahrens, der summarische und der Bagatellprozess. Das Wesentliche dieser Prozessformen besteht in der Beseitigung des Schriftwechsels, indem auf die Klage hin beim

Mandatsprozess sofort ein Mandat an den Beklagten, den Kläger zu befriedigen, erlassen, im summarischen und Bagatellprozess sogleich ein Termin zur Klagebeantwortung und mündlichen Verhandlung anberaumt wird, ferner für den Bagatellprozess in der Verhandlung vor einem Einzelrichter und endlich in dem Kontumazialverfahren. Der summarische Prozess wurde später durch Verordn. v. 21. Juli 1846 (G.-S. S. 291) auf alle nicht im Bagatell-, Ehe- oder vormundschaftlichen Prozesse zu verhandelnden Sachen ausgedehnt und das Verfahren zum Theil neu geordnet; beseitigt wurde dabei insbesondere die Zulässigkeit des Verzichts auf die mündliche Verhandlung. Einen kleinen Schritt zur Justizeinheit bedeutete es sodann, das in demselben Jahre (Verordn. v. 14. Dez. 1833 — G.-S. S. 302) die Revisionen und Nichtigkeitsbeschwerden aus allen Provinzen ausschliesslich vor das Obertribunal verwiesen wurden. Dabei wurde die Zulässigkeit der Revision eingeschränkt in vermögensrechtlichen Prozessen auf die Fälle, in denen die beiden ersten Erkenntnisse von einander abweichen und zugleich der dieser Verschiedenheit unterliegende Gegenstand der Beschwerde mehr als 500 Thlr. beträgt oder unschätzbar ist, und unter Ausschluss von Schwängerungs- und Alimentenprozessen. Die Nichtigkeitsbeschwerde wegen Verletzung oder unrichtiger Anwendung von Rechtsgrundsätzen und von gewissen Prozessvorschriften wurde in Civil-, Steuerstraf- und Strafsachen gegen Beamte wegen Dienstvergehen gegen solche Erkenntnisse zugelassen, gegen die ein ordentliches Rechtsmittel nicht stattfindet. Ein Nichtigkeitsgrund ist u. a., wenn bei einem als Kollegium erkennenden Gericht an dem Urtheil I. Instanz nicht wenigstens 3, in II. Instanz nicht wenigstens 5 Richter mitgewirkt haben. Behufs Wahrung der Einheit der Rechtsgrundsätze wurden durch Kab.-O. v. 1. Aug. 1836 (G.-S. S. 218) gewisse Vorschriften für das Verfahren beim Obertribunal getroffen, von denen hervorzuheben ist, dass es zu Abweichungen von bisher beobachteten Rechtsgrundsätzen fortan einer Plenarentscheidung bedarf.

Von minderer allgemeiner Wichtigkeit waren die Aenderungen der Bezirksgrenzen der Obergerichte infolge der Verordn. v. 30. April 1815 wegen verbesserter Einrichtung der Provinzialbehörden, die Errichtung von Fabrikgerichten als Deputationen der allgemeinen Gerichte für Streitigkeiten zwischen Fabrikherren und Arbeitern in Berlin und den Oberlandesgerichtsbezirken Hamm und Arnsberg, die Einrichtung von Berggerichten, der Generalkommissionen und Revisionskollegien für Separationsstreitigkeiten, die Neuregelung der akademischen Gerichtsbarkeit (1819), die Einrichtung von Weser- und Rheinzoll-Gerichten, von besonderen „Steueramts-Untersuchungsrichtern" für Vergehen gegen die Gesetze über die indirekten Steuern, von Schiedsmännern zur gütlichen Schlichtung von Rechtsstreitigkeiten in Preussen, Schlesien, Brandenburg, Pommern und Sachsen, die Zuziehung kaufmännischer Mitglieder für Handels- und Schifffahrtssachen bei den Stadtgerichten in Elbing und Tilsit, die Aufhebung des eximirten Gerichtsstandes der Juden in Berlin, die Rückgabe der Gerichtsbarkeit in den Mediatstädten an die Schlesischen Standesherren u. a. m. Von finanzieller Bedeutung war es, dass 1820 den Städten die Verpflichtung zur Unterhaltung der Gerichtsbehörden abgenommen wurde, doch geschah dies zunächst nur theilweise (vgl. unten in §§ 15 und 16).

Eine einschneidende Umgestaltung erfuhr (Verordn. v. 16. Juni 1834 — G.-S. S. 75) die Gerichtsverfassung in der Provinz Posen: es wurden für jeden Kreis ein Stadt- und Landgericht, für jeden Regierungsbezirk ein Oberlandesgericht und für die ganze Provinz ein Ober-Appellationsgericht eingerichtet; bestehen blieben die Inquisitoriate. Die Stadt- und Landgerichte sind Gerichte erster Instanz in den minder wichtigen, die Oberlandesgerichte solche erster Instanz in den wichtigeren Civil- und Strafsachen und die zweite Instanz für Strafurtheile der Stadt- und Landgerichte; das Ober-Appellationsgericht ist die zweite Instanz für alle Civilsachen und die in erster Instanz von den Oberlandesgerichten entschiedenen Strafsachen.

Eine bedeutsame Aenderung trat im Justiz-Ministerium 1832 ein, indem wieder nicht nur ein, sondern zwei Justizminister ernannt wurden, deren einem die Leitung der allgemeinen und provinziellen Gesetzesrevision und der rheinischen Justizangelegenheiten oblag, während der andere für die übrigen Landestheile die Justizaufsichtsbehörde bildete und ausserdem die Lehnsachen bearbeitete. Diese Einrichtung bestand bis 1838, wo dem zweiten Justizminister nur die Gesetzrevision verblieb. Im Jahre 1842 wurde ihm eine besondere „Gesetzkommission“ untergeordnet. Erst 1848 wurde diese aufgehoben und das Ministerium der Gesetzrevision mit dem Justiz-Ministerium vereinigt, womit die Einheit wieder hergestellt war.

II. Abschnitt.

Die preussische Justizorganisation im konstitutionellen Staat bis zur Reichs-Justizreform.

I. Kapitel.

Bis zu der Erweiterung des Staatsgebiets im Jahre 1866.

§ 14. Die im vorigen Abschnitt skizzirte Organisation der Gerichte und des Verfahrens vor denselben stand in den Landestheilen östlich des Rheines mit den liberalen Forderungen, die absolute Unabhängigkeit der Gerichte, Beseitigung aller nicht staatlichen Gerichtsbarkeit, Aufhebung aller Standesvorrechte und Betheiligung des Laienelements bei der Rechtsprechung verlangte, in offenbarer Disharmonie, während die auf dem Boden der Errungenschaften der Französischen Revolution erwachsenen Einrichtungen auf dem linken Rheinufer jenen Postulaten bereits gerecht wurden. Schon die oktroyirte Verfassungsurkunde v. 5. Dez. 1848 forderte daher Aufhebung aller Privatgerichtsbarkeit (Art. 40), Unabhängigkeit der Gerichte (Art. 85), Beseitigung aller Standesvorrechte, Ausnahmegerichte und ausserordentlichen Kommissionen (Art. 7), Oeffentlichkeit der Gerichtsverhandlungen (Art. 92), Einführung von Geschworenengerichten (Art. 93) und Einheitlichkeit der Rechtsprechung in höchster Instanz (Art. 91). Die revidirte Verfassungsurkunde v. 31. Jan. 1850 hat diese Postulate in folgender Fassung aufrechterhalten:

Art. 4. Alle Preussen sind vor dem Gesetze gleich. Standesvorrechte finden nicht statt. Die öffentlichen Aemter sind, unter Einhaltung der von den Gesetzen festgestellten Bedingungen, für alle dazu Befähigten gleich zugänglich.

Art. 7. Niemand darf seinem gesetzlichen Richter entzogen werden. Ausnahmegerichte und ausserordentliche Kommissionen sind unstatthaft.

Art. 8. Strafen können nur in Gemässheit des Gesetzes angedroht oder verhängt werden.

Art. 42. Das Recht der freien Verfügung über das Grundeigenthum unterliegt keinen anderen Beschränkungen, als denen der allgemeinen Gesetzgebung. Die Theilbarkeit des Grundeigenthums und die Ablösbarkeit der Grundlasten wird gewährleistet.

Für die todte Hand sind Beschränkungen des Rechts, Liegenschaften zu erwerben und über sie zu verfügen, zulässig.

Aufgehoben ohne Entschädigung sind:

1. die Gerichtsherrlichkeit, die gutsherrliche Polizei und die obrigkeitliche Gewalt, sowie die gewissen Grundstücken zustehenden Hoheitsrechte und Privilegien;

2. die aus diesen Befugnissen aus der Schutzherrlichkeit, der früheren Erbunterthänigkeit, der früheren Steuer- und Gewerbeverfassung herstammenden Verpflichtungen.

Mit den aufgehobenen Rechten fallen auch die Gegenleistungen und Lasten weg, welche den bisherigen Berechtigten dafür oblagen.

Bei erblicher Ueberlassung eines Grundstücks ist nur die Uebertragung des vollen Eigenthums zulässig; jedoch kann auch hier ein fester ablösbarer Zins vorbehalten werden.

Die weitere Ausführung dieser Bestimmungen bleibt besonderen Gesetzen vorbehalten.

Art. 86. Die richterliche Gewalt wird im Namen des Königs durch unabhängige, keiner anderen Autorität als der des Gesetzes unterworfene Gerichte ausgeübt.

Die Urtheile werden im Namen des Königs ausgefertigt und vollstreckt.

Art. 87. Die Richter werden vom Könige oder in dessen Namen auf ihre Lebenszeit ernannt. Sie können nur durch Richterspruch aus Gründen, welche die Gesetze vorgesehen haben, ihres Amtes entsetzt oder zeitweise enthoben werden. Die vorläufige Amtssuspension, welche nicht kraft des Gesetzes eintritt, und die unfreiwillige Versetzung an eine andere Stelle oder in den Ruhestand können nur aus den Ursachen und unter den Formen, welche im Gesetze angegeben sind, und nur auf Grund eines richterlichen Beschlusses erfolgen.

Auf die Versetzungen, welche durch Veränderungen in der Organisation der Gerichte oder ihrer Bezirke nöthig werden, finden diese Bestimmungen keine Anwendung.

Art. 88. Den Richtern dürfen andere besoldete Staatsämter fortan nicht übertragen werden. Ausnahmen sind nur auf Grund eines Gesetzes zulässig.

Art. 89. Die Organisation der Gerichte wird durch das Gesetz bestimmt.

Art. 90. Zu einem Richteramte darf nur der berufen werden, welcher sich zu demselben nach Vorschrift der Gesetze befähigt hat.

Art. 91. Gerichte für besondere Klassen von Angelegenheiten, insbesondere Handels- und Gewerbegerichte, sollen im Wege der Gesetzgebung an den Orten errichtet werden, wo das Bedürfniss solche erfordert.

Die Organisation und Zuständigkeit solcher Gerichte, das Verfahren bei denselben, die Ernennung ihrer Mitglieder, die besonderen Verhältnisse der Letzteren und die Dauer ihres Amtes werden durch das Gesetz festgestellt.

Art. 92. Es soll in Preussen nur ein oberster Gerichtshof bestehen.

Art. 93. Die Verhandlungen vor dem erkennenden Gerichte in Civil- und Strafsachen sollen öffentlich sein. Die Oeffentlichkeit kann jedoch durch einen öffentlich zu verkündenden

Beschluss des Gerichts ausgeschlossen werden, wenn sie der Ordnung oder den guten Sitten Gefahr droht.

In anderen Fällen kann die Oeffentlichkeit nur durch Gesetze beschränkt werden.

Art. 94. Bei den mit schweren Strafen bedrohten Verbrechen, bei allen politischen Verbrechen und bei allen Pressvergehen, welche das Gesetz nicht ausdrücklich ausnimmt, erfolgt die Entscheidung über die Schuld des Angeklagten durch Geschworene. Die Bildung des Geschworenengerichts regelt das Gesetz.

Art. 95. Es kann mit vorheriger Zustimmung der Kammern ein besonderer Schwurgerichtshof errichtet werden, dessen Zuständigkeit die Verbrechen des Hochverraths und diejenigen schweren Verbrechen gegen die innere und äussere Sicherheit des Staats, welche ihm durch das Gesetz überwiesen werden, bestraft. Die Bildung der Geschworenen bei dem Gerichte regelt das Gesetz.

Art. 96. Die Kompetenz der Gerichte und Verwaltungsbehörden wird durch das Gesetz bestimmt. Ueber Kompetenzkonflikte zwischen den Verwaltungs- und Gerichtsbehörden entscheidet ein durch das Gesetz bezeichneter Gerichtshof.

Art. 97. Die Bedingungen, unter welchen öffentliche Civil- und Militärbeamte wegen durch Ueberschreitung ihrer Amtsbefugnisse verübter Rechtsverletzungen gerichtlich in Anspruch genommen werden können, bestimmt das Gesetz. Eine vorgängige Genehmigung der vorgesetzten Dienstbehörde darf jedoch nicht verlangt werden.

Art. 116. Die noch bestehenden beiden obersten Gerichtshöfe sollen zu einem Einzigen vereinigt werden. Die Organisation erfolgt durch ein besonderes Gesetz.

Die allgemeinen Grundsätze der oktroyirten Verfassung hatten bereits wenige Wochen nach ihrem Erlass ihren Ausbau in den Verordnungen über die Aufhebung der Privatgerichtsbarkeit und des eximirten Gerichtsstandes sowie über die anderweitige Organisation der Gerichte, vom 2. Januar und über die Einführung des mündlichen und öffentlichen Verfahrens mit Geschworenen in Untersuchungssachen v. 3. Jan. 1849 (G.-S. S. 1 u. 14) erhalten. Durch die erstere fiel nunmehr endlich jede „standesherrliche, städtische und Patrimonialgerichtsbarkeit“ und „der eximirte und privilegirte Gerichtsstand für Personen, Grundstücke und Gerechtigkeiten“ mit Ausnahme des Gerichtsstandes der Mitglieder der Königlichen Familie und des neu zu regelnden der Militärpersonen in Strafsachen und der Studirenden. Als Gericht erster Instanz soll unter thunlichster Anlehnung an die Kreiseintheilung für durchschnittlich 50 000 Einwohner ein Kreisgericht, besetzt mit einem Direktor und mindestens 6 (ausnahmsweise 5) Mitgliedern (Räthen und Assessoren), errichtet werden. In Städten mit mindestens 50 000 Einwohnern wird das Stadtgericht beibehalten, dessen erster Direktor den Titel „Präsident“ führt; entweder wird dort neben dem Stadtgericht ein besonderes Kreisgericht errichtet oder es wird die Zuständigkeit des Stadtgerichtes auf den Landbezirk ausgedehnt. Die Kreis- und Stadtgerichte sind für alle Civil- und Strafsachen zuständig; nur Schwurgerichte finden nicht bei allen statt. Die Kreis- und Stadtgerichte zerfallen in zwei Abtheilungen, deren erste die streitigen Civil- und Strafsachen, die Kredit- und Subhastationssachen, deren zweite die übrigen Geschäfte bearbeitet. Von durch den Direktor bestellten ständigen Kommissarien der ersten Abtheilung als Einzelrichtern werden die Bagatell-, Injurien- und Untersuchungssachen bearbeitet. In grösseren oder entfernteren Orten des Gerichtssprengels können Einzelrichter als detachirte Mitglieder des Kreisgerichts angestellt oder auch zur Erledigung der kollegialisch zu behandelnden Sachen dort bisher vorhandene Gerichtskollegien als Deputationen und besondere Abtheilungen des Kreisgerichts beibehalten werden. Auch können, wo ein Bedürfniss besteht, besondere Handels- und Gewerbegerichte eingerichtet werden, in denen die Rechtspflege durch sachkundige, von den Berufsgenossen gewählte Richter verwaltet oder mitverwaltet wird. Obergerichte sind das Kammergericht, der Justizsenat zu Ehrenbreitstein und 19 „Appellationsgerichte“ (in Insterburg, Königsberg, Marienwerder, Bromberg, Posen, Stettin, Cöslin, Greifswald, Frankfurt, Breslau, Glogau, Ratibor, Naumburg, Halberstadt, Magdeburg, Münster, Hamm, Paderborn und Arnsberg); aufgehoben werden das Tribunal in Königsberg, das Ober-Appellationsgericht in Posen und das Hofgericht nebst dem Konsistorium in Greifswald. Die Gerichte zweiter Instanz zerfallen nach Bedürfniss in Senate und bestehen aus einem Chef-, Senat-Präsidenten und Räthen; Assessoren dürfen ständig bei ihnen nicht beschäftigt werden. Die gedachten Richter sind in allen Civil- und Strafsachen die Appellations- und Rekursinstanz, die Aufsichts- und Beschwerdeinstanz für die Gerichte erster Instanz und bearbeiten als erste Instanz die Lehns-, Fideikommiss- und Stiftungssachen sowie Justizvisitations-, Disziplinar- und Anstellungssachen. Das Obertribunal ist nunmehr höchste Instanz für den ganzen Staat mit Ausnahme des rheinisch-rechtlichen Gebiets. Die bisherigen Justizkommissarien und Advokaten nehmen den Amtscharakter „Rechtsanwalt“ an und können bei Gerichten erster Instanz zugleich Notare sein. Die Kreis-Justizräthe fallen fort.

Die Verhandlungen vor dem erkennenden Gerichte sind mündlich und, soweit nicht das Gericht „aus Gründen des öffentlichen Wohles oder der Sittlichkeit“ den Ausschluss der Oeffentlichkeit beschliesst, öffentlich, die Urtheile tragen die Ueberschrift „Im Namen des Königs“.

Präsidenten, Direktoren und Räthe werden vom König, Assessoren, Rechtsanwälte, Notarien und Referendarien vom Justizminister ernannt; niemand kann Mitglied eines höheren Gerichts werden, der nicht mindestens 4 Jahre Richter oder Staatsanwalt bei einem Gerichte der nächstniedrigeren Gattung war. Direktoren der Kreisgerichte müssen die grosse Staatsprüfung abgelegt haben; im Uebrigen bleibt eine Revision der Vorschriften über die Qualifikation vorbehalten. Rechtsanwälte müssen dieselbe Qualifikation haben wie die Richter des Gerichts, bei dem sie angestellt sind.

Die Verordnung v. 3. Jan. 1849 macht jedes Strafverfahren von einer Anklage abhängig. Als Anklagebehörde wird nunmehr auch östlich des Rheines die Staatsanwaltschaft eingeführt. Für jedes Appellationsgericht wird ein Oberstaatsanwalt, für jedes einzelne Kreis- oder Stadtgericht oder für mehrere Kreisgerichte wird ein Staatsanwalt mit Richterqualifikation vom Könige ernannt, dem nach Bedarf Gehülfen beigeordnet werden. Beim Obertribunal nimmt die staatsanwaltschaftliche Funktion die Staatsanwaltschaft beim Kammergericht wahr. Die Beamten der Staatsanwaltschaft sind nicht richterliche Beamte und unterliegen nur der Dienstaufsicht des Justizministers und des Oberstaatsanwalts.

Polizeibehörden und andere Sicherheitsbeamte sind Organe der Staatsanwaltschaft. Aufgabe des Staatsanwalts ist es, „nicht bloss darauf zu achten, dass kein Schuldiger der Strafe entgehe, sondern auch darauf, dass niemand schuldlos verfolgt werde“. Eine eigene Exekutive hat aber die Staatsanwaltschaft nur bei Gefahr im Verzuge oder Ergreifung auf frischer That: in allen anderen Fällen muss sie Untersuchungshandlungen, Verhaftungen und Beschlagnahmen beim Gericht oder der Polizeibehörde beantragen. Auch die umfassende Zuständigkeit in andern als Strafsachen, wie er sie auf dem linken Rheinufer besitzt, ist dem Staatsanwalt im übrigen Staatsgebiet nicht beigelegt. Die Eröffnung einer Untersuchung erfolgt durch förmlichen Beschluss des Gerichts.

Auch in Strafsachen besteht der Grundsatz der Mündlichkeit und Oeffentlichkeit. Abgesehen von der Voruntersuchung, kann der Angeklagte sich in allen Fällen des Beistandes eines Vertheidigers bedienen; in Schwurgerichtssachen ist ihm, falls er keinen wählt, von Amtswegen ein Vertheidiger zu stellen. Beseitigt wird die vorläufige Lossprechung (Freisprechung von der Instanz), die Verurtheilung zu einer niedrigeren als der vollen gesetzlichen Strafe und die Bestätigung von Urtheilen durch den Justizminister. Auch machen die positiven Regeln über die Wirkung der Beweise dem Grundsatze der freien Beweiswürdigung Platz. Zuständig ist für „Vergehen“ mit gewissen Ausnahmen der Einzelrichter, vor dem die Funktionen des Staatsanwalts der vom Regierungspräsidenten nach Anhörung des Oberstaatsanwalts ernannte Polizeianwalt wahrnimmt; das Verfahren ist ein vereinfachtes auf Grund mündlicher oder schriftlicher Anklage und ohne förmlichen Eröffnungsbeschluss. Ueber die von diesem Verfahren ausgeschlossenen Vergehen und die nicht der Zuständigkeit der Geschworenengerichte überwiesenen „Verbrechen“ (s. u.) entscheidet die Abtheilung des Kreis- oder Stadtgerichts in der Besetzung von drei Richtern nach zuvorigem, auf Grund der Anklageschrift des Staatsanwalts von ihr zu fassenden Eröffnungsbeschluss. Ob eine Voruntersuchung voranzugehen habe, hängt von dem Antrage des Staatsanwalts ab, auf Grund dessen die Gerichtsabtheilung einen Untersuchungsrichter bestellt; nach Abschluss der Voruntersuchung legt letzterer die Akten dem Staatsanwalt vor, der bei dem Gerichte nur die Anklage zu erheben oder Einstellung des Verfahrens zu beantragen hat. In der Hauptverhandlung werden auch solche Zeugen nochmals vernommen, die schon in der Voruntersuchung vernommen waren. Ueber Verbrechen, die mit einer härtern als 3jährigen Freiheitsstrafe bedroht sind, mit gewissen Ausnahmen (gewisse Amtsverbrechen und Diebstahlsfälle) und über „politische“ und Pressverbrechen urtheilen Schwurgerichte in der Besetzung von 5 Richtern und 12 Geschworenen. Das Verfahren ist dem rheinischen nachgebildet. Die Voruntersuchung ist ausser für gewisse leichtere politische und Pressverbrechen obligatorisch. Nach ihrem Abschluss beantragt der Staatsanwalt bei der Gerichtsabtheilung von 3 Richtern Einstellung des Verfahrens oder Versetzung in den Anklagestand; erklärt sich die Abtheilung für letztere, so gehen die Verhandlungen an das Appellationsgericht, dessen aus 5 Mitgliedern bestehende Abtheilung für Strafsachen erst definitiv über die Versetzung in den Anklagestand und Verweisung vor ein bestimmtes Schwurgericht beschliesst, worauf der Oberstaatsanwalt die Anklageschrift anfertigt und dem zur Abhaltung des Schwurgerichts zuständigen Gerichte und dessen Staatsanwalte übersendet. Anders wie am Rhein sind die Bedingungen der Wählbarkeit zum Geschworenen geregelt. Die Vernehmung des Angeklagten vor der Hauptverhandlung findet nicht statt. Bekennt sich der Angeklagte schuldig und waltet gegen die Richtigkeit des Bekenntnisses kein Bedenken, so fällt der Gerichtshof das Urtheil ohne Zuziehung von Geschworenen. Bei Ausbleiben des Angeklagten kann ein Kontumazialurtheil ohne Mitwirkung der Geschworenen ergehen, gegen das der Angeklagte binnen 3 Tagen Einspruch erheben kann mit der Wirkung, dass die Sache zur abermaligen Verhandlung vor das Schwurgericht gelangt. Der Präsident des Gerichtshofes gibt den Geschworenen nicht nur ein Resumé, sondern auch eine Rechtsbelehrung.

Gegen die Urtheile der Einzelrichter und Gerichtsabtheilungen in Strafsachen steht binnen 10 Tagen dem Staatsanwalt und dem Angeklagten die Appellation zu, die aber die thatsächlichen Feststellungen des ersten Richters nur mittels neuer Thatsachen und Beweismittel anfechten kann. Verspätete Appellationen weist das erste Gericht mittels Verfügung, die durch Beschwerde beim Appellationsgericht anfechtbar ist, zurück. Ueber rechtzeitige Appellationen entscheidet die Abtheilung des Appellationsgerichts in der Besetzung von 5 Richtern in mündlicher Verhandlung, an der der verhaftete Angeklagte der Regel nach nicht persönlich, sondern nur durch einen, eventuell von Amtswegen zu stellenden Vertheidiger theilnimmt. Gegen das Appellationsurtel in Sachen, in denen in erster Instanz der Einzelrichter erkannt hat, findet ein weiteres Rechtsmittel nicht statt, gegen andere und gegen Schwurgerichtsurtheile wegen gewisser Formfehler, die nach Vorschrift des Gesetzes die Nichtigkeit nach sich ziehen, und wegen Verletzung eines Strafgesetzes mit ebenfalls 10tägiger Frist die Nichtigkeitsbeschwerde, die ebenfalls sowohl der Anklagebehörde als auch dem Angeklagten zusteht, der Ersteren aber nicht, wenn die Geschworenen auf „Nichtschuldig“ erkannt haben; die Entscheidung über dieselbe erfolgt durch einen mit 7 Richtern besetzten Senat des Obertribunals. Restitution findet ohne Frist gegen jedes rechtskräftige Strafurtheil statt, wenn der Verurtheilte nachweist, dass das Urtheil auf eine falsche Urkunde oder die Aussage eines meineidigen Zeugen gegründet ist; die neue Verhandlung erfolgt vor dem Gericht, das das erste Mal erkannt hat. Gegen Zurückweisung des Restitutionsgesuchs findet Beschwerde an die höhere Instanz statt, die endgültig entscheidet.

Bei blossen „Polizeivergehen“, d. i. den Uebertretungen der Polizeistrafgesetze, findet das für andere Vergehen vorgeschriebene Verfahren vor dem Einzelrichter mit einigen weiteren Vereinfachungen statt, als Rechtsmittel aber nur der Rekurs an eine aus 3 Mitgliedern bestehende Abtheilung des Appellationsgerichts; der Rekurs kann auf neue Beweismittel über bereits angeführte Thatumstände überhaupt nicht, auf neue Thatumstände nur soweit gestützt werden, als sie zugleich bescheinigt werden. Gegen die Rekursentscheidung findet ein weiteres Rechtsmittel nicht statt. Beruht die Anzeige eines Polizeivergehens auf der Anzeige eines Beamten oder einer im Dienst befindlichen Militärperson, welche die That aus eigener amtlicher Wahrnehmung bekunden, und wird der Angeschuldigte nicht etwa zugleich vorgeführt, so findet das Mandatsverfahren statt; der Richter erlässt einen Strafbefehl mit dem Bedeuten, wenn der Angeschuldigte sich beschwert fühle, in einem im Mandat bestimmten Termin zur mündlichen Verhandlung zu erscheinen; erscheint er, so wird in der gewöhnlichen Weise verhandelt, erscheint er nicht, so bleibt ihm wegen unabwendbarer Hinderungsgründe die Restitution.

Injurien, mit Ausnahme solcher gegen Beamte und im Dienst befindliche Personen der bewaffneten Macht, und schwere Realinjurien können fortan nur im Wege des Civilprozesses verfolgt werden.

Im Civilprozess erfolgte eine durchgreifende Reform in Folge der Verfassung nicht; nur für Neuvorpommern und den Ehrenbreitsteiner Bezirk wurde durch Verordnung v. 21. Juli 1849 (G.-S. S. 307) ein dem der übrigen ostrheinischen Gebiete angepasste sVerfahren eingeführt (vgl. unten § 20).

§ 15. Die Verordnungen vom 2. und 3. Jan. 1849 standen unter dem frischen Eindruck der Ereignisse des Jahres 1848. Nachdem eine ruhigere Beurtheilung Platz gegriffen hatte, hielt man alsbald ihre Modifikation in verschiedenen Punkten für erforderlich. Das neue Strafgesetzbuch vom 14. April 1851 (G.-S. S. 101) unterschied die strafbaren Handlungen in „Verbrechen“, d. h. Handlungen, die mit Todesstrafe, Zuchthaus oder längerer als 5jähriger Einschliessung (die heutige Festungshaft) bedroht sind, „Vergehen“, die mit Einschliessung bis zu 5 Jahren, mit Gefängniss von mehr als 6 Wochen oder Geldbusse von mehr als 50 Thlr., und „Uebertretungen", die mit Gefängniss bis zu 6 Wochen oder Geldstrafe bis zu 50 Thlr. bedroht sind, und das Einführungsges. zum Strafgesetzbuch (G.-S. S. 93) überwies die Aburtheilung aller Verbrechen den ost- und westrheinischen Schwurgerichten, die aller Vergehen der Gerichtsabtheilungen in der Besetzung von 3 Richtern bezw. den rheinischen Zuchtpolizei-Kammern der Landgerichte und die aller Uebertretungen den Einzelrichtern bezw. den rheinischen Polizeigerichten mit der Massgabe, dass Vergehen von den Gerichtsabtheilungen und Zuchtpolizeikammern auch dann abgeurtheilt werden, wenn wegen Rückfalls eine Strafe von mehr als 5 Jahr Gefängniss oder Einschliessung erkannt werden kann.

Ferner trifft das Einführungsgesetz einige Aenderungen bezüglich der Verfolgung von Ehrverletzungen und leichten Misshandlungen; insbesondere muss jedem von den Verletzten wegen solcher anzustrengenden Civilprozess dort, wo das Institut der Schiedsmänner besteht, ein Sühneversuch von diesen vorangehen, sofern die Parteien in demselben Gerichtsbezirk wohnen.

Wenige Tage nach dem Strafgesetzbuch, am 26. April 1851, erging ein Gesetz, betreffend Zusätze zu der Verordn. v. 3. Jan. 1849 (G.-S. S. 181). Dasselbe ordnet u. a. an, dass die Verpflichtung der Städte zur Tragung der Kriminalgerichtsbarkeit bei Regulirung der Steuerverfassung aufgehoben werden solle, und trifft verschiedene Bestimmungen über den Gerichtsstand; insbesondere erhalten die Mitglieder der Königlichen Familie und der Hohenzollernschen Fürstenhäuser ihren Gerichtsstand bei dem mit dem Kammergericht verbundenen Geheimen Justizrath; derselbe besteht aus 12 vom Justizminister bei Bildung der Senate bestimmten Mitgliedern des Kammergerichts, von denen 5 die erste und 7 die zweite Instanz bilden.

Sodann treten, abgesehen von Ausnahmefällen, an die Stelle ständiger Kiresgerichts-Deputationen nur von Zeit zu Zeit zusammentretende. Positive und negative Kompetenzkonflikte zwischen Gerichten werden der Entscheidung des nächsthöheren, ihnen sämmtlich vorgesetzten Gerichts überwiesen, für Appellationsgerichte mit mindestens 10 Räthen wird die Anstellung eines Vizepräsidenten zugelassen, die Ernennung der Staatsanwälte wird dem Könige vorbehalten, für alle Stellen der Richter und Staatsanwälte die Ablegung der dritten Prüfung erfordert, aber die Beschäftigung von Referendarien als zeitweiligen Hülfsrichter bei Gerichten I. Instanz, als — nicht nur zeitweilige — Staatsanwaltsgehülfen und als zeitweilige Vertreter von Rechtsanwälten bei Gerichten I. und II. Instanz gestattet. Wer mindestens 4 Jahre lang die Stelle eines ordentlichen Professors der juristischen Fakultät einer inländischen Universität bekleidet hat, ist zum Richteramt befähigt, ohne dass es der Ablegung der grossen Staatsprüfung und zur Ernennung zum Mitgliede eines Appellationsgerichts oder des Obertribunals der 4jährigen Thätigkeit bei den nachgeordneten Gerichten bedarf.

Abermals wenige Tage später, am 30. April 1851, erging ein Gesetz (G.-S. S. 188), welches die rechtsrheinische Gerichtsorganisation und das dortige Verfahren in den Hohenzollernschen Landen einführte, wobei diese dem Appellationsgericht in Arnsberg zugewiesen wurden.

Einige die bisherigen Vorschriften über die sachliche und örtliche Zuständigkeit der Gerichte modifizirende Vorschriften brachte auch das Pressges. v. 12. Mai 1851 (G.-S. S. 273); insbesondere verwies es alle mit Freiheitsstrafe von mehr als 3 Jahren bedrohten Pressdelikte vor die Schwurgerichte.

Von grösserer Bedeutung war es, dass durch Ges. v. 17. März 1852 (G.-S. S. 73) die beiden höchsten Gerichtshöfe, das Obertribunal und der Rheinische Revisions- und Kassationshof, zu einem Gerichtshofe unter der Bezeichnung „Obertribunal" vereinigt wurden, wobei gewisse Kautelen für eine des besonderen rheinischen Rechts kundige Rechtssprechung getroffen wurden. Auch wurde gleichzeitig nun auch eine besondere Staatsanwaltschaft beim Obertribunal errichtet, bestehend aus einem „General-Staatsanwalt" und der erforderlichen Zahl von „Ober-Staatsanwälten".

Rheinische Civil- und Disciplinarsachen dürfen nur von dem besonderen aus — einschliesslich des Präsidenten — mindestens 9 Mitgliedern, die sämmtlich mindestens 4 Jahre als Richter, Generaladvokaten oder Oberprokuratoren bei höheren rheinischen Gerichten oder als vortragende Räthe des rheinischen Departements des Justiz-Ministeriums thätig gewesen sein müssen, bestehenden „Rheinischen Senat" entschieden worden; dagegen können dessen Mitglieder auch in Strafsachen aus der ganzen Monarchie und an Civilsachen aus den gemeinrechtlichen Gebieten mitwirken. Auch in die anderen Senate können nun auch vortragende Räthe des Justiz-Ministeriums, sowie Kreis- und Stadtgerichtsdirektoren, diese, nachdem sie sich mindestens 4 Jahr in dieser Stellung befunden haben, berufen werden.

Die Verordn. über das Verfahren v. 3. Jan. 1849 erhielt eine umfangreiche Ergänzung durch das Ges. v. 3. Mai 1852 (G.-S. S. 209).

Durch dieses wurden insbesondere die Rechte der Staatsanwaltschaft erweitert, indem verschiedene Massnahmen des Gerichts von ihrer vorherigen Anhörung abhängig gemacht wurden und sie das Recht, auch im Interesse des Angeklagten Rechtsmittel einzulegen, erhielt. Ferner wurden nähere Bestimmungen über Zuständigkeitszweifel getroffen, gegen alle gerichtlichen Verfügungen und Beschlüsse die Beschwerde gegeben, soweit sie nicht ausdrücklich ausgeschlossen ist, und unter Beschränkung der Beschwerde an das Obertribunal auf Rechtsgründe. Keine Beschwerde findet u. a. statt gegen den Beschluss, durch den eine Untersuchung eröffnet wird. Andere Bestimmungen betreffen den Ausschluss der Oeffentlichkeit, die Befugniss, als Vertheidiger aufzutreten, die Vernehmung von Zeugen, Zuziehung von Sachverständigen, Begründung der Urtheile, Zustellungen, das Verfahren gegen abwesende Angeklagte, die Bestimmung der Vorsitzenden der Schwurgerichte, aus denen der Appellationsgerichts-Präsident für die einzelne Schwurgerichtsperiode einen auswählt, für das ganze Jahr durch den Justiz-Minister, die Auswahl der Geschworenen, die Ablehnung derselben, die Erfordernisse des Sitzungsprotokolls, die Stellung und Beantwortung der Fragen an die Geschworenen und andere Einzelheiten des Verfahrens erster Instanz, von denen Hervorhebung verdient, dass über die vorläufige Versetzung in den Anklagestand von der Gerichtsabtheilung auch dann Beschluss zu fassen ist, wenn die Staatsanwaltschaft beantragt, den Beschuldigten ausser Verfolgung zu setzen, dass für die Ablehnung der Geschworenen die Angabe von Gründen nicht mehr bloss „nicht erforderlich", sondern unstatthaft ist. Auch werden gewisse nähere Vorschriften für das Verfahren in Fällen gegeben, wo der Angeklagte sich schuldig bekennt und deshalb die Geschworenen nicht in Funktion treten. Das Verhör der Zeugen kann fortan dem Staatsanwalt und dem Vertheidiger auf deren übereinstimmenden Antrag überlassen werden. Die Appellation findet nur noch gegen Urtheile der Gerichtsabtheilungen statt, und das Appellationsgericht kann nun auch aus wichtigen Gründen statt selbst zu entscheiden die Sache an die erste Instanz zur anderweiten Entscheidung zurückverweisen; dies muss stets geschehen, wenn der erste Richter unzuständig war. Das Gericht kann aus besonderen Gründen verspätete Appellationsschriften und Gegenschriften noch zulassen. Die Nichtigkeitsbeschwerde gegen Urtheile der Schwurgerichtshöfe und der Appellationsinstanz ist zulässig wegen Verletzung oder unrichtiger Anwendung a. eines Gesetzes oder eines Rechtsgrundsatzes, b. wesentlicher Vorschriften oder Grundsätze des Verfahrens, für welche jetzt im Gesetz nur Beispiele („insbesondere") namhaft gemacht werden. Dem Staatsanwalt wird die Nichtigkeitsbeschwerde zum Nachtheile des Angeklagten auch dann versagt, wenn sie sich auf Verletzung solcher Vorschriften, die lediglich im Interesse des Angeklagten gegeben sind, stützt. Nicht frist- und formgerechte Nichtigkeitsbeschwerden sind schon vom Gericht erster Instanz zurückzuweisen, wogegen Beschwerde an das Obertribunal stattfindet. In dem Mandatsprozess bei Uebertretungen erfolgt jetzt in der Strafverfügung die Bestimmung eines Verhandlungstermins nicht mehr, sondern der Beschuldigte kann innerhalb 10 Tagen Einspruch erheben, worauf alsdann das Hauptverfahren ohne Anklageschrift und förmlichen Eröffnungsbeschluss eingeleitet wird. An Stelle der Restitution tritt die für die Versäumung jeder präklusivischen Frist wegen unabwendbarer Zufälle zugelassene „Wiedereinsetzung in den vorigen Stand". Wegen Abgabenkontraventionen findet zwar nach wie vor ein administratives Strafverfahren mit Erlass eines „Strafbescheides" statt; doch kann der Angeschuldigte während der Untersuchung und binnen 10 Tagen nach Zustellung des Strafbescheides auf rechtliches Gehör antragen, wie auch die Verwaltungsbehörde in allen Fällen die Sache an das Gericht abgeben kann, wobei sie, wenn die Staatsanwaltschaft nicht einschreitet, selbst deren Funktionen ausüben kann. In allen solchen Sachen findet Appellation und Nichtigkeitsbeschwerde statt.

Als weiteres vereinfachtes Verfahren ordnete ein Ges. v. 14. Mai 1852 (G.-S. S. 245) die vorläufige Straffestsetzung wegen Uebertretungen durch die Polizeibehörden.

§ 16. Die nach 1848 eintretende Reaktion spiegelt sich deutlicher in dem Ges. v. 21. Mai 1852, betreffend die Abänderung der Art. 94 und 95 der Verfassungsurkunde, welches diese Artikel durch folgende Bestimmungen ersetzt:

Art. 1. Bei Verbrechen erfolgt die Entscheidung über die Schuld des Angeklagten durch Geschworene, insoweit ein mit vorheriger Zustimmung der Kammern erlassenes Gesetz nicht Ausnahmen bestimmt.

Die Bildung des Geschworenengerihhts regelt das Gesetz.

Art. 2. Es kann durch ein mit verheriger Zustimmung der Kammern zu erlassendes Gesetz ein besonderer Gerichtshof errichtet werden, dessen Zuständigkeit die Verbrechen des Hochverraths und diejenigen Verbrechen gegen die innere und äussere Sicherheit des Staats, welche ihm durch das Gesetz überwiesen werden, begreift.

Auf Grund des Art. 1 dieses Gesetzes entzog ein solches vom 22. Mai 1852 (G.-S. S. 250) die meisten Fälle des Diebstahls und der Hehlerei den Schwurgerichten und überwies sie den Gerichtsabtheilungen. Ebenso wurden durch dasselbe Gesetz alle Verbrechen und Vergehen jugendlicher Personen bis zu 16 Jahren vor die Abtheilungen bezw. Zuchtpolizeikammern verwiesen. Der Art. 2 aber fand seine Ausführung in einem Ges. v. 25. April 1853 (G.-S. S. 162), welches Untersuchung und Entscheidung wegen Staatsverbrechen für die ganze Monarchie dem Kammergericht überwies, bei dem ein Senat von 7 Mitgliedern über die Versetzung in den Anklagestand, ein anderer von 10 Mitgliedern über die Schuld und Strafe entscheiden soll; nur die Voruntersuchung wird bei dem allgemeinen zuständigen Gericht geführt. Später, durch Ges. v. 6. März 1854 (G.-S. S. 96) wurden auch die politischen und Pressvergehen den Schwurgerichten entzogen.

Andere Bestimmungen des Ges. v. 22. Mai 1852 betreffen die Zuständigkeit bei Ehrverletzungen und leichten Misshandlungen, die Bestrafung von Feldfreveln und die Einführung der Berufung bei Abgaben-Kontraventionen im rheinischen Rechtsgebiete. Zum

Theil neue Bestimmungen über das Verfahren bei Holzfreveln traf das Holzdiebstahlsges. v. 1. Juni 1852 (G.-S. S. 305). Wichtiger war es, dass durch dies Disciplinarges. v. 21. Juli 1852 (vgl. oben Buch VIII § 30) die Disciplinarsachen den Gerichten entzogen wurden. Kompetenzkonflikte zwischen Gerichten in rheinischen und solchen in anderen Rechtsgebieten wurden durch Ges. v. 2. Mai 1853 (G.-S. S. 169) der Entscheidung des Obertribunals überwiesen, und zwar traten in Civilsachen der Rheinische Senat und ein anderer Senat, in Strafsachen die beiden — in ihrer Zuständigkeit nach Provinzen geschiedenen — Abtheilungen des Senats für Strafsachen zusammen. Im Gebiete des rheinischen Rechts wurden durch Ges. v. 4. Mai 1853 (G.-S. S. 176) einfacher Diebstahl und einfache Hehlerei im wiederholten Rückfalle bei Vorhandensein mildernder Umstände dem Zuchtpolizeigericht überwiesen. Auf dem Gebiete des Civilprozesses brachten einige Aenderungen, namentlich hinsichtlich der Zulässigkeit des Rekurses gegen Entscheidungen der Gerichte erster Instanz, der nur gestattet wurde, 1. wenn gegen die klare Lage der Sache erkannt ist, oder erhebliche Thatsachen unbeachtet gelassen oder wesentliche Prozessvorschriften verletzt sind, 2. wegen Verletzung oder falscher Anwendung eines Rechtsgrundsatzes. In Fideikommisssachen wurden durch ein Ges v. 5. März 1855 die Appellationsgerichte allgemein zuständig. Eine der wichtigsten Aktionen auf dem Gebiete der Justizgesetzgebung der 50er Jahre war die Konkursordnung v. 8. Mai mit dem Gesetze über die Anfechtung von Rechtshandlungen vom 9. Mai 1859. Doch ist hier nicht der Ort, auf diese Gesetze näher einzugehen. Dasselbe gilt von der Neuordnung des Verfahrens bei Theilungen und gerichtlichen Immobiliarverkäufen im rheinischen Rechtsgebiet (Ges. v. 18. April 1855) und einigen Aenderungen des civil- und strafprozessualen Verfahrens daselbst (Ges. v. 11. Mai 1855), insbesondere in Fällen der Abwesenheit des Beklagten oder Beschuldigten. Keinerlei Aenderung in der Zuständigkeit bedeutete es, dass 1856 das Appellationsgericht in Königsberg die Bezeichnung „Ostpreussisches Tribunal" erhielt. Dagegen wurde durch das Gesetz betr. Abänderung und Ergänzung des Einführungsgesetzes zum Strafgesetzbuch v. 14. April 1856 (G.-S. S. 208) die Zuständigkeit der Einzelrichter auf gewisse leichtere Strafthaten, wie unbefugtes Tragen von Uniformen und dergleichen, Landstreicherei, Bettelei, Arbeitsscheu, gewerbsmässige Unzucht u. a. m., ausgedehnt und die Zuständigkeit der einzelnen Senate des Obertribunals durch ein Ges. v. 7. Mai 1856 (G.-S. S. 295) insofern geändert, als die Abtheilungen des Strafsenats sich vereinigen müssen zur Entscheidung über Beschwerden und Nichtigkeitsbeschwerden gegen Entscheidungen des Kammergerichts im Verfahren wegen Staatsverbrechen, ferner behufs Abweichung von bisher behaupteten Rechtsgrundsätzen und, sofern eine Abtheilung oder der Generalstaatsanwalt mit Ermächtigung des Justiz-Ministers wegen der besonderen Wichtigkeit einer Sache die Verweisung vor die vereinigten Abtheilungen erlangt. Letztere sind bei Anwesenheit von 11, die einzelnen Abtheilungen bei Anwesenheit von 7 Mitgliedern beschlussfähig. Die Nothwendigkeit einer Plenarentscheidung wird in Civilsachen für den Fall nicht mehr erfordert, wo ein Senat nur von einem von ihm selbst behaupteten Rechtsgrundsatze abweichen will.

Obwohl endlich die Grundsteuer-Regulirung in den 50er Jahren noch nicht gelang, kam die Entbürdung der Städte von der Verpflichtung zur Tragung der Kriminalkosten und Unterhaltung der Gerichtsgefängnisse durch Ges. v. 1. Aug. 1855 (G.-S. S. 579) zur Ausführung auf der Grundlage der Zahlung einer Rente und der Ueberlassung der ausschliesslichen Gerichts- und Gefängnissgebäude sowie der Einräumung unentgeltlicher Weiterbenutzung anderer Gerichts- und Gefängnisslokale seitens der Städte an den Staat.

§ 17. Die ersten Regierungsjahre Wilhelms I. brachten auf dem Gebiete des materiellen Rechtes einen bedeutsamen Fortschritt in der Einführung des „Allgemeinen Deutschen Handelsgesetzbuches". Damit waren für die Gerichte neue Obliegenheiten gegeben, namentlich auf dem Gebiete der freiwilligen Gerichtsbarkeit in der Führung der Handels- und Schiffsregister. Die Registerführung wurde im Gebiete des rheinischen Rechts den Handelsgerichten, im übrigen Staatsgebiete bis zu der verheissenen, aber nicht verwirklichten allmeinen Einführung von Handesgerichten den Kreis- und Stadtgerichten, soweit aber besondere Gerichte oder Gerichtsabtheilungen für Handelssachen bestanden, diesen übertragen.

Eine in anderer Beziehung nicht minder wichtige, weil den Rechtsschutz wesentlich erweiternde Massnahme war die Erweiterung des Rechtsweges durch das Ges. v. 24. Mai 1861 (G.-S. S. 241), das den Rechtsweg über Diensteinkünfte der Beamten und gewisse Abgabenforderungen zuliess und dabei die Rechtsmittel theilweise ohne Rücksicht auf die Höhe des Objektes gewährte. Lokal von erheblicher Bedeutung war die Verbesserung des Hypothekenwesens im Bezirke des Justizsenates Ehrenbreitstein durch Ges. v. 2. Febr. 1864 (G.-S. S. 34), welches den Eigenthumsübergang von Immobilien au notariellen Vertrag und dessen Anmeldung bei dem Richter der belegenen Sache unddie Entstehung von Hypotheken an deren Eintragung im Hypothekenbuch knüpfte. Doch werden die Hypothekenbücher nach wie vor nicht von den Kreisgerichten, sondern von den örtlichen sogenannten Voluntärgerichten (Vogtei-, Schöffen-, Feldgerichten, Schultheissereien) geführt.

II. Kapitel.

Die Gerichtsverfassung in den im Jahre 1866 erworbenen Landestheilen.

§ 18. Wie seiner Zeit die Gebietserweiterungen nach den Freiheitskriegen, so entfernten auch diejenigen durch die Ereignisse des Jahres 1866 Preussen weiter als vorher von dem zu erstrebenden Ziele einer einheitlichen Justizorganisation. Während aber in den Provinzen Schleswig-Holstein und Hessen-Nassau (mit Ausschluss von Frankfurt a. M.) alsbald nach deren Einverleibung die Organisation neu geordnet wurde, blieb in Hannover die dortige bewährte im Wesentlichen bestehen, und dasselbe geschah in Frankfurt a. M.

In **Hannover** waren Gerichte erster Instanz die mit einem oder mehreren, jedoch stets als Einzelrichter entscheidenden Amtsrichtern besetzten Amtsgerichte in minder wichtigen Sachen, in wichtigeren die mit 3 Richtern besetzten „kleinen“ und die mit 5 Richtern besetzten „grossen Senate“ der (10) Obergerichte. In zweiter Instanz entscheiden die kleinen und grossen Senate der letzteren und das Oberappellationsgericht, nach der Einverleibung Appellationsgericht in Celle, das mit einem Präsidenten, 2 Vicepräsidenten und der erforderlichen Zahl von Räthen besetzt und in 3 Senate mit mindestens 5 Richtern getheilt war. Höchste Instanz bildete das durch Verordn. v. 27. Juni 1867 (G.-S. S. 1103) für die gesammten neuen Provinzen mit Ausschluss von Frankfurt a. M., Meisenheim und Kaulsdorf errichtete Oberappellationsgericht in Berlin, das aus einem Präsidenten, einem Vicepräsidenten und Räthen bestand und in 2 in der Besetzung von 7 Richtern entscheidende Senate getheilt war.

Schwurgerichte für schwere Strafsachen bestanden bei den Obergerichten.

Die Amtsgerichte sind in Civilsachen zuständig für Objekte bis einschliesslich 150 Thlr. und für gewisse (Wege-, Grenz-, Schwängerungs-, Gesinde-, Mieths-) Sachen ohne Rücksicht auf den Werth des Streitobjekts sowie für die freiwillige Gerichtsbarkeit, in Strafsachen nach der Verordnung über das Strafrecht und Strafverfahren in den neuen Landestheilen v. 25. Juni 1867 (G.-S. S 921) in der Regel unter Zuziehung zweier Schöffen als beisitzender Richter für Uebertretungen und für mit höchstens 6 Monaten Gefängniss oder 500 Thlr. Geldstrafe bedrohte Vergehen mit Ausschluss der Pressvergehen. Unter die mehreren Amtsrichter eines Amtsgerichtes sind die Geschäfte nach Bezirken oder Materien vertheilt. Beim Obergericht ist in Civilsachen erste Instanz der kleine Senat für Objekte von 150—300 Thlr., der grosse für höhere und unschätzbare Objekte sowie für Ehe- und Verlöbnisssachen.

Der kleine Senat ist ferner Berufungsinstanz für amtsrichterliche Urtheile, der grosse für erstinstanzliche Urtheile des kleinen; ausgeschlossen ist die Berufung, von gewissen Ausnahmen abgesehen, bei Sachen bis zu 10 Thlr. Werth. Nichtigkeitsbeschwerden gegen amtsrichterliche Entscheidungen gehen an den grossen Senat; zulässig sind sie nur aus bestimmten Rechtsgründen. Beschwerden über das Verfahren der Amtsgerichte gehen in Sachen der streitigen Gerichtsbarkeit an den kleinen, in Sachen der freiwilligen an den grossen Senat. In Strafsachen bildet der kleine Senat als „Strafkammer“ die erste Instanz für alle Vergehen, die nicht dem Amtsgericht überwiesen sind, für die Verbrechen des schweren Diebstahls und der schweren Hehlerei, sofern nicht Rückfall vorliegt, und für alle Verbrechen, jugendlicher Personen (bis 16 Jahren), die zweite für Berufungen gegen Urtheile der Amtsgerichte; ferner beschliesst er als „Rathskammer“ über Eröffnung des Hauptverfahrens oder Ausserverfolgungsetzung des Angeschuldigten bezw. in Schwurgerichtssachen über Abgabe an die „Anklagekammer“ des Appellationsgerichtes, die über die Eröffnung beschliesst. Das Schwurgericht ist zuständig für Verbrechen mit Ausnahme der der Strafkammer zugewiesenen und der Staatsverbrechen, die auch aus den neuen Landestheilen an das Kammergericht gelangen (Verordn. v. 23. Mai 1867). Die Besetzung des Schwurgerichtshofes und der Geschworenenbank ist in den neuen Landestheilen wie in den ostrheinischen alten geordnet. Das Appellationsgericht ist zuständig in Civilsachen für Berufungen, Nichtigkeitsbeschwerden und sonstige Beschwerden gegen Urtheil und Verfügungen der grossen Senate der Obergerichte, in Strafsachen als Anklagekammer für Berufungen gegen Beschlüsse der Rathskammern und über Verweisung vor das Schwurgericht, endlich — in der Besetzung mit mindestens 7 Richtern — in Disciplinarsachen erster Instanz gegen alle Richter und Notare seines Sprengels mit Ausnahme seines eigenen Präsidenten.

Das Oberappellationsgericht entscheidet über Nichtigkeitsbeschwerden gegen Entscheidungen des Appellationsgerichtes, in Strafsachen über solche gegen Schwurgerichtsurtheile und mit dieser anfechtbare Beschlüsse und Verfügungen im Schwurgerichtsverfahren.

Die Staatsanwaltschaft führte in Hannover die Bezeichnung „Kronanwaltschaft“. Bei dem Appellationsgericht ist ein Kron-Oberanwalt, bei den Obergerichten sind Kronanwälte, bei den Amtsgerichten Polizeianwälte angestellt; dem Kronoberanwalt und den Kronanwälten sind durch jederzeit widerruflichen Auftrag Vertreter beigeordnet, die im Gehalt mit den Richtern rangiren. Die Funktionen der Kronanwaltschaft sind im Allgemeinen die gleichen wie die der linksrheinischen Staatsanwaltschaft.

Eine abweichende Organisation bestand im Herzogthum Arenberg-Meppen insofern, als dort 4 ausschliesslich Herzoglich Arenbergische Amtsgerichte und ein Königliches und

Herzogliches Amtsgericht und ein solches Obergericht vorhanden waren. Im Kommunionharz (vgl. Bd. I Buch III § 9 d. W.) wurde die Gerichtsbarkeit erster Instanz durch einen besonderen Beamten, die zweiter alternirend von dem Obergericht Hildesheim und einem höheren Braunschweigischen Gerichte ausgeübt.

Wegen des Verfahrens s. unten § 20.

§ 19. Von den übrigen neuen Landestheilen wurde Kaulsdorf dem Appellationsgerichtsbezirk Naumburg, Meisenheim dem Bezirke des Justizsenats Ehrenbreitstein angeschlossen. Für die übrige Provinz **Hessen-Nassau** mit Ausschluss von Frankfurt a. M. und für **Schleswig-Holstein** ergingen mehrere Verordn. v. 26. Juni 1867, durch welche, in Schleswig-Holstein unter Beseitigung der bisherigen Verbindung der Rechtspflege mit der Verwaltung und Aufhebung der bisherigen Privatgerichtsbarkeit und eximirten Gerichtsstände, im Wesentlichen übereinstimmende Einrichtungen getroffen wurden. Die Gerichte sind den Hannoverschen entsprechende Amtsgerichte, ferner Kreisgerichte, Appellationsgerichte und das schon erwähnte Oberappellationsgericht. Die Amtsgerichte haben in Civilsachen eine etwas beschränktere Zuständigkeit wie in Hannover. Die Kreisgerichte bestehen aus einem Direktor und Räthen und zerfallen wie in den alten Provinzen in 2 Abtheilungen; sie sind für alle nicht vor das Amtsgericht gehörigen Civilsachen erster Instanz sowie für Rekurse gegen Erkenntnisse des Amtsgerichts zuständig. Die Appellationsgerichte in Kiel, Kassel und Wiesbaden entsprechen in ihrer Organisation und Zuständigkeit denen der alten Provinzen. An das Oberappellationsgericht gelangen die Revisionen und Nichtigkeitsbeschwerden sowie zur Kognition des obersten Gerichtshofes gehörige Beschwerden in prozessualischen Angelegenheiten, endlich Kompetenzstreitigkeiten zwischen Appellationsgerichten. Für Strafsachen bildet die zweite Abtheilung des Kreisgerichtes die Strafkammer und Rathskammer. Die Schwurgerichte treten bei Kreisgerichten zusammen, die Schöffengerichte bei den Amtsgerichten. Die Staaatsanwaltschaft ist wie in den östlichen Provinzen eingerichtet. Bei den Amtsgerichten fungiren Polizeianwälte.

Im Gebiete von Frankfurt a. M. wurde die übernommene Gerichtsverfassung mit Modifikationen aufrecht erhalten. Danach sind Gerichte ester Instanz das in 3 Abtheilungen, deren Kompetenz nach Stadtbezirken begrenzt ist, und deren jede mit einem Richter besetzt ist, zerfallende Stadtamt für den Stadtbezirk, das ebenfalls mit einem Richter besetzte Landjustizamt für den Landbezirk, das Rügegericht, mit 2 Richtern besetzt, Gericht erster und zweiter Instanz das in 2 Abtheilungen zerfallende, aus einem Direktor und 9 Räthen bestehende Stadtgericht, nur Gericht zweiter Instanz das Appellationsgericht in Frankfurt, das aus einem Präsidenten und 6 Räthen besteht, höchste Instanz ist nicht das früher erwähnte Oberappellationsgericht in Berlin, sondern das Obertribunal.

Das Stadt- und das Land-Justizamt sind nur Civilgericht; in Streitsachen ist ihre Kompetenz auf Objekte unter 300 Gulden beschränkt; für das Stadtamt gilt diese Grenze auch hinsichtlich der freiwilligen Gerichtsbarkeit. Für das Grundbuchwesen der Stadt und ihrer Gemarkung ist eine besondere städtische Transskriptions- und Hypothekenbehörde bestellt, während für den Landbezirk das Land-Justizamt zuständig ist; ihr und dem Land-Justizamt sind die Feldgerichte unterstellt, während sie selbst unter der Aufsicht des Stadtgerichts steht. Ebenso liegt ein anderer Theil der freiwilligen Gerichtsbarkeit, z. B. Siegelungen, Exekutionen, Subhastationen, im Stadtbezirk einem besonderen, auch zur Wahrung der fiskalischen Rechte berufenen, aus einem Fiskal und einem Fiskaladjunkten bestehenden Fiskalat ob. Die Handels- und Genossenschaftsregister führen die „Wechselnotare" unter Aufsicht des Stadtgerichts. Des Letzteren erste Abtheilung ist Forum erster Instanz für Civilprozesse über grössere Objekte und zweite Instanz für das Stadt- und Land-Justizamt in Prozesssachen, die zweite Abtheilung ist theils erste, theils zweite Instanz in Sachen der nicht streitigen Gerichtsbarkeit. In Strafsachen fungirt das Stadtgericht als Straf- und Rathskammer. Es entscheidet in der Besetzung von 3, als Strafkammer in erster Instanz von 5 Richtern. Die Rügenrichter haben die Polizeigerichtsbarkeit nach Massgabe der Strafprozessordnung v. 25. Juni 1862 (vgl unten § 30). Das Appellationsgericht entscheidet in der Besetzung von 3 Mitgliedern über Rechtsmittel und Beschwerden gegen Urtheile und Beschlüsse des Stadtgerichts in streitigen Civilsachen und Angelegenheiten der freiwilligen Gerichtsbarkeit und in der Besetzung von 5 Mitgliedern über Berufungen in Strafsachen und als Anklagekammer, endlich als Plenum in richterlichen Disziplinarsachen.

Die Staatsanwaltschaft ist entsprechend derjenigen der alten ostrheinischen Landestheile organisirt. Das Schöffengericht ist dem Rügegericht angeschlossen, der Schwurgerichtshof kann aus Mitgliedern des Appellations- oder des Stadtgerichtes gebildet werden.

§ 20. Uebereinstimmend für die in den beiden §§ 18 und 19 besprochenen Gerichtsverfassungen wurde das Verfahren im Strafprozess geregelt durch die Verordn. betr. das Strafrecht und das Strafverfahren in den neuen Landestheilen (mit Ausschluss von Meisenheim und Kaulsdorf) v. 25. Juni 1867 (G.-S. S. 921). Dieselbe lehnt sich durchweg an den durch die Verordn. v. 3. Jan. 1849 geschaffenen altländischen Strafprozess an. Abweichungen sind namentlich die schon erwähnten Schöffengerichte als erkennende Gerichte für Uebertretungen und solche Vergehen, die mit höchstens 6 Monaten Gefängniss oder 500 Thlr. Geldstrafe bedroht sind (mit Ausschluss der Pressvergehen), die Beschränkung der Geschworenenliste für jede Schwurgerichtsperiode auf 30 (statt 36) und der zur Bildung des Schwurgerichts erforderlichen Mindestzahl auf 24 (statt 30) Geschworene, und die Nichtaufnahme des Rekurses gegen Strafurtheile des Einzelrichters; gegen alle Urtheile erster Instanz mit Ausnahme derjenigen der Schwurgerichte findet die der altländischen Appellation entsprechende Berufung statt. Der altländischen Restitution entspricht die „Wiederaufnahme der Untersuchung". Die altländische Befugniss des Schwurgerichtshofes, über den geständigen Angeklagten ohne Zuziehung der Geschworenen zu urtheilen, ist durch diejenige erweitert, gegen Angeklagte, die schon vor der Hauptverhandlung ein volles Bekenntniss ablegen, ohne vorgängige Bildung des Schwurgerichts zu verhandeln. Die Strafvollstreckung ist Sache der Staatsanwaltschaft, nicht des Gerichts. Andererseits ist das Anklagemonopol jener modifizirt durch das Recht des Verletzten zur Privatklage mit Widerklage wegen Beleidigungen, leichten Körperverletzungen und derjenigen anderen Vergehen, deren Verfolgung nach dem Gesetze nur auf Antrag eintritt; im Gebiet der Verordn. v. 3. Jan. 1849 giebt es, wie erwähnt, eine Verfolgung von Beleidigungen u. s. w. durch den Verletzten nur im Civilprozesswege.

Auf dem Gebiete des Civilprozesses wurde durch Verordn. v. 24. Juni 1867 (G.-S. S. 885) für die Bezirke der Appellationsgerichte Kiel, Kassel und Wiesbaden ein Verfahren eingeführt, welches im Wesentlichen demjenigen in den Bezirken des

Justizsenats in Ehrenbreitstein und des Appellationsgerichts in Greifswald nach der Verordnung v. 21. Juli 1849 entsprach. Hier wie dort wird zwischen dem unbedingten (für Forderungen aus Urkunden und von gewissen Gebühren), dem bedingten Mandatsprozess (für andere Forderungen von Fungibilien bis 50 Thlr.) und dem ordentlichen Prozess unterschieden, welch letzterer der summarische der Verordn. v. 1. Juni 1833 und 21. Juli 1846 (vgl. oben § 13) mit einigen Modifikationen ist. Auch die Rechtsmittel, Appellation, Revision, Nichtigkeitsbeschwerde, Rekurs und Restitution sind nach dem Vorgange im Geltungsgebiet der Allgemeinen Gerichtsordnung geregelt. Einige Aenderungen erfuhr die Verordn. v. 24. Juni 1867 durch ein Ges. v. 15. März 1869 (G.-S. S. 485).

In Hannover wurde das bei dessen Einverleibung vorgefundene Verfahren, das auf der Prozessordn. v. 8. Nov. 1850 und einigen diese abändernden Gesetze beruhte, beibehalten und nur für Ehe- und Verlöbnisssachen durch Ges. v. 1. März 1869 (G.-S. S. 357) anderweit geregelt. Der Hannoversche Civilprozess, der vorbildlich für den Reichs-Civilprozess gewesen ist, beruht auf den Grundsätzen der Oeffentlichkeit, Mündlichkeit und, abgesehen vom amtsgerichtlichen Verfahren, des Anwaltszwangs, der nothwendigen Vorbereitung der mündlichen Verhandlung durch Schriftsätze der Parteien und des Prozessbetriebs der Parteien mit — beim Amtsgericht weit ausgedehntem — Prozessleitungs- und Fragerecht des Richters sowie einer in mehrfacher Hinsicht, insbesondere durch Gestattung neuen Vorbringens in der Berufungsinstanz gemilderten Eventualmaxime. Der Gang des Verfahrens charakterisirt sich in folgenden Phasen: Einreichung der Klageschrift bei Gericht, das auf derselben den Termin bestimmt, Zustellung einer Abschrift der Klage mit der Ladung an den Beklagten durch den klägerischen Anwalt, Klagebeantwortung (eventuell Replik, Duplik u. s. w.), mündliche Verhandlung, zunächst, wenn solche geltend gemacht werden sollen, über prozesshindernde Einreden, in der Verhandlung Verlesung der Anträge und Vortrag des Inhalts der vorbereitenden Schriftsätze durch die Anwälte der Parteien, gegebenenfalls Beweisurtheil (Beweisinterlokut), das Beweisthema, Beweislast und Beweisfrist festsetzt und den Richter bindet, nicht aber durch selbständige Rechtsmittel anfechtbar ist, Urtheilsfällung und Urtheilsverkündigung. Gegen nicht erscheinende oder nicht verhandelnde Parteien können Ungehorsamsverfügungen, die den Haupt- oder Nebenpunkt entscheiden, erlassen werden, wogegen Einspruch gestattet ist. Als vereinfachtes Verfahren kann für Schuldforderungen bis 150 Thlr. das Mahnverfahren (Zahlungsbefehl, gegen den Widerspruch zugelassen ist) stattfinden. Rechtsmittel gegen Urtheile erster Instanz über Objekte von mehr als 10 Thlr. ist die Berufung mit der Wirkung, dass auch nova vorgebracht werden können. Dagegen kann die Nichtigkeitsbeschwerde nur aus im Gesetz unter 12 Nummern aufgeführten speziellen Gründen, die alle dem Prozessrecht angehören, nicht aber wegen materieller Gesetzesverletzungen und auch nicht wegen eines bereits im Berufungsverfahren geltend gemachten Nichtigkeitsgrundes angebracht werden; nur der Kron-Oberanwalt kann wegen Verletzung oder unrichtiger Anwendung einer Gesetzesvorschrift die Nichtigkeitsbeschwerde im Interesse des Gesetzes erheben. Aus gewissen Gründen findet auch in Hannover als ausserordentliches Rechtsmittel die Restitutionsklage statt

Auch in Frankfurt a. M. blieb es bei dem vorgefundenen Civilprozess mit der Massgabe, dass an die Stelle der Aktenversendung an das Ober-Appellationsgericht in Lübeck die weitere Appellation an das Obertribunal, wofür ein besonderes Verfahren angeordnet wurde, trat und die Aktenversendung „behufs Abfassung der Entscheidung" in der Appellationsinstanz gänzlich wegfiel. Eines näheren Eingehens auf den Frankfurter Civilprozess glauben wir uns wegen der lokalen, nun auch mehr als ein Vierteljahrhundert zurückliegenden Bedeutung enthalten zu sollen.

III. Kapitel.

Die weitere Entwicklung bis zur Reichs-Justizreform.

§ 21. Zu den Gegenständen, welche Art. 4 der Verfassung des Norddeutschen Bundes und demnächst derjenigen des Deutschen Reiches der Gesetzgebung des Bundes bezw. Reiches vorbehielt, gehört auch (Art. 4 No. 13) „das gerichtliche Verfahren". Es dauerte aber noch 12 Jahre seit Erlass der Bundes- und immerhin auch noch 8 seit Erlass der Reichsverfassung, bis am 1. Okt. 1879 eine Reichs-Justizreform in Kraft trat. Das Erste, was in der Richtung der Erzielung eines einheitlichen Prozessverfahrens geschah, war die Errichtung eines gemeinsamen obersten Gerichtshofes für Handelssachen, des Bundes-, später Reichs-Oberhandelsgericht in Leipzig, durch das am 5. Aug. 1870 in Wirksamkeit getretene Ges. v. 12. Juni 1869.

Das Reichs-Oberhandelsgericht bestand aus einem Präsidenten, einem oder mehreren Vizepräsidenten und der erforderlichen Zahl von Räthen, zerfiel in Senate und entschied in der Besetzung von mindestens 7 Mitgliedern; Abweichungen von früheren Rechtsgrundsätzen des Gerichts mussten durch das Plenum beschlossen werden. Das Oberhandelsgericht trat in Handelssachen „an die Stelle des für das Gebiet, in welchem die Sache in erster Instanz anhängig gemacht worden ist, nach den Landesgesetzen bestehenden obersten Gerichtshofes mit derjenigen Zuständigkeit, welche nach diesen Landesgesetzen dem obersten Gerichtshofe gebührt". Die Mitglieder unterliegen keinem Disciplinarverfahren und ihre Pension steigt von $^{15}/_{60}$ nicht bloss bis $^{45}/_{60}$, sondern bis $^{60}/_{60}$ des Gehalts.

Im Uebrigen berührte die Bundes- bezw. Reichsgesetzgebung die Organisation und das Verfahren der Gerichte nicht wesentlich, so wichtig manche Gesetze, wie das einheitliche Strafgesetzbuch v. 31. Mai 1870 bezw. 15. Mai 1871 und das Gesetz über die Gewährung von Rechtshülfe v. 21. Juni 1869, im Uebrigen auch waren. Eine neue Funktion erhielten indess die Gerichte durch das Personenstandsges. v. 6. Febr. 1875 in der Berichtigung der Personenstandsregister.

§ 22. Auch die Preussische Landesgesetzgebung beschäftigte sich mehr mit anderen als Organisations- und prozessualischen Fragen. Die wichtigste Massnahme auf ersterem Gebiet war die Vereinigung des Ober-Appellationsgerichts für die neuen Landestheile mit dem Obertribunal in der Weise, dass die Zuständigkeit des Ersteren auf das Letztere überging. Damit (Ges. v. 6. Febr. 1874 — G.-S. S. 19) war der Forderung des Art. 92 der Verfassungsurkunde wiederum genügt.

Von lediglich lokaler Bedeutung war es, dass infolge des Accessionsvertrages vom 18. Juli 1867 die Fürstenthümer Waldeck und Pyrmont, in denen die Gerichtsbarkeit erster Instanz durch ein Kreis- und 4 Amtsgerichte ausgeübt wurde, dem Sprengel des Appellationsgerichts Cassel, 1873 das Jadegebiet, das bisher Oldenburgischen Gerichten unterstand, jetzt aber ein Preussisches Amtsgericht in Wilhelmshaven erhielt, dem des Obergerichts Aurich, endlich bei Theilung des Kommunionharzes 1874 der Preussisch werdende Theil desselben dem Amtsgericht Goslar zugeschlagen und dass durch das Ges. v. 27. Juni 1875 die standesherrliche Gerichtsbarkeit des Herzogs von Arenberg-Meppen beseitigt wurde.

Das Bedeutendste leistete die Preussische Justizgesetzgebung in dem in Rede stehenden Zeitabschnitt auf dem Gebiete der freiwilligen Gerichtsbarkeit: durch die Gesetze v. 5. Mai 1872 (G.-S. S. 433 und 446), 23. März 1873 (G.-S. S. 111), 26. Mai 1873 (G.-S. S. 229), 27. Mai 1873 (G.-S. S. 243), 28. Mai 1873 (G.-S. S. 253), 29. Mai 1873 (G.-S. S. 273), 30. Mai 1873 (G.-S. S. 287) und 31. Mai 1873 (G.-S. S. 301) wurde das Grundbuchwesen in den gesammten rechtsrheinischen Gebieten mit Ausnahme von Nassau und Frankfurt a. M. nach übereinstimmenden Grundsätzen geregelt, und unterm 5. Juli 1875 erging für das gesammte Staatsgebiet eine neue Vormundschaftsordnung (G.-S. S. 431). Für die Führung der Grundbücher wurde bei jedem Kreisgericht und jeder ständigen Kreisgerichts-Deputation ein Grundbuchamt unter einem Richter (Grundbuchrichter) eingerichtet; in Neuvorpommern und Rügen wurden die bisherigen Hypothekenämter in solche Grundbuchämter umgewandelt und Gerichtskommissionen als solche bestellt; in Hannover, Schleswig-Holstein und im Bezirke des Appellationsgerichts Cassel wurde die Führung der Grundbücher den Amtsgerichten übertragen. Die Vormundschaftsordnung, die einem äusserst buntscheckigen Rechtszustande ein Ende machte, stellte den Vormund, der durch Gegenvormund und Waisenrath kontrollirt wurde, selbstständiger, als er bisher im grössten Theil der Monarchie gestellt gewesen war, und übertrug seine Beaufsichtigung durchgängig Einzelrichtern bei den Untergerichten (Mitgliedern der Kreisgerichte und Kreisgerichts-Deputationen, Amtsrichtern, Friedensrichtern, Gerichtskommissarien). Beschwerden über Anordnungen in Grundbuch- und Vormundschaftssachen entscheidet und zwar endgültig, im rheinischen Rechtsgebiet das Landgericht, im Hannoverschen das Obergericht, im Uebrigen das Appellationsgericht; Beschwerden über den Geschäftsbetrieb gehen an die die allgemeine Dienstaufsicht führenden Beamten.

Wie auf diesen Gebieten der freiwilligen Gerichtsbarkeit und in Ansehung der höchsten Instanz, so wurden nun endlich auch einheitliche Normen über die Befähigung zum höheren Justizdienst getroffen. Durch das Ges. v. 12. März 1869 (G.-S. S. 482) wurde der Grundsatz festgelegt, dass, wer in einem Landestheile Preussens nach den dort geltenden Vorschriften die Befähigung erlangt hat, das Amt eines Richters bei einem Kollegialgerichte zu bekleiden, in allen Landestheilen als Richter, Rechtsanwalt (Advokatanwalt, Advokat) oder als Beamter der Staatsanwaltschaft angestellt werden kann. Für Fälle der Versetzung im Wege der Disciplinarstrafe bleiben die bestehenden Vorschriften in Kraft. Dasselbe gilt für die Angehörigen der Fürstenthümer Waldeck und Pyrmont, welche diese Befähigung nach den bisher dort geltend gewesenen Bestimmungen bis zum 1. Jan. 1869 und von da an nach den in einem Preussischen Landestheile geltenden Gesetzen erworben haben.

Zur Anstellung als Mitglied eines Preussischen Appellationsgerichtes ist erforderlich, dass der Beamte mindestens vier Jahre als etatsmässiger Richter oder Beamter der Staatsanwaltschaft oder als Rechtsanwalt (Advokat, Advokatanwalt) angestellt gewesen ist, zu derjenigen als Mitglied des Obertribunals, dass der Beamte mindestens vier Jahre als vortragender Rath im Justizministerium, als Mitglied eines Appellationsgerichtes, als Präsident oder Kammerpräsident bei einem Landgerichte, als Präsident oder Vicepräsident bei einem Obergerichte, als Direktor eines Stadt- oder Kreisgerichtes, als Oberstaatsanwalt, Generalprokurator, Generaladvokat oder Oberprokurator angestellt gewesen ist. Mitglieder der in den neu erworbenen Landestheilen früher bestandenen Oberappellationsgerichte können jedoch ohne Rücksicht auf die Dauer ihrer Amtsthätigkeit als Mitglieder des Obertribunals angestellt werden. Wer mindestens 4 Jahre die Stelle eines ordentlichen Professors der juristischen Fakultät bei einer inländischen Universität bekleidet hat, kann zum Mitgliede eines jeden Gerichtes ernannt werden, ohne dass die Ablegung der für Richter vorgeschriebenen Prüfung oder für die Ernennung zum Mitgliede eines Appellationsgerichtes oder des Obertribunals die vorgängige Anstellung bei einem anderen Gerichte erforderlich ist. Die Prüfungen und die Vorbereitung zum höheren Justizdienst wurden durch das bereits im § 25 des vorigen Buches berücksichtigte Ges. v. 6. Mai 1869 gesetzlich geregelt.

III. Abschnitt.

Die Preussische Justizorganistation seit der Reichsjustizreform.

Einleitung.

§ 23. Schon der deutsche Bundestag hatte unter dem Drucke der öffentlichen Meinung Versuche zur Ausarbeitung einer allgemeinen deutschen Civilprozessordnung unternommen, und Preussen, das sich hieran nicht betheiligte, hatte breits 1864 den Entwurf einer für das ganze Staatsgebiet bestimmten „Prozessordnung in bürgerlichen Rechtsstreitigkeiten“ veröffentlicht.

Als dann die Gründung des Norddeutschen Bundes erfolgte, wurde zur Bestimmung in Art. 4 No. 13 der Verfassung desselben schon im Herbst 1867 eine Kommission zur Ausarbeitung des Entwurfes einer Civilprozessordnung niedergesetzt, die ihre Aufgabe kurz nach Ausbruch des Französischen Krieges beendete. Das Ergebniss des letzteren, die Gründung des Deutschen Reiches, gab Veranlassung, nunmehr einen neuen Entwurf für das ganze Reich durch eine neue Kommission unter Vorsitz des Preussischen Justizministers Leonhardt, eines Juristen aus Hannoverscher Schule, ausarbeiten zu lassen. Ebenso wurden nun Entwürfe eines Gerichtsverfassungsgesetzes und einer Strafprozessordnung ausgearbeitet. Nachdem alle drei Entwürfe mit Modifikationen vom Bundesrath acceptirt waren, gelangten sie im Herbst 1874 an den Reichstag. Anfangs 1875 folgte ihnen der Entwurf einer Konkursordnung. Die ersten drei Entwürfe wurden vom Reichstage einer Kommission von 28 Mitgliedern überwiesen, die Konkursordnung einer besonderen. Diese Kommissionen stellten ihre Arbeiten bis zum Herbst 1876 fertig, und schon bis zum 21. Dez. 1876 waren die Berathungen des Plenums in zustimmendem Sinne erledigt. Nach erfolgter Zustimmung des Bundesraths wurden das Gerichtsverfassungsgesetz nebst Einführungsges. am 27. Jan. 1877 (R.-G.-Bl. S. 41), die Civilprozessordnung nebst Einführungsges. am 30. Jan. 1877 (R.-G.-Bl. S. 83), die Strafprozessordnung nebst Einführungsgesetz am 1. Febr. 1877 (R.-G.-Bl. S. 253), die Konkursordnung nebst Einführungsges. am 10. Febr. 1877 (R.-G.-Bl. S. 351) vom Kaiser vollzogen. Preussen erliess zu dem Gerichtsverfassungsgesetz, der Civil- und der Konkursordnung unter dem 24. April 1878 (G.-S. S. 230), 24. März 1879 (G.-S. S. 281) und 6. März 1879 (G.-S. S. 109) besondere Ausführungsgesetze. Am 1. Okt. 1879 trat die gesammte Reichsjustizreform in Kraft.

Die Einführung des Bürgerlichen Gesetzbuches hat dann Veranlassung gegeben, die Reichsjustizgesetze von 1877 mannigfachen Aenderungen zu unterziehen und sie in der neuen Fassung der Ges. v. 17. Mai 1898 (R.-G.-Bl. S. 252, 246, 230) mit Ausnahme der Strafprozessordnung am 20. Mai 1898 neu zu publiziren (R.-G.-Bl. S. 369 ff.). In gleicher Weise wurde mit dem Preussischen Ausführungsgesetze zur Civilordnung verfahren; auf Grund der Novelle v. 22. Sept. 1899 (G.-S. S. 284) wurde es vom Justizminister neu publizirt (G.-S. S. 388). Die Aenderungen der Ausführungsgesetze zum Gerichtsverfassungsgesetz und zur Konkursordnung erfolgten im Rahmen des zur Ausführung des Reichsgesetzes über die Angelegenheiten der freiwilligen Gerichtsbarkeit v. 17. Mai 1898, in neuer Fassung v. 20. Mai 1898 (R.-G.-Bl. S. 189 bezw. 771) erlassenen Preussischen Gesetzes über die freiwillige Gerichtsbarkeit v. 21. Sept. 1899 (G.-S. S. 249).

Auch die Grundbuchgesetzgebung wurde nun für das Reich übereinstimmend gestaltet durch die Grundbuchordnung v. 24. März 1897 (R.-G.-Bl. S. 197), ebenso das Vormundschaftsrecht durch das Bürgerliche Gesetzbuch; die Grundbuchordnung wurde in der durch die Umgestaltung des materiellen Rechts bedingten neuen Fassung unterm 20. Mai 1898 neu publizirt (R.-G.-Bl. S. 754). Preussen erliess hierzu ein Ausführungsgesetz unter dem 26. Sept. 1899 (G.-S. S. 307). Naturgemäss würde es wie über den Rahmen dieses Werkes, so auch über den zur Verfügung stehenden Raum weit hinausgehen, wollten wir auf diese äusserst umfangreichen Gesetze des näheren eingehen. In den folgenden Kapiteln können daher nur die zum Verständniss des Etats erforderlichen Grundzüge in Kürze zur Darstellung gebracht werden, wobei der Rechtszustand, wie er sich seit dem 1. Jan. 1900, dem Zeitpunkt des Inkrafttretens des Bürgerlichen Gesetzbuches und der die Gerichtsverfassungs- und Prozessgesetze abändernden Gesetze, darstellt, zu Grunde gelegt ist. In den für die Zwecke dieses Werkes wichtigen Fragen der Organisation und Zuständigkeit der Gerichte haben die Novellen von 1898 bezw. 1899 übrigens wesentliche Aenderungen nicht gebracht.

I. Kapitel.

Die Gerichtsverfassung.

§ 24. Die richterliche Gewalt wird durch unabhängige, nur dem Gesetze unterworfene Gerichte ausgeübt. Ueber die Befähigung zum Richteramte ist bereits im § 25 des vorigen Buches gehandelt; hier bleibt zu bemerken, dass auch jeder ordentliche Rechtslehrer an einer Deutschen Universität im ganzen Reiche zum Richteramte befähigt ist, ebenso, wer die Befähigung im einem Bundesstaate erlangt hat, in jedem anderen. Zeitweilig können bei den Amtsgerichten Referendare, die mindestens 2 Jahre im Vorbereitungsdienste stehen, mit Wahrnehmung richterlicher Geschäfte beauftragt werden.

Die ordentliche streitige Gerichtsbarkeit wird durch Amtsgerichte und Landgerichte, durch Oberlandesgerichte und durch das Reichsgericht ausgeübt. Vor die ordentlichen Gerichte gehören alle bürgerlichen Rechtsstreitigkeiten und Strafsachen, für welche nicht entweder die Zuständigkeit von Verwaltungsbehörden oder Verwaltungsgerichten begründet ist oder reichsgesetzlich besondere Gerichte bestellt oder zugelassen sind.

Besondere Gerichte sind der aus 12 Mitgliedern, 5 für die erste, 7 für die zweite Instanz des Kammergerichts bestehende Geheime Justizrath, vor dem die Mitglieder des Königlichen und des Fürstlich Hohenzollernschen Hauses Recht nehmen, die Militärgerichte, die Auseinandersetzungsbehörden, die auf Staatsverträgen beruhenden Rheinschiffahrts- und Elbzollgerichte und die Gewerbegerichte.

Die Gerichte sind Staatsgerichte. Die Privatgerichtsbarkeit bleibt aufgehoben. Die Ausübung einer geistlichen Gerichtsbarkeit in weltlichen Angelegenheiten ist ohne bürgerliche Wirkung. Ausnahmegerichte sind unstatthaft. Niemand darf seinem gesetzlichen Richter entzogen werden. Die gesetzlichen Bestimmungen über Kriegsgerichte und Standrechte für Strafsachen werden jedoch hiervon nicht berührt.

§ 25. Den Amtsgerichten, deren 1902 in Preussen 1104 vorhanden waren, und deren Sitze und Bezirke erstmalig durch Königliche Verordnung bestimmt wurden, seitdem aber nur durch Gesetz geändert werden können, stehen Einzelrichter vor. Ist ein Amtsgericht mit mehreren Richtern besetzt, so wird einem derselben von der Landesjustizverwaltung die allgemeine Dienstaufsicht übertragen; ist die Zahl der Richter höher als fünfzehn, so kann seit 1902 die Dienstaufsicht zwischen mehreren von ihnen getheilt werden. Jeder Amtsrichter erledigt die ihm obliegenden Geschäfte als Einzelrichter. Die Geschäftstheilung erfolgt der Regel nach bei Gerichten mit zwei Amtsrichtern nach Bezirken, bei Gerichten mit vier oder mehr Richtern nach Materien durch das Präsidium des Landgerichtes auf die Dauer eines Jahres nach vom Justizminister festgestellten Grundsätzen. Ein Amtsrichter, nicht nothwendig der älteste, führt als aufsichtsführender Richter die Dienstaufsicht über die nicht richterlichen Beamten, über die richterlichen führt sie der Landgerichtspräsident.

Die Zuständigkeit der Amtsgerichte umfasst in bürgerlichen Rechtsstreitigkeiten, soweit dieselben nicht ohne Rücksicht auf den Werth des Streitgegenstandes den Landgerichten zugewiesen sind: 1. Streitigkeiten über vermögensrechtliche Ansprüche, deren Gegenstand an Geld oder Geldeswerth die Summe von 300 Mark nicht übersteigt; 2. ohne Rücksicht auf den Werth des Streitgegenstandes gewisse Streitigkeiten aus dem Mieths-, Dienst- und Arbeitsverhältniss, zwischen Reisenden und Wirthen, Fuhrleuten und dergleichen, ferner Streitigkeiten über Viehmängel, Wildschaden, aus dem ausserehelichen Beischlaf und das Aufgebotsverfahren. Wegen ihrer Zuständigkeit in Sachen der freiwilligen Gerichtsbarkeit s. unten § 46.

Bei dem Amtsgericht I in Berlin ist ein Amtsgerichtspräsident mit der Besoldung und den Befugnissen des Landgerichtspräsidenten hinsichtlich der Dienstaufsicht über die Richter angestellt (Ges. v. 10. April 1892, G.-S S. 77). Sobald die erforderlichen Baulichkeiten fertiggestellt sein werden, soll — durch Königliche Verordn. nach dem Ges v. 16. Sept. 1899 (G.-S. S. 391) — eine Dezentralisation der Amtsgerichte für Berlin und Umgegend eintreten; es sollen nämlich an die Stelle der Amtsgerichte I und II die Amtsgerichte Berlin-Mitte, Berlin-Tempelhof, Berlin-Wedding, Berlin-Schöneberg, Gross-Lichterfelde, Lichtenberg, Neu-Weissensee und Pankow treten. Auch soll zu dem gleichen Zeitpunkt in Berlin-Charlottenburg ein Landgericht III Berlin errichtet werden.

Nach Bedarf kann der Justizminister die Abhaltung von vollständigen Gerichtstagen oder Forstgerichtstagen ausserhalb des Gerichtssitzes anordnen. Für die Verhandlung und Entscheidung von Strafsachen über Uebertretungen und gewisse leichtere Vergehen (die meisten nur mit höchstens 3 Monate Gefängniss oder 600 M. Geldstrafe bedrohten, ferner die nur auf Antrag verfolgbaren und leichtere Eigenthumsvergehen, deren Objekt 25 M. nicht übersteigt) werden bei den Amtsgerichten Schöffengerichte gebildet, die aus dem Amtsrichter als Vorsitzendem und zwei ehrenamtlich fungirenden Schöffen bestehen. Die Schöffen nehmen nur an der Hauptverhandlung Theil, hier aber mit gleichen Rechten wie der Richter, nicht bloss, wie die Geschworenen, an der Entscheidung über die Schuldfrage. Sie werden auf Grund von Urlisten unter Mitwirkung eines Verwaltungsbeamten und von Laien in eine Jahresliste aufgenommen, aus der die Auswahl für den einzelnen Fall durch das Loos erfolgt, und vor ihrer ersten Dienstleistung vereidet. Sie erhalten Reisekosten aber keine Tagegelder.

§ 26. Landgerichte, deren Zahl und Bezirke das Gesetz bestimmt, zählt Preussen gegenwärtig 93. Bei der Einrichtung wurde durschschnittlich eins auf 250 000 Einwohner gerechnet. Abgesehen von den Landgerichten I und II in Berlin mit 1,889 und 1,042 Mill. und von Hechingen mit nur rd. 66 800 Seelen umfassten 1902 die Preussischen Landgerichte Sprengel von 102 622 (Memel) bis 814 092 Seelen (Düsseldorf). Die Landgerichte sind mit einem Präsidenten und der erforderlichen Anzahl von Direktoren und Mitgliedern besetzt. Sie zerfallen in Civil- und Strafkammern. Nach Bedürfniss werden Untersuchungsrichter durch die Landesjustizverwaltung auf die Dauer eines Geschäftsjahres bestellt. Den Vorsitz im Plenum führt der Präsident, den Vorsitz in den Kammern führen der Präsident und die Direktoren. Vor Beginn des Geschäftsjahres bestimmt der Präsident die Kammer, welcher er sich anschliesst. Ueber die Vertheilung des Vorsitzes in den übrigen Kammern entscheiden der Präsident und die Direktoren.

Vor Beginn des Geschäftsjahres werden durch das „Präsidium“ auf die Dauer desselben die Geschäfte unter die Kammern derselben Art vertheilt und die ständigen Mitglieder der einzelnen Kammern sowie für den Fall ihrer Verhinderung die regelmässigen Vertreter bestimmt. Jeder Richter kann zum Mitgliede mehrerer Kammern bestimmt werden. Das „Präsidium“ wird durch den Präsidenten als Vorsitzenden, die Direktoren und das dem Dienstalter nach, bei gleichem Dienstalter das der Geburt nach älteste Mitglied gebildet.

Nach Bedarf sind bei den Landgerichten für deren Bezirke oder örtlich abgegrenzten Theile derselben am Sitze des Landesgerichts oder an einem anderen Orte des Bezirkes Kammern für Handelssachen aus einem Mitgliede des Landgerichtes und zwei ehrenamtlichen, dem Handelstande auf Vorschlag von dessen Vertretung auf je 3 Jahre entnommenen Handelsrichtern gebildet. Derartige Kammern zählt man in Preussen jetzt 73, von denen 18 auf das Landgericht I in Berlin, auf 4 Landgerichte je 3, auf 8 je 2 und auf 27 je 1 entfallen. Am 1. Okt. 1903 werden 3 weitere Kammern für Handelssachen in Münster, Flensburg und Erfurt eingerichtet.

Durch Anordnung der Landesjustizverwaltung kann wegen grosser Entfernung des Landgerichtssitzes bei einem Amtsgerichte für den Bezirk eines oder mehrerer Amtsgerichte eine (sogen. „detachirte“)

Strafkammer gebildet und derselben für diesen Bezirk die gesammte Thätigkeit der Strafkammer des Landgerichtes oder ein Theil dieser Thätigkeit zugegewiesen werden. In Preussen ist dies bei 38 Amtsgerichten geschehen. Die Besetzung einer solchen Strafkammer erfolgt aus Mitgliedern des Landgerichtes oder Amtsrichtern des Bezirkes, für welchen die Kammer gebildet wird. Der Vorsitzende wird ständig vom Justizminister, die Amtsrichter werden auf die Dauer des Geschäftsjahres durch den Landgerichtspräsidenten berufen, die übrigen Mitglieder werden durch das Präsidium des Landgerichtes bezeichnet.

Vor die Civilkammern, einschliesslich der Kammern für Handelssachen, gehören in erster Instanz alle bürgerlichen Rechtsstreitigkeiten, welche nicht den Amtsgerichten zugewiesen sind. Vor die Kammern für Handelssachen sind hiervon, wo eine solche besteht, zu verweisen Klagen gegen einen Kaufmann aus Handelsgeschäften, Wechselsachen, Streitigkeiten über Firma, Schutz der Waarenbezeichnungen, Muster und Modelle, über Erwerb eines Handelsgeschäfts, Rechtsverhältnisse zwischen Handlungsgehilfen und dergleichen und ihren Prinzipalen, endlich aus Rechtsverhältnissen des Seerechts oder der Binnenschiffahrt, sowie auf Grund des Reichsstempelgesetzes, in allen Fällen aber nur auf Antrag einer der Parteien. Die Civilkammern sind ferner die Berufungs- und Beschwerdegerichte in den vor den Amtsgerichten verhandelten bürgerlichen Rechtsstreitigkeiten.

Die Strafkammern sind zuständig für diejenigen die Voruntersuchung und deren Ergebnisse betreffenden Entscheidungen, welche nach den Vorschriften der Strafprozessordnung von dem Gerichte zu erlassen sind; sie entscheiden über Beschwerden gegen Verfügungen des Untersuchungsrichters und des Amtsrichters sowie gegen Entscheidungen der Schöffengerichte. Sie erledigen ausserdem die in der Strafprozessordnung den Landgerichten zugewiesenen Geschäfte. Als erkennende Gerichte sind sie zuständig für 1. die Vergehen, welche nicht zur Zuständigkeit der Schöffengerichte gehören; 2. diejenigen Verbrechen, welche mit Zuchthaus von höchstens fünf Jahren, allein oder in Verbindung mit anderen Strafen bedroht sind, mit Ausnahme gewisser politischer Verbrechen; 3. die Verbrechen der Personen, welche zur Zeit der That das achtzehnte Lebensjahr noch nicht vollendet hatten; 4. Unzuchtsverbrechen mit Kindern, schwerer Diebstahl, schwere Hehlerei, schwerer Betrug; 5. Zuwiderhandlungen gegen gewisse Spezialgesetze (Schiffahrtsgesetze, Personenstandsgesetz, Bankgesetz, Gesetz betr. Inhaberpapiere mit Prämien). Gewisse zu ihrer Zuständigkeit gehörige Vergehen kann die Strafkammer auf Antrag der Staatsanwaltschaft vor das Schöffengericht verweisen. In zweiter Instanz entscheidet die Strafkammer über Berufungen gegen Schöffengerichtsurtheile.

Civil- und Strafkammern entscheiden in der Besetzung mit drei Richtern, die Strafkammern jedoch in der Hauptverhandlung, ausser in der Berufungsinstanz bei Uebertretungen und Privatklagen, als Kollegien von 5 Richtern. — Bei den Landgerichten treten periodisch die Schwurgerichte zur Verhandlung und Entscheidung über die Verbrechen, welche nicht zur Zuständigkeit der Strafkammern oder des Reichgerichts gehören, zusammen; der Justizminister hat die bisher nicht angewendete Befugniss, mehrere Landgerichte zu einem Schwurgerichtsbezirke zu vereinigen. Die Schwurgerichte bestehen aus drei richterlichen Mitgliedern mit Einschluss des Vorsitzenden und aus zwölf zur Entscheidung der Schuldfrage berufenen Geschworenen.

Die Entscheidungen, welche von dem erkennenden Gerichte zu erlassen sind, erfolgen in den bei den Schwurgerichten anhängigen Sachen durch die richterlichen Mitglieder des

Schwurgerichts. Werden diese Entscheidungen ausserhalb der Dauer der Sitzungsperiode erforderlich, so erfolgen sie durch die Strafkammer der Landgerichte. Der Vorsitzende des Schwurgerichts wird für jede Sitzungsperiode von dem Präsidenten des Oberlandesgerichts aus der Zahl der Mitglieder des Oberlandesgerichts oder der zu dem Bezirke des Oberlandesgerichts gehörigen Landgerichte ernannt. Der Stellvertreter des Vorsitzenden und die übrigen richterlichen Mitglieder werden von dem Präsidenten des Landgerichts aus der Zahl der Mitglieder des Landgerichts bestimmt. Solange die Ernennung des Vorsitzenden nicht erfolgt ist, erledigt der Vorsitzende der Strafkammer des Landgerichts die in der Strafprozessordnung dem Vorsitzenden des Gerichts zugewiesenen Geschäfte. Das Amt eines Geschworenen ist ein Ehrenamt. Die Urliste für die Auswahl der Schöffen dient zugleich als Urliste für die Auswahl der Geschworenen. Die Zahl der für jedes Schwurgericht erforderlichen Geschworenen und die Verteilung dieser Zahl auf die einzelnen Amtsgerichtsbezirke wird durch die Landgerichtspräsidenten bestimmt. Der alljährlich bei dem Amtsgerichte für die Wahl der Schöffen zusammentretende Ausschuss hat gleichzeitig diejenigen Personen aus der Urliste auszuwählen, welche er zu Geschworenen für das nächste Geschäftsjahr vorschlägt. Die Namen der zu Geschworenen vorgeschlagenen Personen werden in eine Vorschlagsliste aufgenommen. Diese wird nebst den Einsprachen, welche sich auf die in dieselbe aufgenommenen Personen beziehen, dem Präsidenten des Landgerichts übersendet. In einer Sitzung, an welcher fünf Mitglieder mit Einschluss des Präsidenten und der Direktoren theilnehmen, entscheidet das Landgericht endgültig über die Einsprachen und wählt sodann aus der Vorschlagsliste die für das Schwurgericht bestimmte Zahl von Hauptgeschworenen und Hülfsgeschworenen. Als Hülfsgeschworene sind solche Personen zu wählen, welche an dem Sitzungsorte des Schwurgerichts oder in dessen nächster Umgebung wohnen. Die Namen der Haupt- und Hülfsgeschworenen werden in gesonderte Jahreslisten aufgenommen. Spätestens zwei Wochen vor Beginn der Sitzungen des Schwurgerichts werden in öffentlicher Sitzung des Landgerichts, an welcher der Präsident und zwei Mitglieder theilnehmen, in Gegenwart der Staatsanwaltschaft durch den Präsidenten dreissig Hauptgeschworene ausgelost. Das Landgericht übersendet das Verzeichniss der ausgelosten Hauptgeschworenen (Spruchliste) dem ernannten Vorsitzenden des Schwurgerichts. Die in der Spruchliste verzeichneten Geschworenen werden auf Anordnung des für das Schwurgericht ernannten Vorsitzenden zur Eröffnungssitzung des Schwurgerichts unter Hinweis auf die gesetzlichen Folgen des Ausbleibens geladen. Ueber die von Geschworenen geltend gemachten Ablehnungs- und Hinderungsgründe erfolgt die Entscheidung nach Anhörung der Staatsanwaltschaft durch die richterlichen Mitglieder und, solange das Schwurgericht nicht zusammengetreten ist, durch den ernannten Vorsitzenden des Schwurgerichts. Beschwerde findet nicht statt. An Stelle der wegfallenden Geschworenen hat der Vorsitzende, wenn es noch geschehen kann, aus der Jahresliste durch Auslosung andere Geschworene auf die Spruchliste zu bringen und deren Ladung anzuordnen. Die Geschworenen erhalten Reisekosten, aber keine Tagegelder.

§ 27. Oberlandesgerichte bestehen in Preussen im Allgemeinen je eins für jede Provinz; nur Hessen-Nassau hat deren zwei, und das Berliner, das den Namen „Kammergericht“ beibehalten hat, ist für die Provinz Brandenburg und den Stadtbezirk Berlin zuständig. Auch decken sich die Grenzen der Oberlandesgerichtsbezirke nicht durchweg mit denen der Provinzen bezw. in Hessen-Nassau der Regierungsbezirke, und es sind einerseits den Preussischen Oberlandesgerichten einige nichtpreussische Gebiete, andererseits einige Preussische dem gemeinsamen Oberlandesgericht Jena unterstellt. Die Sitze der Oberlandesgerichte sind im Anschluss an diejenigen der früheren Appellationsgerichte gewählt: sie befinden sich in Königsberg, Marienwerder, Berlin (Kammergericht), Stettin, Posen, Breslau, Naumburg a./S., Kiel, Celle, Hamm, Cassel, Frankfurt a./M. und Cöln.

Nicht zu dem Oberlandesgericht ihrer Provinz bezw. ihres Regierungsbezirks gehören der Westpreussische Kreis Deutsch-Krone, der zu Posen, der Hannoversche Kreis Ilfeld, der zu Naumburg, der Westfälische Kreis Rinteln, der zu Celle, der Nassauische Kreis Biedenkopf, der zu Cassel, der bis 1900 landrechtliche Theil der Rheinprovinz (Kreise Rees, Duisburg Stadt, Mülheim a./Ruhr, Oberhausen Stadt, Ruhrort, Essen Stadt und Land), der zu Hamm und der gemeinrechtliche Theil derselben Prozinz, der zu Frankfurt a. M. gelegt ist. Hohenzollern ressortirt von Frankfurt a. M., die Kreise Schleusingen, Schmalkalden und Ziegenrück ressortiren vom gemeinsamen Oberlandgericht Jena und unter diesen die beiden erstern von dem gemeinsamen Landgericht Meiningen, Ziegenrück von demjenigen in Rudolstadt. Andererseits gehören Anhalt und Schwarzburg-Sondershausen zu Naumburg, die beiden Lippe und Pyrmont zu Celle, Waldeck zu Cassel, das Oldenburgische Fürstenthum Birkenfeld zu Cöln.

Der räumliche Umfang der Oberlandesgerichtsbezirke ist daher recht verschieden, wie sich aus nachstehender Uebersicht ergiebt:

Oberlandsgerichtsbezirk[1])	Einwohnerzahl 1902 in Millionen	Zahl der Landgerichte	Zahl der Amtsgerichte	Zahl der Kammern für Handelssachen bei den Landgerichten	Zahl der detachirten Strafkammern
Berlin (Kammergericht)	5	9	103	20	4
Königsberg	2	8	71	2	4
Marienwerder	1,5	5	40	2	4
Stettin	1,63	5	59	3	3
Posen	1,95	7	61	2	5
Breslau	4,67	14	130	5	6
Naumburg	2,78	8	111	5	4
Kiel	1,39	3	69	2	1
Celle	2,62	8	107	2	2
Hamm	4,05	9	109	11	1
Kassel	0,85	3	73	2	1
Frankfurt a. M.	1,27	5	51	4	1
Cöln	4,66	9	113	12	2

Während also das Kammergericht und die Oberlandesgerichte Breslau, Cöln und Hamm je mehr als 4 Millionen Gerichtseingesessene zählen, erreichten von den übrigen keines 3 Millionen, sechs noch nicht 2 und eins noch nicht 1 Million. Die Zahl der zugehörigen Landgerichte bewegt sich zwischen 14 (Breslau) und 3 (Kiel und Cassel), die der Amtsgerichte zwischen 130 (Breslau) und 40 (Marienwerder), wobei indess zu beachten ist, dass sich unter den Landgerichten des Kammergerichtsbezirks das Landgericht I Berlin mit 37 Direktoren und weit über 100 Richtern und unter dessen Amtsgericht das Amtsgericht I Berlin mit 1 Präsidenten und ebenfalls über 100 Amtsrichtern befindet.

Die Oberlandesgerichte sind mit einem Präsidenten und der erforderlichen Anzahl von Senatspräsidenten und Räthen besetzt. Bei den Oberlandesgerichten werden Civil- und Strafsenate gebildet, die in der Besetzung von 5 Mitgliedern mit Einschluss des Vorsitzenden entscheiden. Das Präsidium besteht aus dem Präsidenten, den Senatspräsidenten und den beiden ältesten Mitgliedern des Gerichts.

Zu Hülfsrichtern dürfen nur ständig angestellte Richter berufen werden. Die Oberlandesgerichte sind zuständig für die Verhandlung und Entscheidung über die Rechtsmittel: 1. der Berufung gegen die Endurtheile der Landgerichte in bürgerlichen Rechtsstreitigkeiten; 2. der Revision gegen Urtheile der Strafkammern in der Berufungsinstanz; 3. der Revision gegen Urtheile der Strafkammern in erster Instanz, sofern die Revision ausschliesslich auf

[1]) Ausschliesslich der nichtpreussischen Theile.

die Verletzung einer in den Landesgesetzen enthaltenen Rechtsnorm gestützt wird; 4. der Beschwerde gegen Entscheidungen der Landgerichte in bürgerlichen Rechtsstreitigkeiten; 5. der Beschwerde gegen strafrichterliche Entscheidungen erster Instanz, soweit nicht die Zuständigkeit der Strafkammer begründet ist, und gegen Entscheidungen der Strafkammern in der Beschwerdeinstanz und Berufungsinstanz.

Durch die Gesetzgebung eines Bundesstaates, in welchem mehrere Oberlandesgerichte errichtet werden, kann die Verhandlung und Entscheidung der zur Zuständigkeit der Oberlandesgerichte gehörenden Revisionen und Beschwerden in Strafsachen ausschliesslich einem der mehreren Oberlandesgerichte oder an Stelle eines solchen Oberlandesgerichts dem obersten Landesgerichte zugewiesen werden. Von dieser Ermächtigung hat Preussen in der Weise Gebrauch gemacht, dass das Kammergericht für den ganzen Umfang der Monarchie für ausschliesslich zuständig erklärt ist zur Verhandlung und Entscheidung über die nicht zur Zuständigkeit des Reichsgerichts gehörenden Revisionen gegen Urtheile der Strafkammern in erster Instanz, über die Revisionen gegen Urtheile der Strafkammern in der Berufungsinstanz und über alle Beschwerden gegen Entscheidungen der Strafkammern, sofern eine nach Landesrecht strafbare Handlung den Gegenstand der Untersuchung bildet.

Das Kammergericht ist ferner ausschliesslich zuständig für die Verhandlung und Entscheidung über das Rechtsmittel der weiteren Beschwerde gegen Beschlüsse. Stützt sich die weitere Beschwerde ausschliesslich auf Verletzung von im Kammergerichtsbezirk nicht geltenden Rechtsnormen, so muss das Kammergericht die Entscheidung dem Oberlandesgericht überweisen, in dessen Bezirk die Rechtsnorm gilt; dasselbe kann geschehen, wenn die Beschwerde sich unter andern auf solche Rechtsnormen stützt. Endlich ist das Kammergericht in gewissen Kostensachen ausschliesslich zuständig.

§ 28. Der für das ganze Deutsche Reich gemeinsame höchste Gerichtshof, das Reichsgericht, hat den Sitz seines Vorgängers, des Reichs-Oberhandelsgerichts, Leipzig, beibehalten. Das Reichsgericht war 1902 mit einem Präsidenten, 10 Senatspräsidenten und 80 Räthen besetzt. Sämmtliche Mitglieder werden vom Kaiser auf Vorschlag des Bundesraths ernannt. Die Zuziehung von Hülfsrichtern ist unzulässig. Das Präsidium bilden der Präsident, die Senatspräsidenten und die vier ältesten Räthe. Bei dem Reichsgericht bestehen Civil- und Strafsenate in der vom Reichskanzler bestimmten Zahl, welche in der Besetzung von 7 Richtern entscheiden.

Zum Mitgliede des Reichsgerichts kann nur ernannt werden, wer die Fähigkeit zum Richteramte in einem Bundesstaate erlangt und das fünfunddreissigste Lebensjahr vollendet hat. Ist ein Mitglied zu einer Strafe wegen einer entehrenden Handlung oder zu einer Freiheitsstrafe von längerer als einjähriger Dauer rechtskräftig verurtheilt, so kann dasselbe durch Plenarbeschluss des Reichsgerichts seines Amts und seines Gehalts für verlustig erklärt werden. Ist wegen eines Verbrechens oder Vergehens das Hauptverfahren gegen ein Mitglied eröffnet, so kann in gleicher Weise die vorläufige Enthebung desselben von seinem Amte ausgesprochen werden. Wird gegen ein Mitglied die Untersuchungshaft verhängt, so tritt für die Dauer derselben die vorläufige Enthebung von Rechts wegen ein. Durch die vorläufige Enthebung wird jedoch das Recht auf den Genuss des Gehalts nicht berührt.

Wenn ein Mitglied durch ein körperliches Gebrechen oder durch Schwäche seiner körperlichen oder geistigen Kräfte zur Erfüllung seiner Amtspflichten dauernd unfähig wird, so tritt seine Versetzung in den Ruhestand gegen Gewährung eines Ruhegehalts ein. Das jährliche Ruhegehalt beträgt bis zur Vollendung des zehnten Dienstjahres $^{20}/_{60}$ des Gehalts: es erhöht sich mit der Vollendung eines jeden folgenden Dienstjahres und bis zur Vollendung des fünfzigsten Dienstjahres um je $^{1}/_{60}$ des Gehalts. Bei Berechnung der Dienstzeit wird die Zeit mitgerechnet, während welcher das Mitglied sich im Dienste des Reichs oder im Staats- oder Gemeindedienst eines Bundesstaates befunden oder in einem Bundesstaate als Anwalt, Advokat, Notar, Patrimonialrichter oder als öffentlicher Lehrer des Rechts an einer Deutschen Universität fungirt hat. Wird die Versetzung eines Mitgliedes in den Ruhestand nicht beantragt, obgleich die Voraussetzungen derselben vorliegen, so hat der Präsident die

Aufforderung zu erlassen, binnen einer bestimmten Frist den Antrag zu stellen. Wird dieser Aufforderung nicht Folge geleistet, so wird die Versetzung in den Ruhestand durch Plenarbeschluss des Reichsgerichts ausgesprochen.

Zuständig ist das Reichsgericht: 1. in Civilsachen für Verhandlung und Entscheidung über die Rechtsmittel der Revision gegen die Endurtheile der Oberlandesgerichte und der Beschwerde gegen Entscheidungen der Oberlandesgerichte, 2. in Strafsachen für die Untersuchung und Entscheidung in erster und letzter Instanz in den Fällen des Hochverraths und des Landesverraths, insofern diese Verbrechen gegen den Kaiser oder das Reich gerichtet sind, und für die Verhandlung und Entscheidung über die Rechtsmittel der Revision gegen Urtheile der Strafkammern in erster Instanz, insoweit nicht die Zuständigkeit der Oberlandesgerichte begründet ist, und gegen Urtheile der Schwurgerichte. In Strafsachen wegen Zuwiderhandlungen gegen die Vorschriften über die Erhebung öffentlicher in die Reichskasse fliessender Abgaben und Gefälle ist das Reichsgericht auch für die Verhandlung und Entscheidung über das Rechtsmittel der Revision gegen Urtheile der Strafkammern in der Berufungsinstanz zuständig, sofern die Entscheidung des Reichsgerichts von der Staatsanwaltschaft bei der Einsendung der Akten an das Revisionsgericht beantragt wird.

Will in einer Rechtsfrage ein Civilsenat von der Entscheidung eines anderen Civilsenats oder der vereinigten Civilsenate oder ein Strafsenat von der Entscheidung eines anderen Strafsenats oder der vereinigten Strafsenate abweichen, so ist über die streitige Rechtsfrage im ersteren Falle eine Entscheidung der vereinigten Civilsenate, im letzteren Falle eine solche der vereinigten Strafsenate einzuholen. Einer Entscheidung der Rechtsfrage durch das Plenum bedarf es, wenn ein Civilsenat von der Entscheidung eines Strafsenats oder der vereinigten Strafsenate, oder ein Strafsenat von der Entscheidung eines Civilsenats oder der vereinigten Civilsenate, oder ein Senat von der früher eingeholten Entscheidung des Plenums abweichen will. Soweit das Reichsgericht in Strafsachen in erster und letzter Instanz zuständig ist, fungirt der erste Strafsenat als Beschluss- und Beschwerdeinstanz für die Voruntersuchung, der vereinigte zweite und dritte als erkennendes Gericht. Zur Fassung von Plenarentscheidungen und von Entscheidungen der vereinigten Civil- oder Strafsenate, sowie der beiden vereinigten Strafsenate ist die Theilnahme von mindestens zwei Drittheilen aller Mitglieder mit Einschluss des Vorsitzenden erforderlich.

§ 29. Bei jedem Gerichte soll eine Staatsanwaltschaft bestehen. Das Amt der Staatsanwaltschaft wird ausgeübt bei dem Reichsgerichte durch einen Oberreichsanwalt und durch einen oder mehrere (1902: 4) Reichsanwälte, bei den Oberlandesgerichten, den Landgerichten und den Schwurgerichten durch einen oder mehrere Staatsanwälte, bei den Amtsgerichten und den Schöffengerichten durch einen oder mehrere Amtsanwälte, welche letztere jedoch in dem amtsrichterlichen Verfahren zur Vorbereitung der öffentlichen Klage in denjenigen Strafsachen, welche zur Zuständigkeit anderer Gerichte als der Schöffengerichte gehören, nicht zuständig sind. Die Staatsanwaltschaften sind büreaukratisch organisirt: wenn sie daher aus mehreren Beamten bestehen, so handeln die dem ersten beigeordneten als dessen Vertreter. In Preussen führt der erste Beamte der Staatsanwaltschaft bei dem Oberlandesgericht die Amtsbezeichnung „Oberstaatsanwalt“, bei dem Landgericht „Erster Staatsanwalt“, die nachgeordneten bei beiden Gerichten „Staatsanwalt“; nur beim Landgericht I Berlin hat der Erste Staatsanwalt Titel und Rang eines Oberstaatsanwalts, und es stehen ihm als Abtheilungsvorsteher „Erste Staatsanwälte“ zur

Seite. Ein Theil der Staatsanwälte erhält den Amtscharakter als „Staatsanwaltschaftsrath“ und damit den Rang der Räthe IV. Klasse.

Die Oberstaatsanwälte und Ersten Staatsanwälte sind befugt, bei allen Gerichten ihres Bezirks die Amtsverrichtungen der Staatsanwaltschaft selbst zu übernehmen oder mit Wahrnehmung derselben einen anderen als den zunächst zuständigen Beamten zu beauftragen. Amtsanwälte können jedoch das Amt der Staatsanwaltschaft nur bei den Amtsgerichten und den Schöffengerichten versehen.

In denjenigen Sachen, für welche das Reichsgericht in erster und letzter Instanz zuständig ist, haben alle Beamten der Staatsanwaltschaft den Anweisungen des Oberreichsanwalts Folge zu leisten. Im Uebrigen steht das Recht der Aufsicht und Leitung zu dem Reichskanzler hinsichtlich des Oberreichsanwalts und der Reichsanwälte, dem Justizminister hinsichtlich aller staatsanwaltlichen Beamten, den ersten Beamten der Staatsanwaltschaft bei den Oberlandesgerichten und den Landgerichten hinsichtlich aller Beamten der Staatsanwaltschaft ihres Bezirks.

Der Oberreichsanwalt und die Reichsanwälte sind ebenso wie die Beamten der Staatsanwaltschaft nicht richterliche Beamte. Die Staatsanwaltschaft ist in ihren Amtsverrichtungen von den Gerichten unabhängig. Die Staatsanwälte dürfen richterliche Geschäfte nicht wahrnehmen. Auch darf ihnen eine Dienstaufsicht über die Richter nicht übertragen werden. Die Beamten des Polizei- und Sicherheitsdienstes sind Hülfsbeamte der Staatsanwaltschaft und sind in dieser Eigenschaft verpflichtet, den Anordnungen der Staatsanwälte bei dem Landgerichte ihres Bezirks und der diesen vorgesetzten Beamten Folge zu leisten. Zu den Aemtern der Staatsanwaltschaft bei den Oberlandesgerichten und den Landgerichten können nur zum Richteramte befähigte Beamte ernannt werden. Der Oberreichsanwalt und die Reichsanwälte werden auf Vorschlag des Bundesraths vom Kaiser, die Ober-, Ersten und Staatsanwälte werden vom König ernannt. Alle diese Beamten können durch Kaiserliche bezw. Königliche Verfügung jederzeit mit Gewährung des gesetzlichen Wartegeldes einstweilig in den Ruhestand versetzt werden. Die Amtsanwälte werden auf Widerruf ernannt. Die Geschäfte des Amtsanwalts können von dem Justizminister einem Staatsanwalt, einem Gerichtsassessor, sofern derselbe nicht gleichzeitig mit richterlichen Geschäften in Strafsachen betraut wird, oder einem Referendar übertragen werden. Insoweit diese Befugniss nicht zur Anwendung kommt, erfolgt die Ernennung des Amtsanwalts durch den Oberstaatsanwalt nach Anhörung des Regierungspräsidenten. Vorsteher der Gemeindeverwaltung am Sitze des Amtsgerichts sind verpflichtet, die Geschäfte eines Amtsanwalts zu übernehmen, sofern nicht die örtliche Polizeiverwaltung Königlichen Behörden übertragen ist. Wird von der Gemeindebehörde eine andere geeignete Person in Vorschlag gebracht, welche zur Uebernahme dieser Geschäfte bereit ist, so fällt die Verpflichtung des Vorstehers der Gemeindeverwaltung fort. Neben dem Vorsteher der Gemeindeverwaltung ist auf Antrag der Gemeindebehörde eine von dieser vorgeschlagene geeignete Person zum Stellvertreter des Amtsanwalts zu bestellen. Ueber die Vertheilung der Geschäfte entscheidet der Vorsteher der Gemeindeverwaltung. Die Kosten, welche aus der Führung der Amtsanwaltsgeschäfte erwachsen, fallen in jedem Falle dem Staate zur Last. Die Amtsanwälte, welche nicht als Staatsanwalt, Assessor oder Referendar mit diesen Geschäften beauftragt sind, erhalten für ihre persönliche Mühewaltung und zur Deckung der sächlichen Kosten eine als Pauschquantum festzusetzende Entschädigung.

Die Bureaugeschäfte bei den Staatsanwaltschaften versehen die den Gerichtsschreibern und Gerichtsschreibergehülfen in Ansehung der Vorbildung etc. entsprechenden Sekretäre und Assistenten.

§ 30. Bei jedem Gericht besteht eine Gerichtschreiberei. Die Dienstverhältnisse der Gerichtsschreiber sind durch Ges. v. 3. März 1879 (G.-S. S. 99) geordnet. Abgesehen von der Aufnahme von Protokollen und sonstigen Geschäften in Anwesenheit und unter Leitung eines Richters sind sie u. A. selbstständig befugt zur Ertheilung vollstreckbarer Ausfertigungen, zur Aufnahme von Klagen, Aufnahme von Anmeldungen zu Eintragungen in die handels- und genossenschaftsrechtlichen Register und auf Anordnung des Richters zur Aufnahme von Wechselprotesten, zu Siegelungen, Entsiegelungen und Inventuren. Ueber ihre Anstellung u. s. w. vgl. oben § 27 des vorigen Buches. Die Gerichtsschreiber müssen gegen festes Gehalt auf Lebenszeit, die Gerichtsschreibergehülfen können auch gegen Diäten auf Kündigung angestellt werden. Die Gerichtsschreiber führen den Amtstitel „Sekretär", Erste Gerichtsschreiber bei den Civil- und Amtsgerichten den als „Obersekretär", der auch solchen bei kleineren Amtsgerichten verliehen werden kann, Gerichtsschreibergehülfen als „Assistenten."

Zur Besorgung von Zustellungen und zur Ausführung von Zwangsvollstreckungen bestimmt sind die bei den Amtsgerichten, wenn zu mehreren, für bestimmte Bezirke bestellten Gerichtsvollzieher, die Nachfolger der Exekutoren in den rechtsrheinischen Provinzen, der Hannoverschen Gerichtsvoigte und der linksrheinischen Gerichtsvollzieher (Huissiers). Befugt sind sie auch zur Aufnahme von Wechselprotesten, zu Siegelungen, Entsiegelungen, Inventuren, freiwilligen Mobiliarversteigerungen. Ihre Dienstverhältnisse sind jetzt durch die Gerichtsvollzieher-Ordnung des Justizministers vom 31. März 1900 (J.-M.-Bl. S. 345) geordnet. Vgl. über ihre Anstellung oben § 26 des vorigen Buches, über ihre Entlohnung, die jetzt in festem Gehalt und Wohnungsgeld aus der Staatskasse besteht, während die Gebühren der Letzteren zufliessen, besteht, vgl. unten im II. und III. Hauptabschnitt.

II. Kapitel.

Das gerichtliche Verfahren.

A. Civilprozess.

§ 31. Allgemeine Grundsätze. Die Verhandlung der Parteien über bürgerliche Rechtsstreitiskeiten ist eine mündliche. Vor dem Landgericht und den höheren Gerichten müssen sich die Parteien durch bei dem betreffenden Gericht zugelassene Rechtsanwälte vertreten lassen In solchen Anwaltsprozessen wird die mündliche Verhandlung durch Schriftsätze vorbereitet; in anderen Prozessen können vorbereitende Schriftsätze gewechselt werden. Der vorbereitende Schriftsatz, welcher neue Thatsachen oder ein anderes neues Vorbringen enthält, ist mindestens eine Woche, wenn er einen Zwischenstreit betrifft, mindestens drei Tage vor der mündlichen Verhandlung zuzustellen. Die Parteien haben eine für das Prozessgericht bestimmte Abschrift ihrer vorbereitenden Schriftsätze und der Anlagen auf der Gerichtsschreiberei niederzulegen. Der Vorsitzende eröffnet und leitet die mündliche Verhandlung. Er entscheidet über die Wortertheilung, sorgt dafür, dass die Sache erschöpfende Erörterung finde und die Verhandlung ohne Unterbrechung zu Ende geführt werde, bestimmt erforderlichenfalls sofort die Sitzung zur Fortsetzung der Verhandlung, schliesst die Verhandlung, wenn nach Ansicht des Gerichts die Sache vollständig erörtert ist, und verkündet die Urtheile und Beschlüsse des Gerichts. Die mündliche Verhandlung wird dadurch eingeleitet, dass die Parteien ihre Anträge stellen. Die Vorträge der Parteien sind in freier Rede zu halten; sie haben das Streitverhältniss in thatsächlicher und rechtlicher Beziehung zu umfassen. In Anwaltsprozessen ist neben dem Anwalt auch der Partei selbst auf Antrag das Wort zu gestatten. Jede Partei hat sich über die von dem Gegner behaupteten Thatsachen zu erklären. Thatsachen, welche nicht ausdrücklich bestritten werden, sind als zugestanden anzusehen, wenn nicht die Absicht, sie bestreiten zu wollen, aus den übrigen Erklärungen der Partei hervorgeht. Der Vorsitzende hat durch Fragen darauf hinzuwirken, dass unklare Anträge erläutert, ungenügende Angaben der geltend gemachten Thatsachen ergänzt und die Beweismittel bezeichnet, überhaupt alle für die Feststellung des Sachverhältnisses erheblichen Erklärungen abgegeben werden. Er hat auf Bedenken aufmerksam zu machen, welche in Ansehung der von Amts wegen zu berücksichtigenden Punkte obwalten, und er hat jedem Mitgliede des Gerichts auf Verlangen zu gestatten, Fragen zu stellen. Ueber die Verhandlung wird ein Protokoll aufgenommen, das bestimmten Erfordernissen genügen muss.

Die von den Parteien zu betreibenden Zustellungen erfolgen durch Gerichtsvollzieher. In dem Verfahren vor den Amtsgerichten kann die Partei den Gerichtsvollzieher unter Vermittelung des Gerichtsschreibers des Prozessgerichts mit der Zustellung beauftragen. Das Gleiche gilt für Anwaltsprozesse in Ansehung der Zustellungen, durch welche eine Nothfrist, d. h. eine von der Civilprozessordnung ausdrücklich als Nothfrist bezeichnete Frist, deren einmal bestimmte Dauer unabänderlich ist, gewahrt werden soll.

Die Ladung zu einem Termin erfolgt durch die Partei, welche über die Hauptsache oder über einen Zwischenstreit mündlich verhandeln will. Ist mit der Ladung zugleich eine Klageschrift oder ein anderer Schriftsatz zuzustellen, so ist die Ladung in den Schriftsatz aufzunehmen. In Anwaltsprozessen muss die Ladung zur mündlichen Verhandlung, sofern die Zustellung nicht an einen Rechtsanwalt erfolgt, die Aufforderung an den Gegner enthalten, einen bei dem Prozessgerichte zugelassenen Anwalt zu bestellen. Die Ladung ist zum Zwecke der Terminsbestimmung bei dem Gerichtsschreiber einzureichen. Die Bestimmung der Termine erfolgt binnen vierundzwanzig Stunden durch den Vorsitzenden. Die Frist, welche in einer anhängigen Sache zwischen der Zustellung der Ladung und dem Terminstage liegen soll (Ladungsfrist), beträgt in Anwaltsprozessen mindestens eine Woche, in anderen Prozessen mindestens drei Tage, in Mess- und Marktsachen mindestens vierundzwanzig Stunden. Die Termine werden an der Gerichtsstelle abgehalten, sofern nicht die Einnahme eines Augenscheins an Ort und Stelle, die Verhandlung mit einer am Erscheinen vor Gericht verhinderten Person oder eine sonstige Handlung erforderlich ist, welche an der Gerichtsstelle nicht vorgenommen werden kann.

Die Versäumniss einer Prozesshandlung hat zur allgemeinen Folge, dass die Partei mit der vorzunehmenden Prozesshandlung ausgeschlossen wird. Einer Partei, welche durch Naturereignisse oder andere unabwendbare Zufälle verhindert worden ist, eine Nothfrist einzuhalten, ist auf Antrag die Wiedereinsetzung in den vorigen Stand zu ertheilen. Aus gewissen Gründen tritt Kraft Gesetzes eine Unterbrechung des Verfahrens ein, aus anderen Gründen kann eine Partei Aussetzung des Verfahrens verlangen, während die Parteien Ruhen des Verfahrens vereinbaren können. Die Unterbrechung und Aussetzung des Verfahrens hat die Wirkung, dass der Lauf einer jeden Frist aufhört und nach Beendigung der Unterbrechung oder Aussetzung die volle Frist von Neuem zu laufen beginnt; das Ruhen des Verfahrens ist dagegen auf den Lauf der Nothfristen ohne Einfluss.

§ 32. Verfahren erster Instanz vor dem Landgericht. Bei dem Landgericht muss die Erhebung der Klage durch Zustellung eines Schriftsatzes erfolgen. Durch die Erhebung der Klage wird die Rechtshängigkeit der Streitsache begründet. Die Rechtshängigkeit hat folgende Wirkungen: 1. wenn während der Dauer der Rechtshängigkeit von einer Partei die Streitsache anderweit anhängig gemacht wird, so kann der Gegner die Einrede der Rechtshängigkeit erheben; 2. die Zuständigkeit des Prozessgerichts wird durch eine Veränderung der sie begründenden Umstände nicht berührt; 3. eine Aenderung der Klage ist nur zuzulassen, wenn der Beklagte einwilligt oder wenn nach dem Ermessen des Gerichts durch die Aenderung die Vertheidigung des Beklagten nicht wesentlich erschwert wird. Die Klage kann ohne Einwilligung des Beklagten nur bis zum Beginne der mündlichen Verhandlung des Beklagten zur Hauptsache zurückgenommen werden. Die Zurücknahme der Klage erfolgt, wenn sie nicht bei der mündlichen Verhandlung erklärt wird, durch Zustellung eines Schriftsatzes.

Prozesshindernde Einreden sind gleichzeitig und vor der Verhandlung des Beklagten zur Hauptsache vorzubringen. Als solche Einreden sind nur anzusehen diejenigen 1. der Unzuständigkeit des Gerichts, 2. der Unzulässigkeit des Rechtswegs, 3. der Nothwendigkeit der Entscheidung durch Schiedsrichter, 4. der Rechtshängigkeit, 5. der mangelnden Sicherheit für die Prozesskosten, 6 des Ausstehens der zur Erneuerung des Rechtsstreits erforderlichen Erstattung der Kosten des früheren Verfahrens, 7. der mangelnden Parteifähigkeit, der mangelnden Prozessfähigkeit oder der mangelnden gesetzlichen Vertretung. Nach dem Beginne der mündlichen Verhandlung des Beklagten zur Hauptsache können prozesshindernde Einreden nur geltend gemacht werden, wenn dieselben entweder solche sind, auf welche der Beklagte wirksam nicht verzichten kann, oder wenn der Beklagte glaubhaft macht, dass er ohne sein Verschulden nicht im Stande gewesen sei, dieselben vor der Verhandlung zur Hauptsache geltend zu machen. Ueber prozesshindernde Einreden ist besonders zu verhandeln und durch Urtheil zu entscheiden, wenn der Beklagte auf Grund derselben die Verhandlung zur Hauptsache verweigert, oder wenn das Gericht auf Antrag oder von Amts wegen die abgesonderte Verhandlung anordnet. Das Urtheil, durch welches die prozesshindernde Einrede verworfen wird, ist in Betreff der Rechtsmittel als Endurtheil anzusehen; das Gericht kann jedoch auf Antrag anordnen, dass zur Hauptsache zu verhandeln sei. Wird die Unzuständigkeit des Gerichts auf Grund der Bestimmungen über die sachliche Zuständigkeit der Gerichte ausgesprochen, so ist zugleich auf Antrag des Klägers der Rechtsstreit an ein bestimmtes Amtsgericht des Bezirks zu verweisen. Angriffs- und Vertheidigungsmittel (Einreden, Widerklage, Repliken u. s. w.) können bis zum Schlusse derjenigen mündlichen Verhandlung, auf welche das Urtheil ergeht, geltend gemacht werden. Vertheidigungsmittel, welche von dem Beklagten nachträglich vorgebracht werden, können auf Antrag zurückgewiesen werden, wenn durch deren Zulassung die Erledigung des Rechtsstreits verzögert werden würde und das Gericht die Ueberzeugung gewinnt, dass der Beklagte in der Absicht, den Prozess zu verschleppen, oder aus grober Nachlässigkeit die Vertheidigungsmittel nicht früher vorgebracht hat. Die Verletzung einer das Verfahren und insbesondere die Form einer Prozesshandlung betreffenden Vorschrift kann nicht mehr gerügt werden, wenn die Partei auf die Befolgung der Vorschrift verzichtet, oder wenn sie bei der nächsten mündlichen Verhandlung, welche auf Grund des betreffenden Verfahrens stattgefunden hat, oder in welcher auf dasselbe Bezug genommen ist, den Mangel nicht gerügt hat, obgleich sie erschienen und ihr der Mangel bekannt war oder bekannt sein musste. Dieser Grundsatz gilt jedoch nicht, wenn Vorschriften verletzt sind, auf deren Befolgung eine Partei wirksam nicht verzichten kann.

Das Gericht kann in jeder Lage des Rechtsstreits die gütliche Beilegung desselben oder einzelner Streitpunkte versuchen oder die Parteien zum Zwecke des Sühneversuchs vor einen beauftragten oder ersuchten Richter verweisen. Zum Zwecke des Sühneversuchs kann das persönliche Erscheinen der Parteien angeordnet werden.

Ist der Rechtsstreit zur Endentscheidung reif, so hat das Gericht dieselbe durch Endurtheil zu erlassen. Dasselbe gilt, wenn von mehreren zum Zwecke gleichzeitiger Verhandlung und Entscheidung verbundenen Prozessen nur der eine zur Endentscheidung reif ist. Ist von mehreren in einer Klage geltend gemachten Ansprüchen nur der eine, oder ist nur ein Theil eines Anspruchs oder bei erhobener Widerklage nur die Klage oder die Widerklage zur Endentscheidung reif, so hat das Gericht dieselbe durch Endurtheil (Theilurtheil) zu erlassen. Die Erlassung eines Theilurtheils kann unterbleiben, wenn das Gericht sie nach Lage der Sache nicht für angemessen erachtet. Ist ein einzelnes selbständiges Angriffs- oder Vertheidigungsmittel oder ein Zwischenstreit zur Entscheidung reif, so kann die Entscheidung durch Zwischenurtheil erfolgen. Ist ein Anspruch nach Grund und Betrag streitig, so kann das Gericht über den Grund vorab entscheiden. Erscheint der Kläger im Termine zur mündlichen Verhandlung nicht, so ist, sofern nicht gewisse den Erlass ausschliessende Umstände vorliegen, auf Antrag das Versäumnissurtheil dahin zu erlassen, dass der Kläger mit der Klage abzuweisen sei. Der Partei, gegen welche ein Versäumnissurtheil erlassen ist, steht gegen dasselbe binnen 2 Wochen der Einspruch zu. Ist der Einspruch zulässig, so wird der Prozess in die Lage zurückversetzt, in welcher er sich vor Eintritt der Versäumniss befand. Die Beweisaufnahme erfolgt vor dem Prozessgerichte. Sie ist nur in den durch dieses Gesetz bestimmten Fällen einem Mitgliede des Prozessgerichts oder einem anderen Gerichte zu übertragen. Eine Anfechtung des Beschlusses, durch welchen die eine oder die andere Art der Beweisaufnahme angeordnet wird, findet nicht statt. Den Parteien ist gestattet, der Beweisaufnahme beizuwohnen. Erfordert die Beweisaufnahme ein besonderes Verfahren, so ist dasselbe durch Beweisbeschluss anzuordnen. Beweismittel sind Augenschein, Zeugen, Sachverständige, Urkunden, der zu- oder zurückgeschobene Eid der einen Partei, dessen Leistung durch Beweisbeschluss oder bedingtes Zwischenurtheil ausgesprochen wird.

§ 33. Auf das Verfahren vor den Amtsgerichten, den Nachfolger des früheren Bagatellprozesses, finden die Vorschriften über das Verfahren vor den Landgerichten mit gewissen vereinfachenden, dem Gericht im Interesse der Parteien, die durch Anwälte nicht vertreten sein brauchen, eine stärkere Initiative zuweisenden Abweichungen Anwendung. Insbesondere kann die Klage bei dem Gerichte schriftlich eingereicht oder zum Protokolle des Gerichtsschreibers angebracht werden. Nach erfolgter Bestimmung des Termins zur mündlichen Verhandlung hat der Gerichtsschreiber für die Zustellung der Klage Sorge zu tragen, sofern nicht der Kläger in der Klageschrift oder dem Protokoll erklärt hat, dieses selbst thun zu wollen. Die Einlassungsfrist ist kürzer als vor dem Landgericht. Die Klage wird durch Zustellung der Klageschrift oder des die Klage enthaltenden Protokolls erhoben. An ordentlichen Gerichtstagen können die Parteien zur Verhandlung des Rechtsstreits ohne Ladung und Terminsbestimmung vor Gericht erscheinen und die Klage durch den mündlichen Vortrag erheben. Bei der mündlichen Verhandlung hat das Gericht dahin zu wirken, dass die Parteien über alle erheblichen Thatsachen sich vollständig erklären und die sachdienlichen Anträge stellen. Die Vorschrift, dass prozesshindernde Einreden gleichzeitig und vor der Verhandlung zur Hauptsache vorzubringen sind, findet nur insoweit Anwendung, als die Einrede der Unzuständigkeit des Gerichts vor der Verhandlung zur Hauptsache geltend zu machen ist. Ist das Amtsgericht sachlich unzuständig, so hat es vor der Verhandlung des Beklagten zur Hauptsache denselben auf die Unzuständigkeit aufmerksam zu machen. Auf Grund prozesshindernder Einreden darf die Verhandlung zur Hauptsache nicht verweigert werden; das Gericht kann jedoch die abgesonderte Verhandlung über diese Einreden auch von Amts wegen anordnen. Wird die Unzuständigkeit des Gerichts auf Grund der Bestimmungen über die sachliche Zuständigkeit der Gerichte ausgesprochen, so ist zugleich auf Antrag des Klägers der Rechtsstreit an das Landgericht zu verweisen. Wer eine Klage zu erheben beabsichtigt, kann den Gegner zum Zwecke eines Sühneversuchs vor das Amtsgericht laden. Erscheinen beide Parteien und wird ein Vergleich geschlossen, so ist derselbe zu Protokoll festzustellen. Kommt ein Vergleich nicht zu Stande, so wird auf Antrag beider Parteien der Rechtsstreit sofort verhandelt; die Erhebung der Klage erfolgt in diesem Falle durch den mündlichen Vortrag derselben.

§ 34. Rechtsmittel. Gegen die in erster Instanz erlassenen Endurtheile findet binnen einmonatlicher Nothfrist das Rechtsmittel der Berufung statt. Ihre Einlegung erfolgt durch Zustellung eines Schriftsatzes. Die Gegenpartei kann sich der Berufung anschliessen, selbst wenn für sie die Berufungsfrist bereits abgelaufen ist. Das Verfahren entspricht mit einigen Modifikationen demjenigen in erster Instanz.

Der Rechtsstreit wird in den durch die Anträge bestimmten Grenzen von neuem verhandelt. Bei der mündlichen Verhandlung haben die Parteien das durch die Berufung angefochtene Urtheil sowie die dem Urtheile vorausgegangenen Entscheidungen nebst den Entscheidungsgründen und den Beweisverhandlungen insoweit vorzutragen, als dies zum Verständnisse der Berufungsanträge und zur Prüfung der Richtigkeit der angefochtenen Entscheidung erforderlich ist. Im Falle der Unrichtigkeit und Unvollständigkeit des Vortrags hat der Vorsitzende dessen Berichtigung oder Vervollständigung, nöthigenfalls unter Wiedereröffnung der Verhandlung zu veranlassen. Eine Aenderung der Klage ist nur mit Einwilligung des Gegners statthaft. Prozesshindernde Einreden, auf welche die Partei wirksam verzichten kann, dürfen nur geltend gemacht werden, wenn die Partei glaubhaft macht, dass sie ohne ihr Verschulden ausser Stande gewesen sei, dieselben in erster Instanz vorzubringen. Die Verhandlung zur Hauptsache darf auf Grund prozesshindernder Einreden nicht verweigert werden; das Gericht kann jedoch die abgesonderte Verhandlung über solche Einreden auch von Amts wegen anordnen. Die Parteien können Angriffs- und Vertheidigungsmittel, welche in erster Instanz nicht geltend gemacht sind, insbesondere neue Thatsachen und Beweismittel vorbringen. Neue Ansprüche dürfen nur mit Einwilligung des Gegners erhoben werden. Das Berufungsgericht prüft von Amts wegen, ob die Berufung an sich statthaft und ob sie in der gesetzlichen Form und Frist eingelegt sei. Mangelt es an einem dieser Erfordernisse, so wird die Berufung als unzulässig verworfen. Das Urtheil erster Instanz darf nur insoweit abgeändert werden, als eine Abänderung beantragt ist. Das Berufungsgericht hat die Sache, insofern eine weitere Verhandlung derselben erforderlich ist, an das Gericht erster Instanz zurückzuverweisen: 1. wenn durch das angefochtene Urtheil ein Einspruch als unzulässig verworfen ist; 2. wenn durch das angefochtene Urtheil nur über prozesshindernde Einreden entschieden ist; 3. wenn im Falle eines nach Grund und Betrag streitigen Anspruchs durch das angefochtene Urtheil über den Grund des Anspruchs vorab entschieden oder die Klage abgewiesen ist; 4. wenn das angefochtene Urtheil im Urkunden- oder Wechselprozesse unter Vorbehalt der Rechte erlassen ist; 5. wenn das angefochtene Urtheil ein Versäumnissurtheil ist. Leidet das Verfahren erster Instanz an einem wesentlichen Mangel, so kann das Berufungsgericht unter Aufhebung des Urtheils und des Verfahrens, soweit das letztere durch den Mangel betroffen wird, die Sache an das Gericht erster Instanz zurückverweisen. Die Vorschriften über das Versäumnissverfahren in erster Instanz finden entsprechende Anwendung.

Die Revision findet gegen die in der Berufungsinstanz von den Oberlandesgerichten erlassenen Endurtheile statt. In Rechtsstreitigkeiten über vermögensrechtliche Ansprüche ist die Zulässigkeit der Revision durch einen den Betrag von 1500 M. übersteigenden Werth des Beschwerdegegenstandes bedingt. Ohne Rücksicht auf den Werth des Beschwerdegegenstandes findet die Revision statt: 1. insoweit es sich um die Unzuständigkeit des Gerichts oder die Unzulässigkeit des Rechtsweges oder die Unzulässigkeit der Berufung handelt; 2. über Ansprüche, für welche die Landgerichte ohne Rücksicht auf den Werth des Streitgegenstandes ausschliesslich zuständig sind. Der Beurtheilung des Revisionsgerichts unterliegen auch die dem Endurtheile vorausgegangenen nicht unanfechtbaren oder mit der Beschwerde anfechtbaren Entscheidungen. Die Revision kann nur darauf gestützt werden, dass die Entscheidung auf der Verletzung eines Reichsgesetzes oder eines Gesetzes, dessen Geltungsbereich sich über den Bezirk des Berufungsgerichts hinaus erstreckt, beruhe. Das Gesetz ist verletzt, wenn eine Rechtsnorm nicht oder nicht richtig angewendet worden ist. Verletzung des Gesetzes ist stets anzunehmen bei: 1. nicht vorschriftsmässiger Besetzung des Gerichts, 2. Mitwirkung eines von der Ausübung des Richteramts kraft Gesetzes ausgeschlossenen Richters bei der Entscheidung, sofern nicht dieses Hinderniss mittels eines Ablehnungsgesuchs ohne Erfolg geltend gemacht ist, 3. oder eines Richters, obgleich derselbe wegen Besorgniss der Befangenheit abgelehnt und das Ablehnungsgesuch für begründet erklärt war; ferner 4. wenn das Gericht seine Zuständigkeit oder Unzuständigkeit mit Unrecht angenommen hat; 5. wenn eine Partei in dem Verfahren nicht nach Vorschrift der Gesetze vertreten war, sofern sie nicht die Prozessführung ausdrücklich oder stillschweigend genehmigt hat; 6. wenn bei der mündlichen Verhandlung die Vorschriften über die Oeffentlichkeit des Verfahrens verletzt sind; 7. wenn die Entscheidung nicht mit Gründen versehen ist. Die Revisionsfrist beträgt einen Monat; sie ist eine Nothfrist und beginnt mit der Zustellung des Urtheils.

Der Revisionsbeklagte kann sich der Revision anschliessen. Auf diese Anschliessung finden die Vorschriften über die Anschliessung des Berufungsbeklagten an die Berufung entsprechende Anwendung. Auf das weitere Verfahren finden im Allgemeinen die in erster

Instanz für das Verfahren vor den Landgerichten geltenden Vorschriften entsprechende Anwendung. Die Verletzung einer das Verfahren der Berufungsinstanz betreffenden Vorschrift kann in der Revisionsinstanz nicht mehr gerügt werden, wenn die Partei das Rügerecht bereits in der Berufungsinstanz verloren hat. Der Prüfung des Revisionsgerichts unterliegen nur die von den Parteien gestellten Anträge. Ergeben die Entscheidungsgründe zwar eine Gesetzesverletzung, stellt die Entscheidung selbst aber aus anderen Gründen sich als richtig dar, so ist die Revision zurückzuweisen. Insoweit die Revision für begründet erachtet wird, ist das angefochtene Urtheil aufzuheben. Erfolgt die Aufhebung des Urtheils wegen eines Mangels des Verfahrens, so ist sogleich das Verfahren insoweit aufzuheben, als es durch den Mangel betroffen wird. Im Falle der Aufhebung des Urtheils ist die Sache zur anderweiten Verhandlung und Entscheidung an das Berufungsgericht zurückzuverweisen. Die Zurückverweisung kann an einen anderen Senat des Berufungsgerichts erfolgen. Das Berufungsgericht hat die rechtliche Beurtheilung, welche der Aufhebung zu Grunde gelegt ist, auch seiner Entscheidung zu Grunde zu legen. Das Revisionsgericht hat jedoch in der Sache selbst zu entscheiden: 1. wenn die Aufhebung des Urtheils nur wegen Gesetzesverletzung bei Anwendung des Gesetzes auf das festgestellte Sachverhältniss erfolgt und nach letzterem die Sache zur Endentscheidung reif ist; 2. wenn die Aufhebung des Urtheils wegen Unzuständigkeit des Gerichts oder wegen Unzulässigkeit das Rechtsweges erfolgt. Kommt in den Fällen der Nr. 1 und 2 für die in der Sache selbst zu erlassende Entscheidung die Anwendbarkeit von Gesetzen, auf deren Verletzung die Revision nach § 549 nicht gestützt werden kann, in Frage, so kann die Sache zur anderweiten Verhandlung und Entscheidung an das Berufungsgericht zurückverwiesen werden. Die für die Berufung geltenden Vorschriften über die Anfechtbarkeit der Versäumnissurtheile, über die Verzichtleistung auf das Rechtsmittel und die Zurücknahme desselben, über die Vertagung der mündlichen Verhandlung, über die Verhandlung prozesshindernder Einreden, über die Prüfung der Zuständigkeit des Gerichts und der Zulässigkeit des Rechtsmittels und über den Vortrag der Parteien bei der mündlichen Verhandlung finden auf die Revision entsprechende Anwendung.

Das Rechtsmittel der Beschwerde findet in den im Gesetze besonders hervorgehobenen Fällen und gegen solche eine vorgängige mündliche Verhandlung nicht erfordernde Entscheidungen statt, durch welche ein das Verfahren betreffendes Gesuch zurückgewiesen ist, gegen die in Betreff der Prozesskosten erlassenen Entscheidungen der Oberlandesgerichte nur, wenn die Beschwerdesumme den Betrag von 100 M. übersteigt. Ueber die Beschwerde entscheidet das im Instanzenzuge zunächst höhere Gericht. Gegen die Entscheidung des Beschwerdegerichts ist, soweit nicht in derselben ein neuer selbstständiger Beschwerdegrund enthalten ist, eine weitere Beschwerde nicht zulässig. Entscheidungen der Landgerichte in Betreff der Prozesskosten unterliegen einer weiteren Beschwerde nur, wenn die Beschwerdesumme den Betrag von 50 M. übersteigt. Gegen die Entscheidungen der Oberlandesgerichte über das Rechtsmittel der weiteren Beschwerde findet eine Beschwerde nicht statt. Die Beschwerde wird bei dem Gericht eingelegt, von welchem oder von dessen Vorsitzenden die angefochtene Entscheidung erlassen ist; sie kann in dringenden Fällen auch bei dem Beschwerdegericht eingelegt werden. Die Einlegung erfolgt durch Einreichung einer Beschwerdeschrift; sie kann auch durch Erklärung zum Protokolle des Gerichtsschreibers erfolgen, wenn der Rechtsstreit bei einem Amtsgericht anhängig ist oder anhängig war, wenn die Beschwerde das Armenrecht betrifft oder von einem Zeugen oder Sachverständigen erhoben wird. Die Beschwerde kann auf neue Thatsachen und Beweise gestützt werden. Erachtet das Gericht oder der Vorsitzende, dessen Entscheidung angefochten wird, die Beschwerde für begründet, so haben sie derselben abzuhelfen; anderenfalls ist die Beschwerde vor Ablauf einer Woche dem Beschwerdegerichte vorzulegen. Das Beschwerdegericht hat von Amts wegen zu prüfen, ob die Beschwerde an sich statthaft und ob sie in der gesetzlichen Form und Frist eingelegt sei. Mangelt es an einem dieser Erfordernisse, so ist die Beschwerde als unzulässig zu verwerfen. Erachtet das Beschwerdegericht die Beschwerde für begründet, so kann es demjenigen Gericht oder Vorsitzenden, von welchem die beschwerende Entscheidung erlassen war, die erforderliche Anordnung übertragen.

§ 35. Die Wiederaufnahme eines durch rechtskräftiges Endurtheil geschlossenen Verfahrens kann durch Nichtigkeitsklage und durch Restitutionsklage erfolgen. Die Nichtigkeitsklage findet aus den oben unter Ziffer 1—4 angeführten Revisionsgründen (nicht vorschriftsmässige Besetzung des Gerichts u. s. w.) statt. Die Restitutionsklage findet statt: 1. wenn der Gegner durch Leistung eines Parteieides, auf welche das Urtheil gegründet ist, sich einer vorsätzlichen oder fahrlässigen Verletzung der Eidespflicht schuldig gemacht hat; 2. wenn eine Urkunde, auf welche das Urtheil gegründet ist, fälschlich angefertigt oder verfälscht war; 3. wenn durch Beeidigung eines Zeugnisses oder eines Gutachtens, auf welche das Urtheil gegründet ist, der Zeuge oder der Sachverständige sich einer vorsätzlichen oder fahrlässigen Verletzung der Eidespflicht schuldig gemacht hat; 4. wenn das Urtheil von dem Vertreter der Partei oder von dem Gegner oder dessen Vertreter durch eine in Beziehung auf den Rechtsstreit verübte Handlung erwirkt ist, welche mit einer im Wege des gerichtlichen Strafverfahrens zu verhängenden öffentlichen Strafe bedroht ist; 5. wenn ein Richter bei dem Urtheile mitgewirkt hat, welcher sich in Beziehung auf den Rechtsstreit einer Verletzung seiner Amtspflichten gegen die Partei schuldig gemacht hat, sofern diese Verletzung mit einer im Wege des gerichtlichen Strafverfahrens zu verhängenden öffentlichen Strafe bedroht ist; 6. wenn ein strafgerichtliches Urtheil, auf welches das Urtheil gegründet ist, durch ein anderes rechtskräftig gewordenes Urtheil aufgehoben ist; 7. wenn die Partei ein in derselben Sache erlassenes, früher rechtskräftig gewordenes Urtheil oder eine andere Urkunde auffindet oder zu benutzen in den Stand gesetzt wird, welche eine ihr günstigere Entscheidung herbeigeführt haben würde. Voraussetzung der Nichtigkeits- wie der Restitutionsklage ist, dass der Klagegrund nicht durch Rechtsmittel geltend gemacht werden konnte. Für die Klagen ist ausschliesslich zuständig das Gericht, welches in erster Instanz erkannt hat, wenn aber das angefochtene Urtheil oder auch nur eines von mehreren angefochtenen Urtheilen von dem Berufungsgericht erlassen wurde, oder wenn ein in der Revisionsinstanz erlassenes Urtheil auf Grund der oben unter Nr. 1 bis 3, 6, 7 aufgeführten Restitutionsgründe angefochten wird, das Berufungsgericht; wenn ein in der Revisionsinstanz erlassenes Urtheil durch Nichtigkeitsklage oder auf Grund der oben unter Nr. 4, 5 aufgeführten Restitutionsgründe angefochten wird, das Revisionsgericht.

§ 36. Vereinfachte und beschleunigte Verfahren sind der Urkunden- und der Wechselprozess. Ersterer ist zulässig wegen eines Anspruchs, welcher die Zahlung einer bestimmten Geldsumme oder die Leistung einer bestimmten Quantität anderer vertretbarer Sachen oder Werthpapiere zum Gegenstande hat, wenn die sämmtlichen zur Begründung des Anspruchs erforderlichen Thatsachen durch Urkunden bewiesen werden können, letzterer, wenn im Urkundenprozesse Ansprüche aus Wechseln im Sinne der Wechselordnung geltend gemacht werden.

Auch das Mahnverfahren ist ein vereinfachtes Verfahren. In diesem wird vom Amtsgericht wegen eines Anspruchs, welcher die Zahlung einer bestimmten Geldsumme oder die Leistung einer bestimmten Quantität anderer vertretbarer Sachen oder Werthpapiere zum Gegenstande hat, auf Gesuch des Gläubigers ein bedingter Zahlungsbefehl erlassen. Der Schuldner kann gegen den Anspruch oder einen Theil desselben Widerspruch erheben, solange der Vollstreckungsbefehl nicht verfügt ist. Durch rechtzeitigen Widerspruch verliert der Zahlungsbefehl seine Kraft; die Wirkungen der Rechtshängigkeit bleiben aber bestehen. Gehört die Klage vor die Amtsgerichte, so wird sie bei rechtzeitigem Widerspruch als mit der Zustellung des Zahlungsbefehls bei dem Amtsgericht erhoben angesehen, welches den Befehl erlassen hat. Gehört sie vor die Landgerichte, so erlöschen die Wirkungen der Rechtshängigkeit, wenn nicht binnen einer 6monatlichen Frist, welche von dem Tage der Benachrichtigung über Erhebung des Widerspruchs läuft, die Klage bei dem zuständigen Gericht erhoben wird. Der Zahlungsbefehl wird nach Ablauf der darin bestimmten Frist auf Gesuch des Gläubigers für vorläufig vollstreckbar erklärt, sofern nicht vor der Vollstreckbarkeitserklärung von dem Schuldner Widerspruch erhoben ist. Dieser Vollstreckungsbefehl steht einem für vorläufig vollstreckbar erklärten, auf Versäumniss erlassenen Endurtheile gleich. Gegen denselben findet der Einspruch statt. Gehört der Anspruch nicht vor die Amtsgerichte, so wird bei dem Amtsgerichte nur darüber verhandelt und entschieden, ob der Einspruch in der gesetzlichen Form und Frist eingelegt sei. Wird in dem Falle, wenn Widerspruch nicht erhoben ist, die Erlassung des Vollstreckungsbefehls nicht binnen einer 6 monatlichen Frist, welche mit Ablauf der im Zahlungsbefehle bestimmten Frist beginnt, nachgesucht, so verliert der Zahlungsbefehl dergestalt seine Kraft, dass auch die Wirkungen der Rechtshängigkeit erlöschen.

Besondere, insbesondere durch die Mitwirkung der Staatsanwaltschaft gekennzeichnete Verfahren sind dasjenige in Ehe- und das in Entmündigungssachen Das erstere findet in Rechtsstreitigkeiten, welche die Scheidung, Nichtigkeit oder Anfechtung einer Ehe oder die Feststellung des Bestehens oder Nichtbestehens einer Ehe zwischen den Parteien oder die Herstellung des ehelichen Lebens zum Gegenstande haben, vor dem Landgericht, bei welchem der Ehemann seinen allgemeinen Gerichtsstand hat, statt. Es muss ihm ein Sühneversuch vor dem Amtsgericht vorangehen. Der Staatsanwalt kann sich über die zu erlassende Entscheidung gutachtlich äussern und, sofern es sich um die Aufrechterhaltung einer Ehe handelt, neue Thatsachen und Beweismittel vorbringen, Klage auf die Nichtigkeit einer Ehe auch selbst erheben.

Die Entmündigung wegen Geisteskrankheit oder Geistesschwäche wird auf Antrag eines Verwandten oder des Staatsanwalts vom Amtsgericht durch Beschluss ausgesprochen, ebenso diejenige wegen Verschwendung oder Trunksucht, diese aber nicht auf Antrag des Staatsanwalts, dem hier überhaupt keine Mitwirkung zusteht, dagegen auf Antrag des Armenverbandes. Gegen den Entmündigungsbeschluss findet Anfechtungsklage vor dem Landgericht statt, die in Fällen der Entmündigung wegen Geisteskrankheit oder Geistesschwäche stets, bei Verschwendung oder Trunksucht nur, wenn der Antragsteller verstorben oder nicht erreichbar ist, gegen den Staatsanwalt zu richten ist. Analog ist das Verfahren behufs Aufhebung einer Entmündignng.

Andere besondere Verfahren sind das amtsgerichtliche Aufgebotsverfahren zur Anmeldung von Ansprüchen und Rechten und das auf Vereinbarung der Parteien beruhende schiedsrichterliche Verfahren.

§ 37. Die Zwangsvollstreckung findet statt aus Endurtheilen, welche rechtskräftig oder für vorläufig vollstreckbar erklärt sind, und erfolgt, soweit sie nicht den Gerichten zugewiesen ist, durch Gerichtsvollzieher, welche dieselbe im Auftrage des Gläubigers zu bewirken haben. Der Gläubiger kann wegen Ertheilung des Auftrags zur Zwangsvollstreckung die Mitwirkung des Gerichtsschreibers in Anspruch nehmen. Ueber Anträge, Einwendungen und Erinnerungen, welche die Art und Weise der Zwangsvollstreckung oder das bei derselben vom Gerichtsvollzieher zu beobachtende Verfahren betreffen, entscheidet das Vollstreckungsgericht. Einwendungen, welche den durch das Urtheil festgestellten Anspruch selbst betreffen, sind von dem Schuldner im Wege der Klage bei dem Prozessgericht erster Instanz geltend zu machen. Dieselben sind nur insoweit zulässig, als die Gründe, auf denen sie beruhen, erst nach dem Schlusse derjenigen mündlichen Verhandlung, in welcher Einwendungen spätestens hätten geltend gemacht werden müssen, entstanden sind und durch Einspruch nicht mehr geltend gemacht werden können. Behauptet ein Dritter, dass ihm an dem Gegenstande der Zwangsvollstreckung ein die Veräusserung hinderndes Recht zustehe, so ist der Widerspruch gegen die Zwangsvollstreckung im Wege der Klage bei dem Gerichte geltend zu machen, in dessen Bezirke die Zwangsvollstreckung erfolgt.

Die Zwangsvollstreckung in das bewegliche Vermögen erfolgt durch Pfändung. Die Pfändung der im Gewahrsam des Schuldners befindlichen körperlichen Sachen wird dadurch bewirkt, dass der Gerichtsvollzieher dieselben in Besitz nimmt. Andere Sachen als Geld, Kostbarkeiten und Werthpapiere sind im Gewahrsam des Schuldners zu belassen, sofern nicht hierdurch die Befriedigung des Gläubigers gefährdet wird. Werden die Sachen im Gewahrsam des Schuldners belassen, so ist die Wirksamkeit der Pfändung dadurch bedingt, dass durch Anlegung von Siegeln oder auf sonstige Weise die Pfändung ersichtlich gemacht ist. Die gepfändeten Sachen sind der Regel nach von dem Gerichtsvollzieher öffentlich zu versteigern, Kostbarkeiten sind vor der Versteigerung durch einen Sachverständigen abzuschätzen. Zur Pfändung bereits gepfändeter Sachen („Anschlusspfändung") genügt die in das Protokoll aufzunehmende Erklärung des Gerichtsvollziehers, dass er die Sachen für seinen Auftraggeber pfände. Gewisse Gegenstände, die zum Leben oder zur Ausübung des Berufes unbedingt nothwendig sind, unterliegen der Pfändung nicht.

Die gerichtlichen Handlungen, welche die Zwangsvollstreckung in Forderungen und andere Vermögensrechte zum Gegenstande haben, erfolgen durch das Vollstreckungsgericht. Vollstreckungsgericht ist das Amtsgericht. Geldforderungen werden dadurch gepfändet, dass das Gericht dem Drittschuldner verbietet, an den Schuldner zu zahlen, dem Schuldner aber gebietet, sich jeder Verfügung über die Forderung, insbesondere der Einziehung derselben zu enthalten. Zur Pfändung einer Hypothekenforderung ist ausserdem die Uebergabe des Hypothekenbriefs an den Gläubiger, wenn diese aber unmöglich ist, die Eintragung des Pfändungsbeschlusses im Grundbuch erforderlich. Forderungen aus Wechseln und anderen durch Indossament übertragbaren Papieren werden dadurch gepfändet, dass der Gerichtsvollzieher diese Papiere in Besitz nimmt. Die gepfändete Geldforderung ist dem Gläubiger nach seiner Wahl zur Einziehung oder an Zahlungsstatt zum Nennwerthe zu überweisen. Gewisse Forderungen, wie auf Arbeits- und Dienstlohn, Alimente, Krankengeld und dergleichen, Wittwen- und Waisengeld, sowie Gehälter bis zu 1500 M. u. s. w. sind der Pfändung nicht unterworfen. Reicht ein gepfändeter Geldbetrag nicht zur Befriedigung aller Gläubiger aus, so findet ein Vertheilungsverfahren statt, gegen das Widerspruch durch Klage verfolgt werden kann.

Der Zwangsvollstreckung in das unbewegliche Vermögen unterliegen die Grundstücke, die Berechtigungen, für welche die sich auf Grundstücke beziehenden Vorschriften gelten, und die im Schiffsregister eingetragenen Schiffe. Sie erfolgt durch Eintragung einer Sicherungshypothek für die Forderung, durch Zwangsversteigerurg und durch Zwangsverwaltung, in Schiffe nur durch Zwangsversteigerung. Die Sicherungshypothek wird auf Antrag des Gläubigers in das Grundbuch eingetragen; die Zwangsversteigerung (Subhastation) und Zwangsverwaltung wird durch ein besonderes Reichsges. v. 24. März 1897 (R.-G.-Bl. S. 97), in neuer Fasssung v. 20. Mai 1898 im R.-G.-Bl. S. 713 publizirt, geregelt. Zuständig als Vollstreckungsgericht ist das Amtsgericht der belegenen Sache, das auch für die Zustellungen von Amtswegen zu sorgen hat. Die Zwangsversteigerung eines Grundstücks wird von dem Vollstreckungsgericht auf Antrag angeordnet. Sie darf nur angeordnet werden, wenn der Schuldner als Eigenthümer des Grundstücks eingetragen oder wenn er Erbe des eingetragenen Eigenthümers ist. Der Beschluss, durch welchen die Zwangsversteigerung angeordnet wird, gilt zu Gunsten des Gläubigers als Beschlagnahme des Grundstücks und involvirt ein Veräusserungsverbot. Die Verwaltung und Benutzung des Grundstücks verbleibt dem Schuldner nur innerhalb der Grenzen einer ordnungsmässigen Wirthschaft. Die Versteigerung wird durch das Vollstreckungsgericht ausgeführt. Die Bestimmung des Versteigerungstermins muss durch einmalige Einrückung in das für Bekanntmachungen des Gerichts bestimmte Blatt öffentlich bekannt gemacht werden. Bei der Versteigerung wird nur ein solches Gebot zugelassen, durch welches die dem Anspruche des Gläubigers vorgehenden Rechte sowie die aus dem Versteigerungserlöse zu entnehmenden Kosten des Verfahrens gedeckt werden (geringstes Gebot). In dem Versteigerungstermine werden nach dem Aufrufe der Sache die das Grundstück betreffenden Nachweisungen, die das Verfahren betreibenden Gläubiger, deren Ansprüche, die Zeit der Beschlagnahme und die erfolgten Anmeldungen bekannt gemacht, hierauf das geringste Gebot und die Versteigerungsbedingungen nach Anhörung der anwesenden Betheiligten, nöthigenfalls mit Hülfe eines Rechnungsverständigen, unter Bezeichnung der einzelnen Rechte festgestellt und die erfolgten Feststellungen verlesen. Nachdem dies geschehen, hat das Gericht auf die bevorstehende Ausschliessung weiterer Anmeldungen hinzuweisen und sodann zur Abgabe von Geboten aufzufordern. Die Versteigerung muss solange fortgesetzt werden, bis der Aufforderung des Gerichts ungeachtet ein Gebot nicht mehr abgegeben wird. Der Zuschlag ist dem Meistbietenden zu ertheilen. Ueber den Zuschlag beschliesst das Gericht. Gegen Ertheilung oder Versagung des Zuschlages findet Beschwerde statt. Sie kann nur auf gewisse Verstösse gestützt werden.

Auf die Anordnung der Zwangsverwaltung finden die Vorschriften über die Anordnung der Zwangsversteigerung mit gewissen Massgaben entsprechende Anwendung. Der Verwalter wird von dem Gerichte bestellt, das ihm durch einen Gerichtsvollzieher oder durch einen sonstigen Beamten das Grundstück zu übergeben oder ihm die Ermächtigung zu ertheilen hat, sich selbst den Besitz zu verschaffen. Der Verwalter hat das Recht und die Pflicht, alle Handlungen vorzunehmen, die erforderlich sind, um das Grundstück in seinem wirthschaftlichen Bestande zu erhalten und ordnungsmässig zu benutzen; er hat die Ansprüche, auf welche sich die Beschlagnahme erstreckt, geltend zu machen und die für die Verwaltung entbehrlichen Nutzungen in Geld umzusetzen. Das Gericht hat den Verwalter nach Anhörung des Gläubigers und des Schuldners mit der erforderlichen Anweisung für die Verwaltung zu versehen, die dem Verwalter zu gewährende Vergütung festzusetzen und die Geschäftsführung zu beaufsichtigen; in geeigneten Fällen ist ein Sachverständiger zuzuziehen. Es kann dem Verwalter die Leistung einer Sicherheit auferlegen, gegen ihn Ordnungsstrafen bis zu 200 M. verhängen und ihn entlassen. Der Verwalter ist für die Erfüllung der ihm obliegenden Verpflichtungen allen Betheiligten gegenüber verantwortlich. Er hat dem Gläubiger und dem Schuldner jährlich und nach der Beendigung der Verwaltung Rechnung zu legen. Die Rechnung ist dem Gericht einzureichen und von diesem dem Gläubiger und dem Schuldner vorzulegen. Aus den Nutzungen des Grundstücks sind die Ausgaben der Verwaltung sowie die Kosten des Verfahrens mit Ausnahme derjenigen, welche durch die Anordnung des Verfahrens oder den Beitritt eines Gläubigers entstehen, vorweg zu bestreiten. Die Ueberschüsse werden auf die Ansprüche vertheilt. Die Aufhebung des Verfahrens erfolgt durch Beschluss des Gerichts, wenn der Gläubiger befriedigt ist oder wenn die Fortsetzung des Verfahrens besondere Aufwendungen erfordert und der Gläubiger den nöthigen Geldbetrag nicht vorschiesst.

Hat eine Pfändung zu einer vollständigen Befriedigung des Gläubigers nicht geführt oder macht dieser glaubhaft, dass er durch Pfändung seine Befriedigung nicht vollständig erlangen könne, so ist der Schuldner auf Antrag verpflichtet, ein Verzeichniss seines Vermögens vorzulegen, in Betreff seiner Forderungen den Grund und die Beweismittel zu bezeichnen, sowie den Offenbarungseid dahin zu leisten: „dass er nach bestem Wissen sein Vermögen so vollständig angegeben habe, als er dazu im Stande sei. Ebenso ist, wenn der Schuldner eine bewegliche Sache oder von bestimmten beweglichen Sachen eine Quantität herauszugeben hat und die herauszugebende Sache nicht vorgefunden wird, der Schuldner verpflichtet, auf Antrag des Gläubigers den Offenbarungseid dahin zu leisten: „dass er die Sache nicht besitze, auch nicht wisse, wo die Sache sich befinde". Für die Abnahme des Offenbarungseides ist das Amtsgericht als Vollstreckungsgericht zuständig. Bestreitet der Schuldner die Verpflichtung zur Leistung des Eides, so ist von dem Gerichte durch Beschluss über den Widerspruch zu entscheiden. Gegen den Schuldner, welcher in dem Termine nicht erscheint oder die Leistung des Eides ohne Grund verweigert, hat das Gericht zur Erzwingung der Eidesleistung auf Antrag durch Haftbefehl, der von einem Gerichtsvollzieher zur Ausführung zu bringen ist, die Haft anzuordnen. Der verhaftete Schuldner kann zu jeder Zeit bei dem Amtsgerichte des Haftortes beantragen, ihm den Eid abzunehmen. Dem Antrag ist ohne Verzug stattzugeben. Nach Leistung des Eides wird der Schuldner aus der Haft entlassen. Die Haft darf die Dauer von sechs Monaten nicht übersteigen

Der Arrest findet zur Sicherung der Zwangsvollstreckung in das bewegliche oder unbewegliche Vermögen wegen einer Geldforderung oder wegen eines Anspruchs statt, welcher in eine Geldforderung übergehen kann. Der dingliche Arrest findet statt, wenn zu besorgen ist, dass ohne dessen Verhängung die Vollstreckung des Urtheils vereitelt oder wesentlich erschwert werden würde. Der persönliche Sicherheitsarrest findet nur statt, wenn er erforderlich ist, um die gefährdete Zwangsvollstreckung in das Vermögen des Schuldners zu sichern. Für die Anordnung des Arrestes ist sowohl das Gericht der Hauptsache als das Amtsgericht zuständig, in dessen Bezirke der mit Arrest zu belegende Gegenstand oder die in ihrer persönlichen Freiheit zu beschränkende Person sich befindet. Die Entscheidung über das Gesuch erfolgt im Falle einer vorgängigen mündlichen Verhandlung durch Endurtheil, anderenfalls durch Beschluss. Den Beschluss, durch welchen ein Arrest angeordnet wird, hat die Partei, welche den Arrest erwirkt hat, zustellen zu lassen. Gegen den Beschluss, durch welchen ein Arrest angeordnet wird, findet Widerspruch statt. Die widersprechende Partei hat den Gegner zur mündlichen Verhandlung zu laden. Wird Widerspruch erhoben, so ist über die Rechtmässigkeit des Arrestes durch Endurtheil zu entscheiden. Die Vollziehung des Arrestes erfolgt nach den Vorschriften über die Zwangsvollstreckung mit einigen Modifikationen.

Einstweilige Verfügungen erlässt das Gericht der Hauptsache, wenn zu besorgen ist, dass durch Veränderung des bestehenden Zustandes die Verwirklichung des Rechtes einer Prozesspartei vereitelt oder erschwert werden könnte, in dringenden Fällen vorbehaltlich der von dem Antragsteller herbeizuführenden Entscheidung des Gerichts der Hauptsache auch das Amtsgericht.

§ 38. Das Konkursverfahren, d. i. das exekutivische Verfahren, durch welches die Gläubiger eines zahlungsunfähigen Schuldners aus dessen arrestirtem und demnächst zu Gelde gemachtem Vermögen nach einer bestimmten Rangordnung unter vorgängiger Feststellung ihrer Forderungen befriedigt werden, war durch die Reichskonkursordn. v. 10. Febr. 1877 geordnet. Letztere ist mit dem Gerichtsverfassungsgesetz und der Civilprozessordnung sodann unterm 20. Mai 1898 neu publizirt.

Für das Konkursverfahren ist das Amtsgericht ausschliesslich zuständig, bei welchem der Gemeinschuldner seine gewerbliche Niederlassung oder in Ermangelung einer solchen seinen allgemeinen Gerichtsstand hat. Die Vorschriften der Civilprozessordnung finden, soweit nicht aus den Bestimmungen des Gesetzes sich Abweichungen ergeben, auf das Konkursverfahren entsprechende Anwendung. Die Entscheidungen im Konkursverfahren können ohne vorgängige mündliche Verhandlung erfolgen. Die Zustellung geschieht von Amtswegen. Gegen die Entscheidungen im Konkursverfahren findet, soweit dieses Gesetz nicht ein Anderes bestimmt, die sofortige Beschwerde statt.

Die Verwaltung der Konkursmasse führen ein oder mehrere Konkursverwalter. Sie werden vom Gerichte ernannt und stehen unter seiner Aufsicht. Das Gericht kann gegen den Verwalter Ordnungsstrafen bis zu 200 M. festsetzen. Es kann denselben vor der auf seine Ernennung folgenden Gläubigerversammlung von Amtswegen, später nur auf Antrag der Gläubigerversammlung oder des Gläubigerausschusses seines Amts entlassen. Der Verwalter hat Anspruch auf Erstattung angemessener baarer Auslagen und auf Vergütung für seine Geschäftsführung. Die Festsetzung der Auslagen und der Vergütung erfolgt durch das Konkursgericht.

Die Eröffnung des Konkursverfahrens setzt die Zahlungsunfähigkeit des Gemeinschuldners voraus. Das Verfahren kann nur auf Antrag eröffnet werden. Zu dem Antrage ist der Gemeinschuldner und jeder Konkursgläubiger berechtigt.

Das Gericht kann die zwangsweise Vorführung und die Haft des Schuldners anordnen, alle zur Sicherung der Masse dienenden einstweiligen Anordnungen treffen, insbesondere ein allgemeines Veräusserungsverbot an den Schuldner erlassen. Die Abweisung des Eröffnungsantrags kann erfolgen, wenn nach dem Ermessen des Gerichts eine den Kosten des Verfahrens entsprechende Konkursmasse nicht vorhanden ist, es sei denn, dass ein zur Deckung der Massekosten ausreichender Geldbetrag vorgeschossen wird.

Gegen den Eröffnungsbeschluss steht dem Gemeinschuldner die sofortige Beschwerde, gegen den abweisenden Beschluss nur demjenigen zu, welcher den Eröffnungsantrag gestellt hat. Bei der Eröffnung des Konkursverfahrens ernennt das Gericht den Konkursverwalter, verordnet einen nicht über einen Monat hinauszusetzenden Termin zur Beschlussfassung über die Wahl eines anderen Verwalters, sowie über die Bestellung eines Gläubigerausschusses, erlässt den offenen Arrest und bestimmt die Anmeldefrist und den allgemeinen Prüfungstermin. Nach der Eröffnung des Verfahrens hat der Verwalter das gesammte zur Konkursmasse gehörige Vermögen sofort in Besitz und Verwaltung zu nehmen und dasselbe zu verwerthen.

Vor der ersten Gläubigerversammlung kann das Gericht aus der Zahl der Gläubiger oder der Vertreter von Gläubigern einen Gläubigerausschuss bestellen. Die Gläubigerversammlung hat über die Bestellung eines Gläubigerausschusses zu beschliessen. Die Mitglieder des Gläubigerausschusses sind von der Gläubigerversammlung aus Gläubigern oder anderen Personen zu wählen. Die Mitglieder des Gläubigerausschusses haben Anspruch auf Erstattung angemessener baarer Auslagen und auf Vergütung für ihre Geschäftsführung. Die Festsetzung der Auslagen und der Vergütung erfolgt nach Anhörung der Gläubigerversammlung durch das Konkursgericht. Das Gericht beschliesst über die Berufung der Gläubigerversammlung und letztere findet unter seiner Leitung statt; das Gericht entscheidet auch inappellabel Streitigkeiten über das Stimmrecht in der Versammlung. Nach der Abhaltung des allgemeinen Prüfungstermins findet, so oft hinreichende baare Masse vorhanden ist, eine Vertheilung an die Konkursgläubiger statt.

Die Schlussvertheilung erfolgt, sobald die Verwerthung der Masse beendigt ist. Die Vornahme der Schlussvertheilung unterliegt der Genehmigung des Gerichts. Zur Abnahme der Schlussrechnung, zur Erhebung von Einwendungen gegen das Schlussverzeichniss und zur Beschlussfassung der Gläubiger über die nicht verwerthbaren Vermögensstücke bestimmt das Gericht einen Schlusstermin. Nach der Abhaltung des Schlusstermins beschliesst das Gericht die Aufhebung des Konkursverfahrens. Eine Anfechtung des Beschlusses findet nicht statt.

Sobald der allgemeine Prüfungstermin abgehalten und solange nicht die Vornahme der Schlussvertheilung genehmigt worden ist, kann auf den Vorschlag des Gemeinschuldners zwischen diesem und den nicht bevorrechtigten Konkursgläubigern ein Zwangsvergleich geschlossen werden. Auf Antrag des Verwalters und, wenn ein Gläubigerausschuss bestellt ist, des Letzteren kann das Gericht den Vergleichsvorschlag zurückweisen, wenn bereits in dem Konkursverfahren ein Vergleichsvorschlag von den Gläubigern abgelehnt oder von dem Gerichte verworfen oder von dem Gemeinschuldner nach der öffentlichen Bekanntmachung des Vergleichstermins zurückgezogen worden ist. Wird der Vergleichsvorschlag nicht zurückgewiesen, so hat der Gläubigerausschuss sich über die Annehmbarkeit des Vorschlags zu erklären. Der Vergleichstermin wird vom Gericht anberaumt und öffentlich bekannt gemacht. Zu demselben sind der Gemeinschuldner, der Verwalter, sowie unter Mittheilung des Vergleichsvorschlags und des Ergebnisses der Erklärung des Gläubigerausschusses die nicht bevorrechtigten Konkursgläubiger, welche Forderungen angemeldet haben, besonders zu laden. Zur Annahme des Vergleichs ist erforderlich, dass 1. die Mehrzahl der in dem Termine anwesenden stimmberechtigten Gläubiger dem Vergleiche ausdrücklich zustimmt, und 2. die Gesammtsumme der Forderungen der zustimmenden Gläubiger wenigstens drei Viertheile der Gesammtsumme aller zum Stimmen berechtigenden Forderungen beträgt. Wird nur eine der Mehrheiten erreicht, so kann der Gemeinschuldner bis zum Schlusse des Termins die einmalige Wiederholung der Abstimmung in einem neuen Termine verlangen. Das Gericht hat denselben zu bestimmen und im Termine zu verkünden. Der angenommene Zwangsvergleich bedarf der Bestätigung des Konkursgerichts. Das Gericht entscheidet, nachdem es die Gläubiger, den Verwalter und den Gläubigerausschuss in dem Vergleichstermine oder einem zu verkündenden Termine gehört hat. Eine Klage auf Aufhebung des Zwangsvergleichs aus dem Grunde der Nichterfüllung desselben findet nicht statt. Wenn der Zwangsvergleich durch Betrug zu Stande gebracht ist, so kann jeder Gläubiger den vergleichsmässigen Erlass seiner Forderung anfechten, unbeschadet der ihm durch den Vergleich gewährten Rechte. Die Anfechtung ist nur zulässig, wenn der Gläubiger ohne Verschulden ausser Stande war, den Anfechtungsgrund in dem Bestätigungsverfahren geltend zu machen. Die rechtskräftige Verurtheilung des Gemeinschuldners wegen betrüglichen Bankerotts hebt für alle Gläubiger den durch den Zwangsvergleich begründeten Erlass auf, unbeschadet der ihnen durch den Vergleich gewährten Rechte. Auf Antrag eines Gläubigers kann das Konkursgericht Sicherheitsmassregeln gegen den Gemeinschuldner schon vor der rechtskräftigen Verurtheilung desselben anordnen. Im Falle der rechtskräftigen Verurtheilung wird, wenn genügende Masse vorhanden ist oder ein zur Deckung der Massekosten ausreichender Geldbetrag vorgeschossen wird, das Konkursverfahren auf Antrag eines Konkursgläubigers wieder aufgenommen Die Wiederaufnahme erfolgt durch Beschluss des Gerichts.

B. Strafprozess.

§ 39. Allgemeines. Die Entscheidungen des Gerichts werden, wenn sie im Laufe einer Hauptverhandlung ergehen, nach Anhörung der Betheiligten, wenn sie ausserhalb einer Hauptverhandlung ergehen, nach erfolgter schriftlicher oder mündlicher Erklärung der Staatsanwaltschaft erlassen. Entscheidungen, welche in Anwesenheit der davon betroffenen Person ergehen, werden derselben durch Verkündung bekannt gemacht. Die Bekanntmachung anderer Entscheidungen erfolgt durch Zustellung. Dem nicht auf freiem Fusse Befindlichen ist das zugestellte Schriftstück auf Verlangen vorzulesen. Entscheidungen, die einer Zustellung oder Vollstreckung bedürfen, sind der Staatsanwaltschaft zu übergeben, welche das Erforderliche zu veranlassen hat. Auf Entscheidungen, die lediglich den innern Dienst der Gerichte oder die Ordnung in den Sitzungen betreffen, findet diese Bestimmung keine Anwendung. Der Untersuchungsrichter und der Amtsrichter können Zustellungen aller Art sowie die Vollstreckung von Beschlüssen und Verfügungen unmittelbar veranlassen.

Die bei dem Strafverfahren betheiligten Personen, denen die Befugniss beigelegt ist, Zeugen und Sachverständige unmittelbar zu laden, haben mit der Zustellung der Ladung den Gerichtsvollzieher zu beauftragen.

Gegen die Versäumung einer Frist kann die Wiedereinsetzung in den vorigen Stand beansprucht werden, wenn der Antragsteller durch Naturereignisse oder andere unabwendbare Zufälle an der Einhaltung der Frist verhindert worden ist.

Es besteht allgemeiner Zeugnisszwang, von dem nur gewisse Verwandte des Beschuldigten, Beamte, Geistliche, Rechtsanwälte und Aerzte hinsichtlich des ihnen bei Ausübung ihres Amtes Anvertrauten, Beamte vermöge der Amtsverschwiegenheit u. s. w. befreit sind. Wird das Zeugniss oder die Eidesleistung ohne gesetzlichen Grund verweigert, so ist der Zeuge in die durch die Weigerung verursachten Kosten sowie zu einer Geldstrafe bis zu 300 M. und für den Fall, dass diese nicht beigetrieben werden kann, zur Strafe der Haft bis zu sechs Wochen zu verurtheilen. Auch kann zur Erzwingung des Zeugnisses die Haft angeordnet werden, jedoch nicht über die Zeit der Beendigung des Verfahrens in der Instanz, auch nicht über die Zeit von sechs Monaten und bei Uebertretungen nicht über die Zeit von sechs Wochen hinaus. Jeder von dem Richter oder der Staatsanwaltschaft geladene Zeuge hat nach Massgabe der Gebührenordnung Anspruch auf Entschädigung aus der Staatskasse für Zeitversäumniss und, wenn sein Erscheinen eine Reise erforderlich macht, auf Erstattung der Kosten, welche durch die Reise und den Aufenthalt am Orte der Vernehmung verursacht werden Die Beeidigung der Zeugen erfolgt in der Hauptverhandlung, schon in der Voruntersuchung aber, wenn voraussichtlich der Zeuge am Erscheinen in der Hauptverhandlung verhindert oder sein Erscheinen wegen grosser Entfernung besonders erschwert sein wird, oder wenn die Beeidigung als Mittel zur Herbeiführung einer wahrheitsgemässen Aussage erforderlich erscheint, in dem vorbereitenden Verfahren nur, wenn Gefahr im Verzug obwaltet, oder wenn die Beeidigung als Mittel zur Herbeiführung einer wahrheitsgemässen Aussage über eine Thatsache, von der die Erhebung der öffentlichen Klage abhängig ist, erforderlich erscheint. Die Sachverständigen wählt der Richter aus. Verpflichtet als Sachverständiger zu fungiren ist nur, wer zur Erstattung von Gutachten der erforderten Art öffentlich bestellt ist oder die Wissenschaft, die Kunst oder das Gewerbe, deren Kenntniss Voraussetzung der Begutachtung ist, öffentlich zum Erwerbe ausübt oder zur Ausübung derselben öffentlich bestellt oder ermächtigt-

ist. Gegenstände, welche als Beweismittel für die Untersuchung von Bedeutung sein können oder der Einziehung unterliegen, sind in Verwahrung zu nehmen oder in anderer Weise sicher zu stellen. Die Anordnung von Beschlagnahmen steht dem Richter, bei Gefahr im Verzug auch der Staatsanwaltschaft und denjenigen Polizei- und Sicherheitsbeamten zu, welche als Hülfsbeamte der Staatsanwaltschaft den Anordnungen derselben Folge zu leisten haben. Ist die Beschlagnahme ohne richterliche Anordnung erfolgt, so ist binnen drei Tagen die richterliche Bestätigung nachzusuchen, wenn bei der Beschlagnahme weder der davon Betroffene noch ein erwachsener Angehöriger anwesend war, oder wenn der Betroffene und im Falle seiner Abwesenheit ein erwachsener Angehöriger desselben gegen die Beschlagnahme ausdrücklichen Widerspruch erhoben hat. Der Betroffene kann jederzeit die richterliche Entscheidung nachsuchen. So lange die öffentliche Klage noch nicht erhoben ist, erfolgt die Entscheidung durch den Amtsrichter, in dessen Bezirk die Beschlagname stattgefunden hat. Ist nach erhobener öffentlicher Klage die Beschlagnahme durch die Staatsanwaltschaft oder einen Polizei- oder Sicherheitsbeamten erfolgt, so ist binnen drei Tagen dem Richter von der Beschlagnahme Anzeige zu machen und sind demselben die in Beschlag genommenen Gegenstände zur Verfügung zu stellen. Besondere, einschränkende Vorschriften bestehen für die Beschlagnahme der an die Beschuldigten gerichteten Postsendungen auf der Post.

Haussuchungen und persönliche Durchsuchungen sind gegenüber dem als Thäter, Hehler oder Begünstiger Verdächtigen zulässig; bei andern Personen sind Durchsuchungen nur behufs der Ergreifung des Beschuldigten oder behufs der Verfolgung von Spuren einer strafbaren Handlung oder behufs der Beschlagnahme bestimmter Gegenstände und nur dann zulässig, wenn Thatsachen vorliegen, aus denen zu schliessen ist, dass die gesuchte Person, Spur oder Sache sich in den zu durchsuchenden Räumen befinde, sowie in Räumen, in welchen der Beschuldigte ergriffen worden ist, oder welche er während der Verfolgung betreten hat, oder in welchen eine unter Polizeiaufsicht stehende Person wohnt oder sich aufhält. Durchsuchungen zur Nachtzeit sind nur in gewissen Fällen bezw. gegenüber gewissen Personen und in gewissen Räumen zulässig. Die Anordnung der Durchsuchungen steht dem Richter, bei Gefahr im Verzug auch der Staatsanwaltschaft und denjenigen Polizei- und Sicherheitsbeamten zu, welche als Hülfsbeamte der Staatsanwaltschaft den Anordnungen derselben Folge zu leisten haben. Wenn eine Durchsuchung der Wohnung, der Geschäftsräume oder des befriedeten Besitzthums ohne Beisein des Richters oder des Staatsanwalts stattfindet, so sind, wenn dies möglich, ein Gemeindebeamter oder zwei Mitglieder der Gemeinde zuzuziehen.

Die Untersuchungshaft ist nur bei dringendem Verdacht der Thäterschaft und gleichzeitigem Flucht- oder Verdunkelungsverdacht zulässig, bei Uebertretungen nur gegenüber gewissen Heimathlosen, Landstreichern und Ausländern wegen Fluchtverdachts. Die Verhaftung erfolgt auf Grund eines richterlichen Haftbefehls. Der Verhaftete muss spätestens am Tage nach seiner Einlieferung in das Gefängniss durch einen Richter über den Gegenstand der Beschuldigung gehört werden. Ein Angeschuldigter, dessen Verhaftung lediglich wegen des Verdachts der Flucht angeordnet ist, kann — nicht muss — gegen Sicherheitsleistung mit der Untersuchungshaft verschont werden. Der Haftbefehl ist aufzuheben, wenn der in demselben angegebene Grund der Verhaftung weggefallen ist, oder wenn der Angeschuldigte freigesprochen oder ausser Verfolgung gesetzt wird. Durch Einlegung eines Rechtsmittels darf die Freilassung des Angeschuldigten nicht verzögert werden. Die auf die Untersuchungshaft, einschliesslich der Sicherheitsleistung, bezüglichen Entscheidungen werden von dem zuständigen Gericht erlassen. In der Voruntersuchung ist der Untersuchungsrichter zur Erlassung des Haftbefehls und mit Zustimmung der Staatsanwaltschaft auch zur Aufhebung eines solchen, sowie zur Freilassung des Angeschuldigten gegen Sicherheitsleistung befugt. Versagt die Staatsanwaltschaft diese Zustimmung, so hat der Untersuchungsrichter, wenn er die beanstandete Massregel anordnen will, unverzüglich, spätestens binnen 24 Stunden, die Entscheidung des Gerichts nachzusuchen. Die gleiche Befugniss hat nach Eröffnung des Hauptverfahrens in dringenden Fällen der Vorsitzende des erkennenden Gerichts. Auch vor Erhebung der öffentlichen Klage kann, wenn ein zur Erlassung eines

Haftbefehls berechtigender Grund vorhanden ist, vom Amtsrichter auf Antrag der Staatsanwaltschaft oder bei Gefahr im Verzuge, von Amtswegen ein Haftbefehl erlassen werden. Der vor Erhebung der öffentlichen Klage erlassene Haftbefehl ist aufzuheben, wenn die Staatsanwaltschaft es beantragt, oder wenn nicht binnen einer Woche nach Vollstreckung des Haftbefehls die öffentliche Klage erhoben und die Fortdauer der Haft von dem zuständigen Richter angeordnet, auch diese Anordnung zur Kenntniss des Amtsrichters gelangt ist. Genügt zur Vorbereitung und Erhebung der öffentlichen Klage die Frist von einer Woche nicht, so kann dieselbe auf Antrag der Staatsanwaltschaft vom Amtsrichter um eine Woche, und, wenn es sich um ein Verbrechen oder Vergehen handelt, auf erneuten Antrag der Staatsanwaltschaft um fernere zwei Wochen verlängert werden. Wird Jemand auf frischer That betroffen oder verfolgt, so ist, wenn er der Flucht verdächtig ist, oder seine Persönlichkeit nicht sofort festgestellt werden kann, Jedermann befugt, ihn auch ohne richterlichen Befehl vorläufig festzunehmen. Die Staatsanwaltschaft und die Polizei- und Sicherheitsbeamten sind auch dann zur vorläufigen Festnahme befugt, wenn die Voraussetzungen eines Haftbefehls vorliegen und Gefahr im Verzug obwaltet. Der Festgenommene ist unverzüglich, sofern er nicht wieder in Freiheit gesetzt wird, dem Amtsrichter des Bezirks, in welchem die Festnahme erfolgt ist, vorzuführen. Der Amtsrichter hat ihn spätestens am Tage nach der Vorführung zu vernehmen. Hält der Amtsrichter die Festnahme nicht für gerechtfertigt oder die Gründe derselben für beseitigt, so verordnet er die Freilassung. Anderenfalls erlässt er einen Haftbefehl. Ist gegen den Festgenommenen bereits die öffentliche Klage erhoben, so ist er entweder sofort oder auf Verfügung des Amtsrichters, welchem derselbe zunächst vorgeführt worden, dem zuständigen Gericht oder Untersuchungsrichter vorzuführen, und haben diese spätestens am Tage nach der Vorführung über Freilassung oder Verhaftung des Festgenommenen zu entscheiden. Auf Grund eines Haftbefehls können von dem Richter sowie von der Staatsanwaltschaft Steckbriefe erlassen werden, wenn der zu Verhaftende flüchtig ist oder sich verborgen hält. Ohne vorgängigen Haftbefehl ist eine steckbriefliche Verfolgung nur dann statthaft, wenn ein Festgenommener aus dem Gefängnisse entweicht oder sonst sich der Bewachung entzieht. In diesem Falle sind auch die Polizeibehörden zur Erlassung des Steckbriefs befugt. Ist Jemand auf Grund eines Haftbefehls oder Steckbriefs ergriffen worden, und kann er nicht spätestens am Tage nach der Ergreifung vor den zuständigen Richter gestellt werden, so ist er auf sein Verlangen sofort dem nächsten Amtsrichter vorzuführen. Seine Vernehmung ist spätestens am Tage nach der Ergreifung zu bewirken. Weist er bei der Vernehmung nach, dass er nicht die verfolgte Person, oder dass die Verfolgung durch die zuständige Behörde wieder aufgehoben sei, so hat der Amtsrichter seine Freilassung zu verfügen.

Eines Vertheidigers kann sich der Beschuldigte in jeder Lage des Verfahrens bedienen. Zu Vertheidigern können die bei einem Deutschen Gerichte zugelassenen Rechtsanwälte sowie die Rechtslehrer an Deutschen Hochschulen gewählt werden. Andere Personen können nur mit Genehmigung des Gerichts und, wenn der Fall einer nothwendigen Vertheidigung vorliegt und der Gewählte nicht zu den Personen gehört, welche zu Vertheidigern bestellt werden dürfen, nur in Gemeinschaft mit einer solchen als Wahlvertheidiger zugelassen werden. Der als Vertheidiger gewählte Rechtsanwalt kann mit Zustimmung des Angeklagten die Vertheidigung einem Rechtskundigen, welcher die erste Prüfung für den Justizdienst bestanden hat und in demselben seit mindestens zwei Jahren beschäftigt ist, übertragen. Die Vertheidigung ist nothwendig in den Sachen, welche vor dem Reichsgericht in erster Instanz oder vor dem Schwurgericht zu verhandeln sind; in Sachen, welche vor dem Landgericht in erster Instanz zu verhandeln sind, nur: 1. wenn der Angeschuldigte taub oder stumm ist oder das 16. Lebensjahr noch nicht vollendet hat; 2. wenn ein sich nicht nur wegen Rückfalls als solches charakterisirendes Verbrechen den Gegenstand der Untersuchung bildet und der Beschuldigte oder sein gesetzlicher Vertreter die Bestellung eines Vertheidigers beantragt. In anderen Fällen kann das Gericht und bei vorhandener Dringlichkeit der Vorsitzende desselben auf Antrag oder von Amts wegen einen Vertheidiger bestellen. Die Auswahl des zu bestellenden Vertheidigers erfolgt durch den Vorsitzenden des Gerichts aus der Zahl der am Sitze dieses Gerichts wohnhaften Rechtsanwälte. Für das vorbereitende Verfahren erfolgt die Bestellung durch den Amtsrichter. Auch Justizbeamte, welche nicht als Richter angestellt sind, sowie solche Rechtskundige, welche die vorgeschriebene erste Prüfung für den Justizdienst bestanden haben, können als Vertheidiger bestellt werden.

§ 40. Verfahren in erster Instanz. Die Eröffnung einer gerichtlichen Untersuchung ist durch die Erhebung einer Klage bedingt. Zur Erhebung der öffentlichen Klage ist die Staatsanwaltschaft berufen. Die Staatsanwaltschaft ist, soweit nicht gesetzlich ein Anderes bestimmt ist, verpflichtet, wegen aller gerichtlich strafbaren und verfolgbaren Handlungen einzuschreiten, sofern zureichende thatsächliche Anhaltspunkte vorliegen. Die Untersuchung und Entscheidung erstreckt sich nur auf die in der Klage bezeichnete That und auf die durch die Klage beschuldigten Personen. Innerhalb dieser Grenzen sind die Gerichte zu einer selbständigen Thätigkeit berechtigt und verpflichtet; insbesondere sind sie bei Anwendung des Strafgesetzes an die gestellten Anträge nicht gebunden. Die öffentliche Klage kann nach Eröffnung der Untersuchung nicht zurückgenommen werden. Im Sinne der Strafprozessordnung ist Angeschuldigter der Beschuldigte, gegen welchen die öffentliche Anklage erhoben ist, Angeklagter der Beschuldigte oder Angeschuldigte, gegen welchen die Eröffnung des Hauptverfahrens beschlossen ist. Bei strafbaren Handlungen, deren Verfolgung nur auf Antrag eintritt, muss der Antrag bei einem Gericht oder der Staatsanwaltschaft schriftlich oder zu Protokoll, bei einer anderen Behörde schriftlich angebracht werden. Sind Anhaltspunkte dafür vorhanden, dass Jemand eines nicht natürlichen Todes gestorben ist, oder wird der Leichnam eines Unbekannten gefunden, so sind die Polizei- und Gemeindebehörden zur sofortigen Anzeige an die Staatsanwaltschaft oder an den Amtsrichter verpflichtet. Die Beerdigung darf nur auf Grund einer schriftlichen Genehmigung der Staatsanwaltschaft oder des Amtsrichters erfolgen. Sobald die Staatsanwaltschaft durch eine Anzeige oder auf anderem Wege von dem Verdacht einer strafbaren Handlung Kenntniss erhält, hat sie behufs ihrer Entschliessung darüber, ob die öffentliche Klage zu erheben sei, den Sachverhalt zu erforschen. Die Staatsanwaltschaft hat aber nicht bloss die zur Belastung, sondern auch die zur Entlastung dienenden Umstände zu ermitteln. Erachtet die Staatsanwaltschaft im Vorverfahren die Vornahme einer richterlichen Untersuchungshandlung für erforderlich, so stellt sie ihre Anträge bei dem Amtsrichter des Bezirks, in welchem diese Handlung vorzunehmen ist, der zu prüfen hat, ob die beantragte Handlung nach den Umständen des Falles gesetzlich zulässig ist. Die Behörden und Beamten des Polizei- und Sicherheitsdienstes haben strafbare Handlungen zu erforschen und alle keinen Aufschub gestattenden Anordnungen zu treffen, um die Verdunkelung der Sache zu verhüten. Sie übersenden ihre Verhandlungen ohne Verzug der Staatsanwaltschaft. Erscheint die schleunige Vornahme richterlicher Untersuchungshandlungen erforderlich, so kann die Uebersendung unmittelbar an den Amtsrichter erfolgen, der übrigens bei Gefahr im Verzuge auch von Amts wegen die erforderlichen Untersuchungshandlungen vorzunehmen hat. Bieten die angestellten Ermittelungen genügenden Anlass zur Erhebung der öffentlichen Klage, so erhebt sie die Staatsanwaltschaft entweder durch einen Antrag auf gerichtliche Voruntersuchung oder durch Einreichung einer Anklageschrift bei dem Gerichte. Andernfalls verfügt die Staatsanwaltschaft die Einstellung des Verfahrens und setzt hiervon den Beschuldigten in Kenntniss, wenn er als solcher vom Richter vernommen oder ein Haftbefehl gegen ihn erlassen war. Giebt die Staatsanwaltschaft einem bei ihr angebrachten Antrage auf Erhebung der öffentlichen Klage keine Folge, oder verfügt sie nach dem Abschlusse der Ermittelungen die Einstellung des Verfahrens, so hat sie den Antragsteller unter Angabe der Gründe zu bescheiden. Ist dieser zugleich der Verletzte, so steht ihm gegen diesen Bescheid binnen zwei Wochen die Beschwerde an den vorgesetzten Beamten der Staatsanwaltschaft und gegen dessen ablehnenden Bescheid binnen einem Monate nach der Bekanntmachung der Antrag auf gerichtliche Entscheidung zu. Zur Entscheidung ist in den vor das Reichsgericht gehörigen Sachen das Reichsgericht, in anderen Sachen das Oberlandesgericht zuständig. Erachtet dagegen das Gericht den

Antrag für begründet, so beschliesst es die Erhebung der öffentlichen Klage. Die Durchführung dieses Beschlusses liegt der Staatsanwaltschaft ob.

Die Voruntersuchung findet in denjenigen Strafsachen statt, welche zur Zuständigkeit des Reichsgerichts oder der Schwurgerichte gehören, in Strafsachen, welche zur Zuständigkeit der Landgerichte gehören, nur wenn die Staatsanwaltschaft dieselbe beantragt, oder wenn der Angeschuldigte dieselbe beantragt und erhebliche Gründe geltend macht, aus denen eine Voruntersuchung zur Vorbereitnng seiner Vertheidigung erforderlich erscheint. In den zur Zuständigkeit der Schöffengerichte gehörigen Sachen ist, ausser dem Falle der Verbindung in Folge eines Zusammenhanges, die Voruntersuchung unzulässig. Der Antrag kann nur wegen Unzuständigkeit des Gerichts oder wegen Unzulässigkeit der Strafverfolgung oder der Voruntersuchung, oder weil die in dem Antrage bezeichnete That unter kein Strafgesetz fällt, abgelehnt werden. Hierzu bedarf es eines Beschlusses des Gerichts. Gegen den Beschluss des Gerichts, durch welchen der Antrag der Staatsanwaltschaft oder des Angeschuldigten auf Eröffnung der Voruntersuchung abgelehnt worden ist, findet sofortige Beschwerde statt. Die Voruntersuchung wird von dem Untersuchungsrichter eröffnet und geführt. Durch Beschluss des Landgerichts kann auf Antrag der Staatsanwaltschaft die Führung der Voruntersuchung einem Amtsrichter übertragen werden. Um die Vornahme einzelner Untersuchungshandlungen kann der Untersuchungsrichter den Amtsrichter ersuchen, sofern dieser nicht mit ihm denselben Amtssitz hat. Bei dem Reichsgerichte wird der Untersuchungsrichter für jede Strafsache aus der Zahl der Mitglieder durch den Präsidenten bestellt; der Präsident kann auch jedes Mitglied eines anderen Deutschen Gerichts und jeden Amtsrichter zum Untersuchungsrichter oder für einen Theil der Geschäfte des Untersuchungsrichters zum Vertreter desselben bestellen; der Untersuchungsrichter und dessen Vertreter können um die Vornahme einzelner Untersuchungshandlungen die Amtsrichter ersuchen. Bei der Vernehmung des Angeschuldigten, der Zeugen und Sachverständigen sowie bei der Einnahme des Augenscheins hat der Untersuchungsrichter einen Gerichtsschreiber zuzuziehen. In dringenden Fällen kann der Untersuchungsrichter eine von ihm zu beeidigende Person als Gerichtsschreiber zuziehen. Ueber jede Untersuchungshandlung ist ein Protokoll aufzunehmen. Dasselbe ist von dem Untersuchungsrichter und dem zugezogenen Gerichtsschreiber zu unterschreiben. Die Behörden und Beamten des Polizei- und Sicherheitsdienstes sind verpflichtet, Ersuchen oder Aufträgen des Untersuchungsrichters um Ausführung einzelner Massregeln oder um Vornahme von Ermittelungen zu genügen. Die Voruntersuchung ist nicht weiter auszudehnen, als erforderlich ist, um eine Entscheidung darüber zu begründen, ob das Hauptverfahren zu eröffnen oder der Angeschuldigte ausser Verfolgung zu setzen sei. Auch sind Beweise, deren Verlust für die Hauptverhandlung zu besorgen steht, oder deren Aufnahme zur Vorbereitung der Vertheidigung des Angeschuldigten erforderlich erscheint, in der Voruntersuchung zu erheben. Der Angeschuldigte ist in der Voruntersuchung zu vernehmen, auch wenn er schon vor deren Eröffnung vernommen worden ist, und zwar in Abwesenheit der Staatsanwaltschaft und des Vertheidigers. Erachtet der Untersuchungsrichter den Zweck der Voruntersuchung für erreicht, so übersendet er die Akten der Staatsanwaltschaft zur Stellung ihrer Anträge. Beantragt die Staatsanwaltschaft eine Ergänzung der Voruntersuchung, so hat der Untersuchungsrichter, wenn er dem Antrage nicht stattgeben will, die Entscheidung des Gerichts einzuholen.

Hat eine Voruntersuchung stattgefunden, so entscheidet das Gericht, ob das Hauptverfahren zu eröffnen oder der Angeschuldigte ausser Verfolgung zu setzen oder das Verfahren vorläufig einzustellen sei Die Staatsanwaltschaft legt zu diesem Zwecke die Akten mit ihrem Antrage dem Gerichte vor Der Antrag auf Eröffnung des Hauptverfahrens erfolgt durch Einreichung einer Anklageschrift. Erhebt die Staatsanwaltschaft, ohne dass eine Voruntersuchung stattgefunden, die Anklage, so ist die Anklageschrift mit den Akten, wenn die Sache zur Zuständigkeit der Schöffengerichte gehört, bei dem Amtsrichter, anderenfalls bei dem Landgerichte einzureichen. Der Vorsitzende des Gerichts hat die Anklageschrift dem Angeschuldigten mitzutheilen und ihn zugleich aufzufordern, sich innerhalb einer zu bestimmenden Frist zu erklären, ob er eine Voruntersuchung oder die Vornahme einzelner

Beweiserhebungen vor der Hauptverhandlung beantragen oder Einwendungen gegen die Eröffnung des Hauptverfahrens vorbringen wolle. Ueber die Anträge und Einwendungen beschliesst das Gericht. Zur besseren Aufklärung der Sache kann das Gericht eine Ergänzung der Voruntersuchung oder, falls eine Voruntersuchung nicht stattgefunden hat, die Eröffnung einer solchen oder einzelne Beweiserhebungen anordnen. Die Anordnung einzelner Beweiserhebungen steht auch dem Amtsrichter zu. Eine Anfechtung des Beschlusses findet nicht statt. Vorläufige Einstellung des Verfahrens kann beschlossen werden, wenn dem weiteren Verfahren Abwesenheit des Angeschuldigten oder der Umstand entgegensteht, dass derselbe nach der That in Geisteskrankheit verfallen ist. Das Gericht ist bei der Beschlussfassung an die Anträge der Staatsanwaltschaft nicht gebunden. Wird Eröffnung des Hauptverfahrens beschlossen, so ist zugleich von Amts wegen über Anordnung oder Fortdauer der Untersuchungshaft zu beschliessen. Wenn von der Staatsanwaltschaft beantragt ist, den Angeschuldigten ausser Verfolgung zu setzen, von dem Gerichte aber die Eröffnung des Hauptverfahrens beschlossen wird, so hat die Staatsanwaltschaft eine dem Beschlusse entsprechende Anklageschrift einzureichen. Das Landgericht kann das Hauptverfahren vor den erkennenden Gerichten jeder Ordnung, nicht aber vor dem Reichsgericht eröffnen. Erachtet das Landgericht die Zuständigkeit des Reichsgerichts für begründet, so legt es die Akten durch Vermittelung der Staatsanwaltschaft diesem Gerichte zur Entscheidung vor. Ebenso hat der Amtsrichter, wenn er findet, dass eine bei ihm eingereichte Sache die Zuständigkeit des Schöffengerichts übersteige, die Akten durch Vermittelung der Staatsanwaltschaft dem Landgerichte zur Entscheidung vorzulegen.

Der Beschluss, durch welchen das Hauptverfahren eröffnet worden ist, kann von dem Angeklagten nicht angefochten werden. Gegen den Beschluss, durch welchen die Eröffnung des Hauptverfahrens abgelehnt oder abweichend von dem Antrage der Staatsanwaltschaft die Verweisung an ein Gericht niederer Ordnung ausgesprochen worden ist, steht der Staatsanwaltschaft die sofortige Beschwerde zu.

Vor dem Schöffengerichte kann ohne schriftlich erhobene Anklage und ohne eine Entscheidung über die Eröffnung des Hauptverfahrens zur Hauptverhandlung geschritten werden, wenn der Beschuldigte entweder sich freiwillig stellt oder in Folge einer vorläufigen Festnahme dem Gerichte vorgeführt oder nur wegen Uebertretung verfolgt wird. Der wesentliche Inhalt der Anklage ist in den Fällen der freiwilligen Stellung oder der Vorführung in das Sitzungsprotokoll, anderenfalls in die Ladung des Beschuldigten aufzunehmen. Auch kann der Amtsrichter in dem Falle der Vorführung des Beschuldigten, mit Zustimmung der Staatsanwaltschaft ohne Zuziehung von Schöffen zur Hauptverhandlung schreiten, wenn der Beschuldigte nur wegen Uebertretung verfolgt wird und die ihm zur Last gelegte That eingesteht. Gegen die im Laufe der Hauptverhandlung ergehenden Entscheidungen und Urtheile des Amtsrichters finden dieselben Rechtsmittel statt, wie gegen die Entscheidung und Urtheile des Schöffengerichts.

Der Termin zur Hauptverhandlung wird von dem Vorsitzenden des Gerichts anberaumt. Die Ladungen und die Herbeischaffung der als Beweismittel dienenden Gegenstände bewirkt die Staatsanwaltschaft. Lehnt der Vorsitzende des Gerichts den Antrag des Angeklagten auf Ladung einer Person ab, so kann dieser die Letztere unmittelbar laden lassen, wozu er auch ohne vorgängigen Antrag befugt ist.

Die Hauptverhandlung erfolgt in ununterbrochener Gegenwart der zur Urtheilsfindung berufenen Personen sowie der Staatsanwaltschaft und eines Gerichtsschreibers. Eine unterbrochene Hauptverhandlung muss spätestens am vierten Tage nach der Unterbrechung fortgesetzt werden, widrigenfalls mit dem Verfahren von Neuem zu beginnen ist. Gegen einen ausgebliebenen Angeklagten findet eine Hauptverhandlung nur statt, wenn die den Gegenstand der Untersuchung bildende That nur mit Geldstrafe, Haft oder Einziehung, allein oder in Verbindung miteinander, bedroht ist. Auf seinen Antrag kann der Angeklagte wegen grosser Entfernung seines Aufenthaltsorts von der Verpflichtung zum Erscheinen in der Hauptverhandlung entbunden werden, wenn nach dem Ermessen des Gerichts voraussichtlich keine andere Strafe als Freiheitsstrafe bis zu 6 Wochen oder Geldstrafe oder Einziehung allein oder in Verbindung miteinander zu erwarten steht. Gegen das in seiner

Abwesenheit ergangene Urtheil kann der Angeklagte binnen einer Woche nach der Zustellung Wiedereinsetzung in den vorigen Stand unter gleichen Voraussetzungen wie gegen die Versäumung einer Frist nachsuchen, es sei denn, dass er auf seinen Antrag vom Erscheinen entbunden war, oder von der Befugniss, sich vertreten zu lassen, Gebrauch gemacht hatte.

Die Leitung der Verhandlung, die Vernehmung des Angeklagten und die Aufnahme des Beweises erfolgt durch den Vorsitzenden. Die Vernehmung der von der Staatsanwaltschaft und dem Angeklagten benannten Zeugen und Sachverständigen ist der Staatsanwaltschaft und dem Vertheidiger auf deren übereinstimmenden Antrag von dem Vorsitzenden zu überlassen. Der Vorsitzende hat den beisitzenden Richtern auf Verlangen zu gestatten, Fragen an die Zeugen und Sachverständigen zu stellen, ebenso der Staatsanwaltschaft, dem Angeklagten und dem Vertheidiger sowie den Geschworenen und den Schöffen.

Die Hauptverhandlung beginnt mit dem Aufrufe der Zeugen und Sachverständigen. Hieran schliesst sich die Vernehmung des Angeklagten über seine persönlichen Verhältnisse und die Verlesung des Beschlusses über die Eröffnung des Hauptverfahrens, sodann seine weitere Vernehmung. Nach der Vernehmung des Angeklagten folgt die Beweisaufnahme. Das Gericht kann auf Antrag und von Amtswegen die Ladung von Zeugen und Sachverständigen sowie die Herbeischaffung anderer Beweismittel anordnen. Die Beweisaufnahme ist auf die sämmtlichen herbeigeschafften Beweismittel zu erstrecken, sofern nicht Staatsanwaltschaft und Angeklagter verzichten. In den Verhandlungen vor den Schöffengerichten und vor den Landgerichten in der Berufungsinstanz, sofern die Verhandlung vor letzteren eine Uebertretung betrifft oder auf erhobene Privatklage erfolgt, bestimmt sofort das Gericht den Umfang der Beweisaufnahme. Nach dem Schlusse der Beweisaufnahme erhalten die Staatsanwaltschaft und sodann der Angeklagte zu ihren Ausführungen und Anträgen das Wort. Der Staatsanwaltschaft steht das Recht der Erwiderung zu; dem Angeklagten gebührt das letzte Wort. Der Angeklagte ist, auch wenn ein Vertheidiger für ihn gesprochen hat, zu befragen, ob er selbst noch etwas zu seiner Vertheidigung anzuführen habe.

Die Hauptverhandlung schliesst mit der Erlassung des Urtheils. Das Urtheil kann nur auf Freisprechung, Verurtheilung oder Einstellung des Verfahrens lauten. Die Einstellung des Verfahrens ist auszusprechen, wenn bei einer nur auf Antrag zu verfolgenden strafbaren Handlung sich ergiebt, dass der erforderliche Antrag nicht vorliegt, oder wenn der Antrag rechtzeitig zurückgenommen ist. Ueber das Ergebniss der Beweisaufnahme entscheidet das Gericht nach seiner freien, aus dem Inbegriffe der Verhandlung geschöpften Ueberzeugung. Zu einer jeden dem Angeklagten nachtheiligen Entscheidung, welche die Schuldfrage betrifft, ist eine Mehrheit von zwei Drittheilen der Stimmen erforderlich. Die Verkündung des Urtheils erfolgt durch Verlesung der Urtheilsformel und Eröffnung der Urtheilsgründe am Schlusse der Verhandlung oder spätestens mit Ablauf einer Woche nach dem Schlusse der Verhandlung. Die Eröffnung der Urtheilsgründe geschieht durch Verlesung oder durch mündliche Mittheilung ihres wesentlichen Inhalts. War die Verkündung des Urtheils ausgesetzt, so sind die Urtheilsgründe vor der Verkündung schriftlich festzustellen. Das Gericht darf sich nicht für unzuständig erklären, weil die Sache vor ein Gericht niederer Ordnung gehöre. Stellt sich nach dem Ergebnisse der Verhandlung die dem Angeklagten zur Last gelegte That als eine solche dar, welche die Zuständigkeit des Gerichts überschreitet, so spricht es durch Beschluss seine Unzuständigkeit aus und verweist die Sache an das zuständige Gericht. Dieser Beschluss hat die Wirkung eines das Hauptverfahren eröffnenden Beschlusses und muss den Erfordernissen eines solchen entsprechen.

Ueber die Hauptverhandlung ist ein Protokoll aufzunehmen und von dem Vorsitzenden und dem Gerichtsschreiber zu unterschreiben. Das Urtheil mit den Gründen ist binnen 3 Tagen nach der Verkündung zu den Akten zu bringen, falls es nicht bereits vollständig in das Protokoll aufgenommen worden ist.

§ 41. Auf das Verfahren vor den Schwurgerichten finden die im vorigen Paragraphen skizzirten Grundsätze mit gewissen, sich aus der Eigenart des schwurgerichtlichen Verfahrens ergebenden Abweichungen Anwendung.

Vor dem Tage, an welchem die Hauptverhandlung beginnen soll, muss die Spruchliste der Geschworenen dem Angeklagten, wenn er sich nicht auf freiem Fusse befindet, zugestellt, für den auf freiem Fusse befindlichen Angeklagten auf der Gerichtsschreiberei zur Einsicht niedergelegt werden.

Die Hauptverhandlung beginnt mit der Bildung der Geschworenenbank durch Ausloosung der Geschworenen durch die Hand des Vorsitzenden. Von den ausgeloosten Geschworenen können so viele abgelehnt werden, als Namen über zwölf in der Urne sich befinden. Die eine Hälfte der Ablehnungen steht der Staatsanwaltschaft, die andere dem Angeklagten zu. Dem Angeklagten gebührt eine Ablehnung mehr, wenn die Gesammtzahl der Ablehnungen eine ungerade ist. Zur Bildung der Geschworenenbank kann geschritten werden, wenn die Zahl der Geschworenen, welche erschienen und nicht ausgeschieden worden sind, mindestens 24 beträgt. Anderenfalls ist die Zahl aus der Liste der Hülfsgeschworenen auf 30 zu ergänzen. Stehen an demselben Tage mehrere Verhandlungen an, so verbleibt die für eine derselben gebildete Geschworenenbank für die folgende Verhandlung oder für mehrere folgende Verhandlungen, wenn die dabei betheiligten Angeklagten und die Staatsanwaltschaft sich damit vor der Beeidigung der Geschworenen einverstanden erklärt haben.

Nach Bildung der Geschworenenbank werden die Geschworenen in Gegenwart der Angeklagten, über welche sie richten sollen, beeidigt, worauf die Verhandlung zur Sache, hierauf die Feststellung der Fragen an die Geschworenen folgt. Der Vorsitzende belehrt sodann die Geschworenen über die rechtlichen Gesichtspunkte, welche sie bei Lösung der ihnen gestellten Aufgabe in Betracht zu ziehen haben. Darauf werden die Fragen vom Vorsitzenden unterzeichnet und den Geschworenen übergeben, und diese ziehen sich in das Berathungszimmer zurück. Der Angeklagte wird aus dem Sitzungszimmer entfernt. Die Geschworenen wählen einen Obmann mittels schriftlicher Abstimmung nach Mehrheit der Stimmen; bei Stimmengleichheit entscheidet das höhere Lebensalter. Glauben die Geschworenen vor Abgabe ihres Spruchs einer weiteren Belehrung zu bedürfen, so wird diese auf ihren Antrag durch den Vorsitzenden ertheilt, nachdem sie zu dem Zweck in das Sitzungszimmer zurückgekehrt sind. Der Spruch ist von dem Obmann neben den Fragen niederzuschreiben und von ihm zu unterzeichnen. Bei jeder dem Angeklagten nachtheiligen Entscheidung ist anzugeben, dass dieselbe mit mehr als 7 Stimmen, bei Verneinung der mildernden Umstände, dass dieselbe mit mehr als 6 Stimmen gefasst worden ist. Im Uebrigen darf das Stimmenverhältniss nicht ausgedrückt werden. Der Spruch ist im Sitzungszimmer von dem Obmann kund zu geben. Erachtet das Gericht, dass der Spruch in der Form nicht vorschriftsmässig oder in der Sache undeutlich, unvollständig oder sich widersprechend sei, so werden die Geschworenen von dem Vorsitzenden aufgefordert, sich in das Berathungszimmer zurückzubegeben, um dem gerügten Mangel abzuhelfen. Der Spruch der Geschworenen wird dem Angeklagten, nachdem er in das Sitzungszimmer wieder eingetreten ist, durch Verlesung verkündet. Ist der Angeklagte von den Geschworenen für nichtschuldig erklärt worden, so spricht das Gericht ihn frei. Andernfalls müssen, bevor das Urtheil erlassen wird, die Staatsanwaltschaft und der Angeklagte mit ihren Ausführungen und Anträgen gehört werden. Die Verkündigung des Urtheils erfolgt am Schlusse der Verhandlung. Ist das Gericht einstimmig der Ansicht, dass die Geschworenen sich in der Hauptsache zum Nachtheile des Angeklagten geirrt haben, so verweist es durch Beschluss ohne Begründung seiner Ansicht die Sache zur neuen Verhandlung vor das Schwurgericht der nächsten Sitzungsperiode. Die Verweisung ist nur von Amtswegen und bis zur Verkündung des Urtheils zulässig.

§ 42. Rechtsmittel. Die zulässigen Rechtsmittel gegen gerichtliche Entscheidungen stehen sowohl der Staatsanwaltschaft als dem Beschuldigten zu. Die Staatsanwaltschaft kann von denselben auch zu Gunsten des Beschuldigten Gebrauch machen. Für den Beschuldigten kann der Vertheidiger, ferner der gesetzliche Vertreter und der Ehemann, der Vertheidiger jedoch nicht gegen den ausdrücklichen Willen des Beschuldigten, Rechtsmittel einlegen. Jedes von der Staatsanwaltschaft eingelegte Rechtsmittel hat die

Wirkung, dass die angefochtene Entscheidung auch zu Gunsten des Beschuldigten abgeändert oder aufgehoben werden kann. Die Zurücknahme eines Rechtsmittels sowie der Verzicht auf die Einlegung eines Rechtsmittels kann auch vor Ablauf der Frist zur Einlegung desselben wirksam erfolgen. Ein von der Staatsanwaltschaft zu Gunsten des Beschuldigten eingelegtes Rechtsmittel kann jedoch ohne dessen Zustimmung nicht zurückgenommen werden. Der Vertheidiger bedarf zur Zurücknahme einer ausdrücklichen Ermächtigung. Wenn die Entscheidung über das Rechtsmittel auf Grund mündlicher Verhandlung stattzufinden hat, so kann die Zurücknahme nach Beginn der Hauptverhandlung nur mit Zustimmung des Gegners erfolgen.

Die Beschwerde ist gegen alle von den Gerichten in erster Instanz oder in der Berufungsinstanz erlassenen Beschlüsse und gegen die Verfügungen des Vorsitzenden, des Untersuchungsrichters, des Amtsrichters oder eines beauftragten oder ersuchten Richters, nicht aber gegen Beschlüsse des Reichs- oder Oberlandesgerichts, zulässig, soweit das Gesetz sie nicht ausdrücklich einer Anfechtung entzieht. Entscheidungen der erkennenden Gerichte, welche der Urtheilsfällung vorausgehen, unterliegen nicht der Beschwerde, ausgenommen Entscheidungen über Verhaftungen, Beschlagnahmen oder Straffestsetzungen, sowie alle Entscheidungen, durch welche dritte Personen betroffen werden. Erachtet das Gericht oder der Vorsitzende, dessen Entscheidung angefochten wird, die Beschwerde für begründet, so haben sie derselben abzuhelfen; anderenfalls ist die Beschwerde sofort, spätestens vor Ablauf von 3 Tagen, dem Beschwerdegerichte vorzulegen. Die Entscheidung über die Beschwerde, die Suspensiveffekt nur hat, wenn das Gericht, gegen das sie sich richtet, ihr solchen beilegt, erfolgt ohne vorgängige mündliche Verhandlung. Beschlüsse, welche von dem Landgericht in der Beschwerdeinstanz erlassen sind, können, insofern sie Verhaftungen betreffen, durch weitere Beschwerde angefochten werden.

Berufung findet schriftlich oder zu Protokoll mit Ausschlussfrist von einer Woche gegen Urtheile der Schöffengerichte statt und hemmt die Rechtskraft des Urtheils. Sie kann binnen einer weiteren Woche nach Ablauf der Frist zur Einlegung des Rechtsmittels oder, wenn zu dieser Zeit das Urtheil noch nicht zugestellt war, nach dessen Zustellung bei dem Gericht erster Instanz zu Protokoll des Gerichtsschreibers oder in einer Beschwerdeschrift gerechtfertigt werden. Wird sie nicht auf bestimmte Beschwerdepunkte beschränkt, so gilt der ganze Inhalt des Urtheils als angefochten. Verspätete Berufungen verwirft das Gericht erster Instanz, wogegen binnen einer Woche auf die Entscheidung des Berufungsgerichts angetragen werden kann; in diesem Falle sind die Akten an das Berufungsgericht einzusenden, ohne dass jedoch die Vollstreckung des Urtheils dadurch gehemmt wird. Ist die Berufung rechtzeitig eingelegt, so hat nach Ablauf der Frist zur Rechtfertigung der Gerichtsschreiber ohne Rücksicht darauf, ob eine Rechtfertigung stattgefunden hat oder nicht, die Akten der Staatsanwaltschaft vorzulegen, die, wenn die Berufung von ihr eingelegt ist, dem Angeklagten die Schriftstücke über Einlegung und Rechtfertigung der Berufung zustellt und die Akten an die Staatsanwaltschaft bei dem Berufungsgerichte übersendet. Diese übergiebt die Akten binnen einer Woche dem Vorsitzenden des Gerichts. Erachtet das Berufungsgericht die Bestimmungen über die Einlegung des Berufung nicht für beobachtet, so kann es das Rechtsmittel durch mittels sofortiger Beschwerde anfechtbaren Beschluss als unzulässig verwerfen. Anderenfalls entscheidet es über dasselbe durch Urtheil. Auf die Vorbereitung der Hauptverhandlung finden die gleichen Vorschriften wie für die erste Instanz Anwendung. Die Ladung der in erster Instanz vernommenen Zeugen und Sachverständigen kann nur dann unterbleiben, wenn deren wiederholte Vernehmung zur Aufklärung der Sache nicht erforderlich erscheint. Neue Beweismittel sind zulässig. Nachdem die Hauptverhandlung begonnen hat, hält ein Berichterstatter in Abwesenheit der Zeugen einen Vortrag über die Ergebnisse des bisherigen Verfahrens und wird das erste Urtheil verlesen. Hierauf folgen Vernehmung des Angeklagten, Beweisaufnahme, Anhörung des Beschwerdeführers und der Gegenpartei, wobei aber stets der Angeklagte das letzte Wort hat. Der Prüfung des Gerichts unterliegt das Urtheil nur, soweit dasselbe angefochten ist. Insoweit die Berufung für begründet befunden wird, hat das Berufungsgericht unter Aufhebung des Urtheils in der Sache selbst zu erkennen. Leidet jedoch das Urtheil an einem Mangel, welcher die Revision wegen Verletzung einer Rechtsnorm über das Verfahren begründen würde, so kann das Berufungsgericht unter Aufhebung des Urtheils die Sache, wenn die Umstände des Falles es erfordern, zur Entscheidung an die erste Instanz zurückverweisen. Hat das Gericht erster Instanz mit Unrecht seine Zuständigkeit angenommen, so hat das Berufungsgericht unter Aufhebung des Urtheils die Sache an das zuständige Gericht zu verweisen oder, wenn es selbst in erster Instanz zuständig ist, zu erkennen. Bei unentschuldigtem Ausbleiben des Angeklagten und, soweit Vertretung zulässig ist, seines Vertreters ist die vom Angeklagten eingelegte Berufung sofort zu verwerfen, wenn aber die Staatsanwaltschaft die Berufung eingelegt hat, über diese zu verhandeln oder die Vorführung oder Verhaftung des Angeklagten anzuordnen. Der Angeklagte kann binnen einer Woche nach der Zustellung des Urtheils die Wiedereinsetzung in den vorigen Stand (vgl. oben § 40) beanspruchen.

Die Revision findet statt gegen die Urtheile der Landgerichte und der Schwurgerichte, wobei der Beurtheilung des Revisionsgerichts auch diejenigen Entscheidungen unterliegen, welche dem Urtheile vorausgegangen sind, sofern dasselbe auf ihnen beruht. Sie kann nur darauf gestützt werden, dass das Urtheil auf einer Verletzung des Gesetzes beruhe, was der Fall ist, wenn eine Rechtsnorm nicht oder nicht richtig angewendet worden ist. Ein Urtheil ist stets als auf einer Verletzung des Gesetzes beruhend anzusehen bei vorschriftswidriger Besetzung des Gerichts oder der Geschworenenbank, Mitwirkung kraft Gesetzes ausgeschlossener Richter, Geschworener oder Schöffen oder eines Richters oder Schöffen, nachdem derselbe wegen Besorgniss der Befangenheit abgelehnt, das Ablehnungsgesuch entweder für begründet erklärt oder mit Unrecht verworfen war, ferner bei Unzuständigkeit des Gerichts, wegen Hauptverhandlung in Abwesenheit der Staatsanwaltschaft oder einer Person, deren Anwesenheit das Gesetz vorschreibt, Verletzung der Vorschriften über die Oeffentlichkeit des Verfahrens, Fehlens der Entscheidungsgründe im Urtheil, unzulässiger Beschränkung der Vertheidigung in einem für die Entscheidung wesentlichen Punkte. Gegenüber Schwurgerichtserkenntnissen ist die Revision für den Staatsanwalt noch beschränkter, und ebenso ist sie beschränkter gegen Berufungsurtheile der Strafkammern. Die Verletzung von Rechtsnormen, welche lediglich zu Gunsten des Angeklagten gegeben sind, kann von der Staatsanwaltschaft nicht zum Nachtheile des Angeklagten geltend gemacht werden.

Hinsichtlich Frist, Begründung und Suspensiveffekt gelten analoge Vorschriften wie bei der Berufung; doch muss der Angeklagte, wenn er die Revision nicht zu Protokoll, sondern schriftlich anbringen will, dies durch einen Rechtsanwalt thun. Auch das weitere Verfahren ist dem in der Berufungsinstanz analog. Indess wird der Angeklagte oder auf dessen Verlangen der Vertheidiger von dem Tage der Hauptverhandlung nur benachrichtigt und der Angeklagte kann in dieser erscheinen oder sich durch einen mit schriftlicher Vollmacht versehenen Vertheidiger vertreten lassen; befindet er sich aber nicht auf freiem Fusse, so hat er keinen Anspruch auf Anwesenheit. Eine nochmalige Beweisaufnahme findet nicht statt. Insoweit die Revision für begründet erachtet wird, ist das angefochtene Urtheil aufzuheben, gleichzeitig sind es auch die dem Urtheile zu Grunde liegenden Feststellungen, sofern sie durch die Gesetzesverletzung betroffen werden, wegen deren die Aufhebung des Urtheils erfolgt. Erfolgt die Aufhebung des Urtheils nur wegen Gesetzesverletzung bei Anwendung des Gesetzes auf die dem Urtheil zu Grunde liegenden Feststellungen, so hat das Revisionsgericht in der Sache selbst zu entscheiden, sofern ohne weitere thatsächliche Erörterungen nur auf Freisprechung oder auf Einstellung oder auf eine absolut bestimmte Strafe zu erkennen ist, oder das Revisionsgericht in Uebereinstimmung mit dem Antrage der Staatsanwaltschaft die gesetzlich niedrigste Strafe für angemessen erachtet. In anderen Fällen wird die Sache zur anderweiten Verhandlung und Entscheidung an das Gericht, dessen Urtheil aufgehoben ist oder an ein demselben Bundesstaate angehöriges benachbartes Gericht gleicher Ordnung zurückverwiesen. Die Zurückverweisung kann aber auch an ein Gericht niederer Ordnung erfolgen, wenn die noch in Frage kommende strafbare Handlung zu dessen Zuständigkeit gehört. Wird ein Urtheil aufgehoben, weil das Gericht der vorigen Instanz sich mit Unrecht für zuständig erachtet hat, so verweist das Revisionsgericht gleichzeitig die Sache an das zuständige Gericht. Das Gericht, an welches die Sache zur anderweiten Verhandlung und Entscheidung verwiesen ist, hat die rechtliche Beurtheilung, welche der Aufhebung des Urtheils zu Grunde gelegt ist, auch seiner Entscheidung zu Grunde zu legen.

§ 43. Die Wiederaufnahme eines durch rechtskräftiges Urtheil geschlossenen Verfahrens zu Gunsten des Verurtheilten findet statt, wenn in der Hauptverhandlung zu seinen Ungunsten falsche Urkunden oder falsche Zeugnisse oder Gutachten geltend gemacht waren, ferner wenn bei dem Urtheil ein Richter, Geschworener oder Schöffe mitgewirkt hat, welcher sich in Beziehung auf die Sache einer Verletzung seiner Amtspflichten schuldig gemacht hat, sofern diese Verletzung mit einer im Wege des gerichtlichen Strafverfahrens zu verhängenden öffentlichen Strafe bedroht und nicht vom Verurtheilten selbst veranlasst ist, wenn ein civilgerichtliches Urtheil, auf welches das Strafurtheil gegründet ist, durch ein anderes rechtskräftig gewordenes Urtheil aufgehoben ist, und wenn neue Thatsachen oder Beweismittel beigebracht sind, welche allein oder in Verbindung mit den früher erhobenen Beweisen die Freisprechung des Angeklagten oder in Anwendung eines milderen Strafgesetzes eine geringere Bestrafung zu begründen geeignet sind. Durch den Antrag auf Wiederaufnahme des Verfahrens wird die Vollstreckung des Urtheils nicht gehemmt. Das Gericht kann jedoch einen Aufschub, sowie eine Unterbrechung der Vollstreckung anordnen.

Zu Ungunsten des Angeklagten findet die Wiederaufnahme statt wegen falscher Urkunden, Zeugnisse und Gutachten, Amtsverletzung eines Richters u. s. w. und bei Geständniss des Angeklagten, niemals aber zum Zwecke der Aenderung der Strafe innerhalb des durch dasselbe Gesetz bestimmten Strafmasses.

Für schriftliche Anbringung des Antrages durch den Angeklagten besteht Anwaltszwang. Die Entscheidung über die Zulassung des Antrages erfolgt ohne mündliche Verhandlung durch das Gericht, gegen dessen Urtheil der Antrag gerichtet ist, wenn er aber gegen ein Revisionsurtheil sich richtet, von einigen Ausnahmen abgesehen durch das Gericht, gegen dessen Urtheil die Revision eingelegt war. Wird der Antrag zugelassen, so folgt die etwa erforderliche Beweisaufnahme durch einen beauftragten Richter und sodann, wieder ohne mündliche Verhandlung, die Entscheidung über den Antrag; wird ihm stattgegeben, so wird die Hauptverhandlung wiederholt, in gewissen Fällen aber der Angeklagte ohne Weiteres freigesprochen.

§ 44. Eine Betheiligung des Verletzten bei dem Verfahren ist im Wege der Privat- und der Nebenklage zulässig. Im Wege der Privatklage können solche Beleidigungen und Körperverletzungen, deren Verfolgung nur auf Antrag eintritt, verfolgt werden, ohne dass es einer vorgängigen Anrufung der Staatsanwaltschaft bedarf. Die öffentliche Klage wird wegen solcher strafbaren Handlungen von der Staatsanwaltschaft nur dann erhoben, wenn dies im öffentlichen Interesse liegt. Die Staatsanwaltschaft kann jedoch in jeder Lage der Sache bis zum Eintritt der Rechtskraft des Urtheils durch eine ausdrückliche Erklärung die Verfolgung übernehmen. In der Einlegung eines Rechtsmittels ist die Uebernahme der Verfolgung enthalten.

Als Nebenkläger kann sich der öffentlichen Klage des Staatsanwalts in jeder Lage des Verfahrens anschliessen, wer als Privatkläger auftreten kann, sowie derjenige, der durch einen Antrag auf gerichtliche Entscheidung die Erhebung der öffentlichen Klage herbeigeführt hat, wenn die strafbare Handlung gegen sein Leben, seine Gesundheit, seine Freiheit, seinen Personenstand oder seine Vermögensrechte gerichtet war, endlich wer eine Busse zu beanspruchen berechtigt ist. Das Gericht entscheidet über die Zulässigkeit der Nebenklage; wird sie zugelassen, so hat der Nebenkläger die Rechte des Privatklägers.

§ 45. Besondere Arten des Verfahrens sind diejenigen bei amtsrichterlichen Strafbefehlen, nach polizeilichen Strafverfügungen oder Strafbescheiden der Verwaltungsbehörden wegen Abgabenkontraventionen, gegen Abwesende, die sich der Wehrpflicht entzogen haben, und bei Einziehungen und Vermögensbeschlagnahmen.

Strafbefehle, die ohne vorgängige Verhandlung erlassen werden, sind zulässig in den zur Zuständigkeit der Schöffengerichte gehörigen Uebertretungen und mit nicht mehr als 3 Monat Gefängniss oder 600 M. Geldstrafe bedrohten Vergehen, dürfen aber höchstens 150 M. Geldstrafe oder 6 Wochen Freiheitsstrafe festsetzen. Erhebt der Beschuldigte binnen einer Woche Einspruch, so gelangt die Sache vor das Schöffengericht.

Polizeiliche Strafverfügungen können keine andere Strafe als Haft bis zu vierzehn Tagen oder Geldstrafe und diejenige Haft, welche für den Fall, dass die Geldstrafe nicht beigetrieben werden kann, an deren Stelle tritt, sowie eine etwa verwirkte Einziehung verhängen. Gegen sie findet binnen einer Woche der Antrag auf gerichtliche Entscheidung (durch das Schöffengericht) statt.

Strafbescheide der Verwaltungsbehörden wegen Zuwiderhandlungen gegen die Vorschriften über die Erhebung öffentlicher Abgaben und Gefälle dürfen nur Geldstrafen sowie eine etwa verwirkte Einziehung festsetzen. Beantragt der Beschuldigte richterliche Entscheidung oder zahlt er nicht freiwillig, so findet die Hauptverhandlung vor dem zuständigen Gerichte statt. Hat die Verwaltungsbehörde einen Strafbescheid nicht erlassen und lehnt die Staatsanwaltschaft den an sie gerichteten Antrag auf Verfolgung ab, so ist die Verwaltungsbehörde befugt, selbst die Anklage zu erheben. In einem solchen Falle hat sie einen Beamten ihres Verwaltungszweiges oder einen Rechtsanwalt als ihren Vertreter zu bestellen und in der Anklage namhaft zu machen. Die Staatsanwaltschaft ist zu einer Mitwirkung in jeder Lage des Verfahrens berechtigt. Bei der Hauptverhandlung muss sie vertreten sein; auch hat sie die gerichtlich angeordneten Ladungen zu derselben zu bewirken.

Gegen ausgebliebene Wehrpflichtige findet ein summarisches Verfahren auf Grund einer Erklärung der mit der Kontrole der Wehrpflichtigen beauftragten Behörde statt.

In den Fällen, in welchen nach dem Strafgesetzbuch oder nach anderweiten gesetzlichen Bestimmungen auf Einziehung, Vernichtung oder Unbrauchbarmachung von Gegenständen selbständig erkannt werden kann, ist der Antrag, sofern die Entscheidung nicht in Verbindung mit einem Urtheil in der Hauptsache erfolgt, seitens der Staatsanwaltschaft oder des Privatklägers bei demjenigen Gerichte zu stellen, welches für den Fall der Verfolgung einer bestimmten Person zuständig sein würde. An die Stelle des Schwurgerichts tritt die an dessen Sitzungsorte bestehende Strafkammer. Die Verhandlung und Entscheidung erfolgt in einem Termine, auf welchen die Bestimmungen über die Hauptverhandlung entsprechende Anwendung finden. Analoge Bestimmungen gelten für Vermögensbeschlagnahmen.

§ 46. Die Strafvollstreckung erfolgt durch die Staatsanwaltschaft auf Grund einer von dem Gerichtsschreiber zu ertheilenden, mit der Bescheinigung der Vollstreckbarkeit versehenen, beglaubigten Abschrift der Urtheilsformel. Den Amtsanwälten steht die Strafvollstreckung nicht zu. Für die zur Zuständigkeit der Schöffengerichte gehörigen Sachen ist vielmehr durch Anordnung des Justizministers die Strafvollstreckung den Amtsrichtern übertragen.

Todesurtheile bedürfen zu ihrer Vollstreckung keiner Bestätigung; die Vollstreckung ist jedoch erst zulässig, wenn die Entschliessung des Staatsoberhauptes und in Sachen, in denen das Reichsgericht in erster Instanz erkannt hat, die Entschliessung des Kaisers ergangen ist, von dem Begnadigungsrechte keinen Gebrauch machen zu wollen. Die Vollstreckung der Todesstrafe erfolgt in einem umschlossenen Raume. Bei der Vollstreckung müssen zwei Mitglieder des Gerichts erster Instanz, ein Beamter der Staatsanwaltschaft, ein Gerichtsschreiber und ein Gefängnissbeamter zugegen sein. Der Gemeindevorstand des Orts, wo die Hinrichtung stattfindet, ist aufzufordern, zwölf Personen aus den Vertretern oder aus anderen achtbaren Mitgliedern der Gemeinde abzuordnen, um der Hinrichtung beizuwohnen. Ausserdem ist einem Geistlichen von dem Religionsbekenntnisse des Verurtheilten und dem Vertheidiger und nach dem Ermessen des die Vollstreckung leitenden Beamten auch anderen Personen der Zutritt zu gestatten. Ueber den Hergang ist ein Protokoll aufzunehmen, welches von dem Beamten der Staatsanwaltschaft und dem Gerichtsschreiber zu unterzeichnen ist. Der Leichnam des Hingerichteten ist den Angehörigen desselben auf ihr Verlangen zur einfachen, ohne Feierlichkeiten vorzunehmenden Beerdigung zu verabfolgen.

Die **Zuchthausstrafe** wird in Strafanstalten vollstreckt. Die zur Zuchthausstrafe Verurtheilten sind in der Strafanstalt zu den eingeführten Arbeiten anzuhalten und können auch zu Arbeiten ausserhalb der Anstalt, insbesondere zu öffentlichen oder von einer Staatsbehörde beaufsichtigten Arbeiten verwendet werden. Diese Art der Beschäftigung ist jedoch nur dann zulässig, wenn die Gefangenen dabei von freien Arbeitern getrennt gehalten werden.

Die Strafe der **Festungshaft** besteht in Freiheitsentziehung mit Beaufsichtigung der Beschäftigung und Lebensweise der Gefangenen; sie wird in Festungen oder in anderen dazu bestimmten Räumen vollzogen.

Die zur **Gefängnissstrafe** Verurtheilten können in einer Gefangenenanstalt auf eine ihren Fähigkeiten und Verhältnissen angemessene Weise beschäftigt werden; auf ihr Verlangen sind sie in dieser Weise zu beschäftigen. Eine Beschäftigung ausserhalb der Anstalt ist nur mit ihrer Zustimmung zulässig.

Die **Haft** besteht in einfacher Freiheitsentziehung. Die Zuchthaus- oder Gefängnissstrafe können sowohl für die ganze Dauer wie für einen Theil der erkannten Strafzeit in der Weise in Einzelhaft vollzogen werden, dass der Gefangene unausgesetzt von anderen Gefangenen gesondert gehalten wird. Die Einzelhaft darf jedoch ohne Zustimmung des Gefangenen die Dauer von drei Jahren nicht übersteigen.

Die zu einer längeren Zuchthaus- oder Gefängnissstrafe Verurtheilten können, wenn sie drei Viertheile, mindestens aber ein Jahr der ihnen auferlegten Strafe verbüsst, sich auch während dieser Zeit gut geführt haben, mit ihrer Zustimmung vorläufig entlassen werden. Die vorläufige Entlassung kann bei schlechter Führung des Entlassenen oder, wenn derselbe den ihm bei der Entlassung auferlegten Verpflichtungen zuwiderhandelt, jederzeit widerrufen werden. Wegen der Strafaussetzung mit dem Ziele künftiger Begnadigung vgl. unten in der Besprechung der Belegung der Gefängnisse (II. Hauptabschnitt II. Abschn. III. Kap.).

C. Freiwillige Gerichtsbarkeit.

§ 47. In Sachen der freiwilligen Gerichtsbarkeit (vgl. Reichsges. v. 17./20. Mai 1898 — R.-G.-Bl. S. 721 — und Preuss. Ges. v. 21. Sept. 1899 — G.-S. S. 249 —) sind den Gerichten übertragen durch die Reichsgesetzgebung die Führung der verschiedenen Register (Handels-, Genossenschafts-, Vereins-, Güterrechts-, Muster-, Börsen-, Schiffs-Register), Beurkundung von Rechtsgeschäften und Beglaubigungen, Bestellung fehlender gesetzlicher Vertreter für Vereine, Stiftungen u. s. w., Bewilligung öffentlicher Zustellung einer Willenserklärung, öffentliche Kraftloserklärung von Vollmachten, Abnahme des Offenbarungseides, Untersuchung und Verwahrung von Sachen, Bewilligung abweichender Art des Pfandverkaufs, Vormundschaftsangelegenheiten, Annahme an Kindesstatt, Nachlass- und Theilungssachen, Testamentseröffnungen, Personenstandsangelegenheiten und Mitwirkung und Beaufsichtigung bei Verwaltung der Handelsgesellschaften und Genossenschaften sowie Mitwirkung bei der Dispache, d. i. der Berechnung und Vertheilung des Schadens bei Schiffshavarei. Durch Preussische Landesgesetze sind den Gerichten übertragen die Führung des Grundbuchs, der Höfe- und Landgüterrollen, die amtliche Verwahrung von Testamenten u. dergl., Mitwirkung in Hinterlegungssachen, Führung des Registers für Wassergenossenschaften, Aufnahme gewisser Urkunden u. s. w, freiwillige Versteigerungen, Lehns- und Fideikommisssachen. Zuständig ist für Lehns- und Fideikommisssachen und standesherrliche Angelegenheiten der nicht streitigen Gerichtsbarkeit das Oberlandesgericht, im Uebrigen das Amtsgericht. Erbauseinandersetzungen kann jedoch das Gericht vorbehaltlich seiner Bestätigung auf Antrag eines Betheiligten einem Notar überweisen, ebenso die Aufnahme von Vermögensverzeichnissen. Auch zu Beglaubigungen, Beurkundungen und freiwilligen Versteigerungen sind die Notare neben dem Gericht zuständig.

Die Gerichte handeln theils von Amtswegen, überwiegend aber nur auf Antrag. Die gerichtlichen Verfügungen erster Instanz können im Wege der **Beschwerde** oder, soweit dies ausdrücklich ausgesprochen ist, der sofortigen Beschwerde, angefochten werden, sofern nicht durch besondere gesetzliche Vorschrift ein Rechtsmittel ausgeschlossen ist. Die Beschwerde kann bei dem Gerichte, dessen Verfügung angefochten wird, oder bei dem Beschwerdegericht eingelegt werden, und zwar durch eine Beschwerdeschrift oder zum Protokolle. Die sofortige Beschwerde ist binnen einer Frist von zwei Wochen einzulegen. Einem Beschwerdeführer, der ohne sein Verschulden verhindert war, die Frist einzuhalten wird auf Antrag von dem Beschwerdegerichte die Wiedereinsetzung in den vorigen Stand zuertheilt. Die Beschwerde kann auf neue Thatsachen und Beweise gestützt werden. Sie hat aufschiebende Wirkung nur, wenn sie gegen eine Verfügung gerichtet ist, durch die eine Strafe festgesetzt wird. Doch kann das Gericht, dessen Verfügung angefochten wird, anordnen, dass die Vollziehung auszusetzen ist, und das Beschwerdegericht kann vor der Entscheidung eine einstweilige Anordnung erlassen, insbesondere anordnen, dass die Vollziehung der angefochtenen Verfügung auszusetzen ist. Die Entscheidung des Beschwerdegerichts ist mit Gründen zu versehen. Sie wird in den Fällen, in welchen die sofortige weitere Beschwerde stattfindet, erst mit der Rechtskraft wirksam. Das Beschwerdegericht kann jedoch die sofortige Wirksamkeit der Entscheidung anordnen. Die weitere Beschwerde ist zulässig, wenn die Entscheidung auf einer Verletzung des Gesetzes beruht, in den durch Landesgesetz den Gerichten übertragenen Geschäften aber nur, wenn das Amtsgericht die erste Instanz bildet

Ueber die Beschwerde gegen eine Verfügung, die das Amtsgericht erlassen hat, entscheidet eine Civilkammer des Landgerichts, über die Beschwerde gegen eine Verfügung, die das Landgericht in erster Instanz erlassen hat, ein Civilsenat des Oberlandesgerichts, über die Beschwerde gegen eine Verfügung, die das Oberlandesgericht in erster Instanz erlassen hat, der Justizminister. Wegen der weiteren Beschwerde vgl. oben § 35. In durch Reichsgesetz den Gerichten überwiesenen Angelegenheiten ist für die weitere Beschwerde das Reichsgericht zuständig, sofern das Oberlandesgericht (Kammergericht) bei der Auslegung einer reichsgesetzlichen Vorschrift von der auf weitere Beschwerde ergangenen Entscheidung eines anderen Oberlandesgerichts, falls aber über die Rechtsfrage bereits eine Entscheidung des Reichsgerichts ergangen ist, von dieser abweichen will. Wird die weitere Beschwerde schriftlich eingelegt, so muss sie von einem Rechtsanwalt unterzeichnet sein.

Ist Jemandem durch eine Verfügung die Verpflichtung auferlegt, eine Handlung vorzunehmen, die ausschliesslich von seinem Willen abhängt, oder eine Handlung zu unterlassen oder die Vornahme einer Handlung zu dulden, so kann ihn das Gericht, soweit sich nicht aus dem Gesetz ein Anderes ergiebt, zur Befolgung seiner Anordnung durch Ordnungsstrafen anhalten, die jedoch nur in Geld bestehen dürfen. Bei der Festsetzung einer Ordnungsstrafe ist der Betheiligte zugleich in die Kosten des Verfahrens zu verurtheilen. Die zwangsweise Einziehung einer Ordnungsstrafe erfolgt im Wege des Verwaltungszwangsverfahrens. Soll eine Sache oder eine Person herausgegeben oder eine Sache vorgelegt werden, oder ist eine Anordnung ohne Gewalt nicht durchzuführen, so kann auf Grund einer besonderen Verfügung des Gerichts auch Gewalt gebraucht werden; der Verfügung hat in der Regel eine Androhung vorauszugehen. Der Vollstreckungsbeamte ist befugt, erforderlichenfalls die Unterstützung der polizeilichen Vollzugsorgane nachzusuchen. Die Kosten fallen dem Verpflichteten zur Last. Wird die Sache oder die Person nicht vorgefunden, so kann der Verpflichtete von dem Gerichte zur Leistung der Offenbarungseides angehalten werden.

§ 48. Zur Bekleidung des Amtes eines Notars ist befähigt, wer in einem Deutschen Bundesstaate die Fähigkeit zum Richteramt erlangt hat. Die Notare werden von dem Justizminister auf Lebenszeit ernannt. Die Ernennung eines Rechtsanwalts zum Notar kann für die Zeit erfolgen, während welcher er bei einem bestimmten Gerichte zur Rechtsanwaltschaft zugelassen ist. Jedem Notar wird bei seiner Ernennung ein Amtssitz angewiesen; in Orten, die in mehrere Amtsgerichtsbezirke getheilt sind, wird dem Notar innerhalb des Ortes einer dieser Bezirke als Amtssitz angewiesen. In Städten von mehr als hunderttausend Einwohnern kann dem Notar eine bestimmt begrenzte Gegend der Stadt als Amtssitz angewiesen werden. Der Amtsbezirk eines Notars umfasst den ganzen Oberlandesgerichtsbezirk, in welchem ihm der Amtssitz angewiesen ist. Der Notar hat vor dem Präsidenten des Landgerichts oder vor einem von diesem beauftragten Richter den Staatsdienereid zu leisten. Das Recht der Aufsicht steht zu: 1. dem Justizminister hinsichtlich aller Notare; 2. dem Präsidenten des Oberlandgerichts hinsichtlich der Notare des Oberlandesgerichtsbezirkes; 3. dem Präsidenten des Landgerichts hinsichtlich der Notare, welche ihren Amtssitz in dem Landgerichtsbezirke haben. Der Justizminister kann einem Notar auf dessen Antrag für die Dauer einer Krankheit sowie für die Dauer einer durch erhebliche Gründe gerechtfertigten Abwesenheit oder anderweitigen Verhinderung einen zum Richteramt befähigten Vertreter bestellen.

§ 49. Im Geltungsbereiche des Allgemeinen Landrechts ist für die Sicherung des Nachlasses ausser den Amtsgerichten das in Ansehung der Angelegenheiten der freiwilligen Gerichtsbarkeit unter seiner Aufsicht stehenden Dorfgericht zuständig, ebenso im Antrage des Amtsgerichts zur Aufnahme von Vermögensverzeichnissen und Nachlassinventaren, zur Vornahme und Beurkundung freiwilliger, öffentlicher Mobiliarversteigerungen und öffentlicher meistbietender Verpachtungen. Das Dorfgericht ist gehörig besetzt, wenn neben dem Schulzen zwei Schöffen oder ein Schöffe und ein vereidigter Gerichtsschreiber mitwirken.

Die gleiche Zuständigkeit haben in Hohenzollern und Theilen der Oberlandesgerichtsbezirke Kassel und Frankfurt a. M. die durch Königl. Verordn. v. 20. Dez. 1899 (G.-S. S. 640) für die Zwecke der freiwilligen Gerichtsbarkeit für eine oder mehrere Gemeinden errichteten, unter der Aufsicht des Amtsgerichts stehenden besonderen Ortsgerichte, die aus dem Ortsgerichtsvorsteher und 3 bis 5 Gerichtsmännern bestehen. Ausserdem sind diese aber auch zuständig, im Auftrage des Gerichts freiwillige öffentliche Versteigerungen von Grundstücken vorzunehmen und zu beurkunden, auf Antrag eines Betheiligten die Theilung eines gemeinschaftlichen Vermögens, Verträge, durch welche Eltern ihr Vermögen den Kindern übergeben, sowie Eheverträge und Erbverträge vorzubereiten, Gesindedienstverträge zu beurkunden, sowie auf Antrag eines Betheiligten einseitige Willenserklärungen an Personen, die in ihrem Amtsbezirk ihren Wohnsitz haben, bekannt zu machen und die Bekanntmachung zu beurkunden, endlich Unterschriften zu beglaubigen, ausser von Personen, die in ihrem Amtsbezirke weder einen Wohnsitz noch den gewöhnlichen Aufenthalt haben; sie sind verpflichtet, die Gerichte bei der Beurkundung einer Theilung oder eines Uebergabevertrags sowie bei der Vermittelung einer Auseinandersetzung auf Ersuchen zu unterstützen und auch in anderen Angelegenheiten der freiwilligen Gerichtsbarkeit den Gerichten Beihülfe zu leisten, insbesondere Auskunft und Zeugnisse über besondere Verhältnisse und über Besitzverhältnisse zu ertheilen, Gutachten abzugeben, bei Feststellung und Erhaltung der Grenzen mitzuwirken und in Nassau Gutachten über Gegenstände der landwirthschaftlichen Polizei abzugeben. Die bisherige Zuständigkeit der Feldgerichte, Schultheissen, Schöffen, Bürgermeister und Ortsvorsteher in jenen Gebietstheilen ist in Angelegenheiten der freiwilligen Gerichtsbarkeit, abgesehen von Taxen, aufgehoben. Der Ortsgerichtsvorsteher wird vom Landgerichtspräsidenten, die Gerichtsmänner werden vom Amtsgericht nach Benehmen mit der Gemeindeaufsichtsbehörde und, wenn es sich um Ernennung eines Staats- oder Gemeindebeamten handelt, nach Zustimmung der Aufsichtsbehörde ohne Beschränkung auf eine bestimmte Zeit, aber auf Widerruf ernannt. Sofern nicht der Vorsteher der Gemeinde oder der rheinischen Landbürgermeisterei zum Ortsgerichtsvorsteher bestellt wird, hat die Gemeindevertretung durch Wahl zwei für dieses Amt geeignete Personen, die zu dessen Uebernahme bereit sind, zu bezeichnen. In gleicher Weise sind für jeden zu ernennenden Gerichtsmann zwei Gemeindemitglieder zu bezeichnen, welche mit den Verhältnissen des Ortes, namentlich den Grundstücksverhältnissen, bekannt sind. Umfasst der Bezirk des Ortsgerichts mehrere Gemeindebezirke, so hat der Landgerichtspräsident nach Benehmen mit der Gemeindeaufsichtsbehörde zu bestimmen, wieviel Personen aus jeder Gemeinde zwecks Ernennung eines Ortsgerichtsvorstehers und der Gerichtsmänner zu bezeichnen sind. Die sachliche

Zuständigkeit entspricht im Allgemeinen derjenigen der oben erwähnten gleichartigen Hülfsorgane in Hohenzollern u. s. w. Die Geschäfte besorgt der Vorsteher; nur in einigen Sachen ist die Zuziehung der Gerichtsmänner erforderlich.

In Schleswig-Holstein haben die Gemeindevorstände nur die Funktionen der landrechtlichen Dorfgerichte bei Sicherung des Nachlasses.

IV. Abschnitt.

Die Rechtsgarantien für die Unabhängigkeit der Richter, insbesondere in Ansehung der Besoldung.

§ 50. Der in Artikel 86 der Verfassungsurkunde (vgl. oben) ausgesprochene Grundsatz der Unabhängigkeit des Richteramtes ist durch § 1 des Gerichtsverfassungsgesetzes auch reichsgesetzlich festgelegt.

Er erfordert die Unwiderruflichkeit des mit der Ernennung ertheilten Auftrages. Desshalb sprechen Art. 87 der Verfassungsurkunde und § 6 des Gerichtsverfassungsgesetzes aus, dass die Ernennung der Richter — abgesehen von Handelsrichtern, Schöffen und Geschworenen — auf Lebenszeit erfolgen muss. In voller Starrheit lässt sich indess dieser Grundsatz nicht aufrecht erhalten: ist auch durch die Einrichtung der vom 15. Juli bis zum 15. Sept. währenden Gerichtsferien, während deren nur Straf- und einige wenige Arten von Civilsachen (namentlich Arrest-, Wechselsachen, Mieths-, Gesinde- und Streitigkeiten aus dem Arbeitsverhältniss) erledigt werden, Vorsorge getroffen, dass den Richtern ein jährlicher Erholungsurlaub ohne Störungen in der regelmässigen Besetzung der Gerichte gewährt werden kann, so treten doch durch Krankheiten von Richtern, zeitweise Ueberhäufung einzelner Gerichte mit Geschäften Fälle ein, die im Interesse der ordnungsmässigen Rechtspflege die zeitweise Heranziehung von Hülfsrichtern unvermeidlich machen. Ebenso erfordert die Nothwendigkeit einer Beschäftigung und Weiterbildung derjenigen, welche die Befähigung zum Richteramte erlangt haben, der Gerichtsassessoren, bis zu ihrer etatsmässigen Anstellung die Möglichkeit, sie zu richterlichen Funktionen heranzuziehen.

Um aber auch durch solche unvermeidliche Massnahmen die Unabhängigkeit des Richteramtes nicht zu gefährden, sind theils durch die Reichs-, theils durch die Landesgesetzgebung diesen Massnahmen Grenzen gezogen. Die Assessoren sind nach ihrer durch den Justizminister erfolgenden Ernennung von ihm einem Amts- oder Landgericht, oder, dies aber nur mit ihrer Zustimmung, einer Staatsanwaltschaft zur unentgeltlichen Beschäftigung zu überweisen. Ihre Versetzung jedoch von dem Orte, an dem sie einem Gerichte oder einer Staatsanwaltschaft zur unentgeltlichen Beschäftigung überwiesen sind, an einen anderen erfordert ihre Zustimmung, es sei denn, es würde ihnen ein Kommissorium zur Verwaltung einer Amtsrichterstelle, als Hülfsrichter oder Hülfsarbeiter bei einer Staatsanwaltschaft übertragen. Solche Kommissorien müssen sie annehmen, sie haben aber gesetzlichen Anspruch auf eine Entschädigung, die nicht von Fall zu Fall bemessen werden darf, sondern „nach allgemein festzustellenden Grundsätzen", sowie auf die gesetzlichen Reisekosten, und nach Beendigung des Auftrages können sie den Wiedereintritt in ihre vorherige Beschäftigung beanspruchen. Bei Landgerichten und detachirten Strafkammern dürfen sie zu richterlichen Geschäften nur verwendet werden, wenn sie zu Hülfsrichtern bestellt sind; erfolgte eine solche Bestellung auf bestimmte Zeit, so darf sie vor Ablauf dieser Zeit, erfolgt sie auf unbestimmte Zeit, so darf sie, so lange das Bedürfniss fortdauert, nicht widerufen werden; die zu gewährende Entschädigung muss für die ganze Zeitdauer im voraus festgestellt werden. Die Bestellung von Hülfsrichtern bei den Landgerichten und Strafkammern ist überhaupt unzulässig, sofern die Vertretung eines Mitgliedes durch ein anderes möglich ist. Für einzelne Sitzungen oder Geschäfte sind die Amtsrichter zur Vertretung eines Mitgliedes des Landgerichtes, in dessen Bezirk sie angestellt sind, verpflichtet; ihre Einberufung hierzu, die durch den Landgerichtspräsidenten erfolgt, darf aber nicht willkürlich geschehen, sondern, abgesehen von der Zeit der Gerichtsferien, nur nach einer von dem Präsidium für das ganze Gerichtsjahr im voraus festgesetzten Reihenfolge, und auch nur, wenn die Vertretung durch ein Mitglied des Landgerichtes unmöglich ist. Bei den Oberlandgerichten dürfen zu Hülfsrichtern überhaupt nur ständig angestellte Richter berufen werden; hinsichtlich der Verpflichtung der Land- und Amtsrichter des Bezirkes, dieser Berufung zu folgen, hinsichtlich der Reihenfolge und der allgemeinen Voraussetzungen für die Zulässigkeit der Berufung gelten analoge Vorschriften wie für die Einberufung eines Amtsrichters zum Landgerichte.

Beim Reichsgericht dürfen überhaupt Hülfsrichter nicht zugezogen werden.

§ 51. Um sodann die Richter gegen äussere Einflüsse pekuniärer Art unabhängig zu stellen, hatte schon die frühere Preussische Gesetzgebung gewisse feste Regeln aufgestellt. Der die Uebertragung anderer besoldeter Aemter an Richter untersagende Art. 88 der Verfassungsurkunde wurde zwar schon durch Ges. v. 30. April 1856 (G.-S. S. 297) wieder aufgehoben. Aber ein Allerh. Erlass v. 19. März 1850 (G.-S. S. 274) ordnete bereits die Anciennitätsverhältnisse, die Gehaltsstufen und den Rang der richterlichen Beamten und der Beamten der Staatsanwaltschaft. Nach derselben tritt für die Appellationsgerichtsräthe und die Mitglieder der Kreisgerichte an die Stelle des Aufrückens im Gehaltnach dem speziellen Etat des einzelnen Gerichtes für erstere ein solches durch das ganze rechtsrheinische Staatsgebiet, für letztere innerhalb des ganzen Appellationsgerichtsbezirkes; nur bei den 5 Stadtgerichten, bei denen 3/4 Raths-, 1/4 Richterstellen sind, verbleibt es bei dem Aufrücken innerhalb des einzelnen Kollegiums. Die Anciennität im Kollegium bestimmt sich bei den Räthen nach dem Dienstalter als Rath, bei den Richtern nach demjenigen als Richter oder, sofern sich hierauf ein höheres Dienstalter gründet, nach demjenigen als Assessor. Die Bestallungen der Richter vollzieht der Justizminister, diejenigen der Räthe und der Kreisgerichtsdirektoren der König. Das Aufsteigen der Beamten der Staatsanwaltschaft findet lediglich nach „Tüchtigkeit und guter Dienstführung" statt; gehen solche Beamte in die richterliche Laufbahn über, so wird die Dienstzeit in der Staatsanwaltschaft angerechnet.

Die Rangverhältnisse anlangend, so rangirten in der I. Klasse der Präsident des Obertribunals, später auch des Ober-Appellationsgerichts, in der II. die Chefpräsidenten des Kammer- und der Appellationsgerichte, die Vizepräsidenten und Räthe beim Obertribunal und bei dem späteren Ober-Appellationsgericht, der Generalstaatsanwalt und der rheinische Generalprokurator, endlich die Oberstaatsanwälte beim Obertribunal, in der III. die Vizepräsidenten der Appellationsgerichte, Präsidenten der Stadtgerichte, die Appellationsgerichts-Senatspräsidenten, die rheinischen Landgerichtspräsidenten und der dortige erste Generaladvokat, nach 1866 auch die hannoverschen Obergerichtsdirektoren, zwischen der III und IV. die Oberstaatsanwälte bei den Appellationsgerichten, in der IV. die Kammergerichts-, Appellationsgerichtsräthe, Kreis- und Stadtgerichtsdirektoren, Staatsanwälte der 5 Stadtgerichte, rheinischen Generaladvokaten, Oberprokuratoren und Handelsgerichts-Präsidenten, die Obergerichts-Vizedirektoren und nach ihnen die Obergerichtsräthe in Hannover, zwischen der IV. und V. die sonstigen Gerichtsräthe, Staatsanwälte, Prokuratoren, Oberamtsrichter in den neuen Provinzen, in der V. die übrigen Richter ohne Rathstitel, Staatsanwaltsgehülfen, rheinischen Handelsrichter und die Assessoren.

Die Verordnung v. 19. März 1850 erfuhr eine Ergänzung durch diejenige v. 12. Nov. 1860 (G.-S. S. 517). Nach ihr hat die Verleihung der zulässigen Gehaltszulagen in den etatsmässigen Gehaltsklassen nach der Anciennität zu erfolgen, was aber nicht hindert, dass ein Richter von einem Gericht an das andere, soweit dies gesetzlich zulässig ist, mit einem seinem Dienstalter entsprechenden Gehalt versetzt wird. Die Gewährung einer Gehaltszulage bleibt ausgesetzt während des Schwebens einer gerichtlichen oder Disciplinaruntersuchung; endet dieselbe mit Dienstentlassung oder Versetzung unter Verminderung des Diensteinkommens, so findet eine Nachzahlung der zurückbehaltenen Gehaltszulagen nicht statt, wohl aber bei jedem anderen Ausgange der Untersuchung. Ist im Disciplinarverfahren auf Versetzung mit Verminderung des Diensteinkommens erkannt, so bezieht sich letztere immer nur auf dasjenige Diensteinkommen, das der Richter bei Einleitung der Untersuchung bezog.

Nach dem Hinzutreten der neuen Provinzen wurden für die dortigen Richter und Staatsanwälte zuerst besondere Besoldungsetats gebildet. Erst infolge von Beschlüssen des Landtages wurden durch Erlass v. 20. März 1872 (G.-S. S. 261), betreffend die Aufstellung neuer Besoldungsetats, die Regulirung der Gehalte innerhalb der Etats und die Ancienitätsverhältnisse der richterlichen Beamten und der Beamten der Staatsanwaltschaft, diese besonderen Besoldungsetats beseitigt.

Die Besoldungsetats für die Räthe des Obertribunals und des Oberappellationsgerichtes wurden miteinander vereinigt, ebenso diejenigen der Appellationsgerichte in Kiel, Kassel und Wiesbaden mit demjenigen der Appellationsgerichte im Gebiete der Verordn. v. 2. Jan. 1849. Die Einreihung erfolgt nach dem Dienstalter als Obertribunals- bezw. Oberappellationsgerichts- bezw. Appellationsgerichtsrath. Auch die Kreis- und Stadtgerichtsdirektoren — nicht auch die Präsidenten der Stadtgerichte — bilden innerhalb aller vorgenannten Gebiete einen Besoldungsetat, in dem sie nach dem Dienstalter als Räthe IV. Klasse rangiren. Bei künftiger Ernennung von Appellationsgerichtsräthen zu Direktoren und umgekehrt erfolgt das Einrücken in den anderen Etat nach dem Dienstalter als Rath IV. Klasse. Beim Stadtgericht Berlin kann zwar auch künftig einem Theile der Mitglieder bis zu $^3/_4$ der Gesammtzahl der Charakter als Stadtgerichsrath verliehen werden. Aber die etatsmässige Trennung der Stellen der Räthe und der Richter hört auf und der Eintritt in die Gehaltsstufen des neuen einheitlichen Etats erfolgt nur nach dem Dienstalter als Richter bezw. Assessor. Dasselbe gilt für die übrigen Stadtgerichte und die Kommerz- und Admiralitätskollegien in Königsberg und Danzig, und die Richter dieser Gerichte treten fortan in den Besoldungsetat der übrigen Richter erster Instanz des betreffenden Appellationsgerichtsbezirkes ein. Auch die Stellen der Oberstaatsanwälte bei den Appellationsgerichten im Bereiche der Verordn. v. 1849 und in Kiel, Kassel und Wiesbaden werden zu einem gemeinsamen Etat vereinigt, in dem das Vorrücken nach dem Dienstalter als Oberstaatsanwalt stattfindet. In demselben Gebietsumfange wird ein gemeinsamer Etat für die Staatsanwälte und Staatsanwaltschaftsgehülfen mit Ausschluss der ersten Staatsanwälte bei den 5 Stadtgerichten gebildet, innerhalb dessen das Aufsteigen im Gehalt nach denselben Grundsätzen wie bei den Richtern erster Instanz stattfindet.

Im Bezirke des Appellationsgerichtshofes in Köln wird für die Beamten der Landgerichte ein gemeinsamer Besoldungsetat eingerichtet, in dem die Stellen der richterlichen Mitglieder mit Ausschluss der Präsidenten und Kammerpräsidenten nicht mehr, wie es bisher geschehen war, getrennt nach Raths- und Assessorenstellen, sondern sämmtlich als Richterstellen nachgewiesen werden und das Aufsteigen lediglich nach dem Dienstalter als Richter erfolgt; die nach wie vor bis zu $^3/_4$ der Gesammtzahl zulässige Verleihung des Charakters als Landgerichtsrath ist auf das Aufsteigen im Gehalte ohne Einfluss. In gleicher Weise wird, nur dass das Aufrücken nach dem Zeitpunkte der erlangten Richterqualität erfolgt, mit den Staatsprokuratoren und mit den Friedensrichtern verfahren; nur diejenigen Friedensrichter, welche die grosse Staatsprüfung nicht abgelegt haben, rangiren nach wie vor nach der Anstellung als Friedensrichter. Für Hannover und Frankfurt a. M. bleiben die aus der vorpreussischen Zeit stammenden Bestimmungen aufrecht erhalten.

§ 52. War nun auch in dieser Weise der verfassungsmässigen Unabhängigkeit der Richter Rechnung getragen, so war dies doch in den alten Provinzen eben nur auf dem Wege landesherrlicher Verordnungen geschehen, die jeder Zeit ohne Zuziehung des Landtages abgeändert werden konnten und deshalb eine volle Garantie nicht boten. Es bedeutet daher einen Fortschritt, dass in Ausführung des § 7 des Gerichtsverfassungsgesetzes („Die Richter beziehen in ihrer richterlichen Eigenschaft ein festes Gehalt mit Ausschluss von Gebühren“) das Ausführungsgesetz zu demselben (§§ 9 und 11) für den ganzen Umfang der Monarchie gesetzlich festlegte, dass die Verleihung der etatsmässigen Gehälter und Gehaltszulagen an die Richter innerhalb des Besoldungsetats nach der durch das Dienstalter bestimmten Reihenfolge zu erfolgen hat, dass neu ernannte oder in einen anderen Besoldungsetat versetzte Richter nach dem Dienstalter in die Reihenfolge eintreten, und dass andere Vergütungen als die auf Gesetz beruhenden Gehälter und Entschädigungen oder auf Stiftungen beruhende Bezüge den Richtern für richterliche Geschäfte nicht gewährt werden dürfen. Nur so lange ein Disciplinarverfahren oder wegen eines Verbrechens oder Vergehens ein Hauptverfahren oder eine Voruntersuchung schwebt, darf die Verleihung einer Gehaltszulage ausgesetzt bleiben, und nur wenn das Verfahren zum Verluste des Amtes führt, findet eine Nachzahlung des zurückbehaltenen Mehrgehaltes nicht statt. Das Gesetz bestimmt aber weiter, dass die Gehälter der Landrichter und der Amtsrichter nach den gleichen Grundsätzen zu bemessen sind, womit ebenfalls einer Belohnung gefügiger Richter durch Versetzung von einem Amts- zu einem Landgericht vorgebeugt wird.

Nur die für die Bestimmung des Dienstalters massgebenden Grundsätze sind der Festsetzung durch Königliche Verordnung vorbehalten. Ist diese Verordnung aber erst einmal erlassen, so kann sie nur durch Gesetz abgeändert werden. Diese Königliche V e r o r d n u n g erging unterm 16. A p r i l 1879 (G.-S. S. 318). Nach derselben wird in dem Besoldungsetat der Senatspräsidenten der Oberlandesgerichte die Reihenfolge durch das Alter der Ernennung zum Senatspräsidenten bestimmt. Hat der zum Senatspräsidenten Ernannte vorher ein Richteramt oder ein Amt in der Justizverwaltung bekleidet, mit welchem der Rang der Räthe der dritten oder einer noch höheren Rangklasse verbunden war, so tritt er in die Reihenfolge der Senatspräsidenten nach dem Alter seiner Ernennung zu jenem Amte. In dem Besoldungsetat der Landgerichtspräsidenten wird die Reihenfolge durch das Alter der Ernennung zum Landgerichtspräsidenten bestimmt; im Uebrigen gilt Analoges wie bei den Senatspräsidenten. In dem Besoldungsetat der Oberlandesgerichtsräthe wird die Reihenfolge durch das Alter der Ernennung zum Oberlandesgerichtsrath bestimmt. Hat der zum Mitgliede eines Oberlandesgerichtes Ernannte vorher ein Richteramt oder ein Amt in der Justizverwaltung bekleidet, mit welchem der Rang der Räthe vierter Klasse verbunden war, so tritt er in die Reihenfolge der Oberlandesgerichtsräthe nach dem Alter seiner Ernennung zu jenem Amte. Haben die zu Oberlandesgerichtsräthen Ernannten vorher ein Richteramt oder ein Amt in der Justizverwaltung bekleidet, mit welchem der Rang der Räthe dritter oder einer noch höheren Rangklasse verbunden war, so gehen dieselben allen Anderen vor, und rangiren untereinander nach dem Alter der Ernennung zu jenem Amte. In dem Besoldungsetat der Landgerichtsdirektoren wird die Reihenfolge durch das Alter der Ernennung zum Landgerichtsdirektor bestimmt; im Uebrigen finden die Bestimmungen betreffs der Oberlandesgerichtsräthe entsprechende Anwendung.

Für jeden Oberlandesgerichtsbezirk wird nach der gedachten Verordnung ein gemeinschaftlicher Besoldungsetat der Landrichter und Amtsrichter gebildet und die Reihenfolge der Richter durch das Dienstalter als Gerichtsassessor (richterliches Dienstalter) bestimmt.

Einige besondere Bestimmungen gelten für die früheren Patrimonialrichter, für die rheinischen Friedensrichter und für die Bezirke der Oberlandesgerichte Kassel und Celle.

Die früheren Patrimonialrichter behalten das ihnen auf Grund des Allerh. Erl. v. 19. März 1850 beigelegte Dienstalter;[1]) die Friedensrichter im Bezirk des Appellationsgerichtshofes zu Köln treten in den Etat der Richter erster Instanz mit dem Dienstalter ein, welches ihnen durch den Erl. v. 20. März 1872 für den Etat der Friedensrichter beigelegt ist; in dem Bezirk des Oberlandesgerichts zu Kassel erfolgt die Bildung des neuen Etats und der spätere Eintritt in denselben nach den bisherigen für den Bezirk des Appellationsgerichts zu Kassel in Betreff des richterlichen Dienstalters beobachteten Grundsätzen; in demjenigen des Oberlandesgerichts zu Celle treten die vor dem 1. Okt. 1879 im Bezirk des Appellationsgerichts zu Celle angestellt gewesenen Mitglieder der Obergerichte und Amts-

[1]) Nach No. 4 dieses Erlasses rangirten von den in den Staatsdienst übernommenen vormaligen Patrimonialrichtern, ausschliesslich der standesherrlichen Justizbeamten, deren Verhältnisse durch besondere Vorschriften bestimmt sind, diejenigen, deren Anstellungsurkunden ohne Vorbehalt bestätigt waren, nach dem durch diese Bestätigung begründeten Dienstalter als Richter; jedoch war ihnen hiervon, soweit sie nicht die dritte Prüfung abgelegt hatten, ein Zeitraum von vier Jahren in Abrechnung zu bringen. Solche Patrimonialrichter, welche nur mit Vorbehalt angestellt oder bestätigt waren, erhielten im Verhältnisse zu den Königlichen Richtern und zu den ohne Vorbehalt bestätigten Privatrichtern die Anciennität vom 1. April 1849, sofern nicht die zurückgelegte dritte Prüfung ein früheres Dienstalter begründete.

gerichte nach Massgabe ihres bisherigen richterlichen Dienstalters in den neuen Besoldungsetat über; denjenigen Mitgliedern jedoch, welche bei ihrem Eintritt in den bisherigen Etat der Obergerichte und Amtsgerichte eines bereits anderweit begründeten richterlichen Dienstalters verlustig gegangen waren, wird ihre Stelle vom Justizminister besonders angewiesen.

Insoweit die vorstehenden Bestimmungen zu einer Entscheidung nicht führen würden, erfolgt die Festsetzung des Dienstalters für diejenigen vor dem 1. Okt. 1879 angestellt gewesenen Justizbeamten, welche die grosse Staatsprüfung nach den in den älteren Provinzen in Geltung gewesenen Vorschriften nicht abgelegt haben, in der Art, dass von der durch die erste Staatsprüfung, oder, wo eine solche nicht erfordert wurde, durch den Eintritt in den Staatsdienst oder in die Advokatur begründeten Dienstzeit ein vierjähriger Zeitraum in Abzug gebracht wird. Dem Justizminister wurde die Befugniss eingeräumt, in einzelnen Fällen zur Beseitigung von besonderen Unbilligkeiten einzelnen Richtern ihre Stellen in den neuen Etats besonders anzuweisen, jedoch nicht, wenn die Reihenfolge von dem richterlichen Dienstalter abhängt und ein Etat nur solche Richter, welche die grosse Staatsprüfung abgelegt haben, umfasst. Bei der Aufnahme in den Preussischen Richterdienst kann die Zeit, welche der Aufzunehmende ausserhalb des Justizdienstes in einem unmittelbaren oder mittelbaren Amte des Preussischen Staatsdienstes, im Reichsdienste oder im Dienste eines Deutschen Bundesstaates zugebracht hat, imgleichen die Dienstzeit als Rechtsanwalt oder Notar mit Königlicher Genehmigung ganz oder theilweise auf das richterliche Dienstalter in Anrechnung gebracht werden.

Die Staatsanwälte, deren Besoldungen jetzt auch abweichend von denen der Richter erster Instanz geregelt wurden, bildeten einen bebesonderen Besoldungsetat für die ganze Monarchie.

Als die Regelung der Gehälter nach Dienstaltersstufen vom 1. April 1894 ab auf die etatsmässigen höheren Beamten ausgedehnt wurde, stellten sich der Einbeziehung der Richter in diese Massnahme vorzugsweise zwei Hindernisse entgegen. Einmal bedurfte es, wie erwähnt, zur Aenderung der Verordn. v. 16. April 1879 eines besonderen Gesetzes. Sodann war bisher für die Besoldungsverhältnisse der Richter erster Instanz lediglich das richterliche Dienstalter, d. h. das Dienstalter als Gerichtsassessor, ohne Rücksicht auf den Zeitpunkt der etatsmässigen Anstellung massgebend. Bei dem System der Dienstaltersstufen musste dagegen der Zeitpunkt der etatsmässigen Anstellung entscheiden. Nun ist es ohne Schaden für die Rechtspflege nicht möglich, bei der Ernennung zum Amts- oder Landrichter schematisch der Reihenfolge des Assessorendienstalters zu folgen. Bisher hatten Abweichungen von diesem für den Uebergangenen nur den Nachtheil, dass er später in den Besitz von Gehalt und Wohnungsgeldzuschuss gelangte, während er, wenn er später angestellt wurde, dann bei der Bemessung des Gehaltes die vor ihm angestellten jüngeren Kollegen übersprang und sogleich in die seinem Assessorendienstalter entsprechende höhere Gehaltsstufe kam. Letzteres musste bei dem System der Dienstaltersstufen wegfallen, wodurch jede Uebergehung für den Uebergangenen sich ungleich härter gestalten musste. Damit aber wurde die freie Auswahl der Justizverwaltung unter der Zahl der Assessoren und auch die Möglichkeit für letztere, ihnen nicht zusagende Stellen auszuschlagen, erschwert.

Schliesslich hätte die Nothwendigkeit, bei der ersten Anstellung unter allen Umständen in die niedrigste Gehaltsstufe einzutreten, bei der ungemein steigenden Zahl der Anwärter — die Zahl der Referendarien, die am 1. Juli 1876 2326 betragen hatte und dann ständig bis 3937 am 1. Juli 1883 gestiegen war, seitdem aber ebenso konstant bis auf 2960 1891 zurückgegangen war, belief sich 1895 schon wieder auf 3315, 1896 auf 3506 — zu einer bedeutenden Verschlechterung der Lage der Richter geführt.

Aus diesen Gründen wurde von einer Einbeziehung der Richter, in Anbetracht des häufigen Uebertritts aus der richterlichen in eine staatsanwaltschaftliche Stellung und umgekehrt aber auch von der Einbeziehung der höheren Beamten der Staatsanwaltschaft in die Regelung nach Dienstaltersstufen Abstand genommen. Erst 1896 wurde der Versuch gemacht, dieses System durch ein Gesetz — für die Staatsanwälte bedurfte es der Klinke der Gesetzgebung ja nicht — auf die Richter auszudehnen, indem der Ueberfüllung mit Assessoren durch eine Vorschrift vorgebeugt werden sollte, wonach die Ernennung der Gerichtsassessoren auf den „für den höheren Justizdienst bestehenden Bedarf“ beschränkt, die übrigen Referendare, welche die grosse Staatsprüfung bestanden haben, aber aus dem Justizdienst ausscheiden und nur das Recht, die Bezeichnung „Assessor“ zu führen, haben sollten. Der Gesetzentwurf scheiterte indess an dieser Bestimmung.

Infolgedessen verzichtete die Staatsregierung in einer neuen Vorlage, die als Gesetz, betreffend die Regelung der Richtergehälter, v. 31. Mai 1897 (G.-S. S. 157) die Zustimmung des Landtages fand, auf eine solche Vorschrift, aber auch auf die Ausdehnung der Dienstaltersstufen auf die Amts- und Landrichter und die Staatsanwälte. Nur die Gehälter der Senatspräsidenten der Oberlandesgerichte, der Landgerichtspräsidenten mit Ausschluss des Einzelgehalt beziehenden Präsidenten des Landgerichts I in Berlin und mit Einschluss des Amtsgerichtspräsidenten daselbst, der Oberlandesgerichtsräthe und der Landgerichtsdirektoren werden nach Dienstaltersstufen geregelt. Das für die Bemessung des Gehaltes massgebende Dienstalter (Besoldungsdienstalter) dieser Richter beginnt in jeder Gehaltsklasse mit dem Tage der ersten etatsmässigen Anstellung in einem zu dieser Gehaltsklasse gehörenden Amte des höheren Justizdienstes. Als Tag der Anstellung gilt der Tag, von dem ab der Angestellte das Diensteinkommen der Stelle zu beziehen hat. Die Verleihung von Zulagen erfolgt von dem ersten Tage eines jeden Kalenderquartals ab an diejenigen Beamten, welche an diesem Tage das massgebende Besoldungsdienstalter erreichen oder es im vorhergehenden Kalenderquartal erreicht haben. Das Besoldungsdienstalter hat auf die Bestimmung des in anderen Beziehungen massgebenden Dienstalters keinen Einfluss.

Für die Landrichter und Amtsrichter wird dagegen anstatt der Besoldungsetats jedes Oberlandesgerichtsbezirkes ein nun die gesammte Monarchie umfassender gemeinschaftlicher Besoldungsetat gebildet, womit die Ungleichheiten in den Besoldungsverhältnissen der einzelnen Bezirke beseitigt werden. Die Reihenfolge in ihm bestimmt sich nach dem Dienstalter als Gerichtsassessor (richterliches Dienstalter); neu ernannte Richter treten nach Massgabe dieses Dienstalters in die Reihenfolge ein.

In den Besoldungsetat der Landrichter und Amtsrichter werden nun auch die Staatsanwälte eingereiht, um die aus dem Bestehen ihres besonderen Etats erwachsenden Ungleichheiten gegenüber den Richtern zu beseitigen; eine günstigere, als die durch ihr richterliches Dienstalter bestimmte Stelle darf ihnen nicht angewiesen werden.

Wird ein Beamter aus diesem Besoldungsetat in ein höheres Richteramt, für das Dienstaltersstufen bestehen, befördert, so wird ihm ein etwaiger Mehrbetrag des von ihm zur Zeit der Beförderung bezogenen Gehalts über das ihm in dem neuen Amte zustehende Gehalt bis zu dem Zeitpunkte fortgewährt, von dem ab ihm nach Massgabe seines Dienstalters in dem neuen Amte ein dem früher bezogenen mindestens gleichkommendes Gehalt verliehen wird.

Bei der Anstellung in einem Richteramte kann die Zeit, welche der Anzustellende ausserhalb des höheren Justizdienstes in einem unmittelbaren oder mittelbaren Amte des Preussischen Staatsdienstes, im Reichsdienste oder im Dienste eines Deutschen Bundesstaates zugebracht hat, ingleichen die Dienstzeit als Rechtsanwalt oder Notar mit Königlicher Genehmigung ganz oder theilweise auf das Besoldungsdienstalter oder das richterliche Dienstalter in Anrechnung gebracht werden. Die Dienstzeit, welche in einer Stellung des höheren Justizdienstes bei einem für Preussische Gebietstheile und Gebiete anderer Bundesstaaten gebildeten gemeinschaftlichen Gerichte oder bei der Staatsanwaltschaft eines solchen zurückgelegt ist, steht einer in der entsprechenden Stellung bei einer Preussischen Justizbehörde zurückgelegten Dienstzeit gleich.

Für die bereits angestellten richterlichen Beamten der höheren Stellungen bildet das ihnen in Gemässheit der Verordn. v. 16. April 1879 innerhalb der bisherigen Besoldungsetats beigelegte Dienstalter das Besoldungsdienstalter. Die bereits angestellten Landrichter und Amtsrichter treten in den zu bildenden Besoldungsetat nach Massgabe ihres auf Grund der Verordnung von 1879 festgesetzten richterlichen Dienstalters ein. Soweit einem Richter ein richterliches Dienstalter von einem bestimmten Kalendertage nicht angewiesen ist, erfolgt die Bestimmung durch den Justizminister nach Massgabe der dem Richter innerhalb des bestehenden Besoldungsetats angewiesenen Stellung. Entsprechendes gilt von der Bestimmung des richterlichen Dienstalters eines Staatsanwalts.

Alle Richter, nicht auch die Staatsanwälte, haben einen Rechtsanspruch auf Verleihung der Gehaltszulagen, und zwar die nach Dienstaltersstufen aufrückenden Richter von dem Eintritte des oben erwähnten Zeitpunktes ab, von dem ab die Verleihung zu erfolgen hat, die Land- und Amtsrichter von dem Zeitpunkte ab, an welchem eine dem Richter nach der Reihenfolge im Besoldungsetat zustehende Zulage verfügbar geworden ist.

Wegen Ruhens des Anspruches bei Disciplinar- oder Strafverfahren sowie wegen der Nachzahlung des zurückbehaltenen Mehrgehaltes gelten die bisherigen Vorschriften.

Der über die Verleihung der Gehälter und Gehaltzulagen handelnde § 9 des Ausführungsgesetzes zum Gerichtsverfassungsgesetze und die Verordn. v. 16. April 1879 wurden durch dieses Gesetz aufgehoben.

Der bereits durch das Preussische Gesetz über Erweiterung des Rechtsweges allen Staatsbeamten eingeräumte Rechtsweg wegen vermögensrechtlicher Ansprüche aus ihrem Dienstverhältnisse ist den Richtern nun auch reichsgesetzlich (§ 9 des Gerichtsverfassungsgesetzes) gewährleistet, ohne dass indess an dem landesrechtlichen Erforderniss der Vorentscheidung durch den Verwaltungschef etwas geändert ist.

§ 53. Auch der Grundsatz, dass Richter wider ihren Willen nur kraft richterlicher Entscheidung und nur aus den Gründen und unter den Formen, welche die Gesetze bestimmen, dauernd oder zeitweise ihres Amtes enthoben oder an eine andere Stelle oder in den Ruhestand versetzt und nur bei einer Veränderung in der Organisation der Gerichte oder ihrer Bezirke unfreiwillige Versetzungen an ein anderes Gericht oder Entfernungen vom Amte unter Belassung des vollen Gehaltes durch die Landesjustizverwaltung verfügt werden können, ist durch § 8 des Gerichtsverfassungsgesetzes zu einem reichsrechtlichen erhoben, nachdem in Preussen bereits das Disciplinarges. v. 7. Mai 1851 analoge Vorschriften getroffen hatte (vgl. oben Buch VIII § 30).

Vorher hatten bis 1848 zwei Verordn. v. März 1844 (G.-S. S. 77 und 90) betreffend das gerichtliche und Disciplinarstrafverfahren gegen Beamte gegolten, die jenem Grundsatze nicht entsprachen. Durch die Verordn. v. 6. April 1848 über einige Grundlagen der künftigen Preussischen Verfassung (G.-S. S. 87) wurden sie für Richter ausser Kraft gesetzt, und es trat für diese an ihre Stelle eine oktroyirte Verordn. v. 10. Juli 1849 betreffend die Dienstvergehen der Richter und die unfreiwillige Versetzung derselben auf eine andere Stelle oder in den Ruhestand (G.-S. S. 253) und an deren Stelle demnächst das Ges. v. 7. Mai 1851. Das Nähere hinsichtlich der Voraussetzungen und Formen des Disciplinarverfahrens, der Versetzung in den Ruhestand und in andere Stellen vergleiche im II. Hauptabschnitte des vorigen Buches.

II. Hauptabschnitt.

Die Einnahmen der Justizverwaltung.[1]

(Staatshaushaltsetat Kap. 30.)

I. Abschnitt.

Kosten und Geldstrafen.

(Staatshaushaltsetat Kap. 30 Tit. 1.)

I. Kapitel.

Die Rechtsnormen über die Kosten.

§ 54. Sieht man von dem Etat der allgemeinen Finanzverwaltung und von den wenigen Jahren, in denen die Gerichtskosten und Strafen bei der Verwaltung der indirekten Steuern verrechnet wurden (vgl. Bd. I Buch IX § 24), ab, so ist die Justizverwaltung von allen sogen. Zuschussverwaltungen diejenige, welche sowohl absolut als auch im Verhältniss zu den Ausgaben die höchsten Einnahmen aufweist. Stehen doch im Etat für 1903 rd. 84 Mill. M. Einnahmen rd. 116³/₄ Mill. M. dauernden Ausgaben gegenüber, dagegen bei der Staatsschuldenverwaltung 0,35 gegenüber 279³/₄, beim Finanz-Ministerium 2 Mill. M. gegenüber 114,6, bei der Bauverwaltung 10 Mill. M. gegenüber 34, bei der Handels- und Gewerbeverwaltung 7 Mill. M. gegenüber 15, beim Ministerium des Innern 21³/₄ Mill. M. gegenüber 78,3, bei der landwirthschaftlichen Verwaltung 3 Mill. M. gegenüber 20,2, bei der Gestütsverwaltung 3,2 Mill. M. gegenüber 6,6 und bei der Kultusverwaltung 6,4 Mill. M. gegenüber 154 Mill. M.

Allerdings wird dieses günstige Verhältniss der Einnahmen zu den Ausgaben der Justizverwaltung wesentlich mit dadurch erreicht, dass, wie im IX. Buche des I. Bds. d. W. § 47 a. E. erwähnt, die sog. Gerichtskostenstempel, das sind die mit den Gerichtskosten für

[1] Die Verhältnisse der Beamten der Justizverwaltung sind im II. Hauptabschnitt des VIII. Buches beziehungsweise im I. Hauptabschnitt dieses Buches berücksichtigt. Hinsichtlich ihrer Besoldungsverhältnisse wird im Uebrigen bei Besprechung der bezüglichen Etatsstellen im III. Hauptabschnitt dieses Buches das Erforderliche ausgeführt werden. Ein besonderer, die Beamtenverhältnisse behandelnder Hauptabschnitt erübrigt sich daher in diesem Buche.

Auflassungen, Hypotheken, Grundschulden, gerichtliche Beurkundungen u. s. w. erhobenen Stempel, nicht bei der Verwaltung der indirekten Steuern, wohin sie ihrer Natur nach gehören, sondern bei der Justizverwaltung vereinnahmt werden. Dasselbe gilt von den von den Interessenten erstatteten Gebühren für die von den Katasterämtern an die Gerichte gelieferten Katasterauszüge und seit 1899 (Verfüg. des Justizministers v. 4. Januar 1899, Just.-Min.-Bl. S. 9) auch von den Fortschreibungsgebühren ausser in Berlin und den Hohenzollernschen Landen: hier handelt es sich um Einnahmen, die ihrer Natur nach bei der Verwaltung der direkten Steuern verrechnet werden müssten. Indess selbst nach Abrechnung aller dieser ihrer Natur nach auf andere Etats gehörigen Einnahmen verbleibt der Justizverwaltung noch eine sowohl absolut als auch im Verhältniss zu den Ausgaben höhere Einnahme, als sie irgend eine andere Zuschussverwaltung ausser der allgemeinen Finanzverwaltung aufzuweisen hat.

Seinen Grund hat dieser Umstand — abgesehen davon, dass ein nicht ganz unerheblicher Theil der Ausgaben für die Justizerwaltung, nämlich diejenigen für Pensionen und Reliktenversorgung, wie früher gezeigt ist, auf dem Etat des Finanz-Ministeriums erscheinen, worin sich übrigens die Justizverwaltung nicht von den anderen Verwaltungen unterscheidet, und dass, wie später zu zeigen sein wird, ein erheblicher Theil der Einnahmen nur durchlaufender Natur ist, wodurch das Verhältniss der niedrigeren Einnahmen zu den höheren Ausgaben zu Gunsten der Ersteren beeinflusst wird — vorzugsweise in dem Grundsatz der Entgeltlichkeit der Rechtspflege, einem Grundsatz, der mit dem Römischen Recht nach Deutschland gekommen ist, hier aber, wie übrigens auch anderwärts, im Laufe der Zeit eine Umgestaltung dahin erfahren hat, dass die Sporteln aus einem den Beamten zufliessenden Honorar zu einer Einnahme des Staates geworden sind, der seinerseits nun die Beamten ohne Rücksicht auf das Aufkommen an Gerichtsgebühren besoldet.

Der Grundsatz der Entgeltlichkeit der Rechtspflege rechtfertigt sich aus naheliegenden Gründen. In der Strafrechtspflege ist es handgreiflich nur recht und billig, dass derjenige, der sich gegen die Rechtsordnung des Staates vergeht und dadurch den Staat zum Einschreiten behufs ihrer Wiederherstellung und behufs Sühne der Rechtsverletzung nöthigt, die demselben hierdurch erwachsenden Kosten erstattet und nicht erwarten kann, dass die an der von ihm begangenen Rechtsverletzung unschuldige Gesammtheit der Steuerzahler sie trägt. Auf dem Gebiete der streitigen Civilgerichtsbarkeit aber handelt es sich um die Wahrung der Privatrechtssphäre des Einzelnen, an der dieser ein vorzugsweises Interesse hat. Hier aber gebietet nicht nur dieses Interesse des Einzelnen die Erstattung der dafür vom Staate aufgewendeten Kosten, sondern es bedarf hier des Grundsatzes, dass die Gerichte nicht unentgeltlich in Anspruch genommen werden dürfen, auch, um ein leichtfertiges und chikanöses Prozessiren zu verhüten, zu dem gerade der Deutsche vermöge seines oft bis zum zähesten Eigensinn gesteigerten Rechtsgefühles und seiner oft übergrossen Empfindlichkeit gegen vermeintliche Eingriffe Anderer in seine Rechtssphäre nicht am wenigsten neigen würde. Voraussetzung muss freilich für die Entgeltlichkeit der Civilrechtspflege sein, dass sie nicht zur Schädigung des in seinen Rechten wirklich Gekränkten führt, d. h., dass ihm die Kosten, die er aufgewendet hat, um den widerrechtlichen Eingriff in seine Rechte abzuwehren, nicht zur Last bleiben, dass also analog wie bei der Strafjustiz derjenige, der sich des Eingriffs schuldig gemacht hat, die gesammten Kosten der durch sein widerrechtliches Verhalten nothwendig gewordenen Anrufung der Staatsgewalt trägt. Noch mehr tritt das private Interesse bei der freiwilligen Gerichtsbarkeit in den Vordergrund, bei der es sich vorzugsweise um die vorsorgliche Thätigkeit des Staates im Interesse von Minderjährigen und andern Handlungsunfähigen, um die Ausführung der Bestimmungen Verstorbener über ihren Nachlass und um die Sicherung der Rechte der Hinterbliebenen an diesen, um die Konstatirung und Evidenthaltung besonders wichtiger Privatrechtsverhältnisse, wie z. B. über die Eigenthums- und Belastungsverhältnisse des Grundeigenthums, über die Verhältnisse der Erwerbsgesellschaften, um die Sicherung vermögensrechtlicher Ansprüche und die Auseinandersetzung zwischen konkurrirenden Ansprüchen dieser Art u. s. w. handelt. Die Kosten der in dieser Weise sich bethätigenden Fürsorge des Staates können billigerweise nicht der Allgemeinheit zur Last gelegt werden, von welcher ein grosser Theil nach seinen Erwerbs-, Vermögens- und sonstigen Verhältnissen nicht oder nur in ungleich geringerem Masse als ein anderer in die Lage kommt, jene Fürsorge in Anspruch zu nehmen. Ist sonach die Entgeltlichkeit der Rechtspflege grundsätzlich gerechtfertigt, so findet sie ihre naturgemässe Grenze nicht nur, wie jede Gebühr, in den Selbstkosten des Staates, sondern auch in dem Erforderniss, dass die Inanspruchnahme seiner Gerichte nicht durch die Höhe der Gebühren dem Unbemittelten oder, indem sie den Werth der Staatsthätigkeit für den Einzelnen übersteigt, auch dem Bemittelteren unmöglich oder doch nur mit unverhältnissmässigen Opfern möglich macht, und in dem immerhin konkurrirenden Interesse der Allgemeinheit. Dieses Postulat führt zu der Einschränkung der Allgemeinheit der Gerichtsgebühren durch das Armenrecht und zur Mitberücksichtigung des Werthes des Objekts, worüber unten weiter zu handeln sein wird.

§ 55. Eine übereinstimmende Regelung des Gerichtskostenwesens hat zur Voraussetzung eine Gleichmässigkeit in der Gerichtsverfassung und dem gerichtlichen Verfahren. Sie war daher in Preussen solange nicht möglich, wie nicht auf diesem Gebiete Einheitlichkeit hergestellt war. Was aber die Verschiedenheit der Gerichtsverfassung und des Gerichtsverfahrens nicht gehindert hätte, das war eine Regelung des Kostenwesens nach übereinstimmenden leitenden Grundsätzen. Auch eine solche liess aber der Rechtszustand bis zur Reichsjustizreform vermissen.

In den landrechtlichen Gebieten der alten Provinzen, in Neuvorpommern, Rügen und dem Bezirke des Justizsenats zu Ehrenbreitstein beruhte in der ersten Hälfte des 19. Jahrhunderts das Gerichtskostenwesen auf einer Reihe von Taxordnungen, welche in dem Bestreben, die Gebühren thunlichst dem Maasse der aufgewendeten Arbeit anzupassen, jede einzelne gerichtliche Handlung zum Gegenstande eines der Verschiedenheit des Werthes nur in geringem Maasse Rechnung tragenden Gebühren- und Stempelansatzes machten, hierdurch aber die Kostenberechnung äusserst umständlich und verwickelt gestalteten und zu einer Ueberbürdung der Angelegenheiten, bei denen es sich um geringe Werthe handelte, mit Kosten führten. Um diesen Uebelständen abzuhelfen, erging für das damalige Staatsgebiet mit Ausschluss der Hohenzollernschen Lande und des rheinischen Rechtsgebietes das jene älteren Taxordnungen mit einer unwesentlichen Ausnahme (Gebührentaxe v. 17. Mai 1838 für die Schöffengerichtssachen im Bereiche des Ehrenbreitsteiner Justizamtes) beseitigende Gesetz, betr. den Ansatz und die Erhebung der Gerichtskosten v. 10. Mai 1851 (G.-S. S. 622), welches das bisherige System der Tarifirung der einzelnen Handlungen durch das nach dem Werthe des Gegenstandes abgestufter Pauschsätze ersetzte, nach welchem für jede Gattung von Geschäften für die gesammte Thätigkeit des Gerichtes oder für einzelne besonders hervortretende Abschnitte des Verfahrens immer nur ein nach dem Durchschnittsmaass der Arbeit bemessener Gebührensatz bestimmt und behufs Entlastung geringerer Werthobjekte eine mit dem Werthe allmählich steigende Skala der Gebühren festgesetzt wurde.

Die Kosten betrugen bei der streitigen Gerichtsbarkeit für: I. ohne Prozess zurückgewiesene Klagen, Rechtsmittel, Beschwerden u. s. w. bei Werthen bis zu 100 Thlr. von je 10 Thlr. $2^1/_2$ Sgr., von dem Mehrbetrage bis 200 Thlr. von je 10 Thlr. $1^1/_2$ Sgr., von den weitern Mehrbeträgen für je 50 Thlr. 5 Sgr., höchstens aber 4 Thlr.; II. das Mandatsverfahren bei Objekten bis 100 Thlr. 5 Sgr., für die Mehrwerthe bis 200 Thlr. von je 10 Thlr. $2^1/_2$ Sgr., bis 500 Thlr. von je 50 Thlr. $7^1/_2$ Sgr., bis 1000 Thlr. von je 100 Thlr. 10 Sgr., über 1000 Thlr. von je 100 Thlr. $2^1/_2$ Sgr.; III. die gewöhnlichen Prozesse: A) ohne kontradiktorische Verhandlung bei Objekten bis 50 Thlr. 1 Sgr. für jeden Thaler, von Mehrwerthen: bis 150 Thlr. 10 Sgr. für je 10 Thlr, bis 500 Thlr. 1 Thlr. für je 50 Thlr., bis 1000 Thlr. 1 Thlr. für je 100 Thlr., bis 20000 Thlr. in erster Instanz von je 200 Thlr., in höhern Instanzen von je 500 Thlr. 1 Thlr., über 20000 Thlr. in erster Instanz von je 1000, in höherer von je 2000 Thlr. 1 Thlr.; B) bei kontradiktorischer Verhandlung das Doppelte der unter A angegebenen Sätze; C) wenn eine Beweisaufnahme stattfand, die nach A oder B zu erhebenden Sätze unter Zuschlag von 50, bei Objekten über 50 Thlr. von 100 Proz. der nach A zu erhebenden Sätze. Besondere Sätze bestehen für Beweisaufnahmen zum ewigen Gedächtniss, Diffamations-, Provokations-, Arrest-, Subhastations- und dergl. Prozesse und für die Exekutionsinstanz. Für Geschäfte der nicht streitigen Gerichtsbarkeit beträgt die Gebühr für einzelne Akte derselben von dem Betrage bis 100 Thlr. von je 25 Thlr. $7^1/_2$ Sgr., von dem Mehrbetrag bis 200 Thlr. von je 30 Thlr. 5 Sgr., von dem weiteren Mehrbetrage bis 500 Thlr von je 100 Thlr. 5 Sgr., von dem Mehrbetrage bis 1000 Thlr. zusätzlich 15 Sgr., von dem Mehrbetrage bis 5000 Thlr. für je 1000 Thlr. 15 Sgr., von dem Mehrbetrage bis 10000 Thlr. zusätzlich 1 Thlr., von demjenigen bis 20000 Thlr. zusätzlich 1 Thlr., bei Objekten über 20000 Thlr. zusätzlich noch 2 Thlr. Diese Sätze steigen unter gewissen Voraussetzungen auf das $1^1/_2$- und 3fache und vermindern sich unter andern auf das $^1/_2$fache. In Hypothekensachen sind zu zahlen für: A) Besitztitelberichtigungen bei Objekten bis 200 Thlr. für je 25 Thlr. 10 Sgr., von Mehrwerthen bis 1000 Thlr. von je 100 Thlr. 10 Sgr., von weiteren Mehrwerthen für je 500 Thlr. 15 Sgr.; B) Eintragungen in den Abtheilungen II und III des Grundbuchs bei Objekten bis 1000 Thlr. das $^3/_4$fache, für Mehrwerthe über 1000 Thlr. das volle der unter A angegebenen Sätze. In gewissen andern Fällen der Hypothekenbuchsverwaltung werden Theilbeträge der vorgedachten Sätze erhoben. Für Sicherstellung und Aufbewahrung des Nachlasses, Ermittelung der Erben und Aushändigung des Nachlasses ohne Erbtheilung beträgt die Gebühr bei Objekten bis 100 Thlr. 5 Sgr., von Mehrbeträgen bis 200 Thlr. 10 Sgr. für je 10 Thlr., bis 1000 Thlr. 25 Sgr. für je 50 Thlr., bis 5000 Thlr. 25 Sgr. für je 100 Thlr., über 5000 Thlr. 25 Sgr. für je 500 Thlr. Diese Sätze erhöhen sich bei gerichtlicher Erbtheilung um die Hälfte und ermässigen sich unter Umständen auf die Hälfte. In Kuratel- und Vormundschaftssachen sind die Normalsätze bis 100 Thlr. auf je 10 Thlr. 3 Sgr., für Mehrbeträge bis 200 Thlr. auf je 50 Thlr. $7^1/_2$ Sgr., bis 500 Thlr. auf je 100 Thlr. 10 Sgr., über 500 Thlr. auf je 100 Thlr. 5 Sgr. Dazu kommen von den Jahresrevenuen des verwalteten Vermögens, sofern sie betragen a) bis 100 Thlr., $1^1/_2$ Sgr. pro Thaler, b) bis 200 Thlr., von dem Mehrbetrage über 100 Thlr. 10 Sgr. für je 10 Thlr., c) bis 500 Thlr., von dem Mehrbetrage über 200 Thlr. 25 Sgr. für je 50 Thlr., d) über 500 Thlr., von dem Mehrbetrage 25 Sgr. für je 100 Thlr., sofern es sich aber um Vormundschaften über Minderjährige, Taubstumme, Geistesschwache und Geisteskranke handelt, nur die Hälfte dieser Sätze. In Strafsachen betragen die Kosten in Feldrüge-, einfachen Holzdiebstahls- und in Mandatssachen je nach der Höhe der erkannten Strafe 1/6, 1/2 oder 1 Thlr., wenn aber nach Bestreitung der Schuld auf Strafe erkannt ist, das Doppelte dieser Sätze, in andern zur Zuständigkeit der Einzelrichter gehörigen Strafsachen nach der Höhe der Strafe 2, 5 oder 10 Thlr., in Sachen, die zur Zuständigkeit der Dreirichter-Kollegien gehören, 25 Thlr., in Schwurgerichtssachen nach der Höhe der Strafe 50, 100 oder 200 Thlr., in Disciplinarsachen 5, 20 oder 50 Thlr. Für die Appellations- oder Nichtigkeitsbeschwerde-Instanz kommen die Hälfte der Sätze für die erste Instanz zur Erhebung. Besondere Zuschläge zu den Kosten in Civil- und Strafsachen finden statt für auswärtige Termine, Abschriften, Ausfertigungen und Kalkulaturgeschäfte. Auch sind Gebühren der Zeugen u. s. w. und sonstige bare Auslagen ausserdem zu erstatten.

Befreiung von den Gerichtskosten geniessen insbesondere der Fiskus, Wohlthätigkeitsanstalten, öffentliche Volksschulen und keine Ueberschüsse abwerfende gelehrte Anstalten und Schulen, Pfarreien, Küstereien und dergl. Das Armenrecht, welches Niederschlagung oder Stundung der Gerichtskosten, nicht auch Befreiung von Erstattung der baren Auslagen und der Kosten für auswärtige Termine gewährt, soll in der Regel bei bescheinigtem Unvermögen zur Zahlung bewilligt werden.

Das Ges. v. 10. Mai 1851 hat dann verschiedene Aenderungen und Ergänzungen erfahren insbesondere durch das Ges. v. 9. Mai 1854 (G.-S. S. 273), das namentlich die Kosten im Mandatsverfahren und für Nachlassregulirungen ermässigte, durch die Verordnung betreffend die durch die Einführung des Allgemeinen deutschen Handelsgesetzbuches nöthig gewordene Ergänzung der Gesetze über die gerichtlichen Gebühren und Kosten, v. 27. Jan. 1872 (G.-S. S. 33), die u. A. für Eintragung von Firmen, Prokuren, Gesellschaften und Ausschliessung der ehelichen Gütergemeinschaft Gebühren von 20 Sgr. bis 6 Thlr. festsetzte, durch das Gesetz betr. den Ansatz der Gerichtskosten für Nachlassregulirungen v. 1. Mai 1865 (G.-S. S. 509), durch den Kostentarif zur Grundbuchordn. v. 5. Mai 1862 (G.-S. S. 446), dessen wichtigste Positionen waren: Auflassungen bis 200 Thlr. 7½ Sgr. von je 25 Thlr., vom Mehrbetrage bis 1000 Thlr. 7½ Sgr. von je 100 Thlr. und vom weiteren Mehrbetrage von je 500 Thlr. 7½ Sgr., für Eintragungen in der 2. und 3. Abtheilung bis 200 Thlr. von je 25 Thlr. 4 Sgr., vom Mehrbetrage bis 1000 Thlr. für je 100 Thlr. 10 Sgr. und von weiteren Mehrbeträgen von je 500 Thr. 7½ Sgr., sowie endlich durch das Gesetz, betr. die Kosten, Stempel und Gebühren in Vormundschaftssachen, v. 21. Juli 1875 (G.-S. S. 548), welches die Gerichtskosten in diesen Sachen zum Theil erheblich ermässigte.

In den Hohenzollernschen Landen wurde durch verschiedene Gesetze derselbe Rechtszustand hergestellt. Dasselbe geschah, indess mit einer grösseren Anzahl von Abweichungen, durch drei Verordn. v. 30. Aug. 1867 (G.-S. S. 1369, 1385 und 1399) in Schleswig-Holstein, Kurhessen mit den vormals Bayerischen Gebietstheilen ausser Kaulsdorf und in Nassau mit den vormals Hessen-Darmstädtischen Gebietstheilen ausser Meisenheim sowie durch ein Ges. v. 4. Dez. 1869 in Lauenburg.

In den übrigen Theilen der Monarchie, also im rheinischen Rechtsgebiete und seit 1866 in Hannover und Frankfurt a. M. war und blieb der Rechtszustand bis zur Reichsjustizreform ein noch weit unbefriedigenderer, weil den Kostengesetzen theils das Pauschsystem, theils das System der Kostenberechnung für jeden einzelnen gerichtlichen Akt zu Grunde lag.

Im Gebiete des rheinischen Rechtes war das Kostenwesen theils durch Gesetze aus der Zeit der Fremdherrschaft, theils durch Preussische Gesetze geregelt. Eigentliche Gerichtsgebühren wurden vom Staate nicht erhoben. Die für die Thätigkeit der Friedensrichter und ihrer Gerichtsschreiber in festen Sätzen, zum Theil nach der Arbeitszeit oder dem Umfange des Schreibwerkes zu zahlenden Gebühren flossen diesen Beamten zu. Der Staat bezog eine Einnahme aus den gerichtlichen Geschäften nur in der Form einer Stempelabgabe, welcher alle einzelnen Eingaben und alle Gesuche der Parteien, alle Urkunden der Gerichtsvollzieher und alle Ausfertigungen gerichtlicher Entscheidungen und Verfügungen unterlagen, sowie in den sogen. Gerichtsschreibereigebühren, welche in bestimmten, von der Höhe des Gegenstandes unabhängigen Sätzen für gewisse Handlungen der Gerichtsschreiber bestanden und namentlich für alle von den Gerichtsschreibern ertheilten Ausfertigungen zu entrichten waren. Ausserdem wurden, um einen Ausgleich mit den übrigen Landestheilen herbeizuführen, die im § 80 des VIII. Buches des I. Bandes d. W. erwähnten Beischläge zu den direkten Steuern erhoben.

In Hannover bildeten für die Kosten in Sachen der nicht streitigen Gerichtsbarkeit die Sporteltaxe für die Untergerichte vom 13. Dez. 1834 und in Ostfriesland, Lingen und den Münsterschen Absplissen die alte Preussische Gebührentaxe v. 23. Aug. 1815 die Grundlage, welche beide nicht auf dem Pauschsystem beruhten. Für bürgerliche Rechtsstreitigkeiten galt die auf Werthklassen beruhende Gebührentaxe des Ges. v. 8. Nov. 1850. Nur für Strafsachen würde für Hannover wie für alle anderen neuen Landestheile, soweit sie nicht altländischen Gerichten zugeschlagen waren, eine den altländischen Vorschriften entsprechende Verordn. v. 30. Aug. 1867 (G.-S. S. 1412) erlassen, und nach Einführung der Grundbuchordn. v. 5. Mai 1872 und Erl. der Vormundschaftsordn. v. 5. Juli 1875 wurde hinsichtlich der Kosten in Grundbuch- und Vormundschaftssachen ein dem im Gebiete des Landrechts entsprechender Rechtszustand hergestellt. Diese Verschiedenheit der Gebührensysteme wurde nun noch dadurch verschärft, dass für die nach den Taxen von 1834 und 1815 zu behandelnden Angelegenheiten noch Vorschriften des Hannoverschen Stempelges. v. 30. Jan. 1859, wonach alle Abschriften, Anlagen, Ausfertigungen, Protokolle u. s. w. besteuert wurden, in Anwendung blieben.

In Frankfurt a. M. endlich galten für die Geschäfte der nicht streitigen Gerichtsbarkeit verschiedene, zum Theil veraltete Taxrollen und das Stempelges. v. 26. Okt. 1852, wonach für die einzelnen gerichtlichen Handlungen feste, in der Regel von dem Werthe unabhängige Sätze zu entrichten waren. Hinsichtlich der Vormundschafts-, Grundbuch- und Strafsachen gilt das bezüglich Hannovers Gesagte.

§ 56. Die Neugestaltung des prozessualischen Verfahrens durch die Reichsjustizreform rief zugleich das Bedürfniss hervor, das gerichtliche Gebührenwesen für die streitige Gerichtsbarkeit um- und im Interesse der Rechtseinheit im Reiche einheitlich zu gestalten. Es geschah dies durch das Deutsche Gerichtskostengesetz v. 18. Juni 1878 (R.-G.-Bl. 141), das auf dem Preussischen System der Pauschgebühr beruht. Das Gesetz rief indess bald seiner Einführung lebhafte Klagen über die grosse Höhe einzelner Tarifsätze, hauptsächlich aber über die sogen. Nebenkosten, d. h. die neben den eigentlichen Gebühren als bare Auslagen eingezogenen, in ihrer Höhe vom Werth des Streitgegenstandes unabhängigen Beträge und über die Gebühren der Gerichtsvollzieher hervor. Diesen Klagen suchte eine Novelle v. 29. Juni 1881 (R.-G.-Bl. S. 178) abzuhelfen. Indess gelang es derselben nur zum Theil, sodass 1887 eine abermalige Novelle dem Reichstage vorgelegt wurde. Diese scheiterte indess und die Aenderungen, welche Art. IV des Einführungsgesetzes zu dem Gesetze betr. Aenderungen der Civilprozessordnung v. 17. Mai 1898 (R.-G.-Bl. S. 332) gebracht hat, haben in der Hauptsache nur formale Bedeutung. Immerhin enthält das Gerichtskostengesetz in der hierdurch erhaltenen neuen Fassung, in der es unterm 20. Mai 1898 neu bekannt gemacht worden ist, einige Vorschriften, die geeignet sind, lebhaft erhobenen Klagen abzuhelfen; namentlich gilt dies von den Bestimmungen, dass die Gebühren bei den häufig vorkommenden Streitigkeiten über das Bestehen oder die Dauer eines Pacht- oder Miethsverhältnisses höchstens nach dem Betrage des einjährigen Zinses und bei Prozessen über Alimente höchstens nach dem fünffachen Betrage des einjährigen Bezuges zu berechnen sind.

In den vor die ordentlichen Gerichte gehörigen Rechtssachen, auf welche die Civilprozessordnung, die Strafprozessordnung oder die Konkursordnung Anwendung findet, werden Gebühren und Auslagen der Gerichte nur nach Massgabe des Deutschen Gerichtskostengesetzes v. 18. Juni 1878/17. Mai 1898 erhoben. Eine Erhebung von Stempeln und anderen Abgaben neben den Gebühren findet nicht statt. Urkunden, von denen im Verfahren Gebrauch gemacht wird, oder die in dem Verfahren errichtet werden, sind nur insoweit einem Stempel oder einer anderen Abgabe unterworfen, als sie es ohne diesen Gebrauch sein würden.

Ueber Erinnerungen des Zahlungspflichtigen oder der Staatskasse gegen den Ansatz von Gebühren oder Auslagen entscheidet das Gericht der Instanz gebührenfrei. Gegen die Entscheidung findet Beschwerde statt.

Eine Nachforderung von Gerichtskosten wegen irrigen Ansatzes ist nur vor Ablauf des nächsten Kalenderjahres nach rechtskräftiger oder endgültiger Erledigung des Verfahrens zulässig. Die Gerichte sind befugt, Gebühren, welche durch eine unrichtige Behandlung der Sache ohne Schuld der Betheiligten entstanden sind, niederzuschlagen, und für ab-

verfahrens, die Bestimmung eines Gerichtsvollziehers oder eines Sequesters; 4. über die Ablehnung eines Richters, eines Gerichtsschreibers oder eines Sachverständigen; 5. über die Verpflichtung eines Gerichtsschreibers, gesetzlichen Vertreters, Rechtsanwalts oder anderen Bevollmächtigten sowie eines Gerichtsvollziehers zur Tragung der durch sein Verschulden veranlassten Kosten; 6. über die Verpflichtung eines Rechtsanwalts zur Zurückgabe einer vom Gegner ihm mitgetheilten Urkunde; 7. über die Verpflichtung zur Abgabe eines Zeugnisses oder Gutachtens; 8. über die Zwangsmassregeln gegen einen Zeugen oder Sachverständigen und seine Verurtheilung zu Kosten und Strafe; 9. über die Bestellung eines Vertreters für eine nicht prozessfähige oder unbekannte Partei, für ein von dem Eigenthümer aufgegebenes Grundstück oder für einen Erben, der die Erbschaft noch nicht angenommen hat; 10. über die Berichtigung eines Urtheils oder seines Thatbestandes; 11. über die Vollstreckbarkeit der durch Rechtsmittelanträge nicht angefochtenen Theile eines Urtheils; 12. über die Zulassung einer Zustellung oder eines Aktes der Zwangsvollstreckung zur Nachtzeit oder an einem Sonntag oder allgemeinen Feiertage; 13. über die Mitwirkung des Gerichts bei Handlungen der Zwangsvollstreckung in gewissen Fällen; 14. über Anträge, Einwendungen und Erinnerungen betreffs des Verfahrens bei der Zwangsvollstreckung, soweit sie für begründet befunden werden und die Kosten des Verfahrens nicht dem Gegner, sondern dem Gerichtsvollzieher zur Last fallen; 15. über Anträge auf Ertheilung der Vollstreckungsklausel, sofern nicht Gebühren nach anderen Vorschriften zu erheben sind; 16 über Anträge auf Anordnung der Rückgabe einer Sicherheit sowie über Gesuche um Ertheilung des Zeugnisses der Rechtskraft oder um Ertheilung des Zeugnisses, dass innerhalb der Nothfrist ein Schriftsatz zum Zwecke der Terminsbestimmuug nicht eingereicht sei, oder um Bestimmung einer Frist zum Nachweise der Zustellung eines Schriftsatzes. In der Berufungsinstanz erhöhen sich die Gebührensätze um $^1/_4$, in der Revisionsinstanz um $^1/_2$.

Auf die Gebühren im Konkursverfahren finden die Vorschriften über die Werthsklassen und den Gebührensatz, über die Werthsfestsetzung entsprechende Anwendung. Für das Konkursverfahren, einschliesslich des der Eröffnung vorangegangenen Verfahrens werden erhoben: 1. wenn auf Grund der Schlussvertheilung die Aufhebung des Konkursverfahrens erfolgt, mit Einschluss von Nachtragsvertheilungen das Zweifache der Gebühr; 2. wenn auf Grund eines Zwangsvergleichs die Aufhebung erfolgt, $^{18}/_{10}$ der Gebühr; 3. wenn nach dem Beginne des Vollzugs einer Abschlagsvertheilung oder nach dem Beginn eines Vergleichtermins eine Einstellung des Verfahrens erfolgt, $^{15}/_{10}$ der Gebühr; 4. wenn nach dem Ablaufe der Anmeldefrist und vor den unter Nr. 3 bezeichneten Zeitpunkten eine Einstellung erfolgt, $^{13}/_{10}$ der Gebühr; 5. wenn vor dem Ablaufe der Anmeldefrist eine Einstellung erfolgt, $^{8}/_{10}$ der Gebühr. Diese Gebühren werden nach dem Betrage der Aktivmasse erhoben. Massekosten, mit Ausnahme der Gebühren des Konkursgerichts, des Konkursverwalters und des Gläubigerausschusses, sowie Masseschulden werden abgesetzt. Gegenstände, welche zur abgesonderten Befriedigung dienen, werden nur in Höhe des für diese nicht erforderlichen Betrages angesetzt. Ist die Aktivmasse höher als die Schuldenmasse, so wird die Gebühr nach dem Betrage der letzteren erhoben. Für den Beschluss, durch welchen der Antrag auf Eröffnung des Konkursverfahrens abgewiesen wird, einschliesslich des vorangegangenen Verfahrens werden $^3/_{10}$ der Gebühr erhoben. Wird das Verfahren durch Versagung der Zulassung des Antrags oder durch Zurücknahme des zugelassenen Antrags erledigt, so wird nur $^1/_{10}$ der Gebühr erhoben. Für jeden besonderen Prüfungstermin werden nach dem Betrage der einzelnen Forderungen, zu deren Prüfung der Termin dient, die volle Gebühr und, soweit Anmeldungen vor der Prüfung zurückgenommen werden, $^3/_{10}$ der Gebühr erhoben. Für die auf Betreiben des Konkursverwalters erfolgende Zwangsverwaltung oder Zwangsversteigerung eines zur Konkursmasse gehörigen Gegenstandes wird die Gebühr nach den Vorschriften über die Gebührenerhebung für Zwangsvollstreckungen besonders erhoben. Für die Abhaltung des zur Abnahme des Offenbarungseides bestimmten Termins sowie für das Verfahren und die Entscheidung über Anträge auf Erzwingung der Eidesleistung werden Gebühren nicht erhoben.

In Strafsachen giebt die rechtskräftig erkannte Strafe den Massstab für die Höhe der Gerichtsgebühren aller Instanzen. Ist neben einer Freiheitsstrafe auf Geldstrafe erkannt, so wird jener die für den Fall, dass die Geldstrafe nicht beigetrieben werden kann, festgesetzte Freiheitsstrafe hinzugerechnet. Ist die bedingte Festsetzung der Freiheitsstrafe unterlassen worden, so wird für jeden angefangenen Betrag von 10 M. der Geldstrafe ein Tag Freiheitsstrafe zugerechnet. Ist nur auf Geldstrafe und für den Fall, dass dieselbe nicht beigetrieben werden kann, auf Freiheitsstrafe erkannt, so bestimmt sich die Gebühr nach der Höhe der Geldstrafe. In diesem Falle sowie wenn nur auf Geldstrafe erkannt ist, darf die Gebühr den Betrag der Geldstrafe nicht übersteigen. Betrifft eine Strafsache mehrere Angeschuldigte, so ist die Gebühr von jedem Verurtheilten besonders nach Massgabe der gegen ihn erkannten Strafe zu erheben. Für das Verfahren in erster Instanz werden erhoben: im Falle einer Geldstrafe oder Freiheitsstrafe von 1. 1 bis 20 M. einschl. oder 1 bis 10 Tage einschl. 5 M., 2. mehr als 20 bis 30 M. einschl. oder mehr als 10 bis 14 Tage einschl. 10 M., 3. mehr als 30 bis 60 M. einschl. oder mehr als 14 Tage bis 4 Wochen einschl. 20 M., 4. mehr als 60 bis 150 M. einschl. oder mehr als 4 bis 6 Wochen einschl. 30 M., 5. mehr als 150 bis 300 M. einschl. oder mehr als 6 Wochen bis 3 Monate einschl. 45 M., 6. mehr als 300 bis 500 M. einschl. oder mehr als 3 bis 6 Monate einschl. 60 M., 7. mehr als 500 bis 1000 M. einschl. oder mehr als 6 Monate bis 1 Jahr einschl. 75 M., 8. mehr als 1000 bis 1500 M. einschl. oder mehr als 1 bis 2 Jahre einschl. 100 M., 9. mehr als 1500 bis 3000 M. einschl. oder mehr als 2 bis 3 Jahre einschl. 130 M., 10. mehr als 3000 M. oder mehr als 3 bis 10 Jahre einschl. 180 M., 11. im Falle einer schwereren Strafe 300 M. Ist auf Verweis erkannt, so beträgt die Gebühr 5 M., und ist ausschliesslich auf Verlust der bürgerlichen Ehrenrechte überhaupt oder einzelner bürgerlicher Ehrenrechte erkannt, 45 M.

$^2/_{10}$ dieser Sätze werden erhoben in dem Verfahren bei amtsrichterlichen Strafbefehlen, wenn die Strafe ohne Hauptverhandlung rechtskräftig festgesetzt ist. Wird der gegen einen Strafbefehl erhobene Einspruch wegen Ausbleibens des Angeklagten in der Hauptverhandlung durch Urtheil verworfen, so sind für das ganze Verfahren $^4/_{10}$ der Sätze zu erheben. Hat weder eine Voruntersuchung noch in dem Hauptverfahren eine Beweisaufnahme stattgefunden, so kann das Gericht die Sätze bis auf $^5/_{10}$ ermässigen.

Die obigen Sätze sind auch für die Berufungsinstanz sowie für die Revisionsinstanz zu erheben, wenn in derselben eine Hauptverhandlung stattgefunden hat und das Rechtsmittel nicht als unzulässig verworfen wird. Hat eine Beweisaufnahme in der Berufungsinstanz nicht stattgefunden, so kann das Gericht die Sätze bis auf $^5/_{10}$ ermässigen. Wird die Berufung wegen Ausbleibens des Angeklagten in der Hauptverhandlung verworfen, oder betrifft die Berufung die Verwerfung des gegen einen Strafbefehl erhobenen Einspruchs, so sind $^4/_{10}$ zu erheben. $^1/_{10}$ der normalen Sätze wird besonders erhoben: 1. für Verwerfung eines Gesuchs um Wiedereinsetzung in den vorigen Stand; 2. für die Entscheidung, durch welche eine Berufung oder Revision als unzulässig verworfen wird; 3. für die Entscheidung, durch welche ein Antrag auf Wiederaufnahme des Verfahrens als unzulässig verworfen wird; 4. für die Entscheidung, durch welche ein Einspruch gegen einen amtsrichterlichen Strafbefehl oder ein Antrag auf gerichtliche Entscheidung nach vorangegangener polizeilicher Strafverfügung oder nach Erlass eines Strafbescheides einer Verwaltungsbehörde als unzulässig verworfen wird; 5. für Zurückweisung von Beschwerden gegen die unter Nr. 1 bis 4 bezeichneten Entscheidungen. Wird ein Antrag auf Wiederaufnahme des Verfahrens als unbegründet verworfen, so werden $^2/_{10}$ und, wenn eine Beweisaufnahme stattgefunden hat, $^4/_{10}$ der Sätze erhoben. Für Zurückweisung von Beschwerden gegen diese Entscheidungen wird $^1/_{10}$ der Sätze erhoben. Für die Zurückweisung anderer Beschwerden wird eine Gebühr von 1 M. erhoben.

Die Gebühr ist von dem Beschuldigten nur zu erheben, wenn er zu Strafe rechtskräftig verurtheilt wird. Werden bei Anträgen auf Erhebung der öffentlichen Klage dem Antragsteller die Kosten auferlegt, so beträgt die Gebühr, je nachdem es sich um Uebertretungen, Vergehen oder Verbrechen handelt, 20, 50 oder 100 M. Für das Verfahren auf erhobene Privatklage werden in erster Instanz erhoben: 1. wenn nach Beginn der Hauptverhandlung Einstellung des Verfahrens erfolgt 5 M., 2. wenn ausser dem Falle der Nr. 1 die Instanz ohne Beweisaufnahme durch Urtheil beendigt wird, 15 M., 3. wenn ausser dem Falle der Nr. 1 die Instanz nach stattgehabter Beweisaufnahme durch Urtheil beendigt wird, 20 M. Dieselben Sätze sind für die Berufungsinstanz sowie für die Revisionsinstanz zu erheben. Für die Widerklage wird ein besonderer Satz nicht erhoben. Bei Zurücknahme einer Privatklage vor Beginn der Hauptverhandlung werden 2 M. erhoben. Sind in einer Sache mehrere Personen als Privatkläger oder als Beschuldigte in derselben Instanz betheiligt, so wird ohne Rücksicht auf die Zahl der Personen das Doppelte der Gebühren erhoben.

Besonders erhoben werden 1. die Gebühren für Akte, welche die Verpflichtung eines Vertheidigers zur Tragung der durch Verschulden desselben veranlassten Kosten betreffen; 2. die Gebühren für Entscheidungen, welche betreffen: a) Anträge auf Festsetzung der zu erstattenden Kosten; b) die Vollstreckung einer über eine Vermögensstrafe, eine Busse oder über Erstattung von Kosten ergangenen Entscheidung; c) die Beschwerde gegen eine Entscheidung, durch welche der Verfall einer zur Abwendung einer Untersuchungshaft oder zur Erlangung eines Strafaufschubs bestellten Sicherheit ausgesprochen wird.

An baaren Auslagen werden erhoben: 1. die Schreibgebühren; 2. die Post- und Telegraphenbühren; 3. die durch Einrückung einer Bekanntmachung in öffentliche Blätter entstehenden Kosten; 4. die an Zeugen und Sachverständige zu zahlenden Gebühren, deren Höhe reichsgesetzlich, durch die unterm 20. Mai 1898 neu publizirte Gebührenordnung für Zeugen und Sachverständige v. 30. Juni 1878 (R.-G.-Bl. 1878 S. 173, 1898 S. 689), geregelt ist; 5. die bei Geschäften ausserhalb der Gerichtsstelle den Gerichtsbeamten zustehenden Tagegelder und Reisekosten; 6. die an andere Behörden oder Beamte oder an Rechtsanwälte für deren Thätigkeit zu zahlenden Beträge; 7. die Kosten eines Transports von Personen; 8. die Haftkosten nach Massgabe der für die Strafhaft geltenden landesgesetzlichen Vorschriften.

Die Schreibgebühren werden für Ausfertigungen und Abschriften erhoben und betragen für die Seite, welche mindestens zwanzig Zeilen von durchschnittlich zwölf Silben enthält, zehn Pfennig, auch wenn die Herstellung auf mechanischem Wege stattgefunden hat. Sie werden nicht erhoben: 1. für die von Amts wegen anzufertigenden Ausfertigungen und Abschriften in gewissen Fällen, sofern in denselben keine Gebühren zu erheben sind; 2. für die Benachrichtigung von dem gegen einen Zahlungsbefehl erhobenen Widerspruche; 3. für den Vollstreckungsbefehl; 4. für die Vollstreckungsklausel; 5. für das Zeugniss der Rechtskraft und für das Zeugniss, dass innerhalb der Nothfrist ein Schriftsatz zur Terminsbestimmung nicht eingereicht sei. Für die von Amts wegen bewirkten Zustellungen werden baare Auslagen nicht erhoben. Die Erhebung der Schreibgebühr für die Ausfertigungen und Abschriften des zuzustellenden Schriftstücks wird hierdurch nicht ausgeschlossen.

In bürgerlichen Rechtsstreitigkeiten ist ein Gebührenvorschuss für jede Instanz von dem Antragsteller zu zahlen. Der Vorschuss beträgt soviel wie die höchste Gebühr, welche für einen Akt der Instanz zum Ansatze kommen kann. Diese Verpflichtung besteht auch für den Widerkläger und im Falle wechselseitig eingelegter Rechtsmittel für jede Partei, in beiden Fällen unter getrennter Berechnung der Streitgegenstände. Bei Erweiterung der Anträge ist der Vorschuss nach Massgabe der Erweiterung zu erhöhen. Im Konkursverfahren ist ein Gebührenvorschuss 1. bei dem Antrag auf Eröffnung des Konkursverfahrens, 2. bei der Anmeldung einer Konkursforderung nach dem Ablaufe der Anmeldefrist, 3. bei dem Antrag eines Gläubigers auf Anordnung einer Sicherheitsmassregel gegen den des betrügerischen Bankerotts verdächtigen Gemeinschuldner von dem Antragsteller zu zahlen. Der Vorschuss beträgt ebensoviel wie die zu erhebende Gebühr, im Falle der Nr. 1 $^3/_{10}$ der normalen Gebühr. In Strafsachen ist von dem Privatkläger oder demjenigen, welcher als Privatkläger eine Berufung oder Revision einlegt, oder eine Wiederaufnahme des Verfahrens beantragt sowie von dem Nebenkläger, welcher eine Berufung oder Revision einlegt, ein Gebührenvorschuss von 10 M. für die Instanz zu zahlen. Ausser dem Gebührenvorschuss ist bei jedem Antrag auf Vornahme einer Handlung, mit welcher baare Auslagen verbunden sind, ein zur Deckung derselben hinreichender Vorschuss von dem Antragsteller zu zahlen. Diese letztere Vorschusspflicht besteht in Strafsachen nur in dem Verfahren auf erhobene Privatklage und für den Nebenkläger, welcher sich eines Rechtsmittels bedient. Die Ladung und Vernehmung von Zeugen oder Sachverständigen auf Antrag des Privatklägers oder des Nebenklägers kann von der vorgängigen Zahlung eines zur Deckung der erwachsenden Auslagen hinreichenden Vorschusses abhängig gemacht werden. Ausländer, welche als Kläger auftreten, haben das Dreifache des für Inländer bestimmten Betrags als Vorschuss zu zahlen, ausser 1. wenn nach den Gesetzen des Staates, welchem der Kläger angehört, ein Deutscher in gleichem Falle zu einer besonderen Vorauszahlung oder zu einer Sicherstellung der Gerichtskosten nicht verpflichtet ist; 2. im Urkunden- oder Wechselprozesse; 3. bei Widerklagen; 4. bei Klagen, welche in Folge einer öffentlichen Aufforderung angestellt werden; 5. bei Klagen aus Ansprüchen, welche in das Grund- oder Hypothekenbuch einer Deutschen Behörde eingetragen sind; 6. wenn dem Kläger das Armenrecht bewilligt ist.

In Ermangelung eines anderen Schuldners ist derjenige, welcher das Verfahren der Instanz beantragt hat, Schuldner der entstandenen Gebühren und Auslagen.

Von Zahlung der Gebühren, nicht auch der baaren Auslagen, sind nach Reichs- oder Landesrecht befreit: der Reichs- und Staatsfiskus und die im nächsten Paragraphen (auf S. 1818) genannten Anstalten u. s. w.

§ 57. Die reichsgesetzliche Regelung des Kostenwesens durch das Gerichtskostenges. v. 18. Juni 1878 betraf nur die streitige Gerichtsbarkeit, berührte dagegen die nicht streitige nicht. Das Preussische Ausführungsgesetz zum Gerichtskostenges. v. 10. März 1879 (G.-S. S. 145) dehnte zwar die reichsrechtlichen allgemeinen Grundsätze über Ansatz und Erhebung der Gerichtskosten namentlich auch über die Werthberechnung, soweit angängig, auf alle gerichtlichen Angelegenheiten aus und beseitigte damit einen Theil der früheren landesrechtlichen Vorschriften. Dadurch entstand aber der äusserst unerwünschte Zustand, dass nun die Grundsätze noch mehr zerstreut waren, in den älteren landesgesetzlichen Vorschriften, in dem Deutschen Gerichtskostengesetz und in dem Preussischen Ausführungsgesetz zu demselben. Nur für das Gebiet der Grundbuchordnung von 1872 galt das Gesetz betr. die Gerichtskosten bei Zwangsversteigerungen und Zwangsverwaltungen von Gegenständen des unbeweglichen Vermögens v. 18. Juli 1883 (G.-S. S. 189). Als nun mit der Einführung des Grundbuches im Gebiete des rheinischen Rechts die Amtsgerichte in beschränkter Weise die ihnen bis dahin fehlende Zuständigkeit zur Aufnahme und Beglaubigung rechtsgeschäftlicher Erklärungen erhielten, wurden die entsprechenden Bestimmungen des Kostentarifs v. 10. Mai 1851 auf dieses Rechtsgebiet übertragen (Kostentarif zu dem Ges. v. 12. April 1888).

Es wurde aber schon in der Begründung des Ges. v. 12. April 1888 ausgesprochen, dass diese Regelung nur eine vorläufige sei, und dass es einer Neuordnung der in dieser Hinsicht für Gerichte und Notare geltenden Vorschriften bedürfe. Während nämlich im Geltungsbereich des Ges. v. 10. Mai 1851 die Gebühren der Notare für Beurkundungen der in Rede stehenden Art denen der Gerichte gleich waren, waren sie nach der rheinischen Notariatstaxe v. 25. April 1822 bei Gegenständen geringen Werthes erheblich höher, bei solchen höheren

Werthes bedeutend niedriger als diese. War es nun desshalb geboten, den Kostentarif zu dem rheinischen Grundbuchges. v. 12. April 1888 mit der dortigen Notariattaxe in Uebereinstimmung zu bringen, so ging dies auf dem Wege der Spezialgesetzgebung für das rheinische Rechtsgebiet nicht an, weil man damit die eben erreichte Rechtseinheit auf dem Gebiete der Gerichtsgebühren wieder hätte aufgeben müssen, und weil auch im Geltungsbereich des Gesetzes von 1851 Wünsche auf Tarifänderungen hervorgetreten waren. Es wurde daher 1890 dem Landtage ein Gesetzentwurf vorgelegt, der eine gleichmässige Regelung der Gebühren für gerichtliche Beurkundungen und der Notariatsgebühren in der ganzen Monarchie bezweckte. Derselbe blieb indess unerledigt. Nunmehr wurde nach mehrjährigem Zögern angesichts der Klagen über die Unsicherheit und Unübersichtlichkeit des Rechtszustandes und über unverhältnissmässige Belastung der geringeren Objekte in Grundbuch- und Vormundschaftssachen der Plan des gesetzgeberischen Vorgehens erweitert, und es wurden 1895 dem Landtage Entwürfe eines das ganze der Landesgesetzgebung verbliebene Gebiet des Gerichtskostenwesens regelnden Gesetzes und eines Gesetzes über die Natariatsgebühren vorgelegt. Beide gelangten zur Verabschiedung und wurden unter dem Titel „Preussisches Gerichtskostengesetz“ und „Gebührenordnung für Notare“ mit Geltung für den ganzen Umfang der Monarchie am 25. Juni 1895 Allerhöchst vollzogen (G.-S. S. 203 und 256). Das Preussische Gerichtskostengesetz beruht wie das Deutsche durchweg auf dem Grundsatze der Pauschgebühren nach dem Werthe des Gegenstandes. Dabei ist dieses System benutzt, um der Leistungsfähigkeit der Betheiligten Rechnung zu tragen: gegenüber den früheren Sätzen sind die Gebühren für geringe Werthe durchweg erheblich ermässigt, während der Ausgleich für diesen Ausfall der Staatskasse in einer mässigen Erhöhung der Gebühren für solche Werthe und in einer Heranziehung der bisher in ungenügendem Maasse der Gebührenpflicht unterworfenen Geschäfte des Handelsregisters gesucht wurde.

Die Einführung des Bürgerlichen Gesetzbuches bedingte eine Reihe von Aenderungen des Preussischen Gerichtskostengesetzes, die durch Art. 86 § 1 des Ausführungsgesetzes zum Bürgerlichen Gesetzbuch v. 20. Septbr. 1899 (G.-S. S. 189) verfügt wurden, worauf das ganze Gesetz auf Grund der im § 2 des gedachten Artikels ertheilten Ermächtigung unterm 6. Okt. 1899 neu publizirt wurde (G.-S. S. 325).

Zur Zahlung der Gerichtskosten in Sachen der freiwilligen Gerichtsbarkeit verpflichtet ist nach dem Preussischen Gerichtskostengesetze in der Regel derjenige, durch dessen Antrag die Thätigkeit des Gerichts veranlasst ist, und bei Geschäften, welche von Amtswegen betrieben werden, derjenige, dessen Interesse dabei wahrgenommen wird. Mehrere Kostenschuldner haften als Gesammtschuldner. Die Kosten der Eröffnung einer Verfügung von Todeswegen, der Sicherung des Nachlasses, einer Nachlasspflegschaft und der Inventarerrichtung können aus dem Nachlass entnommen werden. Für die Zahlung der Kosten haften die Erben nach den Vorschriften über Nachlassverbindlichkeiten. Bei jedem Antrag auf Vornahme einer Handlung, mit welcher baare Auslagen verbunden sind, ist ein zur Deckung derselben hinreichender Vorschuss von dem Antragsteller zu zahlen. Das Gericht kann die Vornahme der Handlung von der Zahlung des Vorschusses abhängig machen, sofern nicht die Verzögerung dem Antragsteller einen unersetzlichen Nachtheil bringen würde. Gebührenfrei sind insbesondere alle auf Ersuchen der Verwaltungsbehörden auszuführenden Geschäfte, welche ein öffentliches Interesse betreffen, die auf Ersuchen von Verwaltungsgerichten oder Auseinandersetzungsbehörden vorzunehmenden Geschäfte, die von Amtswegen veranlasste Vereidigung von Personen, welche mit dem Forstschutze betraut sind, die Legalisation der Unterschriften der Behörden und Beamten bei dem zum Gebrauch im Auslande bestimmten Urkunden sowie Verfügungen und Verhandlungen, welche begründet befundene Beschwerden betreffen. Von der Zahlung der Gerichtsgebühren, nicht auch von derjenigen der baaren Auslagen, sind befreit: 1. der Fiskus des Deutschen Reichs und des Preussischen Staates sowie alle öffentlichen Anstalten und Kassen, welche für Rechnung des Reichs oder Staates verwaltet werden oder diesen gleichgestellt sind; 2. alle öffentlichen Armen-, Kranken-, Arbeits- und Besserungsanstalten und Waisenhäuser; ferner milde Stiftungen, insofern solche nicht einzelne Familien oder bestimmte Personen betreffen, oder in blossen Studien-Stipendien bestehen, sowie endlich die Gemeinden in Armenangelegenheiten; 3. alle öffentlichen Volksschulen; 4. alle öffentlichen gelehrten Anstalten und Schulen, Kirchen, Pfarreien, Kaplaneien, Vikarien und Küstereien, insoweit, als die Einnahmen derselben die etatsmässige Ausgabe, einschliesslich der Besoldung oder des statt dieser überlassenen Niessbrauchs, nicht übersteigen; 5. Militärpersonen rücksichtlich der von ihnen bei der Mobilmachung errichteten einseitigen und wechselseitigen letztwilligen Verfügungen sowie der Zurücknahme derselben; 6. Aktiengesellschaften, Genossenschaften und Gesellschaften mit beschränkter Haftung, deren durch Statut bestimmter Zweck ausschliesslich darauf gerichtet ist, unbemittelten Familien gesunde und zweckmässig eingerichtete Wohnungen in eigens erbauten oder angekauften Häusern zu billigen Preisen zu verschaffen, und deren Statut die an die Gesellschafter zu vertheilende Dividende auf höchstens 4 Proz. ihrer Anteile beschränkt, auch den Gesellschaftern für den Fall der Auflösung der Gesellschaft nicht mehr als den Nennwerth ihrer Antheile zusichert, den etwaigen Rest des Gesellschaftsvermögens aber für gemeinnützige Zwecke bestimmt; 7. andere als die in Nr. 6 bezeichneten Privatunternehmungen, welche nicht auf einen besonderen Geldgewinn der Unternehmer gerichtet sind, sondern einen gemeinnützigen, nicht auf einzelne Familien oder Korporationen beschränkten Zweck haben, sofern denselben durch besondere gesetzliche Bestimmung Gebührenfreiheit bewilligt ist Dem Fiskus anderer Staaten sowie den öffentlichen Anstalten und Kassen, die für Rechnung eines anderen Staates verwaltet werden oder diesen gleichgestellt sind, und den Chefs der bei dem Deutschen Reiche oder bei Preussen beglaubigten Missionen kann bei Gegenseitigkeit Gebührenfreiheit gewährt werden.

Wer ausser Stande ist, ohne Beeinträchtigung des für ihn und seine Familie nothwendigen Unterhalts die Kosten des Prozesses zu bestreiten, hat auf Bewilligung des Armenrechts Anspruch, wenn die beabsichtigte Rechtsverfolgung oder Rechtsvertheidigung nicht muthwillig oder aussichtslos erscheint, ein Ausländer nur, wenn die Gegenseitigkeit verbürgt ist. Das Armenrecht gewährt: 1. die einstweilige Befreiung von der Berichtigung der rückständigen und künftig erwachsenden Gerichtskosten, einschliesslich der Gebühren der Beamten, der den Zeugen und den Sachverständigen zu gewährenden Vergütung und der sonstigen baaren Auslagen sowie der Stempelsteuer; 2. die Befreiung von der Sicherheitsleistung für die Prozesskosten; 3. das Recht, dass der Partei zur vorläufig unentgeltlichen Bewirkung von Zustellungen und von Vollstreckungshandlungen ein Gerichtsvollzieher und, insoweit eine Vertretung durch Anwälte geboten ist, zur vorläufig unentgeltlichen Wahrnehmung ihrer Rechte ein Rechtsanwalt beigeordnet werde. Insoweit nicht eine Vertretung durch Anwälte geboten oder ein Anwalt beigeordnet ist, kann einer armen Partei, welche nicht im Bezirke des Prozessgerichts wohnt, zur unentgeltlichen Wahrnehmung ihrer Rechte in der mündlichen Verhandlung ein Justizbeamter, der nicht als

Richter angestellt ist, oder ein Rechtskundiger, der die vorgeschriebene erste Prüfung für den Justizdienst bestanden hat, auf Antrag beigeordnet werden. Die in Folge dessen erwachsenden baaren Auslagen werden von der Staatskasse bestritten und als Gerichtskosten in Ansatz gebracht. Die Bewilligung des Armenrechts hat auf die Verpflichtung zur Erstattung der dem Gegner erwachsenden Kosten keinen Einfluss. Die Bewilligung des Armenrechts für den Kläger, den Berufungskläger und den Revisionskläger hat zugleich für den Gegner die einstweilige Befreiung von den vorstehend unter Nr. 1 bezeichneten Kosten zur Folge. Das Armenrecht kann zu jeder Zeit entzogen werden, wenn sich ergiebt, dass eine Voraussetzung der Bewilligung nicht vorhanden war oder nicht mehr vorhanden ist. Die Gerichtskosten, von deren Berichtigung die arme Partei einstweilen befreit ist, können von dem in die Prozesskosten verurtheilten Gegner nach Massgabe der für die Beitreibung rückständiger Gerichtskosten geltenden Vorschriften eingezogen werden. Die Gerichtskosten, von deren Berichtigung der Gegner der armen Partei einstweilen befreit ist, sind von demselben einzuziehen, soweit er in die Prozesskosten verurtheilt oder der Rechtsstreit ohne Urtheil über die Kosten beendigt ist Die für die arme Partei bestellten Gerichtsvollzieher und Rechtsanwälte sind berechtigt, ihre Gebühren und Auslagen von dem in die Prozesskosten verurteilten Gegner beizutreiben. Die zum Armenrechte zugelassene Partei ist zur Nachzahlung der Beträge, von deren Berichtigung sie einstweilen befreit war, verpflichtet, sobald sie ohne Beeinträchtigung des für sie und ihre Familie nothwendigen Unterhalts dazu im Stande ist. Gegen den Beschluss, durch welchen das Armenrecht bewilligt wird, findet kein Rechtsmittel, gegen den Beschluss, durch welchen das Armenrecht verweigert oder entzogen oder die Nachzahlung von Kosten angeordnet wird, findet die Beschwerde statt.

Eine Nachforderung von Gerichtskosten wegen irrigen Ansatzes ist nur zulässig, wenn der berichtigte Ansatz vor Ablauf des nächsten Kalenderjahres nach endgültiger Erledigung des Geschäfts dem Zahlungspflichtigen mitgetheilt ist. Der Anspruch auf Zahlung von Gerichtskosten verjährt in vier Jahren. Bei der Berechnung des Werthes einer Sache ist nur der gemeine Werth derselben in Betracht zu ziehen. Werden Pachtverträge, welche auf länger als drei Jahre geschlossen sind, vor Ablauf der vertragsmässigen Zeit aufgelöst, so ist der Justizminister ermächtigt, die Rückzahlung der für die Beurkundung des Pachtvertrages entrichteten Gebühren insoweit anzuordnen, als dieselben denjenigen Gebührensatz übersteigen, welcher bei Verabredung der wirklichen Vertragsdauer anzusetzen gewesen wäre.

Die Entscheidungen über Werthfestsetzung oder über Erinnerungen gegen den Kostenansatz können von dem Gerichte, welches dieselben getroffen hat, oder von dem Gerichte der höheren Instanz von Amtswegen geändert werden. Gegen die Entscheidungen findet Beschwerde statt, gegen die Entscheidung der Landgerichte als Beschwerdegerichte auch dann, wenn ein neuer selbbständiger Beschwerdegrund nicht vorliegt oder die Beschwerdesumme den Betrag von 50 M. nicht übersteigt, die weitere Beschwerde, falls die Entscheidung auf einer Verletzung des Gesetzes beruht. Soweit die Aenderung einer Werth- oder Kostenfestsetzung von Amtswegen oder die Verhandlung und Entscheidung von Beschwerden den Oberlandesgerichten als Gerichten höherer Instanz oder Beschwerdegerichten zusteht, ist das Kammergericht ausschliesslich zuständig, wenn nicht ein anderes Oberlandesgericht gleichzeitig über eine Beschwerde in der Angelegenheit, für welche Kosten in Ansatz zu bringen sind, zu entscheiden hat. Eine Erhebung von Stempeln neben den Gebühren findet nur in denjenigen Fällen statt, in welchen es ausdrücklich angeordnet ist. Urkunden, welche in einem den Vorschriften dieses Gesetzes unterliegenden Verfahren errichtet werden, bleiben, soweit ihr Inhalt über den Gegenstand des Verfahrens hinausgeht, den allgemeinen Vorschriften über Erhebung von Stempeln unterworfen. Eine Verwendung von Stempelmaterial findet bei den Gerichten nicht statt. Wenn Stempelabgaben neben den Gebühren zu erheben sind, werden dieselben nach den für Gerichtsgebühren geltenden Vorschriften eingezogen und auch sonst als Gerichtsgebühren behandelt.

Im Nachstehenden geben wir, soweit es der zur Verfügung stehende Raum gestattet, eine Uebersicht der wichtigsten Gebührensätze.

Die Gebühren für gerichtliche Urkunden werden nach dem Werthe des Gegenstandes erhoben. Die volle Gebühr beträgt bei Gegenständen im Werthe

1	bis 20 M. einschliesslich						. . . .	0,40	M.
2.	von mehr als			20	bis	60	M	einschliesslich	0,70	„
3.	„	„	„	60	„	120	„	„	1,20	„
4.	„	„	„	120	„	200	„	„	1,80	„
5.	„	„	„	200	„	300	„	„	2,40	„
6	„	„	„	300	„	450	„	„	3	„
7.	„	„	„	450	„	650	„	„	3,60	„
8	„	„	„	650	„	900	„	„	4,20	„
9.	„	„	„	900	„	1 200	„	„	5	„
10.	„	„	„	1 200	„	1 600	„	„	6	„
11.	„	„	„	1 600	„	2 100	„	„	7	„
12.	„	„	„	2 100	„	2 700	„	„	8	„
13.	„	„	„	2 700	„	3 400	„	„	9	„
14.	„	„	„	3 400	„	4 300	„	„	10	„
15.	„	„	„	4 300	„	5 400	„	„	11	„
16.	„	„	„	5 400	„	6 700	„	„	12	„
17.	„	„	„	6 700	„	8 200	„	„	13	„
18.	„	„	„	8 200	„	10 000	„	„	14	„
19.	„	„	„	10 000	„	12 000	„	„	15	„
20.	„	„	„	12 000	„	14 000	„	„	16	„
21	„	„	„	14 000	„	16 000	„	„	17	„
22.	„	„	„	16 000	„	18 000	„	„	18	„
23.	„	„	„	18 000	„	20 000	„	„	19	„
24.	„	„	„	20 000	„	22 000	„	„	20	„
25.	„	„	„	22 000	„	24 000	„	„	21	„
26	„	„	„	24 000	„	26 000	„	„	22	„
27	„	„	„	26 000	„	28 000	„	„	23	„
28.	„	„	„	28 000	„	30 000	„	„	24	„
29.	„	„	„	30 000	„	35 000	„	„	26	„
30.	„	„	„	35 000	„	40 000	„	„	28	„
31.	„	„	„	40 000	„	50 000	„	„	30	„
32	„	„	„	50 000	„	60 000	„	„	32	„
33.	„	„	„	60 000	„	70 000	„	„	34	„
34	„	„	„	70 000	„	80 000	„	„	36	„
35	„	„	„	80 000	„	90 000	„	„	38	„
36.	„	„	„	90 000	„	100 000	„	„	40	„

Die ferneren Werthklassen steigen um je 10 000 M. und die Gebühren um je 1 M. Die volle Gebühr wird erhoben für die Beurkundung einseitiger Erklärungen oder einseitiger Verträge, für zweiseitige die doppelte Gebühr. $^5/_{10}$ der vollen Gebühr werden erhoben: 1. für jede besondere Urkunde, in welcher die Zustimmung einzelner Theilnehmer zu einer bereits beurkundeten Erklärung beurkundet wird; 2. für Vollmachten; 3. für nachträgliche ergänzende oder abändernde Erklärungen, welche für sich kein besonderes Geschäft bilden und von derselben Behörde beurkundet werden; 4 für die Beurkundung der Wiederaufhebung eines noch von keiner Seite erfüllten Vertrags. Wenn in einer Verhandlung mehrere selbstständige Rechtsgeschäfte beurkundet werden, so wird für jedes derselben die nach der Art des Geschäfts und dem Werthe des Gegenstandes zu berechnende Gebühr besonders erhoben. Im Zweifel ist jedoch anzunehmen, dass alle in einer Urkunde zusammengefassten Erklärungen, welche sich auf denselben Gegenstand beziehen oder die rechtlichen Beziehungen derselben Personen betreffen, ein einheitliches Rechtsgeschäft bilden.

Für die Anerkennung oder Beglaubigung von Unterschriften oder Handzeichen werden $^3/_{10}$ und, wenn es sich um einen zweiseitigen Vertrag handelt, $^4/_{10}$ der vollen Gebühr erhoben, für die Errichtung eines Erbvertrags vor einem Richter die zweifache Gebühr, wenn der Erbvertrag mündlich erklärt oder der Entwurf vom Richter angefertigt wird, in anderen Fällen für die Errichtung einer Verfügung von Todeswegen vor einem Richter die volle Gebühr; für die amtliche Verwahrung einer Verfügung von Todeswegen werden $^2/_{10}$, für die Eröffnung einer Verfügung von Todeswegen und für die Rückgabe einer Verfügung von Todeswegen $^5/_{10}$ der vollen Gebühr, für die Errichtung von Familienfideikommissen, Familienstiftungen und Familienschlüssen das Zweifache der vollen Gebühr Bei freiwilligen Versteigerungen zum Zwecke des Verkaufs oder der Verpachtung von Grundstücken oder anderen Gegenständen, welche der Zwangsvollstreckung in das unbewegliche Vermögen unterliegen, werden erhoben: 1. für die Vorbereitung der Versteigerung $^5/_{10}$ der vollen Gebühr; 2. für die Aufnahme einer gerichtlichen Schätzung $^5/_{10}$ der vollen Gebühr; 3. für die Abhaltung eines jeden Versteigerungstermins die volle Gebühr. Für die Versteigerung von beweglichen Sachen, von Früchten auf dem Halme und von Holz auf dem Stamme sowie von Forderungen oder sonstigen Vermögensrechten werden nach dem zusammenzurechnenden Werthe der Gegenstände erhoben:

von dem Betrage	bis zu 100 M.	5 v. Hundert,	
„ „ „ über 100 M.	bis 300 „	3 „	„
„ „ „ „ 300 „	„ 1 000 „	2 „	„
„ „ „ „ 1 000 „	„ 5 000 „	1 „	„
„ „ „ „ 5 000 „	. . . . .	½ „	„

jedoch nicht unter 2 M.

Das Zweifache der vollen Gebühr wird erhoben für die Beurkundung des Herganges bei Verlosungen, bei Auslosung oder Vernichtung von Werthpapieren und bei Wahlversammlungen, ingleichen für die Beurkundung der Beschlüsse der Generalversammlungen, Aufsichtsräthe oder sonstigen Organe von Aktiengesellschaften oder anderen Vereinigungen. Die volle Gebühr wird erhoben: 1. für die Ertheilung von Bescheinigungen über Thatsachen oder Verhältnisse, welche urkundlich nachgewiesen oder offenkundig sind; 2. für die Abnahme von Eiden und eidesstattlichen Versicherungen, mit Ausnahme der behufs Erlangung eines Erbscheins abzugebenden eidesstattlichen Versicherungen, und für die Vernehmung von Zeugen und Sachverständigen, soweit diese Geschäfte nicht einen Theil eines anderen Verfahrens bilden; 3. für die Mitwirkung bei Abmarkungen; 4. für die Aufnahme von Verklarungen, von Protesten und ähnlichen Urkunden; 5. für Siegelungen, einschliesslich der Entsiegelungen, sowie für die Aufnahme von Schätzungen oder Vermögensverzeichnissen, wenn sich aber die Thätigkeit des Gerichts auf die Siegelung oder die Entsiegelung beschränkt, nur $^5/_{10}$. Für die Aufnahme eines Vermögensverzeichnisses und die Vornahme von Siegelungen und Entsiegelungen durch einen Gerichtsschreiber werden nach dem Werthe der verzeichneten oder versiegelten Gegenstände erhoben:

bei einem Betrage bis	50 M	einschliesslich	1 M.,
„ „ „ „	100 „	„	2 „
„ „ „ „	300 „	„	3 „
„ „ „ „	1 000 „	„	4 „
„ „ „ „	5 000 „	„	5 „
„ „ „ über	5 000 „	. . . .	6 „

Nimmt die Aufnahme einen Zeitaufwand von mehr als zwei Stunden in Anspruch, so erhöht sich die Gebühr für jede angefangene weitere Stunde um ¼. Für Siegelungen und Entsiegelungen durch einen Gerichtsschreiber wird, wenn mit denselben die Aufnahme eines Vermögensverzeichnisses nicht verbunden ist, die Hälfte der Gebühren erhoben Für die Aufnahme von Wechselprotesten, einschliesslich einer etwaigen Interventionserklärung, wird die volle Gebühr erhoben Diese Gebühr erhöht sich für jeden Weg, welchen der Richter behufs Vorlegung des Wechsels oder behufs Nachsuchung der Wohnung bei der Polizeibehörde unternimmt, um je $^1/_{10}$ der vollen Gebühr, mindestens aber um 1 M. Findet die

Aufnahme eines Wechselprotestes durch einen Gerichtsschreiber statt, so beträgt die Protestgebühr

bei einem Werthe bis	50 M.	einschliesslich	0,50 M.,
„ „ „ „	100 „	„	1 „
„ „ „ „	300 „	„	2 „
„ „ „ „	1 000 „	„	3 „
„ „ „ „	5 000 „	„	4 „
„ „ „ über	5 000 „	. . . .	5 „

und die Erhöhung für jeden Weg $^{2}/_{10}$ dieser Sätze, mindestens aber 0,50 M. Für die Beglaubigung von Abschriften werden $^{3}/_{10}$ der vollen Gebühr bis zum Höchstbetrage von 10 M. erhoben. Für die Ertheilung von Ausfertigungen oder beglaubigten Abschriften von Urkunden, welche das Gericht selbst aufgenommen hat, einschliesslich der Ertheilung auszugsweiser Ausfertigungen oder beglaubigter Abschriften werden nur Schreibgebühren erhoben, ebenso für Ausfertigungen oder beglaubigte Abschriften von den in Verwahrung des Gerichts befindlichen Urkunden der Auditeure, Notare und Schiedsmänner. $^{3}/_{10}$ der vollen Gebühr werden erhoben für die Sicherstellung der Zeit, zu welcher eine Privaturkunde ausgestellt ist. Wird auf Verlangen der Partei oder mit Rücksicht auf die Art der Rechtshandlung diese ausserhalb der Gerichtsstelle vorgenommen, so werden neben den normalen Gebühren $^{5}/_{10}$ der vollen Gebühr, jedoch mindestens 1 M. und höchstens 10 M. erhoben. Die Gebühren für die Beurkundung eines Rechtsgeschäfts werden um $^{1}/_{4}$ erhöht, wenn sich ein Betheiligter in fremder Sprache erklärt.

In Grundbuchsachen beträgt, sofern nicht Ausnahmen vorgesehen sind, die volle Gebühr

	bei einem Werthe des Gegenstandes					nach dem Satze A	nach dem Satze B
1.	bis 20 M. einschliesslich				. . . .	0,40 M.,	0,20 M.
2.	von mehr als	20	bis	60 M.	einschliesslich	0,70 „	0,40 „
3.	„ „ „	60	„	120 „	„	1 „	0,60 „
4.	„ „ „	120	„	200 „	„	1,50 „	1 „
5.	„ „ „	200	„	300 „	„	2 „	1,40 „
6.	„ „ „	300	„	450 „	„	2,60 „	1,90 „
7.	„ „ „	450	„	650 „	„	3,20 „	2,40 „
8.	„ „ „	650	„	900 „	„	4 „	2,90 „
9.	„ „ „	900	„	1 200 „	„	4,80 „	3,40 „
10.	„ „ „	1 200	„	1 600 „	„	6 „	4 „
11.	„ „ „	1 600	„	2 100 „	„	7,20 „	4,60 „
12.	„ „ „	2 100	„	2 700 „	„	8,40 „	5,40 „
13.	„ „ „	2 700	„	3 400 „	„	9,60 „	6,20 „
14.	„ „ „	3 400	„	4 300 „	„	11 „	7,20 „
15.	„ „ „	4 300	„	5 400 „	„	12,60 „	8,20 „
16.	„ „ „	5 400	„	6 700 „	„	14,40 „	9,40 „
17.	„ „ „	6 700	„	8 200 „	„	16,20 „	10,60 „
18.	„ „ „	8 200	„	10 000 „	„	18 „	12 „
19.	„ „ „	10 000	„	12 000 „	„	20,40 „	13,80 „
20.	„ „ „	12 000	„	14 000 „	„	22,80 „	15,60 „
21.	„ „ „	14 000	„	16 000 „	„	25,20 „	17,40 „
22.	„ „ „	16 000	„	18 000 „	„	27,60 „	19,20 „
23.	„ „ „	18 000	„	20 000 „	„	30 „	21 „
24.	„ „ „	20 000	„	22 000 „	„	32,40 „	22,80 „
25.	„ „ „	22 000	„	24 000 „	„	34,80 „	24,60 „
26.	„ „ „	24 000	„	26 000 „	„	37,20 „	26,40 „
27.	„ „ „	26 000	„	28 000 „	„	39,60 „	28,20 „
28.	„ „ „	28 000	„	30 000 „	„	42 „	30 „

29.	von mehr als	30 000	bis	35 000	M.	einschliesslich	47	M.,	34	M.
30.	„ „ „	35 000	„	40 000	„	„	52	„	38	„
31.	„ „ „	40 000	„	50 000	„	„	60	„	45	„
32.	„ „ „	50 000	„	60 000	„	„	66	„	51	„
33.	„ „ „	60 000	„	70 000	„	„	72	„	57	„
34.	„ „ „	70 000	„	80 000	„	„	78	„	63	„
35.	„ „ „	80 000	„	90 000	„	„	84	„	69	„
36.	„ „ „	90 000	„	100 000	„	„	90	„	75	„

Die ferneren Werthklassen steigen um je 10 000 M. und die Gebühren bei beiden Gebührensätzen je um 6 M. Für die Eintragung des Eigenthümers, einschliesslich der Entgegennahme der Auflassungserklärung oder der Beurkundung des Antrags auf Eintragung sowie einschliesslich der vorkommenden Nebengeschäfte wird der Gebührensatz A erhoben. Für die Eintragung des Eigenthums von Abkömmlingen des bisherigen Eigenthümers auf Grund der Erbfolge oder eines Uebertragsvertrags oder der Erbauseinandersetzung, für die nachträgliche Eintragung des Miteigenthums eines Ehegatten oder von Kindern an Grundstücken, welche zur ehelichen Gütergemeinschaft oder zur fortgesetzten Gütergemeinschaft gehören, für die Umschreibung der Grundstücke, welche einem Ehegatten oder den Erben eines solchen bei der Auseinandersetzung einer aufgelösten Gütergemeinschaft überwiesen oder welche einem Ehegatten nach Auflösung der Gütergemeinschaft kraft Gesetzes zugefallen sind, einschliesslich der bei diesen Geschäften vorkommenden Nebengeschäfte, werden $^5/_{10}$ des Gebührensatzes A erhoben. Für jede Eintragung der Belastung des Grundstücks mit einem Rechte, einschliesslich der dabei vorkommenden Nebengeschäfte, wird der Gebührensatz B erhoben. Für die Eintragung von Veränderungen aller Art, Vormerkungen, Widersprüchen und Verfügungsbeschränkungen werden $^5/_{10}$, für andere Eintragungen $^3/_{10}$ des Gebührensatzes B erhoben. Löschungen tragen die Hälfte der Eintragungsgebühr.

Für die Ertheilung eines Hypotheken-, Grundschuld- oder Rentenschuldbriefs werden $^4/_{10}$ der für Urkunden bestimmten Gebühr, für die Ertheilung eines neuen Briefes, einschliesslich des über die Ertheilung im Grundbuch einzutragenden Vermerkes, für die Ergänzung des Auszugs aus dem Grundbuche sowie für die Herstellung eines Theilbriefs $^2/_{10}$, für die Ertheilung beglaubigter Abschriften werden $^3/_{10}$, wenn eine Abschrift des vollständigen Grundbuchblatts ertheilt wird, und $^2/_{10}$, wenn die Abschrift nur einen Theil des Grundbuchblatts betrifft, für Bescheinigungen des Grundbuchrichters über den Inhalt des Grundbuchs oder für Vermerke desselben auf dem Hypotheken-, Grundschuld- oder Rentenschuldbriefe $^2/_{10}$ der Urkundengebühr erhoben.

Die für Grundstücke gegebenen Vorschriften sind auf Bergwerke und andere Berechtigungen, für welche die sich auf Grundstücke beziehenden Vorschriften gelten, entsprechend anzuwenden. Ebenso gelten die Bestimmungen entsprechend für die Bahngrundbücher. Neben den Gebühren werden die Stempel für Auflassungen, Eintragungsverträge und Kuxscheine erhoben.

Für jede auf Antrag bewirkte Eintragung oder Löschung in einer Landgüter- oder Höferolle wird eine Gebühr von 3 M. erhoben. Zuschreibungen oder Löschungen in Landgüterrollen, welche von Amts wegen erfolgen, sowie Vermerke der Nummer des Rollenblatts auf dem Blatte des Grundbuchs sind gebührenfrei. Für die Eintragungen in das Handelsregister sind folgende Gebühren zu erheben: 1. bei Einzelkaufleuten a) für die Eintragung der Firma sowie für die Eintragung von Veränderungen, je nachdem der Gewerbebetrieb in die I., II., III. oder IV. Gewerbesteuerklasse gehört, 100, 50, 20 oder 10 M., bei Gewerbebetrieben, welche wegen geringen Ertrags und Kapitals von der Gewerbesteuer frei sind, 2 M., b) für die Löschung der Firma bei den drei ersten Gewerbesteuerklassen die Hälfte dieser Sätze, im Uebrigen 2 M.; 2. bei offenen Handelsgesellschaften und Kommanditgesellschaften a) für die erste Eintragung derselben das Zweifache der Sätze zu 1 a, b) für jede spätere Eintragung die Sätze zu 1 a; 3. bei Kommanditgesellschaften auf Aktien, Aktiengesellschaften und Gesellschaften mit beschränkter Haftung a) für die Eintragung der Gesellschaft sowie für die Eintragung eines Beschlusses über Erhöhung oder

Herabsetzung des Gesellschaftskapitals, die Urkundengebühr mit der Massgabe, dass von 100 000 M. an die ferneren Werthklassen um je 10 000 M. und die Gebühren um je 3 M. steigen und mindestens das Zweifache der Sätze zu 1 a zu erheben ist; b) für alle sonstigen Eintragungen die Sätze zu 1 a; 4. für die Eintragung einer Prokura die Sätze zu 1 a, für die Eintragung des Erlöschens derselben die Sätze zu 1 b. Für eine aus dem Handelsregister ertheilte Bescheinigung sowie für beglaubigte Abschriften oder Auszüge aus demselben ist in allen Fällen ausser den Schreibgebühren $^1/_{10}$ der Eintragungsgebühren, mindestens aber 1 M., zu erheben Für die Eintragungen in das Vereinsregister werden erhoben: a) für alle Eintragungen, mit Ausnahme der unter b und c bezeichneten Eintragungen, der Gebührensatz B für Grundbuchsachen; b) für die erste Eintragung des Vereins das Zweifache des Satzes zu a; c) für Eintragungen, welche sich auf Mitglieder des Vorstandes oder Liquidatoren beziehen, sowie für die Löschung des Vereins die Hälfte des Satzes zu a. Für die Eintragungen in das Güterrechtsregister wird der nach § 23 Abs. 1 zu berechnende Gebührensatz B für Grundbuchsachen erhoben. Für die Eintragungen in das Schiffsregister, einschliesslich der dabei vorkommenden Nebengeschäfte, werden erhoben: 1. für die Eintragung des Schiffes in das Schiffsregister $^5/_{10}$ des Gebührensatzes A für Grundbuchsachen; 2. für die Eintragung von Veränderungen, einschliesslich aller derselben vorausgehenden Verhandlungen, $^5/_{10}$ des Gebührensatzes B für Grundbuchsachen; 3. für die Eintragung der Verpfändung eines Schiffes, für die Einschreibung der ein eingetragenes Pfandrecht betreffenden Veränderungen oder Löschungen $^5/_{10}$ der für die entsprechenden Eintragungen im Grundbuche bestimmten Sätze. Für die Löschung eines Schiffes im Schiffsregister kommen Gebühren nicht zum Ansatze. Für die Geschäfte, welche die Register für Wassergenossenschaften oder die Vorrechtsregister betreffen, werden nur Schreibgebühren und sonstige baare Auslagen erhoben.

Für die Ertheilung eines Erbscheins wird der Gebührensatz B für Grundbuchsachen erhoben. Findet die Sicherung eines Nachlasses durch Siegelung oder auf andere Weise statt, so wird für das ganze Verfahren der mehrerwähnte Gebührensatz B erhoben. Für das gesammte Erbtheilungsverfahren wird das Dreifache und, soweit das eingeleitete Erbtheilungsverfahren nicht durch die Bestätigung der Auseinandersetzung oder durch die Beurkundung einer vertragsmässigen Auseinandersetzung abgeschlossen wird, das Zweifache dieses Gebührensatzes B erhoben. Wird die Vermittelung der Auseinandersetzung einem Notar übertragen, so wird $^1/_{10}$ der Sätze des Deutschen Gerichtskostengesetzes für bürgerliche Rechtsstreitigkeiten erhoben 1. für die Entscheidung über den Antrag auf Einleitung des Verfahrens; 2. für die Entscheidung über die Bestätigung der Auseinandersetzung; 3. für die Anordnung einer Beweisaufnahme.

Bei den zur Wahrnehmung einzelner Geschäfte eingeleiteten Pflegschaften oder Beistandschaften sowie im Falle einer sonstigen Fürsorge für ein unter elterlicher Gewalt stehendes Kind, ist nach dem Werthe des Gegenstandes die Urkundengebühr zu erheben. Bei anderen Pflegschaften oder Beistandschaften und bei Vormundschaften ist von dem Vermögen des Mündels, Pflegebefohlenen oder unter elterlicher Gewalt stehenden Kindes auf welches sich die Vormundschaft, Pflegschaft oder Beistandschaft erstreckt, von je 400 M. eine Mark zu erheben. Ausserdem sind, soweit über die Verwaltung des Vermögens dem Vormundschaftsgerichte Rechnung gelegt werden muss, jährlich von je 400 M. des Vermögens 10 Pfennig zu erheben. Bei keinem Mündel, Pflegebefohlenen oder unter elterlicher Gewalt stehenden Kinde darf indess der Gesammtbetrag der zu erhebenden Gebühren denjenigen Betrag übersteigen, der im Falle der Vormundschaft zu erheben ist. $^3/_{10}$ der Sätze des Deutschen Gerichtskostengesetzes für bürgerliche Rechtsstreitigkeiten werden für Volljährigkeitserklärungen, wenn der Minderjährige nicht unter Vormundschaft steht, sowie für eine Reihe anderer Geschäfte des Familienrechts erhoben.

Für die Beaufsichtigung von Fideikommissen und Stiftungen werden jährlich nach dem Betrage des Vermögens $^3/_{10}$ der Urkundengebühr erhoben. Soweit bei dem Gericht eine Rechnungslegung über die Verwaltung des Vermögens stattfindet, werden jährlich statt dieser Gebühr von je 1 000 M. des Vermögens erhoben bis 10 000 M. 1,50 M., von dem Mehrbetrage bis 20 000 M. 1 M., von dem Mehrbetrage bis 50 000 M. 0,50 M. Von dem

Mehrbetrag über 50000 M. werden von je 2000 M. 50 Pfennig erhoben. Der Mindestbetrag dieser Gebühr ist 5 M. Liegt dem Gerichte die Aufsicht über die Verwaltung eines Grundstücks ob, so werden hierfür noch besonders nach dem Betrage der Einkünfte, welche nach Berichtigung der Verwaltungskosten und der auf dem Grundstücke haftenden Lasten und Abgaben verbleiben, für jedes Rechnungsjahr $^{5}/_{10}$ der im Deutschen Gerichtskostengesetze für Civilprozesse bestimmten Gebühr erhoben.

Für die Entscheidung in der Beschwerdeinstanz, einschliesslich des vorangegangenen Verfahrens, wird, wenn die Beschwerde als unbegründet oder unzulässig verworfen wird, dieselbe Gebühr, welche für die beantragte Verhandlung oder Entscheidung zu erheben gewesen wäre, jedoch mindestens 1 M. und höchstens 20 M., erhoben.

Hinsichtlich der baaren Auslagen gelten denen des Reichsgesetzes entsprechende Bestimmungen. Für die von einer Partei beantragte Errichtung eines Testaments oder eines Erbvertrags ausserhalb der Gerichtsstelle steht in den Fällen, in welchen die Gerichtspersonen Tagegelder und Reisekosten nicht beziehen, dem Richter eine Entschädigung von 6 M. und dem Gerichtsschreiber eine solche von 4 M. zu (Kommissionsgebühren). Diese Entschädigungen sind, sofern die Gerichtspersonen den Weg nach dem in dem Antrage bezeichneten Orte angetreten haben, auch dann zu zahlen, wenn es zur Ausführung des beantragten Geschäfts aus einem in der Person des Antragstellers liegenden Grunde nicht gekommen ist. Für Rechnungsarbeiten, welche durch einen zur Anfertigung derselben bestellten Beamten vorgenommen werden, ist eine Stundengebühr zu erheben, welche unter Berücksichtigung des Werthes des Gegenstandes auf 60 Pfennig bis 2 M. für die Stunde zu bemessen ist. In Vormundschaftssachen werden Rechnungsgebühren für die Prüfung eingereichter Rechnungen oder Vermögensübersichten nur erhoben, wenn der in der Rechnung nachgewiesene Betrag der Einnahme die Summe von 300 M. übersteigt, oder wenn die Vermögensübersicht einen Vermögensbestand nach Abzug der Schulden von mehr als 15000 M. ergiebt.

Bei Zwangsversteigerungen werden erhoben: $^{2}/_{10}$ der bürgerlichen Prozessgebühr für die Entscheidung über den Antrag auf Einleitung des Verfahrens, für die Bekanntmachung des Versteigerungstermins und für den ersten Versteigerungstermin, $^{1}/_{10}$ für jeden Versteigerungstermin, $^{5}/_{10}$ für das Vertheilungsverfahren. Bei Gegenständen von mehr als 100000 M. steigen die ferneren Werthklassen um je 3000 M. und die Gebühren um je 10 M. Für den Beschluss, durch welchen der Zuschlag ertheilt worden ist, wird — neben den Stempeln — das Zweifache der Urkundengebühr erhoben. Für Zwangsverwaltung sind jährlich $^{5}/_{10}$ der Civilprozessgebühr zu zahlen.

II. Kapitel.

Die Gerichtskosten und mit ihnen etatisirten Einnahmen im Etat.*)

(Staatshaushaltsetat Kap. 30 Tit. 1.)

§ 58. In dem ersten Titel der Einnahmen der Justizverwaltung werden, wie schon beiläufig erwähnt, nicht nur die Gerichtskosten und baaren Auslagen, deren rechtliche Grundlagen im vorigen Kapitel erörtert sind, nebst den nach § 497 der Strafprozessordnung einen Theil der Gerichtskosten bildenden Strafvollstreckungskosten, die für jeden Tag der Civil- oder Untersuchungshaft, der Zuchthaus-, Gefängniss- oder Haftstrafe nach den Allgem. Verfügungen v. 22. März und 12. Nov. 1883 (J.-M.-Bl. S. 81, 339) jetzt 0,8, bei Selbstbeköstigung 0,5 M. betragen, den schon erwähnten Stempeln und Gebühren für

*) In Anlage BVIII ist auf S. 374 der Kopf der Spalten 4 und 5 verdruckt: es ist zu lesen 1892/93 und 1891/92 statt 1903 und 1902.

Katasterauszüge und Fortschreibungen, sondern seit 1885/86, wo sie mit den Kosten vom Etat der indirekten Steuern auf denjenigen der Justizverwaltung zurückkehrten, auch die Geldstrafen, während sie vor dem Uebergang auf den Etat der indirekten Steuern einen besonderen Titel gebildet hatten. Voraussetzung für die Verrechnung von Geldstrafen an dieser Stelle ist natürlich, dass sie von Gerichten oder anderen Behörden des Justizressorts verhängt sind. Unter dieser Voraussetzung werden aber hier nicht nur die auf Grund des Strafgesetzbuches, sondern auch die auf Grund der zahlreichen Strafbestimmungen in anderen Reichs- und Landesgesetzen sowie in Polizeiverordnungen verhängten Strafen verrechnet. Insbesondere seien hier hervorgehoben die in der Regel in einem Vielfachen der hinterzogenen Abgabe bestehenden und daher oft in ihrer Höhe weit über das dem Strafgesetzbuche bekannte Maximum hinausgehenden Strafen für Hinterziehung von Abgaben aller Art. Ebenso gehören hierher unter obiger Voraussetzung auch die Ordnungsstrafen gegen Beamte, Zeugen u. s. w. Wie sich die einzelnen Kategorien der im Tit. 1 a. a. O. zusammengefassten Einnahmen mit Ausschluss der Stempel und durchlaufenden Gelder ihrer Höhe nach damals zu einander verhielten, ist durch eine Statistik für das Rechnungsjahr 1897/98 festgestellt worden (Drucks. d. Abg.-H. für 1902 No. 30). Nach derselben entfielen in Millionen M. auf

A) baare Auslagen	10,370
B) Geldstrafen	3,034
C) Gebühren der streitigen Gerichtsbarkeit, und zwar:	
a) Strafsachen	2,504
b) bürgerl. Rechtsstreitigkeiten und Konkurse	15,763
c) Zwangsversteigerungen u. s. w.	2,079
D) Gebühren der nicht streitigen Gerichtsbarkeit, und zwar:	
a) gerichtl. Beurkundungen u. s. w.	3,630
b) Grundbuch- und Hypothekensachen	12,030
c) Handelsregistersachen	1,125
d) Nachlasssachen und Auseinandersetzungen	1,159
e) Vormundschaften	1,187
f) Fideikommisse u. s. w.	0,072
E) sonstige Beträge, als nachträglich eingegangene Beträge, Beitreibungskosten, einige minder wichtige Gebühren der freiwilligen Gerichtsbarkeit	1,863
Insgesammt Soll	**54,817**

Mehr als die Hälfte der gesammten Einnahmen entfiel also auf die Gebühren in bürgerlichen Rechtsstreitigkeiten einschliesslich Konkursen und in Grundbuch- und Hypothekensachen, noch nicht 5 Proz. dagegen auf Strafsachen. Diese relativ so geringe Einnahme an Gebühren in Strafsachen erklärt sich einfach daraus, dass von den Zahlungspflichtigen in Strafsachen, also in der Regel den Verurtheilten und denen, die erfolglos zu Injurienklagen schreiten, ein ausserordentlich grosser Prozentsatz den wenig bemittelten, zur Zahlung der Kosten nicht fähigen Klassen angehört. Umgekehrt spielen Ausfälle wegen Unvermögens der Pflichtigen bei den Gebühren der freiwilligen Gerichtsbarkeit die geringste Rolle.

An Stempeln wurden 1897/98 von den Gerichten vereinnahmt 11 150 018 M.

§ 59. Das gesammte Etatssoll an zu vereinnahmenden Kosten belief sich 1849 — vgl. Anl. CVIII — auf etwas mehr als 11 Mill. M. und stieg 1850 infolge der Gerichtsreorganisation vom Januar 1849 um circa 4 Millionen M. In diesen Summen waren indess die Stempel sowie durchlaufende Einnahmen an Porto und sonstigen erstatteten baaren Auslagen nicht enthalten (vgl. wegen der Stempel Bd. I Buch IX § 47 d. W.) Als infolge des Gerichtskostenges. v. 10. Mai 1851 vom 1. Januar 1852 ab alle diese Einnahmen hier zur Verrechnung gelangten, stieg der Etatssatz 1852 um mehr als 5,8 Mill M., obwohl an eigentlichen Gerichtskosten rd. 738 000 M. weniger als 1858 eingestellt wurden. Auch die Geldstrafen fehlten bis 1851 einschliesslich auf dem Etat der Justizverwaltung, indem sie theils bei den „verschiedenen Einnahmen der allgemeinen Kassenverwaltung“, theils bei den einzelnen Verwaltungszweigen verrechnet wurden. 1852 kamen auch sie mit rd. 365 000 M. als besonderer Titel auf den Justizetat. Die Veranschlagung sowohl der Kosten- als auch der Strafgeldereinnahmen war indess eine so niedrige, dass auf Grund der Ergebnisse von 1852 und 1853 für 1855 an jenen rd. 24½ und an diesen fast 0,8 Mill. M. eingestellt werden konnten.

Kosten und Strafen, welchen letzteren 1857 infolge des Ges. v. 1. Aug. 1855 betr. die Entbürdung der Städte von der Tragung der Kriminalkosten (vgl. oben § 15) die bisher den Städten zugeflossenen hinzutraten, stiegen dann mit der Entwickelung der wirthschaftlichen Verhältnisse weiter, bis auf 27,166 bezw. 0,848 Mill. M. 1859 und die Kosten auch weiter bis auf rd. 30 Mill. M. 1866 und 1867, wogegen die Strafen einen Rückgang auf 720 000 M. erfuhren.

Alsdann traten allerdings die Wirkungen des Ges. v. 22 Dez. 1866 (G.-S. S. 811), welches die Vorschrift des Tarifs v. 10. Mai 1851, wonach von jedem vollen Thaler der Gerichtskosten noch ein Zuschlag von 6 Sgr. erhoben wurde, allmählich und bis zum 1. Juli 1868 völlig ausser Kraft setzte, hervor; sie wurden aber mehr als ausgeglichen durch die Einnahmen aus den neuen Provinzen, sodass 1869 an Kosten 34,8, an Strafen fast 1 Mill. M. in Ansatz kam. Der Französische Krieg beeinflusste zwar nicht die Voranschläge, wohl aber die Isteinnahmen, die bei den Kosten 1871 und 1872 nur etwa 37 und 34 Mill. M. gegen 39 im Jahre 1869 betrugen, und nach dem Friedensschluss wirkte dann einer dem wirthschaftlichen Aufschwung entsprechende Erhöhung der Kosteneinnahmen entgegen die Grundbuchordnung v. 5. Mai 1872, die einen in den Motiven auf 1½ Mill. M. veranschlagten Ausfall bedeutete. Demgegenüber waren die bei Auflassung des besonderen Etats für Hohenzollern und bei der Einverleibung Lauenburgs hinzutretenden Einnahmen von geringer Bedeutung. Dann kam die Wirthschaftskrisis, die es mit verschuldete, dass die Isteinnahmen von 1873 und 1874 mit nur 38,9 und 39,7 Mill. M. hinter denjenigen von 1872 mit 42,3 Mill. M. zurückblieben und 1875 auch immerhin nur etwa 100 000 M. mehr als 1872 vereinnahmt wurden, und schliesslich war die Vormundschaftsordnung von 1875 mit einem Einnahmeausfall verbunden. So stellten sich die Etatsansätze des Tit. 1 1873 auf rd. 38,44, 1874–1876 auf je 39 und erst seit 1877/78 auf 41,065, 43,5 und (1879/80) 44,5 Mill. M. Die Strafen waren dagegen in dem gleichen Zeitraum fast unausgesetzt gestiegen, zumal ja wirthschaftlich rückläufige Zeiten eher eine Vermehrung als eine Verminderung der Strafthaten zeitigen: ihr Ist, das sich während des Krieges von rd. 1,162 Mill. M. auf 0,967 und 0,906 1870 und 1871 vermindert hatte, stieg 1872 bis 1875 auf 1,239, 1,316, 1,741 und 1,964 Mill. M. und zeigte erst, als der erste Ansturm der Krise vorüber war, 1876 eine Neigung zum Sinken (1,956 Mill. M.) Die Voranschläge waren 1870 bis 1879/80 bemessen auf 0,986, 1,061, 1,061, 0,997, 1,015, 1,154, 1,241, 1,676, 1,9 und 1,9 Mill. M. Als die Gerichtskosten und Strafen, nun in einem Titel, 1885/86 vom Etat der indirekten Steuern auf denjenigen der Justizverwaltung zurückkehrten, betrug ihr Voranschlag nur 42,563 gegen 46,4, 48,9, 50,5, 53,5 46,5 und 42,5 Mill. M. 1880/81 bis 1884/85. Der rapide Rückgang, der somit gegen 1882/83, wo übrigens die Isteinnahme nur 46,78 Mill. M. betragen hatte, zu verzeichnen war, kam auf das Konto der Novelle v. 29. Juni 1881 zum Deutschen Gerichtskostengesetz und des Preussischen Gesetzes über die Gerichtskosten bei Zwangsversteigerungen und Zwangsverwaltungen v. 18. Juli 1883 sowie eines steten Rückganges der Civilprozesse. Dazu kam, dass seit dem 1. April 1885 die Einnahmen an Kalkulaturgebühren, die 1883/84 397 082 M. betragen hatten und seit 1. April 1883/84 hier verrechnet waren, wieder wie früher bei den Emolumenten der Beamten (Tit. 2) etatisirt wurden. Andererseits traten dem Tit. 1 freilich nunmehr von Kap. 5 Tit. 21 des Etats der indirekten Steuern 202 446 M. Zwangsvollstreckungskosten hinzu. Im nächsten Jahre wurde sogar eine weitere Reduktion des Voranschlages auf 41 Mill. M. vorgenommen, die, für 1887/88 beibehalten, durch die Isteinnahmen von 1886/87 und 1887/88 (42,2 und 43,787 Mill. M.) als nicht unbedingt erforderlich dargethan wurde. Im Jahre 1888/89 gingen die rheinischen Hypothekengebühren mit 650 000 M. vom Etat der indirekten Steuern hierher über (vgl. Bd. I Buch IX § 24 d. W.) und konnten desshalb und nach den Ergebnissen von 1886/87 und 1887/88 41,95 Mill. M. in Aussicht genommen werden. Von nun an hat sich, wie die Anlage CVIII zeigt, in deren Ergänzung bemerkt sei, dass die Ansätze 1889/90 und 1890/91 betrugen 43 und 44½ Mill. M., eine ununterbrochene Steigerung vollzogen, welche die Solleinnahmen bis auf 78 Mill. M. für 1903 emporgeführt hat, während die Isteinnahmen sich 1888/89 bis 1901 beliefen auf 44,562, 47,962, 48,586, 51,379, 53,731, 53,654, 56,381, 58,219, 60,163,

61,442, 63,974, 66,099, 71,011 und 79,437 Mill. M. Allerdings trug hierzu wesentlich die Zuweisung neuer Einnahmen an den Titel bei. Seit 1891/92 werden die Gebühren für diejenigen den Gerichten auf Erfordern zu liefernden Auszüge und Handzeichnungen aus den Grund- und Gebäudesteuerkatastern, deren Kosten einem Dritten zur Last fallen, seit 1899 auch die Fortschreibungsgebühren bei Eigenthumswechseln hier nicht mehr beim Etat der direkten Steuern verrechnet. Indess handelt es sich hier nur um verhältnissmässig geringe Einnahmen. Von ungleich grösserer Bedeutung war es, dass durch die neue Gerichtsvollzieherordnung v. 31. März 1900 (J.-M.-Bl. S. 345) die Gerichtsvollzieher vom 1. Okt. 1900 ab zu fest besoldeten Staatsbeamten gemacht wurden, während die Gebühren, die ihnen bisher zuflossen, seitdem zur Staatskasse fliessen (vgl. das Nähere unten bei den Besoldungen). Dadurch wurde dem Titel 1 an solchen Gebühren für 1900 eine Solleinnahme von 3 136 900 M., für 1901 an Gebühren und baaren Auslagen der Gerichtsvollzieher eine solche von 10 853 635 M. zugeführt, wogegen freilich in Tit. 2 (Emolumente der Beamten) die Gebühren, soweit sie bisher dort verrechnet waren, in Wegfall kamen. Da ausserdem nun die Besoldungen u. s. w. der Gerichtsvollzieher in Ausgabe erschienen, so handelte es sich um nichts weniger als eine wirkliche Vermehrung der Staatseinnahmen. Immerhin verbleibt eine äusserst erhebliche wirkliche Mehreinnahme an Gebühren u. s. w., die sich aus der Vermehrung der Geschäfte und der Erhöhung der Werthobjekte, auf die sie sich beziehen, infolge der günstigen wirthschaftlichen Entwickelung, aber auch aus dem Preussischen Gerichtskostengesetze von 1895/1900 erklärt.

Die bei den Gerichtskosten verrechneten Stempel beliefen sich auf Millionen Mark:

1880/81:	7,345	1886/87:	6,660	1892/93:	10,085	1898/99:	12,000
1881/82:	7,377	1887/88:	7,127	1893/94:	9,747	1899:	12,052
1882/83:	6,730	1888/89:	7,683	1894/95:	10,360	1900:	11,497
1883/84:	7,112	1889/90:	8,958	1895/96:	10,482	1901:	11,203
1884/85:	6,483	1890/91:	9,171	1896/97:	10,645		
1885/86:	6,393	1891/92:	9,655	1897/98:	11,150		

Schärfer als in der Gesammteinnahme des Tit. 1 tritt also hier der Einfluss der wirthschaftlichen Konjunkturen hervor: man vergleiche die Zahlen der Gesundungsperiode von Mitte der 80er Jahre bis 1892/93, den Rückschlag 1893/94, das erhebliche Wachsthum bis 1899 und den neuen Rückgang seit 1900! Das neue Stempelgesetz ist ohne merkbaren Einfluss geblieben, da es ja die hier ausschlaggebenden Immobiliarstempel im Wesentlichen unberührt liess.

Uebrigens ist für die Verrechnung der Gebühren und Geldstrafen in dem einen oder anderen Etatsjahr nicht die Fälligkeit nach dem Deutschen Gerichtskostengesetz bezw. dem Preussischen Ausführungsgesetz zu demselben massgebend, sondern, was seit Erlass des Gesetzes über den Staatshaushalt durch besonderen Vermerk im Etat festgelegt wird, die Eintragung in die Sollregister. Auch können nach § 19 des Gesetzes über den Staatshaushalt zurückerstattete Gerichtskosten und Geldstrafen stets, nicht nur, wenn die Einstellung erfolgt, solange der Fonds noch offen ist, von der Einnahme abgesetzt werden.

II. Abschnitt.

Die übrigen Einnahmen der Justizverwaltung.

(Staatshaushaltsetat Kap. 30 Tit. 2—7)

I. Kapitel.

Emolumente der Beamten.

(Staatshaushaltsetat Kap. 30 Tit. 2.)

§ 60. Gegenüber den in Tit. 1 zusammengefassten spielen die übrigen Einnahmen der Justizverwaltung eine sehr bescheidene Rolle: seitdem die Gerichtsvollzieher fixirt sind (vgl. oben § 59), machen die gesammten übrigen Einnahmen noch nicht 8 Proz. des Tit. 1 aus, während sie vorher noch 16—17 Proz. betrugen. Denn, wie im vorigen Paragraphen erwähnt, sind mit der Fixirung der Gerichtsvollzieher die ihnen bis dahin durch Vermittelung der Staatskasse zugeflossenen Gebühren aus dem Tit. 2 „Einnahmen, welche als Emolumente der Beamten zur Verwendung kommen" ausgeschieden. Dieser Titel umfasst seitdem nur noch 1. Prüfungsgebühren bei der Justiz-Prüfungskommission, 2. solche bei den Oberlandes-, 3. solche bei den Land- und Amtsgerichten und 4. Rechnungsgebühren.

Was die Prüfungsgebühren anlangt, so besteht, anders wie bei der Prüfungskommission für höhere Verwaltungsbeamte, bei der Justizverwaltung der Grundsatz, dass, wo überhaupt solche Gebühren erhoben werden, d. i. bei der grossen Staatsprüfung zum Assessorat, bei der ersten juristischen Prüfung zum Referendariat, bei den Prüfungen als Gerichtsschreiber, Gerichtsschreibergehülfe, Gerichtsvollzieher und Dolmetscher, sie unter die Mitglieder der Prüfungskommission vertheilt werden. Für die grosse Staatsprüfung betragen sie für jeden Prüfling 60 M., wenn aber seine Zurückweisung ohne mündliche Prüfung erfolgt, weil beide schriftlichen Arbeiten misslungen sind, nur 36 M.; bei theilweiser Wiederholung sind, je nachdem sich die Wiederholung auf eine schriftlich Arbeit und die mündliche Prüfung, nur auf eine schriftliche Arbeit, auf beide schriftlichen Arbeiten oder nur auf die mündliche Prüfung erstreckt, 54, 18 oder 36 M. zu entrichten, bei völliger Wiederholung aber der volle Satz von 60 M. Für die erste juristische Prüfung sind 50 M., wenn sie sich aber auf die schriftliche oder auf die mündliche beschränkt, 25 M. zu zahlen. Für die Gerichtsschreiber-, Gerichtsschreibergehülfen-, Gerichtsvollzieher- und Dolmetscherprüfung sind, gleichviel ob sie schriftlich und mündlich oder nur das eine oder andere war, beziehentlich 12, 6, 6 und 6 M. zu entrichten.

Die mündliche Prüfung der Referendare erfolgt vor 3 Mitgliedern der Justizprüfungskommission mit Einschluss des Vorsitzenden.

Der Kommission gehören z. Z. an ein Präsident und als Mitglieder 8 vortragende Räthe des Justizministeriums, 2 Oberverwaltungsgerichts-, 3 Kammergerichtsräthe und 1 Rechtsanwalt. Ihr Antheil an den Gebühren beläuft sich nach dem Etat für 1903 auf 828 bis 3743 M.

Kommissionen zur Prüfung der Rechtskandidaten bestehen bei den einzelnen Oberlandesgerichten ausser in Marienwerder, Posen, Hamm und Frankfurt a. M. und sind aus Richtern, Universitätslehrern, Staats- und Rechtsanwälten zusammengesetzt; den Vorsitz führt stets ein Richter; die Universitätslehrer werden vom Kultusminister nach Anhörung des Justizministers, die übrigen Mitglieder von letzterem nach Anhörung des Kultusministers bestellt. An der Prüfung nehmen seit 1890 4 Mitglieder, darunter 2 Professoren theil, während früher nur 3 Mitglieder, darunter ein Universitätslehrer, zugezogen wurden.

Für Gerichtsschreiber finden bei allen Oberlandesgerichten und beim Landgericht in Hechingen Prüfungen statt, und zwar vor 2 der vom Oberlandesgerichtspräsidenten für das Geschäftsjahr bestellten Beamten des höheren Justizdienstes und dem Rechnungsrevisor des Oberlandgerichtes bezw. in Hechingen dem als solcher des Landgerichtes fungirenden Gerichtsschreiber, für Gerichtsschreibergehülfen und Gerichtsvollzieher bei den von dem Oberlandesgerichtspräsidenten bestimmten Landgerichten vor einem höheren und einem Bureau- oder Kassenbeamten.

Zum Dolmetscher werden nur Gerichtsschreiber und Gerichtsschreibergehülfen nach Ablegung einer — gebührenfreien — Vorprüfung, mindestens 1½jährigem Vorbereitungsdienst und Ablegung der Dolmetscherprüfung ernannt; beide Prüfungen sind vor einer für den Oberlandesgerichtsbezirk bestehenden Kommission abzulegen, die sich zusammensetzen aus einem der betreffenden Sprache kundigen höheren Justizbeamten und einem Dolmetscher oder sonstigen der betreffenden Sprache Mächtigen, denen als drittes Mitglied in Posen für die Prüfung, nicht auch für die Vorprüfung, ein an einer höheren Lehranstalt angestellter Lehrer der polnischen Sprache hinzutritt (Dolmetscherordnung vom 18. Dez. 1899 — J.-M.-Bl. S. 856). Ueber die — gebührenfreie — Prüfung als Kanzleibeamter trifft das Oberlandesgericht die näheren Anordnungen.

Von der 1903 auf 533 080 M. veranschlagten Gesammteinnahme des Tit. 2 entfallen auf Prüfungsgebühren der Justizprüfungskommission 45 670, auf solche bei den Oberlandesgerichten 84 740 und auf solche bei den Land- und Amtsgerichten 3370 M. Die zuerst genannten kommen bei Kap. 72 Tit. 1, die zu zweit genannten bei Kap. 73 Tit. 10 und die zuletzt genannten bei Kap. 74 Tit. 12 wieder zur Verausgabung.

Die Hauptpost des Titels sind somit die Rechnungsgebühren mit 399 300 M., die in Kap 80, Tit. 2 wieder in Ausgabe erscheinen. Dieselben, je nach dem Werthe des Objektes 0,6, 1, 1,50 oder 2 M.

für die Stunde, fliessen nach der Allgem. Verfügung v. 16. Sept. 1895 (J.-M.-Bl. S. 273) den für die Rechnungsarbeiten vom Oberlandesgerichtspräsidenten ein für alle Mal bestellten etatsmässigen und ausseretatsmässigen Beamten zu. Vorübergehend, 1883/84 und 1884/85 wurden diese Rechnungsgebühren mit den Gerichtskosten von der Verwaltung der indirekten Steuern erhoben und verrechnet.

§ 61. Die bis 1900 den Hauptbestandtheil des Tit. 2 bildenden Gebühren der Gerichtsvollzieher erscheinen erst seit der Reichsjustizreform, also seit 1880/81, in den Einnahmen und Ausgaben des Etats. Ehe 1866 die Erweiterung des Staatsgebietes eintrat, belief sich die Einnahme des Tit. 2 daher nur auf einige 100 000 M., deren 4 Hauptbestandtheile die Kalkulaturgebühren bei den Gerichten erster Instanz ausserhalb des Kölner Departements, die Gerichtsschreibergebühren bei den Obergerichten dieses Departements, die Gebühren der dortigen Friedensrichter und diejenigen der dortigen Friedensgerichtsschreiber bildeten. Dazu kamen die Prüfungsgebühren und bis 1855, wo mit dem Brauche, den Werth freier Dienstwohnungen in Einnahme und Ausgabe zu stellen, gebrochen wurde, ca. 24 000 M. Werth dieser Dienstwohnungen. Für 1849 stellte sich der Titel auf fast 1 Mill. M., schon 1850 aber nur noch auf ca. 635 000 M. infolge Fixirung vieler Emolumente bei der anderweiten Gerichtsorganisation nach der Verordnung v. 2. Jan. 1849. Bis zur Erweiterung der Monarchie haben dann grosse Verschiebungen nicht mehr stattgefunden: wesentlich durch Zunahme der Geschäfte sind die Solleinnahmen auf rd. 762 000 M. und 985 000 M. gestiegen. Im Verhältniss zum territorialen Umfang ausserordentlich hohe Beträge traten dann 1868 aus den neuen Landestheilen hinzu, allein aus Hannover rd. 735 000 M., in der Hauptsache Gebühren und Reisevergütungen der dortigen Gerichtsvögte mit rd. 453 000 M. und Schreibgebühren der dortigen Aktuarien mit rd. 212 000 M., sowie aus dem Geltungsgebiet der Verordn. v. 26. Juni 1867 (vgl. oben § 19) 648 300 M. Gebühren der Sekretäre, welche aus denselben die Schreiberlöhne und die Bureaukosten zu bestreiten hatten. So finden wir denn 1868 und 1869 nahezu, 1870 sogar reichlich $2^1/_2$ Mill. M. als Einnahme des Titels „Emolumente“ ausgeworfen. Als dann aber seit 1871 die erwähnten Sekretariatsgebühren in den Kieler, Kasseler und Wiesbadener Appellationsgerichtsbezirken und die „Aufrufgebühren“ der Gerichtsdiener im Celler Bezirk, zusammen für 1871 rd. 678 000 M. bei den Gerichtskosten verrechnet wurden, betrug die verbleibende Solleinnahme 1871 nur noch 1,77 Mill. M. und bewegte sich dann bis zur Justizreform auch nur um 1,95 (1873: 1,98, 1875: 1,91) Mill. M. Als durch die Justizreform die Gebühren der Gerichtsvollzieher im ganzen Staatsgebiete hier vereinnahmt wurden, andererseits die Schreibgebühren der Aktuare in Hannover, die Gebühren der rheinischen Friedensrichter und -Gerichtsschreiber u. a. m. wegfielen, konnten 1880/81 rd. 4,045 Mill. M. ausgebracht werden.

Dieser Ansatz erwies sich aber, da thatsächlich an Gebühren der Gerichtsvollzieher 1880/81 nicht, wie veranschlagt, 3,6, sondern 5,23 Millionen M. aufkamen, dergestalt zu niedrig, dass 1882/83 im Ganzen 5 515 020 M. eingestellt wurden. Durch die im § 59 erwähnte Verrechnung der Kalkulaturgebühren bei den Gerichtskosten sank der Emolumententitel indess schon im folgenden Jahre auf 4 947 700 M. und 1884/85 wurde er weiter um 200 000 M. gekürzt wegen der Ermässigung der Gerichtsvollziehergebühren durch die erwähnte Novelle v. 29 Juni 1881 zu den Kostengesetzen. Nachdem dann die Kalkulaturgebühren hierher zurückgekehrt waren, wurden 1885/86 5 159 000 M. vorgesehen, 1886/87 aber, da sich die Voranschläge der Gerichtsvollziehergebühren als zu hoch herausstellten, nur 4 847 500 M. Die alsdann aber einsetzende, wie die Anlage CVIII erweist, bis 1899, wo 6 461 400 M. ausgeworfen waren, anhaltende Steigerung ist ganz überwiegend auf die durch den Aufschwung von Handel und Wandel bedingte Zunahme der Geschäfte und damit der Gebühren der Gerichtsvollzieher zurückzuführen. Im Jahre 1900 gingen dann, wie im § 59 näher dargelegt, die Einnahmen an Gerichtsvollziehergebühren für das zweite Halbjahr, von 1901 ab für das ganze Jahr dem Tit. 2 verloren, sodass seine Solleinnahme auf 3 668 300 M. 1900, 504 180, 503 080 und 533 080 M. 1901 bis 1903 zurückschnellte.

II. Kapitel.

Jurisdiktionsbeiträge.

(Staatshaushaltsetat Kap. 30 Tit. 3.)

§ 62. Unter „Jurisdiktionsbeiträgen", wie sie jetzt im 3. Titel des 30. Einnahmekapitels des Etats verrechnet werden, sind zu verstehen Entschädigungen, welche der Preussische Staat von den Inhabern einer ihm nicht zustehenden aus- oder inländischen Gerichtsbarkeit dafür erhält, dass er deren Gerichtsbarkeit seinerseits ausübt. Seitdem sämmtliche nichtstaatlichen Gerichtshoheiten innerhalb Preussens beseitigt sind, handelt es sich nur noch um Entschädigungen einiger Deutschen Bundesstaaten für Wahrnehmung ihrer Rechtspflege durch Preussische Gerichte, während früher in erster Linie Entschädigungen von Standesherren für die Wahrnehmung der Rechtspflege ehemals standesherrlicher Gerichte durch Gerichte des Preussischen Staates und, solange Lauenburg mit Preussen nur durch Personalunion verbunden war, eine Entschädigung seitens Lauenburgs für die dortige Rechtspflege in Betracht kamen.

Gegenwärtig, und zwar schon seit 1880/81, erhält Preussen derartige Jurisdiktionsbeiträge nur von Lippe-Detmold auf Grund des Staatsvertrages v. 4. Jan. 1879 (G.-S. S. 219 ff.) wegen der Unterstellung dieses Fürstenthums unter das Oberlandesgericht Celle, von Schwarzburg-Sondershausen nach dem Staatsvertrag v. 7. Okt. 1878 (G.-S. 1879 S. 173), weil für dieses Fürstenthum als Landgericht das Preussische in Erfurt fungirt, von Anhalt nach dem Staatsvertrage v. 9. Okt. 1878 (G.-S. 1879 S. 182), weil das Oberlandesgericht in Naumburg auch für Anhalt zuständig ist, und von Oldenburg auf Grund des Staatsvertrages v. 20. Aug. 1878 (G.-S. 1879 S. 165) wegen der Unterstellung des Oldenburgischen Fürstenthums Birkenfeld unter das Preussische Landgericht in Saarbrücken. Lippe zahlt ein Fixum von jährlich 4500 M., während Schwarzburg-Sondershausen, Anhalt und Oldenburg an Preussen die Beträge erstatten, die letzteres für diejenigen richterlichen und nichtrichterlichen Beamten des Landgerichtes Erfurt bezw. des Oberlandesgerichtes Naumburg und bezw. des Landgerichtes Saarbrücken, welche vertragsmässig auf Vorschlag des betreffenden Staates von Preussen ernannt und wie andere gleichartige Preussische Beamte gestellt sind, an Besoldung, Pension, Gnaden- und Reliktenbezügen aufgewendet hat. Diese Beträge werden schätzungsweise in den Etat eingestellt und sind dies für 1903 mit 32 000 M. für Schwarzburg-Sondershausen, 23 000 M. für Anhalt und 8500 M. für Oldenburg, sodass sich die Gesammteinnahme des Titels auf 68 000 M. stellt. Wenn der Titel somit, wie die Anlage CVIII zeigt, seit 1880/81 um 32 550 M. gestiegen ist, so liegt das einmal daran, dass die erste Veranschlagung nicht zutreffend war, namentlich aber an den Massnahmen Preussens auf dem Gebiete der Beamtenbesoldung.

Eine selbständige Existenz führt der Titel erst seit 1874, bis wohin seine Einnahme bei den „verschiedenen" verrechnet wurde. Damals bestanden die Jurisdiktionsbeiträge aus 5100 M., welche der Fürst zu Bentheim-Tecklenburg für die früheren standesherrlichen Gerichte in Rheda und Limburg auf Grund des Rezesses v. 10. April 1842 und 29. Nov. 1844 zu entrichten hatte, 450 M. von Lippe, das schon damals auf Grund eines noch aus hannoverscher Zeit stammenden Staatsvertrages dem Appellationsgericht in Celle unterstellt war, und einem schwankenden, 1874 mit 10 389 M. angesetzten Beiträge von Lauenburg, während derjenige des Herzogs von Arenberg-Meppen für die standesherrliche Rechtspflege im Herzogthum Meppen mit 7500 M. schon mit 1873 infolge Kündigung des Vertrages der Krone Hannover mit ihm v. 31. Juli/8. Aug. 1852 weggefallen war. Der Beitrag Lauenburgs fiel in Folge der Vereinigung dieses Herzogthums mit der Preussischen Monarchie 1877/78 fort, derjenige des Fürsten zu Bentheim-Tecklenburg erst 1880/81 auf Grund des Ges. v. 25. Okt. 1878 betreffend die Regulirung des standesherrlichen Rechtszustandes seines Hauses (G.-S. S. 311).

In noch früherer Zeit, bis 1866, hatte auch die Königsberger Kaufmannschaft einen Beitrag zur Unterhaltung des Kommerz- und

Admiralitätskollegiums in Königsberg und der ständigen Deputation desselben in Pillau (vgl. oben § 7) und die Hafenbaukasse in Memel einen solchen an das dortige Kreisgericht geleistet.

III. Kapitel.

Einnahmen aus der Beschäftigung der Gefangenen.

(Staatshaushaltsetat Kap. 30 Tit. 4.)

§ 63. Wie bereits in den §§ 208 ff. des VI. Buches dieses Bds. ausgeführt ist, gehört nur ein Theil der Gefängnisse im weiteren Sinne zum Ressort der Justizverwaltung, indem von ihm ausgeschlossen und dem Ressort des Innern zugewiesen sind die sämmtlichen zur Vollstreckung von Zuchthausstrafen bestimmten Anstalten, ferner eine Anzahl vorzugsweise zur Vollstreckung längerer Gefängnissstrafen bestimmter Gefangenenanstalten in Brandenburg, Schlesien, Hannover, Westfalen und Hessen-Nassau, und endlich die ehemaligen Kantongefängnisse im vormals französisch-rechtlichen Theile der Rheinprovinz, welche die amtsgerichtlichen Untersuchungs- und Haftgefangenen und Gefängnissgefangene, deren Strafdauer 14 Tage nicht übersteigt, aufnehmen. Die Gefängnisse der Justizverwaltung dienen also zur Aufnahme von Zuchthausgefangenen überhaupt nicht, sondern nur 1. zur Aufnahme der Untersuchungsgefangenen mit der oben erwähnten Ausnahme hinsichtlich der rheinischen Kantongefängnisse, 2. zur Vollstreckung von Gefängniss- und Haftstrafen unter Konkurrenz der erwähnten Gefangenenanstalten und Kantongefängnisse der inneren Verwaltung, 3. zur Vollstreckung von Zwangshaft und Ordnungsstrafen (Civilhaftgefangene), 4. zur Aufnahme der Transportgefangenen, neben dem dem inneren Ressort angehörenden Transportgefängniss in Gersfeld, 5. ausnahmsweise zur Aufnahme von Polizeigefangenen und Militärgefangenen. Sie sind a) sogenannte „besondere Gefängnisse", bei denen ein besonderer Direktor angestellt ist, b) sogenannte „landgerichtliche Gefängnisse" am Sitze eines Landgerichtes, einer detachirten Strafkammer oder eines Staatsanwaltes, und c) sogenannte „amtsgerichtliche Gefängnisse" an anderen Orten und stehen sämmtlich unter der Aufsicht des Justizministers und seit der Gerichtsorganisation von 1879 der oberen Leitung der Oberstaatsanwälte, während die Funktionen des Vorstehers bei Landgerichtsgefängnissen der Erste Staatsanwalt, in seiner Vertretung am Sitz detachirter Strafkammern in der Regel ein Staatsanwalt, bei Amtsgerichtsgefängnissen der Amtsrichter, bei Vorhandensein mehrerer Amtsrichter in der Regel der aufsichtführende versieht. Vor 1879 führten die Verwaltung der Gefängnisse die Gerichte und nur in den neuen Provinzen die Staatsanwälte beim Kollegialgericht (Art. XIII der Verordn. v. 25. Juni 1867 — G.-S. S. 921). Die Verwaltung der Justizgefängnisse erfolgte bis 1903 nach Massgabe der Gefängnissordnung v. 21. Dez. 1898 (J.-M.-Bl. S. 2921), welche an die Stelle eines Reglements v. 16. März 1881 getreten ist, das wieder an die Stelle einer Instruktion vom 24. Okt. 1837 und einiger anderer Regulative trat.

Für die Strafe der Gefangenenarbeit scheiden somit im Bereiche dieses Buches die Zuchthaussträflinge völlig aus. Hinsichtlich ihrer wie der zu Gefängniss oder Haft Verurtheilten haben wir oben im § 45 die Vorschriften des Reichsstrafgesetzbuches über die Beschäftigung wiedergegeben. In ihrer Ergänzung hat der Bundesrath unterm 28. Okt. 1897 Grundsätze über den Strafvollzug aufgestellt, die hinsichtlich der Beschäftigung der Gefangenen u. A. besagen:

Gefangenen, die Gefängniss- oder geschärfte Haftstrafe (auf Grund des § 361 Nr. 3—8 des Strafgesetzbuches) verbüssen, wird in der Regel Arbeit zugewiesen; ausnahmsweise wird Gefängnisssträflingen, sofern sie im Besitz der bürgerlichen Ehrenrechte und noch nicht mit Zuchthaus bestraft sind, Selbstbeschäftigung, nach Ermessen der Behörde gegen Zahlung einer Entschädigung an die Gefängnissverwaltung, gestattet. Bei Zuweisung der Arbeit ist auf Gesundheitszustand, Fähigkeiten, künftiges Fortkommen, bei Gefängnissgefangenen auch auf Bildungsgrad und Berufsverhältnisse, bei jugendlichen Gefangenen auf ihre Erziehung Rücksicht zu nehmen. Einfachen Haftgefangenen wird nur mit ihrem Einverständniss Arbeit zugewiesen; sonst können sie sich in jeder mit dem Strafzweck, der Sicherheit und Ordnung vereinbaren Weise beschäftigen. Die tägliche Arbeitszeit soll für Gefängniss- und Haftsträflinge in der Regel nicht mehr als 11 Stunden betragen. Der Arbeitsertrag fliesst zur Staatskasse; es kann aus ihm aber eine Arbeitsbelohnung bis zu 30 Pfennig pro Tag den Gefangenen gutgeschrieben werden. Bei Verwerthung der Arbeitskraft der Gefangenen ist auf möglichste Schonung der Interessen des Privatgewerbes Bedacht zu nehmen, insbesondere die Verdingung der Arbeitskraft thunlichst einzuschränken, der Arbeitsbetrieb auf zahlreiche Geschäftszweige zu vertheilen und auf Lieferungen für die Staatsverwaltung zu erstrecken, unter allen Umständen aber eine Unterbietung der freien Arbeit zu vermeiden.

Diesen Normen entspricht die Preussische Gefängnissordnung v. 21. Dez. 1898 durchaus; sie ist insbesondere noch günstiger für die Gefangenen, indem sie die Arbeitszeit auf in der Regel 10 Stunden beschränkt, thunlichste Berücksichtigung der Wünsche der Gefangenen hinsichtlich ihrer Zuweisung zu einem Arbeitszweige verlangt und gestattet, Gefangene von höherer Bildung und Lebenshaltueg, sofern sie nicht wegen ehrloser Gesinnung oder unter Aberkennung der bürgerlichen Ehrenrechte verurtheilt sind, von den Hausarbeiten zu entbinden.

Zu Aussenarbeit, bei der auf das Arbeitsbedürfniss der Land- und Forstwirthschaft besondere Rücksicht zu nehmen ist, können Gefängnisssträflinge gegen ihren Willen nicht angehalten werden, wohl aber die nach § 361 No. 3—8 des Strafgesetzbuches zu Haft Verurtheilten. Es ist ein gewisses tägliches Arbeitspensum zu bestimmen, dessen verschuldete Nichtleistung disciplinarisch zu ahnden ist. Untersuchungs-, einfache Haft- und Civilhaftgefangenen kann auf ihren Wunsch Arbeit zugewiesen werden. Einen Rechtsanspruch auf einen Theil des Arbeitsverdienstes haben die Gefangenen nicht, es „kann“ ihnen vielmehr nur für jedes an einem Tage vollendete volle Arbeitsmass sowie für die an einem Tage geleistete Mehrarbeit $^1/_4$ des Verdienstes, jedoch nicht mehr als 30 Pf. pro Tag, nur ausnahmsweise nach Anordnung des Oberstaatsanwaltes bis zu $^1/_3$ des Verdienstes gutgeschrieben werden. Während der Strafverbüssung kann der Gefangene über die Hälfte dieses Guthabens, über die andere Hälfte nur mit Genehmigung des Oberstaatsanwaltes verfügen. Bei schlechter Führung kann diese Erlaubniss bis zur Dauer von zwei Monaten entzogen oder auch das Guthaben eingezogen werden.

Mit besonderem Eifer ist in den letzten Jahrzehnten die Justizverwaltung bestrebt gewesen, den Klagen der freien Industrie, insbesondere des gewerblichen Mittelstandes, über den durch die Gefängnissarbeit bereiteten Wettbewerb den Boden zu entziehen, obwohl eine angemessene Beschäftigung der Gefangenen der Justizverwaltung ohnehin ungleich grössere Schwierigkeiten bereitet als der Verwaltung des Innern. Denn in den wenig zahlreichen, grossen, mit langzeitigen Strafgefangenen belegten Anstalten dieser Verwaltung ist die Organisation einer regelmässigen, nie versagenden Arbeit unendlich leichter als in den ausserordentlich zahlreichen, über das ganze Land bis in die kleinsten Städte verbreiteten Justizgefängnissen mit ihren zumeist kurzzeitigen und daher fortwährend wechselnden Gefangenen eine auch nur ganz mechanische Beschäftigung der Gefangenen. Trotzdem hat auch die Justizverwaltung es ermöglicht, einzelne Arbeitszweige ganz zu beseitigen, andere wesentlich einzuschränken, vor Allem aber den Unternehmerbetrieb mehr und mehr zu Gunsten der Arbeiten für Staatszwecke zurücktreten zu lassen. Neben der Uebernahme von Arbeiten und Lieferungen für andere Verwaltungen, wie z. B. von Schneiderarbeiten für die Militär- und von Gerätheliefernngen für die Eisenbahnverwaltung, ist es besonders die Herstellung der eigenen Bedürfnisse der Gefängnisse, auf die immermehr hingewirkt worden ist. So werden in den Gefängnissen nicht nur die für die Bekleidung und die Lagerung der Gefangenen erforderlichen Webstoffe hergestellt und zu den einzelnen Bekleidungs- und Lagerungsgegenständen verarbeitet, die erforderlichen Schuhmacherarbeiten gefertigt, sondern es sind in den grösseren Gefängnissen auch umfangreiche Tischlerei- und Schlossereibetriebe eingeführt, in denen alle entsprechenden Gegenstände der inneren Einrichtung hergestellt werden. Ebenso wird bei Um- und Neubauten ein grosser Theil der Maurer- und Handlangerarbeiten durch Gefangene verrichtet.

§ 64. Als Arbeitsverdienst der Gefangenen wurde früher der Ertrag der Beschäftigung der Gefangenen zuzüglich des ortsüblichen Lohnes für von ihnen für Zwecke der Gerichte und Gefängnisse ausgeführte Arbeiten, zu denen aber Dienstleistungen für die persönlichen Bedürfnisse der jeweiligen Gefangenen und zur zeitweiligen Aushülfe für das Dienstpersonal (z. B. Reinigung der Zellen u. s. w., Aushülfe bei der Wäsche u. s. w.) nicht zu rechnen sind, aber abzüglich insbesondere des Ankaufspreises der Rohmaterialien und der besonderen Kosten der Aussenarbeit berechnet, in den Etat eingestellt aber nur der Antheil der Staatskasse an dem Arbeitsverdienst. Nach § 15 des Gesetzes über den Staatshaushalts müssen dagegen die Einnahmen in ihrem volle Betrage, ohne alle derartigen Abzüge in den Etat übernommen werden (Verf. v. 23. März 1899 — J.-M.-Bl. S. 106).

Der somit bis 1898/99 nur eingestellte Antheil des Staates an dem Arbeitsverdienste war überdies zu einem erheblichen Theile von vornherein für besondere Zwecke festgelegt. Eine Kab.-O. v. 29. Okt. 1859 (J.-M.-Bl. S. 386), die übrigens gestattete, den Gefangenen einen Antheil bis zu $^1/_3$ zu gewähren, bestimmte, dass nur $^1/_3$ des gesammten Arbeitsverdienstes zur Staatskasse einzuziehen sei; aus dem verbleibenden Drittel sollten den für den Arbeitsbetrieb besonders thätig gewesenen Gefängnissbeamten sowie auch den bei der Rechnungsführung der Arbeitsverdienstkassen betheiligten gerichtlichen Subalternbeamten angemessene Remunerationen bewilligt, der Rest aber den Unterstützungsfonds hülfsbedürftiger Kinder verstorbener Justizbeamten, in der Provinz Posen aber der von Frankenbergschen Stiftung überwiesen werden (vgl. weiter unten § 117). Eine gleiche Verwendung wurde für die neuen Landestheile durch die Kab.-Ordre vom 12. August 1869 genehmigt. Nachdem aber die gesetzliche Wittwen- und Waisenversorgung eingeführt war, erwies sich eine so reiche Dotirung der Waisenunterstützungsfonds und der von Frankenbergschen Stiftung, wie sie $^1/_3$ des inzwischen bedeutend gestiegenen Arbeitsverdienstes der Gefangenen darstellte, als überflüssig. Durch Kab.-O. v. 7. Sept. 1892 wurde daher genehmigt, dass die Abführung eines Arbeitsverdienstantheiles an diese Fonds vom 1. April 1893 ab unterbleibe, wogegen nun der Unterstützungsfonds für ausgeschiedene Beamte u. s. w., Kap. 80 Tit. 4 der Ausgabe um 300 000 M. verstärkt wurde.

In Ausführung dieser Bestimmung wurden nunmehr $^1/_3$ für die Gefangenen und $^1/_6$ für Remunerationen an die Beamten bestimmt, sodass die Hälfte der Staatskasse verblieb. Nach der allgemeinen Besoldungsaufbesserung endlich wurde mit Rücksicht auf sie vom 1. April 1898 ab der zu Remunerationen zu verwendende Theil auf $^1/_{12}$ reduzirt, sodass nun der Staatskasse mindestens $^7/_{12}$ verblieben. Im Etat erscheinen aber in Einnahme bis einschliesslich 1898/99 die nicht an die Gefangenen vertheilten $^2/_3$, seitdem der gesammte Arbeitsverdienst, wogegen in Ausgabe erscheinen von den hieraus zu bestreitenden Ausgaben die Beiträge für die Invalidenversicherung der Arbeiter in Kap. 80 Tit. 4a, die übrigen Kosten der Aussenarbeit und der Rohmaterialien in Kap. 74 Tit. 25 und Kap. 75 Tit. 15, der Remunerationsantheil in Kap. 74 Tit. 19 und Kap. 75 Tit. 10, endlich der Antheil der Gefangenen in Kap. 80 Tit. 4c.

§ 65. Wie hoch sich der gesammte Arbeitsverdienst der Gefangenen in Wirklichkeit und nach der bis 1898/99 angewendeten Berechnungsart, d. h. ohne Hinzurechung der Ausgaben für Rohmaterialien u. s. w. stellte und wie er Verwendung gefunden hat, ergiebt die Anlage CIX. Nach derselben hat sich der gesammte Arbeitsverdienst seit 1870 ungefähr versechsfacht, während die Gesammtzahl der im Laufe eines Jahre detinirt gewesenen Gefangenen (Sp. 7 a. a. O.) seit 1881/82 erheblich zurückgegangen, die Durchschnittszahl der täglichen Belegung mit Gefangenen dagegen (Sp. 8 a. a. O.) seit 1870 im Verhältniss von 1:2,6 gestiegen ist.

In der Bewegung der Gesammtzahl der Gefangenen kann man unschwer den ungünstigen Einfluss wirthschaftlich rückläufiger Jahre erkennen. In den letzten Jahren sind die Gesammt- und die Tagesdurchschnittszahlen dadurch herabgemindert worden, dass der Justizminister durch Allerh. Erl. v. 23. Okt. 1895 ermächtigt ist, in geeigneten Fällen den Verurtheilten Gelegenheit zu geben, sich durch längere, gute Führung den Erlass der Strafe zu verdienen. Diese Wohlthat soll vornehmlich, jedoch nicht ausschliesslich, solchen Verurtheilten zu Theil werden, welche zur Zeit der Begehung der Strafthat das 18. Lebensjahr noch nicht vollendet hatten, nicht vorbestraft sind und gegen welche auf Freiheitsstrafen von nicht mehr als 6 monatlicher Dauer erkannt ist, auch wenn die Freiheitsstrafe an die Stelle einer uneinziehbaren Geldstrafe zu treten hat. In der Regel erfolgt die Aussetzung der Strafe auf etwa 2 Jahre. Steht die Unterbringung jugendlicher Verurtheilter zur Fürsorgeerziehung in Aussicht, so wird mit Rücksicht auf die Erfolge dieser Erziehung eine bedingte Aussetzung des Strafvollzugs auch in solchen Fällen verfügt, in welchen die gegenwärtigen Lebensverhältnisse des Verurtheilten die Erwartung seiner guten Führung und Besserung an sich nicht rechtfertigen würden. Die Vergünstigung wird widerrufen, wenn Umstände, die den Verurtheilten der Wohlthat unwürdig erscheinen lassen, namentlich neue Strafthaten, festgestellt sind.

Andere Momente, welche das relativ günstige Bild der Gefängnissstatistik beeinflusst haben, mögen mildere Rechtssprechung und grössere Wohlhabenheit der Bevölkerung sein, vermöge deren die Umwandlung von Geld- in Freiheitsstrafe in geringerem Umfange eintritt. Allerdings beweist der Rückgang der Gefangenenzahl, zusammengehalten mit der Zunahme der durchschnittlichen Belegung der Gefängnisse, dass gerade die kurzfristigen Freiheitsstrafen abgenommen haben, was auf relative Vermehrung schwererer Strafthaten hinweist. Einzelne, z. B. vorwiegend industrielle Bezirke zeigen im Gegensatz zu denjenigen der Gesammtmonarchie ein absolut ungünstiges Bild, so der Oberlandesgerichtsbezirk Hamm, in dem die Gesammtzahl der Gefangenen betrug 1886/87: 24 328, 1895/96: 32 868 und 1900: 45 053, die durchschnittliche Tagesbelegung beziehentlich 1348, 2002 und trotz zahlreicher Ueberführungen in die Gefängnisse anderer Bezirke 3466.

Die in den Etat seit 1874 als besonderer Titel eingestelllen Solleinnahmen (vgl. Anl. CVIII) beruhen bis 1898/99 auf den zwei- bezw. bis einschliesslich 1878/79 dreijährigen Durchschnitten der Zahlen in Spalte 4 der Anl. CIX und sind entsprechend diesen von 378 540 M. für 1874 auf 734 500 M. 1880/81, 1 156 000 M. 1886/87 und 2 075 000 M. 1898/99 gestiegen. Seit 1899 enthalten sie, wie erwähnt, die bis dahin vorweg gemachten Abzüge und den Antheil der Gefangenen mit. Daher erklärt sich die sprungweise Steigerung auf 3 372 500 M. 1899. Seitdem ist der Ansatz um mehr als 1½ Mill. M. auf 4 891 000 M. gestiegen, allein von 1900 auf 1901 um 849 000 M. In der Hauptsache ist diese plötzliche Steigerung darauf zurückzuführen, dass in erhöhtem

Masse die Gefangenen für eigene Rechnung der Verwaltung mit Herstellung von Gebrauchsgegenständen der Gefängniss- und anderen Staatsverwaltungen, insbesondere von eisernen Schlafkojen für die Gefangenen, beschäftigt werden; infolgedessen müssen Rohmaterialien, deren Werth ja hier in Einnahme erscheint, in ungleich grösseren Mengen angekauft werden. Insoweit die Mehreinnahme hierauf beruht, steht ihr daher auch eine entsprechende Mehrausgabe in Kap. 74 Tit. 25 und Kap. 75 Tit. 15 gegenüber. In dem Einnahmeansatz für 1901 steckten für Kosten der Aussenarbeit und Ankaufspreise der Rohmaterialien nicht weniger als 1 264 600 M. gegen nur 323 900 M. im Jahre zuvor.

IV. Kapitel.

Einnahmen aus besonderen Fonds.

(Staatshaushaltsetat Kap. 30 Tit. 5.)

§ 66. Der die Bezeichnung der Ueberschrift dieses Kapitels tragende Etatstitel ist ebenso wie die entsprechenden Titel anderer Verwaltungen erst seit 1900 auf Grund des § 2 No. 4 des Gesetzes über den Staatshaushalts vom 11. Mai 1898 eingestellt und korrespondirt mit der Ausgabe Kap. 80 Tit. 3a. Es handelt sich um der alleinigen Verfügung des Staates unterliegende Fonds ohne juristische Persönlichkeit, welche ganz oder zum Theil zu solchen Zwecken bestimmt sind, für welche auch allgemeine Staatsmittel verwendet werden. Es sind dies im Bereiche der Justizverwaltung die in jedem der Oberlandesgerichtsbezirke bestehenden Provinzial-Waisenfonds, ferner zur Unterstützung von Justizbeamten der Sublevationsfonds für hülfsbedürftige Subalternbeamte des Oberlandesgerichtes Breslau, Unterstützungsfonds für hülfsbedürftige Justizbeamte der vormaligen Appellationsgerichtsbezirke Arnsberg und Paderborn, ein Unterstützungsfonds für Referendare im Oberlandesgerichtsbezirk Königsberg, ein Unterstützungsfonds für Justizsubalternbeamte des Oberlandesgerichtsbezirkes Posen und endlich ein Mündelunterstützungsfonds beim Amtsgericht I in Berlin.

Ein Provinzial-Waisenfonds besteht in jedem der 13 Oberlandesgerichtsbezirke. Die Gründung solcher Fonds wurde durch einen Immediatbericht des Justizministers Mühler v. 8. Aug. 1835 vorgeschlagen, weil die Noth der Wittwen und Waisen von Justizbeamten eine Vermehrung der zu deren Unterstützung verfügbaren Fonds erheische, Staatsmittel für diesen Zweck aber sich nicht flüssig machen liessen; es empfehle sich daher, die Beamten selbst zur Gewährung von Unterstützungsbeiträgen anzuregen und die bisher der Justizofficianten-Wittwenkasse zugeflossenen freiwilligen Beiträge den Obergerichten zur eigenen Verwaltung zu überlassen. Diesen Antrag genehmigte die Allerh. Kab.-O. v. 5. Sept. 1835. Auf Grund derselben erfolgte die „Ueberweisung der freiwilligen Beiträge zur eigenen Verwaltung" und die Begründung von Unterstützungsfonds bei dem Kammergericht und den Obergerichten in Frankfurt a. O., Stettin, Cöslin, Königsberg, Insterburg, Marienwerder, Breslau, Glogau, Ratibor, Posen, Bromberg, Magdeburg, Halberstadt, Naumburg, Münster

Paderborn, Arnsberg, Hamm und (im Jahre 1843) Greifswald. Dazu kamen später in den 1866 erworbenen Landen auf Grund von Verfügungen des Justizministers nach gleichem Muster errichtete Fonds bei den Appellationsgerichten in Kassel (seit 1870) und Frankfurt a. M. (seit 1871). Bei der Gerichtsreorganisation von 1879 wurden die vorhandenen Unterstützungsfonds durch Verfügung des Justizministers an die neu gebildeten Oberlandesgerichte derart vertheilt, dass fortan je ein Fonds bestand für die Bezirke des Kammergerichts (vereinigt aus den Fonds des vormaligen Kammergerichtsbezirks und des Appellationsgerichts in Frankfurt a. O.) und der Oberlandesgerichte in Königsberg (aus den Fonds von Königsberg und Insterburg), Marienwerder, Stettin (vereinigt aus den Fonds von Stettin, Köslin und Greifswald), Posen (aus den Fonds von Posen und Bromberg, sowie einem Zuschusse von 4000 M. aus dem Fonds von Marienwerder mit Rücksicht auf die Zutheilung des Kreises Deutsch-Krone), Breslau (vereinigt aus den Fonds von Breslau, Glogau und Ratibor), Naumburg (vereinigt aus den Fonds von Naumburg, Halberstadt und Magdeburg), Hamm (vereinigt aus den Fonds von Hamm, Arnsberg, Münster und Paderborn), Kassel und Frankfurt a. M. Für die Bezirke der Oberlandesgerichte in Celle, Cöln und Kiel, für welche 1879 noch keine Fonds bestanden, wurden solche in den Jahren 1880 und 1881 durch Verfügungen des Justizministers nach dem Vorbilde der bereits bestehenden errichtet. Die Einnahmen der Unterstützungsfonds beschränken sich Anfangs auf die freiwilligen Beiträge (Schenkungen, Vermächtnisse) von Privatpersonen. Diesen traten hinzu a) von 1835 bis 1868 die Antheile, die den Justizbeamten an den ohne Denuntiation von Gerichten festgesetzten Stempelstrafen zustanden; b) von 1837 bis 1885 die über Justizbeamte im Aufsichtswege oder durch Erkenntniss verhängten Geldstrafen, von 1847 bis 1879 auch die durch den Ehrenrath über Justizkommissare, Advokaten und Notare verhängten Geldstrafen; c) von 1848 bis 1883 der Erlös aus dem Verkaufe weggelegter und zur Vernichtung bestimmter Akten; d) von 1846 bis 1892 Ueberschüsse aus dem Arbeitsverdienste der gerichtlichen Gefangenen; e) seit 1843 fliessen ihnen ferner die übriggebliebenen Kostenvorschüsse und irrigerweise zuviel erhobenen Kosten zu, wenn der Aufenthalt des Empfangsberechtigten nicht zu ermitteln oder die Kosten der Zusendung höher sind als der zuzusendende Betrag. Die Einnahmen zu a bis d sind weggefallen, die Beträge zu e bilden neben etwaigen freiwilligen Beiträgen die einzigen Einnahmen ausser den Zinsen der bereits angesammelten Kapitalien. Die Verwaltung der früher sog. Unterstützungsfonds — seit 1879 „Provinzial-Waisenfonds“ genannt — ist durch die allgemeine Verfügung v. 29. Sept. 1881 (Just.-Min.-Bl. S. 213) geregelt. Ueber die Verwendung der Provinzial-Waisenfonds bestimmt die Rundverfügung des Justizministers v. 7. Nov. 1881, dass die ausserordentlichen Einnahmen (d. h. die freiwilligen Zuwendungen) und die unverwendet gebliebenen Jahreseinkünfte zur Erhöhung des Kapitals dienen sollen, die ordentlichen (d. h. alle übrigen) Einnahmen zur Deckung der Verwaltungskosten und zur Unterstützung von Wittwen und hülfsbedürftigen Kindern verstorbener besoldeter Justizbeamten zu verwenden sind. Bei der Begründung der Fonds ist eine ausdrückliche Erklärung, welche ihnen die Eigenschaft selbständiger juristischer Personen (Stiftungen) verliehen hätte, nicht erfolgt. Die Ueberweisung der aus freiwilligen Beiträgen gebildeten Bestände an die Obergerichte zu eigener Verwaltung war für sich allein noch nicht geeignet, den Massen rechtliche Selbständigkeit zu geben. Ihre Einnahmen bestanden hauptsächlich aus Beiträgen, die — wie namentlich die Erträgnisse der Gefangenenarbeit — an sich dem Staate zukommen; daneben traten die freiwilligen Zuwendungen nach und nach zurück. Die Verwaltung, die durch einen Kurator und einen Rendanten — beide ernannt vom Oberlandesgerichts-Präsidenten und Oberstaatsanwalt aus den Beamten des Oberlandesgerichts — geführt wird, ist nach den gleichen Grundsätzen wie die Verwaltung von Staatsgeldern eingerichtet. Sonach sind jene Fonds in neuerer Zeit stets als nur verwaltungsmässig abgesonderte Vermögensmassen des Staates behandelt und dafür bei der Gerichtsumgestaltung des Jahres 1879 von den betheiligten Behörden ausdrücklich erklärt worden. Ihre Umwandlung im Anschluss an die neuen Gerichtsbezirke und, wo sie noch ganz fehlten, ihre Errichtung erfolgte demgemäss, ohne Einwirkung einer Allerh. Ordre, lediglich durch Verfügung des Justizministers. Nicht nur bei der Aufhebung der älteren Gerichte, sondern auch weiterhin sind alljährlich vom Justizminister erhebliche Beiträge aus den reicher dotirten Fonds an die geringer bemessenen Fonds erfolgt.

Der Sublevationsfonds für hülfsbedürftige Subalternbeamte des Oberlandesgerichts Breslau stammt aus dem Jahre 1828. Nach dem Kriege von 1806/7 war es bei dem darniederliegenden Bankverkehr nicht möglich, die Depositalgelder des Breslauer Oberlandesgerichts bei der Bank anzulegen. Das Oberlandesgericht kaufte daher für Rechnung des damals noch bestehenden Prämienfonds, aus welchem die Depositalinteressenten Bankzinsen vergütet erhielten, Schlesische Pfandbriefe. Diese standen damals weit unter dem Nennwerthe, stiegen aber später wieder so, dass das Judicialdepositorium mehrere Prozent am angelegten Kapital gewann. Der Gewinn wurde jedoch nicht zum Prämienfonds vereinnahmt, sondern zur Bildung einer „Pfandbrief-Agiomasse" verwendet, aus der man etwaige Kursverluste zu decken gedachte. Dieser Fall trat nicht ein, der Kurs stieg wieder über den Nennwerth und die betheiligten Depositalmassen erhielten ihr volles Kapital zurück. Die Agiomasse behandelte man als Staatsvermögen, z. B. genehmigte eine Allerh. O. v. 9. Mai 1821, dass zur Deckung des von einem Depositalbuchhalter verschuldeten Asservatendefekts 8 138 Thlr. aus ihr entnommen wurde. Durch Allerh. O. v. 19. Aug. 1828 wurde der Justizminister auf seinen Antrag „ermächtigt . . . ., die Zinsen von der in 2 000 Thlr. in Staatsschuldscheinen und in 170 Thlr. Bankoaktiven bestehenden Pfandbrief-Agiomasse bei dem Oberlandesgericht in Breslau dem Präsidio desselben zur Unterstützung hülfsbedürftiger Subalternbeamten zur Disposition stellen zu lassen". Der Justiz-Minister bestimmte unter Mittheilung dieser Order, dass die Zinsen des Fonds für unverheirathete Subalternbeamte mit weniger als 250 Thlr. und verheirathete mit weniger als 500 Thlr. Jahreseinkommen zu verwenden seien, jedoch nur bei einer durch Tod, Krankheit oder Unfälle verursachten Nothlage und höchstens im Betrage von jährlich 20 Thlr. Bei der Gerichtsorganisation von 1879 wurde durch Verfügung des Justiz-Ministers die Verwaltung und Beaufsichtigung des Fonds dem neuen Oberlandesgericht in Breslau aufgetragen mit dem Bemerken, dass hinsichtlich des Verwendungszweckes die Subalternbeamten des Oberlandesgerichts an die Stelle der des früheren Appellationsgerichts zu setzen seien. Zugleich wurde genehmigt, dass einstweilen der zum Empfange einer Unterstützung erforderliche Höchstbetrag des Diensteinkommens auf 1 000 M. für unverheirathete und auf 2 000 M. für verheirathete Beamte, der Unterstützungssatz auf 100 M. erhöht werde. Nach den zur Zeit der Entstehung des Fonds massgebenden Depositalgrundsätzen hatten die Eigenthümer der Depositalmassen auf einen über die depositalmässige Verzinsung hinausgehenden Gewinn aus Kursunterschieden keinen Anspruch. Es war demgemäss unbedenklich, jenen Agiogewinn als Staatseigenthum zu behandeln. Diese Ansicht liegt auch der den Fonds begründenden Allerh. O. zu Grunde.

Der Unterstützungsfonds für hülfsbedürftige Justizbeamte des vormaligen Appellationsgerichtsbezirks Arnsberg wurde 1833 gebildet. Das Oberlandesgericht — früher Hofgericht — in Arnsberg hatte längere Zeit hindurch, hauptsächlich in den Jahren 1828 bis 1831, bedeutende Salarienkassenbestände zinsbar angelegt und durch Zinsen und Zinseszinsen bis 1833 einen Betrag von fast 3 700 Thlr. angesammelt. Im Jahre 1833 gestattete der Justizminister, dass daraus ein zur Verfügung des Arnsberger Oberlandesgerichts-Präsidenten stehender Unterstützungsfonds gebildet werde. Die Allerh. O. v. 31. Januar 1841 ertheilte dazu nachträglich die Genehmigung. Die Zinsen des Fonds wurden jährlich an gerichtliche Subaltern- und Unterbeamte des Arnsberger Obergerichtsbezirks vertheilt Im Jahre 1879 beauftragte der Justizminister mit der Verwaltung und Beaufsichtigung des Fonds das neu errichtete Oberlandesgericht in Hamm. Die Verwendung blieb auf dem Bezirk des vormaligen Appellationsgerichts in Arnsberg beschränkt.

Der Unterstützungsfonds für hülfsbedürftige Justizbeamte des vormaligen Appellationsgerichtsbezirks Paderborn bestand bis 1899 aus zwei Massen: Unterstützungsfonds und Vorschussfonds. Bei dem ehemaligen Oberlandesgericht in Paderborn befanden sich im Depositorium zwei Vermögensmassen, nämlich 1. eine zur Zeit der vormaligen Regierung und des Tribunals in Minden gebildete Masse „ad pios usus", der hauptsächlich Heirathsdispensgebühren, kleine nicht abgehobene Bestände der Tribunals-Vorschusskasse und der Erlös für einen Theil der Regierungsbibliothek zugeflossen waren. Sie diente zur Gewährung von Almosen an nicht öffentlich bettelnde Arme. Im Jahre 1817 gelangte sie in die Verwaltung des Parderborner Oberlandesgerichts. Von da an wuchsen ihr Privatspenden, Stempelstrafantheile und kleine herrenlose Massen zu. Neben ihr wurde im Jahre 1832 2. aus Zinsüberschüssen der obergerichtlichen Despositalbestände ein „Hülfsfonds" gebildet. Ueber beide Massen bestimmte die Allerh. O. v. 23. Oktober 1844, dass von dem Vermögen der beim Depositorium des Oberlandesgerichts zu Paderborn unter dem Namen „Hülfsfonds" verwalteten Masse die Summe von 3 500 Thlr. zu einem neu zu bildenden Fonds zur Unterstützung hülfsbedürftiger Justizbeamten des Departements des genannten Oberlandesgerichts verwendet, der Rest dieses Vermögens aber sammt dem ganzen Vermögen der bei demselben Depositorium verwaltetem Masse „ad pios usus" dem unter der Verwaltung des Pupillenkollegiums stehenden Provinzialfonds zur Unterstützung hülfsbedürftiger Kinder verstorbener Justizbeamten (Provinzial-Waisenfonds) überwiesen werde. Der Justiz-Minister ordnete unter Mittheilung dieser Kabinetsorder an: „Von dem Fonds der 3 500 Thlr. werden 500 Thlr. dem Präsidium zur Bewilligung zinsfreier innerhalb Jahresfrist und unter besonderen Umständen längstens innerhalb zwei Jahren wieder zu erstattender Vorschüsse zum Maximalbetrage von 50 Thlr. für einen Beamten zur Disposition gestellt. Von den anderen 3 000 Thlrn. sind nur die alljährlich aufkommenden Zinsen zu Unterstützungen zu verwenden und die desfallsigen Anträge in der Regel mit denen zur Vertheilung der Zinsen der belegten Salarienkassenbestände zu verbinden". Seit 1844 bestand demnach ein Unterstützungsfonds und ein Vorschussfonds. Bei der Gerichtsumgestaltung von 1879 wurde die Verwaltung und Beaufsichtigung beider durch Verfügung des Justizministers dem Oberlandesgericht in Hamm übertragen. Da sich neuerdings das Bedürfniss einer Benutzung des Vorschussfonds immer mehr verlor und seine selbstständige Erhaltung nicht mehr erforderlich erschien, wurde er im Jahre 1899 unter Genehmigung des Justizministers mit dem Unterstützungsfonds vereinigt.

Der Unterstützungsfonds für Referendare im Bezirke des Oberlandesgerichts zu Königsberg ist durch Ersparnisse an Staatsmitteln angesammelt. Das Präsidium des Oberlandesgerichts in Insterburghatte nämlich die Einrichtung getroffen, dass alle entbehrlichen Bestände sowohl der Obergerichts- wie der Haupt-Untergerichtssalarienkasse an das Depositorium abgeliefert und dort, so lange sie nicht gebraucht, zinsbar belegt wurden. Auch die so gewonnenen Zinsen wurden wiederum belegt, und am Schlusse des Jahres 1829 hatte sich dadurch ein Ersparnissbestand von 1 068 Thlr. angesammelt, dessen „Verwendung zu einem anderen, dem Dienste förderlichen Zweke" zulässig erschien. Ein Antrag des Justizministers, den vorhandenen Bestand und die bis zum 1. Juli 1830 fälligen Zinsen zu einem Fonds zur Unterstützung armer Referendare festzulegen, wurde durch Allerh. O. v. 14. Aug. 1830 genehmigt. Ein Regulativ von demselben Jahre gab die näheren Vorschriften über Verwaltung und Verwendung. Im Jahre 1879 übertrug der Justizminister die Verwaltung und Beaufsichtigung der Masse dem neu erichteten Oberlandesgericht in Königsberg.

Aehnlich ist der Unterstützungsfonds für Justizsubalternbeamte des Oberlandesgerichtsbezirks Posen entstanden. Bei dem Landgerichte in Posen hatten sich, grösstentheils während der Zugehörigkeit Posens zum Herzogthum Warschau (1807 bis 1815) mehrere Zinsenüberschuss bestände gebildet: aus Zinsen, die bei Transferirungen für die Tage unter einem halben Monat nicht zugeschrieben worden waren, aus Bruchresten, die bei Zinsvertheilungen übrigblieben, aus Ueberschüssen der thatsächlich erzielten Zinsen über die den Privatpersonen berechneten und vergüteten $2^1/_2$ Proz. Bankzinsen. Seit 1820 wurden diese Bestände zu einer einzigen Masse zusammengezogen und im Posener Landgerichtsdepositorium verwaltet. Auf Vorschlag des Justizministers bestimmte die Allerh. O. v. 27. Okt. 1833, dass von der im Depositorium des Landgerichts zu Posen befindlichen Ueberschuss-Zinsenmasse die Summe von 4000 Thlr. zur Bildung eines Fonds zur Unterstützung hilfsbedürftiger Subalternbeamten der Justizbehörden im Grossherzogthum Posen verwendet und die Bewilligung von Unterstützungen aus den gewonnenen Zinsen dem Chefpräsidenten des Ober-Appellationsgerichts zu Posen nach den für das Oberlandesgericht zu Breslau gegebenen Bestimmungen überlassen werde. Der Justizminister erliess über die Verwendung des Fonds eine inhaltlich mit der im Jahre 1828 nach Breslau gerichteten genau übereinstimmende Verfügung. Bei der Errichtung der Oberlandesgerichte in Posen und Bromberg (1835) wurde der Fonds getheilt. Im Jahre 1879 überwies der Justizminister die wieder vereinigten beiden Massen dem Posener Oberlandesgerichte zur Verwaltung und Beaufsichtigung und bestimmte zugleich die Unterstützungssätze ebenso wie bei dem Breslauer Fonds.

Der Mündelunterstützungsfonds bei dem Amtsgericht I in Berlin ist aus dem Sublevationsfonds hervorgegangen. Bei dem Berliner Stadtgericht bildete sich nämlich im Anschluss an die Handhabung der gerichtlichen Deposition allmählich eine besondere Vermögensmasse, die mit dem Namen „Sublevationsfonds" bezeichnet wurde und aus zwei Gruppen bestand: a) einem „Dispositionsfonds", erwachsen aus freiwilligen Beiträgen und geringfügigen, an die Berechtigten nicht ausgeantworteten Zinsbeträgen; b) einem Kapitalfonds, erwachsen aus Agiogewinnen von verkauften Pfandbriefen. Im Jahre 1830 überliess der Justizminister den Dispositionsfonds an das Vormundschaftsgericht zur Unterstützung armer Mündel und bestimmte, dass die Zinsen des Kapitalfonds zu dem gleichen Zwecke in den Dispositionsfonds fliessen sollten. Beide Fonds wurden nach Auflösung des Pupillendepositoriums bei dem Judizialdepositorium seit dem Inkrafttreten der Hinterlegungsordnung von 1879 bei der Ministerial-, Militär- und Baukommission hinterlegt. Im Jahre 1879 ging die Beaufsichtigung und Verwaltung der Masse an das Amtsgericht I in Berlin über. Der dienstälteste Vormundschaftsrichter leitet die Verwaltungsgeschäfte; die Zinsen werden halbjährlich als Unterstützungen an arme Mündel vertheilt. Die näheren Weisungen enthält eine vom Justizminister unter dem 20. Juli 1891 genehmigte Satzung.

Die Einnahmen dieser Fonds sollten nach den Etats für 1900 bis 1902 je 211 062, nach demjenigen für 1903 210 500 M. betragen.

V. Kapitel.

Einnahmen für die Justizoffizianten-Wittwenkasse.

(Staatshaushaltsetat Kap. 30 Tit. 7.)

§ 67. Wenn auch im Etat durch den Titel „Sonstige Einnahmen" von ihnen getrennt, so stehen doch in naher Verwandschaft zu den im vorigen Kapitel besprochenen Einnahmen diejenigen für die Justizoffizianten-Wittwenkasse. Wie dort, so handelt es sich auch hier um Einnahmen eines besonderen Fonds. Nur besitzt dieser im Gegensatz zu den in dem vorigen Kapitel erwähnten juristische Persönlichkeit. Die Justizoffizianten-Wittwenkasse verdankt ihre Entstehung einer Anregung des Grosskanzlers v. Carmer. Nachdem dieser von dem durch Patent v. 20. März 1791 publizirten „Allgemeinen Gesetzbuch für die Preussischen Staaten", das nach erfolgter Revision im Jahre 1794 als „Allgemeines Landrecht" in Kraft trat, im Jahre 1791 mehrere tausend Exemplare auf Kosten der Generalsalarienkasse hatte drucken lassen, beantragte er beim König, die aus dem Verkauf dieser Exemplare sich ergebenden Ueberschüsse zu einem beständigen Pensionsfonds für die hülfsbedürftigen Wittwen und Waisen rechtschaffener Justizbedienten zu bestimmen, „da ein solcher Fonds bei der Justiz bisher gänzlich gefehlt habe und die Salarienkassen, welche bei der Abnahme der Prozesse die kurrenten Besoldungen der wirklichen Arbeiter nicht mehr bestreiten könnten, schlechterdings unvermögend seien, etwas für die Wittwen und Kinder derselben zu thun". Die Allerh. Ordre v. 1. Juni 1791 billigte diesen Plan. Durch Allerh. Ordre v. 10. Juni 1793 wurde dem Pensionsfonds auch der Debit der Prozessordnung zugewendet. Der Debit der im Jahre 1794 veranstalteten Ausgaben des Allgemeinen Landrechtes und der Allgemeinen Gerichtsordnung wurde zwei Berliner Buchhändlern überlassen gegen Entrichtung einer Abgabe für jedes Exemplar, die für die Zwecke des Pensionsfonds zur Kammergerichtsdepositalkasse gezahlt wurde. Die demgemäss seit 1791 bei den Provinzialjustizbehörden aufgesammelten Bestände wurden im Jahre 1799 zu einer allgemeinen Justizoffizianten-Wittwenkasse zusammengezogen, die seitdem bei dem Justizministerium verwaltet wird. Gleichzeitig wurden die bei einzelnen Gerichten aus „ad pios usus" eingezahlten Beiträgen gebildeten Armenkassen zur Justizoffizianten - Wittwenkasse eingezogen. Ferner genehmigte eine Ordre v. 31. Aug. 1799, dass die Vorräthe unbrauchbarer Akten zu ihren Gunsten verkauft werden. Auch wurden nach dem Anhang zur Allgemeinen Gerichtsordnung alle in den Depositenkassen der Landesjustizkollegien und Pupillenkollegien und nach der Kab.-O. v. 13. März 1830 auch die in den Depositenkassen der Untergerichte befindlichen Judizial- und Pupillendepositen, deren Eigenthümer ganz oder ihrem Aufenthalte nach unbekannt war, solange bis letztere sich melden und legitimiren, der Justizoffizianten-Wittwenkasse zur Verwaltung gegen den Genuss der Zinsen überwiesen, und endlich erhielt sie nach der Grundbuchordn. v. 5. Mai 1872 Hypotheken, deren Inhaber dem Aufenthalt nach unbekannt oder nicht verfügungsberechtigt sind, zum Genuss der Zinsen. Diese Zinseneinnahmen aus Depositen und Hypotheken sind indessen nach § 108 der Hinterlegungsordnung v. 14. März 1879 weggefallen. Dagegen hat die Kasse wiederholt Legate und sonstige Zuwendungen, insbesondere von der Feuerversicherungsgesellschaft Colonia erhalten; namentlich aber ist ihr durch Kab.-O. v. 23. Dez. 1838 der Ueberschuss aus dem Verlage des Justiz-Ministerialblattes überwiesen, und auch aus dem Debit anderer Veröffentlichungen sind ihr Einnahmen zugeflossen. Endlich erhielt sie die Fonds der ehemaligen Wittwenkasse des vormaligen Apellationsgerichtes in Celle mit der Massgabe, dass aus ihnen vorzugsweise Wittwen und Waisen aus Hannover zu bedenken sind. Ueber den Umfang der Kasse giebt die Uebersicht ihrer Einnahmen und Ausgaben in der Anlage CIX — ein Bild. Die Disposition über den Fonds hat jetzt lediglich der Justizminister innerhalb durch Kabinetsordres gezogener Schranken; insbesondere dürfen Zuwendungen über einen gewissen Höchstbetrag nur durch Kabinetsordre bewilligt werden.

Im Etat erscheinen als „Einnahmen für die Justizoffizianten-Wittwenkasse" im Tit. 7, da sie juristische Persönlichkeit besitzt, nur die ihr vom Staate alljährlich zugewendeten, in Kap. 82 wieder in

Ausgabe gestellten aus dem Verlage des Justiz-Ministerialblattes und dem Verkaufe kassirter Akten, und zwar die letztere Einnahme bis 1899 nach Abzug der aus derselben zu bestreitenden Remunerationen für die Aussonderung und den Verkauf der kassirten Akten; diese Remunerationen wurden unter den „sonstigen Einnahmen“ vereinnahmt, bei Kap. 74 Tit. 26 („Sonstige vermischte Ausgaben“) wieder verausgabt; seit 1900 sind sie, da nach § 24 des Gesetzes über den Staatshaushalt ausserordentliche Remunerationen nur aus den im Etat dazu bestimmten Fonds gewährt werden dürfen, auf die Remunerationsfonds übernommen worden. Infolgedessen kommt der entsprechende Theil des Erlöses aus dem Aktenverkauf (damals 3500 M.) nicht mehr dem Tit. 6, sondern der Justizoffizianten-Wittwenkasse zugute und erscheint daher mit im Tit. 7. Die ganze Einnahme dieses Titels bewegt sich, wie die Anlage CVIII — ergiebt, zwischen einigen 20 000 und einigen 30 000 M., während sie in den 70er Jahren zeitweise bis zu einigen 80 000 M. betrug; den Hauptbestandtheil bildet der Erlös der kassirten Akten.

VI. Kapitel.

Sonstige Einnahmen.

(Staatshaushaltsetat Kap. 30 Tit. 6.)

§ 68. Seitdem 1874 die Jurisdiktionsbeiträge und der Antheil des Staates an dem Arbeitsverdienst der Gefangenen in besondere Titel übergingen (vgl. oben § 2 und § 4), bestehen die in Tit. 6 zu verrechnenden „sonstigen Einnahmen“ in der Hauptsache nur noch in Miethen für Räume in Justizgebäuden und von Beamten zu leistenden Entschädigungen für das von ihnen aus fiskalischen Beständen entnommene Feuerungsmaterial. Auch jene Miethen erfuhren aber 1874 einen ganz bedeutenden Rückgang, um rd. 65 100 M., weil infolge des Ges. v. Mai 1873 wegen Gewährung von Wohnungsgeldzuschüssen die Miethen für Dienstwohnungen, die nur gegen Wegfall des Wohnungsgeldzuschusses gewährt wurden, hier ausfielen, was freilich für die Verwaltung nur ein scheinbarer Ausfall war, da dafür der Titel „Wohnungsgeldzuschüsse“ entsprechend niedriger dotirt werden konnte. So blieb dem Tit. 6 für 1874 nur eine Einnahme von rd. 83 500 M. Steigen der Miethen und Hinzutreten weiterer durch Vermiethung benutzter Gebäude war der hauptsächlichste Anlass, dass der Anschlag in den nächsten Jahren ziemlich stark stieg, bis auf fast 130 000 M. 1879/80. Weitere vortheilhaftere Ausnutzung der Gebäude, 1890/91 der Uebergang der Gebäude der Berliner Stadtvogtei von der inneren auf die Justizverwaltung, 1891/92 die Erhöhung der von den Unterbeamten für Entnahme des Feuerungsmaterials zu leistenden Entschädigung infolge Erhöhung der Durchschnittsgehälter, nach denen diese Entschädigung berechnet wird, liessen die Einnahmen, wie die Anlage CVIII zeigt, weiter steigen. Dazu kamen vorübergehend, wie 1882/83, erheblichere vertragsmässige Beiträge von Kommunen zu den Kosten der Bauten von Geschäfts- und Gefängnisslokalen. Die Vorschrift des § 2 No. 2 des Gesetzes über den Staatshaushalt bedingte sodann, dass 1901 72 500 M. an Zuschüssen und einer Abfindungssumme, die von den Gemeinden Schlochau, Sommerfeld, Bernau und Neustadt am Rübenberge aus Anlass von Justizbauten vertraglich übernommen waren, hier eingestellt wurden. Da auch für 1902 und 1903 auf solche Beiträge, wenn auch in geringerer Höhe zu rechnen war, wurde auch für diese Jahre, wie für 1901, ein Etatsansatz von nahezu 399 000 M. beibehalten. Verloren hatte der Titel 1900 die im vorigen Paragraphen erwähnten 3 500 M. für verkaufte Akten an die Justizoffizianten-Wittwenkasse und 1901 1 200 M. Miethsbeträge für Unterbeamtenwohnungen, die bisher an Gerichtsvollzieher vermiethet waren, welche den Unterbeamtendienst mit versahen; nach Gewährung von Stellen für Unterbeamte bei diesen Gerichten mussten die Wohnungen diesen Letzteren als Dienstwohnungen übertragen werden.

Als Preussen in die Reihe der konstitutionellen Staaten eintrat, bestand der Titel „Verschiedene Einnahmen" der Justizverwaltung ausser aus Miethen insbesondere aus Jurisdiktionsbeiträgen. Dazu kamen indess als nunmehrige Hauptbestandtheile 1853 zwei bisher in besonderen Titeln verrechnete Einnahmen, nämlich „Zuchthausgefälle" d. h. durch Edikt v. 25. März 1747 aus Anlass der Errichtung der Zuchthäuser in Brieg und Jauer in Schlesien für diese Provinz eingeführte besondere Abgaben der kein Intestaterbrecht besitzenden „lachenden Erben" und von Immobiliarbesitzwechseln, die 1852 vom Etat der inneren Verwaltung auf den Justizetat übertragen waren, und Pensionsbeiträge der Justizbeamten. Die Zuchthausgefälle wurden 1865 auf wiederholtes Andrängen des Abgeordnetenhauses ausser Hebung gesetzt, während die Pensionsbeiträge, wie in § 42 des vorigen Buches erwähnt, am 1. Jan. 1868 allgemein aufgehoben wurden. Der Antheil am Arbeitsverdienst der Gefangenen war bis 1858 einschliesslich nach der Kab.-O. v. 20. März 1846 zu dem Gefängnissverbesserungsfonds des damaligen Ausgabetitels 13 des Justizetats geflossen und kam dann 1859, später in dem durch die Allerh. Ordre v. 29. Okt. 1859 bezw. die Allgemeine Verfügung des Justizministers v. 9. Okt. 1860 (vgl. oben § 64) bestimmten Umfang hierher. Dagegen verlor der Titel insbesondere 1851 einen Jurisdiktionskanon des Magistrats in Berlin von rd. 126 000 M. und infolge des Ges. v. 1. Aug. 1855 (vgl. oben § 17) 1857 Kriminalkostenablösungsrenten und fixirte Beiträge einzelner Städte zu den Kosten der Gefängnissverwaltung mit rd. 39 400 M. Der Zuwachs aus den neuen Provinzen stellte sich nach dem Etat für 1868 auf rd. 38 500 M. So erklärt sich in der Hauptsache die aus der Anlage CVIII ersichtliche auffallende Bewegung des Titels vor dem Jahre 1874: für 1849 sind angesetzt nur rd. 187 000 M., für 1859 rd. 723 000 M. und für 1869 nur 460 000 M.

III. Hauptabschnitt.

Die Ausgaben der Justizverwaltung.

I. Abschnitt.

Dauernde Ausgaben für Ministerium und Justizprüfungskommission.

(Staatshaushaltsetat Kap. 71 und 72.)

I. Kapitel.

Das Justizministerium.

(Staatshaushaltsetat Kap. 71.)

§ 69. Trotz des gewaltigen Umfangs der ausschliesslich der Rechtsanwälte und Notare über 7000 Beamte beschäftigenden Justizverwaltung im weiteren Sinne, d. h. einschliesslich der Rechtspflege, ist das die Spitze bildende Ministerium eines der kleinsten. Es erklärt sich dies aus der verfassungsmässigen Unabhängigkeit der Gerichte, die jede Einwirkung des Justizministers auf die materiellen Entscheidungen der Gerichte ausschliesst.

Sein Aufsichtsrecht beschränkt sich daher ihnen gegenüber auf den Geschäftsbetrieb (vgl. Ausführungsgesetz zum Gerichtsverfassungsgesetz § 85) und in beschränktem Masse die Disciplin. Ueberhaupt ist der Justizminister lediglich Spitze der Justizverwaltung im engeren Sinne, nicht der Rechtspflege. Insbesondere hat er dem Könige Vorschläge für die Ernennung von Richtern und Staatsanwälten zu machen, die Notare, Gerichtsassessoren, Direktoren und Geistlichen der Justizgefängnisse, Rechnungsrevisoren und Rendanten der Justizhauptkassen und der Gerichtskasse I in Berlin zu ernennen, die Versetzungen der richterlichen Mitglieder der Land- und Amtsgerichte in dem gesetzlich zugelassenen Umfange sowie der Staatsanwälte, diejenige nicht richterlicher Justizbeamten in einen anderen Oberlandesgerichtsbezirk zu verfügen. Ferner hat er, jetzt beschränkt durch die Kompetenz des Reiches, die sein Ressort betreffenden Gesetzentwürfe vorzubereiten und vor dem Landtage zu vertreten, die Begnadigungssachen vorzubereiten, über Strafaussetzung mit dem Ziele späterer Begnadigung, über Aussetzung und Unterbrechung von Freiheits-, Stundung und Theilung von Geldstrafen in gewissen Fällen, über vorläufige Entlassung von Gefangenen zu verfügen, über Anträge auf Entschädigung der im Wiederaufnahmeverfahren freigesprochenen Personen zu entscheiden, in Angelegenheiten der nicht streitigen Gerichtsbarkeit über Legitimation unehelicher Kinder und gewisse Dispense bei Eheschliessungen zu befinden, ebenfalls auf dem Gebiete der freiwilligen Gerichtsbarkeit bei Streit oder Ungewissheit das zuständige Gericht zu bestimmen, sofern es an einem gemeinschaftlichen oberen Gericht fehlt, über gewisse Erlasse und Erstattungen von als Gerichtsgebühr zu erhebenden Stempeln und von Gerichtsgebühren zu befinden, wichtigere Lehns- und gemeinsam mit dem Minister des Innern Thronlehnsangelegenheiten zu bearbeiten, und er ist Beschwerdeinstanz für gewisse Fideikommiss-, Lehns-, standesherrliche, Stiftungs-, Kosten- und Stempelstrafsachen. Schliesslich steht ihm mit dem Landwirthschaftsminister die Dienstaufsicht über das Oberlandeskulturgericht und die Mitwirkung bei gewissen vom Ministerium des Königlichen Hauses zu erledigenden Standessachen zu, wie ihm auch die rechtliche Begutachtung von Angelegenheiten des Königlichen Hauses obliegt.

An der Spitze des Justizministeriums standen 1810—1825 v. Kircheisen, 1825—1830 Graf Dankelmann, 1832—1842 v. Kamptz (für die Gesetzrevision), 1832—1844 v. Mühler (für die Justizverwaltung), 1842 - 1848 v. Savigny (für die Gesetzrevision), 1844 - 1848 Uhden (für die Justizverwaltung), 20. März bis 25. Juni 1848 Bornemann, 25. Juni bis 21. Sept. 1848 Märker, 29. Sept. bis 12. Nov. 1848 Kisker, 12. Nov. 1848 bis 10. April 1849 Rintelen, 10. April 1849 bis 1. Dez. 1860 Simons, 16. Dez. 1860 bis 17. März 1862 v. Bernuth, 17. März 1862 bis 5. Dez. 1867 Graf zur Lippe-Biesterfeld-Weissenfeld, 5. Dez. 1867 bis 29. Okt. 1879 Leonhardt, 29. Okt. 1879 bis Jan. 1889 v. Friedberg, 31. Jan. 1889 bis Nov. 1894 v. Schelling; seit 13. Nov. 1894 bekleidet Dr. Schönstedt das Amt des Justizministers.

Bei der immerhin beschränkten Zuständigkeit standen dem Justizminister nach dem Etat für 1849 nur ein Unterstaatssekretär und 11 vortragende Räthe — als „Geheime Justizräthe" der dritten, als „Geheime Oberjustizräthe" der zweiten, als charakterisirte „Wirkliche Geheime Oberjustizräthe" der ersten Rangklasse angehörend — zur Seite, und die Zahl der Subalternen betrug 37, die der Unterbeamten 11. Bis zum Jahre 1867 hatten sich diese Zahlen nur um 2 Subaltern- und 2 Unterbeamte vermehrt. Erst 1868 kamen mit Rücksicht auf die neuen Provinzen hinzu 4 vortragende Räthe, 7 Bureau- und Kanzleibeamte und 2 Kanzleidiener. Um das Verhältniss zwischen etatsmässigen und diätarischen Beamten günstiger zu gestalten, wurden 1873 2 weitere Stellen für Kanzleisekretäre errichtet, und 1874 kam eine Hausdienerstelle hinzu. Wichtiger war, dass, ebenfalls 1874, ein Ministerialdirektor angestellt wurde, da es in der That ganz ungewöhnlich war, dass bei 15 vortragenden Räthen nur ein Unterstaatssekretär vorhanden war. Auch die Zeiten der — allerdings in erster Linie dem Reichsjustizamt zur Last fallenden — Vorarbeiten und der Ausführung der Reichsjustizreform wurden ohne Erhöhung des Personalbestandes der etatsmässigen höheren Beamten überwunden: nur zur Verwaltung der umfangreichen und vielbenutzten Bibliothek wurde 1879/80, aber auch nur gegen Wegfall einer Kanzleisekretärstelle, eine neue Registratorstelle errichtet. Eine weitere Registratorstelle für das Centralbureau sah der Etat für 1884/85 vor. Im nächsten Jahre aber bedingte die Herstellung eines günstigeren Verhältnisses zwischen etatsmässigen und diätarischen Beamten und die Zunahme der Geschäfte, namentlich auch in der Bibliothek, die Vermehrung der Bureaubeamten von — einschliesslich des 1875 mit der Maximalbesoldung der Bureaubeamten aus ihnen herausgehobenen Vorstehers des Centralbureaus und des zur selben Zeit aus dem Etat der Kanzleisekretäre (damals Tit. 4 jetzt 5) in den der Expedienten und Registratoren (damals Tit. 3 jetzt 4) versetzten Kanzleidirektors — 31 auf 34 und der Unterbeamten um 1 Kanzleidiener, nämlich auf 16, d. i. 1 Botenmeister und, nachdem 1882/83 die Hausdiener- in eine Kanzleidienerstelle umgewandelt war, 15 Kanzleidiener; zwei Jahre später erhielten 2 bisher diätarische Hausdiener etatsmässige Stellen. Das Bureaupersonal wurde weiter vermehrt 1889/90 um 1 Kalkulator, 1891/92, 1896/97 und 1899 um je 1 Registrator, 1900 um 1 Kalkulator und 1902 um 2 Registratoren. Eine 17. Kanzleisekretärstelle wurde, um ein angemesseneres Verhältniss zwischen etatsmässigen Beamten und Diätarien herzustellen, 1893/94 errichtet, und die Erweiterung der Geschäftsräume erforderte 1897/98 und 1903 je einen weiteren Unterbeamten.

Die vortragenden Räthe wurden erst, nachdem die Zahl der Tagebuchnummern von 53 682 im Jahre 1868 auf 65 803 im Jahre 1894 gestiegen war, 1896/97 auf 16 vermehrt. Schon 1898/99 wurde indess die Stelle eines vortragenden Rathes in die eines zweiten Direktors umgewandelt, wogegen 1902 zwei weitere vortragende Räthe bewilligt wurden. So besteht denn 1903 der Beamtenapparat des Justizministeriums aus dem Minister (Etat Kap. 71 Tit. 1), dem Unterstaatssekretär (Tit. 2), 2 Direktoren und 17 vortragenden Räthen (Tit. 3), dem Vorsteher des Centralbureaus, 39 Expedienten, Kalkulatoren und Registratoren und dem Kanzleidirektor (Tit. 4), 17 Kanzleisekretären (Tit 5), 1 Botenmeister, 17 Kanzleidienern, 1 Kastellan und 2 Hausdienern (Tit. 6).

§ 70. Die Besoldungen des Ministers und der Beamten des Ministeriums waren und sind übereinstimmend denen der gleichartigen Funktionäre anderer Ministerien geregelt und kann dieserhalb somit auf die Ausführungen des vorigen Buches (§§ 34—38) verwiesen werden.

Der Besoldungsetat ist, wie die Anlage CVIII näher erweist, von 1849 bis 1903 gestiegen bei Tit. 1 (Minister) von 30 000 M. auf 36 000 M., für Unterstaatssekretäre, Direktoren und Räthe (Tit. 2 und 3) von 95 100 M. auf 198 000 M., für Bureau- und Kanzleibeamte (Tit. 4 und 5) von 110 610 M. auf 250 300 M. und für Unterbeamte (Tit. 6) von 11 520 auf 32 540 M. Bei den Tit. 2—6 beruht die Zunahme theils auf Vermehrungen des Personals, theils auf Besoldungsaufbesserungen. Die in einzelnen der letzten 10 Jahre zu verzeichnenden Minderbedarfe gegen das jeweilige Vorjahr resultiren aus dem Aufsteigen der Beamten nach dem Dienstalter.

Der Tit. 6 stellt die Besoldungen der Unterbeamten nach Abzug von 600 M. dar, welche die Justizoffizianten-Wittwenkasse trägt.

Aus Nebenämtern beziehen 1903: 1 Direktor als Mitglied des Gerichtshofes zur Entscheidung der Kompetenzkonflikte eine Besoldung von 600 M., 8 Räthe als Mitglieder

der Justizprüfungskommission Gebühren von 828 M. bis 3179 M., 1 Rath für die Bearbeitung der bei der Exekutorie des Testamentes des Prinzen August von Preussen vorkommenden Geschäfte 1700 M., 1 Rath als Mitglied des Disciplinarhofes für nichtrichterliche Beamte 600 M., 1 Rath als ordentlicher Honorarprofessor an der Friedrich Wilhelm-Universität in Berlin die etwa aufkommenden Vorlesungshonorare, 1 Rath für die Bearbeitung der Angelegenheiten des Königlich Prinzlichen Familienfideikommisses 600 M., 1 Rath für die Redaktion des Justiz-Ministerialblattes 600 M., 1 Kalkulator als Vorsteher des Bureaus der Justizprüfungskommission 800 M., 1 Kalkulator für die Bearbeitung der Kalkulaturgeschäfte des Königlich Prinzlichen Familienfidikommisses 300 M., 1 Kalkulator für die Mitredaktion des Justiz-Ministerialblattes 600 M., 3 Kalkulatoren für die Redaktion des Jahrbuchs der Preussischen Gerichtsverfassung zweijährlich zusammen 600 M., 2 Registratoren für die Theilnahme an den Bureaugeschäften der Justizprüfungskommission je 425 M., 1 Kanzleisekretär als Kontroleur der Justizoffizianten-Wittwenkasse 800 M, 1 Kanzleisekretär für die Theilnahme an den Geschäften der Justizprüfungskommission 650 M., der Botenmeister und 2 Kanzleidiener für ihre Thätigkeit bei derselben 250, 250 und 150 M.

Der Aufwand an Wohnungsgeldzuschüssen ist, wie aus der gedachten Anlage seit 1878/79 im Einzelnen zu ersehen ist, unter dem Einflusse der Beamtenvermehrungen von 60 000 M. 1875 und 58 920 M. 1878/79 auf 73 680 M. 1903 gestiegen, wobei zu berücksichtigen ist, dass der Minister freie Dienstwohnung, der Vorsteher des Centralbureaus, der Botenmeister, 2 Kanzleidiener, der Kastellan und die beiden Hausdiener Dienstwohnungen haben.

§ 71. Die anderen persönlichen Ausgaben sind wie bei anderen Ministerien ganz überwiegend solche für Hülfsarbeiter. Nach dem Etat für 1849 wurden diese Ausgaben aus dem damals auf 72 000 M. bemessenen „Allgemeinen Dispositionsfonds" bestritten, und von 1850 ab waren von diesem zu dem gedachten Zwecke 36 000 M. bestimmt. Daneben bestand der in der Anlage CVIII aufgeführte spezielle Dispositionsfonds von 11 520 M. Im Etat für 1853 wurden jene 36 000 M. mit dem Letzteren vereinigt, seit 1854 aber nur noch 22 800 M., 1858 nur 21 000 und 1859 nur 18 000 M. für Hülfsarbeiter, 9 900 M. für Kanzleidiätarien und 3 600 M. für Hülfsschreiber, später 13 500 M. für beide Arten von Kanzleikräften zusammen bestimmt, während 3 600 M. den Remunerations- und Unterstützungsfonds bildeten. Diese Ansätze von (18000+13500=)31500M. für Hülfskräfte und 3 600 M. für Unterstützungen wurden beibehalten bis 1863, wo der Fonds der Kanzleihülfskräfte um 1 500 M. erhöht wurde. Dagegen ermöglichte die Vermehrung etatsmässiger Stellen 1867 den Abstrich von 1 200 M. bei den Hülfsarbeitern und von 2 100 M. bei den Kanzleikräften.

Mit Rücksicht auf die Erweiterung des Staatsgebietes wurden 1868 für jene 21 000 und für diese 15 900 M. gefordert. Für 1871 stieg der erstere Bedarf von 21 000 auf 24 000 M., und nun erfuhr auch der Remunerations- und Unterstützungsfonds eine Aufbesserung von 3 600 auf 5 100 M., einen Betrag, auf dem er, wie die Anlage CVIII zeigt, bis einschliesslich 1897/98 verblieb. Um die Diäten der Kanzleidiätarien und die Schreibgebühren aufbessern zu können, waren für den nun von jenem Fonds getrennten Titel für Hülfsarbeiter aller Art 1873 4500 M. mehr erforderlich, von denen aber 3000 M. dadurch gedeckt wurden, dass infolge Vermehrung der etatmässigen Stellen 2 Kanzleidiätarien wegfielen. Behufs weiterer Aufbesserung dieser Beamten von 1350—1650 i. D. 1500 M. auf 1500—1800 i. D. 1650 M. wurden 1874 weitere 1350 M. erforderlich. Wegen Verminderung der Schreibarbeit beim Ministerium wurde der Titel zwar 1876 auf 38 050 M. reduzirt, schon 1877/78 aber auf 50 000 M. erhöht, letzteres, um auf Drängen der Oberrechnungskammer von auswärts als Hülfsarbeiter einberufenenen etatsmässigen Beamten aus diesen Fonds nicht nur die besondere Remuneration als Hülfsarbeiter, sondern auch die bisher aus den Fonds der betreffenden Provinzialinstanz gedeckten etatsmässigen Gehälter und Wohnungsgeldzuschüsse zahlen zu können. Im Jahre 1882/83 wurde der Titel um 1200 M. Funktionszulage für den Vorsteher des Centralbureaus verstärkt, dann aber mit Rücksicht auf die Schaffung neuer etatsmässiger Stellen 1884/85 um 3000 und 1885/86 um 9400 M. gekürzt. Indess erwies sich diese Kürzung als gegenüber dem unabweisbaren Bedürfniss zu weitgehend, sodass schon 1888/89 trotz Einziehung einer Kanzleidiätarienstelle der Fonds um 6200 M. verstärkt werden musste. Dasselbe Bild wiederholte sich 1891/92, 1893/94 und 1894/95: wegen Vermehrung der etatsmässigen Stellen, 1891/92 auch wegen Uebernahme der Funktionszulage für den Vorsteher des Centralbureaus — wogegen freilich 150 M. Stellenzulage für den Botenmeister hinzukamen — auf den Besoldungsfonds wurden 3300 und 1700 M. abgesetzt, und schon 1894/95 mussten 13 000 M. zugesetzt werden. Abermals gekürzt, und zwar um 6000 M. wegen Errichtung etatsmässiger Stellen und um 700 M. wegen Uebertragung der Schreiblöhne auf den Bureaubedürfnissfonds, wurde der Titel im Etatsjahr 1896/97, und im nächsten Jahre wurden ihm ohne Erhöhung 900 M. Entschädigung der mit der Abfertigung der Legalisationsurkunden beauftragten Beamten aus Tit. 10 aufgebürdet; die nun im Dispositiv des Titels ebenfalls ausdrücklich aufgeführten 600 M. Remuneration des Kalkulaturvorstehers waren schon vorher aus dem Titel bestritten worden. Schon 1899 liess sich aber eine erhebliche Verstärkung des um mehr als 20 000 M. hinter dem allerdings theilweise vorübergehenden Bedürfniss der letzten Jahre zurückbleibenden Fonds nicht vermeiden, und wurde er um 15 000 M., auf 58 300 M. erhöht. Doch wurden in den nächsten Jahren mit Rücksicht auf Stellenvermehrungen schon wieder mehr als diese 15 000 M., nämlich 1900 2 400 M., 1902 14 900 M. und 1903 1 200 M. wieder abgesetzt, sodass für 1903 nur 39 800 M. verblieben.

Der Remunerations- und Unterstützungsfonds (Tit. 9) wurde 1898/99 ebenso wie für andere Ministerien in drei Titel zerlegt: Remunerationen und Unterstützungen für Kanzlei- und Unterbeamte, Remunerationen für mittlere Beamte und Unterstützungen für solche;

dabei wurde der Gesammtbetrag um 500 M., die dem Unterstützungsfonds für höhere Beamte (Kap. 80 Tit. 3) entnommen wurden, verstärkt. Bei der geringen Höhe bewährte sich indess die Dreitheilung nicht, weshalb sie schon 1901 wieder beseitigt wurde.

§ 72. Die sächlichen Ausgaben waren bis 1862 in einem Titel vereinigt und beliefen sich 1849 (vgl. Anl. CVIII) auf rd. 22000 M. Schon im nächsten Jahre wurden sie indess auf 18025 M. herabgesetzt. Bis Ende der 50er Jahre waren sie wieder auf reichlich 20000 M. gestiegen, wovon 1800 M. für das Ministerialgebäude bestimmt waren. Bis zum Jahre 1867 waren die Bureaukosten (jetzt Tit. 10) auf 19950, die Kosten der Unterhaltung des Dienstgebäudes nebst Ministerwohnung und Garten (Tit. 11) auf 6000 M. angewachsen. Infolge der Gebietserweiterungen wurden die Bureaukosten 1868 auf 26100 M. erhöht, aber schon 1869, da die Miethe für ein Hülfslokal wieder wegfiel, um 3450 M. ermässigt. Wegen Zunahme der Geschäfte und vermehrten Heizungsbedürfnisses in den erweiterten Geschäftsräumen wurden 1871 30000 M. eingestellt, 1873 aber der Titel in zwei von 21300 M. für „Bureaubedürfnisse“ und 9900 M. zu „vermischten Ausgaben“, als Besorgung der Kassengeschäfte, Aktentransport, Löhne für Hausdiener, Arbeitslöhne u. s. w. zerlegt. Dieser letztere Titel wurde wegen Steigerung der Löhne und der allgemeinen Theuerungsverhältnisse 1876 auf 12600 und 1882/83 auf 15000 M. erhöht, 1885/86 aber wieder mit dem immer noch 21300 M. betragenden Bureaubedürfnissfonds vereinigt. Als verschiedene bisher als Unterhaltungskosten des Gebäudes und Gartens behandelte Ausgaben hierher übernommen werden mussten, erforderte der Tit. 10 1886/87 einen Mehrbedarf von 2700 M., von denen aber infolge etatsmässiger Anstellung der Hausdiener schon im nächsten Jahre 2000 M. wieder in Abgang kamen. Erst im Etat für 1896/97 erfolgte nun wieder eine Erhöhung, jetzt aber gleich um 10000 M., weil der Fonds unzureichend geworden war, er auch die Schreiblöhne mit 700 M. vom Tit. 8 zu übernehmen hatte und endlich die Geschäftsräume erweitert wurden. Im nächsten Etat wurde er um die auf Tit. 8 übergehenden, im vorigen Paragraphen erwähnten Entschädigungen für Legalisationsurkunden gekürzt und dann nach einer erneuten Erweiterung des Ministerialgebäudes 1900 auf seine jetzige Höhe von 49400 M. gebracht.

Die aus der Anlage CVIII ersichtlichen wiederholten Verstärkungen des Tit. 11 für Unterhaltung des Dienstgebäudes etc. bis auf schliesslich 20000 M. sind mit Ausnahme einer 1875 wegen bisheriger Unzulänglichkeit erforderlichen um 3000 M. auf die wiederholten Erweiterungen des Gebäudes zurückzuführen.

II. Kapitel.

Justizprüfungskommission.

(Staatshaushaltsetat Kap. 72.)

§ 73. Die als solche im Etat nachgewiesenen Ausgaben für die Justizprüfungskommission, bis einschliesslich 1870 „Immediat-Justiz-Examinationskommission", bestanden bis 1862 lediglich in den unter den Einnahmen nachgewiesenen Prüfungsgebühren (vgl. oben § 60), welche an den Präsidenten, die Mitglieder und die die Bureau- und Unterbeamtengeschäfte versehenden Beamten vertheilt wurden, damals aber höher als später waren — für das ganze Examen 88, für Prüfung eines altländischen Assessors im rheinischen Recht 79,5, für die mündliche Prüfung allein 54, für Wiederholung beider schriftlichen Arbeiten 54, für Wiederholung nur einer Arbeit 37 M.[1]). Vor dem Jahre 1852 liefen diese Einnahmen und Ausgaben überhaupt nicht durch den Etat. Als dann 1863 die Prüfungsgebühren herabgesetzt werden sollten, was aber erst am 1. Juli 1864 wirklich geschah, wurden nicht nur diese vollständig unter den Präsidenten und die Mitglieder vertheilt und die Remunerationen der Bureau- und Unterbeamten zugeschossen, sondern der Staat gewährte auch dem derzeitigen Präsidenten und den derzeitigen Mitgliedern eine Entschädigung für den durch die Herabsetzung der Gebühren verursachten Einnahmeausfall, für 1863 5 550 M., sodass nur im Etat „Prüfungsgebühren und Entschädigungen an den Präsidenten und die Mitglieder" erschienen. Durch Ausscheiden der Entschädigungsberechtigten verminderten sich die als „künftig wegfallend" bezeichneten Beträge der Entschädigungen nach und nach, bis sie 1876 völlig verschwanden. Die sächlichen Kosten hatte der Bureauvorsteher aus seiner Remuneration zu bestreiten. Diese Einrichtung ist 1882/83 beseitigt, indem nun die sächlichen Kosten mit damals 200 M., seit 1903 300 M. besonders eingestellt (Tit. 3), dagegen die Remuneration des Bureauvorstehers von 900 auf 800 M. reduzirt wurde. Die Remunerationen der sämmtlichen Bureau- und Unterbeamten (Tit. 2) wurden 1863 auf insgesammt 3 000 M. bemessen, 1882/83 wegen der Nothwendigkeit eines neuen Bureaubeamten auf 3 400 M., 1887/88 wegen vermehrter Belastung der Bureaubeamten auf 4 000 M. und 1903 wegen solcher der Unterbeamten auf 4 300 M. erhöht.

Die Bezüge des Präsidenten und der Mitglieder (Tit. 1) haben, wie die Anlage CVIII zeigt, wegen der wechselnden Zahl der Prüflinge erheblich geschwankt und betrugen in den letzten vier Jahren im auf Frakturrechnungen beruhenden Soll 39 000, 40 300, 42 500 und

---

[1]) Die Zahlen erklären sich daraus, dass die Gebühren in Gold und 1 Thr. Courant zu zahlen waren, also das Goldagio hinzukam.

45 670 M. Sie vertheilen sich auf den Präsidenten und 14 Mitglieder, während in den 70er Jahren nur 7 Mitglieder vorhanden waren.

Die Zahl der Prüflinge stieg 1949 bis 1857 von 180 auf 457, betrug dann 1860 bis 1862 447, 351 und 408 und sank sodann bis auf 153 im Jahre 1867. Hierauf schwankte sie 1868 bis 1875 zwischen 174 (1871) und 307 (1873) und stieg 1875 bis 1885 von 252 auf 763, während die Jahre 1886 bis 1902 folgende Zahlen aufweisen: 833, 876 (nächst 1902 der Höhepunkt!), 753, 692, 649, 621, 617, 531, 526, 616, 633, 667, 673, 712, 716, 813 und 887. Der Prozentsatz derjenigen, die hiervon nicht bestanden, belief sich 1849 auf 34 - 35 Proz., sonst bis auf 28—29 Proz. 1852 und 1853, schnellte dann auf 41—42 Proz. 1854 und 45 Proz. 1855 herauf, um bis auf 23 Proz. 1861 und nach einmaliger Steigerung auf 28,4 Proz. 1862 bis auf nicht ganz 20 Proz. 1865 herabzugehen und sich dann bis 1870 zwischen 20 (1868) und 24,7 Proz. (1870) zu bewegen Wenn dann der Prozentsatz der Durchgefallenen 1871 mit einem Schlage auf 10 Proz sank und sich bis 1879 nur zwischen $5^1/_2$ (1874) und $13^1/_2$ (1872) hielt, so lag das daran, dass bis zum Inkrafttreten des Ges. v. 19. Mai 1869 das Nichtbestehen nur eines Theiles der Prüfung die Zurückweisung des Kandidaten zur Folge hatte, seitdem aber Mängel in einem Theile der Prüfung durch die Leistungen in den anderen Theilen der Prüfung gedeckt werden können. Ein Assessor, der z. B. zunächst eine misslungene wissenschaftliche Arbeit lieferte, dann aber die Prüfung bestand, erscheint daher in den Listen vor 1870 einmal unter den Nichtbestandenen und dann unter den Bestandenen, nach 1870 nur einmal unter den Bestandenen. Seit 1880 betrug der Prozentsatz der Nichtbestandenen 18, 15,6, 18,5, 16,6, 18,7, 18,5, 16,9, 19,6, 18,2, 18,9, 18,3, 17,7, 17,7, 17,1, 17,7, 17,7, 18,5, 18,7, 17,1, 17,7, 20,9, 18,5 und 18,3 Proz., war also ein ziemlich gleichmässiger; die Steigerung 1900 wird weniger, wie zu erwarten wäre, auf die Schwierigkeiten des neuen bürgerlichen Rechtes als auf mangelhafte Kenntniss der bisherigen Civilrechte, auf deren Kenntniss natürlich noch lange nicht verzichtet werden kann, zurückgeführt.

II. Abschnitt.

Die dauernden Ausgaben für die Behörden der Gerichtsbarkeit (Gerichte, Staatsanwaltschaft, Verwaltung der Justizgefängnisse).[1]

(Staatshaushaltsetat Kap. 73, 74 und 75.)

1. Unterabschnitt.

Zahl und Dotation der etatsmässigen Beamtenstellen.

I. Kapitel.

Die etatsmässigen Beamtenstellen für die Gerichte und Staatsanwaltschaften.

§ 74. In den seit der Aufstellung des Staatshaushaltsetats für 1849 verflossenen nunmehr 55jährigen Zeitraum fallen drei tiefgreifende Umgestaltungen der Gerichtsorganisation, diejenige durch die

[1]) Im Interesse des systematischen Aufbaues dieses Buches hätten wir gewünscht, die Ausgaben für die Gerichte einerseits und für die Justizgefängnisse anderseits je in einem

Verordn. v. 2. und 3. Jan. 1849 (vgl. oben § 14), die Organisation in den neuen Provinzen nach deren Einverleibung (§ 18) und die allgemeine Neuorganisation am 1. Okt. 1879 (§§ 23 ff.). Wenn man ihre Wirkungen auf den Beamten- und den Geldbedarf nach den Zahlen des Etats der Justizverwaltung richtig beurtheilen will, so darf zunächst nicht übersehen werden, dass diese Wirkungen für die Preussische Justizverwaltung in gewisser Beziehung andere sind, als für die Staatsfinanzen im Ganzen. Denn die Ersparnisse, die für erstere durch die Reorganisation von 1879 eingetreten sind, werden zum Theil dadurch aufgewogen, dass die Rechtsprechung in höchster Instanz vom Preussischen Obertribunal auf das Reichsgericht, dessen Kosten Preussen in seinen Matrikularbeiträgen an das Reich zu reichlich $^3/_5$ doch wieder aufbringen muss, überging und die Einziehung der Gerichtskosten einer anderen Preussischen Verwaltung, derjenigen der indirekten Steuern übertragen wurde. Was aber die Vergleichbarkeit des Personalbedarfs der Gerichte der einzelnen Instanzen anlangt, so ist diese eine vollends beschränkte, weil bis zum Jahre 1879 in der Rheinprovinz und Hannover, seitdem im ganzen Staatsgebiete einzelne Gerichte, damals die rheinischen Land- und Obergerichte in Hannover, jetzt die Landgerichte Gerichte sowohl erster wie zweiter Instanz waren bezw. sind.

Die Anlage CXI soll einen Ueberblick uber die Vertheilung des etatsmässigen Beamtenbedarfs auf die einzelnen Arten der Gerichte und die einzelnen Beamtenkategorien in den verschiedenen Perioden des Zeitraums von 1849 bis 1903 geben.

Zwischen den dort berücksichtigten Etats für 1849 und für 1851 liegen die erwähnten Verordn. v. 2. u. 3. Jan. 1949. Fast gar nicht berührt wurde durch dieselben der Personalbestand des Obertribunals und des rheinischen Revisions- und Kassationshofes: die 1849 vorhandene Zahl von bei ersterem 4, bei letzterem 1 Präsidenten, 31 bezw. 11 Räthen, 11 bezw 2 Subalternbeamten und 4 bezw. 2 Unterbeamten erscheint 1851 nur um einen Rath, für dessen Besoldung die des wegfallenden Präsidenten des Kurmärkischen Pupillenkollegiums frei wurde, und einen Oberstaatsanwalt beim Obertribunal vermehrt. Dagegen waren bei den Obergerichten, d. h.

---

besonderen Abschnitte behandeln zu können Im Justizetat war indess eine solche Scheidung, und auch damals nur zum Theil konsequent, nur 1880/81 bis 1884/85 durchgeführt. Seitdem sind zwar die Ausgaben für die „besonderen" Gefängnisse in ein besonderes Kapitel (75) verwiesen, dagegen diejenigen für die übrigen Gefängnisse bei denen der Land- und Amtsgerichte verrechnet, wo sie zum Theil nicht einmal besondere Titel bilden. Wollten wir sie hier aussondern, was überhaupt nur unvollständig möglich sein würde, so würden wir die eine Aufgabe des Werks, einen Kommentar zum Staatshaushaltsetat zu bilden, gefährden; denn es würde, wenigstens ohne fortwährende Hinweise, für den Leser schwer möglich sein, sich über die Entwickelung der einzelnen Etatstitel zu orientiren, wenn einzelne derselben zum Theil in dem Abschnitte „Gerichte", zum Theil in einem solchen „Gefängnisse" abgehandelt wären.

dem Kammergericht, dem Hausvogteigericht, dem Kurmärkischen Pupillenkollegium, dem Tribunal in Königsberg, dem Oberappellationsgericht in Posen, den damaligen 18 Oberlandesgerichten in Frankfurt, Stettin, Köslin (mit Kreisjustizkommission), Königsberg, Insterburg, Marienwerder, Breslau, Glogau, Ratibor, Posen, Bromberg, Magdeburg, Halberstadt, Naumburg, Münster, Paderborn, Hamm und Arnsberg, sowie dem Oberappellationsgericht, Hofgericht und Konsistorium in Greifswald angestellt 24 Chefpräsidenten, 14 Vicepräsidenten, 8 Direktoren und 1 Konsistorialpräsident, 427 Räthe und Assessoren, zusammen also 474 Richter, von denen als etatsmässig bezeichnet werden aber nur 425, 725 Subalterne und 294 Unterbeamte. Beim rheinischen Appellationsgerichtshof waren vorhanden 39 höhere Beamte, nämlich 1 Chefpräsident, 3 Senatspräsidenten, 1 Generalprokurator, 3 Generaladvokaten und 31 Räthe, Prokuratoren und Assessoren, 7 Subalterne, beim Justizamt in Ehrenbreitstein 1 Direktor und 5 Räthe und Assessoren sowie 3 Subalterne und 2 Unterbeamte. Bei den 8 rheinischen Landgerichten (Aachen, Cleve, Koblenz, Cöln, Düsseldorf, Elberfeld, Saarbrücken, Trier) wurden gezählt 8 Präsidenten und ebensoviel Oberprokuratoren, 13 Kammerpräsidenten, 103 Räthe, Prokuratoren und Assessoren und 46 Subalterne. Die Untergerichte ausserhalb der Rheinprovinz wiesen auf 1769 Richter, 2135 Subalterne und 1873 Unterbeamte, davon beziehentlich 13, 14 und 30 im Bezirk des Justizsenats Ehrenbreitstein, die rheinischen Friedens- und Handelsgerichte 124 Richter und 131 Subalterne. Insgesammt waren also richterliche und staatsanwaltschaftliche Beamte in Preussen angestellt 2591, Subalternbeamte 3060 und Unterbeamte 2175.

Die Verordn. v. 2. Jan. 1849 ersetzte die Obergerichte ausserhalb der Rheinprovinz durch 20 Appellationsgerichte (einschliesslich des Kammergerichtes) an den Sitzen der bisherigen Obergerichte. Wir finden 1851 bei ihnen und dem Ehrenbreitsteiner Justizsenat 40 Präsidenten und Direktoren, 297 Mitglieder, 21 Oberstaatsanwälte, je 2 Oberstaatsanwaltssubstituten und Gehülfen, also 362 höhere Beamte neben 346 Subalternbeamten, die nur in zwei Klassen gesondert erscheinen, von denen 126 der ersten, 220 der zweiten Klasse angehören, sowie 145 Unterbeamten. Am Rhein ist in Bonn 1850 ein neues Landgericht errichtet, das 1851 mit je 1 Präsidenten, Kammerpräsidenten und Oberprokurator und 9 Mitgliedern und Prokuratoren sowie 4 Sekretären und Gerichtsschreibern besetzt ist; insgesammt sind bei den rheinischen Landgerichten vorhanden 23 Präsidenten und Kammerpräsidenten, 119 Mitglieder, Oberprokuratoren und Prokuratoren und 49 Subalterne, beim dortigen Appellationsgerichtshof 4 Präsidenten und Senatspräsidenten, 35 Mitglieder einschliesslich der staatsanwaltschaftlichen Beamten und 7 Subalterne. Die Untergerichte im Geltungsbereiche der gedachten Verordnung, nun Stadt- und Kreisgerichte, und im Ehrenbreitsteiner Bezirk zählen 5 Präsidenten bei den 5 Stadtgerichten, 245 Direktoren, 2 301 Mitglieder, 127 Staatsanwälte, 69 Staatsanwaltschaftsgehülfen, 2 281 Bureau- und Kassenbeamte I. Klasse (Sekretäre, Rendanten und Kontroleure), 1 402 solche II. Klasse (Bureau- und Kassenassistenten, Buchhalter und Kanzlisten) und endlich 2 545 Boten und Exekutoren, während sich bei den rheinischen Untergerichten die Richterzahl gegen 1849 um 1, die der Gerichtsschreiber um 2 erhöht hat. Es ergiebt sich also, im Wesentlichen als Resultat der Verordnungen von 1849 gegen 1849 bei den richterlichen und staatsanwaltschaftlichen Beamten ein Mehr von 3 454 – 2 591=863, bei den Subalternen ein solches von 4 231 – 3 060=1 171 und bei den Unterbeamten ein solches von 2 696 – 2 175=521. Natürlich bedeutet dieser grosse Mehrbedarf nicht, dass plötzlich rund dritteinhalb Tausend Beamte mehr für die Rechtspflege erforderlich wurden, sondern erklärt sich aus der Ersetzung der bis 1849 noch bestehenden Privatgerichtsbarkeit durch Königliche: bisher waren die Beamten der standesherrlichen, städtischen, Patrimonial- und sonstigen Privatgerichte nicht aus der Staatskasse besoldet und überhaupt nicht Staatsbeamte gewesen.

Die von 1851 bis zur Erweiterung des Staatsgebietes durch die Ereignisse von 1866 eintretenden Aenderungen in dem Personalbedarf der Gerichte sind durch die Zunahme der Geschäfte mit der Bevölkerungsvermehrung und der Entwickelung des wirthschaftlichen Lebens bedingt. Die Aufhebung des rheinischen Revisions- und Kassationshofes durch Ges. v. 17. März 1852 bedingte nur eine entsprechende Verstärkung des Obertribunals; insbesondere wurde durch dieses Gesetz die Stelle des Generalstaatsanwalts geschaffen, und der Etat für 1853 erhöhte die Zahl der Obertribunalsräthe auf 48; die Vermehrung des Subalternpersonals des Kammergerichtes resultirt aus der gleichzeitig begonnenen und in den nächsten 50er Jahren fortgesetzten Anstellung etatsmässiger Kanzleibeamten. Bei den Appellationsgerichten trat in dem Zeitraume von 1851 bis 1867 sogar eine Verringerung der Beamten ein. Die Vermehrung der Richter, Subaltern- und Unterbeamten bei den Gerichten I. Instanz fällt hauptsächlich in die Jahre 1855, wo die Stellen für 36 Richter, 1 Häuseradministrator (in Berlin), einige 20 Bureaubeamte I. Klasse, ca. 90 solcher II. Klasse, 95 Kanzlisten und 82 Unterbeamten errichtet wurden, 1861, wo u. A. 42 neue Richterstellen vorgesehen wurden, 1863 mit 10 Stellen für Richter, 19 für Subalternbeamte und 54 für Unterbeamte und 1867 mit 48 Richter-, 79 Subaltern-, 6 Kanzlisten- und 46 Boten- und Exekutorstellen. Die Verminderung der Stellen der Staatsanwaltschaftsgehülfen wurde seit 1855 fortgesetzt betrieben, indem diese Stellen theils eingezogen, theils in solche von Staatsanwälten umgewandelt wurden, sodass 1867 nur noch vorhanden waren 165 Staatsanwälte und Staatsanwaltschaftsgehülfen gegen 196 im Jahre 1851, 185 1855, 179 1859 und 170 1861.

§ 75. Für die neuen Provinzen mit Ausschluss von Frankfurt a. M. wurde, wie in § 18 näher ausgeführt ist, provisorisch zunächst ein besonderer höchster Gerichtshof in dem Oberappellationsgericht eingesetzt, von dessen Beamtenstellen — 1 Präsident, 1 Vicepräsident, 14 Räthe, 3 Bureau-, 2 Kanzlei- und 4 Unterbeamte — von vornherein für den Fall der demnächstigen Vereinigung mit dem Obertribunal die Vicepräsidenten-, 3 Raths- und 1 Kanzleidienerstelle zum Wegfall designirt wurden. Als diese Vereinigung mit dem Obertribunal, dass inzwischen 1869 einen dritten Oberstaatsanwalt, 1869 3 neue Rathsstellen und 1874 4 neue Kanzleisekretärstellen erhalten hatte, nach dem Ges. v. 6. Febr. 1874 erfolgte, wurde dementsprechend verfahren mit der Massgabe, dass die eine Unterbeamtenstelle nicht in Wegfall kam, sodass nunmehr das Obertribunal zählte 1 Chefpräsidenten, 6 Vicepräsidenten, 62 Räthe, 1 Generalstaatsanwalt, 3 Oberstaatsanwälte, 16 Bureaubeamte (einschliesslich des Kanzleidirektors), 16 Kanzleisekretäre und ebensoviele Unterbeamte, wobei es bis zur Justizreform von 1879 blieb.

Als Gerichte II. Instanz wurden im Geltungsbereiche der Verordn. v. 26. Juni 1867 (vgl. oben § 19) errichtet die Appellationsgerichte in Kiel, Kassel und Wiesbaden mit zusammen 3 Präsidenten, 3 Vicepräsidenten, 3 Oberstaatsanwälten, 40 Räthen, 3 Rechnungsrevisoren, 13 Sekretären, 7 Bureauassictenten, 11 Kanzlisten und 20 Boten, als Gerichte I. Instanz Kreis- und Amtsgerichte mit insgesammt 15 Kreisgerichtsdirektoren, 367 Kreis- und Amtsrichtern, 26 aus der vorpreussischen Zeit stammenden Accessisten im Wiesbadener Bezirk, 14 Staatsanwälten und 6 Staatsanwaltsgehülfen, 318 Sekretären, 13 Rendanten, 13 Kassenkontroleuren und Sportelrevisoren und 405 Boten und Exekutoren; die Besorgung des Schreiberpersonals war Sache der Sekretäre, die hierfür Entschädigung bezogen. Das Personal des Appellationsgerichts in Frankfurt a. M. bestand aus 1 Präsidenten, 6 Räthen, 1 Oberstaatsanwalt, 1 Staatsanwalt 2 Bureaubeamten, 3 Kanzlisten und 6 Unterbeamten, das der ihm nachgeordneten Gerichtsbehörden aus 1 Direktor, 6 Räthen, 6 Sekretären, 7 Kanzlisten und 6 Pedellen beim Stadtgericht, 3 Stadtamtmännern, 3 Aktuarien und 4 Pedellen beim Stadtamt, je 1 Amtmann, Schreiber, Aktuar und Pedell beim Landjustizamt, 3 Transskriptions- und Hypothekenbuchführer, 2 Expedienten und 1 Amtsdiener der Transskriptions- und Hypothekenbehörde, je 2 Rügerichtern und Aktuarien sowie 4 Pedellen beim Rügegericht, endlich 1 Fiskal, 1 Fiskaladjunkt und 4 Amtsdienern beim Fiskalat. In der Provinz Hannover war das Appellationsgericht in Celle besetzt mit 3 Präsidenten, 20 Räthen, 1 Kronoberanwalt, 3 als dessen Substituten fungirenden Obergerichtsräthen oder Assessoren, 1 Kassen- und Rechnungsrevisor, 4 Sekretären und 3 Kanzleiexpedienten. Die Obergerichte zählten 24 Präsidenten,

105 Räthe und etatsmässige Assessoren, von denen 12 als Kronanwälte und 15 als Substitute solcher fungirten, 26 Sekretäre, 29 Kanzleiexpedienten, 3, seit 1869 4 — auf dem Aussterbeetat stehenden — Kanzlisten und 39 Gerichtsvögte. Die dortigen Amtsgerichte waren besetzt mit 241 Amtsrichtern, 172 Aktuarien, 235 Gerichtsvögten und 160 Gerichtsdienern einschliesslich der im Etat von ihnen nicht getrennten Gefangenenwärtern. So ergab sich für die neuen Landestheile eine Beamtenschaft von 861 richterlichen, 56 staatsanwaltschaftlichen, 590 Bureau- und Kassen-, 59 Kanzlei- und 889 Unterbeamten.

Bei den Gerichten II. und I. Instanz in den alten Provinzen wurde durch die Etats für 1868 und 1869 der Personalbestand vermehrt um 1 Appellationsgerichtsrath und 1 Bureauassistenten bei den Appellationsgerichten, 1 Landgerichtsrath im Cölner Departement, 26 Stadt- und Kreisrichter, 4 Vorsteher bei den durch Ges. v. 21. März 1868 in Neuvorpommern und Rügen eingeführten Hypothekenämtern, 5 Sekretäre, 1 Depositalrendanten, 1 Kalkulator, 5 Assistenten, 17 Boten und Exekutoren bei den Stadt- und Kreisgerichten, 3 Friedensrichter und -Gerichtsschreiber im Rheinland, vermindert um 2 bezw. 1 Kanzlisten bei den Appellations- und Kreisgerichten.

Nach dem Etat für 1869 ergab sich somit für die Gerichte aller Instanzen des ganzen Staates ein Bestand von 4 277 richterlichen, 294 staatsanwaltschaftlichen, 4 067 Subaltern-, 484 Kanzlei- und 4 121 Unterbeamten.

Die Ausstattung der neuen Landestheile mit Gerichten und Justizbeamten erwies sich alsbald als überreichlich, sodass dort nach und nach eine Anzahl von Stellen eingezogen wurden. Auch in den alten Provinzen konnten einige wenige Kreisgerichte aufgehoben und bei anderen der Beamtenbestand vermindert werden. Andererseits aber nahmen anderwärts, zumal in Berlin und Umgegend, im Rheinland und in Frankfurt a. M. die Geschäfte so bedeutend zu, dass jene Ersparnisse weit übersteigende Vermehrungen von Stellen erfolgen mussten. So wurden allein 1876 u. A. einige 20 Stadt- und Kreisrichter- und 11 Staatsanwalts- und Staatsanwaltsgehülfenstellen, davon 10 bezw. 6 für das Berliner Stadtgericht, bewilligt. Dazu kam, dass 1872 die bisher auf dem besonderen, nun aufgelassenen Etat für die Hohenzollernschen Lande stehenden Beamten des Kreisgerichts in Hechingen und 1876 infolge der Vereinigung Lauenburgs mit der Preussischen Monarchie die dortigen Beamten hinzutraten. Immerhin hielt sich, wie die Anlage CXI zeigt, die Vermehrung der höheren Beamten in ziemlich bescheidenen Grenzen. Weit erheblicher war die der Bureaubeamten I. Klasse, die hauptsächlich in die Jahre 1873 und 1874 fällt und damals bedingt war durch die Durchführung des Grundsatzes, dass $^2/_3$ aller dauernd erforderlichen Bureaubeamtenstellen etatsmässig und von diesen $^2/_3$ wieder $^2/_3$ mit Sekretären und nur $^1/_3$ mit Assistenten besetzt sein sollten, wesshalb denn auch die

Zahl der Letzteren in den 70er Jahren zurückging. Ebenso beruhte die 1874 erfolgte Vermehrung der Kanzleibeamtenstellen bei den Appellationsgerichten um fast 50 Proz. auf dem Grundsatz, 3/4 aller erforderlichen Stellen etatsmässig zu machen. Das Ergebniss der ganzen Entwickelung war, dass 1878/79 vorhanden waren bei

	Richter aller Grade	Beamte der Staatsanwaltschaft	Subaltern-beamte	Kanzlei-beamte	Unter-beamte
dem Obertribunal	69	4	16	17	16
den Appellationsgerichten .	434	46	218	162	166
den rheinischen Land-, hannoverschen Ober- u. allen Stadt-, Kreis-, Amts- und Friedensgerichten	3 818	263	4 586	368	3 727
zusammen . . .	4 321	313	4 820	547	3 909

Wenn somit die Zahl der Unterbeamten um ca. 200 niedriger ist als 1869, so liegt dies darin, dass für 1878/79 alle diejenigen ausgeschieden sind, die lediglich als Gefangenwärter bei den mit den Gerichten verbundenen Gefängnissen beschäftigt sind, was für die frühere Zeit mangels einer hierüber Aufschluss gebenden Nachweisung nicht möglich war.

§ 76. Die Justizreform von 1879 brachte die Beseitigung eines Preussischen höchsten Gerichtshofes und eine der bisherigen in Hannover und im Rheinland analoge Gliederung der Gerichte, nämlich für jede Provinz — nur für Hessen-Nassau sind es 2 — ein in Streitsachen lediglich in höherer Instanz entscheidendes Oberlandesgericht, unter diesen in II. und I. Instanz entscheidende Landgerichte und unter diesen lediglich erstinstanzliche, in der Besetzung mit Einzelrichtern entscheidende Amtsgerichte. Die 13 Oberlandesgerichte wurden besetzt mit ebensoviel Präsidenten, 36 Senatspräsidenten, 234 Oberlandesgerichtsräthen, 13 Oberstaats- und 9 Staatsanwälten, die 91 Landgerichte mit ebensoviel Präsidenten, 177 Landgerichtsdirektoren, 842 Landgerichtsräthen und Landrichtern, 91 Ersten und 117 sonstigen Staatsanwälten, die 1090 Amtsgerichte mit 2543 Amtsrichtern. Die Zahl der richterlichen Beamten verminderte sich also um 385, die der Staatsanwälte um 83.

Auf die Verminderung des Subalternbeamtenpersonals wirkten fast in demselben Masse wie die neue Organisation der Gerichte andere Umgestaltungen ein. Bisher lag den Gerichten die Einziehung der Gerichtskosten ob und bestanden zu diesem Zwecke bei ihnen die „Salarienkassen“. Ebenso waren die Gerichte Hinterlegungsstellen und es bestanden zu diesem Zwecke bei einer grösseren Anzahl von Gerichten I. Instanz besondere „Depositalkassen“. Diese beiden Arten von gerichtlichen Kassen wurden von den in der Anlage aufgeführten Rendanten verwaltet, denen Buchhalter, Kalkulatoren und Kassenassistenten zur Seite standen, während bei den Appellationsgerichten Rechnungs- und Kassenrevisoren als Kontrolbeamte angestellt waren.

Nunmehr ging, wie früher erwähnt, die Erhebung der Gerichtskosten auf die Verwaltung der indirekten Steuern und das Hinterlegungswesen auf die Regierungen über. Den Gerichtsschreibern verblieb die Berechnung und Feststellung der Gebühren und baaren Auslagen und eine gewisse Mitwirkung bei ihrer Einziehung sowie die Auszahlung der Gebühren der Zeugen und Sachverständigen. Infolge dieser Aenderung wurden die Gerichtskassen und ihre Beamten überflüssig. Beibehalten wurden Rechnungsrevisoren, die vom Justizminister aus der Zahl der Gerichtsschreiber und Sekretäre der Staatsanwaltschaften bei den Staatsanwaltschaften der Land- und Oberlandesgerichte auf Widerruf bestellt wurden; ihr Geschäftskreis umfasste die Wahrnehmung der Rechte der Staatskasse hinsichtlich des Ansatzes der Gerichtskosten und Geldstrafen, Revision der auf die Einnahmen und Ausgaben, das Asservatenwesen und ähnliche Angelegenheiten bezüglichen Geschäftsführung in den Bureaus der Gerichte und Staatsanwaltschaften sowie bei den Gerichtsvollziehern, endlich die Mitwirkung bei den auf die Finanzverwaltung der Gerichte bezüglichen Angelegenheiten. Auch Kalkulatoren, die aus den zum Gerichtsschreiberamte befähigten Personen vom Oberlandesgerichtspräsidenten in Gemeinschaft mit dem Oberstaatsanwalt widerruflich ernannt werden, wurden für grosse Amtsgerichte beibehalten. So verblieben denn als etatsmässige Subalternbeamte bei den Oberlandesgerichten 62 Gerichtsschreiber, bei den Oberstaatsanwaltschaften 13 Rechnungsrevisoren, 14 Sekretäre und 8 Assistenten, bei den Landgerichten 359 Gerichtsschreiber einschliesslich des Häuseradministrationsinspektors und 119 Gerichtsschreibergehülfen, bei den Staatsanwaltschaften 92 Rechnungsrevisoren, 114 Sekretäre und 48 Assistenten, bei den Amtsgerichten 2 544 Gerichtsschreiber, 14 Kalkulatoren und 705 Gerichtsschreibergehülfen, insgesammt 4 092 Beamte gegen 4 820 vor der Reform.

Etatsmässige Kanzlisten wurden nur für die Oberlandes- und Landgerichte beibehalten. Bei den Amtsgerichten war das Schreibwerk durch vom Staate remunerirte Lohnschreiber oder bei kleinen Amtsgerichten durch die Gerichtsschreiber und die von diesen anzunehmenden Privatschreiber zu beschaffen. Da früher auch die Stadt- und Kreisgerichte etatsmässige Kanzlistenstellen hatten, bewirkte jene Massnahme eine bedeutende Verminderung der etatsmässigen Stellen: es verblieben nur 56 für die Oberlandes- und 300 für die Landgerichte.

Eine neue Kategorie von Beamten, die Vorgänger in den Gerichtsvögten in Hannover und den nicht etatsmässig angestellten Gerichtsvollziehern (huissiers) im Rheinland hatte, entstand in den Gerichtsvollziehern (vgl. oben § 30), welche nicht den Unterbeamten, sondern den Subalternbeamten zugehören, und deren 1 800 bei den Amtsgerichten angestellt wurden. Da ihnen ein grosser Theil der Geschäfte der früheren Unterbeamten, nämlich das Zustellungs- und Exekutionswesen zufiel und die Beitreibung der Gerichtskosten auf die Vollziehungsbeamten der indirekten Steuerverwaltung überging, beschränkten sich nun die Geschäfte der Unterbeamten (Gerichtsdiener) im Wesentlichen auf den Aufwarte- und Gefangenaufseherdienst. Ihre Zahl wurde daher auf 2 109 — 76 bei dem Oberlandes-, 460 bei den Land- und 1 573 bei den Amtsgerichten — beschränkt.

§ 77. Die Bemessung der Richterzahl bei der Reorganisation erwies sich als richtig getroffen. Denn es trat zunächst eine sehr starke Verringerung der Prozesse ein. In den alten Provinzen mit Ausschluss des Rechtsgebietes des rheinischen Rechtes waren 1878 anhängig gewesen gewöhnliche Prozesse 892 970, Zahlungsbefehle ohne Widerspruch 1 043 666, Appellationen, Rekurse und Berufungen 52 896. In den Jahren 1880—1886 betrugen dagegen hier, und zwar die

	1880	1881	1882	1883	1884	1885	1886
Prozesse . . .	567 679	520 930	500 515	501 784	513 661	523 319	538 263
Zahlungsbefehle ohne Widerspruch	ca. 620 000	ca. 670 000	658 099	649 022	661 410	658 934	ca. 660 000
Appellationen etc., seit 1881 nur Berufungen .	45 732	21 810	23 985	25 035	25 667	25 572	26 063

und im ganzen Staate wurden 1886, wie die Anlage CXII zeigt, nur rd. 854 000 Civilprozesse, 1 322 381 Mahnsachen, rd. 44 000 Arrestsachen und 34 500 Berufungen anhängig. Auch in den nächsten Jahren nach 1886 stiegen, wie die gedachte Anlage erweist, diese Zahlen entweder nicht sehr erheblich oder sie gingen sogar noch zurück.

Hinsichtlich der Gründe für die Verminderung der Prozesse nach der Justizreform bemerkt ein Immediatbericht des Justizministers über den Stand der Justizverwaltung und Rechtspflege v. 31. Jan. 1882 Folgendes: „Vor Allem mag neben der Neuheit des Verfahrens überhaupt die Steigerung der Gerichtskosten, welche durch das Gerichtskostengesetz v 18. Juni 1878 und die damit zusammenhängenden Gebührenordnungen für Rechtsanwälte und Gerichtsvollzieher herbeigeführt wurde, darauf einen erheblichen Einfluss geübt haben. Freilich lassen sich über den Umfang dieses Einflusses nur Vermuthungen aufstellen, im Allgemeinen wird man aber wohl annehmen dürfen, dass ein Gläubiger, der sich seines guten Rechtes bewusst ist, sich nur schwer zu dessen Aufopferung entschliesst, und dass andererseits ein Schuldner gewiss noch seltener bloss aus Furcht vor der Nebenfolge hoher Kosten einen nicht existirenden Anspruch anerkennen und befriedigen wird. Dagegen sind früher unter dem Schutze eines weniger kostspieligen Verfahrens in der That vielfach Ansprüche verfolgt worden, über deren Begründung die Parteien selbst gerechten Zweifel hegten. Statt mancher anderer liefert einen gewichtigen Beweis hierfür die grosse Zahl der Rechtsmittel, die eingelegt und ohne Weiteres von dem höheren Gericht zurückgewiesen oder von der Partei nicht weiter verfolgt wurden. Beispielsweise sind in dem einen Jahre 1878 von 23 710 eingelegten Rekursen nicht weniger als 17 663, also über 74 Proz., als grundlos im einfachen Verfügungswege zurückgewiesen, und von 29 519 angemeldeten Appellationen 9 210, also über 31 Proz., von der Partei nicht weiter verfolgt worden. — Wenn Ansprüche solcher Art wirklich nur aus Scheu vor der erhöhten Kostenlast überhaupt nicht zum Prozess gebracht werden sollten, so wird man dies nicht als eine nachtheilige Wirkung der strenger gewordenen Kostengesetze ansehen dürfen. — Unzweifelhaft ist aber auch die Konstruktion des Prozesses selbst auf die Verminderung der Prozesse von Einfluss gewesen. Namentlich hat die Zulässigkeit der sogenannten Theilurtheile in dieser Richtung gewirkt. Während sonst der Streit um einen ganz untergeordneten Punkt die Vollstreckbarkeit des ganzen Urtheils aufheben konnte, kann jetzt der unstreitige Theil des Streiobjektes ausgesondert und zum Inhalt eines besonderen Urtheils gemacht werden. In Verbindung mit der ausgedehnten Zulässigkeit der vorläufigen Vollstreckung eines noch nicht rechtskräftigen Erkenntnisses, vermindert ein solches Verfahren offenbar den Anreiz zu frivolen Prozessen, durch die sich der böswillige Schuldner früher einen langen Aufschub für die Erfüllung seiner Verbindlichkeiten verschaffen konnte. Dass auch die Prozesse in den höheren Instanzen abnehmen werden, kann nach dem Ergebniss des Jahres 1880 schon jetzt als höchst wahrscheinlich betrachtet werden . . . . . Das neuere Rechtsmittel der Berufung ist in Beziehun auf die sachliche Zuständigkeit viel freier gestaltet, als es die Rechtsmittel des früheren Verfahrens waren. Es wird aber weniger davon Gebrauch gemacht, einmal weil auch in den Prozessen mit niedrigstem Objekte, in den früheren Bagatellprozessen, für die Berufungsinstanz der Anwaltszwang eingeführt ist; und an dem sachverständigen Rathe des Anwalts, eine aussichtslose Sache nicht vor das höhere Gericht zu bringen, scheitert unzweifelhaft eine grosse Zahl der sonst in die höhere Instanz getretenen Sachen. Sodann aber wirkt, nach allgemeiner Annnahme, auch der . . . . . Umstand ein, dass die Beseitigung der Eventualmaxime zu einer vollständigeren Erschöpfung des Streitstoffes in erster Instanz Raum gewährt: Wenn — wie unzweifelhaft — die Verlängerung der Rechtsstreitigkeiten durch dieses Moment ausgeschlossen wird, so darf man eine solche Wirkung des neuen Prozesses gewiss als wesentlichen Vortheil willkommen heissen.

In den ersten 10 Jahren nach der Reform war es daher möglich, mit einer derjenigen der Bevölkerung keineswegs folgenden Vermehrung der Richterstellen auszukommen: betrug diese doch bis zum 31. März 1889 nur 23 Stellen, nämlich 1883/84 2 Landgerichtsdirektoren für neue Strafkammern in dem mächtig anwachsenden Berlin, 1884/85 1 Senatspräsident und 1 Oberlandesgerichtsrat für Naumburg, 1 Landgerichtsdirektor für Frankfurt a. M. — 2 Landrichterstellen für Frankfurt a. M. und je eine für Stettin, Cottbus und Allenstein wurden durch Umwandlung von Amtsrichterstellen beschafft —, 1885/86 für ein neues Landgericht in Memel 1 Präsident und 1 Direktor, 1887/88 1 Kammergerichtsrath (im Nebenamt), je 1 Landgerichtsdirektor für Berlin und Glatz und 3 Landrichter für Berlin, 1888/89 1 Direktor und 1 Richter für das Landgericht Magdeburg und 8 Amtsrichter.

Hinzuzuzählen sind freilich den Richtern die 21 Hypothekenbewahrer in der Rheinprovinz, welche, um die künftige Einführung der Grundbuchordnung in dieser Provinz, wobei die Hypothekenämter zum Wegfall kamen, zu erleichtern und diese Stellen bis dahin mit zur späteren Uebernahme als Richter geeigneten Persönlichkeiten besetzen zu können, 1888/89 von der indirekten Steuer- auf die Justizverwaltung übergingen.

Anders gestaltete sich der Bedarf an Staatsanwälten. Dieser erwies sich alsbald als viel zu niedrig veranschlagt, nicht weil etwa eine Vermehrung der Verbrechen und Vergehen zu verzeichnen gewesen wäre, sondern weil man den Umfang der durch die Reform von den Gerichten auf die Statsanwaltschaften übertragenen Geschäfte, insbesondere der Gefängnissverwaltung bei den landgerichtlichen Gefängnissen, der Strafvollstreckungs-, Begnadigungs- und Strafaussetzungssachen, unterschätzt hatte, und weil bei einer Reihe grösserer Amtsgerichte die Geschäfte der Amtsanwaltschaft der Staatsanwaltschaft des Landgerichts übertragen werden musste. Es wurden daher vermehrt die den Oberstaatsanwälten beigegebenen Staatsanwälte 1882/83 von 9 auf 10 und 1887/88 auf 11, die der Ersten Staatsanwalte 1885/86 um die Stelle für das neue Landgericht Memel, die der Staatsanwälte bei den Landgerichten 1882/83 um 16, 1883/84 um 19, 1887/88, nachdem 1885/86 eine Stelle in Wegfall gebracht war, um 13, und 1888/89 nochmals um 2, letztere für Staatsanwälte, die bei den Amtsgerichten Berlin I und Breslau die Funktionen der ersten Amtsanwälte übernahmen. So ergab sich 1888/89 eine Gesammtzahl von 282 Staatsanwälten aller Grade gegen 230 am 1. Okt. 1879.

§ 78. Die für den Beamtenetat der Justizverwaltung einschneidendste Massnahme des ersten Jahrzehnts nach der Reorganisation war die Wiederherstellung der Gerichtskassen. Die Erhebung der Gerichtskosten durch die Kassen der indirekten Steuerverwaltung unter Betheiligung der Gerichtsschreiber erwies sich als eine verfehlte Einrichtung. Die Betheiligung zweier Ressorts führte zu allerlei Weitläufigkeiten und Unzuträglichkeiten; soweit der Gerichtsschreiber die Kosten erhob — es geschah das hinsichtlich derjenigen, die an ihn selbst oder bei Aushändigung von Schriftstücken an den Gerichtsvollzieher freiwillig gezahlt wurden, und das waren etwa 44 Proz. — lag Registrirung und Hebung in einer Hand, und die Revisionen durch den Rechnungsrevisor konnten keine ausreichende Sicherung gegen Unterschlagungen bieten. Insbesondere war die Einrichtung aber auch äusserst unbequem für das Publikum, sofern, was bei 263 Gerichten der Fall war, sich im Sitze des Gerichts keine Steuerkasse befand. Nun liess sich die Mitwirkung des Gerichtsschreibers nicht ausschalten; denn dafür wäre die unbedingte Voraussetzung ein Kostengesetz gewesen, nach dem das Austaxiren einzelner Akte der gerichtlichen Thätigkeit fortfällt, der Kostenansatz ein einfaches mechanisches Geschäft bildet und die Einsichtnahme der Akten durch den liquidirenden Beamten keine zeitraubende Störung verursacht, und diesen Voraussetzungen entsprach das Gerichtskostengesetz nicht, konnte ihnen auch mit Rücksicht auf den Grundsatz des Parteibetriebes im Civilprozess nicht entsprechen. Dazu kam die reichlich starke Belastung der indirekten Steuerverwaltung durch die Reform der Zölle und Verbrauchssteuern. So wurden denn, nachdem eine

Revision der bisherigen Einrichtungen durch eine allgemeine Verfügung v. 5. Nov. 1881 (J.-M.-Bl. S. 267) durchgreifende Abhilfe nicht hatte bringen können, am 1. April 1885 die Justizkassen wieder hergestellt. Für den Bezirk jedes Oberlandesgerichts wurde bei diesem eine Justizhauptkasse, bei jedem Amtsgericht wurde eine Spezialkasse, die Gerichtskasse gebildet.

Die Justizhauptkasse führt den Etat der Justizverwaltung im Oberlandesgerichtsbezirk aus und legt die Rechnung. Sie übernimmt die Einnahmen und Ausgaben der Spezialkassen, empfängt die Ablieferungen derselben und überweist ihnen durch Vermittelung der Regierungshauptkasse die erforderlichen Zuschüsse. Sie hat die Revision der Ausgabeverzeichnisse und Beläge vorzunehmen, welche früher von den Rechnungsrevisoren bei den Staatsanwaltschaften der Landgerichte revidirt wurden. Sie zahlt zugleich die für das Oberlandesgericht erforderlichen persönlichen und nicht persönlichen Ausgaben, mit Ausnahme der Kalkulaturgebühren, und vereinnahmt die Nebeneinnahmen — nicht auch die Gerichtskosten — bei dem Oberlandesgericht. Ihre Aufsicht liegt einem Richter als Kurator ob.

Die Gerichtskassen erheben die Gerichtskosten und Geldstrafen, leisten die nicht persönlichen Ausgaben und dienen als Organe der Justizhauptkasse für Erhebung und Auszahlung aller sonstigen Einnahmen und Ausgaben. Die Erhebung von Gerichtskosten durch den Gerichtsschreiber als solchen kam in Wegfall. Dagegen verblieb ihm bezw. dem Staatsanwaltschaftssekretär die Aufstellung der Vollstreckungslisten und der Ablieferungsscheine über Geldstrafen und Kosten des Strafverfahrens, und ausnahmsweise kann, sofern ein Bedürfniss vorliegt, die Auszahlung der Zeugen- und Sachverständigengebühren einem Gerichtsschreiber übertragen werden, dem hierzu ein eiserner Vorschuss gewährt wird. Die Gerichtskassen liefern die entbehrlichen Bestände an die Justizhauptkasse ab und empfangen von ihr durch Vermittelung der Regierungshauptkasse die erforderlichen Zuschüsse. Allmonatlich rechnen sie durch einen Ueberweisungsauszug mit der Justizhauptkasse ab. Als Kassenkurator fungirt ein Amtsrichter.

Die Geschäfte bei der Justizhauptkasse werden von einem Rendanten, einem als Kassirer fungirenden Gerichtsschreiber und der erforderlichen Anzahl von Gerichtsschreibern als Buchhaltern sowie von Gerichtsschreibergehülfen als Kassenassistenten wahrgenommen. Der Bedarf an etatsmässigen Beamten wurde auf 13 Rendanten, 90 Gerichtsschreiber, 20 Gerichtsschreibergehülfen, 14 Kanzlisten und 15 Gerichtsdiener als Kassendiener bemessen. Die Geschäfte der Gerichtskassen werden in der Regel zwischen zwei Beamten getheilt, von denen der eine als Rendant, der andere als Kontroleur fungirt; letzterer führt insbesondere das Kostenregister, ersterer das Einnahme- und Ausgabejournal, während die Kostenliquidationen, wie seither, vom Gerichtsschreiber aufgestellt und der Kostenansatz vom Rechnungsrevisor bei dem Landgericht geprüft wird. Bei grösseren Gerichtskassen fungiren als Rendant und Kontroleur besondere Beamte, denen eventuell noch Gerichtsschreibergehülfen als Kassenassistenten beigegeben werden; bei grossen Kassen fungiren auch mehrere Kontroleure und neben dem Rendanten Kassirer. Bei kleineren Kassen nehmen die Gerichtsschreibereibeamten die Kassengeschäfte wahr, und wo nur ein Gerichtsschreibereibeamter vorhanden ist, vereinigt er die Funktionen des Rendanten und Kontroleurs. Neu errichtet wurden für die Gerichtskassen die Stellen von 95 Rendanten, 1 Vorsteher des Einziehungsamts und 1 Oberbuchhalter beim Amtsgericht I in Berlin, 459 Gerichtsschreiber, davon 166 lediglich als Kassenbeamte, 268 Gerichtsschreibergehülfen und Assistenten, davon 47 als Kassenbeamte, 53 Gerichtsvollzieher — die Zahl der Letzteren hatte nach dem Etat für 1892/93 übrigens nur 1739, nach demjenigen für 1883/84 und 1884/85 nur 1760 betragen — und 348 Gerichtsdiener. Indess war der Mehrbedarf an Gerichtsschreibergehülfen zum grossen Theil dadurch bedingt, dass jetzt mit dem System gebrochen wurde, bei kleineren Amtsgerichten die Bureauhülfskräfte durch die Gerichtsschreiber stellen zu lassen.

Ueberdies stand dem Mehrbedarf an Beamten bei der Justizverwaltung gegenüber ein Minderbedarf bei der indirekten Steuerverwaltung von 24 Provinzialsteuersekretären, 13 Bureauassistenten, je 1 Oberinspektor, Hauptamtsrendant, Oberrevisor, Hauptamts-Kontroleur und Obersteuerkontoleur, 19 Revisionsinspektoren, 263 Hauptamtsassistenten, 17 Steuereinnehmern, 279 Zoll- und Steueramtsassistenten, 49 Steueraufsehern, 529 Vollziehungsbeamten und 29 Amtsdienern, bei den Regierungshauptkassen, denen bisher die Hebung der nicht Gerichtskosten betreffenden Einnahmen und die Leistung der Ausgaben der Justizverwaltung (Ausführung des Justizetats) obgelegen hatte, von 16 Buchhaltern und 8 Kassenassistenten.

§ 79. Schon vor der Wiedereinrichtung der Gerichtskosten hatte das Subaltern- und Unterbeamtenpersonal namhafte Vermehrungen erfahren, sodass im Etatsjahre 1884/85 vorhanden waren — die Zahlen für 1880/81 sind in Klammern beigefügt — bei den Oberlandesgerichten Gerichtsschreiber und Sekretäre 138 (76), Assistenten 22 (8), bei den Land- und Amtsgerichten Gerichtsschreiber, Sekretäre und Rechnungsrevisoren 3297 (3108), Gerichtsschreibergehülfen und Assistenten 1080 (872). Man tappte bei Veranschlagung des Bureaupersonals 1879 sozusagen im Dunkeln und hatte sich daher schon damals eine Korrektur vorbehalten, die denn auch 1882/83 durch Errichtung von 12 Stellen für Sekretäre und 6 für Assistenten bei Staatsanwaltschaften, von 75 für Gerichtsschreiber und 155 für Gerichtsschreibergehülfen, 1883/84 durch 44 neue Gerichtsschreiberstellen bei den Oberlandesgerichten, 17 Sekretär- und 14 Assistentenstellen bei den Oberstaatsanwaltschaften erfolgte. Dagegen wurde die Zahl der Kanzlisten bei den Land- und Amtsgerichten durch allmähliches Ausscheiden von 35 der 1880/81 vorhandenen überzähligen von 359 auf 324 vermindert. Für das Land- und das Amtsgericht I in Berlin wurden demnächst 1887/88 4 Gerichtsschreiber, 3 Staatsanwaltschaftssekretäre und 2 etatsmässige Gerichtsschreibergehülfen mehr erforderlich, und wiederum die Berliner Gerichte beanspruchten den Hauptantheil an den 1888/89 neu bewilligten Stellen für 2 Gerichtsschreiber, 1 Gerichtsschreibergehülfen, 8 Sekretäre und 4 Assistenten bei Staatsanwaltschaften und 4 Gerichtsdiener. Die 8 Sekretäre und 3 der Diener insbesondere wurden dadurch erforderlich, dass bisher die Beamten der Amtsanwaltschaften überall nur gegen Remuneration beschäftigt waren; nun wurde, wie schon erwähnt, an die Spitze der Amtsanwaltschaft beim Amtsgericht I in Berlin und beim Amtsgericht in Breslau je 1 Staatsanwalt gestellt, und es wurden gleichzeitig für diese beiden Amtsanwaltschaften etatsmässige Stellen für 9 Amtsanwälte — mit dem Gehalt der Sekretäre — und für die erwähnten 8 Sekretäre und 3 Diener errichtet.

§ 79. Ende der 80er Jahre begann, wie die Anlage CXII zeigt, eine stärkere Zunahme der Civilprozesse, und im Grossen und Ganzen hat sich diese, wie wir dort sehen, als eine dauernde Erscheinung erwiesen. Aufschwung wie Niedergang im wirthschaftlichen Leben haben beide prozessvermehrend gewirkt, wenn auch in verschiedener Richtung: bei lebhafterem Gange und starker Steigerung des Verkehrs steigt die Zahl der aus den Geschäften erwachsenden Rechtsstreitigkeiten, und bei ungünstiger Lage mehren sich die Fälle, in denen säumige oder in Zahlungsschwierigkeiten gerathene Schuldner wegen an sich unstreitiger Forderungen es zur Klage kommen lassen. Nur die Wechselklagen haben ihren Ursprung meist in der letzteren Ursache, sodass ihre Zahl insofern einen Gradmesser des wirthschaftlichen Lebens bildet, als ihre Vermehrung, wie sie insbesondere seit 1900 zu verzeichnen ist, auf einen Niedergang von Handel und Wandel schliessen lässt. Auch die Strafsachen, namentlich die mehr Arbeit verursachenden Schöffengerichts- und Strafkammersachen, nahmen nach Ausweis der Anlage CXIII seit den letzten 80er Jahren recht erheblich zu. Ebenso lässt sich aus der Anlage CXIV ersehen, in welchem Umfange die Entwicklung des Genossenschaftswesens die Thätigkeit der Gerichte in steigendem Masse in Anspruch nahm. Auch auf anderen Gebieten der freiwilligen Gerichtsbarkeit stieg die Inanspruchnahme der Gerichte in starkem Masse, so in Grundbuchsachen durch die lebhafte Bauthätigkeit und Grundstücksspekulation in den Städten, die Ansiedlungs-, Rentenguts- und Anerbenrechtsgesetzgebung. Später, in den 90er Jahren, trat auch die aus der Anlage CXV ersichtliche Vermehrung der Subhastationen hinzu, und die Zahl der Konkurse wies ebenfalls eine steigende Tendenz auf (1895: 3259, 1896: 3084, 1897: 3199, 1898: 3300, 1899: 3371, 1900: 3736, 1901: 4849, 1902: 4429), was verschärft wurde dadurch, dass ein zunehmender Prozentsatz derselben bis zur Schlussvertheilung durchgeführt werden musste (1895: 61,2, 1896: 62,8, 1897: 62,7, 1898: 62,5, 1899: 63,0 Proz.).

Alle diese Momente wirkten dazu zusammen, dass mit dem Jahre 1889/90 eine Zeit fortgesetzter erheblicher Vermehrung der etatsmässigen Stellen begann. Bemerkenswerth ist, dass diese Zeit vorwiegend die Jahre der Amtsthätigkeit des Justizministers Schönstedt und des wegen seiner angeblich übertriebenen Fiskalität gerade gegenüber der Justizverwaltung oft angegriffenen Finanzministers v. Miquel umfasst: der Umfang der Stellenvermehrungen legt beredtes Zeugniss dafür ab, dass der Chef der Justizverwaltung mit Entschiedenheit für die Bedürfnisse seiner Verwaltung gegenüber dem Finanzminister eingetreten sein, aber auch, dass er bei diesem verständnissvolles Entgegenkommen gefunden haben muss.

In der Zeit von 1889/90 bis 1903 wurden an neuen Stellen bewilligt:

	1889/90	1890/91	1891/92	1892/93	1893/94	1894/95	1895/96	1896/97	1897/98	1898/99	1899	1900	1901	1902	1903
bei den Oberlandesgerichten:															
Senatspräsidenten	—	1	—	—	1	1	2	1	—	1	1	—	1	1	2
Räthe	3	4	—	2	9	7	—	6	1	5	5	—	3	3	8
Rechnungsrevisoren und Justizhauptkassenrendanten	—	—	—	—	—	—	—	—	—	—	—	—	—	—	—
Gerichtsschreibereibeamte	11	6	2	2	17	—	—	1	4	—	—	—	2	5	—
Kanzlisten	—	—	—	—	10	—	—	—	—	—	3	2	1	—	—
Gerichtsdiener	—	—	—	—	—	9	—	—	2	2	—	—	1	1	1
Staatsanwälte bei den Oberstaatsanwaltschaften	2	1	—	—	—	—	—	—	2	1	1	2	1	—	—
bei den Land- und Amtsgerichten:															
Präsidenten	—	—	—	2	—	—	—	—	—	—	—	—	—	—	—
Direktoren	6	—	2	6	11	5	7	7	2	1	3	8	9	9	9
Richter	53	10	33	35	65	59	39	63	43	29	43	68	54	65	81
Rechnungsrevisoren und Rendanten	—	1	—	1	2	—	1	2	1	2	1	3	2	—	-2
Gerichtsschreibereibeamte	118	53	58	48	683	–5	—	4	–2	46	59	77	151	120	100
Kalkulatoren	—	—	—	—	—	—	—	—	3	—	—	—	—	—	—
Kanzlisten	4	10	20	11	87	—	—	—	1	12	8	13	2	16	35
Unterbeamte mit Ausschluss der lediglich im Gefängnissdienst beschäftigten	—	4	9	9	8	43	30	1	1	14	16	21	33	29	43
Erste Staatsanwälte	—	—	—	1	—	—	—	—	—	—	—	—	—	—	—
Staatsanwälte	12	4	13	3	7	1	7	15	11	10	7	22	14	22	10
Amtsanwälte	—	—	—	—	—	—	15	1	1	1	—	1	1	—	3
Gerichtsvollzieher	-4	–2	7	11	—	—	1	1	—	—	–31	283	—	—	10

Bei den Richtern aller Art hat somit die Vermehrung von 1889 bis 1903 nicht weniger als 894 betragen, wogegen freilich die 21 Hypothekbewahrer in der Rheinprovinz weggefallen sind. Allein in dieser Provinz sind in dem gedachten Zeitraum 166 neue Amtsrichterstellen errichtet worden. Verhältnissmässig noch stärker war die Vermehrung der Stellen der Staatsanwälte aller Grade; betrug sie doch 169 oder 60 Proz. der 1888/89 vorhandenen Zahl. Zurückzuführen ist diese enorme Stellenvermehrung nicht nur auf das Wachsthum der Bevölkerung und die schon dadurch hervorgerufene Vermehrung der strafbaren Handlungen, sondern auch auf grössere Energie und Sorgfalt bei der Untersuchung der Anzeigen, namentlich aber auch auf den Hinzutritt gewisser der Staatsanwaltschaft früher nicht oder nicht in dem gegenwärtigen Umfang obliegender Geschäfte, wie auf die Mitwirkung bei der Strafaussetzung unter Eröffnung der Aussicht auf Begnadigung sowie bei dem Entmündigungsverfahren. Den Vermehrungen der Staatsanwaltsstellen zuzuzählen ist auch die der Amtsanwälte im Hauptamt, deren jetzt 29, theils frühere gerichtliche Bureaubeamte, theils frühere Offiziere, theils frühere Referendare vorhanden sind. Bei der grossen Mehrzahl der Amtsgerichte fungiren die Vorstände der Gemeindeverwaltung des Gerichtssitzes, in einigen Fällen auch kommissarische Bureaubeamte des Gerichts als Amtsanwälte; in einigen Fällen versieht auch die Staatsanwaltschaft des Landgerichts die Geschäfte.

Auch die Zahl der Gerichtsschreibereibeamten — einschliesslich der Rechnungs-, Kassen- und staatsanwaltschaftlichen Bureaubeamten — ist seit 1888/89 ungemein, um fast 1700 oder etwa 26 Proz., gestiegen. Weitaus der stärkste Zuwachs, 692, war 1893/94 zu verzeichnen. Begründet war diese wie die gleichzeitige starke Vermehrung der etatsmässigen Kanzlisten nicht sowohl in einem plötzlichen grossen Mehrbedürfniss an Arbeitskräften als vielmehr in der im § 57 des vorigen Buches erörterten Absicht, die Diätarien im staatlichen Bureau- und Kanzleidienst nach 4jähriger Diätarienzeit in etatsmässige Stellen einrücken zu lassen; zu diesem Zweck wurden damals bei den Gerichten und Staatsanwaltschaften 200 Bureaubeamtenstellen I., 600 II. Klasse und 97 Kanzlistenstellen gegen Wegfall von 793 Bureau- und 107 Kanzleidiätarien errichtet. Auch bei den übrigen Stellenvermehrungen war der Vorgang zumeist der, dass zunächst mehr Diätarien einberufen wurden und dann nach längerer oder kürzerer Zeit die etatsmässigen Stellen vermehrt, die Diätarienstellen wieder reduzirt wurden. Zur Vermehrung der etatsmässigen Kanzlisten trug vor allen Dingen bei, dass der Grundsatz, bei Amtsgerichten das Schreibwerk durch Lohnschreiber erledigen zu lassen und die Geschäfte des vertheilenden Kanzlisten einem Gerichtsschreiber zu übertragen, verlassen wurde: während bis 1889/90 nur bei 7 grösseren Amtsgerichten etatsmässige Kanzlisten vorhanden waren, ging man 1890/91 dazu über, jedem Amtsgericht mit etwa 15 Richtern 1, noch grösseren Amtsgerichten 2 etatsmässige Kanzlisten beizugeben. 1898/99 wurde diese Einrichtung schon auf Gerichte mit 10 oder mehr Richtern, 1899 auf solche mit 9, 1900 auf solche mit 8 Richtern ausgedehnt, und 1900 wurden den Gerichten mit 30—40 Richtern 3, noch grösseren 4 Kanzleibeamte (Kanzlisten und Diätarien) beigegeben; bei dem Amtsgericht I in Berlin war die Zahl der etatsmässigen Kanzlisten schon seit Beginn der 90er Jahre viel grösser, weil zuverlässige Lohnschreiber zu schwer zu beschaffen waren.

In der Vertheilung der Stellen auf die Bureaubeamten I. Klasse (Gerichtsschreiber und Sekretäre) und II. Klasse (Gerichtsschreibergehülfen und Assistenten) ist, wie die Anlage CXI ersehen lässt, in der zweiten Hälfte der 90er Jahre eine Umwälzung in Gestalt einer Verminderung der letzteren und Vermehrung der ersteren eingetreten.

Als nämlich 1897 in den andern Verwaltungen die Vereinigung der Subalternbeamten I. und II. Klasse erfolgte (vgl. Bd. II Buch VIII § 35), sah man bei der Justizverwaltung hiervon ab, weil hier die Beamten II. Klasse sich aus Civilanwärtern, welche die volle Gerichtsschreiberprüfung bestanden haben mussten, und Militäranwärtern zusammensetzte, welche nur die leichtere Gehülfenprüfung abgelegt hatten, dafür aber nach dem Gesetz von einer Reihe von Dienstverrichtungen ausgeschlossen waren. Es wurden daher nur die Stellen der Civilanwärter in solche I. Klasse umgewandelt, die Gerichtsschreibergehülfen- und Assistentenstellen aber in entsprechend verminderter Zahl nun nur Militäranwärtern vorbehalten, womit auch der Vortheil verbunden war, dass den Eifersüchteleien zwischen Civil- und Militäranwärtern ein Ende gemacht wurde. Selbstredend ist den Militäranwärtern die Möglichkeit eröffnet, nach Ablegung der vollen Prüfung in die erste Klasse aufzusteigen.

Verhältnissmässig am geringsten hat sich die Zahl der nicht ausschliesslich im Gefängnissdienst beschäftigten Unterbeamten vermehrt, da ja auf sie die Geschäftsvermehrung weniger intensiv einwirkt. Die Vermehrung war verhältnissmässig am bedeutendsten in den Jahren seit 1900 (126), weil den Gerichtsdienern seit dem 1. Jan. 1900 bei den sehr häufigen Zustellungen von Amtswegen gewisse früher den Gerichtsvollziehern obliegende Verrichtungen übertragen worden sind.

Die Zahl der Gerichtsvollzieher ging bis 1899 sogar zurück; in Anbetracht dessen, dass diese Beamten auf Gebühren angewiesen waren, war ihre Zahl Anfangs zu hoch bemessen. Bei der Fixirung der Gerichtsvollzieher (vgl. oben § 59) konnte und musste auch bei dem kleinsten Amtsgericht ein Gerichtsvollzieher angestellt werden mit dem Vorbehalt, ihn, wenn er als solcher nicht voll beschäftigt ist, zum Gerichtsschreiberei-, Kanzlei- und Unterbeamtendienst heranzuziehen. Daher stieg 1900 die Zahl um 283 auf 2079.

Ueber die Vertheilung der etatsmässigen Stellen aller Art auf die einzelnen Oberlandesgerichtsbezirke in der Gegenwart und in Ansehung der höheren Beamten — die der mittleren und unteren Beamten bei Gerichten und Staatsanwaltschaften pflegt mit jener Hand in Hand zu gehen – am 1. Okt 1879 giebt die Anlage CXVIII Aufschluss. Es ergiebt sich aus ihr, in welch überwiegendem Masse die Beamtenvermehrungen durch die gewerblich entwickeltsten Gegenden, Berlin mit Umgebung, Rheinland, Westfalen und Schlesien, bedingt waren: allein die Zahl der Land- und Amtsrichter ist gestiegen im Kammergerichtsbezirk von 455 auf 658, im Bezirk Cöln von 261 auf 478, im Bezirk Hamm von 208 auf 417 und im Breslauer Bezirk, von dem nur ein kleinerer Theil ausgesprochen gewerblichen Charakter trägt, aber auch dieser Theil sich nicht so entwickelt hat, wie die Industriegebiete von Rheinland und Westfalen und Berlin mit Umgegend, von 509 auf 570. Neben diesen Bezirken weisen der landwirthschaftlich fortgeschrittenste und wohlhabendste und auch zum Theil gewerbreiche Naumburger und der Frankfurter mit der reichen und gewerbreichen Stadt Frankfurt a. M. und dem reichen Rheingau die stärksten Vermehrungen der Beamtenschaft auf: dort ist die Zahl der Land- und Amtsrichter von 289 auf 340, hier von 158 auf 188 gestiegen. Umgekehrt ist in den überwiegend ländlichen Bezirken Königsberg, Marienwerder, Posen, Stettin und Kassel nur eine ganz geringe Stellenvermehrung zu verzeichnen.

Den Nachwuchs der höheren Justizbeamten anlangend, so waren vorhanden:

Mitte des Jahres	Assessoren	Referendarien	Mitte des Jahres	Assessoren	Referendarien
1881	524	3 791	1892	1 827	2 973
1882	656	3 928	1893	1 779	3 060
1883	747	3 937	1894	1 712	3 230
1884	894	3 919	1895	1 726	3 315
1885	1 010	3 839	1896	1 719	3 506
1886	1 237	3 724	1897	1 853	3 767
1887	1 485	3 385	1898	1 898	4 062
1888	1 651	3 216	1899	1 988	4 314
1889	1 810	2 981	1900	1 756	4 602
1890	1 791	2 975	1901	1 803	4 949
1891	1 833	2 960	1902	1 959	5 308

An Rechtsanwälten wurden gezählt am 1. Januar des Jahres

1880: 1 910	1889: 3 059	1895: 3 556	1901: 3 998
1885: 2 456	1891: 3 260	1897: 3 695	1902: 4 243
1887: 2 729	1893: 2 429	1899: 3 868	1903: 4 380

Die Zahl der Assessoren ist somit nach der Gerichtsreorganisation bis Ende der 80er Jahre auf mehr als das Dreifache gestiegen, eine Folge der zunächst günstigeren Aussichten im Justizdienst in Folge des Abganges älterer Beamter, ferner eines vermehrten Abflusses zur Rechtsanwaltschaft, zur Kommunalverwaltung, zu Bankinstituten und dergleichen. Von 1889 bis 1896 hat sich die Zahl auf ungefähr gleichem Stande erhalten und dann zwischen wenig über 1 700 und nahezu 2 000 geschwankt. Die Zahl der Referendarien verfolgte von 1883 bis 1892 eine ständig sinkende Tendenz, seitdem eine rasch steigende. Nicht unbedenklich erscheint uns die ausserordentlich starke Vermehrung der Rechtsanwälte; denn es ist wohl kaum in Abrede zu stellen, dass in manchen grössern Orten die Gefahr einer Herabdrückung des Ansehens des Anwaltstandes durch Zudrang von Anwälten, die dann nicht in der Lage sind, sich ein standesgemässes Einkommen zu verschaffen, naheliegt.

Von den 4 380 anfangs Januar 1903 vorhandenen Rechtsanwälten waren 1 777 zugleich Notare. Die Gesammtzahl der Notare betrug 1 984.

II. Kapitel.

Dotation der etatsmässigen Beamtenstellen bei den Gerichten und Staatsanwaltschaften.

§ 80. Wie in anderen, so zeigte sich auch in der Justizverwaltung zu der Zeit, da Preussen in die Reihe der konstitutionellen Staaten eintrat, hinsichtlich der Normalsätze der Beamtengehälter eine ungemeine Buntscheckigkeit. In den in der Anl. CXVII nach dem Etat dargestellten Normalbesoldungen des Jahres 1849 lassen sich wohl wenigstens 70 bis 80 im Höchst-, Mindest- oder Einheitssatz verschiedene Gehaltsklassen unterscheiden, während heute deren nur 19 zu zählen sind. Jene Ungleichmässigkeit der Besoldungen entsprang nicht nur der damaligen Verschiedenheit der Gerichtsverfassungen in den einzelnen Landestheilen, sondern auch noch besonderen Verschiedenheiten nach Grösse der Sitze der Gerichte innerhalb desselben

Rechtsgebiets und einer zu weit getriebenen Differenzirung der Beamten derselben Behörde. So hatten nicht nur Kammergericht, Tribunal in Königsberg, Ober-Appellationsgericht in Posen, Ober-Appellationsgericht in Greifswald, Appellationsgerichtshof in Cöln und Justizsenat in Ehrenbreitstein andere, und zwar jedes dieser Gerichte wieder von denen der anderen abweichende Gehaltsklassen wie die Oberlandesgerichte, sondern auch diese wurden wieder in solche I. und solche II. Klasse mit voneinander verschiedenen Normalbesoldungen getheilt; bei den Untergerichten ausserhalb der Rheinprovinz waren die Besoldungen andere, je nachdem das Gericht mit 1—2, 3, 4, 5—11 Richtern besetzt war, und die Untergerichte in Berlin, Stettin, Königsberg, Danzig, Tilsit, Breslau, Posen, Magdeburg und Halle scheinen jedes seine besonderen Gehaltsklassen gehabt zu haben, ja auch innerhalb der Gruppen der Gerichte mit 1—2, 3, 4 und 5—11 Richtern hatten wieder einige für die Direktoren und Mitglieder von denen der anderen abweichende Besoldungssätze.

Auf die dem Etat für 1849 zu Grunde liegenden Normalbesoldungen, wie sie in der gedachten Anlage dargestellt sind, hier näher einzugehen, erübrigt sich, da ja schon durch die Verordnungen v. 2. und 3. Jan. 1849 im grössten Theile der Monarchie eine Umgestaltung der Gerichtsverfassung eintrat. Unberührt liess diese Reform im Wesentlichen die Besoldungen beim Obertribunal uud Rheinischen Revisions- und Kassationshof. Beim Obertribunal betrugen sie 18000 M. für den Chefpräsidenten, 10500 M. für die Vicepräsidenten, 6000—8400 M. für die Räthe, 1200—3600 M. für die Subalternen und 600—1050 M. für die Unterbeamten, beim Rheinischen Revisions- und Kassationshof für die Mitglieder 6000—7500 M., für Subalterne neben Emolumenten 1800—3300 und für Unterbeamte neben Emolumenten 1050—1080 M., während 1851 das Gehalt des Präsidenten des Kassationshofes sich auf 10500 M. belief und beim Obertribunal ein Oberstaatsanwalt mit 7500 M. hinzugetreten war. Im Jahre 1852 wurde der Rheinische Revisions- und Kassationshof aufgehoben. Beim Obertribunal erfuhren 1872 der Präsident eine Aufbesserung auf 21000 M., die Vicepräsidenten auf 12000 M. Die Räthe wurden in der ersten Hälfte der 60er Jahre auf 6600 bis 9000 M. erhöht, und seit der allgemeinen Besoldungsreform von 1872 betrug ihr Mindestgehalt 7500 M., ihr Höchstgehalt 9900 M. Die Stelle des Generalstaatsanwalts wurde 1852 errichtet; sie war und blieb wie die Stellen der Vicepräsidenten dotirt, ebenso wie die dem Generalstaatsanwalt beigegebenen Oberstaatsanwälte den Räthen im Gehalt gleichgestellt wurden. Für Sekretäre, Registratoren, Kanzleidirektor und Botenmeister bestanden die in der Anl. CXVII für 1859 angegebenen Gehaltssätze anscheinend schon 1849, während die Kanzleisekretäre erst 1859 von 1200—2400 auf 1500—2400 M., die Kanzleidiener ebenfalls 1859 von 600—1 050, später 720 - 1 080, auf 900—1 200 M. aufgebessert wurden. Die Gleichstellung der Registratoren und des Sekretärs der Staatsanwaltschaft mit den übrigen Sekretären fällt in das Jahr 1867, die Aufbesserung des Botenmeisters auf 1 500 M. in das Jahr 1869, im Uebrigen die aus den Angaben der Anlage über die Gehaltssätze im Jahre 1869 ersichtliche Besserstellung der Subaltern- und Unterbeamten in die 60er Jahre von 1867. Bei der Besoldungsreform von 1872 erhielten Kanzleisekretäre und Unterbeamte die in der Anlage für 1879 angegebenen Gehälter, die Sekretäre und Registratoren 2 100—5 100, der Registratur-Assistent 2 100, der Kanzleidirektor 4 200 M. 1877/78 traten dann auch für die Beamten die 1879 geltenden Sätze in Kraft. Natürlich erhielten auch die Beamten des Obertribunals seit dem Ges. v. 12. Mai 1873 Wohnungsgeldzuschüsse.

Das Ober-Appellationsgericht für die neuen Landestheile erhielt, abgesehen vom Präsidenten, dessen Besoldung auf 13 500 M. normirt wurde, dieselben Besoldungen wie das Obertribunal.

§ 81. In Ansehung der Gehälter bei den Ober- und Untergerichten war mit der Gerichtsorganisation von 1849 immerhin eine gewisse Vereinfachung verbunden. Wohl blieb in dieser Beziehung noch, wie die Anl. CXVII zeigt, eine Unterscheidung der neuen Appellationsgerichte bestehen; denn es betrugen, je nachdem der Beamte bei einem der Appellationsgerichte in Königsberg, Breslau, Frankfurt, Stettin, Posen, Magdeburg, Naumburg, Münster oder bei einem der sonstigen angestellt war, die Gehälter der Präsidenten 12 300 oder 11 900, der Vicepräsidenten 7 500 oder 6 900, der Oberstaatsanwälte 5 400 oder 4 200 - 4 800, der Sekretäre 1 800—3 000 oder 1 500 - 2 700, der Bureauassistenten 1 500 oder 1 200, der Kanzlisten 1 200—1 800 oder 1200—1500 M. Immerhin waren nun die Gehälter der Räthe für alle, ausser dem Kammergericht, gleich (3 000—4 800 M.). Die Sonderstellung des Kammergerichts aber beschränkte sich auf die Gehälter der Räthe (3 000—5 400 M.), des Oberstaatsanwalts (6 000 M.), des Oberstaatsanwaltssubstituten, der hier 3 000, in Breslau, wo ausser in Berlin allein noch ein solcher war, nur 2 400 M. erhielt, der Sekretäre (1 800—3 600 M.) und Kanzlisten (1 200—1 800 M.), während es im Uebrigen den Oberlandesgerichten mit den höheren Sätzen gleichgestellt wurde. Die Unterbeamten erhielten überall 600—900, die Oberstaatsanwaltgehülfen, deren nur in Posen und Naumburg vorhanden waren, erhielten 1800 M.

Bei den Untergerichten waren 3 Gruppen unterschieden, nämlich 1. das Stadtgericht Berlin, 2. die Stadtgerichte Königsberg, Breslau, Danzig und Magdeburg, 3. die Kreisgerichte; in den beiden ersten Gruppen erhielten die Präsidenten 7 500 bezw. 6 000, die zweiten Direktoren 6 000 bezw. 4 800, die Mitglieder 1 500—4 500 bezw. 1 500 bis 3 900, die Staatsanwälte 2 400—4 500 bezw. 3 600, die Rendanten

2 400 - 3 900 bezw. 2 400—2 700, die Sekretäre 1 500—3 000, die Unterbeamten 600 - 900 bezw. 540 - 900 M.; der Kassenkontroleur erhielt in Berlin 2 100 - 2 700, die Kassenbuchhalter und Assistenten erhielten dort 1 050—2 100 M., während bei den anderen Stadtgerichten alle Kassenbeamten mit Ausnahme der Rendanten diese Sätze empfingen. Die Kanzlisten standen bei sämmtlichen 5 Stadtgerichten auf 1 200 bis 1 500 M. Bei den Kreisgerichten bewegten sich die Gehälter der Direktoren je nach dem Orte zwischen 3 600 und 4 800 M.; die Mitglieder stiegen von 1 500 - 3 000 M., erhielten aber bei einigen grösseren Gerichten Lokalzulagen von 300 oder 600 M.; Rendanten standen auf 1 800 - 2 400 und bei einigen grösseren Gerichten 2 700 M., Sekretäre auf 1 500—1 800, Kontroleure auf 1 350—1 500, Unterbeamte auf 450 bis 750 M. Die Gehälter der Bureauassistenten betrugen bei allen Stadt- und Kreisgerichten 1 050 - 1 200, die der Staatsanwaltsgehülfen 1 500 bis 1 800 M. Etatsmässige Kanzlisten waren bei den Kreisgerichten nicht vorhanden.

Die Unterscheidung von Appellationsgerichten I. und II. Klasse wurde 1859 beseitigt, sodass nur die Sätze der bisherigen I. Klasse und daneben die höheren für das Kammergericht bestehen blieben. Gleichzeitig erfolgte die aus der Anl. CXVII ersichtliche Aufbesserung der Bureauassistenten, Kanzlisten und Unterbeamten. Die Schaffung der Kassen- und Rechnungsrevisoren unter Beilegung des Höchstgehalts der Sekretäre war schon 1850 erfolgt, die Zweitheilung der den Oberstaatsanwälten beigegebenen höheren Beamten 1855.

Bei den Untergerichten im Geltungsbereich der Verordn. v. 2./3. Jan. 1849 wurde die bisherige Unterscheidung nach Orten 1859 in ein System gebracht, indem nun unterschieden wurden das Stadtgericht in Berlin, die übrigen Stadtgerichte, die Kreisgerichte in Orten mit mehr als und die Kreisgerichte in solchen mit nicht mehr als 20 000 Einwohnern. Doch wurde diese vierfache Abstufung der Gehälter, wie die gedachte Anlage zeigt, nur bei einzelnen Gattungen von Subalternbeamten angewendet, im Uebrigen nur zwischen dem Stadtgericht in Berlin, den übrigen Stadtgerichten und den Kreisgerichten oder auch nur zwischen Stadt- und Kreisgerichten unterschieden und den Beamten in grösseren Orten Lokalzulage gewährt; erst später wurde die Abstufung nach dieser Klasse auf weitere Subalterne ausgedehnt. Gleichzeitig wurden die Gehälter der Richter, Staatsanwaltsgehülfen, Sekretäre, Salarienkassenrendanten, Depositalrendanten, Depositalkassenbuchhalter, Bureau- und Kassenassistenten und Kanzlisten mit einem Aufwand von etwa 900 000 M. auf die aus der Anlage ersichtlichen Sätze erhöht.

In den nächsten zehn Jahren erfolgten dann nach und nach eine Reihe mehr oder minder umfassender Besoldungsaufbesserungen, so 1861, das erste Jahr aus einem allgemeinen Aufbesserungsfonds von 675 000 M., für Appellationsgerichtsräthe, Kreisgerichtsdirektoren,

Staatsanwälte, Staatsanwaltsgehülfen, Kassen- und Rechnungsrevisoren und Subalterne der Amtsgerichte, 1864 aus einem gleichen Fonds von 150 000 M. für Vicepräsidenten der Appellationsgerichte, Stadtgerichtspräsidenten und -Direktoren, 1866 für Unterbeamte.

§ 82. Im Departement Cöln empfingen 1849 der Präsident des Appellationsgerichtshofes das Gehalt der Präsidenten der Oberlandesgerichte I. Klasse (12 300 M.), die Senatspräsidenten 6000 M., Räthe 3 600 bis 4 500, etatsmässige Assessoren 1 800, der Generalprokurator 9 000, die Generaladvokaten 4 500—6 000, die Staatsprokuratoren 3 000—3 600, die Subalternen neben Emolumenten 900—2 400 M., bei den Landgerichten die Präsidenten 5 400, Kammerpräsidenten 3 600, Räthe 2 400—3 000, Assessoren 1 500—1 800, Oberprokuratoren 3 900—4 500, Staatsprokuratoren 2 400 - 3 000, Subalterne neben Emolumenten 900—2 100 M., die Beamten der Friedensgerichte im Wesentlichen Emolumente; das Maximaleinkommen wurde für Friedensrichter auf 2 100, für Gerichtsschreiber auf 1 200 M. geschätzt. Die Handelsgerichtsschreiber erhielten neben Emolumenten 750—1 500 M. Fixum. Bis zum Jahre 1859 änderte sich, wie die Anlage zeigt, in den Gehältern bei den rheinischen Gerichten nur wenig; nur die Räthe, Assessoren, Prokuratoren und Subalternen der Landgerichte erfuhren 1859 eine Besserstellung, dann aber nahmen naturgemäss die dortigen Justizbeamten an den allgemeinen Aufbesserungen entsprechenden Antheil. Aus dem 675 000 M.-Fonds wurden 1861 erhöht die Appellationsgerichtsräthe auf 3 600 – 5 400, die Oberprokuratoren, die noch 3 900 M. bezogen, auf 4 500 M., 1862 die noch 4 800 M. beziehenden Landgerichtspräsidenten auf 5 400, der zweite Prokurator beim Appellhof auf 3 300 M., 1864 die Landgerichtspräsidenten auf 6 000 M. und der Generalprokurator auf 9 600 M. Die Kammerpräsidenten erhielten 1861 sämmtlich 4 200, seit 1865 4 200 – 4 500 M. Die Beamten der rheinischen Untergerichte wurden im Fixum nicht aufgebessert, es stiegen jedoch ihre Emolumente.

§ 83. In den neuen Provinzen wurde innerhalb des Geltungsbereichs der Verordn. v. 26. Juni 1849, d. i. in den Appellationsgerichtsbezirken Kiel, Kassel und Wiesbaden, von vornherein auf Uebereinstimmung der Besoldungen mit denen im Geltungsbereiche der Verordn. v. 2./3. Jan. 1849 Bedacht genommen, und, wie die Anlage zeigt, wies schon der Etat für 1869 nur noch wenige Abweichungen auf. Dagegen behielten Hannover und Frankfurt a. M. wie ihre besondere Gerichtsverfassung, so auch besondere Gehaltsskalen. Die Gehälter im Appellationgerichtsbezirk Celle waren im Allgemeinen höher als bei den zur Vergleichung heranzuziehenden Gerichten anderer Landestheile. Denn es erhielten beim Appellationsgericht der Präsident 12 000, die Vicepräsidenten 9 000, der Kron-Oberanwalt 7 500, die Räthe 6 000—6 900, die Kanzlei-Expedienten 1 200 – 2 100 M., während der Vorstand des Rechnungsbureaus und die Sekretäre den entsprechenden Beamten anderer Appellationsgerichte gleichstanden. Die Gehälter der Präsidenten und Vicepräsidenten der Obergerichte bewegten sich zwischen 9 000 und 6 000 M., die der Mitglieder — Räthe und etatsmässigen Assessoren – betrugen 1 800—6 000 M., wozu, wenn sie als Substituten des Kron-Oberanwalts, Kronanwälte oder Substituten von Kronanwälten fungirten, Zulagen, für 30 Beamte im Ganzen 24 000 M., kamen; die Sekretäre erhielten 1 350—3 000, Kanzlei-Expedienten 1 200—2 100, die — zum künftigen Wegfall bestimmten — Kanzlisten 1 500, die Gerichtsvögte neben Gebühren 750—1 050 M. Die Beamten der Amtsgerichte in Hannover waren theilweise auf Emolumente gestellt; daneben erhielten die Oberamts- und Amtsrichter 1 200 – 6 000, i. D. 3 660, Aktuare 750 – 1 800, i. D. 1 200, Gerichtsvögte 75, Gerichtsdiener und Gefangenwärter in zwei Klassen 828 oder 600 M. Die Gerichtsbeamten in Frankfurt a. M. behielten die auf Frankfurter Gesetzen beruhenden Besoldungen; in der Anlage sind diese für 1869 noch, übereinstimmend mit den Anlagen zum Staatshaushaltsetat, in Gulden Süddeutscher Währung (1 Gulden = 1,714 29 M.) angegeben; bei dem beschränkten Interesse, das sie heute erregen, genüge es, hinsichtlich ihrer auf die Anlage zu verweisen.

§ 84. In den nächsten Jahren bis zu der allgemeinen Besoldungserhöhung von 1872 beschränkten sich nun die Aufbesserungen auf einen Theil der Salarienkassen- und Deposital-Rendanten, die 1869 aus dem Besoldungsaufbesserungsfonds des Finanz-Ministeriums, seit 1870 aus Fonds des Justizministeriums eine Gehaltserhöhung erfuhren, auf einzelne Kreisgerichtsdirektoren und rheinische Kammerpräsidenten, den Stadtgerichtspräsidenten in Berlin, der schon durch den Justizetat für 1872 9 000 statt bisher 8 400 M. erhielt, die Aktuare in Hannover, die gleichzeitig auf 1 200—1 800, i. D. 1 500 M. kamen, auf die rheinischen Parketsekretäre, auf die Ersetzung von Emolumenten der Unterbeamten in den neuen Landestheilen durch höhere Fixa, auf Gehaltsausgleichungen daselbst aus einem hierzu bestimmten Dispositionsfonds, auf Vermehrung der Lokalzulagen und auf Erhöhung der Zulagen der 4 als Vertreter des Präsidenten und als Abtheilungsdirigenten fungirende Appellationsgerichtsräthe von 1 200 auf 1 800 M.

Die allgemeine Besoldungsreform von 1872 war speziell für die Justizverwaltung in Verbindung mit dem im § 51 besprochenen Allerh. Erl. v. 20. März 1872 die erste aus einem Gusse, alle Rechtsgebiete des Staates umfassende, und wenn auch die Verschiedenheit der Gerichtsverfassungen noch die Herstellung völliger Uebereinstimmung hinderte, so wurde doch bereits Manches in der Richtung einer grösseren Gleichmässigkeit und Uebersichtlichkeit der Besoldungsverhältnisse erreicht. Fortan bestanden, nachdem die allgemeine Aufbesserung hinsichtlich der Rechnungsrevisoren, der Obersekretäre und Sekretäre bei den rheinischen Landgerichten, der Salarienkassen-Rendanten und hannoverschen Gerichtsvögte 1879 ergänzt war, nur noch folgende Gehaltsklassen bei den Gerichten I. und II. Instanz, abgesehen von Frankfurt a. M.:

A. Richter und Staatsanwälte:

11 400 M. und freie Wohnung oder Miethsentschädigung: Chefpräsidenten der Appellationsgerichte — ausser Celle — und des Cölner Appellationsgerichtshofes;
12 000 „ Chefpräsident des Appellationsgerichts in Celle;
10 500 „ Generalprokurator in Cöln, Präsident des Stadtgerichts Berlin;
9 300 „ Vicepräsidenten der Appellationsgerichte ausser Celle — nur zwei beziehen neben freier Wohnung 8 400 M. — und Vicepräsident des Appellhofs in Cöln;
9 000 „ Vicepräsidenten des Appellationsgerichts in Celle;
8 400 „ Kron-Oberanwalt;
7 500—9 000 M., i. D. 8 250 M. in Abstufungen von 300 M.: Präsidenten der Obergerichte in Hannover;
7 800 M. der erste Generaladvokat in Cöln;
7 500 „ Landgerichtspräsidenten im Departement Cöln, Direktoren des Stadtgerichts Berlin, Präsidenten der übrigen Stadtgerichte;
6 000—6 900 M., i. D. 6 450 M. in Abstufungen von 300 M.: Appellationsgerichtsräthe in Celle;
6 000—6 600 „ „ „ 6 300 „ „ „ „ 300 „ : Vicepräsidenten der Obergerichte in Hannover;
4 800—6 000 „ Oberstaatsanwälte;
4 500—6 000 „ i. D. 5 250 M. in Abstufungen von 300 M.: Kreisgerichtsdirektoren;
4 200—6 000 „ „ „ 5 100 „ „ „ „ 300 „ : Appellationsgerichtsräthe ausser in Celle;
6 000 M. II. Generaladvokat im Bezirk Cöln;
5 400 „ Oberprokuratoren im Bezirk Cöln, I. Staatsanwalt beim Stadtgericht Berlin;
5 100 „ Kammerpräsidenten und III. Generaladvokat im Bezirk Cöln;
4 800 „ Staatsanwälte bei den Stadtgerichten in Breslau, Königsberg und den Stadt- und Kreisgerichten in Danzig und Magdeburg;
2 400—6 000 M. in Abstufungen von 600 M.: Obergerichtsräthe und -Assessoren sowie Amtsrichter in Hannover;
2 400—5 400 M., i. D. 3 900 M. in Abstufungen von 300 M.: Stadtgerichtsräthe in Berlin;
4 500 M. I. Staatsprokurator beim Cölner Appellhof;
3 900 „ II. „ „ „ „ ;
2 400—4 500 M., i. D. 3 450 M. Staatsanwälte und Staatsanwaltsgehülfen bei Appellationsgerichten und Kreisgerichten sowie II. Staatsanwälte bei Stadtgerichten, Staatsprokuratoren bei Landgerichten in der Rheinprovinz, Stadt- und Kreisgerichtsräthe, Kreisrichter, Oberamts- und Amtsrichter (ausser in Hannover), Landgerichtsräthe und -Assessoren in der Rheinprovinz;
2 700—4 200 M., i. D. 3 450 M. Hypothekenamtsvorsteher in Neuvorpommern und Rügen;
3 000 M. III. Staatsprokurator beim Appellhof in Cöln;
1 800—3 000 M., i. D. 2 400 M. in Abstufungen von 300 M. (neben Emolumenten): Friedensrichter im Cölner Departement.

B. Subaltern- und Kanzleibeamte:

4 800 M. Salarienkasse-Rendant beim Stadtgericht Berlin;
4 200 „ Vorstand des Rechnungsbureaus in Celle;
3 900—4 200 M., i. D. 4 050 M. Kassen- und Rechnungs-Revisoren bei Appellationsgerichten;
3 300—3 600 „ „ „ 3 450 „ Salarienkassen-Rendanten in Orten über 50 000 Einwohner;
3 000—3 600 „ „ „ 3 300 „ desgleichen in Orten von 20 000—50 000 Einwohnern;

3 300 M. Häuser-Administrations-Inspektor und 4 Deposital-Rendanten beim Stadtgericht Berlin;
2 100—4 200 M., i. D. 3 150 M. Sekretäre beim Appellationsgericht (Kammergericht) Berlin;
3 000 M. Obersekretäre beim Appellationsgerichtshof in Cöln (neben Gebühren), 1 Deposital-Rendant beim Stadtgericht Berlin;
2 700—3 300 M., i. D. 3 000 M. Salarienkassen-Rendanten in Orten bis 20 000 Einwohner, Deposital-Rendanten in solchen über 50 000 Einwohner;
2 400—3 000 M., i. D. 2 700 M. Deposital-Rendanten in Orten von 20 000—50 000 Einwohnern;
2 100—2 700 „ „ „ 2 400 „ desgleichen in Orten bis 20 000 Einwohner;
2 100—3 600 „ „ „ 2 850 „ Sekretäre bei Appellationsgerichten ausser Berlin, Sekretäre beim Stadt- und Kreisgericht Berlin;
2 100—3 300 „ i. D. 2 700 M. Sekretäre bei Obergerichten in Hannover, Parketsekretäre im Departement Cöln:
2 100—3 000 „ i. D. 2 550 M. Sekretäre bei Stadt-, Kreis- und Amtsgerichten (ausser Hannover) in Orten über 50 000 Einwohner;
1 950—3 000 „ i. D. 2 475 M. desgleichen in Orten von 20 000—50 000 Einwohnern;
1 800—2 900 „ „ „ 2 250 „ „ bei andern Kreis- und Amtsgerichten (ausser Hannover) und bei Hypothekenämtern;
2 400 M. Obersekretäre bei rheinischen Landgerichten (neben Gebühren), Depositalbuchhalter beim Stadtgericht Berlin;
2 100 „ Sekretäre beim Cölner Appellhof;
1 800—1 950 M., i. D. 1 875 M. Bureauassisenten bei Appellationsgerichten;
1 500—1 800 „ „ „ 1 650 „ Assistenten bei Stadt-, Kreis- und Amtsgerichten (ausser Hannover) in Orten über 20 000 Einwohner;
1 950 M. Sekretäre bei rheinischen Untersuchungsämtern;
1 200—1 800 M., i. D. 1 500 M. (neben Gebühren) Aktuare in Hannover;
900—1 200 „ „ „ 1 050 „ („ Emolumenten) Friedensgerichtsschreiber in der Rheinprovinz;
750—900 M. (neben Emolumenten) Handelsgerichtssekretäre in der Rheinprovinz;
1 650—2 250 M., i. D. 1 950 M. (Kanzleiinspektoren 300 oder 150 M. Funktionszulage), Kanzlisten bei Appellationsgerichten;
1 650—2 250 M., i. D. 2 100 M. Kanzleiexpedienten beim Appellationsgericht Celle;
1 500—2 400 „ „ „ 1 950 „ „ bei Obergerichten in Hannover;
1 650—1 800 „ „ „ 1 725 „ Sekretäre bei rheinischen Landgerichten (neben Gebühren);
1 350—1 650 „ „ „ 1 500 „ Assistenten bei Kreis- und Amtsgerichten (ausser Hannover) in Orten unter 20 000 Einwohner;
1 650—2 100 „ i. D. 1 875 M. Kanzlisten beim Stadtgericht Berlin;
1 650 M. Kanzlisten (künftig wegfallend) in Hannover;
1 500—1 800 M., i. D. 1 650 M. Kanzlisten bei Stadt- und Kreisgerichten (ausser Stadtgericht Berlin) in Orten über 20 000 Einwohner;
1 350—1 650 „ i. D. 1 500 M. desgleichen in Orten bis 20 000 Einwohner;
450—600 M. (neben Gebühren) Kalkulatoren beim Stadtgericht Berlin;
150—600 „ („ „) „ bei andern Stadtgerichten;

C. Unterbeamte (Botenmeister hierzu 150 M. oder 75 M. Funktionszulage):

1 350 M. Kastellane beim Stadtgericht Berlin;
1 050—1 350 M., i. D. 1 200 M. Unterbeamte beim Kammergericht, beim Stadtgericht und Kreisgericht Berlin;
960—1 200 „ i. D. 1 080 M. Unterbeamte bei andern Appellationsgerichten, auch Gerichtsvögte beim Appellationsgericht Celle;
1 080 M. Gerichtsdiener I. Klasse in Hannover;
840—1 200 M., i. D. 1 020 M. Gerichtsvögte bei Obergerichten in Hannover (neben Entschädigung für weggefallene Aufrufgebühren);

810—1 200 M., i. D. 1 005 M. Unterbeamte bei Stadt-, Kreis- und Amtsgerichten in Orten über 20 000 Einwohner (ausser Berlin und Provinz Hannover) sowie bei Hypothekenämtern, Gerichtsdiener II. Klasse in Orten über 20 000 Einwohner in Hannover;

810—1 050 „ i. D. 930 M. Unterbeamte bei Kreis- und Amtsgerichten in Orten bis 20 000 Einwohner;

75 M. und Gebühren Gerichtsvögte bei Amtsgerichten in Hannover.

Beim Appellationsgericht Frankfurt a. M. waren der Sekretär auf 2 200, der Bureauvorsteher der Staatsanwaltschaft auf 1 400, alle Kanzlisten auf 1 200, alle Pedelle auf 900—1 000 Gulden erhöht, ebenso der Landjustizamtmann auf 2 200, die Rügerichter auf 2 000—2 400, der Schreiber und der Aktuar beim Landjustizamt auf 1 900 bezw. 1 700, die Aktuarien beim Rügegericht auf 1 600—1 800 Gulden und ein Theil der Unterbeamten.

Das ganze Besoldungssystem in der Justizverwaltung war somit immer noch recht komplizirt, unübersichtlich und der Vereinfachung bedürftig. Insbesondere bestanden noch immer bei den untern Gerichten, bezüglich Berlins auch bei den oberen Gerichten Gehaltsverschiedenheiten nach der Einwohnerzahl des Gerichtssitzes, und diese schon aus der vorstehenden Uebersicht sich ergebenden Verschiedenheiten wurden noch vermehrt durch Lokalzulagen an den Direktor (1 500 M.), die Richter (durchschnittlich 450 M.), die Staatsanwälte (300—600 i. D. 450 M.), die Assistenten und Unterbeamten (75 M.) des Kreisgerichts in Berlin, die Direktoren der vier Stadtgerichte ausser Berlin und der Kreisgerichte in Orten über 50 000 Einwohner (600 M.) und den Sekretär des Hypothekenamts in Stralsund (300 M.), seit 1874 auch für die Beamten in Wilhelmshaven; diese Zulagen standen bis 1874 unter den „anderen persönlichen Ausgaben“, wurden dann aber, da pensionsfähig, unter die „Besoldungen“ aufgenommen. Dazu kamen noch eine Reihe von Funktionszulagen.

Die Jahre von der Besoldungsreform von 1872 bis zur Gerichtsreorganisation brachten, abgesehen von der Einführung der W o h n u n g s g e l d z u s c h ü s s e durch das Ges. v. 12. Mai 1873, noch einige Gehaltsaufbesserungen und die Beseitigung einzelner Unstimmigkeiten zwischen gleichartigen Stellen verschiedener Rechtsgebiete.

Durch den Etat für 1874 wurden die bisher allgemein 1 800 M. betragenden Miethsentschädigungen der Appellationsgerichts-Präsidenten je nach den Servisklassen A (Berlin) I, II oder III auf 3 000, 2 400, 2 100 und 1 800 M. bemessen, das Gehalt des Stadtgerichtsdirektors in Frankfurt a. M. auf 7 500 M. (4 375 Gulden), das pensionsfähige Maximaleinkommen (einschliesslich Emolumente) der Obersekretäre und Sekretäre der rheinischen Landgerichte von 3 000 auf 3 300 M. erhöht, die Deposital-Rendanten bei dem Stadtgericht in Königsberg, den Stadt- und Kreisgerichten in Danzig und Magdeburg und dem Kreisgericht in Posen auf 3 300, die hannoverschen Aktuare im Fixum auf 1 350—2 100, i. D. 1 725 M. aufgebessert und die Sekretäre der Grundbuchämter in Neuvorpommern und Rügen in die Reihe der Kreisgerichts-Sekretäre eingereiht, 1875 der Kron-Oberanwalt in Celle auf 9 000 M., der Oberstaatsanwalt in Frankfurt a. M. auf 5 700, der dortige Staatsanwalt auf 4 800 und der Bureauvorsteher der dortigen Staatsanwaltschaft auf 3 000 M. aufgebessert; gleichzeitig wurde bei dieser Behörde eine Staatsanwaltsgehülfen- und eine Bureauassistentenstelle mit 2 700 bezw. 1 875 M. errichtet. 1876 brachte die Gleichstellung des Appellationsgerichts-Präsidenten in Celle mit den übrigen, die Erhöhung des Gehalts des Ersten Staatsanwalts beim Stadtgericht in Berlin von 5 400 auf 6 000 M. und des Frankfurter Fiskaladjunkten von 1 800 auf 2 000 fl. (3 428,6 M.) sowie die Anstellung eines Präsidialsekretärs beim Appellationsgerichtshof in Cöln und eines Expedienten beim Stadtamt in Frankfurt a. M. mit je 2 850 M., 1877/78 die Aufbesserung des Staatsanwaltsgehülfen in Frankfurt a. M. auf 3 000 und 1878/79 die Fixirung eines dortigen Stadtamtsaktuars auf 3 260 M.

§ 85. Die Umgestaltung der Gerichte am 1. Okt. 1879 schuf endlich die Möglichkeit zu einer gründlichen Vereinfachung des Besoldungssystems, wenn auch zunächst noch, um Benachtheiligungen zu verhüten, unter Zuhilfenahme von Aussterbegehältern an Beamte, die vorher ein höheres Gehalt bezogen hatten, als das neue Normalgehalt ihrer Stelle. Unter Beseitigung der Verschiedenheiten nach den Gerichtssitzen ausser für Berlin wurden nun nur folgende Klassen aufgestellt:

14 000 M. neben freier Dienstwohnung oder Miethsentschädigung von 3 000 M. in Berlin und Frankfurt a. M., 2 400, 2 100 oder 1 800 M. je nach Servisklasse I, II oder III: Oberlandesgerichts-Präsidenten;

10 500 „ Präsident des Landgerichts I in Berlin;

7 500—9 900 M., i. D. 8 700 M.: Senatspräsidenten der Oberlandesgerichte, Oberstaatsanwälte, Landgerichtspräsidenten (ausser Berlin I);

7 500 M. Erster Staatsanwalt beim Landgericht I in Berlin;

4 800—6 600 M., i. D. 5 700 M.: Oberlandesgerichtsräthe, Landgerichtsdirektoren, Erste Staatsanwälte (ausser Berlin I);

2 400—6 000 „ i. D. 4 200 M.: Land- und Amtsrichter;

2 400—4 800 „ i. D. 3 600 „ Staatsanwälte;

3 900—4 200 „ i. D. 4 050 „ und in Berlin 300 M. Lokalzulage: Rechnungsrevisoren der Oberlandesgerichte;

2 100—4 200 „ i. D. 3 150 M.: Gerichtsschreiber und Staatsanwaltschafts-Sekretäre beim Kammergericht;

2 100—3 600 „ i. D. 2 850 M.: dieselben bei anderen Oberlandesgerichten und bei den Land- und Amtsgerichten in Berlin;

2 100—3 300 „ i. D. 2 700 M.: mit 300 M. Gehaltszulage und in Berlin 300 M. Lokalzulage, Rechnungsrevisoren bei den Landgerichten;

3 300 M. Häuser-Administrationsinspektor in Berlin;

2 100—3 300 M., i. D. 2 700 M.: Gerichtsschreiber und Staatsanwaltschafts-Sekretäre bei Land- und Amtsgerichten ausserhalb Berlins;

1 650—2 250 „ i. D. 1 950 M.: Kanzlisten bei Oberlandesgerichten, für Wahrnehmung der Kanzleiinspektor-Geschäfte 300 oder 150 M. Funktionszulage;

1 800—1 950 „ i. D. 1 875 M.: Assistenten bei Oberstaatsanwaltschaften, Gerichtsschreibergehülfen und Assistenten bei Staatsanwaltschaften der Berliner Land- und Amtsgerichte;

1 650—2 100 „ i. D. 1 875 M.: Kanzlisten bei den Berliner Landgerichten, für einen beim Landgericht I 300 M. Funktionszulage für die Kanzleiinspektor-Geschäfte;

1 500—1 800 „ i. D. 1 650 M.: Gerichtsschreibergehülfen, Assistenten der Staatsanwaltschaften und Kanzlisten bei Land- und Amtsgerichten ausser Berlin;

1 200—1 350 „ i. D. 1 275 M.: Kastellane bei Land- und Amtsgerichten in Berlin;

1 050—1 350 „ i. D. 1 200 „ Gerichtsdiener und Kastellane beim Kammergericht, für den I. Gerichtsdiener 150 M. Funktionszulage;

960—1 200 „ i. D. 1 080 M.: Gerichtsdiener und Kastellane bei anderen Oberlandesgerichten und bei den Berliner Land- und Amtsgerichten, für den I. Gerichtsdiener 150 M. Funktionszulage;

800—1 000 „ i. D. 900 M.: Gerichtsdiener und Kastellane bei Land- und Amtsgerichten ausser Berlin, dem I. Gerichtsdiener 75 M. Funktionszulage;

3 600 M. in Berlin, 3 300 „ anderwärts } pensionsfähiges Maximum an Gebühren der Kalkulatoren;
1 800 „ einschliesslich Wohnungsgeldzuschuss Minimal-, 3 000 M. pensionsfähiges Maximaleinkommen der Gerichtsvollzieher.

Es trat also eine ganz ungemeine Verminderung der Gehaltsklassen ein, und sie war dabei im Allgemeinen mit einer wesentlichen Erhöhung der Gehälter verbunden: sieht man von den besonderen Verhältnissen im Cölner, Celler und Frankfurter Departement ab, so betrug die Erhöhung der Durchschnittsgehälter für

	gegenüber den		
Oberlandesgerichtspräsidenten	ehemal.	Appellationsgerichtspräsidenten	2 600 M.
Landgerichtspräsidenten	„	Kreisgerichtsdirektoren	3 450 „
Oberlandesgerichtsräthe	„	Appellationsgerichtsräthen	600 „
Land- und Amtsrichter	„	Richtern I. Instanz	750 „
Oberstaatsanwälte			3 300 „
Erste Staatsanwälte	„	Staatsanwälten der Kreisger.	2 250 „
Staatsanwälte	„	Staatsanwaltsgehülfen	150 „
Gerichtsschreiber bei Gerichten I. Instanz	„	Sekretären der Kreisgerichte	450 „
Gerichtsschreibergehülfen	„	Bureauassistenten	150 „

Keine Verbesserung trat zunächst ein für die Kanzlei- und Unterbeamten, und für die höheren Beamten war freilich die Gehaltsverbesserung mit einer Verringerung der Beförderungsaussichten in die an Zahl im Verhältniss zu den übrigen Stellen stark verminderten höheren Stellen verbunden.

§ 86. In der Folgezeit wurde, auch wenn es sich darum handelte, neue Beamtenkategorien zu schaffen, doch darauf Bedacht genommen, dies thunlichst ohne Schaffung neuer Besoldungsgruppen zu thun, und auch sonst auf deren Beschränkung hingewirkt. 1884/85 verschwanden im Etat die besonderen Besoldungsgruppen der Gerichtsschreiber, Sekretäre und Kanzlisten in Berlin, indem die die allgemeinen Gehälter übersteigenden Beträge ihrer Besoldung als das ausgebracht wurden, was sie in Wahrheit waren, als Lokalzulagen, und als im nächsten Jahre die Gerichtskassen wieder erstanden, wurden die Justizhauptkassen-Rendanten den Rechnungsrevisoren bei den Oberlandesgerichten, die gleichzeitig auf 4200—4800, i. D. 4500 M., die Rendanten bei den Landgerichten den dortigen Rechnungsrevisoren, die gleichzeitig unter Wegfall der besonderen Zulage auf 2700—3900 M., i. D. 3 300 M. aufgebessert wurden, gleichgestellt; besondere Einzelgehälter wurden nur ausgebracht für den Rendanten (4800 M.), den Vorsteher des Einziehungsamts und den Oberbuchhalter (4200 M.) beim Amtsgericht I. in Berlin, während der Rendant in Breslau 3600 bis 4800 M., i. D. 4200 M. erhielt; im nächsten Jahre wurden die Rechnungsrevisoren und Rendanten der Landgerichte mit den Gerichtsschreibern und Sekretären der Land- und Amtsgerichte in jedem Oberlandesgerichtsbezirk zu einem Etatsverband vereinigt und ihnen daneben pensionsfähige' Gehaltszulagen von 600 M. gewährt. Ebenso wurden, als 1888/89 etatsmässige Amtsanwälte angestellt wurden, diese demselben Etatsverband überwiesen. Dagegen kam allerdings jetzt eine neue Besoldungsgruppe (2700—5400, i. D. 4050 M.) in den rheinischen Hypothekenbewahrern hinzu.

1892/93 wurde die Stelle des Amtsgerichtspräsidenten beim Amtsgericht I. in Berlin mit dem Gehalt der Landgerichtspräsidenten errichtet, 1894/95 auch der Erste Staatsanwalt beim Landgericht I daselbst mit diesem Gehalte ausgestattet. Dagegen bildeten seit 1893/94 die als Kassirer bei Justizhauptkassen fungirenden Gerichtsschreiber eine besondere Besoldungsgruppe mit 7600 M. Einheitsgehalt.

Inzwischen hatte 1890/91 aus Fonds des Finanz-Ministeriums, seit 1891/92 zu Lasten des Justizetats eine allgemeine Aufbesserung der Kanzlei- und Unterbeamten stattgefunden: es bezogen nun Kanzlisten der Oberlandesgerichte 1650—2700, i. D. 2175 M., solche der nachgeordneten Gerichte 1500—2200, i. D. 1850 M., die sämmtlichen Gerichtsdiener und Kastellane — in Berlin zum Theil neben künftig wegfallenden Lokalzulagen — 1000—1500 M., i. D. 1250 M. Im Jahre 1892/93 griff sodann für die Unterbeamten das Aufsteigen nach Dienstaltersstufen Platz; 1893/94 geschah dasselbe bei den aufsteigenden Gehältern der Subalternen und Kanzlisten und 1897/98 für die höheren Beamten mit Ausnahme der Land- und Amtsrichter und der Staatsanwälte. Nachdem schon 1894/95 die Gerichtsschreibergehülfen und Assistenten auf 1800—2200 M. erhöht waren, kam dann die allgemeine Besoldungsaufbesserung von 1897 mit ihrer Fortsetzung hinsichtlich der Unterbeamten 1899, 1900 die Umgestaltung des Gerichtsvollzieherwesens, und 1902 endlich wurde die schon 1889/90 vorgeschlagen gegewesene Gleichstellung der den Oberstaatsanwalt vertretenden und der als Abtheilungsvorsteher bei der Staatsanwaltschaft des Landgerichts I in Berlin fungirenden Staatsanwälte mit den Ersten Staatsanwälten. So ergeben sich für 1903 folgende Besoldungssätze:

14000 M. neben Dienstwohnung oder Miethsentschädigung (3000, 2400, 2100 oder 1800 M.): Oberlandesgerichtspräsidenten;

11000 „ Landgerichtspräsident beim Landgericht I;

7500—11000 M., d. i. das Gehalt der Ministerialräthe: Senatspräsidenten der Oberlandesgerichte, Landgerichtspräsidenten (ausser Berlin I), Erste Staatsanwalt beim Landgericht Berlin I;

5400—7200 M. (Stufen um je 600 M. steigend): Oberlandesgerichtsräthe, Landgerichtsdirektoren, Erste Staatsanwälte (ausser Berlin I), Staatsanwälte als Vertreter der Oberstaatsanwälte oder Abtheilungsvorsteher bei der Staatsanwaltschaft des Landgerichts I in Berlin;

3000—6600 „ i. D. 4800 M. (in Abstufungen von 600 M.): Land- und Amtsrichter, Staatsanwälte;

4200—5400 „ (in Abstufungen von 400 M.): Rechnungsrevisoren bei Oberlandsgerichten, Justizhauptkassen-Rendanten, Rendant beim Amtsgericht I in Berlin;

2700—5400 „ (Abstufungen bis 5100 M. je 400, dann 300 M.): Hypothekenbewahrer in der Rheinprovinz;

3600—4800 „ (Abstufungen je 400 M.): Vorsteher beim Einziehungsamt und Oberbuchhalter in Berlin, Rendant in Breslau;

3 000—4 200 M.,	(Abstufungen je 300 M.): Gerichtsschreiber als Kassirer bei Justizhauptkassen;
1 800—4 800 „	(Zwischenstufen 2 000, 2 200, 2 700, 3 200, 3 600, 4 000, 4 400 M.): vor 1. April 1897 angestellte Gerichtsschreiber und Sekretäre beim Kammergericht;
1 800—4 200 „	(Zwischenstufen 2 200, 2 600, 3 000, 3 300, 3 600, 3 900 M.): Gerichtsschreiber und Sekretäre bei Oberlandesgerichten, Amtsanwälte;
1 500—3 800 „	(Zwischenstufen 1 900, 2 300, 2 600, 2 900, 3 200, 3 500 M.): Rechnungsrevisoren, Rendanten, Gerichtsschreiber und Sekretäre bei Land- und Amtsgerichten, Häuser-Administrationsinspektor in Berlin;
1 650—2 700 „	(Abstufungen je 150 M.): Kanzlisten bei Oberlandesgerichten;
1 500—2 700 „	(Abstufungen 200 M.): Gerichtsschreibergehülfen und Assistenten, vollbeschäftigte Gerichtsvollzieher;
1 500—2 400 „	(Zwischenstufen 1 650, 1 800, 1 950, 2 100, 2 200, 2 300 M.): einzelne früher angestellte Gerichtsdiener und Kastellane;
1 500—2 200 „	(Abstufungen zweimal 150, dann je 100 M.): Kanzlisten bei Land- und Amtsgerichten;
1 500—2 100 „	(Zwischenstufen 1 600, 1 700, 1 780, 1 860, 1 940, 2 020 M.): einzelne früher angestellte Gerichtsdiener und Kastellane;
1 500—1 800 „	(Abstufungen dreimal 80 M. und einmal 60 M.): nicht voll beschäftigte Gerichtsvollzieher;
1 000—1 500 „	(Zwischenstufen 1 090, 1 180, 1 260, 1 340, 1 420 M.): Gerichtsdiener und Kastellane bei Oberlandesgerichten;
1 000—1 500 „	(Zwischenstufen 1 100, 1 200, 1 260, 1 320, 1 380, 1 440 M.): Gerichtsdiener und Kastellane bei Land- und Amtsgerichten.

Die Gebühren der Kalkulatoren sind in Berlin, wenn letztere vor 1. April 1897 angestellt sind, bis 4 100, sonst bis 3 800 M. pensionsfähig.

Funktionszulagen von je 600 M. beziehen die nicht als Vertreter der Oberstaatsanwälte fungirenden, diesen beigegebenen Staatsanwälte. Stellenzulagen erhalten Kanzlisten für Wahrnehmung der Kanzleiinspektorengeschäfte, Gerichtsschreiber für Rendantengeschäfte, erste und einige andere Gerichtsdiener und Kastellane, endlich Einnehmer und in Berlin Verwalter ständiger Zahlstellen, eiserner Vorschüsse und von Stellen für vorläufige Verwahrungeu in Civil- und Strafsachen; die Höchstbeträge gehen für Subalternbeamte bis 400, für Unterbeamte bis 200 M. Die Lokalzulagen für Subaltern- und Unterbeamte in Berlin und Frankfurt a. M. sind zum künftigen Wegfall bei Ausscheiden der betreffenden Beamten bestimmt.

Im Vergleich zu anderen Beamtenklassen beziehen z. B. die Oberlandesgerichtspräsidenten 1 000 M. weniger pensionsfähiges Einkommen wie Ministerialdirektoren, dagegen 2 000 M. mehr als Regierungspräsidenten, der Landgerichtspräsident von Berlin I dasselbe wie Provinzialsteuerdirektoren und Eisenbahndirektionspräsidenten; in der Klasse 7 500—11 000 M. stehen insbesondere auch die Ministerialräthe, die Oberlandesgerichtsräthe und übrigen Justizbeamten der Klasse 5 400—7 200 M. stehen zwischen Provinzial-Schulräthen (5 700—7 500 M.) und Direktoren von Vollanstalten in Gemeinden über 50 000 Einwohner (5 200—7 200 M.) sowie den Regierungsräthen (4 200—7 200 M.), die Richter und Staatsanwälte (3 000 bis 6 600 M.) zwischen den Landräthen (3 600—6 600 M.) und Seminardirektoren (4 000—6 000 M.) sowie Inspektionsvorständen der Eisenbahnverwaltung (3 600—6 300 M.). Die Rendanten u. s. w. der Klasse 4 200—5 400 M. stehen u. a. den Provinzialrentmeistern gleich, Gehälter von 3 000—4 200 M. beziehen auch die Kassirer anderer Hauptkassen, 1 800—4 200 M. die Regierungssekretäre, 1 500—3 800 M. Polizeisekretäre und Sekretäre der Berg- und Hüttenwerke, 1 500—2 700 M. Assistenten, Bahnmeister und andere Beamte der Eisenbahnverwaltung, mittlere Werksbeamte I. Klasse der Bergverwaltung, 1 650—2 700 M. Kanzlisten anderer höherer Provinzialbehörden, Katasterzeichner, Zeichner I. Klasse der Eisenbahnverwaltung, 1 500—2 200 M. Kanzlisten der Berg- und der Polizeiverwaltung, Zeichner der Eisenbahnverwaltung, 1 000—1 500 M. die Unterbeamten der meisten andern Behörden.

§ 87. Aus Nebenämtern beziehen 1903 von den Beamten der Oberlandesgerichte ein Präsident als Vorsitzender des Kaiserlichen Disziplinarhofs für die Schutzgebiete für jede Sitzung 30 M., von den Senatspräsidenten 2 als Mitglieder des Disziplinarhofs für nichtrichterliche Beamte je 600 M. und 1 zugleich als Vorsitzender der Kaiserlichen Disziplinarkammer für die Schutzgebiete für jede Sitzung 18 M., 1 als Mitglied des Gerichtshofs zur Entscheidung der Kompetenzkonflikte eine Besoldung von 600 M. und als Delegirter des Kuratoriums der Preussischen Rentenversicherungsanstalt 1 500 M., 2 als Präsidenten Kaiserlicher Disziplinarkammern für jede Sitzung 18 M., 3 als Kommissare bei Reichsbankhauptstellen je 1 200 M. und 1 als Konsistorialrath bei einem evangelisch-lutherischen Konsistorium 1 371,43 M., von den Oberlandes- (Kammer-) gerichtsräthen 2 als Mitglieder des Disziplinarhofs für nichtrichterliche Beamte je 600 M, 5 als Mitglieder des Gerichtshofs zur Entscheidung der Kompetenzkonflikte eine Besoldung von je 600 M., 3 als Mitglieder der Justizprüfungskommission an Gebühren 2 265 bis 3 743 M., 5 als richterliche Beisitzer des Reichsversicherungsamts je 1 200 M., 1 für die aushülfsweise Theilnahme an den richterlichen Geschäften des Reichsversicherungsamts für jede Sitzung 25 M., 2 als richterliche Beisitzer des Kaiserlichen Aufsichtsamts für Privatversicherung je 1 200 M., 2 als Mitglieder des Kaiserlichen Disziplinarhofs für die Schutzgebiete für jede Sitzung 30 M., 1 als Mitglied der Kaiserlichen Disziplinarkammer für die Schutzgebiete für jede Sitzung 18 M. und als Syndikus bei einem Kreisausschusse 2 400 M., 2 als richterliche Mitglieder des Reichseisenbahnamts, 1 als richterliches Mitglied eines ärztlichen Ehrengerichts je eine ausserordentliche, dem Betrage nach wechselnde Remuneration, 3 als Präsidenten, 9 als Mitglieder Kaiserlicher Disziplinarkammern für jede Sitzung 18 M., 1 derselben ausserdem als juristisches Mitglied der Reichskommission für die Stettiner Festungsgrundstücke 1 200 M., 1 als Justitiar eines Theaters 150 M., 2 für Abhaltung von Vorlesungen an einer Handelshochschule etwa 750 M., 2 als Bankkommissare bei Reichsbankhauptstellen je 1 000 M. Ferner bezieht: 1 Oberstaatsanwalt als Kommissar einer Reichsbankhauptstelle 1 500 M. Von den Subalternbeamten der Oberlandesgerichte erhalten 2 Gerichtsschreiber als Verwalter der Kassen- und Bureaugeschäfte bei dem Disziplinarhofe für nichtrichterliche Beamte 200 M. und 500 M., 2 für Wahrnehmung der Bureaugeschäfte etc. bei dem Kaiserlichen Disziplinarhofe sowie der Kaiserlichen Disziplinarkammer für die Schutzgebiete je 10 M., einer derselben ausserdem für die Protokollführung für jede Sitzung 6 M., 1 als Kalkulator bei der Kasse eines Landgestüts 180 M., 1 als Kalkulator bei einer Provinzialverwaltung 900 M., 2 als Bureaubeamte bei Kaiserlichen Disziplinarkammern je 10 M., 12 als Rendanten von Provinzialwaisenfonds 300 bis 600 M., 10 als Rendanten von Kassen etc. mit 45 bis 1 500 M., von den Kanzlisten: 1 als Rendant eines Waisenstifts 200 M., von den Unterbeamten: 1 Gerichtsdiener für Wahrnehmung der Unterbeamtengeschäfte bei dem Disziplinarhofe für nichtrichterliche Beamte 200 M., 1 für Wahrnehmung derselben Geschäfte bei dem Kaiserlichen Disziplinarhof und der Kaiserlichen Disziplinarkammer für die Schutzgebiete 3 M. und ausserdem für jede Sitzung 3 M., 1 als Unterbeamter einer Kaiserlichen Disziplinarkammer 3 M., 1 als Bote einer Wittwenkasse 110 M.

Von den Beamten der Land- und Amtsgerichte empfangen aus Nebenämtern: 1 Landgerichtspräsident als Bankkommissar einer Reichsbankhauptstelle 1 200 M., 9 Landgerichtspräsidenten als Justitiare bei Reichsbankstellen 600 bis 700 M., 11 als Präsidenten Kaiserlicher Disziplinarkammern für jede Sitzung 18 M., von den Landgerichtsdirektoren: 12 als richterliche Beisitzer des Reichsversicherungsamts je 1 200 M., 2 als Syndici von Ritterschaftsdirektionen 3 500 und 2 500 M., 1 als Mitglied des Kaiserlichen Disziplinarhofs für die Schutzgebiete für jede Sitzung 30 M., 4 als Kassenanwälte von Ruhegehaltskassen für Lehrer und Lehrerinnen sowie als Kassenanwälte für Alterszulagenkassen 500 bis 950 M., 1 als Mitglied eines Konsistoriums 900 M., 2 als Universitätsrichter je 1 500 M., 2 als Kommissare bei Reichsbankhauptstellen 1 200 und 1 500 M., 12 als Justitiare bei Reichsbankstellen 600 bis 1 000 M., 2 als Rechtsbeistände Kaiserlicher Oberpostdirektionen 1 200 bis 1 400 M., 1 ausserdem als Mitglied einer Kaiserlichen Disziplinarkammer für jede Sitzung 18 M., 1 als Vorsitzender eines Gewerbegerichts 800 M.; 4 sind Mitglieder von Ehrengerichten der Aerztekammern, 1 ist Mitglied des Verwaltungsraths eines Gymnasiums, 1 Vorsitzender des Kuratoriums einer Irrenanstalt, theils gegen feststehende, theils gegen ausserordentliche, dem Betrage nach verschiedene Remunerationen; 10 erhalten als Präsidenten oder als Mitglieder Kaiserlicher Disziplinarkammern für jede Sitzung 18 M., 1 ausserdem als Justitiar einer Reichsbankstelle 600 M. 41 Richter beziehen als richterliche Beisitzer des Reichsversicherungsamts je 1 200 M., 7 für die aushülfsweise Theilnahme an den richterlichen Geschäften des Reichsversicherungsamts für jede Sitzung 25 M., 1 als ordentliches, 1 als stellvertretendes Mitglied der Kaiserlichen Disziplinarkammer für die Schutzgebiete für jede Sitzung je 18 M., 1 als Stellvertreter des Landesbestallten bei den Ständen eines Markgrafthums 1 800 M., 1 als Mitglied der Direktion eines Waisenhauses 600 M., 1 als Hülfsarbeiter bei der Direktion einer Landeskreditanstalt 1 200 M., 9 als Syndici von Landschaften und Ritterschaftsdirektionen 500 bis 4 680 M. sowie ausserdem Dienstwohnung, 1 als Direktor von Meliorationsverbänden 1 037 M., 1 als Lehrer an einer landwirthschaftlichen Hochschule etwa 1 500 M., 1 aus Vorlesungen an einer technischen Hochschule 1 000 M. und als Justitiar einer Reichsbankstelle 900 M., 1 für Vorlesungen an einer Webeschule 600 M., 1 als Syndikus einer Universität 900 M., 1 als Rechtsbeistand einer Oberpostdirektion 1 100 M., 1 als Vorsitzender, 2 als stellvertretende Vorsitzende von Einkommensteuer-Veranlagungskommissionen 1 500 M., 200 M. und eine Remuneration von unbestimmter Höhe, 1 als Syndikus einer öffentlichen Feuerversicherungsgesellschaft 1 500 M., 1 als Rechtsbeistand einer Kaiserlichen Werft 600 M., 1 als Vorsitzender der Fürstlich Schwarzburg-Sondershausenschen Prüfungskommission für die Subalternbeamten der Fürstlichen Verwaltung 900 M., 1 als Privatdozent Vorlesungshonorare etwa 420 M., 1 als Kommissar einer Reichsbankhauptstelle 1 200 M., 16 als Justitiare von Reichsbankstellen 600 bis 700 M., 2 als Universitätsrichter 1 800 und 600 M., 8 als Kuratoren, stellvertretende Kuratoren, Vorstandsmitglieder oder Syndici öffentlicher Kassen Remunerationen von 350 bis 1 200 M. bezw. Sitzungsgebühren, 25 als Vorsitzende oder stellvertretende Vorsitzende von Gewerbegerichten Remunerationen bis zu 1 000 M., 1 ausserdem als Justitiar einer Reichsbankstelle 700 M., 8 als Vorsitzende oder stellvertretende Vorsitzende von Seeämtern, 19 als Ablösungskommissare dem Betrage nach verschiedene Einnahmen; 3 als Kassenanwälte von Ruhegehaltskassen für Lehrer und Lehrerinnen Remunerationen von 150 bis 700 M.; 1 ausserdem als Justitiar einer Reichsbankstelle 600 M., 55 als Vorsitzende oder stellvertretende Vorsitzende von Schiedsgerichten, 16 als Mitglieder oder stellvertretende Mitglieder von Ehrengerichten der Aerztekammern theils feststehende, theils ausserordentliche, dem Betrage nach verschiedene Remunerationen, 38 als Mitglieder Kaiserlicher Disziplinarkammern für jede Sitzung 18 M. 3 erste Staatsanwälte sind Justitiare von Reichsbankstellen mit 600 bis 800 M. Vergütung, 1 Staatsanwalt Vorsitzender eines Gewerbegerichts mit 1 000 M., 1 stellvertretendes Mitglied der Direktion einer Landschaft mit 1 000 M., 1 Universitätsrichter mit 1 200 M. Von Subalternen der Land- und Amtsgerichte beziehen: 1 Gerichtsschreiber und 2 Gerichtsschreibergehülfen für statistische Arbeiten für einen Magistrat Remunerationen bis zu 600 M., 1 Gerichtsschreiber als Sekretariatsbeamter, 1 Gerichtsschreibergehülfe als Bureauhülfsarbeiter bei Königlichen Gymnasien je 300 M.; 1 Gerichtsschreiber ist stellvertretender Vorsitzender eines Gewerbegerichts mit 300 M., 1 ist katasteramtlicher Hülfsarbeiter, 9 sind Agenten der Hannoverschen Landeskreditanstalt, 2 sind Stempelvertheiler gegen eine dem Betrage nach wechselnde Einnahme; ferner beziehen 4 Gerichtsschreiber als Kalkulatoren bei Landgestüten 100 bis 300 M., 1 als Kommissar einer Provinzial-Feuersozietät 281 M., 11 Beamte sind Amtsanwälte mit 252 bis 900 M., 1 ausserdem Kontroleur einer Sparkasse mit 72 M., 3 Beamte besorgen die Bureaugeschäfte bei Seeämtern, 11 bei Kaiserlichen Disziplinarkammern, 25 bei Gewerbegerichten gegen Remunerationen bis zu 1 500 M.; 46 sind Rendanten, Kontroleure, Revisoren, Vorstandsmitglieder bei Kommunal-, ständischen Spar- und Kirchenkassen, 27 Beamte besorgen die Bureaugeschäfte bei verschiedenen Schiedsgerichten und bei Ehrengerichten der Aerztekammern, theils gegen feststehende, theils gegen ausserordentliche, dem Betrage nach verschiedene Remunerationen. Von Unterbeamten empfangen: 2 Gerichtsdiener als Boten von Seeämtern Remunerationen bis zu 90 M., 3 Gerichtsdiener als Gefangenaufseher bei Polizeigefängnissen je 255 M. sowie freie Wohnung, 10 Gerichtsdiener als Boten Kaiserlicher Disziplinarkammern jährlich je 3 M. und 3 M. für jede Sitzung; 25 Unterbeamte sind Boten bei Schieds- und Gewerbegerichten.

III. Kapitel.

Die etatsmässigen Gefängnissbeamten u. ihre Besoldung, auch Grundzüge der Verwaltungsordnung der Justizgefängnisse.

§ 88. In der Anmerkung zur Ueberschrift dieses Abschnitts (S. 1855) haben wir dargelegt, aus welchen Gründen eine getrennte Betrachtung der Ausgaben für die Gerichte und derjenigen für die Justizgefängnisse nicht angängig ist. Da wir somit in dem nächsten Unterabschnitt beide Arten von Ausgaben behandeln müssen, ist es für dessen Verständniss erforderlich, hier an die Ausführungen über die etatsmässigen Beamten der Gerichte solche über diejenigen der Justizgefängnisse zu knüpfen. Dabei kann hinsichtlich des Dualismus in der Gefängnissverwaltung zwischen den Ressorts des Innern und der Justiz sowie hinsichtlich der Aufgaben, Eintheilung und Beaufsichtigung der Justizgefängnisse, endlich hinsichtlich der Systeme der Strafvollstreckung auf die Ausführungen in den §§ 269 des VI. Buches und § 63 dieses Buches Bezug genommen worden.

Die „besonderen" Gefängnisse wurden früher nach einem besonderen Kassenetat verwaltet. Jetzt haben sie nur noch etwas abweichend gestaltete Etatsfonds innerhalb der Kassenetats der Oberlandesgerichtsbezirke. Sie werden aber durchgängig mit Ausnahme des Gefängnisses in Frankfurt a. M.[1]) von einem Direktor verwaltet. Ihre Zahl beträgt z. Z. 13; es sind die Strafgefängnisse in Plötzensee und Tegel, das Untersuchungsgefängniss in Berlin-Moabit, das Stadtvoigteigefängniss in Berlin mit der Filiale, dem Frauengefängniss in der Barnimstrasse daselbst, die Gerichtsgefängnisse in Beuthen O.-S. und Hannover, das Strafgefängniss in Preungesheim, dass Gerichtsgefängniss in Frankfurt a. M., das Centralgefängniss in Bochum, das Strafgefängniss in Glückstadt, das Gerichtsgefängniss in Danzig mit Oliva und die Centralgefängnisse in Wronke und Gollnow. Von diesen sind erst in der Zeit nach der Gerichtsreorganisation von 1879 eröffnet die Gefängnisse in Berlin-Moabit (1881, für 1 143 Gefangene), Preungesheim, (1888, für 502 Gefangene), Wronke (1894, für 813 Gefangene), Bochum (1897, jetzt für 954 Gefangene), Tegel (1898, für 1626 Gefangene); bis dahin bestand eine Filiale von Plötzensee in Rummelsburg. Die Stadtvoigtei in Berlin wurde nach dem Bau eines neuen Polizeigefängnisses 1890/91 vom Ministerium des Innern an die Justizverwaltung abgegeben und konnte damals 1 110 Gefangene aufnehmen; an Stelle seiner für 740 Gefangene bestimmten Männerabtheilung wurde 1897/98 bis 1898/99 ein Neubau für 850 Gefangene errichtet; jetzt kann sie mit dem Frauengefängniss in der Barnimstrasse 1 306 Gefangene beherbergen. Die Gerichtsgefängnisse in Beuthen (507 Gefangene), Danzig-Oliva (334 Gefangene) und Gollnow (420 Gefangene) wurden beziehentlich 1890/91, 1896/97 und 1897/98 unter die besonderen Gefängnisse aufgenommen. Das Gefängniss in Plötzensee wurde 1872 in Gebrauch genommen und bietet jetzt für 1 412 Gefangene Raum; vorher hatten den Berliner

[1]) das der Erste Staatsanwalt als Vorsteher leitet.

Gerichten zur Vollstreckung von Gefängnissstrafen im Gerichtsbezirk nur die gleichzeitig für Polizeigefangene dienende Stadtvoigtei und die Filiale in Rummelsburg zur Verfügung gestanden. Das Gefängniss in Glückstadt war bis 1876, wo es vom innern auf das Justizressort überging, Zuchthaus und bot für 490 Gefangene Raum. Die Gefängnisse in Hannover (jetzt für 586 Gefangene) und Frankfurt a. M. (für 183 Gefangene) stammen aus der vorpreussischen Zeit; das Frankfurter ist aber in den 80er Jahren neu gebaut. Gegenwärtig im Bau befindet sich ein Centralgefängniss für 500 Gefangene in Neumünster; geplant ist ein solches in Werl in Westfalen. Erweiterungsbauten sind in der Ausführung begriffen in Moabit, Hannover, Danzig (das Gefängniss in Oliva soll nach Vollendung des Baues in Danzig eingehen) und Gollnow, ein Neubau in Frankfurt a. M. Nach der für 1904 bezw. 1905 zu erwartenden Vollendung dieser Bauten sollen aufnehmen Moabit 1 593, Hannover 838, Frankfurt 352, Danzig 478, Gollnow etwa 533 Gefangene.

Die Zahl der auf dem Etat der Land- und Amtsgerichte stehenden Gefängnisse beträgt mehr als 1 000, und darunter befinden sich 78, die für mehr als 100 Gefangene bestimmt sind. Ueber die ausserordentlich grossen Aufwendungen, welche gerade für Gefängnissbauten aus dem Extraordinarium der Justizverwaltung zu leisten waren, werden bei Besprechung des Letzteren nähere Angaben gemacht werden.

§ 89. Die Organisation und Verwaltung der Gefängnisse der Justizverwaltung ist, wie schon im § 63 bemerkt, jetzt geregelt durch die Gefängnissordnung v. 21. Dez. 1898 nebst Nachtrag v. 14. März 1900.

Nach derselben sind bei jedem Gefängnisse als Beamte thätig: ein Vorsteher, ein Inspektor und die erforderliche Zahl von Unterbeamten (Gefangenoberaufseher, Gefangenaufseher, Gefangenoberaufseherinnen, Gefangenaufseherinnen). Bei grösseren Gefängnissen können mehrere Inspektionsbeamte, auch Rechnungs- und Kanzleibeamte sowie Beamte für den technischen und wirthschaftlichen Betrieb angestellt werden. Geistliche, Aerzte und Lehrer werden nach Bedürfniss angestellt, oder es wird mit ihnen durch Vertrag ein besonderes Abkommen getroffen.

Den Zuspruch eines Geistlichen seines Bekenntnisses wird keinem Gefangenen versagt. Für Gefängnisse, welche durchschnittlich mindestens 10 Gefangene desselben christlichen Glaubensbekenntnisses enthalten, ist auf Gewinnung eines Seelsorgers und Einrichtung regelmässiger Gottesdienste Bedacht zu nehmen. In der Regel wird in Gefängnissen mit einer Belegung bis zu 50 Gefangenen desselben Bekenntnisses alle 4 Wochen, in Gefängnissen mit stärkerer Belegung alle 14 Tage, in Gefängnissen, bei welchen eigene Geistliche angestellt sind, wöchentlich einmal gemeinschaftlicher Gottesdienst abgehalten. Soweit dies nicht ausführbar ist, finden Andachtsübungen statt. Auch in den kleineren Gefängnissen wird auf die geistliche Versorgung der Gefangenen nach Möglichkeit Bedacht genommen. Untersuchungsgefangene, mit Ausnahme der nur wegen Verdachts einer Uebertretung verhafteten, dürfen zu dem gemeinschaftlichen Gottesdienste nur mit ausdrücklicher Genehmigung des Richters zugelassen werden. Strafgefangene haben dem regelmässigen Gottesdienste beizuwohnen, sofern sie nicht krank oder aus besonderen Gründen durch den Gefängnissvorsteher von der Theilnahme entbunden sind. Civilhaftgefangenen steht die Theilnahme am gemeinschaftlichen Gottesdienste frei. Den Gefangenen ist Gelegenheit zur Theilnahme an den kirchlichen Heilsmitteln im Gefängnisse zu geben; ein Zwang zur Betheiligung darf nicht stattfinden. Jüdische Gefangene können am Sabbath und an den jüdischen Feiertagen Andachtsübungen in einem dazu bestimmten Raume abhalten.

In Anstalten für jugendliche Gefangene erhalten die Gefangenen ohne Ausnahme Religionsunterricht und Unterricht in denjenigen Gegenständen, welche in der Volksschule gelehrt werden. Ob eine Schule sowie die Ertheilung des Religionsunterrichts auch in den zur Aufnahme Erwachsener bestimmten Gefängnissen einzurichten ist, wird für das einzelne Gefängniss durch den Justizminister angeordnet. Zur Theilnahme am Unterrichte sind alsdann in der Regel alle in diesen Anstalten untergebrachten Gefangenen verpflichtet, welche des Religions- oder Schulunterrichts noch bedürfen und das 30. Lebensjahr nicht überschritten haben. Auch ältere Gefangene können auf ihren Wunsch zur Betheiligung an den Unterrichtsstunden zugelassen werden.

In jeder Gefängnisszelle muss eine Bibel oder ein neues Testament oder ein geeignetes Erbauungsbuch vorhanden sein. Ausserdem ist für eine Anzahl von Büchern religiösen oder belehrenden Inhalts zu orgen. Die Ausgabe dieser Bücher erfolgt nach Massgabe der Eigenart des Gefangenen unter thunlicher Berücksichtigung etwa ausgesprochener Wünsche. Für die arbeitsfreie Zeit ist in den Zellen für gemeinschaftliche Haft das Vorlesen von Schriften durch einen geeigneten Gefangenen oder einen Aufseher möglichst zu fördern. Gefangene, welche Gefängniss oder geschärfte Haft verbüssen, dürfen Bücher und Schriften nur aus der Sammlung des Gefängnisses entnehmen. Im Einzelfalle werden Ausnahmen hiervon durch den Gefängnissvorsteher bewilligt. Andere Gefangene können sich auch sonstige Bücher und Schriften, ausnahmsweise, wenn sich die Gefangenen in Einzelhaft befinden, auch Zeitungen beschaffen. Die Genehmigung hat in solchen Fällen der Gefängnissvorsteher zu ertheilen.

Die Geschäfte des Gefängnissvorstehers versieht, wie schon im § 63 erwähnt, 1. an denjenigen Orten, welche Sitz eines Landgerichts oder einer auswärtigen Strafkammer und eines Staatsanwalts sind, der Erste Staatsanwalt, welchen in letzterem Falle regelmässig der Staatsanwalt vertritt, 2. an anderen Orten der Amtsrichter, bei einem mit mehreren Richtern besetzten Amtsgerichte, sofern nicht eine andere Anordnung getroffen ist, der aufsichtführende Richter. Für einzelne Gefängnisse von grossem Umfange werden vom Justizminister besondere Beamte als Vorsteher angestellt, was jetzt, wie erwähnt, auch für alle „besonderen Gefängnisse“ geschehen ist, für Beuthen, O.-Schl., auch schon geschehen war, ehe dieses Gefängniss einen besonderen Etat erhielt (vgl. unten § 90). Für umfangreiche Gefängnisse kann überdies zur Mitwirkung bei der Verwaltung eine Kommission bestellt werden, deren Zusammensetzung und Geschäftskreis im einzelnen Falle geregelt wird. Von dieser Bestimmung ist hinsichtlich der besondern Gefängnisse in und bei Berlin Gebrauch gemacht.

Der Vorsteher führt die Aufsicht über sämmtliche bei dem Gefängnisse angestellte Beamte und leitet die Verwaltung nach Massgabe der Gefängnissordnung und der sonstigen auf den Gefängnissdienst bezüglichen Verwaltungsvorschriften des Justizministers und des Oberstaatsanwalts. Sind mehrere Inspektions- oder Unterbeamte, Rechnungs- und Kanzleibeamte sowie Beamte des technischen und wirthschaftlichen Betriebes angestellt, so hat der Oberstaatsanwalt über die Vertheilung der Dienstgeschäfte Verfügung zu treffen oder die Bestimmung hierüber dem Gefängnissvorsteher zu übertragen. Der Vorsteher hat darüber zu wachen, dass jeder Gefangene nach Massgabe dos Haftzwecks behandelt wird, und dass insbesondere die Strafen nach dem Gesetze und den Verwaltungsvorschriften unter thunlichster Förderung des sittlichen Wohles des Gefangenen und unter Vorbereitung desselben zu einem geordneten Leben nach der Rückkehr in die Freiheit vollstreckt werden. Er entscheidet über die Vertheilung der Gefangenen in die Zellen, hat an jedem Tage die Nachweisung über die Belegung und hierbei die mündliche Anzeige des Inspektionsbeamten oder Gefangenaufsehers über etwaige besondere Vorkommnisse („Frühberichte") entgegenzunehmen. Er muss mindestens einmal in der Woche, von Zeit zu Zeit — mindestens halbjährlich einmal — auch des Nachts, das Gefängniss revidiren und den Befund in dem Revisionsbuche vermerken, Gefangene in Einzelhaft aber monatlich mindestens einmal besuchen. Er hat die Disziplinargewalt über die Gefangenen und stellt die Anträge auf vorläufige Entlassung. Der Vorsteher hat dem Oberstaatsanwalt unverzüglich über alle wichtigen Vorgänge, z B. Meuterei, Entweichungen, Selbstmorde, Selbstmordversuche u. dgl., unter kurzer Darlegung des Sachverhalts, besondere Anzeige zu machen. Am Schlusse des Rechnungsjahres hat er die Uebersichten über die Gefängnissräume, die Belegung des Gefängnisses und das Beamtenpersonal einzureichen.

Die Geschäfte des Gefängnissinspektors werden entweder durch einen ausschliesslich zu diesem Dienst — mit Zustimmung des Justizministers bei den besonderen Gefängnissen durch den Oberstaatsanwalt, bei anderen durch ihn und den Präsidenten des Oberlandesgerichts nach Ablauf eines Vorbereitungsdienstes von in der Regel drei Monaten und Ablegung einer schriftlichen und mündlichen Prüfung vor dem Gefängnissvorsteher — angestellten Beamten oder durch einen von den Vorstandsbeamten des Oberlandesgerichts zu bestellenden Bureaubeamten der Staatsanwaltschaft oder des Amtsgerichts versehen. Grundsätzlich erhalten alle mit mehr als 100 Gefangenen belegten Gefängnisse Inspektoren im Hauptamt.

Dem Gefängnissinspektor liegt insbesondere ob: a) die Sorge für die sichere Verwahrung der Gefangenen und die innere Ordnung des Gefängnisses sowie die Aufsicht über die Gebäude; b) die Aufnahme und die Entlassung der Gefangenen sowie die Erstattung der hierauf bezüglichen Anzeigen und der Frühberichte; c) die vorläufige Bestimmung über die Vertheilung der Gefangenen in die Zellen; d) die besondere Ueberwachung der Gefangenaufseher, in deren Ausübung er insbesondere wöchentlich mindestens zweimal, von Zeit zu Zeit — mindestens alle 2 Monate — auch des Nachts, das Gefängniss zu revidiren und den Befund in dem Revisionsbuch zu vermerken hat; e) die hauswirthschaftliche Verwaltung und die Aufstellung der Berechnungen über die Gefängnissverwaltungskosten; f) die Führung der Nachweisung der Bestände und die Sorge für deren Ausbesserung und Ergänzung; g) die Vorbereitung des Transports der Gefangenen nach anderen Gefängnissen oder nach Strafanstalten u. s. w.; h) die Beschaffung angemessener Arbeit für die Gefangenen und die Verwaltung der Arbeitsverdienstkasse; i) die Führung der vorgeschriebenen Bücher, Listen, Nachweisungen u. s. w.; k) die Verwaltung der Schusswaffen und der Munition sowie die Sorge für deren Unterbringung. Nach Bedarf kann dem Gefängnissinspektor zur Anfertigung der schriftlichen Arbeiten Beihülfe gewährt werden. Die ausschliesslich im Gefängnissdienst angestellten Inspektionsbeamten haben im Dienst stets die vorgeschriebene Dienstkleidung zu tragen.

Der Dienst des Gefangenaufsehers wird durch besondere hierzu von denselben Vorstandsbeamten des Oberlandesgerichts wie die Inspektoren, aber ohne Zustimmung des Ministers angestellte Beamte (Aufseher, Oberaufseher, Hausväter u. s. w.) oder durch Gerichtsdiener wahrgenommen. In grösseren Gefängnissen mit besonderen Abtheilungen für weibliche Gefangene wird die Aufsicht über diese ausschliesslich, in kleineren Gefängnissen, soweit thunlich, Gefangenaufseherinnen übertragen. Die Gerichtsdiener, welche nicht zugleich Gefangenaufseher sind, haben die Verpflichtung, die Gefangenaufseher zu vertreten.

Dem Gefangenaufseher liegt insbesondere ob: a) die unmittelbare Beaufsichtigung der Gefangenen; b) der Verschluss der äusseren Zugänge zum Gefängnisse und der Verschluss der Gefängnisszellen; c) die Ausführung der Hausordnung; d) die Sorge für die Reinlichkeit aller Gefängnissräume sowie der Einrichtungs-, Lagerungsgegenstände u. s. w.; e) die Sorge für die Reinlichkeit der Gefangenen selbst, ihrer Wäsche und Kleidungsstücke, und die Wartung erkrankter Gefangenen. Die Gefangenaufseher sind nach Anordnung des Vorstehers auch zur Mitwirkung bei dem Nachtdienst verpflichtet. Ausserdem können dem Gefangenaufseher einzelne minder wichtige Obliegenheiten des Gefängnissinspektors mit Genehmigung des Oberstaatsanwalts übertragen werden; ausgeschlossen ist die Uebertragung der Verwaltung der Arbeitsverdienstkasse. Meldungen und Gesuche der Gefangenaufseher sind regelmässig durch Vermittelung des Gefängnissinspektors an den Vorsteher zu richten. Die Gefangenaufseher haben im Dienste, sowohl innerhalb wie ausserhalb des Gefängnisses, stets die vorgeschriebene Dienstkleidung zu tragen. Hülfsaufseher haben im Dienst die Dienstmütze und das Seitengewehr zu tragen.

Sind bei einem Gefängnisse ausser dem Vorsteher, Inspektor und den Gefangenaufsehern noch andere Beamte angestellt, so wird ihre Dienststellung und der Umfang ihrer Dienstpflichten durch besondere Bestimmungen für das einzelne Gefängniss geregelt.

Zur Sicherheit der Beamten oder des Gefängnisses kann die Aufsichtsbehörde die Verabreichung von Schusswaffen an die Inspektionsbeamten und Gefangenaufseher anordnen. Den Beamten ist bei Ausübung des Dienstes der Gebrauch der ihnen anvertrauten Hieb- und Schusswaffen gestattet: 1. wenn entweder ein Angriff auf ihre Person oder auf Andere erfolgt oder sie oder Andere mit einem solchen bedroht werden; 2. wenn ein Gefangener in den Besitz eines Werkzeugs, welches zu gefährlichen Angriffen dienen kann, sich gesetzt hat und der Aufforderung, solches abzulegen, nicht nachkommt; 3. wenn Gefangene sich zusammenrotten und mit vereinten Kräften einen Ausbruch unternehmen, die Beamten oder die mit der Beaufsichtigung Beauftragten angreifen, ihnen Widerstand leisten oder sie zu Handlungen oder Unterlassungen zu nöthigen suchen; 4. wenn ein Gefangener sich der Ergreifung bei versuchter Flucht thätlich oder durch gefährliche Drohungen widersetzt oder auf ergangene wiederholte Aufforderung von dem Fluchtversuche nicht ablässt. Von den Waffen darf nur insoweit Gebrauch gemacht werden, als es zur Unterdrückung der Meuterei, zur Verhinderung des Fluchtversuchs, zur Abwehr des Angriffs oder zur Ueberwindung des Widerstandes erforderlich ist. Von der Schusswaffe darf mit Ausnahme des Falles, dass es sich um die Abwehr eines unmittelbaren Angriffs auf die Person handelt, nur nach geschehener erfolgloser Warnung und jedenfalls nur dann Gebrauch gemacht werden, wenn andere Mittel nicht zum Ziele führen würden. Ob bei Meutereien, abgesehen von dem Falle des unmittelbaren Angriffs, die Schusswaffe anzuwenden ist, bestimmt der Vorsteher oder in dessen Abwesenheit der Gefängnissinspektor. Die Aufseher bei den ausserhalb der Anstalt beschäftigten Gefangenen sind ausserdem nach § 6 des Ges v. 11. April 1854 (G.-S S. 143) befugt, zur Verhinderung der Flucht derselben nöthigenfalls von ihren Hieb- und Schusswaffen Gebrauch zu machen.

Geistliche, Aerzte und Lehrer bei den Gefängnissen sind in Beziehung auf die Aufrechterhaltung der Hausordnung an die Anordnungen des Vorstehers gebunden.

Die obere Leitung der Verwaltung der sämmtlichen Gefängnisse des Oberlandesgerichtsbezirks gebührt dem Oberstaatsanwalt unter der Aufsicht des Justizministers. Er hat die geeigneten allgemeinen Vorschriften über den Geschäftsbetrieb und die Ordnung in den Gefängnissen zu erlassen und die im einzelnen Falle etwa erforderliche Abhülfe von Amtswegen oder auf erhobene Beschwerde zu treffen. Die Gefängnisse werden nach näherer Anordnung des Justizministers mindestens alle zwei Jahre einmal von dem Oberstaatsanwalt oder dessen Beauftragten revidirt.

Hinsichtlich der Aufsicht und Disciplin unterliegen die Beamten der Gefängnissverwaltung, insofern sie noch ein anderes Amt bekleiden, den für ihre sonstige amtliche Stellung massgebenden Vorschriften. Auf einen Beamten, welcher ausschliesslich für den

Gefängnissdienst angestellt ist, finden die Vorschriften Anwendung, welche für die bei der Staatsanwaltschaft angestellten Beamten massgebend sind. Steht jedoch dem Gefängnisse ein Amtsrichter vor, so kommen die für Gerichtsbeamte geltenden Vorschriften zur Anwendung. Die besonderen Gefängnissvorsteher stehen unmittelbar unter der Aufsicht des Oberstaatsanwalts. Sie sind befugt, gegen die ihnen untergebenen Beamten Warnungen, Verweise und Geldstrafen bis zu 9 M., gegen untere Beamte auch Arreststrafen bis zu 3 Tagen zu verhängen.

Für jedes Gefängniss wird eine von dem Oberstaatsanwalt zu genehmigende Hausordnung erlassen, welche alle die Behandlung der Gefangenen regelnden Vorschriften enthält. Insbesondere ist darin eine Tagesordnung für das Aufstehen, Niederlegen, den Beginn und Schluss der durch Verabreichung der Mahlzeiten und die Bewegung im Freien in angemessenen Zwischenräumen zu unterbrechenden Arbeit festzustellen.

Für die Zuweisung in die Gefängnissräume gelten folgende Regeln: I. Die Gefangenen sind nach der Art der Haft voneinander zu trennen. Falls die räumlichen Verhältnisse die Unterbringung von Gefangenen verschiedener Gattungen in ein und demselben Gebäude nöthig machen, sind, soweit thunlich, abgesonderte Räume zu bestimmen für: 1. Untersuchungsgefangene, 2. Strafgefangene, unter thunlichster Scheidung der zu Gefängnissstrafe, Haft und geschärfter Haft (§ 361 Nr. 3 bis 8 Str.-G.-B.) Verurtheilten, 3. Civilhaftgefangene, 4. Polizeigefangene, 5. Gefangene, welche rechtskräftig zur Festungshaft verurtheilt und noch nicht in die Verbüssungsanstalt abgeführt sind. II. Gefangene verschiedenen Geschlechts dürfen niemals in eine Zelle zusammengebracht werden. Gestatten die Räumlichkeiten des Gefängnisses nicht, die Gefangenen verschiedenen Geschlechts in besonderen Gebäuden oder völlig getrennten Abtheilungen desselben Gebäudes unterzubringen, so sind wenigstens, wo es irgend angeht, besondere Zellen zur ausschliesslichen Verwahrung von weiblichen Gefangenen zu bestimmen und die nothwendigen Einrichtungen zu treffen, um jeden Verkehr zwischen männlichen und weiblichen Gefangenen zu verhüten. Gefangene, welche das 18. Lebensjahr nicht vollendet haben, sind von erwachsenen Gefangenen derart getrennt zu halten, dass jeder Verkehr zwischen ihnen ausgeschlossen bleibt. Zur Verbüssung der Strafen, jedenfalls solcher, deren Dauer einen Monat übersteigt, werden sie der Regel nach in besonderen Anstalten (Abtheilungen) untergebracht. Sie können darin bis zum vollendeten 20. Lebensjahre und, falls der dann noch zu verbüssende Strafrest die Dauer von 3 Monaten nicht übersteigt, bis zur Verbüssung dieses Strafrestes behalten werden. Anderenfalls sind sie in ein Gefängniss (eine Abtheilung) für erwachsene Gefangene zu versetzen. Untersuchungsgefangene sind, soweit möglich, von anderen Gefangenen gesondert, Mitverdächtigte in möglichst voneinander entfernten Zellen zu verwahren.

Die Gefängnissstrafe kann sowohl für die ganze Dauer, als auch für einen Theil der erkannten Strafzeit in Einzelhaft vollstreckt werden. Bei dem Vollzuge der Strafe in Einzelhaft wird der Gefangene in eine besondere Zelle gebracht und bei Tag und bei Nacht ausser Gemeinschaft mit anderen Gefangenen gehalten. Eine Zelle für Einzelhaft darf nur mit einem Gefangenen belegt werden Die Trennung der Gefangenen zur Verhütung jeglichen Verkehrs untereinander kann auch für die Zeit der Bewegung im Freien, bei dem Besuche des Gottesdienstes und des Schulunterrichts sowie bei sonstigen ausserhalb der Zelle vorzunehmenden Verrichtungen eingeführt werden. Die Einzelhaft darf ohne Zustimmung des Gefangenen in keinem Falle die Dauer von drei Jahren übersteigen. Gefangene, welche das 18. Lebensjahr noch nicht vollendet haben, werden ohne Genehmigung des Oberstaatsanwalts nicht länger als 3 Monate in Einzelhaft gehalten. Auch Haftstrafen können in Einzelzellen vollstreckt werden. Die endgültige Bestimmung darüber, ob die Einzelhaft in Anwendung zu bringen ist, trifft der Gefängnissvorsteher. Wo die örtlichen Verhältnisse es gestatten, beginnt der Vollzug der Strafe in der Regel mit Einzelhaft. Diese wird vorzugsweise angewendet, wenn 1. die Strafe die Dauer von drei Monaten nicht übersteigt, oder 2. der Gefangene das 25. Lebensjahr noch nicht vollendet hat, oder 3. der Gefangene Zuchthaus-, Gefängniss- oder geschärfte Haftstrafe noch nicht verbüsst hat. Dem Wunsche von Gefangenen, welche sich im Besitz der Ehrenrechte befinden, ihre Strafe in Einzelhaft verbüssen zu dürfen, ist, soweit thunlich, Folge zu geben. Für Einzelzellen zum Aufenthalt bei Tag und Nacht ist ein Luftraum von 21—22 cbm (bei 2,20 m Breite, 3,25 m Tiefe und 3 m Höhe) vorgeschrieben, für Einzelzellen zum Aufenthalte nur bei Nacht sind 10—11 cbm ausreichend. Die Fenster sollen eine Breite von 1,05 m, eine Höhe von 0,95 m und eine Grösse von etwa 1 qm haben, für Schlafzellen aber ist das äussere lichte Breitenmass auf 0,66 m zu beschränken. Einzelhaft ist ausgeschlossen, wenn eine Gefahr für den körperlichen oder geistigen Zustand des Gefangenen zu befürchten steht. Der Vorsteher des Gefängnisses hat, wenn die Einzelhaft länger als drei Monate dauern soll, den Arzt darüber zu hören, ob die Anwendbarkeit der Einzelhaft einem Bedenken unterliegt. Jeder Gefangene in Einzelhaft wird täglich mehrmals von Beamten des Gefängnisses sowie monatlich mindestens einmal von dem Vorsteher und dem Arzt besucht.

Die Zellen für Gemeinschaftshaft sind in der Regel mit mindestens drei Personen zu belegen. Ausnahmsweise kann die Belegung mit zwei Personen erfolgen, insbesondere wenn sie in Rücksicht auf Krankheit eines Gefangenen nothwendig erscheint. Die Zusammenlegung von Erwachsenen und Jugendlichen ist untersagt. Bei Gemeinschaftshaft ist eine Absonderung der Gefangenen in der Kirche und Schule sowie bei der Bewegung im Freien nicht ausgeschlossen. Für die Nacht werden die Gefangenen, soweit thunlich, voneinander getrennt, es sei denn, dass der Zustand Einzelner eine gemeinsame Verwahrung nöthig macht. Gemeinschaftliche Schlafräume sollen mindestens 10, geschlossene Arbeitsräume mindestens 8 cbm Luftraum für jede unterzubringende Person enthalten und die Höhe soll nicht unter 3 m betragen.

Bei den Personen, welchen eine gemeinschaftliche Zelle angewiesen wird, ist Alter, Stand und Bildung der Gefangenen sowie die Beschaffenheit ihrer Strafthat nach Möglichkeit zu berücksichtigen. Gefangene, welche einfache Haft oder Gefängnissstrafe verbüssen, sind, soweit sie sich im Besitze der bürgerlichen Ehrenrechte befinden und zuvor weder eine Zuchthausstrafe noch eine 2 Wochen übersteigende Gefängnissstrafe oder wiederholt Gefängnissstrafe noch eine geschärfte Haftstrafe verbüsst haben, nach Möglichkeit von Gefangenen anderer Art abzusondern.

Gesuche und Beschwerden der Gefangenen sind durch den Gefangenaufseher bei dem Inspektionsbeamten anzubringen. Können sie nicht sofort erledigt werden, oder betreffen sie den Inspektionsbeamten selbst, so sind sie dem Gefängnissvorsteher zu unterbreiten. Gesuche und Beschwerden können auch bei den Besuchen des Vorstehers oder des Inspektionsbeamten unmittelbar angebracht werden. Von jeder Beschwerde und dem darauf Veranlassten hat der Inspektionsbeamte, in dringenden Fällen sofort, im Uebrigen binnen 24 Stunden, dem Vorsteher Anzeige zu machen. Wiederholte unbegründete Beschwerden sind, wenn sie auf Leichtfertigkeit oder Muthwillen beruhen, zu bestrafen.

Als Disciplinarmittel sind zulässig: 1. Verweis; 2. Entziehung hausordnungsmässiger Vergünstigungen; 3. Entziehung der Bücher und Schriften bis zur Dauer von vier Wochen; 4. bei Einzelhaft: Entziehung der Arbeit bis zur Dauer einer Woche; 5. Entziehung der Bewegung im Freien bis zur Dauer einer Woche; 6. Entziehung des Bettlagers bis zur Dauer einer Woche; 7. Kostschmälerung bis zur Dauer einer Woche; die Kostschmälerung kann wahlweise bestehen in: Entziehung des Brotes zum Frühstück, Mittag- oder Abendessen, Entziehung der Frühstücks-, Mittags- oder Abendsuppe, Entziehung des Fleisches, Entziehung des Fleisches verbunden mit Entziehung der Suppe und des Brotes entweder am Morgen oder am Mittag oder am Abend, Beschränkung der Kost auf Wasser und Brod; 8. einsame Einsperrung (Arrest) bis zur Dauer von sechs Wochen. Die unter 1 bis 7 bezeichneten Disciplinarmittel werden einzeln oder in Verbindung miteinander zur Anwendung gebracht. Die einsame Einsperrung kann geschärft werden durch a) Entziehung hausordnungsmässiger Vergünstigungen, b) Entziehung der Bücher und Schriften, c) Entziehung der Arbeit, d) Entziehung des Bettlagers, e) Schmälerung der Kost, f) Verdunkelung der Zelle. Die Schärfungen werden einzeln oder in Verbindung miteinander für die ganze Dauer oder für einen Theil der Strafzeit, die Schärfung durch Verdunkelung der Zelle jedoch nicht für mehr als vier Wochen verhängt. Dauert die einsame Einsperrung länger als eine Woche, so kommen die damit verbundenen, unter d, e, f bezeichneten Schärfungen am vierten, achten und demnächst an jedem dritten Tage in Wegfall. Gegen Gefangene, welche das achtzehnte Lebensjahr noch nicht vollendet haben, ist die Schärfung der einsamen Einsperrung durch Verdunkelung der Zelle ausgeschlossen. Ihnen gegenüber können neben den anderen Disciplinarmitteln auch die in Volksschulen gegen Personen desselben Alters und Geschlechts zulässigen Zuchtmittel zur Anwendung gebracht werden.

Die Verhängung der Disciplinarstrafen steht nach Anhörung der Gefangenen dem Vorsteher oder der Aufsichtsbehörde, hinsichtlich der Untersuchungsgefangenen dem Richter oder dem Gericht zu. Sie werden in der Regel sofort vollstreckt. Soll indess die Dauer der einsamen Einsperrung 4 Wochen übersteigen, so ist die Genehmigung des Oberstaatsanwalts einzuholen. Die Zuständigkeit bestimmt sich hinsichtlich der Strafgefangenen nach der Zeit und dem Ort der Verfehlung. Soweit es sich nicht um eins der oben unter Ziff. 1 bis 4 bezeichneten Disciplinarmittel handelt, ist dem Arzt rechtzeitig Mittheilung zu machen, damit dieser Bedenken gegen die Vollstreckung bei dem Gefängnissvorsteher geltend machen kann. Gegen die Strafverfügung steht dem Gefangenen die Beschwerde ohne aufschiebende Wirkung zu.

Ueber die Beschwerden der Strafgefangenen, auch wenn die Disciplinarstrafen von einem Amtsrichter als Vorsteher des Gefängnisses verhängt worden sind, entscheidet der Oberstaatsanwalt. Beschwerden der Untersuchungsgefangenen über Strafen, welche der Untersuchungsrichter verhängt hat, unterliegen dagegen der Entscheidung des Landgerichtspräsidenten resp. Oberlandesgerichts-Präsidenten.

§ 90. Nicht nur die im § 85 besprochene Einrichtung neuer grosser Centralgefängnisse und die Erweiterung vorhandener Gefängnisse, sondern auch die Nothwendigkeit, bei sämmtlichen Land- und Amtsgerichten Gefängnisse zu besitzen, in denen nicht nur die Untersuchungsgefangenen detinirt, sondern auch kurzfristige Freiheitsstrafen verbüsst werden können, weiter die höheren Anforderungen, welche die fortgeschrittene Gefängnisskunde in mannigfacher Beziehung hinsichtlich der Unterbringung, Beschäftigung u. s. w. der Gefangenen stellt (vgl. die einschlägigen Ausführungen über die Strafanstalten im VI. Buch), haben zu einer starken Vermehrung der etatsmässigen Gefängnissbeamten geführt. In welchem Masse eine solche seit der Gerichtsreorganisation von 1879 stattgefunden hat, möge folgende Tabelle, in der die Zahlen für 1880/81 in Parenthese beigefügt sind, beleuchten.

Nach dem Etat für 1903 sind vorhanden (1880/81 waren vorhanden)

bei den besonderen Gefängnissen:			bei anderen Gefängnissen:		
Direktoren	12	(2)			
Geistliche	17	(5)			
Inspektoren	43	(12)	Inspektoren	90	(59)
Rendanten	4	(1)			
Sekretäre	—	(4)	Sekretäre	—	(1)
Inspektions-Assistenten	44	(—)	Inspektions-Assistenten	56	(—)
Assistenten der Sekretäre und Rendanten	—	(4)			

bei den besonderen Gefängnissen:			bei anderen Gefängnissen:		
Lehrer	14	(6)	Lehrer	2	(1)
Buchhalterin	1	(—)			
Lehrerin	1	(—)	Lehrerin	1	(1)
Ingenieur	1	(1)			
Hausväter	12	(3)	Hausväter	4	(2)
Maschinenmeister	3	(1)			
Maschinisten	8	(2)	Maschinisten	2	(—)
Gasmeister	1	(1)			
Oberaufseher	36	(8)	Oberaufseher	65	(40)
Werkmeister	14	(3)	Werkmeister	12	(2)
Küchenmeister	3	(2)	Küchenmeister	1	(3)
Wasch- und Bademeister	3	(1)			
Aufseher	434	(125)	lediglich im Gefängnisse beschäftigte Aufseher u. s. w.	914	(532)
Oberaufseherinnen	7	(1)	Oberaufseherinnen	5	(—)
Hausmütter	1	(—)			
Werkmeisterinnen	1	(—)			
Aufseherinnen	53	(7)	Aufseherinnen	86	(8)
			Pförtner	4	(2)
			Nachtwächter	—	(1)

Es stehen also 1903 1 953 Beamte und Beamtinnen deren 821 im Jahre 1880/81 gegenüber.

Was insbesondere die besonderen Gefängnisse anlangt, so bedingte die Eröffnung des Untersuchungsgefängnisses in Moabit 1881 allein einen Zugang von 92 Beamten (1 Direktor, 4 Inspektoren, 4 Sekretäre, 1 Assistent, 1 Geistlichen, 1 Lehrer, 1 Hausvater, 5 Oberaufseher, 1 Oberaufseherin, 1 Maschinenmeister, 1 Werkmeister, 1 Küchenmeister, 1 Waschmeister, 60 Aufseher und 9 Aufseherinnen). 1884/85 wurden in Folge Erweiterung des Gefängnisses in Hannover für dieses 10 neue Beamte (je 1 Direktor, Inspektor, Sekretär, Oberaufseher und Oberaufseherin, 4 Aufseher und 1 Aufseherin) gefordert, 1885/86 für Plötzensee 10 und für Frankfurt a. M. 2 neue Aufseher, 1887/88 für das neue Gefängniss in Preungesheim 26 Beamte (1 Direktor, 2 Inspektoren, 2 Sekretäre, je 1 Geistlicher, Lehrer, Hausvater, Oberaufseher und Oberaufseherin, 13 Aufseher und 3 Aufseherinnen. Die Uebernahme der Berliner Stadtvoigtei nebst Filialen bedingte 1890/91 den Zugang von 96 Beamten (1 Direktor, 4 Inspektoren, 8 Sekretäre, 2 Geistliche, 2 Lehrer, 3 Hausväter, 4 Oberaufseher, 2 Werkmeister, 46 Aufseher, 1 Oberaufseherin und 23 Aufseherinnen), während gleichzeitig die Uebernahme des Beuthener Gefängnisses unter die besonderen Gefängnisse nur den Uebergang der 24 Beamten desselben (1 Direktor, 2 Inspektoren, 1 Inspektions-Assistent, 2 Oberaufseher, 15 Aufseher, 1 Oberaufseherin und 2 Aufseherinnen) von dem Etat der Gerichte auf den der besonderen Gefängnisse zur Folge hatte. 1892/93 wurden neu angestellt in Plötzensee 10 Aufseher, in Moabit und Beuthen je 1 Sekretär, 1894/95, neben 1 Sekretär und 5 Aufsehern für Plötzensee, 2 Aufsehern für Moabit und 1 für Preungesheim, für das neue Centralgefängniss in Wronke 44 Beamte (1 Direktor, 2 Inspektoren, je 1 Sekretär, Geistlicher, Lehrer, Hausvater, Maschinist, Werkmeister und Oberaufseherin, 28 Aufseher und 4 Aufseherinnen), von denen indess 15 Aufseher den entlasteten Gerichtsgefängnissen der Provinz Posen entnommen wurden. 1896/97 ging das Gefängniss in Danzig-Oliva unter die besonderen über, was deren Etat mit 28 Beamten (1 Direktor, 2 Inspektoren, 1 Assistent, 2 Oberaufseher, 20 Aufseher und 2 Aufseherinnen) belastete, allerdings den der Gerichte, abgesehen von der neuen Direktorstelle, entsprechend entlastete. Die Uebernahme der Gefängnisse in Gollnow und Bochum von dem Etat der Gerichte führte 1897/98 dem der besonderen Gefängnisse 24 (1 Direktor, 1 Inspektor, 2 Assistenten, 1 Hausvater, 1 Oberaufseher und 18 Aufseher) bezw. 40 etatsmässige Beamte (1 Direktor, 3 Inspektoren, 2 Sekretäre, je 1 Lehrer, Hausvater und Maschinist, 3 Oberaufseher, 1 Oberaufseherin, 26 Aufseher und 1 Aufseherin) zu, von denen allerdings 50 Unterbeamte bisher schon auf dem Etat der Gerichte vorhanden gewesen waren und nun dort in Wegfall kamen. Das Tegeler Strafgefängniss erforderte 1898/99, da der Direktor, 1 Geistlicher, 1 Lehrer, 3 Inspektoren, 4 Sekretäre, 1 Assistent, 2 Hausväter, 2 Oberaufseher und 40 Aufseher von der Rummelsburger Filiale, von Plötzensee und vom Stadtvoigteigefängniss übergingen, nur 22 neue Beamte (je 1 Geistlicher, Inspektor, Rendant, Assistent, Maschinenmeister, Küchenmeister, Wasch- und Bademeister, 2 Oberaufseher, 3 Werkmeister, 10 Aufseher). Dagegen wurden in demselben Jahre ausserdem neu angestellt je 1 Geistlicher in Beuthen und Bochum, 1 Inspektor in Danzig-Oliva, je 1 Lehrer in Bochum und Wronke, 1 Oberaufseher in Glückstadt, je 3 Aufseher hier und in Bochum, 1 Aufseher in Preungesheim; ausserdem wurden 5 Aufseherstellen von den nicht selbständigen Gefängnissen übertragen, und zwar je 2 auf Bochum und Wronke und 1 auf Frankfurt a. M. 1899 brachte den gegenüber solchen Zugängen immerhin bescheidenen von 10 Beamten (1 Geistlicher für Bochum, je 1 Inspektions-Assistent für Preungesheim, Glückstadt und Gollnow, 2 Aufseher für Preungesheim, je 1 für Glückstadt, Gollnow und Bochum, 1 Aufseherin für Beuthen), von denen einer den Beamten der nicht selbständigen Gefängnisse entnommen wurde, auf die hingegen eine Aufseherinnenstelle übertragen wurde. Der Neubau der Berliner Stadtvoigtei nöthigte schon 1900 dazu, ihr wieder einen Direktor zu geben; ausserdem waren für sie neben ihren bisherigen und 5 von Plötzensee übergehenden Beamten mehr erforderlich je 1 Inspektor, Maschinist und Oberaufseher und 2 Aufseher, während bei ihrer Filiale, dem Frauengefängniss, je 1 Hausvater, Oberaufseher, Werkmeister und 5 Aufseher durch 7 weibliche Beamte (je 1 Oberaufseherin, Hausmutter und Werkmeisterin und 4 Aufseherinnen) ersetzt wurden. Ausserdem bedurften Bochum eines weiteren Inspektors, der von den nicht selbstständigen Gefängnissen übertragen wurde, und dreier Aufseher, Hannover eines Inspektions-Assistenten; eine Aufseherstelle konnte dem Gefängniss in Danzig-Oliva entnommen werden, das ausserdem deren 2 an landgerichtlichtliche Gefängnisse abgab. Nachdem 1901 nur 5 neue Stellen (1 Inspektor in Gollnow, 1 Inspektions-Assistent in Bochum, je 1 Aufseher in Preungesheim, Bochum und Gollnow) hinzugetreten waren, betrug der Zugang 1902 deren 9 (1 Geistlicher für Gollnow, je 1 Inspektor für Tegel, Stadtvoigtei und Wronke, 1 Oberaufseher für Tegel, 1 Werkmeister für Preungesheim, 2 Aufseher für Tegel, je einen für Preungesheim und Gollnow), von denen einer von einem Gerichtsgefängniss entnommen wurde, während eine Maschinenmeisterstelle einging, und 1903 deren 10 (1 Geistlicher und — unter Wegfall einer Assistentenstelle — 1 Buchhalterin sowie 1 Maschinenmeister für die Stadtvoigtei, je 1 Inspektions-Assistent für Preungesheim und Wronke, 1 Lehrer, 1 Maschinist und 1 Aufseher für Gollnow, 1 Werkmeister für Wronke und 2 Aufseher für Tegel).

Während durch diese und in anderen Jahren durch minder zahlreiche Vermehrungen der etatsmässigen Stellen bei den besonderen Gefängnissen die Zahl der Stellen sich in den 24 Jahren seit der Gerichtsreorganisation beinahe vervierfachte, stellte sich der gleichzeitige Zuwachs bei den anderen Gefängnissen immerhin auch auf fast 100 Proz., obwohl hier doch nicht, wie bei jenen, die Mehrzahl der Anstalten erst geschaffen wurde bezw. in den Etat eintrat, und obwohl die Uebernahme mehrerer Gerichtsgefängnisse unter die selbständigen, wie wir sahen, bei jenen entsprechende Abgänge im Beamtenetat herbeiführte. Die hauptsächlichsten Stellenvermehrungen bei den nicht selbständigen Gefängnissen fallen in die Jahre 1883/84 (gegen Wegfall von 6 Stellen für Oberaufseher, deren 7 für Inspektoren, 32 für Aufseher und 8 für Aufseherinnen), 1884/85 (3 Inspektoren, 2 Sekretäre, 2 Oberaufseher, 1 Werkmeister, 76 Aufseher, 15 Aufseherinnen), 1886/87 (6 Inspektoren, 3 Sekretäre, 1 Werkmeister, 11 Oberaufseher, 65 Aufseher, 7 Aufseherinnen), 1888/89 (1 Direktor für Beuthen O.-S. — vgl. oben —, 3 Inspektoren, 1 Oberaufseher, 16 Aufseher, 3 Aufseherinnen), 1892/93 (1 Inspektor, 3 Inspektions-Assistenten, 1 Hausvater, 6 Aufseher, 2 Aufseherinnen), 1893/94 (3 Inspektoren, 1 Inspektions-Assistent, 2 Oberaufseher, 11 Aufseher, je 1 Maschinist, Pförtner und Aufseherin), 1894/95 (3 Inspektoren, 4 Inspektions-Assistenten, 1 Lehrer, 3 Oberaufseher, 1 Oberaufseherin, 22 Aufseher, diese gegen Uebertragung von deren 13 auf Wronke, 7 Aufseherinnen), 1895/96 (1 Inspektions-Assistent, 1 Oberaufseher, 17 Aufseher, 1 Heizer, 1 Aufseherin), 1898/99 (1 Inspektor, 4 Inspektions-Assistenten, 2 Oberaufseher, 22 Aufseher, je 1 Hausvater, Werkmeister und Oberaufseherin, 7 Aufseherinnen), 1899 (6 Inspektions-Assistenten, 12 Aufseher, 3 Aufseherinnen), 1900 (4 Inspektions-Assistenten, je 1 Oberaufseher und Hausvater, 17 Aufseher, 1 Aufseherin), 1901 (4 Inspektions-Assistenten, 3 Oberaufseher, 5 Aufseher, 1 Aufseherin), 1902

(2 Inspektions-Assistenten, 1 Oberaufseher, 9 Aufseher, 2 Aufseherinnen) und 1903 (3 Inspektoren, 6 Inspektions-Assistenten, 1 Oberaufseher, 2 Werkmeister, 15 Aufseher, 1 Oberaufseherin, 2 Aufseherinnen). Was an diesen Stellenvermehrungen besonders in die Augen fällt, ist, dass immer mehr Gefängnisse Inspektoren im Hauptamt erhalten haben, analog wie die Zahl der mit einem besonderen Direktor versehenen besonderen Gefängnisse, wie wir sahen, fortgesetzt gestiegen ist.

§ 91. Was die Zahl der Gefängnissbeamten vor der Reorganisation von 1879 anlangt, so findet sich diese in den Erläuterungen zum Etat aus der Gesammtzahl der Unterbeamten ausgesondert zuerst 1855 mit 32 Inspektoren, 44 Aufsehern und 428 Gefängnisswärtern. Bis 1859 stieg sie auf 34 Inspektoren, 43 Oberaufseher und 486 Gefangenwärter. Dann aber wurde sie in der ersten Hälfte der 60er Jahre namhaft reduzirt, sodass 1866 nur noch vorhanden waren 37 Inspektoren, 41 Oberaufseher und 417 Wärter, und auch bis 1869 kamen in den alten Provinzen nur 4 Inspektoren und 14 Wärter hinzu. Dagegen zählten 1869 die Appellationsgerichtsbezirke Kiel, Kassel und Wiesbaden 14 Inspektoren und 37 Gefangenwärter, während in den übrigen neuen Gebieten die Gefängnissbeamten im Etat nicht ausgesondert waren. Erst nachdem 1869 das neue Gefängniss im Steinthorfelde in der Stadt Hannover in Benutzung genommen war, erscheinen 1870 für dieses ausgesondert 1 Inspektor, 6 Wärter und 1 Pförtner und gleichzeitig infolge Ueberganges des Gefängnisses auf dem Klapperfelde in Frankfurt a. M. auf die Justizverwaltung hierfür 1 Inspektor und 4 Wärter. In den alten Landestheilen tritt eine namhafte — vorher waren nur wenige neue Stellen errichtet — Vermehrung um 32 in den Anlagen zum Etat gesondert aufgeführte Beamte (je 1 Direktor — der erste —, Inspektor, Sekretär, Hausvater, Oberaufseher, Werkmeister und Pförtner und 25 Aufseher) erst 1872 durch die Ingebrauchnahme von Plötzensee ein, und 1873 steigt diese Zahl infolge Erweiterung des Gefängnisses auf 56, nämlich um 2 Inspektoren, 1 Geistlichen, 1 Lehrer, 2 Oberaufseher, 1 Ingenieur, 1 Maschinist und 16 Aufseher, und aus demselben Grunde die der Beamten in Hannover auf 18 (je 1 Inspektor, Hausvater, Oberaufseher, Werkmeister, Maschinist, Koch, 10 Aufseher, 2 Aufseherinnen). Dagegen verschwindet nun für die übrigen Gefängnisse aller Landestheile — im Bezirk Cöln waren besondere etatsmässige staatliche Beamte bei Justizgefängnissen wegen der dortigen Gefängnissorganisation (vgl. Bd. II Buch VI § 208) nicht vorhanden — die Trennung der Aufseher von den Unterbeamten der Gerichte; an Inspektoren sind bei diesen Gefängnissen vorhanden 48, an Oberaufsehern 41. Neue Erweiterungen in Plötzensee und Hannover erforderten 1875 dort einen Gesammtbestand von 79 Beamten (1 Direktor, 5 Inspektoren, je 2 Geistliche und Lehrer, je 1 Rendant, Sekretär, Assistent des Rendanten, Assistent des Sekretärs, Hausvater,

Ingenieur, Maschinenmeister, Gasmeister und Werkmeister, 4 Oberaufseher und 56 Aufseher), hier einen solchen von 32 (2 Inspektoren, je 1 Geistlicher, Sekretär, Lehrer, Hausvater, Oberaufseher, Werkmeister und Koch, 17 Wärter, 2 Aufseherinnen, 2 Maschinisten und 2 Nachtwächter), und bei den übrigen Gefängnissen — ausser Frankfurt a. M. mit 1 Inspektor und 4 Wärtern — waren jetzt 52 Inspektoren und 39 Oberaufseher angestellt. Noch erheblicher war der Mehrbedarf 1876 infolge neuer Erweiterung von Plötzensee und Uebernahme von Glückstadt von dem Ressort des Innern: Plötzensee zählte nun 110 Beamte (1 Direktor, 7 Inspektoren, 1 Rendant, 2 Sekretäre, 4 Assistenten, 3 Geistliche, 4 Lehrer, 1 Hausvater, 5 Oberaufseher, 76 Aufseher, je 1 Ingenieur, Maschinenmeister, Gasmeister, Werkmeister, Küchenmeister und Waschmeister), und Glückstadt wurde mit 33 Beamten besetzt (1 Direktor, 2 Inspektoren, je 1 Sekretär, Geistlichen, Lehrer, Hausvater, Werkmeister und Oberaufseherin, 19 Aufseher und 5 Aufseherinnen). Auch Frankfurt a. M. erhielt 3 neue etatsmässige Wärter, und bei den nicht selbständigen Gefängnissen stieg die Zahl der Inspektoren auf 54, die der Oberaufseher auf 39, während auch von 21 neuen Unterbeamtenstellen 14 lediglich für diese Gefängnisse bestimmt waren. Plötzensee, Hannover und Frankfurt a. M. erhielten nun bis zur neuen Gerichtsorganisation weitere Verstärkungen nicht mehr, wohl aber Glückstadt 1877/78 um 1 Oberaufseher und 2 Aufseher, 1878/79 um weitere 2 Aufseher, während bei den übrigen Gefängnissen bis 1. Okt. 1879 die Zahl der Inspektoren auf 59 stieg, die der Aufseher auf 39 blieb, dagegen 1879/80 für das neue — nicht selbständige — Gefängniss in Eberbach 1 Sekretär hinzukam. Von den 1877/78 bis 1879/80 errichteten, für Gerichte und Gefängnisse gemeinsamen Unterbeamtenstellen waren 30 ausschliesslich für den Gefängnissdienst bestimmt.

§ 92. Auch die Gehälter der Gefängnissbeamten waren früher wie die der Gerichtsbeamten örtlich verschieden, und bei den Gehältern der Direktoren finden sich noch heute Ueberbleibsel dieses im Uebrigen überwundenen Systems.

Nach dem ersten Etat, in dem die Gefängnissbeamten besonders aufgeführt werden, für 1855, bezogen die Inspektoren in Berlin (Schuldgefängniss) 1500, in Königsberg, Danzig und Magdeburg 1200, bei dem Schuldgefängniss in Breslau — eine demnächst weggefallene Stelle — 600, im Uebrigen 900—1050 M., die Oberaufseher — nur bei Kreisgerichten vorhanden — 750, die Wärter in Berlin 600—750, bei den übrigen Stadtgerichten 600, bei Kreisgerichten 540 M. 1858 wurden die Oberaufseher auf 825, die Wärter auf beziehentlich 750 bis 900, 600—750 und 525—675 M. aufgebessert, 1859 die Inspektoren in Orten über 20 000 Einwohnern — ausser Berlin — auf 1350, in anderen Orten auf 1050—1200 M. Ausserdem erhielten alle Gefängnissbeamte freie Wohnung oder Miethsentschädigung (Inspektoren 120, Oberaufseher und Wärter 90 M.). 1861 wurden die Gehälter der Gefangenwärter bei Kreisgerichten zu Einheitsgehältern von 600 M. zusammengezogen. In den Jahren 1867 und 1868 erfolgten, für das jeweils erste Jahr unter Entnahme der Mittel aus dem allgemeinen Aufbesserungsfonds des Finanz-Ministeriums, wie für andere, so auch für die Gefängnissbeamten Gehaltsaufbesserungen, dergestalt, dass 1869 erhielten die Inspektoren in Orten über 20 000 Einwohner — die Stelle beim Berliner Schuldgefängniss mit 1500 M. war mit Aufhebung der Schuldhaft weggefallen — 1500 M., anderwärts 1200—1500 M., Oberaufseher dort 1050, hier 975 M., Gefangenwärter dort 750—900 M., hier 675 bis 825 M., beim Berliner Stadtgericht aber 900 -1050 M.; die Gefangenwärter standen also, abgesehen von Berlin, immer noch schlechter als die Gerichtsdiener. Dieselben Gehälter wurden in den Appellationsgerichtsbezirken Kiel, Kassel und Wiesbaden gezahlt, ebenso bei dem 1870 übernommenen Gefängniss in Frankfurt a. M., nur dass dort der Inspektor noch 600 M., die Wärter 75 M. Lokalzulage erhielten. Nach der allgemeinen Besoldungsaufbesserung von 1872 und der 1873 vorgenommenen Gleichstellung der Gefangenwärter mit den Gerichts-

Beamtenkategorie	Plötzensee	Glückstadt
Direktoren	5400[1]) (600)	4200 (360)
Geistliche	2400—3600 i. D. 3000 (600)	2325
Inspektoren	2100—3300 i. D. 2700 (600)	2100—2400 i. D. 2250 (
Rendanten	wie Inspektoren	—
Sekretäre	1800—2100 i. D. 1950 (600)	1800
Assistenten	1500 (600)	—
Lehrer	1500 - 2100 i. D. 1800 (540)	1500
Hausväter	1400 (270)	1200 (150)
Oberaufseher	1200—1350 i. D. 1275 (270)	1155 (150)
Aufseher (Wärter)	900—1200 i. D 1050 (270)	900—1080 i D. 990 (1
Ingenieure	2400 (600)	—
Maschinenmeister	1200—1500 i. D. 1350 (270)	—
Gasmeister		—
Maschinisten	—	—
Werkmeister	1200—1350 i. D. 1275 (270)	1080 (150)
Küchenmeister (Koch)		—
Waschmeister		—
Oberaufseherinnen	—	825 (150)
Aufseherinnen	—	600—660 i. D. 630 (1
Lehrerinnen	—	—

[1]) Und 1800 M. Aussterbegehalt. — [2]) Und 450 M. Funktionszulage. — [3]) In einzelnen

dienern stellten sich die Gehälter wie folgt: a) in Plötzense: Direktor 4500 M. — neben 2700 M. Aussterbegehalt —, Inspektoren 2100 bis 2400 i. D. 2250 M., Sekretär 2100 M., Geistlicher 3000 M.. Lehrer und Hausvater 1350 M., Oberaufseher 1110—1200 i. D. 1155 M, Ingenieur 2400 M., Werkmeister 1080 M., Maschinist 1245 M., Aufseher und Pförtner 810—1050 i. D. 930 M.; b) beim Gefängniss in Hannover: Inspektor (einschl. 750 M. künftig wegfallend) 2550 M., Hausvater 1245 M., Maschinist 1350 M., Oberaufseher und Wärter je 1200 M., Wärter 810—1200 i. D. 1005 M., Koch 1005 M., Aufseherinnen 600 bis 660 M.; c) beim Gefängniss in Frankfurt a M.: Inspektor 2100 M., Wärter wie in Hannover; d) im Uebrigen: Inspektoren je nachdem sie in Orten mit über 20 000 Einwohnern oder in kleineren fungirten, 1800 oder 1350—1800 i. D. 1575 M., Oberaufseher entsprechend 1155 oder 1080 M., Wärter wie Gerichtsdiener Abgesehen von Erhöhungen der Miethsentschädigungen traten nun bis zur Gerichtsreform noch einzelne Aenderungen ein, und es wurden, wie wir gesehen haben, eine Reihe neuer Stellen errichtet; so ergab sich 1879/80 folgende Besoldungstafel (in Mark), in der die in Ermangelung einer Dienstwohnung gewährte Miethsentschädigung in Parenthese beigefügt ist.

Hannover	Frankfurt a M	Bei anderen Gefängnissen	
—	—	je nachdem in Orten mit mehr als oder nicht mehr als 20 000 Einwohnern.	nicht vorhanden
wie in Glückstadt; r Miethsentschädigung statt 360 M. 510 M.	— 1800[2]) (600) —		1800 (od. 1350—1800[3]) i. D. 1575 (je nach Servisklasse 600, 450, 360, 800 oder 225)
	—		1500[4])
—	—	—	
1800	—	1200	
1245 (210)	—	1140—1340 i. D 1245 M. (wie Oberaufseher)	Miethsentschädigung je nach Servisklasse 270, 210, 180, 150, 120 od. 90.
1200 (210)	—	je nachdem mit mehr oder nicht mehr als 10 000 Einw. 1155 oder 1080.	
810—1200 i. D. 1005	wie Hannover (270)	wie Gerichtsdiener	
—	nicht vorhanden	—	
—		—	
—		—	
)—1350 i. D. 1245 (210)		—	
1200 (210)		960—1200 i. D 1080	
1005 (210)		930	
—		—	
—		Gehalt wie bei besonderen Gefängnissen	
vie Glückstadt (260)			
—	—	800	

. Funktionszulage. — [4]) Nur in Eberbach.

§ 93. Die Gerichtsreorganisation am 1. Okt. 1879 liess die Verhältnisse der Gefängnissbeamten unberührt. Dagegen wurde in den 80er Jahren in Einzelheiten an deren Besoldungen bald bei diesen, bald bei jenen Beamten geändert. Dadurch verschwanden manche Ungleichmässigkeiten zwischen Beamten derselben Kategorie. Andererseits kamen durch die Einrichtung weiterer Gefängnisse neue hinzu. Es würde zu weit führen, dem hier im Einzelnen nachzugehen, und wird genügen, das Ergebniss einer 10jährigen Entwickelung nach dem Etat der Justizverwaltung für 1890/91 ohne Berücksichtigung der damals aus Fonds des Finanz-Ministeriums eintretenden Erhöhungen in folgender Tabelle der Besoldungen unter Weglassung der Aussterbegehälter, Lokal- und Funktionszulagen und Miethsentschädigungen zur Darstellung zu bringen:

Direktoren: 5400 (Plötzensee), 4800 (Moabit und Stadtvogtei), im Uebrigen 3600—4800 i. D. 4200 M.

Geistliche: 2400—3600 i D. 3000 (Plötzensee, Moabit, Stadtvogtei), 3000 (Glückstadt und Hannover), 2400 (Preungesheim).

Inspektoren und Rendanten: 2100—3300 i. D. 2700 (Plötzensee, Moabit, Stadtvogtei), 2100 bis 2400 i. D. 2250 (Glückstadt, Hannover, Frankfurt), 1800 M. bei den übrigen Gefängnissen.

Ingenieur: 2700 M.

Lehrer: 1500—2100 i. D. 1800 (Plötzensee, Moabit, Stadtvogtei), 2100 (Hannover), 1800 (Preungesheim), 1500 (Glückstadt), 1350 (bei einem Gerichtsgefängniss).

Sekretäre: 1800—2100 i. D. 1950 (Plötzensee, Moabit, Stadtvogtei), 1800 (Glückstadt und Hannover).

Assistenten: 1500 M.

Hausväter: 1400 (Plötzensee und Moabit), 1200—1600 i. D. 1400 (Stadtvogtei), 1245 (Hannover und Preungesheim), 1200 (Glückstadt), 1140—1350 i. D. 1245 M. (andere Gefängnisse).

Oberaufseher: 1200—1350 i. D. 1275 (Plötzensee, Moabit, Stadtvogtei), 1200 (im Uebrigen).

Maschinenmeister, Maschinisten, Gasmeister: 1200—1500 M. i. D. 1350 M.

Werkmeister, Küchenmeister, Waschmeister: 1200—1350 i. D. 1275 (Plötzensee, Moabit, Stadtvogtei), 1200 (übrige „besondere Gefängnisse“), bei anderen Gefängnissen Werkmeister 960—1200 i. D. 1080, Küchenmeister 930 M.

Aufseher: 900—1200 i. D. 1050 (bei den besonderen Gefängnissen ausser Beuthen i. O.-S.), im Uebrigen 800—1200 i. D. 1000 M.

Oberaufseherinnen: 1050 (Plötzensee, Moabit, Stadtvogtei), sonst 825 M.

Lehrerin: 800 M.

Aufseherinnen: 660—900 i. D. 780 (Plötzensee, Moabit, Stadtvogtei), sonst 600—660 i. D. 630 M.

Im Allgemeinen stimmten somit wenigstens bei den zahlreicher vertretenen Unterbeamten die Gehälter insoweit überein, als nur noch zwischen den 3 Berliner Anstalten und den übrigen Gefängnissen oder zwischen den besonderen Gefängnissen und den übrigen ein Unterschied gemacht wurde. Dagegen bestanden freilich bei einzelnen Beamtenkategorien noch Verschiedenheiten fast zwischen jeder der besonderen Anstalten. Durch die Besoldungsaufbesserungen des Jahres 1890/91 wurden die Inspektoren der auf dem Etat der Gerichte stehenden Gefängnisse auf 1800—2400 i. D. 2100 M. erhöht, die sämmtlichen Oberaufseher, denen der Lehrer bei einem nicht selbständigen Gerichtsgefängnisse gleichgestellt wurde, Werkmeister, Küchenmeister und Waschmeister auf 1200—1600 i. D. 1400 M., die sämmtlichen Hausväter, Maschinenmeister, Maschinisten und Gasmeister auf 1200 bis 1800 i. D. 1500 M., die Aufseher, Oberaufseherinnen und Lehrerinnen auf 900—1500 i. D. 1200 M., die Aufseherinnen auf 700—900 i. D. 800 M. gestellt. Damit waren die lokalen Verschiedenheiten im Wesentlichen ausgeglichen; es verblieben solche nur noch zwischen den 3 Berliner und den übrigen besonderen Gefängnissen hinsichtlich der Direktoren, Inspektoren, Geistlichen und Lehrer, bei letzteren beiden aber wie bisher doch nur insofern, als im Etat für diejenigen der Berliner Anstalten die Maximal-, Minimal- und Durchschnittsbesoldung, für die anderen immerhin eine der innerhalb dieses Maximums und Minimums liegende Besoldungsstufe ausgebracht waren; dagegen blieb der einzige Lehrer bei einem nicht selbständigen Gefängniss im Gehalt noch merklich zurück. Die nächsten Jahre brachten die Einführung der Dienstalterszulagen, 1892/93 für die Unterbeamten (Hausväter, Meister, Oberaufseher, Oberaufseherinnen, Aufseher und im Gehalt gleichstehende Beamte), 1893/94 für die mittleren mit aufsteigenden Gehältern (Inspektoren, Sekretäre, Lehrer), 1894/95 für die Direktoren ausser bei den 3 Berliner Anstalten und für sämmtliche nun im Gehalt (2400—3600 M.) gleichgestellte Geistliche.

Die allgemeine Besoldungsaufbesserung von 1897/98 hat dann die letzten Verschiedenheiten zwischen den einzelnen besonderen Gefängnissen mit alleiniger Ausnahme des Gehaltes der Direktoren von Plötzensee und Tegel ausgeglichen, sodass seit 1898/99 im Etat hinsichtlich der Besoldungen nicht mehr wie ursprünglich jedes einzelne besondere Gefängniss und dann die 3 Berliner einer-, jedes der anderen andererseits in einem besonderen Titel geführt werden, sondern die Besoldungstitel des Kap. 75 sich nach der Kategorie der Beamten unterscheiden. Ebenso verschwanden jetzt die gegenüber denen der besonderen noch bestehenden Benachtheiligungen der Beamten der anderen Gefängnisse.

So bestehen denn 1903 für die Gefängnissverwaltung nur noch folgende Besoldungskategorien;

6000 M:	Direktoren von Plötzensee und Tegel;
3600—6000 M.	(Zwischenstufen 4100, 4600, 5100, 5600 M.): Direktoren der übrigen besonderen Gefängnisse;
2400—4800 M.	(Dienstalterszulagen je 600 M.): Geistliche;
3300 M.:	Ingenieur;
1800—3800 M.	(Zwischenstufen 2200, 2600, 2900, 3200, 3500 M): Inspektoren und Rendanten;
1500—2700 M.	(um je 200 M. steigend): Inspektions-Assistenten und Lehrer;
1200—2200 M.	(um je 200 M. steigend): Buchhalterinnen und Lehrerinnen;
1200—1800 M.	(steigend 2 Mal um 100 und 5 Mal um 80 M): Hausväter, Maschinenmeister, Maschinisten, Oberaufseher, Werkmeister, Küchenmeister, Wasch- und Bademeister;

900—1500 M. (um je 100 M. steigend): Aufseher, Oberaufseherinnen, Hausmütter und Werkmeisterinnen;
700—1000 M. (um je 75 M. steigend): Aufseherinnen.

Wie ein Vergleich mit der Tabelle auf S. 1450 zeigt, entsprechen diese Besoldungen durchweg denen der entsprechenden Anstalten im Ressort des Innern; nur die Inspektoren beziehen dort 2 100—3 800 M.

Neben dem Gehalt haben von den höheren und mittleren Beamten bei den besonderen Gefängnissen 11 Direktoren, 31 Inspektoren und Rendanten sowie 1 Ingenieur freie Dienstwohnung; 9 Geistliche, 19 Inspektions-Assistenten und Lehrer sowie 1 Lehrerin haben Dienstwohnungen Die übrigen Beamten, mit Ausnahme der Geistlichen, Inspektions-Assistenten, Lehrer, Buchhalterinnen und Lehrerinnen, beziehen Miethsentschädigungen, welche betragen für den Direktor in Danzig-Oliva 800 M., für die übrigen Beamten, und zwar an Orten der Servisklasse A sowie in Plötzensee und Tegel 600 M., an Orten der 1. Servisklasse 510 M, der 2 Servisklasse 450 M., der 3. Servisklasse 360 M, der 4. Servisklasse 300 M. Von den Unterbeamten haben 309 Beamte freie Dienstwohnungen. Die übrigen Beamten beziehen Miethsentschädigungen, welche betragen an Orten der Servisklasse A sowie in Plötzensee und Tegel 270 M., an Orten der 1. Servisklasse 210 M., der 2. Servisklasse 180 M, der 3. Servisklasse 150 M., der 4 Servisklasse 120 M. Bei den übrigen Gefängnissen haben 59 Inspektoren freie Dienstwohnungen, 6 Inspektions-Assistenten und 2 Lehrer Dienstwohnungen, während die übrigen Inspektoren dieselben Miethsentschädigungen wie Inspektoren besonderer Gefängnisse beziehen. Von den Unterbeamten sind 1 117 einschliesslich der zugleich als Gefangenaufseher beschäftigten Gerichtsdiener im Besitz von freien Dienstwohnungen, während die übrigen, mit Ausschluss der Lehrerin, dieselben Miethsentschädigungen wie die besonderer Gefängnisse erhalten.

Aus Nebenämtern bezogen 1903 nur 1 Assistent als Rendant einer Sterbekasse eine dem Betrage nach verschiedene Remuneration, 3 Lehrer für Ertheilung von Unterricht an Regimentsschulen etwa je 150 M., 1 Lehrer als Organist und Kantor 120 M. und 1 Lehrer als Kantor an einer Schlosskirche 600 M.

2. Unterabschnitt.

Die Ausgaben für die Gerichte und Gefängnisse im Staatshaushaltsetat.

(Staatshaushaltsetat Kap. 73—75.)

Vorbemerkung.

§ 94. Wie diejenigen anderer Verwaltungen, so hat sich auch der Etat der Justizverwaltung erst allmählich und analog und gleichzeitig wie jene zu seiner heutigen Spezifikation entwickelt. Anfangs wies auch er für jede Kategorie von Behörden, zuerst unter a und b einer Ziffer, später in je einem „Titel“ nur eine Zweitheilung der Ausgaben in „persönliche“ und „sächliche“ auf. Erst 1863 wurden die „persönlichen“ Ausgaben in je zwei Titel getheilt, „Besoldungen“ und „Andere persönliche Ausgaben“. Alle Detailansätze waren nur in Beilagen zu dem Etat enthalten, dort aber schon in einer Eintheilung, aus welcher die heutige Titeleinteilung sich entwickelt hat. Erst 1873 nöthigte der § 19 Abs. 1 des Gesetzes, betr. die Einrichtung und Befugnisse der Ober-Rechnungskammer, v. 27. März 1872 (s. Anm. 1 zu

§ 309 des VII. Buchs dieses Bandes, Abschnitt „Ober-Rechnungskammer“) dazu, alle Summen, welche nach ihrem Verwendungszweck für sich abgeschlossene, besondere Fonds bilden, als besondere Titel in Ansatz zu bringen, und Abs. 2 des gedachten Paragraphen, „in die zur Vorlegung an den Landtag gelangenden Spezialetats bei den Besoldungsfonds die Stellenzahl und die Gehaltssätze, welche für die Disposition über diese Fonds massgebend sind, aufzunehmen“. Nunmehr wurde auch der bisher nur ein Kapitel mit zuletzt 47 Titeln bildende Justizetat in mehrere Kapitel, von denen 9 für die verschiedenen Kategorien der Gerichte, ein weiteres für die „Kriminalkosten“, d. h. die Verpflegungs-, Transport- und Bekleidungskosten der Gefangenen, die Ausgaben für Instandhaltung der Gefängniss-Utensilien und „sonstige Auslagen in Untersuchungssachen“, bestimmt waren, getheilt.

Die im Etat unterschiedenen Kategorien der Gerichte waren seit 1849 zuerst: I. Obertribunal, II., solange dieser bestand, Rheinischer Revisions- und Kassationshof, III. „sämmtliche Obergerichte“, IV. „sämmtliche Untergerichte“, später „Gerichte erster Instanz“, seit 1860 I. Obertribunal, II. „Gerichte zweiter Instanz mit Ausschluss des Departement Cöln“, III. Appellationsgerichtshof in Cöln und Rheinische Landgerichte“, IV. „Gerichte erster Instanz mit Ausschluss des Departements Cöln“, V. Friedens- und Handelsgerichte des Departements Cöln“, nach dem Hinzutreten der neuen Landestheile zunächst I. Obertribunal, II. „Ober-Appellationsgericht bis zu dessen Vereinigung mit dem Obertribunal“, III. „Gerichte zweiter Instanz in den Landestheilen, in denen die Verord. v. 2. Jan. 1849 Gesetzeskraft hat“, IV. „Appellationsgerichtshof in Cöln und Rheinische Landgerichte“, V. „Appellationsgericht Celle und Obergerichte des dortigen Departements“, VI. „Appellationsgerichte, in denen die Verordnungen v. 26. Juni 1867 Gesetzeskraft haben“, VII. „Appellationsgericht in Frankfurt a. M.“, VIII. „Gerichte erster Instanz, in den Landestheilen, in denen die Verordn. v. 2. Jan. 1849 Gesetzeskraft hat“, IX. „Friedens- und Handelsgerichte des Departements Cöln“, X. Amtsgerichte im Departement des Appellationsgerichts Celle, XI. „Kreis- und Amtsgerichte in den Landestheilen, in denen die Verordn. v. 26. Juni 1867 Gesetzeskraft haben“, XII. „Stadtgericht und die sonstigen Gerichtsbehörden erster Instanz in Frankfurt a. M.“ Hiervon wurden 1873 die Nummern I und II, III und VI sowie VIII und XI zu je einem Kapitel zusammengefasst. Seit der Gerichtsreorganisation von 1879 bilden die Oberlandesgerichte einerseits, die Land- und Amtsgerichte andererseits je ein Kapitel, ein drittes bis 1884/85 die Gefängnisse, seitdem die „besonderen Gefängnisse“.

In der folgenden Darstellung werden in je einem Kapitel behandelt werden: I. Obertribunal, Rheinischer Revisions- und Kassationshof und Ober-Appellationsgericht, II. die „Gerichte zweiter Instanz bis

1872", III. die Gerichte erster Instanz bis 1879, IV. die Oberlandesgerichte seit 1879, V. die Land- und Amtsgerichte seit 1879, VI. die besonderen Gefängnisse seit 1879.

In allen diesen Kapiteln werden wir uns bezüglich der Besoldungstitel ziemlich kurz fassen können, da ihre Veränderungen natürlich ganz überwiegend auf die im vorigen Unterabschnitt erörterten Aenderungen in der Stellenzahl und den Besoldungen zurückzuführen sind.

I. Kapitel.

Obertribunal, Rheinischer Revisions- und Kassationshof, Ober-Appellationsgericht.

§ 95. Die Gesammtausgaben für das Obertribunal betrugen (vgl. Anlage CVIII) 1849 rd. 323 000 M., für den Rheinischen Revisions- und Kassationshof rd. 101 000 M. Hiervon waren rd. 313 000 M. bezw. rd. 90 000 M. persönliche, und davon bestanden wieder in Besoldungen rd. 304 000 bezw. fast die ganzen reichlich 90 000 M. Beim Obertribunal entfielen auf die **Besoldungen** der höheren Beamten rund 275 000, auf die der Subalternen rd. 24 500 und auf die der Unterbeamten rd. 4 000 M., bei dem Rheinischen Gerichtshof beziehentlich rund 88 000, 6200 und 2500 M. Zehn Jahre später ist der Besoldungsbedarf bei dem Obertribunal, das nun den Rheinischen Gerichtshof in sich aufgenommen hat, für die höheren Beamten auf rd. 460 000, für die Subalternen auf rd. 54 000 und für die Unterbeamten auf rd. 12 000 M. gestiegen, und zwar beruht diese Steigerung zum grösseren Theile auf dem Hinzukommen der Beamten der Staatsanwaltschaft und auf der sehr erheblichen Vermehrung der übrigen Beamten, zum geringeren Theile auf Besoldungserhöhungen. In dem Verlauf eines weiteren Jahrzehnts ist die Steigerung des Besoldungsaufwandes eine minder erhebliche; für die Präsidenten sind 1869 sogar nur 76 500 M. gegen 82 500 M. 1859 erforderlich, weil 1859 einzelne Vizepräsidenten neben dem Normalgehalt persönliche Zulagen bezogen. Der Mehrbedarf gegen 1859 für Räthe, Staatsanwälte, Bureau-, Kanzlei- und Unterbeamte mit zusammen etwa 68 700 M. aber ist diesmal mehr auf Besoldungserhöhungen als auf Stellenvermehrungen zurückzuführen. Wenn dann bis 1874 wieder eine ungleich erheblichere Ausgabesteigerung in den nun seit 1873 unterschiedenen 6 Besoldungstiteln auf Tit. 1: (Präsidenten) 106 500, Tit. 2: (Räthe) 565 500, Tit. 3: (Generalstaatsanwalt und Oberstaatsanwälte) 38 100, Tit. 4: (Bureau- und Registraturbeamte) 60 600, Tit. 5: (Kanzleibeamte) 45 000 und Tit. 6: (Unterbeamte) 45 000 M. zu verzeichnen ist, so ist zunächst zu beachten, dass hierin auch die Besoldungen des Ober-Appellationsgerichts, die seit 1873 mit denen des Obertribunals im Etat vereinigt waren und 1872 betragen hatten 25 500 M. für Präsidenten, 100 607 M. für Räthe, 9900 M. für Bureau-, 4200 M. für Kanzlei- und 4800 M. für Unterbeamte, enthalten sind; sodann aber bedingte die allgemeine Besoldungsaufbesserung von 1872 für die Besoldungen beim Obertribunal einen Mehrbedarf von 63 300 M., beim Ober-Appellationsgericht einen solchen von 15 900 M. Die faktische Vereinigung des Ober-Appellationsgerichts mit dem Obertribunal hatte, wie schon früher erwähnt, den Wegfall einiger Stellen des Ersteren zur Folge, wodurch die Ausgaben des Tit. 1 um 13 500, die des Tit. 2 um 26 100 M. sich verringerten. Als dann 1877/78 das Gehalt des Kanzleidirektors mit 4200 M. von Tit. 5 auf Tit. 4 übertragen und die Gehälter der Bureaubeamten um insgesammt 4800 M. erhöht wurden, ergaben sich bereits die in der Anlage für 1878/79 angegebenen Ziffern. Hinzuzuzählen sind indess den Besoldungen die Wohnungsgeldzuschüsse, die 1874 aus Mitteln des Finanz-Ministeriums, seitdem als Tit. 6a des damaligen Kap. 73 bestritten wurden und seit 1874 übereinstimmend 115 720 M. betrugen.

§ 93. Die **„Anderen persönlichen Ausgaben“** — in den ersten Etats der konstitutionellen Zeit als „Dispositionsfonds“ bezeichnet — für die obersten Gerichtshöfe bestanden in solchen zur Stellvertretung der Räthe, Subaltern- und Unterbeamten in Abwesenheits- und Krankheitsfällen, für Annahme von Hülfsarbeitern im Registratur- und Kanzleidienst und für Unterstützungen an Subaltern- und Unterbeamte. Im Etat für 1869 strich indess der Landtag die für Stellvertretung der Räthe des Obertribunals ausgebrachten 3000 M. als entbehrlich, worauf 1870 auch die entsprechende Forderung von 900 M. für das Ober-Appellationsgericht nicht mehr gestellt wurde. Bei der neuen Etatseintheilung 1873 erhielt daher der Tit. 7 nur das Dispositivum „Zur Remunerirung von Hülfsarbeitern im Bureau-, Kanzlei- und Unterbeamtendienste“. Dabei wurde er indess für Obertribunal und Ober-Appellationsgericht zusammen um 3000 M., welche aus den für 1872 beim Finanz-Ministerium ausgebrachten Mitteln zur Aufbesserung der diätarischen Beamten übertragen wurden, und um 1500 M. zur Erhöhung des Schreiblohnes auf 3½ Sgr. pro Bogen höher dotirt, als es die entsprechenden Positionen des Vorjahres gewesen waren, sodass er sich auf 23 550 M. stellte; schon 1874 wurde er aber auf die dann beibehaltenen 19 050 M. reduzirt, weil zwar die Remuneration des Registraturgehülfen von 1500 auf 1650 und die Diäten von 5 Kanzleidiätarien von 1350—1650, im Durchschnitt 1500 M., auf 1500—1800, im Durchschnitt 1650 M., erhöht, aber infolge Errichtung von 4 Kanzleisekretärstellen die Diäten für ebensoviel Kanzleidiätarien mit 6000 M. abgesetzt wurden. Der Unterstützungsfonds des Obertribunals erfuhr 1863 eine Verstärkung von 1500 auf 2400 M., worauf ihm später nur noch die für das Ober-Appellationsgericht ausgesetzten 540 M. zuwuchsen.

§ 97. Die **„Sächlichen Ausgaben"** bestanden 1. in den Ausgaben für Bureaubedürfnisse aller Art, wie für Schreib- und Packmaterialien, Drucksachen, Bibliothek, Heizung, Beleuchtung, Utensilien, beim Ober-Appellationsgericht auch an Miethe für Geschäftslokalien, und 2. in vermischten Ausgaben, neben denen seit 1874 auch Remunerirung des Druckerpersonals, Aktentransport — innerhalb Berlins — und Reinigung besonders aufgeführt wurden. Nachdem sie früher in den Beilagen zum Etat für die Gerichte und für die Staatsanwaltschaft gesondert ausgebracht worden waren, wurde 1873 diese Eintheilung verlassen und durch die vorstehend unter No. 1 und 2 genannte ersetzt. Der Gesammtbetrag war, wie die Anlage CVIII zeigt, 1859 nur reichlich 1000 M. höher wie 1849, für Obertribunal und Rheinischen Revisionshof, zusammen 15 600 M., erfuhr dagegen 1860 eine Erhöhung auf 20 850 M., in der Hauptsache für Heizungsmaterial und die von den persönlichen Ausgaben hierher übertragenen Druckerlöhne. Bei diesem Betrage, zu dem später für das Ober-Appellationsgericht 5 853 M. traten, blieb es, bis 1873, weil seit 1869 alljährlich erhebliche Mehrausgaben erwachsen waren, neben Abgabe von 100 M. Reparaturkosten an den etatsmässigen Baufonds eine Verstärkung für beide Gerichte zusammen um 3297 M., auf 30 900 M. eintrat, von denen 18 390 M. auf die Bureaubedürfnisse und 11 610 M. auf die sonstigen Ausgaben entfielen. Bei Aufhebung des Ober-Appellationsgerichts fielen (1875) bei den Bureaukosten 1500 M. weg, wogegen die kontraktliche Entschädigung an den Fuhrunternehmer 1874 von 4500 auf 4800 und 1875 auf 6000 M. erhöht wurde.

So stellte sich bei Aufhebung des Obertribunals die gesammte Jahresausgabe für dasselbe auf 970 710 M. gegen – einschliesslich derjenigen für die damaligen anderen obersten Gerichtshöfe — 793 800 M. 1869, 562 485 M. 1859 und 424 112 M. 1849. Sie hatte sich also in den 30 Jahren reichlich verdoppelt, wozu vorzugsweise beigetragen hatten die Erweiterung des Staatsgebiets, die Einführung der Wohnungsgeldzuschüsse, die Vermehrung und Besoldungsaufbesserungen der Beamten.

II. Kapitel

Die Gerichte zweiter Instanz bis 1. Oktober 1879.

A) Im Geltungsbereich der Verordnungen vom 2. Januar 1849 und 26. Juni 1867.

§ 98. Die Verordn. v. 2. Jan. 1849 übte erklärlicherweise auch in finanzieller Hinsicht einen intensiven Einfluss auf die Ausgaben für die Obergerichte ihres Geltungsbereichs in der Richtung einer sehr bedeutenden Kostenersparniss aus: von für 1849 erforderlich gewesenen rd. 4 063 000 M. persönlichen (3 641 843 M. Besoldungen, 426 813 M.

„Dispositionsfonds") und rd. 298 000 M. sächlichen Kosten wurden 1850 durch Auflösung von Obergerichten und organisatorische Aenderungen bei den als Appellationsgerichte bestehen bleibenden nach Abzug der neu hinzutretenden Ausgaben immerhin noch gespart rd. 1 277 500 und 12 000 M. Weitere Ersparnisse in den nächsten Jahren machten es möglich, noch 1859 trotz Besoldungserhöhungen den Ansatz auf rd. 2 280 000 M. Besoldungen, 295 260 M. „Dispositionsfonds" und 205 656 M. sächlichen Ausgaben zu halten. Ausweislich der Anlage CVIII beanspruchten hiervon die Besoldungen der Präsidenten und Direktoren 363 600 M. gegen 576 090, der Räthe — einschliesslich Prüfungsgebühren — 1 160 763 gegen 1 349 808, der Staatsanwälte 119 400, der Rechnungs-, Kassen-, Bureau- und Kanzleibeamten — einschliesslich Prüfungsgebühren — 522 214 gegen 1 441 454 und der Unterbeamten 113 730 gegen 238 491 M. 1849. Für das Geltungsgebiet der Verordn. v. 2. Jan. 1849 war auch die durch einzelne Stellenvermehrungen und Besoldungsaufbesserungen herbeigeführte Steigerung im nächsten Jahrzehnt noch sehr gering. Denn für 1869 waren die entsprechenden Zahlen 371 100 für Präsidenten, Vizepräsidenten und Direktoren, 1 338 465 (einschl. 4965 M. Prüfungsgebühren) für Räthe, 105 900 für Oberstaatsanwälte, 16 500 M. für Staatsanwälte und Staatsanwaltsgehülfen, 59 100 M. und 1210 M. Prüfungsgebühren für Rechnungs- und Kassenrevisoren, 298 650 M. und 165 M. Prüfungsgebühren für Bureaubeamte, 160 350 M. für Kanzleibeamte und 133 950 M. für Unterbeamte. Seit den Verordnungen v. 26. Juni 1867 sind indessen als Folge der Erweiterung des Staatsgebiets hinzuzurechnen die Besoldungen für die Beamten der Appellationsgerichte in Kiel, Kassel und Wiesbaden mit 1869 für Präsidenten etc. 62 100, für Räthe 209 219, für Oberstaatsanwälte 15 600, für Rechnungsrevisoren 9000, für Bureaubeamte 43 662, für Kanzlisten 18 900 und für Unterbeamte 19 950 M., sodass sich die in der Anlage enthalten Zahlen ergeben.

Die allgemeine Besoldungsaufbesserung von 1872 beanspruchte für die Präsidenten etc. 36 900, für Räthe nach Abzug von 9 386 M. erledigten Aussterbegehältern noch 189 814, für Oberstaatsanwälte nach Abzug von 1 500 M. ebensolcher noch 12 900, für Staatsanwälte und Staatsanwaltsgehülfen 4 800, für die Kassen- und Rechnungsrevisoren 10 050, für Bureaubeamte nach Abzug von 2 502 M. erledigter Aussterbegehälter noch 60 198; für Kanzlisten nach Abzug von 750 M. solcher noch 30 450 und für Unterbeamte nach einem gleichen Abzug von 224,5 M. noch 16 146,5 M. Wie ein Vergleich der in der Anlage für 1869 und 1874 angegebenen Zahlen erweist, beruhte also bei allen Beamtenkategorien der 1874 gegen 1869 sich ergebende Mehrbedarf ganz überwiegend oder sogar ausschliesslich auf dieser allgemeinen Besoldungsaufbesserung; nur die Bureau- und Kanzleibeamten machen eine Ausnahme, da auch ihre Zahl 1874 sehr namhaft vermehrt worden war. Von nun an bis zur Ersetzung der Appellationsgerichte durch die heutigen Oberlandesgerichte erfuhr, wie aus der Anlage zu ersehen ist, der Besoldungsbedarf eine erheblichere Vermehrung nur noch 1876 für die Bureaubeamten durch Errichtung neuer Stellen. Dagegen treten die ca. 400 000 M. betragenden Wohnungsgeldzuschüsse hinzu.

§ 99. Von den **„Anderen persönlichen Ausgaben“** waren 1849 bestimmt zu: 1. Dispositionsfonds der einzelnen Obergerichte 339 823 M., 2. Remuneration der unbesoldeten Obergerichts-Assessoren 75 000 M., 3. etwaigen Mehrausgaben bei der Justizverwaltung in der Provinz Posen 3 000 und 4. Unterstützungen für Referendare und Auskultatoren, welche die polnische Sprache erlernen und in der Provinz Posen angestellt werden wollen, insbesondere auch zur Unterstützung von Referendarien und Auskultatoren polnischer Abkunft 9 000 M. Aus Anlass der Umgestaltung der Gerichte wurde der Fonds unter Nr. 2 auf 30 000 M. beschränkt, der zu 3 gestrichen, der zu 4 auf die Untergerichte übertragen und der Betrag der Dispositionsfonds auf wenig mehr als die Hälfte reduzirt. Von jenen 30 000 M. wurden 1851 3 000 M. für Hülfsarbeiter bei den rheinischen Obergerichten abgezweigt, von den übrigen 27 000 M. 15 000 für Vertretung von Appellationsgerichtsräthen und 12 000 M. für Hülfsarbeiter bei den Oberstaatsanwaltschaften bestimmt. Nach den 1855 zum ersten Male in einer den späteren Etats entsprechenden Weise aufgestellten Erläuterungen zum Etat dienten damals 1. zur Remuneration der Abtheilungsdirigenten 7 950, und für Vertretung der Präsidenten 1 800 M., 2. zur Entschädigung für weggefallene Emolumente 2 400, 3. zur Remunerirung von 68 Bureaugehülfen 55 170 M., 4. zu derjenigen von 20 Hülfsboten 8 694, 5. zu extraordinärer Aushülfe in Abwesenheits- und Krankheitsfällen der etatsmässigen Subaltern- und Unterbeamten 11 250, 6. für 79 Kanzleidiätarien 64 800, 7. für Hülfsschreiber 40 950, 8. zu Unterstützungen an Subaltern- und Unterbeamte 19 500, 9. zur Stellvertretung der Räthe bei Abwesenheit oder Krankheit 12 000, 10. für Gehülfen der Oberstaatsanwälte 6 000 und 11. für Bureaupersonal derselben 26 910 M. Bis 1859 nahmen besonders die Fonds für die Hülfskräfte im Bureaudienst der Gerichte und Oberstaatsanwälte, für Kanzleidiätarien und Hülfsschreiber zu, wogegen derjenige für Hülfsboten auf 3 000 M. reduzirt wurde, insbesondere wegen Uebertragung der Löhne für Heizer und dergleichen auf sächliche Fonds; die Steigerung des Bedarfs für Bureaugehülfen und Hülfsschreiber hatte zum Theil ja in Vermehrung des Personals, hauptsächlich aber in der 1859 erfolgten Erhöhung ihrer Bezüge von 810 auf 900 bezw. von 450 auf 540 M. ihren Grund, der Mehrbedarf für Kanzleidiätarien hauptsächlich in der Vermehrung derselben auf 86. Auch der Remunerations- und Unterstützungsfonds wurde 1859 auf 32 700 M. erhöht, und er hat, um dies vorwegzunehmen, später nur noch durch den Hinzutritt der

Appellationsgerichte in Kiel, Kassel und Wiesbaden eine Erhöhung um 4 500 M. erfahren. Auch bei den übrigen Posten treten grössere Erhöhungen erst durch den Hinzutritt jener drei Gerichte ein, auf die von den in der Anl. CVIII für 1869 angegebenen Zahlen, abgesehen von den gedachten 4 500 M., noch 28 950 M. entfallen.

Bei der durch das Oberrechnungskammergesetz 1873 gebotenen Umgestaltung des Etats wurden die „Andere persönlichen Ausgaben“ in folgende Titel mit der in Paranthese angegebenen Dotation getheilt: Tit. 10 Lokalzulagen (1 800 M.) für Oberstaatsanwalt, Staatsanwälte und Kassen- und Rechnungsrevisor beim Kammergericht, Tit. 11: zur Remunerirung der Abtheilungsdirigenten (10 800 M.), Tit. 12: Prüfungsgebühren (8 310 M.), von den Besoldungen übernommen und durch die entsprechende Einnahme gedeckt, Tit. 13: zur Vertretung der Appellationsgerichtsräthe in Abwesenheits- und Krankheitsfällen (19 650 M.), Tit. 14: für Gehülfen der Oberstaatsanwälte (6 750 M.), Tit. 15: zur Remunerirung von Hülfsarbeitern im Bureau-, Kanzlei- und Unterbeamtendienste (347 025 M.) und Tit. 16: zu ausserordentlichen Remunerationen und Unterstützungen für Subaltern- und Unterbeamten (37 200 M.). Von diesen Titeln behielten 10, 14 und 16 bis 1879 dieselbe Dotation, während 12 im Etat für 1876 nach der Fraktur der Jahre 1872—1874 auf 10 790 M. erhöht wurde. Der Tit. 10 kam 1875 durch Uebertragung der pensionsfähigen Lokalzulagen auf die entsprechenden Besoldungstitel in Wegfall, und dem Tit. 13, seit 1875 12, trat nur seit 1878/79 eine künftig wegfallende Entschädigung hinzu, welche ein als Appellationsgerichtsrath nach Kiel versetzter bisheriger Kreisrichter in Altona als Ersatz früherer Dienstbezüge bisher aus dem Kapitel „Gerichte I. Instanz“ bezogen hatte. Nur der Tit. 15, später 14, für Hülfsarbeiter erfuhr bis 1879 noch wiederholt Veränderungen in seiner Dotation. Mit Rücksicht auf die Errichtung neuer etatsmässiger Stellen wurde 1874 die Zahl der Bureau- und Kanzleidiätarien von 91 auf 84 und von 100 auf 51 herabgesetzt. Andererseits aber erfolgte gleichzeitig eine Erhöhung ihrer 1870 auf 1 050, 1873 auf 1 350 M. aufgebesserten Durchschnittsdiäten auf 1 500 M. Infolgedessen und wegen gleichzeitiger Aufbesserung der Hülfsboten und Verstärkung des Lohnschreiberfonds sank der Bedarf nicht um die vollen Diäten der eingezogenen Diätarienstellen, sondern nur um 54 435 auf 292 590 M. Hingegen erfuhr er wegen eines Mehrbedarfes von Bureaugehülfen und einem Hülfsboten bei gleichzeitiger Beschränkung des Hülfsschreiberfonds 1876 eine Verstärkung um 5 690 M.

§ 100. Die **„Sächlichen Ausgaben“**, die 1849 insgesammt 297 672 M. betragen hatten, wurden in den Beilagen zum Etat für 1855 wie folgt spezifizirt: 1. Für die Obergerichte, a) Schreibmaterialien, Drucksachen, Holz, Licht, Utensilien, Bibliothek und Insgemein 147 810 M., b) Justizvisitationskosten 36 570 M., 2. Für die Oberstaatsanwälte: a) Bureaukosten 5 280 M., b) Kosten der Revisionsreisen 9 375 M. Hieran änderte sich erst 1859 etwas insofern, als die Ziffer 1a auf 154 431 M. erhöht wurde, wovon aber schon 1860 wieder 2 190 M. in Abgang kamen. Nach mehrfachen Ab- und Zusetzungen stellte sich schliesslich seit 1865 diese Position auf 151 590 M., während von den übrigen nur 2b eine Aenderung durch Kürzung um 330 M. erfuhr.

Für die Appellationsgerichte in Kiel, Kassel und Wiesbaden wurden die entsprechenden Bedarfe 1868 auf 22 009 (1869 6 M. mehr), 6 090, 720 und 1 575 M. bemessen. 1871 wurden von den Bureaukosten der altländischen Gerichte 2 700 M. als entbehrlich gekürzt, von denen der neuen 73 M., dagegen für Bureaukosten und Revisionsreisen der neuen Oberstaatsanwälte 180 bezw. 300 M. mehr eingestellt. Der Etat für 1873 brachte für die alt- und neuländischen Appellationsgerichte einschliesslich der Staatsanwaltschaften aus an Bureaubedürfnissen einschliesslich Visitations- und Revisionsreisen in Tit. 17: 175 044 M. und „zu vermischten Ausgaben“ in Tit. 18: 47 236 M. Aber schon im nächsten Etat wurden die Kosten der Visitations- und Reisekosten unter durch das Diäten- und Reisekostenges. v. 24. März 1873 gebotener Verstärkung der Mittel um 15 675 M. in einen besonderen Titel verwiesen und hier mit 480 M. bisher aus Fonds des Kultusministeriums bestrittenen Diäten und Tagegeldern für die an den ersten juristischen Prüfungen in Naumburg und Kassel theilnehmenden Hallenser und Marburger Rechtslehrer vereinigt.

1875 wurden die Kosten für Reinigung der Schornsteine mit 4 890 M. dem Titel für vermischte Ausgaben ab- und auf das Kapitel „Unterhaltung der Justizgebäude“ übernommen. Im nächsten Jahre erfuhren alle drei Titel der sächlichen Ausgaben namhafte Erhöhungen, die Bureaubedürfnisse auf 136 835, d. i. um 12 116 M., die Visitations- u. s. w. Reisekosten um 13 340 auf 79 820 und die vermischten Ausgaben um 3 729 auf 45 975 M. Anlass hierzu gab die damalige allgemeine, sich auch auf Druck- und Schreib- sowie Feuerungsmaterialien und Utensilien, ja auch auf Bücher erstreckende Steigerung der Preise wie auch der Arbeitslöhne sowie die Unmöglichkeit, mit den bisher ausgeworfenen Mitteln Visitations- und Revisionsreisen in dem wünschenswerthen Umfange auszuführen und für die Bibliotheken der Gerichte grössere wissenschaftliche Werke anzukaufen. In den letzten Jahren bis zum 1. Okt. 1879 trat dann nur noch eine Umstellung im Etat ein, indem 1877/78 7 500 M. Kosten des Aktenheftens von den vermischten Ausgaben auf den Bureaubedürfnissfonds übertragen wurden.

B. Im Geltungsbereiche des Rheinischen Rechtes.

§ 101. Bei den Gerichten im Departement Cöln traten Umgestaltungen wie sie die Verordn. v. 2. Jan. 1849 brachte, wie wir gesehen haben, nicht ein. Dementsprechend blieb auch der Geldbedarf für die dortigen Obergerichte von so plötzlichen und erheblichen Veränderungen wie in den übrigen Provinzen verschont. Für die Präsidenten stieg der **Besoldungsbedarf,** wie die Anlage CVIII zeigt, von 1849 bis 1859 nur um wenige 1000 M., von 127 500 M. auf 132 000 M., theils durch Stellenvermehrungen infolge Errichtung des Landgerichtes in Bonn, theils durch einzelne Gehaltserhöhungen, wogegen Aussterbegehälter wegfielen. Für die Räthe des Appellationsgerichtshofes, die Räthe und Assessoren der Landgerichte waren 1859 ausgeworfen 336 900 M. gegen 295 200 M. 1849. In der Hauptsache entstand das Mehr durch Erhöhung der Gehälter der Landgerichtsräthe (1859), Umwandlung von Assessoren- in Rathsstellen und Errichtung einiger neuen Stellen. Für die Beamten der Staatsanwaltschaft waren 1849 ausgebracht 138 000 M., 1859 149 700 M., also ein Mehr von 11 700 M., das seinen Grund in einer Vermehrung der Beamten hatte.

Auch der Besoldungsbedarf für Subalternbeamte erfuhr in den 50er Jahren nur eine Steigerung um noch nicht 6000 M., von 150 440 auf 156 264 M., trotz namhafter Gehaltserhöhungen; freilich war die Beschränkung des Mehrbedarfs auf diese geringe Summe nur möglich infolge Verminderung der Stellenzahl und Rückgang der in dem Besoldungsbedarf enthaltenen Gerichtsschreibereigebühren; an letzteren wurden 1859 nach der Fraktur von 1855—1857 nur rd. 70 000 M. gegen rd. 88 000 M. im Jahre zuvor eingestellt.

Bedeutender war die Steigerung der Besoldungsausgaben in den 60er Jahren: die in diesem Zeitraum bei so gut wie allen Beamtenkategorien nach und nach eintretenden Gehaltserhöhungen führten neben einigen wenigen Stellenvermehrungen und einer Erhöhung des Aufkommens an Gerichtsschreibergebühren auf nahezu 90 000 M. zu einer Sollausgabe von 32 700 + 114 600 M. für die Präsidenten, 126 000 + 240 600 M. für die Räthe und Assessoren, 153 600 M. für die Staatsanwaltschaft und 178 200 M. für dle Subalternen. Nach einigen geringfügigeren Ausgabesteigerungen 1870 und 1871 verursachte die allgemeine Besoldungsaufbesserung von 1872 solche von 21 300 M. für die Präsidenten und Räthe des Appellhofes — seit 1873 erscheinen die Besoldungen der Mitglieder des Appellhofs einerseits, der Landgerichte andererseits im Etat vereinigt —, 89 700 M. für die Präsidenten und Richter der Landgerichte, 22 200 M. für die Beamten der Staatsanwaltschaft, 5 850 M., wozu 1873 noch 14 100 M. traten, für die Subalternen. Einzelne neue Stellen und Gehaltsaufbesserungen verursachten auch 1874 wieder geringe Mehransätze, während 1875 neben 134 724 M. Wohnungsgeldzuschüssen durch definitive Anstellung der Kastellane und Kanzleidiener ein neuer Besoldungstitel von 16 650 M. gegen Wegfall einer gleichen Summe bei den Remunerationsfonds hinzutrat. Bis zur Justizreform kamen dann noch Gehälter für einige neue Stellen hinzu, und 1877/78 wurden die Gerichtsschreibergebühren nach der Fraktur von 1873/75 um 11 460 M. höher angesetzt. So ergaben sich für 1879/80 an Besoldungen für die Mitglieder des Appellhofes 180 600, für diejenigen der Landgerichte 457 800, für die Staatsanwaltschaft 179 100, für die Subalternen 215 160, für die Unterbeamten 16 650 und an Wohnungsgeldzuschüssen 136 548 M.

§ 102. Für **„Andere persönliche Ausgaben“** waren 1849 insgesammt ausgeworfen 33 210 M. Nach vorübergehender Verminderung war der Bedarf 1859 bis auf 43 200 M. gestiegen, nämlich 3 000 M. Remunerationen für die „Assisen-Präsidenten“, d. i. die vorsitzenden Richter bei den Schwurgerichten (300 M. für jede Tagung), 5 100 M. (300 M. für jeden) Remunerationen für die Instruktions-(Untersuchuugs-) Richter, 3 000 M. für ausserordentliche Hülfsarbeiter, 2 700 M. und 9 600 M. für einen Präsidial-Sekretär beim Appellhof, Hülfsaktuarien und Subalterngehülfen im Parket,[1]) 11 400 M. für Kanzleidiener und Kastellane und 2 400 M. zur Unterstützung von Subaltern- und Unterbeamten. Der Fonds für die Assisenpräsidenten blieb bis zur Justizreform von 1879 unverändert, und derjenige für die Instruktionsrichter änderte sich nur mit deren Zahl, die vor 1859 16, 1859—1872 17, 1873—1876 19, dann 18 betrug. Die Hülfsarbeiterfonds wurden allmählich erhöht, sodass sie 1873, wo sie in einen Etatstitel vereinigt wurden, 44 490 M. betrugen, während der Unterstützungsfonds seit 1862 bis 1879/80 auf 3 000 M. bemessen wurde. Der Hülfsarbeiterfonds wurde 1874 in zwei Titel zerlegt, indem 7 800 M. für Hülfsarbeiter „bei ausserordentlicher Geschäftsanhäufung sowie in Abwesenheits- und Krankheitsfällen etatsmässiger Beamten“ abgezweigt wurden. Gleichzeitig erfuhr der verbleibende allgemeine Hülfsarbeiterfonds behufs Erhöhung der Diäten für Bureaugehülfen um je 150 M. eine Verstärkung um 2 400 M. Im nächsten Jahre erfolgte wegen der im vorigen Paragraphen erwähnten etatsmässigen Anstellung von Unterbeamten seine Kürzung um die dort erwähnten 16 500 M., und 1876 schrumpfte er auf 8 940 M. zusammen, weil eine etatsmässige Präsidialsekretärstelle geschaffen und die Ausgaben für Subalterngehülfen im Parket unter die Bureaukosten versetzt wurden. Dagegen wurden nun die Hebegebühren der Steuerempfänger für Einziehung der Gerichtskosten und Gerichtsvollziehergebühren (8 Proz.), die bisher unrichtigerweise bei den „Kriminalkosten“ in Ausgabe gestellt waren, nun mit 19 200 M. als besonderer Titel unter die persönlichen Ausgaben aufgenommen.

§ 103. Die **„Sächlichen Ausgaben“** stellten sich nach dem Etat für 1849 auf rd. 43 000 M. und stiegen bald auf rd. 48 450 M. (rd. 45 000 M. Bureau- und 3 450 M. Justiz-Visitationskosten). 1859 wurden nach der Fraktur 1855–57 von den Bureaukosten 1 356 M. ab-

[1]) D. h. für den Dienst bei dem erkennenden Gerichtshof und der Staatsanwaltschaft.

gesetzt. Doch mussten die Bureaukosten bald wieder erhöht werden, wogegen der Visitationskostenfonds beschnitten wurde. Im Etat für 1874 wurden drei besondere Titel gebildet: Bureaubedürfnisse 41 640, Visitationskosten und Diäten und Reisekosten der Universitätslehrer für Theilnahme an den ersten juristischen Prüfungen 4 470 und Reinigungs-, Heizungs- und vermischte Kosten 9 990 M.; gegen das Vorjahr bedeutete das eine Mehrausgabe von 2 110 M., indem die Visitationskosten mit Rücksicht auf das Tagegelder- und Reisekostengesetz v. 24. März 1873 um 1 245 M. höher angesetzt wurden, die Ausgaben für die Universitätslehrer mit 270 M. aus dem Kultusetat übernommen und für die Reinigungs- und sonstigen Ausgaben 3 655 M. Mehrbedarf eingestellt, hiervon jedoch 3 060 M. durch Minderbedarf an Bureaukosten gedeckt wurden. Die Bureaukosten wurden in der Hauptsache aus dem im vorigen Paragraphen erwähnten Grunde 1876 auf 59 530 M. erhöht und erfuhren dann wegen Unzulänglichkeit 1877/78 eine Verstärkung um 1 650 M. Der Titel „Justizvisitationskosten u. s. w." aber wurde 1876 um 9 000 M. Reisekosten der Präsidenten, Beisitzer und Geschworenen der Schwurgerichte, die bisher bei den Kriminalkosten verrechnet waren, und 1877/78 nochmals um 1 350 M. verstärkt, wohingegen der letzte Titel auf 7 882 M. reduzirt wurde, da die Kosten der Schornsteinreinigung auf die Gebäudeunterhaltungsfonds übergingen.

C. In der Provinz Hannover.

§ 104. Die Ausgaben für das Appellationsgericht in Celle und die Obergerichte in dessen Bezirk wurden nach der Einverleibung reichlich hoch bemessen. Die **Besoldungen** stellten sich 1868 auf 967 559 M. Davon kamen auf die Präsidenten und Räthe des Appellationsgerichts und den Kronoberanwalt 172 800 M., auf die Präsidenten und Räthe der Obergerichte 584 100 M., auf Zulagen für die bei der Kronoberanwaltschaft und bei den Kronanwaltschaften fungirenden Richter und Assessoren 24 000 M., auf Subalterne 142 530 und auf die Gerichtsvögte — einschliesslich Aufrufgebühren — 44 129 M. Durch Einziehung einiger entbehrlicher Stellen hatte sich der Besoldungsbedarf bis 1872 auf rd. 954 000 M. verringert, als die allgemeine Besoldungsaufbesserung ein Mehr von rd. 26 320 M. bedingte, dem indess eine weitere Ersparniss von 11 100 M. erledigten Aussterbegehältern gegenüberstand; auch wurden nunmehr die 24 000 M. Zulagen für die Beamten der Kronanwaltschaft unter die „anderen persönlichen Ausgaben" versetzt. Dagegen traten im Etat für 1875 an Wohnunggeldzuschüssen 110 364 M. hinzu. In der Folgezeit stieg der Besoldungsbedarf für die höheren Beamten des Appellationsgerichts 1875 auf 156 600 M. infolge Gewährung einer Miethsentschädigung an den Chefpräsidenten und einer Gehaltszulage an den Kronoberanwalt, blieb dann aber bis zur Justizreform stabil auf dieser Höhe. Für die Präsidenten und Richter der Obergerichte verminderte sich der Bedarf 1876 durch Auflösung des Obergerichts in Meppen auf 576 600 und 1877/78 durch Wegfall eines Aussterbegehalts um weitere 300 M. Für Subaltern- und Kanzleipersonal trat dagegen auch nach der allgemeinen Besoldungsaufbesserung von 1872 ein wenn auch geringer Mehrbedarf hervor, hauptsächlich (1877/78) durch Umwandlung einiger Stellen in höher dotirte, Errichtung einer neuen Stelle und Steigen der Emolumente („Prozentgelder“) der Beamten, wogegen die Einziehung einer Stelle und Minderbedarf an Entschädigungen für Wegfall der Aufrufgebühren eine Reduktion der Aufwendungen für die Gerichtsvögte zuliess (1877/78). So stellte sich der Besoldungsbedarf für die Subalternen — einschliesslich des Vorstandes des Rechnungsbureaus — seit 1877/78 auf 107 770, für die Gerichtsvögte auf 40 620 M. Die Wohnungsgeldzuschüsse stiegen durch die erwähnten Massnahmen auf 111 672 M.

§ 105. An **„Anderen persönlichen Ausgaben“** wurden 1868 ausgeworfen: 1. „Zur Stellvertretung der Räthe des Appellationsgerichtes“ 720 M., 2. „Zur Stellvertretung der Obergerichtsräthe und Beamten der Kronanwaltschaft“ 5 700 M., 3. „Zu extraordinärer Aushülfe in Abwesenheits- und Krankheitsfällen der Subaltern- und Unterbeamten“ 1 500 M., 4. „Für Hülfsschreiber“ 49 440 M., 5. „Zu extraordinären Remunerationen und Unterstützungen für Subaltern- und Unterbeamte“ 5 100 M., zusammen also 62 460 M. Der zuletzt genannte Fonds von 5 100 M. blieb bis zur Justizreform unverändert. Der unter No. 2 wurde 1871 auf 2 400, der unter No. 4 auf 43 500 M. reduzirt, dagegen der unter No. 3 auf 8 700 M. erhöht. Nach dem neuen Etatsschema wurden 1873 die dergestalt bemessenen Fonds No. 1 und 2 mit den im vorigen Paragraphen erwähnten 24 000 M. Zulagen für die Kronanwälte zu einem Titel vereinigt, ebenso die unter No. 3 und 4, diese jedoch unter Verstärkung um 20 850 M. zum Zwecke der Gewährung von Funktionszulagen für die bei der Kronoberanwaltschaft und den Kronanwaltschaften beschäftigten Kanzlei-Expedienten und -Gehülfen, von höheren Diätensätzen an die Hülfsarbeiter im Subalterndienst und von höheren Kopialien sowie behufs Annahme eines weiteren Gehülfen im Rechnungsbureau. Schon 1874 erfuhr dieser Titel behufs Aufbesserung der Bezüge eine abermalige Verstärkung von 2 100 M., und 1877/78 wurden ihm theils zu gleichartigem Zwecke, theils behufs Vermehrung des Personals weitere 3 900 M. zugeführt, sodass er nun mit 79 050 M. ausgestattet war und dies bis zur Umgestaltung der Gerichte blieb. Die 24 000 M. für die Beamten der Kronanwaltschaft wurden 1877/78 in einen besonderen Titel versetzt, der verbleibende Fonds zur Vertretung der Richter etc. aber von 3 120 auf 9 720 M. erhöht.

§ 106. In der Höhe der **„Sächlichen Ausgaben“** bestand zwischen den Etats für 1868 und 1879/80 ein sehr geringer Unterschied: 69 510 zu 72 980 M.; doch war inzwischen, 1871, auf Grund der wirklichen Ausgaben eine Kürzung auf 65 010, 1872 auf 63 270 und 1873 auf 60 864 M. erfolgt. Letztere 60 864 M. wurden 1873 auf zwei Titel vertheilt, aus deren ersterem, mit 42 000 M. dotirten, die Bureaubedürfnisse, Visitations- und Inspektionsreisen und Ausgaben der Prüfungskommission, aus deren zweitem (18 864 M.) die „vermischten Ausgaben" zu bestreiten waren. Im nächsten Jahre wurde eine der im § 103 erwähnten entsprechende Dreitheilung beliebt, wobei ausgeworfen wurden für Bureaubedürfnisse 42 360, für die Reisen 7200 und für Reinigung, Heizung und sonstige Ausgaben 11 118 M. Dieser letzte Titel wurde indess 1878 aus dem am Schlusse des § 103 erwähnten Grunde um 1854 M. gekürzt. Dagegen erfuhr 1876 der erste Titel zu Bibliothekzwecken eine Verstärkung um 1 000 M., der zweite eine solche um 6 000 M. für Reisen der Präsidenten etc. der Schwurgerichte aus dem bisherigen Kriminalkostenfonds, und im nächsten Jahre mussten auf Grund der gestiegenen Bedürfnisse alle drei Titel namhaft, auf 46 710, 14 700 und 11 570 M. verstärkt werden, bei welchen Ansätzen es nun verblieb.

D. In Frankfurt a. M.

§ 107. Bei dem kleinen Appellationsgericht in Frankfurt a. M. bewegte sich der **Besoldungsbedarf** bis 1875 mit ganz geringen Schwankungen um 69 000 M. und stieg 1874 infolge Aufbesserung des Präsidenten auf rd. 73 700 M., 1875 durch andere Gehaltsaufbesserungen und Vermehrung der Beamten auf 81 750 M., wozu nun 11 760 M. Wohnungsgeldzuschüsse traten. Im Wesentlichen die Anstellung eines Staatsanwaltsgehülfen 1878/79 war der Anlass, dass seitdem der Besoldungsbedarf sich auf 85 864 stellte, während die Wohnungsgeldzuschüsse aus diesem Anlass auf 12 660 M. stiegen.

§ 108. „Andere persönliche Ausgaben" wurden 1868 nur 600 M. ausgebracht, davon 360 M. für Aushülfe bei Geschäftshäufung, Abwesenheits- und Krankheitsfällen und 240 M. zur Unterstützuug von Subaltern- und Unterbeamten. Die erste Post, seit 1873 wie die letztere je einen Titel bildend, wurde wegen Unzulänglichkeit und der Nothwendigkeit der Annahme eines Kanzleidiätars für die Staatsanwaltschaft 1873 auf 2 400, dann 1874 auf 2 550 und endlich 1876 auf 2700 M., die andere 1876 auf 400 M. erhöht.

§ 109. Sächliche Ausgaben wies der Etat für 1868 auf rund 6 677 M. auf, wovon aber 1872 rd. 1 841 M. und 1873 rd. 388 M. als entbehrlich gekürzt wurden. Von den verbleibenden rd. 4 449 M. wurden 1873 zugewiesen dem Titel „Bureaubedürfnisse" 3 210 und dem Titel „Vermischte Ausgaben" rd. 1 239 M. Der letztere Titel behielt in der Folge diese Höhe, abgesehen von nicht nennenswerthen, durch die Abrundung bedingten Differenzen, unverändert bei, während der erstere seit 1876 mit 3790 M. dotirt wurde.

III. Kapitel.

Die Gerichte erster Instanz bis 1. Oktober 1879.

A. Im Geltungsbereiche der Verordnungen vom 2. Januar 1849 und 26. Juni 1867.

§ 110. Der Einfluss, den die Verordn. v. 2. Jan. 1849 auf die Ausgaben für die Untergerichte ausübte, war, da sie die Patrimonialgerichte durch staatliche ersetzte, natürlich der umgekehrte wie auf die Ausgaben für die Obergerichte, eine gewaltige Steigerung der Ausgaben. Im Jahre 1849 betrugen die Ausgaben für die Untergerichte ausserhalb des Rheinischen Rechtsgebietes ausschliesslich der Kriminalkosten rd. 11 749 600 M., worunter sich befanden rund 8 727 500 M. Besoldungen, 1 817 200 M. andere persönliche Ausgaben („Dispositionsfonds") und der Rest sächliche Ausgaben; im nächsten Jahre traten hinzu an Mehrausgaben für Besoldungen der Richter rd. 2 023 500 M., der Subalternen rd. 2 284 850 M., der Unterbeamten rd. 729 550 M. und der Staatsanwälte 505 500 M. sowie für Dispositionsfonds rd. 1 436 500 M., wogegen im Wesentlichen nur eine Minderausgabe von rd. 576 000 M. bei den „Sächlichen Kosten" zu verzeichnen war. Die Reform kostete also fast 6,3 Mill. M., abgesehen von der Steigerung der Kriminalkosten. Allerdings wurden 1851 ca. 327 000 M. als entbehrlich durch Kürzung verschiedener Posten, davon ca. 70000 M. für die Staatsanwaltschaften, wieder abgesetzt. Aber 1852 mussten ca. 404 500 M. sächliche Ausgaben mehr eingestellt werden, die durch Ersparnisse bei den persönlichen bis auf rd. 141 650 M. wieder eingebracht wurden. Nach den Anlagen zum Etat für 1853 beliefen sich 1852 die

Besoldungen: der Stadtgerichtpräsidenten, Stadt- und Kreisgerichtsdirektoren auf 991 200, Stadt- und Kreisrichter 5 134 455, Staatsanwälte und Staatsanwaltsgehülfen 459 300, Subalternbeamten (einschliesslich Emolumente) 5 147 461, Unterbeamten 1 722 727 M.; Dispositionsfonds, und zwar die Remunerationen der Abtheilungs- und Gerichtsdeputations-Dirigenten auf 62 400, Kassenkuratoren 4050, Hilfsrichter 94 350, Entschädigung früherer Patrimonialrichter 28 500, Ausgaben für Bureaugehülfen und Hülfsarbeiter 1 369 245, Ausgaben für Schreibgehülfen 1 276 962, Pferdeunterhaltungsgelder für Boten 64 755, Unterstützungen für Subaltern- und Unterbeamte 42 150, Unterstützungen von Auskultatoren und und Referendarien polnischer Abkunft, und in Ermangelung solcher Bewerber, für Auskultatoren und Referendarien deutscher Abkunft, welche die polnische Sprache erlernen wollen 3000, persönliche Zulagen für richterliche Beamte deutscher Abkunft, welche der polnischen Sprache mündlich und schriftlich mächtig sind, für die Dauer ihrer Anstellung in Posen 6000, Remunerationen für Dolmetscher der polnischen und litthauischen Sprache 7500, Ausgaben für das Bureaupersonal der Staatsanwaltschaft 162 600, Fonds zu Mehrausgaben für dasselbe 24 000, Ausgaben für Gehülfen der Staatsanwälte 2010 M.; die sächlichen und vermischten Ausgaben, und zwar bei den Gerichten auf 2 118 705, für die Staatsanwälte: Bureaukosten 30 060, Diäten und Reisekosten 40 500, zu Mehrausgaben an Bureaukosten 4500 M.

Als besonders zu Buche schlagend seien aus den im weiteren Verlaufe der 50er Jahre erfolgten Verstärkungen dieser Positionen hervorgehoben: im Etat für 1854 162 300 M. zu Gehaltserhöhungen der Kreisrichter und 21 840 M. zur Erhöhung der Pferdeunterhaltungsgelder der Boten beim Berliner Stadtgerichte von 240 auf 360 M., bei anderen Gerichten von 225 auf 300 M., im Etat für 1855 93 609 M. für neue Richterstellen und zur Ergänzung von Normalgehältern von Richtern und 163 470 M. für Subalternbeamtenstellen und Ergänzung der Normalgehälter solcher, 14 400 M. Dolmetscherzulagen für Bureauassistenten, 113 766 M. Mehrbetrag der den Beamten zufliessenden Kalkulaturgebühren, 193 578 M. zur Vermehrung und Gehaltsaufbesserung der Gefängnissbeamten, 63 636 M. zur Vermehrung und Aufbesserung der Hülfsboten, 256 710 M. zur Erhöhung der Fonds für Kanzleidiätarien und Lohnschreiber, 73 050 M. zu Gratifikationen an die Salarienkassen-Rendanten und Exekutoren aus 10 Proz. der Mehreinnahmen an Gerichtskosten, 84 690 M. zur Verstärkung der sächlichen Ausgaben der Gerichte und 15 075 M. zu derjenigen des Reisekostenfonds der Staatsanwaltschaft, im Etat für 1857 37 230 M. für 64 neue Gefängnissbeamte, in demjenigen für 1858 29 940 M. zur Aufbesserung der Gefangenwärter, 191 820 M. zu derjenigen der Boten und Exekutoren, 14 400 M. zu Lokalzulagen für Unterbeamte bei Kreisgerichten in Städten mit mindestens 20 000 Einwohnern, 17 310 M. zur Aufbesserung der Hülfsboten, 43 380 M. zur Erhöhung der Pferdeunterhaltungskosten von 360 und 300 auf 450 M. und 177 000 M. nach den Istausgaben erforderlich gewordene Verstärkung der Bureaukosten der Gerichte, und im Etat für 1859 379 500 M. zur Gehaltsaufbesserung der Richter, 25 200 M. zur Verstärkung des Lokalzulagefonds für dieselben, 201 057 und 298 602 M. überwiegend zu Gehaltsaufbesserungen der Bureau-, Kassen- und Kanzleibeamten, 59 868 M. Mehrbetrag der Kalkulaturgebühren, 103 890 M. zur Erhöhung der Diäten der Bureaugehülfen bei den Stadtgerichten von 810 auf 900 M. und bei den Kreisgerichten von 690 auf 750 M. im Durchschnitt, 156 468 M. zur Verstärkung des Lohnschreiber-, 39 600 M. zu derjenigen des Unterstützungsfonds sowie 97 266 M. zu derjenigen des Bureaubedürfnissfonds der Gerichte.

Diesen starken Ausgabesteigerungen standen Minderausgeben in nicht annähernd gleichem Umfange gegenüber. Die im Einzelnen erheblichsten Ersparnisse erwuchsen 1853 mit 25 644 M. durch Einziehung von Richter- und Subalternstellen und mit 9 270 M. durch Minderbedarf an Bureaukosten, 1855 mit 23 169 M. durch Absetzung des Werthes freier Wohnungen und mit 12 870 M. durch Verminderung des Bureaupersonals der Staatsanwaltschaften, 1858 mit 10 794, 31 158 und 42 327 M. durch Erledigung von Aussterbegehältern von Richtern, Subalternbeamten I. und II. Klasse und 1859 mit 88 560 M. für Kanzleidiätarien infolge Fundirung etatsmässiger Stellen.

§ 111. Infolge der in ihren finanziell markantesten Vorgängen im vorigen Paragraphen gekennzeichneten Entwickelung in den 50er

Jahren bot der Etat der Untergerichte ausserhalb des Cölner Departements 1859 folgendes Bild:

Besoldungen rd. 15,523 Mill. M., nämlich Präsidenten und Direktoren 993 000, Richter 5 730 660, und zu Lokalzulagen für dieselben in Städten mit über 20 000 Einwohnern 46 800, sowie als Zulagen für zwei Elbzollrichter 900, Staatsanwälte und Staatsanwaltsgehülfen 449 100, Häuseradministrationsinspektor 3 600, Bureau- und Kassenbeamte I. Klasse 3 946 479, desgl. II. Klasse 1 709 472, Dolmetscherzulagen 15 000, Kalkulaturgebühren 423 915, Gefängnissinspektoren 40 950, Gefängnissoberaufseher 36 465, Gefangenwärter 293 133, Boten und Exekutoren 1 816 132, Lokalzulagen für Gefängnissoberaufseher, Gefangenwärter, Boten und Exekutoren in Orten mit über 20 000 Einwohnern 16 500 M.

Dispositionsfonds rd. 3,898 Mill. M. und zwar: Remunerationen der Abtheilungsdirigenten 62 700, desgl. der Dirigenten der ständigen Gerichtsdeputation 12 900, desgl. der Kassenkuratoren bei den Stadtgerichten 3 450, für Hülfsrichter 16 350, Entschädigung früherer Patrimonialrichter 28 500, für Bureau- und Kassengehülfen 1 286 400, für Hülfsgefangenwärter 42 606, für Hülfsboten 125 040, für Kanzleidiätarien 71 100, für Hülfsschreiber 1 590 240, Pferdeunterhaltungsgelder für Boten 130 500, Gratifikationen der Salarienkassenbeamten und Exekutoren 73 050, Unterstützungen an Subaltern- und Unterbeamte 84 300, allgemeiner Diätenfonds für Hülfsarbeiter bei ausserordentlicher Geschäftshäufung, Abwesenheits- und Krankheitsfällen der etatsmässigen Beamten 162 000, Unterstützungen polnischer Auskultatoren und Referendarien 3 000, Zulagen an des Polnischen mächtige Richter in Posen 6 000, Gehülfen der Staatsanwälte 30 000, Bureaupersonal der Staatsanwaltschaft 159 720, zu Mehrausgaben beim allgemeinen Diäten- und beim Kanzleifonds 10 500 M.

Sächliche Ausgaben rd. 2,556 Mill. M., davon für die Gerichte 2 468 391 und für die Staatsanwälte zu Bureaukosten 27 180, zu Diäten und Reisekosten 60 075 M.

§ 112. Bis zum Jahre 1867 war der **Besoldungsbedarf** auf 17 215 354 M. gestiegen, und zwar für Präsidenten und Direktoren durch Gehaltsaufbesserung auf 1 076 400 M., für Richter hauptsächlich durch Stellenvermehrung auf 6 422 130 M., für Bureaubeamte I. Klasse aus demselben Grunde auf 4 136 733 M. und für solche II. Klasse ebenfalls aus demselben Grunde auf 2 033 916 M., für Gefängnissinspektoren durch Stellenvermehrung auf 45 600 M., für Boten und Exekutoren, deren Zahl vermehrt war, auf 2 162 475 M., die Kalkulaturgebühren auf 496 200 M. und der Dolmetscherfonds auf 21 000 M. Die Zahl der Staatsanwälte, Gefängnissoberaufseher und Gefangenwärter war vermindert, sodass der Besoldungsbedarf für sie betrug beziehentlich 450 600 (einschl. 11 400 M. Lokalzulagen in Städten mit über 20000 Einwohnern), 34275 und 262 725 M., und der Häuseradministrationsinspektor empfing nur 3 000 M. Hinzugekommen war ein Fonds von 16 500 M. zur Ausgleichung von Besoldungsverschiedenheiten bei den Subalternen.

Im nächsten Jahre stieg der Besoldungsaufwand, hauptsächlich durch Gehaltsaufbesserung der Gefangenwärter, Boten und Exekutoren aus dem 1867 im Etat des Finanz-Ministeriums eingestellten Fonds, um mehr als 570 000 M. Vor Allem aber kamen jetzt, bis zum Jahre 1872 einschliesslich allerdings in besonderen Etatstiteln die Ausgaben für die Kreis- und Amtsgerichte im Geltungsbereiche der Verordn. v. 26. Juni 1867, d. i. in Schleswig-Holstein und

Hessen-Nassau (ausser Frankfurt a. M.) mit fast 3 Mill. M. hinzu, nämlich für Direktoren 72 600, Richter 951 814, Accessisten in Nassau 25 200, Staatsanwälte und Staatsanwaltsgehülfen 56 700, Sekretäre 1 183 500 (einschl. 648 600 M. Bezügen als Ersatz für die von ihnen zu beschaffende Bureau- und Schreibhülfe), Rendanten 27 600, Kassenkontroleure und Sportelrevisoren 22 500, Gefängnissinspektoren 16 650, Gefangenwärter 28 650, Boten und Exekutoren 338 775 M. und zur Entschädigung der übernommenen Beamten bei Fixirung der von ihnen früher bezogenen Emolumente 270 000 M.

In den nächsten Jahren bis zur allgemeinen Besoldungsaufbesserung von 1872 stieg der Besoldungsbedarf für die alten Landestheile auf 18 809 814 M., während er für die neuen zunächst 1869 auf mehr als 3 Mill. stieg, 1871 aber auf 2,49 Mill. herabgesetzt wurde. Die Ausgabesteigerung in den alten Landestheilen war eine Folge von Vermehrung der Richterstellen und der Gehaltsaufbesserung der Subalternen, während der Minderbedarf für die neuen Landestheile überwiegend mit 648 600 M. nur ein scheinbarer war; es wurden nämlich 1871 die Sekretariatsgebühren zur Staatskasse eingezogen und den Subalternen die Verpflichtung zur Stellung der Bureau- und Schreibhülfe abgenommen, sodass von jenen 648 600 M. 498 000 zur Annahme von Bureau- und Schreibgehülfen bei den Gerichten in die „anderen persönlichen Ausgaben" und 150 600 M. bei den sächlichen Ausgaben eingestellt wurden.

§ 113. Die allgemeine Besoldungsaufbesserung von 1872 beanspruchte für die Stadt-, Kreis- und Amtsgerichte im Geltungsbereich der Verordnungen v. 2. Jan. 1849 und 26. Juni 1867 für Präsidenten und Direktoren 264 900, für die Richter und die neuvorpommerschen Hypothekenamtsvorsteher 2 494 200, für Staatsanwälte und Staatsanwaltsgehülfen 148 200, für Bureaubeamte (einschl. des Häuser-Administrationsinspektors) 1 229 475, für Kanzlisten 47 700, für Gefängnissbeamte mit Ausschluss der Gefangenwärter 22 185, für Boten, Exekutoren und Gefangenwärter 416 655 M. Diese Beträge gingen 1873 aus dem allgemeinen Fonds des Finanz-Ministeriums auf den Justizetat über, und es kamen noch namhafte Beträge für neue Stellen und für einzelne nachträgliche Gehaltsaufbesserungen, allerdings unter Einziehung des Fonds für Gratifikationen an die Kassenbeamten und Exekutoren, hinzu, ebenso die Besoldungen für das Kreisgericht Hechingen (ca. 109 000 M.), sodass sich der Besoldungsbedarf, der nunmehr getrennt für das Stadtgericht Berlin einerseits und für die anderen Gerichte I. Instanz andererseits nachgewiesen wurde, auf 25 665 801 M. stellte.

§ 114. Von dieser Summe von 25 665 801 M. (Etatskap. 79) beanspruchte das Stadtgericht Berlin allein 1 520 220 M. (Tit. 1: Präsidenten, Direktoren und Richter 594 600, Tit. 2: Staatsanwälte und Staatsanwaltsgehülfen 34 800, Tit. 3: Subalterne 583 650, Tit. 4: Kanzlisten 94 650 und Tit. 5: Kastellane, Boten und Exekutoren 212 520 M.), und die rasche Entwicklung Berlins führte in der Folgezeit natürlich dahin, dass der Besoldungsbedarf für sein Stadtgericht in einem ungleich stärkeren Verhältniss stieg, als derjenige für die übrigen Untergerichte. Ausser 1877/78 und 1879/80 verging bis zur Gerichtsorganisation kein Jahr ohne namhafte Mehrforderungen für dasselbe: es wurden bewilligt 1874 zur Umwandlung von 15 Assistenten- in Sekretärstellen 14 700, für 13 neue Kanzlistenstellen — allerdings gegen Wegfall von Diätarienstellen — 24 450 und zur Erhöhung der Funktionszulagen der Exekutoren von 150 auf 300 M. 12 000 M., 1875 für 18 neue Richterstellen 70 200 und für 6 neue Exekutorenstellen 8 280 M., während die Lokalzulagen der Staatsanwälte mit 2 400 M. nur aus den „anderen persönlichen Ausgaben" auf den Besoldungstitel übertragen wurden, 1876 10 neue Richterstellen 39 000 M., zur Gehaltserhöhung für den ersten Staatsanwalt 600, für 6 neue Staatsanwälte 20 700 — unter Kürzung des Fonds für Gehülfen der Staatsanwaltschaft um 9 050 M. —, für Lokalzulagen an die Staatsanwälte 5 100, für 7 Sekretär- und 4 Assistentenstellen 27 300, an Kalkulaturgebühren Mehransatz 5 000 M., für 8 Boten- und 5 Exekutorenstellen 15 540 M., und 1878/79 behufs Umwandlung von 20 Boten- in Exekutorenstellen die Funktionsznlagen mit 6 000 M. So stellte sich bei der Gerichtsorganisation der Besoldungsbedarf für das Berliner Stadtgericht in seinen 5 Titeln auf beziehentlich 703 800, 63 600, 630 650, 119 100 und 254 340, zusammen 1 771 490 M. oder 16½ Proz. mehr als 1873.

§ 115. Bei den übrigen Untergerichten der sämmtlichen Appellationsgerichtsbezirke mit Ausschluss von Cöln, Celle und Frankfurt a. M. betrug die Steigerung der Besoldungsetats ausschliesslich derjenigen der späteren „besonderen" Gefängnisse von 1873 bis 1879/80 nur 490 343 M. (von 24 076 686 auf 24 567 029 M.), d. i. nur reichlich 2 Proz. Vorzugsweise beruhte auch sie auf der Schaffung neuer Stellen. Für die Präsidenten und Direktoren stiegen die Ausgaben so gut wie gar nicht, von 1 388 269 auf 1 391 004 M., für die Richter auch nur von 9 725 516 auf 9 739 987 M., weil einige neue Stellen errichtet wurden, für die Staatsanwälte, deren Zahl um 11 vermehrt wurde, von 613 800 auf 653 400 M., für Bureaubeamte, die auch nur sehr wenig vermehrt wurden, deren mehr aber infolge des Wachsthums der grösseren Städte in den Genuss der für diese vorgesehenen höheren Besoldungen gelangten, von 8 209 539 auf 8 507 137 M., für die Kanzlisten aus gleichen Gründen nur von 319 100 auf 419 250 M., für die um 10 Inspektoren und 1 Sekretär vermehrten und um 1 Oberaufseher verminderten mittleren Gefängnissbeamten dagegen von 124 680 auf 147 120 M., während die Ausgaben für die Unterbeamten bei ihrer relativ geringen Stellenvermehrung nur um noch nicht

3 Proz., von 3 604 762 auf 3 709 022 M. sich erhöhten. In der Hauptsache entstanden die Mehrausgaben in den Jahren 1874, wo insbesondere für Subalternbeamte 172 243 und für Kanzlisten 12 300 M., 1876, wo für Richter 31 914, für Staatsanwälte 13 800, für Subalterne 26 488, für mittlere Gefängnissbeamte 3 900 und für Unterbeamte 25 095 M., 1877/78, wo für Richter 24 570, für Staatsanwälte 4 800, für Subalterne 50 591, für mittlere Gefängnissbeamte 4 320 und für Unterbeamte 21 537, 1878/79, wo für Präsidenten 5 115, für Staatsanwälte 10 200, für Subalterne 18 910, für mittlere Gefängnissbeamte 6 975 und für Unterbeamte 15 647 M., und auch noch 1879/80, wo noch für Richter 2 700, für Subalterne 7 350, für Kanzlisten 150, für mittlere Gefängnissbeamte 2 580 und für Unterbeamte 11 710 M. gegen das Vorjahr mehr bewilligt wurden. Namhafte Minderausgaben waren dagegen nur zu verzeichnen 1875 bei den Richtern mit 33 642 M. hauptsächlich durch wegfallende Aussterbegehälter, 1876 mit 5 100 M. in der Hauptsache durch Wegfall des Direktors eines aufgelösten Kreisgerichts, 1877/78 mit 6 000 M. aus analogem Grunde, und 1878/79 mit 9 570 M. wegen Erledigung von Aussterbegehältern von Richtern.

§ 116. Die Wohnungsgeldzuschüsse stiegen infolge der Stellenvermehrungen einschliesslich der nicht besonders ausgebrachten für das Berliner Stadtgericht und für die besonderen Gefängnisse von 3 282 336 M. 1875 auf 3 404 734 M. 1879/80.

§ 117. Die früher „Dispositionsfonds“ genannten **„anderen persönlichen Ausgaben“** bezifferten sich 1867 für die alten Landestheile auf 4 838 694 M., hatten also in 8 Jahren um nahezu 1 Mill. M. oder ca. 25 Proz. zugenommen. Ungefähr $^2/_3$ dieses Mehrbedarfs entfiel auf die Fonds für Bureau- und Kassengehülfen (1 553 010 gegen 1 286 400 M.) und für Hülfsschreiber (1 956 090 gegen 1 590 240 M. 1859), in denen nun freilich die Mittel für das Bureaupersonal der Staatsanwaltschaft enthalten waren. Von den übrigen Fonds waren insbesondere derjenige für Gratifikationen an die Salarienkassen-Rendanten und Exekutoren (von 73 050 auf 229 350 M.), der allgemeine Diätenfonds (von 162 000 auf 192 000 M.), der Fonds zu Mehrausgaben bei diesem und dem Kanzleifonds (von 10 500 auf 75 000 M.), derjenige von Kanzleidiätarien (von 71 100 auf 92 700 M.) und der Unterstützungsfonds (von 84 300 auf 228 000 M.) gestiegen, und ein neuer, 1867 mit 151 005 M. dotirter Fonds war auf Grund der allgemeinen Verfügung v. 9. Okt. 1860 (J.-M.-Bl. S. 386) zu Remunerationen für die Gefängnissbeamten und zur Verstärkung der Unterstützungsfonds für Kinder verstorbener Justizbeamten resp. des v. Frankenberg’schen Stiftungsfonds in der Provinz Posen aus dem Arbeitsverdienst der Gefangenen gebildet worden (vgl. oben § 64). Andererseits waren 1867 erheblich geringere Mittel wie 1859 ausgesetzt für Hülfsgefangenwärter (14 382 gegen 42 606 M.), Hülfsboten

(83 277 gegen 125 040 M.), da deren Zahl theils wegen Vermehrung etatsmässiger Stellen, theils wegen Entbehrlichkeit vermindert war. Dafür waren aber auch einige kleinere Positionen für Remunerationen mit zusammen ca. 4 500 M. neu hinzugekommen. Die Fonds für Bureau- und Kassengehülfen, Hülfsgefangenwärter, Hülfsboten, Kanzleidiätarien und Hülfsschreiber und der allgemeine Diätenfonds erfuhren in den nächsten Jahren bis 1872 weitere sehr erhebliche Verstärkungen, auf beziehentlich 1 861 500, 21 162, 136 227, 108 150, 2 141 130 und 237 000 M., sodass insbesondere hierdurch der Gesammtbedarf an „anderen persönlichen Ausgaben" einschliesslich 4200 M. zu Remunerationen für Hülfsbeamte des Strafgefängnisses bei Berlin sich 1872 auf 5 472 030 M. stellte.

Für die Untergerichte in Schleswig-Holstein und Hessen-Nassau sah der Etat für 1868 vor zu Remunerationen der Abtheilungsdirigenten 3 600, zu solchen des Dirigenten der Gerichtsdeputation in Schmalkalden 300, für Gehülfen der Staatsanwälte 3 450, zur Annahme von Bureaubeamten der Staatsanwaltschaft 11 430, für Lohnschreiber derselben 5 580, für Gehülfen im Unterbeamtendienst 65 250, zu extraordinären Remunerationen und Unterstützungen 25 350, als allgemeinen Diätenfonds 16 500 und Hebegebühren der Sekretäre 33 900, zusammen 165 320 M. Durch die Uebernahme der Beschaffung von Bureau- und Schreibhülfe auf den Staat (vgl. oben § 112) stieg der Bedarf 1871 mit einem Schlage um 498 000 M., sodass er sich, da auch Entschädigungen für ehemalige Patrimonialrichter in Schleswig-Holstein hinzukamen, 1872 auf 635 829 M. stellte.

Gleichzeitig mit der Vereinigung der Fonds für die alten und die neuen Landestheile 1873 erfuhren dieselben zum Theil sehr starke Erhöhungen, sodass sie sich im Ganzen einschliesslich der für die besonderen Gefängnisse bestimmten Mittel auf 7 103 650 M. stellten. Das Mehr bestand vorzugsweise in 15 150 M. vom Gehaltsaufbesserungsfonds des Finanz-Ministeriums übernommenen Lokalzulagen, 8029 M. zur Entschädigung an Sekretäre und Unterbeamte der neuen Landestheile für frühere Dienstbezüge, in 682 404 M. hauptsächlich zur Erhöhung der Diäten der Bureaugehülfen und Hülfsgefangenwärter, in 46 245 M. Mehrbetrag der Kalkulaturgebühren, 14 829 M. zur Erhöhung des Remunerationsfonds für die Gefängnissbeamten, 100 770 M. zur Verstärkung des Remunerations- und Unterstützungs- und 52 620 M. zu derjenigen des allgemeinen Diätenfonds.

Die Gruppirung im Etat (Kap. 79) war nun folgende:

Tit. 14: Lokal- und Funktionszulagen 25 275 M.; Tit 15: zur Remunerirung der Dirigenten der Abtheilungen und Gerichtsdeputation, der Kassenkuratoren, der die Geschäfte der freiwilligen Gerichtsbarkeit besorgenden Richter des Berliner Stadtgerichts, des dortigen Fabrikenrichters, des Auditeurs und Aktuars in Mainz als Verwalter der Civilgerichtsbarkeit daselbst und eines Universitäts-Professors in Halle als Mitarbeiter beim dortigen Kreisgericht 93 390 M.; Tit. 16: zur Entschädigung früherer Patrimonialrichter und anderer Beamten der neuen Landestheile für frühere Bezüge 48 928 M.; Tit. 17: die früher erwähnten Zulagen an deutsche Richter in Posen 9 000 M.; Tit. 18: Gehülfen der Staatsanwaltschaft 31 050 M.; Tit. 19. zur Remunerirung von Hülfsarbeitern im Bureau-, Kanzlei- und Unterbeamtendienst und (51 000 M.) von Dolmetschern 552 303 M.; Tit. 20: einige Remunerationen für Kassengeschäfte 35 499 M.: Tit. 21: Kalkulaturgebühren nicht etatsmässig angestellter Kalkulatoren 422 005 M.; Tit. 22: der Remunerationsfonds für die Gefängnissbeamten 179 910 M; Tit. 23: der allgemeine Remunerations- und Unterstützungsfonds für Subaltern- und Unterbeamte 354 570 M.; Tit. 24: der allgemeine Diätenfonds 381 120 M.

§ 118. Von diesen Titeln erfuhren in den weiteren 6 Jahren bis zur Umgestaltung der Gerichte die meisten noch vielfache Aenderungen ihrer Dotation. Dem Tit. 14 traten 1874 1 800 M. neue Lokal- und Funktionszulagen hinzu. 1875 aber wurden die sämmtlichen Lokalzulagen mit 14 775 M. auf die Besoldungstitel übertragen, worauf der Titel indess schon 1876 wieder um 10 750 M. für Funktionszulagen und Remunerationen für Beamte des Plötzenseeer Gefängnisses verstärkt wurde. 1878/79 endlich wurden 2 700 M. Funktionszulagen von Gefängnissinspektoren auf die Besoldungstitel übertragen. Der Tit. 15 hat nur Verminderungen erfahren, 1875 um 1 290, 1876 um 450 und 1878/79 um 300 M., weil die Voraussetzungen für Gewährung der Remunerationen wegfielen, ebenso Tit. 16 wegen Ausscheidens von Entschädigungsberechtigten 1875 um 2 760 M., 1877/78 um 1 335 und 1878/79 um 6 300 M. Alljährlich stieg die Dotation des Hülfsarbeiter- und Dolmetscherfonds, Tit. 19, 1874 um 296 271, 1875 um 102 510, 1876 um 64 434, 1877/78 um 91 340, 1878/79 um 124 180 und 1879/80 um 4 050 M., weil einmal sich die Geschäfte fortgesetzt vermehrten, sodann 1874 die Bezüge erhöht wurden. Dagegen erfuhr der Tit. 20 in den Etats für 1874 und 1876 Verminderungen um 436, 2 450 und 2 600 M., weil die Hebegebühren eine geringere Fraktion ergaben, 1877/78 aber eine Erhöhung um 1 910 M., einmal wegen höherer Fraktion, namentlich aber wegen Hinzutretens von Tantièmen an Beamte in Lauenburg. Auch der Tit. 21 (Kalkulaturgebühren) wurde, hauptsächlich wegen der verschiedenen Fraktionsergebnisse der Vorjahre, 1876 auch wegen der neuen Vormundschaftsordnung, bald höher, bald niedriger angesetzt (1874: — 456, 1875: + 760, 1876: — 17 620, 1877/78: — 3 210, 1878/79: + 9 080 M.). Der Remunerationsfonds der Gefängnissbeamten, Tit. 22, erfuhr 1874 eine geringfügige Kürzung um 285 M., in den vier nächsten Jahren aber Erhöhungen von 10 000, 20 930, 6 075 und 34 180 M. Der allgemeine Remunerations- und Unterstützungsfonds, Tit. 23, wurde drei Jahre hintereinander, 1875, 1876 und 1877/78 verstärkt, und zwar um 19 500, 1 000 und 750 M., das erste Mal zu Gunsten der seit 1851 nicht mehr aufgebesserten Kalkulatoren für Bearbeitung der Offizial- und Armensachen und zu Gunsten der Beamten des Berliner Stadtgerichts, das zweite Mal für die neuen Gefängniss-, das letzte Mal für die Lauenburgischen Beamten. Dass der allgemeine Diätenfonds, Tit. 24, wiederholter Verstärkungen, 1874 um 24 000 und 1878/79 um 7 500 M., bedurfte, ist in Anbetracht der Geschäftszunahme nicht verwunderlich, eher, dass er in der Zwischenzeit 1876 um 4 920 M. gekürzt wurde; es geschah dies indessen nur, weil dieser Betrag behufs Erhöhung des Hülfsarbeiterfonds, Tit. 19, des Berliner Stadtgerichts dorthin übertragen wurde.

So ergab sich denn bei der Justizreform ein Bedarf von 20 350 M. bei Tit. 14, 93 450 M. bei Tit. 15, 27 819 M. bei Tit. 16, 9 000 M. bei Tit. 17, 22 000 M. bei Tit. 18, 6 205 788 M. bei Tit. 19, 32 233 M. bei Tit. 20, 410 450 M. bei Tit. 21, 250 810 M. bei Tit. 22, 375 820 M. bei Tit. 23, 407 700 M. bei Tit. 24, insgesammt also ein solcher von 7 855 420 M.

§ 119. Die **sächlichen Ausgaben** hatten von 1859 bis 1867 in den alten Landestheilen verhältnissmässig nicht sehr stark zugenommen, von 2 555 646 auf 2 773 560 M.; ihr Ansatz beruhte auf den wirklichen Durchschnittsausgaben der jeweiligen drei Vorjahre. Auf Grund gleicher Fraktionsrechnung gelangte man schliesslich 1872 zu einem Ansatz von 2 890 200 M. Für die neuen Landestheile wurden 1868 217 646 M. ausgeworfen. Damit hatte man aber den Bedarf unterschätzt, sodass 1870: 15 004, 1871: 31 530 M. zugelegt werden mussten; ausserdem wurden, wie früher erwähnt, 1871 bei Beseitigung der Verpflichtung der Sekretäre, die Bureau- und Schreibhülfe zu beschaffen, 150 600 M. zur weiteren Verstärkung der Bureaubedürfnissfonds eingestellt. Gleichwohl mussten 1872 dem Fonds schon wieder, hauptsächlich für Heizungskosten und Miethen, 9 000 M. zugeführt werden, sodass er sich nun auf insgesammt 423 780 M. belief.

Im Etat für 1873 wurden, gemeinsam für alte und neue Landestheile, vier Titel gebildet: Tit. 25, mit 2 687 400 M. dotirt, zu Bureaubedürfnissen der Gerichte und Bureaukosten der Staatsanwälte, Tit. 26, 309 630 M., zu den Kosten der Revisionsreisen der Direktoren, für Abhaltung der Sitzungen der periodischen Gerichtsdeputationen und der Gerichtstage, zu Diäten und Reisekosten der Staatsanwälte, für Wahrnehmung der Audienztermine und zu Reisekosten der Geschworenen, Tit. 27, 162 120 M., Pferdeunterhaltungskosten der Boten, und Tit. 28, 369 093 M., für Aktentransport, Aktenheften, Reinigung und Heizung der Geschäftsräume, zu Miethsentschädigungen für die Gefängnissbeamten und zu sonstigen Ausgaben. Geschäftsvermehrung und Preissteigerungen nöthigten dazu, den ersten Titel 1875 um 12 728 M. zu verstärken. Dieselben Gründe und die Nothwendigkeit, die Bibliotheken der Gerichte I. Instanz besser auszustatten, gaben Anlass, schon 1876 ihm weitere 142 117 M. zuzuführen. Auch jetzt unzulänglich, wurde er, da nun die Kosten für die Lauenburger Gerichte hinzutraten und die Kosten des Aktenheftens von Tit. 28 hierher übernommen wurden, 1887/88 um weitere 68 275 M. höher dotirt, und 1878/79 musste er, weil unzulänglich, nochmals um 77 000 M. verstärkt werden. Der zweite, Reisekostentitel erfuhr wegen Erhöhung der Tagegelder und Reisekosten nach dem Ges. v. 24. März 1873 1875 eine Verstärkung um 113 739 M. und im nächsten Jahre um weitere 100 001 M.; auch jetzt nicht zureichend, erhielt er 1877/78 weitere 95 800 und 1878/79 37 000 M. Die Pferdeunterhaltungskosten wurden 1875 für zwei Berliner berittene Exekutoren von je 600 auf 900 M. erhöht. Bedeutsamer war, dass 1876 die Zehrungskosten der Boten und Exekutoren aus dem Fonds zu baaren Auslagen auf Kap. 79 Tit. 27 übertragen wurden. Desshalb und wegen seiner bisherigen Insuffizirung erschien letzterer 1876 mit 679 295 M., im nächsten Etat aber hauptsächlich wegen Erhöhung der 540 M. betragenden Pferdeunterhaltungsgelder auf 600 M. mit einem noch 18 865 M. höheren Betrage, von dem aber 1878/79 5 000 M. als entbehrlich wieder abgesetzt wurden. Der letzte Titel des Kap. 79 wurde 1875 um 22 080 M. gekürzt, da, wie früher erwähnt, die Kosten der Reinigung der Schornsteine allgemein auf die Gebäude-Unterhaltungsfonds übernommen wurden; 1876 aber wurde er wegen höherer Arbeitslöhne und Miethsentschädigungen wiederum um 38 027 M. verstärkt. Trotzdem ihm sodann im nächsten Jahre die Kosten des Aktenheftens abgenommen wurden, mussten ihm doch seiner Insuffizierung wegen damals weitere 76 175 M., und 1878/79 nochmals 79 000 M. zugeführt werden.

So stellten sich 1879/80 die sächlichen Ausgaben vor der Reform in Tit. 25 auf 2 987 520, in Tit. 26 auf 656 170, in Tit. 27 auf 693 160 und in Tit. 28 auf 540 215, zusammen also auf 4 877 065 M.

B. Rheinische Friedens- und Handelsgerichte.

§ 120. Da ein grosser, und zwar der schwierigere Theil der Prozesse in erster Instanz im Departement Cöln in den Händen der Landgerichte lag, konnte die Zahl der Beamten der Friedens- und Handelsgerichte eine im Verhältniss zu derjenigen der Beamten der Stadt- und Kreisgerichte der anderen Provinzen weit geringere sein, und war demgemäss auch der Geldbedarf für die Friedens- und Handelsgerichte vergleichsweise gering. Im Jahre 1849 betrugen die Bezüge der Richter 235 000, die der Subalternen 248 147 und die sächlichen Ausgaben — etatsmässige Unterbeamten waren nicht vorhanden — 36 439 M. Selbst 10 Jahre später waren an Gehalt und Emolumenten für die Friedensrichter nur 241 491 und für die Friedensgerichtsschreiber und Handelsgerichtssekretäre nur 258 426 M. auszugeben. Dazu trat allerdings 1859 noch ein Fonds von 17 850 M. zu Zulagen für Friedensrichter und Gerichtsschreiber und seit 1851, von den Dispositionsfonds der Obergerichte abgezweigt, unter „Andere persönliche Ausgaben“ ein solcher von 2 010 M. für Hülfsarbeiter. Die sächlichen Ausgaben für Schreibmaterialien u. s. w. bezifferte der Etat für 1859 auch nur auf 39 255 M. Erheblicher war die Ausgabesteigerung in den 60er Jahren. Abgesehen davon, dass die Zahl der Friedensrichter und -Gerichtsschreiber um je 3, die der Handelsgerichtssekretäre um 1 vermehrt wurde, verdoppelten sich die ja keine effektive Belastung des Fiskus bildenden Emolumente nahezu, sodass sie sich 1869 zu den Fixa etwa verhielten bei den Richtern wie 35 : 67, bei den Subalternen wie 104 : 33, während 1859 die Verhältnisse wie 18 : 63 und 56 : 30 standen. So beliefen sich 1869 die Bezüge jener auf 309 870, dieser auf 410 100 M. Der Zulagefonds war schon 1861 mit den Besoldungs- und Emolumentenfonds vereinigt worden. Dagegen traten zu den 410 100 M. in Folge der Abtretung von Meisenheim von Hessen an Preussen 1 971 M. hinzu zur Fortgewährung der an Gerichtsschreiber und Gerichts-Kanzleikopisten bei dem vormaligen dortigen Justiz-Oberamt bewilligten Gehälter. Der Hülfsarbeiterfonds von 2 010 M. war unverändert geblieben, dagegen der Betrag der sächlichen Ausgaben dem gesteigerten Bedürfniss entsprechend auf 45 534 M. gestiegen. Für 1871 wurde der Hülfsarbeiterfonds, da er seit längerer Zeit ständig überschritten war, auf 3 300, die sächliche Ausgabe nach der dreijährigen Fraktion auf 46 914 M. erhöht, welche letztere Summe sodann 1872 auf 46 890 M. abgerundet wurde.

§ 121. Die allgemeine Besoldungsaufbesserung von 1872 erstreckte sich auch auf die Beamten der Friedens- und Handelsgerichte, sodass 1873 aus den Fonds des Finanzministeriums für die Richter 105 000, für die Subalternen 43 350 M. übernommen wurden. Dazu ergab sich für jene ein Mehrbetrag von 4 530 M. an Emolumenten, für diese ein solcher von 1 200 M., wogegen freilich 720 M. Aussterbegehalt eines Richters wegfielen und die sächlichen Ausgaben auf 44 445 M. — durch Uebertragung von 1 200 M. auf die Landgerichte und von 2 100 M. Reparaturkosten auf den Baufonds gegen Verstärkung um 855 M. für laufende Bedürfnisse — reduzirt wurden. Im nächsten Jahre verminderte sich der Ansatz der Emolumente für die Richter um 120 M., während er sich für die Gerichtsschreiber um 2 100 M. steigerte und die nunmehr drei sächlichen Titel, Kap. 82 Tit. 4 Bureaubedürfnisse 28 845, Tit. 5 Kosten der periodischen Gerichtssitzungen 3 600 und Tit. 6 Reinigung und Heizung der Geschäftsräume und sonstige Ausgaben um beziehentlich 1 470, 305 und 180 M. erhöht wurden. Die weitaus bedeutendste Vermehrung der Ausgaben erfolgte aber 1875 durch den Hinzutritt der Wohnungsgeldzuschüsse mit 87 984 M. Ausserdem erhielten von nun an die Friedensrichter und Friedensgerichtsschreiber statt den noch aus alter Zeit stammenden niedrigen Pauschquanta für die periodischen Gerichtssitzungen die vollen gesetzlichen Reisekosten und Tagegelder, was den Tit. 5 mit 7 814 M. belastete, während der Tit. 6 durch Uebergang der Schornstein-Reinigungskosten auf den Gebäude-Unterhaltungsfonds um 2 580 M. entlastet wurde. Je zur Hälfte durch die Gebühren der Handelsgerichts-Sekretäre für Führung der Zeichenregister und durch die vom Tit. 6 übernommene Remuneration eines Kastellans wurden im nächsten Jahr die „anderen persönlichen Ausgaben" um 1 800 M. erhöht; dagegen wurden von den Bureaukosten 2 548 M. auf die Landgerichte übertragen. Der Tit. 6 bedurfte eines Mehrbetrags von 2 580 M., von dem indess 900 M. durch den Uebergang der erwähnten Remuneration des Kastellans auf Tit. 3 gedeckt wurden, sodass seine effektive Verstärkung nur 1 680 M. betrug. Auch der Etat für 1877/78 brachte erhebliche Aenderungen. Zwar wurde ein Friedensgericht aufgelöst; aber dieser Umstand verminderte nur die Wohnungsgeldzuschüsse um 636 M., während das Steigen der Emolumente Anlass gab, bei den Besoldungen der Richter 2 860 und bei denen der Gerichtsschreiber sogar 32 200 M. mehr auszubringen. Die anderen persönlichen Ausgaben mussten für Hülfsarbeiter um 2 500 und zur Erhöhung der Remunerirung des schon erwähnten Kastellans um 150, der Bureaukostentitel, theils um die den Richtern gewährten Bureaukosten-Pauschquanta von je 90—210 auf 120—300 M. erhöhen zu können, theils wegen Unzulänglichkeit der Bureaukosten des Aachener Handelsgerichts, namentlich aber wegen höherer Miethsausgaben um 30 723 M. höher angesetzt werden, wogegen bei Tit. 5 72 und bei Tit. 6 2 545 M. als entbehrlich abgesetzt wurden. Schliesslich wurden noch unmittelbar vor der Gerichtsreorganisation im Etat für 1879/80 in Folge der Revision der Servisklasseneintheilung an Wohnungsgeldzuschüssen 2 584 M. mehr erforderlich, sodass sich 1879/80 der Gesammtbedarf für die Friedens- und Handelsgerichte auf 1 087 654 M. stellte, wovon entfielen auf Richterbesoldungen 422 140, Subalterne 448 950, Wohnungsgeldzuschüsse 89 932, andere persönliche Ausgaben 7 750, die drei sächlichen Titel 58 490, 11 657 und 8 735 M.

C. Amtsgerichte in Hannover.

§ 122. Auch im Bereiche des Appellationsgerichtes Celle befand sich ja die Rechtsprechung erster Instanz zum Theil in den Händen der Obergerichte. Aber die Zuständigkeit der Amtsgerichte war doch eine eine erheblich weitere, als die der rheinischen Friedensgerichte. Infolgedessen waren denn auch die Aufwendungen für jene weit höher als für diese. Soweit sie in **Besoldungen** bestanden, bildeten sie, abgesehen von den hier nicht berücksichtigten für das Gefängniss im Steinthorfelde bis 1872 in den Erläuterungen zum Etat 4 Positionen — Richter, Aktuare, Gerichtsvögte, Gerichtsdiener und Gefangenwärter — und seit 1873 die drei ersten Titel des den Hannoverschen Amtsgerichten gewidmeten Etatskapitels 80 — Tit. 1 Richter, Tit. 2 Aktuare, Tit. 3 Gerichtsvögte, Gerichtsdiener und Gefangenwärter.

Die Besoldungen der Amtsrichter einschliesslich 27 660 M. Prozentgeldern für Erhebung und Verrechnung der Gebühren beanspruchten 1868 und 1870 gleichmässig alljährlich 912 060 M. Dann stiegen zwar die Prozentgelder; aber andererseits konnten Stellen eingezogen werden und gelangten Aussterbegehälter zur Erledigung, sodass 1871 23 700 und 1872 6600 M. abgesetzt wurden. Infolge der allgemeinen Besoldungsaufbesserung und Errichtung eines neuen

Amtsgerichtes wurden 1873 trotz Erledigung von 4 200 M. Aussterbegehältern 19 500 M. mehr erforderlich, im Ganzen 903 870 M., wovon 900 M. 1875 abgesetzt wurden, während 1877/78 die Prozentgelder um 4420 M. höher eingestellt werden mussten.

Die Aktuare bezogen 1868 208 077 M. Fixa und 212 250 M. Schreibgebühren. Von jenen kamen zwar 1871 631 M. Aussterbegehalt zur Erledigung; aber schon 1872 wurden die Gehälter der Aktuare so erhöht, dass sie 259 046 M. ausmachten, während gleichzeitig sich die Schreibgebühren nach dreijähriger Fraktion auf 243 990 M. stellten. Dafür ging die allgemeine Besoldungsaufbesserung an den Aktuaren vorüher, und es war deshalb 1873 nur für einen neuen Aktuar die Besoldung mit — infolge Erledigung eines Aussterbegehaltes nur — 1 392 M. mehr vorzusehen. Aber schon 1874 musste man sich zu einer abermaligen Gehaltsaufbesserung für die Aktuare entschliessen, die eine Mehrausgabe von 31 690 M. zur Folge hatte. Neben einer geringfügigen — um 300 M. — 1875 erfuhr dann der Titel 1877/78 eine namhafte Erhöhung, um 11 910 M., wegen Neuanstellung von Beamten und höherer Fraktion der Schreibgebühren, sodass er sich seitdem auf 548 328 M. stellte.

Die Gerichtsvögte, Gerichtsdiener und Gefangenwärter bezogen 1879/80 an Gehalt und Emolumenten 645 990 M. gegen 606 035 M. im Jahre 1868. In den Jahren 1870 und 1871 war zwar durch Verminderung der Stellen auch eine solche der Ausgaben möglich gewesen. Aber 1872 mussten für Emolumente rd. 47 000 M. und zur Ergänzung der Normalgehälter ca. 6200 M. mehr eingestellt werden, und die allgemeine Besoldungsaufbesserung sowie eine weitere 1873 beanspruchten 17 490 M. Andererseits konnten die Emolumente 1874 um rd. 19800 und 1877/78 um 7470 M. niedriger veranschlagt werden. Dazu kamen im Laufe der Jahre einige geringere Mehr- und Minderausgaben, sodass sich schliesslich seit 1877/78 der Gesammtbedarf von 645 990 M. ergab.

Die Wohnungsgeldzuschüsse betrugen 1875 bis 1876 173304 M. 1877/78 und 1878/79 176 304 und 1879/80 179 944 M.; die Steigerungen beruhten in der Schaffung neuer Stellen und der anderen Servisklasseneintheilung.

§ 123. Die **„anderen persönlichen Ausgaben“** bestanden 1868 aus 1. 30 000 M. für Gehülfen der Kronanwaltschaft, 2. 27 000 M. als allgemeiner Diätenfonds für zeitweilige Hülfsarbeiter, 3. 20 460 M. für Hülfsgefangenwärter und 4. 15 300 M. Remunerations- und Unterstützungsfonds. Die drei ersten Fonds wurden aber bald als zu reichlich bemessen erheblich reduzirt, der erste 1871 auf die Hälfte, der zweite 1870 auf 24 000 und im nächsten Jahre auf 18 000 M., der dritte 1871 auf 15 000 M. Dagegen wurde 1870 ein wie in anderen Landestheilen aus dem Arbeitsverdienst der Gefangenen gespeister Fonds von 1 800 M. zu Remunerationen der Gefängnissbeamten und

Verstärkung der Unterstützungsfonds für Kinder verstorbener Justizbeamten eingestellt. Im Etat für 1873 wurden die beiden ersten Fonds die Titel 5 und 6 des Kap. 80, der erste unter Benennung „Zur Remunerirung der Polizeianwälte", der zuletzt gedachte Fonds von 1 800 M. Tit. 7, der Remunerations- und Unterstützungsfonds von 15 300 M. Tit. 8, der allgemeine Diätenfonds unter Verstärkung um 1 200 M. Tit. 9. Für das eine Jahr 1874 wurden ihnen als Tit. 5 die Lokalzulagen mit 1320 M. vorangestellt, die aber schon 1875 unter die Besoldungen zurückkehrten, wogegen nunmehr die Wohnungsgeldzuschüsse Tit. 5 wurden. Als Tit. 7 wurden 1874 hinter den auf 10 500 M. gekürzten Fonds für die Polizeianwälte 600 M., für Wahrnehmung der Kassengeschäfte bei den Amtsgerichten Zellerfeld und Wilhelmshaven eingestellt und der Fonds für Hülfsgefangenwärter — nun Tit. 8 — behufs deren Besserstellung um 1 200 M., der Remunerationsfonds der Gefängnissbeamten — nun Tit. 9 — um 10 020 M. verstärkt. Die Einführung der Grundbuchordnung gab sodann 1875 Anlass, in den Tit. 7 18 000 M. zu Schreib- und Gerichtsvogtsgebühren einzustellen, und im nächsten Jahre wurden ihm für Wahrnehmung der Kassengeschäfte bei drei anderen Amtsgerichten 450 und zu Schreib- und Zustellungsgebühren der Aktuare und Gerichtsvögte aus Anlass der Einführung des Waarenzeichenregisters (Reichsgesetz v. 30. November 1874) 500 M. zugeführt. Im nächsten Etat wurden hier nicht nur 766 M. mehr für Kassengeschäfte bei weiteren Gerichten und 74 000 M. Schreib- und Gerichtsvogtsgebühren aus Anlass der neuen Vormundschaftsordnung vorgesehen und auch die Titel für Hülfsgefangenwärter, zu Remunerationen für Gefängnissbeamte sowie der allgemeine Diätenfonds namhaft, um 1100, 12 600 und 10 000 M. höher dotirt, sodass seitdem gewährten Tit. 6 10 500, Tit. 7 94 316, Tit. 8 17 300[1]), Tit. 9 24 420[1]), Tit. 10 15 300 und Tit. 11 29 200 M.

§ 124. Die **sächlichen Ausgaben** deren Gruppirung in drei Titel, seit 1874 12, 13 und 14, die gleiche war wie bei den rheinischen Friedensgerichten, stellten sich seit 1877/78 auf 207 320 M., wovon entfielen auf Tit. 12 (Bureaubedürfnisse) 140 080, auf Tit. 13 (Abhaltung der Gerichtstage) 40 000 und Tit. 14 (Reinigung und Heizung der Geschäftsräume und sonstige Ausgaben) 27 240 M. Bis 1872 in einer Summe ausgebracht, beliefen sie sich 1868 bis 1870 nur auf 85 354 M., wurden dann 1871 nach den Erfahrungen der Vorjahre um 45 000 M. und 1873 trotz Uebergang von 1 500 M. Reparaturkosten auf den Baufonds um 21 540 M. erhöht, wovon indess 20 040 M. lediglich für das Gefängniss im Steinthorfelde in Hannover bestimmt waren. Auf die drei Titel vertheilte sich der Gesammtbetrag mit 84 390, 34 500 und 33 000 M. Preissteigerungen und die Beseitigung der Einrichtung, dass

[1]) In Anl. CVIII ist auf S. 392 in Spalte 20 der Betrag von 24 420 ℳ Remunerationsfonds der Gefängnissbeamten versehentlich weggeblieben und nur der Betrag von 17 300 ℳ für Hülfsgefangenwärter eingestellt.

die Aktuare den Richtern die Schreibmaterialien auch für die häuslichen Arbeiten zu liefern hatten, gaben Anlass, den ersten Titel 1874 um 28 890 M. zu erhöhen. Gleichzeitig wurden mit Rücksicht auf die Tagegelder- und Reisekostensätze des Ges. v. 24. März 1873 für die Gerichtstage 7 500 M. mehr ausgeworfen, während der letzte Titel um 9 720 M. gekürzt wurde. Wegen der mehrerwähnten Uebertragung der Kosten der Schornsteinreinigung auf den Gebäudeunterhaltungsfonds geschah letzteres abermals 1875 um einen Betrag von 3 120 M., während der Bureaubedürfnissfonds zu Gunsten des erweiterten Gefängnisses in Hannover um 7 500 M. höher ausgestattet wurde. 1877/78 endlich mussten als unzureichend der Bureaubedürfnissfonds um 14 300 M., der letzte Titel um 7 080 M. aufgebessert werden, wogegen bei dem Fonds für die Gerichtstage 2 000 M. gestrichen wurden.

D. Gerichtsbehörden erster Instanz in Frankfurt a. M.

§ 125. Auch die Ausgaben für die Gerichtsbehörden erster Instanz in dem kleinen Appellationsgerichtsbezirk Frankfurt a. M. haben sich in ihrer Höhe von 1868 bis 1878/80 fast alljährlich geändert mit dem Endergebniss, dass sie sich 1879/80 auf 308 400 M. gegen 196 800 M. 1868 stellten, allerdings einschliesslich der Ausgaben für das besondere Gefängniss.

Die **Besoldungen,** die bis 1872 in den Anlagen zum Justizetat in 21 Positionen, dann im Etat in — abgesehen von den Beamten des Gefängnisses — 2 Titeln (1 und 2) des Kap. 81 aufgeführt wurden — Tit. 1 höhere, Tit. 2 Subaltern- und Unterbeamte —, betrugen 1868 161 700 M. und erfuhren zur Deckung der nach dem massgebenden Frankfurter Gesetz v. 6. Okt. 1863 zu gewährenden Zulagen 1871 eine Erhöhung um 4 371,4 M., 1872 eine solche um 23 485,6 M. Mehrbetrag der in ihnen enthaltenen Emolumente. Die allgemeine Besoldungsaufbesserung von 1872 erstreckte sich nicht auf die Frankfurter Gerichtsbehörden erster Instanz, wohl aber war für die nach den Frankfurter Gesetzen zu gewährenden Zulagen 1873 ein Mehrbetrag erforderlich, den indess Ersparnisse infolge von Vakanzen um 1 028,6 M. überstiegen. 1874 aber musste das Gehalt des Stadtgerichtsdirektors um 1 275 fl. = 2 185,7 M. erhöht, 1875 ein neuer Stadtgerichtsrath mit 4 114,28 M. angestellt, 1876 wegen Beamtenvermehrung und Gehaltszulagen trotz Einziehung von Emolumenten und Aussterbegehältern eine Summe von 3 621,51 M. zugeschossen werden, von der freilich 1878/79 durch Fixirung eines Stadtamts-Aktuars 597,14 M. hier wieder erspart wurden, sodass sich seitdem die Besoldungen im Tit. 1 auf 101 914,31[1]) und im Tit. 2 auf 97 652,92 M. stellten.

Die Wohnungsgeldzuschüsse (Tit. 4) stiegen von 36 420 M. 1875 auf 38 460 M. seit 1876.

---

[1]) Die Zahl 94 414 ℳ in der Anl. CVIII (S. 387 Sp. 20) beruht auf einem Rechenfehler.

§ 126. Die **„anderen persönlichen Ausgaben“**, die wie die sächlichen auch die für das Gefängniss umfassten, bestanden 1868 in einem allgemeinen Diätenfonds von 12 900 M. für extraordinäre Aushülfe und dem üblichen Unterstützungsfonds für Subaltern- und Unterbeamte in Höhe von 900 M. Dazu kam 1870 der auch anderwärts übliche Remunerationsfonds für Gefängnissbeamte mit 1 200 M. 1873 wurden 3 Titel gebildet, zur Remuneriruug von Hülfsarbeitern 17 400, zu Remunerationen für die Gefängnissbeamten 2 560 und der Remunerations- und Unterstützungsfonds mit wie bisher 900 M.; die Vermehrung der Geschäfte hatte die Verstärkung der Mittel für Hülfsarbeiter nöthig gemacht, und 1874 mussten hier noch weitere 1 500 M., davon 300 M. zu Funktionszulagen für 4 Gefangenwärter eingestellt werden. 1875 wurden für weitere Hülfskräfte sogar 6 000, 1876 neben 225 M. Funktionszulagen für 3 neue Gefangenwärter 3 000 M. bewilligt, sodass der Fonds nunmehr 28 125 M. betrug. Der Remunerationsfonds für die Gefängnissbeamten wurde 1876 auf 4 000, der allgemeine Remunerations- und Unterstützungsfonds von 900 M. dagegen nie erhöht.

§ 127. Die **sächlichen Ausgaben** bezifferten die Etats für 1868 bis 1870 auf 21 300 M. 1871 wurden die Mittel um 3 600 M., die für Drucksachen, Holz und Utensilien erforderlich waren, 1873 aber unter Uebertragung von 750 M. auf den Baufonds und Absetzung von entbehrlichen 3 444 M. zwei Titel von 13 380 M. für Bureaubedürfnisse und 7 307 M. für Reinigung und Heizung der Geschäftsräume etc. gebildet, von denen der letztere 1874 behufs Erhöhung der Miethsentschädigungen für Gefangenwärter und zur Abrundung auf 8 151,5 M. erhöht, 1876 wegen Uebertragung der Schornsteinreinigungskosten auf 7 797, 1876 zur Abrundung auf 7 795,6 M. ermässigt, 1878/79 wieder auf 7 802,8 M. erhöht, der erstere 1876 vorzugsweise für Bibliothek, Beleuchtung und Heizung um 5 850 auf 19 230 M. erhöht wurde. Zwischen beide Titel wurde 1876 ein solcher von 1 030 M. zu Zehrungskosten für die Amtsdiener eingeschoben, sodass sich schliesslich ein Gesammtbedarf an sächlichen Kosten von 28 062 M. ergab.

Anhang zu Kapitel II und III.

Die sog. „Kriminalkosten“.

§ 128. Während im Uebrigen im Etat, wie wir gesehen haben, von jeher die Trennung der Ausgaben für die einzelnen Kategorien der Gerichte durchgeführt war, befand sich sehr zum Schaden der Durchsichtigkeit des Etats bis zur Gerichtsreorganisation von 1879 in demselben ein noch dazu mit einem so unklaren Dispositivum wie „Kriminalkosten“ bezeichnetes Kapitel von sehr bedeutender Höhe, das Ausgaben sowohl für die Ober- wie überwiegend für die Untergerichte umfasste. Die Ausgaben bestanden in der Regel zu reichlich der Hälfte in solchen für Verpflegung, Transport und Bekleidung der Gefangenen und für Instandhaltung der Gefängnissutensilien, im Uebrigen aber aus verschiedenartigen, unter der wenig zutreffenden Bezeichnung „sonstige Auslagen in Untersuchungssachen“ zusammengefassten Ausgaben für die Strafrechtspflege, wie z. B. den Kosten der Abhaltung der Schwurgerichtssitzungen, von Lokalterminen u. s. w. Es war daher natürlich, dass die Justizreform von 1849 eine sehr bedeutende Steigerung der Kriminalkosten zur Folge hatte: sie stiegen 1850 um rd. 1 164 000 M. auf rd. 2 712 448 M., stellten sich aber faktisch so viel höher, dass der Etatsansatz in den 50er Jahren fortwährend erhöht werden musste und 1859, wo er schon gegen das Vorjahr um fast 460 000 M. ermässigt war, mit 5 650 452 M. das Doppelte des Jahres 1850 überstieg. Allein für die Ausgaben für Verpflegung, Transport und Bekleidung der Gefangenen wurden damals — mit Ausschluss des Bezirks Cöln — mehr wie 3 Mill. M. gefordert. In den 60er Jahren trat dann gerade bei diesen Ausgaben eine sehr bedeutende Ersparniss ein, sodass 1869 in den alten Provinzen ausser dem Cölner Departement hierfür nur noch rd. 1 886 000 M. und im Ganzen an Kriminalkosten trotz der Erweiterung des Staatsgebiets nur 4 629 000 M. erforderlich erschienen. Mit diesem Ansatz und dem noch etwas höheren für 1871 war zwar dem Bedürfniss in den Kriegsjahren reichlich genügt. Aber 1872 wurden, zumal in Anbetracht der ca. 100 000 M. betragenden Mehrausgaben für das Strafgefängniss in Plötzensee, ca. 5,1 Mill. M. vorgesehen, hiervon indess schon 1873 ca. 268 000 M. wieder in Abgang gestellt. Weitere 33 000 M. konnten 1875 mit Rücksicht auf die Bestreitung der Schornsteinreinigung der Gefängnisse aus dem Gebäudeunterhaltungsfonds abgesetzt werden. Mit diesen Kürzungen war man indess zu weit gegangen, da namentlich die Verpflegung der Gefangenen bei der damaligen allgemeinen Preissteigerung theurer wurde und der Geschäftsverkehr in Untersuchungssachen stark zunahm. Als daher auch das Ges. v. 1. Juli 1875 über die Zeugen- und Sachverständigengebühren Mehrkosten in Aussicht stellte, wurden die Kriminalkosten 1876 um 476 455 M., von denen 468 710 M. auf Tit. 1, 14 315 M. auf Tit. 3 kamen, während Tit. 2 um 6 570 M. gekürzt wurde, auf 5 320 330 M. erhöht. Auch damit war aber dem Bedürfniss noch längst nicht genügt. Denn 1873 bis 1875 belief sich die wirkliche Ausgabe im Jahresdurchschnitt auf reichlich 6 Mill. M., und für 1877/78 waren neue Mehrausgaben von ca. 76 000 M. für das neue Glückstadter und die Gefängnisse der Lauenburger Gerichte vorgesehen. So wurden in den Etat für dieses Jahr 6 091 365 M., nunmehr in 2 Titeln, dem die bisherigen Tit. 1 und 2 umfassenden Tit. 1 „Verwaltungskosten“ mit 3 686 290 M. und dem Tit. 2 „Sonstige Auslagen in Strafsachen“ mit 2 405 075 M., eingestellt. Die wirthschaftliche Krisis mochte der Hauptgrund sein, dass die Untersuchungen und die Gefangenenzahl gewaltig zunahmen, sodass sich die wirklichen Kriminalkosten 1876 auf 7 992 389 M. gegen 6 717 903 M. im Jahre zuvor stellten. 1878/79 wurde daher der Tit. 1 um 535 210 und der Tit. 2 um 356 790 M. erhöht, bei welchen Ansätzen es 1879/80 verblieb.

Nach der Gerichtsreorganisation blieb der Tit. 1 zunächst als ein Titel des Kapitels „Gefängnissverwaltung“ bestehen, während der andere Titel mit dem bisherigen Kap. 84 „Baare Auslagen und andere Ausgaben in Parteisachen“ zu dem Kap. 78 „Baare Auslagen und andere Ausgaben in Civil- und Strafsachen“ vereinigt wurde, womit das Kapitel „Kriminalkosten“ verschwand.

IV. Kapitel.

Die Oberlandesgerichte seit 1879.

(Staatshaushaltsetat Kap. 73.)

A. Besoldungen und Wohnungsgeldzuschüsse.

§ 129. Wie schon den Ausführungen über Zahl und Besoldung der Beamten (§§ 74—79) zu entnehmen ist, wurde die in der Anlage CVIII. im Einzelnen zu verfolgende Zunahme des Besoldungsbedarfs für die Präsidenten und Senatspräsidenten der Oberlandesgerichte (Kap. 73 Tit. 1) und für die Oberlandesgerichtsräthe bis zu der allgemeinen Besoldungsreform, also in den Etat der Justizverwaltung von 1880/81 bis 1897/98 ausschliesslich durch Schaffung neuer Stellen bedingt. Uebrigens fällt sie ausschliesslich in die 90er Jahre; denn 1889/90 standen in den Tit. 1 und 2 503 900 und 1 368 000 Jahresansätzen von 536 600 und 1 378 200 M. für das zweite Halbjahr 1879/80 gegenüber, da in der Zwischenzeit alljährlich Aussterbegehälter zur Erledigung gelangt, 1884/85 auch die Miethsentschädiguugen der Präsidenten von Tit. 1 auf die sächlichen Ausgaben übertragen waren, sodass es möglich gewesen war, noch neue Stellen zu errichten und doch die Dotation der beiden Titel niedriger als bei der Justizreform zu halten. Das änderte sich 1890/91, von welchem Jahre an im Tit. 1 bis 1896/97 alljährlich die vollen Mittel für je einen, 1893/94 sogar für zwei neue Senatspräsidentenstellen bewilligt, im Tit. 2 aber nur noch 2 Mal, 1891/92 und 1895/96, geringe Minderbedarfe, in allen anderen Jahren bis 1897/98 aber Mehrbedarfe für neue Stellen in (abgesehen von 1897/98) recht erheblicher Höhe, im höchsten Betrage 1893/94 mit 48 300 M., liquidirt wurden. Die allgemeine Besoldungsaufbesserung von 1897 und das Dienstaltersstufensystem belasteten den Tit. 1 mit 20 200 und den Tit. 2 mit 147 900 M., wogegen der übrige aus der Anlage zu ersehende Mehrbedarf wiederum auf die Kreirung neuer Stellen zurückzuführen ist. Der letztere Umstand ist auch der überwiegende Anlass für die weiteren, die Titel schliesslich bis auf 601 500 und

1 820 250 M. für 1903 emporführenden Ausgabesteigerungen. Daneben wirkte auf diese ein das Dienstaltersstufensystem, das freilich auch der ausschliessliche Grund von Absetzungen war.

§ 130. Die Ausgaben für die Oberstaatsanwälte (Tit. 3) blieben 1879/80 bis 1897/98 unverändert (113 100 M.), um dann durch die Besoldungsaufbesserung und das Aufsteigen nach dem Dienstalter auf 124 900 M. zu steigen, worauf sie in den folgenden Jahren nach dem Dienstalter zwischen 122 300 M. (1899) und 113 500 M. (1903) schwankten.

Die Ausgaben für die den Oberstaatsanwälten beigegebenen Staatsanwälte (bis 1901 Tit. 4) erfuhren bis zur Gehaltsreform infolge Errichtung neuer Stellen 1882/83, 1887/88 und 1890/91 Steigerungen um je 3 600 und 1889/90 und 1897/98 um je 7 200 M. Bei der allgemeinen Gehaltsaufbesserung wurden für diese Staatsanwälte, deren Zahl gleichzeitig 1898/99 wieder vermehrt wurde, 19 200 M. erforderlich, sodass sich der Titel jetzt auf 81 600 M. gegen 32 400 M. 1879/80 stellte. Die weitere alljährliche Bedarfssteigerung bis 1901 resultirte wieder aus der Schaffung neuer Stellen. Im Etat für 1902 wurde der Titel in zwei, 4 und 4a, getheilt, aus deren erstem, der mit 37 800 M. dotirt war, 7 Staatsanwälte bei den grössten Oberlandesgerichten das Gehalt der Ersten Staatsanwälte empfingen, sodass für Tit. 4a ein Bedarf von $14 \times 4800 = 67200$ M. verblieb. Da die Ersten Staatsanwälte nach Dienstaltersstufen aufrücken, ergab sich 1903 im Tit. 4a nach dem Dienstalter ein Mehrerforderniss von 3 000 M., während Tit. 4a unverändert blieb.

§ 131. Der 1880/81 für die Rechnungsrevisoren geschaffene und mit 53 100, seit 1881/82 infolge Wegfalls von Aussterbegehalt mit 52 950 M. dotirte Tit. 5 erfuhr 1885/86 infolge der Wiederherstellung der Gerichtskassen einen Zugang von 58 500 M. Gehälter der Justiz-Hauptkassenrendanten und 5 550 M. Gehaltszulagen für die Rechnungsrevisoren, sodass er sich jetzt auf 117 000 M. stellte. Seine späteren geringen Schwankungen in den Jahren 1894/95 bis 1897/98 ergaben sich aus dem Dienstalter der Beamten, der Mehrbedarf 1898/99, vermöge dessen die Besoldungssumme auf 134 800 M. stieg, hieraus und namentlich aus der allgemeinen Gehaltsaufbesserung. Auch wurden je 600 M., künftig wegfallend, pensionsfähige Lokalzulage für die beiden Berliner Beamten aus Tit. 6 hierher übertragen. Wie andere Besoldungstitel hat er dann je nach dem Dienstalter der Beamten etwas geschwankt; 1903 stellte er sich nur auf 130 000 M. und die 1 200 M. Lokalzulagen.

Den meisten Veränderungen war erklärlicherweise, da er die zahlreichste Beamtenkategorie, die Gerichtsschreiber und Sekretäre umfasst, der Tit. 6 unterworfen, und zwar überwogen hier von vornherein die Bedarfssteigerungen weitaus die Ersparnisse. Ersparnisse waren bis 1897/98 überhaupt nur drei Mal, 1884/85 (900 M.), 1887/88 (1 050 M.) und 1895/96 (6 100 M.) zu verzeichnen, das erste und zweite Mal durch wegfallendes Aussterbegehalt, das letzte Mal nach Massgabe des Dienstalters der Beamten. In allen anderen Jahren, mit zwei Ausnahmen (1880/81 und 1888/89), wurde der Fonds verstärkt, 8 Mal (1882/83, 1883/84, 1886/87 und 1889/90 bis 1893/94 alljährlich) wegen Vermehrung der Beamten um zusammen mehr als 280 000 M., obwohl daneben noch durch wegfallende Aussterbegehälter frei werdende Beträge dem Titel zu demselben Zweck verblieben; allein 1883/84 betrug die Verstärkung 198 525 M. Ausserdem wurden ihm zugeführt 1881/82 zur Ergänzung früherer Dienstbezüge 2 850 M., 1885/86 für neue, als Kassenbeamte fungirende Gerichtsschreiber und Gerichtsschreibergehülfen 294 000 und zu pensionsfähigen Lokalzulagen in Berlin — die in der Anlage CVIII mit + bezeichnete Summe — 3 000 M., 1886/87 150 M. Aussterbegehalt, 1894/95 aus Anlass des Dienstalterssystems und der Anrechnung eines Theils der diätarischen Dienstzeit 71 875 M., 1896/97 nach Massgabe des Dienstalters der Beamten, für einen neuen Beamten und wegen Vereinigung der Stellen der Gerichtsschreiber und Sekretäre sowie der Gerichtsschreibergehülfen und Assistenten unter Feststellung eines Zeitraums von 21 Jahren für Erreichung des Höchstgehalts 16 300 M. und 1897/98 für neue Beamten und fällig werdende Dienstalterszulagen 30 200 M. So war der Titel bereits von 241 800 im Jahre 1879/80 auf 922 800 M. + 14 700 M. Lokalzulagen angeschwollen, als 1898/99 aus dem allgemeinen Gehaltsaufbesserungsfonds und zu fällig werdenden Dienstalterszulagen 161 500 M. hinzutraten, wogegen freilich die Lokalzulagen bis auf 600 M. für den Kassierer in Berlin in Wegfall kamen. In allen folgenden Jahren führte das Dienstalterssystem zu Mehrausgaben, wenn auch 1901 und 1902 ein kleiner Theil der Mehrausgaben durch Stellenvermehrung bedingt war. So ist der Titel innerhalb des Zeitraums vom 1. Oktober 1879 bis zum Etatsjahr 1903 auf fast das Fünffache, von 241 800 auf 1 196 000 M. gestiegen, woran freilich die Ersparnisse bei der Verwaltung der indirekten Steuern bedingende Wiedereinrichtung der Gerichtskosten mit — nach dem Zahlenverhältniss der in der Kassenverwaltung beschäftigten zur Gesammtzahl der Beamten — schätzungsweise ca. 437 000 M. betheiligt ist.

§ 132. Für Kanzlisten (Tit. 7) hatte man 1879/80 die Summe der erforderlichen Besoldungen auf 165 650 M. veranschlagt, dabei aber die Zahl der überzähligen Kanzlisten viel zu hoch berechnet. Infolgedessen wurden im nächsten Etat 20 400 M. abgesetzt. Indess die neue Veranschlagung der überzähligen Kanzlisten war wieder zu niedrig und ebenso diejenige des erforderlichen Ersatzes früherer Dienstbezüge, sodass 1881/82 13 900 M. wieder in Zugang gebracht werden mussten. In den nächsten 8 Jahren konnten alljährlich grössere oder geringere Summen an erledigten Aussterbegehältern in Abgang gestellt werden, sodass sich für 1889/90 und 1890/91 nur ein Bedarf von 140 850 M. ergab. Auch 1891/92 kamen 1 050 M. Aussterbegehalt in Wegfall. Aber die Aufbesserung der Kanzleibeamten beanspruchte für die Oberlandesgerichte 15 750 M. 1892/93 wurden die Funktionszulagen für Wahrnehmung der Kanzleiinspektorgeschäfte mit 2 550 M. hier ab- und als Stellenzulagen dem Tit. 12 zugesetzt, während im nächsten Jahre wegen Stellenvermehrung 16 150 M., 1894/95, in der Hauptsache wegen Anrechnung eines Theiles der diätarischen Dienstzeit, 4 500 M. mehr, 1895/96 und 1896/97 nach Massgabe des Dienstalters der Beamten und wegen wegfallender Aussterbegehälter 1 000 und 2 650 M. weniger, 1897/98 dagegen aus ersterem Grunde wieder 900 M. mehr eingestellt wurden. Die allgemeine Besoldungsaufbesserung erstreckte sich bekanntlich nicht auf die Kanzlisten; dagegen erforderten 1898/99 und 1901 die Dienstalterszulagen, in den Jahren 1899, 1900 und 1902 auch neue Stellen erhöhte Mittel, und erst 1903 waren für Dienstalterszulagen 600 M. weniger erforderlich, sodass nur 182 850 M. in Ansatz zu kommen brauchten.

§ 133. Der 1879/80 auf 90 590 M. bemessene Besoldungsfonds für Unterbeamte (Tit. 8) wurde in den nächsten 12 Jahren zwar fast alljährlich um geringe Beträge, 1886/87 auch um einen grösseren Betrag von 1815 M., an wegfallenden Aussterbegehältern gekürzt; aber 1885/86 beanspruchten neue Stellen und Gehaltsausgleichungen neben 694 M. erledigten Aussterbegehältern noch ein Mehr von 16 746 M., 1893/94 die Dienstalterszulagen ein solches von 151 M., 1894/95 diese 240 und neue Stellen 9 000 M. mehr, 1895/96 die Dienstalterszulagen dagegen 160 M. weniger. Nicht unbedeutend (2 280 und 2 500 M.) war wieder 1896/97 der durch eine neue Stelle, durch Alterszulagen und Uebernahme eines höher besoldeten Beamten, 1897/98 der wieder durch die beiden ersten Gründe bedingte Mehrbedarf. Die bekanntlich erst 1899 erfolgte neueste Aufbesserung der Unterbeamten erforderte, nachdem 1898/99 mit einem Aufwande von — nach Abzug von 560 M. Minderbedarf für Alterszulagen — 1 440 M. zwei neue Stellen errichtet und 1899 wegen der Alterszulagen wieder 1 471 M. mehr eingestellt waren, 1900 in Verbindung mit den Alterszulagen 3 820 M. Auch 1901 bis 1903 waren, wie die Anlage CVIII zeigt, alljährlich etwas höhere Mittel, zuletzt 141 203 M. erforderlich, 1901 und 1902 theils wegen des Dienstalters der Beamten, theils weil alljährlich eine neue Stelle errichtet wurde.

§ 134. Vorübergehend, bis einschliesslich 1884/85, wurden in einem weiteren Titel die Besoldungen für einige überzählige Beamte, deren Zahl sich bis 1880/81 auf 3, dann bis 1882/83 auf 2 und sodann auf einen belief, mit zuerst 24 246 M., 1881/82 und 1882/83 16 848 und 1883/84 und 1884/85 9 450 M. geführt.

§ 135. Das im Einzelnen aus der Anlage CVIII ersichtliche Anwachsen der Wohnungsgeldzuschüsse (Tit. 9), die sich nach der Gerichtsorganisation auf 307 324 M. und 1903 auf 487 200 M. beliefen, ist überwiegend auf die Stellenvermehrungen, zum geringeren Theil auf Uebertragungen einzelner Stellen von einem Oberlandesgericht an einem Orte niedrigerer Servisklasse auf ein solches an einem Orte höherer Klasse zurückzuführen und würde noch bedeutenderer gewesen sein, wenn nicht viele Aussterbebeträge weggefallen wären. Die in einzelnen Jahren zu verzeichnenden geringfügigen Minderansätze gegen die jeweiligen Vorjahre rührten theils hieraus, theils aus Berichtigungen der Aufstellung her.

B. Andere persönliche Ausgaben.

§ 136. Unter den „anderen persönlichen Ausgaben" stehen an erster Stelle, jetzt im Titel 10, die, wie oben in § 60 ausgeführt, eine durchlaufende Post bildenden Prüfungsgebühren für die bei den Oberlandesgerichten abzulegenden Prüfungen der Rechtskandidaten und der Anwärter zum Gerichtsschreiberamt. Die Verschiedenheiten der Etatsansätze fussen auf den Istergebnissen der jeweiligen Vorjahre. Da sich der Andrang, aber auch der Bedarf an Beamten vermehrt hat, so musste das Ergebniss der Entwickelung die aus der Anlage CVIII näher ersichtliche ungemein starke Steigerung, von 10 790 M. 1879/80 auf 84 740 M. 1903 sein.

§ 137. Weitaus die Hauptsumme der „anderen persönlichen Ausgaben" entfällt natürlich auf die Ausgaben für Hülfskräfte und Stellvertreter in den verschiedenen Dienstzweigen. In Anlehnung an die frühere Etatsgruppirung führte der Etat für das zweite Halbjahr 1879/80 drei Titel für diese Zwecke auf, im Tit. 12 „Zur Vertretung der Oberlandgerichtsräthe in Abwesenheits- und Krankheitsfällen sowie zur Annahme von Hülfsarbeitern im Richteramt" 14 000 M., im Tit. 13 „Für Hülfsarbeiter bei der Oberstaatsanwaltschaft" 4 800 M. und im Tit. 14 „Zur Remunerirung der ständigen Hülfsarbeiter im Kanzleidienste und zur Annahme von Gehülfen im Bureau-, Kanzlei- und Unterbeamtendienste bei ausserordentlicher Geschäftsanhäufung sowie in Abwesenheits- und Krankheitsfällen der Beamten" 50 000 M., welchem letzteren Etatsansatz hinsichtlich der ständigen Kanzleihülfsarbeiter ein Durchschnittsdiätensatz von 1 500 M. und ein Höchstsatz von 1 650 M. zu Grunde lag. 1880/81 wurden diesem letzteren bedeutendsten Titel aus den durch Ausscheiden überzähliger Kanzlisten verfügbar gewordenen Mitteln behufs Annahme von Lohnschreibern 6 600 M. zugeführt, im nächsten Jahre aber wegen Schaffung neuer etatsmässiger Kanzlistenstellen 3 000 M. wieder entzogen, freilich nur für dieses eine Jahr; denn der ganze Fonds war so unzulänglich, dass er 1882/83, nur zum geringen Theil behufs Gewährung mindestens desjenigen Diätensatzes an die Hülfsarbeiter, den sie vor dem 1. Oktober 1879 bezogen hatten, auf 150 450 M. erhöht werden musste. Als im nächsten Jahre 75 neue etatsmässige Bureaubeamtenstellen geschaffen wurden, wiederholte sich derselbe Vorgang in ähnlicher Weise: man kürzte 1883/84 den Fonds um 24 650 M., um ihm im nächsten Jahre 5 900 M. wieder zuführen zu müssen. Auch die beiden Titel 12 und 13 erwiesen sich bald als unzulänglich, sodass der erstere 1883/84 um 6 000 M. und 1884/85 um weitere 5 000 M., der letztere 1884/85 um 3 200 M. verstärkt wurde.

Der Etat für 1885/86 brachte eine formelle und materielle Umgestaltung aller drei Titel. Die Trennung der Hülfsarbeiter bei der Oberstaatsanwaltschaft von den richterlichen der Oberlandesgerichte und von denen im Subaltern-, Kanzlei- und Unterbeamtendienste wurde durch eine solche nach dem Gesichtspunkte der Ständigkeit oder Nichtständigkeit der Beschäftigung ersetzt: von dem bisherigen Tit. 14 wurden 29 700 M., wozu ein Zuschuss von 16 200 M. kam, verwandt, um in einem Tit. 12 die Mittel zu gewähren, 10 ständige Hülfsarbeiter in Bureaudienst (diätarische Gerichtsschreibergehülfen) als Kassenassistenten und 20 ständige Kanzleidiätare mit jährlich 1 350—1 650 M., im Durchschnitt mit 1 500 M., die schon vor dem 1. Oktober 1879 ständig beschäftigt gewesenen unter ihnen aber mindestens mit dem damals von ihnen bezogenen Betrage remuneriren zu können. Als Tit. 13 wurde ein besonderer Fonds „für Lohnschreiber (Kanzleigehülfen)“ geschaffen und ihm aus dem bisherigen Tit. 14 die Summe von 49 400 M. zugewiesen; ausserdem erhielt er aber 20 000 M., um den Kopialiensatz von 5—7 auf 5—8, unter Umständen auch über 8 Pfennige für die Seite erhöhen, älteren und verdienten Lohnschreibern ein monatliches Minimaleinkommen von etwa durchschnittlich 60 M. garantiren und bei grösseren Kassen Kassenschreiber gegen fixirte Remunerationen von monatlich 60 - 90 M. annehmen zu können. Der Rest des bisherigen Tit. 14 wurde mit den bisherigen Tit. 12 und 13 zu einem Tit. 14 „Für ausserordentliche Hülfsarbeiter und Stellvertreter in allen Dienstzweigen mit Ausschluss des Kanzleidienstes“ vereinigt. Diese Umgestaltung war indess insofern nicht konsequent durchgeführt, als aus dem letztgenannten Titel auch 3 ständige Hülfsarbeiter bei der Oberstaatsanwaltschaft remunerirt wurden. Um diese Inkonsequenz zu beseitigen, wurde 1886/87 unter Kürzung des Tit. 14 um 7 600 M. ein besonderer mit 7 560 M. dotirter Tit. 10a für ständige Hülfsarbeiter bei der Oberstaatsanwaltschaft eingestellt.

§ 138. Dieser somit an zweiter Stelle unter den „anderen persönlichen Ausgaben“ stehende Tit. 10a für ständige Hülfsarbeiter bei der Oberstaatsanwaltschaft bestand mit lediglich dieser Bestimmung bis 1888/89, während 1889/90 statt der geforderten Gehälter der Ersten Staatsanwälte für Vertreter der Oberstaatsanwälte im Tit. 10a Funktionszulagen von je 600 M. für 13 Staatsanwälte bewilligt wurden, sodass der Titel, da nur noch ein Hülfsarbeiter verblieb, sich auf $13 \times 600 + 2\,520 = 10\,320$, seit 1890/91 wegen Hinzukommens der Funktionszulage für einen vierzehnten Staatsanwalt auf 10 920 M. belief. In dieser Höhe bestand er unverändert, bis 1897/98

Funktionszulagen für zwei weitere Staatsanwälte hinzukamen, 1898/99 aber die verbliebene Hülfsarbeiterstelle in eine etatsmässige Staatsanwaltschaftsstelle umgewandelt wurde, sodass dem Tit. 10a nun nur die Funktionszulagen für 17, 1899 für 18, 1900 für 20 und 1901 für 21 Staatsanwälte zur Last blieben. Als dann 1902 7 derselben das Gehalt der Ersten Staatsanwälte erhielten, verminderte sich der Bedarf des Titels um deren Funktionszulagen, also auf 8 400 M.

§ 139. Ein kürzeres Dasein war dem Tit. 12 für die ständigen Hülfsarbeiter im Bureau- und Kanzleidienst beschieden. Bis 1890/91 waren bei ihm nur geringe Beträge (1886/87: 300, 1887/88: 450 und 1890/91: 150 M.) an persönlichen Zulagen zur Erledigung gekommen, während er 1891/92 behufs Erhöhung der Durchschnittsdiäten der Bureauhülfsarbeiter von 1 500 auf 1 650 M., Gewährung von Stellenzulagen bis zu 200 M. für die Geschäfte der ersten Gerichtsdiener und für die Kastellane in Berlin und Frankfurt a. M. von 450 000 auf 48 750 M., 1892/93 behufs Gewährung ebensolcher für Wahrnehmung der Kanzleiinspektorgeschäfte auf 51 300 M. erhöht worden war. 1893/94 aber wurden die 10 Bureau-, und von den 20 Kanzleihülfsarbeitern ebenfalls 10 in Folge Schaffung etatsmässiger Stellen entbehrlich; in Folge dessen wurden der Einfachheit halber die Mittel für die verbleibenden 10 Hülfsarbeiter im Kanzleidienst mit 15 000 M. mit dem Fonds für Lohnschreiber, die Stellenzulagen und eine neue Lokalzulage von 450 M. für einen Gerichtsschreibergehülfen, zusammen 9 756 M. auf Tit. 11 übertragen, sodass der Tit. 12 in Wegfall kam.

§ 140. Bis zu der im vorigen Paragraphen erwähnten Erweiterung zu einem Fonds für ständige Hülfsarbeiter im Kanzleidienst (Kanzleidiätare) und Kanzleigehülfen (Lohnschreiber) hatte der Tit. 13 nur 1892/93 eine Verstärkung um 8 000 auf 77 400 M. erfahren. Dagegen wurde er in den beiden ersten Jahren nach der, wie erwähnt mit einer Erhöhung um 15 000 M. verbundenen Erweiterung seiner Zweckbestimmung behufs Annahme von je zwei weiteren Kanzleidiätaren um je 3 000 M. verstärkt. Auch 1896/97 wurden wieder die Mittel für zwei solche neu vorgesehen; indess sank trotzdem der Bedarf um 2 800 M., weil seitdem, wie früher erwähnt, der Nebenverdienst der Kanzlisten und Kanzleidiätare und die Schreiblöhne der vorübergehend beschäftigten Kanzleigehülfen allgemein bei den sächlichen Ausgaben verrechnet werden. Trotz der Massregeln zur Verminderung des Schreibwerks wurde zur Herstellung eines angemessenen Zahlenverhältnisses zwischen Kanzleidiätarien und Kanzleigehülfen in den letzten Jahren die Zahl der Ersteren fortgesetzt, 1898/99 um 4, 1899 um 1 und 1901 um 1 vermehrt, sodass sie jetzt 22 beträgt. Ausserdem beanspruchten verschiedene Massnahmen zur Besserstellung der Kanzleigehülfen etwas höhere Mittel. Der Geldbedarf beläuft sich daher seit 1901 auf 112 450 M.

Das Aufrücken der Kanzleidiätarien in den 1 350 – 1 650 M. betragenden Diäten erfolgt jetzt nach dem Dienstalter in um je 75 M. steigenden Stufen.

Die Verhältnisse der Kanzlisten, Kanzleidiätare und Kanzleigehülfen sind näher geordnet durch die vom Justizminister erlassene Kanzleiordnung v. 9. Febr. 1895 (J.-Min.-Bl. S. 40) und einige Nachträge. Aus diesen Bestimmungen sei hier Folgendes hervorgehoben: Kanzlisten und Kanzleidiätare haben im Monatsdurchschnitt für jeden Arbeitstag, an dem sie nicht krank, zum Militär einberufen oder zur Wiederherstellung der Gesundheit beurlaubt waren, mindestens 36 Seiten zu schreiben und für das hieran Fehlende nach dem Satz von 8 Pf. für die Seite der Staatskasse Vergütung zu leisten, während sie für das Mehr Vergütung, „Nebenverdienst", nach den Schreiblohnsätzen erhalten; nur über 50 Jahre alten, mindestens 20 Jahre beschäftigten Beamten kann das Tagespensum um 5—9 Seiten ermässigt werden; ebenso ist den das Schreibwerk vorschreibenden Beamten eine entsprechende Ermässigung zu gewähren. Kanzleigehülfen werden nach Bedürfniss angenommen und, wenn zur Befriedigung eines dauernden Bedürfnisses angenommen, nach den für Staatsbeamte geltenden Vorschriften vereidigt, sonst durch Handschlag zur Amtsverschwiegenheit verpflichtet. Sie können jederzeit entlassen werden, wenn sie jedoch nicht bloss vorübergehend zur Aushülfe angenommen waren, in der Regel nur nach einmonatlicher Kündigung. Ihre Stellen sind den Militäranwärtern vorbehalten. Sie erhalten Schreiblöhne nach einem im Voraus festgestellten Satze von 5—10, nach 18 jähriger Beschäftigung bis 11, nach 21 jähriger regelmässig 12 Pf. für die Seite; der Schreiblohn kann mit Beginn jedes neuen Monats geändert werden. Kanzleigehülfen, die als solche oder als Schreibgehülfen des Gerichtsvollziehers mindestens 5 Jahre ohne Unterbrechung beschäftigt waren, und mindestens 25 Jahre alt sind, kann ein monatliches Mindesteinkommen bewilligt werden, das, je nachdem sein Schreiblohn 5, 6, 7, 8, 9, 10, 11 oder 12 Pf. für die Seite beträgt, sich auf monatlich 48, 57, 66, 75, 84, 93, 103 oder 112 M. beläuft; für solche Kanzleigehülfen gelten hinsichtlich des Tagespensums gleiche Vorschriften wie für Kanzlisten und Kanzleidiätare, auch erhalten ihre Hinterbliebenen Sterbemonat und Gnadenquartal. Ueber das von jedem Kanzlisten, Diätar und Kanzleigehülfen gelieferte Schreibwerk werden „Monatszettel" aufgestellt.

§ 141. Bei dem Fonds für Hülfsarbeiter und Stellvertreter in allen Dienstzweigen mit Ausschluss des Kanzleidienstes (Tit. 14) wiederholt sich, wie die Anl. CVIII zeigt, das gewöhnliche Bild solcher Fonds, ein fortwährendes Auf und Nieder der Dotation, hervorgerufen dadurch, dass bei wachsender Arbeitslast erst die Hülfsarbeiter vermehrt, dann neue etatsmässige Stellen errichtet und jene entsprechend vermindert werden und dieser Vorgang fortgesetzt wiederkehrt mit dem Ergebniss, dass die schliessliche Tendenz dieser Bewegung doch auf eine Ausgabevermehrung auch bei dem Hülfsarbeiterfonds herauskommt. Abgesehen von einem geringen Betrage von 2 400 M., der 1891/92 aus dem Nachtragsetat für das Vorjahr übernommen wurde, um die Diätenbezüge für Bureauhülfsarbeiter, welche, obwohl dauernd erforderlich, doch aus diesem Titel remunerirt wurden, sind sämmtliche Mehr- und Minderbedarfe von 1887/88 bis 1892/93 (1888/89 + 17 000, 1889/90 — 8 200, 1891/92 + 25 600, 1892/93 — 1 500 M.) hierauf zurückzuführen. Auch das Mehr von 10 100 M. für 1893/94 erklärt sich daraus, dass nach Istausgaben für 1890/91 und 1891/92 an sich 47 233 M. mehr, in Folge Errichtung etatsmässiger Stellen aber 36 900 M. weniger erforderlich erschienen, nicht daraus, dass dem Titel von nun an auch die ständigen Hülfsarbeiter zur Last fielen. Wohl aber bedingte letzterer Umstand wegen des Bedürfnisses, nichtständige in ständige Hülfsarbeiterstellen umzuwandeln, 1894/95 eine Mehrausgabe von 600 M.; andererseits wurden jedoch wegen Errichtung neuer etatsmässiger Stellen 33 675 und wegen anderweiten Minderbedarfs für ausserordentliche Hülfsarbeiter 7 925 M. abgesetzt. Ein enormer Mehrbedarf ergab sich dagegen im nächsten Jahre, 130 000 M.! Denn in den Jahren 1892/93 und 1893/94 waren faktisch für nicht ständige Hülfsarbeiter und Stellvertreter 214 958 und 196 180, also durchschnittlich 205 569 M. ausgegeben worden; dazu kamen, wie bisher, 29 700 M. für 18 ständige Hülfsarbeiter; bisher standen im Ganzen zur Verfügung nur 80 000 M., sodass sich als Mehrbedarf eigentlich 154 269 M. oder, da sich durch Bewilligung von Senatspräsidentenstellen 2 richterliche Hüfsarbeiter mit je 2 400 M. erübrigten, 149 469 M., also noch fast 20 000 M. weniger, als gefordert und bewilligt wurden, ergaben. Im nächsten Jahre konnte dann der Bedarf wieder wegen Umwandlung von Stellen in etatsmässige um 21 525 M. auf den seitdem beibehaltenen Betrag von 188 475 M. herabgesetzt werden. Allerdings war 1903 die Beibehaltung nur möglich, weil wiederum neue etatsmässige Stellen bewilligt wurden. Aus diesen 188 475 M. erhalten neben den nichtständigen 43 ständige Hülfsarbeiter im Bureau- und Kassendienst anfänglich 1 500, nach einem Jahre 1 650 und nach weiteren 2 Jahren 1 800 M.

§ 142. Der jetzt die Nummer 11, damals 14 tragende Titel für Stellenzulagen und Lokalzulagen wurde erst 1882/83 gebildet und mit 4 905 M. ausgestattet, um den Subaltern- und Unterbeamten in Frankfurt a. M. bei der dortigen Theuerung aller Lebensbedürfnisse Lokalzulagen von 600 M. für die Bureau- und Rechnungsbeamten, 375 M. für Kanzlisten und 195 M. für Unterbeamte gewähren zu können. Da sich die Zahl der zu bedenkenden Beamten vermehrte, wuchs er 1883/84 auf 6 555, 1885/86 auf 9 825 und 1889/90 auf 10 275 M. an. Erst anlässlich der allgemeinen Gehaltserhöhung der Kanzlisten und Unterbeamten kamen 1891/92 518,5 M. in Abgang. Im Jahre 1893/94 übernahm der Titel, nunmehr 11, wie früher erwähnt, von dem aufgelassenen Tit. 12 die Stellenzulagen, und er wurde, da auch mehr Beamte in Frankfurt a. M. mit Lokalzulagen zu bedenken waren, mit 15 056,5 M. dotirt, wozu 1894/95 noch weitere 100 M. Stellenzulagen traten. Minderbedarf an Lokalzulagen ermöglichte dann zwei Jahre kleine Herabsetzungen um 223 und 375 M. Nach der allgemeinen Besoldungsaufbesserung wurden, wie bisher schon diejenigen an Kanzlisten und Unterbeamte, so auch die Lokalzulagen an Subalterne nur noch bis zum Ausscheiden der bisher Empfangsberechtigten gezahlt. Doch sind bisher nur 1899 für Unterbeamte 66,4 M. weggefallen, wogegen 1900 für Stellenzulagen an Unterbeamte weitere 1 950 M. aus dem vorjährigen Etat des Finanz-Ministeriums übernommen wurden, sodass jetzt ausgeworfen sind 6 900 M. Stellen- und 9 542 M. Lokalzulagen. Hiervon entfallen auf die Stellenzulagen der Kanzlisten für die Wahrnehmung der Kanzlei-Inspektorgeschäfte 2 700 M., auf die für erste Gerichtsdiener sowie für Gerichtsdiener und Kastellane — je bis zu 200 M. — 4 200 M., auf Lokalzulagen für Gerichtsschreiber und Sekretäre, nämlich für 10 je 600 M und für 5 je 450 M., 8 250 M., für 2 Kanzlisten, je 375 M., 750 M., für 2 Gerichtsdiener und den Kastellan, je 195 M., noch zahlbar 542,14 M.

§ 143. Nur ganz vorübergehend, 1882/83 mit 100, 1883/84 und 1884/85 mit 2 700 M., erschienen im Kap. 73 (Tit. 16) Kalkulaturgebühren, weil vorher den Beamten der Obergerichte solche nicht gewährt wurden, 1885/86 diese Gebühren für alle Gerichte in einem Titel des Kapitels „Sonstige Ausgaben" vereinigt wurden.

§ 144. Wie an den meisten anderen Fonds zu ausserordentlichen Remunerationen und Unterstützungen für Subaltern- und Unterbeamte, so ist auch an denjenigen für die Oberlandesgerichte verhältnissmässig selten geändert worden. Bei der Reorganisation wurden hierfür im Tit. 15 17 300 M. ausgebracht. Dieser Betrag war aber, zumal als neue Beamte hinzukamen, absolut unzureichend, weshalb ihm 1882/83 9 000 und 1883/84 10 000 M. aus dem gleichartigen Fonds für Land- und Amtsgerichte überwiesen wurden. Die weiteren Beamtenvermehrungen verlangten 1885/86 weitere 4 700 M. Dann aber blieb es trotz der weiteren Beamtenvermehrungen bei demselben Ansatz von 41 000 M., der 1898/99 wie bei anderen Verwaltungen auf drei Titel: 15 ausserordentliche Remunerationen und Unterstützungen für Kanzlei- und Unterbeamte, 15a ausserordentliche Remunerationen für mittlere Beamte und 15b ausserordentliche Unterstützungen für solche, vertheilt wurde; es erhielten Tit. 15 17 700, Tit. 15a 15 000 und Tit. 15b 8 300 M. Mit Rücksicht auf die allgemeine Aufbesserung der Gehälter der mittleren Beamten und auf andere Grundsätze über die Remunerationen der Gefängnissbeamten aus dem Arbeitsverdienst der Gefangenen erfolgte 1900 eine anderweite Vertheilung der ausserordentlichen Remunerations- und Unterstützungsfonds in den Kap. 73, 74 und 75, bei der von den hier in Rede stehenden drei Titeln Tit. 15 200 mehr, Tit. 15a 200 weniger und Tit. 15b 1 000 M. mehr, welche dem Kap. 74 entnommen wurden, erhielten. Bei dieser Dotirung ist es seither geblieben.

C. Sächliche Ausgaben.

§ 145. Auffallend lange sind die Oberlandesgerichte auch mit demselben Betrage an sächlichen Ausgaben ausgekommen. Bei der Gerichtsreorganisation wurden 197 000 M. in drei Titeln, in Tit. 16 zu Bureaubedürfnissen und zu Bureaukosten der Oberstaatsanwaltschaft 108 000 M., in Tit. 17 zu Justizvisitationskosten und zu den Kosten der Revisions- und Inspektionsreisen sowie zu Diäten und Reisekosten der an den ersten juristischen Prüfungen theilnehmenden Universitätslehrer 60 000 M. und im Tit. 18 für Aktentransport, Remunerirung von Haus- und Arbeitspersonal, Reinigung und Heizung und sonstigen vermischten Ausgaben 29 000 M. ausgeworfen. 1882/83 wurden der erste und letzte Titel, weil sie sich als unzureichend erwiesen hatten, um 12 000 bezw. 16 000 M. verstärkt. 1884/85 traten dem ersten aus den Besoldungsfonds die Miethsentschädigungen derjenigen Oberlandesgerichtspräsidenten, die keine Dienstwohnung hatten, mit 26 400 M. hinzu, während der letzte Titel, der immer noch unzureichend war, um 5 000 M. verstärkt wurde. Der nächste Etat vereinigte diese beiden Titel unter Verstärkung um 26 000 M., während der Reisekostentitel in das Kapitel „Sonstige Ausgaben“ als Bestandtheil des dortigen Titels für Umzugs-, Reisekosten etc. verwiesen wurde. Nun vergingen 10 Jahre, bis der sonach mit 222 400 M. dotirte Bureaukostenfonds eine Veränderung erfuhr, und als 1895/96 eine solche erfolgte, bestand sie in der Kürzung um 2 100 M., weil ein Präsident eine Dienstwohnung erhalten hatte. Auch die Erhöhung um 5 800 M. 1896/97 bestand nur in den bei Tit. 13 abgesetzten Ausgaben für Ueberverdienst der Kanzleibeamten und Schreiblöhne. Endlich im Etat für 1899 erfuhr der Fonds, nachdem er 1896/97 um 19 528 und 1897/98 um 30 747 M. überschritten war, eine wirkliche Verstärkung um 25 100 auf 251 200 M., denen 1901, obwohl 3 000 M. Miethsentschädigung für andere Zwecke des Titels verfügbar wurden, noch 10 800 M. hinzugefügt wurden. Seitdem steht dieselbe Summe von 262 000 M. zur Verfügung.

§ 146. Das **Ergebniss** des Zeitraums von der Gerichtsreorganisation bis jetzt ist somit, dass die gesammten etatsmässigen Sollausgaben für die Oberlandesgerichte von 3 183 800 auf 5 496 210 M. angewachsen sind. Das repräsentirt in noch nicht einem Vierteljahrhundert eine Steigerung um 73 Proz. Bei den Besoldungen einschliesslich der Wohnungsgeldzuschüsse betrug die Steigerung 4 781 702 — 2 889 910 = 1 891 792 M. oder fast 66 Proz., bei den anderen persönlichen Ausgaben 452 507 — 96 890 = 356 617 M. oder ca. 368 Proz. und bei den sächlichen 262 000 — 197 000 = 65 000 M. oder 33⅓ Proz. Bei Beurtheilung der enormen Zunahme der „anderen persönlichen Ausgaben“ ist in Betracht zu ziehen, dass eben 1879 eine völlige Neureorganisation stattgefunden hatte, bei der das etatsmässige Beamtenpersonal so bemessen war, dass zunächst nur wenig Hülfskräfte erforderlich waren, während die sächlichen Ausgaben von 1879/80 und 1903 insofern nicht gleichartige Grössen darstellen, weil die 1879/80 60 000 M. ausmachenden Reisekosten jetzt ausgeschieden sind. Bei den Besoldungen war die Zunahme weitaus am höchsten für die Gerichtsschreiber und Sekretäre, wobei indess die Wiederherstellung der Gerichtskassen zu berücksichtigen ist.

V. Kapitel.

Die Land- und Amtsgerichte seit 1879.

(Staatshaushaltsetat Kap. 74.)

A. Besoldungen und Wohnungsgeldzuschüsse.

§ 147. Bei der fundamentalen Umgestaltung eines so riesigen Behörden- und Beamtenorganismus, wie ihn die Gerichtsbehörden darstellen, am 1. Okt. 1879 konnte es nicht ausbleiben, dass die Veranschlagungen nicht gleich in allen Beziehungen das Richtige trafen. Nicht bloss in der Zahl der Beamten, sondern auch in der Gesammthöhe ihrer Besoldungen kamen einige Irrthümer vor, in letzterer Beziehung namentlich deshalb, weil für nicht wenige Beamte nicht die normalen Besoldungen, sondern, um sie nicht schlechter als bisher zu stellen, jene übersteigende Beträge, sog. Aussterbegehälter, vorzusehen waren und hierfür die Informationen seitens der nachgeordneten Behörden nicht ganz zutreffend waren. Aus diesem Grunde wurde der 1879/80 auf 1 808 100 M. bezifferte Bedarf für Besoldungen der Landgerichtspräsidenten und -Direktoren (Tit. 1) in den beiden nächsten Jahren um je einige Hundert Mark erhöht. 1882/83 ermöglichte dann noch der Wegfall von Aussterbegehältern die Ermässigung um ein paar Hundert Mark, und dasselbe wiederholte sich 1886/87 und 1890/91 mit 1 429 und 1 500 M. Im Uebrigen aber bedingten die oben dargestellten fortgesetzten Stellenvermehrungen bis zu der allgemeinen Besoldungsaufbesserung jedes Jahr mehr oder minder bedeutende, im Einzelnen aus der Anlage CVIII ersichtlichen Mehrbewilligungen, sodass der Fonds schon 1891/92 1 900 200 M. und 1897/98 2 131 200 M. erreichte, obwohl ausser dem absoluten Mehrbedarf vielfach Aussterbegehälter verfügbar wurden. Aus dem Gehaltsaufbesserungsfonds im Etat des Finanzministeriums für 1897/98 sowie mit Rücksicht auf das Dienstalter der Beamten traten dann 1898/99 dem Titel 201 500 M. hinzu, und in den Folgejahren wurden wieder alljährlich neue Stellen errichtet, während das Aufrücken nach Dienstaltersstufen 1900, 1901, 1902 und 1903 ebenfalls Mehr- und nur 1899 und 1901 Minderbeträge bedingte, sodass das Endergebniss der Entwicklung 1903 ein Bedarf von 2 519 700 M. war.

§ 148. Nahezu in demselben Verhältniss sind die Ausgaben für die Besoldungen der Land- und Amtsrichter (Tit. 2) gestiegen, obwohl wegfallende Aussterbegehälter bis 1886/87 alljährlich geringere Minderansätze ermöglichten, sodass der Bedarf damals nur 14 244 976 gegen 14 352 300 M. 1879/80 betrug. Seitdem aber haben die Stellenvermehrungen jedes Jahr zu oft sehr starken Erhöhungen des Fonds, dem überdies die allgemeine Gehaltsregulirung von 1897 im nächsten Jahre eine Last von 2 278 200 M. aufbürdete, genöthigt, sodass, wie in der Anlage CVIII im Einzelnen zu ersehen ist, 1891/92 14 679 375, 1898/99 18 368 172 und 1903 19 857 600 M. ausgebracht wurden.[1])

§ 149. Dem Besoldungsbedarf für die Landgerichtspräsidenten, Landgerichtsdirektoren, Land- und Amtsrichter hinzuzuzählen ist auch der geringe Betrag von 9 000 M., der, wie schon vor der Reorganisation, zu persönlichen Zulagen für der polnischen Sprache mächtige Richter in Posen ausgeworfen ist und bis einschliesslich 1894/95 unter den „anderen persönlichen Ausgaben", seitdem in Tit. 3 unter den Besoldungstiteln geführt wird.

§ 150. Keine so rasche Entwicklung nach oben wie der Besoldungsbedarf der Präsidenten, Direktoren und Richter zeigt der für die Ersten Staatsanwälte (Tit. 4). Bis 1888/89 wurde er nur einmal geändert, indem für eine Stelle das Gehalt 1884/85 für $^1/_4$ und 1885/86 für $^3/_4$ Jahr hinzutrat, sodass seit 1885/86 526 200 gegen früher 520 500 M. erforderlich waren. Auch 1892/93 und 1893/94 traten nur je ein Halbjahrsgehalt für eine neue Stelle hinzu und 1894/95 1 200 M. zur Erhöhung des Gehalts des Ersten Staatsanwalts beim Landgericht I in Berlin auf den Satz der Oberstaatsanwälte. Erst die allgemeine Besoldungsaufbesserung und das Dienstalterstufensystem verursachten 1898/99 einen erheblichen Mehrbedarf, 64 500 M., wie er nach Ausweis der Anlage CVIII in auch nur annähernd ähnlicher Höhe nur noch einmal erwuchs, als die Abtheilungsvorsteher bei der Staatsanwaltschaft des Landgerichts I in Berlin in die Gehaltsklasse der Ersten Staatsanwälte einrückten, was in diesem Titel einen Mehrbedarf von 27 000 M. verursachte, wozu noch ein Mehr an Dienstalterszulagen von 2 400 M. trat. In der übrigen Zeit seit 1898/99 war infolge des Dienstalters der Beamten zweimal, 1900 und 1901, ein Minder- und ebenso oft, 1899 und 1903, ein Mehrbedarf zu verzeichnen, sodass der Titel im Jahre 1903 nur 20 Proz. mehr wie 1879/80, nämlich 622 800[1]) gegen 520 500 M. erfordert.

§ 151. Im Gegensatz hierzu hat kein anderer Besoldungstitel eine auch nur annähernd so rapide Zunahme erfahren, wie der Tit. 5 „Staatsanwälte", weil, wie bei Besprechung der Beamtenzahl erwähnt, man bei der Reorganisation das Bedürfniss an Staatsanwälten am allermeisten unterschätzt hatte. Man hatte damals 421 200 M. ausgeworfen, und schon 1882/83 musste man für neue Stellen 57 600 und 1893/84 weitere 68 400 M. mehr einstellen. Im nächsten Etat wurde allerdings eine Stelle vom 1. Juli ab gestrichen. Aber 1887/88, 1888/89 und 1889/90 waren für neue Stellen wieder Mehrbedarfe von 46 800, 7 200 und 43 200 M. zu befriedigen, sodass schon damals 640 800 M. erforderlich waren. Seitdem ist keines der 14 Jahre bis 1903 verstrichen, ohne dass der Etat dasselbe Bild von Mehrforderungen für neue Stellen, wozu 1898/99 noch aus Anlass der Besoldungsauf-

[1]) In Anlage CVIII ist auf S. 384 zu lesen als Kopf von Spalte 12 „1903" und von Spalte 13 „1902".

besserung 286 800 M. traten, geboten hätte. So wurden — vgl. die Anlage CVIII — 1898/99 1,2 Mill. M. fast erreicht und 1903 mit 1 531 200 M.[1]) oder mehr als 360 Proz. des Ansatzes von 1879/80 $1^1/_2$ Mill. überschritten.

Der Titel überträgt sich mit dem Fonds für Staatsanwälte bei den Oberlandesgerichten (Kap. 73 Tit. 4 a) und für Land- und Amtsrichter.

§ 152. Wenig mehr als ein Jahrzehnt haben auf dem Justizetat die Besoldungen der 1888/89 vom Etat der indirekten Steuern übernommenen, seit 1898/99 mit Einführung der Grundbuchordnung in der Rheinprovinz allmählich in Wegfall gebrachten Rheinischen Hypothekenbewahrer (Tit. 5 a) figurirt (vgl. oben § 77): von den ursprünglich 85 050 M. ausmachenden Besoldungen verschwand 1902 die letzte von 4 300 M.

§ 153. Bei Würdigung der ausweislich der Anl. CXIII sehr starken Ausgabevermehrung für die Besoldung der Bureau- und Kassenbeamten und etatsmässigen Amtsanwälte (Tit. 6) ist in Betracht zu ziehen, dass hier drei, zeitweise vier neue Beamtenkategorien erst nach der Reorganisation hinzugekommen sind, 1880/81 die Rechnungsrevisoren und vorübergehend etatsmässige Kalkulatoren, jene mit 277 200 M. Besoldungen, besonderen Zulagen und Lokalzulagen, diese mit 47 900 M. von dem besonderen, zu den „anderen persönlichen Ausgaben“ gehörigen Titel „Kalkulaturgebühren“ abgezweigten Gebühren, 1885/86 durch Wiedereinrichtung der Gerichtskassen die Kassenbeamten mit 2 020 125 M. Besoldungen und Lokalzulagen und seit 1888/89 etatsmässige Amtsanwälte, deren Zahl jetzt bereits 32 beträgt. Da 1880/81 auch ein Theil des im Tit. 15 enthaltenen Dolmetscherfonds mit 47 900 M. behufs Umwandlung in feste Gehaltszulagen für die als Dolmetscher fungirenden Beamten auf den Tit. 6 — damals 5 — überging, so stieg dessen Bedarf schon damals um 373 000 M., von 9 685 525 auf 10 058 525 M. Im nächsten Etat wurden nur zur Deckung bisher zu niedrig veranschlagter höherer Dienstbezüge rund 14 000 M. mehr eingestellt, dann aber der Titel zwei Jahre hintereinander behufs Schaffung neuer Stellen um die grossen Summen von 546 653 und 363 327 M., denen gegenüber eine 1884/85 infolge wegfallender Aussterbegehälter eintretende Ersparniss von 4 660 M. wenig besagen wollte, verstärkt. Auch der Mehrbedarf von 1885/86 für die Kassenbeamten wurde nur zu einem ganz geringen Theile dadurch aufgewogen, dass die Kalkulaturgebühren mit 115 400 M. auf Kap. 80 überwiesen wurden. Fast zur Hälfte, mit 52 200 M., wurde überdies diese Erleichterung schon im nächsten Etat durch Erhöhung der Dolmetscherzulagen (411 × 100 M.) und Berichtigung bisher zu niedrig veranschlagter Aussterbegehälter wieder kompensirt, und 1887/88 kamen für neue Stellen 31 200 M. hinzu, sodass der Gesammtbedarf sich 1887/88 einschliesslich der seit 1886/87 im Etat besonders ausgeworfenen

[1]) Vgl. Anm. auf S. 1947.

301 125 M. an Gehaltszulagen der Rechnungsrevisoren, Rendanten und Dolmetscher und Lokalzulagen in Berlin schon auf rund 13 Millionen — 12 998 868 — M. stellte. Mehrbedarf an Beamten und Erweiterung des Kreises der Lokalzulagen beziehenden Berliner Beamten bedingten dann in jedem der Jahre 1888/89 bis 1892/93 Mehrforderungen in der aus der Anlage CVIII zu entnehmenden Höhe. Der abgesehen von demjenigen für 1898/99 höchste Mehrbedarf aber, 1 313 750 M., ergab sich 1893/94 für 794 neue Beamten. Gleichzeitig wurde für die aus diesem Titel besoldeten Beamten das Aufrücken nach Dienstaltersstufen eingeführt, und hierauf sowie auf der Anrechnung eines Theiles der diätarischen Dienstzeit und der Erhöhung des Höchstgehalts der Gerichtsschreibergehülfen und Assistenten von 1800 auf 2200 M. beruhte es, dass 1894/95 weitere 428 471 M. mehr nöthig waren. Auch in jedem der nächsten Jahre bis zur Gegenwart sind, wie die Anlage zeigt, die Mittel verstärkt worden, und zwar alljährlich für neue Stellen und den Mehrbedarf an Dienstalterszulagen, ausserdem aber 1896/97 behufs der Vereinigung der Stellen der Gerichtsschreiber und Sekretäre mit einem Theile derjenigen für Gerichtsschreibergehülfen und Assistenten (vgl. oben § 79) um 80 000 M. und namentlich infolge der allgemeinen Besoldungsaufbesserung 1898/99 um — einschliesslich des Mehrbedarfs an Dienstalterszulagen — 2023 350 M., endlich 1900 um 2800 M. Dolmetscherzulagen, sodass sie heute, 1903, nicht weniger als 19871300 M.[1]) betragen.

Diese Summe von 19 871 300 M. vertheilt sich wie folgt:

a) Gehälter für 1 Rendant bei dem Amtsgericht I in Berlin mit (4 200 bis 5 400 M.) 5 400 M.; 1 Vorsteher bei dem Einziehungsamt und 1 Oberbuchhalter daselbst sowie 1 Rendant in Breslau mit (3 600 bis 4 800 M.) 14 000 M.; 32 Amtsanwälte mit (1 800 bis 4 200 M.) 100 300 M.; 97 Rechnungsrevisoren, 103 Rendanten, 1 Zwangsverwaltungsinspektor, 5 128 Gerichtsschreiber und Sekretäre (darunter 239 als Kassenbeamte beschäftigt mit 1 500 bis 3 800 M.) 16 284 200 Mark; 1 403 Gerichtsschreibergehülfen und Assistenten (darunter 38 als Kassenbeamte beschäftigt und bis zu 90 Dolmetscher), ferner 111 (künftig wegfallend) mit (1 500 bis 2 700 M.) 3 128 300 M., (diese 111 Stellen für Gerichtsschreibergehülfen und Assistenten sind nach dem Ausscheiden der gegenwärtigen Inhaber in Gerichtsschreiber- und Sekretärstellem umzuwandeln). b) Pensionsfähige Gehaltszulagen für 97 Rechnungssevisoren, 103 Rendanten und den Zwangsverwaltungsinspektor je 600 M., im Ganzen 120 600 M. c) Pensionsfähige Lokalzulagen für die vor dem 1. April 1897 in Berlin angestellten Beamten, und zwar für Rechnungsrevisoren bei den Landgerichten I und II und dem Amtsgericht I, den Gerichtskassenrendanten bei dem Amtsgericht II, dem Zwangsverwaltungsinspektor, für Amtsanwälte, Gerichtsschreiber und Sekretäre bis zur Höhe von 300 M. 68 250 M.; für Gerichtsschreibergehülfen und Assistenten 150 bis 300 M., davon 11 100 M. künftig wegfallend, 19 350 M. d) Besondere Gehaltszulagen für die in einzelnen Bezirken als Dolmetscher der Polnischen, litthauischen, böhmisch-mährischen, wendischen und dänischen Sprache beschäftigten Bureaubeamten 130 900 M. Die Lokalzulagen treten dem Normalgehalt bis zum Höchstbesoldungsbetrage von 4 700 M. (einschliesslich der pensionsfähigen Gehaltszulagen) für die Rechnungsrevisoren, den Rendanten und den Zwangsverwaltungsinspektor, von 4 500 M. für die Amtsanwälte, von 4 100 M. für die Gerichtsschreiber und Sekretäre und von 3 000 M. für die Gerichtsschreibergehülfen und Assistenten hinzu. Der Fonds für Dolmetscher überträgt sich mit dem unter Tit. 15 angesetzten Fonds von 83 000 M.

---

[1]) Vgl. Anm. auf S. 1947.

§ 154. Nicht ganz in demselben Masse, aber doch in dem Zeitraum von 1880/81 bis 1903 — für 1879/80 war infolge Ueberschätzung des Personalbedarfs und der Zahl der vorhandenen überzähligen Kanzlisten, eine Summe von 758 050 M. vorgesehen — um ca. 70 Proz., von 610 455 auf 1 050 700 M.[1]) ist der Besoldungsfonds für Kanzlisten (Tit. 7) angewachsen. Jedoch fällt hier, wie die Anlage CVIII zeigt, der Hauptzuwachs schon in einen etwas früheren Zeitraum als bei den Bureau- und Kassenbeamten, weil die allgemeine Gehaltsaufbesserung der Kanzlisten, die 1892/93 71 600 erforderte, früher als die dieser Beamten und die hauptsächlichsten Stellenvermehrungen in den Etatsjahren 1891/92 und 1893/94 erfolgten. So waren, da auch 1885/86 und seit 1889/90 alljährlich die Stellen vermehrt wurden, schon 1893/94, obwohl der zur Berichtigung von Irrthümern 1881/82 auf 625 328 M. bezifferte Bedarf durch den Wegfall von Aussterbegehältern sich bis auf 557 766 M. für 1884/85 verringert hatte und auch in den nächsten Jahren fortgesetzt Aussterbegehälter zur Erledigung gelangten, einschliesslich einer pensionsfähigen Funktionszulage von 200 M. für Wahrnehmung der Kanzleivorstehergeschäfte beim Landgericht I in Berlin und 300 M. Lokalzulagen — die übrigen Lokalzulagen für die Berliner Kanzlisten, 1891/92 im Ganzen 10 575 M., waren infolge der Gehaltsaufbesserung weggefallen — 852 172 M. und im nächsten Jahre wegen Mehrerfordernisses an Alterszulagen und wegen Anrechnung eines Theiles der Diätarienzeit 890 622 M. erforderlich. In jedem der nächsten Jahre, mit Ausnahme von 1897/98, wo wegen weggefallener Aussterbegehälter und nach Massgabe des Dienstalters der Beamten eine geringe Ersparniss eintrat, erforderten dann neue Stellen und die Dienstalterszulagen Verstärkungen des Fonds, die immerhin in den sechs letzten Jahren 16 050, 18 150, 22 550, 9 450, 30 500 und 61 050 M. betrugen.

§ 155. Ungemein starken Schwankungen nach oben wie nach unten unterlag, wie die Anl. CVIII ergiebt, der Besoldungsfonds der Gerichtsvollzieher (Tit. 8) Schwankungen, die aber mehr formeller oder durchlaufender Natur waren, als wirkliche Mehr- oder Minderausgaben darstellten. 1879/80 waren nur die „Eviktionsquanta“, d. h. die zur Ergänzung des Einkommenminimums erforderlichen Beträge und Aussterbegehälter mit zusammen 318 400 M. eingestellt, die Gebühren aber nur vor der Linie vermerkt, während im nächsten Jahre nicht nur letztere mit 3 600 000 M. in Einnahme und Ausgabe gestellt, sondern auch der besondere Fonds von 800 000 M. für Entschädigungen der Gerichtsvollzieher für Amtshandlungen, die von Amtswegen angeordnet oder solchen gleichgestellt waren, sowie für Aushülfe im Sitzungsdienst von den „anderen persönlichen Ausgaben“ hierher übertragen wurde. Die nun den Hauptbestandtheil des Titels bildenden Gebühren mussten natürlich nach dem wirklichen Aufkommen der jeweiligen Durchschnittsjahre bemessen werden und

[1]) Vgl. Anm. auf S. 1947.

wiesen daher im Allgemeinen eine steigende Tendenz auf, zumal sie Anfangs so niedrig geschätzt waren, dass schon 1882/83 1,3 Mill. mehr eingestellt werden mussten. Auch der Entschädigungsfonds erwies sich dergestalt als unzureichend, dass er in demselben Etat um 1 Mill. erhöht wurde, wogegen derjenige zur Ergänzung der Mindesteinkommen um 180 000 M. gekürzt wurde. Im Etatsjahr 1884/85 wurde der Gebührenfonds mit Rücksicht auf die Herabsetzung der Gebühren nach dem Reichsges. v. 29. Juni 1881 und die Istergebnisse von 4,9 auf 4,7 und der Entschädigungsfonds auf 1,7 ermässigt, der Ergänzungsfonds aber auf 0,2 Mill. erhöht, aber schon im nächsten Jahre letzterer wieder um 100 000 M. gekürzt. Der Etat für 1887/88 ermässigte nach den Istergebnissen der Vorjahre den ersten Fonds um 0,3, den zweiten um 0,35 Mill. und verstärkte den letzten um 110 000 M., während 1889/90 für Gebühren 50 000 M. und 1891/92 75 000 M. mehr eingestellt wurden, in letzterem Jahre auch der Ergänzungsfonds um 93 000 M. erhöht wurde, letzteres, weil fortan — nach dem Nachtragsetat für 1890/91 — der Wohnungsgeldzuschuss bei Berechnung des gewährleisteten Mindesteinkommens von 1 800 M. nicht mehr zur Anrechnung kam. In den Etats für 1892/93, 1893/94 und 1894/95 mussten die Gebühren wieder um bezw. 225 000, 464 000 u. 516 000 M. höher angesetzt werden. Dahingegen kamen in dem letztgenannten Etat wegen der Portoaversionirung von dem Entschädigungsfonds 1 Mill. M. in Abgang, eine freilich dergestalt zu hoch gegriffene Summe, dass im nächsten Jahre, wo daneben die Gebühren um 130 000 M. höher, der Ergänzungsfonds freilich um 60 000 M. niedriger eingestellt wurde, $^1/_4$ Mill. wieder zugesetzt werden musste. Als aber die Entschädigungen für amtliche Aufträge — abgesehen von den voll zu vergütenden Schreibgebühren und Auslagen — von $^1/_2$ auf $^2/_{10}$ des Gebührensatzes durch Min.-Erl. v. 9. Okt. 1895 (J.-Min.-Bl. S. 315) herabgesetzt waren, erfuhr auch das für sie bestimmte Etatsquantum eine 1896/97 Kürzung um 0,4 Mill. und 1899 nochmals um 0,19 auf 0,76 Mill., wogegen die Parteigebühren seit 1897/98 abermals um 50 000 M. höher, mit 5,91 Mill. eingestellt wurden. Die Fixirung der Gerichtsvollzieher hatte vom 1. Oktober 1900 ab zur Folge, dass nun im Tit. 8 nur noch die normalmässigen, nach Dienstaltersstufen steigenden Besoldungen verrechnet wurden, während die ihnen verbleibenden Gebührenantheile, Entschädigungen für Kosteneinziehungen und baare Auslagen bei Erledigung amtlicher Aufträge im Tit. 16, Entschädigungen für Vertretung und Aushülfe im Gerichtsvollzieherdienst im Tit. 20 bei „Andere persönliche Ausgaben“ erschienen. Der Etatsansatz für 1900 mit noch 5 487 900 M.[1]) umfasste für die erste Hälfte des Etatsjahres die bisherigen Bezüge mit 3 462 950, für die zweite die festen Gehälter mit 2 024 950 M., während seit 1901 nur noch die festen Gehälter in Ansatz kommen, die 1901 durch Gehaltsaufbesserung sich auf 4 172 500 M.

---

[1]) Nicht, wie in der Anlage angegeben, 5 467 900 M.

stellten und seitdem 1902 nach Massgabe des Dienstalters, 1903 deshalb und wegen Errichtung von 10 neuer Stellen auf 4 236 840 und 4 273 940 M.[1]) gestiegen sind.

§ 156. Es ist bereits früher erwähnt, dass bei der Gerichtsreorganisaton die Ausgaben für sämmtliche Justizgefängnisse einem besonderen Etatskapitel (75) zugewiesen wurden und erst 1885/86 diejenigen für die Gefängnisse ohne eigenen Etat in das Etatskapitel „Land- und Amtsgerichte“ übergingen. Da in dem Kapitel Gefängnisse die Ausgaben für diese von denen für die besonderen Gefängnisse nur in Ansehung der Besoldungen getrennt waren, erscheint es angezeigt, auch jene für die Zeit von 1879/80 bis 1884/85 in dem nächsten Kapitel dieses Buches zu besprechen.

Als 1885/86 die Ausgaben für die Gefängnisse ohne eigenen Etat auf das Kap. 74 übergingen, waren an Besoldungen und Funktionszulagen für die bei ihnen thätigen Gefängnissinspektoren, Sekretäre, Lehrer und Oberaufseher (Tit. 9) 187 650 M. erforderlich. Die alljährliche Errichtung neuer Stellen steigerte den Bedarf rasch auf 239 250 M. 1889/90. Seitdem ist zwar im Endergebniss eine Zunahme desselben bis auf 377 400 M. 1903[1]) zu verzeichnen. Aber einmal beanspruchte die allgemeine Besoldungsaufbesserung ca. 70 000 M., die schon früher erfolgte der Gefängnissbeamten 1891/92 nach Wegfall von Funktionszulagen noch 23 900 M., sodann haben, wie Anlage CVIII ersehen lässt, Mehr- und Minderanforderungen abgewechselt, und 1898/99 und 1899 sind die Ausgaben sogar erheblich höher als gegenwärtig gewesen. Die beiden letzteren Umstände erklären sich daraus, dass zwar für dieselben Gefängnisse die Besoldungsbedürfnisse mit der Zahl der Beamten, dem Dienstaltersstufensystem und den Gehaltsaufbesserungen stiegen, aber, wie oben (§ 88) näher dargelegt ist, immer mehr Gefängnisse in die Reihe der „besonderen“ eintraten, es sich also in Tit. 9 heute thatsächlich um die mittleren Beamten für eine Zahl von Gefängnissen handelt, aus der seit 1879/80 gerade die grössten ausgeschieden sind.

§ 157. Von denselben Umständen, der Verrechnung der Besoldungen sämmtlicher Gefängnissbeamten im Kap. 75 in den Jahren 1879/80—1884/85, dann der Rückkehr derjenigen der Beamten bei Gefängnissen ohne eigenen Etat auf das Kap. 74 und später dem Uebergange grosser Gefängnisse von Kap. 74 auf Kap. 75, ist auch der Tit. 10 des Kap. 74, der die Besoldungen der Unterbeamten enthält, in hohem Masse beeinflusst worden. 1879/80 bis 1884/85 nur für Gerichtsdiener und Kastellane bestimmt, wenn auch mit dem Besoldungsfonds für Gefangenaufseher des Kap. 75 übertragbar, konnte er sich mit einer Dotation von 2 063 740 M. 1879/80 und nach Berichtigung der „künftig wegfallenden“ Ausgaben 1881/82 2 123 776 M.,

[1]) Vgl. Anm. auf S. 1947.

nach Wegfall verschiedener Aussterbebeträge aber mit 2 111 836 M. 1884/85 begnügen. Aber 1885/86 fielen ihm nicht nur vom Kap. 75 für Unterbeamte bei den Gefängnissen 701 145, sondern auch für neuanzustellende Gefängnissbeamte 36 715 M., für Unterbeamte bei den wieder eingerichteten Gerichtskassen aber 403 840 M. zur Last, denen nur 16 155 M. Ersparniss von Aussterbegehältern gegenüberstand. Wenn dann, trotzdem der Titel infolge Ueberganges von Gefängnissen unter die „besonderen" um nicht unerhebliche Summen, wie 1890/91 17 085, 1894/95 12 600, 1896/97 21 200, 1897/98 7 000, 1898/99 4 500, 1900 10 300 M. und um ebenfalls nicht geringfügige Beträge an Aussterbegehältern erleichtert wurde, doch, wie aus der Anlage CVIII näher zu ersehen ist, sein Erforderniss fast ununterbrochen, auf 3 899 480 M. 1891/92 und 4 485 289 M. 1903[1]) gestiegen ist, so ist das in erster Linie der Vermehrung der etatsmässigen Stellen, wie sie vorzugsweise auch für die nicht selbständigen Gefängnisse erfolgt ist, und der allgemeinen Besoldungsaufbesserung der Unterbeamten, in geringerem Masse der Einführung des Aufrückens nach Dienstaltersstufen zuzuschreiben. Empfingen doch aus dem Fonds 1885/86 3 108 Beamte und Beamtinnen, 1903 aber deren 3658 ihre Besoldung, und bedingte doch die allgemeine Besoldungsaufbesserung von 1890/91 und 1891/92 einen Mehrbedarf von — nach Abzug von 7 275 M. infolge derselben wegfallenden Funktionszulagen noch — 635 255 M.

§ 158. Das Anwachsen der Wohnungsgeldzuschüsse (Tit. 11) von jährlich 3 766 025 M. 1879/80 auf 6 287 316 M., über dessen einzelne Phasen die Anlage CVIII Aufschluss giebt, ist natürlich ganz überwiegend eine Folge der Vermehrung der etatsmässigen Beamten. Dazu kamen gelegentlich Berichtigungen bisher irrthümlicher Ansätze, die Uebertragung von Stellen auf Behörden in Orten einer höheren Servisklasse, 1898/99 die eine Mehrausgabe von 66 000 M. bedingende neue Klasseneintheilung der Orte nach dem Reichsges. v. 26. Juli 1897 und 1903 die 58 336 M. kostende Beseitigung der V. Servisklasse. Eine erhebliche Rolle spielen aber diese Mehrausgaben gegenüber den durch die Stellenvermehrungen bedingten nicht.

B. Andere persönliche Ausgaben.

§ 159. Die Gruppirung der Etatstitel für „Andere persönliche Ausgaben" entsprach und entspricht durchaus derjenigen in dem gleichen Abschnitt für die Oberlandesgerichte; nur finden sich bei diesen die Tit. 14, 16, 17 und 19 nicht.

An erster Stelle (Tit. 12) stehen daher auch bei den Land- und Amtsgerichten die Prüfungsgebühren, deren Aufkommen aber nur gering ist, da von den bei diesen Gerichten abzulegenden Prüfungen nur diejenigen zum Gerichtsschreibergehülfen und Gerichtsvollzieher mit Ge-

[1]) Vgl. Anm. auf S. 1947.

bühren von geringer Höhe belastet sind, eine Gerichtsschreiberprüfung aber nur bei einem Landgericht, in Hechingen, im Uebrigen nur bei Oberlandesgerichten stattfindet. Der Etatsansatz richtete und richtet sich nach den Fraktionen der jeweiligen drei oder zwei Vorjahre. Er hat (vgl. die Anl. CVIII) mit 3 370 M. für 1903 den seit 1885/86 höchsten Stand erreicht. Die Ansätze der Jahre 1880/81 (1879/80 waren noch keine Gebühren eingestellt) bis 1885/86, die zuerst 14 000 M. betrugen und dann alljährlich, bis auf 5 000 M. für 1885/86 herabgesetzt wurden, waren sammt und sonders Mangels Erfahrung zu hoch gegriffen.

§ 160. In dem aus der Anl. CVIII ersichtlichen rapiden Anwachsen des Fonds für Hülfsarbeiter bei der Staatsanwaltschaft (Tit. 13) von 50 000 M. 1879/80 und 1880/81 auf 187 200 M. 1886/87, neben Verweisung der Ausgaben für nichtständige Hülfsarbeiter (8 000 M.) auf Tit. 20 im Jahre 1885/86, spiegelt sich die schon wiederholt erwähnte falsche Schätzung des Personalbedarfs bei der Staatsanwaltschaft im Jahre 1879 wieder. Wie nöthig diese Verstärkungen, zu deren theilweisen Deckung man 1882/83 40 000 M. von dem Fonds für Amtsanwälte (Tit. 14) abgezweigt hatte, waren, ergiebt sich daraus, dass die wirklichen Ausgaben 1880/81 bis 1882/83 betragen hatten 277 351, 286 003 und 268 582 M. Dass die Verstärkung nicht noch höher ausfallen musste, lag nur an der Vermehrung des etatsmässigen Personals, der auch die spätere Herabsetzung auf 176 400 M. für 1887/88 zu danken war. In der Folgezeit sind zwar aus dem gleichen Grunde noch drei Mal Ermässigungen vorgenommen worden, von 183 960 M. auf 161 160 M., wovon 2 400 M. auf Funktionszulagen von je 600 M. für 4 Abtheilungsvorsteher bei der Staatsanwaltschaft des Landgerichts I in Berlin kamen, 1889/90 151 080 und 146 040 M. in den nächsten Jahren. Dann aber schwoll der Fonds bis 1901 alljährlich mehr an. Der Anlass war, abgesehen von einer 1893/94 hinzukommenden Funktionszulage für einen fünften Abtheilungsvorsteher beim Landgericht I in Berlin, der stetig steigende Personalbedarf, während der Satz der Jahresdiäten mit 2 520 M. seit Mitte der 80er Jahre — vorher wurden 2 160—2 400 M. gewährt — unverändert blieb. Erst 1902 wurde der Titel um die Funktionszulagen der ja nun das Gehalt der Ersten Staatsanwälte erhaltenden 5 Abtheilungsvorsteher und durch Verminderung der ständigen Hülfsarbeiter von 66 auf 65 um 5 520 M. erleichtert, freilich mit dem Effekt, dass schon 1903 die Mittel für drei neue Hülfsarbeiter bewilligt werden mussten.

§ 161. Da für die Beamten der Amtsanwaltschaft, wie früher erwähnt, früher überhaupt keine und auch jetzt nur bei ganz wenigen Gerichten etatsmässige Stellen bestehen, so bedarf es eines bedeutenden Fonds, aus dem den mit diesen Geschäften betrauten Personen Remunerationen gewährt werden können. Zu diesem Zweck wurde 1879/80 ein — jetzt die Nummer 14 tragender — Titel mit einer Dotation von 1 Mill. M.

eingestellt, der aber gleichzeitig zur Gewährung der Entschädigungen für sächliche Bedürfnisse an diese Beamten diente. Ebenso erhielten aus ihm die Forstamtsanwälte Reisekosten und Tagegelder, 1882/83 wurden von ihm, wie im vorigen Paragraphen erwähnt, 40 000 M. für Hülfsarbeiter der Staatsanwaltschaft abgezweigt. Da sich indess die Summe von 1 Mill. als unzureichend erwiesen hatte, wurde er 1882/83 andererseits nicht nur um diese 40 000 M. verstärkt, sondern es wurden auch ohne Verkürzung seiner Dotation die gedachten Tagegelder und Reisekosten mit 60 000 M. auf die sächlichen Ausgaben verwiesen. Als sich dann die Nothwendigkeit ergab, auch etatsmässige Beamte mit den Geschäften der Amtsanwälte im Hauptamt zu betrauen, wurde der Fonds 1884/85 auch zu Unterstützungen für solche bestimmt, ohne dass seine Dotation erhöht worden wäre. Bei Errichtung der ersten etatsmässigen Stellen für Amtsanwälte, Sekretäre und Assistenten bei Amtsanwaltschaften 1888/89 wurden von dem Fonds hierdurch 87 400 M. verfügbar, die ihm auch voll entzogen wurden, obwohl ihm für die etatsmässigen Stellen der Amtsanwälte je 300 und für 2 als erste Amtsanwälte fungirende Staatsanwälte je 600 M. Zulagen zur Last blieben. Er blieb nun in seiner Dotation von 912 600 M. unverändert, bis die Vermehrung der etatsmässigen Stellen 1895/96 bis 1898/99 und 1900, 1901 und 1903 zu alljährlichen Kürzungen Anlass gab, sodass er, zumal mit 1898/99 auch die Zulage für den einen der beiden Staatsanwälte in Wegfall kam, sich, wie aus der Anl. CVIII im Einzelnen zu ersehen ist, bis auf 791 840 M. für 1903 verringerte.

§ 162. Nicht schon bei der Gerichtsreorganisation eingerichtet wurde der jetzt die nächste Stelle im Etat einnehmende Tit. 15: zu Stellenzulagen, zur Remunerirung von Dolmetschern und zu Lokalzulagen. Erst als den Subaltern-, Kanzlei- und Unterbeamten in Frankfurt a. M. und Bockenheim 1882/83 mit Rücksicht auf die dortigen Theuerungsverhältnisse Lokalzulagen von je 450, 375 und 125 M. gewährt wurden, entstand der Titel mit einer Dotation von 18 425 M., um dann fast alljährlich wegen Vermehrung der zulageberechtigten Beamten etwas verstärkt zu werden. So hatte er 1890/91 eine Höhe von 27 900 M. erreicht, als er für 1891/92 die nach der Aufbesserung der Kanzlei- und Unterbeamten, infolge deren die an solche Beamte gewährten Lokalzulagen grundsätzlich, soweit es ohne Schädigung des bisherigen Beziehers angängig war, in Wegfall kamen, die noch verbliebenen Lokalzulagen für Gerichtsdiener in Berlin von dem Besoldungstitel zugewiesen und deshalb eine Verstärkung auf 32 065 M. erhielt. Durch die Verweisung der Lokalzulagen zum Aussterbeetat, die nach Aufbesserung der mittleren Beamten auch auf die diesen gewährten ausgedehnt wurde, verminderte sich der Bedarf für diese Zulagen fortgesetzt. Aber 1892/93 wurden dem Titel bei Auflösung des damaligen Tit. 17 „Für ständige Hülfsarbeiter im Bureau- u. s. w. Dienst“ die Stellenzulagen für als Rendanten bei Kassen oder bei

Amtsgerichten mit 1 oder 2 Richtern fungirende Gerichtsschreiber (bis je 400 M. bezw. 300 M.), für Einnehmer und Verwalter ständiger Zahlstellen oder eiserner Vorschüsse bei den Gerichtskassen in Berlin I und Breslau (bis je 400 M.), für 1 Kanzlisten für Wahrnehmung der Kanzleivorstehergeschäfte beim Landgericht I in Berlin (100 M.), für Gefängnissinspektoren bei grösseren Gefängnissen (je 300 M.), für Oberaufseher und Aufseher (bis je 200 M.) und für erste Gerichtsdiener bei den Landgerichten, dem Amtsgericht I in Berlin sowie für Kastellane bei den Landgerichten und den Amtsgerichten in Berlin (bis je 200 M.), zusammen 282 600 M., und zur Remunerirung der Dolmetscher 59 400 M. überwiesen, sodass er nun eine Gesammtdotation von 374 780 M., 1894/95 noch 300 M. mehr, erhielt. Dann aber verminderte sich der Bedarf bis 1899 alljährlich etwas (vgl. die Anl. CVIII). Abermals namhaft, auf 476 917 M., erhöht wurde er 1900, als aus von dem Fonds des Etats von 1899 zu Stellenzulagen für Unterbeamte 120 410 M. auf ihn übergingen und der Dolmetscherfonds um 2 500 M. aufgebessert wurde, und auch in den beiden nächsten Jahren entstand ein geringer Mehrbedarf an Stellenzulagen; 1903 aber wurde der Dolmetscherfonds um 20 000 und der ganze, im Uebrigen durch Wegfall von Lokalzulagen etwas erleichterte Titel um 18 425 M., auf 498 604 M. verstärkt.

Diese Summe von 498 604 M. vertheilt sich wie folgt:

1. Stellenzulagen: a) für Gerichtsschreiber, welche bei Kassen am Sitze der Landgerichte sowie bei sonstigen grossen Kassen als Rendanten beschäftigt sind, bis je 400 M., 65 400 M.; b) für Gerichtsschreiber, welche bei Amtsgerichten mit 1 oder 2 Richtern die Rendanturgeschäfte versehen, bis je 300 M., 156 600 M., und künftig wegfallend 200 M. zum Ersatz für frühere Dienstbezüge; c) für die Einnehmer und Verwalter ständiger Zahlstellen oder eiserner Vorschüsse bei den Gerichtskassen in Berlin I, Berlin II und Breslau sowie für die Verwalter der Stellen für vorläufige Verwahrungen in Civil- und Strafsachen bei dem Amtsgericht I in Berlin, bis je 400 M., 6 000 M.; d) für einen Gerichtsschreiber, welcher auf der Insel Helgoland die Gerichtsvollziehergeschäfte wahrnimmt, 300 M.; e) für 1 Kanzlisten bei dem Landgericht I in Berlin für die Wahrnehmung der Kanzleiinspektorgeschäfte 300 M.; f) für erste Gerichtsdiener bei den sämmtlichen Landgerichten und dem Amtsgericht I in Berlin sowie für sonstige Unterbeamte, bis je 200 M., 165 880 M.

2. Zur Remunerirung der Dolmetscher 83 000 M.

3. Künftig wegfallende Lokalzulagen für die Subaltern- und Unterbeamten in Frankfurt a. M., und zwar: für 1 Gerichtskassenrendanten, 1 Amtsanwalt sowie für Gerichtsschreiber und Sekretäre und für Gerichtsschreibergehülfen und Assistenten je 450 M., 19 800 M., für 2 Kanzlisten je 375 M., 750 M., für Unterbeamte 374 M. = 20 924 M.

Der Fonds zu 1 f überträgt sich mit dem unter Kap. 75 Tit. 8 No. 3 ausgesetzten Fonds von 48 770 M., derjenige für Dolmetscher mit dem unter Tit. 6 ausgesetzten Fonds von 130 900 M.

§ 163. Ganz neuen Datums ist der jetzige Tit. 16: „Gebührenantheile der Gerichtsvollzieher, künftig wegfallende Entschädigungen für frühere Dienstbezüge der Gerichtsvollzieher, Entschädigungen der Gerichtsvollzieher und Hülfsgerichtsvollzieher für Einziehung von Kosten und Geldstrafen etc., sowie zu Auslagen in Parteisachen und für amtliche Aufträge". Ueber seine Entstehung giebt bereits der § 155 Aufschluss. Befremden muss aber denjenigen, der die Zahlen der Anlage CVIII betrachtet, seine riesenhafte Steigerung von 1 Million für 1900 auf 6 581 700 M. für das nächste Jahr. Dieselbe erklärt sich indess folgendermassen: der in den Etat für 1900 eingestellte Betrag repräsentirte die Ausgabe nur für ein halbes Jahr (vgl. oben § 155); zur Ergänzung waren deshalb 1901 noch 1 Mill. M. aufzunehmen; dazu traten noch a) die in den ursprünglichen Entwurf des Etats der Justizverwaltung für 1900 mit eingestellten 300 000 M., welche aus Anlass der Abänderung dieses Entwurfs bei der dritten Berathung des Staatshaushaltsetats im Abgeordnetenhause abgesetzt waren, um die Balance des Hauptetats zu erhalten; b) die Auslagen in Parteisachen mit 4 343 700 M., welche zwar den Gerichtsvollziehern zur Einziehung überwiesen sind, aber ihrem Charakter als staatliche Einnahmen gemäss als durchlaufend in den Etat aufzunehmen sind, jedoch abzüglich derjenigen 62 000 M. Schreibgebühren, welche von den nicht vollbeschäftigten Gerichtsvollziehern verdient werden und dem Staate zu Gute kommen. Für 1903 hat dann wegen der Geschäftszunahme eine Erhöhung des Etatsansatzes für Gebührenantheile um 200 000 M. stattgefunden.

Die Gebührenantheile betrugen nach der Gerichtsvollzieherordnung v. 31. März 1900 24 Proz.; durch Verfügung v. 6. Jan. 1903 sind sie rückwirkend bis 1. April 1902 für Orte der Servisklasse A auf 29, für I auf 27 Proz. erhöht.

§ 164. Noch neueren Datums ist der heutige, mit 30 000 M. dotirte Tit. 17: „Zur Ausbildung von Dolmetschern der polnischen Sprache“; denn er ist erst 1903 eingestellt, um behufs besserer Ausbildung von Dolmetschern versuchsweise für geeignete junge Leute bereits auf der Schule polnische Unterrichtskurse unter Gewährung von Stipendien einzurichten, ihnen auch neben der praktischen eine weitere sprachliche Unterweisung zu Theil werden zu lassen.

§ 165. Der frühere Tit. 17 hat die gleiche zu seiner Beseitigung führende Entwicklung genommen wie der Tit. 12 des Kap. 73 (vgl. oben § 137). Dieselbe hängt auf's Engste mit derjenigen der Tit. 18 und 20 zusammen. Für Beschaffung des Hülfspersonals der Gerichte waren bei der Umgestaltung der Gerichte vier Titel vorgesehen worden, Tit. 15: „Zur Remunerirung der ständigen Hülfsarbeiter im Bureau- und Unterbamtendienst und zur Remunerirung der Dolmetscher“, Tit. 16: „Zur Entschädigung der Gerichtsschreiber bei den Amtsgerichten für die Annahme von Hülfskräften im Bureaudienst“, Tit. 17: „Zur Annahme von Hülfsarbeitern in der Kanzlei der Landgerichte und zur Bestreitung des Schreibwerks bei den Amtsgerichten“ und Tit. 19: „Zur Remunerirung von Hülfsarbeitern bei ausserordentlicher Geschäftsanhäufung sowie in Abwesenheits- und Krankheitsfällen der Beamten". Ausgerüstet waren sie 1879/80, für das Jahr berechnet, mit 699 450, 357 000, 2 314 500 und 300 000 M.; aber schon 1880/81 wurden dem erstgenannten Titel durch Theilung des Dolmetscherfonds mit dem Besoldungstit. 5 (vgl. oben § 153) 47 900 M. entzogen, dem zu drittgenannten für Kanzleihülfe aus ersparten Aussterbegehältern überzähliger Kanzlisten 46 800 M. zugeführt. Um zunächst den Beamten in Berlin, dann auch den übrigen dieselben Diätensätze wie vor dem 1. Okt. 1879 gewähren zu können, namentlich aber behufs Verstärkung des Hülfspersonals wurde der Titel für ständige Hülfsarbeiter (15) 1881/82 um 2 100 und 1882/83 um 114 340 M. höher dotirt, aus letzterem Grunde auch im nächsten Jahre nochmals um 32 230 M. verstärkt. 1884/85 aber wurde er um den geringen Betrag von 3 600 M. wegen Ausscheidens höhere Diätensätze erhaltender Beamten aus der Zeit vor der Reform und Ermässigung des Dolmetscherfonds ermässigt. Für Entschädigungen an die Gerichtsschreiber für die bei Amtsgerichten mit nur einem Amtsrichter von ihnen zu beschaffende Bureauhülfe erschienen dagegen seit 1882/83 nur noch 277 000 M. erforderlich, weil auch vielen dieser Gerichte staatliche Hülfsarbeiter zugewiesen waren, 1884/85 aber nur noch 218 500 M., weil entdeckt wurde, dass bisher in einigen Oberlandesgerichtsbezirken irrthümlich auch die dem allgemeinen Diätenfonds zur Last fallenden Diäten solcher Gehülfen, die nicht von dem Gerichtsschreiber angenommmen waren, gegen Wegfall des Pauschquantums der Gerichtsschreiber auf jenen Entschädigungsfonds angewiesen waren. Der Fonds für Kanzleihülfe erfuhr dagegen nach einer durch Ausscheiden älterer Beamten mit übernormalen Diätensätzen bedingten Kürzung um 1 950 M. im Etat für 1881/82 in den Etats für 1882/83 bis 1884/85, weil er völlig unzureichend war, auch überzählige Kanzlisten ausschieden, Erhöhungen um 709 700, 505 150 und 10 050 M., sodass er 1884/85 eine Höhe von 3 584 250 M. erreichte. Der Fonds für ausserordentliche Hülfsarbeiter, sog. „allgemeine Diätenfonds", endlich war mit 300 000 M. dergestalt unzulänglich, dass er 1882/83, obwohl er durch Errichtung etatsmässiger Stellen um ca. 400 000 M. erleichtert wurde, doch auf 700 000 und 1883/84 trotz mehr als 500 weiteren neuen etatsmässigen Beamten auf 1 Mill. M. aufgebessert werden musste! Man hatte sich also bei der ersten Veranschlagung des Personalbedarfs an etatsmässigen und ausseretatsmässigen Beamten gar sehr geirrt! Dagegen resultirte die nochmalige Erhöhung um 58 500 M. für 1884/85 nur aus der erwähnten Richtigstellung der Verrechnung beim Entschädigungsfonds der Gerichtsschreiber für Bureauhülfe.

§ 166. Im Etat für 1885/86 erfolgte dann eine analoge Umgestaltung der im vorigen Paragraphen besprochenen Etatstitel, wie der entsprechenden für die Oberlandesgerichte (ob. § 137) unter gleichzeitiger Uebernahme der entsprechenden Kosten für die nicht nach besonderen

Etats verwalteten Gefängnisse aus dem Kap. 74. Es wurden gebildet Tit. 17 für ständige Hülfsarbeiter im Bureau-, Kassen-, Kanzlei- und Unterbeamtendienst sowie zu widerruflichen Funktionszulagen von je 300 M. für die bei Kassen an Sitzen der Landgerichte und bei sonstigen grossen Kassen fungirenden Gerichtsschreiber und zur Remunerirung der Dolmetscher, Tit. 18 auf Lohnschreiber (Kanzleigehülfen) beschränkt und der Titel für Entschädigungen der Gerichtsschreiber für Bureauhülfe mit dem allgemeinen Diätenfonds zu einem Tit. 20 „Für ausserordentliche Hülfsarbeiter und Stellvertreter in allen Dienstzweigen mit Ausschluss des Kanzleidienstes, sowie zur Beschaffung der Bureauhülfe bei den nur mit einem Gerichtsschreibereibeamten besetzten Amtsgerichten" vereinigt. Der erstgenannte Titel erhielt eine Dotation von 1 473 760, der zweite von 3 708 600 und der zuletztgenannte von 1 201 200 M., indem dem ersten ausser den in ihm vereinigten Beträgen hauptsächlich wegen der Wiederherstellung der Kassen 393 317,5 M. neu zugeführt, bei dem letzten der für die Bureauhülfe bei den kleinen Amtsgerichten bestimmte Theil auf 108 900 M. reduzirt wurde, da mit Rücksicht auf die Kassenverwaltung ein grosser Theil der kleinen Amtsgerichte zweite Gerichtsschreibereibeamte erhielt. Diese 108 900 M. flossen nun auch nicht mehr den Gerichtsschreibern zu, sondern fortan stellte der Staat, nicht mehr der Gerichtsschreiber hieraus die Bureauhülfe.

Mehrbedarf an Hülfskräften und Funktionszulagen und die 1886/87 behufs Besserstellung der nicht etatsmässige Stellen bekleidenden Dolmetscher vorgenommene Erhöhung des bezüglichen Fonds von 34 000 auf 59 400 M. bedingten bei dem Tit. 17 für ständige Hülfsarbeiter u. s. w. fortgesetzte Mehrforderungen, sodass er 1890/91 bereits 1 585 975 M. erreichte, obwohl nicht unerhebliche Beträge durch Umwandlung des Beuthener Gefängnisses in ein „besonderes" in Abgang kamen. Im nächsten Jahre wurde der Kreis der zu — nun in Stellenzulagen umgewandelten — Funktionszulagen für Kassengeschäfte berechtigten Beamten erweitert, der Höchstbetrag der Zulagen theilweise auf 400 M. erhöht, und es wurden die infolge der Besoldungsaufbesserungen aus pensionsfähigen Funktions- in nicht pensionsfähige Stellenzulagen umgewandelten Zulagen an Gefängnissinspektoren, Oberaufseher, Aufseher, erste Gerichtsdiener bei Landgerichten und Kastellane von dem Besoldungsfonds hierher übertragen, sodass sich nun ein Bedarf von 1 925 800 M. ergab. Nachdem der Titel dann noch für neue Stellenzulagen 1892/93 11 425 M. erhalten hatte, wurde er 1893/94 aufgelöst, zumal sich der Bedarf für ständige Hülfsarbeiter durch grosse Vermehrung etatsmässiger Stellen im Bureau-, Kassen- und Kanzleidienst, die sämmtliche bisher vorhandenen 783 Hülfsarbeiterstellen im Bureau- und Kassendienst und von 195 im Kanzleidienst 87 entbehrlich machte, um rd. 1,26 Mill. M. verringerte. Die

Stellenzulagen und der Dolmetscherfonds gingen nach dem jetzigen Tit. 15 über, die verbleibenden 151 800 M. für Kanzleidiätare auf den nun als „für ständige Hülfsarbeiter im Kanzleidienst (Kanzleidiätare) und für Kanzleigehülfen" bestimmt bezeichneten Tit. 18, die Mittel für Hülfskräfte im Unterbeamtendienst mit 181 550 M. auf den allgemeinen Diätenfonds Tit. 20, dessen Bezeichnung nun nur lautete: „Für Hülfsarbeiter und Stellvertreter in allen Dienstzweigen mit Ausschluss des Kanzleidienstes".

§ 167. Der, wie erwähnt, 1885/86 auf Kanzleigehülfen beschränkte Titel 18 hatte inzwischen sich auf Grund der wirklichen Ausgaben und der Vermehrung der etatsmässigen Kanzlistenstellen 1887/88 und 1889/90 Kürzungen auf 3,6 und 3,592 Mill. M. gefallen lassen müssen, da er aber in dieser Höhe sich als unzulänglich herausgestellt hatte, 1892/93 auf 3 906 000 M. verstärkt werden müssen. Als er 1893/94 auch für Kanzleidiätare bestimmt wurde, führte man ihm nicht nur für diese die im vorigen Paragraphen erwähnten 151 800 M., sondern auch für 10 neue Diätarien 15 000 M. und für Kanzleigehülfen nach den Erfahrungen der Vorjahre 320 000 M. zu. Die Ueberweisung der Ueberverdienste der Kanzlisten und Kanzleidiätare und der Schreiblöhne der nicht dauernd beschäftigten Kanzleigehülfen auf die sächlichen Ausgaben veranlasste 1896/97 die Kürzung des somit nun auf Diätare und dauernd beschäftigte Gehülfen sich beschränkenden Titels um 150 000 M. Aber 1898/99, 1899 und 1900 die Geschäftsvermehrung, 1900 theilweise auch und 1901 lediglich die zur Verbesserung der Lage der Kanzleigehülfen getroffenen Massnahmen — allein die Gewährung von 12 Pfennigen Schreiblohn nach 21jähriger Dienstzeit kostete jährlich 125 000 M. — nöthigten zu den aus der Anlage CVIII näher ersichtlichen Verstärkungen bis auf 4 696 750 M., und erst neue Vermehrungen der etatsmässigen Kanzlistenstellen drückten 1902 und 1903 den Ansatz auf 4 677 500 und 4 633 350 M. Doch lässt schon der Umstand, dass durch die Allgemeine Verfügung v. 14. Juni 1902 (J.-M.-Bl. S. 126) die Einkommensverhältnisse der Kanzleigehülfen dadurch aufgebessert worden sind, dass ihnen auch bei einer Ermässigung des Pensums der Ueberverdienst voll gewährt wird, indess, da sich die Wirkung dieser Massregel nicht übersehen lässt, von einer Fondserhöhung für 1903 noch abgesehen worden ist, weiteren Mehrbedarf für 1904 erwarten. Der Diätensatz, den die z. Z. 141 Kanzleidiätarien erhalten, ist in Berlin derselbe wie bei den Oberlandesgerichten (vgl. oben § 140), während er im Uebrigen im ersten Jahre 1200, im zweiten und dritten 1350, dann 1500 M. beträgt. Abgesehen davon, dass er jetzt nach Dienstaltersstufen bemessen wird, hat er seit der Gerichtsreorganisation keine Erhöhung erfahren. Wegen des zu leistenden Arbeitsquantums sowie wegen der Schreiblöhne vgl. oben § 140.

§ 168. In weit stärkerem Verhältnisse noch wie der Tit. 18 ist seit 1885/86 der allgemeine Diätenfonds Tit. 20 angeschwollen trotz der Schaffung so überaus zahlreicher neuer etatsmässiger Stellen. Schon 1887/88 und 1888/89 wurden ihm wegen der Unzulänglichkeit seiner bisherigen Dotation von 1 201 200 M. 268 800 M. und 200 000 M. zugelegt. Dann endlich glaubte man in der Errichtung neuer etatsmässiger Stellen soweit gelangt zu sein, nunmehr diesen Fonds kürzen zu können: 1889/90 wurden 110 000 M. und im nächsten Jahre weitere 40 000 M. abgesetzt. 1891/92 aber setzt eine mit Ausnahme des Etatsjahres 1894/95, wo die Bewilligung neuer etatsmässiger Richter, Staatsanwälte und Unterbeamten Anlass gab, den Fonds um einige wenige Tausend Mark, 16 700 M., zu kürzen, ununterbrochen bis 1900 fortdauernde, im Einzelnen aus der Anlage CVIII zu ersehende Mehrbelastung des Titels ein, sodass er 1900 ein Erforderniss von 4 536 000 M. erreichte. Von dem Mehrbedarf für 1891/92 (358 500 M.) wurde allerdings etwa der vierte Theil durch Diätenerhöhungen, zu denen die Mittel aus dem vorjährigen Nachtragsetat des Finanz-Ministeriums übergingen, verursacht, 1893/94 gingen, wie im § 166 erwähnt, für die ständigen Hülfskräfte im Unterbeamtendienst 181 550 M. von dem aufgelösten Tit. 7 auf Tit. 20 über. Im Uebrigen war der Anlass der Mehrbewilligungen stets der gleiche: die Geschäftszunahme, zu der nicht wenig die Einführung der Grundbuchordnung in der Rheinprovinz und die Umgestaltung des bürgerlichen Rechtes beitrug, verlangte so viel mehr ständige und nicht ständige Hülfskräfte, dass die Kosten für diese durch die Ersparnisse in Folge Kreirung etatsmässiger Stellen nicht aufgewogen wurden. Waren doch 1901 vorgesehen an ständigen Hülfsarbeitern im Bureau- und Kassendienst 1 029, im Unterbeamtendienst 280 gegen 512 und 252 im Etat für 1894/95, sodass sich also die Zahl der kostspieligeren im Bureau- und Kassendienste reichlich verdoppet hatte, und für nichtständige Hülfskräfte waren wirklich verausgabt im Durchschnitt der beiden letzten Etatsjahre, deren Ergebnisse bei Aufstellung des Etats für 1901 vorlagen, 3 632 500 M. gegen nur 3 104 521 M. 1894/95. Mit dem Etatsjahr 1900 ist endlich diese Aufwärtsbewegung vorläufig zum Stillstand gekommen. Aber schon die Erläuterungen zum Etat für 1903 rechnen heraus, dass unter Zugrundelegung des zweijährigen Durchschnitts und unter Berücksichtigung des Umstandes, dass durch Bewilligung neuer Stellen 452 500 M. frei werden, doch für den Titel 4 763 460 M. erforderlich wären; von der Einstellung des Mehrbedarfes von somit 227 460 M. ist nur abgesehen, weil er zum grossen Theil durch Einführung des Grundbuches in Nassau veranlasst und daher nicht dauernder Natur sei.

Die Zahl der ständigen Hülfsarbeiter beträgt 1903 im Bureau- und Kassendienst 1 031, im Unterbeamtendienst 280. Die Diätensätze der Bureau- und Kassenhülfsarbeiter betragen in Berlin im ersten

Jahre 1 500, im zweiten und dritten 1 650, dann 1 800, bei den übrigen Gerichten 2 Jahre 1 400, dann 1 500 M.; 6 ehemalige Kriminalprotokollführer beim Amtsgericht I in Berlin erhalten 2 100 M. Bis einschliesslich 1890/91 waren die Sätze in Berlin 1 350 – 1 650 M., im Durchschnitt 1 500 M., bei anderen Gerichten 1 200 - 1 500 M., im Durchschnitt 1 350 M. Das Aufrücken in festen Dienstaltersstufen findet erst seit 1901 statt.

Freie Dienstwohnung haben 10 ständige Hülfsunterbeamten.

§ 169. Der unzweckmässiger Weise zwischen die beiden Hülfsarbeiterfonds Tit. 18 und 20 eingeschobene Tit. 19 „Remunerationen der an der Leitung oder Beaufsichtigung des Arbeitsbetriebes unmittelbar betheiligten mittleren und unteren Gefängnissbeamten aus dem Arbeitsverdienste der Gefangenen" stammt, wie wir gesehen haben, schon aus der Zeit vor der Gerichtsreorganisation. Damals lautete sein Dispositivum allgemein auf Remunerationen für Gefängnissbeamte und Verstärkung der Unterstützungsfonds für Kinder verstorbener Justizbeamten. Mit diesem Dispositivum wurde er auch bei der Reorganisation in das Kapitel „Gefängnisse" eingestellt und kehrte 1885/86, soweit er nicht für die besonderen Gefängnisse bestimmt war, d. i. mit 140 000 M., in das Kapitel „Land- und Amtsgerichte" zurück. Ausser durch Ueberweisung von 24 000 M. von dem gleichartigen, mit ihm übertragbaren Fonds des Kapitels „Besondere Gefängnisse", von denen aber 11 000 M. schon im nächsten Jahre bei Versetzung des Gefängnisses in Beuthen in Oberschlesien unter die besonderen Gefängnisse dorthin zurückgelangten, wurde er alljährlich mit dem Steigen der Einnahmen aus dem Arbeitsverdienste verstärkt, sodass er 1892/93 sich auf 630 000 M. belief, wovon 360 000 M. dem Unterstützungsfonds zuflossen. Da wurde, wie bereits im § 64 erwähnt, 1893/94 die Mitbestimmung des Titels für diese Fonds gegen entsprechende Verstärkung des allgemeinen Unterstützungsfonds Kap. 80 Tit. 4 beseitigt und der Titel daher auf 270 000 M. reduzirt. Bis 1897/98, wie die Anlage CVIII zeigt, wieder mit Zunahme des Arbeitsverdienstes der Gefangenen allmählich auf 307 000 M. gestiegen, wurde er 1898/99 abermals, dieses Mal auf 155 400 M. gekürzt, weil nach der allgemeinen Besoldungsaufbesserung es angemessen erschien, nicht mehr $^1/_6$, sondern nur $^1/_{12}$ des Arbeitsverdienstes den Beamten zuzuwenden und die Zuwendungen auf die an der Leitung oder Beaufsichtigung des Arbeitsbetriebes unmittelbar betheiligten mittleren und unteren Gefängnissbeamten zu beschränken. Mit dieser beschränkten Bestimmung ist er dann, wie die Anlage zeigt, vermöge des Wachsens der Einnahmen aus dem Arbeitsverdienst auf 188 600 M. in den Etats für 1901 bis 1903 gestiegen.

Die Vertheilung der Fonds auf die einzelnen Beamten, etatsmässige wie ausseretatsmässige, erfolgt durch den Oberlandesgerichtspräsidenten in Gemeinschaft mit dem Oberstaatsanwalt, die des gleichen Fonds des Kap. 74 durch letzteren allein. Es ist zulässig, bei einem Gefängnisse auch mehr als $^1/_{12}$ zu vertheilen, sofern nur im ganzen Oberlandesgerichtsbezirk das Zwölftel nicht überschritten wird. Die Höchstbeträge, die aber nur ausnahmsweise gewährt werden sollen, sind für ausschliesslich im Gefängnissdienst beschäftigte Inspektoren und Inspektionsassistenten 200 M, für derartige Unterbeamte 180 M., für nebenamtlich im Gefängnissdienst beschäftigte Gerichtsschreiberei- und Sekretariatsbeamte 180 M, für derartige Unterbeamte 150 M. Aus dem Fonds für die besonderen dürfen für andere Gefängnisse Beträge nur mit ministerieller Genehmigung verwendet werden.

§ 170. Wegen der jetzigen Dreitheilung des Remunerations- und Unterstützungsfonds, Tit. 20, 21a und 21b, kann auf das bei Besprechung der gleichen Fonds anderer Verwaltungen und der Oberlandesgerichte Ausgeführte verwiesen werden. Der ungetheilte Fonds war bei der Gerichtsreorganisation auf 490 000 M. normirt worden und war in dieser Höhe nur für Gerichtsbeamte bestimmt. Schon 1881/82 wurde er aber unter Verstärkung um 11 600 M., die dem gleichen Fonds des Kap. 75 entnommen wurden, auch für die Beamten bei den nicht nach eigenem Etat verwalteten Gefängnissen bestimmt, wogegen 1882/83 9 000 M. und 1883/84 weitere 10 000 M. zu Gunsten der gleichen Fonds der Oberlandesgerichte, 1884/85 200 M. für das Gefängniss in Frankfurt a. M., abgezweigt wurden. Mit den ihm somit verbliebenen 482 400 M. genügte er aber dem durch die Stellenvermehrung gesteigerten Bedürfniss nicht, sodass ihm 1885/86 9 600 M. zugelegt wurden. Zu abermaligen Kürzungen durch Uebertragung auf Kap. 75 gab dagegen 1890/91 (900 M.), 1894/95 (1 500 M.), 1896/97 (1 200 M.), und 1897/98 (1 300 M.) die Einreihung von weiteren Gefängnissen in die Reihe der „besonderen“ Veranlassung. Erst 1898/99, wo er in die drei Titel zerlegt wurde, erfuhr er eine Verstärkung um 2 300 M. auf Kosten des gleichen Fonds des Kap. 75 und des Unterstützungsfonds für höhere Beamte im Kap. 80. Von dem Gesammtbetrag wurden 230 000 M. für Remunerationen und Unterstützungen an Kanzlei- und Unterbeamte (Tit. 21), 100 000 M. zu Remunerationen (Tit. 21 a) und 159 400 M. zu Unterstützungen für mittlere Beamte (Tit. 21 b) bestimmt, im nächsten Jahre aber Tit. 21 um 9 000 M. erhöht, dagegen Tit. 21 a um 6 000 und Tit. 21 b um 6 500 M. gekürzt, indem von den sonach ersparten 3 500 M. 2 500 M. den gleichen Fonds der besonderen Gefängnisse und 1 000 M. denen der Oberlandesgerichte zugeführt wurden. Seitdem erscheinen im Tit. 21 239 000 M., in Tit. 21 a 94 000 und im Tit. 21 b 152 900 M.

§ 171. Zu erwähnen bleiben noch einige jetzt aus der Reihe der „Anderen persönlichen Ausgaben“ verschwundene Titel. Der 9000 M. zu Zulagen für des Polnischen mächtige richterliche Beamte und ihres Uebergangs auf die Besoldungsfonds ist bereits früher (§ 149) gedacht, ebenso der Vereinigung aller Kalkulaturgebühren, deren in den Jahren 1879/80 bis 1884/85 im Kap. 74 Tit. 19 Jahresbeträge von 400 000,

344 000, 344 000, 438 900, 412 000 und 380 000 M. ausgebracht waren, im Kap. 80 Tit. 2, Absatz 3 (vergl. § 143).

Ein von vornherein zum Aussterben bestimmter Fonds waren die Entschädigungen der Sekretäre im Oberlandesgerichtsbezirk Kassel für früher bezogene Heft- und Schreibgebühren und die Entschädigungen von Unterbeamten in demselben Bezirk. Der Gesammtbetrag belief sich anfänglich auf 7 694 M. und verminderte sich durch Ausscheiden von Empfangsberechtigten 1881/82 auf 2 108, 1885/86 auf 1991, 1888/89 auf 1 226, 1889/90 auf 968, 1894/95 auf 887, 1896/97 auf 450 M.; dieser letzte Rest verschwand 1898/99.

Sogar nur reichlich ein Jahrzehnt figurirten auf dem Etat der Gerichte die Tantièmen der Rheinischen Hypothekenbewahrer (vgl. oben §§ 77, 152), die sich theils durch Abnahme der Geschäfte, besonders aber durch die allmähliche Beseitigung dieser Beamten seit 1894/95 in dem aus der Anl. CVIII ersichtlichen Masse fortgesetzt verminderten und 1902 ganz verschwanden; von ihrer Einstellung 1888/89 bis 1893/94 waren sie alljährlich mit 12 500 M. angesetzt gewesen.

C. Sächliche Ausgaben.

§ 172. Mehr noch als die „Anderen persönlichen Ausgaben" sind die „Sächlichen Ausgaben" seit der Gerichtsreorganisation Aenderungen ihrer Gruppirung im Etat und dem Einflusse der verschiedenen Verrechnung derjenigen für Gefängnisse ausgesetzt gewesen. Bei der Reorganisation, als sie ja nur für Gerichte und Staatsanwaltschaft bestimmt waren, wurden drei denen der Oberlandesgerichte entsprechende Titel von 3 350 000, 700 000 und 400 000 M. gebildet, nämlich Tit. 21 für Bureaubedürfnisse und zu Bureaukosten der Statsanwaltschaft, Tit. 22 für Kosten der Revisionsreisen und Gerichtstage, Diäten und Reisekosten der Staatsanwälte und Reisekosten der Vorsitzenden und Beisitzer der Schwurgerichte und detachirten Strafkammern sowie der Geschworenen, Schöffen und Mitglieder der Ausschüssse zur Auswahl der Schöffen und Geschworenen, und Tit. 23 für Aktentransport, Reinigung und Heizung der Geschäftsräume und zu sonstigen vermischten Ausgaben. Aber schon im Etat für 1881/82 wurden, obwohl die übrigen Ausgaben der nicht nach eigenem Etat verwalteten Gefängnisse mit Ausnahme des Remunerations- und Unterstützungsfonds im Kapitel „Gefängnissverwaltung" blieben, doch die Bureau- und vermischten Ausgaben für diese mit 88 895 und 15 130 M. auf Tit. 21 bezw. 23 des Kap. 74 übertragen. Im nächsten Jahre erfuhren alle drei sächlichen Titel namhafte Verstärkungen, um 300 000, 40 000 und 84 870 M., der Bureaukosten- und der Sammeltitel wegen ihrer erwiesenen Unzulänglichkeit, der Reisekostentitel wegen Uebernahme der Reisekosten und Tagegelder der Forstamtsanwälte von dem Fonds für Renumerirung der Amtsanwälte (vgl. oben § 161). Der Titel für vermischte Ausgaben war aber auch mit der halben Million nicht ausreichend dotirt, da schon 1880/81 583 354, 1881/82 551 994 M. ausgegeben waren; er wurde daher 1883/84 abermals, um 50 000 M., verstärkt. Dagegen erschienen bei dem Bureaukostenfonds 1884/85 11 895 M. entbehrlich, und wurden diese daher dem nothleidenden gleichen Fonds der besonderen Gefängnisse zugeführt. Mit dem Etat für 1885/86 trat eine andere Gruppirung im Etat ein: der Titel für Reisen schied hier völlig aus und wurde mit dem allgemeinen Reisekostenfonds im Kap. 80 Tit. 1 vereinigt, in dem Tit. 21 die bisherigen Titel für Bureaukosten und für vermischte Ausgaben sowie die aus dem Kapitel „Gefängnissverwaltung" übergehenden Miethsentschädigungen der lediglich als solche angestellten Gefängnissbeamten bei nicht selbständigen Gefängnissen (69 030 M.) — bisher waren im Tit. 23 nur die Miethsentschädigungen der gleichzeitig als Gefangenaufseher fungierenden Unterbeamten verrechnet worden — zusammengefasst, im Tit. 23 aber die von der Gefängnissverwaltung überwiesenen „Gefängnissverwaltungskosten" (Utensilien und Lagerbedürfnisse, Beköstigungs- und Bekleidungskosten und sonstige Kosten) für die Gefängnisse ohne eigenen Etat nachgewiesen. Die Dotation betrug für Tit. 22 4 532 000 M., für Tit. 23 4 726 000 M., dort unter Verstärkung um 185 970, hier unter Kürzung der bisher für gleiche Zwecke verfügbaren Mittel um 40 000 M. Diese Dotationen waren zunächst reichlich bemessen, sodass sie bei beiden Titeln in den Jahren 1887/88 und 1890/91, bei den Gefängnissverwaltungskosten auch schon 1886/67 reduzirt wurden und sich 1890/91 nur noch auf 4 442 000 und 4 120 000 M. stellten. Hinzugekommen war 1888/89 ein dritter, mit 125 000 M. ausgestatteter Titel für die Bureaukostenaversa der Rheinischen Hypothekenbewahrer (vgl. oben §§ 77, 152), zuerst als Tit. 24, seit 1890/91 als Tit. 25, indem nun die Gefängnisskosten den Tit. 24 bildeten.

§ 173. Behufs Beseitigung einiger in Bezug auf die Zweckbestimmung der Fonds erhobenen Bedenken wurden 1892/93 aus dem Titel „Bureaubedürfnisse, Miethsentschädigungen und vermischte Ausgaben" deren drei gebildet, Tit. 22 „Bureaubedürfnisse", Tit. 24 Normalmässige Miethsentschädigungen" und 26 „Sonstige vermischte Ausgaben", bei denen nun auch die bisher bei den Gefängnissverwaltungskosten verrechneten vermischten Ausgaben der Gefängnisse verrechnet wurden. Ausgestattet wurden Tit. 22 mit 4, Tit. 24 mit 0,1, Tit. 26 mit 0,962, der Gefängnisskostentitel 25 mit 3,5 Millionen, während für Bureaukostenaversa der Hypothekenbewahrer (Tit. 23) nur noch 119 000 M. erforderlich waren. Schon im nächsten Jahre ergab sich indess die Nothwendigkeit, diese Summen auf 4 100 000 M.

im Tit. 22, 116 800 M. im Tit. 23, 105 000 M. im Tit. 24, 4 000 000 M. in Tit. 25 und 650 000 M. in Tit. 26 zu berichtigen, im Ganzen also um 290800 M. zu erhöhen, und der Bureaubedürfnissfonds musste auch 1895/96 nochmals wegen Unzulänglichkeit auf 4 290 000 M. verstärkt werden. Dagegen traten bei dem Tit. 23 in den Etats für 1894/95, 1895/96, 1896/97, 1900, 1901 und 1902, wo er wegen Ausscheidens der letzten Hypothekenbewahrer völlig verschwand, 1895/96 bei allen übrigen Titeln, 1896/97 bei den Tit. 22 und 25 hauptsächlich wegen Uebergangs von Gefängnissen auf Kap. 75 Minderbedarfe ein; dass 1896/97 aus diesem Grunde dasselbe nicht auch bei den Miethsentschädigungen und vermischten Ausgaben der Fall war, lag daran, dass hier der Minderbedarf durch anderweitigen Mehrbedarf, bei den vermischten Ausgaben infolge der Uebernahme von 150 000 M. Schreibgebühren u. s. w. (vgl. oben § 167) überwogen wurde. Die Uebertragung der Gefängnisse in Gollnow und Bochum auf Kap. 75 hatte auch 1897/98 bei den Tit. 22, 25 und 26 Minderansätze zur Folge, während bei Tit. 24 trotzdem ein geringer Mehrbetrag erforderlich war. Der Bureaubedürfnissfonds blieb nun unverändert, bis er, da er seit Jahren unzulänglich war, 1903 auf 4,55 Mill. verstärkt wurde. Dagegen sind die Miethsentschädigungen fast alljährlich, bis auf 131 730 M. im Etat für 1903 gestiegen, da die Zahl der solche beziehenden Beamten sich vermehrte, sowie infolge Aenderung der Klasseneintheilung der Orte.

Die Miethsentschädigungen betragen in Servisklasse A

für:	A	I	II	III	IV und betrugen in V	
Gefängnissinspektoren	600	510	450	360	300	225 M.
Oberaufseher und andere Gefängnissunterbeamte	270	210	180	150	120	90 „

Auch die Gefängnissverwaltungskosten haben nur noch 1898/99 eine Ermässigung, 1899, 1900, 1901 und 1903 dagegen Erhöhungen, auf schliesslich 4 324 800 M. erfahren, 1899 und 1900 und theilweise 1901, weil bei diesem Fonds nun auch diejenigen Ausgaben des Arbeitsbetriebes der Gefangenen zu verrechnen sind, welche früher lediglich bei den Arbeitsverdienstkassen gebucht worden sind, vom 1. April 1899 ab aber in Gemässheit des § 15 des Ges. v. 11. Mai 1898 (G.-S. S. 77) in den Staatshaushaltsetat sowohl in Einnahme als auch in Ausgabe übernommen werden müssen. Die Zweckbestimmung des Fonds ist deshalb durch Hinzufügung der Worte „für Beschäftigung" d. i. der Gefangenen erweitert.

Die sonstigen vermischten Ausgaben endlich sind wegen Unzulänglichkeit der bisherigen Ansätze in den Etats für 1899, 1900, 1901 und 1903 bis auf 1 570 000 M. gestiegen, obwohl 1900 ein Betrag von 3 500 M., welcher für die Aussonderung der zu kassirenden Akten bis dahin aus diesem Fonds gezahlt wurde, nun gemäss § 24 des Gesetzes über den Staatshaushalt auf die Remunerationsfonds Tit. 21 und 21a ohne Erhöhung dieser übernommen werden musste.

Rückblick.

§ 174. Wenn man auf die ganze im Vorstehenden einzeln dargestellte Entwickelung der Ausgaben für die Land- und Amtsgerichte seit der Gerichtsreorganisation zurückblickt, so wird man die Jahre von 1879/80 bis 1884/85 als mit den späteren inkommensurabel ausscheiden müssen. Denn während dieses Zeitraumes fehlten unter den Ausgaben für die Land- und Amtsgerichte die später in ihnen enthaltenen für die Land- und Amtsgerichtsgefängnisse fast vollständig und völlig diejenigen für die damals von den Steuerbehörden für die Gerichte besorgte Kassenverwaltung. Ueberdies standen diese Jahre noch zum guten Theil unter dem Zeichen der Berichtigung bei der Umgestaltung in den Veranschlagungen begangener Missgriffe.

In dem Zeitraum von 1885/86 bis 1903 aber sind die Ausgaben für die Gerichte von 63 565 769 auf 89 583 999 M., d. i. um mehr als 40 Proz. angewachsen, also noch etwas mehr als diejenigen für die Oberlandesgerichte, bei denen sich die Zunahme während dieses Zeitraumes auf ca. 37,2 Proz. stellte. Von den einzelnen Gruppen der Ausgaben für die Land- und Amtsgerichte sind gestiegen die

Besoldungen	von 41 349 943	auf 54 599 429	M., d. i. um ca.	32	Proz.
Wohnungsgeldzuschüsse	„ 4 444 000	„ 6 287 316	„ „ „ „ „	41	„
anderen persönlichen Ausgaben	„ 8 513 826	„ 18 120 724	„ „ „ „ „	113	„
sächlichen Ausgaben	„ 9 258 000	„ 10 576 530	„ „ „ „ „	14	„

Weitaus am stärksten war also die Zunahme bei den „Anderen persönlichen Ausgaben". Hier fällt aber entscheidend in's Gewicht, dass 1903 hier 6 781 300 M. Gebührenantheile u. s. w. der Gerichtsvollzieher verrechnet wurden, während 1885/86 die analogen Bezüge derselben unter den Besoldungen figurirten; rechnet man die 6 781 300 M. für 1903 von den „Anderen persönlichen Ausgaben" ab und den Besoldungen zu, so ergiebt sich gegen 1885/86 bei jenen eine Steigerung um 33⅓ und bei diesen um mehr als 48 Proz. Die somit in Wahrheit stärkere Zunahme der Besoldungen ist keineswegs eine Folge nur der Besoldungsaufbesserungen, sondern besonders der relativ stärkeren Vermehrung etatsmässiger wie nichtetatsmässiger Stellen, also einer im Interesse der früheren definitiven Anstellung der Anwärter getroffenen, somit sozialpolitisch äusserst werthvollen Massnahme. Die Wohnungsgeldzuschüsse sind gegenüber dieser Richtigstellung des Steigerungssatzes der Besoldungen etwas weniger als diese gestiegen, weil die Zahl der mittleren und Unterbeamten mehr als die der höheren zugenommen hat.

In der ersten Hälfte des 18jährigen Zeitraums von 1885/86 bis 1903, also bis 1894/95, stiegen die Ausgaben von 63 565 769 auf

70 151 720 M., also um ca. 13½ Proz., von da bis 1903 um mehr als das Doppelte, um reichlich 27½ Proz., und der Etat für 1891/92 sah überhaupt nur etwa 2,8 Mill. M. mehr vor als derjenige für 1885/86. Der objektive Beurtheiler solcher Zahlen wird in ihnen keine Bestätigungen des oft gehörten Vorwurfs stiefmütterlicher Behandlung der Justizverwaltung durch unseren heimgegangenen grossen Finanz-Minister v. Miquel finden, eines Vorwurfs übrigens, der, wenn er berechtigt wäre, seine Spitze in erster Linie gegen einen Justizminister kehren würde, der sich einer solchen Behandlung seines Ressorts gefügt hätte. Wenn Zahlen reden, so legen solche Zahlen vielmehr beredtes Zeugniss ab für die warme Fürsorge des Justizministers für sein Ressort und für das verständnissvolle Eingehen des Finanz-Ministers auf dessen Wünsche.

VI. Kapitel.

Besondere Gefängnisse

(1879/80 bis 1884/85 Gefängnissverwaltung überhaupt).

(Staatshaushaltsetat Kap. 75.)

A. Bis 1884/85.

§ 175. Der Unterscheidung der Justizgefängnisse in „besondere“ und andere ist bereits früher gedacht. Ebenso ist bereits zur Sprache gekommen, dass vor der Gerichtsreorganisation die sämmtlichen Ausgaben für die Gefängnisse in den Etatskapiteln für die unteren Gerichte und für Kriminalkosten zerstreut waren. Nur für einige wenige Gefängnisse waren wenigstens die Beamtenbesoldungen in besonderen Etatstiteln bezw. vor 1873 besondere Nummern der damaligen, den späteren Kapiteln entsprechenden Titeln aufgeführt. Es geschah dies seit 1870 mit den beiden Gefängnissen in Hannover und auf dem Klapperfelde in Frankfurt a. M., seit 1872 auch mit dem Strafgefängniss in Plötzensee. Die Besoldungen betrugen im ersten Jahre für Hannover 8 025, für Frankfurt a. M. 5 700 M., 1872 für Plötzensee 33 825 M. Für alle drei Gefängnisse trat 1873, und zwar für Plötzensee und Hannover sowohl infolge der allgemeinen Besoldungsaufbesserung als auch der Schaffung neuer Stellen wegen Erweiterung der Gefängnisse, in Frankfurt a. M. infolge Aufbesserung der Gehälter der Aufseher, eine, wenigstens bei den beiden ersten, sehr namhafte Steigerung ein, auf beziehentlich 68 895, 19 860 und 6 120 M. Für Plötzensee wuchs der Bedarf fast alljährlich weiter, 1874, 1875, 1876 und 1879/80 infolge Vermehrung der Beamten, 1875, 1876 und 1877/78 auch durch einzelne Aufbesserungen, sodass er sich am 1. April 1879 auf 151 400 M. stellte. Hannover hatte 1875 und 1877/78 infolge Vermehrung der Beamten, Frankfurt 1876 aus demselben Grunde und 1878/79 wegen Aufbesserung des Inspektors Bedarfserhöhungen zu verzeichnen, so zwar, dass am 1. April 1879 eingestellt wurden für jenes Gefängniss 38 520, für dieses 9 285 M. Neu hinzutraten 1876 in einem besonderen Titel des Kapitels für die erstinstanzlichen Gerichte im Geltungsbereich der Verordn. v. 2. Jan. 1849 und 26. Jun. 1867 die Beamtengehälter für das neue Strafgefängniss in Glückstadt, die sich anfangs auf 39 915 M. stellten, durch Stellenvermehrung in den beiden nächsten Jahren aber auf 46 020 M. pro anno im Etat für das erste Halbjahr 1879/80 stiegen.

§ 176. Als bei der Gerichtsreorganisation am 1. Okt. 1879 ein besonderes, alle Gefängnisse umfassendes Etatskapitel 75 „Gefängnissverwaltung" gebildet wurde, erhielt dieses in Ansehung der **Besoldungen** eine in gewisser Richtung zwiespältige Gestalt: für die 4 Gefängnisse in Plötzensee, Glückstadt, Hannover und Frankfurt a. M. wurden die Besoldungen für sämmtliche Beamte ohne Unterscheidung in höhere, mittlere und untere in je einem Titel geführt, während für die übrigen Gefängnisse ein Titel für die mittleren und einer für die unteren gebildet wurde. Der Gesammtbetrag der somit 6 Besoldungstitel belief sich auf jährlich 955 750 M. Von den Bedarfen für die besonderen Gefängnisse erfuhr bis zur Beschränkung des Kapitels auf die besonderen Gefängnisse durch den Etat für 1885/86 die bedeutendste Steigerung derjenige für Hannover, der 1881/82 wegen Schaffung neuer Stellen und einzelner Aufbesserungen 2 025, 1884/85, weil für die erweiterte Anstalt mehr Beamte erforderlich wurden, 15 105 M. mehr erforderte. Unbedeutender war die Ausgabeerhöhung für Plötzensee — 1882/83 für neue Stellen 1 575 M. – und Frankfurt — 1881/82, 1882/83 und 1884/85 für neue Stellen 630, 1 200 und 2 100 M. –, während für Glückstadt sogar für entbehrlich werdende Beamte 1882/83 3 600 und 1883/84 480 M. ab- und nur für Aufbesserungen 1880/81 45 und 1881/82 300 M. zugesetzt wurden. Dagegen trat, 1881/82 für $^3/_4$ Jahre, 1882/83 für das volle Jahr der Besoldungsfonds für das neue Untersuchungsgefängniss in Moabit, der sich 1882/83 auf 117 620 M. belief, als besonderer Titel hinzu, wovon allerdings im nächsten Jahre 2 400 M., die zur Deckung etwaiger höherer Bezüge für von anderen Gefängnissen zu übernehmende Beamte bestimmt waren, wieder abgesetzt wurden, während 1884/85 die Aufbesserung einer Stelle 600 M. erheischte. Bei den Gefängnissen ohne selbständigen Etat war der Besoldungsbedarf für die mittleren Beamten 1880/81 durch Aufbesserungen um 2 955, 1881/82 und 1884/85 durch Vermehrung des Personals um 1 800 und 11 250, 1883/84 aus beiden Anlässen um 7 350 M. gestiegen und nur 1882/83 wegen Wegfalls eines Inspektors bei gleichzeitiger Schaffung neuer Oberaufseherstellen um 600 M. erleichtert worden. Ungleich erheblicher war der Bedarf für Aufseher u. s. w. durch Vermehrung ihrer Zahl gestiegen. 1880/81 hatte er zwar durch Uebergang eines Lehrers auf den vorerwähnten Titel eine Entlastung um 880 M. erfahren; dann aber stieg er alljährlich, um 23 625, 8 740, 31 785 und 86 530 M. So beliefen sich 1884/85 die sämmtlichen Besoldungstitel auf 1 263 025 M. Dazu kamen an Wohnungsgeldzuschüssen, die ja nur wenigen Gefängnissbeamten zu gewähren sind, da die ganz überwiegende Mehrzahl freie Dienstwohnung oder in Ermangelung einer solchen Miethsentschädigung erhält, 6 240 M., während 1879/80 wegen der geringeren Zahl der Empfänger nur 2 545 M. erforderlich gewesen waren.

§ 177. Für die wie die Wohnungsgeldzuschüsse und sächlichen Ausgaben ohne Scheidung der besonderen und der anderen Gefängnisse ausgebrachten **„Anderen persönlichen Ausgaben“** wurden 1879 vier Titel gebildet, zu Funktionszulagen für Beamte in Plötzensee und Frankfurt a. M. und zur Remunerirung der Lehrkräfte für die Kinder der Beamten in Plötzensee 20 875 M., für Hülfsbeamte und Stellvertreter 38 600 M., der oft erwähnte Fonds zu Remunerationen u. s. w. aus dem Arbeitsverdienst der Gefangenen mit 279 230 M. und zu ausserordentlichen Remunerationen und Unterstützungen 16 000 M. Der erste Titel stieg durch Hinzukommen immer neuer, zu Funktionszulagen berechtigter Beamten, namentlich bei der Eröffnung von Moabit, wie auch behufs Remunerirung des Vorsitzenden der Aufsichtskommission für Plötzensee und Moabit (vgl. unten § 181) 1880/81 um 300, 1881/82 um 11 812, 1882/83 um 4 837 und 1884/85 um 150 M., der zweite wegen Mehrbedarfs an Hülfsbeamten, wiederum besonders für Moabit, 1881/82 um 6 155, 1882/83 um 30 160, 1883/84 um 49 900 M. und erfuhr nur 1884/85 eine Verminderung um 50 M. erledigtes Aussterbegehalt. Der dem Arbeitsverdienst der Gefangenen entnommene Fonds zu Remunerationen u. s. w. folgte dem Steigen bezw. Sinken des Arbeitsverdienstes, sodass er 1880/81, 1881/82, 1883/84 und 1884/85 Zulagen von 100 070, 29 000, 11 000 und 38 600 M. und nur 1882/83 eine Kürzung um 11 100 M. erfuhr. Dagegen musste sich der allgemeine Remunerations- und Unterstützungsfonds, als er 1881/82 nur noch für die Beamten der besonderen Gefängnisse bestimmt wurde (vgl. oben § 170) eine Kürzung um 10 100 M. gefallen lassen, indem 11 600 M. demjenigen für die Land- und Amtsgerichte überwiesen, dagegen mit Rücksicht auf die Moabiter Beamten 1 500 M. neu eingestellt wurden. Im nächsten Jahre wurden ihm aus letzterem Grunde weitere 500 M. zugeführt, ebenso 1884/85 200 M. mit Rücksicht auf die zahlreicheren Beamten in Frankfurt a. M.

§ 178. An **„Sächlichen Ausgaben“** führte der Etat für 1879/80 (II. Halbjahr) und 1880/81 zwei Titel, Bureaubedürfnisse 200 000 M. und zu Miethsentschädigungen, Unterrichtsmitteln, zur Heizung, Reinigung und Unterhaltung des Schullokals für die Beamtenkinder in Plötzensee und zu sonstigen vermischten Ausgaben 36 000 M., während der Titel „Verwaltungskosten“ (4 221 500 M.) noch als besonderer Abschnitt mit der Bezeichnung des früheren Kapitels, aus dem er entnommen war, „Kriminalkosten“ behandelt wurde. Erst 1881/82 wurde auch er als

Titel „Zu anderen Verwaltungskosten“ denen für die sächlichen Ausgaben eingereiht; er blieb aber im Gegensatz zu den beiden anderen, deren „Zweckbestimmung“ nur auf die besonderen Gefängnisse beschränkt wurde, für sämmtliche Gefängnisse bestimmt. Dieser von vornherein bedeutendste Fonds ist dann, da er sich als unzulänglich herausstellte, und wegen des Mehrbedarfs für Moabit 1881/82 auf 4½, 1882/83 auf 4,956 und 1884/85 auf 5½ Mill. M. verstärkt worden, während der Bureaubedürfnissfonds bei der mit dem Hinzutreten des ¾ jährigen Bedarfs für Moabit zusammenfallenden Einschränkung seiner Zweckbestimmung 1881/82 auf 159 855 M. reduzirt, aber schon 1882/83 um den ¼ jährigen Bedarf für Moabit (16 250 M.) und 1884/85 wegen erwiesener Unzulänglichkeit um 11 895 M. auf 188 000 M. erhöht wurde, der Titel „Miethsentschädigungen u. s. w.“ aber trotz der Beschränkung auf die besonderen Gefängnisse nur Verstärkungen um (1881/82) 14 870, (1882/83) 63 900 und (1884/85) 12 000 M. erfahren hat, die überwiegend durch den Neubedarf für Moabit, aber auch durch Mehrbedarf für die anderen besonderen Gefängnisse verursacht wurden, zumal bei stärkeren Stellenvermehrungen zunächst Dienstwohnungen nicht ausreichend zur Verfügung standen; er bezifferte sich also 1884/85 auf 126 770 M.

B. Seit 1885/86.

§ 179. Als durch den Etat für 1885/86 dem unklaren Zwitterzustand des Kap. 75 als eines theils nur für die besonderen, theils für die sämmtlichen Gefängnisse bestimmten ein Ende gemacht und es nur für die ersteren bestimmt wurde, verblieben ihm von dem vorjährigen Etatsansatz von 7 700 275 M. noch 1 638 198 M.; 6 139 097 M. gingen auf das Kap. 74 über, während zur Besoldung neu anzustellender Beamten 12 810, zu Funktionszulagen für solche Beamte 1 650, aus dem Arbeitsverdienst der Gefangenen zu Remunerationen u. s. w. 37 400, zur Verstärkung der Fonds zu ausserordentlichen Remunerationen und Unterstützungen 5 400 und zur Verstärkung des Bureaubedürfnissfonds 19 760 M. neu eingestellt wurden.

Die bisherige Einrichtung, die **Besoldungen** der Beamten jedes einzelnen der besonderen Gefängnisse ohne Unterscheidung der Beamtenkategorien in einem Etatstitel zu verrechnen, wurde beibehalten und ist nur schrittweise unter Hinwegräumung zwischen den einzelnen Gefängnissen bestehender Besoldungsverschiedenheiten beseitigt und durch das allgemein übliche Verfahren, die Besoldungstitel nach den Kategorien der Beamten zu unterscheiden, ersetzt worden: 1891/92 wurden die Besoldungen der drei Berliner Gefängnisse — Plötzensee, Moabit und die 1890/91 aus der inneren Verwaltung herübergelangte Stadtvogtei — in einem Titel zusammengefasst, 1895/96 für diese einerseits, für die sämmtlichen anderen besonderen Gefängnisse andererseits je zwei Titel, der eine für die oberen und mittleren, der andere für die Unterbeamten — Hausväter, Meister, Oberaufseher, Oberaufseherinnen, Aufseher und Aufseherinnen — gebildet, 1898/99 endlich die sämmtlichen besonderen Gefängnisse unter Beibehaltung dieser Zweitheilung (Kap. 74 Tit. 1 und 2) nach der Art der Beamten zusammengefasst.

Die Dotation der Besoldungstitel ist seit 1885/86 in jedem Jahre gestiegen, indem bald bei diesem, bald bei jenem derselben sich die Nothwendigkeit von Mehrbewilligungen herausstellte. Am bedeutendsten waren die Mehrbewilligungen in den Jahren 1890/91 (150 315 M.), wo die Stadtvogtei in Berlin von dem Etat der inneren Verwaltung[1]) und das Beuthener Gefängniss aus Kap. 74 hierher übergingen, 1891/92 (58 645 M.), als die Mittel zur Aufbesserung der Unterbeamten aus dem Nachtragsetat für 1890/91 hinzutraten, 1894/95 (59 420 M.) vorzugsweise durch den hinzukommenden Bedarf für das neue Centralgefängniss in Wronke, 1896/97 (37 350 M.) durch denjenigen für Danzig-Oliva, 1897/98 (71 180 M.) vorzugsweise durch den für Gollnow und Bochum und 1898/99 (80 800 M.) überwiegend durch den für Tegel (vgl. oben § 88). Auch das neue Gefängniss in Preungesheim bei Frankfurt a. M. verursachte 1887/88 (für ¼ Jahr) einen Mehransatz von 8 827½ und 1888/89 (für ¾ Jahr) einen solchen von 26 482½ M., wovon jedoch 2 100 M. durch Minderbedarf bei dem Frankfurter Gefängniss eingespart wurden. Die übrigen Mehrforderungen, die in Wahrheit noch grösser waren wie sie im Etat erscheinen, weil daneben noch wegfallende Aussterbebeträge zu neuen Zwecken verfügbar wurden, fanden ihre Begründung überwiegend in den Stellenvermehrungen, daneben in einzelnen Aufbesserungen nnd seit Einführung des Aufrückens nach Dienstaltersstufen in Mehrbedarfen nach Massgabe des Dienstalters der Beamten; die Minderbedarfe infolge dieser Art des Aufrückens traten gegenüber den Mehrbedarfen weitaus zurück. Die gesammten Mehrforderungen beliefen sich in den oben nicht schon hervorgehobenen Jahren 1886/87, 1887/88, 1888/89 und 1889/90 auf beziehentlich 9 015, 12 877, 25 552 und 1 755 M., sodass sich für 1891/92 ein Bedarf von 653 750 M. gegen 395 590 M. für 1884/85 ergab. In welchem Tempo sich dann das weitere Anwachsen der Besoldungstitel, durch das diese bis auf 1 033 680 M. angeschwollen sind, vollzog, ergiebt die Anlage CVIII.

§ 180. Soweit das Anwachsen der Besoldungen auf Vermehrung der Beamten zurückzuführen ist, war es zwar theilweise, aber, da die meisten Beamten der Gefängnissverwaltung Dienstwohnungen erhalten, auch nur theilweise auch von einer Steigerung des Bedarfes an Wohnungsgeldzuschüssen (Tit. 7) begleitet.

Es war dies der Fall in den Jahren 1890/91, 1894/95, 1896/97, 1897/98, 1898/99, 1889, 1900, 1901 und 1903. In derselben Richtung

[1]) Vgl. auch Bd. II Buch VI § 124.

wirkte aber auch 1898/99 und 1901 die Einziehung von Dienstwohnungen und 1891/92 die Gewährung von Wohnungsgeldzuschüssen an Stelle von Miethsentschädigungen an drei Gefängnissgeistliche. Andererseits konnte der Etatsansatz auch zweimal (1892/93 um 6 048 und 1902 um 840 M.) wegen Minderbedarfs, hauptsächlich infolge Beschaffung neuer Dienstwohnungen ermässigt werden. Immerhin stieg der ja bei der überwiegenden Zahl der sich im Besitze von Dienstwohnungen oder Miethsentschädigungen befindlichen Beamten im Verhältniss zur Gesammtzahl der Beamten geringfügige Gesammtbetrag der Wohnungsgeldzuschüsse, wie in der Anl. CVIII im Einzelnen zu ersehen ist, von 5 028 M. 1885/86 bis auf 23 748 M. 1903. Dabei ist indess zu berücksichtigen, dass ebenso wie bei den meisten anderen Titeln des Kap. 75 ein grosser Theil des Mehrerfordernisses ein solches eben nur in dem einzelnen Etatskapitel, nicht aber im Staatshaushaltsetat überhaupt ist, weil die betreffende Summe nur aus dem Kap. 74 oder — für die Berliner Stadtvogtei — aus dem Etat der inneren Verwaltung — Kap. 96 Strafanstaltsverwaltung — übernommen ist.

§ 181. Von den „Anderen persönlichen Ausgaben" enthielt 1885/86 der erste, Tit. 8, Funktionszulagen für Beamte von Plötzensee, Moabit und Frankfurt a. M., die Mittel zur Remunerirung des Lehrers und der Lehrerin für die Kinder der Plötzenseer Beamten und 600 M. zur Remunerirung des Vorsitzenden der schon im § 176 erwähnten Aufsichtskommissionen, insgesammt 39 625 M.

An Funktionszulagen erhielten damals bei der Plötzenseer Anstalt jeder Inspektor, der Rendant, jeder Sekretär, Geistliche und Lehrer sowie der Ingenieur 300 M., jeder Assistent, der Hausvater, jeder Oberaufseher, Aufseher und Meister 150 M., bei der Moabiter der Direktor 600 M., die übrigen Beamten dieselben Beträge wie in Plötzensee, in Frankfurt a. M. der Oberaufseher 300 M., jeder Aufseher 75 M.

Die Aufsichtskommission war für Plötzensee schon Ende der 70er Jahre gebildet worden. Sie sollte dem Direktor zur Seite stehen, die obere Aufsicht über die vorschriftsmässige Behandlung der Gefangenen führen, den Arbeitsbetrieb überwachen, Beschwerden der Gefangenen untersuchen, Anträge auf vorläufige Entlassung der Gefangenen begutachten, die Voranschläge der Verwaltung prüfen und begutachten und die Brauchbarkeit des Hülfspersonals prüfen. Dem Vorsitzenden wurden ausserdem noch besondere Funktionen übertragen, wie z. B. die ausserordentlichen Revisionen der Kassenverwaltung, des Inventars und der Naturalienverwaltung, die Abnahme der gelegten Rechnungen. Da die Einrichtung sich sehr bewährte, wurde 1882/83 eine gleiche Kommission unter demselben Vorsitzenden, der nun eine Remuneration von 600 M. erhielt, auch für Moabit gebildet. 1899 wurde für Plötzensee, Moabit und Tegel je eine besondere Kommission unter besonderen, je 300 M. erhaltenden Vorsitzenden gebildet.

Mit der Vermehrung der Beamten in Plötzensee, Moabit und Frankfurt a. M. mussten auch die an Funktionszulagen auszugebenden Summen steigen; doch war die Steigerung bis einschliesslich 1888/89 nur gering, etwa 2 000 M. Dann aber kamen 1890/91 die entsprechenden Funktionszulagen für die Stadtvogtei, 17 250 M., die bisher schon auf dem Etat der inneren Verwaltung gestanden hatten, und 150 M. Remuneration für den Sekretär und den Rendanten der Stadtvogtei für die Kassengeschäfte der Filialanstalten hinzu. Als im nächsten Jahre zwar die Funktionszulagen der Unterbeamten infolge ihrer Besoldungsaufbesserung zum Aussterbeetat verwiesen wurden, wodurch schon damals 1 500 M. in Wegfall kamen, die Unterbeamten sämmtlicher besonderen Gefängnisse aber Stellenzulagen bis 200 M. erhielten, stieg der nun auch für diese bestimmte Titel um 11 700 M., also auf 70 750 M. Infolge der Verweisung der Funktionszulagen der Unterbeamten sank aber von nun an der Titel ständig, wenn auch neue Beträge an Funktionszulagen für mittlere und Stellenzulagen für Unterbeamte hinzutraten. Befördert wurde der Rückgang noch, als infolge der Aufbesserung der höheren und mittleren Beamten 1897 auch deren Funktionszulagen bei Vakanzen in Wegfall kamen. 1899 war daher der Titel schon auf 46 125 M. zusammengeschmolzen; da schnellte er 1900 mit einem Male auf 73 615 M. empor durch die von dem vorjährigen Etat des Finanz-Ministeriums auf ihn übergehenden Mehrbeträge zu Stellenzulagen für Unterbeamte. Seitdem hat er sich durch den Wegfall von Funktionszulagen, dessen Einfluss indess durch Stellenzulagen für neu hinzutretende Unterbeamtenstellen abgeschwächt wurde, um 3 770, 1 725 und 2 550 M., also auf 65 570 M. vermindert. Sein genaues Dispositiv lautet jetzt:

„1. Künftig wegfallende Funktionszulagen bei den Strafgefängnissen in Plötzensee und Tegel sowie bei dem Untersuchungsgefängniss in Berlin-Moabit und dem Stadtvogteigefängniss in Berlin nebst Filiale und zwar: a) für den Direktor des Stadtvogteigefängnisses in Berlin 600 M., b) für Geistliche, Inspektoren, Rendanten, Lehrer und den Ingenieur je 300 M., 7 800 M., c) für Inspektionsassistenten, und zwar für 5 je 300 M. und für 4 je 150 M., 2 100 M., d) für Unterbeamte je 150 M., 4 500 M., zusammen 15 000 M.

2. Zur Remunerirung der Vorsitzenden der Aufsichtskommissionen bei den Strafgefängnissen in Plötzensee und Tegel sowie bei dem Untersuchungsgefängniss in Berlin-Moabit und dem Stadtvogteigefängnisse in Berlin 900 M.

3. Stellenzulagen für Unterbeamte 48 770 M.

Der Fonds zu 3 überträgt sich mit dem unter Kap. 74 Tit. 15 No. 1f angesetzten Fonds von 165 880 M.

4. Künftig wegfallende Funktionszulagen für Unterbeamte in Frankfurt a. M. 900 M.

§ 182. Im Etat schliesst sich jetzt an den im vorigen Paragraphen besprochenen Titel derjenige zu Remunerationen aus dem Arbeitsverdienst der Gefangenen. Es scheint uns aber dem Charakter der betreffenden Ausgaben mehr zu entsprechen, zuvörderst auf die jetzt in den Titel 11 verwiesenen Ausgaben für Hülfsarbeiter und Stellvertreter einzugehen. Früher waren auch für die Gefängnisse die Kosten der ständigen Hülfsarbeiter im Bureau- und Unterbeamtendienst — für Erledigung des Schreibwerkes haben die Vorstandsbeamten zu sorgen — von denen für nichtständige Hülfsarbeiter und Stellvertreter getrennt ausgebracht: für jene sah der Etat für 1885/86 im Tit. 9 34 740 M., für diese in Tit. 10 11 715 M. vor. Bei Tit. 9 wurden, namentlich infolge Errichtung von etatsmässigen Stellen

1886/87 3 000 und 1889/90 4 710 M. entbehrlich. Dagegen traten 1890/91 für die Stadtvogtei und Beuthen 18 245 M., die den entsprechenden Fonds der Etatskap. 96 und 75 entnommen wurden, und im nächsten Jahre aus dem Nachtragsetat für 1890/91 zur Erhöhung der Diäten für Bureaugehülfen von durchschnittlich 1 350 M. auf 1 400—1 500 i. D. 1 450 M., für Hülfsaufseher von durchschnittlich 775 auf 800—900 i. D. 850 M. und für Hülfsaufseherinnen von 600 auf 600—700 i. D. 650 M. 775 M. hinzu.

Für nichtständige Hülfsarbeiter und Stellvertreter war der im Etat von 1885/86 vorgesehene und bis 1887/88 beibehaltene Betrag von 11 715 M. absolut unzureichend, da 1885/86 14 993 M. und 1886/87 26 162 M. verbraucht wurden; 1888/89 und 1889/90 wurden daher 20 000 M. eingestellt. 1890/91 traten, auch hier aus Kap. 96 und 74 für die Stadtvogtei und Beuthen, 4 000 M. hinzu. Im nächsten Jahre wurden dem Titel zwar aus dem mehrerwähnten Nachtragsetat von 1890/91 behufs Erhöhung der Diäten für Hülfsarbeiter im Bureaudienst, die, obwohl dauernd erforderlich, aus Tit. 11, welche Nummer der frühere Tit. 10 inzwischen erhalten hatte, besoldet werden, 200 M. zugeführt, andererseits 750 M. für eine in eine etatsmässige Stelle umgewandelte Hülfsaufseherstelle abgesetzt.

Wie bei den Gerichten erfolgte dann 1893/94 auch bei den besonderen Gefängnissen die Vereinigung der Fonds für ständige und nichtständige Hülfsarbeiter und Stellvertreter in einem Titel (11). Dabei wurde dem Tit. 11 aber nicht nur der ganze Fonds des Tit. 9 überwiesen, sondern er wurde auch, da 1890/91 und 1891/92 für nichtständige Hülfsarbeiter und Stellvertreter 39 396 und 49 479 M. ausgegeben waren, auf 86 000 M. verstärkt. Wie aus der Anlage CVIII zu ersehen ist, hat er dann nur einmal, 1897/98, infolge Errichtung etatsmässiger Stellen, eine Kürzung, dagegen 1895/96, 1896/97, 1899 und 1901, da er sich als unzureichend herausstellte, Erhöhungen um Beträge erfahren, die in dem ersten und in den beiden letzten dieser Jahre recht bedeutend waren. Er beläuft sich daher seit 1901 auf 143 450 M. Hiervon sind bestimmt für ständige Hülfsarbeiter, nämlich 11 Inspektionsgehülfen, 48 Hülfsaufseher und 4 Hülfsaufseherinnen, 71 000 M.

Für die Hülfsarbeiter im Bureaudienst sind die Diätensätze durch Etatsvermerk auf 1 500 M. in und bei Berlin und in Frankfurt a. M. und im Uebrigen auf 1 400—1 500 M. festgelegt.

§ 183. Der Fonds zu Remunerationen der Gefängnissbeamten und — früher — zur Verstärkung der Unterstützungsfonds für Hinterbliebene von Justizbeamten aus dem Arbeitsverdienst der Gefangenen, Tit. 10, der sich mit dem gleichen Fonds im Kap. 74 überträgt, ist infolge Erhöhung des Arbeitsverdienstes und durch den Hinzutritt weiterer Gefängnisse bis 1892/93 wiederholt um recht bedeutende Summen erhöht und nur einmal, 1889/90, nach Massgabe des Arbeitsverdienstes um 24 000 M. gekürzt worden, sodass er sich 1892/93 auf 224 000 gegen 140 000 M. 1885/86 belief. Seine Reduktion auf 84 000 M. 1893/94 und, nachdem er inzwischen durch Erhöhung des Arbeitsverdienstes und das Hinzutreten des Gefängnisses in Wronke allmählich — vgl. die Anl. CVIII — wieder auf 110 000 M. gestiegen war, auf 60 000 M. 1898/99 erklärt sich durch die im § 64 besprochenen Massnahmen, die Beschränkung der Zweckbestimmung und des zu verwendenden Theils des Arbeitsverdienstes. Indess hat das Anwachsen des Arbeitsverdienstes ihm seitdem wieder neue Mittel zugeführt, sodass er 1903 auf 87 000 M. veranschlagt ist.

§ 184. Der Fonds zu ausserordentlichen Remunerationen und Unterstützungen war bis zu seiner 1898/99 wie in anderen Kapiteln vorgenommenen Dreitheilung in die Tit. 12, 12a und 12b wegen des Hinzukommens neuer Gefängnisse und der sonstigen Beamtenvermehrungen von 12 000 auf 20 900 M. gestiegen. Von diesen 20 900 M. wurden 1898/99 mit Rücksicht auf die Aufbesserung der mittleren Beamten 1 300 M. gestrichen, 14 300 M. für Remunerationen und Unterstützungen der Kanzlei- und Unterbeamten, 1 800 M. für Remunerationen und 3 500 M. für Unterstützungen der mittleren Beamten bestimmt. 1900 erfuhren dann diese drei Titel nach Massgabe des Bedarfs Erhöhungen auf die seitdem beibehaltenen Sätze von 15 800, 2 200 und 4 100 M.

§ 185. An **„Sächlichen Ausgaben“** sah der Etat für 1885/86 vor im Tit. 12 für Bureaubedürfnisse, Miethsentschädigungen und sonstige vermischte Ausgaben 265 500 M. und im Tit. 13 für Gefängnissverwaltungskosten 734 000 M. vor. Der erstere Titel wurde, weil er sich als unzureichend herausstellte und wegen der Vermehrung der besonderen Gefängnisse 1887/88, 1888/89 und namentlich 1890/91 durch Uebertragung der Mittel für die Stadtvogtei und Beuthen aus den Etatskap. 96 und 74 dergestalt verstärkt, dass er sich auf 400 300 M. belief, wovon indess 1891/92 2 940 M. abgesetzt wurden, da Bewachungskosten in Glückstadt durch Vermehrung des dortigen etatsmässigen Aufsichtspersonals und Miethsentschädigungen für drei Geistliche durch Stellung derselben auf Wohnungsgeldzuschüsse entbehrlich wurden. Von Verwaltungskosten wurden 1886/87 und 1887/88 nach den Ergebnissen der Vorjahre 20 000 und 43 400 M. abgesetzt. Dann aber traten 1888/89 für das neue Frankfurter Gefängniss 66 000 M. und 1890/91 für die Stadtvogtei und Beuthen 252 800 M., diese aus Kap. 96 und 74 hinzu.

§ 186. Aus den oben im § 173 erwähnten Gründen wurden 1892/93 vier Titel für „Sächliche Ausgaben“ gebildet. Der erste derselben, die Bureaubedürfnisse (Tit. 13) erhielt 310 000 M. zugewiesen, eine Summe, die sich aber sofort als unzureichend herausstellte, sodass im nächsten Jahre 60 000 M. zugelegt wurden. Wie die Anlage CVIII zeigt, hat sich dann nur 1895/96 — trotz des Hinzutretens von Wronke — ein geringer, 1901 ein erheblicherer Minderbedarf von 40 000 M. ergeben, während theils die Vermehrung und Erweiterung der Gefängnisse, theils Preissteigerungen und erheblichere, theilweise freilich — für Gollnow — auch hier aus Kap. 74 gedeckte Mehransprüche bedingten, sodass für 1903 0,4 Mill. ausgeworfen sind.

Auch für normalmässige Miethsentschädigungen (Tit. 14) mussten schon 1893/94 75 000 M. an Stelle der unzureichenden 67 000 M. ausgebracht werden, und wenn auch in der Folgezeit auf Beschaffung von Dienstwohnungen Bedacht genommen wurde, so zeigt die Anlage doch, dass hierdurch zwar hin und wieder Minderbedarfe zu verzeichnen waren, im Ganzen aber der Zugang für die immer zahlreicher werdenden Beamten dergestalt überwog, dass 1902 72 110 M. erforderlich waren und für 1903 immer noch 71 660 M. erforderlich sind.

Dass die Gefängnissverwaltungskosten (Tit. 15) bei den Vermehrungen und Erweiterungen der besonderen Gefängnisse eine gewaltige Steigerung — wie die Anlage im Einzelnen zeigt, von 890 000 M. 1893/94 auf 1,7 Mill. 1903 — erfahren mussten, liegt auf der Hand. Uebrigens bedingte 1899 die im § 65 erwähnte Einstellung bisher nicht eingestellter Ausgaben für den Arbeitsbetrieb eine Mehrausgabe von 73 500 M., wovon 1900 500 M. — der damalige Minderansatz — wieder abgesetzt wurden, und 1897/98 wurden die Remunerationen des Lehrers und der Lehrerin für die Kinder der Plötzenseer Beamten mit 1 300 M., weil diese beiden Personen nicht zu den Beamten der Gefängnissverwaltung gehören, Tit. 8 hierher übertragen.

Der Tit. 16 „Sonstige vermischte Ausgaben“ wurde zwar 1893/94 von 119 760 M. auf den ausreichend erscheinenden Betrag von 95 560 M. herabgesetzt, dann aber wiederholt für die neu hinzutretenden Gefängnisse, 1896/97 auch um die aus Tit. 11 übernommenen Schreiblöhne (500 M.) erhöht, sodass er schon 1898/99 den seitdem festgehaltenen Betrag von 127 400 M. erreichte.

§ 187. Der Gesammtbetrag der Ausgaben für die besonderen Gefängnisse ist, seit sich das Kap. 75 auf diese beschränkt, von 1 638 198 auf 3 674 608 M. gestiegen. Aber während jene 1 638 198 M. nur für fünf Gefängnisse bestimmt waren, sind es diese 3 674 608 M. für deren 13, und ein grosser Theil der Ausgaben für die hinzugetretenen Gefängnisse ist nur aus den Etatskapiteln 74 und 96 übertragen. Insbesondere gingen für die Gefängnisse in Beuthen, Gollnow und Bochum 1890/91 ca. 142 000 und 1897/98 ca. 173 000 M. von Kap. 74 und für die Berliner Stadtvogtei 1890/91 von Kap. 96 sogar ca. 420 000 M. auf Kap. 75 über. Im Ganzen wird wohl etwa die Hälfte des seit 1885/86 hervorgetretenen Mehrbedarfs in dieser Weise entstanden sein.

Abgesehen von den keine Rolle spielenden Wohnungsgeldzuschüssen sind am stärksten, um mehr als 150 Proz., die Besoldungstitel angewachsen; denn bei den „Anderen persönlichen Ausgaben“ beträgt die Zunahme nur einige 30, bei den „Sächlichen Ausgaben“ etwa 120 Proz. Die somit gegenüber den Besoldungen auffallend geringe Vermehrung der anderen persönlichen Ausgaben hat ihren Grund vorzugsweise in der Vermehrung der etatsmässigen Stellen und in der Reduktion des Titels „Remunerationen u. s. w. aus dem Arbeitsverdienst der Gefangenen“.

III. Abschnitt.

Gemeinsame Fonds.

(Staatshaushaltsetat Kap. 76 bis 82.)

I. Kapitel.

Ausgaben für auf Wartegeld gesetzte Beamte, Wartegelder, Dispositionsgehälter etc.

(Staatshaushaltsetat Kap. 76.)

§ 188. Es giebt gewisse Arten von Ausgaben, die sich im Etat nicht oder doch nicht ohne unverhältnissmässige Erschwerung der Verwaltung auf die einzelnen Kategorien der Behörden der Justizverwaltung vertheilen lassen. Diese Ausgaben füllen jetzt die Kap. 76 bis 82 des Staatshaushaltsetats. Von diesen sieben Kapiteln enthält indess das erste, Kap. 76 „Wartegelder, Dispositionsgehälter etc.“ ausschliesslich „künftig wegfallende“ Ausgaben. Denn soweit die Versetzung in den einstweiligen Ruhestand auf Grund der allgemeinen gesetzlichen Bestimmungen gegen Justizbeamte überhaupt zulässig ist, d. i. nur gegen den Unterstaatssekretär, die Ministerialdirektoren und die Staatsanwälte, werden die Wartegelder aus dem für alle Verwaltungen bestimmten Fonds des Finanzministeriums (Kap. 62 Tit. 1) gezahlt (vgl. oben §§ 79, 80 des VIII. Buches). Dem Etat der Justizverwaltung bleiben nur solche Wartegelder etc. zur Last, die auf Spezialgesetzen beruhen, wie sie bei der Umgestaltung von Behörden und ähnlichen Anlässen über die Zulässigkeit unfreiwilliger Versetzung von Beamten in den einstweiligen Ruhestand erlassen sind.

Diese Gesetze, welche zur Entstehung und weiteren Gestaltung des heutigen Etatskapitels 76 geführt haben, sind das Ausführungsgesetz zum Gerichtsverfassungsgesetz, das Ges. v. 18. Juli 1896 (G.-S. S. 165) betreffend die Aufhebung der Rheinischen Hypothekenämter und das

Gesetz, betreffend die Versetzung richterlicher Beamten in den Ruhestand, v. 13. Juli 1899 (G.-S. S. 123).

Nach dem Ausführungsgesetz zum Gerichtsverfassungsgesetze waren die Mitglieder des Obertribunals und der Staatsanwaltschaft bei demselben, sofern sie nicht bei dem Reichsgericht angestellt wurden, als Mitglieder der Oberlandesgerichte anzustellen, der Präsident, die Vicepräsidenten und der Generalstaatsanwalt als Präsidenten. Die Präsidenten der Appellationsgerichte und der Generalprokurator waren mindestens als Senatspräsidenten der Oberlandesgerichte, die Vicepräsidenten und Senatspräsidenten der Appellationsgerichte, der Kron-Oberanwalt und der erste Generaladvokat sowie die Präsidenten der Kollegialgerichte erster Instanz und die Obergerichtsdirektoren mindestens als Direktoren der Landgerichte oder als Räthe der Oberlandesgerichte anzustellen. Die übrigen Richter sollten als Richter, die übrigen Beamten der Staatsanwaltschaft als Richter oder als Beamte der Staatsanwaltschaft angestellt werden, Direktoren und Räthe der Appellationsgerichte, Oberstaatsanwälte, Oberprokuratoren, Generaladvokaten, Kammerpräsidenten bei den Landgerichten, Obergerichts-Vicedirektoren, Direktoren bei den Kollegialgerichten der ersten Instanz, erste Staatsanwälte bei den Stadtgerichten und Mitglieder des ehemaligen Lauenburgischen Hofgerichts aber nicht ohne ihren Willen als Amtsrichter. Soweit Mitglieder des Obertribunals und der Staatsanwaltschaft bei demselben, Präsidenten der Appellationsgerichte, der Generalprokurator und der Kron-Oberanwalt nicht anderweit angestellt wurden, wurden sie in den Ruhestand versetzt. Die übrigen Richter und Staatsanwälte blieben dagegen, sofern sie nicht anderweit angestellt oder in den Ruhestand versetzt wurden, während eines Zeitraumes von drei Jahren zur Verfügung des Justizministers und waren auf einem besonderen Etat zu führen. Diejenigen, welche während des dreijährigen Zeitraums eine etatsmässige Anstellung nicht erhielten, traten nach Ablauf desselben in den Ruhestand. Die zur Verfügung des Justizministers verbleibenden Richter und Staatsanwälte hatten sich nach der Anordnung desselben der zeitweiligen Wahrnehmung solcher Aemter zu unterziehen, zu deren dauernder Uebernahme sie verpflichtet sein würden. Erfolgte die Beschäftigung ausserhalb des Ortes ihrer letzten Anstellung, so erhielten sie die gesetzmässigen Reisekosten und Tagegelder. Beamte, welche das 65. Lebensjahr erreicht hatten, sollten ohne ihren Willen ausserhalb des Ortes ihrer letzten Anstellung nicht beschäftigt werden. Die nicht im höheren Justizdienst angestellten Beamten waren „ihren bisherigen Verhältnissen, ihren Fähigkeiten und ihrem Dienstalter thunlichst entsprechend" anzustellen. Soweit sie eine anderweite Anstellung nicht erhielten, wurden sie einstweilen in den Ruhestand versetzt, und ihr Wartegeld war, vorbehaltlich weitergehender wohlerworbener Rechte nach dem § 26 des Ges. v. 31. März 1873, betr. die Rechtsverhältnisse der Reichsbeamten, d. h. bei Gehältern bis zu 450 M. auf das volle Gehalt, bei höheren Gehältern auf $^3/_4$ desselben, mindestens aber auf 450 M. zu bemessen. Diese Beamten sollten sich nach Anordnung des Justizministers der zeitweiligen Wahrnehmung solcher Aemter unterziehen, welche ihren Fähigkeiten und ihren bisherigen Verhältnissen entsprachen. Während der Dauer dieser Beschäftigung erhielten sie ihr früheres Diensteinkommen unverkürzt und, sofern die Beschäftigung ausserhalb des Ortes ihrer letzten Anstellung erfolgte, die gesetzmässigen Reisekosten und eine von der Justizverwaltung nach dem erforderlichen Mehraufwande festzusetzende Entschädigung. Den Justizbeamten, welche zu den im § 2 des Ges. v. 27. März 1872 (G.-S. S. 268) bezeichneten, d. h. den auf Widerruf oder Kündigung angestellten Beamten gehörten, konnte ein Wartegeld bis auf Höhe des Pensionsbetrages bewilligt werden.

Nach dem Gesetz wegen Aufhebung der Rheinischen Hypothekenämter v. 18. Juli 1896 blieben Hypothekenbewahrer, welche in Folge der Aufhebung eines Hypothekenamtes nicht weiter verwendet wurden, während eines fünfjährigen Zeitraums von der Aufhebung ab zur Verfügung des Justizministers und wurden auf einen besonderen Etat geführt. Diejenigen, welche während des fünfjährigen Zeitraums eine etatsmässige Anstellung nicht erhielten, traten nach Ablauf desselben in den Ruhestand. Die zur Verfügung des Justizministers verbleibenden Beamten erhielten während des fünfjährigen Zeitraumes, auch wenn sie während desselben dienstunfähig wurden, unverkürzt ihr bisheriges Diensteinkommen einschliesslich des bisherigen Wohnungsgeldzuschusses. Bei Ermittelung des bisherigen Diensteinkommens wurde der Durchschnittsertrag der Nebeneinnahmen des betreffenden Hypothekenamts an Tantieme aus den Rechnungsjahren 1886/87, 1887/88 und 1888/89 angerechnet mit der Massgabe, dass das hiernach zu gewährende reine Diensteinkommen insgesammt den Jahresbetrag von 6 000 M. zuzüglich des bisherigen Wohnungsgeldzuschusses nicht übersteigen und nicht unter 4 500 M zuzüglich des bisherigen Wohnungsgeldzuschusses heruntergehen durfte. Das Wittwen- und Waisengeld für die Hinterbliebenen dieser Beamten wurde in jedem Falle unter Zugrundelegung von drei Viertel des pensionsberechtigten Diensteinkommens gewährt. Die zur Verfügung des Justizministers verbleibenden Beamten hatten sich nach Anordnung desselben und der etwa ausserdem zuständigen Minister auch der zeitweiligen Wahrnehmung solcher Aemter des höheren Staatsdienstes zu unterziehen, welche ihren Fähigkeiten und ihren bisherigen Verhältnissen entsprachen. Insbesondere konnten sie auch zur Wahrnehmung der bei einem Hypothekenamt für die Grundbuchanlegung zu erledigenden Geschäfte und der dem Amtsgericht übertragenen Geschäfte eines aufgehobenen Hypothekenamts verwendet werden. Während der Dauer einer solchen Beschäftigung erhielten auch sie ihr früheres Diensteinkommen unverkürzt und, sofern die Beschäftigung ausserhalb ihres Wohnortes erfolgte, Reisekosten nach den für die im Dienst befindlichen Beamten bestehenden Vorschriften und eine nach dem erforderlichen Mehraufwande festzusetzende Entschädigung. Die nach Ablauf des fünfjährigen Zeitraums in den Ruhestand tretenden Beamten erhielten die gesetzliche Pension mit der Massgabe, dass dieselbe ohne Rücksicht auf die Dauer der Dienstzeit auf drei Viertel des pensionsberechtigten Diensteinkommens zu bemessen war. Fand eine Wiederbeschäftigung der Hypothekenbewahrer in anderen Zweigen des Staatsdienstes oder bei Reichsbehörden statt, so kamen die gesetzlichen Bestimmungen über die Wiederbeschäftigung pensionirter Beamten auf die Dispositionsbesoldung zur Anwendung. Der Justizminister wurde ermächtigt, im Einvernehmen mit dem Finanzminister den zu seiner Verfügung verbleibenden Beamten beim Uebertritt in eine nicht staatliche, insbesondere in eine kommunale Dienststellung die Aufrechterhaltung ihrer dem Staate gegenüber bereits erworbenen Ansprüche auf Pension und Reliktenversorgung zuzusichern, sowie Zuschüsse zu deren Besoldung bis zur Erreichung ihres seitherigen reinen Diensteinkommens zu gewähren.

Das Gesetz v. 13. Juli 1899 endlich, das seinen Anlass in der Einführung des Bürgerlichen Gesetzbuchs und seiner Nebengesetze hatte, bestimmt: Richterliche Beamte, welche vor dem 1. Jan. 1900 das 65. Lebensjahr vollendet haben werden, können mit ihrer Zustimmung durch Königliche Verfügung mit dem Ablaufe des 31. Dez. 1899 in den einstweiligen Ruhestand versetzt werden. Sie beziehen in diesem Falle bis zum 31. Dez. 1902, auch wenn sie vorher dienstunfähig werden, das Diensteinkommen, welches ihnen vom 1. Jan. 1900 ab zustehen würde, einschliesslich des bisherigen Wohnungsgeldzuschusses, unverkürzt als Wartegeld. Auf seinen Antrag kann ein Beamter auch zu einem früheren Zeitpunkte, jedoch frühestens mit dem Ablaufe des 30. Sept. 1899, in den einstweiligen Ruhestand versetzt werden. Er bezieht alsdann dasselbe Wartegeld drei Jahre lang von diesem Zeitpunkt ab. Als Verkürzung des Diensteinkommens ist es nicht anzusehen, wenn die Gelegenheit zur Wahrnehmung von Nebenämtern oder zum Bezuge von Nebeneinnahmen entzogen wird. Das Wittwen- und Waisengeld für die Hinterbliebenen solcher Beamten wird in jedem Falle unter Zugrundelegung von drei Vierteln des pensionsberechtigten Diensteinkommens gewährt. Nach Ablauf der Zeit, während deren sie das Wartegeld beziehen, treten die im § 1 bezeichneten Beamten kraft Gesetzes gänzlich in den Ruhestand und erhalten die gesetzliche Pension mit der Massgabe, dass diese ohne Rücksicht auf die Dauer der Dienstzeit auf drei Viertel des pensionsberechtigten Diensteinkommens zu bemessen ist.

§ 189. Auf Grund der oben wiedergegebenen Bestimmungen des Ausführungsgesetzes zum Gerichtsverfassungsgesetze wurden zur Disposition gestellt: 4 Präsidenten und 14 Räthe des Obertribunals, 9 bezw. 84 der Appellationsgerichte, 66 Direktoren und 183 Richter bei Gerichten erster Instanz, der Generalstaatsanwalt, 5 Oberstaatsanwälte, ein Generaladvokat und 12 andere Beamte der Staatsanwaltschaft, zusammen 379 Richter und Staatsanwälte, fast alles Beamte in höherem Lebensalter, ferner 1046 Bureau- und Kassenbeamte, 93 Kanzlisten, 7 Gefängnissinspektoren, 40 Gerichtsvögte, 123 Gefängniss- und 1559 sonstige Unterbeamte, zusammen 2868 mittlere, Kanzlei- und Unterbeamte. Der Jahresbedarf an Ruhegehältern der höheren Beamten belief sich Anfangs auf 2 281 688 M., derjenige an Wartegeldern für die mittleren, Kanzlei- und Unterbeamten auf 3 227 570 M. In den Etat wurde am 1. Okt. 1870 aber eingestellt die Hälfte nur folgender Jahresbeträge: Pensionen und Dispositionsgehälter der Richter und Staatsanwälte 2¼ Mill. M., Wartegelder der Subaltern- und Unterbeamten, einschl. der Hülfsbeamten 1 Mill., und zu Unterstützungen für Subaltern- und Unterbeamte, die in Folge der Organisation ausgeschieden waren, $^1/_{10}$ Mill. An diesen Jahresbeträgen wurde auch 1880/81 und 1881/82 festgehalten. Nur wurde 1881/82 ein weiterer Fonds von 100 000 M. zur Ergänzung des früheren Diensteinkommens zeitweilig wieder beschäftigter Wartegeldempfänger hinzugefügt, während diese Mittel bisher den allgemeinen Diätenfonds entnommen waren. Trotzdem nun alsbald eine sehr grosse Zahl der auf Wartegeld gesetzten Subaltern- und Unterbeamten wieder Verwendung fand, war erklärlicherweise mit einer Million für Wartegelder solcher Beamten nicht auszukommen. Der Fonds wurde daher 1882/83 um ½ Mill. M. verstärkt. Dagegen waren in Folge von Todesfällen von dem Fonds für die höheren Beamten schon vom 1. April 1882 ¼ Mill. M. erledigt. Die verbleibenden 2 Mill. aber kamen mit dem Etatsjahr 1883/84 in Wegfall, weil am 1. Okt. 1882 der dreijährige Zeitraum der Dispositionsstellung abgelaufen war und die den betreffenden Beamten nun zu gewährenden Pensionen auf den allgemeinen Pensionsfonds übergingen. An den drei anderen Fonds liess die Verminderung der Zahl der Wartegeldempfänger Reduktionen, auf 1 350 000, 30 000 (zur Ergänzung des früheren Diensteinkommens) und 77 000 M. (Unterstützungen), erst 1886/87 zulässig erscheinen. Von nun aber konnte der Ansatz an Wartegeldern alljährlich reduzirt werden, so zwar, dass — vgl. die Anl. CVIII — schon 1892/93 nur noch 0,74, 1894/95 0,59, 1900 0,275 und 1903 0,175 Mill. vorzusehen waren. Der Bedarf an Ergänzungen des früheren Diensteinkommens aber ist bereits 1900 völlig weggefallen, nachdem er schon seit 1894/95 nur noch einige Hundert, 1899 sogar nur 100 M., 1887/88 bis 1890/91 6000, dann bis 1893/94 3000 M. betragen hatte. Der Unterstützungsfonds endlich wurde 1887/88 auf 60 000, 1890/91 auf 50 000, 1891/92 auf 40 000, 1892/93 auf 35 000, 1893/94 auf 20 000 und 1902 auf 14 000 M. herabgesetzt; hier würde die Ermässigung vielleicht eine noch stärkere gewesen sein, wenn der Fonds nicht seit 1897/98 auch für zur Disposition stehende Hypothekenbewahrer bestimmt wäre.

§ 190. Die Dispositionsgehälter der Hypothekenbewahrer (Tit. 2) haben, wie die Anlage zeigt, nach ihrer ersten Einstellung in den Etat für 1898/99 zunächst drei Jahre hindurch steigende Beträge erfordert, schliesslich 1901 95 550 gegen nur 36 664 M. 1898/99, da, wie früher erwähnt, die Anlegung des Grundbuchs in der Rheinprovinz und daher auch die Aufhebung der Hypothekenämter nur schrittweise erfolgte. Nachdem aber im Laufe des Etatsjahres 1901 das letzte Hypothekenamt aufgehoben war, ist der Bedarf, indem für immer mehr Hypothekenbewahrer der Zeitpunkt ihrer definitiven Versetzung in den Ruhestand, mit dem ihre Bezüge in den allgemeinen Pensionsfonds übergingen, eintrat, in zwei Jahren auf weniger als die Hälfte, 43 370 M., gesunken.

§ 191. Auch die durch das Ges. v. 13. Juli 1899 erforderlich gewordenen Dispositionsgehälter für richterliche Beamte sind bereits wieder weggefallen, da am 1. Okt., 1. Nov., 1. Dez. 1902 und 1. Jan. 1903 der dreijährige einstweilige Ruhestand ablief und mit diesem Zeitpunkt Pensionen aus dem allgemeinen Pensionsfonds an die Stelle der Dispositionsgehälter traten. Zur Anwendung war das Ges. v. 13. Juli 1899 bei 279 von insgesammt 398 über 65 Jahre alten Richtern gelangt, was für den Etat von 1900 eine Belastung von 2 138 480 M. bedeutete, die sich durch Ableben von Wartegeldempfängern, 1902 aber namentlich auch dadurch, dass der dreijährige Zeitraum während des Etatsjahres ablief, mithin die Wartegelder nicht mehr für das ganze Etatsjahr einzustellen waren, auf 2 069 860 und 1 304 577 M. verminderte.

II. Kapitel.

Bare Auslagen in Civil- und Strafsachen sowie Transportkosten.

(Staatshaushaltsetat Kap. 77 und 78.)

§ 192. Bereits bei Besprechung der „Kriminalkosten" (§ 125) ist erwähnt, dass bis zum 1. Okt. 1879 unter dieser Bezeichnung u. A. auch die baren Auslagen in Kriminalprozessen verrechnet wurden. Diejenigen in Parteisachen liefen wie die in Kriminalsachen bis 1851 überhaupt nicht durch den Etat, sondern wurden vorschussweise verrechnet. Erst als § 17 des Gerichtskostenges. v. 10. Mai 1851 vorschrieb, dass alle baren Auslagen nach erfolgter Feststellung sofort definitiv zu verausgaben seien und nur die Kalkulaturgebühren erst nach ihrem Eingehen, wurden 1852 auf Grund der Ausgabe des Jahres 1850 als „bare Auslagen und andere Ausgaben in Parteisachen", natürlich gegen entsprechenden Mehransatz an zu vereinnahmenden Gerichtskosten, 1847 802 M. eingestellt, nämlich 67 125 M. „Kommissionsgebühren für Auf- und Annahme letztwilliger Dispositionen ausserhalb des Gerichtslokals", 233 640 M. „Zehrungskosten der Exekutoren", 525 279 M. „Diäten uud Reisekosten der Gerichtsbeamten", 832 965 M. „Gebühren der Zeugen, Sachverständigen, Geistlichen, Aerzte" und 188 793 M. „wirklich entstandene bare Auslagen an Insertionskosten, Porto und anderer Art". In den nächsten Jahren wurde dieser Ansatz auf Grund der Istausgaben etwas vermindert und stieg dann allmählich bis auf 2,04 Mill. 1859 und 2,17 Mill. 1867, worauf mit Rücksicht auf die neuen Landestheile 1868 rd. 2,737 Mill. eingestellt wurden. Mit der Zunahme der Geschäfte stieg natürlich der Bedarf, und erst 1876 trat eine namhafte Verringerung ein, um ca. 264 000 M., die aber nur eine scheinbare war; denn es wurden jetzt die Zehrungskosten der Exekutoren und Boten mit 443 605 M. auf die sächlichen Fonds der Untergerichte übertragen, während andererseits bei den übrigen baaren Auslagen ein durch die Geschäftsvermehrung, die Erhöhung der Tagegelder und Reisekosten nach der Verordn. v. 24. Dez. 1873 und mit Rücksicht auf das Gesetz, betr. die Gebühren der Zeugen und Sachverständigen v. 1. Juli 1875 eine Verstärkung der Mittel erforderlich war. 1877/78 kamen dann ca. 6 500 M. für die Lauenburger Gerichte hinzu.

§ 193. Nach der Reorganisation wurde der nun für bare Auslagen und andere Ausgaben in Civil- und Strafsachen bestimmte Fonds auf die Summe der nun vereinigten beiden früheren Fonds, d. i. auf 3 193 466 + 2 761 865 = 5 955 331 M. bemessen, aber mit Rücksicht auf die in Wirklichkeit im Durchschnitt der Jahre 1876 und 1877/88 3 436 946 M. in Partei- und 4 466 734 M. in Strafsachen betragenden Ausgaben schon 1880/81 auf 7 795 907 M., 1882/83 wegen des Anwachsens der Strafsachen und wegen der gesteigerten Entschädigungen der Zeugen und Sachverständigen nach der Gebührenordnung v. 30. Juni 1878 sowie mit Rücksicht auf die Gebühren der Offizialvertheidiger auf rd. 8 Mill., im nächsten Jahre sogar auf 8½ Mill. erhöht. Aus dieser Summe waren auch die Transportkosten der Untersuchungsgefangenen zu bestreiten; diese wurden indess 1885/86 mit den bisher bei der Gefängnissverwaltung verrechneten Transportkosten zu einem besonderen Kapitel vereinigt (vgl. den nächsten Paragraphen) und der Auslagenfonds daher um 332 000 M. herabgesetzt. Die Wahrnehmung, dass diese Dotation für die Bedürfnisse nicht ausreichte, veranlasste 1887/88, 1888/89, 1889/90 und 1891/92 Erhöhungen auf 8,2, 8,245, 8,309 und 8,556 Mill. Auch dieser Betrag war aber unzureichend, und deshalb wurden ihm 1892/93 weitere 255 000 M. zugesetzt. Gleichzeitig wurde das Kapitel nur in zwei Titel zerlegt, indem diejenigen Ausgaben, bei denen ein Ersatz durch eine Partei oder einen Verurtheilten von vornherein ausgeschlossen ist, nämlich die dem Angeklagten aus der Staatskassse zu erstattenden baren Auslagen und die Kosten, welche der Justizfiskus als Prozesspartei zu zahlen bezw. zu erstatten hat, als besonderer, mit 100 000 M. dotirter Titel von den Auslagen abgesondert wurden. Aber diese Zerlegung bewährte sich so wenig, dass sie schon im nächsten Jahre wieder aufgegeben wurde. Indess wurden nun die nicht den Charakter von „Auslagen“ tragenden Ausgaben an Kosten, die der Justizfiskus als Prozesspartei zu zahlen oder zu erstatten hat, an aus der Staatskasse zu zahlenden Gebühren der Vertheidiger, an den Beschuldigten aus der Staatskasse zu erstattenden nothwendigen Auslagen, und sonstigen, Beschuldigten gewährten Vergütungen für die ihnen ohne ihr Verschulden aus dem Strafverfahren erwachsenden Nachtheile überhaupt aus dem Kap. 77 ausgeschieden und für sie der Tit. 2a des Kap. 80 „Sonstige Ausgaben“ gebildet. Trotzdem wurde Kap. 77 seiner Unzulänglichkeit wegen noch auf 8 987 000 M. verstärkt. Auch diese Verstärkung war alsbald so unzureichend, dass 1895/96 eine weitere um 533 000 und 1896/97 eine abermalige um 470 000 M. nöthig wurde. Von den letzten 6 Jahren endlich ist, wie die mehrerwähnte Anlage zeigt, nur eines, 1902, ohne abermalige Mehrforderungen vergangen, sodass der Etatsansatz für 1903 bereits 10,9 Mill. erreicht.

§ 194. Das, wie im vorigen Paragraphen erwähnt, 1885/56 von den baren Auslagen abgezweigte Kap. 78 „Transportkosten“ wurde damals mit 332 000 M. aus Kap. 77 und 40 000 M. aus Kap. 75 ausgestattet. Doch fehlte es an genügenden Unterlagen für eine zutreffende Schätzung, und die wirkliche Ausgabe belief sich 188/86 auf 416 567 M. Daher wurde das Kapitel im Etat für 1887/88 auf 400 000 M. im nächsten auf 412 000 M. erhöht. Weitere, im Einzelnen aus der Anlage CVIII ersichtliche Erhöhungen wurden ihm 1891/92, 1892/93, 1893/94, 1894/95 und 1899 zu Theil, sodass seine Dotation sich schliessauf 529 000 M. stellte. Im Jahre 1900 erfolgte zwar endlich eine kleine Ermässigung um 9 000 M., aber nur weil die Kosten derjenigen Transporte von Gefangenen, die durch Organe mit eigenen Kassen versehener Königlicher Polizeiverwaltungen und der der inneren Verwaltung unterstehenden Strafanstalten und Gefangenenanstalten ausgeführt werden, mit 34 531 M. auf Fonds des Inneren übernommen wurden. In Wahrheit handelt es sich also wieder um einen Mehrbedarf von 25 531 M. Immerhin ist seitdem eine weitere Mehrbewilligung nicht mehr nöthig gewesen.

III. Kapitel.

Postporto- und ähnliche Ausgaben.

(Staatshaushaltsetat Kap. 79)

§ 195. Das Kapitel für Postporto, Post- und Telegrammgebühren verdankt seine Entstehung der Beseitigung der Portofreiheiten durch das Bundesges. v. 5. Juni 1869. Es erscheint daher zuerst für 1870 ein Fonds für derartige Ausgaben und zwar mit 2 791 305 M. Es ist sehr begreiflich, dass man mit dieser Veranschlagung im Dunkeln tappte. Ueberdies war sie natürlich für normale Zeiten berechnet, und 1870 brach der Französische Krieg aus, der Handel und Wandel mehr oder weniger lähmte. So stellte sich die wirkliche Ausgabe im Durchschnitt der Jahre 1870 und 1871 nur auf etwa 2¹/₄ Mill. M., und es erschien daher unbedenklich, 1873 nur 2 551 260 M. in den Etat einzustellen; ja diese Summe erwies sich noch soviel zu hoch, dass 1875 271 260 M. abgestrichen wurden und erst 1877/78 eine namhaftere Mehrbewilligung, 185 840 M., erfolgte, womit die Summe auf 2 427 680 M. stieg. Dieser Mehrbewilligung folgte dann freilich infolge der Vermehrung der Geschäfte schon 1878/79 eine zweite (247 000 M.), 1880/81, obwohl nun ein grosser Theil der Zustellungen durch die Gerichtsvollzieher zu bewirken war, die hierfür aus dem früher erwähnten Fonds für angeordnete Amtshandlungen etc. entschädigt wurden (vgl. oben § 156), eine dritte (300 000 M.), sodass das Kapitel nun schon mit 2 974 680 M. der dritten Million nahe kam. Indess erwies sich eine solche Summe nicht als erforderlich, sodass für 1881/82 nur 2 310 880 M., für 1882/83 nur 1 810 880 M. ausgeworfen wurden. Mit diesen Reduktionen hatte man aber wieder das Ziel unterschossen; denn die wirkliche Ausgabe belief sich 1881/82 auf 2 084 491 M. Hierzu trug wesentlich bei, dass nach einer Verfügung vom 5. Febr. 1881 die an sich den Gerichtsvollziehern zugewiesene Thätigkeit bei den von Amtswegen angeordneten Zustellungen, welche durch die Post oder durch Aufgabe zur Post erfolgen, in der Regel von den Gerichtsdienern wahrgenommen werden sollte, was eine Frankirung unmittelbar für Rechnung der Staatskasse bedingte. Daher wurden 1883/84 2 010 880, 1884/85 aber 2 070 880 M. in den Etat eingestellt. Im nächsten Jahre erforderten dann die von der Justizverwaltung wieder übernommenen Kassengeschäfte eine Erhöhung auf 2,13 Mill. M., während thatsächlich in diesem Jahre 2 421 316 M. ausgegeben wurden. Als letzteres sich herausstellte, erhöhte man daher 1887/88 die Sollausgabe auf 2,4 Mill. M., genügte aber auch damit dem Bedarfe nicht, sodass 1888/89 73 000, 1889/90 42 000, 1891/92 39 000, 1892/93 60 000 und 1893/94 90 000 M. hinzugefügt wurden.

Die in den früheren Büchern des Werkes, insbesondere im § 95 des vorigen Buches erwähnte Portoaversionirung liess 1894/95 das Kapitel bis auf einen Rest von 130 000 M. von dem Justizetat verschwinden. Aber die ständige Zunahme der Geschäfte hat es zuwege gebracht, dass jetzt, wie aus der Anlage näher ersichtlich, für Sendungen, auf die sich die Aversionirung nicht erstreckt, doch schon seit Jahren wieder 174 000 M. erforderlich sind.

IV. Kapitel.

Unterhaltung der Justizgebäude.

(Staatshaushaltsetat Kap. 81.)

§ 196. An das im vorigen Kapitel behandelte Etatskapitel schliesst sich dasjenige für „Sonstige Ausgaben". Diese Reihenfolge erscheint uns so wenig folgerichtig, dass wir uns ihr nicht anschliessen. Denn die Bezeichnung „Sonstige Ausgaben" hat einen vernünftigen Sinn nur, wenn sie alle die Ausgaben umfasst, die nicht schon in den voranstehenden Abschnitten des Etats enthalten sind. Thatsächlich folgen aber im Etat auf die „Sonstigen Ausgaben" noch nicht nur die Ausgaben für die Justizoffiziantenwittwenkasse, deren Verweisung in das letzte Kapitel wegen ihres besonderen Charakters zu rechtfertigen ist, sondern auch die Ausgaben für Unterhaltung der Justizgebäude mit Ausschluss der grösseren Neubauten und Hauptreparaturen (Kap. 81).

Diese Ausgaben für die Justizgebäude, denen wir uns aus dem erwähnten Grunde vor den „sonstigen" zuwenden, zeigen, wie sich aus der Anlage CVIII ergiebt, ein ganz ausserordentliches Anschwellen, von noch nicht 100 000 M. 1849 auf 156 000 M. 1859, 253 200 M. 1869, 600 000 M. 1874, 1 Mill. M. 1886/87, 1,3 Mill. M. 1889/90, 1,4 Mill. M. 1897/98, 1,507 Mill. M. 1899 und 1 550 450 M. seit 1901. Bis 1869 ist das Wachsthum ein in Anbetracht der Beseitigung der Patrimonialgerichtsbarkeit, der Preissteigerungen und das Hinzutreten der Gerichte in den neuen Landestheilen nicht überraschendes, wohl aber ist es dasjenige von 1869 bis 1874. Indess findet es seine Erklärung darin, dass bis 1872 die Kosten kleiner Reparaturen an den Gerichtsgebäuden aus den sächlichen Fonds, die Kosten der Instandhaltung der Gefängnisse aus dem Kriminalkostenfonds bestritten wurden. Als alle diese Kosten 1873 auf das jetzige Kap. 81 übergingen, bedeutete das für dieses die Verdoppelung des Bedarfes: derselbe stieg lediglich hierdurch von 253 200 M. auf 507 000 M. Dazu kam nun die ungewöhnliche Preis- und Lohnsteigerung der 70er Jahre und 1875 die Ueberweisung von 90 000 M. Kosten der Reinigung der Schornsteine der Gerichtsgebäude und Gefängnisse von den sächlichen Fonds hierher, sodasss in diesem Jahre bereits $^3/_4$ Mill. M. erforderlich waren. Durch das Hinzukommen des Glückstadter Gefängnisses gingen 1876 weitere 4 900 M. vom Etat des Innern hierher über, und im nächsten Jahr traten 1 100 M. für die Gebäude im Lauenburgischen hinzu. Mit dem somit auf 756 000 M. sich belaufenden Etatsansatz behalf man sich auch nach der Justizreorganisation zunächst noch, bis diese Summe derart unzulänglich wurde, dass sie 1883/84 auf 1 Mill. M. erhöht werden musste. Als auch diese Summe sich jahrelang als unzureichend herausgestellt hatte, wurde sie 1889/90 um 0,3 Mill. M.

erhöht. Im nächsten Jahre traten aus dem Etat des Inneren 8000 M. für die Berliner Stadtvogtei hinzu. Dann aber unterblieb bis 1897/98, wo 92 000 M. eingestellt wurden, jede Verstärkung. Die seitdem verflossenen Jahre endlich sehen den Fonds in der aus der Anlage sich ergebenden Weise bis auf 1 550 450 M. anwachsen, da die Beschränkung zu unwirthschaftlichen Unterlassungen von Reparaturen zu nöthigen drohte. Mit dieser Summe sollen bestritten werden die durch die gewöhnliche Abnutzung nöthigen Reparaturen nnd die weniger umfangreichen baulichen Veränderungen und sonstigen Bauausführungen, im Allgemeinen bis zu einem Kostenbetrage von weniger als 20 000 M.; doch können schon Neubauten von mindestens 12 000 M. zum Extraordinarium angemeldet werden.

Auf die einzelnen Oberlandesgerichtsbezirke entfielen von den wirklichen Ausgaben des Kap. 81 in den letzten 4 Jahren, und zwar

zu	1899 M.	1900 M.	1901 M.	1902 M.
Berlin	208 276	230 006	258 819	295 459
Breslau	189 520	214 576	212 937	207 714
Celle	165 919	172 461	145 239	130 654
Cöln	79 907	70 769	69 155	91 286
Frankfurt a. M.	77 907	76 027	69 543	91 716
Hamm	120 312	163 102	131 146	153 444
Kassel	82 568	62 849	74 953	68 727
Kiel	83 659	84 935	75 564	65 219
Königsberg	138 302	123 601	116 726	98 983
Marienwerder	77 824	54 781	74 075	84 229
Naumburg	130 422	140 454	118 154	136 235
Posen	76 617	86 862	91 682	89 287
Stettin	69 826	61 510	78 904	59 378
zusammen	**1 500 713**	**1 541 934**	**1 516 897**	**1 572 331**

V. Kapitel.

Sonstige Ausgaben.

(Staatshaushaltsetat Kap. 80.)

§ 197. Das Kapitel „Sonstige Ausgaben“ enthält seinem Charakter als Sammelstätte anderweit nicht unterzubringender Ausgaben entsprechend solche sehr verschiedener Art in gegenwärtig 13 Titeln.

Der am höchsten dotirte derselben ist der erste „Umzugs- und Reisekosten versetzter Beamten; Reisekosten und Tagegelder der Beamten in Staatsdienst-Angelegenheiten; Reisekosten der Geschworenen, Schöffen und Vertrauensmänner sowie Zehrungskosten der Gerichtsdiener“. Ursprünglich war der ihm damals entsprechende Etatstitel nur für die Umzugs- und Reisekosten versetzter Beamten bestimmt. Seine Dotation war deshalb damals, wie die Anlage CVIII zeigt, vergleichsweise gering: erst infolge des Gesetzes über die Tagegelder und Reisekosten v. 24. März 1873 stieg sie (1876) von 65 400 auf 135 400 M. und infolge des Ges. v. 24. Febr. 1877 über die Umzugskosten im Etatsjahr 1878/79 auf 175 400 M. Dieser Betrag wurde, obwohl seit Jahren von den wirklichen Ausgaben erheblich überschritten, festgehalten bis 1884/85, wo er allerdings dann auch gleich auf 300 000 M. erhöht wurde. Im nächsten Jahre wurden hier die sämmtlichen bisher theils schon hier, theils bei den verschiedenen Hülfsarbeiterfonds, theils bei dem Gehalt vakanter Stellen, theils bei den sächlichen Ausgaben verrechneten Reisekosten, soweit sie nicht für Lokalgeschäfte in Parteisachen entstehen und im Kap. 77 zu verrechnen sind, einschliesslich der Kommissionsgebühren für Aufnahme letztwilliger Verfügungen ausserhalb der Gerichtsstelle und der Zehrungskosten der Gerichtsdiener, vereinigt und der Titel mit Rücksicht hierauf mit 1,32 Mill. M. dotirt. Dieser Betrag erfuhr eine Erhöhung auf 1,44 Mill. erst 1895/96, weil sich eine solche Summe im Durchschnitt der Jahre 1892/93 und 1893/94 als nothwendig herausgestellt hatte. 2 000 M. hiervon, nämlich die Kommissionsgebühren, wurden im nächsten Jahre auf den Auslagenfonds übertragen, weil sie nach dem Gerichtskostenges. v. 25. Juni 1895 in allen Fällen den Parteien als baare Auslagen in Rechnung gestellt werden. Mit Rücksicht auf die Anstellung von Gerichtsvollziehern bei jedem Amtsgericht, wodurch die Reisen in Wegfall kamen, welche die — damals 141 — für zwei Amtsgerichte bestellten Gerichtsvollzieher an den Sitz des zweiten Gerichts zu machen hatten, wurde der Voranschlag 1900 auf 1 393 000 M. herabgesetzt. Dass seit 1902 wieder 15 000 M. mehr eingestellt sind, hat seinen Grund in der Einrichtung von „Waisenrathsversammlungen“. Solche Versammlungen wurden schon seit längerer Zeit an vielen Orten regelmässig unter Theilnahme der Vormundschaftsrichter und der Geistlichen abgehalten, und sie haben sich als segensreich erwiesen, indem sie die amtliche Thätigkeit der Waisenräthe fördern und beleben. Um die Abhaltung dieser Waisenrathsversammlungen zu einer ständigen Einrichtung erheben und die Theilnahme der Vormundschaftsrichter allgemein anordnen zu können, mussten, da es nicht immer möglich ist, diese Sitzungen an den Orten des Amtsgerichts oder eines Gerichtstages oder in deren unmittelbarer Nähe abzuhalten, die Theilnahme der Vormundschaftsrichter aber eine dienstliche Obliegenheit derselben bildet, Mittel zur Verfügung gestellt werden, um ihnen für die nothwendig werdenden Reisen die gesetzlichen Reisekosten gewähren zu können.

§ 198. Auch die den 2. Titel des Kap. 80 bildenden Rechnungsgebühren waren früher im Etat zerstreut, und zwar, wie an früheren Stellen erwähnt ist, in den Besoldungstiteln der Subalternen der Gerichte, und sie bilden eine durchlaufende Post, da sie, wie ebenfalls früher erwähnt, bei dem Titel „Einnahmen, welche als Emolumente der Beamten zur Verwendung kommen", wieder in Einnahme erscheinen (vgl. oben § 60). Ihr Etatsansatz, der, wie die Anlage CVIII zeigt, sich etwa zwischen 0,35 und 0,45 Mill. bewegt hat und für 1903 399 300 M. beträgt, beruht, wie derjenige der gegenüberstehenden Einnahme, auf den Ergebnissen der jeweiligen Durchschnittsjahre.

§ 199. Der Entstehung des Tit. 2a Prozesskosten des Justizfiskus u. s. w. durch Ausscheidung aus dem Ausgabenfonds Kap. 77 ist bereits im § 193 gedacht. Seine bis dahin 170 000 M. betragende Dotation wurde 1898/99 auf Grund der Ergebnisse der Jahre 189596 und 1896/97 auf 190 000 M. erhöht. Auch die Erhöhung um weitere 5 000 M. im nächsten Jahre war in den wirklichen Ausgaben von 1896/97 und 1897/98 begründet, nicht darin, dass dem Fonds nun auch die nach dem Reichsges. v. 20. Mai 1898 (R.-G.-Bl. S. 345) den im Wiederaufnahmeverfahren freigesprochenen Personen zu gewährenden Entschädigungen zur Last gelegt wurden. Ja trotz dieser neuen Belastung ergab der zweijährige Durchschnitt der Istausgabe für 1903 sogar die Möglichkeit einer Reduktion auf 191 000 M.

Nach dem gedachten Reichsges. v. 20. Mai 1898 können Personen, „welche im Wiederaufnahmeverfahren freigesprochen oder in Anwendung eines milderen Strafgesetzes mit einer geringeren Strafe belegt werden", Entschädigung aus der Staatskasse verlangen, wenn die früher erkannte Strafe ganz oder theilweise gegen sie vollstreckt worden ist. Das Wiederaufnahmeverfahren muss die Unschuld des Verurtheilten bezüglich der ihm zur Last gelegten That oder bezüglich eines die Anwendung eines schwereren Strafgesetzes begründenden Umstandes ergeben oder doch dargethan haben, dass ein begründeter Verdacht gegen den Angeklagten nicht mehr vorliegt. Ausser dem Verurtheilten haben auch diejenigen, denen gegenüber er kraft Gesetzes unterhaltspflichtig war, Anspruch auf Entschädigung. Der Anspruch auf Entschädigung ist ausgeschlossen, wenn der Verurtheilte die frühere Verurtheilung vorsätzlich herbeigeführt oder durch grobe Fahrlässigkeit verschuldet hat. Gegenstand des dem Verurtheilten zu leistenden Ersatzes ist der für ihn durch die Strafvollstreckung entstandene Vermögensschaden. Unterhaltsberechtigten ist insoweit Ersatz zu leisten, als ihnen durch die Strafvollstreckung der Unterhalt entzogen worden ist. Die Entschädigung wird aus der Kasse desjenigen Bundesstaats gezahlt, bei dessen Gerichte das Strafverfahren in erster Instanz anhängig war. Bis zum Betrage der geleisteten Entschädigung tritt die Kasse in die Rechte ein, welche dem Entschädigten gegen Dritte um deswillen zustehen, weil durch deren rechtswidrige Handlungen seine Verurtheilung herbeigeführt war. Ueber die Verpflichtung der Staatskasse zur Entschädigung wird durch besonderen Beschluss des im Wiederaufnahmeverfahren erkennenden Gerichts Bestimmung getroffen. Der Beschluss ist von dem Gerichte gleichzeitig mit dem Urtheile zu fassen, aber nicht zu verkünden, sondern durch Zustellung bekannt zu machen Der Beschluss unterliegt nicht der Anfechtung durch Rechtsmittel. Er tritt ausser Kraft, wenn das Urtheil aufgehoben wird. Wer auf Grund des die Verpflichtung der Staatskasse zur Entschädigung aussprechenden Beschlusses einen Anspruch geltend macht, hat diesen Anspruch bei Vermeidung des Verlustes binnen drei Monaten nach Zustellung des Beschlusses durch Antrag bei der Staatsanwaltschaft zu verfolgen. Ueber den Antrag entscheidet die oberste Behörde der Landesjustizverwaltung. Gegen die Entscheidung ist die Berufung auf den Rechtsweg binnen drei Monaten nach Zustellung der Entscheidung zulässig. Für die Ansprüche auf Entschädigung sind die Civilkammern der Landgerichte ohne Rücksicht auf den Werth des Streitgegenstandes ausschliesslich zuständig. In den zur Zuständigkeit des Reichsgerichts in erster Instanz gehörigen Sachen ist statt der Staatskasse die Reichskasse ersatzpflichtig.

§ 200. Die Tit. 3, 3a, 4 und 4b enthalten Unterstützungsfonds, und zwar Tit. 3 und 4 solche, die aus der Staatskasse, Tit. 3a solche, die aus besonderen Fonds gespeist werden.

Was zunächst diesen letzteren Titel „Unterstützungen aus besonderen Fonds für Beamte und Hinterbliebene von Beamten sowie für arme Mündel, Ausgaben bei Verwaltung dieser Fonds“ anlangt, so genügt es, auf die Ausführungen im § 66 dieses Buches zu verweisen. Die Höhe der Sollausgabe entspricht der der Solleinnahme.

Der Tit. 3 ist seit 1898/99 zu Unterstützungen nur für höhere Beamte bestimmt und seitdem mit 30 000 M. dotirt. Vorher diente er bei dem Bestehen besonderer Fonds zu Unterstützungen für mittlere, Kanzlei- und Unterbeamte in den Kap. 71, 73, 74 und 75 auch schon ganz überwiegend nur für höhere Beamte; nur etwa 1 500 M. seiner damals schon seit dem Hinzutreten der neuen Landestheile 31 500 M. — vorher waren erst 15 000, dann, wie schon 1849, 24 000 M. ausgeworfen - betragenden Dotation fanden für andere Beamte Verwendung; sie wurden daher auch 1898/99 abgezweigt und zur Verstärkung der Unterstützungsfonds für andere Beamte verwandt.

Aus dem Tit. 4 erhalten ausgeschiedene Beamte, einschliesslich der vor dem 1. Okt. 1879 im Bezirk des ehemaligen Appellationsgerichtshofes zu Cöln ausgeschiedenen Gerichtsvollzieher Unterstützungen, sowie die Wittwen und Waisen der Beamten — nicht auf gesetzlicher Verpflichtung beruhende — Pensionen und Unterstützungen.

Dass die gedachten Gerichtsvollzieher seit 1881/82 in dem Dispositiv des Titels besonders genannt werden, beruht auf folgendem Grunde: im Cölner Departement bestand auf Grund der Instruktion v. 10. Juni 1833 für jeden Landgerichtsbezirk ein Unterstützungsverein für Gerichtsvollzieher, aus welchem diese selbst, ihre Wittwen und Waisen im Falle der Bedürftigkeit Unterstützungen erhielten. Mit der Beseitigung der rheinischen Gerichtsvollzieher im früheren Sinne war den Vereinen seit 1. Okt. 1879 die Grundlage ihres Bestehens entzogen, und lösten sie sich daher auf. Ihre geringen Vermögensbestände waren durch die seit 1. Okt. 1879 erfolgten Bewilligungen von Unterstützungen bis Ende 1880/81 vollständig absorbirt. Desshalb wurde 1881/82 der jetzige Tit 4, damals 3 des Kap. 80 auch dazu bestimmt, die früher bewilligten Unterstützungen weiter zu gewähren.

Der Titel wurde als besonderer Fonds 1864 durch Uebertragung von 39 300 M. aus dem allgemeinen Wittwenpensionsfonds des Finanzministeriums gebildet und 1868 mit Rücksicht auf das besondere grosse Bedürfniss in den neuen Landestheilen auf 98 700 M. erhöht. Um unzureichende, aus früherer Zeit stammende Pensionen durch Unterstützungen ergänzen zu können, wurde er 1874 um 39 300 M. und 1875 nochmals um 60 000 M. verstärkt. 1877/78 wurde er mit Rücksicht auf die Lauenburgischen Beamten auf 200 000 M. erhöht. Da an ihn sodann deshalb erhöhte Ansprüche herantraten, weil mit der Umgestaltung des Depositalwesens die Justizoffizianten-Wittwenkasse die Einnahme an Zinsen der bei den Depositalkassen vorkommenden, nach einmaliger Aufforderung zur Empfangnahme nicht abgehobenen herrenlosen Massen aus dem Geltungsbereiche der Allgemeinen Gerichtsordnung verlor, erfuhr er 1879/80 eine weitere Verstärkung um 20 000 M., 1881/82 aber mit Rücksicht auf die oben erwähnte Ausdehnung auf ausgeschiedene rheinische Gerichtsvollzieher eine solche um 10 000 M. Völlige Insuffizienz bedingte schon 1882/83 die Erhöhung auf 300 000 M., die Einziehung des bisher zur Verstärkung von Unterstützungsfonds verwendeten Theiles des Arbeitsverdienstes der Gefangenen zur Staatskasse (vgl. oben § 64), 1893/94 die Verdoppelung auf 600 000 M. Die letzte, 1897/98 erfolgte Erhöhung auf 700 000 M. wurde mit der grossen Zahl der nicht oder nur beschränkt erwerbsfähigen, weder Pension noch Wittwengeld beziehenden Beamten-Wittwen und -Töchter, mit der beschränkten Leistungsfähigkeit des Frankenberg'schen Vereins und der durch Zinsreduktionen beeinträchtigten Justizoffizianten-Wittwenkasse, endlich mit dem Hinweis auf die mehr als 4 000 Lohnschreiber, die ihre zu Wittwen- und Waisengeld nicht berechtigten Hinterbliebenen meist in dürftiger Lage zurücklassen, begründet.

Der für einmalige Unterstützungen von in der Justizverwaltung ohne Beamtenqualität beschäftigten oder beschäftigt gewesenen Personen und deren Hinterbliebenen bestimmte Tit. 4b (vgl. § 85 des vorigen Buches) wurde 1895/96 zum ersten Male eingestellt. Seine damalige Dotation von 1 500 M. ist 1901 wegen völliger Unzulänglichkeit verdoppelt worden.

§ 201. Die Tit. 4a „Ausgaben auf Grund der Kranken-, Unfall- und Invalidenversicherung sowie des Unfall-Fürsorgegesetzes" und 4d „Zu Entschädigungen von Gefangenen und deren Angehörigen im Falle der Verletzung oder Tödtung eines Gefangenen durch einen bei der Beschäftigung erlittenen Unfall" sind durch die sozialpolitischen Gesetze der letzten Jahrzehnte erforderlich geworden.

Bezüglich der gesetzlichen Grundlagen des ersteren Titels kann auf das in früheren Büchern des Werkes, was insbesondere die Unfallfürsorge für Beamte anlangt, auf § 48 des vorigen Buches und die dort angezogenen früheren Ausführungen Bezug genommen werden. Der Bedarf ist von 6 000 M. in den Jahren 1892/93 bis 1899 auf 6 900 M. 1900, 8 050 M. 1901 und 1902 und 10 850 M. 1903 gestiegen, da seit 1900 die Versicherungsbeiträge für die Aussenaufseher nicht mehr vom Arbeitsverdienst der Gefangenen vorweg in Abzug gebracht, sondern hier in Ausgabe gestellt werden, auch das neue Invalidenversicherungsgesetz höhere Lasten auferlegt.

Der Tit. 4 d wurde 1899 als ein Unterstützungsfonds von 10 000 M., denen eine gleich hohe Einnahme aus einem Beitrag der Unternehmer, welche Gefangene beschäftigen. von 2 Pf. pro Kopf und Arbeitstag der Gefangenen bei den „Einnahmen aus dem Arbeitsverdienst“ gegenüberstand, eingestellt. Nachdem aber das, allerdings erst am 1. April 1903 in Kraft getretene, Reichsges. v. 30. Juni 1900 der Verwaltung die Verpflichtung zu Entschädigungen auferlegt hatte, erhielt der Titel die Fassung „Zu Entschädigungen auf Grund des Unfallfürsorgegesetzes für Gefangene“, 1903 aber die jetzige, durch die es ermöglicht ist, auch bei nicht unter das Reichsgesetz fallenden Unfällen Entschädigung zu gewähren. Die Dotation ist bisher nicht erhöht.

Nach dem Reichsges v. 30 Juni 1900, betr. die Unfallfürsorge für Gefangene (R.-G-Bl. S. 536) ist, wenn Gefangene einen Unfall bei einer Thätigkeit erleiden, bei deren Ausübung freie Arbeiter nach den Bestimmungen der Reichsgesetze über Unfallversicherung versichert sein würden, für die Folgen solcher Unfälle eine Entschädigung zu leisten. Die Entschädigung tritt bei Körperverletzung oder Tödtung ein. Sie wird nicht gewährt, wenn der Verletzte den Unfall vorsätzlich herbeigeführt hat. Hat der Verletzte sich den Unfall bei Begehung einer strafbaren Handlung oder durch ein Verhalten zugezogen, welches als eine grobe Verletzung der Hausordnung erscheint, so kann die Entschädigung ganz oder theilweise versagt oder, sofern er im Inlande wohnende Angehörige hat, welche im Falle seines Todes eine Rente erhalten würden, diesen ganz oder theilweise überwiesen werden Im Falle der Verletzung wird als Entschädigung ausser freier ärztlicher Behandlung, Arznei und sonstigen Heilmitteln sowie den zur Sicherung des Erfolges des Heilverfahrens und zur Erleichterung der Folgen der Verletzung erforderlichen Hülfsmitteln (Krücken, Stützapparaten u dergl.) für die Dauer der Erwerbsunfähigkeit dem Verletzten nach der Entlassung aus der Anstalt eine Rente gewährt Gehört der Verletzte auf Grund gesetzlicher oder statutarischer Verpflichtung einer Krankenkasse oder der Gemeinde-Krankenversicherung an, so fällt die Entschädigung für die Zeit bis zum Ablaufe der dreizehnten Woche nach dem Unfalle fort Die Rente beträgt: a) im Falle völliger Erwerbsunfähigkeit für deren Dauer als Vollrente den zweihundertfachen Betrag desjenigen ortsüblichen Tagelohns gewöhnlicher Tagearbeiter, welcher für den Ort der letzten mindestens drei Monate währenden Beschäftigung festgesetzt ist, die der Gefangene innerhalb des letzten Jahres vor Antritt der Haft gehabt hat. Kann ein solcher Beschäftigungsort im Inlande nicht ermittelt werden, so ist der niedrigste Satz zu Grunde zu legen, welcher in dem Bezirke der für den Sitz der Anstalt zuständigen höheren Verwaltungsbehörde als ortsüblicher Tagelohn gewöhnlicher erwachsener männlicher bezw weiblicher Tagearbeiter festgesetzt ist; b) im Falle theilweiser Erwerbsunfähigkeit für deren Dauer denjenigen Theil der Vollrente, welcher dem Masse der durch den Unfall herbeigeführten Einbusse an Erwerbsfähigkeit entspricht Der Höchstbetrag der Vollrente ist 300 Mark Im Falle der Tödtung ist ausserdem von dem Zeitpunkt ab, mit welchem der Gefangene, wenn er am Leben geblieben wäre, in Folge der Strafverbüssung oder des Straferlasses entlassen worden wäre, an dessen Hinterbliebene eine Rente zu zahlen, welche beträgt: 1. für die Wittwe des Getödteten bis zu deren Tode oder Wiederverheirathung, 2 für jedes hinterbliebene Kind bis zu dessen zurückgelegtem fünfzehnten Lebensjahre den sechzigfachen Betrag des nach dem Vorstehenden zu Grunde zu legenden Tagelohns, jedoch nicht mehr als 90 Mark Die Renten der Hinterbliebenen dürfen insgesammt den einhundertundachtzigfachen Betrag des Tagelohns und im Höchstbetrage 270 Mark jährlich nicht übersteigen; ergiebt sich ein höherer Betrag, so werden die einzelnen Renten in gleichem Verhältnisse gekürzt Im Falle der Wiederverheirathung erhält die Wittwe den einhundertundachtzigfachen Betrag des Tagelohns, jedoch nicht mehr als 270 Mark als Abfindung. Unter gewissen Voraussetzungen fällt die Entschädigung fort.

An Stelle der Rente u. s w. an den Verletzten kann freie Kur und Verpflegung in einer Heilanstalt gewährt werden. Jedoch steht für die Zeit der Verpflegung in der Heilanstalt seinen Angehörigen die Rente insoweit zu, als ihnen dieselbe im Falle des Todes des Verletzten zu gewähren sein würde. Ausländern sowie deren Hinterbliebenen wird die Rente nicht gewährt.

Die Entschädigung erfolgt durch den Bundesstaat, in dessen Gebiete die Anstalt liegt, in welcher der Unfall eingetreten ist, oder in dessen Gebiete die zwangsweise Beschäftigung stattgefunden hat. Die Verpflichtung des Bundesstaats kann durch Landesgesetz auf andere Stellen übertragen werden. Die Bundesstaaten sind auch befugt, Gemeinden oder andere öffentlich-rechtliche Verbände, die Gefangenenanstalten unterhalten, zu Beiträgen heranzuziehen. Unternehmer, welche auf Grund eines Vertrags mit der Anstaltsleitung Gefangene beschäftigen, können zu Beiträgen an diejenige Kasse, welche die Entschädigung zu gewähren hat, oder, wenn sich der Unfall aus Anlass einer für ihre Rechnung in oder ausserhalb der Anstalt stattfindenden Beschäftigung zugetragen hat, zum Ersatze der der Kasse erwachsenden Ausgaben herangezogen werden.

Jeder Unfall, durch welchen eine unter dieses Gesetz fallende Person getödtet ist oder eine Körperverletzung erlitten hat, die voraussichtlich den Tod oder eine über den Zeitpunkt der Entlassung hinauswirkende Erwerbsunfähigkeit zur Folge haben wird, ist durch den Vorstand der Anstalt, in welcher der Verunglückte zur Zeit des Unfalls untergebracht ist, alsbald einer Untersuchung zu unterziehen. Die Entschädigung ist von Amts wegen, im Falle der Tödtung sofort, im Falle der Verletzung unmittelbar vor der Entlassung des Verletzten aus der Anstalt festzustellen. Eine Rente ist im Falle der Verletzung nur dann zu gewähren, wenn bei der Entlassung die Beschränkung der Erwerbsfähigkeit fortbesteht. Entschädigungen auf Grund dieses Gesetzes sind, soweit deren Feststellung nicht von Amts wegen erfolgt, bei Vermeidung des Ausschlusses, wenn es sich um die Folgen einer Körperverletzung handelt, vor der Entlassung, und wenn der Unfall den Tod herbeigeführt hat, vor Ablauf von 2 Jahren nach dem Eintritte des Unfalls bei dem Vorstande der Anstalt, in welcher der Verunglückte zur Zeit des Unfalls untergebracht war, zu beantragen. Nach Ablauf der Frist ist der Anmeldung nur in gewissen Ausnahmefällen Folge zu geben. Die Festsetzung der Entschädigungen erfolgt durch die von dem Entschädigungspflichtigen eingesetzte Ausführungsbehörde; in Preussen ist dies für Unfälle in Gerichtsgefängnissen der Oberstaatsanwalt. Innerhalb eines Monats steht dem Verletzten oder seinen Hinterbliebenen sowie dem Unternehmer die Beschwerde zu. Tritt in den Verhältnissen, welche für die Feststellung der Entschädigung massgebend gewesen sind, eine wesentliche Veränderung ein, so kann eine anderweitige Feststellung auf Antrag oder von Amts wegen erfolgen. Ist der Verletzte, für welchen eine Entschädigung festgestellt war, in Folge der Verletzung gestorben, so muss der Antrag auf Gewährung einer Entschädigung für die Hinterbliebenen, falls deren Feststellung nicht von Amts wegen erfolgt ist, der Regel nach bei Vermeidung des Ausschlusses vor Ablauf von 2 Jahren nach dem Tode des Verletzten bei dem zuständigen Anstaltsvorstand angemeldet werden.

Die Renten sind in monatlichen und, wenn sich der Jahresbetrag auf 60 Mark oder weniger beläuft, in vierteljährlichen Beträgen im Voraus zu zahlen.

Der Bezug der Rente ruht: 1. solange der Berechtigte eine Freiheitsstrafe von mehr als 1 Monat verbüsst, oder solange er in einem Arbeitshaus oder einer Besserungsanstalt untergebracht ist, jedoch mit der Massgabe, dass im Inlande wohnende Angehörige, welche im Falle seines Todes Anspruch auf Rente haben würden, die Rente bis zur Höhe jenes Anspruchs erhalten; 2. solange der berechtigte Ausländer nicht im Inlande seinen gewöhnlichen Aufenthalt hat; 3. solange der berechtigte Inländer im Auslande sich aufhält und es unterlässt, der Ausführungsbehörde seinen Aufenthalt mitzutheilen; 4. solange der Berechtigte als Landstreicher umherzieht.

Ist bei theilweiser Erwerbsunfähigkeit eine Rente von 20 oder weniger Prozenten der Vollrente festgestellt, so kann die Ausführungsbehörde den Entschädigungsberechtigten auf seinen Antrag durch eine entsprechende Kapitalzahlung abfinden.

Die Auszahlung der Entschädigungen wird auf Anweisung der Ausführungsbehörde vorschussweise durch die Postverwaltung bewirkt. Binnen 8 Wochen nach Ablauf jedes Rechnungsjahres haben die Central-Postbehörden den einzelnen Ausführungsbehörden Nachweisungen der auf Anweisung derselben geleisteten Zahlungen zuzustellen und gleichzeitig die Postkassen zu bezeichnen, an welche die zu erstattenden Beträge einzuzahlen sind. Die Ausführungsbehörden haben die von den Central-Postbehörden liquidirten Beträge innerhalb dreier Monate nach Empfang der Liquidationen an die ihnen bezeichneten Postkassen abzuführen.

Die Verpflichtung von Kranken-, Sterbe-, Invaliden- und anderen Unterstützungskassen, ihren von Unfällen betroffenen Mitgliedern sowie deren Angehörigen und Hinterbliebenen Unterstützungen zu gewähren, sowie die Verpflichtung von Gemeinden und Armenverbänden zur Unterstützung hülfsbedürftiger Personen wird nicht berührt Wenn auf Grund solcher Verpflichtung Unterstützungen für einen Zeitraum geleistet werden, für welchen den Unterstützten nach Massgabe dieses Gesetzes eine Entschädigung gewährt ist oder noch zu gewähren ist, so ist hierfür den verpflichteten Kassen, Gemeinden oder Armenverbänden durch Ueberweisung von Rentenbeträgen nach näherer Bestimmung des Gesetzes Ersatz zu leisten.

Die entschädigungsberechtigten Personen und deren Hinterbliebene können, auch wenn sie eine Entschädigung nicht erhalten, einen Anspruch auf Ersatz des in Folge eines Unfalls erlittenen Schadens gegen die Anstalt nicht geltend machen, gegen die Beamten der Anstalt, den Unternehmer, dessen Vertreter und Beauftragte nur dann, wenn gegen diese Personen durch strafgerichtliches Urtheil festgestellt worden ist, dass sie den Unfall vorsätzlich herbeigeführt haben, und auch nur auf den Betrag, um welchen die den Berechtigten nach anderen gesetzlichen Vorschriften gebührende Entschädigung diejenige übersteigt, welche ihnen nach diesem Gesetze zu gewähren ist. Diejenigen Unternehmer sowie deren Vertreter und Beauftragte, gegen welche durch strafgerichtliches Urtheil festgestellt worden ist, dass sie den Unfall vorsätzlich oder durch Fahrlässigkeit mit Ausserachtlassung derjenigen Aufmerksamkeit, zu der sie vermöge ihres Amtes, Berufs oder Gewerbes besonders verpflichtet sind, herbeigeführt haben, haften für alle Aufwendungen, welche in Folge des Unfalls auf Grund dieses Gesetzes oder des Krankenversicherungsgesetzes von Gemeinden, Armenverbänden oder von Kranken- und sonstigen Unterstützungskassen gemacht worden sind, ebenso den auf Grund dieses Gesetzes Entschädigungsverpflichteten für deren Aufwendungen.

§ 202. Der für „Bewilligungen an die Gefangenen aus dem Arbeitsverdienste“, über deren Voraussetzungen und Höhe das Nähere bereits oben im § 63 mitgetheilt ist, bestimmte Betrag erschien früher nicht im Etat, sondern wurde vorweg von der Einnahme aus dem Arbeitsverdienst in Abzug gebracht. Dieses Verfahren ist, wie a. a. O. dargelegt, aus Anlass des Komptabilitätsgesetzes seit 1899 geändert. Der Etatsansatz -- 1899: 0,9362, 1900: 0,963, 1901: 0,8851, 1902: 0,8051 und 1903: 0,8 Mill. M. — ist, wie ein Vergleich mit der Solleinnahme aus dem Arbeitsverdienst zeigt, der Bewegung derselben nicht gefolgt, sondern richtet sich nach dem erfahrungsmässigen Bedarf, da ja die Bewilligungen an die Gefangenen keineswegs einen ihnen gesetzlich zustehenden bestimmten prozentualen Antheil an dem Arbeitsverdienst darstellen.

§ 203. Der im Tit. 5 verrechnete „Kostenbeitrag für die gemeinschaftlichen Gerichte in Jena, Meiningen und Rudolstadt“ beruht auf Staatsverträgen Preussens mit den betheiligten thüringischen Staaten v. 23. April und 17. Okt. 1878 (G.-S. S. 202—216 und 189—202), nach denen Preussen zu den Ausgaben der zugleich für Preussische Gebietstheile zuständigen Gerichte, nämlich des Oberlandesgerichts in Jena und der Landgerichte in Meiningen und Rudolstadt alljährlich nach Verhältniss der Einwohnerzahl festzustellende Beiträge leistet (vgl. oben § 27). Der im Tit. 5 einzustellende Bedarf richtet sich also nach den durch eigene Einnahmen nicht gedeckten Ausgaben für die Gerichte und nach dem Verhältniss der Bevölkerung der zu Preussen gehörigen Theile der Gerichtssprengel zu denjenigen der ganzen Gerichtssprengel. Hauptsächlich durch Steigerung der Ausgaben ist er, wie die Anl. CVIII näher ersehen lässt, von 25 000 M. für 1880/81 auf 64 700 M. für 1903 gestiegen. Der Ansatz für 1880/81 war von vornherein viel zu niedrig; denn thatsächlich waren 1880 zu zahlen für Jena 16 560, für Meiningen 25 247 und für Rudolstadt 9 360 M. Aber erst 1883/84 wurde der Etatsansatz von 25 000 auf 50 000 M. erhöht. Von den seit 1895/96 mehr vorgesehenen 5 200 M. waren 3 550 M. für Jena und 1 650 M. für Meiningen bestimmt, während die weitere Erhöhung um 4 500 M. lediglich durch die Neuregulirung der Gehälter bei dem letztgenannten Gericht infolge des Staatsvertrages v. 19. Febr. 1897 (G.-S. S. 189) bedingt war.

§ 204. Der schon im Etat für 1850 als besonderen Bestandtheil des damaligen „allgemeinen Dispositionsfonds“ aufgeführte, jetzt im Tit. 6 des Kap. 80 enthaltene Fonds zu „Ausserordentlichen Ausgaben für die Justizverwaltung“ ist ein Dispositionsfonds zur Bestreitung solcher Ausgaben, für die andere Etatstitel nach deren Bestimmung nicht in Anspruch genommen werden können. Die Zwecke, für die er Verwendung findet, sind, wie die in den Uebersichten über die Staatseinnahmen und Staatsausgaben dem Landtage mitgetheilten Nachweisungen ergeben, äusserst buntscheckiger Art.

Im Etatsjahr 1900 waren beispielsweise insgesammt 19 247,94 M. verwendet in 30 Posten, davon rd. 11 761 M für Drucksachen verschiedener Art, 2 930 M. auf Grund gerichtlicher Verurtheilungen des Fiskus, ca. 250 M zur Vergütung von Schäden, für die die Justizverwaltung aufzukommen hatte, 1 302 M für Diäten an Assessoren behufs Ausbildung im Gefängnissdienst, 500 M. Beihülfen zur Ausbildung als Gefangenaufseherinnen, 410 M. Reisebeihülfen an Gefängnissbeamte behufs Theilnahme an Versammlungen von Gefängnissvereinen, 750 M. für Ueberlassung eines Patentes auf Fensterblenden für Hafträume. 1901 sind 16 916,46 M in 21 Posten ausgegeben, davon 4 876 M. für Drucksachen, 1 453 M auf Grund gerichtlicher Verurtheilungen, ca. 914 M andere Entschädigungen, 1 274 M. Reisebeihülfen und 7 500 M Gemeinde-Umsatzsteuer

Der gesammte zur Verfügung stehende Betrag war und ist verhältnissmässig gering, bis 1867 6 000, dann bis 1877/78 7 500, von 1878/79, wo die Verdoppelung mit Rücksicht auf die Vorarbeiten zur Gerichtsorganisation erfolgte, bis 1895/96 15 000, dann wieder „nach den gemachten Erfahrungen“ nur 7 500, seit 1899 aber mit Rücksicht auf die Durchführung des Bürgerlichen Gesetzbuches und seiner Nebengesetze wieder 15 000 M.

§ 205. Der letzte Titel (7) des Kap. 80 dient nicht nur zu Rechnungsvergütungen, sondern auch zur Abrundung der Schlusssummen des Justizetats. Theilweise auf dieser letzteren Funktion, im Uebrigen aber auf den Erfahrungen über die wirklichen Ausgaben zu Rechnungsvergütungen beruhen die Schwankungen seiner, wie die Anl. CVIII zeigt, nur wenige Tausend Mark ausmachenden Dotirung. Zum ersten Mal erscheint der Fonds im Etat für 1872. „Rechnungsvergütungen" sind die von den Oberrechnungskammern angeordneten Zurückzahlungen von Einnahmen, welche in früheren Rechnungen irrig oder zu viel auf die Rechnung der Justizverwaltung verrechnet worden sind. Ebenso gehören hierher Beträge, die durch Diebstahl, Untreue oder Zufall dem Kassenbestande entzogen sind.

VI. Kapitel.

Ausgaben an die Justizoffizianten-Wittwenkasse.

(Staatshaushaltsetat Kap. 82.)

§ 206. Der unter obiger Bezeichnung in den Etat eingestellte Betrag erscheint als Einnahme für die Justizoffizianten-Wittwenkasse aus dem Verlage des Justiz-Ministerialblattes und aus dem Erlöse verkaufter Akten im Tit. 7 der Einnahmen der Justizverwaltung. Es kann dieserhalb auf die Ausführungen im § 67 dieses Buches und die Anl. CIX verwiesen werden.

IV. Abschnitt.

Die einmaligen und ausserordentlichen Ausgaben der Justizverwaltung.

(Staatshaushaltsetat Kap. 8 des Extraordinariums.)

§ 207. Neben den dauernden beanspruchte die Justizverwaltung, wie die Anl. CXVIII zeigt, alljährlich einmalige und ausserordentliche Aufwendungen von fast immer recht bedeutender Höhe: seit 1849 haben sie nur 12 Mal, seit 1867 aber überhaupt nicht mehr weniger als 1 Mill. M. betragen; dagegen überstiegen sie 2 Mill. in 30, 3 Mill. in 20, 5 Mill. in 10, 6 Mill. in 8, 7 Mill. in 5 und sogar 12 Mill. in 2 Jahren. Abgesehen von der Eisenbahn-, Bau- und Kultusverwaltung pflegt als regelmässige Erscheinung ein Extraordinarium von ähnlicher Höhe keine andere Verwaltung aufzuweisen.

Wer die vorangegangen Ausführungen über die Organisation der Justizverwaltung, ihres Behörden- und Beamtenapparats und die Entwicklung des Gefängnisswesens gelesen hat, wird den Grund dieser regelmässigen bedeutenden extraordinären Bedürfnisse zutreffend in dem enormen Erforderniss an Geschäfts- und Gefängnissräumen und in den erhöhten Anforderungen, welche die Gefängnisskunde heute an die Unterbringung der Gefangenen stellt, suchen. In der That sind die gesammten einmaligen und ausserordentlichen Ausgaben — abgesehen vom Jahr 1849, wo 2 310 000 M. zur Deckung von Mehrausgaben, für die die Etats, insbesondere infolge der Ereignisse von 1848, keine Mittel gewährten, bestimmt waren — so gut wie ausschliesslich für bauliche Zwecke verwandt worden, und zwar ganz überwiegend für Geschäftsgebäude der Gerichte und für Gefängnisse. Erst in den letzten Jahren sind als eine Massnahme der Ostmarkenpolitik erheblichere Aufwendungen auch zur Schaffung von Dienstwohnungen für Amtsrichter in kleinen Orten Posens und Westpreussens erfolgt, um diesen Beamten, deren längeres Verbleiben an solchen Orten im Interesse der Stärkung des Deutschthums erwünscht ist, den Aufenthalt daselbst erträglicher zu machen und ihr Streben, sobald wie möglich an grössere Orte oder doch in andere Landestheile versetzt zu werden, abzuschwächen. Namentlich in den Etats für 1898/99, 1899 und 1901 sind zu diesem Zwecke erheblichere Summen, 1898/99 138 400, 1899 337 300 und 1901 309 000 M., ausgeworfen worden. Seitdem weist nur der Etat für 1903 noch einen Betrag von 36 200 M. zu einem solchen Zwecke auf. Man wird annehmen dürfen, dass nur die Lage der Finanzen dazu geführt hat, einstweilen mit jenen Massnahmen nicht in ähnlichem Umfang wie in den letzten Jahren Miquels fortzufahren; denn es kann keinem Zweifel unterliegen, dass in der grösseren Sesshaftigkeit der Beamten und gerade der der Gefahr der Polonisirung weniger ausgesetzten höheren und mittleren Beamten ein wirksames Mittel zum Schutze des Deutschthums gegen das Vordringen des Polenthums zu erblicken ist, dass andererseits das Leben der Amtsrichter in kleinen Städten Posens und Westpreussens so aller Annehmlichkeiten baar ist, dass man ihr Streben, versetzt zu werden, nur zu sehr verstehen kann, und dass immerhin die Gewährung wenigstens einer angemessenen Wohnung die Unannehmlichkeiten des Aufenthalts immerhin an einer besonders empfindlichen Stelle bedeutend verringert.

Im Vergleich zu den Gesammtsummen spielen diese Beträge aber eine nur untergeordnete Rolle, und keine viel grössere spielen die insgesammt 2 001 700 M., welche in die Etats für 1894/95, 1898/99 und 1899 für Erweiterung des Justizministeriums eingestellt waren: gegenüber den für Geschäftsgebäude der Gerichte und für Gefängnisse im Laufe der Zeit verausgabten Summen sind sie verschwindend.

Schon die Justizreform von 1849 hatte bedeutende Aufwendungen zur Beschaffung, Erweiterung und Verbesserung von Geschäftsgebäuden und Gefängnissen im Gefolge, obwohl diese durch die Beseitigung der Privatgerichtsbarkeit bedingte Last für die Staatskasse durch die den bisherigen Inhabern der Patrimonialgerichtsbarkeit und den Städten auferlegten weitgehenden Verpflichtungen zur weiteren Ueberlassung der Geschäftslokale u. s. w. an den Staat wesentlich beschränkt wurde. Man erkennt die Wirkung der Justizreform von 1849 in den hohen Extraordinarien für 1850 und 1851; von dem Extraordinarium für 1849 war, wie erwähnt, nur ein kleiner Theil zu Bauten bestimmt. Auch das Ges. v. 1. Aug. 1855 betr. die Entbindung der Städte von der Verpflichtung zur Tragung der Kriminalkosten, Unterhaltung der Gefängnisse und Fortgewährung der Gerichtslokalitäten (vgl. oben § 17) führte zu erhöhten Anforderungen an den Baufonds, da die von den Städten zu zahlenden Renten ja an anderer Stelle vereinnahmt wurden, hier also unverkürzt die neuen Lasten in's Gewicht fielen. Dagegen verursachte die Erweiterung des Staatsgebiets durch die Ereignisse des Jahres 1866 zunächst einen vergleichsweise nicht besonders erheblichen Mehraufwand — von 1 716 450 M. extraordinären Ausgaben des Justizetats für 1868 entfielen auf die neuen Landestheile nur 227 450 M. —, weil ja die vorgefundenen Justizorganisationen beibehalten wurden und für die baulichen Bedürfnisse von den früheren Regierungen in im Allgemeinen ausreichender Weise, vielfach besser als in den alten Landestheilen gesorgt war. Dagegen waren allein für den Bau des Gefängnisses in Plötzensee von den Extraordinarien der Jahre 1868 bis 1878/79 nicht weniger als 6 391 000 M. bestimmt, und unter den anderen in diesem Zeitraum in Angriff genommenen und grösstentheils vollendeten Neubauten befanden sich z. B. in den Gerichts- und Gefängnissgebäuden in Posen, Erfurt und Kassel solche mit einem Kostenaufwand von je mehr als 1 bis zu — Kassel — beinahe 2 Mill., während u. A. die Gerichtsgebäude in Düsseldorf, Königsberg, Altona und Breslau, die Gefängnisse in Hannover, Münster, Kassel und Wiesbaden je mehr als ½ bis zu beinahe 0,7 Mill. kosteten. Dazu kam neben zahlreichen anderen, ebenfalls, wenn auch nicht in solchem Masse kostspieligen Neubauten die Einrichtung von Schlafzellen, um die Gefangenen wenigstens bei Nacht isoliren zu können, sodass schon vor 1878/79 die Extraordinarien bis zu mehr als 6 Mill. betrugen.

§ 208. Ganz ausserordentliche Anforderungen in baulicher Hinsicht stellte die Gerichtsorganisation von 1879. Mussten doch an 62 Orten, die bisher überhaupt nicht Sitze von Gerichtsbehörden waren, neue Gebäude beschafft werden. In 65 von den 90 Städten, die zum Sitz der Landgerichte bestimmt wurden, entstanden neben den Letzteren die Amtsgerichte als selbständige Gerichtsbehörden mit gesondertem Raumbedürfniss. Allgemein traten in Folge der veränderten Grundsätze der neuen Gerichtsorganisation und des neuen Verfahrens auch neue Anforderungen an Umfang und Einrichtung der vorhandenen Geschäftsgebäude heran: die Landgerichte, deren Geschäftsbezirk meist dem von 3—4 der früheren Kreisgerichte entsprach, erforderten vermehrte Sitzungssäle und jedes einzelne die nöthigen Lokalitäten für Schwurgerichtsverhandlungen, die Einrichtung der Schöffengerichte bei sämmtlichen Amtsgerichten Räume, wie sie wenigstens in dem gleichen Umfang bisher nicht erforderlich waren. Dazu kam die Nothwendigkeit, nun bei jedem Gerichte, auch bei dem kleinsten Amtsgerichte, ein Gefängniss einzurichten.

Allerdings kam der Justizverwaltung zu Gute, dass viele Gemeinden, in richtiger Würdigkeit der Vortheile, die ihnen als Sitz von Gerichtsbehörden erwachsen, entweder selbst den Bau der neuen Gebäude übernahmen und diese der Justizverwaltung zu billigem Miethzins zur Verfügung stellten oder in sonstiger Art zu den Kosten der Beschaffung beitrugen. Es ist also keineswegs erst eine von dem Finanz-Minister v. Miquel inaugurirte Politik, die Gemeinden zu derartigen Kosten heranzuziehen. Immerhin fiel die Hauptlast der Bauten dem Staate zu. Es wurden daher, da es im Interesse der Rechtspflege geboten war, die neuen Baulichkeiten so rasch wie möglich zu beschaffen, in die Extraordinarien der Jahre 1878/79, 1879/80 und 1880/81 Pauschquanten von 12,87, 6,13 und 2 Mill. zu dem gedachten Zweck aufgenommen. Das gesammte Extraordinarium der Justizverwaltung aber belief sich in den 3 Jahren 1878/79 bis 1880/81 auf mehr als 31½ Mill. Aus diesen Mitteln wurden an besonders umfangreichen neuen Geschäftsgebäuden ausser den schon erwähnten in Kassel, Posen Königsberg und Erfurt auch solche in Altona, Kiel, Braunsberg, Lyck, Oppeln, Kottbus, Hannover, Halle, Münster und Dortmund, die grösstentheils schon früher begonnen waren, vor Allem aber das grossartige sog. Kriminalgericht in Berlin-Moabit mit den dazu gehörigen Untersuchungsgefängnissen fertig gestellt. Allein für das letztere sind in den Etats für 1875, 1876, 1878/79, 1879/80, 1880/81 und 1881/82 und dem Nachtragsetat für 1877/78 insgesammt 7 626 200 M. verfügbar gemacht.

§ 209. Nach so ungewöhnlichen Aufwendungen musste schon mit Rücksicht auf die Lage der Staatsfinanzen, die in der ersten Hälfte der 80er Jahre mit alleiniger Ausnahme von 1892/93 alljährlich Fehlbeträge aufwiesen, und konnte auch eine grössere Beschränkung eintreten. Wir finden daher zwar 1881/82 noch ein Extraordinarium von mehr als 4, dann aber bis 1887/88 nur noch solche von 1,6 bis 3,86 Mill. Immerhin sind auch in der Zeit vom 1. Jan. 1882 bis zum Oktober 1887 33 Neu- und Erweiterungsbauten von Geschäftsgebäuden, unter ihnen 17, an welche sich ein Gefängnissbau anschloss; und ausser diesen 17 noch 31 neue Gefängnisse ausgeführt oder begonnen worden. Die bedeutendsten dieser Bauten waren die zu einem einheitlichen Bau vereinigten Oberlandes-, Land- und Amtsgerichte in Frankfurt a. M. und Cöln, das Land- und Amtsgericht Berlin II, die Land- und Amtsgerichte in Schweidnitz und Saarbrücken, ein umfangreicher Erweiterungsbau für das Land- und Amtsgericht in Breslau, das Strafgefängniss in Preungesheim bei Frankfurt a. M. und die Gerichtsgefängnisse in Limburg, Oppeln und Glatz. Von diesen Bauten hatten bis 1887/88 aus dem Extraordinarium beansprucht das Berliner Land- und Amtsgericht II 908 600, der Erweiterungsbau in Breslau 905 000, das Justizgebäude in Frankfurt a. M. 1 620 000, dasjenige in Cöln 876 000 und das Gefängniss in Preungesheim 729 000 M.; für Frankfurt wurden 1888/89 weitere 253 000, für Cöln 1888/89 bis 1893 94 1 336 150 M. bewilligt.

Seitdem sich die Finanzlage wieder besserte, finden wir auch wieder eine etwas reichere Dotirung des Extraordinariums, die auch in den Deficitjahren des letzten Jahrzehnts des vorigen Jahrhunderts beibehalten und, als dem Staate grössere Mittel zur Verfügung standen, andererseits auch der wirthschaftliche Aufschwung eine gewaltige Geschäftsvermehrung namentlich in den Handelscentren und Industriegebieten bewirkte, ganz ausserordentlich verstärkt wurde. Für nicht weniger als 166 Neubauten gerichtlicher Geschäftsgebäude wurden 1888/89 bis 1903 die Mittel resp. wenigstens erste Raten in den Extraordinarien neu bewilligt. Hervorzuheben sind hiervon in erster Linie die Bauten in Berlin und seinen Vororten, nämlich ein Erweiterungsbau des Kammergerichts und des Strafgerichtsgebäudes in Moabit sowie die Neubauten für das Amts- und Landgericht I, das Landgericht III und die Amtsgerichte in Charlottenburg, Coepenick, Berlin-Wedding und Berlin-Schöneberg. Die für diese Bauten bisher bewilligten Mittel beziffern sich auf 225 300 M. für das Kammergericht, 7 285 000 M. für das Geschäftsgebäude der Civilabtheilungen des Land- und Amtsgerichts I, 2 800 000 M. für das Strafgerichtsgebäude nebst Untersuchungsgefängniss, 750 000 M. für das Landgericht III, je 650 000 M. für die Amtsgerichte Berlin-Schöneberg und Berlin-Wedding, 559 300 M. für Coepenick und 348 936 M. für ein Geschäftsgebäude für die Strafabtheilungen des Amtsgerichts I. In Aussicht steht noch die Forderung von 504 922 M. für das Land- und Amtsgericht I, 4 696 500 M. für das Kriminalgericht und Untersuchungsgefängniss, 392 300 M. und den Kosten der Einrichtung für das Landgericht Berlin III, 299 000 M. und den Einrichtungskosten für das Amtsgericht Berlin-Schöneberg, 303 000 M. und den Einrichtungskosten für Berlin-Wedding. Ausserhalb Berlins sind insbesondere grössere Geschäftsgebäude errichtet oder in Angriff genommen für die Oberlandesgerichte in Hamm und Kiel, die Land- und Amtsgerichte in Bromberg, Oels, Glatz, Brieg, Beuthen, Wiesbaden, Koblenz, Magdeburg und Halle a. S., die Landgerichte in Ratibor und Bochum, die Amtsgerichte in Sensburg, Gumbinnen, Pr. Eylau, Wischwill, Marienburg, Thorn, Pr. Stargard, Sommerfeld, Bernau, Pasewalk, Bergen, Wongrowitz, Kattowitz, Zabrze, Tarnowitz, Myslowitz, Pless, Neumünster, Rendsburg, Uelzen, Stade, Dortmund, Bochum, Barmen, Birstein, Kreuznach, Crefeld, München-Gladbach und Rheydt und ein auf 504 000 M. veranschlagter Erweiterungsbau des Land- und Amtsgerichts in Bonn. Für die kostspieligsten dieser Bauten sind an extraordinären Mitteln bewilligt und zwar für Hamm 935 486, für Kiel 772 007 M., für Oels 797 000, für Brieg 826 860, für Beuthen 691 100, für Wiesbaden 840 200, für Koblenz 874 000, für Ratibor 533 100, Kattowitz 860 400, Zabrze 629 002, Myslowitz 688 988, Dortmund 2 020 000, Barmen 524 100, Crefeld 635 000 M., für Magdeburg und Halle bisher 3 und $1^1/_4$ Mill., während noch 607 900 und 236 500 M. zu bewilligen bleiben und 1901 und 1902 für Erweiterung der Geschäftsgebäude und Neubau des Gerichtsgefängnisses in Frankfurt a. M. zum Ankauf des Bauplatzes 1 426 230 M., für das Gefängniss 1903 auch bereits eine Baurate von 350 000 M. bewilligt sind. Mit einer grossen Zahl der vorstehend erwähnten und der nicht namhaft gemachten Neu- und Erweiterungsbauten waren solche der Gefängnisse verbunden. Ausserdem aber sind die grossen Gefängnisse in Bochum, Wronke, Tegel und in der Alexanderstrasse in Berlin unter Belastung des Extraordinariums mit 1 886 500, 2 320 000, 3 266 000 und 1 677 000 M. aufgeführt. Von ähnlichem Umfang ist der Neubau des Centralgefängnisses in Neumünster, der auf 1 234 000, einschliesslich Amtsgericht und Untersuchungsgefängniss auf 1 462 400 M. veranschlagt ist, worauf bisher 1 150 054 M. bewilligt sind. Andere theils vollendete, theils in Angriff genommene und grossentheils mit Gerichtsgebäuden verbundene grössere Neu- oder Erweiterungsbauten betrafen die Gefängnisse in Gollnow, Danzig, Hannover, Beuthen, Allenstein, Elbing, Pr. Stargard, Charlottenburg, Inowrazlaw, Brieg, Kattowitz, Lublinitz, Myslowitz, Gross-Strehlitz, Zabrze, Gleiwitz, Magdeburg, Stendal, Naumburg, Altona, Dortmund, Hagen. U. a. sind für Danzig bewilligt 717 800, für Hannover 508 500, für Gollnow 485 310 M., ferner für die Centralstation für jugendliche männliche Gefangene und das Gerichtsgefängniss in Gross-Strehlitz 565 000 M., während, soweit Gerichtsbauten mit den Gefängnissbauten verbunden waren, die Mittel für letztere in den oben für einzelne grössere dieser Gerichtsbauten angegebenen Zahlen enthalten sind.

Man wird, wenn man derartige Daten sich vergegenwärtigt, nicht leugnen können, dass auf dem Gebiete der Justizbauten seit der Gerichtsreorganisation Grossartiges geleistet ist, zumal während der Amtsführung der Minister Schönstedt und v. Miquel. Wenn auch heute noch nicht wenige Justizgebäude zu an sich berechtigten Klagen Veranlassung geben, so liegt die Sache ähnlich wie bei den Bahnhofsgebäuden: wie dort die riesenhafte Steigerung des Verkehrs, so konnte man hier diejenige der Geschäfte in gewissen Städten und Gegenden in vollem Masse nicht voraussehen, und soweit nicht Leben und Gesundheit gefährdet wird, muss der Staat, ehe er jeder Verkehrs- und Geschäftsvermehrung mit kostspieligen Neubauten folgt, doch erst zusehen, ob die Verkehrs- und Geschäftsvermehrung voraussichtlich von Dauer sein wird. Schliesslich findet die Neubauthätigkeit, soweit ihre Beschränkung nur Unbequemlichkeiten für Publikum und Beamte, keine Beeinträchtigung dort der Betriebssicherheit, hier der Rechtspflege im Gefolge hat, seine Grenze an der Finanzlage des Staates. Gerade unser Deutsches Publikum ist aber in solchen Beziehungen verwöhnter und empfindlicher wie das der meisten anderen Staaten, abgesehen etwa von England und Amerika und allenfalls — jedoch nicht, was die Eisenbahneinrichtungen anlangt — Frankreich. Dass heute noch viele Gerichte sich mit Geschäftsräumen behelfen müssen, die keinen Vergleich mit den Postgebäuden desselben Ortes aushalten, ist schon im Interesse des Ansehens der Justiz gewiss nicht erwünscht, aber eben auch z. Th. eine Folge der früher vielfach über dasjenige Mass hinausgegangenen Bauthätigkeit der Postverwaltung, welches bei einer thatsächlich nur oder doch überwiegend durch die unentgeltlichen Leistungen der Eisenbahnen, also vorzugsweise des Preussischen Staates Ueberschüsse erzielenden Verwaltung wohl zu wünschen gewesen wäre. Schon die Differenz zwischen dem Werth jener Leistungen Preussens und dem Betrage, den es an Matrikularbeiträgen mehr entrichten müsste, wenn die Post jene Leistungen bezahlt hätte und zu Tarifherabsetzungen, zu nicht unabweisbar nöthigen Bauten u. s. w. immer nur geschritten wäre, wenn ihre wahrhaften Ueberschüsse oder doch die allgemeine Finanzlage des Reiches dies hätten unbedenklich erscheinen lassen, würde vermuthlich ganz erkleckliche Summen für die Bedürfnisse Preussens verfügbar gemacht haben.

Rückblick.

§ 210. Ueberblickt man die ganze Entwickelung, welche die Finanzgebahrung der Justizverwaltung in dem konstitutionellen Staat genommen hat, so muss man als inkommensurabel die Jahre von der Gerichtsreorganisation von 1879 bis 1884/85 ausscheiden, weil in dieser Zeit der ganz überwiegende Theil der Einnahmen, die Gerichtskosten, bei den indirekten Steuern vereinnahmt wurden, andererseits die indirekte Steuerverwaltung auch die Kassengeschäfte für die Justizverwaltung besorgte.

Bei Würdigung der in der Anl. CXVIII zusammengestellten Endzahlen der übrigen Jahre wird man vier Zeitepochen zu unterscheiden haben: das Jahr 1849, dessen Etat noch auf der Justizverfassung vor Erlass der Verordn. v. 2. Jan. 1849 beruht, sodann die Zeit bis zum Hinzutreten der Einnahmen und Ausgaben für die neuen Landestheile, also bis einschliesslich 1867, die Zeit von 1868 bis zur Gerichtsreorganisation, also bis 1879/80, endlich die Zeit von 1885/86 bis zur Gegenwart.

In dem einen Jahre von 1849 bis 1850 stieg die Solleinnahme von 12,5 auf 16,5, die dauernde Sollausgabe von 19,9 auf 27,1 Mill. Die Steigerung beider ist überwiegend die Folge der Aufhebung der Patrimonialgerichtsbarkeit. Wie aber obige Zahlen erweisen, hatte diese Massnahme eine Mehrbelastung für die Staatskasse zur Folge; stiegen doch die Einnahmen nur um etwa 32, die Ausgaben um 44 Proz. und der Zuschuss im Ordinarium von 7,4 auf 10,6 Mill., unter Hinzurechnung des, wie früher erwähnt 1849 abnorm hohen, Extraordinariums freilich nur von 10,3 auf 11,8 Mill. Die Einnahmen selber decken von den Gesammtausgaben — einschl. Extraordinarium — 1849 55,07 und 1850 infolge des geringern Extraordinariums 58,2 Proz. Im Etat für 1852 schnellt die Einnahme um mehr als 6 Mill. in die Höhe, eine Folge des Gerichtskostenges. v. 10. Mai 1851; da nach diesem aber die durchlaufenden Gelder an Stempel, Porto u. s. w. sowohl in Einnahme als in Ausgabe gestellt werden müssen, steigt auch die Sollausgabe im Ordinarium um ca. 2,3 Mill., wovon freilich fast 0,6 Mill. durch Reduktion des Extraordinariums aufgewogen werden. So sollen nunmehr 75,6 Proz. der gesammten Ausgaben in den eigenen

Einnahmen Deckung finden. Die Veranschlagung der Kosteneinnahmen nach dem neuen Gesetz wird aber durch die Wirklichkeit dergestalt übertroffen, dass 1854 die Gesammteinnahmen mit 25½ Mill. auf fast 80 Proz. der Ausgaben veranschlagt wird. Auf dieser Höhe hielt sich der Einnahmekoëffizient bis zum Hinzutreten der neuen Landestheile nicht nur, sondern er gestaltete sich sogar vielfach noch etwas, in den 60er Jahren sogar erheblich, bis zu 9 Proz., günstiger, und selbst absolut war der zur Balanzirung des Justizetats erforderliche Zuschuss in der ersten Hälfte der 60er Jahre weit geringer als in den 50er Jahren.

§ 211. Das Hinzutreten der Einnahmen und Ausgaben für die Justizverwaltung in den neuen Landestheilen hatte indess auch hier eine recht merkbare Verschlechterung des Verhältnisses zwischen Einnahmen und Ausgaben zur Folge. Denn hier standen nach den Voranschlägen für 1868 einer Ausgabe von 5 485 365 M. nur Einnahmen von 1 669 515 M., also in Höhe von nur reichlich 30 Proz. der Ausgabe gegenüber. Der Grund lag freilich zum Theil darin, dass die Beamten in den neuen Landestheilen zum grossen Theil auf den Bezug von Gebühren und anderen Emolumenten angewiesen waren, deren Betrag weder in Einnahme noch in Ausgabe erschien; das Wegbleiben derselben Summe auf der Einnahme- und der Ausgabeseite beeinträchtigt aber das Verhältniss zwischen Einnahme und Ausgabe zur Nachteil der schwächeren, hier also der Einnahmeseite. So stieg der Zuschuss auf 21 Proz. der Ausgabe, sodass die Einnahme nur noch 79 Proz. der letzteren deckte gegen noch beinahe 86 Proz. 1867. Eine abermalige ungünstige Verschiebung auf 74,7 Proz. erfuhr das Verhältniss der Einnahme zur Ausgabe, als 1870 die letztere durch Beseitigung der Portofreiheit um fast 2,8, im Ganzen um etwa 3,73 Mill. stieg, und dann wiederum, auf 69,5 Proz., 1873 durch die Mehrausgaben infolge der Besoldungsaufbesserung. In derselben Richtung wirkt 1875 namentlich die Einstellung der Wohnungsgeldzuschüsse, sodass von einer Gesammtausgabe von fast 68,2 Mill. nur noch nicht mehr ganz 62,6 Proz. in den eigenen Einnahmen Deckung fanden. Bis 1877/78 hat sich das Verhältniss in Folge Wachsens der Einnahmen an Gerichtskosten, Strafen u. s. w. und dank einer niedrigeren Dotirung des Extraordinariums bis auf ziemlich 65 Proz. gehoben. Die Jahre 1878/79 und 1879/80 aber sind wegen der ganz ungewöhnlichen Höhe des Extraordinariums singulärer Natur.

§ 212. Ein Bild über die finanziellen Wirkungen der Justizreorganisation von 1879 ist nicht so einfach, wie es vielleicht ohne näheres Zusehen aussieht. Mit einer Vergleichung des Justizetats vor und nach der Reform ist es allein nicht gethan. Den Einnahmen für 1880/81 müssen znnächst die nun auf dem Etat der indirekten Steuern erscheinenden Gerichtskosten mit 48,9 Mill., den Ausgaben die der indirekten Steuerverwaltung für Einziehung der Gerichtskosten etc. erwachsenden Ausgaben, wohl mindestens 1,3 Mill. hinzugesetzt werden. Dazu kommen aber für die Zeit vor der Reform der auf Preussen nach dem Massstabe der Matrikularbeiträge entfallende Antheil an den Einnahmen und Ausgaben für das Reichs-Oberhandelsgericht, für die Zeit nach der Reform derjenige an denen für das Reichsgericht. Die Einnahmen dieser Art können wir füglich ihrer relativen Geringfügigkeit wegen ausser Acht lassen. Die dauernden Ausgaben aber betrugen nach den Reichsetats 1878/79 für das Reichs-Oberhandelsgericht 391 000, 1880/81 für das Reichsgericht 1 242 000 M.; hiervon kämen auf Preussen ca. $^3/_5$, also von der Differenz zwischen 1 242 000 M. und 391 000 M. ca. 510 000 M. Nach dieser Berechnung würde sich für 1880/81 eine Sollausgabe im Ordinarium für die Justizverwaltung ergeben von 73,347 + 1,3 + 0,51 = 75,157 Mill., eine Einnahme von 5,0 + 48,9 = 53,9 Mill. gegen beziehentlich 69,456 und 48,115 Mill. 1878/79. Dabei ist indess auch zu berücksichtigen, dass die Einnahmesteigerung keineswegs nur eine Folge der neuen Organisation war. Die Neuorganisation hatte andererseits somit nichts weniger als eine Verminderung der Ausgaben im Gefolge. Selbst die auf dem Etat der Justizverwaltung verbliebenen Besoldungen und Wohnungsgeldzuschüsse — ohne die Wartegelder etc. — beliefen sich trotz der Verminderung des Beamtenpersonals 1880/81 noch auf 39,957 Mill. gegen 40,918 Mill. 1878/79. Rechnet man zu jenen 39,957 Mill. den Besoldungsmehrbedarf für die indirekte Steuerverwaltung mit rd. 1,26 und die Wartegegelder u. s. w. mit 3,35 Mill., so ergiebt sich schon bei den Besoldungen gegen 1878/79 ein Mehr von mehr als 4$^1/_2$ Mill. Wenn man mit der geringen Differenz zwischen 40,917 und 39,957 Mill. die Verminderung des etatsmässigen Beamtenpersonals um — ausschliesslich der Gerichtsvollzieher — etwa 3000 Köpfe zusammenhält, so erkennt man, in welchem Masse mit der Neuorganisation eine Besserstellung der Beamten verbunden war.

§ 213. Nachdem die Gerichtskosten u. s. w. einerseits, die Ausgaben für die Kassenverwaltung andererseits 1885/86 wieder auf den Justizetat zurückgekehrt waren, finden wir in der Anl. CXVIII im Ordinarium eine Solleinnahme von 50,47, eine Ausgabe von 85,66 und im Extraordinarium eine solche von 1,65 Mill. Gegen das Jahr 1878/79 bedeutet das bei der Einnahme eine Steigerung um noch nicht 5, bei den dauernden Ausgaben aber um mehr als 23 Proz.! Deckung finden aber in den Einnahmen von der Summe der dauernden und einmaligen Ausgaben nur noch 57,8 Proz. Die auch nach der Reorganisation in dieser Beziehung eingetretene Verschlechterung entsprang einerseits der Beeinträchtigung der Einnahmen durch die Novelle zum Gerichtskostenges. v. 29. Juni 1881, andererseits auf der Ausgabeseite vornehmlich der Vermehrung der etatsmässigen Beamten, der Erhöhung der Fonds für Hülfsarbeiter und zur Entschädigung der Gerichtsvollzieher für Ausführung von Aufträgen von Amtswegen. Wären nicht die durchlaufenden Einnahmen, die als Emolumente den Beamten zufliessen, gestiegen, so hätte sich auf der Einnahmeseite 1885/86 gegen die letzten Etats vor der Reorganisation sogar ein absoluter Rückgang von beinahe 2 Mill. ergeben.

In den nächsten Jahren nach 1885/86 gingen die Solleinnahmen sogar noch etwas zurück, um dann mit der wirthschaftlichen Entwickelung und der dadurch bedingten Geschäftszunahme seit 1889/90 erst langsamer, dann rascher, zuletzt wieder langsamer zu steigen, auf nahezu $55^1/_2$ Mill. 1892/93, fast 61 Mill. zwei Jahre später, mehr als 66 Mill. 1897/98, mehr als 71 1899, fast $81^3/_4$ 1901 und 84,14 Mill. 1903. Allerdings kommt diese Steigerung zum Theil auf das Konto der in den vorstehenden Ausführungen hervorgehobenen Aenderungen in der Verrechnungsart der durchlaufenden Posten. Die wirklichen Einnahmen, die wir, wie die Istausgaben, in der Anl. CXVIII für die Jahre 1886/87 bis 1901, bis 1900 nach dem Immediatbericht des Justizministers v. 29. Aug. 1901, mittheilen, haben in jedem dieser Jahre, Dank vorsichtiger Veranschlagung und der aufsteigenden wirthschaftlichen Entwickelung, die Voranschläge erheblich, seit 1887/88 um mehrere, seit 1889/90 stets um mindestens 4 bis zu 7 Mill. überstiegen.

Die Sollausgaben sind von 1885/86 bis 1903 im Ordinarium von 85,7 auf 116,8 Mill. M., also um rd. 35 Proz. gestiegen, und zwar bis 1891/92 nur auf 89,5 Mill. M., dann aber bis 1896/97 auf 95,7, bis 1898/99 schon auf 103,1, bis 1900 auf 109,4 und von 1900 bis 1901 allein wieder um fast 6 Mill. M. Eine Ausgabeverminderung war nur 1894/95 zu verzeichnen; doch war dieselbe eine solche nur für die Justizverwaltung, nicht für den Staat, da sie lediglich von der Portoaversionirung herrührte. In der Wirklichkeit überstieg auch die Ausgabe die Voranschläge seit 1889/90 alljährlich, und zwar oft ebenfalls um mehrere Millionen, 1897/98 um mehr als 6,3 Mill. M., während sie 1886/87 bis 1888/89 hinter ihnen zuruckblieb. Dass in Zeiten des Aufblühens wirthschaftlichen Lebens und damit der Zunahme der gerichtlichen Geschäfte an Zahl und oft noch mehr an Schwierigkeit, Umfang und Werth der Gegenstände die wirklichen Ausgaben über die Voranschläge hinausgehen, ist natürlich; denn es ist dann nicht möglich, die Fonds für ausserordentliche Hülfskräfte zum Schaden der Geschäfte im Rahmen des Etats zu halten, und ein Fonds wie der für baare Auslagen ist überhaupt der Einwirkung der Verwaltung entrückt, in grossem Umfange sind es auch die „Sächlichen Ausgaben“. Insoweit freilich die Mehrausgabe bei den baaren Auslagen entsteht, steht ihr auch eine Mehreinnahme gegenüber. Dass gerade in diesen Fonds die Etatsüberschreitungen hauptsächlich begründet sind, lehrt ein Vergleich der in der Anlage CVIII enthaltenen Voranschläge für „Andere persönliche Ausgaben“ und „baare Auslagen“ mit der in der Anlage CXIX gegebenen Zusammenstellung der wirklichen Ausgaben bei einigen Ausgabekategorien. In denjenigen Jahren beispielsweise, in denen die wirklichen die Sollausgaben am meisten überstiegen, 1892/93, 1897/98 und 1900, betrugen die „Anderen persönlichen Ausgaben“ der Gerichte im Soll 10,548, 11,042 und 12,704 Mill. M., in Wirklickkeit 12,778, 11,772 und 16,273 Mill. M., die baaren Auslagen im Soll 8,811, 9,97 und 10,6, in der Wirklichkeit 9,765, 10,563 und 11,062 Mill. M., die „Sächlichen Ausgaben“ der Gerichte im Soll 8,903, 9,236 und 9,619 Mill. M., in der Wirklichkeit 10,035, 9,245 und 11,278 Mill. M. Dazu kam, dass bis zur Fixirung der Gerichtsvollzieher 1900 auch deren aus Parteiaufträgen herrührende, in den „Besoldungen“ erscheinende Bezüge sich nicht nach den Voranschlägen richteten, also auch der Voranschlag für den Besoldungsbedarf regelmässig überschritten wurde.

§ 214. Für die Zunahme der Gesammtausgaben von 1885/86 bis 1903 fällt diejenige der Ausgabe für das Justizministerium, von 559 510 auf 705 320 M. nicht ins Gewicht; entstanden ist sie zum überwiegenden Theil durch die allgemeine Besoldungsaufbesserung und durch Vermehrung der Beamten. Bei den besonderen Gefängnissen sind die Ausgaben zwar auf mehr als das Doppelte, von 1 638 198 M. auf 3 674 608 M. gestiegen, weil die Zahl der besonderen Gefängnisse vermehrt und die Gefängnisse bedeutend vergrössert sind, infolgedessen auch entsprechend mehr Beamte und Verwaltungskosten erforderlich sind, sowie auch infolge der Gehaltsaufbesserungen. Immerhin spielt unter einem gesammten Mehrbedarf von 31,1 Mill. M. auch derjenige von 2 Mill. M. für die besonderen Gefängnisse eine untergeordnete Rolle. Schon die „baren Auslagen“ fallen weit mehr ins Gewicht; sind sie doch im Soll von 1885/86 bis 1903 von 8,168 auf 10,9, in der Wirklichkeit 1886/87 bis 1900 schon von 8,282 auf 11,062 Mill. M. gestiegen.

Der Schwerpunkt liegt natürlich in den Ausgaben für die Gerichte: sie sind im Soll von 1885/86 bis 1903 von 65,204 auf 95,080, also um beinahe 30 Mill. M. gestiegen, und in der Wirklichkeit betrug schon 1886/87 bis 1900 die Steigerung — von 65,523 auf 91,079 — mehr als 25,5 Mill. M.

In welcher Weise die einzelnen Arten der Ausgaben für die Gerichte an der Steigerung betheiligt sind, ergiebt sich schon aus der Anlage CVIII, übersichtlicher aber aus der Zusammenstellung der wirklichen Ausgaben in der Anlage CXIX. Die Besoldungen, die mehr als die Hälfte der dauernden Ausgaben ausmachen, sind 1886/87 bis 1900 von 43,75 auf 57,32 Mill. M. oder um 31,12 Proz. gestiegen. Zum Theil beruht diese Steigerung auf den gewaltigen Stellenvermehrungen, zum anderen Theile auf den Besoldungsaufbesserungen und der Einführung des Dienstaltersstufensystems für die mittleren, Kanzlei- und Unterbeamten und einen Theil der höheren Beamten. Insbesondere entspringt den allgemeinen Besoldungsaufbesserungen das Anwachsen sowohl der Istausgaben für Besoldungen bei den Gerichten als auch der dauernden Gesammt-Soll- und Istausgabe von 1890/91 zu 1891/92, von 1897/98 zu 1898/99 zum überwiegenden Theile, während die starke Vermehrung der Gesammtausgabe von 1899 auf 1900 nur zum kleineren Theile auf die weitere allgemeine Aufbesserung der Unterbeamten im Jahre 1899, zum grösseren auf die Gewährung von Wartegeldern an die in den einstweiligen Ruhestand versetzten Richter und auf die Einstellung der baren Auslagen der Gerichtsvollzieher in die Einnahme und Ausgabe zurückzuführen ist. Wie diese letztere Massnahme somit nur formeller Natur ist, so beruht es auch auf einer solchen, nämlich der veränderten Darstellung der Bezüge der Gerichtsvollzieher im Etat — ihre Gebührenantheile etc. sind von den „Besoldungen" in die „Anderen persönlichen Ausgaben" versetzt — dass 1900 der Besoldungsaufwand um 1,2 Mill. M. niedriger als im Jahre zuvor war.

Verhältnissmässig am stärksten von den in die Anlage CXIX aufgenommenen Ausgaben bis 1900 um 45,4 Proz., sind die „Anderen persönlichen Ausgaben" gestiegen, zum Theil freilich durch die eben erwähnte formelle Massnahme, überwiegend aber durch Vermehrung der erforderlichen Hülfskräfte.

Verhältnissmässig erhebliche Schwankungen wiesen die Fonds für sächliche Ausgaben auf, da sie nicht nur durch den Geschäftsumfang, sondern auch durch die Preisschwankungen, die Belegung der Gefängnisse — zu $^2/_3$ bestehen sie ja in den Verwaltungskosten der Gerichtsgefängnisse — bestimmend beeinflusst werden. Das Ergebniss der Zeit von 1886/87 bis 1900 ist aber auch hier eine Erhöhung der Istausgaben um 38,8 vom Hundert.

§ 215. Von den wirklichen dauernden und einmaligen Ausgaben durch die wirklichen Einnahmen gedeckt wurden vom Hundert in den Etatsjahren 1886/87: 58,33; 1887/88: 59,92; 1888/89: 58,48; 1889/90: 61,71; 1890/91: 60,19; 1891/92: 61,21; 1892/93: 61,74; 1893/94: 61,19; 1894/95: 64,65; 1895/96: 67,66; 1896/97: 68,29; 1897/98: 65,23; 1898/99: 67,07; 1899: 67,12; 1900: 166,6 und 1901: 67,06, während nach den Etats für 1903 und 1893 sich der Prozentsatz auf 67,80 und 67,36 stellen soll. Im Grossen und Ganzen hat sich daher der Einnahmekoeffizient seit Beginn der 90er Jahre erheblich günstiger gestaltet. Aber theilweise ist diese Besserung nur eine scheinbare, insofern insbesondere die Postgebühren bis auf einen kleinen Rest auf den Pauschalfonds des Finanz-Ministeriums übergegangen sind, der Arbeitsverdienst der Gefangenen jetzt in seinem Bruttobetrage eingestellt wird, die Staats-Nebenfonds in Einnahme und Ausgabe erscheinen und auch 1899 90 000 M. Fortschreibungsgebühren vom Etat der direkten Steuern auf den Justizetat übergegangen sind. Setzt man für 1900 als Antheil der Justizverwaltung an dem Portoaversum 5,9 Mill. der Ausgabe zu, die 90 000 M. Fortschreibungsgebühren von der Einnahme, die Staatsnebenfonds mit 211 000 und den den Gefangenen zufliessenden Theil an ihrem Arbeitsverdienst mit rd. 803 000 M. von der Einnahme und Ausgabe ab, so ergiebt sich, dass in jener nur 62,8 Prozent von dieser Deckung finden. Von der wesentlichen Besserung des Verhältnisses der Einnahme zur Ausgabe seit Anfang der 90er Jahre bleibt also herzlich wenig übrig. Dabei ist noch zu berücksichtigen, dass in das letzte Jahrzehnt des vorigen Jahrhunderts eine Zeit höchster wirthschaftlicher Blüthe fällt. Wirthschaftlich rückläufige Zeiten aber machen sich auch in der Justizverwaltung in einem Sinken oder Stagniren der Einnahmen fühlbar, da die Gerichte dann entweder überhaupt weniger Geschäfte oder doch weniger über grosse Objekte, namentlich auf dem Gebiet der freiwilligen Gerichtsbarkeit haben. Von den Ausgaben aber lassen sich namentlich die Besoldungen und Wohnungsgeldzuschüsse dann nicht so schnell vermindern. Berücksichtigt man diese Umstände, so wird man den in wirthschaftlich günstigen Zeiten erreichten Deckungskoëffizienten nicht als einen übermässig hohen bezeichnen können.

Sieht man aber vollends von der durch die formale Einrichtung des Etats gebotenen Gestaltung der Rechnung ab, und sucht man zu ermitteln, in welchem Masse die wirklichen Kosten der Rechtspflege in den aus ihr erwachsenden Einnahmen Deckung finden, so ergiebt sich nach dem vorerwähnten Immediatbericht für den Stand am Ende des Jahres 1900 Folgendes: Von den Einnahmen sind $11^1/_2$ Mill. mit den Gerichtskosten erhobener, sachlich der indirekten Steuerverwaltung zustehender Stempelabgaben abzusetzen. Dagegen sind den Ausgaben ausser den schon erwähnten 5,9 Mill. Portoaversum 9,8 Mill. Pensionen und Reliktengelder für Justizbeamte vom Etat des Finanz-Ministeriums und die Nettoausgaben für die auf dem Etat der inneren Verwaltung stehenden Strafanstalten mit 7,4 Mill. M. zuzusetzen. Stellt man sodann den Baubedarf nach dreijährigem Durchschnitt ein, so erhält man eine Ausgabe für die Rechtspflege von 145 174 987 M., der eine Einnahme von 68 802 319 M. gegenübersteht. Letztere deckt also nur 47,4 vom Hundert der Aufwendungen, während 52,6 Proz. oder 76 372 668 M. aus allgemeinen Staatsfonds zugeschossen werden müssen. Rechnet man zu den Ausgaben auch noch den auf Preussen nach dem Bevölkerungsmassstab entfallenden Antheil an den Kosten der Reichsjustizverwaltung, so erhöht sich die Zuschusssumme um rund 900 000 M., und der Prozentsatz der durch eigene Ausgaben gedeckten Ausgaben fällt auf etwa 47.

Gewiss wird man nicht verlangen dürfen, dass die Justizverwaltung sich auch nur annähernd finanziell selbst erhalte. Aber andererseits würde man, wenn man bedenkt, in welchem Masse die Gerichte im Privatinteresse Einzelner und durch die Verfehlungen Einzelner in Anspruch genommen werden, in welchem Masse ihre Geschäfte lediglich durch die wirthschaftliche Entwicklung einzelner Erwerbskreise wachsen, auch nicht behaupten können, in der Erzielung der noch nicht halben Kostendeckung in für die Entwickelung der Einnahmen besonders günstigen Jahren liege eine fiskalische Ausnutzung der Rechtspflege. Der gegen unseren grössten Finanzminister, dessen Heimgang sich in wenigen Tagen zum zweiten Male jährt, oft erhobene Vorwurf einseitiger Superfiskalität, ein Vorwurf, dessen Hinfälligkeit schon die Finanzlage Preussens heute, 2 Jahre nach Miquels Rücktritt, grell beleuchtet, findet auch in der Entwickelung der Einnahmen und Ausgaben der Justizverwaltung während seiner Ministerlaufbahn keine Unterstützung. Gewiss sind die Verhältnisse stärker als der Wille auch des mächtigsten Staatsmannes. Aber dass es dem Einfluss eines Miquel, wenn er sich lediglich von fiskalischen Interessen hätte leiten lassen, nicht möglich gewesen wäre, sei es eine für den Fiskus noch günstigere Gestaltung des Gerichtskostenwesens durchzusetzen, sei es manche grosse Mehrausgabe, wenn auch nur für einige Jahre, zurückzuhalten, soll man uns doch nicht weiss machen wollen! Wäre es denn so schwer für Miquel gewesen, die grosse Besoldungsvorlage von 1897, wenn er es gewollt hätte, scheitern zu lassen, ohne dass Jemand die Absichtlichkeit gemerkt hätte? Und hätte man es ihm denn ernstlich verübelt, wenn er in den Jahren reicher Ueberschüsse nicht mit so zunächst oft verblüffend hohen Extraordinarien an den Landtag herangetreten wäre. Dass auch Miquel manche Ausgabe auf dem Justizetat nur ungern und vielleicht sogar nicht immer von ihrer absoluten Nothwendigkeit ganz überzeugt, zugestanden haben mag, wollen wir gewiss nicht bezweifeln. Das ist aber bei jedem gewissenhaften Finanz-Minister natürlich. Denn er übersieht wohl die Lage und Zukunft der Finanzen besser wie jeder Andere, nicht dagegen die wahren Bedürfnisse der einzelnen Verwaltungen so, wie deren verantwortlicher Leiter, und es ist eben Aufgabe des Finanz-Ministers, die Anforderungen der Ressorts zwar mit der Finanzlage des Staates abzuwägen, aber andererseits sich nicht eigensinnig gegen dieselben zu stemmen, sondern den Gründen der anderen Minister Ohr und Verständniss entgegenzubringen, Aufgabe der Letzteren aber, nicht in dem einseitigen Streben, die Einrichtungen ihres Ressorts zu möglichst idealer Vollkommenheit zu erheben, Forderungen zu stellen, die nach der Finanzlage nicht oder doch ohne Verkürzung der anderen Verwaltungen nicht erfüllbar sind, das unbedingt Nöthige aber mit Entschiedenheit auch gegen den einflussreichsten Finanz-Minister zu vertreten. Wenn man bedenkt, dass es in den 10 Jahren von 1891/92 bis 1901 möglich gewesen ist, die Zahl der etatsmässigen Justizbeamten in dem im Laufe dieses Buches dargestellten Masse zu vermehren, ihre Gehälter durchgängig namhaft zu erhöhen, die Lage der ausseretatsmässigen Beamten zu verbessern, über 60 Mill. M. für Justizbauten verfügbar zu machen, die Gerichtskosten in einer weniger drückenden Weise zu reguliren und bei alledem das Verhältniss der

Einnahmen zu den Ausgaben nichts weniger als verschlechtern, so gewinnt man den Eindruck, dass das nur möglich gewesen ist durch das Zusammenwirken eines Justiz- und eines Finanzministers, die beide voll und ganz auf der Höhe ihrer Aufgabe als Ressort- und Staatsminister standen.

§ 216. In wie verschiedener Weise sich in den einzelnen Oberlandesgerichtsbezirken die Einnahmen und Ausgaben entwickelt haben, beleuchtet die Anl. CXX. Die bei den einzelnen Oberlandesgerichten und nicht auf Centralfonds zu verrechnenden Einnahmen, die ganz überwiegend in Gerichtskosten und Geldstrafen bestehen, haben sich von 1888/89 bis 1903 im Kammergerichtsbezirk und in den Departements Celle, Frankfurt a. M. und Kiel, nahezu im Bezirk Hamm mehr als verdoppelt, im Cölner Bezirk nahezu verdreifacht, während sie in Breslau um etwa 50, in Stettin und Naumburg um etwa 40, in Marienwerder und Königsberg um einige 30, in Kassel um etwa 25 und in Posen nur um etwa 20 Proz. gestiegen sind. Wir finden also die weitaus stärkste Zunahme in den gewerbreichsten Provinzen Rheinland und Westfalen, und zwar ist sie in ersterem bedeutend stärker als in letzterem, in dem sich die grossgewerbliche Thätigkeit auf einen kleineren Theil der Provinz beschränkt. Der Kammergerichtsbezirk bleibt trotz Berlin und seiner Umgegend hinter diesen beiden Provinzen zurück, weil der Bezirk ausserdem die überwiegend landwirthschaftliche Provinz Brandenburg umfasst. Der eine der des Kammergerichtsbezirks ungefähr gleiche Steigerung aufweisende kleine Frankfurter Bezirk umfasst die grosse und reiche Stadt Frankfurt a. M. und den theilweise reichen Regierungsbezirk Wiesbaden, für Kiel fällt die Entwickelung der Orte in der Nähe von Hamburg und von Kiel in die Wagschale, und in Hannover haben sich wenigstens einige Städte in dem gedachten Zeitraum gewerblich stark entwickelt. Breslau umfasst die stark aufgeblühten Montanbezirke Ober- und Niederschlesiens, so bedeutende Handels- und Industrieplätze wie Breslau, Görlitz u. s. w., daneben landwirthschaftliche Gegenden mit günstigen Bodenverhältnissen, und auch in Marienwerder spielen die aufblühenden Städte Danzig und Elbing eine bei der dünnen Bevölkerung mehr in's Gewicht fallende Rolle als in dem grösseren Ostpreussen etwa Königsberg. Dasselbe gilt vom Stettiner Bezirk, und Naumburg umfasst die grossen Städte Magdeburg und Halle, von denen letztere sich ungemein entwickelt hat, daneben die Gebiete mit den günstigsten Bodenverhältnissen. Umgekehrt hat der Kasseler und Posener Bezirk Industrie- und Handelsstädte von ähnlicher Bedeutung wie Frankfurt a. M., Breslau, Danzig, Königsberg, Stettin, Altona überhaupt nicht und auch durchschnittlich keine so entwickelte Landwirthschaft wie etwa Sachsen und Schlesien, noch viel weniger Industriegebiete wie letzteres, Westfalen und die Rheinprovinz. Man erkennt also deutlich den überwiegenden Einfluss des Wachsthums der grossen Städte und des Grossgewerbes auf die Entwickelung der Einnahme der Justizverwaltung. Auf die drei Bezirke Cöln, Hamm und Berlin entfielen von der Gesammteinnahme 1888/89 etwa 36, 1903 aber etwa 44 Proz.

Bei Beurtheilung der Ausgabenentwickelung bleiben gewisse Verschiebungen, wie die Umwandlung von Gerichtsgefängnissen in besondere Gefängnisse, die Portoaversionirung u. s. w. zu berücksichtigen. Die Geschäftszunahme prägt sich vorzugsweise in den Ausgaben für Besoldungen und Wohnungsgeldzuschüsse für die Gerichte aus. Hier finden wir die prozentual bedeutendste Steigerung in den Bezirken Cöln, Hamm und Berlin mit etwa 50 oder mehr Prozent; es folgen Kiel, Frankfurt a. M. und Naumburg mit etwa 30 bis zu einigen 40 Proz., während in den Bezirken Kassel, Königsberg, Marienwerder und Posen der Besoldungs- und Wohnungsgeldbedarf um noch nicht 20 Proz. gestiegen ist. Die Reihenfolge der Bezirke ist also in Ansehung der Steigerung dieser Ausgaben ziemlich dieselbe wie bezüglich derjenigen der Einnahmen.

Anlage CVII.

Die Ausgaben und Einnahmen auf dem Etat des Finanz-Ministeriums für die Jahre **1903** bis **1890/91, 1888/89, 1886/87, 1883/84, 1879/80, 1874, 1869, 1859** und **1849.**

A. Die Ausgaben für das Finanz-Ministerium selbst.

B. Die Ausgabekapitel 58, 59 und 62.

C. Ausgaben und Einnahmen der Verwaltung des Thiergartens bei Berlin.

D. Ausgaben und Einnahmen der Wittwen- und Waisen-Verpflegungsanstalten.

E. Verschiedene Einnahmen des Finanz-Ministeriums.

F. Allgemeine Ausgabefonds des Finanz-Ministeriums.

Anlage CVII A.

Die Ausgaben für das Finanz-Ministerium selbst — Kapitel 57 — nach

1874, 1869,

1	2	3	4	5	6
Etatsstelle 1903		Etatspositionen	1903	1902	1901
Kap.	Titel		ℳ	ℳ	ℳ
		Besoldungen.			
57.	1.	Minister	36 000	wie in dem	
	2.	Unterstaatssekretär	18 000		
	3.	Direktoren und vortragende Räthe	300 000	296 400	297 600
	4.	Mittlere Beamte	466 700	475 200	466 200
	5.	Kanzlei- und Kassensekretäre	61 000	63 000	64 100
	6.	Unterbeamte	39 100	38 660	38 440
		Summe Tit. 1 bis 6	*920 800*	*927 260*	*920 340*
	7.	Wohnungsgeldzuschüsse	139 400	139 400	139 200
		Andere persönliche Ausgaben.			
	8.	Zur Remunerirung von Hülfsarbeitern u. s. w.	42 390	42 390	wie in Jahr
	9.	Zu ausserordentlichen Remunerationen und Unterstützungen für Kanzlei- und Unterbeamte	5 296	5 200	
	9a.	Zu ausserordentlichen Remunerationen für mittlere Beamte	3 500	3 500	
	9b.	Zu ausserordentlichen Unterstützungen für höhere und mittlere Beamte	1 500	1 500	
		Summe Tit. 8 bis 9b	*52 686*	*52 590*	*52 590*
		Sächliche und vermischte Ausgaben.			
	10.	Büreaubedürfnisse, Abgaben u. s. w.	139 400	130 200	dieselben
	11.	Diäten, Fuhr- und Versetzungskosten	12 000	12 000	
	12.	Belohnungen behufs Entdeckung von Münzverbrechen u. s. w.	1 500	1 500	
	13.	Unterhaltung des Dienstgebäudes u. s. w.	15 450	11 000	
		Summe Tit. 10 bis 13	*168 350*	*154 700*	*154 700*
		Summe Kap. 57	**1 281 236**	**1 273 950**	**1 265 830**

den Etats für **1903** bis **1890/91, 1888/89, 1886/87, 1883/84, 1879/80, 1859** und **1849.**

7	8	9	10	11	12	13	14
Etatsjahr							
1900 ℳ	**1899** ℳ	**1898/99** ℳ	**1897/98** ℳ	**1896/97** ℳ	**1895/96** ℳ	**1894/95** ℳ	**1893/94** ℳ
Etat für das Jahr 1903			36 000	36 000	36 000	36 000	36 000
			15 000	15 000	15 000	15 000	15 000
293 300	294 650	286 900	269 400	263 100	262 200	259 800	245 400
460 700	457 700	457 700	430 700	422 700	422 300	421 100	404 700
64 500	65 100	65 700	63 600	65 400	65 500	64 300	66 200
38 280	37 880	37 600	38 440	38 120	37 420	36 980	36 960
910 780	*909 330*	*901 900*	*853 140*	*840 320*	*838 420*	*833 180*	*804 260*
138 200	137 825	136 340	136 340	135 140	134 840	134 840	131 540
dem Etat für das 1902		42 990	44 490	42 000	48 200	48 200	48 200
		5 200					
		3 500	10 200	10 200	10 200	10 200	10 200
		1 500					
52 590	*52 590*	*53 190*	*54 690*	*52 200*	*58 400*	*58 400*	*58 400*
Beträge wie in dem Etat für das Jahr 1902					124 000	124 000	131 000
					12 000	12 000	12 000
					1 500	1 500	1 500
					11 000	11 000	11 000
154 700	*154 700*	*154 700*	*154 700*	*154 700*	*148 500*	*148 500*	*155 500*
1 256 270	**1 254 445**	**1 246 130**	**1 198 870**	**1 182 360**	**1 180 160**	**1 174 920**	**1 149 700**

Noch: Die Ausgaben für das Finanz-Ministerium selbst — Kapitel 57 — nach 1869, 1859

1	2	3	15	16	17
Etatsstelle 1908		Etatspositionen	1892/93	1891/92	1890/91
Kap.	Titel		*M*	*M*	*M*
		Besoldungen.			
57.	1.	Minister	36 000	36 000	36 000
	2.	Unterstaatssekretär	15 000	15 000	15 000
	3.	Direktoren und vortragende Räthe	245 400	236 700	236 100
	4.	Mittlere Beamte	404 700	403 600	402 400
	5.	Kanzlei- und Kassensekretäre	64 400	64 400	58 650
	6.	Unterbeamte	37 500	37 500	34 050
		Summe Tit. 1 bis 6	*803 000*	*793 200*	*782 200*
	7.	Wohnungsgeldzuschüsse	131 000	129 080	129 080
		Andere persönliche Ausgaben.			
	8.	Zur Remunerirung von Hülfsarbeitern u. s. w.	49 850	49 850	50 900
	9.	Zu ausserordentlichen Remunerationen und Unterstützungen für Kanzlei- und Unterbeamte			
	9a.	Zu ausserordentlichen Remunerationen für mittlere Beamte	10 200	10 200	10 200
	9b.	Zu ausserordentlichen Unterstützungen für höhere und mittlere Beamte			
		Summe Tit. 8 bis 9b	*60 050*	*60 050*	*61 100*
		Sächliche und vermischte Ausgaben.			
	10.	Büreaubedürfnisse, Abgaben u. s. w.	131 000	dieselben wie im Etat	
	11.	Diäten, Fuhr- und Versetzungskosten	12 000		
	12.	Belohnungen behufs Entdeckung von Münzverbrechen u. s. w.	1 500		
	13.	Unterhaltung des Dienstgebäudes u. s. w.	11 000		
		Summe Tit. 10 bis 13	*155 500*	*155 500*	*155 500*
		Summe Kap. 57	**1 149 550**	**1 137 830**	**1 127 880**

den Etats für 1903 bis 1890/91, 1888/89, 1886/87, 1883/84, 1879/80, 1874, und 849.

18	19	20	21	22	23	24	25
Etatsjahr							
1888/89 ℳ	**1886/87** ℳ	**1883/84** ℳ	**1879/80** ℳ	**1874** ℳ	**1869** ℳ	**1859** ℳ	**1849** ℳ
36 000	36 000	36 000	36 000	36 000			
15 000	15 000	15 000	—	—			
227 400	227 400	221 400	227 700	350 400	828 570	438 180	434 940
380 400	368 400	368 400	360 900	489 900			
58 650	58 650	58 650	58 650	85 800			
34 050	34 050	32 700	32 700	38 550			
751 500	*739 500*	*732 150*	*715 950*	*1 000 650*			
123 700	121 000	120 000	117 300	[165 960]	—	—	—
50 000	50 000	51 000	41 825	51 825	42 000	16 800	6 900
10 200	10 200	10 200	10 200	13 500			
60 200	*60 200*	*61 200*	*52 025*	*65 325*			
Beträge für 1892/93		130 000	102 500	120 000	117 900	48 000	58 380
		12 000	6 000	12 000			
		1 500	1 500	1 500			
		12 000	12 000	9 000	7 680	6 000	6 600
155 500	*155 500*	*155 500*	*122 000*	*142 500*	*125 580*	*54 000*	*64 980*
1 090 900	**1 076 200**	**1 068 850**	**1 007 275**	**1 208 475**	**996 150**	**508 980**	**506 820**

Anlage CVII B.

Die Ausgabekapitel 58, 59 und 62 des Etats des Finanz-Ministeriums

1869, 1859

1	2	3	4	5	6
Etatsstelle 1903		Etatspositionen	1903	1902	1901
Kap.	Titel		ℳ	ℳ	ℳ
58.		**Oberpräsidenten, Regierungs-Präsidenten und Regierungen, einschliesslich der Ministerial-, Militär- und Baukommission in Berlin, sowie Bezirksausschüsse.**			
		Besoldungen.			
	1.	Höhere Beamte	3 749 100	3 736 800	3 536 100
	2.	Mittlere Beamte	5 463 340	5 293 540	5 085 880
	3.	Kanzlisten	883 650	888 750	860 925
	4.	Unterbeamte	463 650	455 330	449 790
		Summe Tit. 1 bis 4	*10 559 740*	*10 374 420*	*9 932 695*
	5.	Wohnungsgeldzuschüsse	1 267 400	1 251 500	1 193 700
		Andere persönliche Ausgaben.			
	6.	Zur Remunerirung der ausseretatsmässigen Mitglieder der Regierungen u. s. w.	1 196 300	1 199 300	wie 1902
	7.	Zur Remunerirung von Hülfsarbeitern im Bureau-, Kassen-, Kanzlei- und Unterbeamtendienst	993 970	1 000 000	
	7a.	Zu nicht pensionsfähigen Stellenzulagen	127 900	127 900	
	8.	Zu ausserordentlichen Remunerationen und Unterstützungen für Kanzlei- und Unterbeamte	93 400	93 400	
	8a.	Zu ausserordentlichen Remunerationen für mittlere Beamte	62 600	62 600	
	8b.	Zu ausserordentlichen Unterstützungen für höhere und mittlere Beamte	73 800	73 800	
	9.	Zu persönlichen Zulagen für Verwaltungsbeamte in Posen behufs Erlernung der polnischen Sprache u. s. w.	3 000	3 000	
		Summe Tit. 6 bis 9	*2 550 970*	*2 560 000*	
		Sächliche Ausgaben.			
	10.	Zu Bureaubedürfnissen, öffentlichen Abgaben u. s. w.	1 862 800	wie im Jahre 1903	
	11.	Zu Diäten, Fuhr- und Versetzungskosten	3 000 000		
		Sonstige Ausgaben.			
	12.	Dispositionsfonds der Oberpräsidenten	12 000	12 000	12 000
	12a.	Dispositionsfonds der Oberpräsidenten zur Förderung und Befestigung des Deutschthums	1 000 000	1 000 000	600 000
	13.	Dispositionsfonds der Regierungspräsidenten	12 000	12 000	12 000
	14.	Zu Repräsentationskosten-Zuschüssen für die Königl. Kommissarien bei den Provinzial- bezw. Kommunallandtagen	24 600	22 500	wie im
	15.	Zu Prozess- und anderen gerichtlichen Kosten	46 000	46 000	
	16.	Zu unvorhergesehenen und vermischten Ausgaben	256 490	256 540	356 455
		Summe Kap. 58	**20 592 000**	**20 397 760**	**19 598 150**

für **1903** bis **1890/91, 1888/89, 1886/87, 1883/84, 1879/80, 1874,** und **1849.**

7	8	9	10	11	12	13	14
Etatsjahr							
1900 ℳ	**1899** ℳ	**1898/99** ℳ	**1897/98** ℳ	**1896/97** ℳ	**1895/96** ℳ	**1894/95** ℳ	**1893/94** ℳ
3 483 000	3 398 100	3 339 200	3 024 500	2 968 800	2 967 800	3 009 000	3 009 300
5 010 989	4 977 275	4 956 926	3 920 969	3 863 283	3 696 766	3 644 516	3 565 005
857 475	857 900	862 540	856 490	852 220	793 100	805 560	772 725
450 640	444 110	439 970	424 090	418 870	415 730	404 050	406 330
9 802 104	*9 677 385*	*9 598 736*	*8 226 049*	*8 103 173*	*7 873 396*	*7 863 126*	*7 753 360*
1 184 800	1 172 400	1 165 300	1 041 100	1 034 500	1 029 900	1 027 200	1 033 400
1 198 800	1 206 800	1 056 800	956 800	856 800	856 800	757 000	657 000
896 130	898 340	890 720	905 650	901 450	1 064 050	977 200	977 800
127 900	121 300	121 300	—	—	—	—	—
97 900	97 900	97 900					
62 600	62 600	62 600	221 800	172 000	wie im Etat für 1896/97		
69 300	61 300	61 300					
3 000	3 000	3 000	3 000	3 000			
2 455 630	*2 451 240*	*2 293 620*	*2 087 250*	*1 933 250*	*2 095 850*	*1 909 200*	*1 809 800*
1 865 000	1 785 600	1 785 600	1 535 600	1 535 600	1 345 100	1 345 100	1 810 100
2 506 200	2 506 200	2 506 200	2 006 200	2 000 000	2 000 000	1 094 100	1 094 100
12 000	12 000	12 000	12 000	39 000			
600 000	420 000	400 000	—	—			
12 000	12 000	12 000	12 000	34 800	wie im Jahre 1896/97		
Jahre 1902	22 500	22 500	22 500	22 500			
	37 200	37 200	32 200	32 200			
472 266	187 875	187 844	157 501	157 477	161 854	161 774	161 740
18 978 500	**18 284 400**	**18 021 000**	**15 132 400**	**14 892 500**	**14 634 600**	**13 529 000**	**13 791 000**

Noch: Die Ausgabekapitel 58, 59 und 62 des Etats des Finanz-Ministeriums für 1903

1	2	3	15	16	17
Etatsstelle 1903		Etatspositionen	1892/93	1891/92	1890/91
Kap.	Titel		ℳ	ℳ	ℳ
58.		**Oberpräsidenten, Regierungs-Präsidenten und Regierungen, einschliesslich der Ministerial-, Militär- und Baukommission in Berlin, sowie Bezirksausschüsse.**			
		Besoldungen.			
	1.	Höhere Beamte	3 009 000	3 006 300	3 006 300
	2.	Mittlere Beamte	3 263 355	3 241 830	3 194 205
	3.	Kanzlisten	719 925	718 800	637 650
	4.	Unterbeamte	388 500	382 500	332 568
		Summe Tit. 1 bis 4	*7 380 780*	*7 349 430*	*7 170 723*
	5.	Wohnungsgeldzuschüsse	948 600	942 000	932 100
		Andere persönliche Ausgaben.			
	6.	Zur Remunerirung der ausseretatsmässigen Mitglieder der Regierungen u. s. w.	557 000	557 000	557 000
	7.	Zur Remunerirung von Hülfsarbeitern im Bureau-, Kassen-, Kanzlei- und Unterbeamtendienst	1 247 100	1 221 000	1 149 900
	7a.	Zu nicht pensionsfähigen Stellenzulagen	—	—	—
	8.	Zu ausserordentlichen Remunerationen und Unterstützungen für Kanzlei- und Unterbeamte	wie im Etat für 1896/97		161 500
	8a.	Zu ausserordentlichen Remunerationen für mittlere Beamte			
	8b.	Zu ausserordentlichen Unterstützungen für höhere und mittlere Beamte			
	9.	Zu persönlichen Zulagen für Verwaltungsbeamte in Posen behufs Erlernung der polnischen Sprache u. s. w.			3 000
		Summe Tit. 6 bis 9	*1 979 100*	*1 953 000*	*1 871 400*
		Sächliche Ausgaben.			
	10.	Zu Bureaubedürfnissen, öffentlichen Abgaben u. s. w.	wie im Jahre 1893/94		
	11.	Zu Diäten, Fuhr- und Versetzungskosten			
		Sonstige Ausgaben.			
	12.	Dispositionsfonds der Oberpräsidenten	wie im Jahre 1896/97		39 000
	12a.	Dispositionsfonds der Oberpräsidenten zur Förderung und Befestigung des Deutschthums			—
	13.	Dispositionsfonds der Regierungspräsidenten			34 800
	14.	Zu Repräsentationskosten-Zuschüssen für die Königl. Kommissarien bei den Provinzial- bezw. Kommunallandtagen			22 500
	15.	Zu Prozess- und anderen gerichtlichen Kosten			18 300
	16.	Zu unvorhergesehenen und vermischten Ausgaben	161 720	161 770	116 477
		Summe Kap. 58	**13 502 900**	**13 438 900**	**13 109 500**

¹) Einschl. 43 500 ℳ Versetzungskosten, die unter „Sonstige Ausgaben" standen. — ²) in „Andere

bis 1890/91, 1888/89, 1886/87, 1883/84, 1879/80, 1874, 1869, 1859 und 1849.

18	19	20	21	22	23	24	25
Etatsjahr							
1888/89 ℳ	**1886/87** ℳ	**1883/84** ℳ	**1879/80** ℳ	**1874** ℳ	**1869** ℳ	**1859** ℳ	**1849** ℳ
2 980 350	2 915 313	2 591 988	2 593 029	2 672 564	Oberpräsidien 231 000 Regierungen 4 252 725	3 667 725	3 538 783
3 032 426	3 011 724	2 917 839	2 758 024	2 788 799	Finanzdirektion in Hannover 144 450		
622 050	623 250	585 330	588 459	602 434	Bezirks-Hauptkasse i. Hannover 72 450		
332 388	331 308	309 183	307 737	306 516			
6 967 214	*6 881 595*	*6 404 340*	*6 247 249*	*6 370 313*	*4 700 625*		
902 105	879 800	835 000	831 000	822 876	—	—	—
(Tit. 6) zu Dispositionsgehältern u. Wartegeldern:		333 342	—	—	—	—	—
557 000	557 000	530 000	577 500	607 950	276 300	189 000	75 000
1 100 400	1 098 300	1 080 000	1 002 633	999 633	589 800	402 000	304 740
—	—	—	—	—	—	—	—
161 500	160 900	154 500	156 000	156 000	127 200	98 100	92 325
3 000	3 000	3 000	3 000	3 000	3 000	3 000	3 000
1 821 900	*1 819 200*	*1 767 500*	*1 739 133*	*1 766 583*	*992 100*	*692 100*	*475 065*
	Depositenkassen:		20 446	18 150	14 610	—	—
			Rechnungskommission:		224 400	—	—
1 810 100	1 796 100	1 650 000	800 000	750 000	572 700	569 790	1 105 950
1 094 100	1 094 100	1 000 000	745 700	810 000	[1]) 627 000	469 935	
39 000	39 000	39 000	39 000	36 000	36 000	27 000	[2]) 28 500
—	—	—	—	—	—	—	—
34 800	34 800	30 000	30 000	wie im Jahre 1879/80	30 000	—	—
22 500	21 000	21 000	—		—	—	—
18 300	18 300	18 300	18 300		33 000	35 205	36 279
116 386	116 105	93 018	93 000		92 400	41 400	[3]) 65 363
12 826 405	**12 700 000**	**12 191 500**	**10 543 382**	**9 871 196**	**7 092 825**	**5 503 155**	**5 253 390**

persönliche Ausgaben“ enthalten. — [3]) Ausserdem für das Polizeipräsidium in Berlin 3450 ℳ.

Noch: Die Ausgabekapitel 58, 59 und 62 des Etats des Finanz-Ministeriums für 1903

1	2	3	4	5	6
Etatsstelle 1903		Etatspositionen	1903	1902	1901
Kap.	Titel		ℳ	ℳ	ℳ
59.		**Rentenbanken.**			
	1.	Besoldungen	340 530	334 930	327 050
	2.	Wohnungsgeldzuschüsse	45 276	45 492	wie im
		Andere persönliche Ausgaben.			
	3.	Fixirte Remunerationen für Dirigenten und Mitglieder	10 950	10 950	
	4.	Zur Remunerirung von Hülfsarbeitern im Subaltern- und Unterbeamtendienst u s w.	41 100	41 100	
	5.	Hebegebühren für Einziehung der Renten- und Ablösungskapitalien	—	6 000	
	6.	Ausserordentliche Remunerationen u. Unterstützungen für Kanzlei- und Unterbeamte	1 700	1 700	
	6a.	Ausserordentliche Remunerationen für mittlere Beamte bei den Rentenbanken, sowie für die in Angelegenheiten der Rentenbanken beschäftigten Rentmeister	12 300	12 300	
	6b.	Ausserordentliche Unterstützungen für mittlere Beamte	4 000	4 000	
		Sächliche und vermischte Ausgaben.			
	7.	Bureaubedürfnisse, Miethen für Geschäftslokale u s. w.	58 150	58 150	
	8.	Diäten, Fuhr- und Versetzungskosten	1 500	1 500	
	9.	Unterhaltungskosten für Geschäftslokale in fiskalischen Gebäuden	1 715	1 715	1 700
	10.	Zur Tilgung der Schuldverschreibungen von Tilgungskassen	28 191	28 191	28 191
		Summe Kap. 59	**545 412**	**540 028**	**538 133**
62.		**Wartegelder, Pensionen u. Unterstützungen u. s. w.**			
	1.	Wartegelder für Civilbeamte	158 822	163 319	180 430
	2.	Dispositionsgehälter	—	—	—
	3.	Pensionen für Civilbeamte u. für die Landgendarmerie einschl. der Offiziere	52 000 000	50 500 000	46 500 000
	4.	Pensions-Aussterbefonds	560 000	588 000	620 000
	5.	Karenz-Unterstützungen	15 000	15 000	20 000
	5a.	Gesetzliche Wittwen- und Waisengelder	19 200 000	19 200 000	18 200 000
	6.	Zu Unterstützungen für ausgeschiedene Beamte, sowie zu Pensionen und Unterstützungen für Wittwen und Waisen von Beamten	222 000	dieselben	
	7.	Gnaden-Pensionsfonds	300 000		
	8.	Zu einmaligen Unterstützungen für Personen, welche, ohne die Eigenschaft von Beamten zu haben, im Staatsdienste beschäftigt werden oder beschäftigt gewesen sind, sowie für Hinterbliebene solcher Personen	6 000	6 000	8 000
	9.	Zu Unterstützungen für Wittwen und Waisen von vor dem 1 April 1897 verstorbenen Beamten	750 000	750 000	750 000
	10.	Zu Erziehungsbeihülfen an höhere Beamte in der Provinz Posen und den gemischtsprachigen Kreisen der Provinz Westpreussen	150 000	—	—
		Summe Kap. 62	**73 361 822**	**71 744 319**	**66 800 430**

bis 1890/91, 1888/89, 1886/87, 1883/84, 1879/80, 1874, 1869, 1859 und 1849.

7	8	9	10	11	12	13	14
Etatsjahr							
1900	**1899**	**1898/99**	**1897/98**	**1896/97**	**1895/96**	**1894/95**	**1893/94**
M	*M*	*M*	*M*	*M*	*M*	*M*	*M*
328 180	325 380	324 750	291 330	281 280	269 890	268 360	264 735
Jahre 1902	45 384	45 492	45 384	45 492	45 924	45 924	45 816
	10 950	10 050	wie im Jahre 1898/99		10 050	wie im Jahre 1895/96	
	40 800	40 800			50 850		
	6 000	6 000			6 000	156 430	161 000
	1 700	1 700	18 000	derselbe Betrag wie im Jahre 1897/98.			
	12 300	12 300					
	4 000	4 000					
	58 150	108 150	58 150	58 150	48 100	48 100	60 001
	1 500	1 500	wie im Jahre 1898/99		1 500	1 500	1 500
1 600	1 300	1 500			1 600	1 600	1 800
28 191	28 191	28 191			28 191	28 191	34 377
539 163	**535 655**	**584 433**	**500 905**	**490 963**	**480 105**	**629 005**	**648 129**
209 073	150 774	178 274	184 074	189 056	206 089	226 214	236 132
—	—	—	—	—	—	105 690	269 335
44 500 000	42 500 000	40 500 000	37 300 000	34 100 000	33 000 000	31 700 000	30 100 000
655 000	675 000	690 000	710 000	720 000	685 000	710 000	740 000
30 000	30 000	40 000	40 000	40 000	40 000	40 000	50 000
17 000 000	15 500 000	13 500 000	12 300 000	11 650 000	10 700 000	9 700 000	8 600 000
Beträge wie in dem Etat für das Jahr 1903							
4 000	4 000	4 000	4 000	4 000	4 000	4 000	4 000
750 000	750 000	500 000	500 000	—	—	—	—
—	—	—	—	—	—	—	—
63 670 073	**60 131 774**	**55 924 274**	**51 560 074**	**47 225 056**	**45 157 089**	**43 007 904**	**40 521 467**

Noch: Die Ausgabekapitel 58, 59 und 62 des Etats des Finanz-Ministeriums für 1903

1	2	3	15	16	17
Etatsstelle 1903		Etatspositionen			
Kap.	Titel		1892/93 ℳ	1891/92 ℳ	1890/91 ℳ
59.		**Rentenbanken.**			
	1.	Besoldungen	237 825	237 825	224 070
	2.	Wohnungsgeldzuschüsse	38 904	38 904	37 392
		Andere persönliche Ausgaben.			
	3.	Fixirte Remunerationen für Dirigenten und Mitglieder	10 050	10 050	10 050
	4.	Zur Remunerirung von Hülfsarbeitern im Subaltern- und Unterbeamtendienst u. s. w.	75 000	72 000	67 000
	5.	Hebegebühren für Einziehung der Renten- und Ablösungskapitalien	171 920	172 170	186 200
	6.	Ausserordentliche Remunerationen u. Unterstützungen für Kanzlei- und Unterbeamte	derselbe Betrag		
	6a.	Ausserordentliche Remunerationen für mittlere Beamte bei den Rentenbanken, sowie für die in Angelegenheiten der Rentenbanken beschäftigten Rentmeister			
	6b.	Ausserordentliche Unterstützungen für mittlere Beamte			
		Sächliche und vermischte Ausgaben.			
	7.	Bureaubedürfnisse, Miethen für Geschäftslokale u. s. w.	60 001	60 001	120 001
	8.	Diäten, Fuhr- und Versetzungskosten	1 500	1 500	1 500
	9.	Unterhaltungskosten für Geschäftslokale in fiskalischen Gebäuden	1 950	1 500	1 400
	10.	Zur Tilgung der Schuldverschreibungen von Tilgungskassen	34 377	34 377	34 377
		Summe Kap. 59	**649 527**	**646 327**	**699 990**
62.		**Wartegelder, Pensionen u. Unterstützungen u. s. w.**			
	1.	Wartegelder für Civilbeamte	287 674	320 636	339 257
	2.	Dispositionsgehälter	364 507	417 667	520 095
	3.	Pensionen für Civilbeamte u. für die Landgendarmerie, einschl. der Offiziere	28 600 000	26 100 000	24 500 000
	4.	Pensions-Aussterbefonds	775 000	800 000	820 000
		Zur Unterstützung für bedürftige pens. Klostergeistl.	—	—	—
	5.	Karenz-Unterstützungen	60 000	60 000	60 000
	5a.	Gesetzliche Wittwen- und Waisengelder	7 365 000	7 200 000	6 500 000
	6.	Zu Unterstützungen für ausgeschiedene Beamte, sowie zu Pensionen und Unterstützungen für Wittwen und Waisen von Beamten	wie in dem Etat für das		
	7.	Gnaden-Pensionsfonds			
	8.	Zu einmaligen Unterstützungen für Personen, welche, ohne die Eigenschaft von Beamten zu haben, im Staatsdienste beschäftigt werden oder beschäftigt gewesen sind, sowie für Hinterbliebene solcher Personen	4 000	4 000	4 000
	9.	Zu Unterstützungen für Wittwen und Waisen von vor dem 1. April 1897 verstorbenen Beamten	—	—	—
	10.	Zu Erziehungsbeihülfen an höhere Beamte in der Provinz Posen und den gemischtsprachigen Kreisen der Provinz Westpreussen	—	—	—
		Summe Kap. 62	**37 978 181**	**35 424 303**	**32 265 352**

bis 1890/91, 1888/89, 1886/87, 1883/84, 1879/80, 1874, 1869, 1859 und 1849.

18	19	20	21	22	23	24	25
Etatsjahr							
1888/89	**1886/87**	**1883/84**	**1879/80**	**1874**	**1869**	**1859**	**1849**
M	*M*	*M*	*M*	*M*	*M*	*M*	*M*
212 595	212 595	208 695	180 885	142 785	119 775	105 900	—
35 232	34 500	33 528	29 292	[22 404]	—	—	—
10 050	10 050	10 950	10 950	10 050	in Besoldungen enthalten		—
74 500	74 500	74 500	78 000	46 050	27 810	—	—
186 200	185 100	167 200	155 800	127 860	118 830	in sächlich. Ausgaben enthalten	—
wie im Etat für das Jahr 1897/98					5 850	10 500	—
60 001	66 151	65 001	55 001	33 483	} 49 773	277 620	—
1 500	1 500	1 500	1 500	450			
1 800	1 200	—	—	—			
34 377	34 377	34 377	83 277	95 427	95 427	95 127	—
634 255	**637 973**	**613 751**	**612 705**	**474 105**	**417 465**	**489 147**	—
379 041	427 044	477 618	546 589	511 777	555 654	133 252	—
435 881	331 862	—	—	—	450 000	—	—
21 500 000	20 000 000	16 000 000	14 000 000	11 100 000	9 750 000	5 208 000	3 000 000
890 000	980 000	1 050 000	1 162 000	1 500 000	1 470 000	1 254 000	3 760 209
—	—	3 000	3 000	3 000	—	—	—
60 000	80 000	102 000	102 000	102 000	120 000	87 300	69 000
						Leibrenten:	53 160
1 634 400	1 055 500	150 100	—	—	—	—	—
+ 129 200	+ 91 800	+ 21 300	—	—	—	—	—
Jahr 1903 }	232 000	232 000	240 000	217 200	186 000	225 255	216 000
	300 000	300 000	300 000	300 000	300 000	165 000	150 000
4 000	4 000	4 000	6 000	6 000	—	—	—
—	—	—	—	—	—	—	—
—	—	—	—	—	—	—	—
25 554 522	**23 502 206**	**18 340 018**	**16 359 589**	**13 739 977**	**12 831 654**	**7 072 807**	**7 248 369**

Anlage CII C.

Ausgaben und Einnahmen der

1	2	3	4	5
Etatsstelle 1903		Etatsposition.	1903	1902
Kap.	Titel		ℳ	ℳ
61.		**Ausgabe.**		
	1.	Besoldungen	23 600	22 400
	(2).	Wohnungsgeldzuschüsse	—	—
		Andere persönliche Ausgaben.		
	2.	Ausserordentliche Remunerationen und Unterstützungen	1 000	}
	2a.	Stellenzulagen	700	}
		Sächliche Verwaltungs- und Betriebskosten.		}
	3.	Dienstaufwands-Entschädigungen	660	}
	4.	Abgaben und Lasten	580	580
	5.	Betriebskosten	240 000	240 000
		Summe Kap. 61	**266 540**	**265 340**
27.		**Einnahme.**		
	13.	Ans der Verwaltung des Thiergartens	**106 200**	**109 900**

1	2	3	13	14
Etatsstelle 1903		Etatsposition.	1804/95	1893/94
Kap.	Titel		ℳ	ℳ
61.		**Ausgabe.**		
	1.	Besoldungen	18 050	18 100
	(2).	Wohnungsgeldzuschüsse	—	—
		Andere persönliche Ausgaben.		
	2.	Ausserordentliche Remunerationen und Unterstützungen	} wie im Etat	
	2a.	Stellenzulagen	} wie im Etat	
		Sächliche Verwaltungs- und Betriebskosten.	} wie im Etat	
	3.	Dienstaufwands-Entschädigungen	} wie im Etat	
	4.	Abgaben und Lasten	10	}
	5.	Betriebskosten	124 430	}
		Summe Kap. 61	**144 850**	**144 900**
27.		**Einnahme.**		
	13.	Aus der Verwaltung des Thiergartens	**81 500**	**66 100**

Verwaltung des Thiergartens bei Berlin.

6	7	8	9	10	11	12
Etatsjahr						
1901	**1900**	**1899**	**1898/99**	**1897/98**	**1896/97**	**1895/96**
M	*M*	*M*	*M*	*M*	*M*	*M*
22 050	21 550	20 700	20 350	18 650	18 650	18 350
—	—	—	—	—	—	—
wie im Etat für 1903				1 700	wie im Etat für 1897/98	
				660		
560	560	500	500	500	500	10
173 530	152 430	144 430	144 430	140 430	130 430	130 430
198 500	**176 900**	**167 990**	**167 640**	**161 940**	**151 940**	**151 150**
133 350	**122 850**	**108 660**	**101 450**	**101 600**	**119 200**	**110 200**

15	16	17	18	19	20	21
Etatsjahr						
1892/93	**1891/92**	**1890/91**	**1888/89**	**1886/87**	**1883/84**	**1879/80**
M	*M*	*M*	*M*	*M*	*M*	*M*
17 900	17 900	17 100	17 100	17 100	17 100	
—	—	—	780	480	1 260	
für 1897/98		1 000	wie für 1890/91		1 000	141 680
		—				
		660			840	
wie im Etat für 1894/95			10	80	80	
			124 400	124 400	124 400	
144 700	**144 700**	**143 200**	**143 950**	**143 720**	**144 680**	
66 100	**64 600**	**61 800**	**49 300**	**46 100**	**44 520**	**38 000**

Anlage CVII D. **Ausgaben und Einnahmen der Wittwen- und Waisen-Verpflegungsanstalten.**

Bemerkung: Die Einnahmen sind durch *schrägen* Druck kenntlich gemacht.

1	2	3	4	5	6	7	8	9	10	11
Etatsstelle 1908		Etatspositionen	Etatsjahr							
			1903	1902	1901	1900	1899	1898/99	1897/98	1896/97
Kap.	Titel		Mark							
60.		**Wittwen- und Waisenverpflegungsanstalten.**								
27.		***Wittwen- u. Waisenverpflegungsanstalten.***								
	1.	Pensionen und sonstige reglementsmässige Ausgaben der allgemeinen Wittwen-Verpflegungsanstalt zu Berlin	3 666 000	3 724 000	3 778 000	3 814 000	3 900 000	3 910 000	3 965 000	4 016 000
	1.	*Beiträge der Mitglieder und sonstige reglementsmässige Einnahmen derselben*	*550 000*	*588 000*	*629 000*	*675 000*	*713 000*	*741 000*	*792 000*	*845 000*
	2.	Vertragsmässiger Zuschuss für die Provinz Schleswig-Holstein zur allgemeinen Wittwenkasse zu Kopenhagen	19 000	21 000	24 975	30 000	34 000	38 000	42 000	44 000
		Pensionen und Restitutionen aus der *Beiträge der Mitglieder und sonstige statutenmässige Einnahmen der*								
	3.	a) Hof- und Civildiener-Wittwenkasse zu Hannover	775 000	810 000	860 000	895 000	910 000	925 000	945 000	965 000
	1a.		*66 000*	*80 000*	*87 000*	*90 000*	*100 000*	*105 000*	*115 000*	*130 000*
	4.	b) Kasse der Wittwen- und Waisenanstalt für die vormals Kurhessischen Civilbeamten der 8 Rangklassen zu Kassel	80 000	88 000	93 000	98 000	101 600	102 500	106 000	108 500
	2.		*4 300*	*4 600*	*4 800*	*5 000*	*5 500*	*6 850*	*7 000*	*9 800*
	5.	c) Kasse der Civil-Wittwen- und Waisengesellschaft zu Kassel	110 000	116 000	124 000	128 400	131 300	140 500	145 000	146 000
	3.		*8 000*	*9 850*	*11 400*	*12 100*	*14 400*	*15 950*	*17 500*	*20 900*
	6.	d) Wittwen- und Waisenkasse ehemals Nassauischer höherer Civilbeamten	1 500	1 500	1 500	1 600	1 620	1 650	1 650	1 700
	4.		*4 500*	*6 500*	*7 000*	*9 000*	*10 000*	*10 000*	*10 000*	*11 000*
	7.	e) Wittwen- und Waisenkasse ehemals Nassauischer niederer Civilbeamten	3 000	3 500	4 500	5 000	6 000	6 800	7 500	8 400
	5.		*3 600*	*4 000*	*4 500*	*5 000*	*5 000*	*6 000*	*6 500*	*7 300*
	8.	f) Wittwen- und Waisenkasse ehemals Nassauischer Unteroffiziere	100	250	400	400	400	420	450	500
	6.		*250*	*250*	*300*	*400*	*420*	*450*	*500*	*550*
	9.	g) Kasse der Wittwen- und Waisen-Versorgungsanstalt ehemals Landgräflich Hessischer Beamten	1 300	1 300	1 300	1 320	2 000	3 000	3 000	3 500
	7.		*1 600*	*1 800*	*2 500*	*2 600*	*2 600*	*2 800*	*2 800*	*2 800*
	10.	h) Kasse der vormaligen Pensionsanstalt für Wittwen und Waisen von Staatsdienern in Frankfurt a. M.	1 200	1 200	1 200	1 200	1 200	1 500	1 800	2 850
	8.		*1 600*	*1 800*	*2 650*	*2 700*	*2 700*	*2 700*	*2 700*	*3 100*
		Summe der Ausgabe Kap. 60	**4 657 100**	**4 766 750**	**4 888 875**	**4 974 920**	**5 088 120**	**5 129 370**	**5 217 400**	**5 296 450**
		Summe der Einnahme Kap. 27 Tit. 1—8	*639 850*	*669 800*	*749 150*	*801 800*	*853 620*	*890 750*	*954 000*	*1 030 450*

Noch: Anlage CVII D

Noch: Ausgaben und Einnahmen der Wittwen- und Waisen-Verpflegungsanstalten.

1	2	3	12	13	14	15	16	17	18
Etatsstelle 1903		Etatspositionen	Etatsjahr						
Kap.	Titel		1895/96	1894/95	1893/94	1892/93	1891/92	1890/91	1888/89
			Mark						
60.		**Wittwen- und Waisenverpflegungsanstalten.**							
27.		***Wittwen- und Waisenverpflegungsanstalten.***							
	1.	Pensionen und sonstige reglementsmässige Ausgaben der allgemeinen Wittwen-Verpflegungsanstalt zu Berlin	4 033 000	4 130 000	4 160 000	4 200 000	4 255 000	4 328 103	Zuschuss 3 508 000
	1.	*Beiträge der Mitglieder und sonstige reglementsmässige Einnahmen derselben*	*878 000*	*993 000*	*1 050 000*	*1 106 000*	*1 136 000*	*1 175 815*	
	2.	Vertragsmässiger Zuschuss für die Provinz Schleswig-Holstein zur allgemeinen Wittwenkasse zu Kopenhagen	48 000	52 500	61 000	78 000	85 750	98 650	124 042
		Pensionen und Restitutionen aus der *Beiträge der Mitglieder u. sonstige statutenmässige Einnahmen der*							
	3.	a) Hof- und Civildiener-Wittwenkasse zu Hannover	985 000	1 000 000	1 000 000	990 000	980 000	950 000	985 500
	1a.		*145 000*	*160 000*	*175 000*	*190 000*	*209 000*	*210 000*	*250 000*
	4.	b) Kasse der Wittwen- und Waisenanstalt für die vormals Kurhessischen Civilbeamten der 8 Rangklassen zu Kassel	110 000	110 000	110 000	113 000	113 000	116 000	127 510
	2.		*11 500*	*12 000*	*13 000*	*15 000*	*16 000*	*17 000*	*210 060*
	5.	c) Kasse der Civil-Wittwen- und Waisengesellschaft zu Kassel	151 500	154 000	160 000	167 000	172 500	176 800	182 550
	3.		*22 100*	*24 500*	*26 400*	*31 500*	*33 700*	*35 000*	*42 510*
	6.	d) Wittwen- u. Waisenkasse ehemals Nass. höherer Civilbeamten	2 000	2 400	2 400	2 400	3 000	4 000	4 100
	4.		*11 500*	*13 000*	*15 000*	*18 000*	*19 000*	*20 000*	*23 000*
	7.	e) Wittwen- u. Waisenkasseehem als Nass. niederer Civilbeamten	9 000	9 800	10 000	10 000	12 000	12 000	13 000
	5.		*7 500*	*8 000*	*8 500*	*9 500*	*10 000*	*11 000*	*13 000*
	8.	f) Wittwen- u. Waisenkasse ehemals Nassauischer Unteroffiziere	650	800	950	1 000	1 300	1 300	1 400
	6.		*550*	*600*	*700*	*800*	*900*	*900*	*1 710*
	9.	g) Kasse der Wittwen- und Waisen-Versorgungsanstalt ehemals Landgräflich Hessischer Beamten	3 500	3 500	4 250	4 500	6 000	6 500	6 800
	7.		*2 800*	*2 800*	*2 800*	*3 500*	*3 700*	*3 700*	*4 000*
	10.	h) Kasse der vormaligen Pensionsanstalt für Wittwen- und Waisen von Staatsdienern in Frankfurt a. M.	3 000	3 100	3 200	3 200	3 500	4 000	5 800
	8.		*3 200*	*3 300*	*3 300*	*4 000*	*5 200*	*6 000*	*8 000*
		Summe der Ausgabe Kap. 60	**5 345 650**	**5 466 100**	**5 511 800**	**5 569 100**	**5 632 050**	**5 607 353**	**4 958 702**
		Summe der Einnahme Kap. 27 Tit. 1—8	*1 082 150*	*1 217 200*	*1 294 700*	*1 378 300*	*1 433 500*	*1 479 415*	*363 280*

Noch: Ausgaben und Einnahmen der Wittwen- und Waisen-Verpflegungsanstalten.

1	2	3	19	20	21	22	23	24	25
Etatsstelle 1903		Etatspositionen	Etatsjahr						
Kap.	Titel		1886/87	1883/84	1879/80	1874	1869	1859	1849
			Mark						
60.		**Wittwen- und Waisenverpflegungsanstalten.**							
27.		***Wittwen- und Waisenverpflegungsanstalten.***							
			Zuschuss:						
	1. *1.*	Pensionen und sonstige reglementsmässige Ausgaben der allgemeinen Wittwen-Verpflegungsanstalt zu Berlin . . . . *Beiträge der Mitglieder und sonstige reglementsmässige Einnahmen derselben*	3518400	3 719 780	1 777 870	2 213 310	2 328 000	1 992 300	1 292 079
	2.	Vertragsmässiger Zuschuss für die Provinz Schleswig-Holstein zur allgemeinen Wittwenkasse zu Kopenhagen	140 693	178 987	195 640	246 000	278 781	—	—
		Pensionen und Restitutionen aus der *Beiträge der Mitglieder u. sonstige statutenmässige Einnahmen der*							
	3.	a) Hof- und Civildiener-Wittwenkasse zu Hannover	995 800	954 750	898 100	802 050			
		Hierzu Verwaltungskosten	20 100	20 700	27 200	24 765	Zuschuss		
	1a.		*265 300*	*336 350*	*431 620*	*460 380*	243 540	—	—
	4.	b) Kasse der Wittwen- und Waisenanstalt für die vormals Kurhessischen Civilbeamten der 8 Rangklassen zu Kassel . . .	132 010	133 050	129 300	120 300			
		Hierzu Verwaltungskosten	3 520	3 650	3 500	4 200	Zuschuss		
	2.		*24 230*	*27 460*	*29 840*	*39 120*	74 310	—	—
	5.	c) Kasse der Civil-Wittwen- und Waisengesellschaft zu Kassel	184 550	192 350	181 550	170 850	Zuschuss		
		Hierzu Verwaltungskosten	4 290	4 420	4 000	3 840	19 230		
	3.		*44 360*	*57 510*	*82 010*	*99 420*		—	—
	6.	d) Wittwen- u. Waisenkasse ehemals Nass. höherer Civilbeamten	5 600	7 100	7 800	12 450	Uebersch.		
	4.		*23 510*	*25 210*	*29 510*	*28 260*	*8 130*	—	—
	7.	e) Wittwen- u. Waisenkasse ehemals Nass. niederer Civilbeamten	15 050	19 050	27 050	40 800	Zuschuss		
	5.		*14 050*	*14 050*	*19 450*	*19 350*	41 340	—	—
	8.	f) Wittwen- u. Waisenkasse ehemals Nassauischer Unteroffiziere	1 420	2 020	2 620	4 410	Zuschuss	—	—
	6.		*1 810*	*2 610*	*3 510*	*3 330*	—	—	—
	9.	g) Kasse der Wittwen- und Waisen-Versorgungsanstalt ehemals Landgräflich Hessischer Beamten	7 520	7 520	10 620	18 630	Zuschuss		
	7.		*4 110*	*4 810*	*6 410*	*6 660*	15 420	—	—
	10.	h) Kasse der vormaligen Pensionsanstalt für Wittwen- und Waisen von Staatsdienern in Frankfurt a. M.	6 310	6 510	8 810	9 030	Zuschuss		
	8.		*8 510*	*8 810*	*13 310*	*14 730*	20 490	—	—
		Summe der Ausgabe Kap. 60	**5 035 263**	**5 249 887**	**3 274 060**	**3 070 545**	**3 621 111**	**1 992 300**	**1 202 079**
		Summe der Einnahme Kap. 27 Tit 1—8	*385 880*	*476 810*	*615 660*	*671 250*	*8 130*	—	—

Anlage CVII E.

Verschiedene Einnahmen des Finanz-Ministeriums.

(Staatshaushaltsetat Kap. 27 Tit. 9 bis 14.)

1	2	3	4	5	6	7	8
Etatsjahr	Geld- und Ordnungsstrafen (Tit. 9)	Kosten-Einnahmen des Oberverwaltungsgerichts und der Bezirksausschüsse (Tit. 9a)	Herrenlose Erbschaften (Tit. 10)	Beiträge zu den Verwaltungskosten (Tit. 11)	Von der Sachsen-Weimarischen Regierung Entschädigung für grundherrliche Einkünfte (vertragsmässige Entschädigung von fremden Regierungen) (Tit. 12)	Aus der Verwaltung des Thiergartens	Miethen für Wohnungen u. s. w. (Tit. 14)
1903	255 600	155 000	50 000	152 300	7 500	siehe Anlage CIX.	638 450
1902	266 300	wie im Jahre 1903		151 100	wie im Jahre 1903		1 453 160
1901	258 500			152 400			465 526
1900	253 800			135 600			536 452
1899	243 600	150 000	100 000	136 200			504 259
1898/99 . .	230 600	145 000	94 600	136 000			520 530
1897/98 . .	212 300	130 000	90 600	134 900			788 881
1896/97 . .	206 200	110 000	89 000	121 253			821 239
1895/96 . .	201 500	100 000	81 000	103 809	8 279,65		820 592,35
1894/95 . .	205 800	90 000	71 600	100 607	wie im Jahre 1895/96		808 088,35
1893/94 . .	209 400	84 000	70 750	99 762			725 069,35
1892/93 . .	215 700	75 000	61 360	99 459			694 317,35
1891/92 . .	220 000	70 000	105 480	102 099			690 307,35
1890/91 . .	222 900	63 750	101 520	91 748			721 600,35
1888/89 . .	181 600	51 810	94 090	91 608			737 213,35
1886/87 . .	133 550	51 024	120 880	95 845			704 308,35
1883/84 . .	138 300	—	101 940	106 283			617 036,35
1879/80 . .	223 900	—	95 990	113 017	9 329,65		1 800 + 479 170,32
1874	109 068	—	96 660	122 448	23 858,60		1 725 + 508 803
1969	104 700	—	75 000	46 740	23 100		11 245,87 + 266 025,72
1859	51 975	—	33 510	28 629	22 050		6 826,5 + 155 693,5
1849	164 850,15	—	55 476	24 675	22 050		321 235,75

Anlage CVII F.

Allgemeine Ausgabefonds

(Staatshaushaltsetat

1	2	3	4	5
Etatsjahr	Dispositionsfonds zu Gnadenbewilligungen aller Art (Tit. 1)	Zur Ablösung von Passivrenten und anderen Verpflichtungen (Tit. 2)	An die Reichspostverwaltung zu zahlende Vergütung für aversionirte Porto- und Gebürenbeträge (Tit. 3)	Ausgaben auf Grund der Kranken- und Unfallversicherungsgesetze sowie des Invalidenversicherungsgesetzes (Tit. 3 a)
	M	*M*	*M*	*M*
1903	1 500 000	100 000	9 700 000	8 600
1902	wie im Etat für 1903	wie im Etat für 1903	8 800 000	8 600
1901			8 800 000	7 200
1900			7 500 000	6 200
1899			wie im Jahre 1900	6 200
1898/99				6 200
1897/98				5 900
1896/97			6 000 000	5 900
1895/96			wie im Jahre 1896/97	5 600
1894/95				4 900
1893/94			—	4 900
1892/93			—	4 300
1891/92			—	—
1890/91			—	—
1888/89			—	—
1886/87			—	—
1883/84			—	—
1879/80		150 000	Portokosten: 1 361 000	—
1874		wie im Etat für 1879/80	—	—
1869			—	—
1859	1 200 000		—	—
1849	900 000	300 000	—	—

des Finanz-Ministeriums.

Kap. 63.)

6	7	8	9	10	11	12
Vergütungen an Beamte für Theilnahme an Unterrichts-kursen der Russischen Sprache u. s. w. (Tit. 3b)	Unvorher-gesehene Ausgaben (Haupt-Extra-ordinarium) (Tit. 4)	Zu widerruflichen nicht pensionsfähigen Gehaltszulagen an mittlere Kanzlei- und Unterbeamte in Posen und gemischt-sprachigen Kreisen Westpreussens u. s. w. (Tit. 3)	Zur Verbesserung des Dienst-einkommens disponibel gebliebener Beamten	Zu Besoldungs-auf-besserungen	Zu Stellen-zulagen	Zu Wohnungs-geld zuschüssen
M	*M*	*M*	*M*	*M*	*M*	*M*
10 000	1 200 000	1 350 000	—	—	—	—
—		—	—	—	—	—
—		—	2 000	—	—	—
—		—	2 000	—	—	—
—		—	6 000	9 832 000	2 500 000	—
—		—		—	—	—
—		—	wie im	19 569 295	—	—
—		—	Jahre	—	—	—
—		—	1899	—	—	—
—	wie im	—		—	—	—
—	Etat für	—	12 000	—	—	—
—	1903	—		—	—	—
—		—	wie im	—	—	—
—		—	Jahre	—	—	—
—		—	1893/94	—	—	—
—		—	—	—	—	—
—		—	40 000	—	—	—
—		—	48 000	—	—	—
—		—	16 000	—	—	13 290 000
—		—	—	—	—	—
—	900 000	—	—	—	—	—
—	2 100 000	—	—	—	—	—

Anlage CVIII.

Die Einnahmen und Ausgaben der Justizverwaltung nach den 1880/81, 1878/79, 1874,

1 Kap.	2 Titel	3 Etatspositionen	4 1903 ℳ	5 1902 ℳ
30.		**Einnahmen.**		
	1.	Kosten sowie Geldstrafen	78 000 000	76 300 000
	2.	Einnahmen, welche als Emolumente der Beamten zur Verwendung kommen	533 080	503 080
	3.	Jurisdiktionsbeiträge	68 000	d e r-
	4.	Einnahmen aus der Beschäftigung der Gefangenen	4 891 000	4 691 000
	5.	Einnahmen aus besondern Fonds	210 500	211 062
	(5.)	Gesetzliche Wittwen- und Waisengeldbeiträge	—	—
	6.	Sonstige Einnahmen	398 920	398 858
	7.	Einnahmen für die Justizoffizianten-Wittwenkasse	39 200	39 500
		Summe der Einnahmen	**84 140 700**	**82 205 500**
		Dauernde Ausgaben.		
71.		**Ministerium.**		
		Besoldungen.		
	1.	Minister	36 000	wie im
	2.	Unterstaatssekretär	18 000	
	3.	Direktoren und vortragende Räthe	180 000	171 900
	4.	Bureaubeamte	202 900	199 400
	5.	Kanzleisekretäre	47 400	49 200
	6.	Unterbeamte	32 540	30 880
	7.	Wohnungsgeldzuschüsse	73 680	73 440
		Andere persönliche Ausgaben.		
	8.	Für Hülfsarbeiter u. s. w.	39 800	41 000
	9.	Zu ausserordentlichen Remunerationen und Unterstützungen für mittlere, Kanzlei- und Unterbeamte	5 600	5 600
		Sächliche Ausgaben.		
	10.	Bureaubedürfnisse u. s. w.	49 400	49 400
	11.	Unterhaltung des Dienstgebäudes u. s. w.	20 000	18 000
		Summe Kap. 71	**705 320**	**692 820**
72.		**Justizprüfungskommission.**		
	1.	Prüfungsgebühren	45 670	42 500
	2.	Zur Remunerirung des Bureauvorstehers, der Bureau-, Kassen- und Unterbeamten	4 300	4 000
	3.	Bureaubedürfnisse und sonstige vermischte Ausgaben	300	200
		Summe Kap. 72	**50 270**	**46 700**
(73).		**Obertribunal.**		
		Besoldungen.		
	(1.)	Präsident und Vizepräsidenten	—	—
	(2.)	Räthe	—	—
	(3.)	Staatsanwälte	—	—
	(4.)	Bureaubeamte	—	—
	(5.)	Kanzleisekretäre	—	—
	(6.)	Unterbeamte	—	—
	(6a.)	Wohnungsgeldzuschüsse	—	—

Etats für die Jahre 1903 bis 1891/92, 1889/90, 1886/87, 1869, 1859 und 1849.

6	7	8	9	10	11	12	13	14
Etatsjahr								
1901 ℳ	**1900** ℳ	**1899** ℳ	**1898/99** ℳ	**1897/98** ℳ	**1896/97** ℳ	**1895/96** ℳ	**1894/95** ℳ	**1893/94** ℳ
75 934 800	65 934 800	60 890 000	59 100 000	57 300 000	55 017 000	53 692 000	52 555 000	50 000 000
504 180	3 668 300	6 461 400	6 447 300	6 378 100	6 325 100	6 325 100	6 164 800	5 661 300
selbe Betrag wie im Etat für das Jahr 1903							66 000	66 000
4 611 000	3 562 000	3 372 500	2 075 000	2 030 000	1 950 000	1 877 000	1 826 000	1 758 500
211 062	211 062	—	—	—	—	—	—	—
—	—	—	—	—	—	—	—	—
398 858	322 038	296 400	301 000	303 000	294 700	289 200	273 500	264 200
34 500	34 500	28 900	27 200	28 100	31 900	28 200	28 000	30 000
81 762 400	**73 800 700**	**71 117 200**	**68 018 500**	**66 107 200**	**63 686 700**	**62 279 500**	**60 913 300**	**57 780 000**
Etat für das Jahr 1903				36 000 15 000	wie im Etat für 1897/98			
156 000	155 100	150 600	155 900	144 600	148 200	143 700	145 500	145 500
193 200	190 200	188 200	184 200	164 200	162 200	165 200	166 500	153 600
47 400	48 800	51 300	49 700	50 300	48 900	50 600	48 600	46 600
30 380	30 720	31 100	30 680	30 420	28 800	28 380	28 020	28 280
69 240	69 240	69 240	68 340	68 040	67 800	65 700	65 940	65 940
55 900	55 900	58 300	43 300	43 300	43 300	50 000	50 000	37 000
5 600	4 600 500 500	wie im Etat für 1900		5 100	wie im Etat für 1897/98			
wie im Etat für 1902		46 100 17 650	wie im Etat für 1899		47 000 17 650	37 000 16 000	wie im Etat 1895/96	
679 120	**676 960**	**672 090**	**655 470**	**620 710**	**619 950**	**612 680**	**613 660**	**586 020**
40 300	39 000	38 000	36 500	34 300	wie im Etat für 1897/98			36 000
4 000 200	wie im Etat für 1901							4 000 200
44 500	**43 200**	**42 200**	**40 700**	**38 500**				**40 200**
—	—	—	—	—	—	—	—	—
—	—	—	—	—	—	—	—	—
—	—	—	—	—	—	—	—	—
—	—	—	—	—	—	—	—	—
—	—	—	—	—	—	—	—	—
—	—	—	—	—	—	—	—	—
—	—	—	—	—	—	—	—	—

Noch: Anlage CVIII.

Noch: Die Einnahmen und Ausgaben der Justizverwaltung nach den Etats für die Jahre

1	2	3	4	5
Etatsstelle 1903 Kap.	Titel	Etatspositionen	1903 ℳ	1902 ℳ
30.		**Einnahmen.**		
	1.	Kosten sowie Geldstrafen	48 274 000	46 260 000
	2.	Einnahmen, welche als Emolumente der Beamten zur Verwendung kommen	5 182 500	4 960 700
	3.	Jurisdiktionsbeiträge	66 000	66 000
	4.	Einnahmen aus der Beschäftigung der Gefangenen	1 636 000	1 500 000
	5.	Einnahmen aus besonderen Fonds	—	—
	(5.)	Gesetzliche Wittwen- und Waisengeldbeiträge	—	—
	6.	Sonstige Einnahmen	273 000	294 600
	7.	Einnahmen für die Justizoffizianten-Wittwenkasse	33 000	36 000
		Summe der Einnahmen	**55 464 500**	**53 117 300**
		Dauernde Ausgaben.		
71.		**Ministerium.**		
		Besoldungen.		
	1.	Minister	wie im Etat für 1897/98	Der Etat für 1891/92 weist in allen Titeln dieselben Zahlen wie derjenige für 1892/93 auf.
	2.	Unterstaatssekretär		
	3.	Direktoren und vortragende Räthe	145 500	
	4.	Bureaubeamte	153 600	
	5.	Kanzleisekretäre	44 800	
	6.	Unterbeamte	27 900	
	7.	Wohnungsgeldzuschüsse	65 400	
		Andere persönliche Ausgaben.		
	8.	Für Hülfsarbeiter u. s. w.	38 700	
	9.	Zu ausserordentlichen Remunerationen und Unterstützungen für mittlere, Kanzlei- und Unterbeamte	wie im Etat für 1897/98	
		Sächliche Ausgaben.		
	10.	Bureaubedürfnisse u. s. w.	wie im Etat für 1895/96	
	11.	Unterhaltung des Dienstgebäudes u. s. w.		
		Summe Kap. 71	**585 000**	
72.		**Justizprüfungskommission.**		
	1.	Prüfungsgebühren	38 700	41 400
	2.	Zur Remunerirung des Bureauvorstehers, der Bureau-, Kassen- und Unterbeamten	4 000	wie Etat für
	3.	Bureaubedürfnisse und sonstige vermischte Ausgaben	200	
		Summe Kap. 72	**42 900**	**45 600**
(73).		**Obertribunal.**		
		Besoldungen.		
	(1.)	Präsident und Vizepräsidenten	—	—
	(2.)	Räthe	—	—
	(3.)	Staatsanwälte	—	—
	(4.)	Bureaubeamte	—	—
	(5.)	Kanzleisekretäre	—	—
	(6.)	Unterbeamte	—	—
	(6a.)	Wohnungsgeldzuschüsse	—	—

¹) Einschließlich Ober-Appellationsgericht. — ²) Außerdem Ober-Appellationsgericht 24 000 ℳ.
⁷) Rheinischer Revisions- und Kassationshof.

1903 bis 1891/92, 1889/90, 1886/87, 1880/81, 1878/79, 1874, 1869, 1859 und 1849.

17	18	19	20	21	22	23	24
		Etatsjahr					
1889/90 ℳ	**1886/87** ℳ	**1880/81** ℳ	**1878/79** ℳ	**1874** ℳ	**1869** ℳ	**1859** ℳ	**1849** ℳ
43 000 000	41 000 000	—	43 500 000	39 000 000	34 801 500	27 165 999	11 160 553
		Strafen:	1 900 000	1 015 440	986 010	847 719	
4 887 000	5 180 900	4 044 740	1 965 799	1 949 447	2 441 074	761 797,5	997 535
66 000	56 700	35 450	5 550	15 939	460 346	722 896,5	187 362
1 311 000	1 156 000	734 500	548 700	378 540	Pensionsbeiträge:		197 286
—	—	—	—	—	—	—	—
—	1 382 400	—	—	—	—	—	—
272 000	216 000	129 910	129 951	83 434	i.d.z.Tit. 3/4 ausgeworf.Summe enth.		
36 000	36 000	56 000	65 000	82 200	56 400	(28 767)	—
49 572 000	**49 028 000**	**5 000 600**	**48 115 000**	**42 525 000**	**38 745 330**	**29 498 412**	**12 542 636**
36 000	wie im Etat für das Jahr 1889/90				36 000	30 000	30 000
15 000					13 500	12 000	12 000
145 500					117 000	79 200	83 100
148 200	144 000	127 200	123 000	118 800	105 000	81 930	110 610
40 800	40 800	40 950	43 350	47 550	31 500	23 100	
25 350	22 650	21 300	21 300	21 000	17 700	13 770	11 520
64 500	63 360	59 280	58 920	—	—	—	—
42 000	38 800	50 000	50 000	42 750	36 900	31 500	Dispositionsfonds
5 100	wie im Etat für das Jahr 1889/90				3 600	3 600	11 520
37 000	39 000	21 300	21 300	21 300	22 650	18 450	22 045
		+ 12 600	+ 12 600	+ 9 900			
16 000	12 000	12 000	120 000	9 000	6 000	1 800	
575 450	**562 210**	**546 230**	**544 070**	**471 900**	**389 850**	**295 350**	**280 795**
46 500	41 400	19 950	16 800	12 090	12 960	25 476	
im 1892/93	3 400	3 000	3 000	3 000	3 000	4 590	
	200	—	—	—	—	—	
50 700	**45 000**	**22 950**	**19 800**	**15 090**	**15 960**	**30 066**	
—	—	—	93 000	1) 106 500	2) 76 500	82 500	7) 274 800
—	—	—	539 400	1) 565 500	3) 397 800	345 600	7) + 87 900
—	—	—	38 100	1) 38 100	33 900	32 100	—
—	—	—	69 600	1) 60 600	4) 41 100	31 875	24 450
—	—	—	40 800	1) 45 000	5) 24 600	22 500	7) + 6 210
—	—	—	21 900	1) 21 900	6) 15 000	12 360	4 050
							7) + 2 490
—	—	—	115 320	—	—	—	—

— 3) desgl. 110 607 ℳ. — 4) desgl. 9 900 ℳ. — 5) desgl. 4 200 ℳ. — 6) desgl. 4 800 ℳ. —

Noch: Anlage CVIII.

Noch: Die Einnahmen und Ausgaben der Justizverwaltung nach den Etats für die Jahre

1	2	3	4	5
Etatsstelle 1903 Kap.	Titel	Etatspositionen	1903 ℳ	1902 ℳ
(73.)		Andere persönliche Ausgaben.		
	(7.)	Zur Remunerirung von Hülfsarbeitern	—	—
	(8.)	Zu ausserordentlichen Remunerationen und Unterstützungen	—	—
		Sächliche Ausgaben.		
	(9.)	Bureaubedürfnisse	—	—
	(10.)	Remunerirung des Druckerpersonals und sonstige Ausgaben	—	—
		Summe Kap. 73	—	—
73.		**Oberlandesgerichte;** bis 1879/80:		
(75.)		a) Gerichte II. Instanz in den Landestheilen, in denen die Verordnungen vom 2. Januar 1849 und 26. Juni 1867 Gesetzeskraft haben,		
(76.)		b) Appellationsgericht in Celle und Obergerichte des dortigen Departements,		
(77.)		c) Appellationsgericht in Frankfurt a. M.,		
(78.)		d) Appellationsgerichtshof in Cöln und Rheinische Landgerichte.		
		Besoldungen.		
	1.	Präsidenten und Senatspräsidenten	601 500	581 100
	2.	Räthe	1 820 250	1 767 450
	3.	Oberstaatsanwälte	113 500	117 000
	4.	Staatsanwälte als Vertreter der Oberstaatsanwälte	40 800	37 800
	4a.	Staatsanwälte	67 200	67 200
	5.	Rechnungsrevisoren und Hauptkassenrendanten	130 000 + 1 200	131 000 + 1 200
	6.	Gerichtsschreiber und Sekretäre	1 196 000	1 185 000
	7.	Kanzlisten	182 850	183 450
	8.	Unterbeamte	141 203	140 963
		Summe Besoldungen	*4 294 503*	*4 212 163*

1903 bis 1891/92, 1889/90, 1886/87, 1880/81, 1878/79, 1874, 1869, 1859 und 1849.

6	7	8	9	10	11	12	13	14
Etatsjahr								
1901 ℳ	**1900** ℳ	**1899** ℳ	**1898/99** ℳ	**1897/98** ℳ	**1896/97** ℳ	**1895/96** ℳ	**1894/95** ℳ	**1893/94** ℳ
—	—	—	—	—	—	—	—	—
—	—	—	—	—	—	—	—	—
—	—	—	—	—	—	—	—	—
—	—	—	—	—	—	—	—	—
—	—	—	—	—	—	—	—	—
564 600	587 800	590 300	583 800	556 100	556 100	547 400	530 000	521 300
1 730 850	1 672 950	1 726 400	1 696 650	1 523 700	1 520 100	1 485 900	1 487 400	1 447 500
121 400	119 700	122 300	124 900	113 100	wie im Etat für das Jahr 1897/98			
100 800	96 000	86 400	81 600	57 600	50 400	wie im Etat für das Jahr 1896/97		
132 200 + 1 200	132 200 + 1 200	135 200 + 1 200	134 800 + 1 200	121 200	121 000	121 400	120 200	117 000
1 146 800	1 128 800	1 124 500	1 084 900	922 800 + 14 700	893 500 + 13 800	877 200 + 13 800	883 300 + 13 800	811 425 + 13 800
182 400	176 850	175 350	172 050	170 900	170 000	172 650	173 650	169 150
137 463	135 243	131 423	129 951	128 511	126 011	123 731	123 891	114 651
4 117 713	*4 050 543*	*4 093 073*	*4 009 851*	*3 608 611*	*3 564 011*	*3 505 681*	*3 495 741*	*3 358 326*

Noch: Anlage CVIII.

Noch: Die Einnahmen und Ausgaben der Justizverwaltung nach den Etats für die Jahre

1	2	3	15	16
Etatsstelle 1903 Kap.	Titel	Etatspositionen	1892/93 M	1891/92 M
(73.)		**Andere persönliche Ausgaben.**		
	(7.)	Zur Remunerirung von Hülfsarbeitern	—	—
	(8.)	Zu ausserordentlichen Remunerationen und Unterstützungen	—	—
		Sächliche Ausgaben.		
	(9.)	Bureaubedürfnisse	—	—
	(10.)	Remunerirung des Druckerpersonals und sonstige Ausgaben	—	—
		Summe Kap. 73 ...	—	—
73.		**Oberlandesgerichte;** bis 1879/80:		
(75.)		a) Gerichte II. Instanz in den Landestheilen, in denen die Verordn. vom 2. Jan. 1849 und — für 1878/79 bis 1869 — 26. Juni 1867 Gesetzeskraft haben,		
(76.)		b) Appellationsgericht in Celle und Obergerichte des dortigen Departements,		
(77.)		c) Appellationsgericht in Frankfurt a. M.,		
(78.)		d) Appellationsgerichtshof in Cöln und Rheinische Landgerichte.		
		Besoldungen.		
	1.	Präsidenten und Senatspräsidenten	512 600	503 900
	2.	Räthe	1 399 200	1 388 100
			d) Mitglieder — einschl.	
	3.	Oberstaatsanwälte	dieselben Beträge wie im	
	4.	Staatsanwälte als Vertreter der Oberstaatsanwälte	} wie im Etat 1896/97	
	4a.	Staatsanwälte		
	5.	Rechnungsrevisoren und Hauptkassenrendanten	wie im Etat für	
	6.	Gerichtsschreiber und Sekretäre	779 625 + 13 200	773 925 + 12 900
	7.	Kanzlisten	153 000	155 550
	8.	Unterbeamte	114 500	114 820
		Summe Besoldungen ...	*3 252 625*	*3 229 695*

[1]) Ober-Appellationsgericht 5 250 M. — [2]) desgl. 540 M. — [3]) desgl. 5 853 M. — Generaladvokaten, Ober-Prokuratoren und Prokuratoren. — [7]) Landgerichte. — [8]) Justizsenat Ehren- und Wahrnehmung von Dirigentengeschäften. — [10]) Ausschl. 24 000 M im Etat bei Besoldungen

1903 bis 1891/92, 1889/90, 1886/87, 1880/81, 1878/79, 1874, 1869, 1859 und 1849.

17	18	19	20	21	22	23	24
		Etatsjahr					
1889/90	**1886/87**	**1880/81**	**1878/79**	**1874**	**1869**	**1859**	**1849**
M	M	M	M	M	M	M	M
— —	— —	— —	19 050 2 940	19 050 2 940	1) 16 500 2) 2 400	18 450 1 500	8 700 5) + 120
— — —	— — —	— — —	16 890 13 710 **970 710**	18 390 12 510 **890 400**	3) 20 850 4) **628 650**	15 600 **562 485**	10 040 5) + 4 352 **323 040** 5) + **101 072**
503 900	513 350	528 800	a) 477 300 b—d s. bei „Räthen“	a) 477 300	a) 433 200	a) 363 600 d) 30 300 7) + 101 700	a) 570 690 8) + 5 400 d) 127 500
1 368 000	1 354 350	1 360 498	a) 1 718 766	a) 1 722 033	a) 1 542 719 9) + 9 765	a) 1 149 600 8) + 11 163	a) 1 335 708 8) + 14 100
b) höhere Beamte d. Appellat.-Gerichts:			156 600	b) 154 500	b) 172 800	d) 112 500	d) 295 200
„ „ der Obergerichte:			576 300	584 400	10) 584 100	7) + 224 400	
c) „ „ d. Appellat.-Gerichts:			62 400	c) 54 857	c) 50 314		
Präsidenten — des Appellationsgerichts:			180 600	d) 180 600	d) 158 700		
„ der Landgerichte:			457 800	454 500	355 200		
Etat für das Jahr 1897/98			a) 135 300 6) d) 179 100	a) 134 400 6) d) 179 100	a) 121 500 6) d) 153 600	a) 103 200 d) 26 400 7) + 123 300	d) 138 000
46 800	36 000	32 400	a) 22 200	a) 21 300	a) 16 500	a) 16 200	
das Jahr 1893/94		53 100	a) 89 400	a) 89 100	a) 68 100 9) + 1 230	a) 59 100 9) + 2 610	a) 1435754 8) + 5 700 d) 150 440
			b) 4 200	b) 4 200	b) 3 000		
752 100 + 12 000	729 600 + 11 700	241 800 —	a) 453 960 b) 163 570 c) 23 464 d) 215 160	a) 431 310 b) 159 840 c) 18 857 d) 200 100	a) 342 312 9) + 165 b) 141 030 c) 19 179 d) 178 200	a) 287 829 9) + 285 — d) 156 264	
140 850	142 050	145 250	a) 304 050 b) c) d) im Tit. „Bureaubeamte“ enthalten	a) 304 050	a) 179 250	a) 173 400 d) —	in „Bureaubeamte“ enthalten
104 340	104 800	90 590	a) 172 740 b) 40 620 c) mit Bureaubeamte vereinigt d) 16 650	a) 168 300 b) 43 482 —	a) 153 900 b) 44 129 —	a) 113 730 d) —	a) 236 841 8) + 1 650
3 158 090	*3 121 950*	*2 589 784*	a) *3 397 962* (einschl. *24 246* M f. überzähl. Beamte) b) *941 290* c) *85 864* d) *1 049 310*	a) *3 372 039* b) *946 422* c) *73 714* d) *1 014 300*	a) *2 868 641* b) *45 059* c) *69 493* d) *845 700*	*3 055 581*	a) *3 614 993* 8) + *26 850* d) *711 140*

4) desgl. 165 150 M. — 5) Rheinischer Revisions- und Kassationshof. — 6) Generalprokurator und breitstein. — 9) Prüfungsgebühren und bei den Räthen 4800 M für Vertretung von Präsidenten verrechnete Zulage für die bei der Kronanwaltschaft fungirenden Richter und Assessoren.

Noch: Anlage CVIII.

Noch: Die Einnahmen und Ausgaben der Justizverwaltung nach den Etats für die Jahre

1	2	3	4	5
Etatsstelle 1903		Etatspositionen	1903	1902
Kap.	Titel		ℳ	ℳ
73.	9.	Wohnungsgeldzuschüsse	487 200	479 076
		Andere persönliche Ansgaben.		
	10.	Prüfungsgebühren	84 740	77 200
	10a.	Funktionszulagen für Staatsanwälte	8 400	wie 1903
	11.	Stellen- und Lokalzulagen	16 442	
	12.	Ständige Hülfsarbeiter im Bureaudienst u. s. w.	—	
	13.	Hülfsarbeiter im Kanzleidienst	112 450	
	14.	Sonstige Hülfsarbeiter und Stellvertreter	188 475	
	15.	Ausserordentliche Remunerationen und Unterstützungen für Kanzlei- und Unterbeamte	17 900	
	15a.	Ausserordentliche Remunerationen für mittlere Beamte	14 800	
	15b.	Ausserordentliche Unterstützungen für dieselben	9 300	
	16.	Bureaubedürfnisse u. s. w.	262 000	
		Summe Kap. 73	**5 490 210**	**5 398 206**
74.		**Land- und Amtsgerichte vor 1880/81:**		
		a) Gerichte I. Instanz im Geltungsbereich der Verordnungen vom 2. Januar 1849 und 26. Juni 1867, und zwar: α) Stadtgericht Berlin, β) übrige Gerichte,		
		b) Amtsgericht in Hannover,		
		c) Gerichtsbehörden I. Instanz in Frankfurt a. M.,		
		d) Rheinische Friedens- und Handelsgerichte.		
		Besoldungen.		
	1.	Präsidenten und Direktoren	2 519 700	2 450 800

1903 bis 1891/92, 1889/90, 1886/87, 1880/81, 1878/79, 1874, 1869, 1859 und 1849.

6	7	8	9	10	11	12	13	14
Etatsjahr								
1901 ℳ	**1900** ℳ	**1899** ℳ	**1898/99** ℳ	**1897/98** ℳ	**1896/97** ℳ	**1895/96** ℳ	**1894/95** ℳ	**1893/94** ℳ
473 904	467 988	465 828	457 812	451 800	447 588	440 856	438 756	429 912
73 500	70 900	66 900	54 300	54 300	51 300	wie für 1895/96	36 000	46 800
12 600	12 000	10 800	10 200	12 120	10 920		10 920	10 920
16 442	16 442	14 492	14 559	14 559	14 934	15 156	15 156	15 056
—	—	—	—	—	—	—	—	—
112 450	106 100	103 100	101 600	95 600	wie im Etat für 1897/98	98 400	95 400	92 400
wie im Etat für 1903		188 475	wie im Etat für 1899	188 475		210 000	80 000	121 000
		17 700				—	—	—
		15 000		41 000		41 000	41 000	wie im Etat für 1894/95
		8 300				--	—	
262 000	251 200	251 200	226 100	226 100		220 300	222 400	
5 299 084	**5 205 648**	**5 234 868**	**5 103 897**	**4 692 565**	**4 639 928**	**4 503 514**	**4 435 374**	**4 337 815**
2 357 100	2 395 400	2 344 200	2 332 700	2 131 200	2 119 800	2 080 500	2 040 600	2 014 500

Noch: Anlage CVIII.

Noch: Die Einnahmen und Ausgaben der Justizverwaltung nach den Etats für die Jahre

1	2	3	15	16
Etatsstelle 1903 Kap.	Titel	Etatspositionen	1892/93 ℳ	1891/92 ℳ
73.	9.	Wohnungsgeldzuschüsse	411 132	406 980
		Andere persönliche Ausgaben.		
	10.	Prüfungsgebühren	wie im Etat für 1893/94	
		Remunerirung der Abtheilungsdirigenten	—	—
		Zur Vertretung von Oberlandesgerichtsräthen	—	—
		Vertreter und Hülfsarbeiter für Richter und Staatsanwälte	—	—
	10a.	Funktionszulagen für Staatsanwälte	wie im Etat für 1893/94	
	11.	Stellen- und Lokalzulagen	9 756	9 756
	12.	Ständige Hülfsarbeiter im Bureaudienst u. s. w.	51 300	48 750
	13.	Hülfsarbeiter im Kanzleidienst	77 400	69 400
	14.	Sonstige Hülfsarbeiter und Stellvertreter	110 900	112 400
	15.	Ausserordentliche Remunerationen und Unterstützungen für Kanzlei- und Unterbeamte	—	—
	15a.	Ausserordentliche Remunerationen für mittlere Beamte	wie im Etat	
	15b.	Ausserordentliche Unterstützungen für dieselben		
	16.	Bureaubedürfnisse u. s. w.		
		Summe Kap. 73	**4 234 233**	**4 198 101**
74.		**Land- und Amtsgerichte vor 1880/81:** a) Gerichte I. Instanz im Geltungsbereich der Verordnungen vom 2. Januar 1849 und 26. Juni 1867, und zwar: α) Stadtgericht Berlin, β) übrige Gerichte, b) Amtsgericht in Hannover, c) Gerichtsbehörden I. Instanz in Frankfurt a. M., d) Rheinische Friedens- und Handelsgerichte.		
		Besoldungen.		
	1.	Präsidenten und Direktoren	1 944 600	1 900 200

[1]) In obigen 27 120 ℳ enthalten. — [2]) Im Etat bei Besoldungen verrechnet; vgl. Anm. 10 senat Ehrenbreitstein. — [3]) In den Besoldungen des Reiches enthalten.

1903 bis 1891/92, 1889/90, 1886/87, 1880/81, 1878/79, 1874, 1869, 1859 und 1849.

17	18	19	20	21	22	23	24
		Etatsjahr					
1889/90	1886/87	1880/81	1878/79	1874	1869	1859	1849
M	*M*	*M*	*M*	*M*	*M*	*M*	*M*
400 200	389 772	311 004	a) 401 952	—	—	—	—
			b) 111 672	—	—	—	—
			c) 12 660	—	—	—	—
			d) 136 548	—	—	—	—
18 000	18 000	10 790	a) 10 970	a) 8 310	s. unter Besoldungen		
—	—	—	a) 10 800	a) 10 800	a) 10 800	a) 9 750	
—	—	14 000	a) 24 150	a) 19 650	a) 13 650	a) 12 000	
			b) 9 720	b) 27 120	b) 6 420	d) 14 100	
—	—	—	d) 14 400	d) 14 700	d) 14 100	—	
10 320	7 560	4 800	a) 6 750	a) 6 750	a) 6 750	a) 6 000	
			b) 24 000	b) [1])	[2]) b) 24 000	—	
10 275	9 825	—	—	a) 1 800	—	—	
		Entschädigung für weggefallene Emolumente:				a) 2 400	a) 425 313
45 150	45 600		a) 298 280	a) 292 590	a) 214 800	a) 232 410	
			b) 79 050	b) 75 150	b) 50 940	d) 26 700	[1]) + 1 500
69 400	69 400	56 600	c) 2 700	c) 2 550	c) 360	—	
			d) 8 940	d) 39 090	d) 33 615	—	d) 33 210
86 800	78 000		+ 7 800	+ 7 800	—	—	
		Hebegebühren:	d) 19 200	—	—	—	
—	—	—	—	—	—	—	
		—	a) 37 200	a) 37 200	a) 37 200	a) 32 700	
			b) 5 100	b) 5 100	b) 5 100	d) 2 400	
für 1894/95			c) 400	c) 240	c) 240		
			d) 3 000	d) 3 000	d) 3 000		
		17 300	—	—	—	—	
		108 000	a) 262 630	a) 238 335	a) 232 885	a) 205 656	a) 296 265
		+ 60 000	b) 72 980	b) 60 678	b) 69 510	d) 47 121	[4]) + 1 407
		+ 29 000	c) 5 036	c) 4 466	c) 6 677		d) 42 935
			d) 83 882	d) 56 100	d) 48 570		
4 061 635	**4 003 507**	**3 201 278**	a) **4 450 514**	a) **3 987 474**	a) **3 414 726**	a) d) **3 646 818**	a) **5 159 613**
			b) **1 243 812**	b) **1 114 470**	b) **1 101 029**		—
			c) **106 660**	c) **80 970**	c) **76 770**	—	—
			d) **1 323 080**	d) **1 134 990**	d) **944 985**	—	—
1 889 400	1 838 700	1 808 443	a) α) 33 000	a) α) 33 000	a) 1 076 700	a) 993 000	
			β) 1391004	β) 1388289	[3]) + 78 489	—	[5])
			b) —	b) —	b) —	—	
			c) 7 500	c) 7 500	c) 5 314	—	
			d) —	d) —	d) —	—	

auf S. 379. — [3]) In den Bezirken des Appellationsgerichts Kiel, Kassel und Wiesbaden. — [4]) Justiz-

Noch: Anlage CVIII.

Noch: Die Einnahmen und Ausgaben der Justizverwaltung nach den Etats für die Jahre

1	2	3	12	13
Etatsstelle 1903		Etatspositionen	1895/96	1894/95
Kap.	Titel		ℳ	ℳ
74.	2.	Richter	19 857 600	19 468 800
	3.	Persönliche Zulagen für richterliche Beamte deutscher Abkunft, die der polnischen Sprache mündlich und schriftlich mächtig sind, auf die Dauer ihrer Anstellung in Posen	9 000	der-
	4.	Erste Staatsanwälte	622 800	620 700
	5.	Staatsanwälte	1 531 200	1 483 200
	5a.	Hypothekenbewahrer	—	—
	6.	Kassen und Bureaubeamte, Amtsanwälte	19 532 200	19 231 000
		Zulagen	339 100	341 950
	7.	Kanzlisten Zulagen	1 050 700	989 650
	8.	Gerichtsvollzieher	4 273 940	4 236 840
	9.	Mittlere Gefängnissbeamte	377 400	357 900
	10.	Unterbeamte Zulagen	4 485 789	4 440 859
		Summe Besoldungen	*54 599 429*	*53 630 699*

1903 bis 1891/92, 1889/90, 1886/87, 1880/81, 1878/79, 1874, 1869, 1859 und 1849.

6	7	8	9	10	11	12	13	14
Etatsjahr								
1901 ℳ	**1900** ℳ	**1899** ℳ	**1898/99** ℳ	**1897/98** ℳ	**1896/97** ℳ	**1895/96** ℳ	**1894/95** ℳ	**1893/94** ℳ
19 156 800	18 900 372	18 573 972	18 368 172	15 952 572	15 771 972	15 507 372	15 344 352	15 096 522
selbe Betrag wie im Etat für das Jahr 1903								
591 300	600 300	601 800	597 600	533 100	wie im Etat für 1897/98			531 900
1 401 600	1 334 400	1 228 800	1 195 200	860 400	820 800	766 800	741 600	738 000
4 300	14 400	37 100	51 400	85 050	wie im Etat für 1897/98			
18 888 800	18 494 000	18 272 350	18 102 900	16 008 350	15 411 150	15 272 050	15 116 400	14 687 929
342 700	341 950	339 300	338 700	338 700	336 900	333 075	332 175	332 175
959 150	949 700	927 150	909 000	892 950	895 700	892 772	890 422 200	851 672 500
4 172 500	5 467 900	6 913 000	7 103 000	7 103 000	7 053 000	7 453 000	7 133 000	7 617 000
345 800	336 650	424 520	404 125	320 120	311 850	313 580	312 970	294 650
4 402 777	4 344 214	4 166 714	4 113 868	4 081 223	4 068 583 60	4 052 604 440	4 019 334 1 340	3 975 251 1 340
52 631 827	*53 208 286*	*53 837 906*	*53 525 665*	*48 315 665*	*47 416 965*	*47 299 343*	*46 559 543*	*46 235 159*

Noch: Anlage CVIII.

Noch: Die Einnahmen und Ausgaben der Justizverwaltung nach den Etats für die Jahre

1	2	3	15	16
Etatsstelle 1903		Etatspositionen	1892/93	1891/92
Kap.	Titel		M.	M.
74.	2.	Richter	14 817 705	14 679 375
	3.	Persönliche Zulagen für richterliche Beamte deutscher Abkunft, die der polnischen Sprache mündlich und schriftlich mächtig sind, auf die Dauer ihrer Anstellung in Posen	wie im Etat	
	4.	Erste Staatsanwälte	529 050	526 200
	5.	Staatsanwälte	712 800	702 000
	5a.	Hypothekenbewahrer	wie im Etat für	
	6.	Kassen- und Bureaubeamte, Amtsanwälte	13 386 779	13 276 979
		Zulagen	319 575	315 750
	7.	Kanzlisten	721 597	705 836
		Zulagen	500	10 575
	8.	Gerichtsvollzieher	7 153 000	6 928 000
	9.	Mittlere Gefängnissbeamte	285 250	279 200
	10.	Unterbeamte	3 898 792	3 892 700
		Zulagen	4 620	6 780
		Summe Besoldungen	*43 868 318*	*43 317 644*

[1]) In Kap. 75 verrechnet. — [2]) Gefängnissbeamte, in Kap. 75 verrechnet. — [3]) Siehe bei Gefängnissen. Vgl. Anm. 4—7 auf S. 396. — [5]) Neue Landestheile. — [6]) Zu Zulagen auch für

1903 bis 1891/92, 1889/90, 1886/87, 1880/81, 1878/79, 1874, 1869, 1859 und 1849.

17	18	19	20	21	22	23	24
Etatsjahr							
1889/90 ℳ	1886/87 ℳ	1880/81 ℳ	1878/79 ℳ	1874 ℳ	1869 ℳ	1859 ℳ	1849 ℳ
14 512 636	14 244 976	14 284 261	a)α) 670 800 β) 9 737 287 b) 907 210 c) 94 414 d) 422 140 Hypothekenamts-Vorsteher:	a)α) 561 600 β) 9 724 016 b) 901 890 c) 89 829 d) 419 280	a) 6 536 070 [5]) + 1 232 071 b) 912 060 c) 74 914 d) 309 870 14 100	a) 5 778 360 d) 241 491	a) 4 134 631 [7]) + 29 700 d) 235 000
für das Jahr 1903			s. unter: Andere persönl. Ausgaben				
wie im Etat für 1891/92		520 500	a)α) bei Staatsanwälten β b } — c d				
640 800	543 600	421 200	a)α) 63 600 β) 653 400 b) — c) — d) — —	a)α) 34 800 β) 613 800 b) — c) — d) — —	a) 451 800 [5]) + 57 600 b) — c) — d) — —	a) 449 100	
1897/98	—	—					
13 014 636 307 125	12 668 943 298 725	10 058 525 —	a)α) 630 650 β) 8 499 887 b) 548 328 c) 97 653 d) 488 950	a)α) 598 350 β) 8 401 782 b) 536 118 c) 95 100 d) 456 750	a) 7 457 628 [5]) + 1369929 b) 420 327 c) 51 514 d) 412 071	a) 6 099 066 d) 258 426 [6]) + 17 850	a) 3 433 082 [7]) + 23 436 d) 248 147
581 836 10 575	576 393 9 675	610 455	a)α) 119 100 β) 419 100 b) — c) unter Bureaubeamten d) —	a)α) 119 100 β) 422 400 b) — d) —			
6 760 000	7 250 000	4 718 400	[3])a)α) — β) — b) Gerichtsvoigte s. b. Unterbeamten c) — d) —	[3])a)α) — β) — c) — d) —	[3])a)α) — — c) — d) —	[3]) — —	[3]) — —
239 250	212 550	[1]) (159 300)	a)α) — β) 144 540 b) — c) — d) —	a)α) — β) 125 175 b) — c) — d) —	a) 53 550 [5]) + 19 200 b) — c) — d) —	a) 40 950	
3 294 967 12 880	3 296 107 12 720	2 063 580 [2])(+ 550 465)	a)α) 254 340 β) 3697 312 b) 645 990 c) s. b. Bureaubeamten d) —	a)α) 224 520 β) 3 606 862 b) 653 456 d) —	a) 3 008 250 [5]) + 370 611 b) 605 969 c) 29 957 d) —	a) 2 162 130 d) —	a) 1 090 131 [7]) + 16 488
41 884 355	*41 487 589*	*34 485 364*	[4])a) *26314019* [4])b) *2 101 528* [4])c) *199 577* d) *911 090*	[4])a) *25853694* [4])b) *2091 464* [4])c) *192 429* d) *876 030*	a) *18 598 098* [5]) + *3 127 900* b) *1 938 356* c) *161 700* d) *721 941*	a) *15 522 726* d) *517 747*	a) *8 727 469* d) *483 147*

Unterbeamten. — [4]) Ausschliesslich der damals hier mit verrechneten für Beamte an besonderen Friedensrichter. — [7]) Im Bezirk Ehrenbreitstein.

Noch: Anlage CVIII.

Noch: Die Einnahmen und Ausgaben der Justizverwaltung nach den Etats für die Jahre

1	2	3	4	5
Etatsstelle 1903		Etatspositionen		
Kap.	Titel		1903 ℳ	1902 ℳ
74.	11.	Wohnungsgeldzuschüsse	6 287 316	6 104 000
		Andere persönliche Ausgaben.		
	12.	Prüfungsgebühren	3 370	2 380
	13.	Ständige Hülfsarbeiter bei der Staatsanwaltschaft	171 360	163 800
		Tantième für Hypothekenbewahrer	—	—
	14.	Remunerationen und Unterstützungen der Beamten der Amtsanwaltschaft u. s. w.	791 840	809 120
	15.	Stellenzulagen, Remunerirung der Dolmetscher und Lokalzulagen	498 604	480 179
	16.	Gebührenantheile der Gerichtsvollzieher u. s. w.	6 781 700	6 581 700
	17.	Zur Ausbildung von Dolmetschern der polnischen Sprache	30 000	—
	18.	Ständige Hülfsarbeiter im Kanzleidienst u. s. w.	4 633 350	4 677 500
	19.	Remunerationen der an der Leitung oder Beaufsichtigung des Arbeitsbetriebes unmittelbar betheiligten mittleren und unteren Gefängnissbeamten aus dem Arbeitsverdienste der Gefangenen	188 600	wie nach für
	20.	Für Hülfsarbeiter und Stellvertreter in allen Dienstzweigen mit Ausschluss des Kanzleidienstes	4 536 000	
	21.	Ausserordentliche Remunerationen und Unterstützungen für Kanzlei- und Unterbeamte	239 000	
	21a.	Ausserordentliche Remunerationen für mittlere Beamte	94 000	
	21b.	Ausserordentliche Unterstützungen für mittlere Beamte	152 900	
		Summe „Andere persönliche Ausgaben“	*18 120 724*	*17 925 179*
		Sächliche Ausgaben.		
	22.	Bureaubedürfnisse	4 550 000	4 250 000
	23.	Bureaukosten-Aversen der Hypothekenbewahrer	—	—
	24.	Normalmässige Miethsentschädigungen	131 730	126 100
	25.	Gefängnissverwaltungskosten	4 324 800	4 194 800
	26.	Sonstige vermischte Ausgaben	1 570 000	1 370 000
		Summe „Sächliche Ausgaben“	*10 576 530*	*9 940 900*
		Summe Kap. 74	**89 583 999**	**87 600 778**

1903 bis 1891/92, 1889/90, 1886/87, 1880/81, 1878/79, 1874, 1869, 1859 und 1849.

6	7	8	9	10	11
Etatsjahr					
1901	**1900**	**1899**	**1898/99**	**1897/98**	**1896/97**
M	*M*	*M*	*M*	*M*	*M*
5 963 628	5 823 148	5 668 798	5 597 252	5 457 312	5 402 574
1 380	1 500	wie im Etat für das Jahr 1900			
169 320	176 880	169 320	166 800	159 240	156 720
200	200	200	700	1 700	2 500
809 120	814 520	821 920	821 920	833 920	838 320
477 029	476 917	358 272	361 082	369 402	371 724
6 581 700	1 000 000	—	—	—	—
Entschädigung der Sekretäre im Bezirk Kassel für Heft- u. Schreibgebühren: 450					450
—	—	—	—	—	—
4 696 750	4 596 750	4 251 050	4 248 350	4 242 800	4 242 800
dem Etat 1903	179 400	174 070	155 400	307 000	299 000
	4 536 000	4 533 000	4 433 000	4 233 000	4 033 000
	239 000	230 000	wie im Etat für 1899	487 100	488 400
	94 000	100 000			
	152 900	159 400			
17 945 999	*12 268 067*	*10 798 732*	*10 678 152*	*10 636 112*	*10 434 414*
derselbe Betrag wie im Etat für das Jahr 1902					
6 000	41 000	71 000	wie im Etat für 1899		
126 100	126 100	123 600	116 300	109 030	109 000
4 194 800	3 681 000	3 650 000	3 431 000	3 731 000	3 856 000
1 370 000	1 270 000	1 149 000	849 000	849 000	860 000
9 946 900	*9 368 100*	*9 243 600*	*8 717 300*	*9 010 030*	*9 146 000*
86 488 354	**80 667 601**	**79 549 036**	**78 518 369**	**73 419 119**	**72 399 953**

Noch: Anlage CVIII.

Noch: Die Einnahmen und Ausgaben der Justizverwaltung nach den Etats für die Jahre

1	2	3	12	13
Etatsstelle 1903		Etatspositionen	1895/96	1894/95
Kap.	Titel		ℳ	ℳ
74.	11.	Wohnungsgeldzuschüsse	5 322 642	5 270 430
		Andere persönliche Ausgaben.		
	12.	Prüfungsgebühren	wie im	Etat für das
	13.	Ständige Hülfsarbeiter bei der Staatsanwaltschaft	156 720	151 680
		Tantième für Hypothekenbewahrer	4 000	9 600
	14.	Remunerationen und Unterstützungen der Beamten der Amtsanwaltschaft u. s. w.	843 770	912 600
	15.	Stellenzulagen, Remunerirung der Dolmetscher und Lokalzulagen	374 960	375 080
	16.	Gebührenantheile der Gerichtsvollzieher u. s. w.	—	—
		Entschädigung der Sekretäre im Bezirk Kassel für Haft- und Schreibgebühren	887	887
	17	Zur Ausbildung von Dolmetschern der polnischen Sprache	—	—
	18.	Ständige Hülfsarbeiter im Kanzleidienst u. s. w.	4 392 800	wie im
		(Tit. 17). Ständige Hülfsarbeiter im Bureau-, Kassen-, Kanzlei- und Unterbeamtendienst		
	19.	Remunerationen der an der Leitung oder Beaufsichtigung des Arbeitsbetriebes unmittelbar betheiligten mittleren und unteren Gefängnissbeamten aus dem Arbeitsverdienste der Gefangenen	293 000	276 000
	20.	Für Hülfsarbeiter und Stellvertreter in allen Dienstzweigen mit Ausschluss des Kanzleidienstes	3 233 000	2 750 000
	21.	Ausserordentliche Remunerationen und Unterstützungen für Kanzlei- und Unterbeamte	} 489 600	489 600
	21a	Ausserordentliche Remunerationen für mittlere Beamte		
	21b.	Ausserordentliche Unterstützungen für mittlere Beamte		
		Summe „Andere persönliche Ausgaben“	*9 790 237*	*9 359 747*
		Sächliche Ausgaben.		
	22.	Bureaubedürfnisse	4 290 000	4 100 000
	23.	Bureaukosten-Aversen der Hypothekenbewahrer	82 000	107 000
	24.	Normalmässige Miethsentschädigungen	99 000	105 000
	25.	Gefängnissverwaltungskosten	3 900 000	4 000 000
	26.	Sonstige vermischte Ausgaben	644 000	650 000
		Summe „Sächliche Ausgaben“	*9 015 000*	*8 962 000*
		Summe Kap. 74	**71 427 222**	**70 151 720**

1903 bis 1891/92, 1889/90, 1886/87, 1880/81, 1878/79, 1874, 1869, 1859 und 1849.

14	15	16	17	18	19
Etatsjahr					
1893/94	**1892/93**	**1891/92**	**1889/90**	**1886/87**	**1880/81**
ℳ	ℳ	ℳ	ℳ	ℳ	ℳ
5 272 470	4 851 960	4 787 814	4 672 442	4 433 220	3 775 457
Jahr 1900	2 000	2 500	2 500	1 500	14 000
Zulagen für des Polnischen mächtige richterliche Beamte deutscher Abkunft in Posen:					9 000
149 160	148 560	146 040	161 160	187 200	50 000
12 500	wie im Etat für das Jahr 1893/94			—	—
derselbe Betrag wie im Etat für das Jahr 1894/95				1 000 000	1 000 000
374 780	29 675	32 065	26 625	22 575	—
—	—	—	—	—	—
968	wie im Etat für das Jahr 1893/94			1 991	7 694
—	—	—	—	—	—
Etat für 1895/96	3 906 000	3 592 000	3 592 000	3 708 600	2 361 300
	1 937 225	1 925 800	1 582 625	1 514 310	651 550
		Entschädigung d. Gerichtsschreiber f. Hülfskräfte:			357 000
				Kalkulaturgebühren:	344 000
270 000	630 000	580 000	516 000	454 500	—
2 766 700	2 130 000	1 878 500	1 560 000	1 201 200	300 000
491 100	wie im Etat für 1893/94		492 000	492 000	490 000
9 372 108	*10 200 628*	*9 574 023*	*8 858 978*	*8 583 876*	*5 584 544*
4 100 000	4 000 000	4 442 000	4 450 000	4 532 000	3 350 000
		Kosten der Revisions- und sonstigen Strafen:			700 000
116 800	119 000	125 000	125 000	—	—
105 000	100 000	in Bureaubedürfnissen enthalten			—
4 000 000	3 500 000	4 120 000	4 200 000	4 426 000	—
650 000	962 000	in Bureaubedürfnissen enthalten			400 000
8 971 800	*8 681 000*	*8 687 000*	*8 775 000*	*8 958 000*	*4 450 000*
69 851 897	**67 601 906**	**66 366 532**	**64 190 775**	**63 462 686**	**48 295 365**

Noch: Anlage CVIII.

Noch: Die Einnahmen und Ausgaben der Justizverwaltung nach den Etats für die Jahre

1	2	3	20	21	22	23	24
Etatsstelle 1903		Etatspositionen	Etatsjahr				
Kap.	Tit.		1878/79 ℳ	1874 ℳ	1869 ℳ	1859 ℳ	1849 ℳ
		Wohnungsgeldzuschüsse	a) 3 345 890 b) 176 304 c) 38 460 d) 87 348	—	—	—	—
		Andere persönliche Ausgaben.					
		Funktionszulagen an Gefängnissbeamte	a) 20 350	a) 27 075	a) —	—	
		Remunerationen an Abtheilungsdirigenten u. s. w. .	a) 93 450	a) 93 390	a) 88 290 [2]) + 3 900	a) 95 400	
		Entschädigung an Patrimonialrichter u. s. w. . .	a) 27 819	a) 48 928	a) 11 730 [2]) + 42 054	a) 28 500	
		Lokalzulagen	—	b) 1 320	—	—	
		Zulagen an der polnischen Sprache mächtige Richter deutscher Abkunft in Posen	a) 9 000	a) 9 000	a) 9 000	a) 6 000 a) [1]) 3 000	
		Gehülfen der Staatsanwaltschaft	a) 22 000 b) 10 500	a) 31 050 b) 10 500	a) 27 600 [2]) + 3 450 b) 30 000	a) 30 000	
		Hülfsarbeiter im Bureau-, Kanzlei- und Unterbeamtendienst u. s. w. . . .	a) 6 201 738 d) 7 750	a) 5 819 274 d) 3 300	a) 3 933 804 [2]) + 83 580 b) 20 460 d) 2 010	a) 3 275 606 d) 2 010	a) 1 817 203
		Zu Remunerirungen verschiedener Art	a) 32 233 b) 94 316 c) 28 125	a) 35 373 b) 600 c) 18 900	a) 229 770 [2]) + 33 900	a) 73 050	
		Kalkulaturgebühren	a) 410 450	a) 421 440	—	—	
		Remunerirung der Gefängnissbeamten u. s. w. . . .	a) 250 810 b) 17 300 c) 4 000	a) 179 625 b) 16 200 + 11 820 c) 2 460	a) 160 461		
		Ausserordentliche Remunerationen u. Unterstützungen an Subaltern- und Unterbeamte	a) 375 820 b) 15 300 c) 900 d) —	a) 354 570 b) 15 300 c) 900	a) 228 000 [2]) + 25 350 b) 15 300 c) 900	a) 84 300	

[1]) Unterstützungen für Auskultatoren u. s. w. polnischer Abkunft u. s. w. — [2]) Neue Landestheile.

1903 bis 1891/92, 1889/90, 1886/87, 1880/81, 1878/79, 1874, 1869, 1859 und 1849.

1	2	3	20	21	22	23	24
Etatsstelle 1903		Etatspositionen	Etatsjahr				
Kap.	Tit.		1878/79 ℳ	1874 ℳ	1869 ℳ	1859 ℳ	1849 ℳ
		Remunerirung von Hülfsarbeitern bei ausserordentlicher Geschäftsanhäufung u. s. w.	a) 407 700	a) 405 120	a) 237 000	a) 162 000	
			b) 29 200	b) 19 200	+ 75 000	+ 10 500	
			c) —		[4]) + 16 500		
					b) 27 000		a) 1 817 203
					c) 12 900		
		Summe „Andere persönliche Ausgaben“ . . .	*a) 7 851 370*	*a) 7 424 845*	[5]) *a) 5 130 825*	[4]) *a) 3 898 356*	
			b) 191 036	*b) 74 940*	[4]) *+ 208 734*	*d) 2 010*	
			c) 33 025	*c) 22 260*	*b) 92 760*		
			d) 7 750	*d) 3 300*	*c) 13 800*		
					d) 2 010		
		Sächliche Ausgaben.					
		Bureaubedürfnisse	a) 2 987 520	a) 2 687 400			
			b) 140 080	b) 113 280	[6]) a) 2 849 481	a) 2 555 646	
			c) 19 230	c) 13 380	[4]) + 217 646	d) 39 255	
			d) 58 490	d) 30 315	b) 85 354		
		Zu Revisions- u. s. w. Reisen	a) 656 170	a) 309 630	c) 21 300		
			b) 40 000	b) 42 000	d) 45 534		
			c) 11 657	c) 3 915			
		Pferdeunterhaltungsgelder und Zehrungskosten der Boten und Exekutoren .	a) 693 160	a) 162 120	a) 130 170	a) 130 500	a) 1 188 755 [7]) + 4 211 d) 36 439 zu a) u. d) + 12 000 (Postaversum)
			c) 1 030				
		Aktentransport u. s. w. . .	a) 540 215	a) 369 093	in „Bureaubedürfnisse“ enthalten	—	
			b) 27 240	b) 23 280			
			c) 7 803	c) 8 151			
			d) 8 735	d) 12 180			
		Summe „Sächliche Ausgaben“ . . .	*a) 4 877 065*	*a) 3 528 243*	*a)* [6]) *2 849 481*	*a)* [6]) *2 555 646*	
			b) 207 320	*b) 178 560*	[4]) *+ 217 646*	*d) 39 255*	
			c) 28 063	*c) 21 531*	*b) 85 354*		
			d) 78 882	*d) 46 410*	*c) 21 300*		
					d) 45 534		
		Summe Untergerichte Kap. 79 . . .	[8]) **a) 42585765**	[8]) **a) 36877027**	**a) 26 578 394**	**a) 21 976 708**	**12 269 224**
					[4]) **+ 3 554 280**	**d) 559 032**	
		„ 80 . . .	[8]) **b) 2 714 708**	[8]) **b) 2364 824**	**b) 2 116 470**		
		„ 81 . . .	[8]) **c) 308 400**	[8]) **c) 242 340**	**c) 196 800**		
		„ 82 . . .	**d) 1 085 070**	**d) 925 740**	**d) 769 185**		
83		Kriminalkosten.					
	1.	Zu Verwaltungskosten . . .	4 221 500	[1]) 2 346 630	4 629 000	5 650 452	1 548 411
	2.	Zu sonstigen Auslagen in Strafsachen	2 761 865	[2]) 168 315 [3]) 2 361 930			
		Summe . . .	*6 983 365*	*4 876 875*			

[1]) Tit. 1. „Verpflegungs-, Transport- u. Bekleidungskosten“. — [2]) Tit. 2. „Zur Instandhaltung der Gefängniss-Utensilien. — [3]) Tit. 3. „Sonstige Auslagen in Untersuchungsachen“. — [4]) Neue Landestheile. — [5]) Einschl der damals hierher gerechneten Pferde-Unterhaltungsgelder der Boten. — [6]) Ausschl. Pferde-Unterhaltungskosten, vergl. Anm. 5. — [7]) Bezirk Ehrenbreitstein. — [8]) Einschl. Besoldungen der Beamten bei besonderen Gefängnissen. Vgl. S. 385 Anm. 8 und S. 394 Anm. 4—7.

Noch: Anlage CVIII.

Noch: Die Einnahmen und Ausgaben der Justizverwaltung nach den Etats für die Jahre

1	2	3	4	5
Etatsstelle 1903 Kap.	Titel	Etatspositionen	1903 ℳ	1902 ℳ
75.		**Besondere Gefängnisse.**		
		Besoldungen.		
	1.	Direktoren, Geistliche, Inspektoren, Rendanten, Inspektionsassistenten, Lehrer, Buchhalterinnen, Lehrerinnen und Ingenieure	376 250	365 350
	2.	Unterbeamte	657 430	650 625
	3/6.	Fallen — seit Vereinigung der Besoldungen für alle besonderen Gefängnisse — aus. Vergl. Spalte 000		
		Summe Besoldungen	*1 033 680*	*1 015 975*
	7.	Wohnungsgeldzuschüsse	23 748	22 332
		Andere persönliche Ausgaben.		
	8.	Funktionszulagen, Remunerirung der Vorsitzenden von Aufsichtskommissionen, Stellenzulagen	65 570	68 120
	9.	Fällt aus, früher „Ständige Hülfsarbeiter“		
	10.	Remunerationen der an der Leitung oder Beaufsichtigung des Arbeitsbetriebes unmittelbar betheiligten mittleren und unteren Gefängnissbeamten aus dem Arbeitsverdienst der Gefangenen	87 000	} wie für
	11.	Für Hülfsarbeiter und Stellvertreter	143 450	
	12.	Zu ausserordentlichen Remunerationen für Kanzlei- und Unterbeamte	15 800	
	12a.	Zu ausserordentlichen Remunerationen für mittlere Beamte	2 200	
	12b.	Zu ausserordentlichen Unterstützungen für mittlere Beamte	4 100	
		Summe „Andere persönliche Ausgaben“	*318 120*	*320 670*
		Sächliche Ausgaben.		
	13.	Bureaubedürfnisse	400 000	382 000
	14.	Normalmässige Miethsentschädigungen	71 660	72 110
	15.	Gefängnissverwaltungskosten	1 700 000	1 612 800
	16.	Sonstige vermischte Ausgaben	127 400	127 400
		Summe „Sächliche Ausgaben“	*2 299 060*	*2 194 310*
		Summe Kap. 75	**3 674 008**	**3 553 287**
76.		**Wartegelder, Dispositionsgehälter u. s. w.**		
	1.	Wartegelder der in den einstweiligen Ruhestand versetzten richterlichen Beamten	—	1 304 577
	2.	Dispositionsgehälter der Hypothekenbewahrer	43 370½	76 731
	3.	Wartegelder der Subaltern- und Unterbeamten, mit Einschluss der Hülfsbeamten	175 000	207 000
	4.	Unterstützungen für zur Disposition stehende Beamte	14 000	14 000
		Summe Kap. 76	**232 370½**	**1 602 308**

[1]) Zur Ergänzung des früheren Diensteinkommens zeitweilig wiederbeschäftigter Wartegeld-

1903 bis 1891/92, 1889/90, 1886/87, 1880/81, 1878/79, 1874, 1869, 1859 und 1849.

6	7	8	9	10	11	12	13	14
Etatsjahr								
1901 ℳ	**1900** ℳ	**1899** ℳ	**1898/99** ℳ	**1897/98** ℳ	**1896/97** ℳ	**1895/96** ℳ	**1894/95** ℳ	**1893/94** ℳ
353 350	345 450	331 950	316 550	a) In Plötzensee, Moabit und Stadtvogtei Berlin:			Beamte bei den Gefängnissen bei und in Berlin:	
				141 350	141 700	140 600	469 970	459 600
				b) Bei anderen besonderen Gefängnissen:			Gef. in Wronke: 48 850	—
				125 400	102 600	90 750	Gef. in Glückstadt: 49 980	50 540
645 590	640 805	628 070	620 360	a) In Plötzensee, Moabit und Stadtvogtei Berlin:			Gef. in Hannover: 70 080	70 590
				335 040	334 690	332 780	Gef. in Frankf. a. M. 57 450	57 680
				b) Bei anderen besonderen Gefängnissen:			Gef. in Beuthen O.-S.	
				254 320	205 940	183 450	37 950	36 450
996 940	*986 255*	*960 020*	*936 910*	*856 110*	*784 930*	*747 580*	*734 280*	*674 860*
23 172	21 120	20 688	19 212	11 460	10 296	7 704	7 704	7 272
69 845	73 615	46 125	51 150	52 875	53 125	55 375	58 375	58 450
	86 400	78 930	60 000	110 000	102 000	98 000	95 000	84 000
	123 450	123 450	103 450	103 450	106 950	106 000	86 000	86 000
1903								
	15 800	14 300	wie 1898/99	20 900	18 600	17 400	17 400	15 900
	2 200	1 800						
	4 100	3 500						
322 395	*305 565*	*268 105*	*234 200*	*287 225*	*280 675*	*276 775*	*256 775*	*244 350*
wie für 1902	422 000	wie für 1900	422 000	402 000	374 000	364 000	370 000	wie 1894/95
	68 400		78 200	78 200	76 000	70 000	75 000	
	1 509 800	1 509 300	1 436 300	1 336 300	1 200 000	1 110 000	1 010 000	
	127 400	wie für 1900		117 400	103 400	97 900	95 560	
	2 127 100	*2 127 600*	*2 063 900*	*1 933 900*	*1 753 400*	*1 641 900*	*1 550 560*	
3 536 817	**3 440 040**	**3 376 413**	**3 254 222**	**3 088 695**	**2 829 301**	**2 673 959**	**2 549 319**	**2 477 042**
2 069 860	2 138 480	—	—	—	—	—	—	—
95 550	83 676	54 251	36 664	—	—	—	—	—
235 000	275 000	315 000	360 000	405 000	455 000	520 000	590 000	660 000
		1) 100	500	wie im Etat für das Rechnungsjahr 1898/99				2 000
20 000	20 000	20 000	20 000					20 000
2 420 410	**2 517 056**	**389 351**	**417 164**	**425 500**	**475 500**	**540 500**	**610 500**	**682 000**

empfänger.

Noch: Anlage CVIII.

Noch: Die Einnahmen und Ausgaben der Justizverwaltung nach den Etats für die Jahre

1	2	3	15	16
Etatsstelle 1903 Kap.	Titel	Etatspositionen	1892/93 ℳ	1891/92 ℳ
			Beamte bei	
			451 400	441 500
			Gefängniss	
75.		**Besondere Gefängnisse.** (1880/81 Gefängnisse überhaupt.)	—	—
			Gefängniss	
			48 400	48 100
		Besoldungen.	Gefängniss	
			71 445	71 400
			Gefängniss	
	1.	Direktoren, Geistliche, Inspektoren, Rendanten, Inspektions, assistenten, Lehrer, Buchhalterinnen, Lehrerinnen und Ingenieure	57 900	57 750
			Gefängniss	
	2.	Unterbeamte	36 950	35 000
	3/6.	Fallen — seit Vereinigung der Besoldungen für alle besonderen Gefängnisse — aus		
		Summe Besoldungen	*666 095*	*653 750*
	7.	Wohnungsgeldzuschüsse	7 272	13 320
		Andere persönliche Ausgaben.		
	8.	Funktionszulagen, Remunerirung der Vorsitzenden von Aufsichtskommissionen, Stellenzulagen	60 925	70 750
	9.	Fällt aus, früher „Ständige Hülfsarbeiter“		
	10.	Remunerationen der an der Leitung oder Beaufsichtigung des Arbeitsbetriebes unmittelbar betheiligten mittleren und unteren Gefängnissbeamten aus dem Arbeitsverdienste der Gefangenen	224 000	206 000
	11.	Für Hülfsarbeiter und Stellvertreter:		
		Ständige Hülfsarbeiter	46 050	46 050
		Nichtständige Hülfsarbeiter und Stellvertreter	23 450	23 450
	12.	Zu ausserordentlichen Remunerationen für Kanzlei- und Unterbeamte	wie 1893/94	
	12a.	Zu ausserordentlichen Remunerationen für mittlere Beamte		
	12b.	Zu ausserordentlichen Unterstützungen für mittlere Beamte		
		Summe „Andere persönliche Ausgaben“	*370 325*	*362 150*
		Sächliche Ausgaben.		
	13.	Bureaubedürfnisse	310 000	397 360
	14.	Normalmässige Mietsentschädigungen	67 000	in Bureau-
	15.	Gefängnissverwaltungskosten	890 000	989 400
	16.	Sonstige vermischte Ausgaben	119 760	in Bureaubeverwaltungs-
		Summe „Sächliche Ausgaben“	*1 386 760*	*1 386 760*
		Summe Kap. 75	**2 430 452**	**2 415 080**
76.		**Wartegelder, Dispositionsgehälter u. s. w.**		
	1.	Wartegelder der in den einstweiligen Ruhestand versetzten richterlichen Beamten	—	—
	2.	Dispositionsgehälter der Hypothekenbewahrer	—	—
	3.	Wartegelder der Subaltern- und Unterbeamten, mit Einschluss der Hülfsbeamten	740 000	840 000
			[1] 3 000	3 000
	4.	Unterstützungen für zur Disposition stehende Beamte	35 000	40 000
		Summe Kap. 76	**778 000**	**883 000**

[1]) Zur Ergänzung des früheren Diensteinkommens zeitweilig wiederbeschäftigter Wartegeld-

[4]) Kap. 79 Titel 11. — [5]) Kap. 79 Titel 12. — [6]) Kap. 80 Titel 4. — [7]) Kap. 81/3 Titel 3.

1903 bis 1891/92, 1889/90, 1886/87, 1880/81, 1878/79, 1874, 1869, 1859 und 1849.

17	18	19	20	21	22	23	24
		Etatsjahr					
1889/90	1886/87	1880/81	1878/79	1874	1869	1859	1849
M	M	M	M	M	M	M	M
den Gefängnissen bei und in Berlin:							
170 450	169 175	151 625	[4]) 151 400	[4]) 70 245	—	—	—
115 820	115 820	—	—	—	—	—	—
in Wronke:							
—	—	—	—	—	—	—	—
in Glückstadt:							
42 375	43 275	47 505	[5]) 46 020	—	—	—	—
in Hannover:							
65 205	60 705	39 375	[6]) 38 520	[6]) 19 860	—	—	—
in Frankfurt a. M.:							
37 410	—	—	—	—	—	—	—
13 530	15 630	9 600	[7]) 9 285	[7]) 6 120	—	—	—
in Beuthen O.-S.							
—	—	—	—	—	—	—	—
		[2]) 159 300					
		[3]) 550 465					
444 790	*404 605*	*957 870*					
5 028	5 028	2 545					
41 650	40 225	21 175					
166 000	150 000	379 300	bei den Gerichten				
27 030	31 740	38 600	bezw. Kriminalkosten				
20 000	11 715						
			verrechnet				
13 000	12 000	16 000					
267 680	*245 680*	*455 075*					
300 400	265 500	200 000					
bedürfnissen enthalten		36 000					
736 600	714 000	4 221 500					
dürfnissen u. Gefängniss-kosten enthalten		—					
1 037 000	*979 500*	*4 457 500*					
1 754 498	**1 634 813**	**5 872 090**					
—	—	2 250 000	—	—	—	—	—
—	—	—	—	—	—	—	—
1 012 000	1 350 000	1 000 000	—	—	—	—	—
6 000	30 000	—	—	—	—	—	—
60 000	77 000	100 000	—	—	—	—	—
1 078 000	**1 457 000**	**3 350 000**	—	—	—	—	—

empfänger. — [2]) Uebrige Gefängnisse: Inspektoren, Oberaufseher u. s. w. — [3]) desgl.: Andere Beamte

Noch: Anlage CVIII.

Noch: Die Einnahmen und Ausgaben der Justizverwaltung nach den Etats für die Jahre

1	2	3	4	5
Etatsstelle 1903		Etatspositionen	1903	1902
Kap.	Titel		ℳ	ℳ
77.		**Baare Auslagen in Civil- und** — seit Oktober 1879 — **Strafsachen**	**10 900 000**	**10 650 000**
78.		**Transportkosten**	**520 000**	wie für
79.		**Nichtaversionirte Postporto- und Gebührenbeträge, Telegrammgebühren**	**174 000**	
80.		**Sonstige Ausgaben.**		
	1.	Umzugs- und Reisekosten versetzter Beamten, Reisekosten und Tagegelder u. s. w.	1 408 000	1 408 000
	2.	Rechnungsgebühren	399 300	381 000
	2a.	Kosten, welche der Justizfiskus als Prozesspartei zu zahlen oder zu erstatten hat; aus der Staatskasse zu zahlende Gebühren der Vertheidiger; den Beschuldigten zu erstattende nothwendige Auslagen; Entschädigungen der im Wiederaufnahmeverfahren freigesprochenen Personen u. s. w.	191 000	195 000
	3.	Unterstützungen für höhere Beamte	30 000	30 000
	4.	Unterstützungen aus besonderen Fonds für Beamte u. s. w. Ausgaben bei Verwaltung dieser Fonds	210 500	211 062
	4a.	Unterstützungen für ausgeschiedene Beamte u. s. w.	700 000	derselbe
	4a.	Ausgaben auf Grund der Kranken-, Unfall- und Invalidenversicherungsgesetze sowie des Unfall-Fürsorgegesetzes	10 850	8 050
	4b.	Zu einmaligen Unterstützungen für Personen, welche, ohne die Eigenschaft von Beamten zu haben, in der Justizverwaltung beschäftigt werden oder beschäftigt gewesen sind, sowie für Hinterbliebene solcher Personen	3 000	wie für
	4c.	Zu Bewilligungen an die Gefangenen aus dem Arbeitsverdienste	800 000	805 100
	4d.	Zu Entschädigungen an Gefangene und deren Angehörige im Falle der Verletzung oder Tödtung eines Gefangenen durch einen bei der Beschäftigung erlittenen Unfall	10 000	
	5.	Kostenbeitrag für gemeinschaftliche Gerichte	64 700	wie für
	6.	Ausserordentliche Ausgaben	15 000	
	7.	Rechnungsvergütungen	3 623	3 039
		Summe Kap. 80	**3 895 973**	**3 833 952**
81.		**Unterhaltung der Justizgebäude mit Ausschluss der grösseren Neubauten und Hauptreparaturen**	**1 550 450**	wie für
82.		**Ausgabe an die Justizoffizianten-Wittwenkasse**	**39 200**	**33 500**
		Summe der dauernden Ausgaben	**116 772 400**	**115 656 000**

1903 bis 1891/92, 1889/90, 1886/87, 1880/81, 1878/79, 1874, 1869, 1859 und 1849.

6	7	8	9	10	11	12	13	14
Etatsjahr								
1901	**1900**	**1899**	**1898/99**	**1897/98**	**1896/97**	**1895/96**	**1894/95**	**1893/94**
M	*M*	*M*	*M*	*M*	*M*	*M*	*M*	*M*
10 650 000	**10 600 000**	**10 430 000**	**10 170 000**	**9 970 000**	**9 970 000**	**9 500 000**	**8 967 000**	**8 967 000**
1903	**520 000**	**529 000**	**513 000**	**513 000**	**513 000**	wie im Etatsjahr für 1896/97		**479 000**
	164 000	**154 000**	wie für das Etatsjahr 1899		**130 000**			**2 704 000**
1 393 000	1 393 000	1 438 000	wie für das Etatsjahr 1899			1 440 000	1 320 000	1 320 000
389 000	420 000	445 000	445 000	378 000	wie für das Etatsjahr 1897/98		363 000	363 000
wie für 1902		195 000	190 000	170 000			170 000	170 000
		30 000	30 000	31 500	wie in dem Etat für das Jahr 1897/98			
		—	—	—	—	—	—	—
Betrag wie in dem Etat für das Jahr 1903					600 000	wie im Etat für 1896/97		
8 050	6 900	6 000	wie in dem Etat für das Jahr 1899				6 000	6 000
1903	1 500	1 500					—	—
885 100	963 000	936 200	—	—	—	—	—	—
		10 000	—	—	—	—	—	—
.903		64 700	64 700	60 200	60 200	60 200	55 000	wie im Etat für 1895/96
		15 000	7 500	7 500	7 500	15 000	15 000	
3 053	3 133	2 742	2 978	3 111	3 268	3 225	7 627	7 526
3 906 965	**4 013 295**	**3 844 142**	**2 885 678**	**2 795 811**	**2 695 968**	**2 705 425**	**2 568 127**	**2 568 026**
.903	**1 507 000**	**1 507 000**	**1 405 300**	**1 400 000**	**1 308 000**	wie im Etat für 1896/97		
34 500	**34 500**	**28 900**	**27 200**	**28 100**	**31 900**	**28 200**	**28 000**	**30 000**
115304200	**109389300**	**105757000**	**103145000**	**97 146 000**	**95 652 000**	**94 071 000**	**91 913 200**	**94 031 000**

Noch: Anlage CVIII.

Noch: Die Einnahmen und Ausgaben der Justizverwaltung nach den Etats für die Jahre

1	2	3	15	16
Etatsstelle 1903		Etatspositionen		
Kap.	Titel		1892/93 ℳ	1891/92 ℳ
77.		**Baare Auslagen in Civil- und** — seit Oktober 1879 — **Strafsachen**	**8 811 000**	**8 556 000**
78.		**Transportkosten**	**452 000**	**424 000**
79.		**Nichtaversionirte Postporto- und Gebührenbeiträge, Telegrammgebühren**	**2 614 000**	**2 554 000**
80.		**Sonstige Ausgaben.**		
	1.	Umzug und Reisekosten versetzter Beamten, Reisekosten und Tagegelder u. s. w.	wie im Etat 1894/95	
	2.	Rechnungsgebühren	345 000	345 000 Wittwen- u.
	2 a.	Kosten, welche der Justizfiskus als Prozesspartei zu zahlen oder zu erstatten hat; aus der Staatskasse zu zahlende Gebühren der Vertheidiger; den Beschuldigten zu erstattende nothwendige Auslagen; Entschädigungen der im Wiederaufnahmeverfahren freigesprochenen Personen u. s. w.	—	—
	3.	Unterstützungen für höhere Beamte		derselbe
	4.	Unterstützungen aus besonderen Fonds für Beamte u. s. w. Ausgaben bei Verwaltung dieser Fonds	—	—
	4 a.	Unterstützungen für ausgeschiedene Beamte u. s. w.	300 000	wie im Etat
	4 a.	Ausgaben auf Grund der Kranken-, Unfall- und Invalidenversicherungsgesetze sowie des Unfall-Fürsorgegesetzes .	6 000	—
	4 b.	Zu einmaligen Unterstützungen für Personen, welche, ohne die Eigenschaft von Beamten zu haben, in der Justizverwaltung beschäftigt werden oder beschäftigt gewesen sind, sowie für Hinterbliebene solcher Personen	—	—
	4 c.	Zu Bewilligungen an die Gefangenen aus dem Arbeitsverdienste	—	—
	4 d.	Zu Entschädigungen an Gefangene und deren Angehörige im Falle der Verletzung oder Tödtung eines Gefangenen durch einen bei der Beschäftigung erlittenen Unfall . . .	—	—
	5.	Kostenbeitrag für gemeinschaftliche Gerichte	wie in dem Etat für das Jahr 1895/96	
	6.	Ausserordentliche Ausgaben		
	7.	Rechnungsvergütungen	7 508	7 837
		Summe Kap. 80 . . .	**2 080 008**	**2 074 337**
81.		**Unterhaltung der Justizgebäude mit Ausschluss der grösseren Neubauten und Hauptreparaturen**	wie im Etat 1896/97	
82.		**Ausgabe an die Justizoffizianten-Wittwenkasse** . . .	**33 000**	**36 000**
		Summe der dauernden Ausgaben . . .	**90 970 500**	**89 446 558**

[1]) Aussschliesslich des ein eigenes Kapitel bildenden Kostenbeitrags für die gemeinschaftlichen

1903 bis 1891/92, 1889/90, 1886/87, 1880/81, 1878/79, 1874, 1869, 1859 und 1849.

17	18	19	20	21	22	23	24
Etatsjahr							
1889/90 M	1886/87 M	1880/81 M	1878/79 M	1874 M	1869 M	1859 M	1849 M
8 309 000	**8 168 000**	**7 795 907**	**3 193 466**	**2 850 000**	**2 737 081**	**2 041 901**	—
412 000	**372 000**	—	—	—	—	—	—
2 515 000	**2 130 000**	**2 974 680**	**2 674 680**	**2 551 260**	—	—	—
1 320 000	1 320 000	175 400	175 400	65 400	65 400	42 000	in dem „allgemeinen Dispositionfonds" von 72 000 M enthalten
370 000	420 000	—	—	—	—	—	—
Waisengelder:	446 700	—	—	—	—	—	—
—	—	—	—	—	—	—	—
Betrag wie im Etat für das Jahr 1897/98						15 000	24 000
—	—	—	—	—	—	—	—
für das Jahr 1892/93		220 000	200 000	138 000	98 700	—	—
—	—	—	—	—	—	—	—
—	—	—	—	—	—	—	—
—	—	—	—	—	—	—	—
—	—	—	—	—	—	—	—
50 000	50 000	25 000	—	—	—	—	—
15 000	15 000	15 000	15 000	7 500	7 500	6 000	im „allgem. Dispositionsfonds" enthalten
7 942	8 584	9 000	9 000	9 000	—	—	—
2 094 442	**2 591 784**	1) **450 900**	**430 900**	**251 400**	—	—	—
1 300 000	**1 000 000**	**756 000**	**756 000**	**600 000**	**253 200**	**156 000**	**99 600**
36 000	**36 000**	**56 000**	**65 000**	**82 200**	**36 400**	2) **(28 767)**	**1 248**
86 377 500	**85 463 000**	**73 347 300**	**69 456 000**	**59 317 050**	**47 831 340**	**34 981 812**	**19 897 002**

Gerichte. — 2) Nur vor der Linie aufgeführt.

Anlage CIX.

Uebersicht der Einnahmen und Ausgaben der Justizoffizianten-Wittwenkasse.

1	2	3	4	5	6	7	8	9	10	11
	Einnahmen (in Mark)				Ausgaben (in Mark)					
		Sonstige Einnahmen								
Etatsjahr	Zinsen von Kapitalien	Aus dem Verlage des Justiz-Ministerialblatts und dem Verkaufe kassirter Akten	Zuschuss der General-Staatskasse zur Besoldung des Rendanten	Aus anderen Quellen (Geschenke, Verlagshonorare)	Besoldungen	Wohnungsgeldzuschüsse	Remuneration des Kontroleurs	Legate	Pensionen und laufende Unterstützungen	Erziehungsgelder und laufende Unterstützungen für erwachsene Kinder verstorbener Justiz-…
1849	88 500	15 552			3 171	—	—	—	94 962	
1869	186 810,8	86 189,2	—	—	6 900	—	—	1 500	129 778	32 365,2
1879/80	217 845	60 000	300	4 855	10 200	1 800	—	2 280	192 789,5	18 329,5
1884/85	203 609,5	51 000	300	2 090,5	7 500	900	—	1 980	139 475,84	14 059,5
1889/90	195 200	36 000	300	4 500	6 000	900	600	1 980	126 800	20 000
1894/95	196 400	28 000	300	2 300	6 000	900	800	1 980	162 133	35 224
1899	170 675	28 900	300	2 900	6 200	900	500	1 980	120 213,5	32 843
1903	178 345,75	39 200	300	2 500	6 700	900	800	1 980	115 675	45 111

1	12	13	14	15	16	17	18	19	20	21	22	23
	Noch: Ausgaben (in Mark)											
Etatsjahr	Zu laufenden Unterstützungen und Pensionsbewilligungen während des Jahreslaufs	Ausserordentliche Unterstützungen	Unterstützungen an Beamte durch Zuschüsse zu den für nachträgliche Pensionsversicherungen bei den Allgemeinen Wittwen-Verpflegungskassen zu entrichtenden Beiträge	Zur Vertretung erkrankter u. s. w. Beamten	Für Schreibarbeiten	Ausserordentliche Remunerationen und Unterstützungen für Kassenbeamte	Sächliche Ausgaben	Sonstige vermischte Ausgaben	Post- und Telegraphengebühren	Zurückzahlungen herrenloser Depositalgelder	Rechnungsvergütungen	Summe der Ausgabe…
1849	—	7 167	—	—	—	—	—	—	—	—	—	105 300
1869	—	48 306,75	24 000	—	450	—	in Sp. 16 enthalten				—	243 000
1879/80	31 851	62 000	27 000	—	150	510	—	—	90	—	—	347 000
1884/85	27 000	27 000	6 000	—	100	360	—	—	60	—	—	257 000
1889/90	45 800	23 000	4 500	300	460	360	150	100	20	5 000	30	236 000
1894/95	8 083	7 000	2 500	300	520	510	100	40	10	900	—	227 000
1899	20 378,5	16 000	1 580	300	540	510	80	40	10	700	—	202 775
1903	18 740,75	24 000	950	300	540	510	80	40	18	4 000	—	220 345,…

Anlage CX.

Uebersicht über den Arbeitsverdienst der gerichtlichen Gefangenen und seine Verwendung.

1	2	3	4	5	6	7	8	9	10
				Von dem Betrag in Spalte 4 sind		Gesammtzahl der im Laufe des Jahres detinirt gewesenen Gefangenen			
Etatsjahr	Gesammtbetrag ℳ	Antheil der Gefangenen ℳ	Nach Abzug von Spalte 3 verbleibt ℳ	an die Staatskasse abgeführt ℳ	zu Renum. der Gefängnissbeamten und für die Waisen-Unterstützungsfonds verwendet ℳ	Im Ganzen	Hiervon Strafgefangene	Untersuchungsgefangene	Durchschnittszahl der täglichen Belegung der Gefängnisse
1870 . . .	560 139	173 784	386 355	185 814	200 541	[1]) —	[1]) —	[1]) —	[1]) —
1871 . . .	468 186	145 548	322 638	155 511	167 127	—	—	—	13 751
1872 . . .	553 188	174 366	378 822	183 630	195 192	—	—	—	14 507
1873 . . .	672 768	202 182	470 586	223 626	246 960	—	—	—	14 433
1874 . . .	831 486	257 721	573 765	276 949	296 816	—	—	—	16 243
1875 . . .	918 711	285 676	633 035	306 316	326 719	—	—	—	17 485
1876 . . .	1 030 955	319 553	711 402	343 688	367 714	—	—	—	19 821
1877/78. .	1 100 041	342 356	757 685	366 683	391 002	—	—	—	23 433
1878/79. .	1 156 269	357 220	799 049	385 424	413 625	—	—	—	26 244
1879/80. .	1 021 980	316 196	705 784	340 942	364 842	—	—	—	[1]) .
1880/81. .	1 191 296	366 377	824 919	397 145	427 774	—	—	—	31 600
1881/82. .	1 293 140	395 754	897 386	431 282	466 104	620 404	475 464	143 715	32 698
1882/83. .	1 491 620	458 318	1 033 302	497 453	538 849	583 161	439 908	141 998	31 535
1883/84. .	1 614 434	487 180	1 127 254	538 289	588 965	547 930	399 155	131 500	27 760
1884/85. .	1 697 368	511 366	1 186 002	565 809	620 193	512 355	376 470	119 386	27 402
1885/86. .	1 796 860	537 786	1 259 074	598 853	660 221	482 669	344 218	120 386	27 030
1886/87. .	1 754 680	535 766	1 218 914	585 491	633 423	487 829	353 363	116 669	26 914
1887/88. .	1 889 910	578 448	1 311 462	629 382	682 080	451 149	330 295	105 459	26 548
1888/89. .	2 006 214	590 024	1 416 190	668 204	747 795	384 927	264 080	105 857	24 990
1889/90. .	2 230 656	677 074	1 553 582	743 298	810 474	421 453	315 383	106 070	27 573
1890/91. .	2 463 070	744 746	1 718 324	820 449	897 875	452 955	329 246	123 709	29 499
1891/92. .	2 579 916	781 246	1 798 670	859 507	937 766	488 728	349 946	138 782	30 783
1892/93. .	2 648 787	795 531	1 853 256	882 364	979 249	518 094	372 329	145 765	33 388
1893/94. .	2 725 644	824 742	1 900 902	1 507 219	393 683	504 933	362 059	142 874	33 261
1894/95. .	2 876 163	869 104	2 007 059	1 598 270	408 789	515 472	371 056	144 416	33 735
1895/96. .	2 950 705	891 807	2 058 898	1 631 722	427 176	477 578	340 806	136 772	32 222
1896/97. .	3 009 541	917 323	2 092 218	1 657 508	434 710	458 847	328 522	130 325	31 839
1897/98. .	3 296 283	955 172	2 341 611	2 187 192	254 419	457 201	327 112	130 089	32 276
1898/99. .	3 526 257	971 401	2 554 849	2 287 239	267 610	445 337	315 789	129 548	33 021
1899 . . .	3 603 527	798 751	2 804 776	2 536 267	268 509	430 350	302 820	127 530	32 590
1900 . . .	3 668 335	802 875	2 865 460	2 588 277	276 183	435 797	297 787	138 010	32 414
1901 . . .	3 364 943	798 201	2 836 742	2 559 055	277 087	479 157	321 711	157 446	34 546

[1]) Die Zahlen für Spalte 7—9 für die Jahre 1870 bis 1880/81 und für Spalte 10 für 1870 und 1879/80 waren nicht festzustellen.

Zahl der etatsmässigen Stellen bei den Gerichten nach den Etats 1895/96, 1901

Gerichte.	Beamtenkategorie.	1849	1851
Obertribunal *Hierzu 1849 und 1851 Rheinischer Revisions- und Kassationshof, 1869, mit *) bezeichnet Ober-Appellationsgericht.*	Präsidenten	4 + *1*	4 + *1*
	Vicepräsidenten		
	Räthe	31 + *11*	32 + *11*
	Generalstaatsanwalt	—	—
	Oberstaatsanwälte	—	1
	Bureaubeamte	11 + *2*	11 + *2*
	Kanzleibeamte		
	Unterbeamte	4 + *2*	4 + *2*
1849 Oberlandesgerichte einschl. Kammergericht, Hausvoigteigericht, Kurmärkisches Pupillenkollegium, Ober-Appellationsgericht, Konsistorium und Hofgericht in Greifswald, Tribunal in Königsberg, Ober-Appellationsgericht in Posen, Justizsenat in Ehrenbreitstein, Appellationsgerichtshof in Cöln, **1851 bis 1878/79 Appellationsgerichte** einschliessl. Kammergericht sowie Rheinischer Appellationsgerichtshof und Appelationsgericht in Celle, Frankfurt a. M. und in den übrigen neuen Provinzen, **1880/81 bis 1903 Oberlandesgerichte** (einschl. Kammergericht).	Präsidenten	25	22
	Vicepräsidenten bezw. Senatspräsidenten (1849 auch Direktoren)	27	22
	Räthe	463(414)	328
	Assessoren		
	Oberstaatsanwälte, General-Prokurator in der Rheinprovinz, Kron-Oberanwalt in Hannover	General-prokurat. 1	22
	Staatsanwälte, Staatsanwaltsgehülfen und -Substituten, General-Advokaten und Prokuratoren in der Rheinprovinz, Substitute des Oberkronanwalts in Hannover	General-direktoren [3] 3	7
	Rechnungsrevisoren und Justizhauptkassenrendanten	735	[4] 133
	Sekretäre		
	Bureau- und Kassen-Assistenten		[4] 220
	Kanzleibeamte		
	Unterbeamte	296	[4] 145
1849 Untergerichte in den alten Provinzen mit Ausschluss der Rheinprovinz, Land-, Friedens- u. Handelsgericht der Rheinprovinz, **seit 1851 Gerichte I. Instanz** einschl. der Rheinischen Land-, und — seit 1869 — der Hannoverschen Obergerichte, **seit der Justizreform von 1879 Land- und Amtsgerichte.**	Landgerichtspräsidenten	8	9
	Obergerichtspräsidenten und Vicepräsidenten in Hannover	—	—
	Kammerpräsidenten	13	14
	Präsidenten und Direktoren der Untergerichte	1 996	250
	Richter		2 536
	Assessoren		
	Hypothekenamts-Vorsteher	—	—
	Ober-Prokuratoren	8	9
	Erste Staatsanwälte	—	—
	Prokuratoren	[10]	[10]
	Staatsanwälte und Staatsanwaltsgehülfen	—	196
	Kronanwälte und Substituten solcher	—	—
	Häuser-Administrationsinspektoren	—	—
	Rendanten	2 312	—
	Sekretäre (Bureau- u. Kassenb. I. Klasse)		2 463
	Assistenten (Bureau- u. Kassenb. II. Kl.)		1 402
	Buchhalter	—	
	Kalkulatoren	—	
	Kanzleibeamte	—	
	Unterbeamte	1 873	[15] 2 545

[1]) ausschl. der neuen Landestheile. — [2]) einschl. Kanzleidirektoren. — [3]) Prokuratoren bei den Landgerichten mitgezählt. — [5]) desgl. hinsichtlich des Appellationsgerichts in Celle. — [6]) Landvorsteher bei der Staatsanwaltschaft des Landgerichts I in Berlin. — [10]) unter den Richtern enthalten. Assistenten bei Staatsanwaltschaften. — [14]) Gerichtsvollzieher. — [15]) einschl. Gefangenwärter. —

für 1849, 1851, 1867, 1869, 1875, 1878/79, 1880/81, 1890/91, und 1903.

Die Zahl betrug								
[1]) 1867	1869	1875	1878/79	1880/81	1890/91	1895/96	1901	1903
1	1 + *)1	1	wie 1875					
5	5 + *)1	6						
48	51 + *)14	62						
1	1	1						
2	3	3						
[2]) 14	14 + *)3	16						
10	10 + *)2	17						
12	12 + *)4	16						
22	27	27	27	13	13	13	13	13
18	23	23	23	36	38	42	46	49
323	390	384	384	234	242	260	280	291
22	27	27	27	13	13	13	13	13
13	17	18	19	9	14	14	21	714
[4]) 19	[4]) 23	23	23	13	26	26	26	26
[4]) 84	[4]) 103	127	135	76	236	244	315	320
[4]) 57	[4]) 65	57	60	8	51	64	—	—
[4]) 96	[4]) 111	162	162	56	70	80	86	86
[4]) 133	[5]) 158	162	166	76	91	100	105	107
9	9	9	9					
				Landgerichtspräsidenten:				
—	24	24	23	91	92	93	93	93
14	14	15	15	Amtsgerichtspräsident		1	1	1
250	266	266	264	[6]) 177	[6]) 190	[6]) 221	[6]) 251	[6]) 269
2 785	3 421	3 474	3 507	[7]) 3 385	[7]) 3 460	[7]) 3 691	[7]) 3 991	[7]) 4 137
	[8]) 26	[8]) 7	—	—	—	—	—	—
—	4	—	—	—	—	—	—	—
9	9	9	9	—	—	—	—	—
—	—	1	1	91	92	93	93	93 + [9])5
		Staatsanwälte:		117	182	213	292	319
25	25	26	26		Amtsanwälte: 9	24	29	32
165	185	187	201	—	—	—	—	—
—	27	27	26	—	—	—	—	—
					Hypothekenbewahrer: 21	21	1	—
1	1	1	1	1	1	1	1	—
				Rechnungsrevisoren: 92	94	95	97	97
					Rendanten: 97	100	109	107
298	315	316	313	[11]) 2 902	3 797	4 066	4 936	5 128
2 205	2 757	2 770	2 941	[12]) 114				
1 337	1 342	1 280	1 284	[13]) 872	1 413	2 028	1 485	1 514
—	—	2	2	—	—	—	—	—
43	44	45	45	14	14	14	17	17
322	361	377	367	300	358	476	512	563
3 072	3 947	4 461	3 727	[14]) 1 800	1 807	1 826	2 079	2 089
				[16]) 2 033	2 311	2 410	2 496	2 576

Räthen gezählt. — [4]) Diese Beamten des Rheinischen Appellationsgerichtshofs sind bei den dortigen gerichtsdirektoren. — [7]) Land- und Amtsrichter. — [8]) Accessisten. — [9]) Staatsanwälte als Abtheilungs- — [11]) Gerichtsschreiber. — [12]) Sekretäre der Staatsanwaltschaft. — [13]) Gerichtsschreibergehülfen, [16]) Diener und Kastellane.

Anlage CXII.

Zahl der anhängig gewordenen Civilprozesse 1886 bis 1902.

1	2	3	4	5	6	7	8	9	10
Jahr	Erste Instanz.							Berufungen bei den	
	Amtsgerichte.				Landgerichte.				
	Mahnsachen	Civilprozesse		Arrestverfahren	Civilprozesse		Arrestverfahren	Landgerichten	Oberlandesgerichten
		Zahl	darunter Wechselprozesse		Zahl	darunter Wechselprozesse			
1886.	1 322 381	758 658	79 617	38 155	95 802	21 566	5 715	24 174	10 419
1887.	1 295 032	762 516	80 625	36 080	94 662	21 267	6 050	24 840	10 491
1888.	1 304 721	789 678	82 641	35 911	95 676	21 512	6 334	26 506	10 143
1889.	1 283 259	809 204	85 014	34 948	100 872	23 918	6 755	27 589	10 216
1890.	1 238 218	836 027	91 312	33 416	115 844	31 217	7 833	27 674	10 600
1891.	1 409 476	938 255	114 176	37 787	131 490	38 296	8 121	28 040	11 495
1892.	1 488 620	1 039 960	128 152	40 126	138 080	38 723	8 554	30 051	12 377
1893.	1 367 079	1 014 316	121 518	37 107	135 709	37 928	8 843	30 628	12 486
1894.	1 346 860	1 061 070	127 198	35 865	139 334	37 786	8 991	31 657	13 227
1895.	1 305 644	1 047 279	121 851	34 458	129 957	31 981	8 530	31 754	13 340
1896.	1 259 585	1 049 706	113 409	31 877	130 892	31 276	9 381	33 014	13 700
1897.	1 247 952	1 086 256	119 655	30 811	137 117	33 199	9 287	32 663	13 923
1898.	1 218 820	1 121 149	122 586	30 103	147 166	36 087	9 998	33 650	14 774
1899.	1 250 073	1 154 260	128 618	29 158	155 829	39 084	9 956	32 976	15 049
1900.	1 240 575	1 163 359	136 645	26 976	175 601	47 872	9 441	33 252	16 662
1901.	1 363 024	1 306 487	162 912	28 409	202 809	57 434	10 631	35 643	18 737
1902.	1 292 587	1 358 042	169 252	29 507	204 711	47 712	11 255	40 191	20 926

Anlage CXIII.

Zahl der anhängig gewordenen Strafsachen, 1881 bis 1902.

1	2	3	4	5	6	7	8	9	10	11	12
Jahr	Amtsgerichte.					Landgerichte.					Oberlandesgerichte.
	Privatklagesachen	Strafbefehle		Anklagesachen		Vor dem Schwurgerichte	Vor den Strafkammern		Berufungen		Revisionen gegen Urtheile in der Berufungsinstanz
		in Forstdiebstahlssachen	in anderen Sachen	wegen Vergehen	wegen Uebertretungen		wegen Verbrechen	wegen Vergehen	in Privatklagesachen	in anderen Sachen	
1886	54 464	237 482	107 076	175 255	172 973	3 370	17 768	21 185	6 118	28 552	2 052
1887	53 586	216 219	104 123	167 584	162 173	3 193	17 023	21 942	6 518	29 190	2 213
1888	52 756	212 195	99 878	165 570	156 257	2 971	16 870	22 341	6 199	28 294	2 165
1889	56 433	199 584	98 174	179 380	158 142	3 000	18 729	23 220	6 653	30 704	2 250
1890	56 792	170 655	93 559	179 702	151 911	3 114	19 178	24 906	7 106	31 958	2 491
1891	54 397	156 855	95 655	185 297	163 789	2 992	20 640	26 713	6 507	32 328	2 542
1892	56 260	176 771	106 606	198 284	185 004	3 309	23 686	29 280	6 636	34 193	2 534
1893	58 145	188 074	109 120	198 519	181 812	3 407	21 804	30 234	7 207	36 144	2 769
1894	60 422	162 279	115 443	207 865	196 239	3 334	22 689	29 894	7 568	39 140	3 058
1895	60 066	136 915	116 363	214 732	189 804	3 411	22 731	31 238	8 088	42 573	3 704
1896	64 112	128 494	118 369	215 867	197 064	3 388	23 137	30 492	7 977	42 276	3 424
1897	65 560	115 560	113 531	214 566	181 713	3 105	23 067	30 576	8 282	41 735	3 312
1898	60 064	91 421	110 497	217 252	169 754	3 169	24 563	31 484	8 512	42 147	3 468
1899	64 991	77 357	109 594	214 617	164 825	2 957	23 831	32 163	8 252	41 812	3 543
1900	64 184	83 279	109 746	216 535	160 498	2 793	24 535	32 703	7 796	41 108	3 314
1901	68 505	103 121	121 814	229 330	182 037	3 033	27 197	34 896	8 430	44 046	3 480
1902	69 431	96 199	129 060	231 322	192 359	2 941	28 117	35 906	9 076	47 922	4 232

Anlage CXIV.

Zahl der eingetragenen Genossenschaften in Preussen und Waldeck.

1	2	3	4	1	2	3	4
Jahr	Zahl der Eintragungen am Schlusse des Vorjahres	Zahl der Eintragungen	Zahl der Löschungen	Jahr	Zahl der Eintragungen am Schlusse des Vorjahres	Zahl der Eintragungen	Zahl der Löschungen
1880 . . .	1 552	116	39	1892 . . .	3 475	529	104
1881 . . .	1 629	119	49	1893 . . .	3 900	477	106
1882 . . .	1 699	99	43	1894 . . .	4 271	601	158
1883 . . .	1 755	154	64	1895 . . .	4 714	1 251	129
1884 . . .	1 845	210	38	1896 . . .	5 836	1 358	230
1885 . . .	2 017	206	68	1897 . . .	6 964	1 303	156
1886 . . .	2 155	226	85	1898 . . .	8 111	965	186
1887 . . .	2 296	275	79	1899 . . .	8 890	751	169
1888 . . .	2 492	378	156	1900 . . .	9 472	1 040	221
1889 . . .	2 714	365	212	1901 . . .	10 291	1 231	178
1890 . . .	2 867	445	168	1902 . . .	11 344	1 086	213
1891 . . .	3 144	431	100				

Anlage CXV.

Zusammenstellung der Zwangsversteigerungen von Grundstücken.

1	2	3	4	5	6	7	8
Jahr	Zahl der Versteigerungen	Flächeninhalt der versteigerten Grundstücke ha	Zahl der versteigerten land- und forstwirthschaftlichen Grundstücke	Zahl der Versteigerungen auf Antrag eines persönlichen Gläubigers	Zahl der Versteigerungen auf Antrag des Konkursverwalters	Zahl der Versteigerungen auf Antrag eines dinglich Berechtigten	Zahl der Fälle, in denen das Verfahren wegen Mangels zulässigen Gebots aufgehoben ist
A. Im Geltungsbereich des Gesetzes vom 13. Juli 1883 für die Jahre 1886 bis 1899.							
1886.	8 529	106 420	4 698	774	205	6 842	177
1887.	8 433	112 179	4 739	722	229	6 770	157
1888.	8 324	116 038	4 750	725	190	6 656	149
1889.	7 656	86 765	4 229	629	172	6 151	114
1890.	7 192	75 448	3 766	594	163	5 714	117
1891.	7 308	85 292	3 544	525	186	5 870	91
1892.	9 114	89 890	4 162	585	265	7 547	111
1893.	9 725	91 177	3 745	580	241	8 179	84
1894.	10 237	82 784	3 860	609	229	8 694	87
1895.	10 393	87 166	3 794	557	229	8 870	70
1896.	9 865	87 048	3 518	560	182	8 350	67
1897.	9 253	62 947	3 406	570	180	7 758	82
1898.	8 849	54 299	3 350	574	180	7 301	70
1899.	8 254	52 519	3 016	536	159	6 774	32
B. Im Geltungsbereich des Reichsgesetzes vom 24. März 1897.							
1900.	8 323	56 251	3 044	589	181	6 788	41
1901.	9 597	51 232	3 418	694	255	7 770	39
1902.	10 560	62 351	3 420	731	283	8 562	52

Anlage CXVI.

Uebersicht über die Vertheilung der etatsmässigen Justizbeamten auf die einzelnen Oberlandesgerichtsbezirke im Etatsjahr 1903 und — *in schrägem Druck* — hinsichtlich der höheren am 1. Oktober 1879.

Oberlandes-gerichtsbezirk	Oberlandesgerichts-Präsidenten	Senatspräsidenten	Oberlandesgerichtsräthe	Oberstaatsanwälte	Staatsanwälte als Vertreter der Oberstaatsanwälte	sonstige Staatsanwälte	Rechnungsrevisoren und Hauptkassenrendanten	Gerichtsschreiber und Sekretäre	Kanzlisten	Gerichtsdiener und Kastellane	Landgerichtspräsidenten, Amtsgerichtspräsident	Landgerichtsdirektoren	Land- und Amtsrichter	Erste Staatsanwälte u. Abtheilungsvorsteher i. Berlin	Staatsanwälte	Rendanten in Berlin und Breslau, Vorsteher d. Einziehungsamts, Oberbuchh.	Rendanten, Rechnungsrevisoren, Gerichtsschreiber, Sekretäre, Zwangsverwaltungsinspektoren	Gerichtsschreibergehülfen und Assistenten	Kalkulatoren	Amtsanwälte	Kanzlisten	Gerichtsvollzieher	Gerichtsdiener, Kastellane, Gefangenaufseher u. s. w.	Gefängniss-Inspektoren	Inspektionsassistenten, Lehrer	Oberaufseher, Werkmeister, Hausmeister, Küchenmeist.	Lehrerinnen, Oberaufseherinnen	Aufseherinnen
Königsberg	1	2	16	1	—	1	2	20	4	7	8	17	271	8	20	—	366	133	1	2	38	128	273	12	6	6	1	7
	1	*2*	*12*	*1*	—	*1*	—	—	—	—	*7*	*13*	*248*	*7*	*9*	—	—	—	—	—	—	—	—	—	—	—	—	—
Marienwerder	1	1	10	1	—	1	2	13	4	5	5	12	187	5	16	—	256	91	1	2	23	80	179	9	4	4	—	3
	1	*1*	*10*	*1*	—	*1*	—	—	—	—	*5*	*9*	*179*	*5*	*8*	—	—	—	—	—	—	—	—	—	—	—	—	—
Kammergericht	1	14	79	1	1	3	2	69	24	23	10	61	658	14	56	3	988	229	8	9	136	319	495	5	5	7	—	7
	1	*9*	*49*	*1*	—	*2*	—	—	—	—	*9*	*28*	*455*	*9*	*18*	—	—	—	—	—	—	—	—	—	—	—	—	—
Stettin	1	2	15	1	—	—	2	14	4	6	5	9	178	5	11	—	232	59	1	3	23	87	179	7	2	2	1	5
	1	*2*	*12*	*1*	—	—	—	—	—	—	*5*	*7*	*169*	*5*	*5*	—	—	—	—	—	—	—	—	—	—	—	—	—
Posen	1	3	16	1	1	1	2	18	5	7	7	15	247	7	20	—	289	107	1	—	33	106	233	7	2	5	—	7
	1	*3*	*16*	*1*	—	*1*	—	—	—	—	*7*	*15*	*242*	*7*	*7*	—	—	—	—	—	—	—	—	—	—	—	—	—
Breslau	1	6	28	1	1	3	2	43	10	11	14	32	570	14	49	1	661	227	2	5	69	264	582	25	19	18	2	31
	1	*4*	*28*	*1*	—	*1*	—	—	—	—	*14*	*24*	*509*	*14*	*14*	—	—	—	—	—	—	—	—	—	—	—	—	—
Naumburg	1	4	22	1	1	1	2	27	5	7	8	18	340	8	25	—	490	132	3	2	41	182	326	6	7	13	—	7
	1	*2*	*16*	*1*	—	—	—	—	—	—	*8*	*12*	*289*	*8*	*9*	—	—	—	—	—	—	—	—	—	—	—	—	—
Kiel	1	1	8	1	—	—	2	13	4	6	3	9	159	3	10	—	215	51	—	1	18	98	146	4	2	7	2	6
	1	*1*	*8*	*1*	—	—	—	—	—	—	*3*	*7*	*136*	*3*	*5*	—	—	—	—	—	—	—	—	—	—	—	—	—
Celle	1	2	17	1	1	1	2	21	5	6	8	16	309	8	15	—	353	87	—	3	37	176	231	1	1	5	—	2
	1	*2*	*15*	*1*	—	*1*	—	—	—	—	*8*	*15*	*287*	*8*	*8*	—	—	—	—	—	—	—	—	—	—	—	—	—
Hamm	1	6	29	1	1	1	2	27	7	9	9	29	417	9	38	—	525	136	—	2	53	217	321	8	8	8	—	6
	1	*4*	*25*	*1*	—	*1*	—	—	—	—	*8*	*17*	*208*	*8*	*9*	—	—	—	—	—	—	—	—	—	—	—	—	—
Kassel	1	1	8	1	—	—	2	15	3	5	3	5	135	3	4	—	193	35	—	—	13	90	120	2	—	1	—	2
	1	*1*	*8*	*1*	—	—	—	—	—	—	*3*	*5*	*126*	*3*	*4*	—	—	—	—	—	—	—	—	—	—	—	—	—
Frankfurt a. M.	1	2	14	1	—	—	2	15	5	7	5	11	188	5	12	—	252	60	—	2	24	88	142	4	2	5	—	3
	1	*1*	*10*	*1*	—	—	—	—	—	—	*5*	*8*	*158*	*5*	*4*	—	—	—	—	—	—	—	—	—	—	—	—	—
Cöln	1	5	29	1	1	2	2	25	6	5	9	35	478	9	43	—	637	167	—	1	55	254	261	—	—	1	—	—
	1	*4*	*25*	*1*	—	*1*	—	—	—	—	*9*	*17*	*261*	*9*	*16*	—	—	—	—	—	—	—	—	—	—	—	—	—

Anlage CXVII.

Uebersicht der Normalbesoldungen der etatsmässigen Beamten bei den Gerichten und Staatsanwaltschaften.

A. Vor der Gerichtsreorganisation von 1879.

1	2	3
Jahr. — Behörde. — Beamtenkategorie.	Normalmässige Besoldungen Maximum*) ℳ	Minimum ℳ
1849.		
Obertribunal.		
Chefpräsident	18 000	.
Vicepräsidenten	10 500	.
Räthe	8 400	6 000
Subalterne	3 600	1 200
Unterbeamte	1 050	600
Rheinischer Revisions- und Kassationshof.		
Mitglieder	7 500	6 000
Subalterne (neben Emolumenten)	3 300	1 800
Unterbeamte (neben Emolument.)	1 080	1 050
Kammergericht.		
Präsident des Instruktionssenats (inkl. 1800 M. Wohnungsgeld)	13 200	.
Präsident des Ober-Appellationssenats	10 500	.
Vicepräsident	7 800	.
Präsident des Pupillen-Kollegiums	8 400	.
Räthe	5 400	2 700
Assessoren	1 800	1 500
Salarienkassen-Rendanten	4 500	.
Kalkulatoren	3 900	2 400
Sekretäre (inkl. Gebühren)	3 600	.
Sonstige Subalterne	3 000	1 200
Unterbeamte	1 080	600
Tribunal in Königsberg.		
Präsident (inkl 1800 M. Wohnungsgeld)	13 800	.
Räthe	4 800	3 000
Subalterne	2 700	1 500
Unterbeamte	900	.
Ober-Appellationsgericht in Posen.		
Präsident (inkl. 1800 M. Wohnungsgeld)	13 200	.
II. Präsident	9 000	.
Räthe	4 800	3 000
Subalterne	3 000	1 800
Unterbeamte	900	750
Ober-Appellationsgericht in Greifswald.		
Präsident (neben freier Wohnung)	10 500	.
Räthe	5 400	3 600
Subalterne	3 000	1 500
Unterbeamte	990	600

1	2	3
Jahr. — Behörde. — Beamtenkategorie.	Normalmässige Besoldungen Maximum*) ℳ	Minimum ℳ
Oberlandesgerichte I. Klasse.		
Chefpräsident (einschl. 1800 M. Wohnungsgeld)	12 300	.
Vicepräsident	7 500	.
Räthe	4 800	2 400
Assessoren	1 800	1 500
Salarienkassen-Rendanten	4 200	.
Kalkulatoren	3 300	.
Sonstige Subalterne	3 000	1 050
Unterbeamte	900	600
Oberlandesgerichte II. Klasse.		
Präsidenten (einschl. 1800 M. Wohnungsgeld)	11 700	.
Räthe	4 500	2 400
Assessoren	1 800	1 500
Salarienkassen-Rendanten	3 900	.
Kalkulatoren	3 000	.
Sonstige Subalterne	2 700	1 050
Unterbeamte	900	450
Hofgericht und Konsistorium in Greifswald haben keine Normal-Etats.		
Appellationsgerichtshof in Cöln.		
Präsident (einschl. 1800 M. Wohnungsgeld)	12 300	.
Senatspräsidenten	6 000	.
Räthe	4 500	3 600
Assessoren	1 800	.
Generalprokuratoren	9 000	.
Generaladvokaten	6 000	4 500
Prokuratoren	3 600	3 000
Subalterne (neben Emolumenten)	2 400	900
Landgerichte in der Rheinprovinz.		
Präsidenten	5 400	.
Kammerpräsidenten	3 600	.
Räthe	3 000	2 400
Assessoren	1 800	1 500
Oberprokuratoren	4 500	3 900
Prokuratoren	3 000	2 400
Subalterne (neben Emolumenten)	2 100	900
Justiz-Senat Ehrenbreitstein.		
Direktor	5 400	.
Räthe	3 000	2 100
Subalterne	2 100	1 500
Unterbeamte	900	750

*) Bezw. Einzelgehalt.

Noch: Uebersicht der Normalbesoldungen der etatsmässigen Beamten bei den Gerichten und Staatsanwaltschaften.

Noch: A. Vor der Gerichtsreorganisation von 1879.

1	2	3
Jahr. — Behörde. — Beamtenkategorie.	Normalmässige Besoldungen: Maximum *) ℳ	Normalmässige Besoldungen: Minimum ℳ
Noch: 1849.		
Untergerichte mit Ausschluss der Rheinprovinz.		
Gerichte mit 1 oder 2 Richtern.		
Richter	2 400	1 500
Subalterne	1 500	1 200
Unterbeamte	600	360
Gerichte mit 3 Richtern.		
Richter	2 700	1 500
Subalterne	1 800	1 350
Unterbeamte	600	450
Gerichte mit 4 Richtern.		
Direktoren	3 900	3 000
Richter	2 700	1 500
Subalterne	1 800	1 350
Unterbeamte	750	450
Gerichte mit 5 bis 11 Mitgliedern.		
Direktoren	4 800	3 000
Richter	3 900	1 500
Subalterne	2 100	1 500
Unterbeamte	750	450
Stadtgericht Berlin.		
I. Direktor	7 500	.
II. Direktor	5 400	.
Richter	4 500	1 500
Subalterne	3 000	900
Unterbeamte	1 200	360
Land- und Stadtgericht Stettin.		
Direktor	4 800	
Richter	3 600	1 500
Subalterne	2 100	1 200
Unterbeamte	1 050	450
Stadtgericht Breslau.		
I. Direktor	6 000	
II. Direktor	4 800	
Richter	3 900	1 500
Subalterne	3 000	900
Unterbeamte	900	600
Friedensgerichte im Bezirk Cöln.		
Friedensrichter [1]	2 100	
Gerichtsschreiber [1]	1 200	
Handelsgerichte im Bezirk Cöln.		
Sekretäre (neben Emolumenten)	1 500	750
Untergerichte im Departement Ehrenbreitstein.		
Direktor in Wetzlar	3 000	.
„ „ Altenkirchen	2 700	.
Richter und Assessoren	2 400	1 500
1851.		
Obertribunal, Rheinischer Revisions- und Kassationshof.	wie 1849	
nur		
Oberstaatsanwalt beim Obertribunal	7 500	.
Präsident des Rheinischen Revisions- und Kassationshofs	10 500	.
Kammergericht.		
I. Präsident (einschl. 1800 M. Wohnungsgeld)	12 300	.
Vicepräsidenten	7 500	.
Oberstaatsanwalt	6 000	.
Räthe	5 400	3 000
Oberstaatsanwalts-Substitut	3 000	.
Sekretäre	3 600	1 800
Bureauassistenten	1 500	.
Kanzlisten	1 800	1 200
Unterbeamte	900	600
Appellationsgerichte in Königsberg, Breslau, Frankfurt, Stettin, Posen, Magdeburg, Naumburg, Münster.		
I. Präsidenten	wie beim Kammerger.	
Vicepräsidenten	wie beim Kammerger.	
Oberstaatsanwälte	5 400	.
Räthe	4 800	3 000
Oberstaatsanwalt-Substitut	2 400	.
Oberstaatsanwalts-Gehülfe	1 800	.
Sekretäre	3 000	1 800
Bureauassistenten	wie beim Kammergericht	
Kanzlisten	wie beim Kammergericht	
Unterbeamte	wie beim Kammergericht	

*) Bezw. Einzelgehalt. — [1]) Geschätzte Maximalbesoldung einschl. Emolumente.

Noch: Uebersicht der Normalbesoldungen der etatsmässigen Beamten bei den Gerichten und Staatsanwaltschaften.

Noch: A. Vor der Gerichtsreorganisation von 1879.

Noch: 1851.

1 Jahr. Behörde. Beamtenkategorie.	2 Normalmässige Besoldungen Maximum *) *M*	3 Minimum *M*
Uebrige Appellationsgerichte.		
Präsidenten (einschl. 1800 M. Wohnungsgeld)	11 700	.
Oberstaatsanwälte	4 800	4 200
Räthe	4 800	3 000
Sekretäre	2 700	1 500
Bureauassistenten	1 200	.
Kanzlisten	1 500	1 200
Unterbeamte	900	600
Appellationsgerichtshof in Cöln.		
Präsident		
Senats-Präsidenten	wie 1849	
Räthe		
Generalprokurator	9 000	.
und zu Bureaukosten	1 500	.
Generaladvokaten		
Prokuratoren	wie 1849	
Subalterne		
Landgerichte in der Rheinprovinz.		
Präsidenten	5 400	4 800
Kammerpräsidenten		
Räthe		
Assessoren		
Oberprokuratoren	wie 1849	
Prokuratoren		
Subalterne		
Justizsenat Ehrenbreitstein	wie 1849	
Kreisgerichte.		
Direktoren	4 800	3 600
Richter	3 000	1 500
Staatsanwälte	3 600	1 500
Staatsanwaltsgehülfen	1 800	1 500
Sekretäre	1 800	1 500
Bureauassistenten	1 200	1 050
Rendanten	2 700	1 800
Kontroleure	1 500	1 350
Unterbeamte	750	450
Stadtgericht Berlin.		
Präsident	7 500	.
II. Direktor	6 000	.
Richter	4 500	1 500
Staatsanwälte	4 500	2 400
Staatsanwaltsgehülfen	1 800	1 500
Sekretäre	3 000	1 500
Bureauassistenten	1 200	1 050
Rendanten	3 900	2 400
Kontroleure	2 700	2 100
Kassenbuchhalter u. -Assistenten	2 100	1 050
Kanzlisten	1 500	1 200
Unterbeamte	900	600
Stadtgerichte in Königsberg, Breslau, Danzig u. Magdeburg.		
Präsidenten		
II. Direktor	wie 1849 in Breslau	
Richter		
Staatsanwälte	3 600	.
Staatsanwaltsgehülfen	1 800	1 500
Sekretäre	2 700	1 500
Bureauassistenten	1 200	1 050
Rendanten	2 700	2 400
Kontrolleure und andere Kassenbeamte	2 100	1 050
Kanzlisten	1 500	1 200
Unterbeamte	900	540
Friedens- und Handelsgerichte im Bezirk Cöln	wie 1849	

1859.

1 Jahr. Behörde. Beamtenkategorie.	2 Maximum *) *M*	3 Minimum *M*
Obertribunal.		
Präsident		
Vicepräsidenten	wie 1849	
Räthe		
Generalstaatsanwalt	10 500	.
Oberstaatsanwälte	8 400	6 000
Sekretäre	3 600	1 800
Sekretär der Staatsanwaltschaft	2 400	.
Registratoren	3 000	1 800
Kanzleidirektoren	3 000	.
Kanzleisekretäre	2 400	1 500
Botenmeister	1 500	.
Kanzleidiener	1 200	900

*) Bezw. Einzelgehalt.

Noch: Uebersicht der Normalbesoldungen der etatsmässigen Beamten bei den Gerichten und Staatsanwaltschaften.

Noch: A. Vor der Gerichtsreorganisation von 1879.

1	2	3
Jahr. — Behörde. — Beamtenkategorie.	Normalmässige Besoldungen Maximum*) ℳ	Minimum ℳ
Noch: 1859.		
Appellationsgerichte und Kammergericht.		
Präsidenten	wie 1851	
Vicepräsidenten		
Räthe	4 800	3 000
„ in Berlin	5 400	
Oberstaatsanwälte	5 400	4 200
„ in Berlin	6 000	
Staatsanwälte	3 000	2 400
Oberstaatsanwaltsgehülfen	2 100	.
Kassen- und Rechnungsrevisoren	3 000	.
„ „ „ in Berlin	3 600	.
Sekretäre	3 000	1 800
„ in Berlin	3 600	
Bureauassistenten	1 650	1 500
Kanzlisten	1 950	1 350
Unterbeamte	900	750
„ in Berlin	1 050	
Appellationsgerichtshof in Cöln.		
Präsidenten	wie 1849	
Senatspräsidenten		
Räthe		
Generalprokurator	wie 1851	
Generaladvokaten		
Prokuratoren		
Subalterne		
Landgerichte in der Rheinprovinz.	wie 1849	
nur		
Räthe	3 600	2 400
Assessoren	2 100	1 800
Prokuratoren	3 600	2 400
Subalterne	3 000	1 350
Stadt- und Kreisgerichte.		
Präsidenten und Direktoren:		
Berlin	7 500	5 400
andere Stadtgerichte	6 000	4 800
Kreisgerichte	4 800	3 600
Richter:		
Berlin	4 500	1 800
übrige Stadtgerichte	3 900	
Kreisgerichte	3 000	
Staatsanwälte:		
in Berlin	4 500	3 000
bei den übrigen Stadtgerichten	3 600	.
„ „ Kreisgerichten	3 600	2 400
Staatsanwaltsgehülfen:		
in Berlin, Breslau u. Königsberg	2 100	.
bei den übrigen Gerichten	1 800	.
Häuser-Administrationsinspektor. (einschl. 600 M. persönl. Zulage)	3 600	.
Salarienkassen-Rendanten:		
in Berlin	3 900	.
bei den übrigen Stadtgerichten	2 700	.
„ „ Kreisgerichten i. Städten mit über 20 000 Einwohnern	2 400	.
bei anderen Kreisgerichten	2 100	.
Deposital-Rendanten:		
in Berlin	3 000	2 400
bei den übrigen Gerichten je 300 M. weniger als der Salarienkassen-Rendant		
Sekretäre, Kontroleure u. Sportelrevisoren:		
in Berlin	3 000	1 500
bei den übrigen Stadtgerichten	2 700	
„ „ Kreisgerichten in Orten mit über 20 000 Einwohnern	2 250	
bei anderen Kreisgerichten	1 950	1 350
Kalkulatoren:		
in Berlin	[1] 1 200	[1] 900
bei den übrigen Stadtgerichten	[1] 600	[1] 150
Bureau- und Kassenassistenten:		
bei Stadtgerichten	1 350	1 200
„ Kreisgerichten	1 200	1 050
Kanzlisten:		
in Berlin	1 800	1 200
bei den anderen Stadtgerichten	1 500	1 200
„ „ Kreisgerichten in Orten mit über 20 000 Einwohnern	1 350	.
bei anderen Kreisgerichten	1 200	1 050
Unterbeamte		
in Berlin: Exekutoren	1 050	900
Boten	900	750
bei den übrigen Stadtgerichten	900	600
„ „ Kreisgerichten	750	600
Rheinische Friedens- und Handelsgerichte.		
Friedensrichter	2 400	.
Gerichtsschreiber	1 350	.

*) Bezw. Einzelgehalt. — [1]) Neben Gebühren.

Noch: Uebersicht der Normalbesoldungen der etatsmässigen Beamten bei den Gerichten und Staatsanwaltschaften.

Noch: A. Vor der Gerichtsreorganisation von 1879.

1	2	3	4	5
Behörde. — Beamtenkategorie.	1869 Normalmässige Besoldungen		1879 Normalmässige Besoldungen	
	Maximum*) ℳ	Minimum ℳ	Maximum*) ℳ	Minimum ℳ
Obertribunal.				
Präsident	wie 1849		21 000	.
Vicepräsidenten	wie 1849		12 000	.
Räthe	9 000	6 600	9 900	7 500
Generalstaatsanwalt	wie Vicepräsidenten		wie Vicepräsident	
Oberstaatsanwälte	wie Räthe		wie Räthe	
Sekretäre und Registratoren	4 500	2 100	5 400	3 000
Sekretär der Staatsanwaltschaft	3 300	.	wie übrige Sekretäre	
Registratur-Assistent	1 500	.	2 400	.
Kanzleidirektor	3 600	.	wie Sekretäre	
Kanzleisekretäre	2 700	1 500	3 300	1 800
Botenmeister	1 500	.	1 650	.
Kanzleidiener	1 350	1 050	1 500	1 200
Ober-Appellationsgericht.				
Präsident	13 500	.	Das Ober-Appelations-gericht ist mit dem Obertribunal vereinigt	
Vicepräsident	10 500	.		
Räthe	wie beim Obertribunal			
Sekretäre				
Kanzleisekretäre				
Kanzleidiener				
Appellationsgerichte der alten Provinzen (einschl. Kammergericht) sowie in Kiel, Kassel und Wiesbaden.				
Präsidenten	wie 1859		11 400 und 8 400 neb. Dienstwohnung	
Vicepräsidenten	8 400	.	9 300	.
Räthe	5 400	3 600	6 000	4 200
Oberstaatsanwälte	in den alten Provinzen wie 1859		6 000	4 800
Staatsanwälte			4 500	2 400
Staatsanwaltsgehülfen				
Oberstaatsanwälte in Kiel, Kassel und Wiesbaden	5 400	4 500	wie die übrigen	
Kassen- und Rechnungsrevisoren	3 300	2 700	4 200	3 900
„ „ „ in Berlin	3 600	.		
„ „ „ „ Kiel, Kassel und Wiesbaden	3 000	.		
Sekretäre	wie 1859		3 600	2 100
„ in Berlin			4 200	
Bureauassistenten			1 950	1 800
Kanzlisten			2 250	1 650
Unterbeamte	1 050	900	1 200	960
„ in Berlin	1 200		1 350	1 050

*) Bezw. Einzelgehalt.

Noch: Anlage CXVII.

Noch: Uebersicht der Normalbesoldungen der etatsmässigen Beamten bei den Gerichten und Staatsanwaltschaften.

Noch: A. Vor der Gerichtsreorganisation von 1879.

1	2	3	4	5
Behörde. — Beamtenkategorie.	**1869** Normalmässige Besoldungen		**1879** Normalmässige Besoldungen	
	Maximum*) Gulden	Minimum Gulden	Maximum*) ℳ	Minimum ℳ
Appellationsgericht in Frankfurt a. M.				
Präsident	4 000	.	8 400 u. Miethsentsch.	
Räthe	3 400	3 000	5 828,57	5 142,86
Oberstaatsanwalt	3 150	.	5 700	.
Staatsanwalt	2 800	.	4 800	.
Staatsanwaltsgehülfen	nicht vorhanden		im Durchschn.	3 450
Sekretäre	2 000	.	4 114,29	.
Bureauvorsteher der Staatsanwaltschaft	1 137½	.	3 000	.
Kanzlisten	1 200	1 000	2 057,14	und 1 875
Pedelle beim Gericht	1 000	900	1 714,29	1 371,43
„ bei der Staatsanwaltschaft	900	800		
Appellationsgericht in Celle.	Mark	Mark		
Präsidenten	12 000	9 000	11400 u. Miethsentsch.	
Vicepräsidenten	9 000	.	9 000	.
Räthe	6 900	6 000	6 900	6 000
Kron-Oberanwalt	7 500	.	wie Vicepräsidenten	
Vorstand des Rechnungsbureaus	3 000	.	4 200	.
Sekretäre	3 000	1 800	3 600	2 100
Kanzlei-Expedienten	2 100	1 200	2 550	1 650
Gerichtsvögte	wie bei Obergerichten		1 200	460
Obergerichte in Hannover.				
Präsidenten	9 000	6 000	9 000	7 500
Vicepräsidenten			6 600	6 000
Räthe, Assessoren, einschl. der bei Kronanwaltschaften fungirenden	6 000	1 800	6 000	2 400
Sekretäre	3 000	1 350	3 300	2 100
Kanzlei-Expedienten	2 100	1 200	2 400	1 500
Kanzlisten	1 500	.	1 650	.
Gerichtsvögte (neben Gebühren)	1 050	750	1 200	840
Appellationsgerichtshof in Cöln.				
Präsidenten	wie 1859		11 400 und Miethsentschädigung	
Senatspräsidenten			9 300, 7 800 u. 6 900	
Räthe	5 400	3 600	6 000	4 200
Generalprokurator	9 600	.	10 500	.
Generaladvokaten	wie 1859		7 800, 6 000 u. 5 100	
Prokuratoren	3 600	3 000	4 500, 3 900 u. 3 000	
Subalterne	wie 1859		¹) 3 000	.
			²) 2 850	.
			³) 2 100	.
			⁴) 3 600	und 2 400
Unterbeamte	nicht etatsmäßig		1 200	960

*) Bezw. Einzelgehalt. — [1]) Ober-Sekretär. — [2]) Präsidial-Sekretär. — [3]) Sekretäre. — [4]) Parket-Sekretäre.

Noch: Uebersicht der Normalbesoldungen der etatsmässigen Beamten bei den Gerichten und Staatsanwaltschaften.

Noch: A. Vor der Gerichtsreorganisation von 1879.

1	2	3	4	5
Behörde. — Beamtenkategorie.	1869		1879	
	Normalmässige Besoldungen		Normalmässige Besoldungen	
	Maximum*) ℳ	Minimum ℳ	Maximum*) ℳ	Minimum ℳ
Landgerichte in der Rheinprovinz.				
äsidenten	6 000	—	7 500	.
ımmerpräsidenten	4 500	4 200	5 100	.
ithe	3 900	2 400	4 500	2 400
ısessoren	wie 1859			
ɔerprokuratoren	4 800	.	5 400	.
·okuratoren	3 600	2 400	4 500	2 400
ɔersekretäre	wie 1859		2 400	.
ıkretäre			1 800	1 650
ırketsekretäre			3 300	2 100
ıterbeamte	nicht etatsmässig		1 200	840
ıadt- und Kreisgerichte, auch Kreis- und Amtsgerichte in Schleswig-Holstein und Hessen-Nassau (ausser Frankfurt a. M.).				
äsidenten und Direktoren				
Berlin	8 400	6 000	1) 10 500	2) 7 500
andere Stadtgerichte	6 600	5 400	1) 7 500	—
Kreisgerichte in den grössten Städten	5 400	—	2) 6 000	2) 4 500
sonstige Kreisgerichte	4 800	3 900		
ichter in den alten Provinzen	wie 1859		3) 5 400 4 500	2 400
„ „ „ neuen „	3 300	1 800	wie in den alten Provinzen	
taatsanwälte				
in Berlin	4 500	2 400	4) 6 000	.
bei den übrigen Stadtgerichten	3 900	.	.	.
bei den Kreisgerichten der alten Provinzen	3 000	2 400	5) 4 800	.
in den neuen Provinzen	3 000	.	4 500	2 400
taatsanwaltsgehülfen				
bei Stadtgerichten	2 100	.	.	.
bei Kreisgerichten	1 800	.	.	.
äuser-Administrationsinspektor	3 000	.	3 300	.
			6) 5 400	—
alarienkassen- und Deposital-Rendanten letztere in Orten über 20000 Einwohner	wie 1859		3 600	7) 3 300
			3 600	8) 3 000
			3 300	9) 2 700
			3 900	3 000
			3 300	10) 2 700

*) Bezw. Einzelgehalt. — 1) Präsident. — 2) Direktoren. — 3) Stadtgericht Berlin. — 4) Erster taatsanwalt beim Stadtgericht Berlin. — 5) Staatsanwälte bei den Stadtgerichten Breslau und Königsberg nd den Stadt- und Kreisgerichten Danzig und Magdeburg. — 6) Gerichtskassen-Rendant beim Stadtericht Berlin. — 7) desgl. in Orten über 50 000 Einw. — 8) desgl. in Orten von 20 000 bis 50 000 Einw. - 9) desgl. in kleineren Orten. — 10) Deposital-Rendanten, je nach den wie bei den Hauptkassen-Rendanten unterschiedenen Gerichten.

Noch: Anlage CXVII.

Noch: Uebersicht der Normalbesoldungen der etatsmässigen Beamten bei den Gerichten und Staatsanwaltschaften.

Noch: A. Vor der Gerichtsreorganisation von 1879.

1	2	3	4	5
Behörde. — Beamtenkategorie.	1869 Normalmässige Besoldungen Maximum*) *M*	1869 Normalmässige Besoldungen Minimum *M*	1879 Normalmässige Besoldungen Maximum*) *M*	1879 Normalmässige Besoldungen Minimum *M*
Noch: Stadt- und Kreisgerichte, auch Kreis- und Amtsgerichte in Schleswig-Holstein und Hessen-Nassau (ausser Frankfurt a. M.)				
Deposital-Rendanten in Orten unter 20 000 Einwohner	1 950	—	3 000 2 700 1) 2 400	2 400 2 100 —
Sekretäre etc. (wie 1859)				
in Berlin	3 000	1 800	3 600	2 100
bei den übrigen Stadt- u. den grössten Kreisgerichten	2 700		3 000	
bei anderen Kreisgerichten in Orten über 20 000 Einw.	2 400		3 000	1 950
bei sonstigen Kreisgerichten	2 100	1 650	2 700	1 800
Kalkulatoren (neben Gebühren)	600	150	wie 1869	
Bureau- und Kassen-Assistenten bei Stadtgerichten und Kreisgerichten in Orten über 20 000 Einwohner	1 650	1 350	1 950 1 800	2) 1 800 1 500
im Uebrigen	1 500	1 200	1 650	1 350
Kanzlisten				
in Berlin	1 950	1 350	2 100	2) 1 650
bei übrigen Stadt- und bei Kreisgerichten in Orten über 20 000 Einwohner	1 650	1 350	1 800	1 500
im Uebrigen	1 500	1 200	1 650	1 350
Unterbeamte				
Exekutoren in Berlin	1 200	1 050	1 350	2,3) 1 200
Boten daselbst	1 050	900	1 200	2,4) 960
bei anderen Stadt- und den Kreisgerichten in Orten über 20 000 Einwohner	1 050	750	1 125 1 200	5) 885 810
im Uebrigen	900	750	1 050	810
Rheinische Friedens- und Handelsgerichte.				
Friedensrichter	bis 3 000	.	3 000	1 800
Gerichtsschreiber bei Friedensgerichten	bis 1 800		1 200	900
„ bei Handelsgerichten		.	900	750
Amtsgericht in Hannover.				
Amtsrichter (neben Emolumenten)	6 000	1 200	6 000	2 400
	i. D. 3 660		(neb. Emolumenten)	
Aktuare (neben Emolumenten und Schreibgebühren)	1 800	750	2 100	1 350
	i. D. 1 200		(neb. Emolumenten)	
Gerichtsvögte (neben Gebühren und anderen Emolumenten)	75	.	wie 1869	
Gerichtsdiener und Gefangenenwärter (neben Gebühren)	825 und 600		6) 1 155 6) 1 080 6) 1 125 6) 1 050	 6) 885 6) 810

*) Bezw. Einzelgehalt. — 1) Depositalkassen-Buchhalter in Berlin. — 2) Stadtgericht Berlin. — 3) Kastellane. — 4) Exekutoren und Boten. — 5) Kreisgericht Berlin. — 6) Je nach dem sie I. oder II. Klasse sind und nach der Grösse des Orts (über oder unter 20 000 Einwohner).

Noch: Anlage CXVII.

Noch: Uebersicht der Normalbesoldungen der etatsmässigen Beamten bei den Gerichten und Staatsanwaltschaften.

Noch: A. Vor der Gerichtsreorganisation von 1879.

1	2	3	4	5
	1869		1879	
Behörde. — Beamtenkategorie.	Normalmässige Besoldungen		Normalmässige Besoldungen	
	Maximum*) Gulden	Minimum Gulden	Maximum*) ℳ	Minimum ℳ
Gerichtsbehörden in Frankfurt a. M.				
Stadtgericht:				
Direktor	3 100	.	7 500	.
Räthe	2 800	2 400	4 800	4 114,29
Sekretäre	2 000	1 800	3 428,57	3 085,71
Kanzlisten	1 200	1 000	2 057,14	1 714,29
Pedelle	1 000	900	1 714,29	1 542,86
Stadtamt:				
Stadtamtmänner	2 400	2 000	4 114,29	3 428
Aktuarien	1 800	1 600	3 085,71	2 742,86
Expedient	—	—	2 850	.
Pedelle	1 000	900	.	.
Land-Justizamt:				
Amtmann	2 000	.	4 114,29	.
Schreiber	1 800	.	3 085,71	.
Aktuar	1 600	.	2 742,86	.
Pedell	950	.	wie beim Stadtgericht	
Transskriptions- und Hypothekenbehörde:				
Transskriptions- und Hypothekenbuchführer	2 400	2 000	4 114,29	3 428,57
Expedienten	1 200	1 000	1 885,71	1 714,29
Amtsdiener	900	.	1 714,29	.
Rügegericht:				
Rügerichter	2 000	.	4 114,29	3 771,43
Aktuarien	1 600	.	2 742,86	.
Pedelle	1 000	.	.	.
Fiskalat:				
Fiskal (neben Sporteln)	1 325	.	2 271,43	.
Fiskaladjunkt (neben Sporteln)	375	.	3 428,57	.
Amtsdiener (neben Sporteln)	725	500	{ 1 242,86 / [1])1 542,86	. / [1]) 1 371,43

*) Bezw. Einzelgehalt. — [1]) Inkl. Sporteln.

Noch: Anlage CXVII.

Noch: Uebersicht der Normalbesoldungen der etatsmässigen Beamten bei den Gerichten und Staatsanwaltschaften.

B. Nach der Gerichtsreorganisation von 1879.

Behörden. — Beamten-Kategorie.	1880/81 Maximum*) ℳ	1880/81 Minimum ℳ	1880/81 Durchschnitt ℳ	1890/91 Maximum*) ℳ	1890/91 Minimum ℳ	1890/91 Durchschnitt ℳ	1896/97 Maximum*) ℳ	1896/97 Minimum ℳ	1896/97 Durchschnitt ℳ	1903 Maximum*) ℳ	1903 Minimum ℳ	1903 Durchschnitt ℳ
Oberlandesgerichte.												
Präsidenten (neben Dienstwohnung oder Miethsentschädigung — je nach Servisklasse A, I, II oder III — 3 000, 2 400, 2 100 oder 1 800 M.).	14 000									14 000		
Senatspräsidenten	9 900	7 500	8 700	wie 1880/81						11 000	7 500	—
Räthe	6 600	4 800	5 700							7 200	5 400	—
Oberstaatsanwälte	9 900	7 500	8 700							11 000	7 500	—
Staatsanwälte als Vertreter der Oberstaatsanwälte	4 800	2 400	3 600							7 200	5 400	—
„ sonst										6 600	3 000	—
Rechnungsrevisoren	4 200	3 900	4 050	4 800	4 200	4 500	4 800	4 200	—	5 400	4 200	—
Justizhauptkassen-Rendanten	—	—	—									
Gerichtsschreiber und Sekretäre als Kassirer	—	—	—	—	—	—	3 600			4 200	3 000	—
in Berlin	4 200	2 100	3 150	3 600	2 100	2 850	3 600	1 800	—	4 200	1 800	—
im Uebrigen	3 600		2 850									
Assistenten	1 950	1 800	1 875				—	—	—	—	—	—
Kanzlisten	2 250	1 650	1 950				2 700	1 600	—	2 700	1 650	—
Gerichtsdiener und Kastellane:				wie 1880/81								
sonst in Berlin	1 350	1 050	1 200				1 500	1 000	—	wie 1896/97		
an anderen Orten	1 200	960	1 080									
Land- und Amtsgerichte.												
Präsidenten: beim Landgericht I in Berlin	10 500									11 000		
„ bei andern Landgerichten	9 900	7 500	8 700							11 000	7 500	—
„ beim Amtsgericht I in Berlin	—	—	—									
Direktoren	6 600	4 800	5 700	wie 1880/81						7 200	5 400	—
Richter	6 000	2 400	4 200							6 600	3 000	4 800

*) Bezw. Einzelgehalt.

Behörden. — Beamten-Kategorie.	1880/81 Maximum *) ℳ	1880/81 Minimum ℳ	1880/81 Durchschnitt ℳ	1890/91 Maximum *) ℳ	1890/91 Minimum ℳ	1890/91 Durchschnitt ℳ	1896/97 Maximum *) ℳ	1896/97 Minimum ℳ	1896/97 Durchschnitt ℳ	1903 Maximum *) ℳ	1903 Minimum ℳ	1903 Durchschnitt ℳ
Noch: Land- und Amtsgerichte.												
Erste Staatsanwälte beim Landgericht I Berlin	7 500						9 900	7 500	8 700	11 000	7 500	—
„ „ im Uebrigen	6 600	4 800	5 700									
Staatsanwälte als Abtheilungsvorsteher bei der Staatsanwaltschaft des Landgerichts I in Berlin	—	—	—		wie 1880/81			wie 1880/81		7 200	5 400	—
Staatsanwälte	4 800	2 400	3 600									
Hypothekenbewahrer	—	—	—	5 400	2 700	4 050				6 600	3 000	4 800
Rechnungsrevisoren	3 300	2 100	2 700					wie Gerichtsschreiber				
Rendanten in Berlin	—	—	—	4 800	4 200	4 500	4 800	4 200	—	5 400	4 200	—
„ „ Breslau	—	—	—	4 200	3 600	3 900	4 200	3 600	—	4 800	3 600	—
„ im Uebrigen	—	—	—					wie Gerichtsschreiber				
Vorsteher beim Einziehungsamt in Berlin	—	—	—	4 200	—	—		wie 1890/91		4 800	3 600	—
Oberbuchhalter daselbst	—	—	—									
Gerichtsschreiber und Sekretäre:												
in Berlin	3 600	2 100	2 850							3 800	1 500	—
im Uebrigen	3 300		2 700	3 300	2 100	2 700	3 300	1 500	—			
Amtsanwälte	—	—	—							4 200	1 800	—
Gerichtsschreibergehülfen und Assistenten:												
in Berlin	1 950	1 800	1 875	1 800	1 500	1 650	2 200	1 500	—	2 700	1 500	—
im Uebrigen	1 800	1 500	1 650									
Kalkulatoren (Gebühren bis):												
in Berlin	3 600	—	—							3 800	—	—
im Uebrigen	3 300	—	—									
Häuseradministrations-Inspektor (jetzt Zwangsverwaltungs-Inspektor)	3 300					wie 1880/81				wie Gerichtsschreiber		
Kanzlisten in Berlin	2 100	1 650	1 875	1 800	1 500	1 650	2 200	1 500	—	2 200	1 500	—
„ im Uebrigen	1 800	1 500	1 650							2 700	1 500	—
Gerichtsvollzieher	3 000	1 800	—			wie 1880/81				1 800		
Gerichtsdiener und Kastellane:												
in Berlin Kastellane	1 350	1 200	1 275					wie 1880/81				
„ „ Gerichtsdiener	1 200	960	1 080	1 200	800	1 000	1 500	900	—		wie 1896/97	
im Uebrigen	1 200	800	1 000									

*) Bezw. Einzelgehalt.

Anlage CXVIII.

Die Einnahmen, dauernden und einmaligen Ausgaben der Justizverwaltung nach den Etats für 1849 bis 1903 und — *im schrägen Druck* — nach der Wirklichkeit der Jahre 1886/87 bis 1901.

(In Tausenden Mark.)

1	2	3	4	5
Etatsjahr	Einnahme	Dauernde Ausgaben	Einmalige und ausserordentliche Ausgaben	Mithin Zuschuss
1849	12 543	19 879	2 908	10 244
1850	16 485	27 124	1 200	11 839
1851	16 490	27 064	1 222	11 796
1852	22 690	29 393	636	7 339
1853	22 765	29 481	696	7 412
1854	25 506	31 263	894	6 651
1855	26 549	32 307	607	6 365
1856	26 554	32 302	1 200	6 948
1857	26 545	32 363	900	6 718
1858	28 902	33 975	900	5 973
1859	29 498	34 982	1 200	6 684
1860	29 817	34 252	851	5 286
1861	30 031	33 851	660	4 480
1862[1]	30 033	34 101	699	4 767
1863[1]	30 451	34 167	780	4 496
1864[1]	30 994	34 749	900	4 655
1865[1]	31 556	35 154	1 016	4 612
1866[1]	32 592	35 634	975	4 017
1867	32 619	36 558	1 350	5 309
1868	38 144	46 554	1 716	10 126
1869	38 745	47 831	1 500	10 586
1870	39 679	51 565	1 541	13 427
1871	41 584	51 706	1 500	11 622
1872	41 785	52 191	1 904	12 310
1873	42 015	58 379	2 091	18 455
1874	42 525	59 317	6 179	22 973
1875	42 676	64 010	4 188	27 522
1876	42 815	65 615	2 600	25 400
1877/78	45 378	67 253	2 567	24 442
1878/79	48 115	69 456	19 398	40 239
1879/80	49 110	69 723	9 205	29 818
1880/81	5 000	73 347	2 962	71 309
1881/82	5 006	73 552	4 386	72 872
1882/83	6 596	78 762	2 357	74 523
1883/84	7 320	80 160	3 243	76 083

1	2	3	4	5
Etatsjahr	Einnahme	Dauernde Ausgaben	Einmalige und ausserordentliche Ausgaben	Mithin Zuschuss
1884/85	7 210	80 340	3 856	76 986
1885/86	50 470	85 663	1 649	36 842
1886/87	49 028	85 463	2 281	38 716
	50 037	*83 642*	*2 137*	*35 742*
1887/88	48 770	85 156	1 910	38 296
	51 749	*83 920*	*2 442*	*34 613*
1888/89	48 398	86 100	2 277	39 979
	51 379	*85 271*	*2 577*	*36 468*
1889/90	49 572	86 377	2 712	39 515
	54 935	*86 753*	*2 257*	*34 075*
1890/91	51 156	87 019	2 552	38 415
	55 930	*90 164*	*2 751*	*36 985*
1891/92	53 117	89 447	3 004	39 334
	59 549	*94 272*	*3 008*	*37 730*
1892/93	55 464	90 970	3 924	39 430
	62 327	*97 090*	*3 847*	*38 610*
1893/94	57 780	94 031	3 398	39 641
	62 238	*98 367*	*3 342*	*39 472*
1894/95	60 913	91 913	4 707	35 707
	65 188	*96 090*	*4 727*	*35 628*
1895/96	62 279	94 071	3 372	35 164
	67 098	*96 126*	*3 041*	*32 069*
1896/97	63 687	95 652	7 116	39 081
	69 114	*96 126*	*4 371*	*32 082*
1897/98	66 107	97 146	4 807	35 846
	70 727	*103 480*	*4 941*	*37 694*
1898/99	68 018	103 145	6 261	41 388
	73 686	*104 959*	*4 894*	*36 166*
1899	71 117	105 757	6 485	41 125
	78 271	*109 578*	*7 036*	*38 343*
1900	73 801	109 389	5 433	41 021
	80 299	*115 384*	*5 995*	*41 079*
1901	81 762	115 304	12 741	46 283
	85 603	*120 689*	*6 946*	*42 032*
1902	82 205	115 656	5 578	39 029
1903	84 141	116 772	8 147	40 778

[1]) Nach dem Etatsentwurf.

Anlage CXIX.

Die wirklichen Ausgaben für die Gerichte, für baare Auslagen und Transportkosten, 1886/87 bis 1901.

1	2	3	4	5	6	7
Jahr	Besoldungen			Wohnungsgeldzuschüsse		
	Ober-Landes-gerichte	Land- und Amtsgerichte	Zusammen	Ober-Landes-gerichte	Land- und Amtsgerichte	Zusammen
1886/87 . . .	3 098 290	40 652 755	43 751 046	384 290	4 380 298	4 764 588
1887/88 . . .	3 109 880	40 792 175	43 902 054	385 256	4 474 955	4 860 171
1888/89 . . .	3 108 945	41 102 206	44 211 152	386 283	4 532 172	4 918 455
1889/90 . . .	3 138 784	41 766 329	44 905 113	389 691	4 603 479	4 993 169
1890/91 . . .	3 195 167	42 965 083	46 160 250	394 528	4 646 681	5 041 208
1891/92 . . .	3 220 634	44 258 631	47 479 266	400 249	4 698 423	5 098 671
1892/93 . . .	3 242 354	45 070 640	48 312 994	405 634	4 778 249	5 183 883
1893/94 . . .	3 393 042	47 223 274	50 616 316	421 621	5 133 055	5 554 676
1894/95 . . .	3 472 861	46 971 939	50 444 800	429 199	5 203 189	5 632 388
1895/96 . . .	3 501 767	47 165 989	50 066 756	432 665	5 265 960	5 698 625
1896/97 . . .	3 576 099	47 800 277	51 376 376	440 495	5 338 297	5 778 792
1897/98 . . .	3 944 270	53 097 452	57 041 722	446 007	5 425 117	5 871 123
1898/99 . . .	4 016 372	53 716 030	57 732 403	452 911	5 536 758	5 989 669
1899	4 071 286	54 419 379	58 490 664	460 252	5 612 141	6 072 393
1900	4 070 300	53 252 836	57 323 136	460 833	5 743 645	6 204 478
1901	4 149 380	52 734 995	56 884 375	466 478	5 943 623	6 410 401
1902 [1])	4 212 163	53 630 699	57 842 862	479 076	6 104 000	6 583 076
1903 [1])	4 294 503	54 599 429	58 893 932	487 200	6 287 316	6 774 516

1	8	9	10	11	12	13	14	15
Jahr	Andere persönliche Ausgaben			Sächliche Ausgaben			Baare Ausgaben in Civil- und Straf-sachen	Transportkosten
	Ober-Landesgerichte	Land- und Amts-gerichte	Zu-sammen	Ober-Landesgerichte	Land- und Amts-gerichte	Zu-sammen		
1886/87 . . .	276 440	8 602 139	8 878 579	223 628	7 905 264	8 128 892	8 282 316	408 129
1887/88 . . .	297 070	8 685 715	8 982 785	229 191	7 758 512	7 987 704	8 335 516	398 267
1888/89 . . .	311 809	8 795 492	9 107 301	225 992	8 360 197	8 586 189	8 334 136	408 951
1889/90 . . .	323 400	9 449 640	9 773 041	219 934	8 458 734	8 678 668	8 779 092	439 634
1890/91 . . .	343 382	10 484 213	10 827 595	222 020	8 601 834	8 823 854	8 842 927	463 879
1891/92 . . .	415 024	11 399 920	11 814 944	228 004	9 312 318	9 540 322	9 431 867	494 392
1892/93 . .	480 498	12 297 968	12 778 466	232 072	9 802 902	10 034 974	9 764 700	531 680
1893/94 . . .	474 120	11 273 337	11 747 457	226 219	9 197 675	9 423 894	9 741 227	534 196
1894/95 . . .	446 663	11 667 112	12 113 776	233 281	8 985 572	9 218 853	10 195 534	555 958
1895/96 . . .	477 406	11 449 296	11 926 702	226 544	8 801 867	9 030 411	10 278 513	526 675
1896/97 . . .	439 819	11 044 465	11 484 284	245 628	9 042 794	9 288 422	10 301 497	524 113
1897/98 . . .	445 573	11 326 074	11 771 647	256 847	8 987 972	9 244 819	10 563 102	534 537
1898/99 . . .	465 025	11 548 825	12 013 849	264 948	9 185 122	9 450 070	10 640 659	574 526
1899	476 573	12 501 417	12 977 990	278 512	10 369 441	10 647 953	10 673 868	536 855
1900	484 084	15 789 144	16 273 228	296 492	10 981 501	11 277 993	11 061 678	557 561
1901	511 461	20 357 239	20 869 700	288 771	11 538 270	11 827 041	11 546 228	620 051
1902 [1])	444 967	17 925 179	18 370 146	262 000	9 940 900	10 202 900	10 650 000	520 000
1903 [1])	452 507	18 120 724	18 573 231	262 000	10 576 530	10 838 530	10 900 000	520 000

[1]) Sollausgabe.

Anlage CXX.

Gegenüberstellung der
der einzelnen Oberlandesgerichsbezirke in den

1	2	3	4	5	6
Einnahme- bezw. Ausgabeart	Oberlandes-				
	Kammergericht	Breslau	Celle	Cöln	Frankfurt a. M.
Einnahme überhaupt	16 620 030 *8 973 000*	10 077 790 *6 728 400*	6 056 990 *3 425 000*	10 462 090 *3 872 500*	4 471 600 *2 357 400*
Hiervon Kosten und Geldstrafen	15 300 000 *7 900 000*	9 048 000 *5 960 000*	5 721 000 *3 000 000*	10 338 000 *3 127 000*	4 140 000 *2 060 000*
Ausgaben.					
Für das Oberlandesgericht.					
Besoldungen und Wohnungsgeldzuschüsse	1 148 920 *671 705*	519 114 *415 481*	290 800 *232 640*	4 528 272 *3 320 555*	242 520 *168 365*
Andere persönliche Ausgaben	126 510 *56 000*	44 300 *26 100*	25 990 *17 720*	39 730 *31 720*	16 925 *25 505*
Sächliche Ausgaben	51 500 *44 800*	30 000 *22 500*	12 100 *14 200*	28 300 *17 000*	14 300 *20 500*
Für Land- und Amtsgerichte.					
Besoldungen und Wohnungsgeldzuschüsse	10 168 678 *6 657 489*	8 640 268 *6 872 539*	4 181 818 *3 368 368*	6 584 450 *3 941 619*	2 702 505 *2 031 349*
Andere persönliche Ausgaben	3 439 490 *1 185 000*	2 025 220 *1 038 380*	1 141 920 *581 790*	2 064 910 *480 655*	737 250 *425 285*
Sächliche Ausgaben	1 368 660 *854 000*	1 648 410 *1 396 000*	649 060 *545 000*	842 920 *440 000*	505 370 *351 000*
Für besondere Gefängnisse.					
Besoldungen und Wohnungsgeldzuschüsse	562 130 *285 895*	45 571 —	80 760 *65 433*	— —	77 702 *40 940*
Andere persönliche Ausgaben	160 100 *189 570*	22 300 —	19 290 *30 380*	— —	28 950 *19 710*
Sächliche Ausgaben	1 152 750 *588 300*	122 130 —	166 360 *111 700*	— —	223 220 *164 000*
Baare Auslagen	1 658 000 *1 053 000*	1 333 000 *1 100 000*	924 300 *600 000*	1 241 200 *800 000*	371 400 *280 000*
Transportkosten	85 700 *53 000*	77 000 *70 000*	14 100 *13 500*	53 600 *42 000*	9 600 *7 600*
Porto u. s. w.	22 000 *300 000*	25 500 *295 000*	7 500 *145 000*	32 400 *173 000*	8 000 *143 000*
Sonstige Ausgaben	473 562 *335 421*	424 387 *369 855*	222 402 *164 345*	187 562 *133 041*	146 965 *117 624*

Solleinnahmen und -ausgaben
Jahren **1903** und — *in schrägen Zahlen* — **1888/89.**

gerichtsbezirk

7	8	9	10	11	12	13	14
Hamm	Kassel	Kiel	Königsberg	Marienwerder	Naumburg	Posen	Stettin
9 628 020	2 046 500	3 699 980	4 114 770	3 198 900	6 583 600	3 680 800	3 363 930
4 267 500	*1 525 900*	*1 902 600*	*3 175 700*	*2 390 000*	*4 790 300*	*3 069 000*	*2 385 900*
9 000 000	1 983 000	3 430 000	3 721 000	2 818 000	6 050 000	3 374 000	3 077 000
3 700 000	*1 340 000*	*1 650 000*	*2 750 000*	*2 100 000*	*4 200 000*	*2 700 000*	*2 110 000*
443 732	175 596	167 264	275 448	181 702	381 264	279 176	235 516
329 393	*144 065*	*134 245*	*213 419*	*161 489*	*258 770*	*240 047*	*187 364*
35 130	12 040	14 310	30 910	10 650	43 750	15 260	27 460
18 650	*11 700*	*11 440*	*17 280*	*7 750*	*25 200*	*16 000*	*14 000*
25 800	11 900	11 700	16 200	11 000	18 100	16 400	14 700
17 700	*11 200*	*11 000*	*15 500*	*9 800*	*14 500*	*12 200*	*11 500*
5 906 655	1 930 975	2 326 160	4 194 243	2 876 970	5 220 920	3 544 727	2 593 414
3 943 846	*1 632 749*	*1 663 539*	*3 540 616*	*2 491 527*	*3 973 609*	*3 219 239*	*2 156 015*
1 931 520	460 040	644 930	1 059 490	731 710	1 315 020	873 200	681 600
654 815	*411 625*	*278 115*	*580 930*	*420 855*	*671 420*	*470 675*	*355 795*
1 140 490	251 570	544 820	903 760	644 380	949 060	630 500	500 540
606 000	*305 000*	*420 000*	*843 000*	*695 000*	*808 000*	*727 000*	*517 500*
68 778	—	58 250	—	38 247	—	76 292	47 130
—	—	*42 915*	—	—	—	—	—
18 890	—	15 060	—	10 820	—	14 610	12 200
—	—	*18 100*	—	—	—	—	—
146 430	—	117 220	—	115 940	—	149 000	106 010
—	—	*82 100*	—	—	—	—	—
1 147 000	249 000	400 000	847 000	730 000	858 000	736 000	605 100
755 000	*240 000*	*220 000*	*890 000*	*590 000*	*540 000*	*740 000*	*437 000*
60 700	—	25 000	38 000	42 000	52 800	36 000	25 500
35 000	—	*18 500*	*37 000*	*30 000*	*33 000*	*44 000*	*26 200*
18 300	3 900	5 000	9 000	10 000	14 000	9 700	8 300
254 000	*125 000*	*56 000*	*238 000*	*168 000*	*200 000*	*240 000*	*131 000*
263 975	101 879	143 886	229 849	191 181	329 286	196 635	166 330
188 743	*120 183*	*85 387*	*198 565*	*165 014*	*252 556*	*169 210*	*130 326*

Druck von Otto Walter in Berlin S. 14,
Kommandantenstrasse 44a.

FSC
www.fsc.org
MIX
Papier | Fördert
gute Waldnutzung
FSC® C083411

Kolibri 360 GmbH
Ferdinand-Jühlke-Straße 7
99095 Erfurt, Deutschland
produktsicherheit@kolibri360.de